〔唐〕釋湛然撰

摩訶止觀輔行傳弘決

周绍良題

陝西新華出版 三秦出版社

图书在版编目(CIP)数据

摩诃止观辅行传弘诀/(唐)湛然 编.—西安:三秦出版社,1995.5(2023.6 重印)

ISBN 978-7-80546-864-8

Ⅰ.①摩… Ⅱ.①湛… Ⅲ.①天台宗—佛经 Ⅳ.①B946.1

中国国家版本馆 CIP 数据核字(2023)第 100612 号

摩诃止观辅行传弘诀

湛然 编

出版发行	三秦出版社
社　　址	西安市雁塔区曲江新区登高路 1388 号
电　　话	(029)81205236
网　　址	http://www.sqcbs.cn
邮政编码	710061
经　　销	全国各新华书店
印　　刷	山东阳谷毕升印务有限公司
开　　本	787×1092　1/16
印　　张	65
字　　数	720 千字
版　　次	1995 年 5 月第 1 版
印　　次	2023 年 6 月第 2 次印刷
印　　数	3001—8000 册
标准书号	ISBN 978-7-80546-864-8
定　　价	380.00 元

出版說明

《摩訶止觀輔行傳弘訣》是佛教天臺宗三大部典籍之一的《摩訶止觀》一書的闡釋和說明，除彰顯了天臺宗教旨外，更有引申和發展，為研究佛教天臺宗思想文化的重要著作。

撰述者湛然（七一一——七八二），俗姓戚，唐代常州荆溪（現在的江蘇宜興）人。世稱荆溪尊者，妙樂大師等，為天臺宗九祖。其家世代習儒，他卻獨好佛法。十七歲時隨金華方嚴受天臺止觀，二十歲時入天臺宗八祖玄郎門下研習天臺宗教義，三十八歲時于凈樂寺出家。玄朗圓寂后，繼承基事業，以中興天臺宗自任，提出無情有性之說，進一步發展了天臺宗教義。當時頗有盛譽。七八二年圓寂于佛龍道場，年七十二歲。

湛然大師一生著述頗多，但猶以《摩訶止觀輔行傳弘訣》為重要。為研究佛教思想文化的需要，我們依據清乾隆時刻本影印出版此書，謹供佛學及佛教文化研究者以及愛好者閱讀參考。

三秦出版社　一九九五年二月二十日

目録

會刻摩訶止觀輔行傳弘決序

大矣哉摩訶止觀之爲法也了大事因緣之鑰鍵開佛知見之利钁直指人心見性成佛之要門趣無上菩提涅槃之至道嘗原如來出興於世五時施化無非爲一大事因緣其所設綱目撈漉人龍亦既夥矣若法華了手不過舉其大綱提其要領明其佛意導其旨歸厥語約厥意玄至於明修門但枚舉乎十乘示寳所惟結歸乎一念自非天台智者大師靈山夙聞大蘇妙悟獲旋總持豁見大會何以深契文心照明實相縱無礙辯稱性宣敭闡其教則有玄義爲之

先容明其行則有止觀爲之啟殿是二書者括龍藏之淵源而旨歸溟渤會五時之歧徑而盡入康莊故後世之有登其堂而入其室者嘗教海之一滴忘衆味而具足乎衆味乘高廣之大車入一門而超出乎諸門使守禪關者能讀此書不惟可以明心見性而亦了知乎心外無教使登講座者能讀此書不惟可以離指見月而亦了知乎教外無心使遊藝苑者能讀此書不惟可以質勝於文而亦能俾乎文質兼勝使王公大人能讀此書不惟可以金湯三寶而亦兼得乎金湯自心其或見一二攔路之於菟而不敢前進指五百由旬之寶渚而徒事望涯則吾未如之何也已矣燈夙生慶幸獲遇圓乘於是二書雖俱染指猶於止觀偏似有緣講演頻仍紬繹數四每患文義聯翩而前後莫究思得大科綱領而生起有宗於是以輔行之大科而錯綜其前分輔行之全文而註釋其下科有闕略者輒以妄意而增補之始命門人正路條分脉絡復命法孫受教謄其正文凡歷三十寒暑登四講座而竣事焉須知法華之有玄義猶大海之得摩尼玄義之有止觀猶如意之得治方治方十種卽法華圓頓之十乘如意圓明卽當人一念之本

性卽本性而修乎十乘則全性以起修修還在性卽十乘而觀乎本性則全修而在性性不礙修修性體冥始本理合知甘露門之在茲卽甘露味亦在乎茲也書成持來永嘉魚潭普照講席募資命工而鋟梓之是會緇素莫不夙植了因於靈鷲復培緣種於天台以比丘居士身爲如來使行如來事一聞斯舉各各欣然自有王瑞崧廷茂居士首捐二十金爲之發揚是則永嘉人士助刻者已十居其六第財施因緣當不滯於一隅法門雨露必充洽於四海偶比丘正識持此末了公案來至古杭而盧不違李仲休王元

建及衆居士各各捐財以爲天台發板之資古德法主及聖隣諸師亦各欣然共議之雲棲流通而以常住助資而結局焉噫是板也始擬留之永嘉已慮行之不普次擬留之天台復慮行之不普今則留之雲棲可以公天下可以通四方實喜師資道合主伴義從若萬鏡之交光明明相照如千華之鬭豔色色互嚴因法華而悟入龍華即穢土而往生淨土罔不繇於斯也總持厥務者則比丘正識法得特書時皇明天啟六年歲次丙寅孟冬之望遠孫傳燈稽首和南書於天台山楞嚴壇東方之不瞬堂

摩訶止觀輔行傳弘決卷第一之一

陳隋天台智者大師說　唐荆溪大師湛然傳弘決

門人章安大師灌頂記　明天台沙門傳燈增科

問曰有何因緣輙集此記答事不獲已述此緣起凡有十意一爲知有師承非任胸臆異師心故二爲會師承者而棄根本隨末見故三爲後代展轉隨生異解失本依故四爲信宗好習餘方無師可承稟故五爲義觀俱習好憑教者行解備故六爲點示關節廣略起盡宗要文故七爲建立師解使不淪墜益來世故八爲自資觀解以防誤謬易尋討故九爲呈露所解恐有迷妄求刪削故十爲隨順佛旨運大悲心利他行故此之一部前後三本其第一本二十卷成并第二本十卷成者首並題爲圓頓者是爲異偏小及不定故其第二本卽文初列竊念者是其第三本題意少異具如後釋初云止觀明靜者是今之所承卽第三本時人相傳多以第三而爲略本以第二本號爲廣本一往觀之似有廣略尋討始末紙數乃齊應以第三爲再治本不須云略嘗於聽次諮決所聞并尋經論思擇添助非率胸臆謬有所述準釋經論皆分三段

今文正說尚自未周信無第三流通明矣唯開章前章安著序可爲序分開章已去爲正說分舊第二本將序及正合爲十章故文初云竊念述聞共爲十意言竊念者謂私竊興念序有五意一商略二祖承三辨差四引證五示處言述聞者謂記其所受正說亦五意一開章二生起三分別四料簡五解釋以將己序及所聽聞合爲十段意似未穩故再治定沒斯次第但成序正又於序中唯發起等無歸敬者推功於師述記而已若就大師正說文中義開三段則前六重以爲序分正觀果報以爲正宗起教化他爲流通分旨歸既是化息歸寂非三所攝義似流通疏中約行尚對三學以爲三分今亦例彼義開於三有何不可今且依前二段爲正於初序中加序所聞時處等事以爲通序用舊祖承人法等事以爲別序卽再治定之正意也不得復用商略等五以爲次第而分再治時處等文故再治定迴舊商略以爲圓證故下用此商略文云今依經更明圓頓言依經者正當引證證圓頓竟請證餘二卽設問云餘三昧願聞誠證第二本中闕此問也故第二本商略文云略引佛經讚

彰圓意故知商略不異引證故再治定沒商略名迴為引證若將前本商略等名次第屬對治定本文則使止觀明靜等文便為徒設況將商略以對祖承深為未可是故須廢舊章次第今再治定加通序者欲類結集傳述所聞法體等五故不同舊商略居初已述新舊有無次第所以改稱摩訶名者有二義故一者為對俗兒出小止觀二者為存梵音兼含之富故大論云言摩訶者名含三義謂大多勝依疏四教釋比丘位則非今意用此三名釋圓三觀正當題旨大是空義多是假義勝是中

義是故改從兼含之名以題一心三觀之部若爾何異圓頓改從摩訶答圓頓之名雖異偏漸其言通總闕於含三故改此土單淺之音以存彼語多含之稱以字應知止觀二字無非摩訶即是一心三止三觀之止觀也故知總攬一部以為首題始自大意終於旨歸無非摩訶之止觀也是則題名是總十章為別於十章中則大意為總餘八是別故知總別自行因果化他能所咸是摩訶妙定慧也何者於總釋中發心修行自行因也次感大果自行果也次裂大網化他能也既有能化必有所被文略舉能以攝於所能所事畢同入旨歸於別釋中始從釋名終至正觀自行因也次果報章自行果也起教一章化他能也所被義當化他所也後三大章其文闕略義意同前總中後三是故後文略而不說初序分為二於通序中雖類集經通中五事既是私記故闕同聞於中為六初之四字述所聞體

止觀明靜

止觀二字正示聞體明靜二字歎體德也謂止體靜觀體明也始終十章正觀十法莫非止觀體咸

明靜則通指一部以為所聞如法華經本門迹門無非妙法體咸眞實

○次明能聞人

前代未聞

前代未聞者明能聞人反以他往顯成我聞述已兼他語現及往故云前代今章安聞已遠霑餘世後代可聞言前代者雖義立三十年今取代更為異世義異世弘法世世有之故云代也自漢明夜夢洎乎陳朝凡諸著述當代盛行者溢目預廁禪門衣缽傳授者盈耳豈有不聞止觀二字但未若

天台說此一部定慧兼美義觀雙明撮一代教門攢法華經旨成不思議十乘十境待絶滅絶寂照之行前代未聞斯言有在故南山歎云唯衡嶽台崖雙弘禪慧豈南山謟附而虛授哉

○三明說教主

智者

智者二字即是教主幼名光道亦名王道此從初生瑞相立名法名智顗顗靜也即出家後師爲立號從德爲名故用靜義後授晉王菩薩戒品因即爲王立法號云大王紆遵聖禁名曰總持王曰師

傳佛法燈稱爲智者今從後說故云智者

○四明說教時

大隋開皇十四年四月二十六日

大隋等者說教時也諸經既多乃通云一時則該乎長短攝彼精麤今唯一部故別指大隋隋受周禪姓楊氏本弘農華陰人也初從周太祖起義關西位至大司空封隋國公諱堅後即帝位因號隋國隋字玉篇加土者待過反字本無走唐祚既興謂隋已走是故加之開皇者年號也皇大也爾雅云皇者匡正也極也大也壯盛貌也

○五明說教處

於荊州玉泉寺

荊州等者即說處也玉泉寺者初梁太平二年魏主令宇文泰破梁元帝二十萬衆大師時年十八至襄州果願寺依乎舅氏而出家焉至陳太平三年時年二十進受具足依慧曠律師通於律藏至陳乾明元年始入光州依思禪師稟受禪法時年二十三至陳光太元年辭師入業時年三十至陳太建七年初入天台時年三十八至太建九年勅置修禪寺至十三年帝請出業至陳貞明三年即

隋開皇十一年旋荊置寺以答地恩初名一音後改玉泉泉色如玉因以名焉寺者西方云僧伽藍此云衆園亦通名精舍此間方俗通以九司官舍曰寺謂有法度之處也故以法度之稱以名精舍至十四年時年五十七於彼玉泉而說止觀

○六重明分齊二初明時分齊

一夏敷揚二時慈霔

一夏者通舉始終策修之限開演稱讚故曰敷揚二時朝晡也慈霔者慈心所說如霔大雨若以生法二緣說則有窮以無緣慈心無依倚恣樂說辨

故曰不窮。位居五品。乃是觀行無緣慈也。霔者如大論第五。評四法師偈云。多聞辨慧巧言語美說諸法轉人心。自不如法行。不正譬如雲雷而無雨。其一廣學多聞有智慧。納口拙言無巧便。不能顯發法寶藏譬如無雷而小雨。其二不廣學問無智慧。不能說法無好行是弊法師無慚愧譬如小雲無雷雨。其三多聞廣智巧言語。美說諸法轉人心。行法心正無所畏。如大雲雷霔洪雨。其四偈意以多聞為雲說法如雷慈行如雨。大師具三。即第四法師。

○次明教分齊。

雖樂說不窮纔至見境法輪停轉後分弗宣。

雖樂說不窮者。辨有四種。謂義法辭樂說也。義謂顯了諸法之義。法謂稱說法之名字。辭謂能說名之語言。雖有此三。必須樂說。說前三也。謂於一法中說一切法。於一字中說一切字。於一語中說一切語。皆入實相而無差謬。故知皆是樂說力也。雖是不盡之辭亦語助也。雖復不窮。夏終告息。纔至見境法輪停轉者。纔者僅得也。僅訖見境時逼夏終。雖闕餘文。行門非要。略中已具。足表期心。即大章第七。開為十境。至第七境。餘不復宣。後三大章及餘三境。託緣不終。故傳中云。灌頂私記止觀十卷。方希再聽。畢其首尾。會智者涅槃。鑽仰無所。餘文雖略。準上可知。增上慢者。如禪境云。無所知人得此謂為無生忍。四禪比丘謂為四果。起絕言見鼠唧鳥空。如此等其相非一。後之兩境。秖是兩教。二乘三教菩薩。具在體相攝法偏圓等文。及諸境中可思議內。後三大章亦準五略。後之三略。其文雖闕。於義已足。故託夏末以為闕緣。信行圓乘於茲罷唱。故云法輪停轉。被行略周。餘止不說。故云後分弗宣。弗者不也。

○次別序。前言通者。義通而文別。別語止觀明靜等故。今別序者。意別而存通。通語二十三師等故。雖通別不同。而亦不出師資人法。故通序中止觀秖是師資所聞所說之法。次舉能聞能說之人。次明聞說若時若處。故舉通中所聞之法。如香如流。令知大覺如根如源。又此別者。雖無餘部可望師資所承。三部不同。頓對餘二。故名為別。又此所承與諸師異。亦名為別。於中為二。先明祖承付法由漸。三。初先約香等譬其由漸。然挹流尋源。聞香討根。

若不先指如來大聖無由列於二十三祖若不列於二十三祖無由指於第十三師若不指於第十三師無由信於衡崖台嶽故先譬其由如尋源討根今之止觀與於像末如流如香金口梵音如根如源挹者斟酌也詩云惟北有斗不可挹酒漿酌其流須尋其濫觴知其香須討其根本故大經云聞其香氣則知其地當有是藥其藥眞味停留在山猶如滿月隨其流處有種種名眞味實理也衆名末教也滿月譬實理也在山譬理在陰也如來依理隨機立名像末四依弘宣佛化化稟教須

止觀輔行卷一　九

討根源若迷於根源則增上濫乎眞證若香流失緒則邪說混於大乘由是而知台衡慧文宗於龍樹二十三聖繼踵堅林實有由也良可信也

○次泛引教驗有師無師二初引內典

論曰我行無師保經云受莂於定光

欲明付法泛引教驗有師無師言無者如大論第二云我行無師保志一無等侶積一行得佛自然通其道增一第十五云阿若第五人問佛師爲是誰佛答云我亦無師保亦復無等侶獨等無過者冷而無復溫律文大同那先經云佛無師成道自悟一切法法華云佛智無師智俗中太師太傅太保皆師義也次云有師受莂等者莂字謂派莂亦分莂字書多作別字如瑞應云至於昔者定光佛興時我爲菩薩名曰儒童乃至買華奉定光佛散華供養華住空中佛知其意而讚歎言汝無數劫所學清淨因記之曰汝自是後九十一劫劫號爲賢汝當作佛名釋迦文乃至身升虛空得無生忍論云無師經稱記莂

○次引俗典

書言生知者上學而次良

止觀輔行卷一　十

復引俗典亦具二義生知如無師學成如記莂故論語云生而知之者上學而知之者次困而學之又其次也困而不學民斯爲下矣良者善也長也書雖不論久遠因果今且泛引相似之言以證二義於理無失讀此文者應以良字而爲句末世有不曉句逗之人以良字爲句頭甚爲未穩如第二本下句頭復有然字豈可讀彼第二本云良然法門等耶故不可用然無師之與記莂約事雖殊其理不二在因必藉師保果滿稱爲獨悟以此因果共爲諸師所承元祖

○三汎舉法喻問上二途二初問
法門浩妙為天眞獨朗為從藍而青
人既分於事理因果所證法體亦分二耶浩者水
大貌法既大妙為事為理為天眞獨朗者問無師
法為從藍而青者問學成法理非造作故曰天眞
證智圓明故云獨朗由師染習故曰從藍由學功
遂故曰而青書云青出於藍而青於藍染使然也
今引染義非引勝藍
○次答二初總答
行人若聞付法藏則識宗元

宗尊也主也元首也長也若尋所傳法展轉相付
乃識能傳人元由宗緒故識一期佛為元由方曉
今師宗於龍樹
○次別答二先雙酬兩問
大覺世尊積劫行滿涉六年以伏見舉一指而降魔
大覺義當天眞行滿義當記莂人之與法兩意咸
爾二義兼備師資道成故書云崑竹未翦則鳳音
不彰情性未鍊則神明不發凡情既待鍊而發故
眞理亦由學而成覺者詩云有覺德行又云覺者
大明也曉也直也今亦如是十號具足種智圓明

三惑頓盡大夜斯曉二死永除無復迴曲又覺滿
等名為大覺四教不同覺智亦異且寄漸始通總
而說略云大覺以覺大故世間中尊積劫行滿者
亦通總而說是故不云三阿僧祇及以無量阿僧
祇等劫此云時俱舍等論多以二十增減為一中
劫八十增減為一大劫金光明云梵天三銖天衣
三年一拂拂盡翌方四十里石以為小劫八十里
盡以為中劫百二十里盡名為大劫不於如此劫
數修學不名菩薩又云有一里劫二里劫乃至萬
里劫又云有大方城周四十里滿中芥子不概令

平百年取一盡名為劫經劫無數名阿僧祇委出
劫義非文正意故不廣明涉六年以伏見至降魔
者伏見為調外道降魔為摧天魔故六年苦行過
其所行先同後異化道宜然故五人中著愛行者
而捨之去過六年已食食修禪著見行者又捨之
去後降天魔樹王成道降魔之相廣在諸經且瑞
應云天魔與佛相難詰佛云丈夫會當鬬戰死終
不身在為他降魔云比丘何求坐樹下樂於林藪
毒獸問雲起可畏杳冥冥天魔圍繞不以驚佛云
古有眞道佛所行恬惔為最除不明斯誠最勝法

滿藏吾於斯坐快魔王魔云汝當作王轉金輪七寶自至典四方所受五欲快無比斯處無道起入宮佛云吾覩欲盛呑火同棄國如唾無所貪得王亦有老死憂去此無利勿妄譚魔云何安坐林而快語委國財位守空閒而不見我與四兵象馬步兵億百千已現獼猴師子面皆持刀劒攙戈矛起躍哮吼滿空中 云云 大論云時淨居天住三面立看佛與魔難詰鬬戰天魔退走乃至鐵圍猶尙不已大集觀佛三昧等云魔王初欲來戰於佛先令民屬次令太子次遣三女皆不能壞乃大瞋忿便

自領軍纔至佛所主將俱墮大論中佛以偈呵魔女云是身爲穢藪不淨物腐積是實爲行廁何足以樂意女因自恥又語魔言我三僧祇修習苦行乃得菩提汝但設一無遮之會報爲天主何得與我與斯戰諍魔云以何爲證佛以手指地云是知我當時地神告空神傳乃至梵世天魔降已得不動三昧成無上道

○次略擧三處以法驗證以處顯法

始鹿苑中鷲頭後鶴林法付大迦葉

始鹿苑至鶴林者旣成道已說必託處故略擧此始中終三以法驗證以處顯法卽所傳之法正指於斯天眞從藍功用盛矣言鹿苑者大論云昔波羅柰王入山遊獵見二鹿羣數合五百各有一主有一鹿主身七寶色是釋迦菩薩復有一主是提婆達多菩薩鹿主見王殺其羣黨起大悲心直至王前諸人競射飛箭如雨王見此鹿無所忌憚必有深意勅令勿射鹿至王所跪白王言王以小事一時令鹿受於死苦若以供饌當差次送每日一鹿王善其言於是二主各差次送次當調達羣中有一母鹿白其主言我死分當而我懷子子非死

次屈垂料理使生者不濫死者得次王怒之曰誰不惜命次來但去母思惟言我王無慈橫見瞋怒卽至菩薩王所具白王言大王仁慈如我今日天地曠遠無所控告具以是白菩薩王言若我不理枉殺其子若非次更差後次何遣惟我當代思惟旣定卽自送身遣鹿母還羣菩薩鹿王到其王門衆人見之怪其自來以自白王王亦怪之王問曰羣鹿盡耶而忽自來鹿王言大王仁慈人無犯者但有滋茂無有盡時但彼羣鹿歸告於我我愍之故若非分差是亦不可若縱而不救無異木石是

身不久必不免死慈救苦厄其德無量若人無慈與虎狼何別王聞是語即從座起而說偈言我實是畜獸名曰人頭鹿汝雖是畜生名曰鹿頭人以理而為人不以形為人我從今日始不食一切肉我以無畏施亦可安汝意諸鹿得安王得仁信羣鹿所居故名鹿苑佛初於此時轉法輪是故云始從樹為名亦名柰苑二仙所住亦名仙苑中鷲頭者說文云此鳥黑色多子山形似鳥故以名焉又其山側有屍陀林鷲食屍竟多居此山故以名之又多聖靈所居故曰靈鷲亦名雞足亦名狼迹增

一三十一佛告諸比丘此山久遠同名靈鷲更有餘名汝等知不亦名廣普山白墡山仙人山恆有神通諸得道羅漢所居又有五百支佛居之佛欲下生令淨居天子來下告令却後二歲佛出此間支佛聞之燒身入滅世無二佛故也鶴林者在拘尸城阿夷羅跋提河邊樹有四雙復云雙樹四方各雙故名為雙又云根分上合故名為雙佛於中間而般涅槃涅槃之時其林變白猶如白鶴因名鶴林中阿含云牛角娑羅林恐是以城而名林也拘尸那城此名角城其城三角故云角也若爾秪應云角那云牛角應是以牛角表雙以娑羅名樹娑羅西音此云堅固堅固之名稱樹德也故知牛角表雙義兼三角此即最後說涅槃處於前二義自然證理非今所論師資相傳是今正意是故次明法付迦葉

○次述佛滅後付法之人於中先明金口祖承次明今師展轉相承金口祖承則人法兼舉今師祖承則總別重出別中先人次法先明金口祖承三初正明相承二十三初迦葉尊者

迦葉入分舍利結集三藏法付阿難

金口具在付法藏傳過七十紙具存煩廣今先略依阿含及婆沙論明初分舍利及結集三藏長阿含云迦葉從畢鉢羅窟出赴闍維所佛從金棺為現雙足迦葉禮訖耶旬舍利傳中分法先為三分謂人天海人中一分復分為八與阿含同也故阿含云佛涅槃後拘尸國諸末羅眾波波國諸末梨眾遮羅國諸跋離眾摩伽陀國諸拘利民眾毘提國諸婆羅門眾迦維羅國諸釋種眾毘舍離國諸離車眾摩竭國阿闍世王眾各自念言佛於拘尸而般涅槃我當於彼求舍利分時諸國中各嚴四

兵即勅香姓婆羅門言汝持我名至拘尸城問訊拘尸諸末羅衆起居輕利遊步彊耶吾於諸賢每相宗敬鄰國敦義會無諍言我聞如來於君國中而般涅槃惟無上尊實我所天故從遠來請求骨分冀還本國起塔供養設與我者當贈重寶香姓受教具往傳白諸末羅言誠如君言但佛降此土於茲滅度國內人民自當供養遠勞諸君求舍利分終不可得時諸國王即集諸臣而說頌曰吾等義和遠來拜首遜言求分如不見與四兵在此不惜身命義而弗獲當以力取時拘尸國即集諸臣

共以偈答遠勞諸君屈辱拜首如來遺形不敢相許彼言舉兵吾師亦有畢命相抵末云有畏是時香姓喻衆人曰諸賢長者受佛教勅口誦法言心服仁化一切衆生當念得安豈諍舍利共相殺害如來遺形所以廣益舍利現在但當分取衆咸稱善尋復語言誰能分者衆舉香姓仁智均平可分舍利 云云 即分舍利以為八分缾塔第九灰塔第十生存時髮天持上天起塔供養阿闍世王先令送書以慰企仰明星出時分舍利訖當自奉送有餘灰者畢鉢羅村人白衆人言乞餘地灰起塔供

養皆云與之諸國各於本國起塔言結集三藏者大迦葉分舍利訖使阿難出修多羅使波離出毘柰耶迦葉自出阿毘曇問論藏誰說答婆沙初明造論緣起中問曰誰造此論答世尊造問誰問誰答答或云舍利弗問佛答有云五百問佛答有云諸法甚深無能問者如來自化作比丘問佛答若爾云何復云迦栴延造答是彼尊者持讀此論為他解說廣令流布名歸於彼故云彼造有云是彼尊者造問既云甚深無能問者彼迦栴延云何能造答彼有利智三明六通具八解脫五百佛所願

於釋迦遺法之中造阿毘曇何者是耶世尊處處教化說法尊者於中而立揵度釋迦滅後六百餘年北天竺國五百應真共撰集於世尊所說次依第二本略出付法準彼傳文時有少異意在略知言趣初迦葉部分三藏教已後二十年弘持正法先禮四塔謂出家成道轉法輪入涅槃次禮八塔次入龍宮禮佛牙塔次上天上禮佛髮塔著佛所與僧伽黎衣持錫擗山如入軟泥法付阿難

○次阿難尊者

阿難河中入風三昧四派其身法付商那和修

阿難持法經二十年聞一比丘誦法句偈云人生百歲時不見水潦涸不如生一歲而得覩見者阿難慘然云此非佛偈佛偈云人生百歲時不聞生滅法不如生一歲而得覩見者阿難歎曰我世無用詣闍王別門人云王睡卽度恆河王於睡中夢蓋莖折覺已門人卽奏其事王乃隨追半河方及請曰世尊涅槃迦葉入滅我皆不見唯仰尊者今復棄我何所歸依尊者默然卽入三昧名風奮迅分身四派派者分也分與二國上天下地法付商那和修

○三商那和修尊者

修手雨甘露現五百法門法付毱多

修造般遮於瑟於曼陀山立精舍二十年因至毱多所坐毱多牀多諸弟子不識乃舉手空中而雨甘露現五百法門多皆不識語言佛入目連不識目連入諸比丘不識我入毱多不識我得七萬七千本生諸經八萬毘尼八萬毘曇汝皆不識我若去者法門隨去諸弟子始覺神異悉得羅漢度弟子已而入涅槃法付毱多

○四毱多尊者

多在俗得三果受戒多四果法付提迦多

毱多在俗已得初果見婬女屠裂進三果出家受戒得第四果說法之時魔爲障礙毱多降已由是不敢下閻浮提所度夫婦得四果者乃下一籌籌長四寸滿丈六室用籌燒身法付提迦多

○五提迦多尊者

多登壇得初果三羯磨得四果法付彌遮迦

○六彌遮迦尊者

迦付佛馱難提

○七佛馱難提尊者

提付佛馱蜜多

上二尊者傳中緣起其事亦寡

○八佛馱蜜多尊者

多受王三歸降伏算者法付脇比丘

多十二年自持赤幡在王前行王問何人答曰智人問求何等答求捔論王乃設會廣集論師淺者一言深者至再王論亦屈乞受三歸一婆羅門善知算法蜜多加之其言佛無神多云得罪不信算之卽知墮獄卽歸信佛蜜多加之其知生天入滅移屍象挽不動樹下燒身身灰樹聚法付脇比丘

○九脇比丘尊者
比丘出胎髮白手放光取經法付富那奢
比丘在胎經六十年生而髮白誓不屍臥名脇比丘乃至暗中手放光明以取經法付富那奢
○十富那奢尊者
奢論勝馬鳴剃髮爲弟子
奢與馬鳴論鳴執有我奢云佛法二諦世諦有我眞諦無我鳴欲刎首奢令剃髮爲弟子
○十一馬鳴尊者
鳴造賴吒和羅妓妓音演無常苦空聞者悟道法付

毘羅
鳴造賴吒和羅妓妓音之中演於無上苦空無我聞者悟道五百王子厭世出家王恐民盡禁妓不行被月氏征求以九億金錢請和即以馬鳴佛鉢一慈心雞以準九億月氏受之歡喜回軍又行禮塔塔爲之崩掘其塔得尼乾屍有剃髮師來求王女如是再三王云小人何此專輒鳴云其地有金故使爾耳掘果得藏其王英勇三海歸德殺九億人鳴云我知懺法乃七日爨鑊投一金釧云誰能取之人無致者王以水投從水處取王因悟曰我罪如沸鑊懺如投水鳴爲說法由是罪輕爲千頭魚鐵輪截頭斷已復出聞鐘痛息勸令長打法付毘羅
○十二毘羅尊者
羅造無我論論所向處邪見消滅法付龍樹
○十三龍樹尊者
樹生生身龍成法身法付提婆
羅造無我論論所行處邪見消滅法付龍樹樹學廣通天下無敵欲謗佛經而自作法表我無師龍接入宮一夏但誦七佛經自知佛法妙因而出家

降伏國王制諸外道外道現通化爲華池坐蓮華上龍樹爲象拔蓮華撲外道作三種論一大悲方便論明天文地理作寶作藥饒益世間二大莊嚴論明修一切功德法門三大無畏論明第一義中觀論者是其一品作此論已問一小乘師欲我去住耶答爾云大佳即入房蟬蛻法付提婆
○十四提婆尊者
婆鑿天眼施萬肉眼法付羅睺羅
婆因入於大自在廟廟爲金像像高丈六瑠璃爲眼大有神驗求願必得怒目動睛提婆語曰神則

神矣本以精靈訓物而假以黃金琉璃威謻於世何斯鄙哉便登梯鑿神眼衆人咸云神被屈辱婆曰欲知神智本無慢心神知我心復何屈辱夜營厚供明日祭神神爲肉身而無左眼臨祭歎曰能此施設眞爲希有而我無眼何不施眼提婆卽剜己眼施之隨剜隨出凡施萬眼神大歡喜問求何願婆曰我辭不假他但人未信受神曰如願卽沒不見神理交通咸皆信伏唯一外道獨懷瞋恨汝以空刀破我義我以鐵刀破汝腹五藏委地猶不絕也三衣乞之語令速去復爲追者說無常等我

以業作今還業受汝何憂惱說已入滅法付羅睺羅

〇十五羅睺羅尊者

羅識鬼名書降伏外道法付僧佉難提

初一外道造鬼名書隱密難解龍樹一讀便解再爲提婆說難解更廣爲羅睺羅分別方解外道歎云沙門釋子神智乃爾所讀我書如似舊知法付僧佉難提

〇十六僧佉難提尊者

提說偈試羅漢法付僧佉耶奢

提道高化廣說偈試羅漢曰轉輪王種生而能入涅槃非佛非羅漢亦非辟支佛羅漢入三昧思之不解升兜率天以問彌勒彌勒云泥著輪上以爲瓮器瓮器後破非是二乘亦非是佛下見難提爲提說之提曰彌勒語耳法付僧佉耶奢

〇十七僧佉耶奢尊者

奢遊海見城說偈法付鳩摩羅馱

奢遊海畔見有一城詣城乞食而說偈云行爲第一苦饑爲第一病若能見法寶則得涅槃道城主於是請進與食因見二鬼昔是兒婦由彼慳貪我

乃誓云見汝受報復見一城共食齊整食竟卽以其鉢相擲火起燒身於客惜食故致斯苦法付鳩摩羅馱

〇十八鳩摩羅馱尊者

馱見萬騎記馬色得人名分別衣法付闍夜那

馱爲童子時以能斷事故號美名一覽萬騎人名馬色衣仗皆記法付闍夜那

〇十九闍夜那尊者

那爲犯重人作火坑令人懺悔坑成池罪滅法付盤馱

那為嫂送食比丘而犯重罪者化作火坑令入懺
悔說法罪滅得阿羅漢時人號為清淨律師見大
城邊不得食鬼經五百歲又見鳥子是本時兒障
我出家經五百歲不得道果法付婆修盤馱
○二十婆修盤馱尊者
馱法付摩奴羅
○二十一摩奴羅尊者
羅分恆河為二分自化一分法付鶴勒夜那
馱付摩奴羅羅與三藏分地而化恆河以南二天
竺國人人多邪見付摩奴羅恆河以北三天竺人

人信易化與三藏法付鶴勒夜那
○二十二鶴勒夜那尊者
那法付師子
○二十三師子比丘
師子為檀彌羅王所害劒斬流乳
那付師子師子值惡王王名檀彌羅破塔壞寺殺
害衆僧劒斬師子血變為乳
○次去取結數
付法藏人始迦葉終師子二十三人末田地與商那
同時取之則二十四人

○三付法之益二初總標利益
諸師金口所記並是聖人能多利益
金口者此是如來黃金色身口業所記問曰此諸
尊者為何位行答準四依位初依屬凡不得名聖
傳中既不的判其位而云並是聖人故多是第四
依人亦可通於第三第二是故文云並是聖人
○次明付法得益之相
昔王不立廐於寺立廐於屠況好世値聖寧無益耶
又婆羅門貨髑髏孔達者半者不者達者起塔禮供
得生天聞法之要功德若此佛為此益付法藏也

廐者說文云馬舍也屠者殺也傳中列付法人竟
云親近賢善聽聞正法遠益來世如昔華氏國有
一白象氣力勇健能滅怨敵若有罪人令象踏殺
後時象廐為火所燒移在異處近一精舍有一比
丘誦法句偈曰為善生天為惡入淵心便柔和起
慈悲意後付罪人但覩而不害嗅舐而已王見斯
事心大惶怖召諸智臣共謀此事時有一臣即白
王言此象繫處近精舍邊必聞妙法是故爾耳今
可令繫近於屠坊彼覩殺害惡心當盛王聞其言
繫象屠所象見殺戮惡心猛熾殘害增甚以是當

知衆生之類其性不定畜生尙乃聞法生慈見惡
爲害況復人乎而不染習近善知識婆羅門貨髑
髏者傳云昔有婆羅門持人髑髏其數甚多詣華
氏城徧行衒賣經歷多時都無買者便極瞋恚高
聲唱言此城中人若不買者吾當爲汝作惡名聲
言汝諸人愚癡暗鈍爾時城中諸優婆塞畏其毀
謗皆就買之卽以銅鉒貫穿其耳若徹之者便多
與價其半徹者與價漸少都不通者都不與直時
婆羅門問優婆塞我此髑髏皆悉不異何故與價
而有差別優婆塞言其通徹者其人生時聽受妙

法智慧高貴故與多價其半徹者雖曾聽法未善
分別以是因緣與汝少直全不通者斯人往昔不
曾聽法諸優婆塞持此聽法人髑髏起塔供養命
終生天當知大法有大功能以聽法人髑髏供養
尙生天上況能志心供養持經人者聞法旣有如
是深益故佛付法令至後世展轉聞之致使龍樹
之後妙觀斯在良由於此

○次明今師祖承二此中卽是先總舉所傳人法

此之止觀天台智者說己心中所行法門

言說己心中所行法者卽章安密說從大師得所
行之法也故舉所行以顯所傳若傳而不習有言
無行將何以辨所傳不空故知所傳卽是所行亦
令後代行弗違言所以一部並爲行相他云三外
別傳心要者則三部之文便爲無用縱有面授口
決之言但是將證私呈於師安心觀門此文自足
況此後學不蒙面授離此之外何所云耶故應信
此卽是所傳故遺囑云止觀不須傳授私記時爲
人說私記卽指章安所記十卷是也囑意正言面
授意多不周私記言旨全備故知大師所傳止觀
隨機面授非後代所堪是以臨終慇懃遺囑驗之

別傳斯言謬矣

○次別明所傳人法二初別明傳法人金口祖承
從前向後今師祖承從後向前者爲指文師以承
龍樹文便故也又爲四初序智者中又二先明大
師德業

智者生光滿室目現雙瞳行法華經懺發陀羅尼代
受法師講金字般若陳隋二國宗爲帝師安禪而化
位居五品

初生之時室內洞明棟宇煥然兼輝隣室凡諸俗
慶並火滅湯冷爲事不成目有重瞳父母藏掩不

欲人知而人自知玉篇云瞳者目珠子也即目睛中小珠子也行法華懺發陀羅尼者習律藏已詣大賢山持法華經宿緣所熏常好禪悅怏怏江東無足可問聞光州大蘇山慧思禪師遙餐風德如饑渴矣其地既是陳齊邊境兵刃所衝重法輕生涉險而去思初見笑曰昔共靈山聽法華經宿緣所追今復來矣即示普賢道場行法華三昧經二七日行道誦經至藥王品諸佛同讚藥王菩薩言是真精進真法供養豁然入定照了法華將證白師師曰非爾弗證非我不識所發定者法華三昧

前方便也所發持者初旋陀羅尼縱令文字法師千羣萬衆尋汝之辨不能窮矣於說法人中最為第一代受法師等者即指南嶽為受法師南嶽造金字大品經竟自開玄義命令代講於是智方日月辨類懸河卷舒稱會有理存焉唯三三昧三觀智用以諮審餘並自裁思曰可謂法付法臣法王無事者也時慧曠律師亦在會坐思曰律師嘗聽賢子講耶曠曰禪師所生非曠子也思曰思亦無功法華力耳陳隋二國等者陳家因姓號國自武帝霸先受梁禪來至少主叔寶方始入隋陳凡五

主第四宣帝是文帝之弟名頊字紹世初思謂智者曰吾久羨南嶽恨法無所付汝可傳燈設化莫作最後斷佛種人也汝於陳國有緣宜往利益既奉嚴訓乃共法喜等二十七人同至陳都儀同沈君理請住瓦官開法華經題勅一日停朝事公卿畢集停瓦官八年講大智度論說次第禪門蒙語默之益者略難稱紀爾後徒衆轉多得法轉少妨我自行化道可知羣賢各隨所安吾欲從吾志也吾聞天台地記稱有仙宮若息心茲嶺展平生之志陳主有勅留連徐僕射潸涕勸請勅云京師三

藏雖弘佛法皆一途偏顯兼之者寡朕聞瓦官濟濟深用慰懷宜停訓物豈邊獨善匪從物議直指東川於時陳大建七年秋九月從茲始入天台宣帝勅曰禪師佛法雄傑時匠所宗訓兼道俗國之望也宜割始豐縣調以充衆費蠲兩戸民用給薪水爾後勅賜寺額云具左僕射徐陵啟知禪師創立天台宴坐名嶽宜號修禪陳破入隋隋主敬重陳主併諸王書疏凡十二道隋主併諸王勅及書疏近五十道所施信物並在國清百錄安禪而化至五品等者此出臨終行位也不出禪定端坐取

滅故云安禪而化開皇十五年至荆下業至十六年重入天台至十七年晉王敦請出至石城謂徒衆曰大王欲使吾來吾不負言而來吾知命在此故不前進於石像前口授遺書云蓮華香爐犀節如意留別大王願芳香不窮常保如意索三衣命掃灑令唱法華觀無量壽二部經題兼讚歎竟時吳州侍官等二十五人見石像倍大光明滿山又索香湯漱口竟說十如四不生十法界四教三觀四悉四諦六度十二緣一一法門攝一切法吾今最後策觀譚玄最後善寂吾今當入時智朗請云

伏願慈悲賜釋餘疑不審何位沒此何生誰可宗仰報曰汝嬾種善根問他功德如盲問乳蹶者訪路告實何益雖然吾當為汝破除疑惑吾不領衆必淨六根以損己益他但位居五品生何處者吾諸師友並從觀音皆來迎我問誰可宗仰者汝不聞耶波羅提木叉是汝大師四種三昧是汝明導教汝捨重擔教汝降三毒教汝治四大教汝解業縛教汝破魔軍教汝調禪味教汝遠邪濟教汝折慢幢教汝出無為坑教汝離大悲難唯此大師可作依止從捨擔下即是十境故知若不示人境觀不任依止於是教維那曰人命將終聞鐘磬聲增其正念唯長唯久氣盡為期云何身冷方復響磬哭泣著服皆不應為言已跏趺唱三寶名而入三昧即其年十一月二十四日未時端坐入滅滅後祥瑞等具如別傳即是佳觀行位首楞嚴定而入滅也五品之言彌可信也然大師生存常願生兜率天臨終乃云觀音來迎當知軌物隨機順緣設化不可一準

○次引證大師五品功多

故經云施四百萬億那由陀國人一一皆與七寶又

化令得六通不如初隨喜人百千萬倍況五品即文云即如來使如來所使行如來事大經云是初依菩薩

隨喜品云施四百萬億阿僧祇世界六趣四生衆生一一皆與七寶見其衰老乃至將死化令得果起六神通不如初隨喜人百千萬倍彼第六經初舉第五經末五品文中初隨喜品復以第五十人校量最初隨喜人故今文中初述小乘化他之福比於初品具如經文復以初品況出後品故云況五品即舉小乘之最多況大乘之極少初品最小

其功尚多況第五品耶此證大師居第五品其德深也次引法師品者為世所依頌傳佛旨故名為使使即所使宣佛因果名如來事次引大經者亦證大師位也經云若復有人具煩惱性能知如來秘密之藏是名初依若準圓位五品六根並名初依未斷無明名具煩惱亦得名為觀行相似知秘藏密

○次明智者所承即南嶽也南嶽德行去彰南嶽行證也

智者師事南嶽南嶽德行不可思議十年專誦七載

方等九旬常坐一時圓證大小法門朗然洞發

博物志云嵩山為中嶽屬豫州華山為西嶽屬同州泰山為東嶽屬兗州恆山為北嶽屬冀州衡山為南嶽屬荊州後開衡州從山為名以此五山上應天象配於五帝又山之高者名嶽大師俗姓李氏項城武津人也兒童時因夢梵僧勸令入道又數夢僧訓以齋戒時見朋類讀法華經情深樂重先未曾誦因從他借於空塚中獨自看之無人教授日夜悲泣復恐塚是非人所居移托古城鑿穴居止晝則乞食夜不眠寢對經流淚頂禮不休其夏多雨土穴濕蒸舉身腫滿行止不能而忍心對經心力彌壯忽覺消滅平復如故又夢普賢乘白象來摩頂而去昔未識文自然解了所摩之處自然隱起有如肉髻因茲所誦法華等經三十餘卷十年之中誦聲不輟因讀諸經見讚禪定復更發心求善知識值慧文禪師稟受禪法晝則驅馳僧事夜則坐禪達曉精勤動障乃反觀心源求不可得遂動八觸發根本禪因見三生行道之處得此相已精進彌甚夏竟受歲將欲上堂乃感歎曰昔佛在世九旬究滿證道者多我今空過法歲虛受

內愧深重放身倚壁背未至壁朗然復悟法華三昧大乘法門境界明了通明背捨並皆成就從此以後辨悟既多所未聞經不疑自解故今文云大小法門朗然洞發傳中不云七載方等應是著傳者所聞不同

○三明南嶽所承

南嶽事慧文禪師當齊高之世獨步河淮法門非世所知履地載天莫知高厚

南嶽事慧文等者明南嶽所承及文師德行未見本傳言齊高者齊是國號高謂高祖渤海人也姓

高氏齊大夫高奚之後高歡次澄次洋方受魏禪都鄴在相州即北齊也無競化者故云獨步河謂河北淮謂淮南行化於世而言非世所知者明所證既深非餘所知若準九師相承所用第一諱明多用七方便恐是小乘七方便耳自智者以前未曾有人立於圓家七方便故第二諱最多用融心性融相融諸法無礙第三諱嵩多用本心三世本無來去眞性不動第四諱就多用寂心第五諱監多用了心能觀一如第六諱慧多用踏心內外中間心不可得泯然清淨五處止心第七諱文多用

覺心重觀三昧滅盡三昧無間三昧於一切法心無分別第八諱思多如隨自意安樂行第九諱顗用次第觀如次第禪門用不定觀如六妙門用圓頓觀如大止觀以此觀之雖云相承法門改轉慧文以來既依大論則知是前非所承也故今歎文所行法云非世所知履地至厚者此明文師法行於世如履地不知地之厚載天不知天之高

○四明北齊所承三初正明師

文師用心一依釋論論是龍樹所說付法藏中第十三師

○次引證文師所承之異

智者觀心論云歸命龍樹師驗知龍樹是高祖師也

言高祖者若以智者所指應以南嶽為父師慧文為祖師龍樹為曾祖師故爾雅釋親云父之考為王父加王者尊也王父之考為曾祖王父加曾者重也曾祖王父之考為高祖王父加高者最上也是則章安望於龍樹方為高祖耳若直以尊上為高則可通用如漢齊隋等並指始祖以為高祖謂禪建立功德無過上謚為高耳今家亦以龍樹為始是故智者指為高祖

○三假設問端後去例是為二先問

疑者云中論遣蕩止觀建立云何得同

今立疑云既稱祖於龍樹法門不應不同遣蕩建立既殊祖師之義安在

○次答二初旁引注論人答

然天竺注論凡七十家不應是青目而非諸師

言凡七十家者付法傳云龍樹造大無畏論有十萬偈中論從彼略出大綱有五百偈長行並是諸師注解關中影法師云有數十家注中論最下河西朗云有七十餘家眞諦云西方有廣略二本此

問所傳略本耳元康師云此恐不爾此問已有四本一靑目注名爲中論後秦羅什所譯二無著注名順中論後魏菩提流支譯但得兩卷餘者未出三羅睺法師注亦名中論梁眞諦譯但得因緣一品四分別明菩薩注名般若燈論唐波頗三藏譯有十六卷河西旣云七十餘家豈以諸師爲非獨存靑目爲是況靑目最劣遺蕩叵依故云也

○次引論文答

又論云因緣所生法我說卽是空亦名爲假名亦是中道義云云

龍樹本文有蕩有立今依龍樹意亦同然故不應以專蕩之文卻形止觀而爲建立論初句云因緣所生法卽建立也我說卽是空卽遣蕩也假名中道又建立也四句論中三立一蕩止觀前後盛引斯文二處符同師資確立卽者廣雅云合也若依此釋仍似二物相合名卽其理猶疏今以義求體不二故故爲名卽卽三而一與合義殊下云皆然

○次別釋所傳之法卽此所傳是向所行於中又二先略次廣初略解四初標

天台傳南嶽三種止觀

天台者天者顚也元氣未分混而爲一兩儀旣判淸而爲天濁而爲地此本俗名且依俗釋台者星名其地分野應天三台故以名焉有云本名天梯謂其山高可登而升天後人訛傳故云天台又章安山記云本稱南嶽周靈王太子子晉居之魂爲其神命左右公改爲天台山也若準孫公山賦云所以不列於五嶽闕載於常典者以其所立幽奧其路曠迥故未知章安所出西方風俗稱名爲尊如子之名兼於父母佛當生彼預設斯儀使慕德稱名故也此方風俗避名爲敬故以所居以顯其

人南嶽亦爾傳爲傳授亦曰傳受受彼所傳

○次列

一漸次二不定三圓頓

○三示教境

皆是大乘俱緣實相同名止觀

次列三示教境及名並如文

○四釋行相

漸則初淺後深如彼梯隥不定前後更互如金剛寶置之日中圓頓初後不二如通者騰空爲三根性說三法門引三譬喻

漸如梯隥者梯者說文云木階也極高用梯次高用隥故大經第八云爲欲化度諸世間故種種示現差別之相如彼梯隥大論四十云譬如登樓得梯則易八十八云譬如登梯始從初桄漸漸向上上處雖高亦能得至故用譬漸也隥字亦可從足謂升躡也從木者雉莖反非此所用從石者謂山坂漸高也亦可義用正應從阜作此隥字亦梯類也可以升高也始自人天終至實相故也金剛寶者大經二十二云如金剛寶置之日中色則不定金剛三昧亦復如是若在大衆色則不定大論三十

八又云如頗梨珠隨前色變自無定色諸法亦爾或常無常經以一行隨於衆行論以一理應於衆理理行雖殊同名不定故金剛頗梨珠名雖殊譬意亦等大論五十九云金剛寶者帝釋所執與修羅戰碎落閻浮釋曰理行如珠教法如日情如衆物觀如現色圓頓者圓名圓融圓滿頓名頓極頓足又圓者全也李奇云圓錢也即圓全無缺也體非漸成故名爲頓體雖極足須以二十五法爲前方便十法成觀而爲正修今序中語略具如下文如通者騰空者近地之空與萬仞同體故云不二通者譬頓行人騰譬修行觀理空譬頓理不二爲三根等者此三止觀對根不同事雖差殊同緣頓理離圓教外無別根性當知此三並依圓理分此三行名三根性是故漸次不同於別或一日一月一生修之可獲故云文第十判教中云漸觀者從初發心爲圓極故修阿那般那乃至無作故知頓人行解俱頓漸人解頓行漸不定解頓行或頓漸有人云是別都不見文旨

摩訶止觀輔行傳弘決卷第一之一

摩訶止觀輔行傳弘決卷第一之二

陳隋天台智者大師說　唐荊溪大師湛然傳弘決
門人章安大師灌頂記　明天台沙門傳燈增科

○次廣解中四。初結前生後。

略說竟更廣說。

○次正釋三。初釋漸次。

漸初亦知實相。實相難解。漸次易行。先修歸戒。翻邪向正。止火血刀。達三善道。次修禪定。止欲散網。達色無色定道。次修無漏。止三界獄。達涅槃道。次修慈悲。止於自證。達菩薩道。後修實相。止二邊偏。達常住道。

是為初淺後深漸次止觀相。

漸初亦知實相等者。謂依頓理方起頓解。望彼頓人。故云亦知。依頓起解。故云難解。依解起行。復曰難行。漸云易行。以易解故。文雖互舉。語必兩兼。為難解理而起漸行。此中翻數但有五重。義則十三。言五重者。一歸戒。二禪定。三無漏。四慈悲。五實相。義十三者。初翻有六。謂三惡三善。第三翻四。謂兩教二乘。并前六義合為十也。餘三不開。合為十三。於十三中。實相是所緣之境。望頓是同。不應數為不同之限。故下問答中云。漸次中有十二不同。即此意也。此預點出。至下易知。

○次釋不定三。初正釋三。初出不定位。

不定者。無別階位。約前漸後頓。

不定至後頓者。漸次列名在不定前。故云前漸。圓頓列在不定文後。故名後頓。第二本中。列不定文。在漸頓後。即云不定者。約前漸頓。或漸或頓。不專一法。故名不定。若從始至終。專漸為頓。方名漸頓。當知不定。初亦知圓。

○次釋不定相

更前更後。互淺互深。或事或理。

前後秪是前漸後頓。或時觀頓。或時觀漸。淺深者。約前五翻互論淺深。事理者。或界內為事。界外為理。真諦俗諦。三悉一悉。更互亦爾。此中但出四悉及止觀者。諸法雖多。若論行相。不出此二。如下安心及破偏等。亦不出此。故今列之。

○三釋不定體

或指世界為第一義。或指第一義為為人對治。或息觀為止。或照止為觀。故名不定止觀。

釋不定體。文有二對。初約四悉。陰是世界。如初觀陰入。即觀陰入為第一義。名指世界為第一義。如觀眞理但能生善滅惡而已名指第一義以爲二悉次約止觀者或正用觀而宜息觀或正用止而宜照止以照止故止即成觀以息觀故觀即成止或雖無昏散進道功微煩惑不破眞理不啟皆須改途若息若照故觀成所息止成所照不同常儀故云不定下料簡中不定中四指此兩雙

○次料簡前文二初一問答二初問

疑者云教境名同相頓爾異

問中言教境等者同是大乘教同緣實相境同名爲止觀此三旣同何故三種行相頓是差別

○次答二初總答

然同而不同不同而同

同不同等者行相各別何妨三同雖曰三同何妨行別

○次別答

漸次中六善惡各三無漏總中三凡十二不同從多爲言故名不定

別答中應明漸次與不定相對於圓頓以辨同異今文但釋漸次行相漸後結云故言不定者以不定法無階位故故寄漸後而結不定漸中即有十二不同如前分別兩教二乘是無漏四而今乃云無漏總中三者何耶別而言之離爲四人若總名無漏則合却三人但存一位今舉總含開一中兼三故名無漏總中三也若沒本位離開爲四并善惡各三及以禪定慈悲各一故成十二若準無漏離爲四別慈悲亦應有三不同文無者略言從多者以漸不定十二不同行相多故名漸不定約理則非多非少約相則頓少二多漸中實相及以圓頓其相是同不須別說故但結二不同於圓而用釋向同不同等

○次重問答二初重問

此章同大乘同實相同名止觀何故名爲辨差

重問者向雖明漸不定不同復重更問三翻差別故更將同問三差別故結難云何名辨差又初問者許有三異將同問異故結文云相頓爾異後問意者由前答異將異問同是故結云何故名爲辨差二問雖並三同居先文意實以二義互舉是故二答並云同與不同等也又由前答中但出漸相以對於頓不定行相寄漸明之今欲具辨三種相別故更還以三同問起故下答中具出二相言此

章者此中舊名辨差章故既曰三同何故此章辨
三差別章名雖廢問亦何傷
○次重答二初總答
然同而不同不同而同
同義如前
○次別答
漸次中九不同不定中四不同總有十三不同從多
爲言故名不同耳
九不同者於前十二合三無漏依總爲一故但有
九并不定四故有十三將此漸次及以不定對頓

即成三差別也理而言之漸不定中所緣實相與
頓理同爲答來問故對二說俱名不同故云從多
○三證同不同
一切聖人皆以無爲法而有差別即其義也
以無爲法證不同而同而有差別證同而不同良
由諸聖證無爲法用此無爲而能分別故云差別
如諸羅漢得小無爲尙分別小故諸菩薩得大無
爲能分別大所以分別是無爲用故云以無爲法
依第二本答云漸次中十二不同不定中有四不
同總有十三不同若無第三重修本文第二本文

何由可解十二與四乃有十六而云十三標乃從
開會數從合應知十二約開無漏十三約合無漏
對不定說問無漏開四慈悲不開答開亦不違玄
漸觀中列四慈悲開合隨便不可一準有人云無
漏總中三者即三觀也無漏空也總假中中自濫
參聽衆有逾一紀實未曾聞有斯異釋中即實相
實相是同如何數不同之限一不可也一宗教門
文無說假以爲總者二不可也漸次九中已有無
漏慈悲與假其義又同不應重數以三足九三不
可也借使以三足善惡六但應成九今云十二四

不可也縱兼實相但成一十今云十二五不可也
又第二本文無無漏總中之言亦云十二今以此
三配於三觀復舍漸次亦但十二六不可也或云
諸翻違即是觀止即是止者三途何故但止無觀
常住何故但觀無止借使以此爲止觀者中間四
翻四止四觀初後二翻一止一觀則但有十若開
善惡各立止觀則九不同十八止觀若數常住復
違現文文云漸九七不可也復應思擇漸初雖復
知圓不同但中及十行中時常行遠略知此二已
異別教故知此三知圓理同而行相小別當知南

嶽唯授天台圓頓之理約行須以漸不定助問南嶽大師知四教不答南嶽委知而不細判何者如智者釋位而引南嶽用大品文四十二字以為圓位歡喜等地以為別位乾慧等地以為通位又南嶽自釋四十二字門兼申大品經文亦作三教義釋既知三教大品文中處處以衍對藏為小故知南嶽亦知四教又此四教非始南嶽慧文禪師既依大論大論釋經經明三教當知此教傳來久矣至天台來分別始盛有云四教神僧授與此語無憑神僧但云自今已去自行化他吾常影嚮三昧

既天機秀發四教何待神僧承躡有由深符聖旨是故三觀總攝四教又此三止觀名字雖似八教中三其相永別彼八教中指華嚴為頓鹿苑去為漸不定寄在前四味中下料簡中但是借名以將秘密對三為難非正意也

○三釋圓頓中七初約止觀明頓二初明所緣妙境

圓頓者初緣實相造境即中無不真實

初緣實相至真實者即是止觀所緣之境緣之與造雖屬能觀意且正明所緣妙境

○次釋能觀妙觀

繫緣法界一念法界一色一香無非中道

即念為繫寂而常照即繫為念照而常寂能所俱一況止觀耶一色一香無非中道者中道即法界法界即止觀止觀不二境智冥一所緣所念雖屬於境且語能緣以明寂照自山家教門所明中道唯有二義一離斷常屬前二教二者佛性屬後二教於佛性中教分權實故有即離今從即義故云色香無非中道此色香等世人咸謂以為無情然亦共許色香中道無情佛性惑耳驚心今且以十

義評之使於理不惑餘則例知一者約身言佛性者應具三身不可獨云有應身性若具三身法身許徧何隔無情二者從體三身相即無暫離時既許法身徧一切處報應未嘗離於法身況法身處二身常在故知三身徧於諸法何獨法身法身若徧何具三身何獨法身三約事理從事則分情與無情從理則無情非情別是故情具無情亦然四者約土從迷情故分與依正從理智故依即是正如常寂光即法身土身土相稱何隔無情五約教證教道說有情與非情證道說故不可分二六約

眞俗眞故體一俗分有無二而不二思之可知七約攝屬一切萬法攝屬於心心外無餘豈復甄隔但云有情心體皆徧豈隔草木獨稱無情八者因果從因從迷執異成隔從果從悟佛性恆同九者隨宜四句分別隨順悉檀說益不同且分二別十者隨教三教云無圓說徧有又淨名云衆生如故一切法如如無佛性理小教權教權理實亦非今意又若論無情何獨外色內色亦然故淨名云是身無知如草木瓦礫若論有情何獨衆生一切唯心是則一塵具足一切衆生佛性亦具十方諸佛

佛性

○次約諦明頓略示無作觀

己界及佛界衆生界亦然陰入皆如無苦可捨無明塵勞卽是菩提無集可斷邊邪皆中正無道可修生死卽涅槃無滅可證無苦無集故無世間無道無滅故無出世間純一實相實相外更無別法

約諦明頓卽無作諦至四弘中略明諦相此中略示無作觀耳故四念處釋無作四諦云一念心中具十界苦名爲苦諦具十界惑名爲集諦苦卽涅槃名爲滅諦惑卽菩提名爲道諦

○三畢以止觀結無作諦

法性寂然名止寂而常照名觀

○四結體不二

雖言初後無二無別是名圓頓止觀

○五廣引證圓二先且簡二

漸與不定置而不論

○次正引證前已廣略二重解釋今復引證故曰更明第二本中從此至佛法之恩並屬商略今並廻爲引證文也舊商略名沒而不彰良由此也文五初引華嚴讚歎圓修

今依經更明圓頓如了達甚深妙德賢首曰菩薩於生死最初發心時一向求菩提堅固不可動彼一念功德深廣無崖際如來分別說窮劫不能盡

如了達等者舊經第五賢首品中文殊以二偈問了達深義淨德賢首菩薩菩薩以十五行五言偈答今文從菩薩於生死至窮劫不能盡略彼偈中二行文來言生死者舉極下位傳地初心若不爾者云何能顯圓頓功深不可動者理極事徧不爲所動非謂不退爲不動也言一念者舉極少時功深德廣深窮無涯廣徧無際高岸峻處曰崖窮者

極也。如來說不能盡者。理旣玄妙。非說可窮。舉極位人。尚不能說。況餘凡聖說能窮盡。

○次略依彼文立圓因果三。初立。

此菩薩聞圓法。起圓信。立圓行。住圓位。以圓功德而自莊嚴。以圓力用建立衆生。

此菩薩去至建立衆生者。彼經次前十五行偈。後賢首復以六百九十二行七言偈答。於中三十行以來明於圓信。次六十行鉤鎖相連辨修行相。次明六根互用等相。今略依彼開為六文立圓因果。

○次釋六。初圓聞法。

云何聞圓法。聞生死卽法身。煩惱卽般若。結業卽解脫。雖有三名而無三體。雖是一體而立三名。是三卽一相。其實無有異。法身究竟。般若解脫亦究竟。般若清淨。餘亦清淨。解脫自在。餘亦自在。聞一切法亦如是。皆具佛法。無所減少。是名聞圓法。

何謂圓聞。秖聞三障卽是三德。至旨歸章及通德中具明其相。

○次起圓信

云何圓信。信一切法卽空卽假卽中。無一二三而一二三。無一二三。是遮一二三。而一二三。是照一二三。無遮無照。皆究竟清淨自在。聞深不怖。聞廣不疑。聞非深非廣。意而有勇。是名圓信。

言圓信者。依理起信。信為行本。如法句第三云。舍衛江東。其水深廣。五百餘家剛强欺誑。佛知可度。往至樹下。有來禮者。有問訊者。佛化為一人。從水上來。水纔至踝。衆人怪問。曾見有人水上行。不有何道術。化人答言。我是江南愚直人耳。聞佛在此。樂欲見之。問他人言。水深淺耶。他人答我。水但至踝。信言而過。無別術也。佛言。執信便度生死之淵。度數里河。何足為奇。村人聞之。悉從佛化。今亦如

是。若信三道卽是三德。尚能度於二死之河。況三界耶。此之三道。秖是三諦。諦旣是境。應須觀智。三觀為因。觀成為智。具如後釋三智。具如大品。三智品中。三觀具如纓絡下卷云。爾時敬首菩薩白佛言。佛佛所說若因若果。若賢若聖。一切功德。今此會中十四億那由他人。誰能不起此座受學修習。從始至終入菩薩位。時佛頂髮放一切光。復集十方百億佛土佛菩薩衆。卽於衆中告文殊普賢法慧功德林金剛幢金剛藏善財童子。汝見是衆中。敬首菩薩問三觀法界。諸佛自性清淨道。一切菩

薩所修三觀法門不汝等各領百萬大衆皆應修學如是法門若爾唯應上地修此三觀何關凡下答經文既云所領百萬皆應修學何獨上地如首楞嚴經中道品云乃至凡夫亦能信受明無明無三以無三故成無三智行無三行乃至老死皆如是說故十二支一一皆以三觀觀之亡泯能所故日無三大瓔珞第八云攝意入定分別三觀亦不見人入定意者遊心十方無量世界承事供養觀一切法是則名為具足禪度是故當知三觀未圓禪度未滿名字彰顯略如上引若以義求攝一切

法具如下文攝法中說故三觀智文理有憑問聞圓法中作三德名信應依聞何故圓信作三觀名及以遮照深廣等耶答三德是境三觀是行行必依境且從行說空即般若假即解脫中即法身照即般若遮即解脫無遮無照即是法身究竟即法身清淨即般若自在即解脫深即般若廣即解脫非深非廣即是法身信必起行是故從行得名不同又三觀從因遮照從用深廣從體

○三立圓行

云何圓行一向專求無上菩提即邊而中不餘趣向三諦圓修不為無邊所寂有邊所動不動不寂直入中道是名圓行

言一向者若不一向即屬餘二餘二非不一向專求但行相別故屬餘二言直入中道者勿謂但中也但是不為偏空偏假所牽是故名為不動不寂從勝為名故云直入人不見之即便謂為先觀但中都無此理

○四住圓位

云何入圓位入初住時一住一切住一切究竟一切清淨一切自在是名圓位

圓位中秖是三諦三德初顯初開入初住位一住一切住者初住之中具一切位如阿字門具足一切諸佛功德功德雖多不出三德故云一切究竟等也

○五圓自在莊嚴

云何圓自在莊嚴彼經廣說自在相或於此根入正受或於彼根起出說或於一根雙入出或於一根不入出餘一一根亦如是或於此塵入正受或於彼塵起出說或於一塵雙入出或於一塵不入出餘一一塵亦如是或於此方入正受或於彼方起出說或於

一方雙入出或於一方不入出或於一物入正受或
於一物起出說或於一物雙入出或於一物不入出
若委說者祇於一根一塵卽入卽出卽雙入出卽不
入出於正報中一一自在於依報中亦如是是名圓
自在莊嚴。
還以一心三諦爲所莊嚴一心三觀爲能莊嚴至
此位時外用自在故云莊嚴正受空功德出說假
功德雙入出不入出中功德中有雙遮雙照故也
對德及用比說可知根謂六根塵謂六塵方謂十
方物謂隨塵各有種類正報等者經文廣約男女

身等方塵物等卽是依報
○次譬
譬如日光周四天下一方中一方旦一方夕一方夜
半輪廻不同秖是一日而四處見異
次譬文者中譬雙入出旦譬起出說夕譬入正受
夜半譬不入出故長阿含經二十二云閻浮提日
中弗婆提日沒瞿耶尼日出欝單越夜半經文次
第四方徧說彼經又云閻浮爲東于逮爲西閻浮
爲西瞿耶爲東瞿耶爲西單越爲東單越爲西于
逮爲東以由日月轉故皆爲日出之處爲東今但

以四方見異爲譬。
○三合
菩薩自在亦如是
言亦如是者應具將上三諦三觀等來合此中。
○六圓建立衆生三初法。
云何圓建立衆生或放一光能令衆生得卽空卽假
卽中益得入出雙入出不入出益歷行住坐臥語默
作作亦如是有緣者見如目覩光無緣不覺盲瞽常
闇。
言盲瞽者盲秖是瞽失光生盲皆名爲盲玉篇云

無目曰瞽又云有瞳無眹者瞽眹字直忍反有目無
瞳曰瞍又塗令失光亦名爲瞽故自古令習樂者
塗令失光今以無緣者不納教光心眼如瞽。
○次譬
故舉龍王爲譬豎徧六天橫亘四域興種種雲震種
種雷耀種種電降種種雨龍於本宮不動不搖而於
一切施設不同。
故舉龍王爲譬等者說文云龍者能幽能明能大
能小春分登天秋分潛淵管子曰欲小如蚕子欲
大滿天地此俗典說未能盡於龍之功用今依華

嚴娑伽羅龍王凡有所雨豎徧六天橫亘四域經
中廣明始自金剛終至化他四域者人四洲也六
天者欲六天也即譬六位已破無明見第一義故
名為天四十位為四等覺妙覺為二若從因說應
從住前乃至等覺法身說法何令等覺斷最後品
況初住耶此中應以本迹高下四句釋之四域譬
四機四門四悉等得益不同故知六翻唯頓四機
通漸明此位人具二建立通譬被物機見不等亘
者通度也方言云竟也興雲等者經云龍王示現
自在時從金剛際至他化興雲周徧四天下其雲

種種莊嚴色已下私略。
他金樂亦兜率白　夜璃忉瑠四王頗
海上金剛緊那香　諸龍如華修如山
閻青越金二洲雜　電亦隨感皆不同
他化日光樂月光　兜閻浮金夜白寶
忉金四王色最妙　閻青寶色三洲異
雷震不同復差別　他化梵音樂妙音
兜妓樂音夜天女　忉緊羅女四天乾
人中海潮音等別　八部所見各各異
雨不同相亦差別　他化香華樂薝蔔
兜摩尼寶夜幢蓋　忉如意珠四甘膳
北越瓔珞二薝蔔　南閻浮提清淨水
諸龍等見各不同　並譬菩薩自在用
雲譬現身雷譬說法電譬放光雨譬慈悲如是三
業能令衆生所見各別問莊嚴建立有何差別答
並是不可思議一心三智能莊嚴法身名為莊嚴。
外益於彼名為建立故法華云定慧力莊嚴以此
度衆生度生即建立也。
〇三合
菩薩亦如是內自通達即空即假即中不動法性而

令獲種種益得種種用是名圓力用建立衆生。
如文
〇三舉況
初心尚爾況中後心。
此指圓位初發心住不同前文六根淨等二住已
去乃至等覺名為中心妙覺一位名為後心故舉
初住以況中後故初住已上亦云六根互用故出
如四念處云六根互用凡有二種一似二眞似如
法華眞如華嚴今依華嚴初住已上即眞互用此
引華嚴證三中頓如何卻謂為漸圓耶。

○三正引法華示妙法體。

如來殷勤稱歎此法聞者歡喜。

如來殷勤等者正引法華示妙法體法體秖是同體境智卽是說人不輕故領者歡喜何者於方便品初寄言絕言廣歎略歎不出權實故章初標云諸佛智慧甚深無量甚深歎實無量歎權乃至章末云唯佛與佛乃能究竟諸法實相諸法權也實相實也此並寄言歎權實也止不須說卽絕言歎故云慇懃稱歎此法故長行末身子請云世尊何故慇懃稱歎指此文也稱歎意者良有以也佛成

道來四十二年方顯眞實垂欲爲說仍加三請已許說竟五千起去後方廣約五佛章門開權顯實故知開顯何易可聞故云如來殷勤稱歎第二卷初身子領解云歡喜踊躍故云聞者歡喜

○四引諸經明求者志大故所行妙法並是釋成所傳之法也。

常啼東請善財南求藥王燒手普明刎頭。

言常啼等者爲求法故七日七夜閒林悲泣故名常啼西音薩陀波崙大品二十六云佛告須菩提菩薩摩訶薩爲求般若波羅蜜故當如薩陀波崙此菩薩今在大雷音佛所行菩薩行須菩提言彼云何求般若波羅蜜佛言此菩薩求般若波羅蜜時不惜身命不求名利聞空中聲曰善男子從此東行莫念疲睡飲食晝夜寒熱等事莫觀左右莫壞身相若壞身相則於法有礙有礙故往來五道不得般若波羅蜜菩薩言我從教也爲求般若故爲衆生故作大明故求菩提故復聞空中聲曰汝於三空應生信心親近供養善知識善知識者能說三空及以種智令心歡喜於是菩薩受教東行又復念言不問空聲向何處去去近遠從誰聞啼

泣七夜如喪一子空中有佛告言過去諸佛求般若時亦復如是從是東行五百由旬有城名衆香其城有曇無竭菩薩日三時說般若聞供養者皆得不退汝往詣彼當聞般若聞已歡喜又念我何時得見作是念時無量智慧無量三昧皆現在前於是便往云云善財南求者善財童子初託胎時於其宮內有七大藏其藏皆出七寶樓閣自然周匝有七種物從於七寶生七種牙善財生已牙高二七尋廣於七尋又其宅內五百寶器盛滿衆寶又七寶器更互生寶以是因緣諸婆羅門善明相

者字曰善財尋善知識漸漸南行百一十城所見知識並云我以先發菩提心諸善知識皆云我唯知此一法門新經至第五十見彌勒第五十三見文殊普賢則不復云唯知一法故知即是前漸後頓今從後頓是故指之具如入法界品云云藥王燒手者藥王菩薩本於寶藏佛所發願療治衆生身心兩病今故號汝名爲藥王於日月淨名德佛所名一切衆生喜見彼佛滅後起塔供養一切衆生喜見菩薩爲供養塔故於其塔前然百福莊嚴臂經七萬二千歲令無量阿僧祇人發菩提心然

後發誓兩臂還復此亦爲求權實妙體普明刎頭者得名未知此從仁王經名大論名曰須陀摩王方音不同耳仁王云昔天羅國王太子名班足初登位時受外道陀羅教令取千王頭以祭塚神自登王位已得九百九十九王唯少一王北行萬里即得一王名曰普明其王具白願聽我一日飯食沙門頂禮三寶班足許之普明卻還依七佛法請百法師一日二時講般若八千偈竟第一法師爲王及眷屬說四非常偈眷屬得法眼王得空平等三昧法眼等名雖似小乘爲治此王令捨依正既云依於七佛之法以講般若豈獨小乘況是共部空義本通今從不共是故指之

○五引金剛明理圓法妙恩深難報

一日三捨恒河沙身尚不能報一句之力況兩肩荷負百千萬劫寧報佛法之恩一經一說如此餘經亦然

如金剛經將四句偈以校捨身今借彼文舉多況少日捨三恒經百千億尚不能報般若一句況如法華頂戴荷負雖多劫荷戴其身猶存豈能報於圓乘之澤般若共別意不殊前在肩曰荷在背曰

負寧者說文云願辭也亦豈也一經一說等者舉略指廣如上所引常啼等類各是一經一經之內略存一說以此例諸並應可見

○六請證餘二三初問

疑者云餘三昧願聞誠證

上來已證圓頓三昧漸與不定爲何所憑

○次答三先明答意

然經論浩博不可委引略舉一兩

圓是本意是故先引漸與不定亦各有憑因茲重復通證三義聖教既多不可委引故略舉

○次別答四初引四經各證三義次引無量義唯證於漸次引六經獨證於圓圓是正意故重引也復引華嚴通結前文所引諸教初文又四初引淨名

淨名云始坐佛樹力降魔得甘露滅覺道成三轉法輪於大千其輪本來常清淨天人得道此爲證三寶於是現世間此卽漸教之始也又云佛以一音演說法衆生隨類各得解或有恐怖或歡喜或生厭離或斷疑斯則神力不共法此證不定教也又云說法不有亦不無以因緣故諸法生無我無造無受者善惡

之業不敗亡此證頓敎也

所言漸者華嚴頓後漸敎之始義同漸觀故引之也下去諸文證漸不定皆是借教以證於觀義勢相似豈可全同若攬教成觀復非碩異佛樹者亦曰元吉樹亦曰道樹菩提樹等從此得道等故既降魔已證得擇滅見於諦理離生死法名甘露滅斷德成也覺道成者發得眞道能斷之智名覺道成智德成也滅道成故四諦具足從勝而說但云滅道三轉等者謂示勸證一一轉各生眼智明覺名十二行輪具二義一者轉義二摧碾義以四諦輪轉度與他摧彼結惑如王輪寶能壞能安法輪亦爾壞煩惱怨安住諦理故於大千轉此法輪言大千者如俱舍云四大洲日月蘇迷盧欲天梵世各一千名一小千界此小千千倍說名一中千此千倍大千皆同一成壞世無二佛故於大千瑞應云萬二千天地之中央也此四諦理體無結惑故云本淨又云本不可說名爲本淨爲破他惑不獲而轉八萬諸天得法眼淨俱鄰五人並得初果故云天人得道不虛可以爲證世尊爲佛寶法輪爲法寶五人爲僧寶故云三寶現世間也次證不定卽

顯露不定也言一音者名通大小今意在大言小乘者如毘曇云佛爲四王作聖語說於四諦二解二不解佛又作毘陀羅語說一解一不解佛又作黎車語說四王俱解問若聖語說二天不解佛若能者豈有不解若不能者偈云何通偈云佛以一音演說法而現種種若干義衆生皆謂獨爲我解說諸法不爲他答一音者梵音也若大會中有多貪等皆謂世尊獨爲我說以此四天各念不同故佛三說以赴彼念復破衆生謂佛獨能聖語說法復有衆生須變形言而受化者有不須變是故不

同大乘一音今之所引如起信等圓音一演異類等解又如八十好中一音能報衆聲殊方異類莫不獲益如來本非一切音聲而能徧赴一切音聲並與此文不定義同華嚴楞伽並云如來具有六十四音者此並方便未爲盡理今言恐畏歡喜等者且約四悉明不定相恐畏者三界可畏即世界也歡喜者喜可生善即爲人也厭離者能離於惡即對治也斷疑者斷疑見理第一義也次證頓者不有不無義通四教簡三存圓以證於頓理本無說四悉被機故諸法生無我等者結成圓頓無我

造受結不有善惡不亡結不無通四簡三亦如向說有云無我造受破勝數論三藏可爾義通不然故今不用

○次引大品

大品云次第行次第學次第道此證漸也又云以衆色裹摩尼珠置之水中隨物變色此證不定也又云從初發心即坐道場轉法輪度衆生此證頓也

初證漸者大論八十問云始行菩薩云何修行此之三種有何差別有云無別語異意同有言有別約初中後或約三學以立三名又檀棃名行尸禪名學摩般名道問何故次第答諸法雖空次第得故般若亦然入一切法四禪乃至第一義空摩尼珠者論云是摩尼寶所在水中隨作一色如以青裹水爲之青亦云如意似如唐梵不同大論華嚴並云如意摩尼似如並列二音若法華云摩尼珠瓔珞如意珠瓔珞似如體別性如珠體習性如物裹聞教如置水習發如現色理性不殊而能現於諸法之色發心即坐道場等者既云初發心又云轉法輪知是初住八相成道分身百界現轉法輪即圓義也

○三引法華

法華云如是之人應以此法漸入佛慧此證漸也又云若不信此法於餘深法中示教利喜此證不定也又云正直捨方便但說無上道此證頓也

引法華者既非華嚴教人又非諸教入頓起自鹿苑中涉二味故名爲漸言不信等者若不信頓且用餘深圓教非餘而是深也別教是餘亦復是深藏通是餘而亦非深指昔頓漸並是用三而助於頓昔未被會於餘於深或信不信故名不定漸與不定並從昔說來至法華無復二名若以人從漸

教中來卽名法華爲漸頓者此人亦從不定中來法華何不名不定頓人自多途法華常頓各賜等一思之可知捨方便者約廢權邊

○次引大經

大經云從牛出乳乃至醍醐此證漸也又云置毒乳中乳卽殺人乃至置毒醍醐醍醐殺人此證不定也又云雪山有草名曰忍辱牛若食者卽得醍醐此證頓也

引大經者十三云從牛出乳譬從佛出十二部經乃至從熟酥出醍醐譬從般若出大涅槃中間次

第以對三味取次第邊義同於漸置毒文在第二十七宿習了因名爲置毒藉今聞思毒發不同似不定觀故且爲證雪山忍草者二十五云雪山譬佛忍草譬教牛譬機緣食譬修行出譬入住頓機扣佛說圓頓教聞能修行解發入位初從酪出未重融鍊名爲生酥酥中精妙名爲醍醐

○次引無量義惟證於漸

無量義云佛轉法輪微渧先墮淹諸欲塵開甘露門扇解脫風除世熱惱致法清涼次降十二因緣雨灑無明地掩邪見光後澍無上大乘普令一切發菩提心此證漸也

引無量義者三乘次第故名爲漸並以引譬三乘法輪說最劣乘名爲微渧以初轉故名爲先墮破三界惑名淹欲塵聞轉法輪見必先盡思惑雖衆以欲爲本欲通三界故名爲諸道品之後其三三昧名曰開門得二解脫名爲扇風除生死熱眞法清涼聲聞乘也次降因緣等者霔因緣雨息無明塵慧雲既騰邪光掩曜此中乘也後霔大乘一切皆雨佛乘若聞徧被衆機大乘意通故云一切若引彼文證餘二者從於一法一法頓也或二或三

卽不定也漸文顯著且從顯說

○三引六經獨證於圓六初引華嚴

華嚴曰娑伽羅龍車軸雨海餘地不堪爲上根性說圓滿修多羅二乘如聾如瘂

獨證圓者如來龍王圓頓教雨不雨三教下類之地二乘不聞亦不能說故如聾瘂

○次引淨名

淨名曰入薝蔔林不齅餘香入此室者但聞諸佛功德之香

淨名空室表常寂光十方諸佛常集其中是故入

者唯嗅佛乘。

○三引楞嚴

首楞嚴曰擣萬種香爲丸若燒一塵具足衆氣。

引楞嚴者理性如丸觀行如燒諸法頓發名具衆氣。

○四引大品

大品曰以一切種智知一切法當學般若波羅蜜。

引大品者如廣乘品欲得諸法皆云當學般若。

○五引法華

法華曰合掌以敬心欲聞具足道。

引法華者自法華前未曾開權不名具足。

○六引大經

大經曰譬如有人在大海浴當知是人已用諸河之水。

引大經者理具諸法如海水也修觀行者如在浴也行攝一切名爲已用淮南子云海不讓水積小成大始從龍王終至大海皆判六卽方盡其理有人云餘地不及徧雨唯嗅而隔餘香擣和不如本具一切不如卽是海具不如河具當知此人不曉喩旨夫立喩者皆約現事故引極事喩最上法法必頓足何須難喩雪山喩象意亦如之。

○四復引華嚴通結前文所引諸教

華嚴曰譬如日出先照高山次照幽谷次照平地平地不定也幽谷漸也高山頓也。

重引華嚴以結前者高山在初雖初見日不及餘地未曰遍方是故雖頓而兼小行幽谷蒙照勝隱高崖不及平川未明普益故不記前但獲偏眞谷者山川之幽邃也。

○三結歎

上來皆是金口誠言三世如來所尊重法過去過去

久遠久遠邈無萌始現在現在無邊無際未來未來展轉不窮若已今當不可思議。

次約九世以歎眞法是故三世皆致重言如此等法名爲佛師華嚴三十一云佛子有十種三世謂過去說過去過去說未來過去說現在未來說過去未來說現在未來說無盡現在說過去現在說未來說現在平等現在說三世平等能說此十則能說於一切三世彼華嚴經爲成十句故於九外更加平等故大瓔珞俱翼天子問佛三世皆有諸佛不佛言汝爲問何等三世過去耶現在耶未來

耶此亦九世意也無始皆爲過去過去所攝故云無萌穀芽初啟曰萌豆等初啟曰句

○七總結說

當知止觀諸佛之師以法常故諸佛亦常樂我淨等亦復如是如是引證盍不信乎

理性四德卽佛師也通指前文如了達等

○三示三文部别處所所傳之法不出此三凡欲修行爲依何部是故應示部别處所文又爲二初結前生後

旣信其法須知三文

○次正示三文三初次第禪門

次第禪門合三十卷今之十軸是大莊嚴寺法愼私記

次第禪門等者目錄云大師於瓦官說也大莊嚴寺法愼私記初分尙未治定草本初成傳與天台頂禪師治定以成十卷陳主亦曾請南嶽大師講大品經大師曰恐夏內不畢且說六度六度又廣且說禪度此無文記今天台說者開爲十章一大意二釋名三明門四銓次五心法六方便七修證八果報九起教十歸趣但至修證餘三略無於修證中開爲四别一世間禪二亦世間亦出世間三出世間四非世間非出世間四中但至第三出世出世又二一對治無漏二緣理無漏但至對治對治爲九謂九想八念十想背捨勝處一切處九次第定奮迅超越釋此九竟乃云修行之相豈可盡具若使盡記已下諸文應三十卷傳云大師嘗在高座云若說次第禪門年别一徧若著章疏可五十卷傳文卽是章安所出目錄亦是山衆共記卷或大小不同何妨

○次不定文

不定文者如六妙門以不定意歷十二禪九想八背觀練熏修因緣六度無礙旋轉縱橫自在此是陳尙書令毛喜請智者出此文也

六妙門者亦爲十章一歷諸禪二相生三便宜四對治五相攝六通别七旋轉八觀心九圓頓十證相此十章中前六通大小及以漏無漏從第七去獨菩薩法又前七約事觀心唯理又前八屬偏第九唯圓又前九約修第十約證文兼事理及有漏等修法不同故名不定十二禪者謂四禪四空四無量乃至六度皆以十門六妙歷之驗其所發雖

以尚書令而為請主修發亦何間於道之與俗
○三圓頓文
圓頓文者如灌頂荆州玉泉所記十卷是也
圓頓文者即是今文章安自說所記也論其大分雖如向說一一部中非無旁正如次第禪門正明次第旁亦具二二文雖未終亦有其意非漏非無漏即頓文也修發不同一十六句即不定也六妙門中正明不定旁亦具二圓頓即頓相生即漸今圓頓文亦兼餘二例如三藏亦有通別
○三勸誡二初正勸

雖有三文無得執文而自癰害
雖有去勸誡也一勸勿執三以為定有二勸勿執三為定差別雖三差別皆通實相豈可定執而相是非故下文云知文非文癰者肉之凸患害者肉之損患莊子云生為懸癰附贅死為決肬潰癰肬字互貫反釋名云癰者壅也出於皮上如地有壅定三為損定有為增故引以喻增減二謗
○次引論
論云若見若不見般若皆縛皆脫文亦例然
大論二十讚般若偈云若不見般若是則為被縛若人見般若是亦為被縛若人見般若是亦得解脫若不見般若是亦得解脫是事甚希有甚深有大名用前兩行對今文意於法起見名見被縛迷於法相名不見縛稱法起見名見得脫見無見相名不見脫謂定有三謂三定別名為見縛迷於三文及三文意名不見縛知三無三同契一極名見得脫亡於能契及以所契名不見脫
○四立難釋疑二先難
疑者云諸法寂滅相不可以言宣大經云生生不可說乃至不生不生不可說若通若別言語道斷無能

說無所說身子云吾聞解脫之中無有言說故吾於此不知所云淨名云其所說者無說無示其聽法者無聞無得斯人不能說斯法不可說而言示人
難中舉不可說以難示人理本無說何須示三言通別者不分大小但語諸法故名為通引生生等四句不同對教差別故名為別身子對天女藏不可說也無說無示圓不可說也略舉初後中二比知即通別也通之與別皆不可說何故而以三文示人
○次答五初總斥問偏

然但引一邊不見其二。

文通二意何故但以不說難說今此三文即是說也不許執文即不可說如何偏謂三文為說故總斥云但見一邊不見其二。

○次約融通答四初引諸經皆可得說二初通。

大經云有因緣故亦可得說。

初引大經正以可說對酬前難此通明可說。

○次別明可說

法華云無數方便種種因緣為衆生說又云以方便力故為五比丘說若通若別皆可得說大經云有眼

者為盲人說乳此指眞諦可說天王般若云總持無文字文字顯總持此指俗諦可說又如來常依二諦說法

次引法華無數方便即大可說為五比丘即小可說此別名可說也亦舉初後中二例知次引大經十二文者乳於生盲實不可說而亦可以貝粖等示眞如之理實不可說而亦可以常等四說今三止觀亦復如是總持即是不可思議俗此俗亦非文字可說雖不可說亦假俗諦文字說之是則二諦俱可說也眞理無說尙因說悟何況俗諦而言無說是故有說必依二諦

○次引淨名等融通二途。

淨名云文字性離即是解脫即說是無說大經云若知如來常不說法是即多聞此指不說而是說也思益云佛及弟子常行二事若說若默。

已引說文酬於不說引淨名等融通二途初文明說無說體性相即文字是色法色法即實相實相既無別說即是無說次引大經者如來本無說豈物名多聞多聞不離理無說即是說次引思益亦融二途故云常行。

○三重明可說以翻前難。

法華云去來坐立常宣妙法如注大雨又云若欲求佛道常隨多聞人善知識者是大因緣所謂化導令得見佛。

導謂示導論語云導謂為之正教也。

○四引大經明說之意莫非感應前名因緣其義尙通今重別以譬顯感應。

大經云空中雲雷生象牙上華何時一向無說

第八云譬如空中震雷起雲一切象牙上皆生華。無雷不生亦無名字經合譬云聞常住教則見佛性故今結云何時一向無說也說者是應聞者是感形聲二輪俱有感應今爲酬難故且云說言象牙等者疏有三解一云草名象牙二云是畜生象牙上生華文三云象牙之上生於草華雖云不同莫不皆堪譬感應意象牙與雷天懸地殊尚因天雷而生於華況聖說被物與機相稱而無益耶虛空法身也震雷說法也起雲現身也象牙機緣也生華得益也謂有觀行等四益不同

○三明說法意有法譬合初文法中又三初明偏失之由

若競說默不解教意去理愈遠

如上所引二途相資無得偏競而生僻難此明失由由執競也

○次示無說之理

離說無理離理無說無說卽說無說卽說無二無別卽事而眞

離說去示無說理雖云無說須有所依

○三正明說意

大悲憐愍一切無聞

一以大悲利物故說二以衆生惑重根鈍須說旣不遇聖依凡準教以大悲心遺著而說

○次譬

如月隱重山舉扇類之風息太虛動樹訓之

眞常性月隱煩惱山煩惱非一故名爲重圓音教風息化歸寂寂理無礙猶如太虛四依弘教如動樹舉扇故假三文示眞常理理不可示大悲力熏使因文比知知風識月說文云月者闕也有盈有虧故名爲闕故可以譬理有半有滿廣雅云鏡月扇月

○三合

今人意鈍玄覽則難眼依色入假文則易

滅後稟教故云今人親承梵音以慧內照故云玄覽今人意鈍非直玄照而知故云則難假文助意文有所據令意不惑故云則易

○四令破封情達文成觀

若封文爲害須知文非文達一切文非文非不文能於一切文得一切解

若執文生過則以文爲境文卽法界何封之有知文非文空觀也達一切文假觀也非文不文中觀也能觀此文三智具足故云得一切解

○五結通前難

爲此義故以三種文作達一門也已略說緣起竟三種通爲實相之門實相是一三文能達故三即是達一之門云何難言皆不可說已略說緣起者章安序竟即自結之

○次明正說四初開爲十章三初正開章

今當開章爲十。一大意二釋名三體相四攝法五偏圓六方便七正觀八果報九起教十旨歸

章者文藻也詩云彼都人士出言有章今此大小無不成章且從大段故略開十。一一無非止觀故

也止觀大意乃至第十止觀旨歸說者皆應以止觀消之

○次明用十數意

十是數方不多不少

言數方者方猶法也如華嚴中凡諸法門以十爲數

○三明十章功能

始則標期在茶終則歸宗至極善始令終總在十章中矣

始則標期在茶等者始謂大意茶究竟義故四十二字云入諸法邊境處不可得故不終不生過茶無事可說大論五十三釋云秦言畢若聞茶字即知諸法畢不可得若更有者茶字枝流是則大意已標宗極標謂章首期爲尅終何者大意五略初發大心期心大處大處祇是旨歸三德三德即是究竟茶義終謂旨歸旨歸三德即是自他萬行所至故云至極善始等者令亦善也始謂大意終謂旨歸自他始終修證妙法無不在此十章之內乃至七善咸在其中

○次生起四初釋生起義

生起者專次第十章也

生起者何秖是次第

○次明通別

至理寂滅無生無生者無起無起者有因緣故十章通是生起別論前章爲生次章爲起緣由趣次亦復如是

理本無生亦無宰主以有自他因果事故故名因緣釋有通別通者章章皆具生起二義別者生在前章謂能生於後起在後章謂從前起緣由等者釋二異名生起亦名緣由趣次謂前章爲後章

緣由後章爲前章趣次。此從別也。若從通者。章章無非緣由趣次。與生起義同。故云亦復如是。故婆沙問。生起何別。答。二義同是有爲法。故無有差別。若作別者。生是因義。起是果義。如從因生果。果復爲因。而生後果。故此大意雖最居首。亦由不了無明爲因。生今了知。故云開覺。始自發心。終至大處。意在開覺。應知婆沙與今通異。

○三明生起相

所謂無量劫來癡惑所覆。不知無明卽是明。今開覺之。故言大意。既知無明卽明。不復流動。故名爲止。朗然大淨。呼之爲觀。既聞名得體。體卽攝法。攝於偏圓。以偏圓解。起於方便。方便既立。正觀卽成。成正觀已。獲妙果報。從自得法。起教教他。自他俱安。同歸常寂。

由於大意。識止觀名。既開覺已。不復求於偏小涅槃。名不流動。不復更爲三惑所染。名爲大淨。不動名止。大淨名觀。此名通於自他因果。是故不卽判其淺深。名爲能詮。體爲所詮。由此名故。知有所詮。故名爲得。非謂證得。體卽攝法者。體爲實相。實能兼權。是故權實攝一切法。所攝權實。不出偏圓。故以偏圓判於權實。餘文可知。雖生起十章。文且在於依解起行。故後三章略而不釋云云

○四結生起意

秖爲不達無生無起。是故生起。既了無生無起。心行寂滅。言語道斷。寂然清淨。

此以十章而生起者。秖爲不達眞無生起。是故說於十章生起。旨歸雖是無生無起。亦由生起。至無生起。故無生起。從九章生。故前文云。通是生起。若契理已。無復十章。旨歸尙亡。況復前九。故云心行處滅等。又非但由有生起得無生起。亦由無生得有於生。如契秘藏。徧應法界。

○三分別者。始從眞俗。終至橫竪。略以十門分別十章。又爲二。初明分別意。

分別者。十章功德如囊中有寶。不探示人。人無見者。

初云十章功德等者。明分別意。若無十門分別十章。恐人不知十章豐富。如囊中寶等者。譬分別意也。十章義富。如囊有寶。諸門分別。如探示人。大論六十五云。若不取相。以無着心。說有九種。令他讀持。能正憶念。一者照了。不知令知。故二者開出。如開寶藏。隨意取用。三者指示。如視不明。指示好醜。小乘眼智不明。指示道及非道。四者分別。謂世出

世五者顯現或時毀善以助不善貴令衆生得開解故六者說法說佛意趣七者解釋如囊有寶繫口人則不知應爲解佛經囊釋其道理八者析重令輕種種譬喩令易解故九者淺易如水難度泒令易度般若水深能令淺易今文雖引探囊一文意盡含於餘之八義說者應須具釋八義

○次正釋分別三初徵列

今十章幾眞幾俗幾非眞非俗幾聖說聖默非說非默幾定幾慧幾非定慧幾目足幾非目足幾因果非因果幾自他非自他幾共不共非共非不共幾通別

非通別幾廣略非廣略幾橫豎非橫豎如是等種種應自在作問

○次答釋

初八章卽俗而眞果報一章卽眞而俗旨歸章非眞非俗正觀聖默餘八章聖說旨歸非說非默正觀一分是定餘八章及一分是慧旨歸非定非慧大意至正觀是因果報是果旨歸非因非果前八章自行起敎化他旨歸非自非他大意至起敎是目方便至果報是足旨歸非目非足大意至正觀共果報起敎不共旨歸非共非不共大意一通八章別旨歸非通非別大意略八章廣旨歸非廣非略體相豎餘八橫旨歸非橫非豎

卽俗而眞等者應云初七及以第九從多遂便故云初八八非眞證故名爲俗卽此俗體性本是眞故云卽俗而眞所感果報是界外俗俗由眞證證體起用用卽是俗故云卽眞而俗觀是聖法依法入觀故云聖默義通住前一切凡夫正觀一分是定等者或云止觀於義實通然與列章名目不便前列章云正修止觀今略修止但云正觀正修不出止觀二法有止屬定有觀屬慧慧兼餘章餘章

之中若約解邊非無止義並屬於解解卽觀收果報在當故屬解攝果報屬果者文闕起敎亦在果收大意至起敎是目者亦隨語便準理應云初五章及起敎是目目譬於解前之五章卽自行目起敎一章令他生目方便至果報是足者足譬於行方便正觀有功用行果報位在初住已上無功用行自然作意雖少不同同屬於行若準第五卷初云前六重是解是則方便亦屬解收今以方便得爲行始且判屬行大意至正觀是共等者位雖在凡義通深淺故名爲共以從初住至等覺來猶名

正觀從勝立名名為果報及起教等是故此二不共下凡唯在聖位故名不共言通別者通位通於因果自他別位別在八章相別言橫竪者體相一章正辨深淺故名為竪餘八望體一往為橫當位委論不無同異唯有釋名一向是橫餘兼橫竪如大意一一一往則橫若以發心望於果報豈非竪耶攝法六門門門相望此則是橫當門自論門門皆竪偏圓五門門門相望可得是橫當門仍竪方便五科科科相望亦得名竪當科仍橫如先具緣次方呵欲欲入正觀方須棄蓋蓋去進道隨患而調

雖具四科必須五法約此次第故名為竪一一五中如衣望食以色望聲並無深淺餘科亦然故不名竪正觀一往雖名為橫始從五品終至六根通屬正觀義當於竪果報當位此即是橫始自初住終至等覺此則是竪起教一章徧施教網隨緣益他此則名橫經歷五味過現入當亦名為竪

○三料簡二初章安私料簡

料簡者問略指大意同異云何答通則名異意同別則略指三門大意在一頓

問中言略指等者若以此文是大師料簡不應將商略以為略指以此商略屬章安序以對大師章初大意為料簡者義甚不便況商略中文無不定故彼文云略述佛經纔彰圓意次引無量義以明漸次明漸次竟即云今至漸論頓與下答文云別則略指三門義復不便今謂文中雖無私謂之言此是章安私料簡也即指辨差略釋三門以為此問雖在序中義兼於正故第一本未有序文亦於文初列三止觀及大意中諸文多以三止觀結第二本初所以列者即是先序師資所傳章安著序合著序中故料簡中相對為問故問三略與此大

意同異云何答有通別通則略名與大意一如分別中云大意略餘八廣別則不爾略則三種止觀不同大意唯明圓頓止觀三中之一故云一頓勿謂三外別立一也若別立者則有多妨一者成天台不稟南嶽二者大意與八章成別大意望八但有廣略不應別故三者當文自相違妨四諦四弘十種發心秖約四教如何三外別立一耶若大意一頓於餘章何故釋名得有絕待圓伊三德顯體之中不次第教眼智境界不思議得偏圓五章章章立頓二十五法法法圓解正觀十境俱不思議

無緣慈悲安心法性不次第破一心通塞無作道品正助合行離愛無著位登初住如此等文悉皆明頓如何卻謂以爲漸耶若云大意唯一頓者如何文內復明四教具如四弘文後料簡次下諸問並是大師料簡所傳

○次大師自料簡六初一問答二初以密教對難

問約顯教論顯觀亦應約秘教論密觀

約教論顯等者以三觀名與八教中三教名同藏等四教在漸中攝除藏等四唯頓等四是故但以密教對難餘三三觀之教既是顯教顯密俱教俱

可修觀亦應約秘修密觀耶是故讀者至此應知頓等三觀與八教中頓等三異以彼八教但在乳等四時教故今此三文俱緣圓理

○次以不論密答

答既分顯秘今但明顯不說秘

答意分二今不論密

○次一問答二初問任我得論密不

問分門可爾任論得不

問者分顯密異許如向辨故云分門可爾任我所問須論密觀爲得不耶

○次答或得不得二先立二門

答或得或不得

答中先立二門謂得不得

○次正答二初正約化主論得不得

教是上聖被下之言聖能顯秘兩說凡人宣述祇可傳顯不可傳秘聽者因何作觀

密屬聖人聖能雙益今論凡師故闕於密故修觀者無密益義故云聽者因何作觀

○次義立於得

或得者六根淨位能以一妙音徧滿三千界隨意悉

能至則能傳秘教

位雖在凡凡師多種五品以下猶名不得六根淨位雖無三輪口密之益能傳妙音徧大千界不同佛化故云能傳稟教之人仍無密益

○次約所化者論得不得二先明不得故云發所修顯

若修觀者發所修顯法不發不修者

顯謂頓等三止觀也稟教之人不合修密故云不發不修者況復密教所詮同顯則無別立修密觀義故云不修

○次約所化者義立於得。

發宿習人得論密觀。

如修生滅而發無作顯露不定似密不定義立密觀故云得論。

○三一問答二先以初淺後深問。

問初淺後深是漸觀初深後淺是何觀相。

問初淺後深是漸者通總而論善惡乃至達常一來通得名漸。

○次以不定答

答是不定觀。

答是不定者理深事淺約四悉說亦可約漸展轉相望互為深淺。

○四一問答三先以初後俱淺問。

問初後俱淺是何觀相。

○次以小乘答

答小乘意非三止觀相也。

○五一問答二初以漸即是小問。

問小乘亦是佛說何意言非若言非者不應言漸

問小乘亦是等者重難前答小乘亦是如來初說何意言非此中有兩重難意一難大小俱是佛說何故獨云三是小非二難小乘為大之漸三既云是小何獨非。

○次以今漸非小答

答既分大小小非所論今言漸者從微至著之漸耳。

小乘初後俱不知實相故非今漸也。

答意者小有二義若約教道猶為大隔是故云非。法在漸初人元知大從微至著尚攝人天約斥奪說以小為非據未開權不知實者是故漸中乃至毫善咸攝於大故得名為從微至著。

○六一門答二初以三文色法是門非門問。

問示三文者文是色色是門為非門若是門者色是實相更何所通若非門者云何而言一色一香皆是中道。

問示三文者等者問示處中許示三文此三文者為是何等先雙定之色為是門色為非門若是門者下雙難也先難是門門名能通實相成所何名為門若非門者下次難非門色名中道道名能通能通即門何名非門。

○次以門文並是實相答二初略答。

答文門並是實相。

答中意者文是色法色亦實相文若是門門爲法界法界卽實故云並是

○次釋門所以

衆生多顛倒少不顛倒以文示之卽於文達文非文非文非不文文是其門於門得實相故文是其門門具一切法卽門卽非門卽非門非不門

以文爲色作能通門者但爲衆生迷於實理故名文爲門於文見理文卽實相有何能所是故卻照文之與門無非三諦文卽俗諦非文卽眞雙非卽是第一義諦觀門爲三例亦可見如是觀時文門

豈別俱名能通並是所至言顛倒者顚卽頂也頂墜於下故名顛倒廣雅云顛倒也論語注云顚沛僵仆也

○四解釋十初大意二初畧解三初來意

解釋者釋十章也初釋大意囊括始終冠戴初後意緩難見今撮爲五謂發大心修大行感大果裂大網歸大處

言囊括等者囊者袋也故字統云有底曰囊無底曰橐音託使風具也非今文意括者結也塞也關閉也囊有括結收於一囊章有大意攬於始末釋名爲始旨歸爲末故知大意如囊有括盛持結束十章之法冠戴初後者冠首飾也平聲呼之周禮云在首曰冠亦可去聲謂冠於首故知大意冠十章首冠初如冠冠於身戴後如身戴於冠大意有發心故冠初大意有旨歸故戴後旣通初後故云意緩有人云冠象於天戴象於地此大意章亦如天地覆載其間若作此釋應改爲載字今從前釋故不須改撮下九廣以爲五畧示九章旨故云大意又九章皆大畧述彼意故云大意故此五畧皆大爲名前是共釋次是別釋若共若別悉可以喻囊

括故也

○次生起五初發大心

云何發大心衆生昏倒不自覺知勸令醒悟上求下化

云何至下化者五章雖復發心居初亦緣衆生而爲誓境凡小昏倒不自覺知菩薩勸捨故云令悟

○次行大行

云何行大行雖復發心望路不動永無達期勸牢強精進行四種三昧

云何至三昧者雖復期心五百由旬望寶所路不

肯進趣是故勸行四種三昧。

○三感大果

云何感大果雖不求梵天梵天自應稱揚妙報慰悅其心。

云何至其心者發心不唯求實報果無明分盡此果自獲以發心之人情多昧旨故說果報而慰悅之爲令初心聞而策進故大經第二純陀難文殊作貧女譬云譬如貧女無有居家救護之者加復病苦饑渴所逼遊行乞匃止他客舍寄生一子是客舍主驅逐令去多爲蚊虻蜂螫毒蟲之所唼食

經遊恒河抱兒而度於是母子遂共俱沒如是女人慈念功德命終之後生於梵天雖不求梵天梵天自應章安釋云女譬無緣慈生子譬圓解論其始終應具六慈生天即分眞究竟慈也章安通以慈等對之若準彼大經意一一細合者無功德法財故名爲貧理慈柔和故名爲女未契實理名無居家未有萬行名無救護具足八苦故云病苦又無定慧名饑渴所逼五塵求解名遊行乞匃方便解起名寄止他舍因發圓解名爲寄生權不受實名爲令去猶具見思名蚊虻等涉歷二死名遊恒河不捨圓解名抱兒而度眞解生時似解先謝名爲俱沒承本解力名慈功德眞證開發名生梵天言妙報者通途始從初住已去乃至等覺今文且指初住亦有衆生不聞初住妙報功德謂唐喪其功故說妙報而慰悅之

○四裂大網

云何裂大網種種經論開人眼目而執此疑彼是一非諸聞雪謂冷乃至聞鶴謂動今融通經論解結出籠。

云何裂大網至出籠者裂謂裂破既感果報設教

利人破他疑網雖本爲開衆生智眼實機未顯如法華前衆生於教權實空有事理互迷若爲判已開權顯實使權實不濫令識教本意破執教疑網達一理無外了法門大體知衆教有歸聞雪謂冷至動等者引證執教迷旨之人故大經十三云於佛法中竊取少分虛妄計有常樂我淨如生盲人不識乳色便問他言乳爲何似他人答言色白如貝盲人復問是乳色者如貝聲耶答言不也復問何似答言如稻米粖盲人復言如稻米粖柔軟耶答言不也盲人復言稻米粖者復何所似答言

如雪盲人復問如雪冷耶答言不也盲人復問爲何所似答言如鶴盲人復言如鶴動耶答言不也盲人雖聞如是四說終不能見乳之眞色外道亦然雖聞四名終不識常樂我淨言旨所歸如彼盲人迷乳眞色今迷教者例說可知今融通等者理本無說說必被機四悉四門諸觀諸諦適時利物未及通方便各計一隅情執未破今爲融會重疑颷然如繫鳥在籠情無所適解執滯結開權教籠如遊太虛縱廣無礙令有智盲者縱未識乳且不各執貝等起諍

○五歸大處

云何歸大處法無始終法無通塞若知法界法界無始終無通塞豁然大明無礙自在

云何歸大處至自在者化物既周歸於秘藏秘藏之體無始終等無始而始始修三觀無終而終終至三德無塞而塞假名三障無通而通假名三德初文是理法若知已下是修得若得此意何但至果自在無礙因時體解始終無二爲譚大意故總言之文意秖在前之二畧

○三對顯

生起五畧顯於十廣云云

生起五畧章十次第五十不出自行因果化他能所注云云者未盡之貌云者言也說文云象雲氣在天迴轉之形言之在口如雲潤物廣雅云云者有也下文尙有如雲之言

摩訶止觀輔行傳弘決卷第一之二

摩訶止觀輔行傳弘決卷第一之三　唐荆溪大師湛然述

陳隋天台智者大師說

門人章安大師灌頂記　明天台沙門傳燈增科

○次廣解五。初發大心二。初列。

就發心更爲三。初方言。次簡非。後顯是。

言方言者。唐梵二方。言音不同。

○次釋三。初方言。

菩提者。天竺音也。此方稱道。質多者。天竺音。此方言心。即慮知之心也。天竺又稱汙栗馱。此方稱是草木之心也。又稱矣栗馱。此方是積聚精要者爲心也。

○次簡非三。初約非簡非二。初簡心。

今簡非者。簡積聚草木等心。專在慮知心也。

凡厥有情。皆悉堪發。是故但簡積聚草木。二雖名心。無此發故。以諸衆生無始橫計。指此橫計。即可發故。

○次簡道二。先列。

道亦有通有別。今亦簡之。略爲十。

道名既通。須以諸非簡之。令是。今略爲十。並是所簡。心是能行。道是能通。如世間路。人是能行。路是能通。言通別者。但是能通。皆名爲道。別而言之。如

爾雅云。一達名道路。長遠故。二達名歧旁。三達曰劇旁。四達曰衢。五達曰康。六達曰莊。七達曰劇驂。千合切八達曰崇期。九達曰逵。今十非心通名道者。路長遠故。亦可趣別。如彼逵故。

○次簡八。初別釋十非十。初火途道。

若其心念念專貪瞋癡。攝之不還。拔之不出。日增月甚。起上品十惡。如五扇提羅者。此發地獄心。行火途道。

皆云念念者。謂約強盛。判屬彼道。初貪瞋癡。其相最甚。故名爲專。用止不息。名攝不還。用觀不破。名

拔不出。又恣緣外境。故攝不還。內心馳流。故拔不出。約大分說。日增月甚。據理應云念念增甚。境強心重。判屬上品。意三行七。故成十惡。下去準知。言五扇提羅等者。未曾有經下卷云。昔五比丘。懶惰懈怠。不修經書。時世穀貴。爲人所輕。不供養之。五人議曰。夫人生計。隨其形儀。人命至重。不可守死。各共乞求。辨具繩牀。坐曠野中。掃洒莊嚴。依次而坐。外形似禪。內思邪濁。見者謂聖。因此招供。飽足有餘。有一女人。名曰提韋。聞之心喜。莊嚴往詣。禮供請還。五人便許。提韋有十頃園林。流泉浴池。堂

舍供養令住終身五人又念夫人生計種種方宜求覓財物雖受施主如是供給日富歲貧迭差一人遊諸聚落宣告衆人彼四比丘成阿羅漢種種稱歎諸人聞已齋持供養如是多年提韋直心供養福故經八千劫償其施主雖復爲人諸根暗鈍無男女根名爲石女經爾所劫償施主已佛告匿王時提韋者今皇后是五比丘者隨從擔轝五人者是王曰何故秪四人耶佛告其一人者常在宮中修治廁溷夫人聞已身毛爲豎夫人師者使令擔轝如牛馬耶佛言此是夫人福德所致善者受

報惡者受殃佛解喻已夫人曰何當罪畢唯願說之佛令喚宮中除糞者來須臾將至佛前立已佛言安隱快樂無苦不耶五人怒曰佛不知時晝夜勤苦鞭打不息有何樂哉佛豈不知如此事耶爲更問人佛言今身之苦爲比前世苦耶罪猶未畢應當懺悔修善補過五人聞已忿怒背佛不聽佛語佛又化身向其前立如前慰喻如是四方四維上下皆見於佛稱寃大喚何見逼耶佛攝化已告衆人言夫罪有二種一者業障二者報障提羅具二故不受化夫人見已語五人曰自今已後任意東西五人曰我等何愆而被驅棄願恕使役再三不肯皇后白佛佛言時滿當去羅云聞之曰我是小人不堪信施欲捨道還家佛言不然如飽食過度智者詣醫吐其宿食無智之人謂是鬼媚消費家財宿食不消命終已後生地獄中受種種苦佛告羅云汝畏罪還家如彼無智是故智者常近明師故知無德受供如彼提羅行火途者四解脫經以三途名火血刀也途道也作此塗者誤小獄通寒熱大獄唯在熱且從熱說故云火途

○次血途道

若其心念念欲多眷屬如海吞流如火焚薪起中品十惡如調達誘衆者此發畜生心行血途道

欲多眷屬等者夫畜類者多愛羣聚是故破戒兼好眷屬之所感也吞流等者欲他歸己如海吞況欲已攝他如火焚薪通具三毒貪癡爲本今從通說故云十惡餘文例說如調達者具如大經大論及諸律文今且略依大論附諸文意謂教王害父而爲新王我當害佛而爲新佛依於修陀得有漏通爲誘王故化爲小兒坐王膝上王因以唾飴其口中害蓮華尼推山壓佛具三十相唯少白毫千

輻而已便以鐵輪燒令極熱用印足下作千輪文足熱腫痛苦不可忍阿難白佛我兄如是願為救護世尊憐愍至其住房以手摩之苦痛卽除謂世尊曰淨飯王種如此道術足得養身後平復已從佛索衆佛呵之曰癡人無知我尚不以衆付身子及目連等況汝癡人食人涕唾因茲結恨別搆五法以誘佛衆言五法者婆沙云一糞埽衣二常乞食三一坐食四常露坐五不受鹽及以五味與正理不同正理云一不受五味二斷肉三斷鹽四不受割截衣五不居聚落邊寺佛在王舍有因緣集

僧調達從座起行五法舍羅云忍此五事者是毘尼時有五百新學無智捉籌阿難從座起誰忍此五事非法非毘尼調達語五百不須佛及僧便將往伽耶自共作羯磨時諸比丘以此事白佛佛言癡人消滅善心在於泥黎一劫不救我不見彼有少善心如毛髮許身子目連往伽耶山調達慰曰善來弟子先雖不忍今者忍耶雖後亦善告身子言為衆說法我有背痛便右脇臥目連現通身子說法將此五百從座起去臥起失衆而生願恚云云若論造逆罪在阿鼻且據誘衆邊故云畜生心

又如云難陀示欲身子示瞋調達示癡且約癡邊卽屬畜生復言六畜者以六攝盡故也所言六者鄭玄注禮云牛馬羊犬豕鷄亦可且據家養者言之後相噉邊故云血途

○三刀途道

若其心念念欲得名聞四遠八方稱揚欽詠內無實德虛比賢聖起下品十惡如摩揵提者此發鬼心行刀途道

四遠八方等者爾雅云四極遠者東至泰遠西至邠國南至濮鉛北至祝栗此極遠也博物志云東

九夷南六蠻西七戎北八狄次荒之國也周禮八蠻六戎餘同博物四維四方為八方亦名八極亦名八荒歎名曰稱讚德曰揚心推曰欽口許曰詠知己無德欲他擬聖如摩揵提者大論第二云是人生時作偈難佛云決定諸法中橫生種種想悉捨為內滅云何說此道佛答云非見聞知覺非持戒所得亦非不見聞非不持戒得如是論悉捨亦捨我我所又難佛云若非見聞等非持戒所得亦非不見聞非不持戒得如我心觀察行瘂法得道佛答云汝依邪見門我知汝癡道若不見諸相汝

爾時自癡。又第三云。摩揵提死。弟子移其屍著牀上。向市中多人處唱。若有眼見摩揵提屍者。是人皆得清淨道。況禮拜供養者。時有多人信受。諸弟子聞是事已。白佛。佛言。小人眼見求清淨。如是無利無實道。諸結煩惱滿心中。云何眼見得清淨。若有眼見得清淨。何用智慧功德寶。從被驅逼爲名。故名刀途。

○四阿修羅道。

若其心念念常欲勝彼。不耐下人。輕他珍己。如鵄高飛。下視而外揚仁義禮智信。起下品善心。行阿修羅道。

不耐下人者。下字去聲。如鵄等者。鵄有力鳥也。俗呼爲老鵄。爾雅云。鶚類也。故法華疏。譬盛壯憍俗敎尚。云。高以下爲基。貴以賤爲本。自縱有德。何必輕他。況己無德而欲勝彼。故知此等尙欲勝彼。豈能下他。自推己德名之爲下。豈鵄高飛而勝孔雀。不以珍己。使他皆卑。而外揚仁義禮智信者。以慈育物爲仁。以德推遷爲義。進退合儀爲禮。權奇超拔爲智。言可反覆曰信。老子曰。失道而後德。失德而後仁。失仁而後義。失義而後禮。失禮而後智。失智而後信。彼老子意。以道爲本。信不可忘。道非出世。意存五德。此中文意。內德俱備。方成人道。慢彊無德。判屬修羅。又據善心。仍居下品。外揚五德。本在輕他。修羅多種。謂海岸海底等。如婆稚等四各於海下二萬由旬。以爲一宮。雖居止處殊。必兼多福。方得生彼。

○五人道。

若其心念念欣世間樂。安其臭身。悅其癡心。此起中品善心。行於人道。

言悅癡心者。凡言癡者。處善惡中。旣不同於四趣

之惡。又不及於諸天之善。無出世因。且判屬癡。若爾與畜生何別。答。畜兼下品十惡。癡兼誘衆邊彊若據無出世因。六道乃爲一槩。

○六天道。

若其心念念知三惡苦多。人間苦樂相間。天上純樂。爲天上樂。關六根不出。六塵不入。此上品善心。行於天道。

天道者。此欲界天也。若地居業不必修定。今從勝說兼語空居。故關根塵不令出入。

○七魔羅道。

若其心念念欲大威勢身口意纔有所作一切弭從此發欲界主心行魔羅道
次於欲天別開欲主為魔羅道民主心異故別開之亦如梵王別為一有上品十善兼一無遮報為魔王性多嫉忌未論身口外儀行事意欲他從即屬此道然亦必須未到定力方生彼境以為欲主

○八尼揵道

若其心念念欲得利智辨聰高才勇哲鑒達六合十方顒顒此發世智心行尼揵道

六合者天地四方顒顒者仰也詩云萬人顒顒尼

揵者外道通名

○九色無色道

若其心念念五塵六欲外樂蓋微三禪樂如石泉其樂內重此發梵心行色無色道

三禪樂如石泉者大論云樂有二種內樂外樂內謂涅槃不從外塵猶如石泉水自中生梵行者樂亦復如是論文別譬涅槃之樂今通喻三禪樂亦內受問既云色無色何獨指三禪答二界中樂不過三禪夫求生天以樂為本且舉此樂餘皆例之

○十二乘道

若其心念念知善惡輪環凡夫耽湎賢聖所呵破惡由淨慧淨慧由淨禪淨禪由淨戒尙此三法如饑如渴此發無漏心行二乘道

善惡輪環等者善通非想惡極無間升而復沈故名為輪無始無際喻之如環破惡由淨慧等者由者藉也爾雅云助也三法展轉更相由藉以淺助深推功在戒二乘尙爾菩薩彌然為護他故譏嫌則急小乘自度性重則急是故菩薩輕重等持戒序云聲聞小行尙自尊敬木叉大士兼懷寧不精持戒品今戒為行本猶是小乘棄而不持大小俱

失

○次舉略顯廣

若心若道其非甚多略言十耳

舉略顯廣以要攝多一道之內非相無邊故云甚多

○三明開合

或開上合下或開下合上令十數方足而已

上謂二乘下謂修羅文合二乘是故開下謂開修羅從鬼畜出開上合下準說可知法華云六趣淨名云五道以由修羅開合故也十是數方意如前

訖。

○四明用十心意二。先標意。

舉一種爲語端強者先牽。

舉一種爲語端等者。直言曰言。議論曰語。今許得失。故名爲語端。端爲端首。首爲從彊得名。從彊非無餘念。臨終受報。復從彊牽。故起一心非無餘。九十中隨一。故云一種。

○次引證墮必從彊。

如論云。破戒心墮地獄。慳貪心墮餓鬼。無慚愧心墮畜生。即其義也。

○五對是簡非三。先法。次譬。法中。

或先起非心。或先起是心。或是非並起。

言先起等者。若未發心名爲先非。後始發心。乃爲後是。此則正當顯是之體。何得譬中名爲並濁。今此通簡發心已後。起非起是。故判屬非。餘之二心理屬非攝。又既云先是。必有後非。若無後非。亦是一向顯是之相。亦非簡限。又並起者。豈有二心並緣境耶。但約細念前後俱緣。名爲並起。若麤入者判屬前後。

○次譬。

譬象魚風並濁池水。

○三合二。初以內外合前三譬。

象譬外。魚譬內。風譬並起。

內是外非。內外俱緣。名爲並起。

○次直以非心合前內等。

又象譬諸非自外而起。魚譬內觀羸弱。爲二邊所動。風譬內外合襍。穢濁混和。

直以非心合前內等。謂內非外非。及以俱非。九縛一脫。即是二邊。爲二邊動。故名爲非。問。二文何別。答。前雖內外。但譬內心。後云內外。心境相對。故知前謂內心是非相對。今一向非內外相對。此並一往從彊偏說。究而言之。必假和合方成非相。象字不應從人。

○六別約四諦於中二。初直約四諦。

又九種是生死。如蠶自縛。後一是涅槃。如麞獨跳。雖得自脫。未具佛法。俱非。故雙簡。前九是世間。不動不出。後一雖出。無大悲。俱非雙簡也。

生死涅槃即是苦滅。次動不動即是集道。

○次重約諸法二。先判。

有爲無爲有漏無漏善惡染淨縛脫眞俗等種種法

門亦如是。

○次對。

又九法約世間苦諦後一非苦諦。雖非苦諦。曲拙灰近故雙非簡卻。次有爲有漏約集諦後一非集諦。雖非集諦曲近灰拙亦雙非簡也。次善惡染淨約道諦。後一是道諦。雖是道諦亦如前簡。次縛脫眞俗約滅諦後一雖是滅諦。亦如前簡。

苦集同是有爲有漏。苦雖先明若相對說。應云有爲有漏是苦諦。無爲無漏是滅諦。文雖不說意必兩兼。曲謂折智迂廻拙謂生滅拙度。灰謂灰身滅

智。近謂但至化城。下去例之。次有爲有漏等者。若相對說亦應云有爲無漏是道諦。文雖偏舉意必兩兼。次善惡染淨等者。若單舉者應云善淨與集對。例是故雙舉。文雖雙舉義歸一邊。次縛脫等者準道可知。並逐語便或單或複。

○七總結。

若得此意歷一切根塵三業四儀生心動念皆此觀察。勿令濁心得起。設起速滅。如有明眼人能避險惡道。世有聰明人能遠離衆惡。

是則念念恆簡是非。設起非心應以當教是心滅之非心。即是險道衆惡。

○八結歎似初依人。

初心行者若見此意堪爲世間而作依止。

若見此意等者結歎似初依人。舉讚之言未必發爾。

○次約是簡非二。初問。

問行者自發心他教發心。

意者雖無十非若計性過亦同非攝。

○次答二。先令離性過。

答自他共離皆不可。

意者性計有過故云不可。

○次寄感應明是七。初正明感應。

但是感應道交而論發心耳。

寄此明是離性過已約不思議而論感應方乃名是聖既非應而應以赴四機受者非感而感以得四益。

○次舉譬感應。

如子墮水火父母搔擾救之。

天性相關義同感應。

○三引兩經以證感應。

淨名云其子得病父母亦病大經云父母於病子心則偏重。

從惡機說故云病子廣如玄文三十六句。

○四結感應義

動法性山入生死海故有病行嬰兒行是名感應發心也。

法性不動如山衆生惡深如海非大誓願無謀善權安能動難動山入難入海同善同惡示逆示順同惡故有病行同善故有嬰兒行慈悲從因感應從果以有因故果方能入。

○五釋成感應二初引禪經四隨以釋感應

禪經云佛以四隨說法隨樂隨宜隨治隨義將護彼意說悅其心附先世習令易受行觀病輕重設藥多少道機時熟聞卽悟道豈非隨機感應利益

感應秖是隨順物機故用四隨以釋感應將護彼意樂欲也附先世習便宜也觀病輕重對治也道機時熟第一義也

○次引大論四悉以釋禪經三初對四悉檀

智度論四悉檀世法間隔名世界隨其堪能名爲人兩悉檀與四隨同亦是感應意也。

隨之與悉名異義同故引大論以釋禪經

○次引五復次以證四悉

更引論五復次一明菩薩種種行故說般若波羅蜜經二念菩薩增念佛三昧故三說跋致相貌故四拔弟子惡邪故五說第一義故說般若波羅蜜經

五復次者大論明說經緣起中問曰有何因緣而說此經答中有二十一復次今引彼五以證四悉及五因緣此五復次仍非次第隨義便故初爲明菩薩種種行故說摩訶般若波羅蜜經是第一復次次爲令菩薩增念佛三昧故是第二復次三爲說跋致相貌故是第六復次四爲拔弟子惡邪故是第五復次五爲說第一義故是第十復次

○三會五因緣二初略會四初正會

此五復次與四隨四悉皆不異又與五因緣同

論中因明第一義故釋出四悉今開四悉與五復次以爲兩門及四隨五略四科法門同四感應義故四悉檀義廣如法華維摩等玄委釋今消感應故不具論楞伽亦云佛告大慧於自悉檀應善修學若迷今家總別安心六十四翻自行四悉云何可識自行必成感應故也

○次明感應意。
若不隨機惱他故說於彼無益若大悲雷雨得從微
之著。
此五復次四隨四悉及五因緣旣是感應稱機之
法莫不大悲益物故也。
○三證妙感應難三初引論證難。
論云眞法及說者聽衆難得故。
眞法說者明妙應難感聽衆難得明妙機難發難
得故三字通結上三妙法妙應妙機故也。
○次釋上眞法。

如是則生死非有邊非無邊實相非難非易非有非
無此名眞法能如此說聽名眞說聽。
妙應所說妙機所感無非中道是故雙非非有非
無即雙非眞俗言雖雙非意在相即非難非易重
顯中體非泥洹智故云非易非分別智故云非難
○三重以四悉結成眞法。
有三悉檀益名有邊第一義益名非有邊非無邊
有三悉益等者重以四悉結成眞法意明四悉祇
是三諦及感應意即顯中道以爲眞諦異於但眞
是故雙非故知感應不出三諦。

○四明妙感應能辦佛事。
故知緣起能辦大事則感應意也。
○次別會通二先會通名三初別舉通名。
然四隨四悉五緣名異意義則同。
○次正會通名。
今說之四隨是大悲應益悉檀是憐愍徧施蓋左右
之異耳言因緣者或因於聖緣於凡或因於凡緣於
聖則感應道交。
以大悲故隨順物機得四隨名以憐愍故徧施法
藥得悉檀號大悲與憐愍一體異名如一物不殊

在左謂物爲右在右謂物爲左因緣者即是五略
因緣兩字更互立者若衆生發心勇猛雖假聖應
即以衆生爲因聖人爲緣若衆生善根微弱聖人
敦逼即以聖應爲因衆生爲緣親生爲因疎助爲
緣故從彊弱立名不定。
○三結四隨四悉及五因緣。
當知三法言味相符則意同。
四隨四悉及五因緣名義相符故須會之言謂言
教即名異也味謂義味即義同也名合於義故曰
相符符合也漢書封功臣以竹長六寸分而合之

爲信故字從竹從草者鬼目草名非今所用

○次會別名三初會四隨與四悉同

隨樂欲偏語修因所向世界偏語受報間隔蓋因果之異耳便宜者選法以擬人爲人者觀人以逗法此乃欣赴不同耳

樂欲祇是欣慕故云從因世界祇是陰入故云從果世界以間隔爲義樂欲卽所好不同因果雖殊其義一也便宜是辨能赴之法宜破何人爲人是觀所破之人人欣何法觀人必擇所宜選法必宜堪破能欣所赴共成一義餘二名同不須別會

○次會因緣與隨悉義同

又五因緣者衆生信樂爲因佛說一法一切法大菩提心也於經是樂欲於論是世界衆生有大精進勇猛佛說一行一切行則四三昧於經是便宜於論是爲人衆生有平等大慧爲因感佛說一破一切破獲聖果報及遍經論於經論俱是對治衆生有佛智眼爲因感佛說一究竟一切究竟得說旨歸寂滅於經論俱是第一義也

初云衆生有信樂等者陰入是世界信樂是樂欲此二爲因感佛說於法性法界爲發心緣故發大心禪經樂欲大論世界名異義同衆生有大精進等者衆生宜修四三昧法感佛爲說不思議行故修大行禪經便宜大論爲人名異義同衆生有平等大慧等者一切種智以爲能破衆生應證此慧爲因感佛爲說所破皆徧破或獲果遍經除疑俱是對治故將感果及以裂網俱對對治又感果自破細惡遍經裂他大疑自他雖殊俱名破惡衆生有佛智眼等者衆生一心三智三眼應入秘藏以之爲因感佛爲說旨歸三德自行妙滿化他妙成俱名究竟此之成滿秖是極理故與經論第一義同一一皆云一切等者異於偏小五緣故也

○三會五緣與五復次同

又五緣五復次者菩提心是諸行本論舉種種行蓋枝本之異耳四三昧是通修念佛是別修蓋通別之異耳勝報備說依正習果報果跂致偏舉習果入位之相蓋雙隻之異耳除經論疑滯者經論是起疑執處拔弟子惡邪者是起過人人處異耳本末究竟等與第一義名同易見所以不異是爲義同

初云枝本者發心導行枝必由本行塡於願本必假枝枝本雖殊同成道樹以四三昧收諸行盡故

名爲通念佛三昧諸行中一故名爲別通別雖殊
莫非妙行又四三昧通皆念佛故名爲通但語念
佛偏舉一行故名爲別故四念處云四皆念佛但
隨敎別所念不同故名爲別前之三敎各念一身
謂生應報圓念法身諸身具足又四三昧通四敎
故故復明通有人改云四三昧別念佛通者未失
大意何假違文次會果報與䟦致同者言果報者
卽指依土依必有正報必有習是故果報卽兼二
雙若云䟦致䟦致秪是習果一隻習必招報正必
有依現雖云隻當必具雙二文雖殊共成無生一

位意耳除經論疑等者經論是處弟子是人人起
惡邪必依經論處有疑滯必由邪人拔除邪疑更
無前後故成一意本末究竟等者發心爲本同歸
爲末故第三卷云自他初後皆得修入修卽初發
入卽後證與第一義名異義同故論復次與五緣
義更無差別一一文下皆云異耳者會義已同文
猶異耳

○六以三止觀結感應文多須以三結文義若狹
但以一結如下四弘六卽或但以三結具如下文
顯是四諦及四三昧或時三一並略如下三略或
時三一俱用卽如今文一則是通三則是別通謂
通三別謂各一不見此意多生異端問何故須以
三觀結之答此之三法通冠一切今此五略其文
徧通故處處文以三一結又復此部通名止觀凡
諸文義莫非止觀不可見此結止觀名感謂並是
修行之法如六卽中理及名字皆止觀結及今文
中但結感應豈更別判三外之一是知理敎行果
發心感應無非止觀故也又此部雖復通名止觀
從釋名去文相區分不復更用三文結之今三結
中文三初標列感應文二初應二初標應

又聖說多端

○次列應

或次說或不次說或具說或不具說或雜說或不雜
說

次卽是漸具卽是頓雜卽不定不次卽是不定及
頓相對來耳不具不雜亦復如是

○次感二初標感

衆生稟益不同

○次列感

或次益不次益或具益不具益或雜益不雜益

類應說之可以意得。
○次解釋感應。
或四悉檀成五緣五緣成四悉或四悉成一因緣一因緣成一悉或一一因緣皆具四悉四悉具五緣
初二句漸也次二句是不定後二句是頓四悉五緣一一相對故名為漸或一或四多少雜亂故名不定隨舉一法皆具一切故名為頓故但結文成三止觀何得即以修行釋之
○三例諸法相
如是等種種互相成顯邊以三止觀結之可以意知。
例知法相準前可知向但結前五緣四悉復次四隨一切例然。
○七以一止觀結。
又以一止觀結之發菩提心即是觀邪僻心息即是止。
文中既以發心為觀邪息為止當知五緣復次四隨四悉無非發心邪息故也故三止觀亦復不出發心邪息故知三一但是總別
○三結章廣略。
又五略秖是十廣初五章秖是發菩提心一意耳方

便正觀秖是四三昧耳果報一章秖明違順違即二邊果報順即勝妙果報起教一章轉其自心利益於他或作佛身施權實或作九界像對揚漸頓轉漸頓弘通漸頓旨歸章秖是同歸大處祕密藏中故知廣略意同也。
五略秖是十廣者結章廣略若前文云生起五略顯於十廣者以略生起顯廣生起今此復以五章攝於十章故云秖是言初五名發心者大意五略雖有修行乃至果報但是通途示其始末若不爾者何名發心釋名下四正其所發是故五章通屬

發心方便雖非親修正行行家方便通屬行攝果報一章至果報者從果報去廣略義均無復寬狹故直爾解不須對辨違謂偏空偏假違於中圓故曰二邊順謂圓中圓理順於實相故云勝妙無明未盡各於三土以受依正通云果報言二邊報者從空出假而為有邊感方便土若以凡夫三藏菩薩而為有邊感同居土通教二地別人十信圓人五品及以諸教殘思所潤皆感同居若以二乘通七地去別七住去圓七信去通為空邊者同在方便今文且說偏空偏假所感果報不如初住初地

以上居果報土若作通說住前雖圓所感果報猶
在方便起教等者自證妙理稱機說法教由機生
故云起教此約為主對機說也佛雖興世必假大
權扣機擊發故云起教此約為伴對主說也或作
佛身等者法身八相具如釋迦從始至末一代化
儀九界等者如華嚴中文殊普賢八部等類對揚
頓也從四含去乃至般若空生身子帝釋文殊八
部之流對揚漸也如華嚴中加四菩薩即轉頓也
佛初成道令諸比丘處處化人方等等中文殊淨
名空生身子等即轉漸也如諸經末受佛囑累發

誓弘經即弘通也文雖不云開漸顯頓意亦可知
但法華中無加說義闕於轉耳此並約眷屬說也
問大章名起教五略名裂網云何得同答對揚利
物名為起教令他除疑名為裂網起教本為除他
疑網是故同也簡非竟
○三顯是二初列
顯是更為三初四諦次四弘後六即
○次釋四初約四諦二先分別四種四諦四初四
教四諦二初指經列名
四諦名相出大經聖行品謂生滅無生滅無量無作
四種四諦即是大經聖行品文第十一初以八苦
釋苦即生滅苦也苦諦文末約四諦簡云凡夫有
苦而無諦聲聞有苦有苦諦菩薩解苦無苦餘三
亦然即是通教菩薩對三藏簡第十二初以善不
善愛及以九喻謂責主有餘羅刹女婦等以釋集
諦即生滅集也集諦文末約四諦簡云凡夫有苦
無諦二乘有苦有苦諦菩薩解苦無苦而有眞諦
三諦亦然疏云前苦諦文末不云有眞故知是通
今云有眞眞是眞實故知即是次第不次第二種
眞實此是別圓對三藏簡至釋滅諦文末但云見

滅煩惱斷故常無煩惱故樂佛菩薩因緣名淨無
二十五有名我道諦文末但云常無常有為無為
等滅道文末但云四德既不復更與二乘比決故
知單約別圓釋也自非一家圓會經旨佛語巧略
何由可通乃至下文下智中智此並四種四諦之
明文也從復因文殊問佛廣答七種二諦此廣明
一實具如玄文
○次正釋四諦四初生滅四諦二初正釋
生滅者苦集是世因果道滅出世因果苦則三相遷
移集則四心流動道則對治易奪滅則滅有還無

今初明生滅四諦者諦義具如玄文第三言三相者不立住相與異合說以人多於住起常計故故淨名云比丘汝今亦生亦老亦滅老即是異此中義兼一期念念二種三相言四心者即是四分煩惱四分必是三相所遷故云流動流動即生滅也四相雖屬不相應行即彼煩惱是生等故為顯此中成生滅義是故須以生等說之下文道滅尚成生滅故此苦集須云生等以實有道治彼苦集故云對治有苦集時則無有道若有道時能除苦集故云易奪滅有因果還歸無餘故亦生滅故阿含

中明四諦義徧一切法如云知漏知漏集知漏滅知漏滅道十二因緣十二頭陀一一皆生四諦之義具如法華疏釋迦葉中

○次通結四諦並成生滅

雖世出世皆是變異故明生滅四諦也

○次無生四諦

無生者苦無逼迫一切皆空豈有空能遣空即色是空受想行識亦復如是故無逼迫相也集無和合相者因果俱空豈有因空與果空合歷一切貪瞋癡亦復如是道不二相無能治所治空尚無一云何有二耶法本不然今則無滅不然不滅故名無生四諦也

通教具如思益經文釋籤已引

○三無量四諦二初正明四諦四初苦諦二初正釋苦諦三初總明境

無量者分別校計苦有無量相謂一法界苦尚復若干況十法界則種種若干非二乘若智若眼所能知見

○次總明菩薩出假智力

乃是菩薩所能明了

○三略舉一界況釋

謂地獄種種若干差別鈹剝割截燒煑剉切尚復若干不可稱計況復餘界種種色種種受想行識塵沙海滴寧當可盡

鈹字從金從刀者俗鈹謂鈹開剝皮割肉截骨等也然其字義大同小異故玉篇云剝者裂也刻割也去肉脫皮也割裁截也若如也干數也如其苦類相狀無量

○次舉劣況勝下三諦準知

故非二乘知見菩薩智眼乃能通達

問苦諦文中約十法界集諦文中但云種種道諦

文中分析體等滅文中分四教別者何耶答苦集義通須約十界是所治故須通云十道亦應四且據能斷內外苦集故但云二滅若云二於理無妨寄教分齊委分四別此卽苦集俱十道滅並四二種因果各同類故

○次集諦

又集有無量相謂貪欲瞋癡種種心種種身口集業若干身曲影斜聲喧響濁菩薩照之不謬耳

云身曲等者身如集影如苦聲如集響如苦

○三道諦

又道有無量相謂析體拙巧方便曲直長短權實菩薩精明而不謬濫

云析體巧拙者分界內外方便通指賢聖諸位斷惑用智皆云方便則有四種方便不同曲直長短者化城寶所各有曲直五百為長三百為短言權實者如第三卷偏圓中說俗釋權者反常合道又云迹近而行遠和光不同塵賈逵曰變也宜也字義申此可以意知

○四滅諦

又滅有無量相如是方便能滅見諦如是方便能滅思惟各有若干正助菩薩洞覽無毫差也又卽空方便正助若干皆無若干雖無若干而分別若干無謬無亂又如是方便能析滅四住又如是方便能體滅四住如是方便能滅塵沙如是方便能滅無明雖種種若干彼彼不雜

言若干正助者義通四種滅也又如是下別滅諦中云塵沙者嘗無知數多他解唯一二染污二不染不染卽習氣今家意者小乘習氣卽別惑是古今釋之分界內外一十六門知病識藥及授藥也

○次以四悉判

又三悉檀分別故有若干第一義悉檀則無若干雖無若干從多為論故名若干稱無量四諦也

以四悉檀判無量也別教始終立四悉義卽初地去名第一義今此無量從於地前三悉義邊立無量名故云從多

○四無作四諦

無作四諦者皆是實相不可思議作但第一義諦無復若干若三悉檀及一切法無復若干此義可知不復委記

言皆是者非但道滅苦集亦實初後不二故名無

作異別無量故云無復又秖別三悉即第一義故云無復偏在諸經不可委記

○次對土增減

若以四諦豎對諸土有增有減同居有四方便則三實報則二寂光但一若橫敵對者同居生滅方便無生滅實報無量寂光無作云云

言橫豎者豎約設教對機機既增減不同致使教有差別四土對教優劣多少故名為豎土體敵對無復優劣故名為橫問方便土中已無通惑何須通教橫豎二義皆云用通答大乘初門調機入頓

為知故學非用斷惑如諸聲聞至方等會被彈斥已皆習通門若至方等必到法華在方便土須通教者此約不至方等會人問若是實報何須用別教耶答約教道說證道必無問寂光既極何須用教橫豎二文皆用無作答教被中下不被究竟初住以上名下寂光等覺為中妙覺為上出淨名疏

○三以別釋總二初正釋

又總說名四諦別說名十二因緣苦是識名色六入觸受生老死七枝集是無明行愛取有等五支道是對治因緣方便滅是無明滅乃至老死滅

以別釋總故離集苦為十二支觀因緣智以為道諦十二支滅以為滅諦

○次引證

故大經開四四諦亦開四十二因緣下智觀故得聲聞菩提中智觀故得緣覺菩提上智觀故得菩薩菩提上上智觀故得佛菩提

二十五云觀因緣智凡有四種謂下中上上上下智觀者不見佛性以不見故得聲聞菩提中智觀者不見佛性不見佛性故得緣覺菩提上智觀者見不了了不了了故住十住地上上智觀者見則

了了得阿耨菩提以是義故十二因緣名為佛性佛性者第一義空第一義空名為中道中道名佛佛名涅槃因緣不殊四觀不等對別教中經云住十住地等者以次第行從住入空乃至十地方入中道次第住三故名為住住及不了並約教道若無四教此文難消至禪境中當復廣說

○四離論證教五初離四句以證四教

又中論偈云因緣所生法即是生滅我說即是空是無生滅亦名為假名是無量亦名中道義是無作以此四句因緣居初故將因緣以對初教有共二

意一者以初對初二者以事對事又復因緣爲諸法本隨觀別故成空假中故證教別同觀因緣

○次復將初句釋四四諦

又解因緣即集所生即苦滅苦方便是道苦集盡是滅

四四諦中皆觀因緣故以因緣對四苦集滅苦方便空分析體及假中異故成四別前釋似同對文少別是故重釋

○三復對因緣

又偈言因緣因緣即無明所生法即行名色六入等

前雖四句對四因緣未分因緣及以所生用對因果作此對已即知初句爲初觀也下三句別皆觀因緣

○四引論

故文云爲利根弟子說十二因緣不生不滅相指前二十五品爲鈍根弟子說十二因緣生滅相指後兩品

一部俱觀因緣約前後文而分小行此依古師判論教云教有二種一通二別通謂徧被終期不二別如法華三乘各別今此論文但申別教於別教中正申於大即前二十五品兼申二乘即後兩品因緣中中邪見申小今且用之故云指也然今家意與古人別古人雖以二十五品別屬大乘而不知有兼通含別以因緣品別對中乘而不知論因緣爲宗

○五結諦緣與偈不殊

當知論偈總說即四種四諦別說即四種十二因緣也已分別四四諦竟

○次約諸經明發心相前明四諦四諦是理一切發心莫不依理故引十種以理居初隨事既多不

可具引且引此十以爲事端先列次釋

諸經明種種發菩提心或言推種種理發菩提心或覩佛種種相發菩提心或覩種種神通或聞種種法或遊種種土或覩種種衆或見修種種行或見種種法滅或見種種過或見他受種種苦而發菩提心略舉十種爲首廣說云云

列中應知經論多少不同如十住婆沙但有七種發心初云三種一諸佛令發二護法故發三大悲故發又有四種一爲菩薩教故發二見菩薩行行故發三見放光而發四見佛相而發諸佛教令與

今文聞法義同。護法與今文見法滅義同。大悲與今文見受苦義同。見行行放光相好。全與今文名同。餘文猶闕。無量壽觀報恩等經亦有多發。望今亦闕。不能具記。優婆塞戒有十種發。一不樂近外道法故發。二內善因緣故。三觀生死過。四見聞惡故。五自呵煩惱。六觀五神通。七欲知世間。八聞佛妙事。九謂愍念故。十愛衆生故。望今亦闕。比之可見。華嚴第六明初住菩薩發心不同。或見佛相好或覩佛神變。或聞佛說法。或聽佛教誡。或見衆生受苦。或聞廣說法。發菩提心。求一切智。初住與今

雖高下異。後必由初。以初例後。故今十意與彼略同。問。此中十文有何次第。答。推理滿故。次得相好。得相好故。能起神變。既以身輪現變。次以口輪開導。身口兩益。但是正報。正報必須依報國土。既有能被。依正身口必有所化。徒衆不同。衆必稟教修行正法。正法將墜。時逢像末。法漸澆訛。衆生起過。起過為因。必感衆苦。次第雖爾。發者隨對各生四解。

○次解釋三。初但釋前四。四初推種種理發心。二初標。

推理發心者。

○次釋二。初正明推理四。初推生滅理發心。

法性自天而然。集不能染。苦不能惱。道不能通。滅不能淨。如雲籠月。不能妨害。卻煩惱已。乃見法性。經言。滅非真諦。因滅會真。滅尚非真。三諦焉是。煩惱中無菩提。菩提中無煩惱。是名推生滅四諦。上求佛道。下化衆生。發菩提心。

初推種種理發心者。文四義二。意亦在一。下去九法例然。託境發心。隨推隨發。若論修行。初門不同。故章安云。聲聞以苦諦為首。緣覺以集諦為首。菩

薩以道諦為首。此約三藏三乘生滅四諦。通菩薩以界內滅諦為首。別菩薩以界外道諦為首。圓菩薩以界外滅諦為首。今為成顯。是不論二乘。復非行別。全依四諦而為次第。菩薩不同。故分四異。俱觀法性。四解不同。世人咸云推法性理。曾不簡理真偽是非。此中三藏亦云法性自天而然。與別何異。是故應分權實法性。三藏既云集不能染。乃至滅不能淨。故四諦外別立法性。當知苦集但是能覆。不能惱染。道滅能顯。而理本淨。法性如月。苦集如雲。道如卻除。滅如卻已。故引況云。滅尚非理。菩

提煩惱更互相傾故名生滅。

○次推無生理發心。

推無生四諦發心者。法性不異苦集但迷苦集失法性。如水結爲氷無別氷也。達苦集無苦集即會法性。苦集尚是何況道滅。經言煩惱即是菩提菩提即是煩惱。是名推無生四諦上求下化發菩提心。

推無生者法性不殊即不即異。氷水爲喻乍似於圓然但以六道因果喻氷眞諦法性喻水爲別。即名雖等不見心性三千世間三諦之理。舉況引經同異準說可知。

○三推無量發心。

推無量者夫法性者名爲實相。尚無二乘境界況復凡夫。出二邊表別有淨法。如佛藏經十喻云云是名推無量四諦上求下化發菩提心。

推無量者法性之理出於二邊。前之二教尚沒空有。佛藏十喻覆顯似同。望彼三藏理體永異。

○四推無作理發心。

推無作者夫法性與一切法無二無別。凡法尚是況二乘乎。離凡法更求實相如避此空彼處求空。即凡法是實法不須捨凡向聖。經言生死即涅槃。一色一香皆是中道。是明推無作四諦上求下化發菩提心。

推無作者。凡法尚是與通教苦集尚是相即似同。能即所即諦境永異。若不甄簡依何而發廣簡異同方顯無外。發心僻越萬行徒施。

○次重示功能。

若推一法即洞法界達邊到底究竟橫竪事理具足上求下化備在其中方稱發菩提心。菩提名道道能通到橫竪彼岸名發心波羅蜜。故於推理委作淺深事理周徧下去法法例爾。

故於推理等者。從此乃至受苦起過一一皆應如今分別。不欲煩文故於此中委指相狀下去但云上求下化準推理說意亦可知。問。此中推理何殊四諦。答。前云四諦通語所依。今明推理別約法性四種行人推二法性。通別異故故重明之。

○次覩種種相發心四見不同二。初標。

覩佛相好發心者。

○次釋四。初覩劣應相好發心。

若見如來父母生身相㒳著明了得處輝麗灼爍。毘首羯磨所不能作。勝轉輪王。相好纓絡世間希有。天上天下無如佛十方世間亦無比願我得佛齊聖

法王我度衆生無數無央是爲見應佛相好上求下化發菩提心

言昺著等者昺光也麗美也亦著也灼爍光明也毘首羯磨等者大論第五釋相好中云二足輪相千輻輞轂三事具足自然成就不待人工世諸工師毘首羯磨所不能作問何以不能答天工師是不隱没智輪相是善業報得天工是報得輪相是善行智天工但一世輪相無量劫故不能以天工而作輪相今文例之三十二相皆非天工之所能作若阿含云佛升忉利以神足力制諸弟子不令

知處二王憶佛因成大患大臣白王造像供養優塡王以栴檀香作匿王以紫磨金作悉高五尺初召工匠與重寶賞無能作者毘首羯磨化爲人來爲王造像下斧之聲上至忉利聞者解脱據此二王雖感天工但能作於似佛之像足輪最下尚不能作況復能作餘眞相耶勝轉輪王者瑞應云阿私陀僊合掌而言曰大王當知悉達太子定當成佛終不在家作轉輪王相明了故所以輪王具而不明薄拘有而不具故知西方相法出自大權相好嚴身故云纓絡願我得佛佛道無上誓願成也

我度衆生衆生無邊誓願度也爲度生故須習法門爲成佛道須斷煩惱是故文中但舉二弘以攝餘二下去例爾又復四弘更互相成爲度生故須三弘誓爲斷惑故亦須餘三餘二弘誓準說可知故知舉二亦攝餘二

○次觀勝應相好發心

若見如來知如來無如來若見相好知相好非相好如來及相皆是虛空空中無佛況復相好見如來非如來卽見如來見相非相卽見諸相願我得佛齊聖法王我度衆生無數無央是爲見勝應相好上求下

化發菩提心

見通佛相者但是見彼三藏相好空無所有如來是所嚴相好是能嚴所嚴空故豈有能嚴能所是境知屬行者所言空者相卽非相非謂無相世濫用之爾須誡愼肇云諸相煥目而非形八音盈耳而非聲應化非眞佛亦非說法者及觀經等亦通佛收

○三觀報佛相好發心

若見如來身相一切靡所不現如明淨鏡覩衆色像一一相好凡聖不得其邊梵天不見其頂目連不窮

其聲論云無形第一體非莊嚴莊嚴願我得佛齊聖法王是為見報佛相好上求下化發菩提心

報佛相者以得法性明鏡身故無像不現一一相好凡聖不得其邊者前兩教凡聖及當教地前並不窮於報身相邊如西域記云昔婆羅門以一竹杖長一丈六欲量佛身纔約佛身杖上猶有如杖量許量既不已插地而去其杖成林後於此中而立精舍名為杖林梵天不見其頂者梵在色界從彼天來亦未曾見世尊頂相如應持菩薩欲量佛身佛成道後遊波羅柰東方去此甚遠有佛號思惟華世界名懷調有菩薩名應持來禮佛足繞千匝已念欲量佛身即自變形高三百三十萬里復見佛身高五百四十三萬兆姟二億里以佛神力應持往至上方百億恆沙世界界名蓮華莊嚴佛名蓮華上至彼界永不見釋尊之頂不知佛身遠近幾何往問彼佛彼佛答言更過恒沙劫亦不能見釋尊之頂智慧光明言辭悉皆如是出金剛密跡經此尚不見況梵天耶目連不窮其聲者佛在靈鷲目連自念欲知佛聲所至近遠即從座起往須彌頂聞如來聲如在目前自以神力往大千邊

大鐵圍頂故聞無異佛念目連欲試我清淨音揚吾今欲現時目連承佛力去至西方界分九十九恆沙佛土上名光明幡佛號光明王至彼故聞猶如對面彼佛身長四十里菩薩身長二十里菩薩食鉢高一里目連於彼鉢緣上行彼菩薩白佛此是何蟲著沙門服在鉢上行佛言莫輕此賢此賢名大目連釋尊第一神足弟子彼佛告目連此土菩薩及聲聞衆見卿身小生輕慢心當現神力承釋尊力禮彼佛足繞七匝已我今結坐此地不受佛言隨意即踊身虛空高百億仞化牀而坐種種光明珍寶瓔珞而自莊嚴各億百千現已往其佛前諸菩薩等怪未曾有白佛言目連何故至此佛言欲試彼佛聲遠近故佛告目連仁不宜試佛聲遠近卿大誤也假使過於恆沙劫行亦不能知目連投彼佛足悔過佛告目連汝到此者是釋尊之力若欲還彼假使卿身一劫不至能仁已滅目連曰我今迷惑不知所去彼佛曰在東方目連叉手自歸說偈唯願天人尊冀垂力愍念願顯其國土今欲還本土身子於靈山聞而怪之阿難白佛誰耶佛言目連在彼光明幡世界佛為放光明照之

乘光還到到已懺悔身聲既爾諸相例然出大論十一與金剛密迹文同坐蓮華臺居色究竟等並此相也論云去八十行般若頌文也無形謂法性也莊嚴謂福智也境智相稱徧應法界唯有同類見非莊嚴今從教道他受用邊亦云報身即是登地菩薩所見

○四觀法佛相好發心

若見如來知如來智深達罪福相徧照於十方微妙淨法身具相三十二一一相好即是實相實相法界具足無減願我得佛齊聖法王是爲見法佛相好上求下化發菩提心云云

知如來智等者智稱法身故名深達即指法身爲諸相本故云法身具三十二又如華嚴一一相好與虛空等此四教主未開成別秖是一身四見各異故大論十一引密迹經云一切天人見佛色量或如黃金白銀諸雜寶等云云或見丈六或見一里一也或見十里乃至百億二也無量無邊三也徧虛空中四也是則名爲如來身密機見不同爲弘誓境故云願齊等一一文中皆云若見如來者皆以三藏如來而爲境本於色相上四見不同

○三見種種神變發心二初標

云何見佛種種神變發菩提心

觀神變者史記云識用曰神易曰利用出入之謂神故知俗教言遠意近故易曰陰陽不測之謂神雖云不測及識用等但第六識於欲人中陰陽不測等耳變者亦是陰陽變易寒暑遞遷如此釋變意不殊神尙未及天況三藏聖三藏神變依於根本

○次釋四初見劣應變發心

若見如來依根本禪一心作一不得衆多若放一光從阿鼻獄上至有頂大光晃耀天地洞明日月戢重輝天光隱不現願我得佛齊聖法王云云

一心作一等者如化主語時化事即語化主默時化事即默語默既爾餘儀亦然故非任運眞化故也若放一光等者常光一尋則不云放尋外之光故名神變始從阿鼻乃至尼吒戢重輝者戢斂也止也日月爲重輝佛若放光令斂不現報恩經云佛光明者如日輪光不云不現者世間無物以喩佛光此分喩也故彼經云世尊放光猶如日輪光明赫奕隱蔽衆星猶如大龍蟠闌楯輪蒨練璨爛

覩之目眩思之心亂佛若放光能令一切諸光不現大論云欲比決知如迦葉光比閻浮金猶如聚墨在珂貝邊迦葉身光比四天王如是展轉乃至梵天皆如聚墨故云隱不現也大論問云如來何故常光一丈答根不堪故若放多光則失眼根又問若放光有益何不但放光而說戒施及禪等耶答衆生得益不同如城有多門入者不等

○次見勝應神變發心

若見如來依如來無生理不以二相應諸衆生能令衆生各各見佛獨在其前願我得佛齊聖法王云云

此中依理故異三藏依根本禪不二相故異於三藏一心作一各各見佛獨在前者不同並見老比丘像淨名云各見世尊在其前如涅槃時各見如來唯受我供般若數數放光淨名如須彌山顯於大海灌頂巍巍堂堂等並勝應神變

○三見報佛神變發心

若見如來依如來藏三昧正受十方塵剎起四威儀而於法性未曾搖動願我得佛齊聖法王云云

言依如來藏者藏謂理性不能現變要待登地緣修滿時眞修發已方能現變但異根本及無生理三昧正受卽指初地十方百界而作佛事

○四見法佛神變發心

若見如來與諸神變無二無異如來作神變神變作如來無記化化化復作化不可窮盡皆不可思議皆是實相而作佛事願我得佛齊聖法王云云

法佛如來與事神變不二不別故云相作無記化化等者大論第八問釋迦化作無量千億諸佛云何一時能說法耶如毘曇中一時無二心化主化事語黙不俱云何一時皆說六度答如此說者外道聲聞所變化耳如來變化無量三昧不思議力

故無量百千一時語黙又聲聞人化不能作化故聲聞滅後不留化事如來滅後能留化事如佛無異故云化復作化九十一文同又神變者非但身輪一切言說及意善巧皆名神變故大神變經佛現十八變竟時商主天子白佛言頗有神變更過此耶佛令文殊廣說變化具如淨名不思議品文殊白佛如是摧伏惡魔亦令菩提久住於世如是末爲殊勝若無名無相無聲無字無戲論非沙門所知如是歷十八界皆作此說無三脫說三脫乃至六度皆不可得一切衆生說無衆生佛土佛身

亦如是說是名神變商主天子言若如是者一切諸法皆名神變身子問天子曰汝聞此神變不怖耶天子曰我即神變云何怖耶文殊言一切善惡動不動皆神變相不動即法性動即是神變一一文下皆應結云上求下化文無者略故知佛現及文殊初說猶屬通別神變故也作四弘義準說可知

○四聞種種法發心二初標

云何聞種種法發菩提心

○次釋二初正聞法次以偈結三結成無礙初文

又二初聞法所從

或從佛及善知識或從經卷

從佛唯佛在知識通現未經卷唯滅後

○次正明聞法聞生滅去四教之法一一皆生四解不同此所聞法不出四諦文四初聞生滅四解中四初生生滅解

聞生滅一句即解世出世法新新生滅念念遷移戒慧解脫寂靜乃眞願我得佛能說淨道云云

初生生滅者世與出世秖是四諦生生不已故曰新新四相所相故曰遷移即苦集也戒慧略舉道諦解脫略舉滅諦即有爲無爲二種解脫寂靜即是所證滅理得佛上求說道下化

○次生無生解

或聞生滅即解四諦皆不生不滅空中無刺云何可拔誰苦誰集誰修誰證畢竟清淨能所寂然願我得佛能說淨道云云

云無刺者此引大經二十七文法性空中云何言有苦集之刺而言欲拔修道滅耶四皆無主故並云誰無主故空故云清淨能謂道滅所謂苦集能所不二故云寂然

○三生無量解

或聞生滅即解生滅對不生滅爲二非生滅非不生滅爲中中道清淨獨拔而出生死涅槃之表願我得佛能爲衆生說最上道獨拔而出如華出水如月處空云云

非於二邊教道但中煩惑不染故云獨拔邊非即中中在邊表故下喻意如中道華離二邊水出纏智月處法性空

○四生無作解

或聞生滅即解生滅不生滅非生滅非不生滅雙照

生滅不生滅。卽一而三。卽三而一。法界秘密常樂具足願我得佛能爲衆生說秘密藏如福德人。執石成寶。執毒成藥云云。

雙非雙照者。雖三相卽中性雙非。三一相卽與法界等。名異義同。常樂略舉四德中二。備一切法故云具足。若據此意見相神變。一一皆應生於四解。但於聲教此土所宜。從聞爲便。故於此中委明十六。況聞通深淺見等不然。執石等者。石毒寶藥性本不二。隨人所感各見不同。諸法亦爾。本是法界前三敎人。謂爲苦集。圓頓智照義之如執。卽是法界。如成寶等。毒藥具如大經釋摩男緣。

○次聞無生生四解。四。初生生滅解。

若聞無生。謂二乘無三界生。菩薩未無生。

初聞無生生生滅者。菩薩同凡。故未無生。

○次生無生解。

若聞無生。謂三乘皆無三界生。

三乘共學。俱斷通惑。故皆無生。

○三生無量解。

若聞無生。二乘非分。但在菩薩。菩薩先無分段生。次無變易生。

若斷見思言無生者。二乘有分。此斷無明方名無生。故云非分。菩薩斷惑前後次第。是故二死次第無生。

○四生無作解。

若聞無生。一無生。一切無生。

聞阿字門。卽解一切。卽圓解也。

○三聞無量生四解。中皆取伏位及出假位名爲無量。斷惑證眞非無量故。文二。初總標。

若聞無量一句。例如此。

○次別釋。四。初生生滅解。

若聞無量。謂二乘方便道四諦十六諦等。以爲無量。

二乘方便菩薩三祇。通名無量。故舉凡位十六諦觀。

○次生無生解。

若聞無量。二乘自用伏惑。不能化他。菩薩用此無量自去惑。亦化他。

亦是三乘同伏。菩薩利他。

○三生無量解。

若聞無量。謂二乘無分。但在菩薩。菩薩用斷界內塵沙。亦伏界外塵沙。若聞無量。謂二乘無分。但在菩薩。

菩薩用斷界內外塵沙亦伏無明。
生無量中分為兩句。初句在行。次句在向。一一句中皆云亦者。初句界內未盡。又伏界外。故云亦也。下句塵沙未盡。又伏無明。又言亦也。故四念處云住斷見思。又斷界外上品塵沙。十行中品。十向下品。今明無量不取十住。
○四生無作解。
若聞無量但在菩薩。菩薩用伏斷無明。
云伏斷者。信後正伏。為斷方便。故云伏斷。入住正斷。非無量意。四種各受無量名者。如江河淮海皆

得名為其水無量。而其水量不無多少。
○四聞無作生四解二。初總標。
若聞無作一句。例亦如此。
○次別釋四。初生生滅解。
若聞無作。謂非佛天人修羅所作。二乘證此無作。思益云。我等學於無作。已作證得。而菩薩不能證得云云
菩薩不斷不證無作。
○次生無生解。
若聞無作。謂三乘皆能證得。
三乘同證無生之理。

○三生無量解。
若聞無作。謂非二乘境界。況復凡夫。菩薩破權無作證實無作。
地前為權。登地為實。斷已不作。故名無作。
○四生無作解。
若聞無作。謂即權無作證實無作。若得此意。隨聞一句通達諸句。乃至一切句。一切法。而無障礙云云。
地前二諦。即是登地中道故也。故云權實相即。
○次以偈結三。初總標。
夫一說衆解。是義難明。更約論偈重說之。

○次別釋一一教中各得四句義。當一教生於四解。前雖各生。未約法辨。故約論偈重辨相狀。故借論文相即之語。而結四解。此為後來作聞一句生種種解之法式也。文四。初結生滅二。初正明。
若言因緣所生法。我說即是空者。既言因緣所生。那得即空。須析因緣盡。方乃會空。呼方空為即空。亦名假名者。有為虛弱。勢不獨立。假衆緣成。賴緣故假。非施權之假。亦名中道義者。離斷常名中道。非佛性中道。
呼方空為即空者。如人墮巖。雖未至地。得名已死。

方猶當也常修無常雖未即空當空之義在現境
上境即應空故曰即空賴緣假者然四教中俱有
賴緣施權二假其相各別空中亦然今此虛假賴
衆緣成非從空出設權利物離斷常中二乘亦得
佛果勝於三乘弟子偏受中名廣如第三開合中
說
○次斥結
若作如此解者雖三句皆空尚不成即空況復即假
即中此生滅四諦義也
欲辨後教先斥次結如阿含無諍經中佛告比丘

莫求欲樂極下法故亦莫苦行太過法故離此二
邊則有中道又佛在舍衛舍利弗言我如大地諸
大小便唾吐無嫌乃至如水如火如巾佛言此經
名爲師子吼也阿難言身子所說妙中之妙又佛
在鹿子母堂云堂上雖空然有不空唯比丘衆又
數念一無事謂空於人想然有不空唯一無事又
婆沙中處處皆云法性實相及法身等如是等名
與大乘同是故應須以義判屬所以四教俱空假
中而隨教門所詮各別故此斥云尚不成即空等
也

○次結無生二初正明
若因緣所生法不須破滅體即是空而不得即假即
中設作假中皆順入空何者諸法皆即空無主我故
假亦即空假施設故中亦即空離斷常二邊故
初云因緣等者釋即空也而不得下斥無法性妙
假妙中從設作下許有當教假中二名未見別理
唯成但空雖有八地出假化物一時施設非任運
化雖異因人立中道名但離斷常終歸空理
○次斥結
此三翻語雖異俱順入空退非二乘析法進非別非

圓乃是三獸渡河共空之意耳
○三結無量二先結
若謂即空即假即中者三種邐迤各各有異三語皆
空者無主故空虛設故空無邊故空三種皆假者同
有名字故假三語皆中者中眞中機中實故俱中
實有三諦不同藏通是故不斥但斥次第未得名
圓亦順論文三語相即雖復三諦皆空皆假皆中
宛然次第無主故空眞諦中空也與前三藏無主
空同假即空者以即空心而出假故對他假病假
設法藥是故藥病無不即空此俗諦中空也中即

空者中理無邊。即畢竟空。此中道空也。亦得名爲一空一切空。雖復三諦俱得名空。不無次第。故屬別也。三種皆假者。亦似一假一切假。前後灼然。三諦須俱。但有名字。次第前後。故屬別也。三皆中者。亦似一中一切中。而次第宛然。權立中名。是故三諦猶成次第。離斷常故名爲中。眞位在十住。與機無差名爲中。機位在行向。法性實際名爲中。實位在十地。三時各異。故亦別也。雖復三諦皆空假中。祇是次第三諦之相。

○次但斥次第。

此得別失圓云云。

○四結無作。

若謂即空即假即中者。雖三而一。雖一而三。不相妨礙。三種皆空者。言思道斷故。三種皆假者。但有名字故。三種皆中者。即是實相故。但以空爲名。即具假中。悟空即悟假中。餘亦如是。

言思道斷。既不思議。又即實相。故不同別。三種皆假亦云三諦同有名字。與別何殊。然別教中約次第三。但有名字。此三即一。但有三名。一名似同。其體永別。

○三結意。

當知聞於一法。起種種解。立種種願。即是種種發菩提心。此亦可解。

法即是境。境謂四諦。依境起解。依解起願。願故名爲發菩提心。世人多以坐禪安心名爲發心。此人都未識所緣境。無所期果。全無上求。不識大悲。全無下化。是故發心從大悲起。種種之言。不過四四一十六解。

○次指例餘六。

其淨土徒衆修行法滅受苦起過等。發菩提心例前

可解。不復委記。

其淨土徒衆等者。十科明發已。釋其四。餘六略無。指例而已。今更比前略辨相狀。言淨土者。或從經卷聞說諸土。或佛聲光令見諸土。或有機緣見此土異。或聖冥加自覩諸土。不可具論。略述綱要。若一質一見。異質異見。具如推理見相等也。異質一見。一質異見。具如聞法。四義互通。各成一意。如法華初會及淨名中。香積菩薩來此聽法。此見同居穢也。此會大衆見妙喜國。及法華中三變土田。此見同居淨也。聲聞菩薩共爲僧等。此見方便淨也。

如淨名中足指按地而皆自見坐寶蓮華及法華中見此娑婆純諸菩薩此見實報土也如淨名中大士空室及法華中下方空中寶塔在空此見常寂光也乃至像法決疑娑婆羅林地四見不同亦如玄文釋國土妙迹土四別即其相也觀諸土相上求下化國土是所依生佛是能依生佛相望故得亦具四弘誓也下觀衆等五科不同亦應委說質等四句云云言觀衆者如諸經初列同聞衆隨教多少大小優劣即其相也自力他力聞說冥加例前可知若一質異見異質一見者或見大衆聚散

生滅或見大衆聚散如幻或見大衆能紹佛法或見大衆如常不輕亦如玄文眷屬妙中次見修行亦四見者修六度行四三昧等皆以期心境智勘之四相自別若一質異見等者或見捨身剜身為生為道伏惑修行藏也或見所捨如幻化等通也為常住故別也為法界故圓也亦如玄文行妙中說若準諸部經論不同三祇六度藏也如請觀音文殊問等並有三乘共行通也若華嚴云菩薩發心不為一人乃至恒沙為度一切發心修行別也普賢道場及華嚴中普賢行等圓也約五味經多

少不同準說可知上二下三準應可見徒衆修行屬道諦攝道即上求義兼下化次法滅中亦有四者十住婆沙云菩薩摩訶薩見法滅時起護法心準例應有四種菩薩護法不同若立像正乃至末法流通護持藏通也若見法滅誓於十方盡未來際為護法故別也若見法滅即知法界常住不滅盡未來際護常住法圓也一質異見等比說可知法滅護法義兼上求及以下化云云見受苦中生四解者若見三界六道輪迴生滅也若見輪迴無逼惱相通也十界苦相一一無量別也百界千界

苦在一念圓也若一質異見等如見驅使鞭打繫縛亦生四解發心不同亦如四諦四苦差別次見起過中生四解者四四諦中四集不同即起過也一質異見比說可知受苦起過屬於下化義兼上求亦四義足初心行人甚要甚要縱使發心不眞實者緣於正境功德猶多何以故發菩提心事希有故如首楞嚴中佛告堅意我滅度後後五百歲多有比丘為利養故發心出家以輕戲心聞是三昧發菩提心我知是心亦得作於菩提遠緣況清淨發心故知若非正境縱無妄偽亦不成種

摩訶止觀輔行傳弘決卷第一之三

止觀輔行卷三　　五十九

摩訶止觀輔行傳弘決卷第一之四

陳隋天台智者大師說　唐荊谿大師湛然傳弘決

門人章安大師灌頂記　明天台沙門傳燈增科

○三以三止觀結者十種發心推理居初故約推理餘九準例故下文云若見此意例見相闡法乃至起過故一一文皆生十六一一皆以三止觀結文分二初正結推理二初標

上來所說既多今以三種止觀結之

○次釋六初釋頓

然法性倘非一法云何以三四而推之

法性之理非復數量若定執於三觀四教以爲能發反增迷倒

○次釋漸二先法說三初明漸

今言一二三四

一二三四者祇三止觀及以四教次第重累故一至四此明漸次所以也

○次辨不同之相

說法性是所迷苦集是能迷能迷有輕重所迷有卽離約界內外分別卽有四種苦集約根性取理卽有一二三四不同云云

界內界外權實二理各二根性故四不同

○三釋有四所由

若界內鈍人迷眞重苦集亦重利人迷眞輕苦集亦輕界外利鈍輕重亦如是法性是所解道滅是能解所解有卽離能解有巧拙界內鈍人所解離能解則拙利人所解卽能解亦巧界外利鈍卽離巧拙亦如是

由迷解故輕重巧拙眞與法性名異義同界內利鈍迷於眞諦界外利鈍迷於中道迷眞迷中所迷所解雖同法性能迷能解巧拙等殊故成四種迷

眞迷中有二苦集解眞解中有二道滅利名爲卽鈍名爲離巧拙亦然離謂離法性別有苦集卽謂卽法性卽是苦集所解離者由能解拙所解卽者由能解巧問迷解祇應云集與道何故復云苦與滅耶答以因召果相從而說界外望內眞中雖殊巧拙卽離其名不別

○次舉譬

所以者何事理既殊昏惑亦甚譬如父子兩謂路人瞋打俱重瞋以譬集打以譬苦若謂煩惱卽法性事理相卽苦集則輕實非骨肉兩謂父子瞋打則薄

通爲界內界外作譬以路人爲父子名即以父子爲路人名離何者苦集之體本是法性猶如父子若謂法性異苦集者名爲路人故謂苦集亦異法性可譬藏別兩教人也體性雖同於事亦異名非骨肉於異彊親生父子想則謂苦集即是法性故譬通圓兩教人也

○三引例合譬二初正合

麤細枝本通別偏不偏難易等亦如是

若據譬文則應內外各有麤細及難易等今爲生後不定文相對說易故但以界內爲麤界外爲細

枝本難易等準此可知如是麤細各有巧拙父子等譬故云亦如是

○次釋相

或云界內苦集底滯爲重界外升出爲輕或界內皮惑故爲淺界外肉惑故爲深

此中二對釋漸相也故下結云若作淺深輕重者漸次相也雖有或言以無交互不名不定

○三釋不定二初正釋

或言界內隨他意故爲拙界外隨自意故爲巧或言界內稱機故爲巧界外不稱機故爲拙或言界內有能所故爲麤界外無能所故爲細或言界內小道極在化城故爲細界外大道極在寶所故爲麤或言界內客塵故爲枝界外同體故爲本或言界內在初故爲本界外在後故爲枝或言界內小大共故爲通界外獨在大故爲別或言界內偏故爲小淺故爲別界外圓故爲大無隔故爲通或言界內短故爲不偏界外周法界故爲偏或言界內在一切賢聖共故爲偏界外獨在大乘故爲不偏或言界內用二乘方便故爲難斷界外但依無礙慧故爲易斷

六對交互釋不定相最後難易雖無交互但是交

畧義推應有應云或界內初心能破故爲易斷界外後心方破故爲難斷諸交互句不能細記讀者勿輕

○次結指

如是等種種互說今若結之則易可解

結前不定兼指廣也

○四總畧結示

若作淺深輕重者漸次觀意也若作一實四諦不分別者圓觀意也若作更互輕重者不定觀意也

皆云若作者三種止觀即是別相但明諸教即是

通相以別辨通故云若作淺深輕重指前二對一實四諦指前法性更互輕重指前六對

○五勸進

皆是大乘法相故須識之若見此意即知二種漸次顯是不定顯是圓頓顯是云云

夫發心者爲求圓乘圓乘不同行分三別奬勸行者不可不識

○六料簡三初一問答二初問

問集既有四苦果何二

問前推理集既有四苦果何以但有分段及變易

二因果應等何故四因但感二果

次答二初正答次舉例先正答

答惑隨於解集則有四解隨於惑但感二死

以義言之何但果二集亦但二今言四者約破迷生解二集各有巧拙二破以成四別此惑隨人所解不同故云惑隨於解若隨順生死四集但感二種苦果故云解隨於惑今以解問迷故云四集而感二果以實而言解則俱四如四四諦則有四苦迷則俱二如通別惑但成二因何須但約解因而問迷果

○次舉例

例如小乘惑隨於解則有見諦思惟若解隨於惑但是一分段生死耳

舉例答者如界內惑隨於小乘二解別故名爲見思若諸凡夫隨順迷情界內二因但感界內一分段果此例未切隨迷但感一分段果此則可然若例於解而生二集其意未等前於一集而生二解今乃於集開爲見思又前文意於一苦諦解亦應二此中縱分爲見思二苦果不可分爲二種若切說者破見惑故離四趣惡破思惑故離三界生各

更從解以分二別

○次一問答二初問

問苦集可是因緣所生法道滅何故爾

苦集可是因緣等者問前論偈結中以論初句對於三藏四諦俱屬因緣生法苦集是迷容可從緣道滅破迷何故亦言從因緣生

○次答二初以小正答

答苦集是所破道滅是能破能破從所破得名俱是因緣生法

答意者所破苦集體是緣生若無苦集則無道滅

名從他得。故亦從緣。所以三藏四俱生滅。
○次引大爲例。
故大經云。因滅無明。則得熾然三菩提燈。亦是因緣也。
無明是集。菩提是道。因滅集故方得有道。別圓意也。別圓道滅。尚從緣生。何況三藏。舉深例淺。以酬前難。
○三一問答二。初問。
問法性是所迷。何故二。何故四。
問者問前文中法性一法。何故分爲權實二理。復分卽離以爲四耶。

○次答
答法性隨權實是故二。法性隨根緣是故四。
答意者。開權顯實。惟一法性爲實。施權故分權實。於權實中取解根別。故使權實各具利鈍。
○次舉例餘九。
若見此意。例見相聞法。乃至起過。例作四種分別。廣說云云。
推理既有三止觀結。及以三翻問答料簡。餘九準例。皆亦應然。

○次約四弘二。初標。
中約弘誓顯是者。
弘者廣也。誓約也。釋名云。誓制也。今以四法要制初心。使上求下化。故云發僧那於始心。終大悲於赴難。僧那西音。此云弘誓。起行塡願。故云赴難。
○次釋四。初結前生後。
前推法性聞法等。其義已顯。爲未了者。更約四弘。
其義已顯。結前也。爲未了去。生後也。前雖約諦廣明發心。未了之徒不了四諦。秖是四弘之境。是故更作弘誓說之。

○次辨明同異。
又四諦中多約解明上求下化。四弘中多約願明上求下化。又四諦中通約三世佛明上求下化。四弘中多約未來佛明上求下化。又四諦中多約諸根明上求下化。四弘中專約意根明上求下化。
四諦是境。從境生解。故云約解。四弘依解而生於願。故云約願。又諦有因果。故通三世。願皆在當。故屬未來。又四諦約理。理通三世。四弘是願。願未來成。弘之與諦。皆須上求。有上求故方有下化。上求之中有佛道故。方有法門。是故一一皆須云佛。又此應約九世言之故三世上皆有因果故皆云佛又四諦有苦集苦集具六根弘誓約期心期心但在意又四諦通三業三業通六根願不必身口是故但在意此據大分若委論者亦應具三心緣誓境口宣誓言身現敬相又三翻之中非無餘義一往且爾故並云多問縱有斯異約諦起願前已兼之何須更說答誓名爲大諦通大小滅苦自度其名在小悲濟於他名則兼大諦名有濫故說四弘又弘通偏圓卽名唯圓故四弘後更明六卽從廣之狹方乃顯是故下文云展轉深細

○三結其來意

如此分別令易解得意者不俟也

○四正明弘誓問前明十科今此何故但對諦簡答四諦是通十科約別故釋十科諦居其首十科無理事同魔說故但約諦義該餘十文又四初明生滅四弘六初明誓境卽四諦也初集諦境三初明境

夫心不孤生必託緣起意根是因法塵是緣所起之心是所生法

前約諦中從麤至細故苦在前今四弘中從細至麤故集居先道滅亦爾又前四諦約於因果果相麤故是故先示今四弘中約於意地集在於意是故先說言心不孤生者明此心起是所生法

○次示相

此根塵能所三相遷動竊起竊謝新新生滅念念不住

正示此心成生滅相根爲能生卽屬於因塵爲所緣卽屬於緣因緣和合成所生法因緣所生俱是生滅言三相者謂不取住準前云四心流動亦可云四趣起滅潛密故名爲竊念念續起故云新新

○三舉喻

睒爍如電耀逝疾若奔流

睒者漸視之皃也爍者明也念念速起如暫瞬之明故如電起耀此乃分喻故知念起速於此也逝者往疾也詩云人而無禮胡不遄死疾流相續實可全喻刹那不停

○次苦諦境

色泡受沫想炎行城識幻所有依報國土田宅妻子財產一念喪失倏有忽無三界無常一篋偏苦

且如大品大論廣釋泡沫是小乘中喻焰等是大

乘中喻此是共部是故兼之雨投於水所起曰泡水擊於水所聚曰沫陽在曠野遠視名焰城爲乾城俗云蜃氣蜃大蛤也朝起海洲遠視似有樓櫓人物而無其實故十喻讚云世法空曠如彼鬼城凡夫愚癡爲之而征藥等和合令見異本故名爲幻大論云聲聞法中無城等喻但有種種無常等喻此中雖用猶屬生滅至第五卷當更辨別倏亦疾也一篋偏苦者篋中無樂名爲偏苦大經二十四云四大毒蛇盛之一篋令人養飼瞻視卧起若令一蛇生瞋恚者我當準法戮之都市四大成身

猶如一篋一大不調能令犯重故云都市從於苦因復至苦果故名爲偏

○三道諦境

四山合來無逃避處唯當專心戒定智慧

大經二十八云佛問匿王有四大山從四方來欲害人民當設何計王言唯當專心戒定智慧道品不出此之三法言山來者此以非喻爲喻四山四大也四方生老病死也若欲免此唯依道品

○四滅諦境

竪破顛倒橫截死海超度有流

竪破顛倒卽滅集也橫截死海卽滅苦也惑滅必先麤後細故云竪破苦亡則無復先後故云橫截苦分輕重亦可言竪見思俱破亦可言橫令從多分故且言之倒謂常等四倒不同歷界則有諸品淺深曠大祇是分段而已海喻生死無邊俗教不知死必有生故釋名云神盡曰死此則斷見外道所攝有謂三有流卽四流於此三處因果不亡故名爲有爲此四法漂溺不息故名爲流見流三界見也欲流欲界一切諸惑除見及癡有流上二界一切諸惑除見及癡無明流三界癡也

○次引證

經言我昔與汝等不見四眞諦是故久迴轉

大經十四釋祇夜中云如佛告諸比丘我昔與汝愚無智慧不能如實見四眞諦是故久處沒大苦海下佛復以偈答迦葉云我昔與汝等不見四眞諦是故久流轉生死大苦海此證由見四諦生死盡矣

○三呵責

火宅如此云何躭湎縱逸嬉戲

不見諦理但躭苦集著見名嬉著愛名戲

○四明正發誓
是故慈悲起四弘誓拔苦與樂
○五引事為例
如釋迦之見耕墾似彌勒之觀毀臺即其義也
此即三藏發心之流例也耕者說文云犂也蒼頡云墾也說文又云人曰耕牛曰犂山海經云后稷之孫叔均始造牛犂即此土有犂之始瑞應云悉達太子厭惡五欲遊四城門天帝於東門化為病人南門為老人西門為死人北門為沙門悉達見已皆問天帝天帝皆答其意太子曰如沙門者唯

此為快夜半逾城至王田樹下父王追之見而作禮太子曰吾求自然欲除衆苦諸不度者吾欲度之諸不解者吾欲解之諸不安者吾欲安之未得道者欲令得道願我得道不忘此誓王知其志便自還宮於是太子坐於樹下見耕者出蟲烏隨啄吞感傷衆生魚鱗相咀求出良難據彼經文觀耕之時已發誓竟因觀耕故感傷衆生亦是因境發誓之流例也是故引之似彌勒等者臺謂臺觀說文云土高曰臺有木曰榭彌勒成佛經明初厭世時儴佉王以一寶臺用施彌勒彌勒受已施婆羅門婆羅門受已毀壞分散彌勒見已知一切法皆歸磨滅出家學道坐龍華樹即日成佛廣如經說此則彌勒正因臺毀而發心也
○六簡非顯是
以明了四諦故非九縛起四弘誓故非一脫是為非縛非脫發眞正菩提心顯是義明也
○次明無生四弘二初明誓之境五初正明
次祇觀根塵相對一念心起能生所生無不即空妄謂心起起無自性無他性無共性無無因性起時不從自他共離來去時不向東南西北去此心不在內

外兩中間亦不常自有但有名字名之為心是字不住亦不不住不可得故生即無生亦無無生有無俱寂凡愚為有智者知無
觀所生心與前不別能觀觀智即空為異何以即空四性撿故性相空義至第五卷委釋起時不從自他等者既無四性生滅叵得來去祇是生滅異名此心不在內外等者非自故非內非他故非外非共故非兩間非無因故非常自有但有下性相空也生即無生名為有寂亦無無生名為無寂初是性空亦不下相空凡夫計實故云謂有一切智

觀故云智者知性相空故曰知無又法本不生名爲有寂今則無滅名爲無寂

○次擧譬

如水中月得喜失憂大人去取都無欣慘鏡像幻化亦如是

大論云如水中月小人去取大人笑之以身見故見有種種又論三十六云譬如小兒見水中月入水求之不得便愁智者語言其性自爾莫生愁惱欣喜也慘憂也

○三引證二初引思益

思益云苦無生集無和合道不二滅不生

前譬通總引證則別第一云知苦無苦名苦聖諦集無和合名集聖諦畢竟空中無生無滅名滅聖諦於一切法平等不二名道聖諦此即四諦俱無生也

○次引大經即前四諦初文所引是也

大經云解苦無苦而有眞諦乃至解滅無滅而有眞諦

○四別譬四諦

集既即空不應如彼渴鹿馳逐陽炎苦既即空不應如彼癡猴捉水中月道既即空不應言我行即空不行不即空如筏喻者法尚應捨何況非法滅既即空不應言衆生壽命誰於此滅而證彼滅生死即空云何可捨涅槃即空云何可得

別譬四諦一一皆先法次譬唯闕滅譬初集譬云渴鹿逐燄者熱及空塵三因緣故而生於燄渴因緣故謂之爲水內有癡愛外加欲境因緣力故起於欲想凡夫不了爲之輪迴說文云由風所飛曰颺由風動塵爲燄苦諦譬云捉水月等祇律第八云佛住王舍城諸比丘謂調達作擧羯磨六羣比

丘同調達見佛告比丘過去世時空閑處有五百獼猴遊行入間有一尼拘類樹樹下有井井有月影猴主見已語諸伴言月死落井當共出之令諸世間破於暗瞑諸猴言云何能出主云我之出法我捉樹枝汝捉我尾展轉相連乃可出之諸猴皆從纔欲至水猴重枝弱枝折墮井時猴主者調達是五百者六羣是畢竟空中有眞常性月結使水故生陰入影凡夫癡猴謂之爲實徒謂有眞不了陰入以師迷故教多人迷故知並由不了苦故彼律雖喩主伴同邪亦由不了陰入故也道諦法說

中云不應言我行即空等者一切皆空豈可行即而簡不即即外無別不即故也若有簡者如避空求空譬云如筏喩等者中含五十四筏喩經云爲如此欲能障道義及知此法不受極苦亦不疲勞以不到故我長夜爲汝說筏喩經欲令汝捨不令汝受如山水甚深無有船橋有人從此欲至彼岸念水流急多所漂沒以何方便得到彼岸我今寧可收取草木縛爲箄筏乘之而度度至彼岸便作是念此筏益我可擔戴取即便如意擔戴而去汝意云何爲有益耶比丘曰不也彼人言我得筏益

若棄捨之恐成無益佛言我說筏喩尙捨是法何況非法彼經喩意以說欲障道爲法欲爲非法今借彼喩同金剛經即空尙捨何況不即如筏喩者筏尙應捨何況非筏滅中闕喩若欲立者應云滅旣即空不應於彼空華而求滅實華尙無華滅亦非滅一期曰壽連持曰命衆生本無即苦無生不應謂有衆生壽命苦集盡處名爲此滅即指滅諦名爲彼滅苦本無生亦無生者故曰爲誰無生本無無無生者名誰證彼滅筆語從便故改誰字具足應云誰於此滅誰證彼滅誰謂宰主彼此本無宰主安在

○五重引證二初經明道滅

經言我不欲令無生法中有修道若四念處乃至八聖道我不欲令無生法中有得果若須陀洹乃至阿羅漢

云我不欲令等者大品明無生法中云無三十七品即是道諦本來無生無四果者即是滅諦本來無生

○次大師準例

依例亦應言我不欲令無生法中有色受想行識我

不欲令無生法中有貪欲瞋恚癡

即是大師準例以說道滅尙無豈有苦集是故義云不欲令有色等五陰即是苦諦本來無生無貪瞋癡即是集諦本來無生經爲利根舉勝兼劣但舉道滅即知苦集大師反況旣無道滅必無苦集

○次明發誓二初正明

但愍念衆生與誓願拔兩苦與二樂

文闕誓由以愍念兼之應云愍念衆生不知無生幻化諦理是故起誓以文狹故所以不分

○次簡非顯是

以達苦集空故非九縛達道滅空故非一脫是爲非縛非脫發眞正菩提心顯是義明矣苦集空故不同九縛今復達空文異三藏三藏二乘雖復能達不能卽空空非空等道滅空故故非一脫今能達空復異三藏三藏菩薩而不能達道滅卽空

○三明無量四弘二初明誓境五初總明諦境

秖觀根塵一念心起心起卽假假名之心爲迷解本爲四諦有無量相

照知一心起無量心心無量故迷解無量迷卽十

界苦集解卽四種道滅故云四諦有無量相楞伽第五云如來藏爲善不善因者卽理性如來爲善惡本應以十界互爲善惡大論四十一云如大池水象入則濁珠入則清當知池水爲清濁本珠象爲清濁之緣然別四諦攝四四諦自他始終須徧學故所學旣多故云無量

○次別明四諦二先明苦集次明道滅明苦集中先總次別初總明苦集

三界無別法唯是一心作心如工畫師造種種色心構六道分別校計無量種別

文中雖未別釋苦集之相言中已有苦集之別三界無別法苦也唯是一心作集也心如畫工師譬集也造種種色譬苦也心構卽集六道卽苦旣云種別當知六道但畧語耳具足應云十界苦集

○次別明苦集二初別明集諦

謂如是見愛是界內輕重集相界外輕重集相

○次別明苦諦

如是生死是分段輕重苦相界外輕重苦相

苦集是所破故具明十界道滅是能破能破有長短內外體析等故知初總畧云六道

○次明道滅二先總明道滅二初法

還翻此心而生於解

翻苦集心生於道滅故初文云爲迷解本

○次譬

譬如畫師洗蕩諸色塗以墡彩

譬如畫師下譬總也畫師菩薩身也手如菩薩心性筆譬所觀之心諸色六道因果洗蕩謂破因果墡彩謂道滅也又修空如洗蕩假觀如績彩亦是次第三諦之相

○次別明道滅二初別明道諦

所謂觀身不淨。乃至觀心無常。如是道品紆通化城。觀身身空。乃至觀心心空。空中無無常。乃至無不淨。如是道品直通化城。觀身無常無常。即空。乃至觀身法性。非常非無常。非空非不空。乃至觀心亦如是。如是道品紆通寶所。觀身法性。非淨非不淨。雙照淨不淨。乃至觀心法性常無常。雙照常無常。如是道品直通寶所。

一一諦中具例。次第四教之相。初道諦中云紆通直通至化城者。即生無生兩道品也。紆通直通至寶所者。即無量無作兩道品也。或云寶渚。渚者水中可居曰洲。小洲曰渚。亦曰水畔。今以陸極水際為渚。道諦具足應明七科。且釋念處。餘六畧無。紆直二種通至化城。破見思惑。直通之中。不云不淨但云身空等者。以觀巧故。不同前拙。紆直二種通寶渚中。初紆通中具足應云。無常常非常非無常。今文中云乃至者。畧卻於常。所以具云無常無常即空者。此是約化他門。更重牒前化城。紆直不云不淨者。亦是通舉。初二觀法攝不淨等。悉皆無常無常生滅也。無常即空。無生也。無量無作等對於始終。分別可知。常破塵沙。雙非破無明。乃至不淨

亦復如是。

○次別明滅諦。

是人見諦滅名須陀洹。是人思惟滅名三果。是人見滅名見地。是人思滅名薄名離名已辦。乃至侵習名辟支佛。是人見思滅名十住。塵沙滅名十行十回向。無明滅名十地等覺妙覺。是人見思塵沙滅名十信。無明滅名十住十行十回向十地等覺妙覺。

文中皆取斷位為滅。於中亦具四教滅位。雖有無作滅位之名。但是別人初地位耳。若爾道諦何故。具列紆直二通至寶所耶。答。此約教證二道以說。故四念處中問曰。別人既有無作四諦。無作既勝。何不緣勝而發心耶。答。別家以無作是果。果不通因故不緣之。雖遠期中。正意是緣無量發心。初地無作由之而得。故曰至果方成無作。若爾秖應列地以為無作。何故備列圓位始終。答。在教道時。但云地上若入證道。即是初住。地前即成住前諸位。故寄此中備列諸位。初是生滅。次從是人見滅至支佛。無生位也。從是人見滅至妙覺。別位也。從是人見滅乃至妙覺。圓位也。

○三總結四諦皆從心生。

分別十六門道滅不同及一切恒沙佛法分別校計不可說不可說如觀掌果無有僻謬皆從心生不餘處來。

言十六門道滅者四教四門門門四諦是故得有十六道滅及一切者及十方界一切佛法也。

○四依境起解。

觀此一心能通不可說心不可說心能通不可說法不可說法能通不可說非心非法觀一切心亦復如是。

一心能通不可說心及不可說法者如前文云為

迷解本今此且以出假分別名為心法通至法性名非心法。

○五簡非。

九縛凡夫不覺不知如大富盲兒坐寶藏中都無所見動轉罣礙為寶所傷二乘熱病謂諸珍寶是鬼虎龍蛇棄捨馳走跉跰辛苦五十餘年雖縛脫之殊俱貧如來無上珍寶。

煩惱之中有如來藏故云坐中凡夫生盲常與藏俱而不知見以不見故流轉生死卻為藏害故云所傷二乘眇目偏真熱病謂藏為鬼鬼等四者譬

四住惑不知四住體是珍寶棄背馳走跉跰辛苦。

言五十餘年者祇由背寶煩惱得便退大之後輪迴五道修羅居於鬼畜之間故名為餘雖縛脫等者凡夫二乘升沈雖殊失藏義等。

○次正發誓二初發誓。

起大慈悲誓願拔苦與樂。

○次顯是。

是為非縛非脫發真正菩提心顯是義明矣。

○四明無作四弘三先明弘境二先明三諦境十

初以三諦總標誓境。

次根塵相對一念心起即空即假即中者若根若塵並是法界。

圓教無作弘誓者四諦之體秖是三諦故以三諦總標誓境一念心起與前不別能觀觀智與前永異即此一念即是三諦不復更論迷解之本若根若塵並是法界法界秖是三諦異名。

○次明三諦圓融。

並是畢竟空並是如來藏並是中道。

三諦互融故云並是藏具諸法即是俗也空中名同不須別釋。

○三重釋

云何卽空並從緣生緣生卽無主無主卽空云何卽假無主而生卽是假云何卽中不出法性並皆卽中當知一念卽空卽假卽中並畢竟空並如來藏並實相

並緣生者謂一念心並具百界千如等也如是緣生悉皆無主無主故空卽此千如名爲妙假卽是法性名爲妙中結歸如文

○四復踈三諦還成三諦

非三而三三而不三非合非散而合而散非非合非非散不可一異而一異

非三而三假也三而不三空也亦應更云非三非不三中也文無者畧非合非散中道雙非而合卽空而散卽假非非合非非散非上雙非卽是雙照先明雙非後明雙照二文中間論二諦者以此圓文無前後故不可一異卽中也而一空也而異假也如此三諦在根在塵如來藏者卽當假也豈如來藏而無佛性聞此圓頓不宗重者良由近代習大乘者雜濫故也況像末情澆信心寡薄圓頓教法溢藏盈函不暫思惟便至寘目徒生徒死一何痛哉有人云聞而不行於汝何預此未深知久遠之益如善住天子經文殊告舍利弗聞法生謗墮於地獄勝於供養恒沙佛者雖墮地獄從地獄出還得聞法以此供養不聞法者而爲挍量聞而生謗尙爲遠種況聞思惟勤修習耶

○五舉喩二初正喩

譬如明鏡明喩卽空像喩卽假鏡喩卽中

夫以事喩法皆是分喩於中鏡喩其意最親何者徧鏡是明徧明是像非並非別不縱不橫有異伊字天目故也

○次重複踈喩

不合不散合散宛然不一二三二三無妨

不一二三者雖次第增祇是三諦三法非有名不一二三二三無妨者此逐語便故畧一字智者因喩斯言有徵

○六合譬理等

此一念心不縱不橫不可思議非但已爾佛及衆生亦復如是

欲明理等復云生佛亦復如是今問世人云觀眞如如何觀於衆生身內等佛等生之眞如耶 云云

○七引證理齊四。初引華嚴以證理齊。

華嚴云。心佛及衆生。是三無差別。當知己心具一切佛法矣。

引證理齊。故華嚴歎初住心云。如心佛亦爾。如佛衆生然。心佛及衆生。是三無差別。諸佛悉了知。一切從心轉。若能如是解。彼人眞見佛。身亦非是心。心亦非是身。作一切佛事。自在未曾有。若人欲求知。三世一切佛。應作如是觀。心造諸如來。若無今家諸圓文意。彼經偈旨。理實難消。

○次引思益以證。卽是。

思益云。愚於陰界入。而欲求菩提。陰界入卽是。離是無菩提。

引思益者。不了陰界等。於生佛體卽法界。故名爲愚。

○三重引淨名顯成思益。

淨名曰。如來解脫。當於衆生心行中求。衆生卽菩提。不可復得。衆生卽涅槃。不可復滅。一心既然。諸心亦爾。一切法亦爾。

引淨名者。三種解脫。三種菩提。三德涅槃。不離衆生。不可別求。是故重引。顯成思益。

○四引觀經顯前兩經衆生理偏。

普賢觀云。毘盧遮那。徧一切處。卽其義也。

引普賢觀者。毘盧遮那。此翻徧一切處。煩惱體淨。衆德悉備。身土相稱。徧一切處。顯前兩經衆生理偏。不了之者。尙隔無情。

○八總結無外。

當知一切法。卽佛法。如來法界故。

○九釋疑二。先疑。

若爾。云何復言。遊心法界如虛空。又言無明明者。卽畢竟空。

疑云。若具三諦。華嚴云何但言如空。及大品中。云畢竟空。

○次釋。

此舉空爲言端。空卽不空。亦卽非空非不空。又言一微塵中。有大千經卷。心中具一切佛法。如地種如香丸者。此舉有爲言端。有卽不有。亦卽非有非不有。又言一色一香。無非中道。此舉中道爲言端。卽中而邊。卽非邊非不邊。具足無減。

文偏意圓。不應偏難。華嚴第三。普賢菩薩。欲令衆喜。而說偈言。遊心法界如虛空。是人所知佛境界。

既云佛界必具三諦故今申云擧空爲端空卽具三故云空卽不空等何但空爾假中亦然故引微塵及以中道皆悉具二言微塵有大千經卷者寶性論云有神通人見佛法滅以大千經卷藏一塵中後有人破塵出卷華嚴如來品云佛子譬如有一經卷如大千界所有一切無不記錄二千小千須彌山王乃至色欲天宮等大皆記其事文廣時有一人出興於世具足天眼見此經卷在一塵內作是念言云何經卷在一塵內而不饒益一切衆生我勤方便破塵出卷彼人卽以方便出卷佛子

如來智慧具足在於衆生身中爲惑所覆不見不知如來天眼觀已言曰善哉善哉云何如來在於身中而不覺知我當敎彼覺悟聖道令離顚倒見如來性卽時令彼修八聖道見如來性一地多種一九多氣並喩於有

○十誡勸

勿守語害圓誣罔聖意

勿守偏語以害圓融玉篇云加言曰誣亦掩也欺也誷義大同

○次明四諦境三初正明四諦

若得此解根塵一念心起根卽八萬四千法藏塵亦爾一心念起亦八萬四千法藏佛法界對法界起法界無非佛法生死卽涅槃是明苦諦一塵有三塵一心有三心一一塵有八萬四千塵勞門一一心亦如是貪瞋癡亦卽是菩提煩惱亦卽是菩提是名集諦翻一一塵勞門卽是八萬四千諸三昧門亦是八萬四千諸陀羅尼門亦是八萬四千諸對治門亦成八萬四千諸波羅蜜

八萬四千不出一心言八萬四千者小乘經論如薩婆多云佛爲衆生始終說法以爲一藏如是至

八萬有云一座說法以爲一藏有云半月說戒以爲一藏有云佛自說六萬六千偈爲一藏有云塵勞有八萬說八萬法藥且擧大數故云八萬具足應云八萬四千如俱舍初文云牟尼說法蘊數有八十千後引婆沙約隨眠等成八萬四千此小乘門非今正意又報恩第六亦有多解一云四十二字以爲一藏餘同多論若賢劫經佛初發心至分舍利凡有三百五十度門一一皆有六度合二千一百又對四分合八千四百一一變爲十合八萬四千彼經第二結一一名名度無極結名惟有一百

九十六如三十七道品之流但結爲一數若各開之卽三百五十亦不別云對於六度但初文列有二十法並以六爲名古來例釋皆應具六若法華疏云佛地三百五十一一皆有十善對四分六根故成八萬四千婆沙楞伽等其意大同總攢一切大小乘敎則有衆多八萬四千合而言之不出四諦法藏卽苦塵勞卽集對治卽道波羅蜜卽滅大論二十六問三昧與陀羅尼何別答云陀羅尼慧性三昧定性故將定慧以屬道諦八萬四千其數不殊但以所治及以能治所治滅等得四諦名初

云佛法界等者佛法界根也對治界塵也起法界識也仍本迷說故曰根等同名法界更無差別故知八萬無非生死咸卽涅槃集道亦然故皆法界

○次總結四諦

無明轉卽變爲明如融氷成水更非遠物不餘處來但一念心普皆具足如如意珠非有寶非無寶若謂無者卽妄語若謂有者卽邪見不可以心知不可以言辨

苦集二諦俱是無明卽是法界卽是菩提名轉爲明氷水之喩妙契玄理如意珠喩妙符氷水

○三結責亦名起誓之由

衆生於此不思議不縛法中而思想作縛於無脫法中而求於脫

於此融妙一法界中分別謂有凡聖眞俗有情無情故云思想此文亦名起誓之由由思想故

○次正發誓十初發誓

是故起大慈悲興四弘誓拔兩苦與兩樂

○次顯是

故名非縛非脫發眞正菩提心

○三辨異示相

前三皆約四諦爲語今約法藏塵勞三昧波羅蜜其義宛然

前三敎文直云四諦今一一諦八萬四千故知此文是圓明矣故曰宛然邊高中下邊下中高名之爲宛顯了可見故也此四四弘一一皆云觀一念心者祇是根塵相對所起之心分四別者前之二敎巧拙雖殊皆爲滅心以爲極果別人乃爲迷解之本圓人卽知心是法界緣此發心宛然可見世人何事固執一途

○四約四悉以爲料簡二初問

問前簡非併言非今顯是何故併言是
問意者問前簡非九縛一脫併簡爲非脫既該於兩教二乘今顯是中何故四教併言是耶
○次答二初約三悉檀答
答所言併是者皆非縛非脫故言併是通皆上求故又次第漸入到實故言併是又實難知借權顯實故言併是此三翻擬世界悉檀言併是也又權不攝實實則攝權欲令攝顯易見故言併是此一翻擬爲人悉檀故言是也又一菩提心一切菩提心若不說者不知一切故言併是此一翻擬對治悉檀明是

答中意者有三悉意故取前二雖復取之但在菩薩不妨前兩二乘仍非於菩薩中取三教者同上求等應須委消此中文相令順三悉不能具說有人云此中問答問前判是屬非文者不然若準彼爲問應云前既是非俱非今那是非俱是準今答意意都不爾答意但答取三菩薩何曾復云是非俱是是故問中通云併非不云是非併非答中但云菩薩俱是不云九非俱是若準他意九非亦須俱是故也
○次約第一義答六初判權實

若究竟而論前三是約權後一約實
實即第一義也并前三悉即四悉也爲四悉故說四發心
○次舉多譬文以譬於實
譬如良藥有一秘方總攝諸方阿伽陀藥功兼諸藥如食乳糜更無所須一切具足如如意珠權實顯是其義可知
譬如下至可知者舉多譬文以譬於實秘方譬敎伽陀譬智乳糜譬行如意譬理亦是四悉意也秘方世界伽陀對治乳糜生善如意第一義故約四

悉而歎發心華嚴云阿伽陀藥衆生見者衆病悉除華嚴二十一云如大摩尼具足十事能出一切故云具足一出大海中二工匠加治三轉精妙四除垢五火煉六莊嚴七貫以纓絡八置瑠璃柱上九光明四照十隨王意雨權實顯是等者通用四敎兼於權實並顯是者具如答中其意可見
○三明一是異名三初亦名一大事
又一是者一大事因緣故云何爲一一實不虛故一道清淨故一切無礙人一道出生死故云何爲大其性廣博多所含容大智大斷大人所乘大師子吼大

益凡聖故言爲大事者十方三世佛之儀式以此自
成佛道以此化度衆生故名爲事因緣者衆生以此
因感佛佛以此緣起應故言因緣
以問答料簡中顯前三教因成一實故今異名但
對實辨是故一實亦名大事亦名不思議亦名無
作初釋一大事者一實不虛妙理也一道清淨妙
智行也一切無礙人等人乘於道以契理也義當
妙位意兼三法此約自行因果以釋次釋大者自
有大而非一故今還以向一釋大此是一家之大
故也性廣理也智斷行也大人契也師子等者自

既入位說教益他故師子吼說此妙法果人所說
非但益於四教凡位及以博地一切凡夫亦益四
教入位聖人自行因果化他終極開權顯實增道
損生皆是諸佛大人之事一大之事故云大事言
因緣者自他因果莫非因緣文舉佛者佛行願滿
化道未窮
○次亦名不思議
又是者不可言三不可言一不可言非三非一而言
三一故名不可思議是也
自他大事無非三諦三諦皆悉言思道斷卽顯大
事無非三諦
○三亦名無作三初釋無作名
又是者非作法非佛非天人修羅所作
非作法故乃至無作問此非佛作與三藏中非佛
作等云何差別答名通理別何足致疑
○次釋無作體
當境無相常智無緣以無緣智緣無相境無相之境
相無緣之智智境冥一而言境智故名無作也
釋無作體體卽實相實相無相無相亦無實智無
緣無緣亦絕何者境雖無相常爲智緣智雖無緣

常爲境發智雖緣境稱境無相境雖發智令智無
緣無緣而緣照境無間故云以無緣智緣無相境
無相而相發智宛然故云以無相境相無緣智故
金光明第一云是如如智不見相及相處故境界
清淨智亦清淨處卽是境境智俱淨又云法如如
智如如卽是境智相稱故也境如如於智智如如
於境是故境智名云如如有人讀云無緣智智者
未善讀句問觀心之人心智如何名與境一任彼
自答云云
○三引證無作名爲發心

又是者如文殊問經云破一切發名發菩提心常隨菩提相而發菩提心又無發而發無隨而隨又過一切破過一切隨雙照破隨名發菩提心如此三種不一不異如理如事如非理非事故名爲是、

引證無作名爲發心此有三經同爲一卷初卷題爲文殊問次卷題云伽耶山頂後卷題云象頭山今文所引多是伽耶山頂經三經並是文殊發問義味大同故今引云文殊問經經云佛告文殊菩提相者出於三界過諸名字言語道斷過一切發滅諸發故是名發菩提心住是故菩薩摩訶薩過

一切發是發菩提心住無障礙發如法性發無發是發不著一切不破實際不移不益不異不一如鏡中像一一句下皆云是發菩提心住住是所依初句是即破而立從法性下是非破非立而論破立如是皆名依境發心故云發菩提心住立即是隨法性即是雙非雙照今文但是附彼經意文兼義釋故小不同又彼經云言我修無相此非修無相遣迷祛滯言破言過無作四弘實非破過如過破空故云過破如淨名中言菩提者不可以身得不可以心得先廣破竟次即立云寂滅是菩提等

又隨即是假破即是空雙非雙照即是中道此約法界無緣大慈而發心也又約事理以對破隨空假等義並應可解

○四引例廣明

若例此義無作不可思議一大事因緣等諸法門皆言破皆言隨皆言非破非隨雙照破隨

凡一切法皆如向辨若破若隨雙非破隨

○五委悉簡判權實麤妙

又前三是上中下智所觀後一是上上智所觀前三是共後一是不共前三淺近曲後一深遠直云云前

三是小中大後一是大中大上中上圓中圓滿中滿實中實眞中眞了義中了義玄中玄妙中妙不可思議中不可思議

委悉簡判權實麤妙此中乃是待麤歎實亦各量歎總十三翻前三後一初上中下等是約觀因緣智以判權實圓爲上上也共不共是約位判別住行位與前二乘藏通等共唯圓不共別向雖即亦觀中道然須簡教次淺近等約行以判前二行近別行猶曲大小至實約教以判通別是小中大圓是大中大三教果頭是偏中圓圓教果頭是圓中

圓通別是半中滿圓是滿中滿別教教權理實是權中實圓教教理俱實是實中實望下偏圓五雙唯少漸頓一雙應云別教妙覺是漸中頓即生公所立頓悟義也圓教初後是頓中頓眞中眞約諦以判藏通眞俗若望後教名俗中眞亦俱名俗別教破俗亦俗中眞圓教即俗名眞中眞了義等約義以判藏通義權是不了義別帶教道而詮於中是不了中了圓教望別名了中了玄等三者約名歎理以判別理是玄圓理又玄別約證道名麤中妙圓教方名妙中之妙偏理名思議中不思議圓

理名不思議中不思議故大論六十七云不可思議亦不可思議誰當信者但不可思議猶不可思議況不可思議復不可思議耶久發心者乃能信受云何爲久於一切法不生分別名之爲久例前諸義悉皆如是

○六總結諸意

若能如此簡非顯是體權識實而發心者是一切諸佛種

不執於權謬謂爲實名爲體權知權是權權外無實名爲識實總前十三皆前三爲權後一爲實依實發心能生諸佛名爲佛種亦復生於圓妙教中法種僧種故華嚴第七云發菩提心令佛種不斷開示法藏令法種不斷具足持戒威儀無缺令僧種不斷又云下佛種子於衆生田生正覺芽令佛種不斷不惜身命護持正法令法種不斷善御大衆心無憂惱令僧種不斷又云讚歎大願令佛種不斷說十二部經令法種不斷行六和敬令僧種不斷前一兼自行後二全化他今文意兼三佛種義正在自行以自他行皆悉能令三寶不斷故也

○七舉十譬歎德此即約理以歎生善滅惡德也

以菩提心皆依理故如金剛等五生善德也如師子絃等五滅惡德也二初五喻歎生善

譬如金剛從金性生佛菩提心從大悲起是諸行先如服阿娑羅藥先用淸水諸行中最如諸根中命根爲最佛正法正行中此心爲最如太子生具王儀相大臣恭敬有大聲名如迦陵頻伽鳥㲉中鳴聲已勝諸鳥

金剛從金性生者大論三十六云如金剛山從上穿下至金剛際自性便止一切金剛皆金剛輪而爲自性又金剛座亦從金剛際自性而起故佛菩

提大悲爲性從大悲起阿娑羅藥未詳相狀若欲服之必先清水欲發菩提心必先運大悲心命根若存諸根則住此論有漏異熟諸根大悲若存菩提不失能持諸根故名爲勝如太子等者大論四十云如輪王太子雖未成就福祚威德勝於諸王況復長大紹輪王位菩薩亦爾雖未成佛福過二乘住極果者故普明菩薩經云聲聞雖生非如來種如王夫人與下賤通其所生者不名王子菩薩初心名佛眞子如刹利王縱與賤通所懷者貴即名王子故知眞性夫人與二乘合生二乘心非佛

眞子無上教法縱與衆生賤夫人合生菩提心名佛眞子初菩提心與究竟等名具王儀相迦陵頻伽者大論二十八四十云此鳥縠中聲未出時已勝諸鳥菩薩摩訶薩亦復如是未出無明縠法音過二乘

○次五喻歎滅惡

此菩提心有大勢力如師子筋弦如師子乳如金剛槌如那羅延箭具足衆寶能除貧苦如如意珠雖小懈怠小失威儀猶勝二乘功德

奏圓敎絃偏絃斷絶奏者爲也凡爲樂音皆稱爲奏得一乘乳三患自銷運種智槌碎偏山岳那羅延箭貫徹鐵圍無緣大悲徧破一切小大青三生凡野二四牙雪山白香青黃赤及優鉢拘物分陀利如是十六種人中大力士名爲鉢健提皆悉十十增那羅延最後如意如前說發大乘心猶勝二乘果地功德

○八結要稱歎

舉要言之此心即具一切菩薩功德能成三世無上正覺

三世諸佛豈有不從發菩提心生

○九以一止觀結兼會異心

若解此心任運達於止觀無發無礙即是觀其性寂滅即是止止觀即菩提菩提即止觀

以一止觀結亦結發心名爲止觀止觀下明異名也名異義同是故相即

○十約事以明生善滅惡歎菩提心分四初引經二初引寶梁經明生善

寶梁經云比丘不修比丘法大千無唾處況受人供養六十比丘悲泣白佛我等乍死不能受人供養佛言汝起慚愧心善哉善哉一比丘白佛何等比丘能

受供養佛言若在比丘數修僧業得僧利者是人能受供養四果四向是僧數三十七品是僧業四果是僧利比丘重白佛若發大乘心者復云何佛言若發大乘心求一切智不墮數不修業不得利能受供養比丘驚問云何是人能受供養佛言是人受衣用敷大地受摶食若須彌山亦能畢報施主之恩當知小乘之極果不及大乘之初初

彼經比丘品及沙門品云比丘有三十六垢謂欲覺瞋恚自讚毀他求利因利求利損他覆罪親近在家親近出家樂鬧不敬三寶云云如是非但不

止觀輔行卷四　四十三

修比丘法加復名爲污比丘行經又云若非梵行言梵行破戒言持受持戒者禮拜恭敬不知惡者是比丘得八輕法謂癡瘖瘂身痤白癩醜作貧瘦婢夭壽人不敬得惡名不見佛是人乃至大地無唾處況來去屈申何以故過去大王持此地施持戒比丘有德之人於中行道況復餘物僧房四事若分一毛以爲百分是人不能受於一分以不能報施主恩故時衆中有淨行離欲色者有二百人白佛今文云六十應是翻譯前後不同未檢餘部云我等乍死不以不得果受他施一食佛言善哉

善哉如是慚愧畏後世罪人佛告言二種人應受一者精進二者解脫佛言若得解脫行善法堅持戒觀一切無常等涅槃寂滅求如是比丘食人信施摶若須彌必能報施主之福彼經在小功福尚然況今止觀故應能報施主之恩又如神驗記有外道聞佛經說食人信施後爲牛馬以償施主乃請五百比丘於時上座知之令五百誦飯食訖偈已語外道言償債已訖牛馬何在外道發心上座語言說一法言能銷須彌何況一食一言尚爾況復發心欲利一切若無德受施如論中虛受信施後爲肉山自鏡錄中身爲蕈等應知信施消與不消

止觀輔行卷四　四十四

○次引如來藏明滅惡二初明所滅之惡

又如來密藏經說若人父爲緣覺而害盜三寶物母爲羅漢而汙不實事謗佛兩舌間賢聖惡口罵聖人壞亂求法者五逆初業之瞋奪持戒人物之貪邊見之癡是爲十惡惡者

彼經第一迦葉問佛云何名爲十惡惡者佛言有父得緣覺子斷父命名殺中重盜三寶物名盜中重若復有人其母出家得阿羅漢共爲不淨是淫

中重。以不實事謗毀如來。是妄語中重。若兩舌語壞賢聖僧。是兩舌中重。若罵聖人。是惡口中重。言說壞亂求法之人。名綺語中重。五逆初業。是瞋恚中重。若欲奪持戒人物。是貪中重。邊見者是邪見中重。經言五逆初業是瞋中重者。未行身口先起意地殺父方便。此瞋相應。是為最重。若起十惡。於中下境尚已名惡。於恩德田。名惡中惡。故大論云。他打而報。名之為惡。他人不打而打。於他名為大惡。於已有恩而復打之。名惡中惡。又此十中前之四惡。心境理教大小乘中。此四俱重。況殺父之上復加聖逆。後之六惡。大小乘異。故口三惡及意地瞋。大乘俱重。以說他過讚歎及謗。與口三過相涉入故。小乘則輕。餘意地二。大小乘中心境理三莫不皆重。雖教名輕。如此等罪。非恩德田尚已成重。況復加於恩德田耶。是故名為惡中之惡。舉重況輕。是故舉耳。

○次明能滅菩提。五。初例。

若能知如來說因緣法。無我人眾生壽命無生無滅無染無著。本性清淨。又於一切法知本性清淨解知信入者。我不說是人趣向地獄及諸惡道果。

經云。若有一人具上十惡。若能解知如來說因緣法。無有眾生壽命人天丈夫。無我無年。無有作者知者見者。(初教)無生無滅無行。是為盡法。無染無著無善不善。(通教)本性清淨。(別教)一切法本性清淨。(圓教)解知信入。不說是人趣向惡道。

○次釋出初菩提心義。

何以故。法無積聚。法無集惱。一切法不生不住。因緣和合而得生起。起已還滅。若心生已滅。一切結使亦生已滅。如是解無犯處。若有犯有住。無有是處。

今文釋出初菩提心義。

○三舉譬滅惡。

如百年闇室。若然燈時。闇不可言我是室主住此久而不肯去。燈若生闇即滅。其義亦如是。

彼經云。如百千歲極大闇室。不然燈明。無門窗牖乃至無有如針鼻孔。日月珠火等光。此闇室中若然燈時。先闇不可作如是言。我百千歲住。今不應去。迦葉。若然燈時。其闇已去。萬劫罪障。修於定慧。無我燈照。罪闇不住。經文且喻初菩提心耳。

○四判前經文。以對四教。

此經具指前四菩提心。若知如來說因緣法。即指初菩提心若無生無滅指第二菩提心若本性清淨指第三菩提心若於一切法知本性清淨指第四菩提心。

判前經文以對四教如前注文。

○五舉淺況深。

初菩提心已能除重重十惡況第二第三第四菩提心耶。

夫作罪時皆計我人我增生死今觀生滅求我叵得發四弘誓廣利於他尚至菩提何獨自身滅罪而已初教拙度其功尚爾況後三教衍門菩提。

○三勸進二初正勸。

行者聞此勝妙功德當自慶幸。

○次舉譬。

如闇處伊蘭得光明栴檀。

大經十八闍王領解云伊蘭子者即是我身無根信也佛讚歎言大王已於毘婆尸佛初發菩提心從是已來至我出世未曾復墮地獄受苦菩提之心乃有如是果報大王當修菩提之心何以故從得菩提心滅無量罪釋曰罪身如伊蘭三惡如闇處發心如栴檀觀行如光明。

○四料簡二初問。

問因緣語通何意初觀獨當其名。

前四弘中四教通觀因緣生心何故獨以密藏初教而對因緣。

○次答二初對四句次第答。

答以最初當名耳。

生滅之法四中居初因緣復居四句之首以初對初故云最初當名耳。

○次約法相通別答。

又因緣事相初觀爲便若言生滅者即別後三例有

通別而從別受名耳。

因緣之法既是事相初觀觀事對初爲便事相爲通通於四教所觀境故若言下即是從別初教亦有從別受名後三通以因緣爲境無生無量及以無作即是從別。

○三約六即者世有講者皆以初住爲果佛者亦由失於六即之意講者尚爾況暗禪耶分二初標。

約六即顯是者。

○次釋五初明六即所以故先問云爲初心是爲後心是初即是理後即究竟又二先以初後問。

爲初心是後心是。

問今發心爲約理具名爲顯是爲約究竟方名顯是。

○次約大論答二先出文。

答如論焦炷非初不離初非後不離後。

大品須菩提問佛爲用初心得菩提爲用後心得菩提論七十五釋云須菩提何故作此問耶答須菩提聞上諸法不增不減心自生疑若法不增減云何得菩提唯佛能爾何關菩薩佛以深因緣答謂不但初心不離初心所以者何若但初心菩薩

初心便應是佛若無初心云何得有第二三心後以初爲本初以後爲期佛以現喻喻此初後譬如焦炷非初不離初非後不離後燈喻菩薩道炷喻無明焰如初地相應智慧乃至金剛三昧相應智慧焦無明惑非初智不離初智非後智不離後智論通三教故約斷位今專約圓故通凡聖理性尚乃得名菩提及以止觀況復名字乃至究竟今明發心在名字位此名依理期心果頭果頭之理初後無殊約事差分六位階降名六名卽不卽不離思之可知是故菩提非初不離初非後不離後經

論約斷今文通理理不能發名爲非理發必依理名不離理發心在因名爲非後期心後果名不離後故此發心須知六卽初但名理是故非初理卽是故故不離初後名居極是故非後至後方極名不離後此與斷位其義雖殊不卽不離其意雅合

○次釋意。

若智信具足聞一念卽是信故不謗智故不懼初後皆是若無信高推聖境非已智分若無智起增上慢謂已均佛初後俱非爲此事故須知六卽

信初心具不謗言無智極方滿不懼無分則初後

俱是謂極在佛凡夫永無名爲後非謂凡有理理卽是佛名爲初非離初後非須知六卽初心雖卽但名爲理故離初非極果雖遙卽故有分故離後非此六卽義起自一家深符圓旨永無衆過暗禪者多增上慢文字者推功上人並由不曉六而復卽。

○次列六卽名。

謂理卽名字卽觀行卽相似卽分眞卽究竟卽。

○三釋名離過。

此六卽者始凡終聖始凡故除疑怯終聖故除慢大

云云。

卽故凡亦必具六故極唯在佛。是故始凡理具而不疑無趣求無怯。終聖在佛而無上慢。以生自大。凡者常也。亦非一也。庶品多故聖者風俗通云。聖者聲也。以其聲聞知情通天地暢萬物故也。易云。聖人者與天地合德與日月合明與四時合序與鬼神合其吉凶。今出世聖不聞其聲知九界情通諦理暢衆機與法界合德與二智合明與四機合節與衆聖合其冥顯。

○四正釋六卽二。初別釋六義六。初釋理卽三。初正釋。

理卽者。一念心卽如來藏理。如故卽空藏故卽假理故卽中。三智一心中具不可思議。如上說三諦一諦非三非一。一色一香。一切法。一切心。亦復如是。是名理卽是菩提心。

約如來藏理釋三諦者。一切衆生具如來藏三諦無缺。如上圓敎四諦四弘中說無始理具未會聞名。此理與佛無毫差也。

○次會異名。

亦是理卽止觀。

○三以一止觀結下文大同。

卽寂名止卽照名觀。

○次釋名字卽五。初正斥舉不知。

名字卽者理雖卽是日用不知以未聞三諦全不識佛法。

以有理故故有生死生死用理不知生死卽是理故名日用不知。如世人用日而不知光之恩。周易意云云。未聞名故不知理性具三諦也。故全不識凡中佛法。

○次舉譬不知。

如牛羊眼不解方隅。

四方曰方。四維曰隅。牛羊雖見而無了別。故知凡小不了諸法實相方隅。實中之實如方。實中之權如隅。此舉不知爲顯於知。

○三因聞故知。

或從知識或從經卷聞上所說一實菩提。於名字中通達解了。知一切法皆是佛法。是爲名字卽菩提。

因聞故知。知上所說實相之理。若不聞名從何能了。世人篾敎尙理觀者誤哉誤哉。

○四會通異名。

亦是名字止觀。

○五以一止觀結。

若未聞時處處馳求。既得聞已攀覓心息名止。但信法性不信其諸名爲觀。

○三釋觀行卽五。初以勝斥劣。

觀行卽是者。若但聞名口說。如蟲食木偶得成字。是蟲不知是字非字。既不通達。寧是菩提。

以勝斥劣。故行勝聞。聞意在行。非徒口說。故舉譬云。如蟲蝕木。卽大經第二客醫語王汝今不應作如是說。如蟲食木偶得成字。此蟲不知是字非字。

智人終不唱言。是蟲解字。亦不驚怪。外道之徒得常樂名。終不能解常樂之義。今亦如是。聞不修行。不曉文旨。如彼蟲道。是故應令聞行具足。

○次重誡勸。

必須心觀明了。理慧相應。所行如所言。所言如所行。

心觀明了。勸解必先於理起行。理慧相應。勸行必先於理生解。則此心觀與理相應。所行是依理起觀。所言是依行而說。

○三引經論證四。初引經責說而不行。

華首云。言說多不行。我不以言說。但心行菩提。此心口相應。是觀行菩提。

○次引論須聞慧具足。

釋論四句。評聞慧具足。

引華首者。此責說而不行。非謂不須於說。故重引論聞慧四句。大論九十三云。有慧無多聞。亦不知實相。譬如大暗中有目無所見。多聞無智慧。亦不知實相。譬如大明中有燈而無照。無聞無智慧。譬如人身牛。故大論云。如安息國邊地生人。雖生中國。不可教化。根不具支不完。不識義理。著邪見等。皆名人身牛也。有聞有智慧。是所說應受名字。是

聞觀行。是慧故。觀行卽是第四句人也。若直聞眞不了三諦。此聞非卽。若直暗證。尚未及於有慧無聞。應非第四。恐在第三。

○三重引金剛舉譬第四句。

如眼得日照了無僻。觀行亦如是。雖未契理。觀心不息。

此引金剛。如人有目日光明照。日如多聞。目如觀慧。聞慧具足見三諦理。名種種色。雖謂見色。而非證得。雖非證得。證必由茲。故引楞嚴以勸習觀。

○四引楞嚴以勸習觀。

如首楞嚴中射的喻是名觀行菩提。

如楞嚴等者經上卷云云何當學是三昧邪佛言譬如學射先射大準次射小準次學射的次學射錢次學射杖次學射毛次射一毛次射毛百分之一。如是名爲學射善成。於夜暗中所聞音聲若人非人不用心力射之皆中。習三昧者亦復如是先學愛樂學愛樂已次學深心學深心已次學大悲心學大悲心已學四無量學四無量已學五神通學五神通已便能成就六波羅蜜六波羅蜜已便能成就第三地觀準者的外大小圓圍的謂圍中

兎形者是經文始從愛樂終波羅蜜成就三地當知約漸漸中仍似通教位也。第三地觀即斷見初名一分成。今借彼喻不用其法。是故圓人即觀頓理如初射的中自親疎射者無二。故彼經下文自明圓意堅意又問現意天子菩薩當修何法得是三昧。天子答欲得三昧當行凡法若見凡法不合不散是名修行楞嚴三昧。又問諸佛法中有合散耶。天子曰凡法尚無合散況佛法耶。云何修習若見凡法佛法不二是名修習。又問是三昧至何處答至衆生心行隨衆生心行不爲行法隨佛至處是三昧至處此即圓頓三昧相也。若無六即云何修習而使不濫。故借射的喻六即也。

○四會通異名。

亦名觀行止觀。

○五以一止觀結。

恒作此想名觀餘想息名止云云。

○四釋相似即三。初正釋。

相似即是菩提者以其逾觀逾明逾止逾寂如勤射鄰的名相似觀慧。

既云逾觀逾明逾止逾寂如射鄰的故不同於先學射準後方射的。

○次引法華證。

一切世間治生產業不相違背。所有思想籌量皆是先佛經中所說。如六根清淨中說。

引法華者但是隨順相似實相名不違背。但云思想皆是先佛經中所說而不得云所說名經。若是分真八相作佛即如淨名雖轉法輪名菩薩行即初住去菩薩行也。

○三以一止觀結。

圓伏無明名止似中道慧名觀云云。

○五釋分眞卽四。初正釋。

分眞卽者。因相似觀力。入銅輪位。初破無明。見佛性開寶藏顯眞如。名發心住。乃至等覺。無明微薄。智慧轉著。

入銅輪者。本業瓔珞經上卷。經意以六因位。而譬六輪。乃至六性。六堅。六忍。六定。六觀等。皆作瓔珞名者。以其此位莊嚴法身。言六輪者。謂鐵輪十信。銅輪十住。銀輪十行。金輪十向。琉璃輪十地。摩尼輪等覺。輪是碾惑摧伏等義。初破一品見三佛性開三德藏。顯一分理。乃至等覺。漸深漸著。是圓家漸。

○次舉大經月喻品。以喻位義。

如從初日至十四日。月光垂圓。暗垂盡。

如法華玄。四句分別。開前合後。如三十三天。開後合前。如十四般若等。前後俱合。如開示悟入。前後俱開。如四十二字。

○三釋分眞位外功用。

若人應以佛身得度者。卽八相成道。應以九法界身得度者。以普門示現。如經廣說。是名分眞菩提。

佛身度者。乃至九界。具如普現色身三昧。三十三身十九說法。經文具足十界意也。八部卽天鬼畜修羅。乃至應以地獄得度。卽地獄界。四衆卽人。及菩薩二乘。妙音加佛。十界具足。言普門者。如法華疏十義釋普。

○四會通異名。

亦名分眞止觀。分眞智斷。

○六釋究竟卽二。初正釋。

究竟卽菩提者。等覺一轉。入於妙覺。智光圓滿。不復可增。名菩提果。大涅槃斷。更無可斷。名果果。等覺不通。唯佛能通。過茶無道可說。故名究竟菩提。

智光圓滿。猶是用大經月愛中意。菩提屬智德。涅槃屬斷德。故云大涅槃斷。智斷二德。更非異時。菩提名道。宜立智名。涅槃寂滅。宜立斷名。智德滿處復具斷德。故云果及果果。究竟而論。三菩提滿。卽三德滿。果及果果。仍成教道。過茶無道者。道本能通。至於所通。所通旣極。能通亦休。廣如卷初。又道是因義。以果滿故。故無因也。四十二字。究竟極故。又一一卽中。皆云菩提。亦名止觀。卽異名也。一一卽中。最後皆以一止觀結。故知在理名字及果俱名止觀。

○次會通異名。
亦名究竟止觀。
總以譬譬之譬如貧人家有寶藏而無知者知識示之即得知也耘除草穢而掘出之漸漸得近近已藏開盡取用之合六喻可解云云
○次總爲六即舉譬。
總爲六即而舉譬也此是大經貧女譬意具足六意家有寶藏理即也知識示之名字即也耘除衆穢觀行即也漸漸得近相似即也近已藏開分眞即也盡取用之究竟即也故第八云我者即是如

來藏義一切衆生悉有佛性即我義也從無始來煩惱所覆不能得見譬如貧女舍內多有眞金之藏家人大小都無知者時有異人善知方便語貧女言我今顧汝汝可爲我耘除衆穢女人答言我今不能若示我子眞金藏者然後乃當速爲汝作是人答言我知方便能示汝子女人復言我家大小尚自不知況汝能知是人復言我今審知女人答言我亦欲見并可示我是人即於其家掘出金藏女人見已心大歡喜起奇特想令家盡括此喻始終不過六即則妙盡喻旨釋籤第五引疏委釋云云

○五料簡有三重問答初一問答二初問。
問釋論五菩提意云何。
初問者六即既得名六菩提當知菩提亦涉始終理通凡下豈而不論餘之五即名五菩提與論何別故論五十八云一者發心菩提於無量生死中爲阿耨菩提故二者伏心菩提於諸煩惱調伏其心令行諸波羅蜜故三者明心菩提觀三世法總相別相諸法實相諸波羅蜜故四者出倒菩提於般若中不著般若能滅諸惑見十方佛出於世界

到薩婆若故五者無上菩提謂坐道場得菩提故
○次答三先且判異。
答論豎判別位今豎判圓位。
○次會使同二初以五名對五即。
會之發心對名字伏心對觀行明心對相似出到對分眞無上對究竟
○次以五名以對圓位。
又用彼名名圓位發心是十住伏心是十行
答意者先且判異故云不同次會之去義雖本別今會使同何者論不云即是故成別以五對五義

稍似同發心無行與名字同伏心未斷與觀行同明心除暗與相似同出到薩雲與分眞同無上無過與究竟同細尋論文以對五卽從容對當理致宛齊又用下卽以五名對於五卽故可五名以對圓位言圓位者圓斷位也住對發心乃至十地等覺以對出到妙覺對無上

○次一問答二初問

問住已斷行云何伏

問者問向次釋對圓位義諸教皆悉伏前斷後何故此文十住斷後而行對伏

○次答二初答伏義二先正明

答此用眞道伏

眞道伏者初住已上皆是眞斷何妨住去斷前伏後如是乃至等覺猶伏普賢之名良由於此

○次舉小乘例次會通二初豎會後三

例如小乘破見名斷思惟名伏明心是十迴向出到是十地無上是妙覺

舉小乘例斷前伏後次第別對此豎會也

○次橫會眞位

又從十住具五菩提乃至妙覺究竟五菩提住位具五故名爲橫

○二引同地義

故地義云從初一地具諸地功德卽其義也

一一地中具諸功德與諸位中具五義同

○三一問答二初問

問何意約圓說六卽

問者六既約位亦應兼別何意獨用圓位釋耶

○次答三初以圓意答

答圓觀諸法皆云六卽故以圓意約一切法悉用六卽判位

○次簡餘不爾

餘不爾故不用之

○三從容義釋

當其教用之胡爲不得而淺近非教正意也

答意者前之三教諸法非卽通雖名卽但是界內是故卽名唯在圓教如諸經論生死卽是涅槃之流若無六位甯免上慢若不明卽將何以辨圓異前三故云不爾當其教下從容義釋非文正意當前三教教教各立六卽之名何容不得胡猶何也言淺近者一者六義非卽二者前教未深如三藏

中以眞諦爲理卽詮眞爲名字外凡爲觀行內凡爲相似見道爲分眞羅漢爲究竟三藏菩薩至道樹下猶居似位三十四心分眞究竟通別兩教比說可知

○四結束顯示二先法

然上來簡非先約苦諦升沈世間簡耳次約四諦智曲拙淺近簡耳次約四弘行願次約六卽位展轉深細方乃顯是

前簡非中九縛約苦諦爲沈一脫約苦諦爲升雖有升沈俱非顯是是故並簡次約四諦智者四四

諦中皆以發心通望二乘並是曲等次約四弘者前約四諦於境起解旣有優劣簡劣從勝以顯於是今約四弘從解起願智須行塡復亦隨境差降不同故約四弘行願簡也縱有行願前三非妙是故復以六卽簡之故云展轉深細方乃顯是

○次譬

故知明月神珠在九重淵內驪龍頷下有志有德方乃致之豈如世人麤淺浮虛競執瓦石草木妄謂爲寶末學膚受大無所知

故知明月神珠等者譬於結束顯示人也大論九十九云明月摩尼此珠非常故曰神珠今言九重者陽數之極是故舉之以喻最深亦不須以此文配九驪龍者黑色無角雌龍也又驪黑色馬也今以黑色名龍故曰驪龍頷者頭下骨也曰頷車骨論曰此珠在此龍腦中有福德者方乃得之如地獄器於有罪者方乃得之此珠能出四事乃至火燒不然等故知龍在極淵珠在龍頷其龍又毒豈唯薄德之所致耶如此顯是初單約苦諦次約四四諦次約四四弘次約六卽從廣之狹從麤至細方乃顯於圓妙之是九但顯深不勞別對夫立譬

者何必盡取如其對者數則不便況將淵龍並須合喻法則煩重於義非急況復六卽不異四諦及四弘中第四無作若開權竟前三俱實故四弘文末簡云今顯是何故併言是開權顯實則四俱是將何簡之故不可也一往通取簡非爲一二四爲八合爲九重六卽以爲所顯菩提用珠爲譬有何不可但四諦四弘及以六卽並是能顯發菩提心並是所顯一一皆顯菩提心故莫非神珠故亦不便言有志有德方乃得者如大論十四云能施太子欲求此珠以濟衆生先生龍宮而爲太子父母

愛重卽以自身飴金翅鳥生閻浮提爲王太子名爲能施生已卽能索物布施藏空不足聞說龍珠欲入海求父母言唯汝一子藏物恣施云云克日與五百賈客從海道行有一盲人曾七反入海等云云至七寶山諸人欲取菩薩言不取諸人得已將還菩薩獨去七日行水至臍七日行水至腰七日行水至膝七日行泥七日行華七日行毒蛇頭過此至七寶城有七重塹塹有毒蛇見菩薩云此非凡人必是菩薩大福德人聽前入門此龍失子未久猶故啼哭見菩薩來婦有通智知是己子兩

乳流汁令菩薩飲云汝是我子菩薩亦知是已父母問汝生何處答生閻浮提爲王太子愍念衆生求如意珠母言汝父頭上唯有此珠以爲首飾難可得也諸藏任取菩薩不用卽往見父父念子故云須任取去此珠難得閻浮提人以薄福故不應見之太子曰先以珠施次以法導父言汝若去世當還我珠答曰如敎菩薩得珠騰空而還著長表上立誓雨寶故知少福而不能致若不窮於生死之淵煩惱毒龍何由可得究竟菩提故以苦諦升沈曲拙行願六卽等簡方顯圓是競執等者重舉

況喻大經第二斥三修中云汝等當知先是修習無常苦等非是眞實譬如春時有諸人等在大池浴乘船遊戲失琉璃寶沒深水中是時諸人悉共入水競執瓦礫草木各各自謂得琉璃珠歡喜持出乃知非眞是時寶珠猶在水中以珠力故水皆澄清於是大衆乃見寶珠故在水中猶如仰觀虛空月形是時諸人以方便力安徐入水卽便得珠故不應修無常苦等以爲眞實章安云春適悅時以譬欲境諸人譬放逸之徒大池譬生死浴譬恚慢乘船譬諸業遊戲譬愛果失寶譬無解入水譬

初敎求覓譬劣三修瓦礫譬證劣三修各各謂生滅度之想內執在懷故云歡喜向佛稱歎故云持出乃知非眞去譬常解今以三敎通例三修卽以三敎所觀境等名爲欲境餘文次第以三敎意替彼三修亦應可解若作通取四敎菩薩亦當斥於三修聲聞是故復以池喻雅合自古講者消此喻文未爲怗怗末學膚受等者膚薄皮也末代淺學不知顯是獨在圓妙乃至開顯在一心中將何以爲發心所期所期旣無發何所趣發大心竟

摩訶止觀輔行傳弘決卷第一之四

摩訶止觀輔行傳弘決卷第五之一

陳隋天台智者大師說　唐荊谿大師湛然傳弘決
門人章安大師灌頂記　明天台沙門傳燈增科

○次修大行三先明來意者發心無行無位可論故云修行入菩薩位爲二初標

二勸進四種三昧入菩薩位說是止觀者

○次釋三初法說

夫欲登妙位非行不階

○次舉譬

善解鑽搖醍醐可獲

酪須鑽成酥假搖熟故大經二十六云如乳要得人功水瓶鑽繩當成酪酥成二酥已醍醐可獲住前行行猶如鑽搖凡夫五品同譬於乳六根如酪及生熟酥初住已上名得醍醐善能調停四種三昧當知六根初住可獲從勝而說故曰醍醐

○三引證

法華云又見佛子修種種行以求佛道

如文

○次舉畧攝廣以列四名

行法衆多畧言其四一常坐二常行三半行半坐四非行非坐

○三就畧詳釋二先釋名二先正釋

通稱三昧者調直定也

三昧是通坐等是別

○次引證二先引論文

大論云善心一處住不動是名三昧

論云一切禪定心皆名三摩地秦言正心行處是心無始常曲不端入正行處心則端直如蛇行常曲入筒則直今又存畧故云善心一處住等初釋又畧但云調直論又云三昧是通百八是別今但

對四以辨通別

○次解釋論文

法界是一處正觀能住不動四行爲緣觀心藉緣調直故稱三昧也

四行通依法界一處又別名中所言常坐乃至非行非坐者約身儀爲名若從法爲名者常坐名一行常行名佛立半行半坐名方等法華非行非坐名隨自意等

○次釋相四初常坐三昧二先明所依教

一常坐者出文殊說文殊問兩般若名爲一行三昧

教所立名言一行者翦畧身儀不兼餘事名爲一行非所緣理得一行名若所緣理名一行者四行莫不皆緣實相

○次明所行行二先開章

今初明方法次明勸修

○次解釋二先方法二初列相

方法者身論開遮口論說默意論止觀

列方法相必具三業

○次正釋三初身論開遮二先正明開遮

身開常坐遮行住臥或可處衆獨則彌善居一靜室

或空閑地離諸喧鬧安一繩牀傍無餘座九十日爲一期結跏正坐項脊端直不動不搖不萎不倚以坐自誓肋不拄牀況復屍臥遊戲住立除經行食便利隨一佛方面端坐正向時刻相續無須臾廢

或可處衆者謂禪堂中別處最勝故云彌善結跏者先左後右與兩髀齊大論第九問云有多坐法何故但令加趺坐耶答最安穩故攝持手足心不散故魔王怖故偈云得道慚愧人安坐若龍蟠見畫加趺坐魔王亦驚怖不同俗坐及異外道翹立等也字書云加趺者大坐也故知此方未曉坐法但云大坐今佛法坐其相如結二趺相加故云結加大動曰動小動曰搖垂熟曰萎附物曰倚自要其身期於見理不暫脇臥況復屍耶言屍臥者仰臥也亦曰婬女臥修羅覆臥並不應爲聖開右脇尚不應作況復屍等尸字應從死故禮云在牀曰屍在棺曰柩單作訓主非此文意除經行等者除卽開也爲解睡故佛開經行若經行時避有蟲地十誦云若經行時應當直行不遲不疾又三千威儀經云經行有五處一閑處二戶前三講堂前四塔下五閣下四分律經行五益一堪遠行二能

思惟三少病四消食五得定久住食便利等並同所開不得因茲託事延緩若睡已解食等事訖卽非所開隨一佛方面等者隨向之方必須正西若障起念佛所向便故經雖不局令向西方障起旣令專稱一佛諸教所讚多在彌陀故以西方而爲一準時刻等者時中不許如刻許閒刻謂漏刻一日一夜百刻且附俗儀故云刻也言須臾者三十須臾爲一晝夜未必指此但是通論不許暫廢故曰須臾尚不得令剎那有間況復漏刻及須臾耶故大師傳中云言不妄出息不虛黈

○次重誡前開遮。

所開者專坐所遮者勿犯不欺佛不負心不誑衆生

不欺佛等者欺物曰陵論語云君子不可罔也況復佛耶大論六十一云菩薩求佛道時不惜身命十方諸佛諸大菩薩皆共護念能成佛道若爲菩薩而懈怠者貪著世名不專勤求是爲自欺亦欺諸佛及諸菩薩何者自言我爲衆生而求佛道而爲雜行魔得其便不負心者負者不尅也後不遂初名爲不尅亦是自欺不誑衆生者誑亦欺也亦誤也令他誤解故也違於先言而行雜行故欺衆

生即負自心負自心故即是欺佛

○次口論說默六初正明

口說默者若坐疲極或疾病所困或睡蓋所覆內外障侵奪正念心不能遣卻當專稱一佛名字慚愧懺悔以命自歸與稱十方佛名功德正等

口說默者順行故默除障故說坐疲極者疲者國語云勞倦病也蒼頡云嬾也今此云疲疲即是極下句疾病四大不調不因坐疲是故云疾內外障者煩惱見慢等名爲內障魔惡知識等名爲外障但得專稱佛名爲懺盡命無悔故云以命自歸與稱十方佛等者釋疑也恐有人疑何故獨令稱彌陀佛是故釋云功德正等除亂故專

○次舉譬

所以者何如人憂喜鬱怫舉聲歌哭悲笑則暢

如人極憂大哭則暢若有極喜縱歌則暢鬱謂蓊鬱即多貌也佛者意不泄也重憂大喜在意未泄故以身口歌哭助也

○三合譬

行人亦爾風觸七處成身業聲響出脣成口業二能助意成機感佛俯降

大論六十釋響喻中云如人語時口中風出名優陀那此風出已還入至臍偈云風名優陀那觸臍而上去是風觸七處項及齗齒脣舌喉及以胸是中語言生愚人不解此惑著起貪瞋癡中人有智慧不瞋亦不著亦復不愚癡但隨諸法相曲直及屈申去來視語言都無有作者初五句明身業第六句明口業後二行一句判愚智相雖以身口助意成機仍須了知愚智之相即是三業共爲機也玄文雖立意業機義非今文意今意秖緣單意不成故令修助經部雖即義通三乘今意在圓不通通

別。今爲除障。雖念應佛。下意止觀。令念法身。故惟在圓。上人接下曰俯。屈上赴下曰降。

○四重譬助意。

如人引重。自力不前。假傍救助。則蒙輕舉。

○五重合。

行人亦爾。心弱不能排障。稱名請護。惡緣不能壞。若於法門未了。當親近解般若者。如聞修學。能入一行三昧。面見諸佛。上菩薩位。

若於法門未了下。爲除迷故。親近解者。以彼二經是般若部。故令親近解般若者。意則通及大乘行

門。又般若中多說菩薩觀行法故。

○六舉況。

誦經誦呪。尙喧於靜。況世俗言語耶。

誦經等者。舉況也。此事雖爲常坐所廢。勿以此語例三三昧。故常坐中尙廢誦經。況世俗語。遮誦局此。遮語通四。故四三昧皆須絕彼外人接對。非行非坐。依經亦制。雖通作受。染俗非開。

○三意論止觀者。此去乃至非行非坐。並粗準本經。示觀門之語。縱似有於十觀之相。而文並約畧。未可以辨觀法始終。初發大心。及下三畧。亦復如

是。故此五章。但名大意。此文謹依兩經。粗列語筋意。遠不可謬判。若欲消釋。必善下文。十乘觀法。方可離謬。若據下文。無四行相。則下文成畧。今據觀法。十乘未周。則此中成畧。是故五畧。從觀畧邊。不從於事。於此文中。然以義推。十乘畧足。法界等名。卽妙境也。爲化衆生。卽是發心。繫緣一念。卽是止觀。觀於三道。名破法徧。歷一切法。卽是通塞。而循佛道。卽是道品。觀於業苦。卽是助道。識觀不濫。卽是次位。次位之中。兼於餘二。下三三昧。意止觀文。附事雖畧。若以義說。準此可知。文爲二。初通用止

觀立身心相。

意止觀者。端坐正念。

○次明修觀法。三。初止觀所治。

蠲除惡覺。捨諸亂想。莫雜思惟。不取相貌。

從初至亂想。明止所治。從莫雜至相貌。明觀所治。

○次正明能觀。四。初正明。

但專繫緣法界。一念法界。繫緣是止。一念是觀。寂照止觀。雖繫雖念。不出法界。雖止雖觀。寂照同時。

○次勸信。

信一切法皆是佛法。無前無後無復際畔。無知者無說者。若無知無說。則非有非無。非知者非不知者。離此二邊。住無所住。如諸佛住安處寂滅法界。

須知法界非三世攝。故無前後。物表曰際。界首曰畔。法界體偏。故無際畔。內證為知。化他為說。能知能說不異法界。故云無知及無說者。法界非邊故非有無。非俗故非知。非空故非不知。從勝而說故云離邊。中邊相即。故住無住。一切諸佛皆以法界而為所安。我住法界如諸佛住。故云安處。

○三誡勸。

聞此深法勿生驚怖。

令此凡夫住諸佛處。勿生驚怪。

○四異名二。初明法界異名。

此法界亦名菩提。亦名不可思議境界。亦名般若。亦名不生不滅。

○次結諸異名皆同法界。

如是等一切法與法界無二無別。聞無二無別勿生疑惑。

○三明所觀二。初觀法身。此即舉前所觀之境以為勸進。結前境法以成十號。此文是觀平等法界。

能如是觀。是觀十號。文為五。初觀平等法界。

能如是觀者。是觀如來十號。

問十號之相其相云何。答止觀法界即見應身如來十號。與法界等。亦識法身如來十號。何者。乘無二智來契正境。故名如來。以無二理偏入諸法名為應供。了不二智。智體無偏。名正偏知。知無二法互通法界。雖無來往偏入三世。名明行足。無二之法性冥三德。名為善逝。理偏一切具三世間。解此理故名世間解。能解此理無惑不斷無復過上名無上士。解此理故能調難調。調十法界名為調御。

了法界法名為丈夫。契此理故。一切宗仰過於三教人天之上。名天人師。覺此理故名之為佛。達此理故為三世間之所宗仰。名為世尊。智契法身具法界號。故能垂示應身十號。法應十號一體無二。

此十號名經論不同。大經解釋為十一句。大論第三合無上士調御丈夫以為一句。乃至世尊為第十句。本業瓔珞云。一者如來乃至十者佛陀。具足十號名世中尊。翻譯意別。不須消會。

○次明境智不二。

觀如來時。不謂如來為如來。無有如來為如來。亦無如來智能知如來者。如來及如來智。無二相。無動相。不作相。不在方。不離方。非三世。非不三世。非二相。非不二相。非垢相。非淨相。

初文牒前法身爲境。何故知境。由能觀智。故先立云。不謂如來。不謂即是不可得智。無有巳下。明境無相。亦無如來智下。明智無相。如來及智下。明境智不二。故經云。如來不即陰。如來不在陰。彼此不相在。何處有如來。境智冥一。名無二相。境智體徧名無動相。境智本有。名無作相。徧無徧相。名不在方。無相而徧。名不離方。非世俗。故名非三世。非世俗外。名非不三世。中道雙非。名非二相。中道雙照名非不二。不與惑俱。名爲非垢。不與智俱。名爲非淨。

○三結歎觀智。

此觀如來甚爲希有。猶如虛空。無有過失。增長正念。

獨絕不共。名爲希有。徧故亡。故譬若虛空。不依次第。名無過失。進入隨契。名增長正念。

○四明觀成見佛。

見佛相好。如照水鏡。自見其形。初見一佛。次見十方佛。不用神通往見佛。惟住此處見諸佛。聞佛說法。得如實義。

由此觀故。見色身佛。雖非本期。觀力使爾。故使所見。猶如鏡像。不運神通。而見十方。住法界處。能見諸佛。故聞所說。不乖實義。

○五明悲智力誓願莊嚴二。初正明。

爲一切衆生。見如來而不取如來相。化一切衆生向涅槃而不取涅槃相。爲一切衆生發大莊嚴而不見莊嚴相。無形無相無見聞知。

以大悲力爲衆生。見以大智力。而不取相。涅槃莊嚴亦復如是。言莊嚴者。秖是悲智福慧。莊嚴亦是緣了定慧等也。故般若論云。非莊嚴莊嚴。常寂光土清淨法身。無所莊嚴。無能莊嚴。爲衆生故。而取三土。忘所觀故。無形無相。法體曰形。外表爲相。雖見如來及聞說法。知法實義。無見聞等。

○次引例二。先引。

佛不證得。是爲希有。

佛自於法。無所證得。如何行者而謂得耶。

○次釋。

何以故。佛即法界。若以法界證法界。即是諍論。無證無得。

釋上引例佛所證者惟一法界法界無證亦復無得取果爲證著法爲得亡此二故是故云無

○次明觀三道三初觀衆生卽是苦道又三初觀生如佛

觀衆生相如諸佛相衆生界量如諸佛界量諸佛界量不可思議衆生界量亦不可思議

言觀生如佛者三德理等是故云如言生佛量等者生之與佛無復界別數量之異以理等故數類亦等勿執事義而互相妨言生佛界量不思議者復釋前文前言如者以生如佛令不思議以佛如

生又前約數量及以相等約理不二故名爲如今歎前如云不思議

○次以觀生正意重結前文

衆生界住如虛空住以不住法以無相法住般若中不見凡法云何捨不見聖法云何取生死涅槃垢淨亦如是不捨不取但住實際

前明生佛相如意在觀生如佛如體無相故譬虛空雖如虛空以如空智觀如空境故云以不住法住般若中生如佛故無凡可捨佛如生故無聖可取生死涅槃約苦滅諦垢淨約集道諦無作四諦無所取捨亦復如是不取捨者由住實際

○三總結苦觀

如此觀衆生眞佛法界

○次觀煩惱道於中二番初約三諦明行相

觀貪欲瞋癡諸煩惱恒是寂滅行是無動行非生死法非涅槃法

寂靜行者卽眞諦行無動行者卽俗諦行非生死等卽中道行

○次約三觀而契理

不捨諸見不捨無爲而修佛道非修道非不修道是

名正住煩惱法界也

不捨諸見卽假也不捨無爲卽空也而修佛道卽中也向云不捨卽是雙照今非修下卽是雙非故淨名中不捨諸見而修三十七道品彼明見卽中道道品此明邊卽中道道品邊義同見故用彼義而爲此文

○三觀業道三初以極重爲境

觀業重者無出五逆五逆卽是菩提菩提五逆無二相無覺者無知者無分別者逆罪相實相相皆不可思議不可壞本無本性

觀業者以極重業而爲觀境故指五逆卽是菩提言五逆者謂殺父殺母殺阿羅漢破僧出血三殺一妄語一殺生加行論輕重者如優婆塞戒經業品中以後後業重於前前又心境相對四句分別及方便等三昧不同非今正意不委分別若大乘中加殺和尚及阿闍黎以爲七逆此五七逆體性空寂故無行經云五逆卽菩提菩提卽五逆若就觀行明五逆者五法逆世名爲五逆故楞伽第三云殺無明父害貪愛母斷隨眠怨壞陰和合斷七識身若有作者現證實法此逆卽順非今觀境約

此卽是能觀之觀彼經意兼此文獨顯逆與菩提不出心性故無二相識心性故名爲覺者覺者亦無名無覺者對境名覺內了名知知覺體一義意不異無有分別內外宰主名無分別者又云識五逆性名爲覺者照了菩提名爲知者知此二法名分別者此等皆亡故並云無逆與實相體旣不二故不可壞以逆本來無自性故

○次以輕例重

一切業緣皆住實際不來不去非因非果是爲觀業卽是法界印

五逆卽爾諸業例然故住實際不來不去明逆無生滅非因非果明觀無始終

○三以四魔釋成五逆二先立

法界印四魔所不能壞魔不得便

順隨三道故魔得便觀爲法界故不能壞魔卽印者苦卽實相陰死二魔卽法界印煩惱卽實相是煩惱魔卽法界印業卽實相是天子魔卽法界印

○次釋

何以故魔卽法界印法界印云何毀法界印以此意歷一切法亦應可解上所說者皆是經文

魔旣卽印印豈壞印如大論云有菩薩教人修空斷一切念後時纔起一念有心便爲魔動卽便憶念本所修空魔爲之滅修空尚爾況復觀之卽法界印故信禪師元用此經以爲心要後人承用情見不同致使江表京河禪宗乖互

○次勸修二初舉宿植勸三先法說

勸修者稱實功德獎於行者法界法是佛眞法是菩薩印聞此法不驚不畏乃從百千萬億佛所久殖德本

聞不驚等宿植深故

○次舉譬。
譬如長者失摩尼珠後還得之心甚歡喜。
宿種如珠中忘如失聞法生喜如還得珠。
○三合譬。
四衆不聞此法心則苦惱若聞信解歡喜亦然當知
此人卽是見佛已曾從文殊聞是法。
不聞合失珠聞信今遂得當知至見佛者昔從佛
聞今復重聞義同見佛從文殊聞者佛亦曾從文
殊聞故。
○次舉領解經勸二先引人領解。

身子曰諦了此義是名菩薩摩訶薩彌勒云是人近
佛座佛覺此法故文殊云聞此法不驚卽是見佛。
卽是彼經三人領解故今以法而判其人以菩薩
摩訶薩諦了此義故能了者方是菩薩摩訶薩
也近佛座者座謂所依依於實理聞此法者近於
實理故云近座佛爲能覺法爲所覺近佛所覺名
近佛座若是解者坐座說法聞佛法故名近佛座。
雖有事解則失佛覺此法之義是故但依初解爲
正聞法不驚見佛法身。
○次引佛述成。
佛言卽住不退地具六波羅蜜具一切佛法矣。
若得初住見佛法身爲念不退六根淸淨相似見
佛爲行位不退此三不退具足諸度名波羅蜜若
通述成後代行者卽義通故並得預於行不退攝
以圓六卽三不退名及波羅蜜通初後故。
○三正勸修五初說法。
若人欲得一切佛法相好威儀說法音聲十力無畏
者當行此一行三昧勤行不懈則能得入。
從初至得入者具如般若勸學品中以此三昧卽
是種智般若故也。

○次舉譬。
如治摩尼珠隨磨隨光。
彼經云如得摩尼令珠師治故華嚴二十一云具
足十事必須巧匠加治令妙然後放光雨寶等也。
一出大海中二巧匠加治三轉精妙四除垢五火
煉六莊嚴七貫以寶縷八置琉璃柱上九光明四
照十隨王意雨修二乘者如治凡珠一行三昧如
治摩尼光如解生雨如行備。
○三合法。
證不可思議功德。

○四舉益勸。

菩薩能知速得菩提比丘比丘尼聞不驚卽隨佛出家信士信女聞不驚卽眞歸依

菩薩能知等者三教菩薩雖曾發心不名速得聞此一行方名速得從法判人意如前釋比丘等者亦復如是二衆未聞不名出家故淨名云夫出家者爲無爲法出二死家方名無爲若不爾者何故二衆聞此法竟方名出家亦如善住天子經云天子問文殊言若有人來求出家者當云何答文殊言當答言若不發出家心者當教汝眞出家法何

者若求出家是求三界及以五欲未來報等彼不見心故不證法心無爲故故不發心若以剃頭爲出家者是著我人故知形服非眞出家信士等者亦以向意望之可見聞眞法者方得名爲眞歸依故。

○四指經。

此之稱譽出彼兩經云云。

○次常行三昧二先開章。

二常行三昧者先方法次勸修。

○次解釋二先方法二先列相。

方法者身開遮口說嘿意止觀。

○次正明二先明所出經二初正出經。

此法出般舟三昧經翻爲佛立佛立三義一佛威力二三昧力三行者本功德力能於定中見十方現在佛在其前立如明眼人淸夜觀星見十方佛亦如是多故名佛立三昧。

此經因跋陀和菩薩說之智論及諸經名跋陀婆羅音輕重耳是在家菩薩三力者不可偏辨故也因緣和合感應道交故須三力彼經云隨何方佛欲見卽見何以故如是三昧佛力所成見佛在三

昧中立者有三事故被佛力持三昧力持本功德力持用是三事是故見佛能於定中見十方佛者由三力故三昧見佛是故此經亦名現在佛立定經得是三力能見諸佛經中問從何處得是三昧答從念佛得若人不念佛讚歎佛身者則爲永失今世後世利樂因緣部屬方等機通四人二乘被斥非文正意故四教菩薩亦通行之今意在圓故意止觀寄色身佛以成三觀。

○次引論釋。

十住婆沙偈云。　是三昧住處。　少中多差別。　如是種種相。亦應須議論。住處者或於初禪二三四中間發是勢力能生三昧故名住處初禪少二禪中三四多或少時住名少或見世界少或見佛少故名少中多亦如是。

偈中明住處者三昧相應相應不同三昧不等經云或時說有覺有觀等三地相應或說喜樂等五受根相應或說諸支相應或說界繫相應或說非界繫等如是等相助念佛三昧相應住處法不得不辨其深淺故云須論議也文釋經意故從總說雖云有覺等諸相不同以念佛故全異根本

○次明所行行三初身論開遮九初約身論開遮身開常行行此法時避惡知識及癡人親屬鄉里常獨處止。

避癡人等者與惡知識往來儔舊以能生人不善根故故寶積經云有四法應急走捨離一利養二惡友三惡眾四同住者或笑或瞋或鬬當離百由旬外如惱他故名曰癡人鄉里親屬緣務多故故須速遠。

○次約食論開遮。

不得希望他人所有求索常乞食不受別請。

不得希望至別請者經云專以乞食自活多所成就十住婆沙乞食十利一者活命自屬不屬他故二者施我食者令住三寶然後當受三常生悲心四隨順佛教五易滿易養六破憍慢七無見頂善根八見我乞食餘善人効我九不與男女大小有諸事十次第乞生平等心若淨名中迦葉捨富從貧空生捨貧從富外現偏迹示受彈呵諸律論文乞食之法不一處足為福他故令至七家順少欲法不損施主不受別請者普使十方獲均受之益亦順佛教及少欲等及令施主得平等福故優婆

塞戒經云佛告鹿母雖請佛及五百羅漢猶不得名請僧福田若於僧中請一似像極惡比丘得無量福雖是惡人亦能為人說戒定慧及三菩提有因有果不毀三寶執持如來無上勝幡勝幡者袈裟也為是義故不受別請律開多緣梵網惟制律部雖許僧法常行令入三昧一切俱制況此大乘宜順梵網大論云僧中食者生諸漏緣若受次請妨修三昧論云若受請者若得請處謂我是福德之人若不得者則生嫌恨謂彼無識應請不請不請而請或自鄙惱若入眾食當隨眾法料理僧事

心則散亂妨廢出道故令乞食

○三約處論開遮

嚴飾道場備諸供具香餚甘果盥沐其身左右出入改換衣服惟專行旋九十日爲一期

嚴道場者場者俗中亦以爲祭神處也今以供佛之處名爲道場香餚者亦作肴菜也非穀而食曰肴亦豆實也盥沐等者洗手曰盥洗頭曰沐洗身曰浴洗足曰洗跣音左右等者左出右入出從觸入從淨

○四約人論開遮二初約師二先教授

須明師善內外律能開除妨障於所聞三昧處如視世尊不嫌不恚不見短長當割肌肉供養師況復餘耶承事師如僕奉大家若於師生惡求是三昧終難得

內外律者身口律儀爲外意地律儀爲內謂大小乘俱有意地所起遠方便罪及十善惡後三是也世云小乘制身口大乘制意者不必全爾應知大小兩乘若結罪邊咸從身口遠方便邊並防於意故知大小兩乘若制止邊並防意地若制作邊單制意者謂修定慧則大小並然降茲以外餘心念法及懺輕垢並加身口合掌宣吐或有但心如悔輕吉或大乘中觀理懺重仍加身口又小乘爲外大乘爲內若但善律儀不諳妨障亦非師位於所聞三昧處如視世尊等者亦出彼經又大論四十九云菩薩因師得菩提云何不敬豈有上智高明於師不敬若不敬師則失大利如井無綆水無由得有慢之人如水不住嶺若依善師三學增長如樹有根枝葉增長是故佛說敬師如佛論問善師尙不能敬惡師云何能敬而令敬師答勿順世法著善遠惡若能開釋深般若者則盡敬之不念餘

惡不以囊臭而棄其金如夜行嶮惡人執燭不以人惡而不取照菩薩亦爾得智慧光不許其惡如空中聲告波崙言汝於師所勿念其惡復次師之好惡何預於我我求法利不求於惡如泥木等無有功德因發佛想得無量福何況於人又觀師如佛者如觀諸法畢竟空故觀諸衆生視之如佛何況於師十住婆沙云從他求智慧不惜身命故須敬師若師輕蔑及以愛敬心無有異不因師求利師有過失當須隱藏師過彰露方便覆之師有功德稱揚流布何以故修三昧者善護其心恐輕於

師三昧不成故下文云若於師生惡求是三昧終難得然爲師者故須無過今明凡師未能盡善故誡學者不見短長等當割等者舉重況輕肌者皮也餘謂身外依報等也僕者奴也古之男女入罪者以爲奴婢。

○次外護。

須外護如母養子。

須外護等者不饑不飽如亦愛亦策。

○次約支。

須同行如共涉險。

同行如共涉險者失一則俱喪同行當如之。

○五約要期論開遮。

須要期擔願使我筋骨枯朽學是三昧不得終不休息。

須要期等者以願自要期心三昧。

○六約信力論開遮。

起大信無能壞者起大精進無能及者所入智無能逮者。

起大信等者信一切法無非佛法故不可動爲此法故而行精進名大精進於法無染曰精念念趣求爲進一切種智導於衆行故無能及。

○七約擇師論開遮。

常與善師從事。

常與善師等者求師必在於盡善事師必忘於師過爲三昧故須護其心恐徒棄光陰故令預擇又所言善者善解三昧通塞之相將導行者使時不空捐。

○八約防念論開遮。

終竟三月不得念世間想欲如彈指頃三月終竟不得臥出如彈指頃終竟三月行不得休息除坐食左

右爲人說經不得希望衣食。

臥出者有人云秪名臥爲出有不可然但得臥而闕於出出未必臥臥時必出故須分釋經文但云睡眠論云有四法能生三昧一者三月未嘗睡眠除便利飲食坐起二者於三月乃至彈指頃不生我心三於三月經行無休息四於三月兼說法不求利養今文隨便無復次第以第二我心爲想欲第一睡眠爲臥出以除便利等與三四合說。

○九約論證開遮。

婆沙偈云親近善知識精進無懈怠智慧甚堅牢信

力無妄動。
親近善知識等偈者。論又問。如是三昧寶何法能得。答。親近善知識一偈是也。偈具四義。一知識。二精進。三智慧。四信力。又有三昧助修習法有五十法云云。
○次口論說默。四。初教用三業。
口說默者。九十日身常行無休息。九十日口常唱阿彌陀佛名無休息。九十日心常念阿彌陀佛無休息。
○次教用念法。
或唱念俱運。或先念後唱。或先唱後念。唱念相繼無休息時。
雖云先後及以俱運。於念念中無使闕一。故云相繼。
○三釋疑。
若唱彌陀即是唱十方佛功德等。但專以彌陀為法門主。
具如前釋。此中又加法門主也。
○四結勸三業。
舉要言之。步步聲聲念念。惟在阿彌陀佛。
步步身業。聲聲口業。念念意業。

○三意論止觀。四。初念三十二相以為觀境。
意論止觀者。念西方阿彌陀佛去此十萬億佛剎。在寶地寶池寶樹寶堂。眾菩薩中央坐說經。三月常念佛。云何念。念三十二相。從足下千輻輪相一一逆緣。念諸相乃至無見頂。亦應從頂相順緣乃至千輻輪。令我亦逮是相。
言佛剎者。具存應云剎摩。此云田也。即一佛所王土也。或云表剎者。以柱表剎。表所居處故也。三月常念者。彼經云。菩薩入是三昧。即見阿彌陀佛。便問彼佛有何因緣得生其土。佛即答言。善男子。修念佛三昧不忘失。故得生我國。乃至三十二相等。
今文云云何念。即是菩薩於三昧中見佛問文。從念三十二相下至千輻輪相。是三昧中佛答文。以三十二相逆緣順緣令我亦逮是相者。是三昧中見佛發願文。見相好身。身出光明。徧十方界。如融金聚。如須彌山在大海中。日照發明。行者爾時除卻餘想。謂山林等。惟佛身相。如琉璃中有赤金像。
○次正明於境以修三觀。三。初空觀。
又念我當從心得佛。從身得佛。佛不用心得。不用身得。不用心得佛色。不用色得佛心。何以故。心者佛無心色者佛無色故不用色心得三菩提佛色已盡乃至識已盡佛所說盡者癡人不知智者曉了不用身口得佛不用智慧得佛何以故智慧索不可得自索我了不可得亦無所見一切法本無所有壞本絕本其一

初文略明推我身心及三昧佛佛之色心爲從誰得初兩句正推次從佛不用下推已即知心佛叵得豈由我色心而見佛色心此列四句初云佛不用心得者是不用我心得佛心不用身得者是不用我身得佛身不用心得佛色等交互二句者但略我字耳何以故下釋也佛之色心無相無得我之色心亦復如是身口是色智慧是心色心有者良由有我以我無故稱法本無破此本無故云壞本亦絕此壞故云絕本

○次假觀

如夢見七寶親屬歡喜覺已追念不知在何處如是念佛又如舍衛有女名須門聞之心喜夜夢從事覺已念之彼不來我不往而樂事宛然當如是念佛如人行大澤饑渴夢得美食覺已腹空自念一切所有法皆如夢當如是念佛數數念莫得休息用是念當生阿彌陀佛國是名如相念名如人以寶倚琉璃上影現其中亦如比丘觀骨起種種光此無持來者亦無有是骨是意作耳如鏡中像不外來不中生以鏡淨故自見其形行人色清淨所有者清淨欲見佛即見佛見即問問即報聞經大歡喜其二

文舉六喻三夢一寶一骨一像其意大同但重說耳今並略合夢者心性如境觀如緣想觀成如夢此純約行者合也又法身如境報身如想應身如夢此純約佛境合也又彼佛如境行人如想見佛如夢此約感應合論也三夢皆爾故凡起觀想想成見相皆具三意畢竟空中求佛叵得故知前後二夢明見而不可得中間一夢明不可得而見故初夢云覺已追念不知在何處最後夢云覺已腹空中間夢云不來不往而樂事宛然故大論第七云如佛在世三人爲伴毘舍離有婬女名菴羅婆利舍衛國有婬女名須曼那王舍城有婬女名優鉢羅盤那端正無比三人各聞長念心著便於夢中與彼從事覺已心念彼不來我不往而婬事得辦因是即悟諸法亦爾於是共至跋陀婆羅菩薩所而問其事菩薩答言諸法實耳皆從念生菩薩

爲其方便說法得不退地此文但引三中之一般舟文同寶等三者與夢大同寶如能緣心琉璃如所緣境影現如夢事觀骨鏡像各具三義亦復如是若作異者所謂依空而現於假琉璃如空影現如假無骨如空起光如假淨鏡如空現像如假前三亦具空假二義以帶空心出假故也行人下經中略合也鏡喻起觀行者名行人色色卽身也由念相現名爲所有見已卽問佛答所問聞佛所說心大歡喜雖在三昧說者是佛故曰聞經

○三中觀二先長行

自念佛從何所來我亦無所至我所念卽見心作佛心自見心見佛心是佛心是我心見佛心不自知心心不自見心心有想爲癡心無想是泥洹是法無可示者皆念所爲設有念亦了無所有空耳其三

初文卽是彼經菩薩得三昧已起思惟文今文存略及隨義便語猶難見先對錄彼文令此文可解次更釋今文今云自念至無所至彼經云菩薩思惟云佛從何所來我亦無所至卽知諸佛無所從來我無所至今云我所念卽見彼經云作是念時三界皆無所有皆心所作何以故隨心所念皆悉得見今云心作佛心自見心見佛心彼經云以心見佛心作佛今云是佛心是我心見佛彼經云心卽是佛心卽我身今云心不自知心心不自見心彼經云心不自知心亦不自見心若取心相皆悉無智皆從無明出因是心相卽入諸法實相得是三昧智慧以二力故隨意二願定慧二力次釋今文初句準經可知次我所念等諸句中所言佛者皆具二意一自心三昧所見佛二西方從因感果佛今具含二義共爲一境爲順理故從初義釋三昧旣成隨念卽見見是心性名心作佛佛旣心作

故見佛時名見自心若見自心卽見佛心以彼佛心是我心故是佛心至見佛者明所見佛不異我心心不自知心至見心者明雖見佛求能見者及意緣知畢竟叵得故此中意但觀自心及所見佛不出法性故見佛心卽見己心己心佛心卽是中道不須更置雙非等言從心有想至泥洹者釋上叵得之心卽是涅槃是法不可示者明非說所知皆念至空耳者明涅槃離念假使有念亦了能所皆悉空寂

○次重頌二先五言偈頌

偈云　心者不知心　有心不見心　心起想卽癡
無想卽泥洹

五言偈卽頌前文。對之可見。

○次七言轉釋

諸佛從心得解脫　心者無垢名淸淨
五道鮮潔不受色　有解此者成大道

七言偈者更轉釋向五言偈也。初句者。一切諸佛由觀己心不異佛心故得成佛。次句者釋初句中所觀之心。心如佛心。佛心無垢。己心亦無。次句者五道由心。心體本淨。雖徧五道不受彼色。如病眼

者徧空見華。華雖徧空。空無所受。冰波水濕。亦復如是。次句者。總結觀意。作此解者成圓融道。

○三釋前所觀悉契實相。

是名佛印。無所貪無所著無所求無所想。所有盡所欲盡無所從生無所可滅。無所壞敗。道要道本是印。二乘不能壞何況魔邪　云云

佛印者釋前所觀。既是實相故名佛印。無所貪下釋出觀相。不貪於有。不著於空。不求於中。無三想故所有所欲皆悉言盡。有謂觀境。欲謂觀智。能所皆亡。亡故無生。故無從生。以無生故。亦無有滅。被壞名滅。自滅名壞。體其本無名爲無滅。本滅自無名無壞敗。能趣之道。必藉此理。名爲道要。從始至終此理爲本。名爲道本。是印等者。挫小況迷。小乘斷惑義如壞印。二乘自謂生滅度想。而彼所行。本是佛道。二乘永滅。尚不能壞。況復魔界順於生死。生死之體卽涅槃故。豈有涅槃更壞涅槃。

○四引婆沙論校量。

婆沙明新發意菩薩先念佛色相相體相業相果相用。得下勢力。次念佛四十不共法。心得中勢力。次念實佛得佛上勢力。而不著色法二身。偈云。　不貪著

色身　法身亦不著　善知一切法　永寂如虛空

論寄次第。故先念色。還寄教相。辨相體等。藏通修得別圓發得。別存教道。所依少別。又若用所依。藏依福德。通依空慧。別依緣修。圓依實相。此卽四種相因不同。寄教雖爾。論文多依後二教義。且爲初行令觀色相。又三藏因文亦不定。或一因一相。如大經二十六師子吼問云。何得佛三十二相。佛因廣答。因各不同。若大論第五。有共有別。具如法界次第。報恩第七。天王第七。所言因者。卽是相業。言相果者卽三十二。束爲頌曰。

奩輪手足指纖長　手足柔軟合縵掌
跟滿趺稱腨膝藏　身正一毛上向旋
金色丈光塵七滿　腋滿臆端圓具臼
牙頰味舌梵如頻　眼金睫牛毫肉髻
應以法界次第勘之則知分齊此相現時卽是藏通極果別圓眞因所證理體而爲相體言相用者一一各有利他之用別圓分果雖在地住利他之用復勝藏通能令衆生至極妙故故大經性品云如是佛性不可思議三十二相亦不可思議彼婆沙文無小乘意但爲始行旁借小宗四十不共法中應云報身言法身者卽以報身不共之法名爲法身次云實相卽是法身論第六云旣念生身三十二相已次念功德法謂四十不共偈云諸佛是法身非但肉身故佛法雖無量不與諸人共若人念者則得歡喜束爲偈曰

飛行自在　變化無量　如意無邊　聲聞自在
智知他心　心得自在　常在安慧　常不忘誤
金剛三昧　知不平事　知無色事　通達諸事
知心不相應　大勢波羅蜜　無量波羅蜜
聞得波羅蜜　具三輪說法　所說不空過

說法無謬失　無有能害者　賢聖中大將
四不護爲四　四無畏爲四　十力以爲十
并無礙解脫　是爲四十法

四不護者身口意資生論文廣釋此四十法今畧引名若地持成熟品有一百四十不共法謂三十二相八十種好十力四無礙解四無所畏三念處七無上一身無上謂相好二行無上謂度人三正無上謂正見威儀淨命四智無上謂四無畏五神力無上謂六通六斷無上謂煩惱盡七住無上謂聖梵天等住大論等文十八不共十力四無畏四無礙大悲三念處爲四十不共今用婆沙文且依婆沙數雖不同意義不別婆沙云念佛轉深見實相身故偈云不貪著色法二身等重頌三身也善知一切法永寂如虛空者論云諸法本來無生無滅菩薩信樂色法二身猶如虛空故於一切處得無障礙障礙者謂須彌山等何以故是人未得天眼念他方佛得禪定法得殊勝樂是三昧成相隨意見佛

○次勸修三初舉益勸

勸修者若人欲得智慧如大海令無能爲我作師者於此坐不運神通悉見諸佛悉聞所說悉能受持者

常行三昧於諸功德最爲第一。此三昧是諸佛母佛眼佛父無生大悲母。一切諸如來從是二法生。碎大千地及草木爲塵。一塵爲一佛刹滿爾世界中寶用布施其福甚多不如聞此三昧不驚不畏況信受持讀誦爲人說況定心修習如穀牛乳頃況能成是三昧故無量無量婆沙云劫火官賊怨毒龍獸衆病侵是人者無有是處此人常爲天龍八部諸佛皆共護念稱讚皆共欲見共來其所若聞此三昧如上四番功德皆隨喜三世諸佛菩薩皆隨喜復勝上四番功德。

實智爲佛母見中爲佛眼善權方便父無緣大悲母問母豈容二答實智爲所生大悲爲所養悲智不具眞子不成。一切諸佛莫不皆爾如搆乳等者。以一捋頃以爲一搆搆字體俗正應作瞉謂取牛乳若聞是三昧如上四番功德者今文與論有少廻互者此有深意今錄論文次明互相論云如人輕捷其疾如風於百年行不常休息徧於十方是人所行惟除如來不知其數是人行處滿中眞金以用布施若人於是三昧四種隨喜廻向菩提常求多聞如過去諸佛行菩薩道時隨喜是三昧我亦如是隨喜未來現見亦復如是三世菩薩所行三昧亦復如是三世佛爲三番三世菩薩爲一番是隨喜福於上施金之福百千億分不及其一故聞是三昧不驚得無邊果報若墮劫火火即尋滅若遇官事獅子虎狼惡獸惡龍諸毒蟲等夜叉羅刹鳩槃茶等若有毀者無有是處惟除業報必應受者若得眼耳風等病者無有是處常爲天龍八部所護諸天諸佛來至其所若一劫若減一劫說不能盡何況信受況定心修況成就者此校量福又有四番果報一不驚二信受三定心修四能成

就次明互相者今文以捷疾行爲塵界施金與寶名異意同先將果報四番以校量施實功德次將隨喜四番以校量果報四番謂自成等不如隨喜福多者此經通小若不廻向及隨喜等惟自修成義當於小故以廻向四番形斥果報四番也此一往勸助之言耳。

○次舉失勸。

若不修如是法失無量重寶人天爲之憂悲。

若不修等者重寶三昧也不修此法人天之中有修是三昧者爲之憂悲悲其有失大利之苦。

○三舉譬勸。

如齆人把旃檀而不齅。如田家子以摩尼珠慱一頭牛云云。

如齆人等。譬不行法人。齆者鼻病。不聞氣也。經卷如旃檀。或遇是經。義如手把。破戒無信。義如鼻齆。不肯修行。如不嗅。如田家子。譬不識法人。三昧行法。如摩尼珠。無識之人。如田家子。棄妙行法。反貪五欲。如珠博牛。故彼經上卷云。如愚癡子人與滿手旃檀。不肯受之。謂為不淨。香主語言。此是香檀。莫謂不淨。且取嗅之。如是癡人。閉目棄背。不視不

嗅聞三昧者。不受及棄而不持戒。捨是妙經。又云。如有賈客得摩尼珠。示田家子。其人問客。平直幾錢。賈客答言。夜於暝處。其明所照。直滿中寶。其人不曉。反形此珠言。寧貿得一頭牛不。賈客不復過與其人。亦如譬喻經云。有長者子。不別貨。父令往外國典易。初載旃檀。往他國賣。久久不售。便問他言。市頭何者貴耶。他人答言。市中炭貴。便燒旃檀為炭。

摩訶止觀輔行傳弘決卷第二之一

摩訶止觀輔行傳弘決卷第二之二

陳隋天台智者大師說　唐荊谿大師湛然傳弘決
門人章安大師灌頂記　明天台沙門傳燈增科

○三半行半坐三昧三先總開章門

三明半行半坐亦先方法次勸修方法者身開遮口說默意止觀

○次明所依教

此出二經方等云旋百二十帀卻坐思惟法華云其人若行若立讀誦是經若坐思惟是經我乘六牙白象現其人前故知俱用半行半坐爲方法也

○三分門解釋二先釋方等亦通四教故彼經文聞三昧者結得道益遍於三乘及以四衆經與今文意亦從別惟爲成圓故意止觀但觀秘密依此修行事儀未足文中自指百錄等也又二先方法三初身論開遮

方等至尊不可聊爾若欲修習神明爲證先求夢王若得見一是許懺悔於閑靜處莊嚴道場香泥塗地及室內外作圓壇彩畫懸五色旛燒海岸香然燈敷高座請二十四尊像多亦無妨設餚饌盡心力須新淨衣鞋屩無新浣故出入著脫無令參雜七日長齋日三時洗浴初日供養僧隨意多少別請一明了內外律者爲師受二十四戒及陀羅尼呪對師說罪要用月八日十五日當以七日爲一期決不可減若能更進隨意堪任十人已還不得出此俗人亦許須辦單縫三衣備佛法式也

聊者畧也先求夢王等者夢者如法華疏引有五種夢因疑心分別學習并現事非人來相語因此五事夢此即非人來相語也列子有六夢謂正夢蘁夢思夢寤夢懼夢等此即正夢思夢也故周禮云占六夢之吉凶方等云佛告文殊爲信男女廣

說九十二億諸陀羅尼一一陀羅尼復九十二億陀羅尼門佛告華聚勿妄宣傳當以神明爲證何者神明有十二夢王見一王者乃可爲說此陀羅尼云何名爲十二夢王昔雷音比丘爲九十二億魔之所擯蔽生大苦惱即發大聲稱於十方三世三寶十方諸佛同發聲言誰能救此菩薩苦者有寶王如來重舉聲問諸菩薩有華聚菩薩白佛言當以何法而往救之佛言當以摩訶袒持陀羅尼章句伏彼魔王華聚往彼調伏魔已令諸魔受持此陀羅尼諸魔各各脫衣供養已至佛所白言我

等十二大王當受持之華聚問何名十二乃說十二王名至夢行品中明十二夢相佛告文殊若求此法教求十二夢王若得見一授七日法一者若於夢中得逼飛行旛蓋從後是名祖荼羅相二者若見形像塔廟大衆聚會是名斤提羅相三者若見有神著淨潔衣乘白色馬是名茂持羅相四者若見乘白象渡河是名乾基羅相五者若見乘駱駝上高大山是名多林羅相六者若見上高座轉般若是名波林羅相七者若見樹下升壇受戒是名壇林羅相八者若見鋪列佛像請僧設供是名

禪林羅相九者若見生華樹入禪定是名窮林羅相十者若見大王帶劍遊行是名迦林羅相十一者若見王爲浴身香塗淨衣是名伽林羅相十二者若見王夫人乘車入水見蛇是名婆林羅相先須發大勇猛精進生難遭想自傷傷他如犯刑者從他求脫如是念念歸求夢王若不感者雖行無益應竭力破慳而修供養世多直行終成無益於閒靜處等者應於僧藍若蘭若處建立道場若有事緣亦聽俗舍謂俗人一衆故經云阿難白佛是人辭家當作何言佛言語父母言我行陀羅尼典

父母若聽我當出去如是作已心中默念我欲舍婦兒家屬行陀羅尼典阿難白佛父母等不許當服何藥趣向道場佛言向於父母種種燒香勸喻三請若不聽者當於宅內默自思惟誦此經典若修行時淨其舍內燒香供養一一如入道場人法若能如是於七日中觀音菩薩爲其說法若於夢中現其人前與道場無異若散亂心反墮三途三途出爲人奴婢應當志心後悔無益若僧藍等處先有道場更新嚴淨依經方法無者新營壇外室內及以室外俱須香塗故云及室內外作圓壇等

壇者禮云築土爲之佛法準此作蓮華形故云圓壇及彩畫等五色旛者總舉五色繡畫間色亦應無在字應作旛旛者旌旗之總名也經中多作此旛旛幡字耳今佛法供具相狀似彼故云旛耳凡造旛法切不得安佛菩薩像旛是供具供於所供如何復以形像爲之海岸香者經云海此岸旃檀之香請二十四像者凡建道場應先嚴淨然後請像世人口云求道滅障置道場時令愚童慢豎猥服裸形云將像來把來取來以此觀之可悲之甚涅槃後分阿難問佛佛滅度後如何供養佛言滅

後供養像者與在世無別故令供養福助正道生善消障豈復過之俗禮尙云過尊之位必趨雖置道場傲慢尊像反招罪累滅障叵難如向所引方等文是餚饌者餚如前解饌者玉篇云陳飲食也亦具食也籑屬者所著籑也道場内外各別置之七日長齋者此文通俗故云七日齋者潔也韓康伯云洗心曰齋妨患曰戒故知俗典未曉所洗所防之意有言無旨淺近疎薄此中且制不過中食耳三時洗者縱無他緣亦須三洗有所表故若加出入隨事量宜初日供僧者雖有身口精誠須假

以福助日日爲者彌爲增上恐力不逮聽從初日必先課己資財以申傾竭故經文云竭力破慳別請師者南山云當依大論明解内外律者擬依出罪乃至七衆亦爾受二十四戒者經云爾時上首廣爲恒伽說二十四戒然此戒者順菩薩律儀皆名重罪縱已先曾受具足戒或先曾受梵網戒者亦須更受輕重不同開遮別故又授戒者仍須曾受不可輒爾依經授之具在彼經須者往檢經云又應受六重如優婆塞法既云如優婆塞者即五衆亦受阿難問云女人得捉衣不佛言得捉但莫

著女色又問不受六重得入道場不佛言隨意今時行事多不受之但受二十四戒即準此文也阿難又問如向所說爲定爾不佛言三世諸佛悉由此法得成菩提唯除二人謂謗方等及用僧鬘乃至一比丘佛言及陀羅尼者準經四番皆悉須誦具在經文經云若有是持陀羅尼者設大火起變成寶華行者聞是無上功德如死重生對師說罪者故知必須清淨明了教相識妨障者若自身犯重不曉妨障如何堪爲滅罪之境月八十五者黑白兩月各有兩日多用白月法華懺儀通取齋日

當以七日等者極少不可減此若欲進行隨意多少故南嶽七載十人已還者經云十人不得過南山云余見京邑行方等者或百或半喧雜難論更增罪累請但依經非凡所測忽有多人別置壇場有何不可俗人亦許等者經云趣道場時應如比丘法修行淨行具三法衣楊枝澡水食器坐具既云趣道場時故知出道場時須備俗服經云其法衣者出常隨身若離二丈得罪無量阿難言若辭家時用剃頭不佛言不也今時行事少分剃頂未見所出阿難言若爾何用三衣佛言三衣者一名

單縫二名俗服出家衣者作三世佛法儀式俗服者出道場時著三衣者入道場時著尺寸不離若離此衣得障道罪前云二丈謂餘二衣但云得罪不云障道縫字平聲言單縫者不許卻刺若卻刺者卽是大僧受持之衣是故此衣應須別造世有借出家人衣者深爲未可故知雖制三衣非出家服。

○次口論說默。

口說默者預誦陀羅尼呪一篇使利於初日分異口同音三徧召請三寶十佛方等父母十法王子召請

法在國淸百錄中請竟燒香運念三業供養供養訖禮前所請三寶禮竟以志誠心悲泣雨淚陳悔罪咎竟起旋百二十帀一旋一呪不遲不疾不高不下旋呪竟禮十佛方等十法王子如是作已卻坐思惟思惟訖更起旋呪旋呪竟更卻坐思惟周而復始終竟七日其法如是從第二時畧召請餘悉如常

異口同音者於初日分謂晨朝時衆中應取音聲明了者以爲先導導者聲絕餘人接和十佛者在百錄中謂過去雲雷音王佛等并七佛方等父母者經云雷音菩薩得離魔已白華聚言持是陀羅尼來救我令我增壽佛法中生如死已還生汝是諸法母華聚言我非諸法母是陀羅尼乃可爲父乃可爲母故知此陀羅尼卽是實相實相卽具權實二智故是父母能生方等正空故也十法王子者佛爲法王菩薩爲子卽文殊等百錄及南山行儀並列十二菩薩卽彼經初列衆菩薩皆名法王子也言百錄者大師在世未有此指大師滅後章安等集師事迹都有百條故云百錄說止觀時寺猶未置卽治定時寺已成竟已撰百錄故有此指三業供養者身翹跪口宣唱意運想南山云自古

相傳無別準的如斯置立運想事儀具如天台普賢懺中禮請者皆須意地精誠身儀設禮禮法理須雙膝前詣雙肘續施後方額扣肝膽委地想佛足下施手承足如對目前互跪之儀三處翹聳曲身合掌目注眞容近代澆漓都無跪相慢幢未折業海難傾尙縱纖軀安期大道陳悔者陳者列也說也別則憶先所犯通則無始以來隨意廣宣任己智力不遲不疾者必使行旋與呪俱盡思惟者具如意止觀中從第二時者謂於晨朝第一周竟第二周初不須召請直爾禮佛。

○三意論止觀者。南山儀中修觀之法。謹依於此不敢別施。今先明實相觀法。次明歷事觀法。然歷事觀法。經論皆爾。非獨今文。如大經云頭爲殿堂等。法華云忍辱衣等。淨名中法喜妻等。大論中師子吼等。何但釋教。俗典亦然。如東阿王問子華曰。君子亦有耘乎。子華曰。夫拔蔾莠養家苗者。農人之耘也。修正性改惡行。君子之耘也。盤特埽箒。文佛華飛。並是托事見理之明文也。人不見之。但謂大師內合而已。初文爲四。初明境觀。

意止觀者。經令思惟。思惟摩訶袒持陀羅尼。翻爲大秘要遮惡持善。秘要祗是實相中道正空。

云思惟者。正觀也。摩訶等者。止境也。顯非偏小。故名爲大。一切法即一切法。故名爲秘。一法攝一切法。故名爲要。體遮三惑。性持三智。非二邊偏。故名爲正。正體無相。故名爲空。

○次明觀法。

經言。吾從眞實中來。眞實者。寂滅相。寂滅相者。無有所求。求者亦空。得者著者。實者來者。語者問者。悉空。寂滅涅槃亦復皆空。一切虛空分界。亦復皆空。其一無所求中吾故求之。如是空空眞實之法。當於何求。六波羅蜜中求。其二

經云。佛爲雷音說於華聚菩因緣已。又云過去有佛名旃檀華。彼佛去世甚久。我於彼時如汝無異。彼有菩薩名曰上首。作一乞士入城乞食。時有比丘名曰恒伽。謂乞士言。汝從何來。答言我從眞實中來。又問何謂眞實。答曰寂滅相故名爲眞實。又問寂滅相中有所求無所求耶。答曰無所求。又問無所求者何用求耶。答言無所求中吾故求之。又問無所求中何用求耶。答有所求者。一切皆空。得者亦空。著者亦空。實者亦空。求者亦空。語者亦空問者亦空。寂滅涅槃一切虛空分界亦復皆空。吾爲如是次第空法。而求眞實。又問菩薩於何處求。答於六波羅蜜中求。恒伽聞已賣身供養上首。又爲說陀羅尼。聞已復問云何奉持。上首乃說三七日法。具如今文所列方法。今文畧出。應準彼廣。亦應可知。修觀法中又迴無所求文。以在後者。爲欲結諸無所求文故也。今此中意借彼觀文。成今三昧。求者謂求三昧之人。著者謂於三昧生著之人。實者謂於能行所行計我。我所來者謂行三昧者往來出入語問者等。準說可知。

○三引大品例
此與大品十八空同。
何故來去乃至涅槃。一切皆空。亦如大品十八空中何法不空。十八空至第五卷釋。
○四引大經例。
大經迦毘羅城空。如來空。大涅槃空。更無有異。
又引大經空義亦同。如來涅槃尚自皆空。況餘法耶。故二十四云。佛告德王。汝言見空。空是無法。為何所見。菩薩實無所見。若有見者。不見佛性。不能修習般若波羅蜜。不入涅槃。菩薩不但因空見般

若亦空。六波羅蜜。五陰。如來。大涅槃等。一切皆空。如來昔在迦毘羅城。語阿難言。汝莫愁惱。阿難言我今親屬皆悉殄滅。云何不愁。如來與我同生此城。俱同釋種。親戚眷屬。云何如來獨不憂惱顏色更顯。我復告言。汝見城有我見空寂。汝見親戚我修空故。悉無所見。以是因緣。我更光顯。
○次明歷事觀法二。先明修觀二。先約經明方便二。先總明。
以此空慧。歷一切事無不成觀。
○次別明二。先約經名修觀。
方等者。或言廣平。今言方者。法也。般若有四種方法。謂四門入清涼池。即方也。所契之理。平等大慧。即等也。
○次約方便修觀。
令求夢王。即二觀前方便也。
事儀既先求夢王。習觀亦先修空。假託事作觀。且言先修。不別而別。即勝別也。謂先修不可得空。次以事儀之假。由此方便。以入袒持。
○次約尊容道具。
道場即清淨境界也。治五住糠。顯實相米。亦是定慧

用莊嚴法身也。香塗者。即無上尸羅也。五色蓋者。觀五陰免子縛。起大慈悲。覆法界也。圓壇者。即實相不動地也。繒旛即翻法界上迷。生動出之解。旛壇不相離。即動出不動。出不相離也。香燈即戒慧也。高座者。諸法空也。一切佛皆棲此空。二十四像者。即是逆順觀十二因緣。覺了智也。餚饌者。即是無常苦酢助道觀也。新淨衣者。即寂滅忍也。瞋惑重積稱故。翻瞋起忍名為新。七日即七覺也。一日即一實諦也。三洗即觀一實。修三觀。蕩三障。淨三智也。一師者。即一實諦也。二十四戒者。逆順十二因緣。發道共戒也。呪者屬

對也纓絡明十二因緣有十種即有一百二十支一呪一支束而言之秖是三道謂苦業煩惱也塲是所依故表淨境世以治穀及以祭所俱名曰塲說文云不耕曰塲詩云九月築塲圃以治穀今依淨境以治五住故曰道塲亦是等者塲是所嚴能嚴雖多不出定慧供具雖衆不出動與不動故也究竟戒香徧塗實理觀陰本空爲免子縛無緣慈陰故徧法界翻三惑迷觀惑法界迷即法界故名不離戒香普熏智燈圓照與淨境等方云普徧覺智之佛棲理境空觀於逆順二十四支從境立

數云二十四如法華中觀於無明乃至老死觀無明滅至老死滅如此並是順觀因緣中含五十四云老死緣生乃至無明無明緣行乃至老死是爲逆順觀因緣生老死滅乃至無明滅無明滅乃至老死滅是爲逆順觀因緣滅是則逆順因緣生滅俱有二十四番覺了智也境雖寄昔智必依圓餚饌衆味如法華經鹽醋之屬彼文喻權今以助實寂爾稱體如衣在身對忍爲名故立瞋號瞋含諸惑全翻曰新七日觀於祖待如以七智觀實所除如惑能洗曰觀身無垢故能所俱淨師亦所依故

同諦義亦依所觀逆順數故立二十四無作道共屬對名呪義立此名設法不差故云屬對呪破三道不差曰對纓絡十種者本業纓絡觀法緣起中觀十二緣有十種一我見不二二心爲三無明四相緣五助成六三業七三世八三苦九性空十縛生彼經具釋不能具錄

○次明破障

今呪此因緣即是呪於三道而論懺悔事懺懺苦道業道理懺懺煩惱道文云犯沙彌戒乃至大比丘戒若不還生無有是處即懺業道文也眼耳諸根清淨

即懺苦道文也第七日見十方佛聞法得不退轉即懺煩惱道文也三障去即十二因緣樹壞亦是五陰舍空思惟實相正破於此故名諸佛實法懺悔也

事理具如第四懺淨中說具於事理方懺三道文云等者引證事理也虛空藏神呪經云若大比丘志心方等誦陀羅尼一千四百徧乃一懺如是次第八十七日行道比丘尼四十九徧一懺九十七日行道沙彌沙彌尼信男信女四百徧一懺四十七日行道若諸菩薩八百徧一懺六十七日行道經中隨衆各有小呪初文既以七日爲期復云行

道八十七日等即是八十箇七乃至六十箇七儀則具如七日行法但呪不同耳尼衆皆須大僧爲主如是懺者皆論夷罪犯此罪竟佛法死人今復淸淨戒體還生悔法若成罪無不滅故云若不還生無有是處然小乘教門尙不開懺雖曰還生無任僧用沙彌犯已懺成進具大乘所許事可通行儻聽大僧招姦來詐況寶梁誡制足數無文信大小區分聽制條別小無懺重之說仍成重罪未亡安用大教懺夷以足小乘僧數依大懺已內進已道何須混濫以惑時情眼等淨者惟至六根方名

相似苦道淨耳第七日見十方佛者彼經日日各有相狀前苦道淨位在六根此中不退位在初住破於無明名煩惱淨三障去即因緣樹壞等者婆沙云過去二支爲根現在五支爲質現在三支爲華未來二支爲果有華有果謂凡夫無華有果謂學人無華無果謂無餘義推亦應更云少華有果謂學人無華有果謂有餘此乃藏通約界內說若依寶性論緣相生壞四事俱無方名永壞者謂緣爲根相爲質生爲華壞爲果即界外兩種十二緣也亦是五陰舍空等者諸教不同陰空亦異云云

今且置別以存於圓淨名云不觀色不觀色如色假如空即雙非空假以顯中道也四陰亦爾大品云色淨乃至識淨大經金剛身品云如來身者非陰界入不離陰界入非增非滅等皆是觀陰畢竟空也故知因果俱明陰空

○次勸修

勸修者諸佛得道皆由此法是佛父母世間無上大寶若能修行得全分寶但能讀誦得中分寶華香供養得下分寶佛與文殊說下分寶所不能盡況中上耶若從地積寶至梵天以奉於佛不如施持經者一

食充軀如經廣說云云

三分寶者實相之理必無階降心行優劣故使差分修望中下雖名全分須分六即以判淺深故彼經廣說功能文竟次文結云若能修行受持讀誦當知是人全用寶者若復有人但能讀誦當知是人得中分寶種種供養得下分寶故知全分與須修行及讀誦等據理亦應須兼供養經中文殊廣說下分云云若從地等者經云佛告舍利弗有人捨頭目身體妻子七珍供養於我不如有人禮拜此經若人積寶滿四天下上至梵天供養於我不

如與持經者一食充軀若復有人積寶至到住界供養於我不如持此章句一日一夜云云但供養於中分寶人功德尙爾況復供養得上分者。又如昔有長者名曰鳩留不信因果與五百俱行遠見叢樹想是居家到彼惟見樹神作禮已說己饑渴神即舉手五指自然出於飲食甘美難言食訖大哭神問其故答曰有五百伴亦大饑渴神令呼來如前與食衆人皆飽長者問曰何福所致答我本迦葉佛時極貧於門磨鏡每有沙門乞食常以此指示分衛處及佛精舍如是非一壽終生此長者

大悟日飯八千僧淅米汁流出城外可乘船指示常人乞食之處其福尙爾況親施食與持經者。

○次釋法華者部屬醍醐不通餘教文二初開章約法華亦明方法勸修方法者身開遮口說默意止觀。

○次解釋二先方法三初身論開遮。

身開爲十一嚴淨道場二淨身三三業供養四請佛五禮佛六六根懺悔七遶旋八誦經九坐禪十證相別有一卷名法華三昧是天台師所著流傳於世行者宗之。

○次口論說默。

此則兼於說默不復別論也。

言兼說默者亦可言兼意止觀也彼別行文但推四句故今文中廣修懺觀以廣於彼。

○三意論止觀九初引觀經以證有相。

意止觀者普賢觀云專誦大乘不入三昧日夜六時懺六根罪。

觀經云若有四衆八部誦大乘者發大乘者樂大乘意者樂見普賢色身者樂見多寶釋迦及分身者樂六根淸淨者當學是觀此觀功德除諸障礙

見上妙色不入三昧但誦持故故名有相。

○次引安樂行以證無相。

安樂行品云於諸法無所行亦不行不分別。

此經者具如安樂行一十八句故知相與無相俱成方便但隨宜樂爲初入門。

○三釋相違意。

二經本爲相成豈可執文拒競蓋乃爲緣前後互出非碩異也。

○四引兼具文。

安樂行品護持讀誦解說深心禮拜等豈非事耶觀

經明無相懺悔。我心自空罪福無主。慧日能消除。豈非理耶。

安樂行文四行之中第一雖令觀一切空。如實相等。文初又云於後惡世護持讀說。第三文中云於十方諸大菩薩常應深心恭敬禮拜。所言等者等取答問離惱亂等。觀經文中雖云讀誦亦兼無相。

○五重引南嶽理須具二。

南嶽師云。有相安樂行無相安樂行。豈非就事理得如是名。

彼別出四安樂行。偈文云修習諸禪定得諸佛三

昧。六根性清淨菩薩學法華具足二種行。一者有相行。二者無相行。無相安樂行甚深妙禪定觀察六情根。有相安樂行此依勸發品。散心誦法華不入禪三昧。坐立行一心念法華文字。行若成就者卽見普賢身。此亦一往分於二人。究竟而論二行互顯。

○六明二人約方便說。

特是行人涉事修六根懺爲悟入弄引。故名有相。若直觀一切法空爲方便者。故言無相。

明此二人並是證前約方便說。引字亂音。人見文中借音作亂。便作子亂釋。甚爲可笑。引是發曲之端。亦可作咧。今之二行亦復如是。有相爲序者。如南嶽誦經感普賢等。智者道場見宿世等。無相爲序者亦如南嶽一夏策觀俱發諸禪等。智者一夏降魔進行等。

○七判文元意。

妙證之時悉皆兩捨。若得此意於二經無疑。

判文元意意在證法。證於眞似。似卽近入相似位也。眞卽遠入初住位也。以初品中權實理卽第五中理事不二。

○八歷事修觀。

今歷文修觀。言六牙白象者。是菩薩無漏六神通。牙有利用如通之捷疾。象有大力表法身荷負。無漏無染稱之爲白。頭上三人。一持金剛杵。一持金剛輪。一持如意珠。表三智居無漏頂。云云 杵擬象能行。表慧導行輪轉表出假。如意表中。牙上有池表八解是禪體。通是定用。體用不相離故牙端有池。池中有華。華表妙因。以神通力淨佛國土利益衆生。卽是因。因從通生。如華田池發華。中有女。女表慈。若無無緣慈豈能以神通力促身令小入此娑婆。通由慈運。如華擎

女女執樂器表四攝也慈修身口現種種同事利行財法二施引物多端如五百樂器音聲無量也示喜見身者是普現色身三昧也隨所宜樂而爲現之未必純作白玉之像語言陀羅尼者即是慈熏口說種種法也

歷事修觀者例如大論二十八師子吼法門大經二十七波利樹法門等象身法門義甚委悉但須尋文意趣次第六通如下助道中明八解如下禪境中說四攝者謂布施愛語利行同事布施者如法求財常思行施愛語者施已安處令住安樂利

行者自利利他平等攝取同事者爲利益故同其事業又如行而說爲布施無染心說名愛語受他無疲名利行離過安他名同事前是約財後是約法故云財法二施應具四教開顯等意故云引物多端云云

○九結。

皆法華三昧之異名得此意於象身上自在作法門也。

如文。

○次勸修二初引經滅惡生善勸。

勸修者普賢觀曰若七衆犯戒欲一彈指頃除滅百千萬億阿僧祇劫生死之罪者欲發菩提心不斷煩惱而入涅槃不離五欲而淨諸根見障外事欲見分身多寶釋迦佛者欲得法華三昧一切語言陀羅尼入如來室著如來衣坐如來座於天龍八部衆中說法者欲得文殊藥王諸大菩薩持華香住立空中侍奉者應當修習此法華經讀誦大乘念大乘事令此空慧與心相應念諸菩薩母無上勝方便從思實相生衆罪如霜露慧日能消除成辦如此諸事無不具足能持此經者則爲得見我亦見於汝亦供養多寶

及分身令諸佛歡喜如經廣說

○次大師自以得失勸。

誰聞如是法不發菩提心除彼不肖人癡瞑無智者耳。

肖者說文云骨法相似也謂除彼不與佛乘骨法相似之者

○四非行非坐三昧三初釋名十二初釋得名之由由對四句故也。

四非行非坐三昧者上一向用行坐此既異上爲成四句故名非行非坐。

○次約行實說

實通行坐及一切事

○三隨行立名

而南嶽師呼爲隨自意意起卽修三昧大品稱覺意三昧意之趣向皆覺識明了

南嶽大品並釋隨行立名南嶽卽是別行一卷名隨自意三昧者是也具約四儀食及語默等彼文問云此出何經答出首楞嚴故此下文釋諸善中亦具引首楞嚴大品云若得是三昧能令諸三昧變成無漏如一斤石汁變千斤銅爲金智者亦有別行覺意三昧

○四會通

雖復三名實是一法

雖有非行非坐等三名不同秖是四儀修觀之法

○五重依教釋名二初釋名

今依經釋名覺者照了也意者心數也三昧如前釋行者心數起時反照觀察不見動轉根原終末來處去處故名覺意

重依教釋名有所憑故也

○次料簡二先問

諸數無量何故對意論覺

大小乘經諸心所法其數非一何故但以意爲觀境

○次答

窮諸法源皆由意造故以意爲言端

諸數既多不可徧列意爲能造舉一蔽諸

○六釋意異名

對境覺知異乎木石名爲心次心籌量名爲意了了別知名爲識

觀於心性體同名異墮心想見故有三別乃至下文非一非異等問理性若是何故立三如婆沙中問曰此三何別答或別不別言不別者心卽意識如火名燄亦名爲熾亦名燒薪秖是一心有三差別言有別者名卽差別或云過去名意未來名心現在名識或云在界名心在入名意在陰名識或云雜色名心如六道由心繫屬名意如五根屬意語想名識如分別屬識俱舍云集起名心籌量名意了別名識且準小宗此之三名向是一法異名而已是故今云三一合散不可定執

○七欲觀畧斥

如是分別隨心想見倒中豈名爲覺。

如是等者欲觀畧斥心想見倒者婆沙云無常謂常想顛倒心顛倒見顛倒我樂淨等亦復如是舊云四陰之中三心無倒識心有倒有云識心無倒三心有倒謂想有想倒受有心倒行有見倒有云遍在四心識有心倒想受有想倒行有見倒有云初心妄計名心倒次心想成名想倒想成外執名見倒初婆沙釋正當今文隨心想見倒以見三異執爲常等不名爲覺覺了此倒非一異想唯觀法性方名爲覺。

○七正立觀門二先觀體性離名。

覺者了知心中非有意亦非不有意心中非有識亦非不有識意中非有心亦非不有心意中非有識亦非不有識識中非有意亦非不有意識中非有心亦非不有心心意識非一故立三名非三故說一性

三名相望都成六句具出般舟三昧經也分別三名既斥爲非應觀其體性離名字故六句中言非有者即是體同言非無者即是名異復應勿計名體同異故復結云非一說三非三說一餘合散準此可知。

○次複踈重釋。

若知名非名則性亦非性非名故不三非性故不一非三故不散非一故不合不合故不空不散故不有非有故不常非空故不斷若不見常斷終不見一異

總有六句複踈重釋此六並是雙非雙照假名及性皆不可得若寄此文立三觀者非一立三假也非三說一空也名非名性非性中也餘五準此於此複踈能達心性方是不可思議三諦妙境

○九立名之意

若觀意者則攝心識一切法亦爾

意能徧造故但觀意則攝一切

○十例破諸使

若破意無明則壞餘使皆去

如是圓觀非但觀意爲諸法本亦破無明諸惑之源故知非但意攝一切亦乃意即無明無明去時諸惑安在故云皆去

○十一攝畧結名

故諸法雖多但舉意以明三昧觀則調直故言覺意三昧也

雖有諸名及以諸數今但立名覺意三昧者良由

於此。

○十二例餘二義同。

隨自意非行非坐準此可解。

二名。既是覺意異名。其名雖殊義同覺意。

○次釋行二。先開章。夫有累之形。絕事時寡。上三三昧。緣具誠難。若不隨境用觀。意起即觀。三性無遺。四運推撿。歷緣對境。咸會一如。安有尅於大道之期。

就此爲四。一約諸經。二約諸善。三約諸惡。四約諸無記。

○次解釋四。初約諸經二。初明此章攝廣。

諸經行法。上三不攝者。即屬隨自意也。

○次正釋二。先請觀音亦屬方等。文通三乘。故意止觀中具出三相。若用二十五三昧義。唯圓別。文又四。初約事儀。

且約請觀音。示其相。於靜處嚴道場。旛蓋香燈。請彌陀像。觀音勢至二菩薩像。安於西方。設楊枝淨水。若便利左右。以香塗身。澡浴清淨。著新淨衣。齋日建首。當正向西方。五體投地。禮三寶七佛。釋尊彌陀。三陀羅尼。二菩薩聖衆。禮已。胡跪燒香散華。至心運想如常法。供養已。端身正心。結加趺坐。繫念數息。十息爲一念。十念成就已。起燒香。爲衆生故。三徧請上三寶。請竟三稱三寶名。如稱觀世音。合十指掌。誦四行偈竟。又誦三徧呪。或一徧或七徧。看時早晚。誦呪竟披陳懺悔。自憶所犯。發露洗浣。已禮上所請。禮已。一人登高座。若唱若誦此經文。餘人諦聽。午前初夜。其方法如此。餘時如常儀。若嫌闕畧。可尋經補益云云。

請字二音。受施爲淨音。諸尊爲請音。今文正當第二義也。請具三義。一自。二他。三護正法。經中初託優波斯那。即是自請。月蓋是爲他。七言偈是護法。

亦應具於三十六句。今文但是顯機顯應。亦冥亦顯機顯應。請又三義。延請爲身業。祈請爲口業。願請爲意業。又五體是身業。四偈是口業。繫念是意業。又延是請人。祈是請法。願總人法。機既開三。應亦應爾。三業亦應各有二句。機應不同。前三三昧準此例知。觀音之名。亦約四悉逗物不同。具如法華疏普門品委釋。又準觀音疏明方法云。舊分爲十。一嚴淨道場。二作禮。三燒香散華。四繫念。五具楊枝。六請三寶。七誦呪。八披陳。九禮拜。十坐禪。準前方等。皆應事理。二解。今文十意事理亦足。次第少別具在百錄設楊枝等者以觀世音左手把楊枝右手執澡瓶是故請者須備二物若作所表者楊枝拂動以表慧淨水澄渟以表定五體投地者如僧常行準地持阿含皆以雙膝雙肘及頂至地名五體投地亦曰五輪五處圓故況下五悔中如樹崩倒又理觀解者觀音疏云若起五陰離薩婆若名爲平立左足如色右足如受左手如想右手如行頭如識若入薩婆若成於五分名爲投地戒如色定如受慧如想解脫如行解脫知見如識應具明所以思之可知繫念數息者今文依經但至

十數疏中因息而起諸行何者息風是色領納此息緣想此息諸數是行心王是識此觀息中五陰四念成聲聞法若觀息是過去無明因緣成現報息乃至未來是名觀息成緣覺法又不受著息名檀不起不善名尸能數此息名忍念念相續名進在緣不亂名禪分別風喘明識邪正名智此名觀息成六度菩薩法若觀息成無相等慧是名數息成通教法見息不空不俗中道佛性前後觀之是別教法若觀此息一心三諦是圓教法數息既爾諸行例然乃至餘文亦應分別三稱三寶者表除

三障委明行法具在百錄及正行儀并彼經中故云可尋經補益今文及百錄正行儀並不錄四行偈偈云

願救我苦厄　大悲覆一切　普放淨光明
滅除癡暗瞑　爲免毒害苦　煩惱及衆病
必來至我所　施我大安樂　我今稽首禮
聞名救厄者　我今自皈依　世間慈悲父
惟願必定來　愍我三毒苦　施我今世樂
及與大涅槃

此四偈中初二正請次二結請初又二初一總請

次一別請初行又二初句惟自請次三通自他苦厄者謂六根患覆一切者不獨舍離遍於十界次二句請治癡次別請中請除三障毒即是業煩惱如文衆病是報樂是涅槃涅槃即三德三德破三障結如文誦此四偈爲轉障緣亦爲入觀相應之本故須畧識又誦三篇呪者呪文在請觀音經若修行者往彼尋之發露洗浣者如有垢衣應須洗浣發露如示人事儀如灰汁理觀如清水理體如淨衣藏垢不悔永入惡道午前等者方猶法也日夜二時各取初分故曰午前及初夜也餘謂四時

必依常儀不可廢也。
○次正明修觀二。初明聲聞觀法二。初約六塵及以五陰而為觀者。初觀六塵雖引大集如空如心名猶通總據下觀陰但離性相成聲聞空是故次須修於幻化及實觀也。
經云眼與色相應云何攝住乃至意與攀緣相應云何攝住者。大集云如心住如即空也此文一一皆入如實之際即是如空之異名耳。
○次觀五陰二。初觀色陰。
地無堅者若謂地是有有即實實即堅義若謂地是無是亦有亦無非有非無是事實皆是堅義今明畢竟不可得亡其堅性也水性不住者謂水為有有即是住乃至謂水是非有非無亦即是住今不住有四句亦不住無四句中亦不住不可說中故言水性不住風性無礙者觀風為有有即是礙乃至謂風非有非無亦無無四句故言風性無礙火大不實者火不從自生乃至不從無因生本無自性賴緣而有故言不實
色即四大初觀地大地是事堅因緣所成有本非有而情謂有有即是堅故於地大起情執堅今寄事堅以破情堅故云有是堅義無等二句及於三大例之可知彼經因優波斯那問身子答答中云當觀地大無堅水大不住風大無礙從顛倒生火大不實假因緣生受想行識一一性相同於四大皆悉入於如實之際優波斯那得四大定通達五陰得羅漢果今文準經以義開拓委作觀法故於四大各以四性推令如空末代鈍根不同佛日故依中論觀於二空如地大中初句云有是堅義此則但謂地是定有為防轉計三句破之計云有既是堅無何得堅乃至轉入第四句計非有非無亦謂無堅今並破之無非計堅然此地大本非四句無堅名字因情謂堅故用四句寄堅破執三大準地思之可知是名破色陰以入性空如初地大中云畢竟不可得次水大風大中並云亦不住無四句亦不住不可說中並相空文也惟火大中相空文略受等四陰性相準此亦應可見問推前三大並用有等四句破之至火大文乃用自等四句破者何耶答有二義故一者依經經云火大不實從因緣生因緣宜作自他名說二者名異義同有秖是自無秖是他乃至雙非秖是無因經文存略餘

陰不說應云受無領納性不可得若謂受是有有是領納乃至謂受是非有非無亦是領納乃至識是了別亦復如是具足應如第五卷中破假四句如是觀者是聲聞法即以眞諦名爲如實問若聲聞法應觀四諦答陰是苦諦性執是集觀法是道實際是滅

○次例四陰

觀色既爾受想行識一一皆入如實之際

○次明緣覺觀法

觀陰既爾十二因緣如谷響如芭蕉堅露電等一時運念令空觀成勤須修習使得相應觀慧之本不可闕也

始自無明終至老死皆如谷響悉破性相何者若有四句即是無明乃至老死若入際實名空觀成觀慧之本等者若無觀慧乃成無益苦行故也是故須用如幻等觀得性相空入如實際實際有二二乘依通通即眞諦別圓依中不與小共今且從通至下六字三陀羅尼方從中道況下文觀惡純明圓觀應知今文本意在圓

○三約三陀羅尼對破三障三初破報障二先明呪能破障

銷伏毒害陀羅尼能破報障

言銷伏者銷謂銷除伏名調伏報障之毒螫害行人以此總持能銷伏之

○次明破障功能

毘舍離人平復如本

經云爾時毘舍離國一切人民遇大惡病一者眼赤如血二者兩耳出膿三者鼻中流血四者舌噤無聲五者所食之物變成麁澁六識閉塞猶如醉人疏云五根病故意識昏迷故云六識乃至如醉經云有五夜叉吸人精氣疏云如是病鬼從五根入傷壞病者名五夜叉經云爾時長者名曰月蓋與其同類五百長者俱詣佛所而白佛言此國人民遇大惡病良醫耆婆盡其道術所不能救惟願世尊救斯病苦佛告長者去此不遠西方有佛名無量壽彼有菩薩名觀世音及大勢至恒以大悲救濟苦厄汝今當請說此語時即於光中見無量壽佛及二菩薩如來力故佛及菩薩俱到此城住城門閫放光照之於是長者說四行偈稱三寶名誦陀羅尼平復如本疏云西方極遠那云不遠有

云於凡爲遠於聖不遠今云若機合時雖遠而近若機未熟雖近而遠問何故但西請耶答若約五行西方主金是決斷義若約四諦東集南苦西道北滅西方屬道是能通義若爾與法華疏東西馳走以譬苦集不相違耶答各隨義便亦不相違彼則因果相對以配則東集西苦南道北滅此約因果次第相生各有所以以成所表若約方所者日從東出而沒於西表東土釋迦能生物善西土彌陀除衆生惑無量壽者有云佛有生法二身二土二佛俱有生法二身於生身中隨化緣故此壽有量彼壽無量有作本迹釋有作眞應釋見應迹不能除障見眞本則能除障此並不然但隨機宜以此爲因以彼爲緣不須別解問何故請三答機緣在三若約所表者佛表法身觀音表智勢至表福通論俱具且從別說問何故請三經題從一答智能消毒卽破惑義從義便故故且題一佛說消伏陀羅尼已云若有四部持是菩薩名及誦呪者一切不善如火燒薪

○次破業障二先明呪能破業障

破惡業陀羅尼能破業障

破惡業陀羅尼釋名可知

○次明破障功能

破梵行人蕩除糞穢令得清淨

經云破梵行人作十惡業聞此呪時蕩除糞穢還得清淨設有業障諸惡不善稱菩薩名誦陀羅尼卽破業障現前見佛

○三破煩惱障二先明呪能破障

六字章句陀羅尼能破煩惱障

言六字者他云稱三寶名一寶二字謂佛陀達摩僧伽有人云三寶爲三字觀世音爲三字此皆無有標章結句是故不用疏案經文應爲三種六字之義一約果報以爲六字說偈竟云有四部衆聞此六字卽廣說六道拔苦功能次約修因以爲六字如優婆斯那聞六字章句令觀心脉卽廣明六妙門三約六根以爲六字如舍利弗在寒林中答斯那問云眼與色相應等卽廣說六根三文之後一一結云聞此六字章句故也故六字義不出此三今文正用初後二義大悲等言今家義立

○次明六字功能三初約能破根本之惑

淨於三毒根成佛道無疑

三毒是根名三毒根此三能生一切不善理通一切故今此文淨三毒根能見佛道又以無明爲三根毒是故破已能見佛道

○次正釋六字功能破六道三障二十五有成二十五王三昧

六字即是六觀世音能破六道三障所謂大悲觀世音破地獄道三障此道苦重宜用大悲大慈觀世音破餓鬼道三障此道饑渴宜用大慈師子無畏觀世音破畜生道三障獸王威猛宜用無畏也大光普照觀世音破阿修羅道三障其道猜忌嫉疑偏宜用普

照也天人丈夫觀世音破人道三障人道有事理事伏憍慢稱天人理則見佛性故稱丈夫大梵深遠觀世音破天道三障梵是天主標主得臣也

言六道者諸論及阿含正法念廣明其相大論三十三問云云何六道復云五道答佛去世後五百年中部別不同各迴佛經以從己義故使修羅一道有無不同此中雖通云三障輕重不同是故須云六道三障地獄從義立名謂地下之獄名爲地獄梵云捺落迦此云苦具八寒八熱等具如釋籤第四鬼者梵云闍黎多此云祖父爾雅云鬼者歸也尸子曰古者名死人爲歸人又云人神曰鬼地神曰祇天神曰靈有云饑餓謂餓鬼也恒被驅使此處在閻浮下五百由旬有閻王界是根本處亦有住閻浮洲者有德者住華果樹林無德者住不淨中東西二洲亦有鬼北洲惟有威德者諸天亦有隨生處形俗中有阮藉兒孫瞻每執無鬼論忽有客詣之言及鬼神之事客乃理屈作色曰鬼神者古今賢聖共許君何獨言無即僕是鬼也遂變形而滅又阮咸有從子修亦執無鬼有論者云人死爲鬼君何獨言無曰今有見鬼者言著生時衣

若人有鬼衣亦有鬼耶論者伏焉此亦論者不達鬼化爲衣令似彼人生時所著俗雖說有非委悉知故俗教中但見人畜少分不見餘之四道故孔子云生與人事此尚未知死與鬼神我焉能測畜生者褚究許六向究三反並通若作褚六音即六畜也謂牛馬雞豕犬羊則攝趣不盡今通論此道不局六也婆沙云旁生形旁行旁故云旁生或云徧有徧五道中有之故也無明多者不過畜生又大論以三類攝之謂晝行夜行晝夜行又三謂水陸空長含廣明阿修羅者阿之言無修羅云天彼

非天故又修羅此云端正彼無端正故云也又云無酒世界初成住須彌頂亦有宮殿後光音天下如是展轉至第五天修羅瞋便避之無住處下生此又嫉佛說法佛爲諸天說四念處則說五念佛說三十七品則說三十八品常爲曲心所覆猜者疑懼也詩傳云以色曰妬以行曰忌害賢曰嫉疑如後釋故知修羅嫉賢忌行人者梵云摩㝹賒此云意人中所作皆先意思易曰惟人爲萬物之靈禮云人者天地之心五行之端此亦未知五道故也婆沙云五道多慢莫過於人又云五道中能息意者亦不過人住處有四破人三障而云天人者以人道中有事理故故加之以天方伏於人言丈夫者人長一丈故曰丈夫此則指人中最勝者方名丈夫白虎通曰夫者扶也以道扶接故也今亦如是以理扶之方名丈夫見佛性理方名丈夫故涅槃曰見佛性者雖是女人亦名男子男子即丈夫也若據此意天道亦應有第一義天爲事理二釋天者俗釋如第一卷俗亦未識三界諸天是故但以清濁分之今釋典中所言天者亦名最勝亦名光明欲色無色云云標主得臣者大梵天王爲三界主餘皆屬臣今但標主攝得臣下臣者男子之賤稱讓主爲貴故也此六得名或從對治如四惡趣及人初釋也或從此說如人後釋天從便宜

○三約二十五三昧

廣六觀世音即是二十五三昧大悲即是無垢三昧大慈即是心樂三昧師子即是不退三昧大光即是歡喜三昧丈夫即是如幻等四三昧大梵即是不動等十七三昧自思之可見云云

云如幻等四者南用如幻東用日光西用月光北用熱燄不動等十七者欲界用六色界用七無色用四欲六者不動破四王難伏破忉利悅意破夜摩青色破兜率黃色破化樂赤色破他化色界七者白色破初禪種種破梵王雙破二禪雷音破三禪霔雨破四禪照鏡破那含如虛空破無想無色四者無礙破空處常破識處樂破不用處我破非想非非想處二十五有總爲頌曰四域四惡趣六欲并梵天四禪四無色無想五那含二十五三昧破二十五有在大經聖行品具如玄文第四卷釋

○四結成三乘用觀不同

此經通三乘人懺悔若自調自度殺諸結賊成阿羅

漢若福厚根利觀無明行等成緣覺道若起大悲身如琉璃毛孔見佛得首楞嚴住不退轉

結成三乘用觀不同六道二十五有其義一也以由能觀智不同故分三人別雖曰三乘教應分四前明二乘之法此法卽與兩菩薩共今破二十五有見於我性故菩薩乘中惟在別圓破障通二破有則別自調者從因爲名自度者從果爲名殺賊者從義立名謂害物曰賊爲聖人之患害故也爾雅云蟲食苗節爲賊三界結蟲食無漏苗故阿羅漢翻爲殺賊福厚等者百劫修福故云福厚福多

助智是故根利若起下由起大悲緣如實際得不退轉此位應在初住初地念不退也問若爾何故彼經云佛告堅意首楞嚴定非初地所得乃至非九地所得惟第十地乃能得之答此是別教教道之說以首楞嚴名鍵相故故非下地之所能得圓義具如第一卷末初心尚得觀於涅槃豈不得觀首楞嚴耶

○次約諸經

諸大乘經有此流類或七佛八菩薩懺或虛空藏八百日塗厠如此等皆是隨意自攝云云

七佛神呪經中初明七佛各有陀羅尼及說功能以爲懺法次文明八菩薩一文殊二虛空藏三觀世音四救脫五跋陀和六大勢至七堅勇八釋摩男亦各有神呪及功能悔法乃至經下文復有普賢菩薩等及八龍王亦各有滅罪呪又如七佛俱胝陀羅尼及瑜伽中八大菩薩各有陀羅尼謂觀音勢至普賢文殊虛空藏金剛藏除障蓋彌勒虛空藏八百日塗厠者厠謂間雜也人之間上其處雜穢故名也虛空藏經云未來世中善毘尼者應教衆生說治罪法有三十五佛救世大悲須立道

場具諸供養先禮十方佛稱三十五佛名別稱大悲虛空藏名何者虛空藏頂上有天冠冠中有如意珠冠中有三十五佛現是菩薩結加趺坐或時現作一切色像行者若於夢中若坐禪中見此相時以摩尼珠印印行者臂上作滅罪字若得此相還入僧中如法說戒南山行儀亦用此文若準此意足數可矣故付法藏中滅重罪已時人名爲清淨律師若優婆塞得字不障受戒故鈔主依之對俗辨邊非無憑據若不得字空中唱言罪滅罪滅又無此相知毘尼人夢見虛空藏告言毘尼薩毘

尼薩者其比丘及優婆塞更令懺悔一日至七日禮三十五佛菩薩力故其罪輕微知法者復教八百日塗廁日日告言汝作不淨事一心塗治一切廁勿令人知塗已洗浴禮三十五佛稱虛空藏名向十二部經五體投地自說罪咎又經三七日應集親友於佛像前稱三十五佛名文殊賢劫菩薩爲作證明白四羯磨如前更受此亦是犯重失戒之文若不失者如何悔已令其更受經云佛告波離汝爲未來無慚多犯者應作如此懺悔方法具在南山儀中言集親友者應非俗眷比有犯重之

徒直來受者未見益方若受後生慚猶勝沈俗自謂不捨來入僧中根本既無坐次安在此文且順虛空藏意若準律文一支一境雖復已壞餘支餘境猶轉如故是故依律坐次非無

摩訶止觀輔行傳弘決卷第二之二

摩訶止觀輔行傳弘決卷第二之三

陳隋天台智者大師說　唐荊谿大師湛然傳弘決
門人章安大師灌頂記　明天台沙門傳燈增科

○次歷諸善二先開章

二歷諸善即爲二先分別四運次歷衆善

○次解釋二先分別四運二初正明

初明四運者夫心識無形不可見約四相分別謂未念欲念念已未念名心未起欲念名心欲起念名正緣境住念已名緣境謝若能了達此四即入一相無相

運者動也從未至欲從欲至正從正至已故通云動也又國語云陸載曰運水載曰漕（漕字昨到反）常爲九界四心所載故名爲運今攝九運令入佛運仍觀佛運不出九運佛運之體體性本無是故應須分別四運此分別門冠下作受若不先辨觀心無託故云心識無形以四相分別又爲世人多爲生心爲妄須觀滅心非妄都不觀之謂爲無生謬之甚也世習禪者皆觀無生不知無生爲在何處爲先有耶爲先無耶先有則已證無生先無如何名觀若知九界而爲觀境則菩薩界已起未起尙須觀察況復餘耶今言已未約緣內外有心無心有心無心從來有漏豈容據此判生無生如人防火一切俱防若但防發不防未發必爲未發之火所燒觀已未心實爲防於欲生正生無生觀人但知觀於正起之心令心不起不知觀於未起之心心體本無無旣本無起亦非起此對人間六塵起滅生無生心如此滅心尙不自識況識欲色無色等心況復析體及偏小等圓無生心尙須觀察況復餘耶又觀四運者是隨自意中從未從事而修觀法如常坐等或惟觀理謂一切法無非法性是

故當知修三昧者於此二途一不可廢故占察經云觀有二種一者惟識謂一切惟心二者實觀謂觀眞如惟識歷事眞如觀理今文觀於十界四運義當占察一切惟心故今文云能了此四即入無相若也次第觀十四運名思議境能達九界即佛法界名不思議仍須發心乃至離愛方成一家入道之相故傅大士獨自詩云獨自作問我心中何所着巡檢四運并無生千端萬緒何能縛當知無垢大士亦以四運而爲心要大士雖即不云十界旣云萬緒意亦兼諸如下六十四句展轉推尋是

故大士亦云巡檢。言一相無相者。九界四相。皆不可得。名爲一相。一相自無。名爲無相。

○次料簡二。初料簡已未二心。二。初問。

問。未念未起。已念已謝。此二皆無心。無心則無相。云何可觀。

問意者。正斥他人。但觀正起。故先問云。此無二心。云何可觀。

○次答中二番。先答未念。次答已念。二番皆有法譬合。初番法中。

答。未念雖未起。非畢竟無。

但是未起。名之爲無。既非永無。是故須觀。

○次譬。

如人未作作。後便作作。不可以未作作。故便言無人。若定無人。後誰作作。以有未作作人。則將有作作。

譬者。作與不作。自約前事。事雖有無。人不可滅。

○三合。

心亦如是。因未念故。得有欲念。若無未念。何得有欲念。是故未念雖未有。不得畢竟無念也。

念與未念。自約前緣。緣雖有無。心不可滅。心既不滅。因茲廣能起一切心。是故觀之。不令緣戢。戢卽

九界觀入佛心。作作兩字俱作。祖餓反。作所作事。名爲作作。

○次答已念三。初法。

念已雖滅。亦可觀察。

望事爲已。心不可無。

○次譬。

如人作竟。不得言無。若定無人。前誰作作。

○三合。

念已心滅。亦復如是。不得言永滅。若永滅者。則是斷見。無因無果。是故念已雖滅。亦可得觀。

○次料簡三世無心二。初問。

問。過去已去。未來未至。現在不住。若離三世。則無別心。觀何等心。

問者。引金剛經。三世之心皆不可得。已卽過去。未卽未來。現在尚無。云何乃云觀三世心。

○次答二。先總非。

答。汝問非也。

○次別答八。先牒前難。

若過去永滅。畢竟不可知。未來未起。不可知。現在無住。不可知。

○次正答。
云何諸聖人知三世心。
如汝所問不觀三世云何聖人觀三世心。
○三舉劣顯勝。
鬼神尚知自他三世。
○四反斥。
云何佛法行人起斷滅龜毛兎角見。
鬼神下類尚知三世豈佛法中令無三世問鬼神云何知三世耶答如婆沙中有鬼入女身中呪師問云何故惱他答是女人五百生中與我爲怨常

斷我命我亦常斷其命知過去也若捨怨心我亦捨之時人語女可捨怨心女言已捨鬼觀女心口雖言捨心中不捨卽斷女命知現在也旣知自他過現未來準此應知防未來怨故殺現在又如地獄其類更下亦知過去如云昔爲婆羅門國王爲我說法不肯信受致受斯苦又知由造某罪入地獄等鬼及地獄尚知因果隔生三世云何行人不識刹那生滅三世龜毛兎角見者以此二物喻於斷見汝引三世俱不可卽謂無心如彼二物一向全無此名斷見故成論云兎角龜毛鹽香蛇足及風色等是名爲無此取走兎水龜爲喻若飛兎陸龜容有毛角故大經云如水龜毛如走兎角。
○五結。
當知三世心雖無定實亦可得知。
此三世心爲觀境者非斷非常何者不常故無實不斷故可觀不以不實而云永無以不實故可爲觀境。
○六引證。
故偈云諸佛之所說雖空亦不斷相續亦不常罪福亦不失。

故引偈者凡佛所說皆非斷常如何起於斷滅見耶。
○七結斥。
若起斷滅如盲對色於佛法中無正觀眼空無所獲起斷滅見無所觀境觀境旣無一切因果萬行俱失是故須觀已未二心故知汝所引經未問教旨所言三世不可得者但言無實誰謂永無是故當知佛法二諦俗諦故有眞諦故無不可以無而難於有是故金剛觀其俗諦俗諦不實名不可得。
○八勸進。

行者既知心有四相隨心所起善惡諸念以無住著智反照觀察也

既知心有十界四運隨起而觀善惡即是六趣諸念逼於四聖不住九界卻觀九界乃名反照有善惡者示善惡事皆須觀察是故下文即以善惡歷於作受而為觀境故歷十界以顯無住

○次正約諸善三初示捨廣從略

次歷善事善事眾多且約六度

○次明歷十二事意

若有諸塵須捨六受若無財物須運六作捨運共論有十二事

約十二事共論檀受謂領納所領六塵作謂為作為此六相問默何名作答作默相者不出十界初言若有諸塵等者塵生受故令有塵者約受起觀故云須捨雖以捨標初必六度具足廣如後解若無財物等者財物雖多不出六塵故無財物且置諸塵但專六作以具六度修六作者非不觀塵隨彊修觀是故互說

○三正釋二先約十二事共論檀中先受次作作受共修事中檀善令成法界下各論六亦復如是

方乃名為隨自意觀先觀六受行檀二先觀色受中三觀先空次假後明中觀初明空觀二初釋二先眼緣色三先牒四運而為觀境

初論眼受色時未見欲見見見已四運心皆不可見亦不得不見

○次正明空觀

又反觀覺色之心不從外來外來於我無預不從內出內出不待因緣既無內外亦無中間不常自有當知覺色者畢竟空寂

內出不待因緣者此逐語便應云內出因不待緣

○三空觀成相

所觀色與空等能觀色者與盲等

所觀下空觀成相問淨名云所觀色與盲等今云何言所觀如空能觀如盲答淨名云所正顯於能能如盲故所見如空所見空故能則如盲彼譯者巧以所辨能今釋彼意故分能所

○次餘五根二先牒四運而為觀境

乃至意緣法未緣欲緣緣緣已四心不可得

○次正明空觀

反觀覺法之心不外來不內出無法塵無法者悉與

空等是為覺六受觀云云

○三空觀成相

眼根色塵空明各各無見亦無分別。

空明各各無見等者。眼見色時五緣和合方能見之。謂空明根境識。耳鼻舌身不假明緣。餘之四緣與眼不別。今文語略故不云識。亦是識具如上諸緣而得成見。不同小乘或言識見或言根見。

○次明假觀二。初牒觀為十界因。

因緣和合生眼識。眼識因緣生意識。意識生時即能分別。依意識亦有眼識。

牒前空觀從緣生法能為十界而作通因。又以無間滅意以之為因。根塵空明以之為緣。因緣和合生於眼識。眼識因緣生意識者。眼識為因亦以根塵空明為緣。無間次第生於意識。依於意識有眼識者。秖由意識無間滅因成於意根。對餘境時復生眼識。是故二識更互為因。

○次別明十界四。初明四趣四運。

眼識能見見已生貪。貪染於色毀所受戒。此是地獄四運。意實愛色覆諱言不。此鬼道四運。於色生著而計我我所。畜生四運。我色他色我勝他劣。阿修羅四運。

眼識能見等者。此依經部附近小乘。故云識見。由此展轉更互因緣。如是次第生於十界。貪染於色等者。貪為惑本。毀戒墮獄。毀戒具如篇聚持犯中明。實愛言不。隱諱誑故。計我我所等者。問。一切凡夫誰得免者。而獨判屬畜生四運。答。語通意別。若齊聖斷者。此屬通意。此中即以眷屬為所。

○次明人天四運。

他惠我色不與不取。於此色上起仁讓貞信明等五戒十善人天四運。

他惠我色不與不取等者。他惠乃取。離不與取。下句顯上成他惠義。不惠不取。故云不與不取。以禮亡財名為他惠。若為父母夫主佛法之所護者。不惠而取。名不與取。他惠復離非時非處非理非量及衒寶等。別論雖爾。通意可知。餘色餘塵餘界皆爾。是故須明仁讓等五。讓者義也。貞者正也。清正自守即是禮也。動中規矩故也。明即是智。有權變故。餘名同舊。五常若具五戒必全。十善若備十惡必息。始為欲界地居人天。欲界空居及無色文略不論。

○三明二乘四運。二初四念處觀顯聲聞乘。
觀四運心心相生滅。心心不住。心心三受。心心不自在。
○次觀因緣顯支佛乘。
心心屬因緣。二乘四運。
文中先舉四念處觀顯聲聞乘。無常故生滅。不淨故不住。苦故三受。無我故不自在。次因緣一句顯支佛界。
○四明菩薩四運中開三。菩薩。例如下文。諸思議境。菩薩亦三。初六度四運。二。初自愍愍他。

觀己四運過患如此。觀他四運亦復如是。即起慈悲而行六度。
自愍故傷己。愍彼故觀他。
○次釋六度相。
所以者何。六受之塵性相如此。無量劫來頑愚保著而不能捨。
○寄斥三藏兼明通意。
捨不能亡。
捨不能亡一句。寄斥三藏兼明通意。斥三藏者。亦兼凡夫。以諸凡夫亦行自度。雖即不及三藏菩薩。

約不能亡其義等故。
○次通教四運。二。初菩薩四運。三。初正明通觀。
今觀塵非塵。於塵無受。觀根非根。於己無著。觀人叵得。亦無受者。三事皆空。名檀波羅蜜。
三事皆空者。此中三事隨境起觀。非謂施者及財物等。應云根塵及以受者。
○次引證。二。先證有相。二。初法。
金剛般若云。若住色聲香味觸法布施。是名住相布施。
經云不住。正當不住六塵行施。若不住塵。即是不

住根及受者。布施既爾。餘五亦然。又塵即財物。見塵空故。施受俱空。故知兩處三事義等。
○次譬。
如人入闇則無所見。
○次證無相。二。初法。
不住聲味布施。是無相施。
○次譬。
如人有目日光明照見種種色。
住相如闇則智眼不開。不能見於一切無相。空智如眼。不住如日。有日眼故見三事空。故知無著與

空慧二義相須方能見於三事空也乃至六十二見一切皆空故云種種

○三重消經意

直言不見相畧猶難解今不見色有相無相亦有無相非有無相若處處著相引之令得出不起六十二見乃名無相檀到於彼岸一切法趣檀成摩訶衍是菩薩四運

經被利根直言不見以語畧故相猶難解故今更釋不住四句方名不住乃至不住六十二見名無相檀故知前文無四相者秖是離於六十二見成

於金剛離我人等名爲菩薩非獨初果破見而已故知但是眞諦無相言六十二見者大經二十八釋第八功德中云謂離五事卽五見也因是五見生六十二章安云此有二意一者我見有五十六謂欲界五陰各計四句合爲二十色界亦爾無色除色但有十六故知三界合五十六邊見有六三界各二謂斷常見添前合成六十二見二者三世五陰各計斷常用有無二見而爲根本此準大論六十八文謂色如去等四句四陰亦然合二十句此卽計過去世也又計色常等四句四陰亦然合二十句此卽計現在也又計色有邊等四句四陰亦然合二十句卽計未來也一一句下皆云神及世間三世六十并有無二論釋云凡夫取著計有神我若計常者修福滅罪若計無常者爲世名利故有所作亦常亦無常者秖是雙計初二二句故於神我以計麤細爲第三句計神麤者身死無常計神細者身死不滅計雙非者見計第三二俱有過何者常則不變猶如虛空風雨不動若無常者則有變動如雨在皮則有爛壞離此二過以我心故復說有神神但非常非無常耳佛言四皆邪見

此卽計神也世間卽是國土是故神於世間亦有四見言計常者問言土若本無計應有錯世間是有何故邪見答破世間者破常等想不破世間如無目人以蛇莊嚴有目語言蛇非瓔珞破倒亦爾現見無常不得言常三四二句準說可知有邊等者外人求上不得其始卽謂無終無始中終則名無邊計有此三卽名有邊如得禪者計八萬劫三四二句準此可知亦有人云第三句者八方有邊上下無邊有云上至有頂下至地獄而八方無邊計神或如芥子等是亦有計土及以神我互計有

無成三四二句準此可知。如去等者如人彼來去至後世名爲如去謂先世無來滅亦無去名不如去若謂身死爲去而神不去名第三句見俱有過計第四句論文甚廣須往彼尋若婆沙中亦立六十五見即於五陰各計四陰以爲我所謂色是我受是僮僕瓔珞窟宅三陰亦然合我及我所各十三句五陰合爲六十五句故一陰初一是我三是我所所以佛說離六十五爲說道品成聲聞道乃至菩提故知破見得法不同今此未具恒沙佛法復能利他成通菩薩方始度於分段彼岸言一切

法趣者此中通教何故亦云一切法趣然但云趣不云是趣不過及不可得故屬通教所以一切法趣之言其名猶通如玄文云周行十方界還是瓶處如今下文處處引一切法趣等以證二諦其意則圓又用彼論非專一文以從義故不可執文大品云一切法趣一法大論兩文共釋此句初云云何菩薩爲世間趣故發菩提心菩薩爲衆生說色趣空乃至種智爲衆生故說色非趣非不趣乃至種智次文云爲衆生故說一切法趣空無相願是趣不過何以故是空無相中趣不趣不可得故初文以能趣爲假具歷色心乃至種智故知具一切法即是假也所趣爲空非趣非不趣爲中次文以能從所爲空是趣不過爲假趣不趣不可得爲中此下諸文用語稍異者中假二意全依論文次但況出故云一切法趣色色尙不可得云何當有趣非趣等何以故一切法趣色能所皆假色不可得一切法亦不可得能所皆空趣不趣不可得即不住二邊正顯中道言異意同細思可見

○次通佛

又觀四運與虛空等即常不受四運即樂不爲四運

起業即我四運不能染即淨是佛法四運即通教佛四運也故四德之名義不關別眞諦如空不變故常不受界內三苦故樂不爲六道起業故我不爲見思所汙故淨故知即是通佛四德

○三別教四運

如是四運雖空空中具見種種四運乃至徧見恒沙佛法成摩訶衍是爲假名四運

出假四運雖如通教觀於即空空中具見十界四運故云種種此屬別教故云假名若以向四德爲圓佛界菩薩文中全無恒沙別教相狀故通佛四

德但云虛空乃至不染等至此方云假名四運。
○三明中觀。
若空不應具十法界。法界從因緣生。體復非有非有
故空非空故有。不得空有雙照空有三諦宛然備佛
知見。於四運心具足明了。
若空下。中道四運。故知中道必須即於十界空假
而辨中者方名圓中。中即佛界對前成十。所以前
九義當思議。佛界即當不可思議。
○次例餘五。
觀聲香味觸法。五受四運。心圓覺三諦。不可思議。亦

復如是。準前可知。不復煩記。
例中餘之五塵。但以圓心覺了三諦云云。
○次約六作行檀者。莊周亦云出處語默。出處即
行住坐臥。然莊周不云以為觀境。今具三觀。空觀
準前。意亦可見。文三。初行中三觀。三。初空觀二。先
牒四運而為觀境。
次觀六作行檀者。觀未念行。欲行。行。行已。四運遲速
皆不可得。亦不可見。不可得。
○次正明空觀。
反觀覺心。不外來。不內出。不中間。不常自有。無行無
行者畢竟空寂。
○次假觀二。先總明一心。
而由心運役。故有去來。
○次別明十界四。初四趣。
或為毀戒。或為誑他。或為眷屬。或為勝彼。
○次人天。
或為義讓。或為善禪。
○三二乘。
或為涅槃。
○四菩薩三。初六度。

或為慈悲捨六塵運六作。
○次通教。
方便去來舉足下足皆如幻化。怳惘虛忽。亡能亡所。
千里之路。不謂為遙。數步之地。不謂為近。此有所作
不唐其功。不望其報。
由心動役為十界。由謂由此心為何事。故而行住
等。故諸為字。皆去聲呼。毀戒獄也。誑他鬼也。眷屬
畜也。勝他修也。義讓人也。善即十善。欲天也。禪即
四禪色天也。畧無無色。涅槃二乘也。慈悲去六度
菩薩也。方便去通菩薩也。怳惘者無形不實貌也。

舉足下足與空相應故亡能所及以近遠凡有所作若有一念不應於空名爲唐喪

○三別教

如此住檀攝成一切恒沙佛法具摩訶衍能到彼岸空心入假故云如此攝空成假故云恒沙文相既狹義亦兼於通教出假向明通教但云空觀不分三乘空假之別又別教人指前九界故云如此九界既空空即九界故成別教恒沙佛法

○三中道觀

又觀一運心十法具足一不定一故得爲十十不定十故得爲一非一非十雙照一十一念心中具足三諦

非一非十準前說之

○次例餘五作

住坐臥語默作作亦復如是準前可知

○二引證檀相

故法華云又見佛子名衣上服以用布施以求佛道即此義也

問那引捨衣以證六作答文勢相從總引捨服證作受檀及引佛道以證圓中

○次約一一事各論六二先標同異前十二事並且論檀是故云其今一一事並具論六是故云各又前共論檀於十二事一一皆明十界檀相今各論中準例亦應具足如前列十二事一一皆明十界六度文從略故或時九界或但佛界廣略互形共成圓意又何但十二一一具六六中一一各具於六故一一度以五莊嚴即是以五嚴檀乃至以五嚴智能所合說皆名具六諸大乘經首楞嚴大論大品等六度皆爾故今準彼以明度相今文所用即首楞嚴亦如大品相攝品云富樓那白佛我

今欲說菩薩之行佛言隨汝意說乃廣說六度更互相顯乃成六六三十六度故云或以施爲名說諸波羅蜜乃至或以般若爲名說諸波羅蜜五度入一從一爲名又攝大乘論互顯章大瓔珞無斷品並與楞嚴意同大論八十二問云若皆互嚴何故但以檀爲首耶答攝生便故貴賤乃至畜生檀能攝之乃至究轉爲親諸佛相好皆從施生如此說者仍屬教道若證道說無非法界攝無前後誰論次第初文以行中具六檀與能嚴文相次第不假別說能嚴所嚴今初標同異

前約十二事共論檀今約一一事各各論六

○次就異各明四初行中論六六初正明具六

行者行時以大悲眼觀衆生不得衆生相衆生於菩薩得無怖畏是爲行中檀於衆生無所傷損不得罪福相是名尸行時心想不起亦無動搖無有住處陰入界等亦悉不動是名忍行時不得舉足下足心無前思後覺一切法中無生住滅是名精進不得身心生死涅槃一切法中無受念著不味不亂是名禪行時頭等六分如雲如影夢幻響化無生滅斷常陰界入空寂無縛無脫是名般若

大悲眼等者如勝天王云菩薩行時視前六尺雙犁扼地不左右視不惱衆生見諸衆生同一子想視之無偏名大悲眼故知菩薩視諸衆生常欲與其一實之樂拔其二苦眼視既爾五根例之於菩薩得無畏者正當無財運於六作施無畏故名之爲檀於衆生無所傷損者稱理而觀不偏空假不壞實相故云無損損猶減也即是央掘無減修也見罪福法界名無罪福不爲空假所攝名心想不起想不起故名無動搖徧一切處名爲無住陰即法界故亦不動心無前思等者念念稱理無横計思後方覺了故起信云覺知前念起惡能止後念令其不起雖復名覺即是不覺思即法界能覺者誰雖是不覺即名爲覺一切法中等者念念法界是故不爲生滅所間不得身心等者不得二邊邊即中故禪中既爾前後例然語異意同善須思擇無受等者不領受邊不念著中不味涅槃不亂生死行時頭等六分者行時如影不謂更有二手二足身及頭異也如雲如影如下十喻中說雖俱法界而有去來去來無實名如影等不同通教幻化即空無生死之生涅槃之滅二乘空斷凡夫計常

五陰即是畢竟空舍是故無復二邊縛脫

○次正指楞嚴

具如首楞嚴中廣說

正指楞嚴以是互嚴之式彼經佛告堅意云何於一念中行於六度答曰是菩薩一切悉捨心無貪著名檀心善寂滅畢竟無惡名尸知法盡相於諸塵中而無所傷名羼提勤觀擇心能知離相名毘梨耶畢竟善寂調伏其心名禪那知心無心通達心相名般若今文博附彼經文意是故與彼大同小異問文語既通如何得知彼文在圓而引來證

圓答經中佛爲堅意廣明次第文竟佛問堅意云何一念具行六度堅意乃以此文答佛故知次第之後釋圓明矣不見經意便謂此釋而爲臆斷是故近代釋義全棄此文使後學者圓行靡託今文準彼應一切法無非無作六度相也故法華云仁者受是法施珍寶瓔珞瓔珞是財財即法故

○三重辨禪慧二波羅蜜皆先舉過後明其德先辨禪四先舉過

又行中寂然有定相者不察之於定生染貪著禪味

雖曰楞嚴於法起著故云生染

○次明德

觀定心心尚無心定在何處

觀前能著心尚無心豈復更計楞嚴定處

○三重判

當知此定從顛倒生

言有定者從顛倒生

○四結禪

如是觀時不見於空及與不空即破定相不生貪著以方便生是菩薩解

有定亂相豈復見空及與不空即破於定生染之相即離貪著禪味之縛體同法界徧應一切名方便生

○次辨慧三初舉過

行者未悟或計我能觀心謂是妙慧著慧自高是名智障同彼外道不得解脫

有能計者已自爲粗況復自高豈名爲慧著心障智名爲智障一切外道各自謂是今既自高反同外道豈惟失於中智而已大論云若有菩薩於餘菩薩作是念言汝無此事我獨有之以是因緣故還失道故大品云有餘菩薩輕餘菩薩經一念頃

經於一劫違於佛道還經一劫更修佛道故不自高亦不下他

○次明德

即反照能觀之心不見住處亦無起滅畢竟無有觀者及非觀者觀者既無誰觀諸法不得觀心者即離觀想

反觀能著中智之心觀者是我及非觀者謂散心人中智之心無彼二待觀者既無下了計者無所觀亦破不得下重破能計是此正意故重言之

○三引證

大論云念想觀已除戲論心皆滅無量衆罪除淸淨心常一。如是尊妙人則能見般若。大集云觀於心心卽此意也。

破於能觀之想計有中智名爲戲論念想在意戲論通口說必假心名戲論心今滅其本故念想除名戲論滅由戲論故而生衆罪故戲論滅名衆罪除本修中智由著妨中故衆罪除復本常一如是等者此無著人方見妙智大集觀於心心者謂所觀心及能觀想名觀心心若不俱觀復生戲論能如是照亦名常一故云卽此意也。

○四結成前文成三三昧。

如是行中具三三昧初觀破一切種種有相不見內外卽空三昧次觀能壞空相名無相三昧後觀不見作者卽無作三昧。

道品之後旣開三脫六度道品名異義同故六度後結成三脫六度道品同異之相至第七卷助道中說今此六度旣是無作故三三昧應從圓釋亦如第七卷道品後釋。

○五結成諸波羅蜜。

又破三倒三毒越三有流伏四魔怨成波羅蜜。

破倒故毒滅毒滅故越有越有故降魔降魔故波羅蜜滿三倒者謂心想見此屬見惑三毒者謂貪瞋癡此屬修惑三有流者謂欲色無色因果不住故名爲流漂沒行者故復名流四魔者謂煩惱等在下魔境魔爲佛怨故云魔怨此三倒等文近義遠須分二意若麤惑者卽是圓人麤惑先除若細惑者卽須並約界外以釋同體見修變易三界界外四魔乃至麤細體一方名圓波羅蜜。

○六況釋。

攝受法界增長具足一切法門豈止六度三三昧而

尙成一切況復如上所破三倒及破四魔成三三昧等。

已矣。

○次例十一事。

若於行中具足一切法者餘十一事亦復如是。

○三一五五嚴五初以尸爲頭以五莊嚴歷十二事者前明檀中引首楞嚴義圓語總此明尸中別出觀相爲十文六初正明尸度四初約作受以明觀境。

次更歷六塵中競持謹潔如擎油鉢一滴不傾又於

六作中威儀肅肅進退有序。
觀境且述事相而已對塵制心故喻油鉢六作動止故云威儀言油鉢者大經二十云譬如世間有諸大衆滿二十五里王勅一臣擎一油鉢經遊中過勿令傾覆若棄一滴當斷汝命復遣一人拔刀隨之臣受王教盡心持行經歷爾所大衆之中雖見五欲心常繫念若放逸者當棄所持命不全濟是人怖故不棄一滴菩薩亦爾於生死中不失念慧雖見五欲心不貪著唯觀陰苦不生不滅五根清淨獲得戒根歡喜行經語異事同。

○次斥事相戒。
但名持戒持戒果報升出受樂非是三昧不名波羅蜜。
事相持戒但能升出三途人天受樂不名三諦三昧二死彼岸據理亦應合斥持戒墮三惡道如大經中有四善事墮三惡道等今未暇論升出人天尚斥無理況此等耶是故不論。
○三明用觀意
若得觀慧於十二事戶羅自成。
應須具如檀中六度之相但應義釋今五嚴尸下四亦然。
○四正明用觀三初空觀。
謂觀未見色欲見見已四運心種種推求不得所起之心亦不得能觀之心不內外無去來寂無生滅其一
未見者且舉六受之初六作文略即以六道四運爲境二聖四運爲觀四運四句乃至四運六十四句故云種種所起謂六道四運能觀謂能推觀慧能所俱泯方成衍門不內外者明六受空不去來者明六作空

○次假觀。
能如是觀身口七支淨若虛空是持不缺不破不穿三種律儀戒破四運諸惡覺觀即持不雜戒也不爲四運所亂即持定共戒也四運心不起即持道共戒也分別種種四運無滯即持無著戒也分別四運不謬即持智所讚戒也知四運攝一切法即持大乘自在戒也識四運四德持究竟戒。其二
直列十戒不出十法界者事戒向已斥成觀境故不復論淨若虛空牒前空觀所觀之境七支無染喻之若空若以十戒對三觀等至第四卷當自釋

之。

○三中觀。

心既明淨雙遮二邊正入中道雙照二諦不思議佛之境界具足無減其三

○次以五嚴尸文相漸略

色者色法受者不可得三事皆亡即檀於色色者安心不動名忍色色者無染無間名毘梨耶不爲色色者所亂名禪色色者如幻如化名般若。

色者即能見識也色法即所見色也受者即分別領納三事秪是色者等三此等皆約圓意解釋例如前引首楞嚴文檀後列忍者尸是所嚴故不重明。

○三結成三三昧。

色色者如虛空名空三昧不得此空名無相三昧無能無所名無作三昧。

色色者等者此中文略具足應如前文所列色者色法及以受者下去例然此下結成三三昧等文畧例前。

○四況出一切意亦同前。

何但三諦六度三空一切恒沙佛法皆例可解。

○五例餘作受。

觀色塵既爾餘五塵亦然六受六作亦如是。

據文秪應更云六作或是文誤。

○六引法華證。

法華云又見佛子威儀具足以求佛道即此義也。

引法華者威儀證作佛道意通。

○次以忍度爲頭以五莊嚴文相甚略但舉事忍及以空觀餘並略無初可意不可意即事忍也。

次歷忍善者還約作受皆有違順順是可意違不可意於違不瞋於順不受。

○次明空觀。

無見無見者無作無作者皆如上說。

無見別舉六受之初無作通舉六作故也見即能見所見者謂於見色分別計我作亦如是餘假中觀及結成等並略。

○三以進爲頭以五莊嚴歷十二事於中二先述舊解。

次歷精進善舊云精進無別體但篤衆行。

無別體者但勤行五度即名精進篤者厚也今言勤策應作督字率也勤也策也字亦訓守非今文

意即指五度以為衆行。
○次出別體三先略斥舊。
義而推之應有別體。
欲出別體先略斥舊通義非無理非全當。是故從容云義推耳。若但通者應惟五度何故諸教並列六耶。若大論十八云菩薩摩訶薩以精進為首行於五度乃名精進此即具於通別二意是故今意應有別體。
○次例釋
例無明通入衆使更別有無明。

如無明惑亦有通別。通名相應入諸使故別名獨頭不入諸使。以例精進說之可知。
○三正出別相二。先斥事二。先正出。
今且寄誦經勤策其心以擬精進晝夜不虧乃得滑利。
其流非一。且寄誦經既非五收驗知有別。
○次斥事。
而非三昧慧。
三昧是定定慧二法導一切法乃至成於波羅蜜等。若如大師誦經觀法則事理具足。如開皇初有楊州僧誦通涅槃自矜其業。復有岐州東山下林寺沙彌惟誦觀音一品。二俱卒死同見閻羅閻羅乃處沙彌於金座甚敬重之。誦涅槃僧令處銀座敬心不重。事訖問云俱有餘壽。二皆放還誦涅槃僧心大恨恨恃所誦多。於是乃問沙彌住處各辭俱醒。誦涅槃僧至岐州訪。果得沙彌具問所以。沙彌言初誦觀音別衣別座燒香發願然後乃誦斯法不怠更無餘術。涅槃僧謝曰吾罪深矣。所誦涅槃威儀不整身口不淨。救忘而已。故古人言多惡不如少善。於今取驗此亦精進非波羅蜜。

○次理觀二。先舉空觀。
今觀氣息觸七處和合出聲如響。不內不外無能誦所誦悉以四運推撿於塵不起受者於緣不生作者。煩惱不間誦說。
○次畧明中道。
念念流入大涅槃海是名精進云云。
煩惱不間名精。念念流入名進。問但寄誦經云何推撿六受六作。而言受者及作者等。答通云作受何必具六。故一切善作受所攝。借使單約誦經說者即對六塵誦而無間即是於受而行精進。惟對

六作鬬於臥默病時開誦故亦通臥默誦無問於理又通故知誦經作受具足

○四以禪為頭以五莊嚴歷十二事四初文總舉事禪

次歷諸禪根本九想背捨等

○次斥事觀

但是禪非波羅蜜

○三正明理觀

觀入定四運尚不見心何處有定即達禪實相以禪攝一切法

以心況定者心謂散心散心尚無豈更計定定即九想八背捨等不計定散見禪實相實相徧攝一切法故

○四引論證成禪即實相二先引論文

故論第五解八想竟明十力四無所畏一切法

○次辨諸論師誤解

諸論師不達玄旨咸謂論誤未應說此此是論主明八想作摩訶衍相故廣釋諸法耳云云

辨諸論師誤解論意論意正以觀於九想即是實相故八想後即說十力四無所畏等何者如不壞法人修第八竟於骨想中尚具一切神通變化故大乘人於此復能具諸佛法又何但論文大品廣乘品中廣明身念處佛為須菩提廣釋釋九想竟結云是名菩薩摩訶衍次即廣釋三十七品乃至十力四無所畏十八不共大論三十八以下文仍是釋經論師云誤謬之甚矣問餘之七想亦能發不答若論不定及如用助亦有發義而多在第八以第八想生諸禪故

○五以智為頭以五莊嚴歷十二事初舉論八種解

次歷智慧者釋論八種解般若

以文略故直云大論有八種解八種解中具有事理大論十一釋不住法中問云般若是何等答有云無漏根是以無漏慧第一故也一有云至道樹時始斷惑故前有漏智但是福德煩惱未斷但是有漏二有云從初發心至道樹下皆名般若至成佛時名薩婆若三有云有漏無漏總名般若何者常觀涅槃行道故名無漏結使未斷故云有漏四有云菩薩般若無漏無為不可見無對五有云般若絕四句猶如火焰四邊不可取不可觸六有云

上來諸說各各有理如五百比丘各說二邊及中
道義佛言皆有道理。七 有云末後者是以有法如
芒藋許皆有過故。八 人雖有八義惟有六。第七總
許前六。第八惟存第六。六中第一。既別指無漏。亦
出二乘。第二因是有漏。但成三藏菩薩。第三果名
薩婆若多屬通意。第四義通圓別。得是般若是波
羅蜜。第五亦屬共教菩薩。仍通小乘。第六義通三
教。故亦事理具足。七八。二師共許前六。亦通圓別
故略引之以證今意。
○次正釋二。初文是事故屬世智。

今且約世智用觀六受六作。
○次約理。
四運推四智叵得皆如上說。約餘一切善法亦如是。
理即三智故云如上歷十二事故名為餘。應云一
切善法。一一歷十二事。但是文略。
○四料簡六度正應料簡六波羅蜜止觀乘便來
此為問。又復六度不出止觀。如攝法中文二。初問
問若一法攝一切法者但用觀即足何須用止。二一度
即足何用五度耶。
○次答三。初答六度。

答。六度宛轉相成。如披甲入陣不可不密。云云六
還引大品六度相成以為此答。然事六度若無互
嚴。何名不密。況復理耶。何者如檀無戒不生善道
無忍。感報卑陋。無進形質尫微。無禪便成散善。無
智不了無常。猶如富人。餘事並闕。餘五無互準說
可知。如披甲入陣等者皆相成也。論問何故一度
須五莊嚴。答各各助行有力故也。如人未集則無
戰力。大軍都至莊嚴器仗。則能破陣。菩薩亦爾。六
度互嚴方能破惑疾得菩提。大論十九釋云。一念
心具足六度。及一切法。及六度相攝等並是此意。

○次答止觀
觀如燈止如密室浣衣刈草等。云云
言密室者有慧無定。如風中燈照物不了。故用定
室離狂散風。慧燈方破無明大暗。使實相寶顯了
可見。故云多修慧故增長邪見。多修定故增長愚
癡。故應均修。不須此難。若不等者小乘尚闕。況復
大乘。浣衣等者大經二十九云。菩薩摩訶薩具二
莊嚴能大利益。一定二慧。如浣垢衣先以灰汁後
以清水。今以楞嚴定灰種智慧水浣三惑垢淨實
相衣。又云。如刈菅草執急則斷（斷都緩反）運力也若

徒管反物體已離。非此中意。此人不曉。一槩用之。大論七十九云。如執菅草。執寬則傷手。急捉則無傷。刈者穫取也。亦殺也。爾雅云。白華野菅也。郭璞云。茅屬。手執定也。刀斷慧也。又如拔堅木。先以定手動。後以慧手拔。彼大經文都有八喻。一一皆合菩薩定慧。

○三重述般若正出圓意二先正明

又般若爲法界。徧攝一切。亦不須餘法。餘法爲法界。亦攝一切。亦不須般若。

法相次第應具列六。若論法體。一一皆悉攝一切。法何用六耶。

○次重釋。

又般若卽諸法。諸法卽般若。無二無別云云。

又重更釋所言法界攝一切法。一切法者亦卽六度。故重釋云。般若諸法彼此相卽。亦何簡於一之與六。欲出圓旨。故爲此問。生其答耳。

○三歷諸惡二初標牒。

三以隨自意歷諸惡事者。

○次解釋二先明觀境二先明通相善惡此則未可盡爲觀境。何者。展轉相望得善惡名。是則人誰無善。誰不有惡。是故不以爲今觀境。文二先正明通相二初明惡四初六道。

夫善惡無定。如諸蔽爲惡。事度爲善。人天報盡。還墮三塗。已復是惡。何以故。蔽度俱非動出。體皆是惡。

○次藏教二初二乘三初正明。

二乘出苦。名之爲善。二乘雖善。但能自度。非善人相。

○次引證。

大論云。寧起惡癩野干心。不生聲聞辟支佛意。

言寧起等者。心凶爲惡。身病曰癩。乍起三塗之心。不生二乘之念。

○三結成。

當知生死涅槃。俱復是惡。

○次菩薩二初正明。

六度菩薩。慈悲兼濟。此乃稱善。

○次舉譬。

雖能兼濟。如毒器貯食。食則殺人。已復是惡。

毒器者。大論斥三藏菩薩云。具足三毒。云何能集無量功德。譬如毒瓶雖貯甘露。皆不中食。菩薩修諸純淨功德。乃得作佛。若雜三毒。云何能具清淨法門。菩薩之身。猶如毒器。具足煩惱。名爲有毒。修

習佛法如貯甘露此法教他令他失於常住之命

○三通教

三乘同斷此乃稱好而不見別理還屬二邊無明未吐已復是惡

○四別教二初正明

別教爲善雖見別理猶帶方便不能稱理

○次引證

大經云自此之前我等皆名邪見人也邪豈非惡

○次明善

惟圓法名爲善善順實相名爲道背實相名非道若

達諸惡非惡皆是實相卽行於非道通達佛道若於佛道生著不消甘露道成非道

大經云自此等者引證別教故四相品中迦葉序云自我未聞四德之前皆是邪見此是迦葉謙退自斥義同於邪豈此以前頓同三外今亦如是未稱理故義云邪見邪卽是惡是故當知惟圓爲善復有二意一者以順爲善以背爲惡相待意也次若達下以著爲惡以達爲善相待絶待俱須離惡圓著尚惡況復餘耶

○次結成通相

如此論善惡其義則通

○次別明極惡方爲觀境於中七初出惡體卽六蔽也

今就別明善惡事度是善諸蔽爲惡

○次結前生後

善法用觀已如上說就惡明觀今當說

○三明觀惡意

前雖觀善其蔽不息煩惱浩然無時不起若觀於他惡亦無量故修一切世間不可樂想時則不見好人無好國土純諸蔽惡而自纏褁

以純惡故不可不觀若不觀者惟惡無善自他俱然故須修觀

○四縱釋

縱不全有蔽而偏起不善或多慳貪或多犯戒多瞋多怠多嗜酒味根性易奪必有過患其誰無失

他人縱不全起不善偏惡不無

○五況釋偏起

出家離世行猶不備白衣受欲非行道人惡是其分羅漢殘習何況凡夫

出家不備理當偏惡白衣純惡況復偏耶羅漢殘

習亦仍偏惡凡夫下明用觀所以聖猶殘習凡何可縱如佛世下先舉佛世用觀有益引人爲證前觀惡意中言不可樂想者大論十想中釋一切世間不可樂想云世間有二種一衆生二國土言衆生不可樂者三惡八苦十四等惡云云 或貧而好施多財而慳約六蔽五說或貧妍富醜或憍高不下或接物欺誑如是無量不可稱說國土不可樂者或多衰無吉饑渴寒熱惡疫毒氣如是種種乃至上界亦生大惱甚於下界如極高墜下苦不可說文云無好人者略語衆生以他望己惟純不偏

是故不可不觀於惡次縱釋中云多慳等者略舉六蔽以釋偏起前四如文酒爲亂原即亂意蔽根性易奪即愚癡蔽若有慧者不爲惡易能生爲根數習成性數數改換故云易奪又隨境而轉爲易或強失眞爲奪又以愚替智爲易智被其制爲奪次況釋中云羅漢殘習者身子瞋習以過去世從蛇中來畢陵慢習宿世曾爲婆羅門來如佛在世有一比丘而常以鏡自照世世從女人中來有一比丘常好跳梁以世世從獼猴中來

○六明觀所以

凡夫若極惡蔽摧折俯墜永無出期當於惡中而修觀慧

聖猶殘習凡何可縱

○七引人爲證二先舉佛世用觀有益二先通舉有惡之人

如佛世時在家之人帶妻挾子官方俗務皆能得道

○次別舉惡人二先明惡人行道

央掘摩羅彌殺彌慈秖陀末利惟酒惟戒和須蜜多婬而梵行提婆達多邪見即正

央掘等者央掘經云舍衞城北村名薩那有貧婆

羅門女名跋陀有一子名一切世間現少失其父厥年十二色力人相悉皆具足聰明善說有異村名破呵私有婆羅門師名摩尼跋陀善四韋駄一切世間現從其受學師受王請留世間現守舍而去婆羅門婦見世間現端正而生染心前執其衣時世間現而白之言汝是我母我敬於尊而生不善內心懷愧捨衣遠避婦人不遂以爪自攫以繩自繫足不離地夫既還已恐世間現露其不善便以惡事誣世間現汝行已後世間現於我行不如事師言其初生時有大瑞相必無是過然語之言

汝殺千人可得免罪世間現尊師教故即白師言
嗚呼和尚殺害千人非我所應師云汝是惡人不
樂生作婆羅門耶答言善哉奉命便禮師足師聞
見已生希有心汝大惡人故不死耶當令殺一一
人取指爲鬘冠首乃成婆羅門耳以是緣故名央
掘摩善哉受教增一云如是次第殺千人已取指
爲鬘人白匿王國有人蟒害人無數比丘乞食聞
之白佛佛尋往彼諸取薪人及守牛羊者皆不得
過云此有賊佛乃前進遙見佛來云我之指鬘數
猶未足母因送食復自念言我聞師言害母生天

便攝母頭以手拔劍欲害於母佛放光照掘云非
天伐我乎母曰非天日月等光必是世尊掘聞佛
名云我師亦云若害沙門必得生天語母云且住
我往害沙門放母逐佛見佛如金山佛復道而去
奔趁不及白佛說偈與央掘經同央掘經云住住
大沙門淨飯王太子我是央掘摩今當稅一指如
是總有三十九偈但易第二句云無貪染衣士毀
形剃髮士知足持鉢士等佛以二百六十七偈答
云住住央掘摩汝當住淨戒我是等正覺輸汝慧
劍稅但易第三句餘句並同餘第三句云我住無

生際我住於實際我住無作際並用所證以答央
掘央掘聞已以佛力故令悟梵本中語如來出世
億劫乃値未度者度等四弘有見佛者即爲說滅
走逐不及必是如來捨劍深坑即便禮佛佛言善
來便成沙門得法眼淨淨梵王領四兵而往伐之
王念先見世尊見已具白佛佛問其意王具答其
意佛告王言見其出家爲道者如何王曰當供養
禮事彼無毫善能發此心乎時央掘去佛不遠正
意結加佛遙示王王禮供已歎佛能降如是惡人
後佛復爲說法得阿羅漢果具六神通入城乞食

見者識之有婦人胎產甚難見佛佛言聖賢已來
不曾殺人婦人無他諸比丘問佛本緣等云云本
爲婆羅門法求欲生天不違師教兼護婦人諂誑
之情而行於殺故今文云彌殺彌慈祇陀末利等
者準未曾有經下卷云祇陀太子白佛昔受五戒
制酒難持欲捨五戒持於十善佛言飲時何過答
國中豪賢時齎共飲亦無餘過佛言若如此者終
身無過夫善有二種有漏無漏飲不起惡業是善
報也名有漏善佛因爲說往昔因緣昔舍衛有利
利因小諍致大怨興兵相伐王有大臣名提韋羅

恃豪輕慢於時太子實欲誅滅父王不聽抱恨煩惱太后見之貪好酒勸我我言先祖以來不曾飲酒若飲酒者那羅天嗔婆羅門伐我太后夜分密開宮門再三勸我飲已忘憂三日之中受樂歡喜因是仇息父王復諫夫修德歷代何於小事致怨如此若不忍者亡失國土因是和平飲之力也末利者經言元是王舍城耶若達多婆羅門婢名黃頭常知守園因將乾飯供佛之福後波斯匿王遊獵入園見之婢乃爲王種種供給按摩稱王意王問婆羅門賣不答言婢賤何堪王重問之答云

千兩金王遂以百千兩金從其買取爲第一夫人未曾有經云匿王白佛如佛所說心歡喜故不起惡業名有漏善者是事不然如人飲酒心則歡喜不起煩惱不起煩惱故則不殺害憶念我昔遊獵之時忘將廚人山中覺饑左右言王朝不勅令將廚人即時無食我聞是已走馬還宮勅令索食廚人名修迦羅云即現無食今方當作饑逼嗔怒令殺廚人諸臣共議國中惟有此之一人殺已無人爲王知廚稱王意者時末利夫人聞已即令辦好酒美肉沐浴名香莊嚴身體將諸妓女來至我所

我見夫人嗔心即息夫人輒遣黃門詐傳令勿殺廚人我至明旦深自悔恨憂愁不樂夫人問我有何不樂王云我因昨日饑火所逼錯殺廚人爲是之故悔恨愁耳夫人笑曰其人猶在願王莫愁王言爲實爾耶爲是戲也答曰實在令使召來我大歡喜王白佛言夫人持五戒月行六齋一日之內五戒之中犯酒妄二戒八戒之中犯於五戒謂過中食服華香作倡妓高廣牀飲酒妄語破戒之罪重耶輕耶佛言如是犯者得大功德何以故爲利益故此約亡犯濟物菩薩利他乃得名爲惡中有

善故云唯酒唯戒欲從斯例善自斟量若順貪心終非持相和須蜜多等者說文云婬者私逸也左傳云貪色也華嚴云次復南行有城名莊嚴有善知識名和須蜜多女云云善財至彼求覓是女城中有不知者言此童子諸根寂靜智慧明了諦觀一尋目視不瞬心不動搖不應於彼女有貪染心此童子者不行魔縛等云云中有先知是女智者告善財言善哉善哉汝今乃能求覓是女汝已獲得廣大善根汝應決定求覓佛果種種誡之破一切衆生於女色所有貪染心善男子此女在於城

內市鄽之北自宅舍中聞已歡喜往詣其門見其住宅種種莊嚴見此女人容貌姿美譚說善巧入如幻智方便法門種種嚴身從身出於廣大光明普照宅中遇光明者身得清淨詣其禮足合掌白言聖者我已先發等云云女言我得解脫名離欲際隨其所欲而爲現身各各令其所見不同若欲意所纒來至我所聞法者見者執手者暫升牀者見我嚬呻者見我瞬目者並得離欲抱持唼脣吻等者各得法門我於過去高行王如來所爲長者妻舍一金錢爾時文殊爲佛侍者爲我說法令發

菩提心由是得菩薩離欲際法門故知能化所化並是因欲而得離欲故云惡中有善又如慧上菩薩經上卷阿難入城乞食見重聖王菩薩與女同牀而坐我謂犯穢得無異人學梵行者於如來教將無犯見聞中想發是語時大千六動菩薩卽時身處虛空去地四丈九尺語阿難言犯欲者乃能身升空乎阿難投地自悔如何於大龍所而求短耶此亦以欲而爲法門比見無慚者或稱無礙或說理融若得理者應如蜜多慧上之流身升虛空依正嚴麗令彼悟入無量法門縱能現通尙應問

言通由何得若自證法門爲名何等從何佛所最初發心曾供幾佛未來幾時當成菩提曾從何佛而得受記未來何方淨佛國土作佛名何幾會說法侍者補處名字何等佛壽幾劫正像法住其數幾何若不能答如是問者則是鬼通外道根本有漏神通生染心已此通又失或是妄語無慚之人若謂此身卽是佛者釋尊已滅慈氏未降又復非是他方佛來若非魔賊謂是誰乎汝若不信有十方佛自稱爲佛逆之甚矣故知此人自滅道心破他善種若大權逆化復不自稱我行無礙慧上菩

薩經又云過去無數劫有梵志名燈光在林藪間行吉祥願經四百二十歲入摩竭國有陶師女見梵志端正投梵志前梵志報言吾不樂欲女言設不能者吾尋自害梵志自念吾常護戒若數犯者則非吉祥離之七步卽起慈心而欲犯戒不然女死能令女安我入地獄從其所願經三十年終生梵天前是法身不思議化此是實行亡犯濟物行效此者審自思之世間小苦尙不能忍而能犯戒入地獄耶提婆達多邪見卽正者多挹二字隨存一字若兩存者恐是文誤略如第一卷記現住阿

鼻受無間苦法華復云由調達故具足相好記當作佛號曰天王除法華外餘一切教但云生生爲惡相惱此乃教法權實不同

○次結

若諸惡中一向是惡不得修道者如此諸人永作凡夫以惡中有道故雖行衆蔽而得成聖故知惡不妨道

大權示迹深淺難量一往觀文如央掘等如似凡夫如和須蜜久已入位雖已入位卽指初爲長者妻時於欲能離名惡有善若永爲凡不應證得離

欲法門故知央掘且從迹說從本說亦是昔於殺等惡中能出離故是故迹中亦以殺爲利他法門又凡云示者示爲實行令無量人不復爲惡從實行說於理無傷世人多迷權迹之意凡諸勝行咸撥爲權若如此者諸菩薩行事同虛搆秖緣實惡者墜改惡者升是故聖人示爲升墜令實行者改惡從善是故文云雖行衆蔽而得成聖言不妨者謂惡可改勸令於惡而修止觀不可恣惡永作凡夫非謂存惡名爲無妨

○次明得道猶有餘惡二先正釋

又道不妨惡須陀洹人婬欲轉盛畢陵尚慢身子生嗔於其無漏有何損益

須陀洹者出曜經第十一云昔有初果意專女色迴於夢想婦大獘之遇於親族知識比丘婦人白言我欲陳情爲可爾不比丘答言無苦隱密之事當爲覆之婦人言我夫多欲不容食息由是生疾恐命不全比丘曰夫若近汝汝當語言須陀洹人法應爾耶後時如教夫聞慚愧得第三果便不復與女人從事婦人問夫何故永息夫曰我審見汝何由更往婦曰我有何咎汝云審見卽集親族云

夫見疎棄永息情親夫曰引證自明乃作畫瓶滿中盛糞蓋口令弄見其弄已以杖打破穢汙流溢汝今更能弄此瓶不婦曰寧抱死屍火坑深水高山下墜終不能近夫言我觀汝身復過於此乃說偈曰

勇者入定觀　身心所與坐　見已生怨惡
如彼彩畫瓶

畢陵尚慢者其渡河水水急難渡乃叱之曰小婢駐流河神瞋之詣佛訴曰畢陵罵我佛令畢陵伽來與河神懺悔畢陵與曰小婢來我與汝懺悔衆

人笑曰懺而更罵佛問河神汝見畢陵合掌未曰具見佛言懺已無慢而有此言者當知是人五百世中作婆羅門又見河神宿生曾為已婢常自高慢輕笑餘人本來所習口言而已身子生瞋者時羅云從佛經行問羅云何為羸瘦羅云以偈答佛若人食油則得力若食蘇者得好色食麻滓菜無色力大德世尊自當知佛問羅云是衆中誰為上座羅云答和上舍利弗佛言舍利弗食不淨食時舍利弗轉聞是語卽時吐出食作是誓言我從今不復受請時波斯匿王須達多等詣身子所佛不

以無事受請令不受請我等云何得清淨信身子述佛所訶語王主白佛佛勅還受請猶故不受佛言是人心堅不可復轉昔曾為蛇害國王醫收令嗽毒若不嗽者卽須入火思之曰我毒已放云何更嗽乍入火死以由善惡不相妨故得極果猶有於惡

○次舉譬

譬如虛空中明暗不相除顯出佛菩提卽此意也

太虛空中都無明暗明暗約色故有相除法性太虛本無善惡凡夫情謂善惡相除故寄小乘及諸凡夫善惡二法不相妨者以由體性本不二故如是達者方顯菩提所以於惡令修止觀達惡無惡見惡體性卽知體性本無善惡

摩訶止觀輔行傳弘决卷第二之三

摩訶止觀輔行傳弘決卷第二之四

陳隋天台智者大師說　唐荆谿大師湛然傳弘決

門人章安大師灌頂記　明天台沙門傳燈增科

○次正明於惡修觀二初通明對惡設觀三初法

若人性多貪欲穢濁熾盛雖對治折伏彌更增劇但恣趣向何以故蔽若不起不得修觀

雖用九想等折伏彌劇故應用今四運推撿恣其意地制其身口以觀推窮令欲破壞故云蔽若不起不得修觀

○次譬

譬如綸釣魚强繩弱不可爭牽但令鉤餌入口隨其遠近任縱沈浮不久收獲

綸者絲索也亦可作輪字釣法似輪故云輪釣大論云吞鉤之魚雖在池中在水不久行者亦爾深信般若當知不久在生死中此觀貪欲論云生死者因中說果故云生死耳重欲如魚彊觀微如繩弱恐觀力微爲欲得便不須卒斷恣之用觀是故誡言不可爭牽觀法爲鉤恣意爲餌餌者食也欲輪觀便名爲入口長時爲遠少時爲近增盛爲浮微劣爲沈恆用此觀追之不舍不使成因至於來果名爲不久欲斷觀成名爲收獲初成爲收入位爲獲

○三合

於蔽修觀亦復如是蔽即惡魚觀即鉤餌若無魚者鉤餌無用但使有魚多大惟佳皆以鉤餌隨之不捨此蔽不久堪任乘御

言若無等者此觀既有治欲之能數起重欲彌彰觀妙故云有魚多大惟佳常以妙觀隨之不捨數起爲多深重爲大此蔽不久等者復更借喻以結法文御者進也大經第九云如以呪術呪藥令良

用塗革屣以觸毒蟲毒爲之消蔽亦如是以觀觀之是蔽不久堪任爲觀蔽體全轉故云堪任欲如革屣觀如良藥以法法欲義之如塗觀成入欲欲無不破如觸毒蟲毒爲之消欲轉爲智智能進道運至涅槃名堪乘御

○次別明用觀三初約貪欲修觀於六蔽中即屬初蔽貪欲即是慳之流例於三毒中正是初毒即爲三觀注其三者是也文二初三觀三初空觀二

初文四運用觀方法

云何爲觀若貪欲起諦觀貪欲有四種相未貪欲欲

貪欲正貪欲貪欲已。
○次正用觀推今初是初運望第二運四句推法
文五先列四句。
爲當未貪欲滅欲貪欲生爲當未貪欲不滅欲貪欲生亦滅亦不滅欲貪欲生非滅非不滅欲貪欲生。
○次卻覆推撿二先釋四初難第一句二先定。
若未滅欲生爲卽爲離。
○次難二先難卽。
卽滅而生生滅相違。
卽滅而生生滅相違者滅與生反若卽滅生故成

相違如燈滅處卽名爲明故無是處。
○次難離。
若離而生生則無因。
若離生則無因者離此滅處孤然自生故成無因。如離燈滅處自然生餤又若許無因而有生者諸無因處亦應有生如無乳處亦應有酪乃至木石應有心生。
○次難第二句二先定。
未貪不滅而欲生者爲卽爲離。
未貪至無因者貪雖未起體性自生初立句竟次爲卽爲離者先定之。
○次難二先難卽。
若卽卽二生相並生則無窮。
不滅而生卽此不滅復生欲貪故成未貪與欲貪並若許二並則應生邊復生於生故云無窮。
○次難離。
若離生卽無因。
無因同前故云亦也。
○三難第三句二初難。
若亦滅亦不滅而欲生者若從滅生不須亦不滅若

從不滅生不須亦滅不定之因那生定果。
若俱存者如相違因而生果者是義不然相違之法二法不並豈共爲因而能生果是故互責去不相須亦是於滅復是不滅故云不定此不定因豈生欲生決定之果。
○次復以一異重責其因。
若其體一其性相違若其體異本不相關。
若言體一相違之法體不應一若言體異滅與不滅復不相關何得二法共爲一因而生於果如云乳亦滅亦不滅而生酪者無有是處。

○四難第四句二初定。

若非滅非不滅而欲貪生。雙非之處爲有爲無。

凡雙非句本破兩亦。兩亦卽是第三句也。故第三被破。更至第四。故亦責云爲有爲無。

○次難。

若雙非是有何謂雙非。若雙非是無無那能生。

若是有是無還同第三。單有單無復同初二。是則雙非不異前三。何須更立。是故結云何謂雙非。以乳爲譬準前可知此妙觀門假設賓主。念念研覈使一剎那無逃避處。性相俱泯方名卽空。故不見

欲貪欲生。

○次結

如是四句不見欲貪欲生。

○三準義結成六十四句。

還轉四句不見未貪欲滅欲貪欲生不生亦生亦不生非生非不生亦如上說。

準義應有六十四句。現文唯有一十六句。如向四句卽是責於欲貪欲生。不可得竟。還轉向來四句之法推下三句。秖應合云不生乃至非生非不生。今文云生乃至非生非不生者。或是重舉。或是文剩。問。何故復推之下三句。答。前雖推於欲貪欲生旣不見生。恐計無生乃至轉計非生非無生等。是故還須更推下三。若推無生應云爲當未貪欲滅欲貪欲不生。爲當未貪欲不滅欲貪欲不生。爲當未貪欲亦滅亦不滅欲貪欲不生。爲當未貪欲非滅非不滅欲貪欲不生。一一亦須覆推重責有無卽離及以性等。具如初句。但以不生用替於生爲異耳。復應以未貪欲滅等對推欲貪欲亦生亦不生非生非不生。亦如是。此名推於具足四句相。故復更推正貪欲及以已未更生三箇六十六句。故

知今文但推初句。初句旣爾。餘三準知。皆以未貪欲中四句。著前欲貪欲中。一句在後。卽以生等四欲貪欲對前四箇未貪欲。故成十六句。今且具作三箇十六句圖。使文可見。則已望未比準可知。初十六句者。如向已釋。更爲圖之。爲當

未貪欲滅。未貪欲滅。未貪欲滅。未貪欲滅

未貪欲不滅。未貪欲不滅。未貪欲不滅。未貪欲不滅

欲貪欲生　欲貪欲不生

欲貪欲亦生亦不生　欲貪欲非生非不生

未貪欲亦滅亦不滅　未貪欲亦滅亦不滅

未貪欲亦滅亦不滅　未貪欲亦滅亦不滅

未貪欲非滅非不滅　未貪欲非滅非不滅

未貪欲非滅非不滅　未貪欲非滅非不滅

下三四句。例初四句作。應可解。故今文中不復委書。如是推撿未貪欲中求欲貪欲。四句叵得。尚不見有欲貪欲心。非生非不生。況復於生。雖有此推欲心麤盛。或復未推欲貪欲心。以至正起。雖爾非身造境名之爲正。但是起心推令不起。故須還用一十六句。向欲貪欲中求正貪欲。永不可得。何者此之正起。必籍欲起。故推欲起求正叵得爲當。

欲貪欲滅。欲貪欲不滅。欲貪欲滅。欲貪欲不滅。欲貪欲滅。欲貪欲不滅。

正貪欲生　正貪欲不生

正貪欲亦生亦不生　正貪欲非生非不生

欲貪欲亦滅亦不滅　欲貪欲亦滅亦不滅
欲貪欲亦滅亦不滅　欲貪欲亦滅亦不滅
欲貪欲非滅非不滅　欲貪欲非滅非不滅
欲貪欲非滅非不滅　欲貪欲非滅非不滅

如是推撿。尚不見正貪欲非生非不生。況復見生。雖復不起。或既未斷。但是暫息。及緣境謝名貪欲已。防後起故。故須更推。若謂此心爲無生者謬之甚矣爲當。

正貪欲滅　正貪欲滅
正貪欲滅　正貪欲滅
正貪欲不滅　正貪欲不滅
正貪欲不滅　正貪欲不滅

貪欲已生　貪欲已不生

貪欲已亦生亦不生　貪欲已非生非不生

正貪欲亦滅亦不滅　正貪欲亦滅亦不滅
正貪欲亦滅亦不滅　正貪欲亦滅亦不滅
正貪欲非滅非不滅　正貪欲非滅非不滅
正貪欲非滅非不滅　正貪欲非滅非不滅

此前貪欲雖復暫息名貪欲已。對餘境時復名爲未。已未雖即同是不起對境時別。相待成異初息名已息已名未。故此未心通對十界。後若別起此未屬別。恐屬別故。故亦須對。起已觀之應云爲當。貪欲已心滅未貪欲心生。爲貪欲已心不滅未貪欲心生。貪欲已心亦滅亦不滅未貪欲心生。貪欲已心非滅非不滅未貪欲心生。乃至未貪欲心非生非不生。成十六句。問已但名滅未名不生。云何

俱具生等四句。答今觀念念皆是於生。但望境暫息。及以未起得已未名。於此已未恐計生等。故須復以四句推之。若言已心但名滅者。正心亦應但名爲生。何等亦具無等三句。是故當知皆用四句。又於已心推未心者。一防當起。二未契眞防過入理。是故須撿。並此十六合成四箇。一十六句。若纔觀便悟一句即足。何須苦至六十四耶。爲鈍根者展轉生計。是故具破六十四句。若是具出轉計之相。至第五卷。三假四句具足說之。若論文意即應頓推。一一令成不思議境。今文且寄次第別說故

六十四句但名入空況復先知不思議理欲心爲
破妙境宛然事助尚須正助合行況此推窮盡不
即理即理之時方見四運心性眞如。
○四結成空觀。
觀貪欲蔽畢竟空寂雙照分明皆如上說是名鉤餌。
言雙照者貪欲是假推破是空空無空相空即假
故假無假相假即空故雙亡雙照如是空假誰不
謂是三觀一心應善推思言同意異故今但是八
空觀耳皆如上說者此還轉句皆如初文觀於生
句若是三觀其一之言誠無所以是故圓觀必云

百界即空假中若言此空雖云其一空中已具假
中觀者假中二觀例一應然假觀文中何故直列
十界而已。
○五觀成氣分。
若蔽恆起此觀恆照亦不見起亦不見照而起而照。
其一
恆起等者問四句推撿貪欲泯然但有妙觀無復
貪欲何得復云而起而照答言起照者正明有起
無時不照照時豈可必須於起今明此觀有破蔽
功是故須云而起而照又爲防於起時妨照是故

復云而起而照理須起不起俱照照不照俱亡亡
不亡咸泯泯不泯湛然如是方成入空之道是故
今云不見起照起照宛然。
○次假觀二初正明假觀。
又觀此蔽因何塵起色耶餘耶因何作起行耶餘耶
若因於色爲未見欲見見已若因於行未行欲行
行行已爲何事起爲毀戒耶爲眷屬耶爲虛誑耶爲
嫉妬耶爲仁讓耶爲善禪耶爲涅槃耶爲四德耶。一
還舉作受二十二事一一十界名之爲假。一家教
門藏通即約六道論假用觀即有即不即異其法

即是藏通八門別圓假觀必約十界但以次第不
次第別。一心異心明境麤妙比者頻闍觀柱緣生
緣生即空空假不二名爲三觀作此說者尚未成
通通須四句成性相空若有中名異通教者通教
何曾無中道名況復通教仍須四門門門十乘方
名通觀人不見此何殊暗空。
○次結成三三昧等恆沙佛法。
爲六度爲三三昧耶爲恆沙佛法耶。
○三中觀四初辨觀相。
如是觀時於塵無受者於緣無作者而於塵受根緣

雙照分明幻化與空及以法性不相妨礙。
還攝前來空假二觀卽邊而中方名妙中是故初云如是觀時指前二觀並於作受推成空假今於空假而見卽中故云分明幻化卽前十法界假與空卽前性相二空空假與性三法相卽故無妨礙故知此中雙照之名與前永別傅大士獨自詩云獨自精其實離聲名三觀一心融萬品荊棘叢林皆自平故知大士亦於作受以修三觀。

○次重釋三觀相卽之相。

所以者何若蔽礙法性法性應破壞若法性礙蔽蔽應不得起當知蔽卽法性蔽起卽法性起蔽息卽法性息。

前空中觀但云起照不及見等此中法性與蔽相卽是故中觀永異於空貪欲極麤尚卽法性況復餘法而非三諦若蔽礙法性等者法性與蔽不相礙者約理而說如水與波不相妨礙乃至法性與蔽起息相卽者正明令觀蔽中法性法性無起亦復無息蔽起息故故云起息若爾性無起息蔽有起息其性天殊何名體一答秖以蔽性其體不二故云法性無復起息是則從理俱無起息從事說者蔽有起息性無起息若絕待者無蔽無性亦無起息若得此意但觀貪欲卽是法性法性無性是故名爲世諦破性卽是性空此性卽法法體卽空名爲相空。

○三引證二先引無行。

無行經云貪欲卽是道恚癡亦如是如是三法中具一切佛法若人離貪欲而更求菩提譬如天與地貪欲卽菩提。

經云貪欲卽是道恚癡亦復然如是三法中無量諸佛法若有人分別婬怒癡及道是人去佛遠譬如天與地經意正明蔽性不二是故誡之不許分別。

○次引淨名。

淨名云行於非道通達佛道一切衆生卽菩提相不可復得卽涅槃相不可復滅爲增上慢說離婬怒癡名爲解脫無增上慢者說婬怒癡性卽是解脫一切塵勞是如來種。

復引淨名者非道卽蔽佛道卽性衆生卽菩提涅槃者具在應云一切衆生卽是菩提不可復得一切衆生卽涅槃相不可復滅菩提乃是證得之道

既卽衆生故無所得涅槃卽是寂滅之果既卽衆生亦無別滅菩提涅槃是果上法何卽衆生豈令法性離於貪欲爲增上下斷疑也疑云若爾何故經中令斷貪欲故爲斷云爲增上慢說斷貪欲凡夫謂證二乘謂極爲此二人說離婬怒何者凡夫癡慢是故令斷二乘機近宜爲說斷若無此二純諸菩薩卽應爲說婬怒癡性卽是解脫故今觀蔽不謂此二上慢之人一切塵勞是如來種者彼經具明三種種性塵勞卽是了因種也五無間等緣因種也六入七識正因種也故知欲蔽卽法性種

經文別對今文從通是故但云蔽卽法性

○四舉譬

山海色味無二無別卽觀諸惡不可思議理也其三

如須彌色如大海味毘曇俱舍並云妙高四面各有一色東黃金南瑠璃西白銀北頗梨隨其方面水同山色衆生入中盡同水色大論一百云外書說此山純黃金色衆生投中其色無二故云山色海味者大經云衆流入海同一鹹味故云海味文隔字對故云山海色味法性亦爾諸法入中同一理味故法性外更無餘法故云無二無別等也

○次結位二初結成六卽

常修觀慧與蔽理相應譬如形影是名觀行位能於一切惡法世間產業皆與實觀不相違背是相似位進入銅輪破蔽根本本謂無明本傾枝折顯出佛性是分證眞實位乃至諸佛盡蔽源底名究竟位

常修觀下結位卽觀貪欲若不結位恐迷者濫故須結之六卽之中不云理者現修觀故所觀之理卽是理也破蔽根本者觀法雖圓銅輪已前麤惑前去故至此位方破根本

○次結成橫竪

於貪蔽中竪具六卽橫具諸度一切法例如上云云

六卽淺深故名爲竪諸度相望無復前後故名爲橫例上六度皆應結之善中少濫故不結耳

○次約瞋蔽修觀廣應同前此文漸畧分四初文立境卽指重瞋爲今觀境

次觀瞋蔽若人多瞋欝欝勃勃相續恒起斷不得斷伏亦不伏

欝謂欝怫勃謂卒起

○次明起觀方便

當恣任其起照以止觀

例前貪欲可以準知。
○三正明起觀三初空觀。
觀四種相瞋從何生若不得其生亦不得其滅歷十二事瞋從誰生誰是瞋者所瞋者誰如是觀時不得瞋來去足迹相貌空寂。
例上亦應六十四句文中畧存四四句中兩四句頭謂生及無生三四並畧文從語便但云既不得其生亦不得其滅滅即不生言從誰等者歷十二事必屬一事總推宰主故但云誰相貌空寂空觀也。

○次假觀。
觀瞋十法界。
十界假觀也。
○三中觀。
觀瞋四德如上說云云
四德中觀也。
○四引證。
是爲於瞋非道通達佛道。
前引無行具明三毒是故此中不重引之淨名眾生菩提涅槃意並前同。

○三畧例餘蔽餘毒。
觀犯戒懈亂邪癡等蔽及於一切惡事亦如是。
餘有毒蔽之所攝者故云一切癡帶於邪故云邪癡故用因緣爲能治者因緣一法治邪癡故云深入緣起斷諸邪見。
○四約諸無記五初示觀境出無記相。
四觀非善非惡即是無記瞢瞢之法。
瞢瞢者無所明也異前諸善諸惡二相。
○次明用觀意。
所以須觀此者有人根性性不作善復不作惡則無

隨自意出世因緣柰此人何
有此一機是故令識此之無記復堪爲境是故得觀。
○三引證。
大論云無記中有般若波羅蜜者即得修觀也。
無記之心似無知相論中既云有般若故是故須觀向云柰何者其性昧劣不同善惡且折伏之故云柰何復更引論而開許之何者有漏之法三性收盡已說善惡須辨無記若不爾者觀境不周又若任善惡亦無觀慧何但無記若有般若通得修

觀何獨善惡。且據一往善惡易動。無記難擡。難易雖殊。咸須用觀。又向從報法大概判之。若委論者。蔽度之外。餘一切心。俱名無記。是故無記不可不觀。

○四推成觀境。

觀此無記與善惡異耶。同耶。同則非無記。

心相不顯。其境難緣。若與善惡對辨同異。則無記可識。便成觀境。故云同則非無記。

○五正明用觀六。初以四句推。

異者為記滅。無記生。記不滅。無記生。記亦滅亦不滅

無記生。記非滅非不滅。無記生。求記不可得。何況無記與記同異耶。非同故不合。非異故不散。非合故不生。非散故不滅。

記即善惡。故對推之。其性瞢瞢。四運不顯。故但對善惡四句推之。現文但有四句推法。若防轉計。亦應具用一十六句。謂無記不生。亦生亦不生。非生非不生。亦各四句。既無四運。不須轉推至六十四。句求記不可得者。求於善惡。尚是叵得。無記與誰對辨同異。既無同異。生即無生。故不可得。若轉計者。從此句生。今文存略。故但複云非合非散及非生滅。是則無記心性與前善惡心性不殊。體同名異。是故名為非合散等。性既若是。是故無記堪為觀境。

○次將無記歷十二事。

又歷十二事中。為何處生無記。為誰故生無記。誰是無記者。

即指十二事名之為處。無記及者。例前可知。

○三結成三觀。

如此觀時。同虛空相。又無記一法生十法界及一切法。又無記即法性。

初是空觀。十界是假觀。法性是中。

○四以一止觀結。

法性常寂即止義。寂而常照即觀義。

○五引證。

於無記非道通達佛道。無記為法界。橫攝諸法。豎攝六位。高廣具足。例如上說。

意亦同前。亦應具引無行等經。無記即常癡蔽。故也。亦應用於淨名中意。無記即是菩提涅槃。但推無記同異。即見無記法性之理。亦應對於增上慢者。說斷無斷及結攝等。準前可知。故云例上。

○六以三止觀結前三章。

復次但約最後善明隨自意此是次第意若善惡俱明隨自意即是頓意若約攝牒之善明隨自意此則不定意云云。

最後善者指諸惡初通相善惡展轉相望惟圓為善圓居最後是故成漸如思議境最後佛界先歷前九故成思議況復結文非修行相不復更以圓漸為妨善惡俱等者別相之惡六度之善一一無非三觀法界故即名頓具如前說攝牒善者非前兩收不出前兩起空屬空起有屬有中道慈悲亦

復如是是故攝牒名為不定與下第五卷攝牒四句文異義同彼但為成四句故也。

○三料簡三初與前三辨同異四初略判行異理同。

復次四種三昧方法各異理觀則同但三行方法多發助道法門又動障道隨自意既少方法少發此事。

初文略判行異理同以隨自意對三辨別何者以明所發動障不同而理觀不別問常坐觀於三道等常行觀佛三十二相等方等觀於摩訶袒持尊容道具等法華觀於六牙白象等隨自意觀於善

惡及無記等四觀各別何名為同答此並約於所歷事說若能觀觀無非一心所緣之理莫非三諦是故得云理觀同也。

○次明必須理以達事行。

若但解方法所發助道事相不能通達若解理觀事無不通。

○三明必用理為事所依。

又不得理觀意事相助道亦不成得理觀意事相三昧任運自成。

○四以此對三辨問無問。

若事相行道入道場得用心出則不能隨自意則無問也方法局三理觀通四云云。

方法局三等者對三以判理非無別此中依經非無方法況三三昧所不攝者並屬此中非謂此中不須方法但此三昧不必方法是故方法局在前三。

○次簡四三昧有勸無勸二先問。

問上三三昧皆有勸修此何獨無。

問意可見。

○次答二初為鈍根障重不勸修。

答六蔽非道即解脫道鈍根障重者聞已沈沒若更勸修失旨逾甚

答意者此三昧中雖通諸經及以諸善以許於惡修止觀故防護鈍根不曉文旨故直說觀不明勸修若據前文而起而照亦是於起而勸修觀不得彰言顯了獎勸是故望前名無勸修若據諸經能滅重罪以有重過彌須勸修故請觀音云蕩除糞穢令得清淨等諸經例之故非全無

○次舉失明無勸二初正明失四初明師有自行之失

淮河之北有行大乘空人無禁捉蛇者今當說之其先師於善法作觀經久不徹放心向惡法作觀獲少定心薄生空解

淮北河北邪空之人濫稱大乘人惡無觀故以無禁捉蛇喻之禁者制也術法制物故也貪欲如蛇觀法如禁以觀觀欲如捉蛇不善四句如無禁如阿黎吒經云佛在給孤獨阿黎吒伽陀婆利生是惡見我知世尊說行婬欲不障於道比丘三諫不止來白佛佛言喚來來已佛問答言如是佛喚諸比丘問諸比丘皆言佛但言欲如火如蛇如毒云云佛言彼倒解故如人欲得捉蛇便行求蛇於靜林間見極大蛇便捉蛇腰蛇迴舉頭螫其手足及餘支分以不善得捉蛇法故但受極苦顛倒解義亦復如是欲善捉蛇手捉鐵杖見極大蛇先以鐵杖壓其蛇頭手捉其項蛇雖反尾但纏手足及於支分不能復損捉蛇之人彼以善解捉蛇法故今無觀法入惡亦爾言惡不障反為惡害若以妙觀杖入六塵林遇貪欲蛇按四運頭以觀捉項不令毒害至成身業失於清淨常住法身彼阿黎者無正觀杖而但說於貪欲不障義稍欲同故借喻此

今當下即其先師說於無禁捉蛇之相其先師者鈍根障重善修不成暫放入惡想似空觀謂此空解以為深證即自行之失也

○次明師有教他之失

不識根緣不達佛意純將此法一向教他教他既久或逢一兩得益者如蟲食木偶得成字便以為證謂是事實餘為妄語笑持戒修善者謂言非道純教諸人徧造衆惡

自善不生故棄善從惡純將入惡空解教他他亦時有生空解者便以為據謂惟惡是實自此以後

空解亦忘惟偏造惡。

○三明弟子謬受之失。

盲無眼者不別是非。神根又鈍。煩惱復重。聞其所說順其欲情。皆信伏隨從。放捨禁戒。無非不造。罪積山岳。

無教相眼名之曰盲。善修不成名爲根鈍。數起貪欲爲煩惱重。如此等人更聞師說純令入惡。順欲順情偏造衆惡。

○四明自他俱失二。初正明。

遂令百姓忽之如草。國王大臣因滅佛法。毒氣深入於今未改。

忽輕也。棄也。自他失故民輕王滅。今時吳越餘風尚存。將孤介爲小乘。以合雜爲無礙。隋朝猶有故云未改。

○次引事類失二。初引史記以類其師有妄授之失。

史記云。周末有被髮袒身不依禮度者。遂犬戎侵國不絕如綖。周姬漸盡。

周是國號。姓姬氏。帝王世紀曰。帝嚳妃姜嫄履神人之蹟而孕。以爲不祥。棄之陋巷。牛羊不踐。置之寒冰。鳥覆翼之。嫄以爲神。收而養之。童齔好於稼穡。及長仰伺房星。以爲農候。舜進之於堯。以掌農正。而爲稷官。故謂之后稷。賜姓姬氏。始武終赧三十七王。頌曰。武成康昭穆恭懿孝夷厲宣幽攜平桓莊僖惠襄傾匡定簡靈景悼敬元貞哀思哲威安烈顯順赧。王三十七。攜不經年。或云三十八。左傳曰。初平王之東遷也。辛有適伊川。見被髮而祭於野者曰。不及百年。此其戎乎。其禮先亡矣。言周末者。但是微末之末。非謂最後。言犬戎者。即六戎是。初名六渾。今時其地置六渾縣。謂唐虞以上有

犬戎獫狁薰鬻。居天之北。邊隨畜牧而轉移。逐水草而遷徙。無耕田。有畜養。各有地分。而無文書。有言語約束。兒能乘羊。引弓射鳥。惟習弓箭。而無禮義。君王以下皆食畜肉。少者食肥美。老者食其餘。貴少賤老。父死妻其母。兄死妻其嫂。自殷周以來。侵抄中國。不絕如綖者。周家被侵。宗社幾盡。餘不盡者。其猶綖也。後西伯伐犬戎。遂於洛北。時時入貢。名爲荒服。自爾以後犬戎不至。被袒自是周室衰相。豈可効之。時撓如周。末邪師如被袒。正教如識者。破戒如失禮。欲境如犬戎。破損正觀。如侵中

國正因不絶如似一綖緣了漸亡義如漸盡。
○次引阮字類弟子謬受之失於中二初舉公卿效阮爲類。
又阮籍逸才蓬頭散帶後公卿子孫皆斆之奴狗相辱者方達自然撙節兢持者呼爲田舍是爲司馬氏滅相。
列傳云阮籍字嗣宗陳留尉氏人也容貌魁傑志氣宏放傲然獨得任性不羈喜怒不形於色或閉戶讀書累日不出或登臨山水信宿忘歸嗜酒能嘯忽忘形骸時人多謂之癡魏晉之世天下故多

名士而少有全者因不交世事酣飲爲常及文帝輔正拜爲東平相乘牛而往旬日而還雖性志孝而不拘禮教母終正與人棋對者求止留決賭賭訖飲酒二升舉聲一號吐血數升裴楷往弔但踞醉直視而已見禮俗之士以白眼視之由是禮俗之士嫉之若讎或時輒臥鄰家少婦之側或他有亡者無親而往弔焉不由路窮則哭還宗集不復用杯圍坐圍盆而相歡如此者誕豈可效耶是爲司馬氏滅相者國號晉姓司馬氏高陽之子黎爲夏官及周以夏官爲司馬因以爲姓懷愍至孝武來一十五帝愍帝之時晉國亡者由諸賢達不習兵戈尙文者誕後公卿子孫效之遂爲五胡侵國因幸江東故童謠云五馬浮度江一馬化爲龍因茲惠帝第三子叡等徙都建業號爲東晉稱元帝至孝武時仍多酒色由茲祚傾晉祚傾者由公卿子孫謬效阮籍初有嫉賢之難遊世佯狂後無妬才之危何須效誕又如阮籍兒子咸咸次子孚元帝時爲參軍蓬頭飲酒不以王務經懷恒爲右司所案帝容之後拜楊州長史帝謂曰卿鎭軍府宜節飲也對曰陛下不以臣不才委以軍旅之重

臣不敢有言者以今王莅作威風教赫然皇澤遐被寇賊息迹氛祲旣澄日月明白亦何可爝火不息正應端拱嘯咏以樂當年尋被蘇峻作難此亦不修兵甲之失故也習三昧者亦復如是爲難逢障於惡修觀無難何須捨善從惡依教修觀如用文武無故入惡如效誕逸妄授邪法如阮狂酣弟子妄受如公卿子。
○次明周武信讖以類妄受。
宇文邕毀廢亦由元嵩魔業此乃佛法滅之妖怪亦是時代妖怪何關隨自意意。

其先炎帝神農氏爲黃帝所滅子孫避之居於朔野鮮卑奉以爲主其後曰普迴因狩得璽普迴異之以爲天受其俗謂天曰宇故曰宇文初登之時亦信佛法後信讖緯云黑衣當王遂重道宗親承符籙玄冠黃褐內常服用心忌釋宗盡欲誅殄而患信佛者多未敢專制有道士張賓詭詐罔上私達其策潛進李宗排斥釋氏讖緯如惡師周武如弟子亦由元嵩魔業等者周武已忌更加元嵩故云亦由元嵩魔業元嵩相副帝納其言欲覘經過貶量佛失召僧入內七宵行道帝與同塲七宵無

過又勅司隷大夫甄鸞詳佛道二教鸞上笑道論三卷三十六篇用笑三十六部其時又有安法師與帝情重又著二教論十二篇明道教攝在九流之內不應獨爲教主故教惟有二遠法師有抗帝論後帝東巡任道林開佛法又因王明上表以開佛法其元嵩本河東人遠祖從宦家於蜀川梁末都東城卽後梁蕭詧也詧滅歸立至天保十二年當陳太建六年卽宇文建德三年滅佛道二教宇文經於七年至天和二年嵩上表云唐虞之世無佛圖而國安齊梁有寺舍而祚滅但利民益國卽稱佛心夫佛者以大慈爲本終不苦役黎民虔恭泥木請造平延大寺容著四海萬姓不勸立曲見伽藍偏安二乘五典平延寺者無間道俗罔擇冤親以城隍爲塔寺卽周武是如來用郭邑作僧坊和夫妻爲聖衆推令德作三綱遵耆年爲上坐選仁智充執事求勇畧作法師是以六合無怨紂之聲八方有歌周之詠飛沈安其巢穴水陸任其長生都上一十五事上表後身生惡瘡亡也邕是滅法之妖怪何關隨自意意耶元嵩如惡師周武如弟子

○五釋其謬信三初正明

何以故如此愚人心無慧解信其本師又慕前達決謂是道又順情爲易恣心取樂而不改迷三昧之人亦復如是一內無慧解二信其本師三貪慕前達故知先須以教自軌方信其師不然則全謂行惡而爲正道覺已改棄趣理非遙如譬喻經云有驢挽車日行數百里於息處見兄兄語弟曰勿放此驢與餘驢相見弟曰夫善者相得諛諂相遇物類相逢無不歡喜弟故放之與他驢相見見已亦復不鳴不食相嗅而已兄後駕之便臥不

行兄便大瞋截尾翦耳被苦乃行驢語大家君放我見惡知識我問汝何以肥充答言我給陶公負土若得惡道便臥不行公便負擔放我道邊食食得好草歸得芻散是以得肥問我何瘦答曰挽車日行數百里飲食轗軻我今效彼謂得放免及見髡截不復敢臥乞得存活主愍放之人亦如是信其惡師必招惡果

○次舉譬

譬如西施本有心病多喜嚬呻百媚皆轉更益美麗鄰女本醜而數其嚬呻可憎彌劇貧者遠徙富者杜門穴者深潛飛者高逝

譬如西施等者嚬呻痛病吟也杜者不出門也亦塞也潛者隱水也逝者往也莊子云西施心痛而嚬其里其里之醜人見而美之亦歸捧心而嚬其里其里富人見之堅閉門不出貧者見之挈妻子而去之走彼知疾嚬不知嚬之所以美穴者深潛飛者高逝此之二句在莊子毛嬙麗姬文中云如一女人人見之即愛鳥見之高飛魚見之深潛今文將此二句共成西施之文彼注西施文云夫禮義者當時而用則西施也過時而不棄即鄰女也夫三皇五帝之禮義法度其猶相梨橘柚其味相反而皆可口故禮義法度者應須時而用之今取猨狙衣以周公之服彼必齕嚙挽裂盡去之觀古人與今其猶猨狙之異周公隨自意者亦復如是須應時而變知宜不宜豈可惟效人惡不知人惡之所以今以西施譬宜入惡修觀人也根利得時如西施性多貪欲如心病於欲巧修如美嚬彌增明靜如益美根鈍失時如鄰女智非善巧如本醜謬習入惡如效嚬惟長惡邪如彌劇有人將國王大臣等合貧者遠徙等文語不相當復非文次今

試爲合之則順文旨小乘之人如貧者大乘之人如富者修事善人如穴者習事定人如飛者是四種人不喜惡見見是惡已彌爲自勉小乘涅槃爲遠徙大乘秘藏如杜門堅固事戒爲深潛期心上界爲高逝前文以類本師之過此文以類弟子之非如此消釋與文會也

○三重責

彼諸人等亦復似是狂狗逐雷造地獄業悲哉可傷既嗜欲樂不能自止猶如蒼蠅爲吐所粘浪行之過其事畧爾

貪欲狂故逐入惡雷無觀凡夫猶如蒼蠅而專入
惡爲欲唾黏嗜亦貪欲也
○六明師差機迷旨之失二先斥不解佛意
其師過者不達根性不解佛意
此師不達入惡之言
○次引佛意責三初法
佛說貪欲卽是道者佛見機宜知一種衆生底下薄
福決不能於善中修道若任其罪流轉無已令於貪
欲修習止觀極不得止故作此說
如文

○次譬
譬如父母見子得病不宜餘藥須黃龍湯鑿齒瀉之
服已病愈
熱甚口禁宜治以黃湯不可惜齒而致損命起重
貪欲如熱甚不受對治如口禁隨自意法如黃湯
於惡修觀如鑿齒入惡雖鄙爲存慧命縱惡不觀
如藥不入
○三合三初通合逗機二別合逗機三初惡機
佛亦如是說當其機快馬見鞭影卽到正路貪欲卽
是道佛意如此

如快馬等者根利如快馬起惡如僻路聞說如鞭
影欲息如正路雜阿含云佛告比丘有四種馬一
者見鞭影卽便驚悚隨御者意二者觸毛便能如
上三者觸肉然後乃驚四者徹骨然後乃覺經合
喻云初馬如聞他聚落無常卽能生厭次馬如聞
已聚落無常卽能生厭三者如聞已親無常卽能
生厭四者猶如己身病苦方能生厭大經十六釋
調御中亦以四馬喻聞生老病死故知二經並喻
三藏中意今借喻此以對四教快馬卽是圓機貪
欲卽是道也若取意僻越浪行貪欲則都非四數

若機淺者次用別教乃至通藏如餘三馬於圓機
中仍須稱機宜善宜惡
○次善機
若有衆生不宜於惡修止觀者佛說諸善名之爲道
佛具二說汝今云何呵善就惡若其然者汝則勝佛
公於佛前灼然違反
○三結斥
公者非私也灼者明也公然拒佛而差物機
○七舉時結過三初舉時宜於惡中而習止觀
復次時節難起王事所拘不得修善令於惡中而習

止觀。
○次引譬引事二先引經類釋。
汝今無難無拘何意純用乳藥毒他慧命。
非有難時不應用惡何意純用等者引經類釋事不獲已令於惡修汝不觀機純令用惡如諸外道純用邪常故大經云譬如舊醫純用乳藥如彼外道惟說邪常客醫如來初令制乳如說無常以破邪常成無常已還用眞常以破無常新舊二乳乳名雖同邪正義別進退適時不同外道純用邪常毒他慧命今亦如是用旣非宜損他慧命。

○次引事。
故阿含中放牛人善知好濟令牛羣安隱若好濟有難急不獲已當從惡濟惡濟多難百不全一汝今無事幸於好濟善道驅牛何爲惡道自他沈沒。
引經中事以證適時結過之意增一四十六云佛在給孤獨告諸比丘如放牛人具十一事牛羣長益結爲頌曰。
解色及相應　摩刷覆瘡痍　放煙并茂草
安隱及渡處　時宜留犛餘　將護於大牛
比丘亦如是　知四大造色　善別愚智相
摩刷六情根　善覆十惡相　傳所誦爲煙
四意止茂草　十二部安處　聖八支渡處
莫受輕賤請　名曰知時宜　知足爲留餘
敬護是將護　佛說偈云　放牛無放逸
其主獲其福　六牛經六年　展轉六十牛
比丘戒成就　於禪得自在　六根而寂靜
六年成六通
今文引經安隱渡處渡處卽津濟也卽渡水處也此卽兼於自行化他自行有難故聽從嶮如王事等令於惡修無難惡息必須從善他機例然應須詳審。

○三結過。
破壞佛法損失威光誤累衆生大惡知識不得佛意其過如是。
○八故以水火現事驗之。
復次夷險兩處皆有能通爲難從險善惡俱通審機人蔽汝棄善專惡能通達非道何不蹈躡水火穿逾山壁世間險路尙不能通何況行惡而會正道豈可得乎。
夷平也蹈踐也躡履也踰也。

○九責其差機純用令惡。

又不能知根緣。直是一人。卽時樂善。卽時樂惡。好樂不定。何況無量人邪。而純以貪欲化他。

○十引證舉二乘以況凡師

淨名云。我念聲聞。不觀人根。不應說法。二乘不觀。尙自差機。況汝盲瞑無目。師心者乎。

○十一傷歎。

自是違經。不當機理。何其愚惑。頓至於此。若見有人不識機宜。行此說者。則戒海死屍。宜依律擯治。無令毒樹生長者宅云云。

則戒海等者。譬此等人。於佛法中。名之爲死。律云譬如彼死屍。大海不容受。爲疾風所吹。置之於岸上。犯重如屍。衆海不受。作法擯棄。如疾風吹。飄出衆外。如置岸上。兼斥自他。故云行說。若未行惟說則同黎吒。違僧屏諫。但結提吉。謂於惡證墮過人法。自行口說。又云證得。則兩夷一提。文據重夷。故云擯棄。若但自行教他。則一夷一提。無令毒樹者引譬擯棄。大經第三云。譬如長者所居之處。田宅屋舍。生諸毒樹。長者知已。卽便斫伐。悉令永盡。長者宅者。淸衆所居。毒樹者。犯重比丘。生必伐者。犯必擯也。經有三喩。初鄰國相攻。中毒樹生宅。後首生白髮。章安二釋。正用後意。初對三惑釋。鄰國相攻。譬除四住惑。智相傾除。翦毒樹。譬除塵沙。體外之惑。拔棄白髮。譬除無明。同體之惑。次對擯棄釋鄰國。譬治各住各學。而行非者。毒樹。譬治同住各學而行非者。白髮。譬治同住同學。而行非者。文雖引一。意亦該三。同住各住。若行若說。俱須擯棄。

○十二斥師自行行偏違心。三。初以事難。難其行偏

復次檢其惡行。卽偏邪。汝謂貪欲卽是道。陵一切

女。而不能瞋恚。卽是道。害一切男。惟愛細滑觸。是道畏於打拍苦澀觸。則無有道。行一不行一。一有道。一無道。癡闇如漆。偏行汙損。

○次譬其行偏而穢淸衆。

譬如死屍穢好花園云云。

○三難其違心。

難其偏行如前。或將水火刀杖向之。其卽默然。或答云。而汝不見我常能入此。乃違心無慚愧語。亦不得六卽之意。

○次出意二。初明誡勸意。

所以須說此者上三有法勤策事難宜須勤修隨自
意和光入惡一往則易宜須誡忌
明此料簡誡勸人之意入惡似易尙須誡忌豈得
於此而更勸修
○次譬誡忌意
如服大黃湯應備白飲而補止之云云
入惡稱病如服黃湯指惡爲道名爲過度須備律
教而補止之
○三總料簡四種三昧二先難理不須事二先問
問中道正觀以一其心行用即足何須紛紜四種三

昧歷諸善惡經十二事水濁珠昏風多浪鼓何益於
澄靜耶
正觀如水理性如珠諸行如風風多浪鼓事儀動
役令觀渾濁何須用此四三昧耶鼓者動也
○次答二初責自行不具四悉二先譬貧人責其
不具
答譬如貧窮人得少便爲足更不願好者
○次合自行不具爲失
若一種觀心心若種種當奈之何此則自行爲失
若於一種三昧觀心即足心若樂行及餘儀等如
何悅此樂欲之心
○次責化他不具四悉三初法說
若用化他他之根性舛互不同一人煩惱已自無量
何況多人
自行既然化他準此自行則初後不同他機則彼
彼非一
○次重譬
譬如藥師集一切藥擬一切病一種病人須一種藥
治一種病而怪藥師多藥汝問似是
且許自行一種爲德若以化他事一則失

○三合二初總次別二初約一人二初正明
煩惱心病無量無邊如爲一人衆多亦然云何一人
若人欲聞四種三昧聞之歡喜須偏爲說是爲世界
以聞四種次第修行能生善法即具說四是各各爲
人或宜常坐中治其諸惡乃至隨自意中治其諸惡
是名對治是人具須四法豁然得悟是第一義
○次結責
秖爲一人尙須四說云何不用耶
若約化他者應具四悉乃成四番四種三昧何但
四耶

○次約多人二。初總約四三昧須具四悉。

若爲多人者。一人樂常坐。二非所欲。一人欲常行。三非所樂徧赴衆人之欲。卽世界悉檀也。餘三悉檀亦如是。

若爲多人彼彼相望復須四四。

○次約一一三昧各具四悉。

又約一種三昧亦具四悉檀意。若樂行卽行。樂坐卽坐。行時若善根開發。入諸法門。是時應行。若坐時心地清涼。喜悅安快。是時應坐。若坐時沈昏則抖擻應行。行時散動疲困。是則應坐。若行時悅焉虛寂。是則

應行。若坐時湛然明利。是時應坐。餘三例爾云云。

何但如向四種三昧相望爲四。一一三昧。尙具四悉。況復四耶。若樂行等者。樂行下世界。若善根下。爲人。若坐時下對治。若行時下第一義。初約常行。借坐對說。若不對說。不可但云樂行卽行。不樂不行。此則反開懈怠之門。何名具須四種三昧。故初標云。一種具四。下復結云。餘三例然。常行旣然。若云常坐。故應還對行等說之。

○次簡根遮二。初約惡法乖理問。

問善扶理可修止觀。惡乖理云何修止觀。

善謂上三及隨自意中。諸經及善。此善順理可修止觀。如起信云。已知法性體無慳貪。隨順修行檀波羅蜜等。惡旣乖理。何不棄惡於善修習。而令於惡修止觀耶。

○次引大論四句答四。初例四句。

答。大論明根遮有四。一根利無遮。二根利有遮。三根鈍無遮。四根鈍有遮。

答約四句故。故須觀惡。大論二十四云。世尊智力。知諸衆生上中下根。是人根利。爲結所遮。猶如央掘。是人根利。不爲結遮。猶如身子。是人根鈍。而無

結遮。猶如槃特。是人根鈍。而爲結遮。謂諸凡夫。論寄小乘。故引此四。通論四教。例應有之。又復論文通明如來善知諸根。不以根利無遮爲首。今明修行。是故別以根利無遮。而爲上品。

○次釋四句四。初根利無遮二。先依論出人。

初句上品。佛世之時。身子等是其人也。

初身子者。一聞三諦。而得初果。見舅墮負。證阿羅漢。至法華會。先獲記莂。

○次擧今以例。

行人於善法中修止觀者。以勤修善法。未來無遮。常

習止觀令其根利若過去具此二義今生薄修即得相應從觀行位入相似眞實今生不得入者昔無二義今約善修令未來疾

準今識昔引現知當故知今文善惡二修即是有遮無遮不同爲破遮故具須修習昔無二義者昔旣不曾於善修習是故闕於根利無遮

○次根利有遮二先正明

次句得道根利而罪積障重佛世之時闍王央掘示其人也逆罪遮重應入地獄見佛聞法豁爾成聖以根利故遮不能障

次句如闍王央掘等者論旣寄小故無闍王今辨有遮是故並列闍王造逆罪深纒厚法華坐席障未發故爲凡夫衆聞茲妙經涅槃會中機發障動心生悔熱徧體生瘡世無良醫治身心者六臣雖引六師之言未審能治我之重患家兄耆婆引至佛所蒙佛召命慚愧悚慄聞說陰幻知罪無生如從伊蘭生旃檀樹障除機熟無根信成發菩提心迷已弘願無根信者小乘即是初果位也大乘即是別住圓信央掘者若央掘經得無生忍阿含經中初聞佛偈即得初果匿王去後得阿羅漢障雖不如闍王造逆以成害佛及母方便兼殺九百九十餘人如是重遮不障證法良由根利故使爾也

○次結責

今時行人於惡法中修止觀者即此意也以起惡故未來有遮修止觀故後世根利若遇知識鞭入正道云何而言惡法乖理不肯修止觀耶

鞭者策進也正當酬前於惡修觀之問善自斟酌察其可不儻宜入惡專善復失宿種難知不可率爾

○三根鈍無遮二先依論出入

次根鈍無遮者佛世之時周利槃特示是其人雖三業無過根性極鈍九十日誦鳩摩羅偈智者身口意不造於諸惡繫念常現前不樂著諸欲亦不受世間無益之苦行

第三句如槃特者法句經第一云佛在舍衛有比丘名槃特新作出家稟性頑塞佛令五百羅漢日日教之三年始獲一偈今文依阿含大論故云九十日佛知愍傷即呼著前授與一偈偈云守口攝意身莫犯如是行者得度世槃特感佛恩深誦得上口佛告槃特汝今年老惟誦一偈人皆知之不

足爲奇須解其義所謂身三口四意三觀其所起察其所滅由之生天由之墜淵由之得道泥洹自然分別乃至無量妙法心開意解得阿羅漢由無遮故其根雖鈍易得道果得道果已五百比丘尼請教誡說法次當槃特至彼食訖諸尼皆笑升坐已自慚鄙曰自幸薄德得爲沙門最爲頑鈍所學一偈初識其義當爲敷說諸少年尼先知其偈欲預前誦口不能開驚怖悔過槃特於是依於佛說次第敷演諸尼皆得阿羅漢果後匿王請佛及諸比丘於正殿坐佛欲試其神力令其取鉢來至王

門守門者不許其前其於門外申手送鉢王驚問佛此誰手耶佛言槃特王問但誦一偈云何乃爾。佛言雖誦千章不義何益不如一要聞可滅意雖誦千章不義何益不如一要聞行得度雖誦千章不解何益解一句法聞可得道二百比丘聞之得阿羅漢王及夫人方乃不疑此偈乃對極鈍者說豈可例於多聞增智慧廣讀諸異論則智者意等耶然各有意勿妄去取若增一第六云兄見弟誦法句難語言汝若不能誦法句偈還作白衣弟聞之詣祇桓門泣佛見問之具答兄言佛言成菩提可由汝兄佛手牽詣靜室令誦埽帚復名除垢槃特思念灰土瓦石除即清靜結縛是垢智慧是除今以智帚埽除諸垢今文所引偈文即大論及大經二十四經云四字爲涅槃因若言勤修苦行是涅槃因者無有是處是故槃特思惟一偈得第四果言鳩摩羅者此云童真亦曰毫童亦曰名童即童真無染偈也三業無染得無染果若據得果過去亦非全不習觀觀力薄故其根仍鈍以無遮故聞易得道。

○次舉今以例

今時雖持戒行善不學止觀未來無遮而悟道甚難。

○四根鈍有遮。

後句者即一切行惡之人文不修止觀者是也不修止觀故不得道根鈍干偏爲說亢然不解多造罪惡遮障萬端如癩人身痺針刺徹骨不知不覺但以諸惡而自纏裹。

第四句者可知

○三結勸。

以是義故善雖扶理道由止觀惡雖乖理根利破遮惟道是尊豈可爲惡而廢止觀。

道謂乘種。信法二行俱可爲乘。亦俱得名爲止觀故。故誡行人不可廢之。不習乘種。

○四引大經四句釋成三。初引乘戒四句釋成根遮四句。

大經云。於戒緩者不名爲緩。於乘緩者乃名爲緩。應具明緩急四句。合上根遮義也。云云。

第六云。若無清淨持戒之人。僧則損減。若有清淨持戒之人則不失本。戒善男子。於乘緩者乃名爲緩。於戒緩者不名爲緩。菩薩於此大乘心不懈慢是名奉戒。經文先列事戒。次善男子下舉乘況釋。

若無大乘。雖有事戒不名奉戒。若有乘者雖名戒緩不名爲緩。正意欲令乘戒俱急。今家乘此開爲四句。以對根遮。根遮是果。乘戒是因。是故有遮由戒緩。根鈍由乘寛。俱急則根利無遮。俱緩則根鈍有遮。戒急乘緩則根鈍無遮。乘急戒緩則根利有遮。

○次引經證乘

又經云。寧作提婆達多。不作鬱頭藍弗。即其義也。應勤聽思修。初無休息。

經云寧作等者。引證乘也。故梁武發願文云。寧作提婆達多。長淪地獄。不作鬱頭藍弗。暫得生天。故知調達誦經。已爲信行乘種。雖墮地獄亦由此脫。藍弗事定。無出世乘。縱得生天。終淪惡道。應勤聽等者。勸修乘也。聽即信行。思即法行。二行既勤。習根必利。

○三引經證戒。

如醉婆羅門剃頭戲女披袈裟。云云。

大論十三。佛在祇洹。有醉婆羅門來至佛所。欲作比丘。佛勅諸比丘與剃頭著袈裟。酒醒驚怪。見身變異。忽爲比丘。即便走去。諸比丘問佛。何以聽此

醉婆羅門而作比丘。而今歸去。佛言。此婆羅門無量劫中無出家心。今因醉後暫發微心。爲此緣故。後當出家。如是種種因緣。出家破戒。猶勝在家持戒。以在家戒不爲解脫。戲女披袈裟者。如鬱鉢比丘尼本生經中。佛在世時。此比丘尼得羅漢果。具六神通。入貴人舍。常讚出家語。諸貴人婦女言。姊妹可出家。諸女言。我少年容色盛美。或當破戒。比丘尼言。欲破便破。諸女問言。破戒墮地獄耶。比丘尼言。欲墮便墮。諸女笑言。墮獄受苦。比丘尼言。我憶念本宿命時。作戲女。著種種衣服。或時亦著比

丘尼衣以爲戲笑以是緣故迦葉佛時作比丘尼自恃高姓顏貌端正心生憍慢而破禁戒破戒罪故墮於地獄受種種苦受罪畢已遇釋迦牟尼出家得道成阿羅漢六通自在故知出家受戒皆由於初以爲遠因乃至値佛得果並由於初是則戲女尙遠功乘種況復戒耶

○第三感大果二先標牒

第三爲明菩薩清淨大果報故說是止觀者

○次解釋三初證明二初報果

若行違中道即有二邊果報若行順中道即有勝妙

果報

言果報者在實報土若言實報無障礙土必出方便有餘之外若單云果報其名猶通故以別簡通對邊辨妙違寬順狹妙尅邊通收教乃周攝人方偏故對方便同居曰邊獨以實報稱順曰妙是故但未破無明未證中道皆名爲違初住以上法身所居方名爲順是則六道三藏菩薩通初二地兩教二乘方便之位別圓外凡此等皆屬有邊報在界內兩教學人別七住以前圓七信以前殘思未盡猶有餘殘有邊果報兩教二乘通七地以上別七住以上圓七信以上並屬空邊報在方便土中別教行向圓七信去雖破塵沙及伏無明塵沙既不潤界外之生牽報並由無漏爲因所以在方便土者並屬空邊惟有別圓初地初住獲妙果報空有二邊通名果報者通有由因感果之報未入實報故名爲麤

○次明習果

設未出分段所獲花報亦異七種方便況眞果報耶香城七重橋津如畫即其相也

言果報者從報果爲名若破無明得無生忍設未

出分段者猶未入滅所居之土名爲花報言異七種方便者同約華報以說若七方便生方便土土相亦應不劣香城大論云從此東行五百由旬有一大城名曰衆香其城七種七寶莊嚴七重行樹其城縱廣二千由旬五百市里街衢相當座高五里種種莊嚴曇無竭菩薩日日三時說般若百千衆生聞般若故常勤供養既云五百由旬當知去五天不遠論問曇無竭菩薩爲生身爲化身若是化身何用六萬綵女園林浴池以自娛樂若是生身云何能令供具在空化成寶臺入諸三昧經於

七歲有人云得諸法實相及諸三昧神通力故爲
欲度脫此城衆生如諸菩薩入諸禪時亦入欲法
攝諸衆生故受欲樂不失禪定如避熱故在泥中
臥洗則如故凡人根鈍不能如是亦云化作寶臺
雖是生身未離煩惱而能修習一切善法有人云
法身若生身者云何能令十方佛讚復令波崙得
六萬三昧今言已斷無明必出分段設爲衆生未
出分段花報若斯七方便者謂人天二乘三教菩
薩別取敎道地前位也
○次指廣

此義在後第八重中當廣分別
至大章第八應廣說之夏終雖即緣闕不說何妨
至此且指後文下第九第十指後亦爾
○三料簡二初約修證問
問次第禪門明修證與此果報云何同異
問意者次第禪門中大章第七明修證因修獲證
故名修證證即是果與此果報有何同異
○次約習果答
答修名習行證明發得又修名習因證名習果皆即
生可獲今論果報隔在來世以此爲異二乘但有習
果無有報果大乘具有云云
答中意者修之與證雖似因果但是習因習果故
云修名習行即是習因證名發得即是習果並在
現世今論果報等者果報旣在來世故與禪門不
同二乘但有習果等者判大小乘也果報之名言
不涉小雖得羅漢但名習果習果謝已不云有生
故小乘教不說二乘更有生處言方便土者出自
大教耳
○第四裂大網者裂破執於權教疑網文二初標
牒

第四爲通裂大網諸經論故說止觀者
○次解釋二初正明二初文通除自他疑網故云
通裂乃至須曉漸頓諸教出自一心若不善用不
思議觀觀於一心不思議境何由可裂執教大疑
若人善用止觀觀心則內慧明了通達漸頓諸教如
破微塵出大千經卷恒沙佛法一心中曉
○次爲利他裂他疑網
若欲外益衆生逗機設教者隨人堪任稱彼而說乃
至成佛化物之時或爲法王說頓漸法或爲菩薩或
爲聲聞天魔人鬼十法界像對揚發起或爲佛所問

而廣答頓漸或扣機問佛佛答頓漸法輪
爲利他故裂他疑網今明果報且語初住以初得
故越郤中間故云乃至成佛即指妙覺初住以去
通能八相裂大疑故故云裂網自此以去節節能
起十法界化是故法王乃至八部皆云或也言頓
漸者皆如今佛先頓後漸等也對揚及轉如前分
別衆生機熟必假菩薩承佛力答及設問等如此
自他皆由妙觀契於妙境是故能有如是妙用
○次指廣
此義至第九重當廣說攝法中亦畧示

○次解釋二初正明二初畧解五初文總序旨歸
來意
○第五歸大處二初標牒
第五歸大處諸法畢竟空故說是止觀者
夫膠手易著寱夢難醒封文齊意自謂爲是競執瓦
礫謂琉璃珠近事顯語猶尚不識況遠理密教寧當
不惑爲此意故須論旨歸
夫膠手等者心性如手惑著如膠隨文封滯迷於
旨趣婆沙二十四云譬如有山人獸共居獨猴行
處獵師以黐塗其草上黠猴遠離癡猴不知以手

小觸即黏其手以手解手復黏其手以足以口悉
皆被黏癃踡臥地獵師以杖貫擔將去比丘亦爾
不守根門爲魔波旬而擔將去大經二十三文同
今行人亦爾不達教相不曉旨歸隨文生著互相
是非非但不至三德旨歸爲陰集魔而擔將去寱
夢等者夢甚故寱寱故難醒法性如眠無明故夢
寱執如寱執重難除名爲難醒封文等者封閉也
塞也諸教諸門諸諦諸悉隨一各執故云齊意競
執等者此即大經春池喻意如前已釋近事等者
如愚癡人指點現事世間顯語猶尚不識況中道

遠理圓常密教寧當可識此乃一往舉況斥之亦
有不曉世語達遠理者如會稽道樹寺頓悟禪師
能悟深理而不曉近事出涅槃疏云
○次釋名
旨歸者文旨所趣也
文者教也旨者意也歸者趣也教意所趣名爲旨
歸
○三舉譬
如水流趣海火炎向空識密達遠無所稽滯
水火如教法趣向如文意空海如所趣故知若識

密教。而違理。則不稽顯教。不滯近理。

○四重譬密教。

譬如智臣。解王密語。聞有所說。皆悉了知。到一切智地。得此意者。即解旨歸。

臣者。說苑曰。人臣之行。有六正六邪。一者萌兆未現。見存亡之機。名爲聖臣。二者進善通道。功歸於君。名爲大臣。三者卑身進賢。稱古行事。以勵主意。名爲忠臣。四者明察早見。終無憂患。名爲智臣。五者守文奉法。飲食廉節。名爲貞臣。六者國家昏亂而不諭。犯主嚴顏。言主之過。身死國安。名爲直臣。

今雖云智。義兼聖大。餘非文意。言密語者。大經云。鹽水器馬。一名四實。智臣善知。謂洗時奉水。食時奉鹽。飲時奉器。遊時奉馬。王皆但云先陀婆來。俱含亦以九義立一瞿聲。章安云。此之四義。亦與四教四門四句意同。應皆次第對鹽等四。經文自合先對無常等四。次對四常。謂不動無相。不變佛性。此四亦是四門異名。亦可以對四教之理。隨意思之。亦應可解。又如貝粖等四。經中合喻。喻常等四。有時借喻。喻於四門。經意縱別。借用無失。況此喻意彼此不殊。所言密者。如四教四門。同名有等。四教旨異。所詮不同。若未開權。覆實名密。若開權已無外曰密。自非菩薩。密識開權。教下旨歸。何由可曉。旨歸三德。爲智所依。名爲智地。能生智故。亦名智地。此約弘教釋也。

○五約自行化他。分字以釋。

旨者。自向三德。歸者。引他同入三德。故名旨歸。又自入三德名歸。令他入三德名旨。故曰旨歸。

○次廣解三。先正釋三德。次寄旨歸兩字以釋三德。初文分二。初約可思議。二初總相旨歸。二先正明。

今更總別名旨歸。諸佛爲一大事因緣。出現於世。示種種像。咸令衆生。同見法身。見法身已。佛及衆生。俱歸法身。又佛說種種法。咸令衆生。究竟如來。一切種智。種智具已。佛及衆生。俱歸般若。又佛現種種方便。神通變化。解脫諸縛。不令一人獨得滅度。皆以如來滅度而滅度之。既滅度已。佛及衆生。俱歸解脫。

○次引證。

大經云。安置諸子。秘密藏中。我亦不久。自住其中。是名總相旨歸。

然今文中約義多作指字者。指謂指示。能指是故約能化邊令他歸於意旨三德約自行邊同入旨歸名之爲旨應作旨字能化之意意在三德故云安置諸子秘密藏中化畢亦自入於三德故云我亦不久自住其中言總相者但總云三德未於三德更各開三問若爾如來久已證於三德何故於今方云不久自入其中答約化儀說非全自行從眞起應示同凡夫化道欲終攝應歸本故以示滅表自行滅雙樹中間表四念處亦復如是故哀歎品云我今當令一切衆生及我諸子四部之衆皆悉安住秘密藏中我亦不久自住其中入於涅槃

○次別相旨歸者於一一德各開三德如身有三餘二亦然何者豈有起應而無二德餘二亦然分二初正明三初明法身有三種

別相者身有三種一者色身二者法門身三者實相身若息化論歸者色身歸解脫法門身歸般若實相身歸法身

言息化者謂化緣訖示入涅槃卽是示歸三德秘藏

○次明般若有三種

般若說有三種一說道種智二說一切智三說一切種智若息化論歸道種智歸解脫一切智歸般若一切種智歸法身

○三明解脫有三種

解脫有三種一解無知縛二解取相縛三解無明縛若息化歸眞解無知縛歸解脫解取相縛歸般若解無明縛歸法身

○次結成

以是義故別相旨歸亦歸三德秘密藏中

○次約不思議者與前總別意亦大同但不別列三身三智三脫之名直爾名爲身非身等何故爾

耶明前總別皆相冥故又諸經論或時直名身非身等卽是一德具於三德不可思議分三初約三德二初總相旨歸

復次三德非三非一不可思議

○次別相旨歸三初法身

所以者何若謂法身直法身者非法身也當知法身亦身非身非身非非身住首楞嚴種種示現作衆色像故名爲身所作辦已歸於解脫智慧照了諸色非色故名非身所作辦已歸於般若實相之身非色像身非法門身是故非身非非身所作辦已歸於法身

達此三身無一異相是名爲歸說此三身無一異相是名爲旨俱入秘藏故名旨歸。

○次般若。

若謂般若直般若者非般若也當知般若亦知非知非知非非知道種智般若徧知於俗故名爲知所作辦已歸於解脫一切智般若徧知於眞故名非知所作辦已歸於般若一切種智般若徧知於中故名非知非非知所作辦已歸於法身達三般若無一異相是名爲歸說三般若無一異相是名爲旨俱入秘藏故名旨歸。

○三解脫。

若謂解脫直解脫者非解脫也當知解脫亦脫非脫非脫非非脫方便淨解脫調伏衆生不爲所染故名爲脫所作辦已歸於解脫圓淨解脫不見衆生及解脫相故名非脫所作辦已歸於般若性淨解脫則非脫非非脫所作辦已歸於法身若達若說如此三脫非一異相俱入秘藏故名旨歸。

○次更約事理始終釋不思議意者亦先總次別初言總者總約三障及以三德德障相對不異而異若約理說德障不二亦無新故然約事說障名非新約本有說德名非故約修得說事理無二不二而二故一一句皆云非新非故而新而故約修得故從德立名約性得故名爲三障是故得有能障所障有本有今有終有始若約理者則無能所乃至終始初總以三惑對三德。

復次三德非新非故而新而故所以者何三障障三德無明障法身取相障般若無知障解脫三障先有名之爲故三德破三障今始得顯故名爲新三障即三德三德即三障三德三障非故三德即三障三德非新非新而新則有發心所得之三德乃至

究竟所得之三德非故而故則有發心所治之三障乃至究竟所治之三障新非新故非故則有理性之三德若總達其德非新非故而新而故無一異相爲他亦然即是旨歸秘密藏中。

○次別於三惑對於三德。

又說者無明先有名爲故法身是明破於無明名爲新無明即明明即無明無明即明無明非故明即無明明則非新取相先有名之爲故無相破相無相名新相即無相無相即相何新何故無知先有名之爲故知破無知知名爲新無知即知知即無知何新何

故。

○三結上總別。

若達總別新故無一異相若爲他說亦復如是是名旨歸入秘密藏縱橫開合始終等例皆如是。

言縱橫開合等者舉例也文列必先法身次列般若後列解脫故名爲縱約義一一復開爲三故名爲橫亦名爲開三秖是一故名爲合發心爲始究竟爲終又鹿苑爲始雙林爲終如此橫豎開合始終皆應以不可思議及新故等釋其行相故云例皆如是

○次寄旨歸兩字以釋三德二初釋三德。

復次旨歸亦復如是謂旨非旨非旨非非旨歸非歸非歸非非歸一一悉須入秘密藏中例上可解旨自行故非旨化他故非旨非非旨無自他故。

約旨歸兩字說者能旨能歸卽三德教所旨所歸卽三德理是故更此一種釋之

○次會異名二初無名。

旨歸三德寂靜若此有何名字而可說示不知何以名之。

○次强名。

强名中道實相法身非旨非觀等亦復强名一切種智平等大慧般若波羅蜜觀等亦復强名首楞嚴定大涅槃不可思議解脫止等。

三德既得徧收諸法是故須會一切異名。

○三結。

當知種種相種種說種種神力一一皆入秘密藏中何等是旨歸旨歸何處誰是旨歸言語道斷心行處滅永寂如空是名旨歸至第十重中當廣說也

相卽法身說卽般若力卽解脫三德皆言種種者一一德中具一切法更互相收故云種種雖云種

種不出三德一秘密藏何但法門三德攝盡化儀所表亦不出三如華嚴中遮那卽法身舍那卽般若釋迦卽解脫佛卽般若臺卽法身坐卽解脫淨名中自念寢疾於床床卽法身寢卽般若疾卽解脫床是所依故寢是能契故疾是示現故般若中身卽法身光卽般若說卽解脫法華中衣卽法身座卽般若室卽解脫又本卽法身迹卽解脫本迹不二卽是般若涅槃中正明三德已如前說若所表者四枯卽般若四榮卽解脫雙非卽法身如此旨歸佛若未曾菩薩尙昧况復二乘今運居像末

矚此眞文。自非宿植妙因。誠爲難遇。況十乘十境出自一家。十界十非。他所未簡。教行無準。如何旨歸。且如六宗情期大同。九流詮述小異。莊生歸於自爾。老氏專歎去奢。況馬祀羊烝。因招三惡。脯祠粟祭。果致燒然。如此旨歸。所趣非遠。尙不逮於人天。何關上通遍盡。如其所計。豈知凡有所說。咸混一如。願諸同遇者。深生慶幸。心冀來世重聞。早契無生忍。

摩訶止觀輔行卷第二之四

摩訶止觀輔行傳弘決卷第三之一

陳隋天台智者大師說　唐荊谿大師湛然傳弘決
門人章安大師灌頂記　明天台沙門傳燈增科

○大章第二釋名者夫立名不同如大經云或有因緣如目連等或無因緣如桃李等涅槃亦爾無有因緣彊爲立名止觀亦爾彊名止觀即此無因名爲有因爲衆生故隨機立稱又依於世名立出世名是故衆聖先立世名爲出世名而作方便而是世名本是出世故金光明云世間名字皆出佛經故知諸名法理而立名既法理理亦因名故假

妙名以詮妙理莊子云而世貴言傳書不足貴也莊既以言傳書則莊自不足可貴老子曰知則不言言則不知而老有言則同不知意欲使於天下無言獨揚己言不意反以無言自斥世人被此自斥之言而潛斥之反以爲得謬之甚矣今則不爾因筌得兎得已亡筌筌何所亡弗謂爲兎文字解脫斯之謂歟立止觀名例之可見前分別中名爲廣畧亦云總別總別二文互相映顯故前文云生起五畧顯於十廣又前畧後廣爲解義故前廣後畧爲攝持故今演前畧令義易了若爲利鈍二八不同如大經三十一佛告舍利弗汝愼勿爲利根之人而廣說法鈍根之人而畧說法舍利弗言我爲憐愍故說非爲具足根力佛言廣畧說法非諸聲聞緣覺所知經明逗機故寄斥身子今論解釋兼爲二人況前畧文且爲生解解猶未備故此廣論又此廣文亦與五重玄義意同五重則玄譚教旨今此則依經起行所以彼爲釋經此爲成觀是故次第稍異於彼初釋名者即標名也次體相者即顯體也攝法秖明體所攝法方便下三即是明宗起教是用偏圓判教彼釋法華理須分別一代

教門故教居後分別前四此爲成觀觀由解生名體偏圓並屬於解由解立行故次解後方便正觀行始爲因行終爲果故次正觀以明果報宗是自行用是益他由是行滿故能起教旨歸秖是自他所契故彼玄文引神力品約教次第故名用體宗若引序品約行次第故名體宗用今文正當約行次第但以教相在於宗前前後之意如向所說今解釋名初結前生後亦是來意次第

第二釋止觀名者大途梗概已如上說復以何義立止觀名畧有四一相待二絕待三會異四通三德

大途去結前也復以去生後也途道也未委論其蹊逕故曰大途梗槩也槩平也秖是粗畧出其大綱如前大意自他因果解行畧足復以何義名為止觀故今文中開為四門若無此釋將何以辨名體之功是故四段前三正明能詮之名後一旁立以所顯能待詮次第絶詮不次會異秖是絶待異名

○次依章解釋四初相待三初總標

一相待者止觀各三義

初相待者彼此互形曰相以他望己為待如長短

大小互受其名莊子云人長七尺不以為大螻蟻七寸而得大名俱舍疏云待謂觀待前觀於後名過後觀於前名未父子兄弟更互得名例此可見判今法華惟具二妙所謂待絶所言待者惟有待麤成妙更無待妙成麤若以迹望本亦可互形若以部望部一向惟妙今約法華迹理復置互形所以玄文待絶俱稱為妙故以部教相望復有橫豎望前四時名為豎待圓望三教名為橫待此文既依法華經意而釋名等大槩準彼相待是麤意當待麤論妙絶待是妙義當開麤論妙此二亦名廢麤開麤故法華中惟論二妙更無非待非絶之名彼為判教故待之與絶同稱為妙今此相待則判為麤惟明絶觀無部可待則無豎待無教可望名無橫待故惟一絶以為能詮雖立相待以顯絶待尙無於絶何待之有為詮三德故假名絶借相待名判為思議故惟絶待方稱為妙所以思議境後佛界雖妙居九界末通名為麤故並判云非今所用次與不次意亦如是故次第意但云衍門用通用別但云似通似別雖云不用正約思議明不思議開於所待以成能絶即是今文妙觀意也釋名

下去諸義皆然所以釋名論待論絶體相惟論次與不次攝法六義偏圓五門亦復如是雖無部會可以對論還借教味以顯圓妙境境十觀秖應惟妙尙寄橫豎顯非橫豎故知一部之文共成圓乘開權妙觀豈指一句別謂高深若其然者何殊體踏此中四段文四義二意惟在一待絶為二意在於絶又所一能三亦名義二以所顯能故曰意一

○次各釋二初明止二先列

息義停義對不止止義

三止者雖開三名名猶通總該括三諦未判淺深

至顯體中方分優劣觀中三義亦復如是。
○次釋三初息義三初立義。
息義者諸惡覺觀妄念思想寂然休息。
諸惡覺觀等者語似見思意且通說所引淨名亦且通證若借體相文來此須辨者謂止息見思停心真理真理不當止與不止若止息塵沙停心俗理俗理不當止與不止若止息無明停心中理中理不當止與不止此則三諦各有三止觀亦如是準說可知故下文云前三成次三後一具前三次第既爾一心例然。

○次引證。
淨名曰何謂攀緣謂緣三界何謂息攀緣謂心無所得。
○三結成。
此就所破得名是止息義。
○次停義三初立義。
停義者緣心諦理繫念現前停住不動。
次停止中緣心諦理及仁王入理般若通而未別意亦如前故此中云理但語能入之智未云所入之理觀中亦然。

○次引證。
仁王云入理般若名為住大品云以不住法住般若波羅蜜中。
○三結成。
此就能止得名即是停止義。
○三對不止止義三初立義。
對不止以明止者語雖通上意則永殊何者上兩止對生死之流動約涅槃論止息心行理外約般若論停止此約智斷通論相待今別約諦理論相待無明即法性法性即無明無明亦非止非不止而喚無明為不止法性亦非止非不止而喚法性為止此待無明之不止喚法性而為止。

第三止中云語通意殊者此中亦云對於不止以明止者語似上文上之二止息對不息停對不停今以無明對於法性一往觀之無明似不息不停法性似息似停故云語通上也意則不爾無明即法性法性即無明體同名異相對立稱是故永異上之二止上二不可云相即故今別約等者正出第三止相所言別者以上二止但屬通途言通途者二止皆有智一斷斷邊有智且對生死即約

涅槃而立斷名智邊有斷且對理外卽約般若而立智名斷故名息智故名停智約能斷斷約所斷故云智斷通論二止今則不爾專約諦理理非能所但由具惑惑卽法性惑性相待非關智斷是故第三不同前二又第三止約理立名而止非理前之二止但依智斷智斷是止是故第三不同前二又智斷依理而智斷非理故前二止但以智斷而為親依不同第三專以諦理而為親依是故第三不同前二又且順思議故有斯異若不思議三體本一

○次引證

如經法性非生非滅而言法性寂滅法性非垢非淨而言法性清淨

如經下引證通引諸經未為別證故無的指無明法性皆非生滅理雖俱非若云法性須言寂滅若云無明須言生滅此則二名俱通三諦名皆對立理並無差故知釋名且在消釋止觀二字名息貫等未暇委述能所淺深故下文云不可尋通名求於別體三止旣爾三觀例然

○三結成

是為對不止而名止也

○次明觀二先列

觀亦三義貫穿義觀達義對不觀觀義

○次釋三初貫穿義三初立義

貫穿義者智慧利用穿滅煩惱

○次引證

大經云利钁斲地磐石砂礫直至金剛法華云穿鑿高原猶見乾燥土施功不已遂漸至泥

初觀中云利钁等者大鉏曰钁此琢治玉耳非今意也應作此斲斲者斫也大石曰磐粉石曰砂小

石曰礫大經十八性品云譬如有人善知伏藏卽以利钁斲地磐石砂礫直過無難惟至金剛不能穿徹今借彼譬總含三惑準止可知應置金剛但存穿徹卽此中意次引法華穿鑿義邊以證貫穿未分乾濕故亦通也

○三結成

此就所破得名立貫穿觀也

○次觀達義三初立義

觀達義者觀智通達契會眞如

○次引證

瑞應云息心達本源故號爲沙門大論云淸淨心常
一則能見般若
次釋觀達中引瑞應文言雖有息意存達邊
○三結成
此就能觀得名故立觀達觀也
○三對不觀觀義三初立義
對不觀觀者語雖通上意則永殊上兩觀亦通對生
死彌客而論貫穿迷惑昏盲而論觀達此通約智斷
相待明觀今別約諦理無明卽法性法性卽無明無
明非觀非不觀而喚無明爲不觀法性亦非觀非不

觀而喚法性爲觀
○次引證
如經云法性非明非闇而喚法性爲明第一義空非
智非愚而喚第一義空爲智
次不觀觀及引經等準止可知
○三結成
是爲對不觀而明觀也
○三總結
是故止觀名從三義得名
如文

○次釋絕待者三先總標文意次破橫豎次正明
絕初文意者以橫法破破令成豎令知豎待不名
爲絕以豎法破破令成橫令知橫待不名爲絕所
言橫者四句相望未有淺深故名爲橫生生等四
四句相望有深淺故名爲豎
二絕待明止觀者卽破前三相待止觀也
○次破橫豎二先列
先橫破次豎破
○次釋二先橫破五初正破
若止息止從所破得名者照境爲正除惑爲傍旣從

所離得名名從旁立卽墮他性若停止止從能破得
名照境爲正除惑爲旁旣言能照名從智生卽墮自
性若非妄想息故止非住理故止智斷因緣故止名
從合生卽墮共性若非所破非能破而言止者此墮
無因性
前之兩句皆云照境爲正除惑爲旁者旁卽是他
正卽是自欲判性過先立旁正旁正者何秖是一
止得名處殊約破惑邊卽名爲息約依智邊卽名
爲停約依體性名不止止故使得名旁正等別何
者凡論入道正爲用智旁爲除惑若從除惑而立

名者名從旁立若從照境而立名者名從正生所破是惑惑望於智惑卽是他故止息止從所破立卽墮他性能破之止復從能照照望於惑照卽是自故停止止從能照立卽墮自性此中所言照境等者隨語便故據理應云依諦爲正息惑爲旁至下釋觀方可云照從若非下若雙取自他卽墮共性文似雙非意實雙取故云智斷因緣故止不偏用一故似雙非不止止義墮無因性正是雙非秖是俱離自他故也非止是離自非不止是離他離他是離所破離自是離能依故第三止墮無因性

觀亦如是可以比知然能詮名實不出此三止三觀故絕待中及顯體中亦約此名而以辨頓爲除情計故須破性故引龍樹不自生等證離性過

○次引證

故龍樹曰諸法不自生亦不從他生不共不無因是故說無生

○三畧結非無生

無生止觀豈從四句立名

絕待無生不從相待四句立名

○四斥成待義

四句立名是因待生可思可說是結惑生可破可壞互相因依待對而立可思可說卽可思議執性未斷名爲結惑由結惑故未證無生名結惑生被橫法破名爲可破二空義成相待義壞名爲可壞

○五別約三止三觀破

起滅流動之生何謂停止迷惑顛倒之生何謂觀達耶

畧舉中間一止一觀具足應明三止三觀皆悉不成中例前後故畧不說

○次豎破二先破

又豎破者若從四句生者卽是生生非止觀也若能止息見思停住眞諦此乃待生生說生不生之止觀耳若以空心入假止息塵沙停住俗理此乃待生不生說不生生之止觀耳若止息無明停心中理此是待生死涅槃二邊不止而論止觀耳

次豎破者以從前自他四性生故是生生能所俱生故名生生不免性過卽是有爲有爲卽是四相所遷大生生小生故名生生因緣是生成所生法又名爲生故名生生又因生果生故名生生設於中道而起性過亦屬生死况復餘耶雖三止觀

名通三諦若起四執尚無初觀故屬生死名爲生生破此等生之於涅槃名爲不生此之不生待生得名名生不生待眞不生說於俗生名不生生待邊說中二邊俱生破此二生名不生不生二一文中皆悉應有三止三觀文中但有二止名耳初云止息見思卽止息止停住眞諦卽停止止下二例之故知三諦並闕不止止及以三觀以不止止秖是諦理故不說也觀義比止亦應可識四句展轉生後後名是故四句俱名相待故須將橫入豎一一豎句無不有橫故止息等名徧於豎是故應須橫豎二破方顯絕待不思議名。

○次斥三初總斥。

皆是待對可思議生結惑可破壞。

雖橫豎不同能計義等是故亦云待對乃至破壞等也問橫計自他乃至無因是故生惑豎至中道云何亦云結惑生等答後後皆是前前結惑故皆是生又中道未極猶屬教道教道有惑故亦是生又信教道於初心中預計次第展轉能生故判初心生結惑等。

○次別斥。

尚未是止何況不止猶自非觀何況不觀。

攬相待名成絕待已還以待名展轉相況是故後望於前雖得名止復望於後還成不止所以總破相待中三尚未成於絕待之中止息停止況不止止觀亦如是中道雖復無別諦境以之爲後若望實道不思議中亦未成止故三諦止俱未名止。

○三釋前斥意。

何以故遣執不盡故言語道不斷故業果不絕故。

道執不盡釋對待中橫豎四句性執不斷言語道不斷釋其展轉相生成可思議也業釋惑也果釋生也亦可業果二俱是生言不絕者釋可破可壞也。

○三正釋絕待七初明自利五先明所絕。

今言絕待止觀者絕橫豎諸待絕諸思議絕諸煩惱諸業諸果絕諸教觀證等。

所絕卽上橫豎諸待煩惱秖是四性計耳由性計故有業有果禀教修觀次第證得如是皆成可思議等是故須破。

○次明能絕。

悉皆不生故名爲止止亦不可得觀冥如境境既寂

滅清淨尚無清淨何得有觀止觀尚無何得待不止觀說於止觀待於止觀說不止觀待止不止說非止非不止。

次明能絕即是止觀雖云能絕能稱於所何者既云絕待即待名絕故名爲止止亦自亡名不可得觀亦如是非所觀外能稱於所故云觀冥如境觀亦自亡故云何得有觀止觀尚無等者斥於相待絕待尚無豈立相待故此止觀非但無於所除瘖散亦乃止觀體自本亡何者有所破故說有能破所即能故無能可論不得如彼相待名中待能說

所待所說能又第三止觀待於無明說於法性名之爲止待於法性說於無明名爲不止法性不當止與不止故約法性明第三止待前爲異故云待止不止說非止非不止即是待前二止說第三止二止皆對不止而說故云止不止若約豎說者今絕待止觀尚無絕待何得待生生之不止說生不生之止觀乃至待不生生之不止說不生不生之止觀何得二字冠下三句。

○三結釋絕意。

故知止不止皆不可得非止非不止亦不可得。

先止中言皆不可得者待即是絕無待可論故云止乃至非止非不止皆不可得橫豎並然細思方見。

○四總結橫豎皆絕

待對既絕即非有爲不可以四句思故非言說道非心識境既無名相結惑不生則無生死則不可破壞

總結橫豎悉皆絕故斥彼橫豎俱有爲故今既絕彼故非有爲不可思等者不可以前橫豎四句思之能見非言說等明絕待不可說既無橫豎四句名相故前橫豎四句之中所生結惑等一切皆滅

滅却絕待故云滅絕能滅亦無故云絕滅

○五結止觀

滅絕絕滅故名絕待止顚倒想斷故名絕待觀亦是絕有爲止觀乃至絕生死止觀。

顚倒等者橫豎四句皆名爲想亦是絕有爲等者結得名異也能絕體一隨所絕處得名不同。

○次明利他二先明說意

絕待止觀則不可說若有四悉檀因緣故亦可得說

自既證絕能隨四機無說而說故云可說若爾何但三悉是化他法第一義悉亦爲化他故以四章

對於四悉。

○次正釋。

若有世界因緣則會異而說若有爲人因緣則通三德而說若有對治因緣則相待而說若有第一義因緣則絕待而說說爲止觀。

問今明說絕應但明絕而以四章對於四悉其義何耶答自行惟絕他宜不同故以絕待離爲四說故玄文中簡宗用云宗是自行故須簡他用是益他是故雙取不思議用尚取方便況圓絕待不得作圓四悉說耶故玄文第六卷末明開四悉云開

麤世界成妙世界乃至開麤第一義同成妙第一義故無說而已說必四悉何者異是隔別會成圓異不異而異故對世界通是生義名能通理故以理善而對爲人對有能所絕無能所亦寄能所爲圓對治絕待約理理雖無說亦約絕理說第一義說爲止觀者如是四章莫非止觀無不皆至絕待之理又約化儀以明絕者如淨名中三十二菩薩各自說已所入之門門皆通理理故名絕故諸菩薩說已語文殊言仁者當說文殊言乃至無有言說文字是眞入不二法門得名滅絕淨名杜口無言得名絕滅問同得絕待何故不同答兼有所表故示異途諸菩薩表能詮不同文殊表所詮不異淨名表所詮無說又諸菩薩但表化他文殊表自行化他淨名但表自行各舉一邊共成妙事四悉絕待準此可知又大經不可說大集無言般若清淨法華止歎涅槃不生皆絕待之異名也然又須知諸教絕異開顯無外方稱今文。

○三結此絕待以成二空三初立。

此之名字不在內外兩中間亦不常自有。

○次釋二初總標。

是字不住亦不不住。

○次各釋二初明性空。

是字不在橫四句豎四句中故言是字不住。

○次明相空。

亦不在無橫無豎中故言亦不不住

旣破橫豎復赴四機絕理如何所謂實相實相之體具足二空永異於前從假入空之二空也。

○三結名。

是字不可得故故名絕待止觀。

○四名絕待異名。

亦名不思議止觀亦名無生止觀亦名一大事止觀。
○五釋絕相三初法說
故如此大事不對小事。
絕體既徧無所可對。故不因小名爲大也。
○次舉譬
譬如虛空不因小空名爲大也。
可知。
○三合譬
止觀亦爾不因愚亂名爲止觀無可待對獨一法界
故名絕待止觀也。

不因愚故名之爲觀不因亂故名之爲止
○六破謬五初總破世人依世心說
世人約種種語釋絕待義終不得絕
以語破語語不可絕釋絕不成是故當知須識絕
理。
○次釋世人語不成絕意
何以故。凡情馳想種種推畫分別悟與不悟心與不
心凡聖差別絕則待於不絕不思議待思議輪轉相
待絕無所寄。
語隨想變故語非絕是故雖云悟不悟等不免惑
染互待無已故名輪轉悟約智證心約惑境有心
非悟悟乃絕心不秖是無無九界心故名不心順
想虛謂絕復成待無理可依故云無寄。
○三出絕待正體
若得意亡言心行亦斷隨智妙悟無復分別。
既達絕理誰復分別雖緣絕理分別不亡皆名爲
待是則惟證名眞慧開又得意去明絕不可議心
行去明絕不可思隨智去重出絕位。
○四翻前世人謬解
亦不言悟不悟聖不聖心不心思議不思議等

等者等取輪迴等也。
○五重斥
種種妄想緣理分別皆名爲待。
○七重舉位功能四初正釋
眞慧開發絕此諸待絕即復絕
○次舉譬
如前火木名爲絕待。
又舉譬譬絕前者進也謂進火杖杖進火已亦復
自燒絕諸待竟絕還自絕故大論問曰不應言無
相何以故若言無相即是於相若無無相不應復

能破諸法相。若有無相。則不應言一切無相。答。以無相破諸相。若有無相相。則墮諸法中。無相滅諸相亦自滅無相。如前火木然諸薪已。亦復自然。是故聖人修無相無相三昧。以破無相空空三昧。無作無作三昧亦復如是。絕已復絕。意亦同之。

○三引證。

故淨名云。諸法不相待。乃至一念不住。故即此意也。

○四釋疑。二。先疑。

若爾。絕待乃是聖境。初心無分。

疑云。眞慧開發。方名絕者。乃被初住。何益初心。

○次釋。

今以六即望之。初心無所失。聖境無所濫。

初心即是。故無所失。聖在極位。不可濫初。

○三會異者。會諸經論。悉皆成絕。止觀又六。初文且會絕待異名。

三會異者。如此絕待止觀。亦名不可思議。亦名爲大。大經云。大名不可思議也。

○次會止觀異名。二。先會止。二。先正會。

諸餘經論。或名遠離。或名不住。不著。無爲。寂滅。不分別。禪定。棄除。捨等。如是一切皆是止之異名。

○次結成絕待。

止既絕大不可思議。遠離等皆絕大不可思議。

○次會觀。二。先正會。

餘處或名知見。明識。眼覺。智慧。照了。鑒達等。如是一切皆是觀之異名。

○次結成絕待。

觀既絕大不可思議。知見等皆絕大不可思議。

雖通名絕。寂照宛然。故諸經論所有異名。並是寂照之異名耳。故異名下皆云絕大不可思議。

○三釋會異意。

所以者何。般若是一法。佛說種種名。解脫亦爾。多諸名字。亦如虛空。無所有。不動。無礙。

一切皆是三德異名。是故會之令入三德。初般若下是觀異名。即般若德。解脫下即止異名。是解脫德。如虛空下是止觀不二異名。即法身德。般若是一法等者。即讚般若偈文也。解脫亦爾多諸名字者。即大經第五百句解脫文也。近七八紙。古今講者長唱而已。眞諦三藏有一卷記釋此百句。天台大師曾於靈石寺一夏講此百句解脫。每一一句以百句釋百句。乃成一萬法門。一萬名字。章安云。

先學自飽而不記錄今無所傳惜哉惜哉後代無聞虛空等者譬如虛空亦有四句一虛空二無所有三不動四無礙虛空無形尚有四名況不思議非止非觀問此中但會止觀異名何須列此法身異耶答下文通德既以止觀通於三德是故會異列於法身故知諸經雖復多名不出止觀及以不二故知秖是三德異名

○四結三德異名

當知三德秖是一法隨衆生類爲之立異字

結云三德秖是一實相法隨衆生類爲立異名

○五誡勸

若聞絕待愼莫驚畏若問會異愼莫疑惑而自毀傷也

絕待意深誡勿驚畏會異名廣勸勿生疑相待義近故不須勸通德秖是絕待所通故亦不勸

○六止觀自相會

文止觀自相會者止亦名觀亦名不止觀亦名止亦名不觀即前釋名意同也

今既絕前諸相待名故相待名咸成絕待所以還待止息等義以自相會止亦名觀即停止止觀亦名止即貫穿觀不止即是不止止也不觀即是不觀觀也皆須約圓以釋息等三惑體寂名之爲息三諦理徧名之曰停諦理不當止與不止無惑可破名爲貫穿無智可照名爲觀達達理不當觀與不觀若絕待名自相會者止亦名觀寂即照故亦名不止寂體自亡觀亦名止照即寂故亦名不觀照體自亡如空非明暗明暗即空空明非明空暗非暗非暗而暗非明而明寂照止觀例此可知

○四會通三德七初文先明用名之意二初問答二先問

四通三德者若衆經異名皆是止觀者名則無量義亦無量何故但以三義釋止觀耶

○次答

爲對三德作此釋耳

○次重問答二初重問

諸法無量何故獨對三德

○次重答

大論云菩薩從初發心常觀涅槃行道大經云佛及衆生皆悉安置秘密藏中秘藏即是涅槃涅槃即是三德三德即是止觀自他初後皆得修入故用對之

耳。
自他初後等者菩薩初心常觀涅槃自行初修也亦令衆生常觀涅槃化他修初也安置諸子秘密藏中化他後入也我亦不久自住其中自行後入也故知自他初心無不皆修自他後心無不皆入即是今文一部正意始終秖是觀於三德入於三德何者且五畧中初發大心去自行初修也裂大網去化他初修也歸大處去自他後入也次廣釋中釋名自行初也起教化他初也指歸自他後也若別論者涅槃惟果今從通義故徧初後故用對

之以爲行本。
○次正明相通四初以兩字共通三德四初正通
若用兩字共通三德者止即是斷斷通解脫觀即是智智通般若止觀等者名爲捨相捨相即是通於法身又止即奢摩他觀即毘婆舍那他那等故即憂畢叉通三德如前。
初以兩字共通三德者若分兩字不能具德故須二合義方具三。
○次釋疑二先問。
問止觀是二法豈得通不思議三德耶。
凡能通名通於所通能所相稱方期所至但用二法爲能通名云何通至所通三法。
○次答
答還以不思議止觀故得通耳。
藏通止觀二法別異尚不能通別異三德若不思議一心止觀則能通於一心三德二三雖殊不思議一不二而二以通二德二而不二以通法身。
○三引證。
又大品明十八空釋般若百八三昧釋禪雖前後兩釋豈可禪無般若般若無禪特是不二而二二則不

二不二即法身二即定慧如此三法未曾相離。
大論五十二委悉列釋百八三昧竟即云前十八空釋般若竟今以百八三昧釋禪既是首楞嚴禪種智般若故知此二不可孤然是則一一空中一切空一一空中一切定一一定中一切定一一定中一切空經論列數從事而立破十八有云十八空對百八散云百八定如火燒物隨物得名豈所燒殊令火別異故引十八空以證於觀引百八三昧以證於止二而不二而證法身。
○四復引大經重證二名義兼三德。

是故大經云佛性有五種名或名首楞嚴或名般若今非止非觀或名為止或名為觀即是不思議止觀通於不思議三德

二十五云一切衆生皆悉盡有首楞嚴定首楞嚴定亦名般若亦名金剛三昧亦名師子吼亦名佛性經稱首楞嚴定有五種名楞嚴亦在五名之內今引佛性有五種名佛性亦在五名之內今所引者以通兼別故也其意如何答經釋衆生有楞嚴定故云楞嚴有五種名若通論者云師子吼有五種名乃至般若有五種名於理無失雖皆無失然

五名中佛性是通通定慧故餘之四名二二寄局般若師子吼從慧為名金剛首楞嚴從定為名今明佛性非定非慧而定而慧故云佛性有五種名以證今文不二而二

○次以兩字各通三德二初明各通之意

復次止觀各通三德者止中有觀觀中有止

止之與觀互相有故故得各通如止有觀亦復自有非止非觀觀若有止亦復自有非止非觀是故止觀各得通三

○次正明各通二初止通

如止息止是止善屬定門攝即通解脫停止止是行善屬觀門攝即通般若非止止屬理攝即通法身其義可見也

又前文共通從名便故今此各通從義便故故將二止以對三德不止止義似非止觀故通法身觀亦如是可以準知

○次觀通

貫穿觀是止善定門攝即通解脫觀達觀自行善觀門攝即通般若非觀觀理攝即通法身意亦可見

○三以止觀共通三德

復次止觀共通三德者止息止貫穿觀皆從所離得名即通解脫停止止觀達觀皆從能緣之智得名即通般若非止止非觀觀皆名法性即通法身

言共通者不同前文兩字共通今此止觀各有三義二二並通故名為共

○四復以三德通於止觀問止觀通德即是能詮通至所詮何故復以德通止觀答名召於理名為通德理應於名名為德通理不應名名無所通名不召理理無能顯又名即理故止觀通德理即名故德通止觀又止觀並有三德義故止觀通德三

德亦有止觀義故德通止觀為此三義復須德通為顯理教融通無礙是故互辨究竟今文名正理旁已如前說亦應又約行論止觀與德互通義在下文故今未辨於中亦先共次各共謂三德共通止觀及非止觀各謂三德各各具三如文可見又二初標

復次三德通於止觀者還以三德共通兩字又應三德各通兩字

○次釋二先以三德共通兩字

三德共通者解脫通止般若通觀法身通非止非觀

○次以三德各通兩字

三德各通止觀者夫解脫者具足解脫具有三種方便淨解脫通止息止圓淨解脫通停止止性淨解脫通非止止夫般若者具足般若具有三種道慧般若通貫穿觀道種慧般若通觀達觀一切種慧般若通非觀觀具足法身亦有三種色身通一止一觀法門身通一止一觀實相身通一止一觀其義可見也

○三舉例勸信二初舉異名勸信三德

若信三德絕大不思議通義既明須信止觀絕大不思議若信涅槃三法具足名秘密藏亦信三止具足名大寂定名秘密藏亦信三觀具足名大智慧名秘密藏亦信非止非觀三法具足名秘密藏

所言止觀互相通者本示止觀是絕是妙能通絕妙不思議德既信三德須信止觀

○次引譬喻勸信三德

若信三德不縱不橫不並不別如三點三目者亦信三止三觀不縱不橫不並不別也

○四名偏意圓三初明諸經

而諸經赴緣偏舉一法以示義端如首楞嚴偏舉止邊止具一切法不減少亦名秘密藏智度法華偏舉

觀邊觀具一切法不減少涅槃舉三法具足法亦不多亦名秘密藏

楞嚴智度如前引證不二而二已略知竟二一既共諸法具足當知無非秘密之藏言楞嚴者他云寶名諸大菩薩皆以此寶而為首飾菩薩得此首飾寶者具足三昧從寶為名名楞嚴定大經云首楞者一切事竟嚴名堅固一切畢竟而得堅固名首楞嚴大論十八翻為健相大經大論並以三字俱是梵音俱名三昧唐梵二釋未見所憑故知經題不從首飾

○次引於止觀以例諸經。
止觀亦爾若開若合開亦不多合亦不少。一一皆是
法界攝一切法悉名秘密藏。
○三況釋。
偏舉尚爾況圓舉耶。
諸經偏舉尚具三德況今止觀是圓舉耶。此是圓
具非謂圓頓。義雖圓頓語意且爾。
○五通諸異名。
止觀通三德旣爾通諸異名遠離知見等亦如是。
如文。

○六通諸三名。
又通諸三名所謂三菩提三佛性三寶等一切三法
亦如是。
又通諸三名者三名無量故云一切。今依金光明
觀音玄淨名疏等並以十三例釋三德。言十三者
頌曰道識性般若菩提大乘身涅槃三寶德一一
皆三法。今文略列菩提等三仍略不釋。今依彼部
略屬對之。三德如前。三菩提者實性即法身實智
即般若方便即解脫。三佛性者正因即法身了因
即般若緣因即解脫。言三寶者法寶即法身佛寶
即般若僧寶即解脫。三道者煩惱即般若結業即
解脫苦即是法身。言三識者眞諦三藏云阿陀那
七識。此云執我識。此即惑性體是緣因阿賴耶八
識。此名藏識以能盛持智種不失體是無沒無明
無明之性性是了因菴摩羅九識名清淨識即是
正因。唐三藏不許此釋云第九乃是第八異名故
新譯攝論不存第九。地論文中亦無第九。但以第
八對於正因第七對於了因第六以對緣因。今依
眞諦仍合六七共爲緣因。以第六中是事善惡亦
是惑性委釋識義非今所論。但以三識體性對於

三德三因於理即足。論家雖云翻識爲智而不即
照三識一心即此一心三智具足。三般若者實相
正因觀照了因文字緣因。對德可知。三大乘者理
乘法身隨乘般若得乘解脫。言三身者如旨歸中
三涅槃者性淨即法身圓淨即般若方便淨解脫
古人不立圓淨仍以方便對於報身諸文有破云
云。然此十三展轉相對其義不殊義雖不殊生起
次第不無前後無始流轉不出三道流轉由識識
內具性照性由智智滿成道道由乘至至故身顯
顯必涅槃涅槃具故稱爲三寶寶必具德是故始

終且列此十。
○七廣料簡德二先約字義縱橫簡二初問且引大經問起其意是彼經中宗極之義又是一家行解旨歸故須料簡具引古今大小乘師比決校量方顯絶待三德秘藏故哀歎品云云何名爲秘密之藏猶如伊字三點若並則不成伊縱亦不成如摩醯首羅面上三目乃得成伊三點若別亦不成伊我亦如是解脱之法亦非涅槃如來之身亦非涅槃摩訶般若亦非涅槃三法各異亦非涅槃我今安住如是三法爲衆生故名入涅槃如世伊字

章安云西方俗典伊有新舊舊伊縱橫如橫川等可譬他經新伊字者不縱不橫如此方草下可譬圓經欲釋新伊應須先了他人異解方免舊伊縱橫等過乃至邪宗橫計等失故塗灰外道亦計大自在天具足三德云法身充滿法界報身居自在天三目八臂即摩醯首羅是也化身隨行六道況大小乘諸師釋義爲是義故委出諸師今初問中
問云何字義縱橫云何字義不縱不橫。
○次答二先出他舊解二初正出二初小乘師三初第一師。

答諸小乘師説般若種智已圓果縛尚在解脱未具身猶雜食又帶無常一優二劣譬之橫川走火。
言種智已圓者謂三十四心斷結之時已有般若名爲種智父母生身猶未滅度名爲果縛雖斷子縛果縛未除但是有餘未得無餘故云未具雖斷通惑未有法身身是無常猶資段食段食非是故云雜以三藏佛同凡報故一優謂般若德種智已圓二劣謂解脱未具身是雜食此二雖劣已有少分具在不久義當一時譬之橫川及以走火走火者烈火也並一晝長餘晝短故也三德亦爾雖則

俱有優劣不同。
○次第二師
又云先有相好之身次得種智般若後滅身智方具解脱既有上下前後之義譬之縱三點水。
言先得相好者謂百劫已滿次得種智者謂三十四心後滅身智者謂八十入滅無餘在當故云方具譬意可知而生公云般若居宗在上全濫小乘初師三德縱異小乘終成縱義仍同次師。
○三第三師。
若入滅定有身而無智羅漢在無色有智而無身若

入無餘但有孤調解脫此義各各不相關並之則橫
累之則縱分之則異
若入滅定等者旣有身在名爲法身受想心所識
智不行名無般若故云無智羅漢在無色等者無
色般含於彼無色得有餘般名爲羅漢惟有心智
而無色身似有般若而無法身若入無餘等者灰
身故無身滅智故無智獨一解脫故云孤調此則
三法各屬一人云不相關若使三法並在一人謂
滅定起有斷結智不在無色復名有身定當無餘
名有解脫同在一人故名爲並若以三法累在一

人謂先得無色次在滅定後入無餘故名爲縱此
則小乘三師永闕伊字義也
○次大乘師三初第一師
諸大乘師說法身是正體有佛無佛本自有之非適
今也了因般若無累解脫此二當有隔生跨世彌亘
淨穢此字義縱也
法身是正體等者法身本有是故居初二德當有
是故居次於二德中般若必居無累之前故成縱
義此二彌亘者般若解脫也彌滿也布也亘徧也
雖修種智種智未具分得解脫解脫未滿亦得名
淨亦得名穢展轉相望互爲淨穢隔無量生跨無
量世生世無別綺文故爾經歷時節三德次第故
名爲縱
○次第二師
又言三德無前後一體具足以體從義而有三異蓋
乃體橫而義縱耳
三德無前後等者初師體惟法身此師體具三德
雖具三德義同初師據體具邊復不相冥故成橫
義以本有故名爲體橫從修得邊名爲義縱
○三第三師

又言體義俱不殊而有隱顯之異俱不異未免橫隱
顯異未免縱
體義俱不殊等者體之與義俱從本有故云不殊
據行證得復似前後故云隱顯法身一德在纏爲
隱出纏爲顯餘之二德種子久具名之爲隱究竟
果滿名之爲顯三德俱有此之二義本有三法俱
名爲橫俱有隱顯故俱名縱以隱顯故則有先後
故成縱也
○次結斥
衆釋如此盜與經會

大小六釋皆悉不與大經文會。

○次今家正釋以三義故方應經旨。又三。初約理藏釋。

今明三德皆不可思議。那忽縱。皆不可思議。那忽橫。皆不可思議。那忽一。皆不可思議。那忽異。此約理藏釋。

理性三德含一切法。故名為藏。一一皆具三。三三相冥。三秖是一。一一無一。是故此藏不可三一。縱橫一異。而言思之是故皆云不可思議。及那忽等。一異等者。並別名異。對異語便。故云一耳。

○次約行因釋。

身常知圓斷具。一一切皆是佛法。無有優劣。故不縱。三德相冥。同是一法。異出法界外。何處更別有法。故不橫。能種種建立。故不一。同歸第一義。故不異。此約行因釋也。

身常等者。此之行因修向理藏。至得果時。法身已滿。故云身常。種智已成。故云智圓。煩惱永盡。故云斷具。理藏釋者。六即之中當理即也。行因釋者。六即之中。別在究竟。遍具五即也。今對理釋。別從究竟。雖身常等得非前後。故不成縱。理之與修因之與果並一時具。而皆互融。彼彼相冥。故非橫義。言相冥者。且從行說。理性冥。故方令行冥。行能顯理。故從行說。能種種者。非但二德有利他用。法身亦然。故約化用。則一身一切身。一智一切智。一脫一切脫。是故名為種種建立。息化論歸。同歸冥寂。故云第一義也。

○三約字義釋。

即一而三故不橫。即三而一故不縱。不三而三故不一。不一而一故不異。此約字用釋也。真伊字義為若此。

約字義釋者。秖是三點。同是一伊。雖是一伊。而有三點。是故伊字非縱非橫。不同舊義。故曰真伊。應知大經始終三德。故於經初哀歎品中。以伊字義釋此三德。三十六問。廣顯三德。所以序中序於三德。純陀一品。明涅槃施。正明三德。從長壽去。十四品中明涅槃義。解釋三德。言以佛法不付聲聞。付諸菩薩者。正是付此三德秘藏。從現病去。凡有五品。明涅槃行。修此三德。從師子吼去至陳如品。凡有三品。明涅槃用。即三德功能。若了三德在一心中。則大經一部居於方寸。況法華開顯。十方三世

同說三軌三軌妙故故云妙法華嚴法界淨名解脫不共般若與此三德一體無殊若識此意令文可了十方佛法在一剎那

○次約三德四德問下料簡有二重問答初文正判次文開通初文又二初問

問三德四德其意云何

問者三德四德俱在涅槃云何同異

○次答意者三四似別俱在涅槃涅槃不殊三四不別是故會通令識不二於中復有通別二會初通會者三德一一皆具四德故名爲通通復二解

初引大經法身常故二德亦常

答通論三德一一皆常樂我淨大經云諸佛所師所謂法也以法常故諸佛亦常法卽法身佛卽般若解脫故作通解也

旣有於常豈無樂等此乃比望準例以釋法旣有常必有餘三復以餘二反例法身佛是覺了覺了是智故屬般若又能垂形調伏於他故屬解脫是故佛字具有二德

○次引大經因滅五陰皆具四德解

大經云因滅是色獲得常色受想行識亦復如是則法身皆常樂我淨二德亦然

陰卽法身法身旣然餘二例爾故知三德皆具四德是則通對有此二解

○次別解復轉五陰及四念處以成四德別別相對故名爲別是則別對亦有二解謂陰及念處開合不同準文可見云云今初轉五陰以成四德解若依一種轉色成法身法身常樂轉識想成般若般若卽淨轉受行成解脫解脫則我

○次轉四念以成四德解

又依念處轉識成常轉受成樂轉想行成我轉色成

淨

○三結成

是則通別各有二解依圓是頓義依別是漸義云云

依圓是頓義等者如向所對通別二解但以法對法未論行想若初心觀便成頓義後心方會便成別義

○次開通二初問

問三障及三道皆障三德三障開通至極三道四倒亦應開通至極

意者前第二卷末云有發心所治之三障乃至究

竟所治之三障又云有發心所得之三德乃至究竟所得之三德此則三障三德俱通至極今將三道四倒以並三障障之與道及以四倒名異義同隱蔽聖德名之爲障通至生死名之爲道見解違理名之爲倒倒故能障障故生死是故今以三道四倒並難三障開謂開拓通近至遠

○次答三先許所問

答例

先許問云倒道及倒三義既同俱應至極

○次爲解釋

何者業有三種謂漏業無漏業非漏非無漏業感於三報謂分段方便實報報由三種煩惱謂取相塵沙無明也

爲釋例意以義同故於中重明三障義通通至極故極方破盡故云至極以許三道亦至極故所以業報煩惱一一開三言報由三種煩惱者恐文誤應云業由三種煩惱

○三示三道四倒極至

又約三種報一一開三道約三種煩惱一一開四倒報障分三既至於極一一報中開於三道是故三道亦至於極何者分段三道謂見思惑爲煩惱道煩惱潤業名爲業道感界內生名爲苦道方便三道謂塵沙惑爲煩惱道以無漏業名爲業道變易生死名爲苦道實報三道謂無明惑爲煩惱道非漏非無漏業爲業道彼土變易名爲苦道問何不感寂光答今論感報不論寂光寂光無報故不說也約三煩惱各開四倒者見思煩惱有常等四塵沙煩惱有無常等四無明煩惱又有常等四問今文三障之中已明苦及煩惱何不云業開爲三耶答業由煩惱是故感報已說餘二業居其間故不

須說問何故諸倒惟說有四不三不五答中但說常及無常等耶答理本無名彊爲立名雖彊爲立德不出四佛滅度後外人竊佛常等四名以計神我故佛初出說無常等以破常等二乘不了計無常等以之爲極故佛復說常等四德破無常等出假菩薩異二乘邊名爲常等菩薩不達但執教道又說非常非無常等以破常等此約漸教化儀以說若頓教者卽於常等說無常等而達無常卽達中道秘密之藏依圓是頓依別是漸意亦同此但別教次第少異化儀思之可見

○三釋體相中明此止觀所顯之體雖用止觀以爲能顯止觀是行行藉教興教爲能詮行理爲所行望於理復爲能顯能顯復通因果得失得謂能顯今之妙體失謂但屬方便凡小是故今文四章顯體於中爲二初標牒二初明來意亦是結前生後從初至若向是結前兩章既知至如前結前大意名字至若向結前釋名須識已下生後顯體

第三釋止觀體相者既知大意豁達如前名字曠遠若向須識體理淵玄

大意通於因果自他故云豁達釋名偏於偏圓橫

豎故云曠遠曠橫也遠豎深也如釋名中相待即是亦橫亦豎絕待即是橫豎不二此約橫豎而論不二通德豎遠也會異橫廣也此則約不二而論二初云如前次云若向者前之與向義俱在往義而推之以小遠者爲前以稍近者爲向故法華經不輕品云誹謗獲罪如前所說指法師品在第四卷所得功德如向所說指法師功德品在第六初須識體理淵玄者復以體相望於前二前二俱橫體相唯豎故云淵玄淵深也玄幽也故分別中云體相豎餘八橫此據一往大分爲言故釋名中復通橫豎及不二等

○次開章別釋二先開章二初正開章

麤寄四意顯體一教相二眼智三境界四得失

所詮諦理名之爲體分別權實大小不同故名爲相亦云顯體者體是所顯教相眼智即是能顯能從於所故云顯體初云粗寄四意者粗畧也體相難申畧寄四意方能識體

○次明用章依意及生起二先明用章所依

夫理藉教彰教法既多故用相顯入理門不同故用眼智顯諦有實權故用境界顯人有差會故用得失顯

明用章所依及生起者教能詮理故教居初詣理

須行行即眼智是故居次次辨所詣即是理境是故居次次辨取理人自他得失是故居次若從生起似如四章共成體相解釋文旨當分高深俱能顯體豈須相假問初教相章與釋名何別答彼釋通名但得名教今判同異故云教相問既云體相那列教相答雖語能詮意在所詮不約能詮無以辨所約眼智章能所亦爾如前通德德是所詮明能通名能至於所以所顯能故云通德故釋名四段

意在絕待。體相四章意在境界。是故四章文四義二。二章意在一。

○次明用章之意。

法華疏用四一明實。今以四科顯體可得相類。

明用章意者。前釋名中旣用玄文待絕二妙。故今顯體還用疏中四一。顯實。實不異彼。是故用之。此四一名本出光宅。光宅疏意以三三爲權。指於昔教。以四一爲實。指於法華。昔三無果故三但三。今教無三。四種皆一。故云四一。今家和舊亦作四一數同名異。不全同舊。舊云果一。今云理一。若無理

印。則同魔說。舊云因一。今云行一。因語則單。行通因果人教二一。與舊不殊。玄文有破。今不具論。玄文復以十妙而爲十一。今且依四以對四章。故經云爲令衆生開佛知見。取所知見而爲理一。但教菩薩。卽是人一。常爲一事。卽是行一。爲衆生說。卽是教一。疏釋理一。約能知見。又爲四釋。謂四智。四門。四位。觀心。能所相對。四章義足。智是眼智。門是教相。觀心秖是稟教證智。次位秖是眼智所階。以契於理。

○次別釋四。先明教相二。初文更明來意。

教相顯者。夫止觀名教。通於凡聖。不可尋通名。求於別體。故用相簡之。

名卽是教。故云教相。但前釋名名通凡聖。大小偏圓不能尋之。求於別體。別體不顯。欲捨偏從圓。無由能致。今明此章。分其相別教家之相。故云教相。言通別者。如大經三十三云。佛言。須陀洹者。名爲逆流。迦葉難言。若如是者。阿羅漢乃至佛亦得名爲須陀洹耶。佛乃至須陀洹亦名佛耶。迦葉正以通名難於別體。以逆流名通一切。故若言所斷三結。名須陀洹乃至三十四心名爲佛者。則名體俱

別。前止觀名。其名旣通。今以別體甄於通名。故不必須明體俱別。又如成論止觀異時。薩婆多宗止觀同時。雖有同時異時之言。豈可以彼同時爲圓異時爲別。是故須以教相簡之。前釋名中意且總語。行門三諦亦可義兼三藏眞諦。今顯體中欲委分別。從寬就狹。所以始自凡夫終至圓極皆名止觀。

○次逐義解釋二。初明有漏者。界內法也。又二。初正明有漏。

若凡夫止善所治是止相。行善所生是觀相。又四禪

四無量心是止相六行是觀相此等皆未免生死即有漏為相。

止善所治謂殺盜等行善所生謂放生等由行由止故得善名名止行善四禪等者準下攝法此處多分若委說者如四禪中各有一心名為止相餘並屬觀又第四禪復是止相餘屬觀相今通云止者通屬定故四無量心前三觀相捨心止相又悲令離苦亦是止相慈令與樂亦是觀相喜心具二兼於止觀今通云止者此之四心非定不尅六行觀者別論亦可厭下為止欣上為觀通云觀者有

欣厭故。

○次約譬斥奪。

故大論云除摩黎山餘無出旃檀除三乘智慧餘無真智慧故非今所論也。

大經亦云除摩黎山能出旃檀餘無出者且以出世三乘望於有漏名真智慧故有漏法非今所用

○次明無漏二初明拙度二初正明無漏

若二乘以九想十想八背捨九次第定多是事禪一往止相有作四諦慧是觀相。

明三藏析法所有法門一切事定多屬止者且從定故大判為止若別論者且如十想見道有三謂無常苦無我修道有四謂食不淨世間不可樂死不淨此七屬觀無學道三謂斷離盡此三屬止亦可俱觀一一文下皆云智慧相應故也判為止者既名事禪禪宜屬止又無學後三其名近止故判屬止八背亦可前三屬觀後五屬止色望無色無色宜作止名說故九次第定練八背捨亦可隨彼以分止觀既俱云定故判屬止有此不同是故文中皆云一往言有作四諦慧等者一往雖復從禪判止彼大經中九想等文皆在慧聖行中既以慧

為名復判屬觀

○次斥拙度法二初斥。

此之止觀雖出生死而是拙度滅色入空此空亦得名止亦得名非止非不止而不得名觀。

以巧望拙拙不名觀者止觀二法同滅色故是故滅名且與止號。

○次釋。

何以故灰身滅智故不名觀但是析法無漏為相非今所論也。

如文。

摩訶止觀輔行傳弘决卷第三之一

摩訶止觀輔行傳弘決卷第三之二

陳隋天台智者大師說　唐荊谿大師湛然傳弘決
門人章安大師灌頂記　明天台沙門傳燈增科

○次明巧度二。初明次第止觀二。初釋二。初明三。
止二。先列。即次第三觀通明爲巧。望拙得名。若大
論中引喜根等名巧度者。即指三教。是則次第與
不次第俱名爲巧。今從初說故亦名巧。

巧度止有三種。一體眞止。二方便隨緣止。三息二邊
分別止。

○次釋二。初當分明義三。初正明三。初體眞止。

一體眞止者。諸法從緣生。因緣空無主。息心達本源
故號爲沙門。知因緣假合幻化性虛。故名爲體。攀緣
妄想得空即息。空即是眞。故言體眞止。

案文解釋其文尚畧。具足應以四性推檢。破性計
已。具二空故方名得空。

○次方便隨緣止四。初且通語三乘所證。而大同
小異。

二方便隨緣止者。若三乘同以無言說道斷煩惱入
眞。眞則不異。但言煩惱與習有盡不盡。

○次釋不須方便。

若二乘體眞。不須方便止。

○三釋正須方便。

菩薩入假。正應行用。知空非空。故言方便。分別藥病
故言隨緣。心安俗諦。故名爲止。

○四引證。

經言動止心常一。亦得證此意也。

引經云動止心常一者。止即是空。動即是假。空心
入假。故云常一。

○三息二邊分別止二。初斥前二止。

三息二邊分別止者。生死流動。涅槃保證。皆是偏行
偏用。不會中道。

偏行等者。斥前二止故也。意之所趣曰行。意之所
依曰用。初體眞止。俱觀二諦。偏趣於眞。依眞起行
故。次方便止。亦俱觀二諦。偏趣於俗。雖依俗起行
未觀中道。故並名偏。故今斥之不會中道。又涅槃
住空。名爲偏行。出假流動。名爲偏用。

○次正明。

今知俗非俗。俗邊寂然。亦不得非俗。空邊寂然。名息
二邊止。

又知俗非俗。義通二種。緣生之俗及出假俗。二俗

俱寂故云寂然。
○次釋疑。
此三止名雖未見經論映望三觀隨義立名。
此是大師謙退之辭。
○三證三止意。
釋論云菩薩依隨經教爲作名字名爲法施立名無咎若能尋經得名卽懸合此義也。
何但映望三觀使名有憑大論亦許隨義立名言依三觀立三止者大小乘經止觀二名皆悉並立況止觀秖是定慧異名既定慧之名處處並列故

今望觀以立止名所以瓔珞三觀義必兼止故成論中有止觀品四阿含中凡有佛敎令修二法卽是止觀又婆娑十七云諸比丘問上座云樹下閒房爲修何法上座答言當修二法所謂止觀又問多修止觀爲何所得答得初果乃至阿羅漢果如是次第問五百比丘皆云修止觀二法阿難白佛佛亦云修止觀二法阿難歎言善哉善哉如來與弟子所說皆同句義味同又淨名云法身者從止觀生大瓔珞云若欲學諸法深入善本當見菩薩力修習止觀大小經論一切皆爾。

○次與釋名中對辨同異二初明同。
詳此三止與前釋名名髣髴同其相則異同者止息止似體眞停止止似方便隨緣非止止似息二邊
言髣髴者上音彷下音佛非謂全同故云也所言同者前云止息約煩惱息今云體眞體妄卽眞前云停止約心住理今云隨緣心隨俗理前不止止約理不當止與不止今息二邊空邊如止假如不止中道不當空假二邊似不止止。
○次辨異。
其相則別所謂三諦相也前三成次三後一具前三

何以故如體眞止時達因緣假名空無主流動惡息是名止息義停心在理正是達於因緣是停止義此理卽眞眞卽本源本源不當止與不止是非止止此三義共成體眞止相若方便止時照假自在散亂無知息是止息義停心假理如淨名入三昧觀比丘根性分別藥病是停止義假理不動是非止止如是三義共成方便隨緣止相也息二邊時生死涅槃二相俱息是止息義入理般若名爲住緣心中道是停止義此實相理非止不止是不止止義如此三義共成息二邊止相故與前永異也亦非今所用也。

其相異者前之三止共成一諦今之三止各成一諦前三成次三等者次之與後並指體相綺文互說是故不同前釋名三成體相三故體相三一一皆假釋名三成何者如體眞止必息見思停心眞諦及見眞理非止不止體眞旣爾餘二例然是故一一皆具前三下句云後一具前三者複踈上句云體相中一皆具釋名中三故也

○次明三觀三先依經列名

次明觀相觀有三從假入空名二諦觀從空入假名平等觀二觀爲方便道得入中道雙照二諦心心寂

滅自然流入薩婆若海名中道第一義諦觀此名出瓔珞經

彼本業瓔珞有兩處文明此三觀下卷佛爲普賢文殊等七菩薩說具如第一卷引上卷明十回向中一一回向各各有十所緣境界第十向中第十觀者名爲無相第一義觀得入初地初地以上三觀一心言三觀者從假入空名二諦觀從空入假名平等觀二觀爲方便因是二空觀得入中道第一義諦觀雙照二諦心心寂滅自然進入初地法流水中名摩訶薩今文依彼畧三五字耳

○次解釋經意三初從假入空名二諦觀文有五重初通途約詮能所共論

所言二諦者觀假爲入空之詮空由詮會能所合論故言二諦觀

通途約詮能所共論何者俗是能詮空是所詮若無能詮無以識所是故須立二諦之名

○次約證況修說四先法次譬後合初法

又會空之日非但見空亦復釋假

云會空之日秖應見空何空假俱見況由觀假見眞而不得云二諦觀耶是故不得不立二諦

○次舉譬

如雲除發障上顯下明

雲卽是障障除名發發卽開也如雲除時上空一色顯下萬象必明上顯譬見眞下明譬見俗雲譬見思惑上顯必下明是故須二諦

○三合譬

由眞假顯得是二諦觀

由眞合上顯假顯合下明由見眞故其假更顯

○四況釋

今由假會眞何意非二諦觀

明證眞時尚見二諦。今始修眞由觀假得。何意不名二諦觀耶。故云今由等也。

○三約破用說。

又俗是所破。眞是所用。若從所破應言俗諦觀。若從所用應言眞諦觀。破用合論故言二諦觀。

若有所破必有能破。能破卽是所用。眞諦能所不孤。是故俱立。

○四約情智說。

又分別有三種。一約教有隨情二諦觀。約行有隨情智二諦觀。約證有隨智二諦觀。初觀之功雖未契眞

得有隨教隨行論二諦觀。

今家釋諦凡大小乘皆對情智義方盡理。故以大經釋瓔珞文。大經三十二云。隨自意者。如五百比丘各說身因。五百皆問舍利弗言。佛說身因。何者是耶。舍利弗曰。汝等亦各得正解脫。自應知之。何緣方更作如是問。有比丘言。我等未得正解脫時。意謂無明以爲身因。作是觀時得阿羅漢。有說愛有說行。有說飮食及五欲等。如是五百各各說已。共詣佛所。右遶卻坐。各述己說。身子白佛。誰爲正說。佛言。五百比丘無非正說。各說已證。名隨自意。

亦名隨智。如巴吒羅長者稱佛爲幻人。佛因廣說一切幻法種種不同。隨順物情名隨他意。亦名隨情。如云世人心之所見者名爲世諦。出世人心之所見者名第一義諦。世諦屬情。第一義屬智。情智共合得二諦名。名隨自他意。亦名隨情智。此約藏通二教。二諦義當今文初觀意也。後之二教準說可知。如說三德云。如來名號千萬不同。般若一法說種種名。解脫亦爾多諸名字。是名隨情。安置諸子自亦住中。是名隨智。修德性德名隨情智。今准初觀尚具情等三種二諦。何況一種。問。旣未契眞

只應隨情。何得餘二。答。通初後故。故須遍說。今文正以教行二種以顯初修成二諦義。

○五料簡有八重問答。初一問答二。初問。

問。初觀破用合受名第二觀亦破用。亦應言二諦耶。

問者以前初觀第三釋意難第二觀。初觀破俗用眞。次觀破眞用俗。二觀旣俱破一用一。亦應俱得名二諦觀。何故第二名平等耶。

○次答。

答。前已受二諦名。後雖破用更從勝者受平等名也。

答意者俱名二諦觀於理實通。但前後名同優劣

混濫。是故第二從勝立名。所言勝者。前但用眞。今能用俗。眞惟自利。俗則益他。自行兼人。故名爲勝。

○次一問答二。初問。

問第三觀亦破用。何不更從勝受名。

問者以第三觀難第二觀。第二望初從勝受名。第三望初何不從勝。第二偏用何名平等。第三用等應名平等。而但名爲中道觀耶。

○次答。

答前兩觀有滯。故更破更用。第三觀無滯。但從用受名。不得一例。

答意者。前之二觀俱有破用。當觀而論俱不平等。第二望初。初後合說。故至第二方名平等。此從破用相對名等。今第三觀當觀而論。已自平等。望前二觀翻爲未等。是故但成更破更用。今此俱照。不對破用。是故但從能用立稱。故此第三二俱無滯。縱在地前未入中道。邊滯已破。但用於中。又中道觀非不平等。更名平等。復成混濫。

○三一問答二。初問。

問前二觀俱觀二諦。亦應俱入二諦。

雙難前二俱觀二諦。亦應俱入。何故初但入眞。次但入俗。

○次答。

答初爲破病故觀假。爲用眞故觀眞。是故俱觀。一用一不用。故不俱入。

意者但答初觀。準知第二。初旣俱觀而不俱入。第二亦爲破空用假。破用不等。入亦不同。

○四一問答二。初問。

問眞及中俱得稱諦。界內外俗。俗則非理。云何稱諦。

問者前已難於眞俗破用。今以眞中難於俗諦。三諦之中但舉眞中難一俗者。二俱名俗。何須別難。

眞中卽是界內外眞。卽有所破界內外俗。眞中是理。容可稱諦。所破非理。何得稱諦。

○次答。

答地持明二法性。一事法性。性差別故。二實法性。性眞實故。卽二諦之異名。旣俱得稱法性。何意不得俱稱諦。

答意者。法性是理。理卽是諦。旣俱法性。故俱稱諦。

○五一問答二。初問。

問若爾俱稱涅槃。

問者諦故無惑。故無生死。旣俱稱諦。俱涅槃耶。

○次答。
答經云貧人得寶乃至獼猴得酒又非想定卽世俗涅槃卽其義也。
答意者眞俗雖異俱得名諦世出世異俱名涅槃。涅槃卽是出世安樂故世安樂亦名涅槃。
○六一問答二初問。
問若爾俱無漏耶。
問者涅槃卽是無漏無爲二諦俱得名爲涅槃亦應俱得名爲無漏。
○次答。

答論云世間正見出世正見。
答意者夫入無漏必須正見卽許世間亦有正見卽名世間無所漏失。
○七一問答二初問。
問若爾俱無生耶。
問者以無漏故卽是無生旣許眞俗俱名無漏亦應眞俗俱名無生。
○次答。
答經云異相互無。
答意者無生之名亦通二諦故借大經三十二文外道計答猶如世間有四種無一者未生名無如泥無甁二者滅已名無如餅破已三者異相互無如牛馬互無四者畢竟名無如龜毛兎角今借第三互無爲答卽是出世無世間生世間亦無出世之生所言借者雖非正義然約世諦四無非謬權借以爲適時之答下去例爾。
○八一問答二初問。
問從假入空必須破假而入空耶。
問者從假之言爲破不破。
○次答。

答通途應有四句不破入破入破不入不破不入乃至三十六句如後說。
答中開爲三十六句具如下文煩惱境中今初且對文中四句破謂破假入謂入空不破而入卽體法無學破入卽是析法無學破不入謂得禪外道不破不入卽一切凡夫破與不破俱名從假亦俱入空卽前二句謂破不破俱名從假而不入空卽後二句。
○次從空入假名平等觀二初單釋。
從空入假名平等觀者若是入空尚無空可有何假

可入當知此觀爲化衆生知眞非眞方便出假故言從空分別藥病而無差謬故言入假平等者望前稱平等也前觀破假病不用假法但用眞法破一不破一未爲平等後觀破空病還用假法破用既均異時相望故言平等也

單釋第二觀中異時相望稱平等者此第二觀得名平等非獨從此第二觀得初觀用眞而破於俗此復用俗而破於眞兼前乃成雙用雙破前後相望名爲異時至今第二方名平等

○次譬合有兩重初重譬合二初譬入空

今當譬之如盲初得眼開見空見色雖見於色不能分別種種卉木根莖枝葉藥毒種類

凡夫生盲眞俗俱瞑慧眼開已見眞諦空亦見俗色

○次合入空

從假入空隨智之時亦見二諦而不能用假

雖見二諦但能用眞未能分別不能用俗故譬中云不能分別種種等也四種四諦名爲種種卉是草之都名都標三草木是樹之總稱總舉二木根莖枝葉疏中譬於信戒定慧四教各具此四法故四種道滅名之爲藥四種苦集名之爲毒四教區分故種類各別故初入空未能分別是故名爲不能用假

○次重譬合二初譬入假

若人眼開後能見空見色卽識種類洞解因緣麤細藥食皆識皆用利益於他

慧眼開後卽入假時亦見二諦名見空色分別前來所破之色洞見諸法根等不同了四四諦名識種類達於藥病因起不同名解因緣展轉相望互論麤細治苦集邊名之爲藥藥資法身故名爲食

識藥識病名爲皆識善能授藥名爲皆用徧四四諦故並云皆所被九界名爲益他

○次合入假

此譬從空入假亦具眞俗正用於假爲化衆生故名爲入假復言平等意如前說

前後二觀俱觀眞俗此能分別望前故等

○三二觀爲方便得入中道觀二初正銷瓔珞經文經中釋前二觀竟卽云因是二空觀爲方便道得入中道雙照二諦心心寂滅自然進入初地又二今初釋方便者有二種一者雙亡二者雙照今

初釋雙亡。
中道第一義觀者。前觀假空。是空生死。後觀空空。是空涅槃。雙遮二邊。是名二空觀。爲方便道。得會中道。故言心心寂滅。流入薩婆若海。
言二空者。空假空空。卽是遮。遮卽是亡。由前異時雙亡方便。令入中道。任運雙亡。亡卽是中。故云心心寂滅。
○次釋雙照。
又初觀用空。後觀用假。是爲雙存方便。入中道時。能雙照二諦。故經言。心若在定。能知世間生滅法相。

初二觀時。用空用假。由前異時雙用方便。用卽是照。照卽是中。故引經云。心若在定等也。生卽是俗。滅卽是眞。故住中道。能知生滅。知秖是照。意在於此。以皆中故。故得任運。此之任運。由前作意。更互亡照。而爲方便。入中道時。故能爾也。
○次結方便。
前之兩觀。爲二種方便。意在此也。
○次引經釋妨。以證今文。二。初一問答。二先約偏相問。
問。大經云。定多慧多。俱不見佛性。此義云何。
入初地時。方乃名等。是故先問偏相云何。
○次約次第答。
答。次第三觀。二乘及通菩薩。有初觀分。此屬定多慧少。不見佛性。別教菩薩。有第二觀分。此屬定多慧少。亦不見佛性。二觀爲方便。得入第三觀。則見佛性。
答中意者。所言偏多不見性者。約次第義。
○次一問答。二。初難向答文。
問。經言十住菩薩。以慧眼故。見不了了。非全不見。初觀是慧眼位。第二觀是法眼位。云何而言兩眼全不見耶。

向答兩觀。屬偏定慧。故不見性。復引大經。以難前答。慧眼在於法眼之前。尙得云見。但言不了。云何而言兩全不見。此文是大經佛答師子吼云。慧眼見故。而不了了。佛以佛眼見則了了。菩薩行故見不了了。若無行故見則了了。住十住故。見不了了。不住不去。見則了了。云何而言行向等位亦不見耶。
○次約圓教答。二。初正答。
答。彼次第眼。偏定偏慧。佛之所呵。不可言其見也。所言慧眼見者。其名乃同。實是圓教十住之位。三觀現前入三諦理名之爲住。呼住爲慧眼耳。
答意者。所言兩眼俱不見者。約次第義。兩觀既屬偏假偏空。則慧法眼俱不見性。汝所引經慧眼見者。慧眼雖爲十住之位。借別名圓。故云十住。及慧眼見。依圓爲語。初住以去實是佛眼。故知此借圓住名爲慧眼。非謂慧眼十住能見。
○次引證二。初引法華以證慧眼。
故法華云。願得如世尊慧眼第一淨。如斯慧眼分見未了。故言如夜見色空中鵄雁。非二乘慧眼得如此名。

世尊究竟尚名慧眼。豈況十住不得名慧。佛慧眼者。見畢竟空。空即是中。慧眼即是佛眼。故也。言如斯者。指前住中慧眼不了。不及世尊慧眼究竟。如無明夜見中道色。餘無明在。故見不了。空中鵄雁亦復如是。有餘無明與眼作障。故令見中鵄雁不了。故大經第八云。譬如遠觀空中鵄雁。爲是虛空爲是鵄雁。諦觀不已。髣髴見之。十住菩薩於如來性。少分知見。亦復如是。空如無明。鵄等如性。不了之言。在彼十住慧眼。菩薩何關二乘。偏空慧眼。是則別教地前皆悉不見。況通菩薩及兩二乘。

○次引法華穿鑿等喻證第三觀。圓住方見二。初引。
故法華中譬如有人穿鑿高原。惟見乾土。施功不已轉見濕土。遂漸至泥。後則得水。
○次釋三。初約觀。
乾土譬初觀。濕土譬第二觀。泥譬第三觀。水譬圓頓觀。
○次約教。
又譬於教。三藏教不詮中道。如乾土。通教如濕土。別教如泥。圓教詮中道如水。

法華疏中。爲銷經文。觀約四教。教約五時。當知教觀俱成。約教方顯彼部稱爲獨妙。彼寄四教以釋觀者。初三藏教。以衆生爲高原。習觀爲穿鑿。證理爲清水。通觀以乾慧爲乾土。性地爲濕土。見眞爲清水。別觀以空觀爲乾土。假觀爲濕土。見中爲清水。圓觀以五品爲乾土。六根爲濕。初住爲清水。彼約教中通約漸中四時教也。三藏爲乾土。方等般若爲濕土。法華爲泥。見中爲水。二義並以初住爲水。今約修觀。但修頓觀。圓教初心並名清水。不同彼疏尅取初住方名清水。判位雖殊。初後不二。故今卽是依經起觀。

○三結前敎觀。

二教之所不詮。二行之所不到。偏空慧眼寧得見性。若見性者無有是處。

言二教者藏通也。故彼二教如乾濕土。全未有水。別教如泥。教道雜故。不名淸水。初心知中。是故但云二教不詮。二行不到者。行卽是觀。結前約觀。卽空假二觀。謂兩二乘。通別入空。空行所攝。三藏菩薩。通別出假。假行所攝。是故總云二觀不到。次第觀中中道。雖非今文所用。證道同故。是故但云二

行不到。權教尙爾。況復餘耶。故云偏空乃至無有是處。

○三與前釋名三觀辨同異。準釋三止。意亦可知。又二。初明同。

此三觀與前三觀名一。往似同。義相則異。同者。前是貫穿觀諸虛妄。似從假入空也。前觀達觀達理。理和。達事事和。似入假平等觀也。前不觀觀。似中道也。

○次辨異。

其相異者。前是一諦相。今是三諦相。又前三觀通成後三。後三具前三。所以者何。如從假入空。破四住磐石。此豈非貫穿義。所入之空。空卽是理。智能顯理。卽觀達義。此之空理卽是非觀觀義。如此三義共成入空觀相也。從空入假。亦具三義。何以故。識假名法。破無知障。卽是貫穿義。照假名理。分別無謬。卽觀達義。假理常然。卽不觀觀義也。此三共義成假觀相。中道之觀。亦具三義。空於二邊。卽貫穿義。正入中道。卽觀達義。中道法性。卽不觀觀義。如此三義共成中道觀相。

○次判二。初總標別相。

此依摩訶衍。明三止三觀之相。以義隨相。條然各別。

此依摩訶衍等者。判前巧度次第三觀。雖有空假俱屬衍門。故此三觀用昔教中相待名義。以爲總詮次第教相。以爲能顯。次第三諦。以爲所顯。爲是義故。非圓頓相。雖非圓頓。本爲顯圓。復非別教。但云依衍。故下結人位通大小。以義等者。此依大品摩訶衍門。釋三觀相。既未被會。但成次第。以次第義隨次第相。三觀條然。一一各別。此總標別相。

○次約觀智人以釋別相。

若論三觀則有權實淺深。若論三智則有優劣前後。若論三人則有諸位大小。此則次第分張。非今所用

也。

義即是教教隨相別顯體不同故使觀等未能融即前二觀權中道觀實三觀展轉遞爲淺深觀因智果因既差別果亦如之故使三智展轉優劣有前有後觀法雖通行人各別故使三觀攝於中道一切諸位咸入其中通含二教故云諸位旁挾聲聞故通於小是故若言次第則惟在於大若論其人則通收大小故觀智後更論於人故知空觀二乘惟小通教菩薩義通於大別雖入空一向在大通別並有入假菩薩亦一向大通教利根後心有

分謂被接者別人初地方乃現前是故諸位大小不同若論權門惟應廢藏具從次第故亦置圓

○次明圓頓止觀用絕待名以爲能詮一諦三諦以爲所顯上下文相對當分明於中初止次觀後明同時初明止中有法喻合初法中

圓頓止觀相者以止緣於諦則一諦而三諦以諦繫於止則一止而三止

止爲能緣諦爲所繫是故經云繫緣法界法界不異能所一故

○次譬

譬如三相在一念心雖一念心而有三相

雙譬止諦三一不二

○三合

止諦亦如是所止之法雖一而三能止之心雖三而一也

初法說中止之與諦並即一而三譬中通譬三一不二合中諦則即一而三止則即三而一文似不同意顯止諦三一不二不二而二

○次明觀三初法

以觀觀於境則一境而三境以境發於觀則一觀而

三觀

○次譬

如摩醯首羅面上三目雖是三目而是一面

○三合

觀境亦如是觀三即一發一即三不可思議

觀之與境雖復互作觀發之名以觀故發以發故觀同時體徧能所皆悉即一而三次譬中亦譬三一不二合止約諦即一而三觀之與境亦即一而三所觀是境所發是觀合觀與止文顚倒者亦秖明於三一體等然止觀既一緣照不殊諦境名異

本是一法法於止觀使無差別仍分能所而一而三是故不須前後定執譬中言摩醯首羅者色頂天主一面三目嚴彼天顏而照大千嚴天顏者譬衆德備照大千者譬於徧見

○三止觀同時六初顯妙斥麤

不權不實不優不劣不前不後不並不別不大不小

不權不實斥前三觀權實淺深不優不劣斥前三智優劣前後不並不別寄伊字譬總斥觀智不大不小斥前三人諸位大小

○次證三觀三止相即互融

故中論云因緣所生法即空即假即中

○三引譬境觀其體不二二初舉譬

又如金剛般若云如人有目日光明照見種種色若眼獨見不應須日若無色者雖有日眼亦無所見如是三法不異時不相離

引金剛譬止觀與境其體不二

○次合譬

眼喻於止日喻於觀色喻於境如是三法不前不後一時論三三中論一亦復如是

然止觀諦境不二而二義意似同不無差別止觀二法雖即不二寂照宛然諦境二法雖對止觀分於二名然實無有二體之別故此喻文分於止觀以喻日眼諦境一名同喻一色眼日色三無前無後

○四結勸勸曉文旨

若見此意即解圓頓教止觀相也

○五總明開顯二初舉況總標

何但三一一三總前諸義皆在一心

開前諸名同一實相此即舉況總標何但此圓三一相即總前二切次第中名同開入實

○次正示開顯六初約體相顯

其相云何體無明顛倒即是實相之眞名體眞止如此實相徧一切處隨緣歷境安心不動名隨緣方便止生死涅槃靜散休息名息二邊止體一切諸假悉皆是空空即實相名入空觀達此空時觀冥中道能知世間生滅法相如實而見名入假觀如此空慧即是中道無二無別名中道觀

開顯體中次第三止三觀同成絕待一妙止觀教既開已體無復麤

○次約釋名開顯

體眞之時五住磐石砂礫一念休息名止息義心緣中道入實相慧名停止義實相之性卽非止非不止義又此一念能穿五住達於實相實相非觀亦非不觀

開釋名中相待麤名卽成妙名名既卽妙體亦無麤還於眞體具前釋名三止三觀準例亦應隨緣方便及息二邊俱明三止三觀等妙不更論者體眞已妙卽是後二故不復論世人多迷以相待名顯相待體豈復至此識開次第及相待名悉成絕耶若得此意以銷下文諸義自顯

○三結

如此等義但在一念心中不動眞際而有種種差別

既云諸義但在一念心當知一理應一切名亦是一理應一切理故云不動乃至差別

○四引淨名證

經言善能分別諸法相於第一義而不動

○五引般若證

雖多名字蓋乃般若之一法佛說種種名

○六結成

衆名皆圓諸義亦圓

既開前來一切名義圓外無法故云皆圓用如此名顯於妙體是故名爲教相顯體

○六結歎前釋名教相成不思議

相待絕待對體不可思議不可思議故無有障礙無有障礙故具足無減是圓頓教相顯止觀體也

相待絕待等者結歎相待絕待結前釋名成不思議對體結前次第教相所顯成不思議立名之法各主所詮故云對體今開顯竟名無別趣體無別理皆徧一切不障一切故云無礙皆攝一切無所減少故云具足無減具足故頓無別故圓如此方

能顯止觀體

○次明眼智者依教起行亦是以能而顯於所二

初且總釋亦明來意四初明所顯之體

二明眼智者體則非知非見非因非果說之已自難何況以示人

初云體則非知非見等者所顯之體實非眼智及以因果所言非者非由能顯方始有所以有所故令能有功還由於能令所可見故云雖叵知見由於眼智則可知見故云眼見智知此以佛眼一切種智爲能知見如此妙體依名而說尙己是難況

名下體而可示人。
○次總明能顯。
雖叵知見由於眼智則可知見雖非因果由因果顯。
理雖若是約事必須眼智止觀以爲能顯。
○三別判。
止觀爲因智眼爲果因是顯體之遠由果是顯體之近由。
由於止觀方得智眼由於智眼方能顯體是故止觀名爲遠因智眼名近。
○四釋能顯意。

其體冥妙不可分別寄於眼智令體可解。
其體既妙何可分別然寄眼智使體可見。
○次正釋二初釋次第二先標列。
今先明次第眼智者三止三觀爲因所得三智三眼爲果。
遠近二因卽三止三觀以對三諦成於三眼三智故也。
○次解釋四初明三止三。
三止者若體眞止妄惑不生因止發定定生無漏慧眼開故見第一義眞諦三昧成故止能成眼眼能見體得眞體也若隨緣止冥眞出假心安俗諦因此止故得陀羅尼陀羅尼分別藥病法眼豁開破障通無知常在三昧不以二相見諸佛土則俗諦三昧成是則止能發眼眼能得體得俗體也若息二邊止則生死涅槃空有雙寂因於此止發中道定佛眼豁開照無不徧中道三昧成故止能得眼眼能得體得中道體也。
隨緣止中言陀羅尼者總持諸法圓頓三止俱得名爲陀羅尼也今明次第故約出假持法義便故云分別藥病又大論明陀羅尼者屬慧性故宜對

出假若言五百陀羅尼一一皆是中道正慧則非此中意也法眼豁開破障通無知者具能知病識藥及以授藥能破事中障於神通化道無知不以二相見諸佛土者雖引彼文用意稍別彼以如來發得天眼對斥小宗修得天眼卽顯大乘住不思議名不二相而亦能見三土不同今方便隨緣常在俗諦不同凡夫之有不同二乘之無名不二相出假分別淨土因果名見諸佛土。
○次明三觀。
三觀者若從假入空空慧相應卽能破見思惑成一

切智智能得體得眞體也若從空入假分別藥病種種法門卽破無知成道種智智能得體得俗體也若雙遮二邊爲入中道方便能破無明成一切種智智能得體得中道體也

○三結成次第意

是則三止三觀其成三眼三智各得三體是故顯體而談眼智卽此意也

○四料簡二初問

問眼見智知知見異耶

○次答二初約慧眼一切智廣辯二初約四句依

大經文

答此應四句分別知而非見見而非知亦知亦見不知不見凡夫不證故不見不聞故不知二乘人證故亦見聞故亦知支佛證故是見不聞故不知方便道人聞故是知未證故不見

彼經十五廣釋四句今但借彼知見之名非全用義問前文因觀發者爲智今此以因聞生者爲知文旣不同云何用此而釋於彼答名異義同聞是慧性觀亦慧性問亦知亦見對二乘竟見而非知何得重對辟支佛耶答前據佛世聞敎二乘二人俱是亦知亦見見而非知據無佛世獨覺辟支佛是故重以支佛別對

○次重約信法以對知見

復次信行人因聞故有慧因慧故發無漏得一切智此智因聞故稱智知法行人思惟得定因定發無漏成慧眼此眼因禪故稱眼見然知見同證眞諦從所因處仍本受名故言知見也此就慧眼一切智作此分別

問前明眼智止觀爲因今何得以信法爲因答聞同於觀思同於止義類相似故得對之

○次餘二眼二智畧例

餘二眼二智例爾

○次釋不次第三初總斥

若一心眼智則不如此

不如此者一心不同次第故也

○次別明十初開前遠由成不次第

若明不次第止觀眼智者如前所說止卽是觀觀卽是止無二無別

○次開前近由成不次第

得體近由亦如是眼卽是智智卽是眼

○三明近由體同遠由。
眼故論見智故論知知卽是見見卽是知。
遠由既其止觀相卽近由亦應眼智不二因果相
順故也。
○四釋眼智三。初正釋眼智。
佛眼具五眼佛智具三智。
○次引證眼智二。初引證佛眼。
王三昧一切三昧悉入其中首楞嚴定攝一切定。
佛眼具五眼故云一切悉入其中。
○次引證佛智。

大品云欲得道慧道種慧一切智一切種智當學般
若。
佛智具三智故皆云學三智四智至下當釋。
○三料簡智眼二。初問。
問釋論云三智在一心中云何言欲得道慧等當學
般若。
言欲得者或是一人前後欲得或是多人各各欲
得但云當學豈名一心
○次答。
答實爾三智在一心中爲向人說令易解故作如此
說耳。
答意者法在一心說必次第豈說次第令法縱橫。
○五明一眼五用四。初引經立義。
金剛般若云如來有肉眼不答云有乃至如來有佛
眼不答云有雖有五眼實不分張秖約一眼備有五
用能照五境。
明五眼者皆云佛有故在一心秖縱一眼有五用
者應云佛眼而有四用云何言五答此約五眼而
論體用故佛眼爲體四眼爲用若作總別者如涅
槃是總三德是別五眼亦爾秖是圓常不思議眼

名爲佛眼而有見中乃至見於色等五用故得五
名是則佛己一體五眼開發非爲本無至佛方有。
○次約義解釋。
所以者何佛眼亦能照麤色如人所見亦過人所見
名肉眼亦能照細色如天所見亦過天所見名天眼。
達麤細色空如二乘所見名慧眼達假名不謬如菩
薩所見名法眼於諸法中皆見實相名佛眼當知佛
眼圓照無遺。
然此五眼天親無着非不解釋未若智論最爲委
悉。三十九云佛肉眼者見因緣麤色乃至亦過人所見名肉眼者見形顯色不異於人人見不遠所見又倒如近看小則大遠看大則小乃至諸色若遠觀者則但見於空一顯色大品云如來肉眼見於大千論問曰如來何故但見大千答若佛肉眼應過大千但以風輪為隔障故不見異界又有菩薩住大千上據理亦合見大千外問何不修肉眼令見遠耶答若無天眼則彊修肉眼令見於遠又云佛法難思佛肉眼或能遠見故也若不及佛者漸漸減之二千一千乃至一洲是名肉眼小淨故據理盡說佛肉眼見法界麤色論依教道附近小

宗是故但云見於大千若但以先世施燈明等及以輪王終不能見至百由旬若小菩薩亦不過此問日月去地四萬二千由旬人皆見之見百由旬何足為奇答日月有光令人得見餘色不爾天眼乃見人雖云見所見猶倒日月方圓五十由旬所見不過如扇許大菩薩不爾問見何等色答見可見色名為肉眼論中不明修肉眼法若欲比知施燈明等下因也菩薩更加慈心伏惑故所見漸廣乃至大千亦能照細色下明天眼者如微塵名為細色諸天天眼下不見上梵王不過見於大千佛

見過此名佛天眼大品云佛告須菩提佛天眼見於尼吒亦見十方恆沙世界死此生彼及善惡等論無修相如那律緣亦是其事言過天者諸天報得極如梵王今見十方尚過那律何況梵王是故淨名正呵那律旁折梵王達麤細色下明慧眼者言如二乘所見者且約次第一往而說據理亦應云過二乘二乘但見大千之內麤細色空佛見法界假中俱空大品云云何名菩薩摩訶薩慧眼淨佛告舍利弗慧眼菩薩不作是念有為無為世出世漏無漏一切知見論云肉眼見不遠故修天眼

天眼虛誑故求慧眼論文既云一切知見是故即是過二乘也修相者何有人云八道中正見是能觀五陰倒故有云能緣涅槃有云三脫門相應慧能開涅槃門有云能觀實際通達悉知有言定心知諸相有云空是有云十八空是有云世出世是是則名為慧眼修相復有說言行於中道問二乘亦有慧眼何不云無法不見答二乘但能總相而見又是有量佛是無量無有邊底佛與二乘既二相不同驗知修法二因各別是故文中所有衆釋不出空中空屬二乘中屬於佛彌顯修發二義不

同如初三釋及第五下三釋是共二乘修相仍是通教依即空慧若三藏二乘多依根本與此不同前第四釋及最後釋即是圓修圓修實際後時發得方名慧眼是故亦應云過二乘照達假名不謬等名法眼者但云如菩薩所見者如別菩薩行向位中所見者是亦寄次第故云假名假名即是十六門法據理亦應云過菩薩任運眞化究竟藥病名佛法眼大品云云何名菩薩摩訶薩法眼佛告舍利弗法眼人者隨信隨法三空五根此業此果受某身生某處某菩薩退不退得記不得記等皆

當知之論云菩薩摩訶薩初發心時雖得肉天慧眼等以見衆生種種不同云何能得如是實法故求法眼引導令入故名法眼又法眼有二一分別二乘二分別菩薩分別二乘處處有文分別菩薩即此文是廣列一切因果行相一切種種諸方便門令衆生入是名法眼既云一切因果復云分別菩薩是故當知亦過菩薩於諸法中下名佛眼者但云見法實相從勝爲名大品云云何佛眼佛告舍利弗菩薩摩訶薩求佛道時入金剛三昧得一切種智成就力無所畏十八不共知一切法云云是名菩薩摩訶薩得菩提時佛眼淨相論云有人言十住菩薩得佛眼與佛無別如徧吉文殊具佛功德而不作佛廣度衆生是故生疑故說佛眼徧見十方是菩薩於餘菩薩名大於佛猶不徧知徧聞等也問眼應云見云何言聞答衆生智慧從六情入能知六塵人謂佛眼有所不聞然諸經論皆云佛及菩薩俱得五眼故知並非分張眼也故今文中雖云佛有理論衆生一切具足何者眼智既以止觀爲因止觀圓融眼智亦爾論欲徧說是故委論深淺不同

三引請觀音以證金剛

故經云五眼具足成菩提永與三界作父母

佛菩提滿權實智足以此二智能生三有菩提佛子復云父母

○四明佛眼之意

而獨稱佛眼者如衆流入海失本名字非無四用也

故論四十五料簡云佛見一切非是慧眼云何而言慧眼見耶答慧眼成時轉名佛眼乃至四眼失本名字如河入海失本河名何以故肉天二眼有漏因緣慧法二眼習氣未盡故捨本位入佛眼中

此仍寄於廢麤而說。
○六釋一心三智。
佛智照空如二乘所見名一切智。佛智照假如菩薩
所見名道種智。佛智照空假中皆見實相名一切種
智。故言三智一心中得。
○七結得名之由。
故知一心三止所成三眼見不思議三諦。此見從止
得。故受眼名。一心三觀所成三智知不思議三境。此
智從觀得。故受智名。
○八明止觀不二

境之與諦左右異耳。見之與知眼目殊稱。不應別說。
初以左右眼目為譬。諦之與境猶如一物而得左
右兩名不同。一人在物左謂物為左。一人在物右
謂物為右。由人所在左右名生。而此一物本未曾
異。證境亦爾。對止名諦。對觀名境。眼智二法以譬
眼目者。秖是一物立二種名。眼見智知亦復如是。
秖是一法。雖從止觀二法得名。圓頓止觀本來不
二。故所成眼智。一體無殊。是故知見但從當體而
立二名。猶如眼目。諦境雖從所對立二。則成所對
體亦無殊。致使能對諦境無別。

○九明立異顯體。
今將境來顯智。令三觀易明。用諦來目眼。使三止可
解。雖作三說。實是不可思議一法耳。
體本不二。暫寄異名顯不二體。何者。諦境眼智體
雖不二。然智由觀成。觀本對境。今還將境以顯於
智。令觀易明。觀明即智成。智成即體顯。眼由止成。
止本對諦。今還將諦以目於眼。令止可解。止解即
眼開。眼開即體顯。雖寄因顯法不分張。故云雖作
三說。實是一法。
○十結以能顯所。

用此一法眼智得圓頓止觀體也。
以能顯所。正用如向一法眼智顯於圓頓止觀體
也。
○三結歸師資所傳之法。
如此解釋本於觀心。實非讀經安置次比。為避人嫌
疑。為增長信幸與修多羅合。故引為證耳。
結上諸文歸於正行。正行有在。出自本師。言實非
讀經安置等者。如空假中觀先明次第。後不次第。
引諸大乘證成門戶。乃至止觀為因。眼智為果。即
一而三。即三而一。如是等相豈由經文而安布耶。

但避嫌疑幸須引證意外之事故云幸也。
○三明境界者秖是教相眼智所顯前既已明教相眼智足顯所詮所知所見無俟更說此之一科鈍根之人雖明前二猶尚不了更此一科重明所顯故知此則親明所顯又二今初明來意。
三明境界者若得能顯眼智中意無俟所顯諦境之說爲未解者更此一科。
不云教相但云眼智者教相雖復同是能顯然教望於行則行親教疎從親而說故但云眼智逼而言之並能顯體。

○次牒前兩章以明來意。
夫信行尚多聞因此分別以會圓妙法行宗深觀緣此思惟以見正境耳。
信行牒前教相宜在教相名尚多聞圓妙即是今妙境界法行牒前眼智宜在定慧名宗深觀正境亦是今妙境界綺文飾句故立兩名正爲前二辨所取境是故更論。
○次釋境界二初例。
就此爲二一明說境意二明諸境離合。
○次釋二初明說境之意二初爲自行。

經云爲諸衆生開佛知見若無中境智無所知眼無所見當知應有佛眼境也經云世孰有眞天眼者不以二相見諸佛土若無俗境此眼不應見於佛土經云天眼開闢慧眼見眞故知應有慧眼境也。
正明境意者何事說境爲令自行識於三眼及以三智所知所見識所知見則令能趣依於教相修止觀因得眼智果是故應須明境界也。
○次明化他意者爲化他故應須說境若不說境將何以爲說法之本本卽境也雖有境本必須隨情故列隨情隨智等三令化物者依境而說說於

妙境意在於此二先大師意次章安意初文又二先明不可說。
此三諦理不可思議無決定性實不可說。
○次明可說二先列。
若爲緣說不出三意一隨情說卽隨他意語二隨情智說卽隨自他意語三隨智說卽隨自意語。
○次釋二初正明隨情等三三初釋隨情說三初譬聞者執門迷教二初譬。
云何隨情說三諦如盲不識乳便問他言乳色何似他人答言色白如貝秣雪鶴等雖聞此說亦不能了。

乳之眞色是諸盲人各各作解競執貝秫而起四諍

此中四譬譬執者迷名經文本譬外計邪常諸文引用並同經意此文借用其意稍異雖異彼文理亦無失依義不依語是故轉用何者貝聲雖虛貝體是實故喻有門米秫柔軟可喻空門雪有非有是故可喻亦空亦有鶴飛在空而不住空是故可喻非空非有

○次合又三初明大悲爲說

凡情愚翳亦復如是不識三諦大悲方便而爲分別或約有門明三諦如盲聞貝或約空門明三諦如盲

聞秫或作空有門明三諦如盲聞雪或作非空非有門明三諦如盲聞鶴

○次明凡情各執

雖聞此說未卽諦理

○三結過

是諸凡夫終不能見常樂我淨眞實之相雖未得見各執空有互相是非

凡夫各執能通之門迷於所趣故不能見常樂我淨眞乳之色此則遠依大經如諸外道執常樂等失能通門是故還失所通之理

○次明說者迷教四初明凡師迷教

所以常途解二諦者二十三家家不同各各異見皆引經論莫知孰是若言併是理則無量若言併非悉有所據爲此義故執自非他雖飲甘露傷命早夭

執教之類其流非一如梁昭明所序諸師明二諦義有二十九人各釋不同在廣弘明集並不達隨情咸乖佛旨故知但是赴情名異二諦不殊故不可各執失佛方便各執別名而失一理須曉一理而赴衆名如婆沙中何曾不明世諦及第一義諦雖名同大乘義終歸小況大小乘諦各有赴情故

知二十三家尙昧隨情之文況復能知情智等耶雖復甘露等者說文云未冠而死曰殤禮云十九以下曰長殤十五以下曰中殤十一以下曰下殤七歲以下爲無服之殤是故名殤以爲早夭夭者中死也甘露者卽是諸天不死之藥故喻常住如不死藥雖各執二諦甘露之名喪於佛旨常住慧命

○次明二聖往因以驗不了隨情之說

經稱文殊彌勒未悟之時共諍二諦兩墮地獄

妙勝定經云佛告阿難自我往昔作多聞士其文

殊師利諍二諦義死墮三途文云彌勒恐是文誤故玄文所引卽如彼經諍於二諦經無量劫呑熱鐵丸從地獄出值迦葉佛爲我解釋有無二諦迦葉佛言一切諸法皆無定性汝言有無是義不然一切萬法皆悉空寂此二諦者亦有亦無汝但知文不解其義汝於是義如聾如瘂云何解此甚深之義我聞是已入於禪定卽見萬法皆悉空寂故知不見空寂之理各各執於隨情之文尙墜三途何能見諦若得今判隨情之意諸釋妙融

○三明近代凡夫不了隨情

今世凡情偏執一文鏗然固著雖謂爲能恐乖佛旨

鏗者堅也

○四結

如是等人皆未識隨情三諦

如文

○三明識者達教

若識此意聞種種說卽知如來俯逐根情根情既多說不一種此卽是隨他意而說三諦也

識佛赴緣不迷異說俯者下接也

○次釋隨情智說二初正立

隨情智說三諦者就情說二就智說一若爾不得一所論三此就凡情凡情悉是方便雖卽一而三但束爲二若就聖智聖智皆是實得雖卽一而三但束爲一情智相望故言三諦

一情一智共爲三諦故名情智言不得一所論三者圓修雖卽始終並三既約情智以論三諦須約諸位相望而說

○次約位以判

如相似位人六根淨時猶未發眞見於中道雖觀三諦約位往明但破四住及塵沙惑卽證方便道但束

爲二諦若入初住破無明見佛性雙照二諦方稱爲智亦具三諦但束爲中道第一義諦情智合論卽是隨自他意語也

約位以判故分眞俗以屬於情位在六根讓於中道以屬於智位在初住則七信以前爲眞所攝八信以去爲俗所攝是則初住以上中道亦有同體眞俗六根清淨亦有相似中道故下章安作與奪釋卽是六根奪其相似中道與其相似眞俗

○三釋隨智說三諦五初約位以判

隨智說三諦者從初住去非但說中絕於視聽眞俗

亦然。

約位以判皆屬聖者所證故從初住以上仍是分得當知對情情非不得相似三諦但奪其中道推與初住耳非但等者況也隨智三諦唯在聖心如淨名中不思議品此並菩薩不思議俗豈是下地所能聞見俗既如是眞亦復然初住菩薩所空色聲故非凡小所能聞見也

○次歎釋三諦

三諦玄微惟智所照不可示不可思聞者驚怪非內非外非難非易非相非非相非是世法無有相貌百

非洞遣四句皆亡

從勝而說故但語雙非能非即中所非即二不二而二以爲能所第十九中釋十事功德初云不與二乘共不可思議聞者驚怪乃至無有相貌世間所無今文義言百非四句經文正歎初地以上正同初住是故引證隨智三諦章安釋此云聞深無底故驚聞廣無邊故怪性不自顯故非內性不他顯故非外此之內外通界內外衆生即是故非難七方便不測故非易非色法故非相非心法故非非相又非界如故非相非離界如故非非相非三世故非是世法無邊無中故無相貌絕四離百故世間所無諸非咸遣故總云百是句皆亡故畧云四四攝諸四故且云四問章安釋句不似雙非何得爲證答正明中道非於二邊般若深故解脫廣故二德即是眞俗二諦自謂內照他謂隨緣此亦眞俗異名而已衆生即是約理而說方便不測約事而說事理亦是眞俗異名百界之色一念之心亦是眞俗下之二句復作複疎三諦而說

○三引法華證

惟佛與佛乃能究盡言語道斷心行處滅

引法華者亦證隨智前約初住今惟在佛惟佛謂釋迦也與佛謂十方三世雖有初後同見三諦

○四斥奪有法譬合

不可以凡情圖想若一若三皆絕情望尚非二乘所測何況凡夫

○次譬

如乳眞色眼開乃見徒費言語盲終不識

初住之中法性之一三諦之三尚非六根凡位所測況復世情圖想能知三諦之乳眞善妙色五眼洞開方見諦境是則相似猶屬於盲障中無明未

破故也。若準法華應約三教明不知之人。

○三結。

如是說者名爲隨智說三諦相也。卽是隨自意語。

如文。

○五更引經中二諦釋成今文三諦之義二。初文畧示二諦以顯三諦。

今更引經中所明二諦文。顯成三諦之說。若言凡夫人卽能體達因緣生於觀解。豈非隨情說俗。體因緣卽空豈非隨情說眞。若如此者卽是隨情說二諦也。若言凡夫心所見名爲俗諦。聖人心所見名爲眞諦。

如此說者豈非隨情智說二諦也。若言凡夫行世間不知世間相。凡夫尚不知世間之俗。那得知眞。故知二諦皆非凡夫所識。如此說者豈非隨智說二諦。二諦旣有三番說三諦例此可解。

二之與三教門開合。故得以二用顯於三。二二卽有二三豈無三。前約三諦麤論綱紀。今約二諦委作相狀。

○次釋疑二。先立。

疑者若言佛常依二諦說法。故有三番二諦意。

疑云諸佛但依二諦說法。故有三番。如何得例令說三諦亦有三番。

○次釋。

今亦例此。佛常好中道。降胎出生出家成道入滅皆在中夜。一色一香無非中道。若說中道豈不三意赴緣耶。

若二若三但是開合。前明二諦義已含三。今別說中例於二諦亦作三者。謂常好中道等。大論第五云。問佛何故生兜率天。答佛常居中。彼兜率天在於六欲及梵天中。從彼天下生於中國。中日降神。中夜出城得菩提時亦證中道。爲人說中。中夜入

滅。大品亦云。一色一香無非中道。此中加前復成三番。何者中天中國中夜中日。並是隨他行中說中。是隨自他中。夜入滅及得中道卽是隨自。又此諸中皆是隨他自證冥寂名爲隨自。自他相對名爲自他。

○次約隨情等三明四悉相。若無四悉將何以曉自行化他。初隨情廣。餘二文畧。初文先敎。次觀卽信法二行也。初文從歡喜乃至發徹須細約三諦立四悉義。勿令混濫不能具記。又五。先約敎。

又一一說各具四悉檀意。隨情中四意者。夫諦理不

可說說必寄言言必契情情必欣悅或聞眞歡喜或聞俗歡喜或聞中歡喜此卽隨情中用世界悉檀意也夫衆生便宜不同或聞說無戒慧增長或聞說有戒慧增長或聞說中戒慧增長此卽隨情中用爲人悉檀意也夫行者破惡不同或聞有法能破睡眠覺觀等或聞無法能破睡散等或聞中法能破睡散等此卽隨情中用對治悉檀意也夫衆生入悟不同或聞無開解或聞有超悟或聞中發徹

○次約觀

乃至觀心亦爾或說有觀悅如雲影或作無觀泯失

身心或作中觀神智明白

文畧前三故云乃至約第一義明三諦相也

○三明教觀二種得益之相

如是等種種不同應在一不在二應在二不在一

言應在一不在二等者一謂三中隨一二謂三中隨二逐語便故不云眞等遞互相望得益不同應作七句謂應在俗不在眞中應在眞不在中俗應在中不在眞俗此是應在一不在二以成三句應在二不在一亦爲三句應具在三以爲一句二一悉中三諦皆爾文中總擧單益複益兩三之式合三一句文畧不論並約初門取益不同如是七句莫不依圓宜樂旣殊赴機各異故也

○四復釋上文不同之相

故云佛說生法於無生法得度佛說無生法於生法得度此卽是用第一義悉檀意也

生謂二諦無生謂中此且寄於中道之一二諦之二餘有兩二兩一及以具三準向說之若作二諦生卽是俗無生是眞若作四諦生是三諦無生是滅一切諸法比說可知隨得益位名爲得度問佛說生法於無生法而得度者乃是衆生自度何關

於佛答正由說生悟無生法乃是鑒機知因說生而悟無生功在於佛何名自度約第一義故云得度若約三悉亦可應云佛說生法於無生法而生歡喜生善破惡

○五引證四悉二初正引

故法華云佛知衆生種種欲種種行種種性種種憶想卽此四意

一一悉中皆云種種者一一悉檀所被無量今約修觀且以三諦二諦名爲種種若論經意八教四味方名種種

○次釋經二。初對四悉。

何故爾。種種欲是隨世界。種種性是生善。種種行是對治。種種憶想是第一義。

問。

○次重更料簡中間二悉四。初以性生善行破惡

何故性屬生善行屬對治破惡耶。

問意者性之與行俱通善惡。何故對經性屬爲人。行屬對治耶。

○次以過現善惡答。

若通論性善有冥有顯。行惡亦有冥有顯。今從義便

善是冥伏惡是彰露。

性者不改爲義。宿善不改從昔至今。有可生義。今生其善。故屬生善。行謂爲作。現作惡故。今斷其惡故屬對治。言通論者且作通解。性雖在往於今亦成。有冥有顯。身口現作爲顯。潛伏在心爲冥。行雖在現冥顯在爾。今從四悉義便。是故從別捨通爲人生其冥伏之善。對治治其彰露之惡。若顯善已生冥惡未起。則非今文。聖人隨情逗物之相。

○三約佛化儀以例性善行惡之相二。初明隨情四悉。

如佛未出時。三乘善根冥伏不現。故言善性冥也。若聞三諦。此善發生。故知種種性應屬生善。可對爲人悉檀也。又佛未出時。諸衆生惡行彰顯。邪非僻倒。過失現前。佛爲破此惡故。說於三諦。故知種種行屬破惡。即對治悉檀也。種種憶想是第一義者。想是慧數僻故成心倒見倒等。若遇知識正此想慧。即成三不倒。佛欲正其此慧。故說三諦。即第一義也。

三乘善根冥伏不現。佛助生之名爲生善。凡夫外道惡行彰露。佛對治之名爲惡治。種種憶想是第一義者。更釋第一義也。未見理來無非憶想。若遇

佛法想皆成慧。三倒之中想倒居中。以想正故心見自正。此約第一義釋三諦也。如此四悉皆隨情也。

○次明餘二準例。

隨情說三諦。旣具四意。隨情智。隨智說三諦例此可解。

餘二準例亦應可見。

○四以此合數責勸二。初責。

是則三四十二種說三諦不同。豈可以凡情局聖。謂惟一種執諍自毀耶。

○次勸二初勸令順教捨慢息諍。

若知聖說無崖終不是此非彼起增上慢高舉稜層。

○次勸令研心修觀二初舉譬勸修。

如有智盲人莫諍乳色勤行方便慚愧有羞。

○次明觀成見諦乃決定說。

以三止證三眼見三法獲三智知三諦見中分明雙照曉了如雲除發障上顯下明爾時乃可諦審是非決定師子吼也。

以此合數責彼謬執勸令順教捨慢息諍研心修觀觀成見諦乃可彰言決定而說如雲除等者三

惑障除上顯即見中下明見二諦師子吼者大經云師子吼者名決定說說諸衆生悉有佛性佛性即中道。

○次章安意。

私謂隨情是併與隨情智是半與半奪隨智是併奪。何者如聖語凡云汝今心想即是俗能體達俗虛即是眞豈非併與相汝今所知百千推畫皆是俗惟聖別知乃是眞豈非半與半奪相夫二諦者凡人併不識上聖獨能知此豈非併奪此釋易解故錄之。

章安私釋私者蒼頡云不公也既非大師當衆所說又非親對大師印述故名爲私若論二諦證雖在聖本教凡夫雖教凡夫實未證得語證則奪凡夫無分故云併奪論教則與凡夫俱得故云併與若於凡邊奪眞而與其俗故云半與半奪。

摩訶止觀輔行傳弘決卷第三之二

摩訶止觀輔行傳弘決卷第三之三

陳隋天台智者大師說　唐荊谿大師湛然傳弘決
門人章安大師灌頂記　明天台沙門傳燈增科

○二明境智離合二初標列

二明境智離合者先境次智

○次解釋二初明境離合二先總次別先總序諸經

眾經說諦或四三二一離合不同今當遍說

諸經論諦離合不同今以不同通約四教

○次別約四教二初約二三論離合四初藏教離

合三初明離合二初明但二無三

三藏是方便之教但明二諦

○次寄人判諦三初明俗諦

菩薩初心中心緣真伏於四住令煩惱脂消三阿僧祇修六度行使功德身肥百劫種相好獲五神通得法眼照俗諦分別根性調伏眾生而作佛事

初文是俗從後心下即是真也是故始終但有二諦言令煩惱脂消等者大論云此菩薩雖有上妙五欲不生貪著以有無常等觀故譬如有王有一大臣自覆藏罪王欲罰罪語言若得無脂肥羊當赦汝罪大臣有智繫一羊養以水草日日三時以狼怖之羊雖得養肥而無脂王問云何得爾答以上事菩薩亦爾見無常空狼令結使脂銷而功德身肥又此菩薩未斷結使者如有賊未得殺之堅閉一處自修事業菩薩修無常觀亦如閉賊猶是有漏而自作務又離於五事一離惡道二離貧窮三離女身四離形殘五離喜忘得五功德一生貴家二生人天三得男身四諸根滿五識宿命三阿僧祇修六度行者阿僧祇此云無數劫者時也如前所釋俱舍云八十中大劫大劫三無數謂六十

數中第五十二數名阿僧祇謂積此大劫成無數故云三阿僧祇六度行者菩薩修此六度各有滿時初言檀滿者如釋迦菩薩本作王名毘尸得歸命救護陀羅尼視諸眾生如母愛子是時天帝知命將終求佛問疑徧求不得卻還天宮愁憂苦惱時天巧師名毘首羯磨問天主言何以愁惱答言我求一切智人而不能得毘首言有大菩薩滿足六度不久成佛天主偈答菩薩發大心魚子菴羅華三事因時多成果時甚少毘首答言優尸那種六度滿足不久成佛帝釋言當往試之是菩薩不

汝作鴿我作鷹汝便詐怖入王腋下毘首言是大菩薩云何以是事惱之釋云我亦無惡心如眞金須試卽如所說變入王腋舉身戰懼動目作聲眾人皆言是王大仁慈一切宜救護如是鴿小鳥歸之如入舍菩薩相如是作佛必不久是時鷹在近樹而語王曰還我鴿來王言我前受此鴿非是汝前受我先發願度一切眾生鷹言欲度一切眾生我非一切眾生耶而何奪我食王言汝須何食我先作誓若有眾生來歸我者必救護之鷹言我須新肉熱血王云無不由殺得之云何殺一與一思

惟心定而說偈言是我此肉身恒受老病死不久當臭爛彼須我當與持刀自割股肉而授與之鷹言須逐道理令輕重等勿見欺也王言持秤來稱鴿如言稱之鴿身轉重王肉轉輕乃至身盡諸臣親戚郤諸看人王今如此無可看也王言任看若有成佛道當忍此大事王以血塗手攀秤欲上盡對於鴿鷹言何用如此以鴿還我王言喪身無量今是求易佛道之時肉盡筋斷欲上而墮乃自責言汝須堅固勿得迷悶眾生墮憂海應須救護之何爲懈怠尚不及地獄之苦十六分一我特精進

猶患此苦何況地獄中無有智慧者時諸天讚言爲小鳥能爾時天地六動海水揚波枯木生華天雨香水諸佛來讚必成佛也鷹語鴿言是眞菩薩毘首言天主汝有神力可令彼平復釋言不須我也王自作誓感發一切帝釋語王言心不惱耶王言我心歡喜不惱不沒釋云誰當信汝菩薩言若一心不惱以求佛道者使平復如故語已平復人天見之皆大悲喜歎未曾有必當作佛我當供養尸滿相者如須陀摩王是王精進常依實語欲入園遊戲始出城門有一婆羅門來從我乞云王是

福德人愍我貧窮王言須待我還適至園中有兩翅鳥王名曰鹿足與山神共誓取一千王已得九百九十九王唯少須陀摩王從空飛來捉將王去諸女號哭哀慟一園鹿足捉王至所住處置諸王中須陀摩王涕零如雨鹿足言大剎利汝何以啼泣猶如小兒人生有死合會有離須陀答言我不畏死自恨生來不曾妄語而今失信許婆羅門行施辜負宿心自招欺罪是故啼耳鹿足言還去七日施竟便來就死若不來者我有力取王還恣心布施立太子爲王大會人民王乃謝云我智不周

小不如法當見瞋怒我今身非己有當去人民親戚畱之願王畱意垂蔭此國勿以鹿足鬼王為慮也當設鐵舍奇兵衛護鹿足雖神而不畏之王說偈言實語第一戒實語升天梯實語小人大妄語入地獄我今守實語盜失身壽命於是發去至鹿足所見來歡喜汝實語人不失信要人皆惜命脫竟還來汝是大人時須陀王廣讚實語呵責妄語鹿足聞之信心淸淨語須陀言汝能說此今相放捨諸王各還本國如是語已諸王各去云云忍成相者如羼提仙人在於林間修行忍辱時柯利王

將諸綵女入園遊戲飲食訖已王少睡息諸女採華於其林間見此仙人加敬禮拜在一面立爾時仙人為諸女人讚歎慈忍其言美妙聽者忘厭久而忘去王眠覺已不見諸女拔劍逐蹤見女在於仙人前立嫉妬隆盛恚目奮劍而擬仙人汝作何事仙人答言我修慈忍王言我今試汝當以利劍斬截手足及以耳鼻若不瞋者乃知修忍仙言任意王即拔劍截其手足及以耳鼻而問之言汝心動不答言我修慈忍心不動也王言汝一身在此無有勢力雖口言不動誰當信者是時仙人即作

誓言若我實是修慈忍者血當為乳即變為乳王大驚走將諸綵女而去時林中龍神為此仙人雨雷電霹靂致王毒害遂不還宮精進滿相者如好施太子求如意珠如第一卷末得珠墜海而抒大海正使筋骨枯盡終不懈廢誓得如意以給衆生濟其身苦諸天問之答云生生不休諸天見此精進助其抒海海水減半諸龍見海水減恐海乾竭送珠與之禪滿相者如螺髻仙人名尚闍黎有人畫像作僧形者非得第四禪出入息斷坐一樹下兀然不動鳥見不動謂之為木即於仙人髻中生

卵仙人定起覺其頂上有於鳥卵即自思惟我若起行鳥母永不復來鳥卵必壞即更入禪定至鳥子飛去爾乃起行般若滿相者如劬嬪大臣分閻浮提地以為七分城邑聚落皆使均等為息諍故百劫種相者過三祇已百劫種相種即修也即百劫中修於相業問於何處種答欲界人中南洲男身佛出世非緣餘人能種故也用意業第六識問初種何相答有云初種足下平初安立故然後種餘相有云紺眼先以大悲視衆生故雖有此語義不必然合時便種理無前後問一思多思答一

思種一相一相用百福問幾許爲一福答有云輪王於四天下自在爲一福有云如帝釋於二天自在爲一福有云乃至六天有云除補處餘一切人所有爲一福有云大千一切衆生共爲一福有云大千衆生盲能治得差爲一福有云大千人服毒治得差爲一福有云大千人死救得爲一福有云一切人破戒見能爲說法令捨是事爲一福有云無可譬菩薩入第三僧祇心思大行種相因緣故福無量惟佛能知論二十二又云菩薩修十善各有五心謂下中上上上上中上初發五心乃至具

足五心如是百心名爲百福成於一相如是至三十二名身清淨大經二十二文同獲五神通者未斷惑故無無漏通五通如助道中說

○次明眞諦二初明斷惑證眞

後心坐道場三十四心斷見思惑盡此三十四心八忍八智九無礙九解脫合爲三十四心也

三十四心者今取論意與諸經論明斷少別大論中云下地諸惑因時未斷至樹下時乃以九地九品思惑通名一九故云三藏菩薩位同凡夫以九無礙九解脫合爲十八見道中八忍八智合十六心總前合成三十四心俱舍婆沙意云下八地惑初修禪時先已斷竟惟非想地九品見思今在用九無礙九解脫以根勝故不復更修下八地定不同聲聞亦異緣覺緣覺先曾離八地惑一坐證覺更於九地次第而修更起無間解脫二道下八地中雖不斷惑觀行次第法爾故也地地各有一十八心九地便成一百六十二心見道十六合一百七十八心菩薩不爾故但三十四心此與俱舍不同什公翻譯及龍樹意俱不應誤不同意者今且以一意銷通令二論理齊俱舍取修禪時已斷惑

竟不復更斷智論依餘部雖有漏斷未名爲斷至菩提樹但斷非想八地俱得名爲無漏但是從部得名不同故使二論用義不等

○次引證一念中斷三十四心

又經言一念六百生滅成論師云一念六十刹那秖是一念從假入空得慧眼照眞諦而得成佛

引大經一念六百生滅及成論師數解不同秖明一念尚具多念以證無間三十四心未足爲妨

○三明中道二初辨異立中

前已照俗次復照眞二諦雙明與弟子異

三祇照俗樹下照眞望前明雙異於二乘及以菩
薩二乘菩薩在弟子位故云與弟子異而假立三
諦。
○次釋出假立中道之相
菩薩但照俗不照眞二乘但照眞不照俗佛能兼俱
更加中道第一義諦三藏二諦已是方便於二諦上
更加中道方便之上更復方便照見此諦更加佛眼
知此諦故更加一切種智。
旣自無體但從俱照假立中名中名旣假照中眼
智亦復假立故云更加。

○次辨離合
離則有二合則有三。
若分屬弟子或佛自分已屬前後故但有二若全
在佛餘人所無是故於佛得三諦名所以五重三
諦之中無三藏者以其中道無體故也。
○三結成
是爲三藏法中二諦三諦離合之相也
○次明通教離合八初標三乘同異
次三乘人同以無言說道斷煩惱論諦離合者俗諦
則同眞諦則異。

雖即同斷以菩薩中有利根故離眞出中故云眞
異。
○次引證三初大論。
大論云空有二種一但空二不但空。
○次大經
大經云二乘之人但見於空不見不空智者非但見
空能見不空不空即大涅槃。
引大論等者智者即是利根見中名見不空不空
秖是不但空也三德具足名大涅槃
○三引大品

二乘但空智如螢火菩薩之人智慧如日。
引大品文如日之智即照中也鈍者始終但見於
空法華被會即非此中開合義也。
○三正明開合
旣空異智別則有兩諦之殊而今合爲一眞諦
但不但空名爲空異一切智照但空一切種智照
不但空名爲智別眞旣含二智亦二別於眞諦中
開出中道故云則有兩諦之殊而今合者且據通
教故云而今作二諦說但名眞諦
○四開出二乘利鈍菩薩觀諦差別別故得有含

中之義。

二乘體假入眞。秖入但空。不能從但空入假無化他之用。菩薩體假入但眞。能從但空入假化度衆生淨佛國土。

言淨佛國土者。通教出假菩薩。亦爲衆生作淨土因。處處結緣。衆生機熟。斷習成佛。名淨佛土。結緣之時。名淨土行。故淨名云。菩薩取於淨土。皆爲饒益諸衆生故。故云布施是菩薩淨土。菩薩成佛時一切能捨衆生來生其國。結緣之時。以布施攝成佛之時。地多珍寶。諸能捨者同生其土。而受五種

布施化益。由攝生時有五差。故所謂人天及以四教。一切諸行無非菩薩淨土之行。故有四土橫竪攝物。此依跨節。是則淨土義通諸教。今文且依通教菩薩。斷餘殘習爲淨土果。但是異於二乘而已。若大經二十二。明淨土義。但云願攝其義則通諸教觀。別攝生皆然。

○五明利根菩薩。開眞出中。

上根菩薩體假入眞。前入但空。次入不但空。則破無明。見佛性。與前眞永別。豈可同爲一眞諦耶。

○六破古。二。先破莊嚴。三。初出。

莊嚴家云。佛果出二諦外。

○次破。

得此片義而作義不成。不知佛智別照何境。別斷何惑。

○三論。

若得今意。出外義則成。

○次破開善。三。初出。

開善家云。佛果不出二諦外。不能動異二乘。

○次破。

作義復不成。

○三論。

若得此意。不出義亦成。古來名此爲風流二諦。意在此。

莊嚴云出。開善云不出。此由三乘共學菩薩有但不但。古人不曉利鈍兩根。但諍佛果出與不出。終未見今開合之意。故使二家各明已計。今文並破是故皆云作義不成。故知二家各得今文利鈍一邊。故云片意。仍不能知出外別照中道之境。用中道智進破無明。故云片意。若不能知鈍根依教與二乘人同證眞諦。是亦但得今文片意。若全得今

意出與不出義皆悉成古來名此等者任二家所說各謂幽深是非難分古來無判是故古人雙美二說名此二諦名曰風流言風流者動止合儀故許二家出入無失於今被破出入俱非舉措失儀風流何在若依今用含中二諦進退咸美風流有餘如僧傳中有乘法師先與一法師住開泰寺此師中途離開泰寺後時乘於本寺開講序此佛果出二諦義此師難云爲佛果出二諦爲二諦出佛果乘反質云爲法師出開泰爲開泰出法師答曰如鴛鴦鳥不住圊厠乘曰釋提桓因不與鬼住答

曰鵄翅羅鳥不棲枯樹乘曰猶如大海不宿死屍往復雖佳理竟未顯且如大經三十六文末佛說觀因緣智四種不同得菩提異說是語時十千菩薩得一生實相五千菩薩得二生法界章安云三乘同觀第一義諦智解不同一生二生乃是破無明一品二品實相是別理法界是圓理即是利根接入別圓破無明已八相作佛是爲佛果出外義也但觀諸經會未得道即識所說共別之意

○七辨異

但空不但空合時秖是一眞諦離時成兩眞諦與三藏家異彼三藏第三諦但有中道名無別體眼無別見智無別知今則不爾第三諦亦名眞諦亦名中道第一義諦有別體別見別知

○八結

是爲通教二諦三諦離合之相也

如文

○三明別教離合四初明有無爲俗以異前二

次別教明二諦與前永異前之眞俗合爲別家之俗合前藏通眞俗二諦同爲別教一俗諦耳

○次釋俗諦義二初正釋

俗者是世界隔別俗有眞無凡夫爲俗諦所攝二乘爲眞諦所攝旣有無之異故稱爲俗

凡言俗者隔別爲義含於有無義攝凡小有此異故稱之爲俗

○次引證二初引勝鬘

勝鬘名二乘作空亂意衆生

證二乘人爲俗所攝雖謂爲空亂故屬俗

○次引大經

大經云我與彌勒共論世諦五百聲聞謂說眞諦

引大經者亦復如是菩薩之俗二乘謂眞三十二

云我雖說衆生悉有佛性是佛自意語如是語者後身菩薩尚不能解況復二乘及餘菩薩我於一時在耆闍崛山與彌勒菩薩共說世諦舍利弗等五百聲聞於是事中都不識知何況出世第一義諦經文意者隨情說於別教之俗彼尚不識況復隨智第一義諦章安問佛於何處爲五百說答如華嚴中如聾如瘂者是此卽別教眞之與俗二乘並迷

○三正明開合

若論二諦俗諦不開若作三諦開有爲俗開無爲眞

對不但空爲第一義諦

雖有開合必須有中異前兩教不同通教約鈍無開

○四結

是爲別教離合之相也

○四明圓教離合三初明本實無開

次圓教但明一實諦

○次引證無開說開二初引大經

大經云實是一諦方便說二今亦例此實是一諦方便說三

○次引法華

法華云更以異方便助顯第一義

初引大經者本實無開爲衆生故方便說開法華亦爾言助顯者於一實諦開爲二三卽名所開爲異方便何者既已開竟復以所開助顯於實若約理者尚無一實況復二三但讚佛乘生謗没苦爲是義故須明助顯應以二義釋異方便別而言之三藏爲異通眞含中故不名異通而言之三教皆名異方便也別教教道非全同故況復通眞含帶而已是則當知爲他故開顯實故合

○三結

是爲圓教二諦三諦一諦離合之相也

○次約二四論開合也與前但是橫豎不同論其諦體更無差別於中又四先判橫豎次則有下列三生滅下正明開合四以論偈合問何名橫豎答三諦相望深淺不同故名爲豎苦集道滅二二相望無復淺深故名爲橫又以二望二亦無深淺但是能治所治不同是故四諦名之爲橫問前三三四容可橫豎圓融三四如何橫豎答實如所問今言橫豎者如三諦中且據開一以爲二三卽名二

三以爲方便方便望實亦得名豎開權顯實無復二三何所論豎既於一實不分而分分爲三諦何妨此三非橫非豎而名爲豎四諦亦爾約方便教可說爲橫無作四諦本來相卽與誰論橫亦是不分而分分爲四諦何妨非橫非豎而名爲橫如六卽位非橫非豎而得名豎諸波羅蜜非橫非豎而得名橫故知橫豎高廣不二今初

次明四諦離合者前三諦二諦一諦皆豎辨四諦則橫論

○次列

則有四種四諦謂生滅無生滅無量無作等

○三正明開合

生滅四諦卽是橫開三藏二諦也無生四諦卽是橫開通教二諦也無量四諦卽是橫開別教二諦也無作四諦卽是橫開圓教一實諦也

○四以論偈合

今將中觀論合此四番四諦論云因緣所生法者卽生滅四諦也我說卽是空卽無生四諦也亦爲是假名卽無量四諦也亦名中道義卽無作四諦也

引中觀論者但是觀諦巧拙四句攝持諸諦

○次明智離合者智不自分還須約諦故今文中皆云照諦諦體恒三智有增減者約教相說增減不同論其實體亦無增減且依大體以三爲準又復三法諸文定故又二今初且依諸經列智以爲問端釋中初對此智至三智

二明智離合者諸經或說一智二三四乃至十一智等若說三智可用觀三諦如其增減當云何觀

明一智

○次釋四初約智開諦體恒三七初對一智二初

一智者經云一切諸如來同共一法身一心一智慧力無畏亦然唯一佛智卽一切種智一相寂滅相種

種行類相貌皆知名一切種智

初對三諦智有離合者初從一智乃至四智以觀三諦以一對一乃至以四對三文相可見文雖可見如初一智觀於一諦諦之與智亦各含三故次釋云此智觀三諦者此智卽是向之一智還引向來一智之文開成三義既觀三諦智亦成三

○次釋智照境

此智觀三諦者若言一相寂滅相卽是觀於中道若言種種行類相貌皆知者卽是雙照二諦也

○次對二智。

若二智者。所謂權實。權即一切智。道種智。觀於有無兩諦也。實即一切種智。觀於中道諦也。

即是二智觀於二諦。智諦雖二。義已含三。如云權即一切智及以道種智觀於俗中有無兩諦。若離權智以爲二智。離於俗諦以爲眞俗。則智諦俱三。

○三對三智。

三智觀三諦。可解不說。

三智觀三。一一主對。無開合異。故云可解。

○四對四智。二初明四智。

四智者。如大品明道慧。道種慧。一切智。一切種智。釋論解此有多種。或因中但有理體。名爲道慧。道種慧果上事理皆滿。名一切智。一切種智。或言因中權實故言道慧。道種慧。入空爲實慧。入假爲權慧。或言果上權實。故言一切智。一切種智。直緣中道。名一切智。雙照二諦。名一切種智。或言因中總別。果上總別。或言道慧。道種慧。是單明權實。一切智。一切種智。是複明權實。

四智者。四智亦是權實二智。對因果等。是故成四。開合觀諦。不出於三。具如向說。言智慧者。若通途說。智秖是慧。俱通權實。及以因果。如云般若。翻爲智慧。如大論云。因名般若。果名薩婆若。及以修習智慧等者。此即智慧俱在於因。如云止觀爲因。眼智爲果。如來智慧。諸佛智慧等。此則智慧俱在於果。若云方便智慧。此則智慧俱在於權。如云智慧甚深。此則智慧俱在於實。今從別義。故分因果。於別義中。而於慧上。加道及種。於其智上。更加一切及種。名者。道是因義。因果二文。各加種者。種謂種別。兼顯於權。及以事類。因時用權。權智未周。至果智滿。故復名種。果法徧故。故名一切。若得此意。四

義可知。問。三慧品中品名三慧。文中所釋。何以至四。答。因二果二。開各具三。故云三慧。文從合說。因果共論。故成四別。文中所釋。又有四重。並是論文皆著或言者。善判經文。決斷諸釋。豈過龍樹。每於一文。存於衆解。而亦不決臧否者。以佛意多含。順部類故。令人釋義。未閑經旨。故是一非諸。所言因中理體者。三諦之理。一念具足。果上滿者。滿故有用。故加一切。因中道慧。理具中道。因中道種。理具二諦。若至果時。一切智見於中道。一切種智見於二諦。此一切名。不同二乘。對義意別。因中道慧。是

實道種是權若智果時一切是實一切種是權言總別者直語道慧一切智故故名爲總各加種故故名爲別直語道慧道種慧故名爲單轉慧名智各加一切是故名複是則一權一切權一實一切實是故單複俱通因果今亦從別故慧單而智複

○次結智照境

如是等種種釋四智四智秖是照三諦也

若因若果俱三故也例前可見故云秖是

○五擧例五及無量

若經中有明五諦六七八九乃至無量者但得此意

釋之使入三諦也

若得前來一智至四但觀三諦則曉諸經五至無量咸成三諦故云使入故知小乘一切諸諦使入三諦乃至大小俱入於三或二或一

○六約十一智

十一智者世智他心智兩種照俗諦八智觀眞諦如實智觀中道

約十一智者餘諸經論但列十智惟大品中加如實智言十智者藏通義同但分巧拙通中以有共乘故也復有不共故加如實小乘十智具如俱舍智品中說謂世智他心苦集滅道法比盡無生隨智不同照十一境合而言之亦不出三諦世及他心以照俗者且約有漏苦集等八以照眞者且約前二如實一智以照中者共約兩教

○七結歸

是名智有離合而三諦不動

○次約智諦俱開

復次智諦俱開者隨其多少自相攝如三諦即有三智二諦即有二智此義可解

明俱開者隨其多少如十一智照十一境等乃至

如對二三此則可見

○三約智諦俱不開二初正明不開

又智諦俱不開者且據一諦一智不增不減此亦可解

俱不開者惟一佛乘佛智照實旣惟一實亦名開權

○次結歸顯體

若智雖開合終是實智能顯體也

今境界意意在實境雖有開合實爲所顯

○四約諦智合辨者二初正辨諦智雙論故云合

也四教兼接總爲五段。一一段中。皆先明境發智。次明智緣諦緣之與發俱是合明。今初明三藏二。初明境發智。

次約諦智合辨者。三藏眞諦發一眼一智。俗諦發一眼一智。兩諦共發一眼一智。

兩諦共發者。惟三藏佛雙照二諦。假立中名。是故云共。

○次明智緣諦。

慧眼一切智緣眞諦。法眼道種智緣俗諦。佛眼一切種智共緣眞俗兩諦。不得道雙照。秖得道前後共照耳。

○次明通教二。先明境發智。

通教眞諦發二眼二智。俗諦發一眼一智。

眞諦共發二眼一智者。含中故也。

○次明智緣諦。

一切智一切種智。共緣眞諦。道種智緣俗諦。

○三明別接通二。初明境發智。

若作別接通者。俗諦發一眼一智。眞諦發一眼一智。開眞出中。發一眼一智。

開眞出中者。若已被接。得入證道。乃成三諦。

○次例智緣諦。

智緣諦亦如是。

○四明別教二。初明三諦智二。初明境發智。

別教三諦。一一諦各發一眼一智。

○次例智緣諦。

智緣諦亦如是。

○次明二諦智二。初明境發智。

若別教作二諦者。俗中空發一眼一智。俗中有發一眼一智。眞諦發一眼一智。

○次例智緣諦。

智緣諦亦如是。

○五明圓教二。初明境發智。

圓教者。一實諦發三眼三智。

○次例智緣諦。

智緣諦亦如是。

○次料簡二。初問。

問。云何以別接通。

問者。何獨接通。而不云藏。何獨別接。而不云圓。此問上來開眞出中故也。

○次答二。初明通教須用別接。以機別故。

答初空假二觀破眞俗上惑盡方聞中道仍須修觀破無明能八相作佛此佛是果仍前二觀爲因故言以別接通耳。

若初後不聞全屬前二若從初即聞全屬後兩復有一人破二惑盡至第八地方聞中道聞已修觀進破無明得法身本八相作佛雖見中道必假通教空假二觀爲前方便必待別理接之方聞今言別接者應具二義一者別教教鄰近故二者別理理異眞故。

○次明不接餘教之意四初明不接三藏。

不以此佛果接三阿僧祇百劫種相之因故不接三藏。

不以此佛果者若初地初住雖有八相不受果名。通中九地二觀爲因至第十地八相爲果若被接者破一品無明亦得八相仍從舊說故亦名果是故惟將此果接通不以此果接三藏等者有四義故一者接於可接三藏因拙不可接故二者得受接名方可用接謂用前教有始無終已用七八不至九十即用後教有終無始但用向地不須住行中續接之故得名接三者不須接故亦不名接如初地初住已成眞因亦破無明八相作佛任運流入何須更接四者得受接義謂約教分齊文中初義即此第一不可接故此第二義正當通教可接者是若接入教道在回向中若接入證道即在初地若接入圓亦分教證彼說可知三祇百劫來入別教但在十信若來入圓但在五品是故但成後教初心從初至後有始有終雖從藏來仍同當教是故三藏不得接名故雖接通若從乾慧性地來者亦不名接義同三藏初後心故故四念處云通有三種一者因果俱通即通教是二者因通而果

非通即被接者是三者通別通圓即是別圓用於通教而爲方便但成別圓因果人也是故菩薩據位雖同乾慧性地觀慧猶劣是故亦復不受接名文云不將此果接十地之因者即第三義是別接通仍通七地八地爲因故稱十地八相爲果豈將此果卻接別教十地已破十品之因此因自趣妙覺之果豈可卻趣一品之果若接初果初地復同已破一品既無優劣何須用接況復還成以別接別接別地前自用圓教妙覺之果或用別教妙覺之果何須用此一品果耶況復此教初地非果況

當教妙覺本望此果而生信心何須至此方云被接言不接十住者別教十地雖破十品猶帶教道尙不須接況復將破一品八相卻接圓教十住位耶顚倒之義亦同十地第四義者卽文中云惟得以別接通則是別理接於通理故今文意應須修觀進破無明不分但中不但中別故知語地已含於住豈有初住更接十住今文重云不接十住故不接圓仍存別教教道故也亞文以圓接通別者分於教證位行別故今不云者約證道故但約觀故問接與不接何者爲最答四念處云被接之人

如土石爲基金寶累上豈如從下純累金剛此歎始終俱妙故爾若賢位中諸菩薩等從漸來者其功尙强何者諸法先熟藏理易明如歷任居極富從貧來是故他方菩薩皆歎此土初心菩薩忍苦捍勞從於香積來此聽法者權法未熟是故經遊

○次明不接別教。

不將此果接十地之因故不接別。

○三明不接圓教

不將此果接十住斷無明故不接圓。

○四結惟接通教。

惟得以別接通其義如此。

○四明得失二初以思議不思議雙標得失自他俱爾是故雙標圓離性計及能化他方名爲得。

四明得失者失卽思議得卽不思議也。

○次約思議不思議各釋得失二初約性計明失四初出性過之相四初明自性境智三初出自性智。

若言智由心生自然照境

此釋性義不殊諸文而語勢稍別以諸文中皆約自他單說故也如單約智秪云智自是智名自性

智由境故智名他性智境智因緣故智名共性智離境離智故智名無因智若單約境準智可知雖復單說義必雙明是故此中境智對說今初文云不相由藉者文似自然乃是自性何者智不由境是自性智境不由智是自性境爲相對說故云不相由故智中云智由心生自能照境

○次譬自性境

如炬照物若照未照此物本有。

○三合結。

若觀不觀境自天然諦智不相由藉。

○次明他性境智三初出。
若言智不自智由境故智境不自境由智故境。
言相由而有者文似共性乃是他生智由於境名他性智境由於智名他性境爲相對說故云相由
○次譬
如長短相待。
譬長短相待者亦是兩向對說爲譬長待於短如他性智短待於長如他性境。
○三結。
此是相由而有。

○三明共性境智二初出。
若言境不自境亦不由智故境境智因緣故境智亦例然。
文似無因乃是共性何者不獨由智故境亦不獨由境故境境智因緣故境約智亦爾故成共生既不專由故云不獨亦應譬云不獨由長不獨由短由長短故得有於長亦由長短故得有短如因五寸及以一尺和合方知五寸爲短和合方知一尺爲長是故境智俱名因緣。
○次結。
此是共合得名。
○四明無因境智。
若言皆不如上三種但自然而爾即是無因境智。
皆不如上三種者如云不由智故境亦不由境故境亦不由境智因緣故境智亦如是亦應譬云不由短故而有於長不由長故而有於長不由長短得有於長短亦如是如云不由五寸一尺長短而知五寸之短不由五寸一尺長短而知一尺之長也此計意欲非於前三而所計最劣。
○次結數指過。

此四解皆有過。
○三釋計招過過增苦集而失道滅二初文是集。
所以者何有四取則有依倚依倚則是非是非則愛恚愛恚生一切煩惱煩惱生故戲論諍競生諍競生故起身口意業。
○次苦。
業生故輪廻苦海無解脫期。
初集中云有四取等者依於四句而起取著故名依倚有依倚故自是非他名爲愛恚愛恚生故亦生痴慢如是次第八十八使故云一切由意是非

而生戲論戲論則爲諍競之本諍競生故起於身業轉至未來苦海無已苦果深廣故名爲海

○四結計成過爲生死本

當知四取是生死本

是故四計能爲生死之本名生死本

○次約破性明得六初引龍樹破性計

故龍樹伐之諸法不自生那得自境智無他生那得相由境智無共生那得因緣境智無無因生那得自然境智若執四見著愚惑紛綸何謂爲智

伐者傾倒也即是破也破他生云那得相由者亦

約對破故云相由準此破自文亦應云諸法非自那得不相由境智若單說者破自秖應云法不自生那得自境智亦如是破他應云法不化生那得由智故境智亦如是倘無自他及以共生豈有無因能破四性不獨破他外計而已龍樹正用此爲觀法亦是用此通伸佛意成諸教觀而世人昧之別立觀法誠爲未可故大經三十六佛告須跋汝今能觀於實相則破一切諸有苦須跋言何名實相佛言無相之相名爲實相須跋言何名無相之相佛言一切無自相亦復無他相無自他共相亦無無因相乃至無有一切諸相第三十師子吼歎佛言如來世尊破邪道開示衆生正眞路行此道者獲安隱是故稱佛爲導師非自非他之所作亦非共作無因作前令須跋問常取果即別圓意兼於藏通若師子吼歎如來者惟在圓別是故諸教皆離性執但於所破深淺不同諸經論中斯例甚衆故此破性雖在衍門三藏多觀因緣生滅既破生滅亦無自他共等三計況復生滅元破邪無是故四教亦可通用

○次明今家用龍樹破法滅前苦集以成二空

今以不自生等破四性性破故無依倚乃至無業苦等清淨心常一則能見般若

性破即性空無依即相空空非二邊故云常一則能見於中智般若

○三用不自生等以對四教二初三藏二先正對

以是義故自境智苦集不生即是生生不可說

○次引身子以證

故身子默然

○次圓教二先正對

乃至無因境智苦集不生即是不生不生不可說

○次引淨名以證。

故淨名杜口言語道斷心行處滅

不自生等以對四教準應教教各破四性隨義便故欲以此四攝彼四故故以四性對於四教兼知四句義旨幽深故前後文以此四句總對別對教教各四名別對也四句對四名總對也復識四教因緣不同乃至四教自然亦別並在一念一時俱破何者如此方俗典有計元氣而生即是計自有計父母而生即是計他有計由元氣故假於父母即是計共有計自然即是無因故莊云天其運乎

地其處乎日月諍於所乎孰主張是孰綱維是孰居無事而推行是莊既不達緣起之法而亦不知誰張於天誰綱於地誰推日月不測其業故推依報而屬自然老計守雌自然猶薄如此計者欲比西方優劣天隔故知此土昏俗計自然等有言無行況今文自然圓人所計乃至自生是三藏所計故知義異名同善須斟酌文中但舉初後中間準知又第十卷釋君弱臣强等但以自他各對界內界外二教如第七卷釋助中道而以生等對四教進但以生名與進義同望今復別故知隨義不可一準今此三藏對於生生以爲自者三藏人云境常生滅豈關於智令境生滅名自生境無智而已有必生滅亦不由境令智生滅自生智也以生不生爲他性者通教人云由無生智照境無生他性境也由無生境發無生智他性智也如云諸法不生故般若不生般若不生故諸法不生以不生生爲共性者別教人云由於本有理體爲自復藉緣修方便爲他眞緣和合能生一切又出假時由所化境及以大悲內外和合方能利他又由諸法與俗智合方能利他以不生不生爲無因者圓教人

云不可思議非境非智若照不照境自天然名境不生若觀不觀智常本有名智不生境智冥一假爲立名文中略引身子淨名以證初後中間應以三乘無說以證通教無言菩薩以證別教一一句中皆云苦集不生者斥前性計有性計故苦集增長是故今以法性觀之求生生之自不可得故乃至求不生不生之無因亦不可得若當分者即是當教證無生理是故句句皆云不說

○四明爲他還作四句而說一一悉中皆作四說三初正明。

雖不可說有四悉檀因緣故亦可得說。或說自生境智。乃至或說無因境智。

○次結成二空。

雖作四說性執久破。如前但有名字。名字無性無性之字。是字不住亦不不住是爲不可思議。

言如前者具如向來始從若言下乃至心行處滅文是也。

○三引證。

故金光明云不可思議智境不可思議智照卽此意也。

彼四卷經第三散脂品云不可思議智光。不可思議智炬。不可思議智行。不可思議智聚。不可思議智境。今文云照經又云光炬聚者。秖是歎智具德耳。智行者秖是智所導行。智境者秖是智所照境。總而言之秖是境智行三。一一皆云不思議者明境智行更互相冥雖復相冥境行必由智照智導故一一句皆云智也。今文爲明智境相卽且畧於行理亦應具。

○五判權實此是不思議權實。

若破四性境智此名實慧若四悉檀赴緣說四境智者此名權慧。

○六約教以判得失爲顯不思議故也。四。初約三藏教卽教教中皆有四性從別義也。又二。初判。

如是境智凡夫兩失二乘一得一失菩薩兩得。

○次釋。

何以故凡夫有四性自行爲失無四悉檀化他爲失。二乘破四性入第一義自行爲得不度衆生化他爲失菩薩具足是故兩得。

釋初三藏教故對凡夫云有四性下之三教皆應有之文無者畧凡有性計卽屬凡夫凡夫有計成

自行失故後三教皆約自行破性論得又前二教聖於後同凡若約化他有四悉者能有化他故名爲得展轉相望乃至圓教互爲得失別教執於眞緣等四成性過者諸佛菩薩赴緣利物若執赴機不同之說各明己見故成性過作此計者皆從初心至迴向時方漸無執至圓教中言教證俱實者前之兩教教證俱權圓教教證俱皆是實此並易明但別教中教權證實意稍難曉人多迷之使此別教其義壅隔是故今家借用地論教證二道以消別門於中應須先知二意一者約行則地前爲

教登地爲證何者地前仰信登地現前豈有親證復存隔歷二者約說爲地前說始終屬教何者如云眞如爲惑所覆或將十度以對十地互不相收或云須離二邊修眞如觀或云等覺入重玄門或云五地習學世法或云八地入無功用等覺一位或有或無斷十二品稱爲妙覺如是等例不可具載悉是權施爲引凡下爲入地方便入地自證權門自開故云初地即是初住入證道也又云初地不知二地菩薩舉足下足若約理說名字觀行尙自知圓豈有初地不知二地若云下位不測於上

圓亦展轉迭不相知何但別人教門方便今文非專判教優劣但存次第及不次第迷之尙寬若讀立文善須曉此教證二道則別門可消若依教修行彌須善識是故今文時時畧用若不曉者初心明理兩說不同若不識之措心無地如云初心知理即是或云理具萬德待行或云解圓行須漸次或云理有不用諸法如此說者非別非圓非通非藏教相不說推與何耶

○次約通教

又凡夫兩失是思議失二乘一得一失俱是思議若薩兩得俱不思議此約通教辨得失

○三約別教二初以別望通判不思議

若別望通通教兩得俱是思議別教兩得俱不思議

○次以圓望別成可思議

若圓望別別教教道兩得俱是思議何以故教門方便或言無明生一切法或言法性生一切法或言緣修顯眞修或言眞自顯執此還成性過墮可思議中也若證道者即不思議也

○四約圓教三初明教證俱不思議

若圓教教證俱不思議

○次釋教證俱不思議

何故爾至理無說爲緣四說但有假名假名之名名即無生故教證俱不可思議也

○三正明圓教自他之相以明今文無失顯體

無思無念故無依倚戲論結業無業故無生死是名自行爲得得於實體能以不可說說化導衆生令出生死得於實體是爲自他俱得體也

○第四明攝法二初明來意立疑二初疑

第四明攝法者疑者謂止觀名畧攝法不周

○次釋二初總釋

今則不然止觀總持徧收諸法
不以名畧令體不周
○次別釋二初正釋
何者止能寂諸法如灸病得穴衆患皆除觀能照理
如得珠王衆寶皆獲具足一切佛法
止觀各以一喻喻之如灸得一穴治一切病如得
如意珠名爲珠王故大經三十一云猶如醫方悉
爲治病於一名下說無量義或於一義說無量名
云何一名說無量義如大涅槃亦名無生無出無
作歸依窟宅解脫燈明無畏彼岸等

○次引證
大品有百二十條及一切法皆言當學般若般若秖
是觀智觀智已攝一切法又止是王三昧一切三昧
悉入其中
旣云一切皆學及一切入中當知止觀攝一切法
已如前引
○次開章別釋二初開章三初列
今更廣論攝法卽爲六意一攝一切理二攝一切惑
三攝一切智四攝一切行五攝一切位六攝一切教
實體止觀以爲能攝事理等六以爲所攝所從於
能故云攝法雖辨偏圓次不次等但明實體所攝
法徧豈所攝差降令體分張且如成論三藏一門
止觀品中先設問云佛諸經中告諸比丘一切皆
應修行二法所謂止觀問一切須修何但二法答
止名定觀名慧一切善法此二攝盡乃至散心聞
思等慧亦在此中以此二法能辨道法故也何者
止能遮結觀能斷滅止如手捉觀如用鎌止如埽
帚觀如除去止如揩垢觀如清水止如水浸觀如
火熟止制掉心觀起沒心乃至多義不能具記此
中列章理乃至教具依彼論六重義門雖大小不

同能詮名等名通義別卽此意也他謂成論義通
大乘今問何如華嚴大品大集
○次生起次第
此六次第者有佛無佛理性常住由迷理故起生死
惑順理而觀是故論智解故立行由行故證位位滿
故教他
生起文相可見
○三畧示六章攝相
事理解行因果自他等次第皆止觀攝盡也
畧以事等攝於六章初事卽攝五章理但事理也

解即是智位通因果。因復攝。於理惑智行。教他但他餘並是自。自行化他。因果攝盡。此之六章。文六義二各有次第及不次第。意惟在一。同是圓頓止觀攝故。

○次別釋二。初文別釋。義當次第及不次第。次文相攝。惟不次第義當開顯。初明六法別釋六。初攝一切理者理不出二。秖是權實。開爲四。者約能詮教。今約所詮。是故但云縱隨教相亦不出二。

一以三止三觀攝一切理者。理是諦法。如上開合偏圓不同權實之外。更無別理。除摩黎山。餘無栴檀。若

更有者。即是妄語。既以止觀顯體。即攝一切理也。

○次攝一切惑二。初約向理以辨於惑。故約迷於權實二理。以辨惑體。通別不同。迷理之本所謂無明。無明以爲因緣之首。故通別惑並約因緣。初釋迷於權理十二緣中。言獨頭者。婆沙云。不共無明。不與使俱。問。亦有不共掉纏等耶。答。無也。人謂既有不共無明。亦應合有不共掉等。一切染等盡有無明。惟有無明獨有不共。故法華中以蜈蚣等用喻獨頭。以狖貍等喻於相應。此等但喻二癡不同。不見更有獨頭掉等。受所喜樂者。樂字。五孝反　又二

初總明。

二止觀攝一切惑者。以迷諦故。起生死惑。惑迷即無明。

○次別明二。初明界內十二因緣五。初十二因緣。

若迷權理。則有界內相應獨頭等無明。與見思諸使合者名相應。不相應者名獨頭。是事不知故起貪。不知者是無明。起貪是行。貪者是識。識共四陰。起是名色。色動諸根是六入。六入所著是觸。觸隨順塵是受。受所喜樂是愛。愛俱生纏自取。造當來生業是有。未來陰起是生。陰熟是老。捨陰是死。

○次束爲三道。

是十二輪。更互爲因果。煩惱通業。業通苦。苦通煩惱。故名三通。

束十二緣以爲三道。十二因緣。輪轉相生。是故三道亦輪轉相生。大論第二十二因緣輪。婆沙十地經等並同俱舍云。三煩惱二業七事亦名果。畧果及畧因由中可比。二從惑生惑業。從業生於事。從事事惑生。有支理唯此。初四句是以畧攝廣。故論云。應知緣起雖有十二。而二三爲性。三謂惑業事。二謂因果。就中又二。初兩句正明相攝。下兩句釋妨。妨曰。何故過未畧而現在廣。釋曰。由中可以比

知現在名中故也次從惑生惑謂愛生取從惑生業謂取生有及無明生行從業生事謂行生識及有生生從事事惑生者謂從事生事即識生名色乃至生受從事生惑謂受生愛

○三引論證三道相

成論云前行後三中後行前七中七是業復是道能通後世後三非業而能通七亦得是道

問三障三道但苦與報二名則別業與煩惱二則同者何耶答苦是報家之苦亦報即是苦故知名異義同問三名既同障之與道二名不同者何答

能蔽聖道故名為障展轉互通故名為道並從過患功能立名今十二輪為三道者能通與輪轉義同故文與成論同也論明業道業必以煩惱為能通必以當苦為所通文雖舉業義以具三故得引證故論十不善業道品問云何名業道答意即是業於中行故名業道前行後三中後行前七中三是業非道七亦業亦道此是具錄論文人未見論秪見續在十二緣後便作十二因緣釋之甚不可也今先銷論文次會三道論品雖題名業道品今文引用意通三道意即是業者意地思也於中行者行身等也故知身等為意所行名為業道業之道故業即道故名為業道前行等者辨起先後將教所列對起先後文列次第身口居先意三居後起之次第意三在先身口居後先起意地故云前行文列在後故云後三後動身口故云後行文列在前故云前七中字但是助句而已云在此七及三中耳亦如五陰文列與起麤細更互四諦因果亦復如是然論文意三是業非道者非身口故亦業亦道者身口二業為意業所行故復名為道今文義立意為能通亦得名道是故後三通至身

口故云而能通七前七是業復為意行是故論云亦業亦道今文前七復立二義一是所行如論文意故云是業復是道二是能通通至後世故復名道意三即煩惱道行於身口即煩惱通業業至後世即業通苦故知正用成論三業以釋三道引論釋成其意在此

○四釋名

經中亦呼為十二牽連十二輪束縛不窮故名為輪三世間隔故名分段

牽連等者增一第四十佛自看比丘病因責諸比

王言汝為何事而出家耶為畏王等為欲捨於十二牽連三世繫續故名牽連十二輪等並大瓔珞文展轉不窮猶如車輪

○五結成攝法

覆眞諦理不得解脫此即是病說病即知藥藥即從假入空止觀觀藥即知病故此惑為入空止觀所攝也

○次明界外十二因緣五先對小辨異界外亦有相應獨頭而與界內其體永異即障中道相應獨頭亦是與界外見思諸使合者名為相應直爾障

理名為獨頭言相應者如云自此以前皆名邪見又等覺以來修離見禪此即界外同體見也方便實報二土五塵為界外思如此見思必有無明名為相應

若迷實理則有界外相應獨頭等無明所以者何界內雖斷相應獨頭而習氣猶在小乘中習非正使大乘實說習即別惑是界外無明也

○次依論釋相

故寶性論云二乘之人雖有無常苦空無我等對治於佛法身猶是顛倒顛倒即是無明獨頭無漏智業

為行三種意生身亦是五種意生身意即是識身即名色六入觸受無明細惑戲論未究竟即是愛取煩惱染業染生染未究竟即是有三種意因移即是生其果變易即是老死

依論釋相故今文中引寶性論顛倒即是無明獨頭顛倒是相應即二無明也三種意生身中三種俱名意生身者楞伽大慧問佛何名意生佛言譬如意去速疾無礙名為意生此即從譬故彼生身譬如意去彼經兩義而釋通名初云如十萬由旬外憶先所見念念相續疾至於彼次云如幻三昧

力憶本願故生諸聖中初云憶處次云憶願二義並是意憶生故名為意生今山門家作意生故名為意生經即云憶憶即作意是故義同次第四卷釋三別名初無常品云意生三種一入三昧樂意成身亦云正受即三四五地心寂不動故也二覺法自性意成身即八地中普入佛剎故以法為自性三種類俱生無作意成身謂了佛證法成之與生並從果說此約通教及以別接豎判次位今家玄文並云在前三教者以通諸教釋義故也既云八地是覺法自性驗知初文雖云五地亦兼七地

即入空位也八地即當入假位也種類俱生云了佛證法即是入中屬佛種類未必自證若接入別七地以前入別十住八地以去接入十行知佛證法是入廻向並非證道故名意生仍本爲名兼不接者共結此位故並云地三昧樂意倚攝三藏二乘之人況通二乘今家玄文判楞伽經意生之位以劣而攝於勝故指二乘等以攝通別若對別位未攝證道是故但從地前判位故知今判與經意同經文未攝別位爲異言五種者約開合耳名惟有三義開成五於三昧正受開出三藏二乘於覺

法中開出別教十行若作七種兩教二乘各開爲二別教十住義仍同於通教入空故下文云凡有多種若論九人生方便中則取圓教六根淨位攝入三種意生身中亦應可解以並未斷無明未生實報玄文不云攝入三者以觀勝故且置不論又意生之名宜在教道三種意因移等者因移果乃多從下生上

○三論束爲三道

束此十二是無漏界中四種障謂緣相生壞緣即煩惱道相即業道生壞即苦道故知界外有十二因緣所以者何降佛以下皆有無明無明潤業業既被潤那得無苦

○四辨同異

此十二輪雖不退界墮下不妨從無明輪至老死從老死輪至無明障於實理良由此惑

○五結成攝法

此惑爲入假入中兩觀所治

並如文

○次料簡二初總標

更料簡之何以故三種意生身凡有多種

○次別釋二初明析體

若析體二乘及通菩薩等先斷界內惑盡而未曾修習假中者生於界外惑全未被伏其根則鈍若於彼界外習觀時必須次第歷劫修行學恒沙佛法先破塵沙塵沙雖不潤生能障化道故須前斷斷此惑者止是調心方便伏界外惑進斷三道相應獨頭枝本皆去故知假觀正攝得塵沙亦攝得無明

及通菩薩等者等取別教十住塵沙雖不潤生等者釋疑疑云界外潤生正由無明既不由塵沙何須先斷釋曰障化道故故須先斷爲眞化方便故

先斷此惑斷已方能進修中觀破實報中相應獨頭塵沙爲枝無明爲本探說後位故云皆去故知假觀正攝得塵沙等者三種生身中初人既於彼界能斷塵沙故云正攝破塵沙已必能進破無明故名亦攝若別論者無明始終自爲中觀所攝

〇次明別圓

若別圓二人通惑先盡別惑被伏生彼界者神根即利但修中觀治彼三道從於初地乃至後地地地中皆有三道地地無明分分滅業滅苦滅地地相應去時獨頭亦去地地雖有智智與無明雜雜故亦得呼

爲智障障上分智故惟佛心中無無明則煩惱道盡煩惱道盡故業盡業盡故苦盡三道究竟惟在如來是故中觀攝得界外惑也

言若別圓二人等者約相攝說故取圓人此中立意論於覺法種類二人別惑之名意兼無明故云被伏若單論塵沙界內已斷何須論伏故於界外但修中觀破彼無明故云三道從斷位說故云初地既但云地故知意生且論權位若不爾者豈圓六根更入別地

〇三攝一切智

三止觀攝一切智者諸智離合如前所說三觀往收無不畢盡世智不照理十一智中已攝若廣明二十智者亦爲三觀所攝也

二十智者在玄義智妙中列謂三藏有七一世智二外凡三內凡四四果五支佛六菩薩七佛果通教有五一四果二支佛三入空菩薩四出假菩薩五佛果別教有四一十信二三十心三十地四佛果圓教有四一五品二六根三四十心四佛果彼文三佛同在後列者同是有教無人實果久滿如此列者且據大分未爲委息亦爲三觀所攝者三

觀攝之有通有別通者藏通十智空攝別教假攝圓教中攝別者藏通二乘通教入空菩薩別教十住菩薩乃至藏通兩佛智亦爲空觀所攝三藏菩薩智通教出假菩薩智別教行向菩薩智並爲假觀所攝別教初地已去智中觀所攝此則次第三觀攝圓教智即爲一心三觀所攝若且從一往據位攝者圓教六根智七信以前亦爲空觀所攝八信以上亦爲假觀所攝初住以上但爲中觀所攝前三教智若開權顯實無復次第若得此意一期佛教所明諸智並爲三觀攝盡是故止觀攝一切

智。

○四攝一切行者。不出正助。故歷四教。皆明二行爲二。初畧明諸教正助二行。三。初明正助二行。

四止觀攝一切行者。前智是解。解而無行。終無所至。行有兩種。所謂慧行行行。若三藏中慧行行行。乃至圓中慧行行行。慧行是正行。行行是助行。

○次引證正助二行。

毘婆舍那能破煩惱。復須奢摩他力助正知見。

大經二十七云。若言毘婆舍那破煩惱者。何故復修奢摩他耶。今明以定助慧者。且舉須助是故引

之。其實定慧俱是正修。慈等是觀方名爲助。四教相望。皆總以前助於後教。自行既爾。說及化道亦復如是。亦以三觀攝四教行。

○三明智能導行。

正助兩行。隨智而轉。如足隨眼。若三藏中。無常析觀是慧行。不淨慈心等是行行。此兩行隨析智入空也。若通中。體法如幻化是慧行。歷一切法。數息念處緣事止觀是行行。此兩行隨體法智入空也。若爲化衆生。修道種智。緣俗理屬慧行。緣俗事者屬行行。此兩行隨道種智入假也。若中道緣於實相。一道淨淸是慧行。歷一切法門諸度。皆是摩訶衍。十二因緣。卽是佛性。念處卽是坐道場等。是行行。此兩行隨中智入實相也。

明智道行故。前兩教束爲空行。別教爲假。圓教爲中。藏通如文。假觀中言俗理者。緣於俗諦恒沙三昧。言俗事者。緣衆生病及神通等利生之事。中觀中云。皆摩訶衍者。具如大品廣乘品。於中善簡通別之相。方應今文。十二因緣卽佛性者。卽三佛性。大經二十五云。無明有愛是二中間。卽是中道。如是中道能破一切生死。是則應破二死。三道成三

佛性。具如第九約十二緣明十乘中說。

○次廣明諸教正助行相。始自有漏。終於圓極。尋文可見。文又四。初明事禪。

復次根本四禪。定慧等。故兩攝。欲界定少慧多。觀攝中間亦爾。四空定多慧少。止攝。四無量心。前三心觀攝。捨心止攝。九想八念十想觀攝。八背捨前三背捨觀攝。後五止攝。九次第定師子奮迅超越等是止攝。

○次入空行法。

四念處是慧性。觀攝。若作四意止說者。作心記錄。不淨等此屬止攝。而終是觀爲主。四正勤爲成念處。一

徃觀攝若兩惡不生止攝兩善爲生觀攝四如意足
從四因緣得定卽果爲名止攝五根信進慧三根觀
攝念定止攝又信念兩屬五力亦如是七覺分擇法
喜進等觀攝除捨定止攝念通兩處八正正見正思
惟觀攝正業正語正命屬戒卽止攝正念正定正精
進止攝四諦三諦是有爲行屬觀門滅諦是無爲行
屬止門十六行皆是觀門
四意止者秖是四念處仁王經中名四意止四境
止心故名爲定三十七品至陰境十乘中說四諦
中三是有爲者苦集是有爲有漏道諦是有爲無

漏雖漏無漏而通屬有爲十六行者論文廣明今
畧出行相苦下四行謂無常苦空無我觀因緣生
念念生滅故無常爲無常所逼故苦一相異相不
可得故空我我所不可得故無我集下有四謂集
因緣生有漏和合能招苦果故名爲集觀於六因
能生苦果故名爲因觀於四緣能生苦果故名爲
緣還受後有苦故名爲生滅下四行者謂盡滅妙
離一切苦盡故名爲盡諸煩惱滅故名爲滅一切
第一故名爲妙超過生死故名爲離道下四行者
謂道正迹乘能至涅槃故名爲道非顚倒法故名

爲正聖人行處故名爲迹運至三脫故名爲乘新
經論名與此稍別舊云空新云不淨舊云盡新云
靜舊名正新云如舊云迹新云行舊云乘新云出
餘名並同大意可見婆沙云苦時亦見無常空無
我何故但說苦答亦應說見無常等也不說者有
餘之意復次苦說苦卽是說餘復次苦惟在苦無
常通三諦空無我通一切法餘三諦下行相各有
料簡亦爾

○三入假行法

四弘誓依四諦起如彼十八不共法三業隨智慧行

觀攝三無失止攝知三世觀攝餘可知四無畏者一
切智無畏屬觀攝漏盡止攝至處道觀攝障道止攝
三三昧門止攝三解脫門觀攝六度者前三是功德
止攝後三是智慧觀攝又五度功德止攝般若觀攝
又六度皆是功德莊嚴止攝

十八不共法至下助道中說今但對當而已已對
九法餘九法闕謂無異想無不定心無不知己捨
並止攝欲精進念慧解脫解脫知見無減並應觀
攝三三昧三解脫至第七卷說六度如隨自意及
助道中說

○四入中行法。

乃至九種大禪百八三昧。皆屬止攝。十八空。十喻。五百陀羅尼。皆觀攝。如是等。一切慧行行。無不爲止觀所攝。當知止觀名畧攝義則廣。

九種大禪並在地持法界次第中畧釋。依彼畧出名數。一自性禪。於聞思前。一心修止觀。或止觀同類法。第二一切禪。於中又二。一世間。二出世間。世及出世各有三種。一現法樂。二出生三昧功德。三利益衆生。第三難禪有三。一捨禪而生欲界難。二具一切功德過二乘上難。三依禪得菩提難。第四

一切門有四。謂四禪。五善人禪有五。謂四無量及不味著。六一切行禪有十三云云。七除惱禪有八。八此世他世禪有九。九離見禪有十。百八三昧。楞嚴居首。名出大品。大論廣解。十八空。第五卷廣釋。十喻。偈曰。幻燄月空響。成夢影像化。在後畧解。及五百陀羅尼。聞持爲首。名在大品。大論亦解。

摩訶止觀輔行傳弘決卷三之三

摩訶止觀輔行傳弘決卷第三之四

陳隋天台智者大師說　唐荊谿大師湛然傳弘決
門人章安大師灌頂記　明天台沙門傳燈增科

○五攝一切位三初明來意三先明無次位

五攝一切位者若云一地即二地二地即三地寂滅真如有何次位此則無有次位

欲明於有先辨無者夫次位之來出自聖心聖心本寂次位何施逗物根緣階級同異自非絕位極聖焉能判於諸下是故先明無位之理次方約事說於諸位又無故約真有即寄俗真俗不二故先

辨真故楞伽第四佛語心品云第一義中無復次第今文從義故云寂滅真如又下文偈中云十地則為初初地則為八第九則為七七亦復為八第二為第三第四為第五第三為第六無所有何次惟此是四卷經文餘所引者並是七卷經文經云無位惟此一文上下諸文盡明次位然多辨通別少明藏圓若論智行通具四教以方等部多斥三藏位義復少當知楞伽約圓理邊明無次位約事非無縱明圓事多是界外相即法門是故經中圓位又少故彼經別序中世尊受請入楞伽城時以

神通力作無量寶山山皆有佛一一佛前皆有羅剎及以衆會十方國土皆於中現此與淨名合蓋現變何殊尚未及般若十方請者皆名釋提桓因知說者皆名善現身子驗知彼部方等明矣次位既爾所論法相亦應備四亦少三藏意如向說即如羅剎王本宮思佛佛說幻化等法即通教也發得善根離心意識入如來藏即別圓也若準此意例餘可知別序如文序圓尚少驗知正說圓義不多故正宗中大慧問曰淨一切衆生自心現流為漸為頓佛言是漸非頓下文雖說佛淨衆生自心

現流頓現一切此語漸極稱之為頓即別妙覺位耳況復文立五種種性謂佛菩薩聲聞不定無性以未開權諸性尚隔豈同法華敗種得記況復五法及三自性八識二無我全是別義豈得執一言無次位耶

○次明有次位

又大乘經中處處皆說一切地位

向明無位亦是大乘今復明有故云又也

○三和會有無

具以無生無滅正慧無所得能治煩惱業苦三道若

淨於無爲法中而有差別次位何嫌。
如前所說非證無位不能辨位復防愚夫偏執無
位是故結云次位何嫌。
○次正明諸教次位四初三藏位。
若析法入空有無二門所斷三道如毘曇所明七賢
七聖四沙門果成論所明二十七賢聖等差別位相
乃至非有非無門位皆爲析空觀攝。
七賢七聖者七賢謂七方便七聖謂信行法行信
解見得身證時解脫不時解脫二十七賢聖者開
初果向爲三謂信行法行無相行及初果爲四五

第二果向六第二果七第三果向八第三果於此
果中文開爲十一謂中生行不行樂定樂慧轉世
現信解見得身證并前七爲學人十八開無學爲
九謂退護住思死不退慧解脫俱解脫不壞法俱
舍云世尊說學人十八謂四向三果信法行信解
見得家家一間五含謂中生行不行上流無學九
謂退護思住達不動不退慧解脫俱解脫此二十
七名爲福田問何緣身證不預其數答無漏三學
是聖者因擇滅涅槃是聖者果滅定有漏不是依
因故不預數欲委悉知請尋本論中含四十長者

問佛福田有幾佛答同俱舍餘之二門旣各有論
亦應有位今闕不論。
○次通教位
若體法四門入空所斷三道如大品明三乘共位乾
慧乃至八地悉同入空止觀攝。
三乘共位如下次位中辨通教之中旣無四門論
部之異故但依經列共十地。
○三別教位
若從空入假修歷別行不得意者成三十心伏惑之
位卽用空假兩觀攝若得意能破三道成十地位卽

第三觀攝或純用假觀攝乃至四門亦如是。
次別位者亦如楞伽初地菩薩爲佛所加百千萬
劫集諸善根漸入諸地至法雲地坐大蓮花今文
正用纓絡所列諸位不得意成三十心等者事不
獲已施設教道權接物機非佛本意意在初地中
道實相猶居地前伏惑之位名不得意得意卽入
破無明位是故卽在第二觀後或純假觀者一者
辨於失意之人二者初地旣同初住是故此教但
成假觀。
○四圓教位

若圓信解行即事而眞從觀行入相似進破無明開示悟入佛之知見凡四十二位同乘寶乘直至道場涅槃說十五日月光用轉顯譬其智德十六日月光用漸減譬其斷德亦如十四般若是因位十五如妙覺是果位皆用中觀攝乃至四門亦如是

開示悟入且證因位等覺或在十地中明開合四句以判圓位如前所說具在玄文十四般若者問仁王釋修行五忍中文列十四忍無般若之名今何故云十四般若答忍因智果忍伏智斷伏必有斷故從斷說

○三料簡者爲不曉者更重立疑執前楞伽及諸大乘明空蕩相何須明位而云止觀攝次位耶又二先問

問大乘不明地位止觀何所攝耶

○次答四初還以大乘皆明次位

答大乘經論皆明地位汝畏地位入無地位不免無縛文字性離即是解脫雖說地位即無地位

答中還以前來所明諸大乘經皆明次位雖說下牒前畏以已下諸文汝避有入無意偏文局況同外入邪無等耶

○次引論斥於執無位人六初正斥執無

中論云如外人破世間因果則無今世後世破出世因果則無三寶四諦四沙門果

位即因果汝言無位即無因果似同外人撥無世間及以出世二種因果

○次重徵執者

無何等三寶

汝爲無於何等因果

○三判執無者

見旣不滅則無三藏中三寶四諦四沙門果

旣未證入凡見灼然執云無位則破生滅

○四況

尙不得揣度道果何處有後三番三寶四諦四沙門果

揣度尙有三藏因果汝尙無之況能有後三教因果

○五結斥同外

此斥外道全無四番三寶等也

此斥外道者意在斥執無位之人汝云都無同彼外道

○六破小

若斥拙度者但有三藏中三寶四諦四沙門果無後三番道果也。

一往與之。汝若欲以大乘斥小謂小惟有三藏因果無後三番因果位者。汝能破者仍須有後三番因果。汝但破他全無諸位故知即同外人邪破。

○三正明今家用破之式四初總標。

如我所破者即有三寶四諦四沙門果。

○次別釋

何者析破界內煩惱業苦即有三藏三寶四諦四沙

門果若體破者即有三番三寶四諦四沙門果。

但以智破惑名之爲破。如汝所破以惑破智稱之爲破不同外道推與誰乎。問下引論偈一一位中及以料簡皆云破三道者何耶答前初明理理全是惑故次破惑麤惑爲智惑爲所破智破惑時業苦俱破破必前後淺深位別是故明位還須寄於所破三道。

○三結要。

點此一語治內之留滯破外以閑邪去二邊之邪小正三寶四諦則立云何言無邪但有位無位非證不了。

直言曰言詮義曰語亦是所引論序名爲一語。今且從直言謂一言者即是破也以大破小爲治內以小破邪爲治外此引敞公中論序也序云百論破外以閑邪斯文袪內之留滯今通用彼序兩論意以成一家破立之式廣雅云閑者正也破外故去有邊之邪治內故去無邊之小此存漸法大小邪正以論相破準大乘經復應更云以圓破偏準法華意開偏顯圓。

○四憑教

今但信教教有則階位宛然教無則豁同空淨無句義是菩薩句義點空論位位不可得不應生諍也還依前來二諦釋義是故不可偏執有無有無並皆憑教故也無句是菩薩句及點空論位等並是二諦之文。

○四引中論四句明位引中論者論有四句且以三句對於三觀觀於惑惑落不俱故使三觀各有諸位當知論偈是畧辨位云何言無此中不以初句對位者已從能破而立次位因緣但是所觀之境所破之惑故不對之餘文對於三藏教者一

往從義且借對初非論本意此論前文正明行門是故偈意正在二教三觀意也若用三觀攝四教位者三藏攝在初觀之中又三初標
又約中論偈四句亦得有地位義
○次釋三初明空位
偈云因緣所生法我說卽是空者卽破煩惱業苦便有須陀洹若智若斷是菩薩無生法忍六地齊二乘七地爲方便十地爲如佛此位自明云何言無
但云破三道成菩薩者舉勝兼劣故云須陀洹智斷是菩薩無生復但云六地等者以通菩薩明位

不同具如第六卷中今亦且畧舉六地一邊義實通於七地齊二乘也若云七地齊二乘者卽應云八地爲方便方便者具有二義若未被接卽以出假爲方便若被接者卽以修中爲方便故下文云八地聞中九地修觀破無明此語極下根者爲言今言七地此據中根言爲如佛者此亦二義若別爲菩薩立忍位者則第十佛地邊有菩薩位故云如佛若被接者至此既破一品無明亦能八相如彼八相故云如佛六地已前破界內三道至此則破界外三道

○次明假位
偈亦名爲假名者是漸次破界外三道卽有四十二賢聖位云何言無
言破界外三道者且據前句未被接者說則前二句但斷界內三道中道句中同異此說
○三明中位
偈亦名中道義卽是圓破五住便有六卽之位云何言無
○三結
秖用四句攝一切位一切位不出四句四句不出止

觀故言攝位也
○六攝一切教二初畧引婆沙明攝諸教凡言教者是通途之言但有指撝分判辨說皆名爲教是故此中邪正偏圓俱皆有教
六攝一切教者毘婆沙云心能爲一切法作名字若無心則無一切名字當知世出世名字悉從心起
○次別明心攝四初攝世間教二初攝惡教
若觀心僻越順無明流則有一切諸惡教起所謂僧佉衞世九十五種邪見教生
僧佉衞世等者一切外道所尊有三謂伽毘羅等

如第十卷釋。今畧列一人。僧佉此云鵂鶹。衞世是所造之論有十萬偈。此云無勝。九十五種者。通舉諸道意且出邪準九十六道經。彼經兩卷。一一釋出所計相貌於諸道中。一道是正。卽佛道也。故大論二十五云。九十六道中。實者是佛。今文但云九十五者。論邪道故。九十五中。二名似正。謂修多羅及阿毘曇。餘九十三。名體俱邪。尋經識之。甚補正智。問。華嚴云九十六道。悉皆是邪。此云何通。答。華嚴斥小。故皆云邪。故百論云。順聲聞道者。皆悉是邪。故論二十五。又云。九十六道。並不能得諸法實

相。又四十一云。九十六道。不說意生。信是小乘灰斷之說。故五十三五十六七十三並同華嚴斥云是邪。

○次攝善教

亦有諸善教起。五行六甲陰陽八卦五經子史世智無道名。教皆從心起。

五行者。此起黃帝感玄女星精說此五行。白虎通曰。火者陽尊。水者陰卑。木者少陽。金者少陰。土者大包。故二陰三陽尊者配天。水者惟也任養萬物。木者觸也觸動萬物。火者化也謂變化萬物。金者禁也禁其始起。土者吐也含萬物也。是故萬類皆爲五行之所攝。盡。六甲者。甲頭也。一甲五行。一行二日。六甲六十日。一年之中。甲經六帀。行三十六。白虎通云。甲有十干。時有十二。所言干者。數也。甲者萬物之甲。如甲未開。乙者屈也。如萌蟠屈未欲出也。丙者明也。謂萬物明也。丁者彊也。戊者盛也。己者起也。庚者更也。辛者始也。壬者任也。癸者度也。言十二時者。子者慈也。丑者紐也。寅者演也。卯者茂也。辰者震也。巳者起也。午者長也。未者味也。申者身也。酉者收也。戌者滅也。亥者該也。此干及

時亦收一切。故以言之。乃至成閏度數等。非今所論。廣如律曆。陰陽者。太玄經云。營大功明萬物者曰陽。幽無形不可測者曰陰。易曰。一陰一陽之謂道。陰陽不測之謂神。歲月時等。乃至五行八卦。莫不並爲陰陽所攝。故陰陽之法。布於世間。義不可盡。八卦者。謂震兌離坎乾坤艮巽。一卦六爻。爻謂適時之變。又爻者效也。謂陰陽氣也。易曰。掛一以象三。十有八變而成卦。五經者。白虎通曰。孔子見周道陵遲。自衞反魯。以定五經而行其道。禮記經解曰。溫柔敦厚詩教也。疏通知遠書教也。廣博易

良樂教也。潔靜精微易教也。恭儉謙敬禮教也。屬辭比事春秋教也。今謂禮樂尚書詩易春秋。有云傳也。禮有三謂周禮儀禮禮記。傳有三謂公羊穀梁左傳。故云九經。子謂百家諸子。史謂諸國史籍。故以四類攝一切書。謂經史子集。集謂古今賢良所抄。如御覽之流。今爲畧知世法同異。不煩廣出。意在總知悉從心起。

○次攝出世教二。初徵。

云何出世名教皆從心起。

○次釋二。卽二論不同。初文有喻有合。具如第一

卷中所引華嚴次空經。喻中具含七教。八中無秘密者。具如前開章後料簡。初引寶性論約有爲喻二。初舉喻。

堅意寶性論云。有一大經卷。如三千大千世界。大記大千世界事。如中如小四天下三界等。大者皆記其事。在一微塵中。一塵既然。一切塵亦爾。一人出世。以淨天眼見此大經卷而作是念。云何大經在微塵內。而不饒益一切衆生。卽以方便破出此經。以益於他。

○次合法

如來無礙智慧經卷具在衆生身中。顛倒覆之不信不見。佛教衆生修八聖道。破一切虛妄。見己智慧與如來等。此約微摩附有爲喻。

○次引菩提心論約無爲喻二。初舉喻。

又約空爲喻者。發菩提心論云。譬如有人見佛法滅。以如來十二部經仰書虛空。宛然具足。一切衆生無有知者。久久之後。更有一人遊行於空見經嗟咄。云何衆生不知不見。卽便寫取示導衆生。

○次合法

云何寫經謂令衆生修八正道破虛妄等。

○次正明攝教二。初攝化法四教。卽藏等四教也。

修有多種。若觀心因緣生滅無常。修八正道者。卽寫三藏之經。若觀心因緣卽空。修八聖道。卽寫通教之經。若觀心分別校計有無量種。凡夫二乘所不能測。法眼菩薩乃能見之。是修無量八正道。卽寫別教之經。若觀心卽是佛性。圓修八正道。卽寫中道之經。明一切法悉出心中。心卽大乘。心卽佛性。自見己智慧與如來等。

○次攝化儀三教三。初頓教。

又觀心卽假卽中者。卽攝華嚴之經。

○次攝教二。初正明漸教。

若觀心因緣生法生滅者。卽攝三藏四阿含教。如乳之經。若觀心卽空者。卽攝共般若。如酪之經。若具觀心因緣生法。卽空卽假卽中者。卽攝方等生酥之經。若但用卽空卽假卽中者。卽攝大品熟酥之經。

○次會漸歸頓二。初開顯。

若用卽中觀心者。卽攝法華開佛知見大事正直醍醐之經。

○次捃拾

若用四句相卽觀心。卽有涅槃同見佛性醍醐之經。法華不同諸文。但是會漸歸頓。涅槃四人。皆知佛

性。故四句相卽。若準大經五時譬意。則以華嚴譬乳。今且逐便。卽以華嚴別爲一頓。漸中仍更存於四味。故以三藏譬於乳味。加共般若如酪。雖無別部共般若文。取方等般若中或一會一時一章。獨明共意。其流亦多。又今論觀理。攝法該廣。是故從容於漸教中。明共般若。若的判教。則不用此文。漸次教中對方等般若。皆云卽空等者。能攝體卽所攝未卽。雖復未卽。且從能說。故並云卽。次明法華涅槃者。意顯止觀並攝開顯捃拾教。故涅槃意者。彼經四教皆知常住。故本意在圓。權用三教。以爲蘇息。實下保權以爲究竟。元意知圓。是故相卽。麤心若息。還依頓觀。問。方等亦作四句相卽。與涅槃何殊。答。方等但大小相對。一時共聞。四不相離。義同相卽。不同涅槃卽解卽修。又此方等亦卽中論四句卽文。非謂四教卽能相卽。又此中文。是寄五時順彼經部。或卽或離。故修行者隨用幾句而得見實。又若將微塵經卷。以譬八教。其文雖略。大意亦足。謂初小後大漸也。大小不定。不定也。漸中具四。卽七也。

○三不定教

又若觀因緣。又觀因緣卽是佛性。佛性卽是如來。是名乳中殺人。若觀析空。又觀析空卽是佛性。佛性卽是如來。是名酪中殺人。若觀卽空。又觀卽空卽是佛性。是名生酥殺人。若觀假名。又觀假名卽是佛性。是爲熟酥殺人。若觀卽中。又觀卽中卽是佛性。是名醍醐殺人。今通言殺人者。卽二死已斷。三道清淨。名爲殺人。是爲止觀攝不定教。

若觀因緣。又觀因緣卽是佛性者。此有兩意。一者現在習圓。成不定人。謂元知圓理。或時且觀因緣生法。重觀因緣成卽中觀。卽見佛性。如三止觀中

云或指世界爲第一義或事或理卽其相也二者發圓宿習如於現在但觀生滅後復數數觀於緣生卽見佛性是故初觀因緣如乳因觀因緣得見佛性故云如乳殺人空假皆有又觀之文意並準此至觀中道亦有又觀之言則闕一意但是利根超入深位若作發習者如五品位但是伏或因宿習發卽破無明亦是不定

○三以畧例廣

畧攝如上廣攝者絓一切經教悉用止觀攝之無不畢盡也

○四明用心攝諸教之意文具二意卽是能化所化之別一約所化謂破衆生心塵出一切法二者佛旣先得今教衆生卽是化他能所相成義不可闕

復次心攝諸教畧有兩意一者一切衆生心中具足一切法門如來明審照其心法按彼心說無量教法從心而出二者如來往昔曾作漸頓觀心偏圓具足依此心觀爲衆生說教化弟子令學如來破塵出卷仰寫空經故有一切經教悉爲三止三觀所攝也

○次明六法更互相攝卽不思議問如前所說理乃至教自他因果一切備足何須更明一一攝五答如前所明一一門中皆具偏圓其義似備一一法中自不相收似權不攝實況餘五耶今言攝者此之六法未互相收六義前後次第相生故今文云次第可解又二初標牒

上六意攝法次第可解今直以一法攝一切法者

言直以者舉一例諸直以一文尙攝一切況復六耶如理不攝惑智行位等但理而已不具諸法況權實之理似未相收猶如六度雖各自圓仍須一一宛轉相攝無非法界方名具足是故前六但似

相待故須更明絕待之相何者一理必攝一切諸理謂權卽實卽理論惑故理攝惑性德般若不出於理又離理無智故理攝智性德解脫緣因無缺又離理無行故理攝行理性十界凡聖位足又離理無位故理攝位心塵具含大千經卷又離理無說故理攝教

○次解釋六初理攝一切

一理攝一切理一切惑一切智一切行一切位一切教也

○次惑攝一切

又一惑攝一切理智行位教也。

惑攝一切者亦應云一一惑攝一切惑但是文略乃至教亦如是初一惑一切惑者心具三惑如一貪心諸惑具足彊弱相翳而不現行故惑攝諸惑惑體是理故惑攝理惑既即理智行位教準惑約理一一說之。

○三智攝一切。

又一智攝一切理惑行位教也。

智攝一切者一空一切空空即假中故一智攝諸智智冥如境境智不二故智攝理煩惱般若體相

本一又以能破對於所破以能攝所故智攝惑般若即脫緣了體同又凡所有智皆能導行故智攝行性德般若照十界位又若無智者無位可階又有惑則有智惑亡則智息故以智攝位權實二智無教不收故智攝教。

○四行攝一切。

又一行攝一切理惑智位教也。

行攝一切者六度法界收一切行脫即法身緣正體一又依理起行毫善理均故行攝理縛脫體一逆即菩提又有惑即有行惑窮即行息故得行攝

惑解脫即般若行能淨於智故得行攝智非行不登位位滿行方終故得行收位依教以修行教本詮於行故得行收教。

○五位攝一切。

又一位攝一切理惑智行教也。

位攝一切者心佛及衆生是三無差別約行初品尚具諸位若證得者初住具一切一住一切住是故得一位徧收一切位初住即法界乃至六即位位位皆云即故得位收理有位良由惑惑窮則位終故得位收惑無位不有智位滿故智極又由智

故進位位窮則智亡故得位收智入位必由行行徧一切位故得位收行進位故設教教詮不出位故得位收教。

○六教攝一切。

又一教攝一切理惑智行位也。

教攝一切者如聞阿字門則解一切義以於一佛乘分別說三故故得教收教教詮一切法文字即實相故收一切理迷教生諸惑教詮一切惑故得教收惑依教生於解解滿故教興故得教收智依教故生行行窮一切教故得教收行教詮一切位

教生一切位。故得教收位。如上相攝。仍約教法相生而說。若直約頓一向說者。理中具五。乃至教體即五。並法界故。思之可見。不簡偏圓。一一皆爾。故此六法。不出寂照。不思議中。一妙止觀。止觀攝六。六互相攝。即是理性正觀。乃至教他止觀。彼彼不二。此之六法。即是前來不次第體。體中所攝不思議法。

○第五明偏圓三。初明來意。二先牒前章。

第五明偏圓者。行人既知止觀無法不收。

正指前來體所攝法。指前六番。一一番中攝一切

法。及一切法更互相攝。故云無法不收。

○次正明來意

收法既多。須識大小共不共意。權實思議不思議意。故簡偏圓。

收法既多故。一一法。應須識知大小。乃至不思議意。大小即是略標初二兩門。共不共明用三四二門。半滿既與大小義同。故不別列。故知圓頓實三。一向不共。偏漸權三。有共不共。藏通是共。別是不共也。權實雖與前四義同。須將權實以簡前四。小半一向是權。大滿有權有實。圓頓二種。一向是實。

偏漸二種。一向是權。以思議不思議。更簡五雙。例此可解。故此五章。文五義三。半滿同大小。漸頓同偏圓。權實判前四意。惟在於開。

○次開章三。初正開章。

就此為五。一明大小。二明半滿。三明偏圓。四明漸頓。五明權實。

○次明說章意

夫至理不大不小。乃至非權非實。大小權實。皆不可說。若有因緣。大小等皆可得說。

意者。秖是無說而說。無說即是自行。為他故說。說

必不出此之五雙。問。此是判前攝法顯體。云何乃言為他故說。答。判即是說。乃至果成。以此五雙為他而說。說不出五。

○三明用章意

以小方便力為五比丘說小。以大方便力為諸菩薩說大。大小雖俱方便。須識所以。故用五雙料簡。使無混濫。

言須識所以者。豈以方便名同。而令大小理一。況復大中。仍須簡擇。乃至權實。亦復如是。是故方便種種不同。如三藏教。一向是小。全是方便。況三藏

教復有初入名為方便故有體外體內等別具如疏文釋方便品不與淨名報恩方便品同如華嚴經有壽量品不與法華壽量品同

○三正釋五初明大小二先釋於小八初明小乘觀法之相

小者小乘也智慧力弱但堪修析法止觀析於色心

○次示邪析相以顯於正三初二句立定

如釋論解檀波羅蜜破外道鄰虛云此塵為有為無

○次釋責

若有極微色則有十方分若無極微色則無十方分

言方分者無塵而已有必是色色必在方方必有分有十方分

○三破其更析極微

若析極微色不盡則成常見有見若析極微盡則成斷見無見此外道析色也析心亦如是若計有心無心皆墮斷常此皆外道析色心也

破其更析極微析故則盡若一塵可盡則諸塵皆可盡若可盡者如何和合而成於身故盡不可若不盡者若一塵是常諸皆是常若是常者身應不滅故非佛法正析相也析心亦爾若一刹那心不可盡者如何復有後刹那生後刹那生前心必滅若永滅者如何復有後刹那生故知刹那念念生滅非斷非常

○三示正析相

論文仍明三藏析法之觀云色若麤若細總而觀之無常無我何以故麤細色等從無明生無明不實故麤細皆假假故無常無性即得入空又介爾心起必藉根塵無有一法不從緣生從緣生者悉皆無常或言一念心六十刹那或言三百億刹那刹那不住念念無常無常無主煩惱本壞無業無苦生死滅故名

為涅槃是名析色心觀意也

三藏析法非論本宗故云仍明亦先觀色次觀於心觀色心時但觀麤細無常無我不須云盡及以不盡言從無明生者從於過去一念無明而生諸行復由諸行至中陰時我之一念無明之心復與父母一念無明心合生於己身依報亦由共無明業同感石砂是故依正莫不皆從無明而生無明之體從因緣有故使造色亦從因緣當知因果皆從無常如何計之為盡不盡觀心亦爾過去刹那感今刹那況今刹那復對外境因緣故有是故念

念皆悉無常。如是推時。何但識於色心無常。進推心念。本來非有。乃見法性眞如常住。如前所明。不定教相。若觀無常。文觀無常。即見佛性。即此意也。若觀幻化。文觀幻化。及以假等。亦復如是。作是觀者。乃是究竟三道本壞。何但界內無明壞耶。

○四明得名之由

析名本於外道對破邪析。而明正析。

此之析名。本在外道。觀極微色。及一剎那。若盡不盡。今觀無常等。亦名析者。對破外道汝析非正。

○五明析法所破功能

何但外邪。應須正析。若佛弟子。執佛教門。而生見著。亦須正析。所謂三藏四門生四見著。乃至圓教四門生四見著。戲論諍競。自是非他。皆服甘露。傷命早夭。金鍱自繫。流轉生死。宜須正析。

明此析法所破功能。乃至圓教四門生著。亦能破盡。佛法如甘露。見著如多服。失理如早夭。於外生計。如鐵鍱。於內生計。如金鍱。計由內心。故名爲自。所起我人。與外不別。皆悉能爲生死作因。

○六明用破意

故大論云。破涅槃者。不破聖人所得涅槃。但爲學者未得涅槃。執成戲論。故言破涅槃。若爾皆用析法方便破之。

謂破能計。能計是著。不破所計。所計是教。乃至未得涅槃而生計著。豈破涅槃。此明敵對破見功能。若復有人。忽宜修於餘觀而破見者。如第十卷用四種觀破見不同。

○七依門修觀

凡有四門。於一一門具足十法。識正因緣。乃至不起法愛。能於諸門見第一義。

依門修觀。觀即十法。世人亦云。修習觀法。言不涉

十乘。壞驢車。正南而遊。

○八正判在小

故知三藏四門。析法止觀。斷奠是小乘也。

○次釋於大七。初示觀法。

次明大者大乘也。智慧深利。修不生不滅體法止觀。

○次釋能乘人。及能詮教。驗知是大。

大人所行。故名大乘。中論明即空者。申摩訶衍。摩訶衍即大也。

○三引證共乘四。初引。

衍中云。欲得聲聞。當學般若者。元此是菩薩法。大能

兼小。傍挾聲聞。
○次譬
譬如朱雀門。天家所立。正通王事。不妨羣小由之出入。雖通小人。終是天門。
○三合
今摩訶衍亦如是。正爲菩薩體法入空。雖有小乘。終名爲大。
可知
○四引例
例如三藏析法。雖有佛菩薩。終是小乘。

凡有例義。有反有順。此中反以小乘例大。如小中有大。仍名爲小。何妨大中有小。仍名爲大。
○四對辨法體有兩重。法譬。先析次體。初明析二先法。
所言大乘體法觀者。異於三藏。三藏名假而法實。析實使空。
三藏名假等者。總攬五陰假名衆生。生是假名。陰是實法。既計法實。析令入空。
○次譬
譬如破柱令空

○次明體二。初法。
今大乘體意。名實皆假。自相是空。本來虛寂。
陰與衆生。皆不可得。是故皆假。此中雖以鏡像譬衍。借使小宗。聞鏡像喩。亦謂爲實。如婆沙四十二問云。水鏡中像。爲實不實。譬喩者言。不實。以鏡面不相入故。毘曇者言。像是有法。何者。是色入故。爲眼識所得。問。既不相入。云何是實。答。既若干生色爲色入故。非一種生色。而爲色入。如因日因珠生火。因月因珠生水。雖所生各異。無非其實。緣鏡緣面而生於像。非無像用。能生眼識。非無其實。譬化

亦然。故毘曇人。計像緣起。別有一具四大造色。故是實有。衍人所見。一切不實。以像不實。喩外不實。故以易譬。雖言婆沙譬喩師者。卽正量部異師所見。計不實故。亦似衍門所見如幻。而非婆沙之宗。故毘曇師。不受斯見。
○次譬。
譬如鏡柱。本自非柱。不待柱滅方空。卽影是空。不生不滅。不同實柱。
○五正示體觀
又大論明摩訶衍人。體法觀者。引佛在一方木上告

諸比丘譬如比丘得禪定時變土爲金變金爲土實
非金土變化所爲色心亦如是非生非滅無明變耳
本自不生今那得滅又引觀一端釋即具十八空是
名體法觀

論十二云佛在耆闍崛山與諸比丘入王舍城道
中見有一大方木佛敷泥師壇坐其木上告諸比
丘若比丘入禪心得自在能令此木作地則成實
地何以故木有地水火風分故如一美色婬人見
之爲人不淨觀者見爲不淨無預之人心無所適
故隨人見所取不同今文從義而云變金爲土等

者亦以金中有土分故如木爲土又引端釋等者
論釋三種有中初云端釋析至極微總而觀之無
常無我是爲析空復有觀空如觀此釋釋本不生
今亦不滅是故亦與金土喻同金爲土時金本無
生金亦不滅土爲金時土本無生金亦不滅云云
乃至十八空如第五卷說故引釋有空性如木有
土性以證即空此十八空義通三教云云

○六釋隨情隨理者文中具作共及不共兩理意
者重以此文釋於大小初明小空云非佛性故知
三藏空拙一向判屬隨情又二初約隨情以明小
空

復次三藏所析名爲隨情觀色心析有之觀亦是事
觀所入之眞眞非佛性不會實理但隨情爲眞耳

次約隨理以明大空三初法

大乘體法名隨理觀色心

○次喩

如尋幻得幻師尋幻師得幻法亦如尋夢得眠尋眠
得心

○三合

尋幻色心得無明尋無明得佛性體法通理故名隨

理觀

約隨理以明大空何者三藏雖空此空由於滅事
而得故名隨事若大乘空此空由於即事而得故
名隨理理即事故即義該深故即空中含於不空
名爲佛性故幻化空通通別所以用於尋幻等
譬言尋幻得幻師者譬觀幻化以見通理言尋幻
師得幻法者譬觀空理以見不空夢喩亦爾尋夢
得眠尋眠得心比幻可見若爾尋幻色心得無明
下即是合文云何以喩而不相應但云尋幻得無
明尋無明得佛性而不云尋幻得眞尋眞得佛性

耶。答眞諦之理。卽是無明。但深觀眞。卽見佛性。卽是觀於無明見性。又世人秖云。尋心見性。不云尋色而得見性。且置外色。直爾觀陰。世人何曾見陰佛性。

○七明體法依門修觀四。初正明。

體法止觀。凡有四門。於一一門。皆具十法成觀。亦應具含三種四門。今亦從總。故但云四。

○次正判。

此觀非但體外道果報色心。維䪼一切執計。三藏四門。乃至圓四門。未得入者。執門成見。皆體如幻。斷眞

名大乘止觀也。

旣云大小諸門生著。並用幻破。故知一向屬大乘也。前小門中。卽云諸著皆觀無常。此中衍門。旣具三教。卽是三教。同用幻化破計。若用三觀破計不同。兼前成四。全與第十破見思同。

○三斥奪。

若得今之用觀意。大乘諸門生執。尚須空破。

大乘三教十二門著。尚須幻化卽空破之。

○四比斥。

終不同彼世間法師禪師稱老子道德莊氏逍遙與佛法齊。是義不然。圓門生著。尚爲三藏初門所破。猶不入小乘。況復凡鄙見心。螢日懸殊。山毫相絕。自言道眞。慢瞿曇者。寧不破耶。

老莊尚自不識。小乘能著所著能破所破。況大乘中若著若破。是故不與佛法少同。然世講者迷於名相。濫禪者惑於正理。欲將道德逍遙之名。齊於佛法解脫之說。豈可得乎。王脅目音夜云。逍遙者調暢逸豫之意。夫至理內足。無時不適。亡懷應物。何往不通。以斯而遊天下。故曰逍遙。又云。理無幽隱逍然而當。形無巨細。遙然俱適。故曰逍遙。而不知

以何爲理。以何爲形。亡何煩惱。遊何天下。故知法旣不齊。人亦可判。且置法報。以應比之。優降天殊。是非永隔。捨金輪聖帝之位。何如吝於柱史微官。光明相好。丈六金軀。何如凡容六尺之質。異相無量。不可具云。委如李仲卿著十異九迷。以斥佛法。南山作十喻九箴。用形邪說。今略其五。用甄邪正。一曰。老君逆常。託牧女而早出。世尊順化。因聖母而誕生。二曰。老聃有生有滅。畏患生之生。反招白首。釋迦垂迹。示生示滅。歸寂滅之滅。乃耀金軀。三曰。重耳誕形。居陳州之苦縣。能仁降迹。出東夏之

神州四曰伯陽職處小臣忝充藏吏不在文王之
日亦非隆周之師牟尼位居太子身證特尊當昭
王之盛年爲閻浮之教主五曰李氏三隱三顯無
教可依假令五百許年猶慚龜鶴之壽法王一生
一滅示現微塵之容八十年間開演恒沙之衆凡
諸比决其事實多具如甄正辨正笑道心鏡破邪
二教牟子等論廣明異相今猶見有不肖之輩尚
云同是出家之徒有何彼此而相是非螢日懸殊
者圓門生著著心不入小賢之數尚爲三藏有門
所破況復莊老凡鄙見心而欲儔於佛法圓理如

螢對日如山比毫大品中云聲聞如螢火菩薩如
日光今借比莊老饒之過分山毫相絕者彼齊物
云秋毫不小泰山不大今不用彼齊物之儀借用
大小永絕之文故云相絕自言道眞等者迦葉見
佛現大神變內心已知佛力難量仍爲矯言自憍
慢彼而云瞿曇雖神不如我道眞如此等僻濫不
破耶在迦葉緣起中廣如律文及瑞應等
○次明半滿三初一往且從別判
二明半滿半者明九部法也滿者明十二部法也
次半滿者名在大經菩提流支用此判教未爲盡

理故玄文破之今此但約法門以論況復餘四共
成此意是故且與大小門同非判一期義可通用
一往且以從別判之故以九及十二以分半滿通
義具如玄文分別或大小俱九俱十一十二等也
○次破判教義
世傳涅槃常住始復是滿餘者悉半菩提流支云三
藏是半般若去皆滿
多師所計總云世傳涅槃是滿義稍可通餘兼法
華乃至華嚴如何並半流支所判復非通方般若
去滿不簡二乘義復不可三藏爲半義稍可爾

○三正出今意
今明半滿之語直是扶成大小前已析體判大小今
亦以體析判半滿如前云云
既扶成大小準彼所明滿通二理兼帶小人半惟
在小衣隔於大方等則具存半滿般若法華涅槃
華嚴惟滿不半鹿苑惟半不滿故知半滿之語有
兼有全故不同他尅定齊限
○三明偏圓對前二章以辨通局兼以譬顯於義
自明又三初釋名
三明偏圓者偏名偏僻圓名圓滿通途一往與小爲

偏於何不得。別義分別意。則不可半小兩名尅定局
短。引不得長偏義亙通從小之大。
言通別者若通途論之名小為偏於理不失但偏
義則違與小不同是故須以此門辨別。
○次舉譬。
譬如半月齊上下弦。漸月不爾始自弓娥終十四夜
皆稱為漸。惟十五夜乃稱圓滿月。
若此土論月則以十五日為半今云半者一取西
方黑白各半。二取月形增減至半。月末為晦。晦暗
也。月初為朔。朔蘇也。朔譬漸初。即弓娥是十五日

曰望。謂十五日日月相望即滿月也。以譬漸極。故
說文云月者亦名望舒。月望則舒。今云半者即用
此土上下兩半名為弦也。月形如弓滿張弦也。上
弦月初八九。下弦二十二三。由前月大小別故致
使後月兩弦奢促。今但以弦譬於半小。時尅定故。
從朔至望餘闕一日。並譬於偏偏義長故。故云始
自弓娥終十四夜。以月初出如似娥眉復如弓滿。
故說文云月者亦名恒娥亦名常娥。月初月末恒
常如娥。故知偏半二義不等。
○三合法三。初正合。

小半亦爾。齊於析法半字小乘。不得名大偏意則違。
從初三藏。析法止觀以上別教止觀去邊入中以還
皆名為偏。
○次引證。
故大經云自此之前我等皆名邪見人也。
引證者。邪故同偏當知迦葉未聞圓伊常住以前。
皆名為偏。
○三結成。
惟此圓教止觀。一心三諦隨自意語獨當圓稱也。
結亦如文。

○四明漸頓四。初釋名。
四明漸頓者。漸名次第藉淺由深頓名頓足頓極。
三觀三智次第而入藉者由也。因空入假因假入
中故云藉淺。為中道故先修二觀為利他故先斷
己縛故云由深足極二名有通有別。通則俱通初
後別則極後足初。初心所觀萬法具足。惑盡德滿
至後方極。
○次明同異。
此亦無別意還扶成偏圓。
漸扶於偏頓扶於圓。旁出異義更互相成。大小半

滿亦復如是。
○三畧解。
三教止觀悉皆是漸。圓教止觀名之爲頓。此是按名解釋。其義已顯。
○四料簡。亦是廣解。於中又九。初約四句料簡。乃至下文。約七教簡義正明開。但未若權實章中。其名委悉。今初。
今更廣料簡使無遺滯。若前二教止觀是漸而非頓力不及遠。但契偏眞。圓教止觀是頓而非漸。行大直道。卽邊而中。別教止觀亦漸亦頓。何以故。初心知中。

故名亦頓。涉方便入。故名亦漸。
前之二教。是漸非頓者。據設教意。而得漸名。非稟教者得斯漸稱。別教得爲第三句者。解頓行漸。解但知於頓理而已。行必經歷恒沙劫數。故知此教初從方便。故方便之言兼具二意。一藉地前之方便。二聞但中之方便。
○次約觀教行證四法分別。二。初立義。
復次前兩觀觀教行證皆名爲漸。別教教觀行皆名爲漸。證道是頓。圓教教觀行證皆名爲頓。
約觀教行證四法分別。於中且約教證二道以釋四法。故使四法各有權實。前之二教。四法俱權。別教則三權證實。圓教則四法俱實。
○次解釋。
何故爾。前二觀是方便說。草菴曲徑。故教觀四種俱漸。別觀帶方便說。若依方便行。先破通惑。故三種皆漸。後破無明見於佛性。故證道是頓也。圓觀正直捨方便。但說無上道。惟此一事實。餘二則非眞。說最實事。是名教實。行如來行。入如來室衣座等。復有一行是如來行。是名行實。所見中道。卽一究竟同於如來所得法身。無異無別。是名證實。

言惟此等者。約人則對斥二乘。約理則對斥二諦。教行二種。比說可知。言入室等者。慈室解脫忍衣法身空座般若觀於三德。故云行實。約六卽位例諸可見。
○三約教行證人四法以簡。三。初藏通二。初簡無行證。
前兩觀因中有教行證人。果上但有其教。無行證人。
前之四法。將於三法對證以簡。此中合觀入行。三法對教以簡權實。則三法及教因通果塞。故前之二教在因則四法俱有稟於權教。行於權行。以入

因位而成因人在果則但有成佛之教無實行人來證此果是故無也

○次釋出無意

何以故因中之人灰身入寂沈空盡滅不得成於果頭之佛直是方便之說故有其教無行證人以灰身故並無於行證及人假使用於三十四心但成滅盡非佛果相又入滅者語未會前若至法華轉成因位二乘尚會況復三祇

○次別教三初簡無行證

別教因中有教行證人若就果者但有其教無行證人

別教有無似同前二但至初地自會入圓故不同前貶成灰斷

○次釋出無意

何以故若破無明登初地時即是圓家初住位非復別家初地位也

○三舉淺況深

初地尚爾何況後地後果故知因人不到於果故云果頭無人

言後果者應言妙覺初地尚無何況妙覺以別初地亦能八相真因似果故須況之以因顯果是故舉因以我之果成他之因故云無人初地入住此爲正文於教道文不須疑也又教證之名亦可通圓未入初住名爲教道若破無明方云證道若判權實與別不同借於地義以釋圓義故四念處云別教惟斷教道說故圓具二意教道云斷證道不斷故知因人不到果者有二義故一者因人縱破十二品失妙覺位但成圓家第二行故二者初地即入初住况到妙覺是故文云何況後果

○三圓教

圓教因中教行證人悉從因以至果俱是真實故言

實有人也

○四約開會簡三初正明開會

復次前三止觀教行證人未被會時尚不知圓何況入圓佛若會宗開漸顯頓悉皆通入雖非即頓而是漸頓

別亦知中今言不知者前三不知圓理故也法華開竟俱名爲頓昔雖非即者非謂所行開仍非即但判其人昔日所行今開成頓昔行得爲頓家之漸非於昔日漸即是頓故云非即昔行不開尚不

名漸豈是漸頓。及以卽頓。今若開竟漸卽是頓。故云是菩薩道但爲異於初後俱頓。從昔因說故云漸頓。

○次引法華證。

故法華云汝等所行是菩薩道各乘寶車。適子本願決了聲聞法是諸經之王。開逼漸法悉令得入。以別理接之。

依本習入。故云各乘稱本習故。故云適願。開其所習故云決了。法若猶漸何名經王。經王本說未開之前理元圓妙豈待會耶。會已仍漸何名得入。況

從頓開漸以機生未轉是故致有別接之言。言別理者是通別之別非圓別之別。然又別理義通圓別。別帶教道今置不論。

○三引例助釋。

故湼槃中得二乘道果不隔圓常因是修學。皆當作佛。卽是從漸入圓亦名開漸顯頓意也。

若二乘開權不得入者何故大經得二乘果情慕圓常。但法華以前情隔謂異。大經不隔功由法華。故云亦名開漸顯頓。又別接之言義兼二意。一者法華以前彈斥洮汰此意正當別理接之但實隱在權說未彰灼。二者至法華會名會爲接。此是接引之接非交際之接。是故二義前異後同。

○五約不定簡者。初漸頓四句。義當八教中二。次兩重四法。義當漸中開四。是故更約不定簡之。不明秘密其意準前。又三初正簡。

復次四種止觀入圓。不必併待行成入圓。不必併待開漸顯頓入圓。入則不定。

不必併待等者。前三教人隨位進入。必是菩薩。故云不必併待開漸

○次舉譬。

所以者何。一切衆生心性正因。譬之如乳。聞了因法名爲置毒。正因不斷如乳四微。五味雖變。四微恒在。是故毒隨四微味味殺人。

譬昔聞了因隨味能發。言五味者。泛云味變仍能殺人。非謂法華名第五味。法華名定。非不定故。此是法華以前約行五味。今此文中但約機緣有不定相。故非全約法華前文。

○三合譬三。初總合。

衆生心性亦復如是。正因不壞。了因之毒隨正皆促處處得發。

言耆促者理教行證遞論耆促約時約行兩種五味隨其近遠遞論耆促

○次明四發不同二初列

或理發或教發或行發或證發

○次釋二初約圓家二先明理發二初引支佛以例理發

如辟支佛利智善根熟出無佛世自然得悟

小乘之人至無佛世未有教行而發悟故故名理發

○次引同

理發亦爾久植善根今生雖不聞圓教了因之毒任運自發此是理發也

○後明三發

若聞華嚴日照高山即得悟者此是教發也聞已思惟思惟即悟是為觀行發也若是六根淨位進破無明是相似證發若更增道損生亦是證發也此約圓家論入不定也

○次約三家

若前三教行人各在凡地發者即是理發若聞於教是為教發若修方便即是觀行發若於賢聖位中發即是證發此約三家入則不定也

圓修之人亦復如是若佛未出若聞華嚴總名不定總得名乳何者凡夫全生道理如乳華嚴約時復名為乳於華嚴中四法復判五味發者聞教如乳發觀行如酪發相似如二酥增道如醍醐相似發證故云相似證發於證復發故云亦是問增道是定何名不定答次第增道名之為定若超證者名為不定亦可聞教及觀俱名乳發相似位中兼於三味則七信以前名之為酪八信以上名為二酥若前三教下約前三教教行證位而發於圓名

為三家入則不定是則三家博地聞教名為教發內外凡位名為行發至聖位發名為證發言賢聖者即賢家之聖方便是賢豈更從賢

○三重更通途釋不定義不定名同以義異故而非殺人又二先例真諦

復有不定而非殺人如修無漏時有漏不求自發全不殺二死

如從五停為修無漏發得煗解非本所期亦得名為不求自發此解起時猶屬有漏故云有漏不求自發三惑全在故云全不殺於二死惑為死因因

中說果是故云也。
○次約修中明不定。
若修中道發得無漏長別三界苦輪海乃是一死而非二死亦名不定。
正約修中以明不定亦非殺人從初發心本修圓常麤惑前去義當無漏此之無漏不求自發不破無明而非殺人人不見之謂爲漸頓。
○六約漸圓等料簡同異四先立四教。
復次四種止觀當分圓漸三藏中有從初心方便來入果位此名爲漸三十四心斷結成果豈不名圓通

別中初心乃至後心豈無漸圓圓中當體理極稱圓亦有初心乃至四十一地豈不是漸妙覺究竟豈不是圓。
各以因位名之爲漸各以極果名之爲圓以此圓漸二名濫故。
○次二句互簡。
圓圓非漸圓圓漸非漸漸。
雖復簡之二義仍在是故圓果非三教果名爲圓圓非漸圓也圓因不同前三教因故云圓漸非三教也亦應更云漸圓非圓圓漸漸非圓漸下文釋

義四句即足。
○三結。
故知當分皆具二義也。
○四指玄文。
法華疏中廣說。
法華疏者指玄文中彼亦具明兩種圓漸及賢聖等四句料簡。
○七料簡可開還不可開還三初立義。
然漸漸非圓漸可得成圓漸漸圓非圓圓不可得成圓圓。

料簡開還則有可開不可開故故須簡之三教佛果不可開故開前三教因位之人並皆入圓漸漸開之並成圓漸。
○次解釋。
何者法華云汝等所行是菩薩道故漸漸成圓漸漸圓權設三教之果不可更成妙覺之佛。
前三權果本是圓果垂爲三迹豈可更開今成圓佛。
○三例餘二初列。
例小小非大小可得成大小小大非大大不可得成

大大權權非實權可得成實權權實非實實不可得成實實。

○次釋。

何者三教果頭有教無人故權實不可成實實半滿漸頓例應如此分別不復煩文也。

例餘四章開通亦爾大小兼得半滿漸頓復兼偏圓是故但云大小權實故云不煩文也然大小半滿先須分別通途言之如大小者或指衍中三教因人或指衍中二乘之人大大者或指三教果頭之人或指圓教因位之人或惟指圓極果之人小

大者或指三藏菩薩之人或惟指於三藏佛果大小既然半滿亦爾是故不同權實等三今若開通準例說者亦望餘三分齊而說言小大者謂三藏佛小小者謂三藏因人大大者即指三教佛果大小者謂三教因人半滿例說亦應可解開通進否例前可知。

○八為不信者復引證成二初來意。

觀心往推法相應爾而人多不信今用涅槃五譬釋成此意。

○次引證五初證成三藏。

第六云凡夫如乳須陀洹如酪斯陀含如生酥阿那含如熟酥阿羅漢辟支佛佛如醍醐大論云聲聞經中稱阿羅漢名為佛地故三人同是醍醐此譬豈非釋三藏中五味漸圓意類此得成。

○次證成通教。

三十二云衆生如雜血乳須陀洹斯陀含如淨乳阿那含如酪阿羅漢如生酥辟支佛菩薩如熟酥佛如醍醐此譬豈不釋通教中五味支佛侵習小勝聲聞故與菩薩同為熟酥佛正習盡名為醍醐借此類通教當分漸圓義顯。

○三證成別教

第九云衆生如牛新生血乳未別聲聞如乳圓覺如酪菩薩如生熟酥佛如醍醐此譬豈不是別教五味意十住初中能斷通見思盡名乳總擬聲聞十住後心小深故擬支佛如酪十行十向如生熟酥十地之初已名為佛故如醍醐借此顯成別觀當分漸圓意

○四證成圓教。

二十七云雪山有草名為忍辱牛若食者即成醍醐草喻正道若能修正道即見佛性此譬豈不是圓意。不歷四味即成醍醐借此類成漸圓等之位。

○五證成不定。
第八云置毒乳中徧於五味皆能殺人。此譬豈不譬
於不定。即成四種理教行證而得入圓。
觀心徃推等者。諸佛契心。如契而說。大師亦是推
觀而說。心與法合。故觀心推。不違法相。爲不信者
復引證成頓漸等義。四教之文。當分漸圓。第六撿
文未見。恐是文誤。文中不云菩薩者。以不斷惑同
凡夫故。三十二文。具如所引。第九文同。經最後云
善男子。如牛新生血乳未別。今廻在前取義便故。
以和血乳在淨乳前。雪山等文。在二十七經。云雪

山有草名曰忍辱。牛若食者。即得醍醐。第八又云。
雪山有草名曰肥膩。牛若食者。純出醍醐。醍醐無
有青黃赤白。水草因緣。令其色異。是諸衆生。亦以
無明業因緣故。生於二相。若無明轉。即變爲明。次
文又云。雪山有草名曰肥膩。牛若食者。即得醍醐。
衆生薄福。不見是草。佛性亦爾。煩惱覆故。不見佛
性。三文同有醍醐之名。合文少別。前文修八正道
次云轉。即爲明。並是圓意。正當今文。後云煩惱覆
故。即別意也。經語意密。善須明鑒。次第八文證不
定者。亦恐文誤。應在二十七經。師子吼難云。衆生

之身六道差別。云何而言佛性是一。佛言譬如有
人置毒乳中。乃至醍醐皆悉有毒。乳不名酪。乃至
醍醐名字雖變。毒味不失。若服醍醐亦能殺人。實
不置毒於醍醐中。佛性亦爾。雖變五道受別異身。
而是佛性常一不變。問經譬五道。今譬五味。云何
得同。答人必約法。大經約人徧五道身宿種不斷
於五道中。毒發不定。今以五道鬪法歷味。義不相
違。既約鬪教。必歷五味。即諸經初八部等是。方等
亦有地獄衆來。故經一五以譬二五。於理無傷。
○九引例。

今約漸頓作如此料簡。前三科後一科。亦應如是。但
小大半滿齊分尅定。不得同耳。
以此一科例前後文。皆應作此料簡引證。雖可例
此。不無小異。如向分別。開通文意。觀之可知。
○五明權實二。初釋名。
五明權實者。權是權謀。暫用還廢。實是實錄。究竟旨
歸。立權畧爲三意。一爲實施權。二開權顯實。三廢權
顯實。如法華中。蓮華三譬。諸佛即一大事出世。元爲
圓頓一實止觀。而施三權止觀也。權非本意。意亦不
在權外。祇開三權止觀。而顯圓頓一實止觀也。爲實

施權實今已立開權顯實權即是實無權可論是故廢權顯實權廢實存暫用釋名其義爲允。
此權本是諸佛妙體體內方便故名權謀如不思議權而設於謀故曰權謀謀謂謀度此是不謀而謀故曰權謀非藏通等有謀之權此名謀權故引法華以釋權實即是體內之權故也暫用等者暫用法華釋名之文來此以釋權實之名。
○次料簡四初料簡用教之意二初問。
問何意用此權實。
問者何意用權復用實耶。

○次答三初總明用教之意三初總。
答佛知衆生種種性欲以四悉檀而成熟之。
衆生機薄以權成熟若機熟已開權廢權施開廢等皆約四悉爲是義故具用權實。
○次別四初約世界悉檀。
若人欲聞正因緣爲說三藏欲聞因緣即空爲說通觀欲聞歷劫修行爲說別觀欲聞即中爲說圓觀是名隨世界悉檀亦名隨樂欲爲實施權說實止觀也。
○次約爲人悉檀。
爲生扶真之事善說三藏觀爲生扶真之理善爲說通觀爲生扶中之事善爲說別觀爲生扶中之理善。爲說圓觀是名隨爲人悉檀亦名隨便宜而說權實止觀也。
○三約對治悉檀。
爲破邪因緣無因緣故說三藏觀爲破拙度故說通觀爲破共法故說別觀爲破帶方便故說圓觀是爲對治悉檀說權實止觀也。
○四約第一義悉檀。
爲思議鈍根拙度令入真諦說三藏觀爲思議利根巧度令入真諦故說通觀爲不思議鈍根拙度令入

見中故說別觀爲不思議利根巧度令入見中故說圓觀是名爲一實而施三權。
○三結。
權實相對則有四種止觀爲實施權意齊此也。
○次明興廢之相二初標。
權實既興良由悉檀權實可廢亦由悉檀。
○次釋二初約四教三初釋。
何者衆生煩惱結使厚利智善根薄故興初觀生其事善事善若生煩惱伏薄即廢三藏觀爲生理善與於通觀理善已生即廢通觀爲生界外事善即興別

觀界外事善已生卽廢別觀爲生界外理善卽與圓
觀。
○次結。
是爲興廢因緣故說於權實止觀也。
○三例。
餘三悉檀與廢可解。
○次約五味。
若約五味教論興廢者華嚴爲大行人廢兩權與一
權一實三藏廢兩權一實但與一權方等四種俱與
般若廢一權與二權一實法華廢三權與一實涅槃

還與四種皆入佛性無所可隔。
五味判者若不約五味無以顯於法華實部。
○三結用教之意。
是故如來巧用悉檀興廢適時順機而作皆益衆生。
是故如來不空說法爲度人故應興應廢也對三權
說一實實存權廢已如前說。
○次料簡明開前約四悉展轉興廢未是約時約
部永廢故知前文但是判也故約料簡以明於開。
則四教皆實又三初正明開。
今更料簡四種止觀皆實不虛所以者何若不開決

則無入理今決了聲聞法是諸經之王開方便門示
眞實相一一止觀皆得入圓如快馬見鞭影卽得正
路故四種皆實也。
○次以教望理而論權實三初正論。
又四種皆權何以故四理皆不可說權不可說故非
權實不可說故非實非權而彊說爲權非實而彊說
爲實。
以教望理而論權實則理實教權教中雖有權實
之名並是爲他不獲而說故名爲彊。
○次徵難。

等是彊說何意不名權爲實耶。
教中權實旣並彊名何不將實爲權名權爲實。
○三答釋。
以有說故故皆是權。
今言彊者約有說邊名爲彊說彊卽是權名說爲
權直約說邊不可權實互相渾雜。
○三更判教中若權若實皆非權實十初標。
又此權實悉是非權非實。
○次釋。
何以故皆不可說故。

以此權實皆非權非實不可作權實說。

○三示同。

此非權非實不得異於向實。

雖雙非權實不得異於如向所明開權之實。

○四重示不異之理。

向以見理爲實實祇是非權非實此義不異。

以開權故見於實理此之實理祇是向來兩亞雙非一者雙非權實二理二者雙非說權理實皆是約理不可說故故知此理即前實理。

○五遮於異義。

若異者應有別慧照別理理既同不可使異。

若雙非之理異於實理實理之外應有別理既無能照別理之慧亦無所照別理之境故實理外無別雙非。

○六釋無別理。

對權故說實廢教故說理故言非權非實。

釋無別理所以對破權教故說實教是則有權有實實亦詮理若廢權實之教則云非權非實廢教亦是顯於一實對破理教亦是顯於一實是故雙非之理不異一實之理。

○七開教顯理。

即教而理權實即非權非實無二無別不合不散。

廢教廢權向即顯理況即文字是實相理當知權實之教亦不當於權實此之雙非文不異於前雙非故云無二無別隨說異故不合理不殊故不散。

○八以一止觀結。

非權非實理性常寂名之爲止寂而常照亦權亦實名之爲觀。

○九辨異名。

觀故稱智稱般若止故稱眼稱首楞嚴如是等名不二不別不合不散即不可思議之止觀也。

○十總結。

此非但開實是非權非實開權亦是非權非實猶屬開權顯實意耳。

如向所開權實俱理理無權實故皆不當權之與實猶屬等者恐聞雙非復謂過實是故結云祇是顯實問玄文諸義並先開後廢如向所引何故先廢後開答玄文約喻如世蓮華必先開後落此從法便故先廢後開既廢權已實則可見義之如開。

又此廢文與彼稍異。彼約法華廢前權部權教。復須開前權部權教。今約諸文展轉相廢。猶似未開故在開前。今具二義。故廢在前。又廢同於待。開同於絕。待前絕後。未失常現。又楞伽人云。此經開權與法華義等。若爾。何故前後諸文皆斥二乘及以外道。故第三云。一切愚夫禪者。謂二乘。此斥三藏也。二觀察禪。謂離自他得人無我。亦離外道。豈非通教。三眞如禪。謂知念不起。豈非別教。四如來禪謂入佛地。豈非圓教。故知彼經猶存權乘。以大斥小。亦與前明位義意同。卷末又云。一乘道者。惟如

來得。非外道二乘梵天之所得也。豈與法華邪見嚴王五逆調達畜生龍女敗種二乘皆習得記作佛耶。

○三更料簡理教接義。二。初總立五問。

問。爲一實施三權。惟有四種止觀。若以別接通止觀者。爲權爲實。復何意不預四數。何意但言接通。何位被接。接入何位。

從初至接入何位。總有五問。以一問字該下五文。一問爲權爲實。二問何意不預四數。三問何故但接於通。四問何位被接。五問接入何位。

○次具答五問。仍爲兩重。初約教。次約諦。初約教答五。初答初問。

答。接得入教。此則屬權。接得入證。此則屬實也。

被別接人不必盡證。是故則有權實不同。

○次答第二問。

四教論其始終。接但終而無始。故不入四數。

以別接者。但用別教之終。已如前說。

○三答第三問。

諸教皆接。亦應有之。此意不用者。二教明界內理。二教明界外理。兩處交際須安一接。故但以別接通。

玄文具明。以圓接通。以圓接別。彼約教道。於教道中。或以權教接權。或以實教接權。今但約教所詮理邊。但以權理被實理接。於義畧足。是故但云內外交際。須立一接。餘如前辨。

○四答第四問。

若齊通爲言。不論破無明。八地名支佛地。從此被接知有中道。

八地方接。此據下根。

○五答第五問。

九地伏無明。十地破無明。即名爲佛。但一品破。那得

是極故知接入別也若望別教是入初地位行也。
從下根來多至初地中上入者此卽不定又案位
入則在地前勝進入者則至初地言九地伏十地
破者仍本立名名九十地入別圓教應云初地及
以初住。
○次約諦答但答四問闕答第二以第二問但問
何意不預四數非正顯理故畧不答四問中仍
不次第又四初答第一問。
若就諦論接者通教眞諦空中合論從初以來但觀
眞中之空。

空中合論空卽是權中卽是實。
○次答第四問。
破見思惑盡到第八地方爲說眞內外中故云智者
見空及與不空被接方聞
卽第八地方被接也問何故須至第八方接答爲
欲示於眞內中故故待正空方爲點示令深觀空
卽見不空若爾中上二根其義云何答中上二根
亦見眞已方示中空但前二根眞空尙淺是故說
教多附下根。
○三答第五問。

聞已見理卽是入別位也。
但云別位不語位名者一法入者不定其位二者
別在初地以地前位與前教共故指初地名爲別
位猶如圓教始終俱圓若判圓位則在初住。
○四答第三問。
三藏菩薩明位不爾故不論接別圓發心已知中道
更將何接故知接但在通也。
菩薩伏惑已如前說兩教二乘法華方會亦不論
接問法華玄云接非會義今約法華祇應論會何
故論接答前後諸文會義非一今論修觀亦可重

述法華前教以例行人論於教門通塞之相是故
明之未妨於位況接在菩薩與會不殊又前後文
處處皆明可思議等但於顯爲不思議故前待後
絕次第應然何須問言不應論接。
○四料簡理教權實有二問答初一問答二初問。
問三權皆得知實不。
○次答。
答別教初知通教後知三藏初後俱不知。
可見。
○次一問答二初問。

問若知何意名權若不知二經相違。
文中含於二意。初問若知何意名權者問通別兩教仍名權耶。次問若言不知二經相違者難三藏教初後不知。即與涅槃勝鬘相違。彼之二經皆有明文云三藏之。
○次答二。初答初意。
答別雖初知帶方便聞教猶是權。通雖後知可見者知教終是權其意可見
別帶方便雖初聞實從教成權。通教八地可接者知故教亦權。

○次答第二意二。先牒難。
若言三藏不知違二經者。
○次通難於中又二。先通大經二。先出大經爲彼難辭準應前文先列二經以爲難辭後方結難。爲避煩文故於答中方始引經難辭竟後方正答以中經旨。
大經云阿羅漢不知三寶常住不變者所有禁戒亦不具足不能得聲聞之道。
大經三十二云雖信別相不信一體無差別相名信不具信不具故所有禁戒亦不具足信不具故所有多聞亦不具足。第三云善男子。應當修習佛法及僧而作常想。此三寶者無有異相無無常相無變異相。若於此三修異相者當知此輩清淨三歸無所依處所有禁戒皆不具足終不能得聲聞緣覺菩提。若修常想則有歸服。如所立問據此二文合爲一問牒難辭竟。
○次今家爲通六。初明不聞則不知五。初正明。
此義今當通。任羅漢自力不應知見常住。
言自力者。若無諸佛菩薩願力加被令知。尚不得在方等聞彈般若加說。況於法華親蒙記莂。

○次舉譬。
譬如天眼未開不見障外不聞他說亦不能知。
天眼未開譬自力不知。若聞而知譬被彈等。
○三合不知。
○四引證。
羅漢佛眼未開又不聞佛說那得自知常住。
故法華云於自所得功德生滅度想若遇餘佛便得決了。
自力不知他力方知。
○五結前不聞。

又云聲聞緣覺不退菩薩亦不能知當知不聞則不知也。

結前不聞則自力不知兼舉菩薩以況聲聞。

○次正申經意。

經稱知者齊知已理眞諦無爲亦是於常一相無變若人分別眞諦二相遷動者不能發眞要須觀空方入無漏如須菩提觀空憍陳如證無生智。

若具不知經云何通故次申云齊知已理所以大經作此說者舉昔斥今聲聞不聞眞諦常住一體不變小乘歸戒尙不具足況復未聞大乘常住豈

能具足菩提之道故準法華自此以前佛眼未開未蒙授記仍於所得生滅度想故於淨名自悲敗種若佛滅後縱生滅想亦遇四依而聞常住南嶽釋云餘佛者四依也若決了已復非二乘故知法華以前不得彰灼云知所以經云知者但知眞諦故引須菩提不禮色身者以於石室見小乘法身無去來故亦如陳如得無生證無生證者祇是常住此並小乘眞諦常住耳。

○三申兩文歸戒之難。

又律儀不具足者若能觀空得道共戒此是具足戒也。

若能見空尙得無漏律儀與道俱發名爲具足何況不具事律儀耶。

○四引證眞諦得名常住。

故華嚴云諸法實性相常住不變異二乘亦皆得而不名爲佛故知常住語通得作此釋。

既云常住二乘亦得復不名佛當知常住語通何必局大。

○五結成申難之意。

若不作此釋三藏不說大乘常住聲聞那得具聲聞

道具禁戒耶若作此釋道共戒無失彌益其美。

若據聲聞不知之文則不應能具於禁戒禁戒已具常名常名不應局在於大。

○六引例釋成三初引經。

又舉例釋者如大品云婬欲障生梵天何況菩提爲生梵天須斷欲欲得菩提斷二邊欲。

○次例並結成。

欲名雖同其意則異此義亦爾欲入眞諦須知無爲常不變易欲入實相亦知常住一相不變知常語同大小則異。

○三結答。

故三藏止觀不知圓實。不達經。

如前所釋實不逮於涅槃文也。是則涅槃經文意兼兩向。在昔則須知小常。在今則須知妙常。

○次通勝鬘經意二。先牒難辭。

勝鬘云。若不知常住。所有三歸皆不成就。此云何通。

○次申經意。若欲銷通勝鬘經意。須作兩種初業釋之。又四。初且標久遠。

遠尋根本三乘初業不愚於法。

久遠初業故云根本。莫不結緣十六王子。且指迹

化故曰遠尋。

○次近指此生

若取四念處聞慧為初者。此初知眞諦常住。不起六十二見。以無倚著心。賢聖成就。此釋同前意也。

初聞四諦。滅理眞常。此意同前。

○三重釋久遠二。初正釋。

若古昔為初業者。先發菩提心。早知常住。畏怖生死退大取小。

重釋久遠。即是順前問答。今日聲聞具禁戒者。良由久遠初業聞常。若昔不聞小尚不具。況復大耶。

若全未曾聞大乘常。既無小果。誰論禁戒具不具耶。為實施權。覆相論具。退彼久遠初業聞常。此世顯論得記方具。畏怖生死等者。如舍利弗度布施河。故大論十二云。舍利弗六十劫中行菩薩行。有婆羅門從其乞眼。舍利弗言。當乞有所堪者。此眼無堪。婆羅門言。不須身及財物。惟須於眼。若汝實行檀者。當以眼與我。便出一眼與之。婆羅門得已嗅之。詬言此眼臭。唾而棄之。以脚蹋之。舍利弗言此弊惡人。何由可度。實無所用而彊索之。不如自度。早免生死。退大以後輪廻生死。名不到彼岸

○次引例。

法才王子及涅槃中。退轉菩薩。從初以來。歸依一體三寶。熏修戒善。有受法無捨法。心無盡故戒亦無盡一切戒善。為此所熏。

法才王子者。本業瓔珞上卷云。第六住菩薩。止觀現前。值佛菩薩及善知識之所護故。入第七住。已得不退人無我。畢竟不生。若不爾者。一劫乃至退菩提心。如我初會八萬人退。謂淨目天子。法才王子。舍利弗等。欲入七住。值惡知識。退入凡夫。乃至千劫作大邪見。及五逆罪。無惡不造。及涅槃中。退

轉菩薩者。二十六經師子吼白佛言佛性若常何故有退佛言譬如二人。倶聞他方有七寶山。二人倶去。一人慮遠多難乏少糧食便退不往。一人以愈發心於彼多獲珍寶。退者見已。心熱復去。其退轉者喩退菩薩。不退轉者喩不退菩薩。豈以退故令道無常。

○四舉譬二。先舉譬。

譬如大地冥益樹木。樹木萌芽。悉得成就

大地者。初發菩提心也。依初發心。而有小乘初業等用。故小乘初業。如樹萌芽。皆由菩提地而得成

就。

○次合譬。

小乘歸戒。不離菩薩戒。菩薩戒力能成就之。即此義也。若不作初業知常。三藏歸戒羯磨。悉不成就。若作此釋。於大小兩經義無相違。

言羯磨不成者。所謂久遠。必無大者。則令小乘秉法不成。以無本故。諸行不成。如樹無根。不成華果時機未熟。權立小名。汝等所行是菩薩道。非始得記。方名大人。故知無心趣於寶渚化城之路。一步不成。豈能入城生安隱想。不信常住。聲聞禁戒皆不具足。斯言有徵。此斥都未發大心者。則成無本雖本無本。據受者心。據佛本懷。已施大化。有無之意須審思之。若作此釋等者。此顯兩解初業意也四念初業不違於小。久遠初業不違於大。

摩訶止觀輔行傳弘決卷三之四

摩訶止觀輔行傳弘决卷第四之一

陳隋天台智者大師說　唐荆溪大師湛然傳弘决

門人章安大師灌頂記　明天台沙門傳燈增科

○第六釋二十五方便二。一先標牒。

第六明方便者。

○次解釋七。初且通明漸頓二種。次今就下。方始別明今文方便。初文分二。初通論頓方便四。初釋名。

方便名善巧。善巧修行。以微少善根能令無量行成解發入菩薩位。

善巧迴向令成妙因。故名善巧。又泛引證及功能等。末的委示二十五相。故名爲通。言善巧者。從初發心權實不二。以不二解調停事儀。能使一行一切行成三軌眞解。一發一切發。入圓初住功由善巧。

○次引論證善巧之相。

大論云。能以少施少戒。出過聲聞辟支佛上。即此義也。

以種智導毫善不停。能過二乘極果之上。論第九云。小善能作大果者。如求佛果。讚歎一偈。稱一南謨。燒一捻香。奉獻一華。如是小行。必得作佛。又第三十二問云。菩薩云何少施。答夫施在心不在事。菩薩或貧或聞他說施無多少。或見多集財物損他財失善心。或惱衆生。惱衆生故。而供養佛。佛所不許。是故少施迴向菩提。故知善巧名方便者。由迴向故。由智導力。所以下文。明二十五法堪爲圓方便者。正由迴向及智導故。

○三重釋。

又方便者衆緣和合也。以能和合成因。亦能和合取果。

以善能和合。故名方便。若爲果立因。因立必能尅果。故號尅果之因。名爲和合取果

○四引證和合。

大品經言。如來身者。不從一因一緣生。從無量功德生。如來身。顯此巧能。故論方便。

既無量諸法。方成佛因。是故和合。方名方便。是故下文二十五法和合調停。方得成於圓初住因尅妙覺果。

○次通明漸方便。問。四中有圓。何故此四通名爲漸。答。先歷三教。故得漸名。然第四圓即同初頓。此

四通途各以內外凡爲遠近方便但列初後中間可知爲二初明三方便

若依漸次即有四種方便方便各有遠近如阿毘曇明五停心爲遠四善根爲近通別方便例可意知

○次明圓教近方便三初總明

圓教以假名五品觀行等位去眞猶遙名遠方便六根清淨相似鄰眞名近方便

○次別明今文方便分三科於圓方便前更論方便

今就五品之前假名位中復論遠近二十五法爲遠

方便十種境界爲近方便

次明今文二十五法於向所列圓教遠近方便之前更論方便者以爲五品作方便故於六即中是名字即故云假名故知今意並在四教內外凡前通爲四教遠方便也言十種者即十境也若觀若發入品非遙故名爲近二十五法去眞遙故故名爲遠問陰是正修餘九待發如何以此而名方便答今論十境皆是方便者咸是所觀若能觀之方屬正行是故前八但在凡夫後二名爲聖人方便故知十境並是圓行近方便也若前三教差降不同別於菩薩境但觀二教通但觀一三藏全無但觀九境通二乘人觀八境半三藏二乘觀八境全通論雖爾今意在圓

○次明觀境功能

橫豎該羅十觀具足成觀行位能發眞似名近方便十境橫豎如第五初十雙互發由境發故觀法縱橫復名橫豎至第五卷當更委明觀橫豎相今意且明二十五法

○三正釋五初列五科

今釋遠方便略爲五一具五緣二呵五欲三棄五蓋

四調五事五行五法

○次明生起

夫道不孤運弘之在人人弘勝法假緣進道所以須具五緣緣力既具當割諸嗜欲嗜欲外屏當內淨其心其心若寂當調試五事五事調已行於五法必至所在

即以初住名爲所在從初住去非今文意故下文云入住功德今所不論

○三舉譬以譬五科陶者大刀反今濮州南陶丘城堯曾居之故曰堯城故謂堯爲陶唐氏陶即作瓦

宇也今以此名人故云陶師若從所造爲名應作
匋瓦器也爲三初譬五初譬具緣
譬如陶師若欲得器先擇良處無砂無鹵草水豐便
可立作所
○次譬呵欲
次息餘際務際務不靜安得就功
○三譬棄蓋
雖息外緣身內有疾云何執作
○四譬五事
身雖康莊泥輪不調不成器物

○五譬五法
上緣雖整不專於業廢不相續永無辦理
○次合具合五科及提譬帖合
止觀五緣亦復如是有待之身必假資籍如彼好處
呵厭塵欲如斷外緣棄絕五蓋如治內疾調適五事
如學輪繩行於五法如作不廢
○三結勸
世間淺事非緣不合何況出世之道若無弄引何易
可階故歷二十五法約事爲觀調麤入細撿散令靜
故爲止觀遠方便也

世間淺事謂界內禪定尙須二十五法而爲方便
故云非緣不合何況出世圓頓之道約事爲觀等
者釋中二十五法一一皆悉託事爲觀以生圓解
言調麤等者若直就二十五法則二十五法以爲
能調三業麤散以爲所調若事理合論則二十五
法以爲所調對事與解解爲能調且約二十五法
爲能調麤文有通別二意若如生起五科一一皆
爲調麤撿散卽通意也若別論者前三調麤後二
撿散
○四引證

此五法三科出大論一種出禪經一是諸禪師立
五法秖是五科明此五科所行有據大論釋禪度
中問曰云何方便得禪波羅蜜答郤五事(五欲)除五
法(五蓋)行五法(名同)具緣出禪經故引禪經云等良師
卽善知識也調五事者雖是人立行之要故故今
用之此之五科文五義二所謂事理理復爲二謂
次不次意唯在一專期正觀
○五依章解釋五初明具五緣四初列
一具五緣者一持戒淸淨二衣食具足三閑居靜處
四息諸緣務五得善知識

○次引經釋妨。
禪經云。四緣雖具足。開導由良師。故用五法爲入道梯櫈。一闕則妨事。
○三指廣。
釋此具如次第禪門。
大小兩乘。以戒爲本。是故先明。內禁雖嚴。必資衣食。進修定慧。須藉空閑處。雖空閑。假絕緣務。四緣雖具。開導由師。具如禪經。又此五緣。文五義五意唯在一。意有遠近。近謂開導。遠謂正行。又五文中。各有二義。所謂事理。又此四章。文四義二。意唯在

一。言義二者。謂本專精及以懺淨。事理二戒並具斯二。理性三德名爲本淨。觀事即理方名懺淨。
○四正釋五。初持戒清淨二。初列。
此中明持戒清淨。即四意。一列戒名。二明持戒。三明犯戒。四明懺淨。
○次釋五。初列戒名。
列名者。經論出處甚多。且依釋論有十種戒。所謂不缺不破不穿不雜。隨道無著。智所讚。自在隨定。具足。
列戒名者。具如大品念戒中。及大論二十一。與賢護經同。大經數等。名異義同。華嚴十無盡藏品。亦列十戒。望此仍闕。彼云。一利眾生戒。二不受外道戒。唯受三世佛淨戒。三無着戒。不回向三有故。四安住戒。不犯一切戒故。五不諍戒。不非先制。不更造立。不因此戒惱亂眾生。六不惱害戒。不以咒術惱眾生故。七不雜戒。離六十二見。但觀緣起故。八離邪戒。不作持相。欲使他知。內無實德。現有德相。九不惡戒。見破戒人。不輕蔑故。十清淨戒。捨十惡持十善。此十種中。二四六八十。此屬律儀。三七屬隨道無着。五九屬出假之由。第一正當利他。菩薩元以饒益爲本。是故此十。利生居初。彼經有事。及

以空假。仍闕自在。入中全無。諸經列戒。論十攝盡。論不缺等。義兼性制故。
○次明持戒二。初指要。
此十通用性戒爲根本。
○次解釋二。初且引論釋於性戒。因此對辨客舊三學三。初釋舊三學有無四。初釋舊戒。
大論云。性戒者。是尸羅。身口等八種。謂身三口四更加不飲酒。是淨命防意地。又云。十善是尸羅。佛不出世。世常有之。故名舊戒。
所言性者。即舊戒也。不待佛制。性是善惡。故名爲

性。并舊定慧名舊三學。舊戒通爲十戒根本故也。

論十戒者即客三學。何者。初之三戒即是客戒義雜於舊。次一即是客定。次六即是客慧。初引論三文。或八或十。並是性戒。所言八者酒防意地。即是十中後三意業數異義同。

○次釋舊定。

佛不出世凡夫亦修八禪故名舊定。

言八禪者別而言之四禪四空。若從通說或云八禪。或云八定。定對欲亂禪亦名靜。故諸聖教隨用不定。

○三釋舊慧。

外道邪見六十二等舊醫乳藥名爲舊慧。

舊醫等者。大經舊醫即是外道乳藥即是邪常等也。

○四破古人釋二。初引。

常途云無客定無漏導八禪耳。

○次破。

今難此語亦應無漏導十善也。戒慧既有客法定何獨無。

古人唯立客戒客慧不立客定。故以戒慧而難於定。

○次釋客三學三。初釋客戒中先列。次明所發不同。初列。

今用三歸五戒二百五十爲客戒根本。

三歸者即以三藏三寶而爲三歸。故俱舍云眾人怖所逼多歸依諸山園苑及叢林孤樹制多等。此歸依非勝此歸依非尊。不因此歸依能解脫眾苦。諸有歸依佛及歸依法僧。於四聖諦中能以慧觀察。此歸依爲勝此歸依爲尊。必因此歸依能解脫眾苦。準今家意但以三十四心斷結爲佛。生滅四

諦爲法。學無學爲僧。若準婆沙俱舍釋三寶意則少異。略如釋籤及論文等。今不暇論。五戒者四性一遮。故俱舍云遮中唯離酒爲護餘律儀。若論制已性上皆加一箇制罪。二百五十戒者制教滿已名二百五十。通初而論但名律儀。故列根本。

○次明所發不同。

十種得戒人者。如佛自言善來比丘自然已得具足戒。如摩訶迦葉自誓因緣得具足戒。如憍陳如見諦故受具足戒。如波闍波提比丘尼以八敬法受具足戒。如達磨提那比丘尼遣信受具足戒。如須陀耶沙

彌論義受具足戒。如耶舍比丘等善來受具足戒。如跋陀羅波梨伽加三歸受具足戒。如邊地第五律師受具足戒。中國十人。白四羯磨受具足戒。客戒人也十種不同。僧祇四受。謂自然善來。五衆十衆。五分五受。謂自然善來。三歸八敬羯磨。四分亦五。謂來上歸敬羯復有多伽見母等論。明受不同。今文十受。正出十誦。兼用婆沙師義。故有一二不同之相。十誦初云自然。今云佛唱善來比丘自然已得具足戒者。即指羅漢身中自然戒也。準諸部文。唯四分中善來居初。又無自然之語。即迦葉中。上法文

是此下文自有善來。故知初文。即是自然。言自誓者。四分中名教授。亦名上法。名異意同。八敬者。十誦名八重法。祇名八敬。邊地第五者。若準四分。祇是邊方。白木調外。僧數難得。開五人受。今準俱舍業品。引婆沙師立十受。云第八受者。第五律師。謂邊地人少。五人受中須一人持律羯磨。即以羯磨師爲第五。中國十僧者。十誦名羯磨。亦準祇說。俱舍云十衆耳。故知今文不專一部。已知同異相狀如何。善來者。佛命善來比丘。當於語下。鬚髮自落袈裟在身。鉢盂在手。猶如五歲知法比丘。自誓者。

迦葉言。世界所有成羅漢者。我皆歸依。疏引多論云。佛是我師。我是弟子。修伽陀是我師。我是弟子即是果戒俱得。見諦者。初得初果。見未曾見諦。謂諦理。昔未見諦。今得見諦。見諦發時。果戒俱得。八敬者。世尊不許女人出家受戒。爾時愛道遂自剃髮。倚立祇洹。阿難爲請。佛令阿難遙宣敬法。若能行者。即得具足。謂百臘舉受懺請安恣。遣信者。是尼端正。爲賊難故。佛開遣信。尼本法竟。往大僧中。僧中爲秉使。尼卻迴爲騰僧命。此尼得戒。亦名十二語。三白四故。論議者。七歲沙彌與佛論議。佛問

五陰爲一異。等智逾二十。佛許受戒。俱舍云。佛問汝家在何處。答云。三界無家。稱可聖心。佛令羯磨與受具足。善來如前釋。此中既有善來。故知前是自然。不同諸受。託自智力。故曰自然。亦非全無因緣故也。即以佛法而爲緣等云云。三歸者。佛度五人已。三寶具足。佛秉三歸。亦令比丘處處宣化。引至佛所。後因失信。佛令比丘隨處各秉。過六年已佛止三歸。與羯磨受。故有中十邊五不同。遣信論議等。別言羯磨者。此云辦事。此文通俗。律部非宗故不廣述。問。今明行門。何須小檢。而明十種得戒

人耶。答。如涅槃中處處扶律。今此亦爾。小爲方便。故知出家菩薩。六和十利。與聲聞同。六度四弘異於小行。若在家菩薩。三歸五戒。咸趣菩提。况復梵網。八萬威儀。七衆並資。五道遍被。豈容破戒。稱爲佛乘。故以乘戒四句對簡。

○次釋客定。

根本淨禪觀練薰修爲客定。

○三釋客慧。

四諦慧爲客慧。佛出方有也。

○三料簡三學無作有無四。初戒無作者。性戒不

受故無無作。

性戒者莫問受與不受犯卽是罪。受與不受持卽是善。

○次明受得戒卽有無作。

若受戒持生福犯獲罪。不受無福。不受犯無罪。

若受戒下。明受得戒卽有無作。故性罪之上加違無作。出家等戒無作別生。是故持則功等虛空。破乃隨對一支一境。舉持勸受。加罪遮違。况犯已法除。復本清淨。故云薝蔔華雖萎。猶勝於餘華。破戒諸比丘猶勝諸外道。

○三略出遮性同異之相二。初正明。

如伐草害畜。罪同對首懺。二罪俱滅。大論解云。違無作罪同滅耳。而償命猶在。故知受得之戒。與性戒有異也。

如草畜俱有違制之罪。作單提悔。二遮俱滅。然於害畜。仍有性愆。故引論解償命猶在。問。性罪不滅何須懺耶。答。免違制已。持心相續。縱果位廣償。爲利物因。豈同於違且沈三趣償者還也。復也。

○次引證。

故四分問遮法云。不犯邊罪。不邊罪卽性罪也。此罪

障優婆塞戒。何况大戒。若性戒清淨。是戒度根本解脫初因。因此性戒得有無作受得之戒。

言邊罪者。謂性四重。及曾受五十。乃至比丘等戒。殺人盜五。犯婬三趣。男女正道。俗非己妻。及非處等。妄對人趣稱過人法。犯此四已。五十進具。比丘捨已重來爲難。佛法邊人。故名邊罪。重遮徒受。是故令問此罪等者。釋邊遮意。若先未曾受。犯已尚障五八等戒。况具戒耶。况受五等。犯四重耶。此準方等陀羅尼經。及虛空藏菩薩經。明邊罪義多。論亦名犯五八十中重。障具足戒。故南山鈔主依之

承用相部對內雖異於此。其如南山有教可憑。智者大師依教承用。若有道俗。犯已能悔更欲進求清淨戒者。具如方等占察等經。占察上卷云。未來世中在家出家。欲求淨戒。犯增上罪不得受者。當修懺法具在經文。是故當知。性戒清淨爲諸戒因。舊名作無作。成論云教無教。新名表無表。作謂爲作。教謂教示。表謂表彰。名異意同。彼此無在無作一發無捨失。緣終訖一形相續恒起。如初受時。作白以後入餘心者尚名得戒。故成論云。若人入不善心無記心無心。亦名持戒。律疏云。四心三性。始

止觀輔行卷十三　十五

末恒有。三性加無心爲四云云。廣辯作無作同異相狀等。非此可盡。具如疏鈔。

○四約大小乘以辨三聚。明無作不同。二。初正明。

小乘明義無作戒。即是第三聚。大乘中法鼓經但明色心。無第三聚。心無盡故。戒亦無盡。若就律儀戒論無作可解。定共戒無作者。與定俱發。有人言。入定時有。出定時無。有人言。無作依定。定在不失。定退即謝也。道共戒無作者。此無作依道。道無失故。此戒亦無失。戒定道共通是戒名。說通以性戒爲本。

小乘經論共立三聚。謂色心非色非心。言心無盡等者。意明心性以爲戒體。若小乘戒體是第三聚者。且依經部。若有部中還用色爲無作戒體。然大乘中雖以心性而爲戒體。若發無作亦依身口作戒而發。雖依身口。體必在心。若先小後大。一切轉爲無盡戒體。若先受大後方出家。欲在大比丘數而不失菩薩法者。則更受律儀。但於一切發得身口清淨防非律儀無作戒體。不復發也。故涅槃中。五篇七聚並是出家菩薩律儀。又若先小後大。則開小夏以成大夏。若先受大後受律儀。在小則依小。在大則依大。理雖若是。方土不同。此土僧徒不

止觀輔行卷十三　十六

簡大小。西方不爾。一向永隔。然四依出世。必大小並弘。但隨物機緣通局在彼。道定無作細簡在論云云。

○次引證道定復以律儀而爲根本。

故經云。依因此戒能生禪定及滅苦智慧。即此意也。

○次明持相。二。初功能。

二明持者。此十種戒攝一切戒。

○次解釋。二。先事。次理。先約事相論持戒中文十義七。意在正修。言義七者。前四各一。後六成三。所謂三觀。亦可二義。四六異故。前四直爾論事。後六

寄理義當於事。意在比央。令知淺深。文四。初正釋
十。先持不缺。二先釋不缺戒。即持四重。
不缺戒者。即是持於性戒。乃至四重。淸淨守護。如愛
明珠。
○次以犯顯持。
若毀犯者。如器已缺。無所堪用。佛法邊人。非沙門釋
子。失比丘法。故稱爲缺。
言失比丘法者。旣犯重已。不任僧用。大經云。犯重
比丘。不能復生善牙種子。如斷多羅樹等。
○次持不破。二先釋不破戒。

不破者。即是持於十三。無有破損。故名不破。
不破者名損爲破。猶勝於缺。是故仍在生善僧數。
○次以犯顯持。
若毀犯者。如器破裂也。
○三持不穿。二先釋不穿戒。
不穿者。是持波夜提等也。
不穿者。雖不破缺。如猶有穿。易可補治。
○次以犯顯持。
若有毀犯。如器穿漏。不能受道。故名爲穿。
○四持不雜。三先釋不雜戒。

不雜者。持定共戒也。
不雜者。即是事定。有事定者。任運持得。
○次以犯顯持。
雖持律儀。念破戒事。名之爲雜。定共持心。欲念不起。
故名不雜。
○三引證持犯。
如大經云。雖不與彼女人身合。而共言語嘲調。壁外
釧聲。見男女相追。皆汙淨戒。十住婆沙云。雖制其事。
而令女人洗拭按摩。染心共語相視。或限爾許日持
戒。或期後世富樂天上自恣。皆名不淨。若持不雜戒。
悉無此等念也。

大經二十九云。若有菩薩。雖不與彼女人和合。而
共言語嘲調戲笑。如是菩薩成就欲法。毀破淨戒。
汙辱梵行。令戒雜穢。不得名爲淨戒具足。復有菩
薩。自言戒淨。雖不與彼女人身合言語嘲調。而於
壁外聞鐶釧聲。是名菩薩成就欲法。乃至不名淨
戒具足。復次自言戒淨。乃至不聞鐶釧聲等。若見
男子隨逐女人。若見女人隨逐男子。如是菩薩。乃
至不名淨戒具足。乃至爲天樂故。廣如初句。如四
分中持戒有四。一賊分齊。如諂媚勝他。邪命名利

等二罪分齊異三途等三福分齊欲天樂等四道分齊謂爲解脫除爲解脫前三種持及限齊許日如是時處支等恐不發戒

○五釋隨道六釋無著

隨道者隨順諦理能破見惑無著戒者卽是見眞成聖於思惟惑無所染著也以此兩戒約眞諦持戒也

○七釋智讚八釋自在

智所讚戒自在戒則約菩薩化他爲佛所讚於世間中而得自在是約俗諦論持戒也

○九釋隨定十釋具足

隨定具足兩戒卽是隨首楞嚴定不起滅定現諸威儀示十法界像導利衆生雖威儀起動而任運常靜故名隨定戒前來諸戒律儀防止故名不具足中道之戒無戒不備故名具足此是持中道第一義諦戒也

○次開權

用中道慧徧入諸法故經云式叉式叉名大乘戒也

既得中已以此中慧融一切法故使一止一作無非法界故云大乘式叉迦羅尼此名爲學別在第五通約諸篇今並開之成摩訶衍故大經及十住婆沙皆指篇聚云菩薩摩訶薩持是禁戒當知戒無大小由受者心期是則中道徧入空假及事律儀方得名爲具足持戒

○三攝廣

涅槃明五支戒及十種戒義勢略同設諸經論更明戒相終不出此十科

涅槃五支等者彼聖行中先明自行五支後列願他十戒菩薩摩訶薩持一一支皆願衆生當得禁戒等十言五支者一具足業淸淨戒謂四重二前後眷屬餘淸淨戒謂偸蘭遮爲前眷屬此諸因屬

能爲重罪前方便故十三僧殘列在重後爲後眷屬所言餘者如後釋三非諸惡覺覺淸淨戒者卽是不雜定共戒也四護持正念念淸淨戒者卽四念處道共戒也五迴向具足無上道戒者佛菩薩持非諸凡小所能持得護他十戒者一禁戒二淸淨戒三善戒四不缺戒五不析戒六大乘戒七不退戒八隨順戒九畢竟戒十具足諸波羅蜜戒今亦以十願對行故大經十戒與論意同五支復與願他十戒開合異耳是則還將自行於願於他故文中具將論十以對經十及以五支其如釋籤

中和會同異。

○四判位。

束前三種戒名律儀戒兼善防惡從初根本乃至不犯纖毫清淨束名律儀戒凡夫散心悉能持得此戒也次不雜一戒定法持心心不妄動身口亦寂三業皎鏡此是定共戒入定時任運無雜出定身口柔軟亦不雜凡夫入定則能持得也隨道戒初果見諦發眞成聖聖人所持非凡夫能持也無著戒則三果人所持亦非初果所持也智讃自在此乃菩薩利他須持此戒則非二乘所持也隨定具足此是大根性所

持則非六度通教菩薩所能持也况復凡夫二乘耶。既約事釋以辨一心故此十戒離對凡聖大小位別不雜戒云凡夫入定能持得者且約有宗若據餘部餘心亦得智所讃自在行向人持據此以論十住即持隨道無著十信唯持律儀諸戒隨定具足云非六度通教菩薩所持者且一往簡云此具足是大根性人所持得別人有分故不簡之據理亦非別人行向所能持得唯是初地已去方能持得。

○次約理觀論戒二先前結生後。

向判位高下事義不同理觀觀心論持戒者具能持得上十戒也

○次正釋此中文十義二意在轉事以修正觀言二義者謂境及觀四之與六如前事中今之三觀三一不二然前十戒非無理觀即後六足分張對位故屬事相况律儀不雜當分未融故今更約一念心中具明十戒而不濫尊極不離凡心用前四戒通爲觀境以六觀之事理相即當知篇聚一不可虧世人蔑事而欲尙深理者驗知此觀孤虛無本既虧觀境觀亦無從是故今文尙觀緣生一念

心起爲善惡因由此亦能破與不缺乃至不雜况復但觀身口重業及輕吉等耶尙觀此心即是法性豈直觀於善惡因耶是故今文與他意別分二初約十戒以觀解二先束爲四。

先束十戒爲四意前四戒但是因緣所生法通爲觀境次二戒即是觀因緣生法即空空觀持戒也次兩戒觀因緣即是假假觀持戒也次兩戒觀因緣生法即是中中觀持戒也。

○次釋四句相四初觀因緣生法持四種戒二初釋

所言觀心爲因緣生法者若觀一念心從惡緣起卽能破根本乃至破不雜戒與善相違故名爲惡今以善順之心防止惡心能令根本乃至不雜等戒善順成就得無毀損故稱善心名爲防止惡心旣止身口亦然

○次以止觀結

防卽是止善順卽是行善行善卽是觀止善卽是止是名觀因緣所生心持四種戒也

○次觀因緣卽空持二種戒二初釋三初引金剛釋

次觀善惡因緣所生心卽空者如金剛般若云若見法相者名著我人衆生壽者若見非法相者亦著我人衆生壽者不見法相不見非法相如筏喩者法尙應捨何況非法

○次略申經意

故知法與非法二皆空寂乃名持戒

故知下略申經意雖此略申未知法與非法爲是何等

○三釋法非法

今云法者秪善惡兩心假實之法也若見有善惡假名卽是著我人衆生壽者若見善惡實法亦是著我人衆生壽者所言非法相者若見善惡假名是無者亦是著我人衆生壽者若見善惡實法是無者亦著我人衆生壽者何以故依無起見故不應著乃至依非有非無起見皆名著我人衆生壽者觀如是等法與非法皆卽是空由此觀故能順無漏防止有無六十二見故名隨道戒若重慮此觀思惟純熟歷緣對境於一切色聲皆悉卽空名無著戒

卽以破見名爲皆空何者雖破我人衆生壽者假無與實猶見是有名之爲法若見爲無乃至見是

非有非無皆名非法依此起見猶名爲著是故須捨若不起四見卽無六十二見故云防止有無六十二見者大品中十六知見此我人等四亦攝在彼十六見中十六亦爲此四攝盡此四見者無著論云我以計內人以計外衆生以續前爲義壽者以趣後爲能若依大論釋十六知見中云我者於陰界入計我我所若卽若離人者謂於陰界入中謂我是行人行通善惡無非行者衆生者於陰界入和合之中計有我生壽者於陰界入中計一期報若長若短亦與無著大同二論並以陰界入

法而為所執。今文通以假實四句皆為所執。以能計有等為我人也。以此少異。是則近約隨道戒說為順經文破我故也。經意既違所執亦通法與非法。豈唯假實。然能計者。但成六十二見而已。若通論者。法謂衍也。非法小也。衍尚不著。何況於小。又法謂大小。非法謂假實。又法謂大乘是有。非法謂大乘是無。乃至非有非無。如是皆名我人等見。是故猶屬六十二也。故云大乘生著。猶須無常幻化等破。通義雖爾。今且從別。

○次以止觀結。

防止思惑。善順眞諦。是名觀因緣心卽空持二種戒也。

○三觀因緣卽假持二種戒二。初釋。

次觀因緣心卽是假者。知心非心法亦非法。而不永滯非心非法。以道種方便無所有中立心立法。拔出諸心數法導利衆生。為智所讚。雖廣分別無量心法但有名字。如虛空相不生愛著。惑相不拘名為自在。

智所讚中云。知心非心法亦非法。此亦仍順般若近意。心謂能計假名之心。法謂所計五陰實法。乃至若計假實非有非無。皆破入空。故云知心非心法亦非法。知空非空。故云而不永滯非心非法。從空出假。還是出此心法之假。故云道種方便無所有中。立心立法。立於三界假實心法。卽是入於愛見之假。假既立已。對病設藥名為拔出。若約自行論拔出者。大經云。願作心師不師於心。欲得不退菩提。當發此願。淨名云。弟子衆塵勞隨意之所轉化他亦然。以自在故為智所讚。故知兩戒一體無殊。

○次以止觀結。

如此假觀。防止無知。善順俗理。防邊論止。順邊論觀。

卽是假觀持兩戒也。

○四觀因緣卽中持二種戒三。初釋。

次觀因緣生心卽中者。觀於心性畢竟寂滅。心本非空亦復非假。非假故非世間。非空故非出世間。非賢聖法。非凡夫法。二邊寂靜名為心性。能如是觀名為上定。心在此定卽首楞嚴。本寂不動雙照二諦。現諸威儀隨如是定無不具足。

隨如是定結隨定名。無不具足結具足名。故知二名。亦非碩異。三觀及境。一一文中皆先釋。次以止觀結之。

○次以止觀結。

如是觀心防止二邊無明諸惡善順中道一實之理。防邊論止順邊論觀此名即中而持兩戒也。

○三引證。

故梵網云戒名大乘名第一義光非青黃赤白戒名為孝孝名為順孝即止善順即行善如此戒者本師所誦我亦如是誦當知中道妙觀戒之正體上品清淨究竟持戒十住廣說云若無我我所遠離諸戲論一切無所有是名上尸羅故淨名云罪性不在內亦不在外亦不在兩中間如其心然罪垢亦然其能如

是是名善解是名奉律即此意也。理觀持戒名為止觀故知應以第一義光寂照相即而為防止善順戒體孝者畜也事親之道宜恒畜在心以在心故能順顏色故名為順今亦如是觀不思議理恒照在心善順於理順故觀於三諦孝故止於三惑如是持戒尚不與別教出假持戒義同豈與天子庶民行孝為同年耶臣軌云夫孝者先須安國國安所以家安家安所以行孝等如是尚不逮於人天況大小乘防止善順言本師及我皆誦者背文曰誦舍那釋迦以證戒體稟教義絕無說而說故名為誦十住廣說者毘婆沙此云廣說得人法二空名離我我所及離諸法有所得想名離戲論以如此法名上尸羅故知亦是約理名戒淨名云等者淨名疏引時二比丘疑犯婬殺二波羅夷是二比丘共居蘭若一人他行一人露臥婬女采薪盜行不淨伴比丘來見而逐之女人避走墮坑而死臥者疑犯婬逐者疑犯殺不敢問佛來白波離波離為其準律解釋若犯根本令其學悔若犯方便令其懺蘭若本無心令不須懺大士訶曰我念聲聞不觀人根不應說法此二比丘

久發大心如何以小而教導之彼罪性者不在內外兩中間如其心然罪垢亦然此即無生悔之要觀也其能如是是名善解奉律今亦以此名上尸羅上尸羅者無持無犯犯必無生豈以無生而分必犯故知應以四句推持無持犯性名真奉律豈要推犯名善解耶。

○次更約五名以為觀解四分上下唯有四名準古諸釋但存三名謂尸羅毘尼木叉故南山引十八法中毘尼與律二名不並今家意者具依諸名以存於四名雖不並既得名律復名毘尼是故今

文從名俱用并取根本八十誦名即優波離一夏八十度升座誦之故得名也故總約五名以中觀解若諸部異名雖隨事別立與誦義同故舉誦言以攝諸部今既以十戒合爲三觀觀心五名亦約三觀餘名可見文爲二初釋五初約防止

復次觀心持戒即是五名所以者何防止是戒義觀亦如是三觀名能防三惑名所防如此防止義徧法界不局在身口云云

○次約毗尼

又毗尼名滅滅身口諸非故今觀心亦名爲滅即空

之觀能滅見思之非即假觀能滅塵沙之非即中觀能滅無明之非如此論滅徧滅法界諸非不止七支故淨名云當直除滅勿擾其心即此意也

○三約保脫

又波羅提木叉名保得解脫者觀心亦爾若不觀三諦之理三惑保不解脫若見三諦三惑保脫如此解脫徧法界脫非止解脫三途及出生死而已

○四約十誦

又誦者背文闇持也今觀心亦爾三觀之名詮三諦理即是其文知名非名研心諦理觀法相續常自現前不生妄念名之爲誦如此誦者徧法界誦非止八十誦也

○五約律儀二初大師自釋二初約惑輕重

又律者詮量輕重分別犯非犯觀心亦爾分別見思麤惡滓重界內無知小輕塵沙客塵横起復爲小重根本微細如上菩提心中已說三觀觀三理是不犯二惑障三理名爲犯三藥治三病詮量無謬纖毫不差

所言律者不取律呂之律但約如世律令陶虞始造蕭何以爲九章者漸分輕重委悉故也爾雅云

法也法律所以詮量輕重犯不犯等觀心亦爾詮量惑智各有輕重持犯之相如上菩提心中等者第一感應發心結成三種止觀文中麤細難易深淺巧拙等亦是詮量之義也

○次約報輕重二初約事

又知持事戒有三品上品得天報中品得人報下品得修羅報犯上退天犯中退人犯下退修羅入三惡道惡道又三品輕者入餓鬼道次者入畜生道重者入地獄道中品又多種上中下下即四天下也上品又多種謂三界諸天各有品秩也

人有四者。若論果報。以南洲爲下下。若約值佛。即以南洲爲上上。故大論六十二云。閻浮提以三事故。尚勝於諸天。北洲不及。一能斷婬欲。二識念力。三能精進勇猛。復有書般若。是故諸天來下聽法。故大經三十三云。下下因緣故。生於北洲。乃至上上因緣故。生於南洲。上品多種者。如六欲天。及日月星。以分九品。上上他化。乃至下下是星。乃至福報多種不同。如淨名云。隨其福德。飯色有異。乃至諸禪各各不同。如經論中。隨其義旨各有品類。秩軸不同。可以意得。

○次約理二。初空中假三品。

又持理戒空假中三品。各有上中下。即空三品者。下品爲聲聞。中品爲緣覺。上品爲通教菩薩。退則傳傳失也。即假三品者。下品爲三藏菩薩。中品爲通教出假菩薩。上品爲別教菩薩。即中三品者。下品爲別教菩薩。中品圓教菩薩。上品是佛。唯佛一人具淨戒也。

○次中道三品二。初釋。

又下品爲五品。中爲六根清淨。上入初住。此略就觀心。判其階差。

○次結勝。

中道觀心。即是法界。摩訶衍徧攝一切法。可以意得不復煩文也。

不煩文者。約觀解中。若橫若竪。若自若他。一心異心。詮量輕重。況復一一各攝無邊。但可意知。豈可文具。

○次章安重釋。謂章安面於大師。親重諮決。若諸文中。直云私謂。是滅後述已。文爲二。初文。即是述已問也。

私謂云。下中三品。皆約發眞。上品何意約眞似。爲三品耶。

向之三觀。各有三品。空爲下。假爲中。中爲上。空假各三。皆約發眞。入中亦有三品。即以五品爲下。六根爲中。初住爲上。則三品之中。有眞有似者何耶。此問且據大分而說。空假三品。亦非全發眞。如假三品。即以三藏菩薩爲下。如初翻釋。入中三品。亦皆發眞。且約後翻爲此問也。

○次出師答。

答前三道。未合可得分張橫辨。即中既融。宜約一道竪判。又亦得約橫者。別接通。別圓三品。云云。如此分別得失輕重。徧詮量法界。豈止羨燒覆障耶。

答卽出大師答也有二意初云前三道未合者空假二種三品之中旣對三教根緣隔異所以分張橫對三人人旣不同皆約發眞於理無失若入中已毫善悉融唯約六卽義似於豎又亦得下以此中道從人從教亦得橫論別接等三皆破一品三人相望可非橫耶雖復名橫證道無二仍本而說且爲橫三豈止煑燒覆障耶者不同律文篇聚各有根本方便後起對心對境若罪若事若雙若單約報則有煑燒等輕重之相三觀相卽三諦互融隨詮一塵一心一觀皆徧法界十誦中呼地獄爲

煑燒覆障八熱十六道爲煑燒八寒黑暗等道爲覆障

○二結成

觀心五名宛然可見

○三比決

若事中恭謹精持四戒而其心雜念事亦不牢猶如坏缾遇愛見惡則便破壞若能觀心六種持戒理觀分明妄念不動設遇惡緣堅固不失理旣不動事任運成故淨名云其能如是是名善解是名奉律正意在此也

是則於事勸更加觀不聞有觀而忽於事是則一心三觀以照持犯豈同護根制六識耶

○三明犯相四先標譬本卽是羅刹同爲愛見而作喻也

三明犯戒相者夫毀滅淨戒不出癡愛倒見是戒怨家喻二羅刹

○次引經譬

大經云譬如有人帶持浮囊渡於大海爾時海中有一羅刹來乞浮囊初則全乞乃至微塵悉皆不與

○三廣略合二先略合

行人亦爾發心稟戒誓度生死大海愛見羅刹乞戒浮囊

愛見皆能損於篇聚故並喻羅刹來乞浮囊

○次廣合此中文九義二意在顯持言文九者愛見各有九謂五篇定及三觀言義二者復有三別一者愛見二者事理三者持犯持犯是能判事理是犯境愛見是犯因言顯持者犯亦成持況復本淨若從理說本淨雖持猶名爲犯用懺淨已方復本淨先合愛中經但五段一者全乞喻犯四重二者乞半喻犯十三三乞手許喻犯偸蘭今文稱爲

乞重方便且爲成於漸犯之相故置果存因四乞指許喻犯二提五乞微塵喻犯吉羅今文依經故無所改爲篇闕於提舍又剩偸蘭爲聚不開第五亦闕提舍大乘經文佛意罕測文殊問經篇聚亦爾彼列五夷三蘭二提一吉罪種雖少該攝極寬此等並是菩薩律儀是故不可全同三藏若破觀境是犯律儀即於十中犯前三戒分爲五罪五罪不同復分愛見五中前夷及殘各先犯次持蘭提吉三文相略故但存犯相就合愛中爲二先明事犯二初犯不毀等三二先釋五初喻犯四重二初

明犯相

愛羅刹言令汝安隱得入涅槃者此以欲樂暢情稱爲涅槃如餓得食如貧得寶獼猴得酒則得安樂安樂名涅槃誘誑行人若隨愛轉毀破四重是全棄浮囊是名犯相

○次明持相

若愛心雖起不可全棄何者我今欲過生死大海戸羅不淨還墮三途禪定智慧皆不得發思惟是已生大怖畏故言汝寧殺我浮囊叵得是名持相

次夷罪中持相文言汝寧殺我等者寧殺陰身戒囊叵得乃至應云毒蛇口中等也

○次喻犯十三二先明犯相

愛心復起摩觸快意若隨愛觸是棄半浮囊是名犯相

云摩觸等者若分因果以對罪名具如律部

○次明持相

行人復念禁戒豈可輸半論其果報地獄苦惱論其即目下意治擯甚可羞恥豈應如此損毀大事是故護惜不隨愛情是名持相

云下意等者犯第二篇僧中行白名爲下意別住名擯乃至奪其三十五事及本日等名爲治擯

○三喻犯偸蘭

愛心又起乞重方便若毀犯者是乞手許

○四喻犯二提

又毀波夜提是乞指許

○五喻犯吉羅二初正明犯相

又毀吉羅是乞微塵許

○次舉況勸持

吉羅雖小開放逸門微塵不多水當漸入沒海而死微塵不足損於浮囊而惜惡於羅刹者恐水漸入

能爲没海遠方便故。今亦如是。吉羅既爲染汙穜類。能遠開於無救之門。第五既然。餘三亦然。重罪如死。故云死。

○次結。

是爲愛心破律儀戒。

○次犯不雜一戒。

貪攀覽五欲。破定共戒。

定共戒也。定共雖卽未證於眞。欲遠於定。故卽名犯。

○次明理犯三。初犯隨道無著二戒。

深著生死。爲有造業。破卽空戒。

卽空戒也。以無隨道無著。不能破於三有之因。是故名爲爲有造業。

○次犯智讚自在二戒。

不息世譏嫌。無護他意。破卽假戒。

○三犯隨定具足二戒。

不信戒善與虛空等。不信此戒具足佛法。不信此戒畢竟清淨。破中道戒。此例可解云云。

假中三戒。例前說之。從深著下。名爲犯理。

○四以羅刹合見五。初文辨異。

次見羅刹乞浮囊者。若爲財色而毀戒者。如前所說觸人皆爾。此名已起之惡。爲除斷故。一心勤精進。若見心猛利。於所計法。而起罪過。此是解僻。名未生之惡。爲不生故。一心勤精進。此見雖未起。若修得少禪無好師友。卽生念著。而起過患。

財色屬愛。因此破戒。一切皆然。故云觸人。無始與俱。名已生惡。依見破戒。或因後時推理起計。名未生惡。預識防過。是故列之。故云此見雖未起。後爲內外兩緣所壞。而生惡見。一得少禪。二無師友。非深非久。故名爲少。適得根本。因而生見。卽生念著

吉羅也。而起過患。重罪也。

○次引事證二。初正引。

佛在世。一比丘得四禪。謂爲四果。臨終見中陰起。卽謗佛云。羅漢不生。今那得生。阿難問佛。此人命過。今生何處。佛言。已墮地獄。雖持戒得有漏禪。是亦不可信。

大論十八云。有一比丘。得第四禪。生增上慢。謂得四果。初得初禪。謂得初果。乃至得第四禪。謂得羅漢。恃此自高。不肯進道。臨終之時。見四禪陰。便生邪見。謂無涅槃。佛謂欺我。惡見生故。失禪中陰。阿

鼻相現命終生彼諸比丘問佛阿蘭若比丘死今生何處佛言生阿鼻獄諸比丘大驚坐禪持戒便至爾耶佛如前答竟而說偈言多聞持戒禪未得漏盡法雖有是功德是事難可信墮獄由謗佛非關第四禪此證得少禪也。

○次舉況。

佛在世尚爾況末代癡人罪著深重。

舉況以釋師友意也大師在世尚有僻計生見之人況滅後無師不得禪者又惡見者如譬喻經賢愚經並云佛在舍衛有婆羅門邪見與五百弟子

相隨莫不歸敬因與佛弟子捔試不如恥見本羣投水而死佛言彼有二罪一毒盛二謗佛佛言今墮阿鼻。

○三引經證。

故大虛空藏經云若起惡見名第三波羅夷。

故大虛空藏等者彼虛空孕經下卷文列六重第三云復次善男子或有初行菩薩見他衆生作如是言仁者勿行毘尼戒律勿爲精進速發菩提心速誦經典作身口意惡因爲惡故卽得清淨是名第三重罪。

○四正明犯相二初釋亦先事犯後理犯初事犯中二亦先明五罪犯十中三卽初犯不毀等三三初正明犯相四初明見由。

○次見用。

云何惡見或得空解發少智慧師心自樹謂證無生見心旣強能破諸法無佛無衆生撥世因果出世因果。

○三引譬。

法華云或食人肉或復噉狗卽此義也。

食噉人狗喻破世出世因果此從優劣爲譬也。

○四正明犯破。

破正見威儀淨命起於平等無分別見何者有罪何者非罪若有分別分別卽礙礙卽非眞於貪欲中莫生怖礙無怖礙卽是菩提謂此是實餘皆妄語又値惡師爲說惡法見毒轉熾邪鬼入心邪解更甚猖狂顚倒無種不爲見慢寑塞陵蔑一切見行善者謂有所得欺之如土由是見故浮囊全去設不全去者卽思惟言理雖如此我未能見何容頓棄惜猶不與見心復起一切法空豈有觸與不觸男女等相卽便把執歎抱是名半去或重方便乃至吉羅。

破正見威儀等者。起見即破正見。應引大經十二等文。無者略。犯前三聚名破戒。犯下四聚名破威儀。四邪五邪名破正命。邪法活命故云邪命。四邪者。一方邪。謂通國使命。二維邪。謂醫方卜相。三仰邪。謂仰觀星宿。四下邪。謂種植根栽五穀等類。亦曰四口食。故大論舍利弗乞食。有一女人問舍利弗言。汝方口食耶。乃至下口食耶。皆答言不。女人言。何食耶。舍利弗次第解釋四種食已。云我唯乞食自活。五邪者。一為利養故現奇特相。二為利養故自說功德。三卜相吉凶為人說法。四高聲現威

令人畏敬。五說所得供養以動人心。此等並是高名上輩所慎。應非寡德末流所闕。或重方便乃至吉羅準愛中說。

○次重明過相。

謂諸法空寂。何用事相紛紜。既不存微塵。空心轉盛。如小水漸漏無礙。稍滑一切戒律皆悉吞啖。故浮囊永沒。

從初乃至永沒。例前吉羅乃至而死。

○三結破僻計。

當知見心大可怖畏。何以故。若謂四重及犯者皆空而五逆亦空。何不造逆。空見既強。亦無父母。若逼若害。皆不為礙。既無礙者。亦應不礙王及夫人。論其見心。實不謂有王及夫人。而自於己惜身惜命。若侵國王身碎命盡。如此癡空。不空身命。惜己身命。亦於王不空。既於己於王不能空者。那得獨欺父母輕忽佛教。而言四重五逆皆空耶。當知此人不能自見執空之過。近尚不見。何況遠耶。

近尚等者。近謂見心。遠謂諦理。

○次犯不雜戒。

既以惡空撥佛禁法。是破律儀戒。空見擾心。破定共

戒。

例前貪攀等。乃至破律儀戒。

○次明理犯二。初犯後六。

堅執己見。是破即空戒。污他善心。破即假戒。不信見心與虛空等。即是佛法畢竟清淨。破即中戒。

例前貪五欲故破於理戒。

○次結三。初約結過。

當知邪僻空心甚可怖畏。若墮此見。長淪永沒。尚不能得人天涅槃。何況大般涅槃。

云尚不得人天涅槃者。人天中樂亦名涅槃。

○次引證結。

故論云大聖說空法本爲治於有若有著空者諸佛所不化又經云若於諸法生疑心者能破煩惱如須彌山若定起見則不可化

○三引斥其謬

無行經云貪欲即是道僻取此語以證無礙何不引無行貪著無礙法是人去佛遠若有得空者終不破於戒云云

何不引無行等者經中總有七十餘行偈汝何不引終不破於戒等文獨引貪欲是道文耶況復經

止觀輔行卷十三　四三

說欲是道者秖云道性不出於欲亦云欲性不離於道約理云即約事須離而汝錯計謂欲是道若爾秖有道即是婬何曾婬即是道經又云見有無法異是不離有無若知有無等超勝成佛道汝唯見有尚不見無況有無等經又云道及婬怒癡是一法平等意亦如前

○五結

是名見心羅剎毀禁戒也大意如此云云

摩訶止觀輔行傳弘決卷第四之一

摩訶止觀輔行傳弘決卷第四之二

陳隋天台智者大師說　唐荊谿大師湛然傳弘決

門人章安大師灌頂記　明天台沙門傳燈增科

○四和合持犯二先總標不定。

復次前一向論持。次一向論犯。今明十戒持犯不定

持犯不定。即是和合前之二門。前之二門持則具持十戒。犯則具犯十戒。故云一向。今合判者十中前四屬戒。後六屬乘。乘戒交互。四句分別。若二俱句屬前二門。二交絡句。屬此中意。故云不定。故此四句文四義。二意在俱持。以非顯是。是故重辨。言

義二者。所謂乘戒。

○次約四句判。四先通判通別。

若通論動出。悉名為乘。故有人天等五乘。通論防止悉名為戒。故有律儀定共道共等戒。若就別義事戒三品名之為戒。戒即有漏不動不出。理戒三品名之為乘。乘是無漏能動能出。

欲明四句。先判通別。若云十法通名為戒。如前所說。謂道定等亦名戒故。亦可十法通名為乘。皆能動出。謂前四戒出三途故。欲分四句。應從別義。故前四為戒。後六為乘。各分三品。以對緩急。又亦可

戒福相對。以為四句。無戒有福。如王家象有戒無福。如比丘乞食不得。戒福具足。如受供比丘。無福無戒。如餓狗餓鬼。復應福慧有無互為四句。是句應具福慧二嚴。乘戒兼急。

○次正明四句二。初列。

約此乘戒四句分別。一乘戒俱急。二乘急戒緩。三戒急乘緩。四乘戒俱緩。

○次釋四。初明乘戒俱急。

一乘戒俱急者。如前持相十種清淨。事理無瑕。觀念相續。今生即應得道。若未得道。此業最強。強者先牽

必升善處。若律儀戒急。則為欲界人天所牽。若無雜戒急。隨禪梵世。三品理乘。何乘最急。若三品即中乘急。以人天身值彌勒佛聞華嚴教。利根得道。若上品出假乘急。以人天身值彌勒佛。於華嚴座作鈍根得道。若上中二品入空乘急。以人天身值彌勒佛聞方等般若等教。得三乘等道。若下品入空乘急。以人天身值彌勒佛聞三藏經得道。得人天身。是持事戒力見佛得道。修乘觀力。事理俱持。諸行中最。故不可緩也。

事理無瑕者。事即前四。理即後六。圓人一生有超

登十地之義故云一生可獲南岳云一生望入銅輪但淨六根又云能修四安樂行一生得入六根極大遲者不出三生若爲名聞利養則累劫不得華嚴利鈍根者秖是別圓人耳其中品數約前詮量中說可見

○次明乘急戒緩

二戒緩乘急者是人德薄垢重煩惱所使是諸事戒皆爲羅剎毀食專守理戒觀行相續如上覺意六蔽中用心央掘示爲其相以事戒緩命終故墮三惡道受於罪報於諸乘中何乘最強強者先牽若析空乘

強以三途身值彌勒佛聞三藏經乃可得道若卽空乘急以三途身值彌勒佛聞般若方等得道若卽假乘急以三途身值彌勒佛聞華嚴及聞餘教作鈍根得道若卽中乘急以三途身值彌勒佛聞華嚴經作利根得道是故佛說漸頓諸經龍鬼畜獸悉來會坐卽是其事破事戒故受三惡身持理觀故見佛得道大經云於戒緩者不名爲緩於乘緩者乃名爲緩正是此一句也

次句等者乃俱急如大經文作惡道身而得聞法終不人天身而不聞法聞法則生死有期人天或退入三惡文從極重者說故云皆爲所噉五篇並破身口咸虧宿種仍存能專理戒以根利故或當得道是故強於乘緩戒急

○三明戒急乘緩二初正釋

三戒急乘緩者事戒嚴急纖毫不犯三種觀心了不開解以戒急故人天受生或隨禪梵世耽湎定樂世雖有佛說法度人而於其等全無利益設得值遇不能開解振丹一國不覺不知舍衞三億不聞不見著樂諸天及生難處不來聽受是此意也

振丹者約佛在世若教流此土則知而不見振丹

二字並恐書誤下第十所引卽云震旦琳法師釋云東方屬震是日出之方故云震旦新婆沙云脂那西域記云至那此聲並與震旦振丹相近故故知並屬梵音三億等者大論十一云舍衞有九億家三億眼見佛三億耳聞而不見三億不聞不見佛在舍衞二十五年而是等不聞不見況著樂諸天耶及生難處者北洲及三惡加長壽天并世智辨聰佛前佛後諸根不具是爲八難

次舉譬以釋伏疑

譬如繫人或以財物求諸大力申延日月冀逢恩赦

在人天中亦復如是冀善知識化導修乘即能得脫若於人天不修乘者果報若盡還墮三途百千佛出終不得道

疑云既不值佛何須此戒故譬釋云冀逢恩赦恩赦者值佛聞法昔不修乘無聞法緣在三界中猶如繫獄戒善如財物業道如大力得人天身如命未盡或遇佛法如逢恩赦恐在人天猶不受化故復斥云若不修乘永不值佛人天福盡還墮三途故知修乘必不可闕

○四明乘戒俱緩

四事理俱緩者如前十種皆犯永墜泥黎失人天果報神明昏塞無得道期迴轉沈淪不可度脫

○三勸令撿驗

行者當自觀心事理兩戒何戒緩急於事三品何品最強於理三品何品小弱自知深淺亦識將來果報善惡既自知已亦知他人將此觀心亦識諸經列衆之意亦識如來逗緣大小故華嚴中鬼神皆言住不思議解脫法門者此是權來引實令昔修不思議乘急者得道涅槃列衆亦復如是

此是權來引實者既戒緩乘急墮在三途必爲法身菩薩同類引之乃至亦爲乘戒俱緩者下種誘之

○四教判因果

若細尋此意廣歷四教乘戒緩急以辨其因後歷五味以明其果皆使分明凡如是等因果差降升沈非一云何難言理戒得道何用事戒耶幸於人天受道何意苦入三途

四教辨因者昔修四教觀智不同以爲乘種今歷五味得道不同以明其果

○五明懺淨二初徵問

四明懺淨者事理二犯俱障止觀定慧不發云何懺悔令罪消滅不障止觀耶

既犯事理懺法如何

○次答釋四初答事中輕重二先答懺輕

若犯事中輕過律文皆有懺法懺法若成悉名清淨戒淨障轉止觀易明

律文自從第二篇下皆有悔法懺成戒淨止觀方明豈有而令輕戒尙理

○次答懺重

若犯重者佛法死人小乘無懺法若依大乘許其懺

悔。如上四種三昧中說。下當更明。

若犯事中重罪去。謂愛成犯重。不但改觀能滅深愆。須依三昧託事附理。及觀相沿。方可清淨。此下明逆順十心。即是懺之方法。故云更明。

○次答理中輕重二。先答懺輕。

次理觀小僻。不當諦者。此人執心若薄。不苟封滯。但用正觀心。破其見著。慚愧有羞。低頭自責。策心正轍。罪障可消。能發止觀也。

明因見解僻。未至身口。不造輕重罪。亦不須用四種三昧。但轉觀令正。見心自亡。僻未彰於外。人故

但低頭自責。

○次答懺重。

見若重者。還於觀心中修懺。下當說也。

見若重者。還於觀心修懺者。既云犯重。不獨觀心。言觀心者。行於事懺。必藉觀心。若無觀心。重罪不滅。以觀為主。故云於觀心中。

○三答事中輕重二。初通指。

若犯事中重罪。依四種三昧則有懺法。

○次別引。

普賢觀云。端坐念實相。是名第一懺。妙勝定云。四重五逆。若除禪定。餘無能救。方等云。三歸五戒乃至二百五十戒。如是懺悔。若不還生。無有是處。請觀音云。破梵行人。作十惡業。蕩除糞穢。還得清淨。故知大乘許悔斯罪。罪從重緣生。還從重心懺悔。可得相治。無殷重心。徒懺無益。障若不滅。止觀不明。

引普賢觀妙勝定者。必事理合行。方辦前事。方等云等者。若違三歸而歸邪師邪法邪眾。破於五戒乃至二百五十戒中重罪。即成佛法死人。因懺戒復。故云還生。南山亦立無生懺法。總列三種。一者諸法性空無我。此理照心。名為小乘。二者諸法本

相是空。唯情妄見。此理照用。屬小菩薩。三者諸法外塵本來無實。此理深妙。唯意緣知。是大菩薩佛果證行。南山此文雖即有據。然第一判屬小乘。小乘且無懺重之理。況復此位。已隔初心。第二第三。復屬菩薩。及以佛果。凡夫欲依。措心無地。今之所立。直明凡下欲用大乘悔重罪者。當依方等普賢觀等。是故南山判位太高。初心無分。高位無罪。何須列之。

○四明懺淨方法二。初明罪有人近。

若人現起重罪。苦到懺悔。則易除滅。何以故。如迷路

近故過去重障必難迴轉迷深遠故。

明久近者不出過現若運十心窮於無始無明顛倒何罪不消又世有愚者謂心無生諸法亦無復造新罪夫造罪者必依三毒貫無生人福尚不作豈況罪耶以罪與福俱順生死故也

○次明懺有逆順言懺悔者如大經十七耆婆語闍王言修一善心能破百萬種惡如少金剛能壞須彌亦如小火能燒一切如少毒藥能害衆生小善亦爾能壞大惡雖名小善其實是大爲是義故應須懺悔懺悔秖是三業善耳此中文立二十義

分三二意有遠近言三二者一逆順二愛見三事理逆順是功能愛見是犯因事理是所顯言遠近者近在復淨遠期正行於中爲二初總立

若欲懺悔二世罪障行四種三昧者當識順流十心明知過失當運逆流十心以爲對治此二十心通爲諸懺之本

○次別釋二先列順流十心從細至麤初由一念無始無明乃至成就一闡提罪次逆流十心則從麤至細故先翻破一闡提罪乃至方達無明性空先順流中見愛同是從細至麤順於生死是故順流同立一門至逆流中方分愛見初順流二先別明十初內計我人

順流十心者一自從無始闇識昏迷煩惱所醉妄計人我計人我故起於身見身見故妄想顛倒顛倒故起貪瞋痴痴故廣造諸業業則流轉生死

○次外加惡友

二者內具煩惱外値惡友扇動邪法勸惑我心倍加隆盛

○三不能隨喜

三者內外惡縁既具能內滅善心外滅善事又於他

善都無隨喜

○四無惡不造

四者縱恣三業無惡不爲

○五惡心徧布

五者事雖不廣惡心徧布

○六晝夜相續

六者惡心相續晝夜不斷

○七覆諱過失

七者覆諱過失不欲人知

○八不畏惡道

八者曾巵底突不畏惡道。

言曾巵等者無慚不順之貌。

○九無慚無愧。

九者無慚無愧。

○十撥無因果。

十者撥無因果作一闡提。

○次總結及明來意。

是爲十種順生死流昏倒造惡則蟲樂廁不覺不知。積集重累不可稱計。四重五逆極至闡提生死法然而無際畔。

○次明逆流十心。五。初正明逆流。二先懺愛。三初總標。

今欲懺悔應當逆此罪流用十種心翻除惡法。

○次別明十。初正信因果。

先正信因果決定孱然。業種雖久久不敗亡。終無自作他人受果。精識善惡不生疑惑。是爲深信翻破一闡提心。

孱者現也。

○次生重慚愧。

二者自愧剋責鄙極罪大無羞無恥習畜生法棄捨白淨第一莊嚴。咄哉無鉤造斯重罪。天見我屏罪。是故慚天。人知我顯罪。是故愧人。以此翻破無慚無愧心。

咄哉無鉤者咄嗟驚愕。知我宿爲無愧之人。而今自愧昔無信鉤。致造重罪。如狂象無鉤不可控制。今以慚愧鉤鉤無慙心象。是故大經有二白法能救衆生。一慚二愧。慚者自不作罪。愧者發露向人。又慚者內自愧耻。愧者不令他作。慚人愧天等。諸解不同。若無慚愧名爲畜生。

○三生天怖畏。

三者怖畏惡道。人命無常一息不追。千載長往。幽途緜邈。無有資糧。苦海悠深船栰安寄。賢聖呵棄。無所恃怙。年事稍去。風刀不奢。豈可晏然坐待酸痛。譬如野干失耳尾牙。詐眠望脫。忽聞斷頭心大驚怖。遭生老病尚不爲急。死事弗奢。那得不怖。怖心起時如履湯火。五塵六欲不暇貪染。如阿輸柯王。聞旃陀羅朝朝振鈴。一日已盡。六日當死。雖有五欲無一念愛。行者怖畏苦到懺悔不惜身命。如彼野干決絕無所思念。如彼怖王。以此翻破不畏惡道心。

千載者乃是隨俗之言。一失人身萬劫不復。緜邈者遠貌也。三界長途。應以萬行而爲資糧。生死曠海。應以智慧而爲船筏。是故應當怖畏無常。預辦資糧預修船筏。一旦瞑目當復仗誰。故云安寄。此無常法賢聖棄者。非恃怙故。無母可恃無父可怙。不能生長出世善身。名無恃怙。年事稍去等者。寄年事者。而爲語端。言風刀者。人命欲盡。必爲業力散風所解。如解韛囊使息風不續。如解溝瀆使血脉不流。如解機關使筋節不應。如解火炬使煖氣滅盡。如解坯器使骨肉分離。四大既分應遭塗炭。如何端拱不修善本耶。如野干者。大論十三云。譬

如野干。在林樹間依諸師子及虎豹等。求其餘肉以自存活。時間空闕夜半逾城。深入人舍求肉不得。避走睡息不覺竟夜。惶怖無計。始欲起行慮不自免。住懼死痛便詐死在地。衆人來見。有一人言須野干耳。即便截去。野干自念。截耳雖痛但令身在。次一人來言須其尾。復自念言。截尾小事。次一人言須野干牙。野干自念。取者轉多儻取我頭。即無活路。即從地起奮力絕勇。間關歷涉徑得自濟。行者之心求脫苦難亦復如是。生不修。如失耳。老不修。如失尾。病不修。如失牙。豈更至死。則如失頭

以老病時猶自寬者。可有差期。死事不賚自知無兾。如阿輸柯王等者。大論二十三云。阿育王宮常供六萬羅漢。王阿輸柯是育王弟。每見衆僧受王供養便云。何得而常受供。王言。雖受常觀無常。何暇貪染。弟當不信。王欲調之。密遣人教擅登王位。王便候得而問之言。國二主耶。即欲誅罰。且令七日受閻浮提主。過是當殺。七日之內恣意五欲。一日過已。即令旃陀羅振鈴告云。一日已過餘六日在。當死。如是滿七日已。振鈴云。七日已過今日當死。王便問言。閻浮提主受樂暢不。答言。我都不見不

聞不覺。何以故。旃陀羅日日振鈴高聲唱言。七日之中已爾許日過爾許日在。當死。我聞是聲雖作閻浮提主得妙五欲。以憂深故不聞不見。是故當知多樂力弱。若人偏身受樂。一處針刺。衆樂多息但覺刺痛。王言。比丘亦爾。但觀無常苦空無我。何暇貪著。念受供養。翻破不畏惡道心者。念彼惡道如聞鈴聲。不久斷頭。法句經云。昔有天帝自知命終生於驢中。愁憂不已云。救苦厄者。唯佛世尊。便至佛所稽首伏地歸依於佛。未起之間其命便終。生於驢胎。鞚斷破他陶家坯器。器主打之遂傷其

胎還入天帝身中。佛言殞命之際歸依三寶。罪對已畢。天帝聞之得初果。故暫歸依即能翻破惡道心也。

○四發露懺悔

四者當發露莫覆瑕疵。賊毒惡草急須除之。根露條枯源乾流竭。若覆藏罪是不良人。迦葉頭陀令大衆中發露。方等令向一人發露。其餘行法但以實心向佛像改革。如陰隱有癰覆諱不治則死。以此翻破覆藏罪心也。

發露者大經十七云。智者有二。一者性不作惡。二

者發露向人。愚者亦二。一者作罪。二者覆藏。玉之外病爲瑕。玉之內病爲疵。故可以譬隱顯二過。若覆瑕疵名無慚愧。賊毒惡草等者。若發露者如撿偷賊不令密住。如斸毒樹畱則長惡。如拔惡草畱則滋蔓。根露等者。大罪田心覆若翻前覆心如伐樹得根竭流得源。則條枯流竭。若覆等者。罪是惡因。覆則不滅。人覆罪故成不良人。良者善也。迦葉等者。佛隨機宜貴在罪滅。若私若衆靡有常科。大經十七云。覆藏者漏。不覆藏者名爲無漏。若作罪不覆罪則微薄。其餘行法等者。除方等頭陀其餘諸經。如般舟占察金光明等。及以僧常六時行儀不云向人。即是其類。如陰隱有癰等者。作罪未露如隱陰癰。備至來報如則死也。

○五斷相續心

五斷相續心者。若決果斷奠畢故不造新。乃是懺悔懺已更作者。如王法初犯得原。更作則重。初入道場罪則易滅。更作難除。已能吐之。云何更噉。以此翻破常念惡事心。

若決果等者。一懺以後生決定想。得無罪處。名之爲果。果敢也。故須斷奠。無使復續。如初犯等者。原

赦也。初已蒙赦。再犯難容。故知重犯罪則難滅。是故應須斷相續心。故以吐喻懺。已再犯猶如更噉。如論云。已捨五欲樂棄之而不顧。如何更欲得。如愚樂食吐。

○六發菩提心

六發菩提心者。昔自安危人徧惱一切境。今廣起兼濟徧虛空界利益於他。用此翻破徧一切處起惡心也。

發菩提心者。若直爾滅罪何必發心。如小乘中僧別兩懺。則翻無始罪境不徧。如滅夷過小教權文

皆由不發菩提心故。又小乘懺但名抵責不爲護他故無償理。爲翻此等發菩提心。餘如文說。

○七修功補過。

七修功補過者昔三業作罪不計晝夜。今善身口意策勵不休非移山岳安塡江海以此翻破縱恣三業心。

修功補過者無始作罪必徧三業徧故復續續故復重故今修功補於昔過須三業俱運念念相續策勵不休非移等者昔罪深廣如海三業俱運如山非運三業之山豈塡三過之海。

○八守護正法。

八守護正法者昔自滅善亦滅他善不自隨喜亦不喜他。今守護諸法方便增廣不令斷絶譬如全城之勳勝鬘云守護正法攝受正法最爲第一此翻破無隨喜心。

勝鬘云等者使現法不滅名守護正法集法藥無厭名攝受正法。

○九念十方佛。

九念十方佛者昔親狎惡友信受其言。今念十方佛念無礙慈作不請友念無礙智作大導師翻破順惡友心。

親狎惡友等者以惡知識能損壞人菩提善根大經二十云如惡象等唯能壞於不淨臭身惡知識者能壞淨身肉身法身至三趣不至三趣身怨法怨等亦復如是。念無礙慈等者慈能順物爲我善友翻破昔日親狎惡人智能破邪導我迷僻翻破昔日信惡友言。

○十觀罪性空。

十觀罪性空者了達貪欲瞋癡之心皆是寂靜門何以故貪瞋若起在何處住知此貪瞋住於妄念妄念

住於顚倒顚倒住於身見身見住於我見我見則無住處十方諦求我不可得我心自空罪福無主深達罪福相徧照於十方令此空慧與心相應譬如日出時朝露一時失一切諸心皆是寂靜門示寂靜故此翻破無明昏闇。

了達貪瞋癡至求我不可得者皆從無住起於我見乃至貪瞋令却推貪瞋至無住處根本既亡枝條自傾此中所計非神我也但是無始妄計假名言寂靜門者由觀心故通至寂靜是故諸心爲寂靜門經中復云示寂靜故既因諸心能見寂靜如

因指示見所至處故寶篋經上卷云文殊師利於東方莊嚴國佛名光相現在說法有大聲聞名曰智燈因文殊問默而不答彼佛告文殊言可說法門令諸衆生得無上道文殊答言一切諸法皆是寂靜門示寂靜故時有法勇菩薩問文殊師利言如來所說及貪瞋癡是寂靜門示寂靜耶文殊問言三毒何所起答言起於妄念妄念住於顛倒顛倒住於我所我所住於身見身見住於我見我見則無所住一一句皆一問一答具如初句如是我見十方推求皆不可得以是義故我說諸法皆是寂靜門此中全

用彼經文意但是語畧比之可見

○三總結

是爲十種懺悔順涅槃道逆生死流能滅四重五逆之過若不解此十心全不識是非云何懺悔設入道場徒爲苦行終無大益涅槃云若言勤修苦行是大涅槃近因緣者無有是處即此意也是名懺悔事中重罪也

涅槃云若言等者大經有四法爲涅槃因一者親近善友二者聽聞正法三者思惟其義四者如說修行若言勤修苦行是大涅槃近因緣者無有是處

○次懺見四初指前順流十心

次懺見罪者以見惑故順生死流如前所說

指前順流十心前順流心愛見共列故今懺見重牒順流還指前列

○次簡異愛心

向運十心附事爲懺懺鈍使罪今扶理懺見懺利使罪然見心猛盛起重煩惱應傍用事助如服下藥須加巴豆令其瀉盡底是故還約十法以明懺見

簡異愛心愛心逆流並是附事愛屬鈍使名鈍使

罪非謂罪滅鈍使已盡以彼愛罪託事生故故附事懺見違理起懺已附理若懺重罪亦須合行故云起重煩惱應旁用事助補藥如推理事助如巴豆是則事理各有旁正

○三正釋亦從麤至細又十初正信因果三初標一翻彼不信者

○次釋二初明昔失五初點示身見令識苦集

即點身見心令識無明苦集

言不信者即一闡提心也闡提之心由身見起故點示之令識苦集何者由身見故具八十八以集

成故則能招苦具如第五卷釋
○次引人證不識苦集二初正引
如鬱頭藍弗得非想定世人崇之如佛不識苦集報盡還墮須跋陀羅得非想定雖無麤想有細煩惱長爪利智而受不受
如鬱頭等者大論十九云得非想定有五神通日日飛入王宮中食其王夫人依其國法接足而禮由觸足故欲發失通求車而出還本山中更修五通一心專志垂當得定所依林池為諸魚鳥之所喧鬧因發惡誓噉諸魚鳥後還如初得非想定生

非想處報盡卻為先誓所牽墮飛狸身婆沙云飛狸身廣五十由旬兩翅相去各五十由旬身量五百由旬殺害衆生水陸空行無得免者發惡願故即是集墮飛狸身即是苦須跋得非想定者先得此定涅槃會末來至佛所為佛所責雖無麤想而有細想歸心受道得阿羅漢今文所引未得道前長爪亦爾起計佛責得阿羅漢至第五卷畧出緣起
○次舉況
高著外道尚未出見非是涅槃況麤淺者尚不逮藍弗而言是真道豈非大僻
高著等者謂藍弗須跋等於外道中高出學著者也著字陟據反尚不逮等者此斥近代著見之人及諸外道中劣者尚不逮藍弗言是真道耶既不識苦集明無四諦
○三明無十二緣滅
是人愛著觀空智慧是事不知名為無明而起違從依見造行見行依色即是名色名色即是苦等迷苦起於愛有有生未來生死流轉相續豈是寂滅
明無十二緣滅但有無明乃至老死故云豈有寂

滅
○四反斥但有無明無無明滅
若謂生死盡者乃是漫語呼無明見心為道非道為道非因計因名為戒取豈非因盜呼未來三途苦報為涅槃此是見取非果計果是為果盜身邊邪見其事可知如此見心乃是苦集非滅道也
反斥其但有無明無無明滅等身邊邪見其事可知前五利已列戒見二使餘三比說亦應可見何者起見依色即色陰領納於見取見像貌讚喜毀瞋了別於見五陰具足故名身見所執之見非斷

即常名爲邊見以見爲正撥無因果名爲邪見五見具足即八十八名爲集諦集招於苦即苦諦也

○五舉況斥其大小俱無

尙非三藏道滅豈是摩訶衍道滅

○次明今得二初總明識世出世間苦集

若能如是即知世間因果復識出世因果

○次別明世出世間苦集二初識世間

故大品云般若能示世間相所謂示是道非道是爲深識見心苦集也

○次識出世間果二初釋

又深者非但知無明苦集亦識三藏因果亦識因緣生法即空四諦因果又復深者亦知因緣即假無量四諦因果又復深者亦知因緣即中無作四諦因果於一見心具識一切因果

○次證

故大經云於一念心悉能稱量無量生死是名不可思議

○三結

故名深信破不信也

若能如是至破不信者昔者諸見廣造諸惡皆由迷理而順生死今深識過患達偏圓理見根本壞依見所起一切皆壞若別論破見但識三藏見惑之相諸見自息今欲偏知爲圓方便顯於圓理委論深淺廣辨諸教故云偏破諸教不信

○次生大慚愧三初標

二生重慚愧者

○次釋三初明所慚愧由

不見我心中三諦之理名慚愧

○次明所慚愧人

且約理觀論人天者慚乾慧性地之人愧四果淨天

三十心人十地義天五品六根清淨之人四十二位天例如作意得報名爲人自然果報名爲天三種天人亦復如是方便道名爲人眞理顯名爲天

且約理觀論人天者託事論理今不論事故云且約理觀人天但取聖位自然進道名之爲天賢位作意名之爲人據理亦應合列三藏七方便人四果之天文無者畧又且約衍門未論三藏又且成於三諦義足故畧三藏所以須約理觀論人天者爲破迷理無慚愧故理具三諦應須翻故三諦之上無慚愧盡故偏三諦以論人天

○三雙結上二法。
見心造罪覆三諦理不逮三種人天。
○三結。
是故慚愧翻破無慚愧心也。
○三生大怖畏三初標。
三怖畏者。
○次釋四初知見罪深。
知見心造罪此過深重。
○次引大論證。
大論云諸佛說空義爲離諸見故若復見有空諸佛

所不化。
○三見罪重報。
我今由見而起大罪此間劫盡他方獄生此間劫成還來此處如是展轉無量無邊若說果報所受之身當吐熱血死。
若說果報等者大品信謗品云毀般若者卽是毀謗三世諸佛無量億劫墮於地獄從於一獄墮於一獄徧至十方大地獄中或得人身而復生盲或復生於旃陀羅家除糞擔死人家若無一目無舌無耳無手或畜生中受多種苦身子問是人以五逆罪相似耶佛言過五逆罪若聽其言信其語亦受是苦若死等苦故不須問大論六十七釋云佛何故不說有二因緣故佛不說一上已說其過逆受苦今復說其身大醜惡或信不信不信者當受劇苦二者若信佛語則大憂怖憂怖故風發吐熱血死等若不信者更受重苦。
○四定其必墮。
故知見罪大重旣非無漏不出生死煩惱潤業墮落何疑一命不追永無出日。
○三結。

爲是義故生大怖畏翻破不畏惡道心也。
翻破不畏惡道者釋此一條準上下文闕理觀義。依例應云昔依見起過破壞正理不畏三途今欣諦理尚畏小乘三空惡道三無爲坑乃至畏前三教惡道況地獄等三途惡道今且從於謗三諦邊墮惡道義。
○四發露懺悔三初標。
四發露者。
○次釋二初明昔失。
從來諸見而生愛著覆此三諦不能決定生信。

○次明今得。
今知見過失發郤三疑無所隱諱顯其諦性。
○三結。
是爲發露翻破覆藏罪心也。
○五斷相續心三初標。
五斷相續心者。
○次釋。
三諦之觀勿令有間以八正道治三惑心斷而不習。
以八正道等者以無作八道方破三惑。
○三結。

此翻破相續惡心也。
○六發菩提心二初標。
六發菩提心者。
○次釋四初明菩提心相。
即是緣三諦理皆如虛空空則無邊愍傷一切昔令
度脫。
○次明昔失。
昔迷此起惑有無邊故罪亦無邊。
○三明今得。
今菩提心偏於法界起無作善亦徧法界翻破昔徧
空無作惡也。
有無邊故等者有即有漏業也罪即漏業所招果
也乃至無漏亦漏亦無漏非漏非無漏等所招二
土之罪故知昔迷三諦業徧三惑苦徧三土今緣
法界發菩提心無作亦徧法界而起故能翻破徧
法界惡。
○四諭功能。
奏師子琴餘弦斷絕即此義也。
○七修功補過三初標。
七修功補過者。

○次釋三初明修功之相。
三諦道品即是菩薩寶炬陀羅尼是行道法趣涅槃
門如此道品念念相續即是修功補過。
三諦至寶炬者大集云三十七品是菩薩寶炬陀
羅尼即無作道諦具足佛法名之爲寶徧照法界
名之爲炬總持一切名陀羅尼修如此功何過可
補。
○次明昔失。
昔執於見謂爲涅槃於見不動不修道品設令動有
入無如屈步蟲雖於見動亦不能修道品。

設令等者。縱捨有見而入無見。又不修道品。不出生死。

○三明今得二。初明見動不修道品。

今知有無是見。不執爲實。是名見動而不修道品。

今知有等者。今尚知於非有非無。何況有無。言有無者且畧舉耳。雖知見過而未修於念處等也。

○次明見動修於道品。修於析法道品。

若破析諸見。行於道品。是名見動而修道品。

○三明見不動。修於道品。

又體見卽空卽假卽中。旣言卽者。於見不動而修三

種道品。

尙破通別。何況三藏。故云體見卽空假中。

○三結。

是爲修功。補於縱見之過也。

是爲等者。縱字平聲。自淺階深。名之爲縱。諸見皆破。修諸道品。故云補於縱見之過。昔因見造界內諸見。見無淺深。是故名橫。今修功旣深。破見亦遠。始自外見。破外入藏。乃至別見。破別入圓。至圓。名爲非動非不動非修非不修。是無作道品也。若具作四句。應云動修。不動不修。亦動亦不動。亦修亦不修。非動非不動。非修非不修。復以四動。以對一修。成十六句。今且四修。以對四動。故別說道品。得豎入。是故云縱。圓理未契。悉名爲過。故修一心三諦之功。補於前來次第三諦深見之過。

○八守護正法三。初標。

八守護正法者。

○次釋二。初明昔失。

昔護見不令他破。方便申通。

○次明今得。

今護三諦諸空。不令見破。若有留滯。善巧申弘。亡身

存法。猶如父母。守護其子。

○三結。

此翻破毀善事也。

守護正法者。昔毀理護見。而申通於事。今毀見護理。而申通於理。若不亡身存法。何以表於護法之志。若護法志弱。將何以翻護見毀善。是故復喻父母護子。

○九念十方佛三。初標。

九念十方佛者。

○次釋二。初明昔失。

昔服見毒常無厭足如渴思飲又遇惡師如加以鹹水以苦捨苦我慢矜高諂心不實於千萬億劫不聞佛名字。

○次明今得。

今念三諦不來不去卽是佛無生法卽是佛常爲諦理所護。

○三結。

此翻破親狎惡友心。

念十方佛者若內服諸見外加惡師故順於三惑背三諦理今內念三諦諦卽是佛內外具足故能

翻破親狎惡友若爾理性云何得是佛耶故引大品薩陀波崙空中見佛後見曇無竭乃問言佛從何所來答言不來不去卽是佛無生法卽是佛是故當知覺無生智卽是於佛若爾法卽是佛故能翻昔惡法惡師

○十觀罪性空三初標。

十觀罪性空者。

○次釋二初明昔失。

此三種惑本來寂靜而我不了妄謂是非如熱病人見諸龍鬼。

觀罪性空者初敘計實故不了性空凡一念心三惑具足卽此三惑本自涅槃故云寂靜。

○次明今得。

今觀見如幻如化來無所從去無足跡亦復不至東南西北一切罪福亦復如是一空一切空空卽罪性罪性卽空。

今觀下明見性空一空一切空下釋向性空恐謂如幻不來去等以爲但空故重釋云一空一切空等。

○三結。

此翻破顛倒心也。

○四總結。

運此十懺時深觀三諦又加事法以殷重心不惜身命名第二健兒。

觀理加事方成悔法言名第二健兒者大經云有二健兒一者性不作惡二者作已能悔若據此生見惑未起若論無始誰不有之故知一切皆闕第一問見既未起何須行悔答未起預達況宿曾起又示當起應須此悔是故前文以愛見惡名已生未生是故今文但令運此逆順十心滅三

世惡故修悔者必事理雙行。
○次雙結事理兩懺。
是名事理兩懺障道罪滅尸羅清淨三昧現前止觀開發事戒淨故根本三昧現前世智他心智開發無生戒淨故眞諦三昧現前一切智開發卽假戒淨故俗諦三昧現前道種智開發卽中戒淨故王三昧現前一切種智開發。
雙結前來事理兩懺懺法若成三諦三昧諸行具足況復十戒攝一切行三昧是眼眼智具足至初住位方名開發文雖次第爲顯圓融前後諸文一

切皆爾況復事戒爲三觀本故云尸羅清淨等也。
若無事戒世禪尚無何況三諦有言大乘何須執戒者謬矣言不執者乃是持而不執若令不持名不執者乃是執破何名不執執持尚無妄持安在
○三結成眼智攝法。
得此三諦三昧故名王三昧一切三昧悉入其中。
○四結成止觀。
又能出生一切諸定無不具足故名爲止又能具足一切諸智故名爲觀。
○五結成元意。

故知持戒清淨懇惻懺悔俱爲止觀初緣意在此也
持戒清淨結前列名及以持相卽爲正修遠方便也懇惻下結前犯及以懺淨或恐過現事理二犯復應誠懇悔彼深愆愆除復淨二世無瑕與本不犯並可爲緣故云俱爲初緣意在此也。
○第二衣食具足二先明來意者以此衣食親爲道緣文又三初明能爲道緣。
第二衣食具足者衣以蔽形遮障醜陋食以支命塡彼饑瘡身安道隆道隆則本立形命及道賴此衣食
言及道者自有蔽形支命而不爲道爲道支蔽必

先形命形命若立道本則存故云及也就二緣中衣疎食親故引證云食已成道。
○次引經證。
故云如來食已得阿耨三菩提。
○三結能功。
此雖小緣能辦大事裸餧不安道法焉在故須衣食具足也。
此雖小緣等者然此衣食本爲色身報命之緣故云小緣託此復能辦道法事故云大事無衣故躶闕食故餧如此豈能專修止觀焉字若作助聲應

云矣連反今從訓釋應云於連反何也大經二十云菩薩摩訶薩若須衣等即便取之不爲身故雖受飲食常爲正法不爲膚體不爲怨害如人愈病以蘇麨塗爲九孔漏以衣覆之

○次正釋二初明衣二初事相二初重明功能

衣者遮醜陋遮寒熱遮蚊蝱飾身體

遮醜陋等者大經云所受衣者不爲嚴身爲遮羞耻寒暑蚊蝱今云飾者蔽醜惡身名之爲飾非爲瑩飾順己貪情

○次正明三種二初總標

衣有三種

衣有三種者且分三品復有天須菩提面王比丘及畜重物重物合在畜長中辨故今不別論者爲同下文一例三品故也合百一畜長等以爲下根

○次別明三初明上根

雪山大士絕形深澗不涉人間結草爲席被鹿皮衣無受持說淨等事堪忍力成不須溫厚不遊人間無煩支助此上人也

雪山爲上者如大經釋迦先世曾爲大士居於雪山唯被鹿皮時雪山中復有多種香根藕根青木香根我於爾時獨在其中唯食諸果食已繫念思惟坐禪堪忍力成不遊人世如是乃可忘於說淨受持等事

○次明中根

十二頭陀但畜三衣不多不少出聚入山被服齊整故立三衣此中士也

十二頭陀等者新云杜多此云抖擻律論不同律有隨坐不作餘食及一摶食大論則無論有節量中後不飲及次第乞律文則無又律云納衣論云糞掃律但云乞食論云常乞食此二名異意同餘

十俱同諸部阿含及十住論亦有不同之相大體無殊今依大論六十八略出相狀一蘭若者在家多惱故捨眷屬而師徒同學還相結著復相惱亂故住蘭若令身遠離最近三里能遠彌善身遠離已亦當心離五欲五蓋二常乞食者具如第三方等中說云云三糞掃衣者若四方馳求或著邪命若受他衣於好於惡而生憂喜僧中得衣過畧如食云云或憂賊盜等四一坐食者自念一食尚有所妨況小食中食後食廢半日之功不得一心行道如養馬猪等五節量食者飽噉腹脹氣塞妨道

故應三分留一如舍利弗食五六口於秦人十口許足之以水六中後不飲漿者心生樂著求種種漿不能一心猶養馬著勒其意則息七塚間者易悟無常易得道果八樹下坐者以得道事辦捨至樹下如佛說法轉法輪入涅槃皆在樹下九露坐者或謂樹下猶如半舍尚生著故又樹下坐有二種過一天雨濕二鳥糞毒蟲十常坐者著衣脫衣隨意快樂四儀之中坐爲第一食易銷化氣力調和求道大事大辦功力諸賊常伺人便不宜安臥若行若立心亦易攝十一次第乞者不著不味不

輕衆生等心憐愍不擇貧富十二三衣者白衣多求是故多畜外道苦行是故躶形不多不少故畜三衣今文以十二頭陀中糞掃三衣合爲中士言三衣者但三衣也今畜長者三衣同納或著之營務或異界經宿良由暗於教旨自樹迷情倚此自高翻爲陷溺今此文中判爲中者上則不及唯被鹿皮下則高於百一畜長如何畜長復謂三衣今言三衣不同一衣之少不同畜長等多出聚落則著僧伽黎加二衣上入大衆則著鬱多羅僧加五條上入山林則唯著安陀會爲慚愧故爲多寒故許其重著皆威儀整肅長物善根故云被服齊整嗟夫世人共許儀服狼狽者稱爲頭陀容止撿攝者呼爲執相俗流未曉恕而可矜緇徒無甄悲而可愍

○三明下根

多寒國土聽百一助身要當說淨趣足供事無得多求多求辛苦守護又著妨亂自行復擾檀越少有所得即便知足下士也

下根者此土多寒根性又薄大聖一許三品通開若畜百一記憶而已有云加法若畜長說淨則加

法受持今二品合論故云百一要當說淨皆爲助道以療形苦如斯之類仍爲下根不說淨人三品不攝濫引上品大士行事深不可也然說淨之法附近大乘故地持中菩薩所畜即與十方諸佛菩薩而爲淨施乃以聲聞淨施而爲譬云譬如比丘以己衣物於和尚闍黎捨作淨施若達一實即此淨施成菩薩法且小乘中若準行之亦薄己貪情順佛聽制如斯之理何損曠懷我物屬他彌符袪滯況受食受藥禁性重之由持鉢持衣杜譏嫌之本譏嫌性重等護無偏迹混聲聞負菩薩也但爲

元期出苦判屬小宗豈以背彼受持稱爲大道又有人云凡諸所有非己物想有益便用說淨何妨今問等非己財何不任於四海有益便用何不直付兩田而閉之深房封於藏篋寶懷他想用必招愆勿謂己財仍違說淨說淨而施於理何妨順己執心後生傚傚又大經云出家之人有四種病不得涅槃一者衣欲二者食欲三臥具欲四者爲有因若不能於衣食修觀誰能受之不爲有因

○次觀行衣者疏中攝此十二爲衣食處三約此三事而論理觀即三德也具如疏釋迦葉緣中今

則不爾於衣食處各立觀行亦分三等文三初上根觀三初引大經立義

觀行爲衣者大經云汝等比丘雖服袈裟心猶未染大乘法服

大經等者彼經斥三修云汝等比丘雖復剃頭未爲正法除諸結使雖著袈裟心猶未染大乘法服故知心染大乘方稱所表寂滅之服故引法華即其意也

○次引法華釋成

如法華云著如來衣如來衣者柔和忍辱心是此即寂滅忍

○三約義以釋法華三初法

生死涅槃二邊麤穢與中道理不二不異故名柔和安心中道故名爲忍離二喧故名寂過二死故名滅寂滅忍心覆二邊惡名遮醜衣除五住故名障熱破無明見名爲遮寒無生死動亦無空亂意捨二覺觀名遮蚊蝱此忍具一切法

捨二覺觀者新名尋伺俱舍云尋伺心麤細今觀心亦爾生死動麤如覺空亂意細如觀蚊細蝱麤二邊皆有麤細故也

○次喻

如鏡有像瓦礫不現

○三合二初帖釋

中具諸相但空則無故云深達罪福相徧照於十方微妙淨法身具相三十二用莊嚴法身

○次合譬

寂忍一觀具足衆德亦名爲衣亦名嚴飾非九七五割截所成也

故云深達等者圓中如鏡故能徧照名爲深達以深達故具一切相空假不爾如磨瓦礫寂忍下合

譬可知以中道觀萬德莊嚴故非世間割截衣也
舉理異事故云非也
○次中根觀二初總約三諦
三衣者即三觀也被三諦上醜遮三諦上見愛寒熱御三覺蚊蝱莊嚴三身故以三觀爲衣即是伏忍柔順忍無生寂滅忍也
三衣觀者文中兩重初總約三諦一一諦上皆有愛見愛如熱見如寒三覺者大經三覺謂欲恚害今借譬見思等三故大經二十云菩薩摩訶薩知是三覺有種種患爲三乘怨能令三乘不見佛性

常爲諸佛菩薩之所訶責經文既云能令衆生不見佛性故將三覺可對三惑三觀觀三諦如衣覆身身亦三也
○次別約三諦
又起見名寒起愛名熱修止觀得見諦解如煖見則不生得思惟解如涼愛則不生五根無惡即福德莊嚴意地無惡即智慧莊嚴餘二觀上衣例可解
別約三諦一一諦上各各立於能治所治能嚴所嚴初觀廣餘二畧亦可準知故知一一諦上皆有見愛福慧二嚴止屬福觀屬慧故也

○三下根觀
百一長衣者即是一切行行助道之法助成三觀共被諸惑嚴於三身此是歷諸法修忍爲衣也
百一觀者長衣助身通爲助義故三諦上各須助也歷一切行亦復如是何但正行不動助亦無非寂滅具如助道中正助合行之相上根唯約一理中根義開通別下根義立助道故約一理通別正助共成一意
○次明食二初總標
食者三處論食可以資身養道

次食亦三且望衣說
○次別釋二初明事相三初明上根
一深山絕跡去遠人民但資甘果美水一菜一果而已或餌松栢以續精氣如雪山甘香藕等食已繫心思惟坐禪更無餘事如是食者上士也
○次明中根
二阿蘭若處頭陀抖擻絕放牧聲是修道處分衛自資七佛皆明乞食法方等般舟法華皆云乞食也路徑若遠分衛勞妨若近人物相喧不遠不近乞食便易是中士也

頭陀此云抖擻此十二時皆爲抖擻十二過故今文即二音俱舉放牧聲者三里之外使童小牧聲不聞住處堪修禪觀世有濫用其言者遠放木橛不聞橛聲得已復放每夜至三是名頭陀絕放木聲如鹽官忍禪師造頭陀經云頭謂煩惱頭主陀謂陀汰煩惱此雖謬言猶勝放木如斯等例江表猶多分衛者此云乞食具如頭陀中五種食法謂常乞一坐節量中後不飲漿次第乞今此且舉五中之一故云乞食七佛及方等皆云乞食者如前四三昧中說居阿蘭若必須乞食墾植耕種舂礱

碓磑不受壞生貯宿殘煮畜八不淨事涉四邪汙染檀越非蘭若行近代所置彌隔聖言男女往來兼招譏醜儻依佛教利益不輕故十住婆沙云乞食有十利一自用活命自屬不屬他二施我者令住三寶然後當食三常生悲心四隨順佛教五易滿易養六破憍法七無見頂善根八見我乞食餘者效我九不與男女大小有諸事故十次第乞生平等心如諸釋子本或是王居尼俱類園去舍衛城半由旬許入城乞食乞食勞妨乃至下根許受檀越送食等者故知住處不宜太遠譬喻經云昔

波羅奈去城五十里有山有五比丘居平旦入城乞食中後還山日暮乃至疲極不堪安禪歷年如此勞而無獲佛化爲一道人往至其所安慰之答曰四大之身去城道遠有何樂耶止念畢命而已化沙門言夫道者以戒爲本攝心爲行賤行貴道朽棄軀命食以支形守意正定內學止觀滅意得道若養身縱情何得免苦願諸道人明莫乞食吾當供養一日之糧明佛送食五人食已俱得羅漢是則住處亦爲道緣不宜太遠食爲道緣此之謂也故知如來非但應供復爲供應

○三明下根

三既不能絕穀餌果又不能頭陀乞食外護檀越送食供養亦可得受又僧中如法結淨食亦可得受下士也

外護送等者僧中淨食仍爲下根豈可安坐房中私營別味或不病託病索衆祇供無德稱德擊動檀越雖曰許送受必自觀三品不收道何由致

○次明觀行者亦約三等夫事食則養色身資報命理食則資法身養慧命故平等大慧虛空法身憑茲而立衣亦例然初約上品者所引大經亦是

彼經斥三修文文分為三初引大經立義
若就觀心明食者大經云汝等比丘雖行乞食而未曾得大乘法食
○次異七方便
法食者如來法喜禪悅也
○三釋如來食
此之法喜即是平等大慧觀一切法無有障礙
如來法喜等者辨異七方便等也此之下釋如來食也
○三引證廣明

淨名云於食等者於法亦等於法等者於食亦等煩惱為薪智慧為火以是因緣成涅槃食令諸弟子悉皆甘嗜此食資法身增智慧命如食乳糜更無所須即真解脫真解脫者即是如來用此法喜禪悅歷一切法無不一味一色一香無非中道中道之法具一切法即是飽義無所須義如彼深山上士一草一果資身即足
引淨名意者謂於食起觀能令食徧彼文正以食為法界訶於事食故南嶽隨自意中云凡所得食應云此食色香味上供十方佛中奉諸賢聖下及六道品等施無差別隨感皆飽滿令諸施主得無量波羅蜜又云念食色香如旃檀風一時普薰十方世界凡聖有感各得上味六道聞香發菩提心於食能生六波羅蜜及以三行淨名疏中譬如薰藥藥隨火勢入人身中患除方復菩薩觀食亦復如是以食施時食為法界具一切法凡諸受者法隨食入乃為冥益或近或遠終破無明想為檀風亦復如是
○次中根觀
頭陀乞食者行人不能即事而中修實相慧者當次

第三觀調心而入中道次第觀故名為乞食亦見中道又名飽義即中士也
次約頭陀義立次第觀也
○三下根觀
檀越送食者若人不能即事通達又不能歷法作觀自無食義應須隨善知識能說般若者善為分別隨聞得解而見中道是人根鈍從聞生解名為得食如人不能如上兩事聽他送食又僧中結淨食者即是證得禪定支林功德籍定得悟名僧中食也
○次結

是故行者常當存念大乘法食不念餘味也。

下品支林者問應云圓頓何用支林答此則并前共為一法。

摩訶止觀輔行傳弘決卷第四之二

摩訶止觀輔行傳弘決卷第四之三

陳隋天台智者大師說　唐荆谿大師湛然傳弘决
門人章安大師灌頂記　明天台沙門傳燈增科

○第三明閒居靜處二初簡異

第三閒居靜處者雖具衣食住處云何若隨自意觸處可安三種三昧必須好處

○次正明二初列

好處有三一深山遠谷二頭陀抖擻三蘭若伽藍

○次釋二初明事相二先釋三初明上根

若深山遠谷途路艱險永絕人蹤誰相惱亂恣意禪

觀念念在道毀譽不起是處最勝

雪山為上已如前說

○次明中根

二頭陀抖擻極近三里交往亦疎覺策煩惱是處為次

頭陀為中即十二頭陀中處有四也謂蘭若塚間樹下露坐依此四處必須常坐

○三明下根

三蘭若伽藍閑靜之寺獨處一房不干事物閉門靜坐正諦思惟是處為下

問下中二處蘭若義同有何別耶答蘭若西音此云閒靜中處即是空迥地也下處即是空迥住處及閒靜僧藍十住婆沙明空迥處云居阿蘭若有十利一自在去來二無我所三隨意無障四心樂蘭若處五少欲少事六不惜身命具足功德七離眾閙語八難行功德不求恩報九易得一心十易生無障礙想又云阿蘭若比丘有十事入塔寺非如外道一供給病人二為病者求醫三為病者求看病人四為病者說法五為餘人說法六聽法教化七為恭敬供養大德八為供給聖眾九為讀誦

深經十為教他令讀深經住阿蘭若怖畏之時應作是念守善者雖行險道大海戰陣安隱無患又為護身無勝善其身口意業以自守護故佛告匿王善守三業名善守護復作是念諸獸在山不善三業而無所畏我之心智豈不如彼又念佛故破一切怖故在蘭若毛豎者念佛十號又有四法方住蘭若一多聞二善决定義三樂修正憶念四隨順如說行論文更有五十法方應住蘭若

○次誡勸

若離三處餘則不可白衣齋邑此招過來恥市邊閙

寺復非所宜。安身入道必須選擇慎勿率爾若得好處。不須數移云云

邑者國語云管仲相齊制三十家爲邑。此村落所聚之謂也。尚書大傳云凡宗廟有先王之主曰都。無曰邑。此私齋堂義同無主。淨名云或爲邑中主。或作商人導者。此明菩薩利物無方耳。

○次明觀行二。初正釋三。初上根觀二。初正明。

觀心處者諦理是也。中道之法幽遠深邃。七種方便絶跡不到名之爲深高廣不動名之爲山遠離二邊稱之爲淨。不生不起稱之爲閒。

七方便者如前此開三草二木爲此七位開小草爲人天開中草爲二乘上草二木爲三教菩薩三草二木皆依於地七種方便以實爲本故三草二木雖隨其種性各得生長究其根栽莫非地雨地圓理也。雨圓教也。據漸引入邊稱爲方便當位未轉名不能到最上處者即實相也。又一毫之善未趣菩提名絶跡不到橫豎偏故與法界等故云不動亦離二喧如前所說名之爲靜。不生七方便果不起七方便因。又於圓果不生想著名不生不起。

○次引證。

大品云若千由旬外起聲聞心者此人身雖遠離心不遠離以憒鬧爲不憒鬧非遠離也雖住城傍不起二乘心是名遠離即上品處也。

大品若千由旬等者大論十八釋云無方便菩薩雖曠野百由旬外禽獸鬼神羅剎之所住處百千萬歲若過是數若不知菩薩遠離之法發菩提心而是作受著是遠離行佛所不許眞遠離者不見遠離相是菩薩讚歎善哉善哉是佛所說疾得菩提若菩薩起著云我所行者是遠離行若城傍者誰稱美汝當知是菩薩旃陀羅染污菩薩似像菩

薩人天中賊披法衣賊求佛者應莫親近是墮增上慢當知論意以深山取著名爲憒鬧城傍達理爲不憒鬧故知起著之人以著心憒鬧爲不憒鬧起二乘之心尚爲憒鬧況復著心著於靜處憒者亂也若稱理者舉足下足無非道場方名上處世有濫用隱朝市者有言無理故知莊生但以約處而爲上下不識諦理上中下也

○次中根觀

頭陀處者即是出假之觀此觀與空相鄰如蘭若與聚落並出假之觀安心俗諦分別藥病抖擻無知淨

道種智此次處也。
聚落者男女所居。
○三下根觀。
閒寺一房者即從假入空觀也。寺本眾閙居處。而能
安靜一室假是囂塵能即假而空。當知眞諦亦是處
也。
囂者喧也。
○次辯異。
安三諦理是止觀處。實不遁影山林房隱密室云云
實不等者對事辯異也。山林對中上二處也。密室云云

對下處也。以理斥事故云實不等也。
○第四息諸緣務二。初斥非。
第四息諸緣務者。緣務妨禪由來甚矣。蘭若比丘去
喧就靜。云何營造務緣壞蘭若行。非所應也。
息緣務者務事也。
○次正明二。先列。
緣務有四。一生活。二人事。三伎能。四學問。
○次釋二。初明事相四。初生活。
一生活緣務者經紀生方觸途紛糾得一失一喪道
亂心。若勤營眾事則隨自意攝非今所論。

今簡隨自意者且約善惡無記以論。若約諸經非
不須此。故二十五法通爲四種三昧前方便也。故
隨自意依諸經方法眾務亦息。
○次人事。
二人事者慶弔俯仰低昂造聘。此往彼來來往不絕。
況復眾人交絡擾攘追尋。夫違親離師本求要道。更
結三州還敦五郡。意欲何之。倒裳索領鑽火求水。非
所應也。
弔慶等者弔凶慶吉。俯下仰上。低屈昂申。造往聘
迎。說文云造就也。聘問也。況復下舉況。一弔一慶

已損高蹤。終日追尋何道之有。更結等者。釋名云
州者注也。郡國注仰也。風俗通云州者疇也。疇類
也。說文云田界也。敦者勸也。孝傳云三州人者契
爲父子。長者爲父。次爲長子。次爲幼弟。父令塡河
以造宅。久塡不滿。爲父所責。二子發誓若必孝誠
使塡河有徵。發是誓已。河爲之滿。又蕭廣濟孝子
傳云。昔三人各一州皆孤露惸獨。三人暗會於一
樹下相問。寧爲斷金之契。二人曰善。乃相約爲父
子。梁朝破三人離五郡者。釋名云人所羣聚曰郡
天子制地千里分爲百郡。蕭廣濟孝子傳云。昔五

郡人謂中山郡常山郡恒州魏郡魏州鉅鹿郡邢州趙郡趙州此五人者少去鄉里孤無父母相隨至衛國結爲兄弟長字元重次叔重次仲重次季重次雉重朝夕相事財累三千於空城中見一老母兄弟議曰拜此老母以之爲母因拜曰願爲母母乃許焉事之若親經二十四年母忽染患口不能言五子仰天而歎曰如何孝誠無感母忽染患而不能言若我有感使母得語應時能言謂五子曰我本是太原陽猛之女嫁同郡張文堅文堅身死我有兒名烏遺七歲值亂遂亡所之我子胸前

有七星之文右足下有黑子語未竟而卒五子送喪會朝歌令晨出忘其記囊謂五子所竊收三重禁二重詣河內告枉具書始末河內太守乃是烏遺因大哭曰我生不識父母而母爲他所養馳使放三重後奏五人爲五縣令世孝雖爾今出家之人捨所親棄恩愛居蘭若修三昧更結異姓以爲兄弟父母如彼三州五郡者誠之誡之倒之甚矣故引倒裳等以喻之毛詩刺齊云有挈壺氏知漏刻之官漏刻不節君臣服亂而倒裳求領禮度昏亂今以此意斥顚倒耳

○三伎能

三伎能者醫方卜筮泥木彩畫棊書咒術等是也皮文美角膏煎鐸毀已自害身況修出世之道而當樹林招鳥腐氣來蠅豈不摧折汚辱乎

三伎能等者伎字應從女謂女藝也從人者害也非今文意醫方卜筮等者醫者療病工也方謂方疏卜者除疑也周禮云卜以决疑不疑何卜筮者决也泥塑刻木塡彩描畫彈棊圍棊書謂六書釋名云書庶也紀庶物也書亦曰著著萬物故周禮有六書謂指事像形形聲會意轉注假借思之可

知咒詛禁術以有此用故致害巳美角折皮文披膏有明故煎鐸有聲故毀搖之令鳴以宣教令文事振木鐸武事振金鐸劉子云龜以智自害翠以羽自殘丹以含色磨肌石以抱玉碎質睽經云象爲牙死犀爲角亡翠爲羽自殘麋鹿爲皮肉害人引莊子云不用以爲全生之大用語同意異我佛法中藏術曜隱厚德全無生應法界方名大用故知莊以燕支離肩高於頂頤隱於臍五管在上若賜疾者粟我則有分若差役者兵我則無用是名全生之大用全此殘疾者生未知何用無德可隱

例亦不成。而當樹林招鳥等者。經云。譬如大樹衆鳥集之。則有枯折之患。腐敗肉也。譬如蒼蠅集於臭肉。反增肉臭。豈不下雙合二譬。摧折合樹林。汚辱合臭肉。如是之人。摧折自行。汚辱三寶。壞枝曰摧壞。貨曰折。事理失故。

〇四學問。

四學問者。讀誦經論問答勝負等是也。領持記憶。心勞志倦。言論往復。水濁珠昏。何暇更得修止觀耶。此事向捨。况前三務云云

問答勝負者。負者不尅。又負者。問不測答。答不稱問。皆名爲負。又荷之在背。爲他所負。故名爲劣。莊子曰。有力者負而趨之。而昧者不覺。昧暗劣也。以勝負故。因法致失。累世怨讐。所生之處。常相中害。爲是義故。勝負過深。如賢愚經。佛與比丘向毘舍離。到一河邊。見五百牧牛人。及五百捕魚人。共挽一魚。身有百頭驢騾類衆。人驚怪。佛至其所。三問云。汝是迦毘黎不。皆答言是。佛問教汝者今在何處。答阿鼻地獄。阿難白佛何故問魚。以爲迦毘黎。佛言。過去迦葉佛時。有婆羅門。博達多聞。生於一子。唯不勝沙門。父臨終時。囑其子曰。汝愼勿與沙門論議。父歿後。母教言。汝識見高明。有勝汝者不。答唯不勝沙門。母問汝何以不勝。答彼若問我。我不能答。母言汝作沙門。學得竟還來。便從母語。少時學通三藏。母問勝未。答彼若問我。我未與他等。母教言更論議時。當罵辱之。後時論屈。便罵言沙門識見劇於百獸。如是非一。故受魚身。其頭百狀。佛言賢劫盡猶故未出。阿難及大衆聞已。皆言口業不可不愼。爾時牧牛捕魚人者。今合掌向佛聞說善來。得四果者。是常人勝負招報不輕。况三昧者。彌爲妨亂。領者。錄也理也。亦受也。持者。記憶也。

事功曰勞。呂氏春秋曰。勞者精神則散也。今以事倦爲勞。非功勞也。詩云。在心爲志。倦者不力也。暇者閒也安也。心性如水。眞理如珠。緣務如攪。慮生如濁。迷理如昏。慮速迷眞。何能閒安修止觀也。此事尙捨等者。舉益况損。學正經論。領持憶記等。助道有益。爾時尙捨。况人事等而不捨耶。若非修習三昧時。多聞增智慧。多聞是道場。以如說行起於多聞。廣讀諸異論。則知智者意。聞不習觀。尙得遠爲信行乘種。豈有不學。而成三昧。若尋常行人。有引此者。不應爾也。但勝負是非。一向須廢。若外學

者小乘教中十二時許爲伏外道一時習外若大乘中初心菩薩一向不許淨名云若好雜句文飾者多是新發意菩薩此斥不許習外且令進行至六根淨位學應不難

○次明觀行四初觀生活

觀心生活者愛是養業之法如水潤種因愛有憂因憂有畏若能斷愛名息生活緣務也

○次觀人事

人事是業也業生三界往來五道以愛潤業處處受生若無業者愛無所潤諸業雖有力不逐不作者不

作故生死則斷

諸業雖有力等者借彼業文以成理觀大論第五釋業中云生死輪載人諸煩惱結使大力自在轉無能禁止者諸業雖無量不逐不作者如風不入實水流不仰行

○三觀伎能

伎術者云得聖道不得修通虛妄之法障於般若般若如虛空無戲論無文字若得般若如得如意珠但一心修何遽忽忽用神通爲

伎術者術者道藝也理觀則以神通而爲道藝未得聖果不得修通者以神通法於佛法爲伎能今未得道不許修學如息伎術也佛因調達未得聖道得通造逆是故佛制若實得道尚自不許無事現通如阿含中佛告比丘若現通者有三過患一令不信者言有瞿曇乃至梵天皆能現變二者諸不信者言有乾陀羅咒能觀他心三者教誡通若使現者唯我能爲修三昧者忽發神通須急棄之有漏之法虛妄故也言障般若者種智般若自具諸法能具諸相未具以來但安於理何須事通若專於通是則障理

○四觀學問

習學者未得無生忍而修世智辨聰種種分別皆是瓦礫草木非真實珠若能停住水則澄清下觀瑠璃安徐取寶能知世間生滅法相種種行類何物不知以一切種智知以佛眼見欲行大道不應從彼小徑中學也

習學觀中瓦礫亦是大經春池喻中如前學問問答中所引習學即此中意也乃至不應於彼小徑中學者總斥也未得無生而集世智者無益於道如僧鏡鈔俗學無裨鈔中云婆爾尼外道自造聲

論教一弟子其師死後卻事弟子學此聲明終朝受杖而不能得有阿羅漢見而笑之本所造論而學不得大論曰習外道典者如以刀割泥泥無所成而刀日損又云讀外道典者如視日光令人眼暗是故文中令至佛眼一切種智何法不備問前持戒等三明觀心義皆約三諦以顯極理何故此中生活但對於愛人事但對於業伎能以對是通學問以對世智耶答亦應準前今寄此四並但從事者卽此四事以爲能妨還以三諦而爲所妨於伎術習學觀中云如得如意珠及一切種智故知

受業所妨亦同

○第五得善知識二先明功能

第五善知識者是大因緣所爲化導令得見佛阿難說知識得道半因緣佛言不應爾具足全因緣

大因緣等者付法藏文末云習近聖法得至涅槃由善知識又云爲得道全因緣者是眞善知識又如阿難白佛善知識者是得道半因緣佛言不也善知識者是得道全因緣阿難當知此閻浮提除大迦葉舍利弗其餘衆生若不遇我無解脫期是故我言善知識者能大利益增一云莫與惡知識與愚共從事當與善知識智者而交通若人本無惡親近於惡人後必成惡人惡名徧天下善知識反此是故應親近大論有二因緣得無上道一者內自思惟二者得善知識大經十八闍王來至佛所佛告大衆菩提近因莫過善友闍王不遇耆婆當墮阿鼻此卽通敘須善知識之來意也

○次明知識二初列

知識有三種一外護二同行三教授

○次釋中先事次理初事善知識中初言外護者自己身心爲內望他身心爲外爲外所護故名外

護言同行者己他互同遞相策發人異行同故名同行言教授者宣傳聖言名之爲教訓誨於我名之爲授又上言被下名之爲教教於所受名之爲授通言知識者法華疏云聞名爲知見形爲識是人益我菩提之道名善知識初外護

若深山絕域無所資待不假外護若修三種三昧應仰勝緣夫外護者不簡黑白但能營理所須莫見過莫觸惱莫稱歎莫帆舉而致損壞如母養兒如虎啣子調和得所舊行道人乃能爲耳是名外護

簡隨自意者方法少故可自營理不廢進修故不

必須修道咸得。故不簡白黑。但能等者薄德仰他。
故爲營理。誰能純善勸莫見過。未堪違順勸莫觸
惱。及莫稱歎。言帆舉者。如船得帆所進過常藉小
精進過實稱揚。名爲帆舉。怨生受著翻致損失。雖
本無心。坏器易壞。內防魔事外杜憍矜。三昧法船
方達彼岸。今讚小善者是泛爾常人。非專爲他三
昧者外護。則自除嫉妬發彼善根如母養子等者。
母雖慈養子必策。虎雖猛啣子必寬。外護知識如
母如虎將護行者。如勿舉勿惱舊行道人等者若
未親行暗於可否。一向混俗不了開遮。又何但專

令外護護已亦應善須將護外護。如增一第三佛
在給孤告諸比丘應當恭敬檀越施主。如孝順父
母養之待之。施主能成戒定智慧多所饒益。於三
寶中無所罣礙能施四事。故諸比丘慈心於檀越
小恩尚不忘何況於大者。應三業精勤使彼施主
福不唐捐終獲大果。名稱流布。亦如迷者得指示
路。亦如怖者與無憂畏。無歸與覆之者與盲得
眼等。

○次同行。

二同行者。行隨自意及安樂行未必須伴。方等船舟
行法。決須好伴更相策發。不眠不散。日有其新。切磋
琢磨同心齊志。如乘一船互相敬重。如視世尊。是名
同行。

二同行者隨自意安樂行云未必須者。如隨自意
依經修行。有亦無妨不制同件。故未必須。餘善惡
等。有無無妨。若安樂行行三七日。一向不用。苦行
常儀亦可通用。如云得好同學共讀誦經。於餘三
中有決須伴者。如云不眠不散等。律中常儀尚須
同行。互相策進互不相惱。故云毘尼毘尼共。乃至
十二頭陀須求共行。增一云迦葉等各將諸比丘

行。佛告諸比丘人根不同。善者善者共同。惡者惡
者共同。如乳與乳共。乃至醍醐醍醐共。糞與糞共。
故舍利弗與智慧者共。乃至羅云與密行者共。調
達與與惡行共。若二日齊功。則一朝空過。故今修
昨行名之爲故。加行勝昨乃名曰新。切磋琢磨者。
爾雅云金謂之鏤。木謂之刻。骨爲之切。象謂之磋
玉謂之琢。石謂之磨。六者皆治器之名也。今謂互
相切磋使成法器。又釋訓中云。如切如磋道學也。
人須學以成德。如琢如磨自修也。人須修以立行。
自學自修闕勉他意。前釋正當今文意也。故相切

磋日成一日同心齊志等者謂二人相假一失則俱壞如渡大海帆柁相須互相敬重如視世尊等者若相尊敬則道法互增故大論八十一云佛告阿難菩薩摩訶薩共住相視當如世尊何以故是我眞伴如共乘一船彼學我學

○三教授

三教授者能說般若示道非道內外方便通塞妨障皆能決了善巧說法示教利喜轉破人心於諸方便自能決了可得獨行妨難未諳不宜捨也經言隨順善師學得見恒沙佛是名教授

三教授者三知識中此最爲難夫爲導者必具目足若行解不均安能利他故從初文正示教授善知識相從於諸下簡示不須教授之人如是倘可教授於他故得自行無所妨難又行解具足德在於彼謂益我者但在於解是故文中且舉能說轉人心者於十境中皆是非道千乘觀法方名爲道道前方便復有內外故善內外方應善知準禪門中二十五法爲外方便又有五法爲內方便一者止門二一念善惡根性三安心法四治疾法五辨魔法今文不立者魔病二境即是第四第五業境即是第二初及第三此約理觀如安心中彼約事止及以事安故此不用又今文不立內五方便者以十種境界爲內方便故上文云二十五法爲外方便亦名爲遠故知對於十境爲內爲近又於外中秖二十五而分內外具緣一向是外呵欲棄蓋義兼內外調五事中亦內亦外眠食在外餘三在內行於五法一向在內通塞等者方便得所爲通方便背行爲塞十境互發十乘增減一一法中皆有通塞若能善此通塞妨障復善說法導達人心方可名爲教授知識示教利喜者指授爲示教詔爲

教令彼得益爲利見他得利心生喜悅爲喜亦可前二屬己後二屬他彼此合論稱善知識

○次明理四初引經示相

觀心知識者大品云佛菩薩羅漢是善知識六波羅蜜三十七品是善知識法性實際是善知識

經問何者是善知識佛言佛菩薩阿羅漢是善知識六波羅蜜及一切法法性實際皆云是善知識法性能令人至菩提故六度能成辦法性故三乘聖人能以六度令菩薩行得作佛故是故並名善知識論問小乘道異云何是善知識答有小乘人

先來求大觀知應成大者亦爲說大此則實行亦有能說大者爲善知識若準此下此唯內秘外現方可通用何妨此中亦是內秘降此之外若準下文但是眞諦善知識耳

○次釋成三種

若佛菩薩等威光覆育卽外護也六度道品是入道之門卽同行也法性實際卽是諦理諸佛所師境能發智卽教授也

○三開對三種三初佛菩薩三種

今各具三義一如佛威神覆護卽是外護二諸佛聖

人亦脫瓔珞著弊垢衣執除糞器和光利物豈非同行三諸佛菩薩一音演法開發化導各令得解卽是教授此卽具三義也

佛菩薩中開三初外護者諸佛威神望我爲外次同行中報身不思議功德爲瓔珞丈六相好爲垢衣生滅道品爲糞器示同見思名爲和光本爲益被名爲利物何者引出宅已示尊特身說難思法彈呵洮汰得授記莂始終共同利豈過此三教授者正當其理是故不須以事顯義

○次六度三種

六度道品亦具三義助道名護助助道發正道卽是外護正助合故卽是同行依此正助不失規矩通入三解脫門卽是教授

六度中開二者助道望正故助名外助能護正令不退沒是外護義正助合義如下助道中正助合行合卽是同故云同行言不失規矩者對轉兼具及第一義增減得所皆中規矩矩圓規方卽以方助圓

○三法性三種

法性亦具三義境是所師冥熏密益卽是外護境智

相應卽是同行未見理時如盲諦法顯時如目智用無僻經言修我法者證乃自知心無實行何用問爲卽教授也

法性中開三法性本淨我無始迷故迷成自望淨爲他自非內熏何能生悟故知生悟力在眞如故以冥熏爲外護也從始至終智境冥一卽名同行又智同境故名同行未見如盲由無教授智目無僻義同教授境智不差名爲無僻

○四結示三先結數

此則三三合九句就前爲十二句前三次三是事知

識餘六句是理知識。

於經三文既各開三。并前初三故成十二。前三次三等者。最初釋三。正是約事。九中初三。既是諸佛菩薩爲三。故亦是事。九中後六。既約六度法性。以立三名。故名爲理。初引大品。已開成九。是故本三不須更數。對諦對悉。意亦可知。

○次示法門處。

若將此約三諦者。入空觀時。衆聖爲外護。即空道法爲同行。眞諦爲教授。亦具六事六理。假中兩觀亦復如是。三諦合有三十六番。十八事十八理。若歷四悉

檀。即有衆多知識義也。若能了此知識法門。善財入法界意則可解。

今既義開。以對三諦。如華嚴中。普賢文殊及彌勒等。並是中道善知識也。亦得是圓三諦知識。餘者多是俗諦所攝。但彼知識無二乘人。闕眞諦義。若次第行在十住中。以彼頓部斥爲魔故。是故彼經無小知識。若依菩提流支法界性論。善財初於可樂國七功德雲比丘所。聞光明觀察正念諸佛三昧。以對初住。乃至第四十二。於彌勒所。聞入三世智正念思惟莊嚴法門。以對妙覺。若必定依菩提

流支經云。善財親近三千大千世界微塵數善知識。如何對位。以應塵數。且依一家。如前所釋。

○三簡判邪正。

此等雖同是知識。依華嚴云。有善知識魔。三昧魔。菩提心魔。魔能使人捨善從惡。又能化人墮二乘地。若然者。羅漢之人。但行眞諦。非善知識。若取內秘外現聲聞爲知識者。菩薩亦作天龍。引入實相。何獨羅漢。此義則通。無非知識。今言魔者。取實羅漢。令人至化城者。即非眞善知識。但是半字知識。行半菩提道。損半煩惱。奪與互明。或知識或魔也。別教若不得意。不

會中道。亦是知識魔也。圓教三種。方是眞善知識。三昧菩提心。例此可解云云

三諦俱云是善知識。既引善財入法界證。秖可得是別圓兩義。羅漢之人。豈是知識。是故簡云。雖同名知識。依華嚴經。仍斥爲魔。故十魔中。列爲三魔。雖通名魔。權實難測。是故復更簡實存權。權者仍得名眞知識。實者進退存於兩名。是故更以別教況釋。別教失意。尚名爲魔。況二乘人。非是魔。況復藏通兩種菩薩。若半與半奪。並例二乘。如世俗中善經論者。尚能示人菩提正路。況阿羅漢頓同於

魔聖教抑揚不可一向如譬喻經第二云昔有大
家冬收千斛埋在地中春開爲種了無有穀唯見
一蟲大如牛無手足頭目如頑鈍肉主人大小莫
不皆怪出著平地問是何等終無所道便以鐵刺
一處乃云欲識我者著大道邊便如其言後有五
百騎服飾盡黃駐馬問曰穀賊汝何以在此乃答
言食他人穀持我在此語極久便去主人問是何
人答是金精向西三百步樹下有石瓮滿中黃金
主人往掘果得黃金歡喜不已將穀賊歸主人得
金既是神恩欲更設供養穀賊曰前不語姓名者

欲示黃金處我當轉行福於天下不得久住言已
不見經不合喻意亦可見今畧合之穀賊者名利
法師也有口無手足等者有解無行也地中穀者
庫中財物也庫中財食本供淨田故云種子春開
爲種者欲供淨田也食却穀者受常供也大小不
識者施主不簡田也平地者常行立處也問不語
者常處空閒不講說也鐵刺語者聞利許講也道
旁者講堂也五百騎者都講五體也純著黃者都
唱佛經也其語者爲唱經也經中還呵爲利之人
不應處坐而說妙法故云穀賊汝何住此答穀食

者還自解釋利養難銷主人問者施主決疑也答
是金精者云都講所說能詮實相西樹下者西主
秋藏秘窖藏也三百步者三毒也樹者生死也理
在煩惱生死故也掘果得金者主人依教修行得
見理也將歸留住者施主雖知法師違教爲報法
恩更欲供養穀賊辭者法師初來不說已無行者
欲覓講處耳不肯住者生慚愧也福天下者更求
講處也爲利尚爾況別教等貶同於魔以圓形之
故使爾爾又實行二乘亦得名爲善知識者如大
論云諸菩薩支佛聲聞中信方等者如法而說亦

名善知識又如大品轉教雖是被加利益於他亦
得名爲眞善知識但是半等者大畧而言若約三
惑但斷見思仍爲未半約由旬譬已爲過半約惑
爲譬具如第七今且據半教所詮一往說耳何必
的須惑等中半耶圓教三種者圓外護等三是眞
知識三昧菩提心等者已料簡善知識魔餘之二
魔例此料簡是則圓教三昧菩提方名眞實三昧
菩提前之三教三昧菩提或實或魔如上云云
○第二呵五欲中文五義五意唯在一五義又云
所謂事理下去文意與五緣同爲二初列

第二呵五欲者謂色聲香味觸。

○次釋二先引論明六二初大師引明。

十住毘婆沙云禁六情如繫狗鹿魚蛇猨鳥狗樂聚落鹿樂山澤魚樂池沼蛇樂穴居猨樂深林鳥樂依空六根樂六塵非是凡夫淺智弱志所能降伏唯有智慧堅心正念乃能降伏。

繫者絆也五中一一皆約依正二報有情無情而生於欲。

○次章安私對。

總喻六根今私對之眼貪色色有質像如聚落眼如狗也耳貪聲聲無質像如空澤耳如鹿也鼻貪香如魚也舌引味如蛇也身著觸如猨也心緣法如鳥也

貪色者論云譬如有人貪著好果上樹之時而不肯下時人倒樹樹傾乃墮身首毀壞因茲而死是故須訶。

○次正訶五欲三先釋欲名。

今除意但明於五塵五塵非欲而其中有味能生行人須欲之心故言五欲。

○次譬須呵

譬如陶師人客延請不得就功五欲亦爾常能牽人入諸魔境雖具前緣攝心難立是故須呵。

○三且釋相先事次理初明事四先正呵欲五初呵色欲三初正明色欲。

色欲者所謂赤白長短明眸善睞素頸翠眉皓齒丹脣乃至依報紅黃朱紫諸珍寶物惑動人心如禪門中所說色害尤深令人狂醉生死根本良由此也。

眸者眼珠也睞者旁視也又云眸者目瞳子也孟子云心中正則眸子明翠者翡翠也異物誌云巢於高樹離地六七丈夷人下之取其子說文云赤雀形大如鷰翅羽碧色今從翅色以名眉色皓者

白光亦尤白也。

○次舉事明失三初引難陀明欲之失。

如難陀爲欲持戒雖得羅漢習氣尚多況復具縛者乎。

如難陀爲欲持戒者八胎藏經云世尊在毘羅城佛知難陀受戒時至至門放光照宅難陀云必是世尊遣使看果是世尊難陀欲自看婦云君許出看必令出家即牽其衣難陀云少時還婦云塗額未乾須還答如所要佛令取鉢盛飯盛飯出佛已去過與阿難阿難言誰邊得鉢答言佛邊得鉢阿

難言還送與佛難陀卽往送鉢與佛佛令剃頭語剃者言勿持刀臨閻浮提王頂又念且順世尊暮當歸去佛知其念化作大坑如其命終何得歸也佛告阿難令阿難陀作知事阿難傳佛語難陀言知事者如何阿難曰於寺中檢校問何所作答諸比丘乞食去應掃地灑水取新牛糞淨土防守失落與僧閉門戶等至曉當開門掃灑大小便處僧去後欲爲僧閉門閉西東開閉東西開等念曰縱有失落我爲王時更造百千好寺倍於今日卽便還家從大道行恐佛還乃從小道仍逢佛歸隱樹

枝風吹身現佛問何故來答憶婦佛却將出城至鹿子母園佛問汝曾見香醉山不答未見佛令捉衣角飛須臾見山山上有果樹樹下有雌獼猴無一目被燒竟佛問何如天答天無欲何得比此問汝見天不答未見佛令捉衣角尋至三十三天令遊觀至歡喜園見婇女及見交合園等見種種音聲有一處天女無夫問佛佛令問天天答佛弟難陀持戒生此當爲我夫佛問難陀天女何如孫陀利答天比孫陀利如以孫陀利比瞎獼猴佛言修梵行有斯利汝今持戒當生此天時佛共還逝多林時難陀慕天宮修梵行佛告衆僧一切不得與難陀同其法事一切比丘皆不與同住坐起自念阿難是我弟應不嫌我卽往共坐阿難起去問言弟何棄兄阿難言然人行別故相違耳問何謂也答仁樂生天我樂寂滅聞已倍生憂惱佛又問汝見捺落迦未答未見令捉衣角便見諸獄皆有治人有處無人問佛佛令問獄卒獄卒答言佛弟難陀爲生天故修行暫在天上還來此中受苦難陀懼而淚下如雨白佛述其事佛言爲天樂修梵行有是過佛與還逝多林廣爲說胎相難陀因始發

心爲解脫故持戒後得阿羅漢果若入衆中先觀女人以餘習故今且從過邊不論得果

○次引西土諸王耽荒

國王耽荒無度不顧宗廟社稷之重爲欲樂故身入怨國

國王耽荒無度等者大者曰國小者曰邦以一貫三名之曰王三謂三才卽天地人以俗中不知有三界諸天故也卽頻婆娑羅王以欲色故身入怨國在淫女梵摩房中優塡王以欲色故截五百仙人手足出大論十九耽者爾雅云久樂也若從西

者酖酒字耳荒者縱樂無厭也宗尊也廟貌也謂尊貌之所居社謂后土土者吐也土之所生如口吐物即地神也國語云平九土故祀以為神田正也又云戴黃天而履后土土地廣不可盡敬故封為社稷謂五穀總名即五穀之神也故天子所居左宗廟右社稷布列四時五行故以國亡以失社稷既入怨國及淫女房故社稷壞也

○三引此土耽荒之例

此間上代亡國破家多從欲起赫赫宗周褒姒滅之即其事也

赫赫盛也如此盛周為欲所滅褒姒者昔夏后氏之衰有二龍止於夏庭自言餘褒姒之二先君也龍亡而漦在櫝而韞之夏亡以此器傳於殷殷亡又傳於周三代莫之敢發至於幽王末年發之漦流於庭使婦人裸而噪之化為玄黿入王後宮後宮有未亂童女遭之既笄而孕無夫而生懼而棄之於路有夫婦夜聞其啼哀而收之遂亡奔於褒國褒人贖罪請入童女於幽王女出褒國故云褒姒幽王三年於後宮見而愛之生子伯服乃廢申后及太子立褒姒與伯服姒不好笑笑則百二十媚幽王欲其笑打賊鼓舉烽火諸侯悉至而無寇姒乃大笑幽王數為之諸侯後遂不至至十一年申侯與犬戎共攻幽王幽王舉烽火打賊鼓徵兵莫至遂殺幽王虜褒姒盡取周賂而去申后乃與諸侯立太子

○三引經示呵

經云眾生貪狼於財色坐之不得道觀經云色使所使為恩愛奴不得自在若能知色過患則不為所欺如是呵已色欲即息緣想不生專心入定

貪狼者貪心如狼也

○次呵聲欲

聲欲者即是嬌媚妖詞淫聲染語絲竹弦管環釧鈴珮等聲也

聲欲者聲相不停愚夫不解積聚生著嬌媚妖辭等者如婆沙中云佛未出時帝釋常詣提波延那仙人所聽法舍脂念云帝釋捨我欲詣餘女隱行上車到仙人所帝釋見乃語言仙人不欲見女汝可還去若不肯去帝釋以蓮荷莖打之舍脂乃以輭語謝帝釋諸仙聞聲起欲髻螺落地失通乃至世間一切染語皆生人欲故應呵之絲竹弦管等

者自古有樂不出八音。土曰塤。今童子猶吹之。匏曰笙。皮曰鼓。竹曰管。絲曰絃。石曰磬。金曰鍾。木曰柷。所以作樂。調八音。改人邪志。全其正性。移風易俗。今之樂者。並鄭衛之聲。增狂逸。壞正性。是故須呵。如論云。五百仙人。在雪中住。甄迦羅女。於雪山浴而歌。聞其歌聲。失諸禪定。心醉狂逸。不能自轉。在指者爲環。在臂者爲釧。鈴珮等。並取以餙女身者。發聲。故能生欲。

○三呵香欲。

香欲者。卽是欝茀氛氳蘭馨麝氣芬芳酷烈郁毓之

物。及男女身分等香。

言。欝茀者。茀香繁貌也。氛氳。祥香也。芬芳。香雜氣也。酷烈。亦香盛貌也。郁毓。軟美之香也。於依正香並不應著。人謂著香少過。今則不然。開結使門。杜眞正路。百年持戒。能一時壞。大論云。如有羅漢。入龍宮。受龍請食。餘鉢令沙彌洗。鉢中殘飯。嗅之甚香美。便作方便。入繩牀下。手捉牀脚。俱入龍宮。龍言。何以將未得道者來。師言不覺。沙彌得食。美見龍女。香妙端正無比。生大染著。內心發願。願當作福。奪此龍處。龍言。勿復將此沙彌來。沙彌還。一心修施戒。願早成龍。是時遶寺。足下水出。自知龍業已成。至師本入處大池邊。袈裟覆頭而死。變爲大龍。福德大故。卽殺彼龍。舉池盡赤。未死之前。師及徒衆訶之。答言。我心已定。師將衆僧就池看之。歎云。由著香故。致使爾也。復有比丘。著池華香。爲池神所訶。後人拔壞池。神不責。比丘反責池神。神云。比丘如白淨氎。有黑易見。俗如黑物。人所不見。何足可怪。

○四呵味欲。

味欲者。卽是酒肉珍肴肥腴津膩甘甜酸辣蘇油鮮

血等也。

珍貴也。卽妙味也。肴字正從食者非。全意詩傳云。非穀而食者曰肴。肴葅也。說文從肉者。啖也。肥腴者。說文云。腹下肉也。津潤也。膩等並脂膏之類。以著味故。當受洋銅灌口。以著味故。墮不淨中。如一沙彌。心常愛酪。檀越供僧。沙彌每得餘殘。愛著不離。死生餘殘酪中。師得羅漢。僧分酪時云。徐徐莫傷愛酪沙彌。人問其故。答言。此蟲本是我沙彌。以愛酪故。生此酪中。爲是義故。應須呵味。

○五呵觸欲。

觸欲者。卽是冷煖細滑輕重強軟名衣上服男女身分等。

觸欲者。生死之本。繫縛之緣。何以故。餘欲於四根各得其分。唯此觸欲。徧滿身受。生處廣故多生染著。此著難捨。若墮地獄。還以身觸受苦萬端。此觸名爲大黑暗處。論云。如劫擲仙人經云。過去有仙名曰劫擲。得五神通。王所敬重。飛行往返。王自捧仙。布髮與行食。手自斟酌。積有歲年。王有務遠行王有一女。端正無比。王告女言。吾奉事仙。不敢失意。吾今遠行。汝供如我。彼仙飛至。女以手擎坐著

按上觸女柔軟。卽起欲意。欲盛失通。步行出宮。眾人集看。王聞往看。稽首說偈訶仙人。仙人言實如所言。

○次喻明過患。

此五過患者。色如熱金丸。執之則燒。聲如塗毒鼓。聞之必死。香如憋龍氣。嗅之則病。味如沸蜜湯。舌之則爛。如蜜塗刀。舐之則傷。觸如臥師子。近之則嚙。此五欲者。得之無厭。惡心轉熾。如火益薪。世世爲害。劇於怨賊。累劫以來。常相劫奪。摧折色心。今方禪寂。復相惱亂。深知其過。貪染休息。事相具如禪門中云云。上

代名僧詩云。遠之易爲士。近之難爲情。香味頗高志。聲色喪軀齡。

五譬如文。又摩訶衍云。哀哉眾生。常爲五欲之所惱亂。而猶求之不已。如狗齧枯骨。如蹴毒蛇。此五欲者。與畜生不異。齡者年也。

○次明理二。初明所觀之境。二初舉欲能生三諦

觀心。呵五欲者。如色欲中。滋味無量。謂常無常我無我。淨不淨。苦樂空有。世第一義。皆是滋味。

常無常等。卽是二邊。第一義諦。卽是中道。欲中既有三諦之味。何不觀之。令生觀解。而但著世間麤

惡欲染。一何誤哉。

○次明欲能生諸見。

故大論云。色中無味相。凡夫不應著。若謂色是常。是見依色。若色無常。亦常亦無常。非常非無常。是見皆依色。乃至非如去非不如去。非邊非無邊等。是見皆依於色。悉是諍競。執謂是實。戲論破智慧眼。互相是非。爲色造業。適有此有。卽有生死。如是觀者。增長於欲。非是呵欲。

明欲中亦生無量諸見。欲是鈍使。復更生於無量諸見。利鈍具足。咸生欲中。此爲下文三觀所觀之

境。

○次明能觀之觀。次第觀中。先明空觀。即析體不同。且此二空。豈與老莊同耶。莊曰。五色亂目。使目不明。五聲亂耳。使耳不聰。五臭亂鼻。困惾中顙。五味噣口。使口厲爽。取捨滑心。使性飛揚。此五生害害於五根。老語大同。彼教雖云害生。不知害生之本。唯知為五所害。永迷去害之方。惾字七全反。噣字竹救反。啄也。啄字許穢反。口也。當知老教未始無色。奚嘗不盲。乃至滑心。亦可比說。

○初空觀二。初三藏折空四。初呵色欲。

今觀色有無等六十二見。皆依無明。無明無常生滅不住。速朽之法。念念磨滅。無我無主。寂滅涅槃。無明既爾。從無明生。若有若無等。悉皆無常寂滅涅槃。既無主我。誰實誰虛。終不於色起生死業。業謝果亡。是為呵色入空而得解脫。

○次例餘四。

呵色既爾。餘四亦然。

○三結成。

是名三藏析法呵五欲也。

○四斥失。

中論指此云不善滅戲論也。

○次通教體空五。初證明。

若摩訶衍呵色欲者。體知諸見皆依無明。無明即空。諸見亦即空。

○次引證。

故金剛般若云。須陀洹者名為入流。實不入流。不入色聲香味觸故。

○三釋義。

所以者何。若有色可析。可名入色。色即是空。無色可入。故名不入。既無流可入。即無業果。

○四明得。

是名善滅戲論。

○五例餘四。

呵色既爾。餘四亦然。

○次假觀四。初斥前失。

復次。呵色即空者。但入色空。不能分別種種色相。云何能度。一切眾生。眾生於色起種種計。即是種種集招種種苦。苦集病多。道滅之藥亦復無量。若欲化他豈可證空而不觀察。

○二明今得。

是故知空非空從空入假恒沙佛法悉令通達
○三雙明得失
若不如此猶名受入色空今深呵色空不受不入廣分別色雖復分別但有名字名字即空故稱爲假
○四例餘四
呵色既爾餘色亦然
猶名受入色空者斥前空觀若不能了色中一切佛法但名領受取著色空
○三中觀五初呵邊顯中
又呵色二邊如大品云色中無味相凡夫不應著色中無離相二乘不應離破色無明有無等見是呵其味破其沈空是呵其離若定有味不應有離若定有離不應有味味不定故非味離不定故非離不著二邊即是非味非離顯色中道實相

○次重斥小
故釋論云二乘爲禪故呵色事不名波羅蜜菩薩呵色即見色實相見色實相即是見禪實相故名波羅蜜到色彼岸到色彼岸即是見色中道分別色者即是見色俗即色空者是見色眞
○三明理呵
如是呵色盡色源底成三諦三昧發三種智慧
故知二乘不見色實
○四出理呵之意
深呵於色爲止觀方便其意在此
○五例餘四
呵色既然餘四亦爾
事中呵欲復兼圓理方可得爲圓家方便故云意在於此人不見此用是文爲上下咸然請垂致意

摩訶止觀輔行傳弘決卷第四之三

摩訶止觀輔行傳弘決卷第四之四

陳隋天台智者大師說　唐荊谿大師湛然傳弘決

門人章安人師灌頂記　明天台沙門傳燈增科

○第三棄五蓋文義同前於中初文列數釋名辯異舉譬引證等文並可見婆沙四十八云此五蓋中三事各立謂貪瞋疑二事共立謂睡眠掉悔俱舍云食治用同故貪以妙欲爲食不淨觀爲治瞋恚以可憎相爲食慈心觀爲治疑以三世相爲食緣起觀爲治故各立一昏沈睡眠以五法爲食一懵憒二不樂三嚬欠四食不平等性五心羸劣性

以毘鉢舍那爲治舊名睡眠卽昏沈是掉舉惡作以四法爲食一親里尋二國土尋三不死尋四念昔事尋以奢摩他爲治舊名掉悔掉卽舉也悔卽惡作故共立一問何故前三各立一後二二二立一答前三獨能辦後二共方辦如人辦事有共有獨今此文例疑在後者以前四蓋徧有疑故而前四增强從四爲蓋雙隻之意還依論文若大乘經意通至金剛具如後釋七初列數

第三棄五蓋者所爲貪欲瞋恚睡眠掉悔疑

○次釋名

通稱蓋者蓋覆纏綿心神昏闇定慧不發故名爲蓋

○三辨異

前呵五欲乃是五根對現在五塵發五識今棄五蓋卽是五識轉入意地追緣過去逆慮未來五塵等法爲心內大障

前所呵欲對塵發識非直五識得五欲名必須同時意識緣現五塵起五意識分別想著起希須心故名爲欲今此五蓋亦云轉入意地者謂前五塵至入禪時意地猶染能覆禪定故名爲蓋前欲一向對順情塵蓋通違順對定以說

○四舉譬二先舉譬本

喻如陶師身中有疾不能執作蓋亦如是爲妨旣深加之以棄

○次重譬

如翦毒樹如檢偷賊不可留也

如毒樹等者文雖同前義意則異今有蓋必棄如有毒必翦檢賊亦然

○五引證

大品云離欲及惡法離欲者五欲也如前所呵惡法者五蓋也宜須急棄

離欲及惡法者俱舍云蓋五唯在欲世禪尙須離此二法况圓頓修耶。

○六辨蓋相五初徵。

此五蓋者其相云何。

○次釋

貪欲蓋起追念昔時所更五欲念淨潔色與眼作對憶可愛聲髣髴在耳思悅意香開結使門想於美味甘液流口憶受諸觸毛豎戰動貪如此等麤弊五欲思想計校心生醉惑忘失正念或密作方便更望得之若未曾得亦復推尋或當求覓心入塵境無有間

念麤覺蓋禪禪何由獲是名貪欲蓋相。

開結使門九結與八十八使並同欲入以思香故通結使入香爲能通名結使門又云結使即門名結使門以能使行者至惡道故銜命曰使爲結所使故也。

○次瞋恚蓋。

瞋恚蓋者追想是人惱我惱我親稱歎我怨三世九惱怨對結恨心熱氣麤忿怒相續百計伺候欲相中害危彼安身恣其毒忿暢情爲快如此瞋火燒諸功德禪定支林豈得生長此即瞋恚蓋相也。

三世九惱者文通列三謂一惱我二惱我親三讚我怨三世各爾故合爲九問過去已去未來未至云何名惱答惱雖過未境實在現與時相値則生於惱及以過去曾惱於我若離瞋者雖有惱境惱心不生如釋提婆那以偈問佛何物殺安隱何物殺無憂何物毒之根呑滅一切善佛答殺瞋則安隱殺瞋則無憂瞋爲毒之根呑滅一切善。

○三睡眠蓋三初正明。

睡眠蓋者心神昏昏爲睡六識闇塞四支倚放爲眠。眠名增心數法烏闇沈色密來覆人難可防衞五情

無識猶如死人但餘片息名爲小死。

眠名增心數法者此中總說睡眠之法能令心數增長不息彼俱舍中約法相者云睡眠徧不違若有皆增一以通三性故也善心所有二十二法俱起十大地十大善地及尋伺有時增惡作不善心所有二十謂大地十大煩惱地六大不善二尋伺二四煩惱忿等惡作二十一有覆有十八無覆許十二如前心品中若有增一。

○次引證。

若喜眠者眠則滋多薩遮經云若人多睡眠懈怠妨

有得未得者不得已得者退失若欲得勝道除睡疑放逸精進策諸念離惡功德集釋論云眠爲大闇無所見日日欺誑奪人明亦如臨陣白刃間如共毒蛇同室居如人被縛將去殺爾時云何安可眠

薩遮尼乾經云若人多睡眠等二行偈具如今文釋論云者大論總有八偈云云大經云如人喜眠眠則滋多

○三結過

眠之妨禪其過最重是爲睡眠蓋相

○四掉悔蓋相者掉動也掉之爲法破出家心攝

猶不定兒更掉散大論十九偈曰汝已剃頭著袈裟執持瓦鉢行乞食云何樂著戲論法放逸縱恣失法利薩遮經云戲論垢染心心不住三昧爲智者所訶行者不解脫欲得速利益應離諸放逸論云所言悔者二種一掉後生悔二如重罪人常懷怖畏悔箭入心堅不可拔今亦具二初文掉後生悔二初明掉

掉悔者若覺觀偏起屬前蓋攝今覺觀等起偏緣諸法乍緣貪欲又想恚瞋及以邪癡炎炎不停卓卓無住乍起乍伏種種紛紜身無趣遊行口無益談笑是名爲掉

○次明悔

掉而無悔則不成蓋以其掉故心地思惟謹慎不節云何乃作無益之事實爲可耻心中憂悔懊結繞心則成悔蓋蓋覆禪定不得開發

○次悔箭入心二初正明

若人懺悔改往自責其心而生憂悔若入禪定知過而已不應想著非但悔故而得免脫當修禪定淸淨之法那得將悔縈心妨於大事

○次引證

故云悔已莫復憂不應常念著不應作而作應作而不作卽是此意是名掉悔蓋相也

大論十九云若人有二種應作而不作不應作而作是則愚人相不以悔心故不作而能作諸惡事已作不能令不作初句總標次三句初意次四句第二意故寶積經中有菩薩得宿命智知億多劫所作重罪以憂悔故不證無生時文殊師利知其念已於大衆中把刀害佛佛言若欲害我爲善害我文殊白佛云何名爲若欲害我爲善害我佛因廣說一切諸法皆如幻化若能如是是善害我菩

薩由是照知宿罪皆如幻化得無生忍。
○五疑心蓋三。初辨異。
疑蓋者。此非見諦障理之疑。乃是障定疑也。
○次列數
疑有三種。一疑自。二疑師。三疑法。
○三正釋
一疑自者謂我身底下必非道器是故疑自。二疑師
者。此人身口不稱我懷何必能有深禪好慧師而事
之將不悞我三疑法者所受之法何必中理。三疑猶
豫常在懷抱禪定不發設發永失此是疑蓋之相也。

言猶豫者是不決之總名。猶者爾雅云。如麂善登
木。尸子言。五尺大犬曰猶。說文云隴右謂犬子為
猶。亦玃屬。言此犬子或隨人行時前後不定故名
猶豫疑雖有過然須思擇於自身心決不應疑師
法二疑須曉其時若未入三昧來於此二法若不
疑者。或當復雜邪師邪法故應熟疑善思擇之疑
為解津此之謂也。
○七明棄蓋法二。初結前生後。
五蓋病相如是棄法云何。
○次正明棄法。亦先事次理。先明事二。初明設治

之法。隨強者故。
行者當自省察今我心中何病偏多。若知病者。應先
治之。
○次正明用治五。初治貪欲。
若貪欲蓋重當用不淨觀棄之。何以故向謂五欲為
淨愛著纏綿今觀不淨膿囊涕唾無一可欣厭惡心
生。如為怨逐。何有智者當樂是耶。故知此觀治貪之
藥。此蓋若去。心即得安。
不淨治貪者且約實觀。具如第七卷中。
○次治瞋恚

若瞋恚蓋多當念慈心滅除恚火。此火能燒二世功
德。人不喜見毒害殘暴禽獸無異。生死怨對累劫乃
不息。即世微恨後成大怨。今脩慈心棄捨此惡觀一
切人。父母親想悉令得樂若不得樂我當勤心令得
安樂。云何於彼而生怨對。作是觀時瞋心即息安心
入禪。
二世者。過現也。亦如第七第九。
○三治睡眠
若睡蓋多者當勤精進策勵身心。加意防擬思惟法
相。分別選擇善惡之法勿令睡蓋得入。又當選擇善

惡之心令生法喜。心既明淨睡蓋自除。莫以睡眠因緣失二世樂。徒生徒死無一可獲。如入寶山空手而歸深可傷歎。當好制心善巧防御也。杖毱具申脚起星水洗。

如向寶山等者。大論釋信中云。以信爲手。如人無手入寶山中無有所得。不信之人入佛法寶山都無所得。以不信故。則生疑惑。若有信者入佛法中。不空剃頭。能問能答。當知出家之人寶山悉至盈空手歸。杖擲貝等者。杖者謂禪堂中行。祇律云。以竹爲杖長八肘。物裹兩頭。令下座行之不得拄脇

以拄其前。三搖不覺。左邊拄之。言毱者。皆以毛毱著其頂上。睡則墮地。覺已策發。律云。若有睡者以毱擲之。貝者吹令出聲。以警睡者。星者。佛法唯許解睡觀星。餘一切時制。或復以水洗其足面。婆沙云。從日沒至日出。結加趺坐勤行精進。頂安禪鎮。行禪毱法。杖亦更有餘聖者治法。如育王經云。一比丘喜睡。毱多和尚化作一鬼七頭手把樹枝懸在空中。見已還本住處。和尚語言。可坐禪若睡還來。精進得道。又一比丘多睡見鬼。見毱多。毱多語言。鬼不足畏。爲鬼所殺不入生死。爲睡所殺生死無窮。比丘還房坐禪得定。又如譬喻經云。有一比丘飽食入房睡。佛知過七日當死。佛至其房彈指寤之。說偈警之。寤已禮佛。佛言。汝維衛佛時作沙門。貪利養不習經教。飽食却睡。不唯非常。命終墮於鰯蟲蚌蟲螺蟲中。五百萬歲常處黑暗不樂光明。一睡經百歲乃覺。不求出家。今爲沙門。云何更睡不知厭足。比丘聞自悔自責。五蓋即除成第四果。此乃聖者知機警睡之方。

○四治掉悔。

若掉散者。應用數息。何以故。此蓋甚利。來時不覺。於

久始知。今用數息。若數不成。或時中忘。即知已去。覺已更數。數相成就。則覺觀被伏。若不治之。終身被蓋。

○五治疑心。三。初治疑自。

若三疑在懷。當作是念。我身即是大富盲兒。具足無上法身財寶。煩惱所翳道眼未開。要當修治。終不放捨。又無量劫來習因何定。豈可自疑。失時失利。人身難得。怖心難起。莫以疑惑而自毀傷。

○次治疑師。三。初略明。

若疑師者。我今無智。上聖大人皆求其法。不取其人。

○次引證。二。先引事。

雪山從鬼請偈天帝拜畜爲師

雪山從鬼請偈者具如大經雪山童子中說天帝拜畜爲師者未曾有經上卷佛言憶念過去無數劫時毘摩大國徙陀山中有一野干而爲師子所逐欲食奔走墮井不能得出經於三日開心分死而說偈言禍哉今日苦所逼便當沒命於丘井一切萬物皆無常恨不以身餧師子南無歸命十方佛表知我心淨無已時天帝釋聞佛名肅然毛竪念古佛自惟孤露無導師耽著五欲自沈沒卽與諸天八萬衆飛下詣井欲問詰乃見野干在井底

兩手攀土不得出天帝復自思念言聖人應念無方術我今雖見野干形斯必菩薩非凡器仁者向說非凡言願爲諸天說法要於是野干仰答曰汝爲天帝無教訓法師在下自處上都不修敬問法要法水淸淨能濟人云何欲得自貢高天帝聞是大慚愧給侍諸天愕然笑天王降趾大無利天帝卽時告諸天愼勿以此懷驚怖是我頑蔽德無稱必當因是聞法要卽爲垂下天寶衣接取野干出於上諸天爲設甘露食野干得食生活望非意禍中致斯福心懷踴躍慶無量於時野干自念言我得宿命知過去云云令諸天敷座云云天帝說得免井厄云云野干廣說有人樂生惡死有人樂死惡生云云天帝問濟命無功德施法有何功德野干廣說施法功德云云乃云過去有王名阿逸多初持十善後爲邊國進女贈寶因卽奢侈墮於地獄出獄墮鬼從鬼復念宿命十善從鬼墮畜爲野干身我墮分死冀得生天以由汝故違我本願是故說言濟命功少天帝難言世尊所說善人求死是事不然若欲求死何故入衣答言有三意故一者順於天帝意二爲諸天得聞法三爲通化宣傳

法復爲天帝廣說法門云云

○次引文

大論云不以囊臭而棄其金慢如高山雨水不停卑如江海萬川歸集我以法故復應敬彼普超經云人人相見臭相平相智如如來乃能平人身子云我從今去不敢復言是人入生死是人入涅槃卽此意也

不以囊臭等者大論九十六波崙緣中若有弟子見師過者若實不實其心自壞失法勝利故空聲告言莫見師過應自念薄福不值於佛今值惡師不應念過自妨般若若師有過不預於我我從師

求般若如狗皮囊盛好寶物不以囊臭而棄其寶如罪人把炬等具如四三昧中引萬川者水會而爲川川大而自穿穿通也普超經等者今引稍畧彼經下卷佛授闍王記竟告舍利弗人人相見莫相平相所以不當平相人者人根難見獨有如來能平相人行如如來可平相人賢者舍利弗及大衆會驚喜踊躍而記斯言從今日始盡其形壽不觀他人不敢說人某人趣地獄某人當滅度羣生之行不可思議

○三結成

常起恭敬三世如來師卽未來諸佛云何生疑耶

○三治疑法三初正明

若疑法者我法眼未開未別是非憑信而已佛法如海唯信能入

佛法如海唯信能入者孔丘之言尙信爲首况佛法深理無信寧入故云兵食尙可去信不可去華嚴信爲道元功德母等如諸聲聞得羅漢已四智究竟二脫當滿豈更進求大乘之道故自述云不復進求阿耨多羅三藐三菩提

○次引文

法華云諸聲聞等非己智分以信故入我之盲瞑復不信受更何所歸常淪永溺不知出要

言以信得入者若不於方等被彈而生信心安能至法華得授記莂

○次引事

和伽利云云優波笈多教弟子上樹云云

和伽利者第一本云有老年者初始出家未有所識在僧伽藍爲小沙彌戲曰與汝初果令其坐已卽以毛毱著其頭上語言此是初果以信心故卽獲初果卽語沙彌我已得初果沙彌復弄之曰如是依前四度爲之至第四果毱多教弟子上樹者付法藏傳云南天竺有族姓子出家學道愛著自身洗浴塗香好美飲食身體肥壯不能得道往毱多所求受勝法尊者觀知以著身故不得盡漏語言若能受者當授汝法答言受敎卽化作大樹令其上之四邊變爲法坑千仞令放右手如言卽放如是次第乃至都放分捨身命至地不見深坑及樹爲說法要得第四果

○三結成

若心信法法則染心猶豫狐疑事同覆器

狐疑者。狐是獸。一名野干。多疑善聽。時人云狐疑蓋因此也。此獸爲鬼所乘。時人以之爲精媚。有云。黃河氷厚欲渡河時。委聽水聲。聲絕方渡。覆器者信無故如器覆。大論云。羅云自小多喜妄語。以妄語故。令無量人不得見佛。佛欲調之。遊行還令汲水。佛脚挑澡槃覆令其注水。答云。器覆水不入。佛言。汝如覆器法水不入。種種呵責。今借譬疑亦同覆器。

○次明理二。初料簡二。初一問答二。初問。

問曰。五蓋悉障定不。

○次答二。先出多解不同。

答解者不同。或云無知是正障。何者。禪是門戶詮次之法。知無知相乖。故疑眠蓋是也。或言散動是正障。何者。定散相乖。故掉悔是也。或言貪瞋是正障。何者。禪是柔輭善法。剛柔相乖。故貪瞋是也。如是等各據不同。

既有門戶詮次。不以無知能到。故是障也。出入有由。故云門戶。始自欲界麤細等住。乃至非想名爲詮次。餘文可解。雖各異計。準今文意應隨人判。

○次正明今解三。初正釋。

今釋不然。五蓋通是障。而隨行者強弱。若人貪欲蓋多。此蓋是正障。餘者是傍。四蓋亦爾。

○次譬喩三。初喩。

譬如四大通皆是病。未必俱發。隨其動者。正能殺人。

○次合。

蓋亦應爾。先治於強。弱者自去。禪定得發云云

○三引證。

十住毘婆沙云。若人放逸者。諸蓋則覆心。生天猶尙難。何况於得果。若人勤精進。則能裂諸蓋。諸蓋既裂已。諸願悉皆得。是名依事法棄蓋也。

○次一問答二。初問。

問。初禪發時。五蓋畢竟盡不。

先問起蓋相爲長遠之由。

○次答四。初離三毒爲四分。

答。此當分別。何者。離三毒爲四分。貪瞋癡偏發。是三分。不名爲等。三分等起。名爲等。三毒偏起。是覺觀而非多。三分等起。名覺觀多。即是第四分也。

○次引論釋等分。

成論呼此爲刹那心。刹那心既通緣三毒。三毒等起。故知刹那之心。即是善惡成也。阿毘曇明此刹那心

起但是無明無記善惡未成何以故雖通緣三毒不正屬三毒既不正屬那得是善惡雖非是惡三毒因之而起呼此無記爲因等起而不名爲善惡

○三離四分爲五蓋

此二論雖異同是明第四分也離此四分爲五蓋貪瞋兩分是兩蓋開癡分爲睡疑兩蓋等分爲掉悔蓋

○四出長遠之相二初正出

若廣開四分一分則有二萬一千煩惱四分合有八萬四千約於苦諦則是八萬四千法藏約於集諦則是八萬四千塵勞門約於道諦則是八萬四千三昧陀羅尼等約於滅諦則是八萬四千諸波羅蜜四分法相該深若此五蓋理應高廣

○次斥偏

阿毘曇那得判貪止欲界上地名愛上亦無瞋此義已爲成論所難若上地輕貪名愛亦應輕瞋名恚耶知覆相抑異未是通方耳今釋五蓋望於四分通至佛地

近惑既以覆相而說當知非但覆於貪愛瞋恚等相存沒不同亦以近覆遠未云五蓋通至佛地

○二正釋二初明次第棄蓋三先明所破二初示其偏計近蓋之相

上棄五蓋相此是鈍使五蓋止障初禪初禪若發此蓋棄盡常途所論祇是此意

未發禪來所有五蓋皆名鈍使如前辨蓋相文是也

○次示所破利使五蓋

利使五蓋障於眞諦如前所明空見之人計所執爲實餘是妄語乖之則瞋順之則愛即貪瞋兩蓋也無明闇心謬有所執非明審知即睡眠蓋種種戲論見諍無益即掉悔蓋即雖無疑後方大疑何以故既執是實何所復疑後若被破心生疑惑此五覆心終不見諦

指前隨自意中邪空之人此爲利使之例由此使故生於五蓋亦如前明五欲中六十二見皆名爲欲即利鈍兩蓋皆爲觀境

○次明能破三初明破蓋入空觀

呵棄此蓋蓋去道發證須陀洹從初果去取眞爲愛捨思爲瞋思惑未盡爲睡失脫妄念爲掉非無學名疑故知五蓋障眞通至三果除此五蓋即是無學

明破蓋入空且結初果者且從破利使爲名故也

從初果下復約初果爲鈍使五蓋之相爲後三果之所破也例初果蓋相以辨二三果上蓋相。

○次明破蓋入假。

復次依空起蓋障俗諦理所以者何沈空取證以空爲是譬如貧人得少便爲足更不願好者保愛此空卽貪蓋憎厭生死捨而不觀卽瞋蓋無爲空寂不肯照假乃至不識五種之鹽名睡蓋空亂意衆生非其境界名掉悔蓋假智不明名疑蓋此蓋不棄道種智俗諦三昧終不現前此蓋若除法眼明朗。

明出假上蓋而依空起言五種鹽者大論二十四

云六師不聽食五種鹽未審彼土五鹽如何若此土五鹽謂顆鹽綠鹽赤鹽白鹽印鹽鹽有多類大略五耳西方準此亦應可見有阿羅漢爲他所問何名赤鹽不識所從而問三藏三藏云鹽是味赤是色未曉小事者由未有出假智故既是不了義當於睡。

○二明破蓋入中

復次依中起蓋障於中道所以者何菩薩貪求佛法如海吞流無有厭足生名愛法起順道貪此名貪蓋不喜二乘大樹折枝不宿怨鳥是名瞋蓋無明畏違設使上地猶有分在大論云處處說破無明三昧者初雖破後更須破無智慧明卽睡蓋菩薩三業雖無失比佛猶有漏失名掉悔蓋初後理圓而初心智慧不逮於後是名疑蓋此蓋不棄終不與實相相應此蓋若除眞如理顯開佛知見。

依中起蓋中云大樹折枝等者大論三十云譬如空澤有樹名奢摩黎枝觚廣大衆鳥集宿一鴿後至住一枝上枝觚卽時爲之而折澤神問言鵰鷲皆能任持何至小鳥便不自勝樹神答云此鳥從我怨家樹來食彼尼俱類樹子來棲我上或當放

糞子墮地者惡樹復生爲害必大是故懷憂寧捨一枝所全者大菩薩摩訶薩亦復如是於諸外道天魔諸使及惡業等無如是畏而畏二乘二乘於菩薩摩訶薩邊亦如彼鳥壞彼大乘心永滅佛乘心論中明三乘共位以大斥小故對二乘心今借彼文亦且依彼云二乘心若準今文意應云不喜二邊心如不宿寃鳥以不喜故義當於瞋大論云等者證地地中皆有無明有無明故卽有五蓋故大論釋大品云經前後文何故處處說破無明三昧耶答法愛難斷故處處說破無明三昧此卽眞

道法愛不同似愛是則初住雖破一品品品須破若暗證家謂纔知眞理卽是佛者不曉教相故也是故今云菩薩比佛猶有漏失是則等覺比佛猶有一品漏失況復下地

○三追結成長遠之相

此五蓋法不局在初心地地皆有唯佛竟究八萬四千波羅蜜具足圓滿到於彼岸故持地云第九離一切見淸淨淨禪若得此意蓋相則長非但欲界而已

地持云第九等者論文以等覺當九禪第九禪名離一切見故知等覺猶修離見故見義不近故云

唯佛究竟乃至八萬四千祇是四分四分祇是五蓋所以佛地方盡五蓋

○次明不次第棄蓋三初文先斥次第

復次言語分別邐迤階梯而鈍利兩蓋是凡夫時所棄俗諦上蓋是二乘時所棄障中道蓋是菩薩時所棄如此論蓋後不關初

先斥次第故云後不關前況復分屬三人不同以凡夫有利鈍乃至菩薩有俗蓋故云凡夫時所棄乃至菩薩時所棄等

○次引二論明次第之計

地攝二論師多明此意果頭之法不關凡夫那可卽事而修

○三正明不次四初引佛化儀以證圓教

圓釋不爾何以得知若爲上地人說應作法性佛現法性國爲法性菩薩說之何意相輔現此三界爲欲度此凡俗故論此妙法使其得修若言不爾爲誰施權權何所引

然圓頓教本被凡夫若不擬益凡夫佛何不自住法性土以法性身爲諸菩薩說此圓頓何須與諸法身菩薩示於凡身現此三界耶

○次正結示一心在凡卽可修習

若得此意初心凡夫能於一念圓棄諸蓋

○三正引經示相二初圓棄欲蓋二初正引

故大品云一切法趣欲事是趣不過欲事尙不可得何況當有趣不趣

經中既明欲具諸法當知欲蓋卽是法界故一切法皆趣於欲

○次釋出經意二先畧次廣初畧明不可思議

釋曰趣卽是有有能趣所趣故卽辨俗諦欲事不可得卽是明空空中無能趣所趣故卽辨眞諦云何當

有趣非趣卽是辨中道當知三諦祇在一欲事耳。畧者祇是三諦。三諦祇是趣等三耳。畧卽不可思議。不可思議難見故。

○次廣約思議以示不可思議之相也。下去諸文皆先明思議。次撮思議成不思議。上來諸文皆先次第次明不次。唯此一文後以思議釋不思議。故知前後廣畧相顯。但在通理文相何恒。人不見之。隨文生想遂語迷文。便於此部而欲簡擇此文可修彼非修者。未見今家始終大體。識大體已簡與不簡旨在其中。故於畧文善須曉意。故大論十七

云。如禪棄蓋攝心一處。是菩薩以利智慧觀於五蓋無所棄捨。於禪無取。知諸法空。非內非外亦非中間。若得諸法實相。則知五蓋空無所有。是則名爲知蓋實相。是禪實相。菩薩亦爾。知欲及蓋禪及支林。一相無相依之修入。是爲禪波羅蜜。乃至四念亦復如是先明思議。

今更廣釋令義易解。云何一切法趣欲事是趣不過欲事爲法界故。一切法之根本。如初起欲覺已具諸法。心麤不知漸漸滑利。不能制御。便習其事。初試歇熱。習之則慣。餐啜叵忘。卽便退戒還家求覓欲境。覓不知足。或偷或劫或偪或貿。如是等種種求欲而生罪過。若得此境大須供養。或偷奪求財。或殺生取適。若其富貴縱心造罪。若其貧窮惡念亦廣。欲罪既成適有此有則有生死。應偏愛果隨在何道。欲轉倍盛受胎之微形。世世常增長十二因緣輪轉無際。當知一切法無不趣欲。欲法界外更無別法。當知一切五蓋如上說。於初一念悉皆具足。皆爲因緣生法。其義可見也。

欲爲法界者。卽指最初一念欲心於中已具十法界性。必能次第生於欲果。始終並在初一念中。故

云一切法之根本。言一切法者。因果中間始終諸法也。故云如初起欲覺已具諸法等。以不知故便謂輕心。其過輕微。向若已知諸法具足。卽驚怖毛豎。豈令身口造趣迷荒。初試歇熱等者。蘊卽欲想內熱於心。初一行之。似如稍歇。續起續行無時暫捨。故使未曾於一餐食一啜飮頃而離欲想。或偷或劫等者。隱匿不與取名偷。卽是私通。入法所護者是。對面不與取名劫。卽是彰灼强奪所護之境者是也。逼謂抑他。有護無護情不願者是也。貿謂於非護境衒賣求財者是也。如是等者等取非上

諸類但是形交遂欲事者若得此境等者夫以下薦上爲供以卑資尊曰養是人棄於三寶勝田唯尙五欲穢境供給所須故云供養法華疏云施其依報名爲供養第一本云若得此境大須供給語雖順不及今文得欲境已不問貧富皆生過罪適有此有等者纔趣欲境名爲適有欲業已成名爲此有未來招報名卽有生死世世增長故徧受果亦復因於殺盜等故受果亦徧法界外無復別法且舉一念具足利鈍利鈍徧於十方三世亦由利鈍生於三諦當知欲法攝諸法盡此卽一念欲心

具六界法以爲觀境如上者上所明利鈍也

○次撮思議成不思議三初明觀蓋爲空

云何欲法界空外五塵求不可得內意根求不可得中間意識求不可得內外合求不可得離內外求不可得過去欲緣求不可得現在欲因求不可得未來欲果求不可得橫豎求之畢竟寂靜欲卽是空欲空故從欲所生一切法亦卽是空空亦不可得是爲觀空棄利鈍蓋也

推於欲空約四句三世三世中云過去欲緣等者落謝五塵名爲過去塵雖過去猶發現欲名爲欲緣現在欲想名爲欲因行於欲事名所生法此法必能招於苦果今推三世皆不可得橫豎者結前兩推橫謂四句豎爲三世

○次觀蓋爲假

旣識己心一欲一切欲卽識一切衆生亦復如是且置餘道直就人道種種色像種種音聲種種心行種種依報各各不同當知欲因種別無量一人因果已自無窮何況多人一界如是況九法界一法如是何況百法譬如對寇寇是勳本能破寇故有大功名得大富貴無量貪欲是如來種亦復如是能令菩薩出

生無量百千法門多薪火猛糞壤生華貪欲是道此之謂也若斷貪欲住貪欲空何由出生一切法門經云不斷五欲能淨諸根如是觀時俗諦五蓋自然清淨

譬云對寇設陣者寇賊也其寇若多設陣必廣所破旣大其勳亦高欲廣功深故是勳本破欲入位名爲大功位具諸法名大富貴貪欲爲種者能生佛故於一念心分別無量故能出生無量法門欲如薪多糞壤觀如火猛華生合譬可知此且約俗諦說也壤者尙書云土無塊曰壤俗諦若成位在

七八等信故能淨諸根。

○三明觀蓋爲中

雖能如此未見欲之實性實非空亦復非假非假故豈有無豈非空故豈有寂然空及假名是二皆無無趣無非趣無趣者利鈍兩番五蓋玄除無非趣一番五蓋除得識中道文一番除無所斷破無所棄滅而四番五蓋一念圓除破二十五有見欲實性名王三昧具一切法是名圓觀棄於圓蓋。

○三判位

如此法門名理卽是作如是解名名字卽是初心觀

此名觀行卽是如上訶色卽淨眼根訶聲卽淨耳根訶香卽淨鼻根訶味卽淨舌根訶觸卽淨身根棄五蓋卽淨意根六根淨時名相似卽是三惑破三諦顯名分眞卽是若能盡欲蓋邊底名究竟卽是圓棄欲蓋旣爾棄餘蓋亦然。

○第四調五事者文義同前文相又二所謂開合。

又爲四先標列。

第四調五事者所謂調食調眠調身調息調心。

○次擧本譬

如前所喻土水不調不任爲器。

○三合法

五事不善不得入禪眠食兩事就定外調之三事就人出住調之。

○四正釋亦先事次理眠食各爲一調餘三合爲一調先明事三初二事各調二先調食

調食者增病增眠增煩惱等食則不應食也安身愈疾之物是所應食畧而言之不饑不飽是調食相尼犍經曰噉食太過體難迴動窳墮懈怠所食難消失二世利睡眠自受苦迷悶難醒寤。

不安身食者如第八卷尼乾經者彼經尼乾答嚴

熾王云波斯匿王食噉太過身重懈怠現在未來於身失利睡眠自受苦亦惱於他人迷悶難醒寤應時籌量食窳墮等者窳(余乳反)郭注爾雅云勞苦多墮曰窳亦懶也如人懶故不能自厲如瓜瓠在穴故字從穴下兩瓜又云懶恒在臼窳博物誌云皇甫謐問靑牛士說養生法云人欲常勞食欲常少勞無過極少不至虛去肥膩節醎酸俗養生法尚令自勞豈志道者過食懈怠非唯失利而已亦乃增病損生。

○次調眠

調眠者眠是眼食不可苦節增於心數損失功夫復不可恣上訶蓋中一向除棄爲正入定障故此中在散心時從容四大故各有其意畧而言之不節不恣是眠調相。

眠是眼食等者增一云佛在給孤獨爲多人說法阿那律於中眠睡佛說偈曰咄咄何爲睡螺螄蚌蛤類問曰汝爲畏王法爲畏賊盜而出家耶答曰不也我厭生老病死故求出家旣信心堅固而出家者佛躬說法而眠睡耶那律座起白佛自今以後形融體爛終不於佛前眠睡因違曉不眠眼根

便失佛言勤加精進者與掉戲相應懈怠懶惰者與結使相應汝行中道那律云已於佛前發誓不能復違先要佛令耆域治之耆域曰若少不眠治之可差此不可治也佛告那律汝當寢息何者一切由食存眼以眠爲食乃至意以法爲食涅槃以不放逸爲食我無放逸得至涅槃那律云我不敢違後因得天眼眼是欲界報法旣未得禪但可調停而已若無禪而不睡者必是鬼也如下第八卷引王是鬼種而不眠睡。

○三三事合調三初明合調之由。

三事合調者三事相依不得相離如初受胎一燸二命三識燸是遺體之色命是氣息報風連持識是一期心主託胎卽有三事三事增長七日一變三十八七日竟三事出生名嬰兒三事停住名壯年三事衰微名爲老三事滅壞名爲死三事始終不得相離須合調也。

爲何事故須三事合調以始終三事合故言七日一變者如阿難問經佛爲難陀廣說胎相六趣不同兼辨六趣中陰等相乃至父母精血互有無等成不成相及精血淨不淨相等初入如風雨入舍

等諸相不同有在母腹而命終者以蘇油榆皮汁塗手挾薄刀子推手入割死兒身片片而出又母胎諸患種種相貌而不入胎入已若不壞者七日一變初七名柯羅邏如薄酪二七名阿浮陀如厚酪三七名閉手如短小藥杵四七名伽那如溫石五七名波羅奢呵五胞開張六七現膝相七七現手足相八七現手指相九七眼耳鼻口大小便道相十七堅實有風門吹胎如囊十一七七孔開徹母性改常十二七生大小腸如絲綖有三支節一百孔穴十三七生饑渴想母食資潤十四七生九

脉交絡纏繞十五七生二十脉一邊各十又十四脉派八萬名十六七氣息通十七七眼得光十八七諸根明十九七諸根具二十七生諸骨二十一七生肉二十二七生血二十三七生皮二十四七生膚二十五七血肉長二十六七生髮二十七七以業力故分別端醜男居母左女居母右男面向內女面向外皆手掩面蹲踞而坐二十八七生八種想謂座榻園林等二十九七生光潤五色別異三十七長髮爪三十一七至三十五七人相具足三十六七生厭離心不樂三十七七生穢獄想三

十八七風力所轉頭向産門申兩臂出産門每於一七各有一風吹令變異風各有名具如彼經生已八萬戸蟲從身而生縱横飲噉左右各五百諸節各有若干蟲戸長大衰老常與蟲居是則三十八七計日成二百六十六計成九月所以少四以半小故問世教及經並云十月何故唯九答九即十也何者經涉十故如月初一日受胎者則定唯九月二日已去日數滿時即跨至十大數雖爾又有羅云六年勝尊六十亦有減者乃至五月雖增減不同然三事必具問壽煗識三與身息心既其

不同由義何在答煗即是身以由煗故精血不壞從功能説故名爲煗壽名風息初託胎時有一毫氣但根未具時隨母氣息根具氣分名爲兒息由有息故連持此身從能持説故息名壽識即是心從當體説既從初識與壽煗二不前不後當知身息心三未曾相離是故應須三事合調若能調停依之入道即是依因死屍得到彼岸一切善法由之而生乃至成於三德秘藏故云若能調凡夫三事成聖人三法即此意也

○次正明調法

初入定時調身令不寬不急調息令不澁不滑調心令不沈不浮調麤入細住禪中隨不調處覺當檢校調使安隱如調絃入弄後不成曲即知絃軫差異覺而改之若欲出定從細至麤備猶如次第禪門也謂入住等出三時調之故禪門中調身云夫坐者須先安處使久無妨若半加以左壓右牽來近身使與左右髀齊若欲全加更䟦右以壓左寛衣帶周正身勿令坐時更有脱落手以左壓右重累相當置右脚上亦令近身當心安置挺動支節七八許度如按摩法勿曲勿聳正頭直項令鼻對臍不

偏邪不低昂身如矴石無得騷動無寬急過是身
調相調息者身旣調已次開口吐胸中氣自恣而
出使身中百脉處皆悉隨氣出次閉口鼻中內淸
氣如是至三若息已調一度亦足次閉口脣齒纔
相拄舌向上齶閉眼纔令斷外光次簡息風氣息
若調者則易入定次調心者一者調亂令不越逸
二者調心令沈浮得所若心沈時繫念鼻端心若
浮時安心向下復有三種一下著心二寬身體三
想息遍身毛孔通同而出以此三法調三使調此
卽初入調三之相住在禪中若有不調如初入法

如調弦等者初如調弦入弄後不成曲如住禪中
三事不調心不入法軫者方言枕也卽弦下柱名
之爲枕若欲出定漸漸申舒按摩其身漸漸吐納
細細呼吸勿令外麤頓衝內細漸漸放心緣於外
境心仍觀了本所緣境調三事法委在禪門

○三調三事意

若能調凡夫三事變爲聖人三法色爲發戒之由息
爲入定之門心爲生慧之因此戒能捨惡趣凡鄙之
身成辦聖人六度滿足法身此息能變散動惡覺卽
成禪悅法喜因禪發慧聖人以之爲命此心卽能改
生死心爲菩提心眞常聖識如此三法合成聖胎始
從初心終至後心唯此三法不得相離云云

元爲何事而調此三若修根本乃至圓頓今文本
意令至三德故云成聖人三法等是故此三是三
學之由成於常住身息心三故轉凡身以成法身
轉凡息以成慧命轉凡心以成菩提之身始此等
者凡夫三法爲始初修圓觀名爲聖胎至初住位
名出聖胎至妙覺位名身成就此卽合調之位也

○次明理者亦爲三段初調食亦並約三諦三觀
初空觀

觀心調五事者如前法喜禪悅爲食也初觀眞諦所
生定慧多爲入空消淨諸法此是饑相法華云饑餓
羸瘦體生瘡癬也

食中引法華經者無中道法食爲饑餓無功德萬
行爲羸瘦未有淸淨法身唯有塵沙無明諸惡莊
嚴名瘡癬

○次假觀

第二觀俗諦所生定慧多是扶俗假立諸法名爲飽
相故云歷劫修行恒沙佛法

○三中觀

是二觀饑飽不調中道禪悅法喜調和中適無二邊之偏是名不饑不飽云云

○次調眠三觀三先空觀

調眠者空觀未破無明無明與空合沉空保住眠相則多

○次假觀

出假分別伏無明眠相則少

○三中觀

今中道觀從容若斷無明一切善法則無生處塵勞之儔是如來種不斷癡愛起諸明脫若忿無明無上

佛道何由得成經云無明轉即變爲明行於非道通達佛道無明性明性無二無別豈可斷無明性更修明性耶不住調伏不住不調伏即是理觀調眠也

○三三事合調文有三番一番約教二番約觀文雖標合義必各釋義雖各釋理實不分初約教三

初調身

合調三事即爲三番大經云六波羅蜜滿足之身調如此身令不寬不急大品云樂說辨卒起是爲魔事不卒起亦是魔事卒起者卒行六度是急卒放捨是寬不卒不寬是身調相

身云六波羅蜜者謂無作六度令滿足法身故大經師子吼云六波羅蜜滿足之身大品云樂說辯等者問何故將樂說辯以釋六度答六度以般若爲本及禪進等並是樂說之相此三又與戒施忍三互相莊嚴是故六度皆名樂說大品文中復以說法爲樂說辯者亦是般若之相經云樂說卒起不卒起等者或有法師偃蹇或歌笑心亂論六十六釋云高座說法樂說不生聽者憂愁我故遠來法師不說或復思惟怖畏故不說或不知不說問卒起何故復爲魔事答法師求名生著自恣而說

無有義理故亦是魔事

○次調息

調息者以禪悅法喜慧命爲息如大品云般若非利非鈍若鈍名爲澀若利即名爲滑不鈍不利名息調相

大品云般若非利等者利鈍是空假中道種智不同二邊故非利非鈍

○三調心

調心者菩提心難得是爲沉菩提心易得名爲浮非難非易是爲調相

非難非易者二乘出界由經八六四二故爲難三教菩薩雖未棄眞妙旣云已發名之爲易圓人六卽六故非易卽故非難

○次約觀二番中初番三觀共三事各次番三觀各三事合初番之中調心在初者隨便而釋應無別意寄事顯理前後無妨分三初調心

次約三觀調三事者以微妙善心爲菩提心如前明四種菩提心若三藏通教爲斷結入空以眞爲證此心爲沈若別教化他出假分別藥病廣識法門發菩提心此心爲浮若圓教觀實相理雙遮雙照非空故

不沈非假故不浮發如是心名爲調相

○次調身

調身者通教斷惑明六度爲急別教出假分別爲寬中道不依二邊爲不寬不急也

○三調息

調息者通教慧命入空爲滑別教入假爲澀中道不依二邊爲不澀不滑

○次番三觀各三事合三初空觀

復次約三觀各各調者初觀止身息心爲急滑沈次觀身息心爲寬澀浮若能中適卽成方便得入眞諦

○次假觀

第二觀止身息心爲急滑沈觀身息心爲寬澀浮能止觀中適則成方便發道種智見俗諦理　云云

○三中觀

中道止身息心爲急滑沈觀身息心爲寬澀浮若能中適止觀從容卽成方便得入中道見實相理也

○三結位

行者善調三事令託聖胎如卽行心未有所屬應當勤心和會方便智度父母託於聖胎豈可託地獄三途人天之胎耶

可見如卽行人未有所獲者但勤行權智父實慧母令成聖胎

○第五行五法者文義同前而不分事理爲五初標列

第五行五法者所謂欲精進念巧慧一心

○次譬二先牒前本喻二初反譬無五法

前喻陶師衆事悉整而不肯作作不殷勤不存作法作不巧便作不專一則事無成

先反譬無五法則所作不成初不肯作譬無樂欲作不殷勤譬無精進不存作法譬無念也作不巧

便譬無慧也、作不專一譬無一心則事不成。譬正行不成。

○次反合無五法、

今亦如是。上二十法雖備、若無樂欲希慕。身心苦策、念想方便一心決志者。止觀無由現前。

若無兩字、總冠於下。若無樂欲希慕、合無樂欲。若無身心苦策。合無精進。若無念想。合無念。若無方便合無巧慧。若無一心。合無一心。止觀合正行不成者。備上二十。若無五法、尚自不成。況二十中闕或無五法耶。

○次正合有五法、

若能欣習無厭。曉夜匪懈。念念相續。善得其意、一心無異。此人能進前路。

亦以若能兩字。冠下五句。若能欣習無厭合有樂欲。若能曉夜匪懈。合有精進。若能念念相續。合有念。若能善得其意。合有巧慧。若能一心無異合有一心。此人下。合正行成就。

○次重立二譬二。初船喩。

一心譬船柁。巧慧如點頭。三種如篙櫓。若少一事則不安隱。

船游法性之水。以至彼岸。

○次鳥喩

又如飛鳥。以眼視。以尾制。以翅前。

如行者從初發心游實相空。至涅槃果。若無五法。諸行不成。又以初住。而爲初至。

○三舉淺況深

無此五法。事禪尚難。何況理定。

舉淺況深。故初文云。小事尚難。卽世禪也。

○四結意

當知五法。通爲小大事理。而作方便也。

大卽三教。小卽三藏。事卽世禪。理卽出世。又世出世各有事理。故前初文通約漸頓。以釋方便次別約今文圓頓之教。於五品之前。以立二十五法爲遠方便。準此爲例。三教並應別於外凡之前並用二十五法。爲遠方便。但近方便所觀各別。若修事禪則以七境爲近方便。若兩教二乘則以八境爲近方便。若通教二乘。復以三藏爲所觀境。則以八境半爲近方便。三藏菩薩。專以前九境界爲近方便。若通別菩薩亦以十境爲近方便。據此意者。託事生解。隨其所爲。立行不同。今文顯圓。亦須寄次。

以顯不次。又復隨事先立於次。若論元意。專在不次。又前四科寄事顯理。則約事論轉。今此五法卽事論轉。是故直約法相而說。不須更爲事理二重。是故但云爲大小事理而作方便。隨爲何教而生樂欲。乃至一心。

○五正釋中先判定體方便不同。次正釋方便。初文又二。先旁引成論瓔珞明方便不同

成論用四支爲方便。一心爲定體。若然者。四禪皆有一心。一心無異。云何判四禪之別。今不用此。若瓔珞云。五支皆方便。第六默然爲定體。四禪俱有默然。亦

難分別。

瓔珞四禪各一默然支爲定體。

○次今家正用卽此五法俱爲方便。

若毘曇用五法爲方便。五支皆爲定體。所以有四禪通別之異。一心爲通體。初支爲別體。故云覺觀俱禪乃至捨俱禪。別支與一心同起。得簡一心有深淺異

釋論同此說。今亦用之

大論同毘曇故也。

○次正釋方便二。初約初禪。次約三觀。初禪中五

初欲。

論文解五法者。欲者欲從欲界到初禪。

○次精進

精進者。欲界難過。若不精進。不能得出。如叛還本國界首難度。故論云。施戒忍世間常法。如客主之禮。法應供給。見作惡者。被治不敢爲罪。或少力故而忍。故不須精進。今欲生般若。要因禪定。必須大精進。身心急著。爾乃成辦。如佛說。血肉脂髓皆使竭盡。但令皮骨在。不捨精進。乃得禪定智慧。得是三事。衆事皆辦是故須大精進也。

施戒忍世間常法。如客主之法。法應供給。乃至畜

生亦知布施。或畏他故而持戒。如畏王法等。或畏他故行忍。今欲知諸法實相。行般若。修禪定。禪定爲智慧之門。爲禪定故。故須精進。復次施戒忍是大福德。更欲修妙定妙慧。故加精進。譬如穿井見溼土泥。若無精進。水不可得。鑽火亦然。此中云。今欲求般若者。且約遠論。如向所論。旣求初禪五法並應盡爲初禪之方便。般若亦應世智而已。引佛說法如瑞應云。不得佛終不起等。得是三事者。精進定慧也。

○三念

念者常念初禪不念餘事。

○四巧慧二初正明。

慧者分別初禪尊重可貴欲界欺誑可惡初禪爲攀上勝妙出欲界爲厭下苦麤障因果合論則有十二觀。

因果合論則十二觀者初攀爲因至上爲果初厭爲因去下爲果。

○次簡異

若依此言與外道六行同但外道專爲求禪今佛弟子用邪相入正相無漏心修還成正法是爲巧慧。

依此攀厭因果之言似不殊外道此是佛弟子暫用六行以修初禪用禪以爲實相方便或爲諸教方便並名正法準此文意雖云初禪此禪亦爲諸教之門如漸次修故列在三觀之初。

○五一心

一心者修此法時一心專志更不餘緣決定一心非是入定一心也。

決定一心者決定爲求初禪乃至三觀非已入定若已入定卽正修也何名方便。

○次約三觀三先空觀。

復次欲者欲從生死而入涅槃精進者不雜有漏名精一向專求名進念者但念涅槃寂滅不念餘事巧慧者分別生死過患聖賢所呵涅槃安樂聖所稱歎一心者決定怖畏修八聖道直去不廻是爲方便而得入眞。

○次假觀

復次欲者欲廣化衆生成就佛法精進者雖衆生性多佛法長遠誓無退悔念者悲心徹骨如母念子方便者巧知諸病明識法藥逗會適宜一心者決定化他誓令度脫心不異不二。

○三中觀二先約求中道般若卽是求於中道之教。

復次欲者如薩陀波崙欲聞般若不自惜身命精進者爲聞般若故七日七夜聞林悲泣七歲行立不坐不臥念者常念我何時當聞般若更無餘念巧慧者雖有留難留難不能難如賣身魔不能蔽隱水更能刺血轉魔事爲佛事卽巧慧一心者決志不移不復二念也。

七日七夜等者七日七夜聞林悲泣不知何處聞般若七歲行立者至香城中值曇無竭菩薩入定

待彼起定七歲行立不坐不臥賣身等者初聞空聲云香城中有菩薩名曇無竭爲辦供養以自賣身高聲唱令爲魔所蔽人無聞者雖蔽餘人並是不能爲我辦供養者有長者女於高樓上獨聞菩薩自賣身聲而爲菩薩廣辦供具故云魔不能蔽刺血等者在彼行立過七歲已菩薩定起求水灑地以散香華爲魔隱水更加精進自刺身血魔雖隱水增其善巧勇猛之念一心者常求般若不生餘想菩薩既求不共般若亦得是引證意也

○次約修中道之觀

復次重說欲者欲從二邊正入中道不雜二邊爲精任運流入爲進繫緣法界一念法界爲念修中觀方便名善巧息於二邊心水澄清能知世間生滅法相不二其心清淨常一能見般若也

初文是欲不雜下進繫緣下念修中下巧慧息於二邊下一心準義亦應更明一心三觀向約教明求於般若已是求於圓實般若也是故從習不復更明

○三結示二十五法功用

此二十五法通爲一切禪慧方便諸觀不同故方便亦轉譬如曲弄既別調弦亦別若細分別則有無量方便文繁不載可以意得

一切者亦不出世間及以四教以世禪四教觀解導此二十五法則所爲皆別故云亦轉譬中云曲弄等者正曲之弄名爲曲弄調弦即正曲之序也細分無量者通舉世禪禪禪不同及以諸教四門門門不同故成無量

○四正明今文方便功深即爲圓頓遠方便也以對十境爲近爲內故也

今用此二十五法爲定外方便亦名遠方便因是調

心豁然見理

○五明證既見理理無遠近二初釋

見理之時誰論內外豈有遠近

○次引證

大品云非內觀得是智慧非外觀非內外觀不離外觀不離內觀及內外觀亦不以無觀得是智慧

既見理已理無遠近即以遠方便爲外近方便爲內以此方便觀不思議見不思議誰復更論內外遠近雖非內外必假內外成於妙觀故云不以無觀得是智慧是智慧者中道種智以爲能觀

〇六且寄未見理前須立方便。

今且約此明外方便也。

且寄未見理前須立此二十五法。外方便也。

〇七破執。

然不可定執而生是非。若解此意。沈浮得所內外俱成方便。若不得意。俱非方便也。

若以解導事及觀境界。不失觀意。則俱成方便。若失此意。則內外俱非。人不見之。痛哉痛哉。

摩訶止觀輔行傳弘決卷第四之四

摩訶止觀輔行傳弘決卷第五之二

陳隋天台智者大師說　唐荆谿大師湛然傳弘決
門人章安大師灌頂記　明天台沙門傳燈增科

○第七正修止觀二初標牒。

第七正修止觀者。

○次正釋七先明來意亦名結前生後於中初畧次廣初畧明來意亦名結前生後初文結前今依下生後。

前六重依修多羅以開妙解今依妙解以立正行。

問前五畧中有行有解有因有果何故但云六重

是解答言大意者冠於行果是他因果意既難顯還作行解因果等釋非謂已有行果等也故大意是總餘八是別別是別釋行解因果如釋禪波羅蜜十章之初亦是大意總別等意意亦如是若復有人依前五畧修行證果能利他等自是一途即如第三卷初記也若論文意但屬於解於屬解中恐解不周故須委明名體及攝法等方堪成下十境十乘如大意中雖云發心十種不同及四三昧明行差別但列頭數辨相未足是故都未涉於十境十觀方便望五稍是行始若望正觀全論未行亦歷二十五法約事生解方乃堪爲正修方便是故前六皆屬於解並憑教立故云依修多羅爲簡偏麤故云妙解又所憑教不簡大小偏圓之別以同共成一圓解故又修多羅之名名該三藏如達磨鬱多羅云論本亦名修多羅故又十二中非局一部始終通名修多羅故故前所引若論若律若大若小共成妙解故今通指云修多羅言生後者用前諸解方堪進行如釋名中先待次絕絕秖是開通得會異共成絕義顯體四叚並先偏後圓以爲待絕體爲所詮名既開顯體亦隨名用所開體

偏攝諸法法相難明仍分六義偏於事理因果自他一一並通界內界外還以六義展轉相收復以五門判所攝法方曉體內所攝互融復了融中實權不濫更以權實四章互顯圓解稍利復以此解導於方便事理融即乃名妙解依此妙解以立正行如此解行取於妙理尚猶難當況復偏指部內一文何由可階圓頓妙位當知未見融通之意故須善曉前諸大章鈎鎖冠帶收攝文旨攬入一心仍須十法和合成乘一一調停境境研覈借使未悟可爲妙因如諸聲聞位登極果方等彈斥般若

被加來至法華三請四止猶須廣畧五佛開權法譬因緣慇懃鄭重仍有未了來至涅槃豈有末代鈍根潛指一句能辨佛乘必隨句妙通若非六根應是五品故觀心論云能答問者許是五品是則自心妙達何待他文若讀文尚迷請不自舉故前六重皆是妙解故一一文中並以次第顯不次第及開權等惟隨自意中畧語觀心十界三諦者正意秖令一心權實而修妙觀故云依解立行

○次廣明來意三初明人法之得於中又三先明自行之得者並以正觀妙行對前六章妙解又六

初譬解行相資

膏明相賴自足更資

膏堪續明以譬觀行明能然膏以譬觀解目能導足以譬止解足能達目以譬止行雙舉二喻同喻二法相之與更賴之與資綺文互異意必相通賴藉也資益也故知無前六章行無由備

○次因行障生明障生所以

行解既勤三障四魔紛然競起重昏巨散翳動定明

三障等者通束十境以爲三四具如下九雙七隻中說由觀陰故諸境互生障於止觀令不明靜文從語便隔字爲對謂重昏翳明明即觀也巨散動定定即止也重字平上二音並通頻昧從平深厚從上巨大也大無二聲義亦通兩數起與厚俱得名大謂魔障頻來來輒深重又從對便置魔障名作昏散說昏散是能障重巨是障相翳動是障用定明是所障所障雖本有定明習猶微能障無始習故昏散力盛

○三觀魔障體性

不可隨不可畏隨之將入向惡道畏之妨修正法

若魔障起必妨觀墮惡今欲設觀令勿隨勿畏

則一向妨於正修隨則仍須甄簡進否若障起時並牽爲惡則盡向惡道障不純惡故墮惡道約多分說如煩惱病等七境起時隨之並皆墮於生死後兩起時墮於方便但後二境在初心中及前七境本是流轉並有牽入惡道之意故云多分屬於流轉又須分別病是無記或生善惡煩惱一向增長於惡業中藪度自分善惡魔亦令人墮善墮惡禪雖純善起謗故惡依見造行亦有善惡慢一向惡是故惡邊則牽之墮惡善邊則牽之墮善若約理觀論善惡者則後二境亦名爲惡何況前七故

淨名中須菩提章序三無爲爲三惡道是以畏邊則同同妨正修隨邊則異惡道義別

○四正明設觀

當以觀觀昏卽昏而朗以止止散卽散而寂

不以畏故能至菩提雖定明昏散體俱本有二無二體體一名殊故昏散之名名無實體還以寂照而爲其性故知昏散其根雖盛當修寂照以達昏散照此昏體一觀而三名卽昏而朗寂此散體三止而一名卽散而寂此卽寂照病等九境成不思議止觀大綱也

○五爲依解起行立譬

如豬揩金山衆流入海薪熾於火風益求羅耳

譬向寂照之止觀也上二譬止下二譬觀謂動散倍增彌益止寂昏暗彌盛倍益觀明傳閏絕塵解云豬揩譬止解衆流譬止行薪熾譬觀解風益譬觀行一往似得仍乖文旨前以膏明譬解行竟此但譬行卽昏卽散而照而寂但依二譬各對止觀此解爲正豬揩等譬止行者大論三十釋忍度中云若人加惡如豬揩金山金體益眞今譬安忍三障四魔轉增其寂衆流等者如大經云衆流入海失本名字萬流咸會體無增損九境彌趣止體無虧止寂於動動增於寂故以豬流而譬於動復以金海而譬於寂所以豬彌多而金體不變流彌趣而海性無增薪熾等譬觀行者多薪益猛猛不擇薪魔障益明明不選境風益求羅者大論第七釋佛放光中問足下乃至肉髻一一皆放六萬億光此猶可數以此光照三千國土尚不可滿何況十方答身光是諸光之本從此流出無量光明如迦羅求羅蟲其身微細得風轉大乃至亦能吞噉一切光亦如是得可度機轉增無限今亦如是觀力

未成所照未暢觸境成照其用轉明諸法生故般若生乃至非生非不生故借求羅以喻能所觀照於闇闇增於明故以薪風而譬於暗復以蟲火而譬於明所以薪惟多而火相踰盛風惟猛而蟲身越大

○六明觀成互益二初譬解行功深

此金剛觀割煩惱陣比牢強足越生死野

金剛等者歎解功深止觀解成割三惑陣牢強等者歎行德遠止觀行積越二死野文選甘泉賦云覽道德之精剛剛卽金石中堅也陣陳也謂布列

也太公六韜中有天地人雲鳥等陣也今金剛觀無陣不破既三惑俱摧如五陣咸敗郭外曰郊郊外曰野郭如三百郊如四百野如五百故破二死過於五百名爲越野若至初住行雖未極且以中行破彼同居方便二死理雖無差然解藉行滿得金剛名能割三惑行藉解進得半强稱能越二死且寄隨事得名不一文雖各說意實互資

○次明互資相三初明互資

慧淨於行行進於慧

慧止觀解也行止觀行也行得於解則行不惑解

得於行則解有尅故云慧淨於行行進於慧

○次續舉四譬以譬相資

照潤導達交絡瑩飾

解如日照行如雨潤照潤均等萬物可成行解無偏衆德可備解如商主導行若商人達有導有達寶所可期行解具足實相非遠解淨於行行則無瑕義之如瑩行嚴於解解則可喜義之如飾彼此互資故云交絡

○三重以此譬譬前三譬

一體二手更互揩摩

雖曰互嚴不二而二恐疑行解如照潤等猶是異體故約一實而論行解互相匠導還顯於實如體二手秖是一體不二而二還能淨體二而不二

○次明化他之得六初明利他起教

非但開拓遮障內進已道又精通經論外啟未聞自匠匠他兼利具足人師國寶非此是誰

妙行既滿起教益他故云非但自行而已卽初住位又精通下卽是起教拓廣也大也遮謂遮止卽如四魔障謂障礙卽如三障三四皆實具如後說啟開也此約下根眞出假位中上不爾如第六卷

目匠等者匠者成物也器之工師也明自他功成若行解不周自他咸失故大師與吉藏書云若有解無行不能伏物有行無解外闕化他人師等者歎也行解具備堪爲人師是國之寶後漢靈帝崩後獻帝時有牟子深信佛宗譏斥莊老著論三卷三十七篇第二十一救沙門譚是非中立問云老子曰知者不言言者不知又云大辨若訥又云君子恥言過行設沙門知至道何不坐而行之空譚是非虛論曲直豈非德行之賊也答老亦有言如其不言吾何述焉知而不言不可也不知不言愚

人也能言不能行國之師也能行不能言國之用也能行能言國之寶也三品之內惟不能言不能行為國之賊今云自匠匠他故云國寶牟子又云懷金不現人誰知其內有瑋寶披繡不出戶孰知其內有文彩馬伏櫪而不食則駑與良同羣士含音而不譚則愚與智不分今之俗士智無髦俊而欲不言辭不說一夫而自若大辨若斯之徒坐而得道者如無目欲視無耳欲聽豈不難乎故今自行滿須以教利人譬能說行堪為國寶如春秋中齊威王二十四年魏王問齊王曰王之國有寶乎

答無魏王曰寡人國雖爾乃有徑寸之璣十枚照車前後各十二乘何以萬乘之國而無寶乎威王曰寡人之謂寶與王寶異有臣如檀子等各守一隅則使楚趙燕等不敢輙前若守寇盜則路不拾遺以此為將則照千里豈直十二乘車耶魏王慙而去此即能說能行之國寶也

○次以佛乘為施二初法

而復學佛慈悲無諸慳悋說於心觀施於彼者

正明以佛乘為施即能化之心問圓頓學者元習無緣豈至初住方云學佛答仰慕極位云學佛耳

又策勵中下令如行說如來亦以所證利人故勸說證以益於他

○次譬

即是開門傾藏捨如意珠

若以權法化人法門雖開不名傾藏今於一心開利物門傾秘密藏示眞寶珠心既不窮藏亦無量藏既無量珠則無邊含一切法故名為藏理體無缺譬之以珠是則開示衆生本有覺藏非餘外來

○三重寄譬以歎體用二先總約珠以歎於體次別約譬以歎於用初文

此珠放光而復雨寶

此珠可譬妙體之內行解因果一切具足放光譬慧雨寶譬定慧即智德定即斷德即定慧體也此之二德即是自利利他二德智即自利斷即利他此之自他二而不二以此三德為他說之今歎所說云此珠等也

○次別約譬以歎於用

照闇豐乏朗夜濟窮

言照暗者光之力也破他無明之暗言豐乏者雨之力也豐彼法財之乏言朗夜者轉釋照暗言濟

窮者轉釋豐乏展轉相生以下釋上定慧相即破惑具德智斷俱時

○四譬功成有至

馳二輪而至遠翥兩翅以高飛

二輪遠運譬定慧横周兩翅高升譬定慧竪極翥者鼓翅飛也故雪山大士被帝釋之試看其堪任荷負菩提重擔以不如車有二輪則能運載鳥有二翅堪任飛升雖見持戒未知其人有深智不經中本譬乘戒具足今借以譬定慧同時

○五譬止觀行成功能外彰

玉潤碧鮮可勝言哉

玉潤譬止德碧鮮譬觀德劉子云山抱玉而草木潤焉川著珠而岸不枯焉淮南子亦云泉有珠岸不枯碧者山海經云高山多青碧郭璞云碧者玉也說文云青者美色也鮮者好色也亦如松竹冬色青青並色鮮之貌有人云止觀解行如玉潤碧鮮此未善文旨此中意云由前行解止觀成就功能外彰自他俱益若還秖作行解釋者文何煩雜

○六明法恩難報

香城粉骨雪嶺投身亦何足以報德

既行解成就知荷佛恩深如投身粉骨未足酬答香城者以波崙菩薩為見無竭出髓賣身亦如雪山童子見於羅刹投身酬偈

○三引喻結成得相

快馬見鞭影即着正路

○次明自他之失並闕前妙解妙行故也分二初明自行之失三初明無信

其癡鈍者毒氣深入失本心故既其不信則不入手無聞法鈎故聽不能解

初明自行失者明無信故又如法華云諸子於後

飲他毒藥失本心故飲他見思之毒五濁障重故云深入以毒深故失菩提心以無信故如象無鈎既無信鈎故聽不能解故大經二十三云譬如醉象狂逸暴惡多欲殺害有調象師以大鐵鈎鈎揭其鼻即時調順惡心都息衆生亦爾以煩惱故多造衆惡諸大菩薩以佛法鈎揭之令聞法者因之而住以是義故聽法因緣近大涅槃當知宿世有聞法鈎故令此生聽則可解

○次釋無解行

乏智慧眼不別眞僞舉身痺癩動步不前不覺不知

大罪聚人何勞爲說。

乏智慧眼等者轉釋無解。故大品云須以智慧眼觀知諸法實。故知凡夫生盲。二乘眇目。外聽不解由內無智眼。無智眼故聞亦不別。舉身等者。並譬無行。無行故不能斷惑。故云不前。痺濕病也。及癩並譬不覺不解。故不知宿謗大乘。故行解全闕。餘殃上積名大罪人。爲是等說。還增謗罪。則有損無益。經云若但讚佛乘衆生沒在苦。故云何勞爲說。

○三縱釋。

設厭世者翫下劣乘。攀附枝葉狗狎作務敬獼猴爲

帝釋宗瓦礫是明珠。此黑闇人豈可論道。

設謂假設。借使厭世不能求大。故經云非我傭力。得物之處。攀附等者舉類證釋。厭大習小。如棄根本而附枝葉。故大品云。棄深般若波羅蜜。如捨根本而習二乘所應行經。如攀枝葉。是爲魔事。攀葉則墮。捉幹則固。執無常枝則墮二乘地。捉大乘幹菩提心固。狗狎作務者。大品云。善男子親近餘經不學般若。如狗不從大家乞食。反從作務者索。是菩薩魔事。菩薩亦爾。捨深般若。取二乘所應行經。是爲魔事。大論解云。有人先於聲聞法中受戒後見深般若。仍著先所學。而捨般若。又有聲聞弟子。先學般若。不解義趣。不得滋味。向以聲聞經求道。復有聲聞先學般若。復欲信受餘聲聞經。毀般若言。是經先後無定義不相應。故捨之。云聲聞法中。何法不有。六足毘曇即是般若。五部律藏即是尸羅。阿毘曇中分別禪義。即是三昧。本生經中讚忍進等。即是六度足也。今文翫下之言。並具論中諸意。敬獼猴等者。有人不識猴及帝釋。曾聞人說天帝飛行。後於林中見羣獼猴。謂是帝釋而生敬重。便爲作禮。宗瓦礫等者。亦是大經春池喻意。又攀附枝葉及宗瓦礫如不識法。狗狎作務及敬獼猴。如不識人。

○次明化他人法俱失。密引慧聞以前諸失顯得。一往斥其不達障難。尙失於小。況復大耶。於中分四。先明能教人非。

又一種禪人不達他根性。純教乳藥。

不達等者。以不能用化他安心六十四番。是故成失。況復九乘等耶。

○次明化他法非

體心踏心和融覺覓。若泯若了。斯一轍之意。

雖體達如空非體法實智雖推踏不受非無作捨覺雖調和融通非混同法界雖覺察求覓非反照心源雖泯然亡離非契理寂滅雖了本無生非智鑑妙境如此等用非不一途故云一轍轍者車行迹也故知此等永迷十觀及所觀境

○三雙斥自他

障難萬途紛然不識纔見異相即判是道自非法器復闕匠他盲跛師徒二俱墮落瞽蹶夜遊甚可憐愍如下十境互發旣其不可自判判他一切俱失盲跛等者無解如盲無行如跛師旣若是弟子可知

故俱墮落此借百論外人被破乃自救云若神無觸身不應到身神相假能有所到如盲跛相假能有遠至今一人具二一步不前次瞽蹶者重釋前譬無目曰瞽足跛曰蹶旣盲且跛而復夜遊無解無行失佛教日遊無明夜

○四總結非器

不應對上諸人說此止觀

不應對上無行解人說妙解行

○三雙結得失

夫止觀者高尚者高尚卑劣者卑劣

高尚者如前有信有行解者即高尚此文卑劣者如向無信無解行者必輕劣斯教

○次開章可見

開止觀爲十一陰界入二煩惱三病患四業相五魔事六禪定七諸見八增上慢九二乘十菩薩

所言止觀開爲十者應言止觀所觀開之爲十但是文略故但云止觀又此十境即是前文所顯之體前約所顯能攝故立體名今對能觀所發故立境名又前從理說故體惟一今從事邊故境有十事即理故一一境皆不思議理即事故一一

境相別不同此中文十義十意令所觀同成一實及顯能觀惟在一極亦可義十如分別中亦可義三謂翻三障即三德故

○三生起中意者由觀陰入生下九境能所相扶次第出生而成十意然此生起且附文相一家著述凡立章門無不生起若依下文十境互發則無復次第此則從行文具二義十中居初文分爲十初明陰入居先二初標二義

此十境通能覆障陰在初者二義一現前二依經

○次釋二義二先釋依經義

大品云聲聞人依四念處行道。菩薩初觀色乃至一切種智。章章皆爾。故不違經。

大品云聲聞依念處等者。引證次第。故人品及大般若凡列法門無不皆以五陰爲首。五陰秖是念處境耳。

○次釋現前義。下文料簡用此二義。

又行人受身誰不陰入重擔現前。是故初觀後發異相別爲次耳。

言重擔者。五陰是擔。生死重沓。故名爲重。凡夫不捨二乘不荷菩薩之人能捨能荷以能捨故永棄

生死以能荷故却入生死。是故菩薩捨擔能擔。行人亦爾爲捨爲荷。是故須觀。後發異相等者。十境之中陰具二義。必須在初。餘九既因觀陰而生別爲次第如下所列。今家用此十法爲境不同常途別立清淨眞如無生無漏。如是觀者。如離此空別更求空。今依經準行以陰爲首。下之九境隨發而觀。一一皆用十乘觀法。老子尚知觀身爲患。而世間人保護穢身。他求淨理。失之甚矣。

○次明因陰後生於煩惱。初明不觀故不發。

夫五陰與四大合。若不照察不覺紛馳。

言陰與四大合者。恐此文誤。應云陰與四分合也。報法五陰無始時來未曾離染。若不觀陰則順煩惱。故云若不觀察等。

○次爲未觀舉譬。譬兼兩意。初爲不觀順流作譬。

如閉舟順水。寧知奔迸。

○次三爲因觀陰動煩惱境逆流作譬。

若其迴泝始覺馳流。

迴泝如觀。始覺馳流如發煩惱。舟者所以水載也。奔者爾雅云。大路曰奔。中庭曰走。奔是走之盛貌也。隨之而不知去疾。迸者散走也。隨去速疾如散

走也。泝者逆流也。

○四爲合觀作譬。

旣觀陰果則動煩惱因。故次五陰而論四分也。

○三明觀煩惱次生病患。二。初述不觀故情中不覺。

四大是身病。三毒是心病。以其等故情中不覺。身病卽是前之陰境。心病卽是前煩惱境。無始常與病身相隨未曾違逆。故名爲等。亦是先述不觀故云情中不覺。

○次明因觀前二而動病患。

今大分俱觀衝擊脉藏故四蛇偏起致有患生。
大謂四大。且指色陰。以餘四陰轉成煩惱稱爲四分。故云大分。分謂四分。卽前煩惱。前已觀陰。復觀煩惱。故云俱觀。由此二觀。擊動於色。故云衝擊。脉藏具如第八卷釋。以衝擊故。令四時脉與五藏違。亦是五行相剋名違。故四毒蛇偏起成病。
○四明因觀三境。以生諸業。二初明不觀故不發
故尋常散善。不發業相。
無量諸業。不可稱計。散善微弱。不能令動。
○次正明因觀以發業相。

今修止觀。健病不虧。動生死輪。或善萌故動。惡壞故動。善示受報故動。惡來責報故動。故次病說業也。
健謂已觀大分病。謂已觀病境。三皆會觀。故云不虧。因觀動業。故云動生死輪。業相是能運。生死是所運。載生死之輪。名生死輪。故大論云。生死輪載人。諸煩惱結雜。曠野自在轉。無能禁止者。先世業自作。轉爲種種形。業力爲最大。世界中第一。或善萌等者。明業相起。損益不同。初句是善習因萌生相也。惡壞下。明惡習因壞滅相也。善示下。明善報果相也。惡來下。明惡報果相也。

○五明因觀於業。而生魔事。
以惡動故。惡欲滅。善動故。善欲生。魔遽出境。作諸留難。或壞其道。故次業說魔。
文中但作生後之相。闕於不觀不發。因觀乃發之相。若望前文。應云無始時來。但順有漏。縱善生惡滅。猶隨魔界。今觀於業。令惡滅故。順於涅槃。以善生故。順於菩提。魔懼出境。方作留難。亦可由觀三境。雖生事善。亦順菩提。雖滅事惡。亦順涅槃。以惡動故。雙牒前文。習報二惡。以善生故。亦雙牒前文。習報二善。若善滅惡生。順魔界故。不爲留難。

○六明由觀魔故出生諸禪。
若過魔事。則功德生。或過去習因。或現在行力諸禪競起。或味或淨。或橫或竪。故次魔說禪。
亦應云。若不觀察。宿習不現。由用觀故。卽是現在行力所致。故動宿習有諸禪現。味淨橫竪。具如下。禪境中明。
○七明禪後發見。
禪有觀支。因生邪慧。逸觀於法。僻起諸倒。邪辨猛利。故次禪說見。
逸者。縱恣也。

○八明見後生慢二。初正明生慢。

若識見爲非息其妄著貪瞋利鈍二俱不起無智者謂證涅槃。

用觀觀見見心暫息故無智者謂得涅槃故增上慢人非全無法但是不了法門大小階位深淺濫生矜高名增上慢於增上法未得謂得而慢於他此但通舉上慢之相。

○次別出其相。

小乘亦有橫計四禪爲四果大乘亦有魔來與記並是未得謂得增上慢人故次見說慢。

別出大小各有其相初小乘中橫計四禪爲四果者已如前說大乘亦有魔來與記者明大乘中因記生慢故大品不和合品云魔作比丘到菩薩所作如是言若菩薩於般若作證得須陀洹乃至支佛論七十七同論八十又云魔語菩薩汝於諸佛受菩提記父母兄弟姊妹等名某若受著者成增上慢。

○九明慢後生二乘二。初正明。

見慢既靜先世小習因靜而生身子捨眼即其事也

身子捨眼等者身子退大以後更經生死義如見慢小習若起先破見慢故云見慢若靜等也。

○次引證。

大品云恒沙菩薩發大心若一若二入菩薩位多墮二乘故次慢說二乘。

大品云等者並且引於習小而已。

○十明二乘後生偏菩薩三。初正明偏起。

若憶本願故不墮空者諸方便道菩薩境界即起也。

○次引證生謗。

大品云有菩薩不久行六波羅蜜若聞深法即起誹謗墮泥黎中此是六度菩薩耳通教方便位亦有謗

義入眞道不謗也別教初心知有深法是則不謗。

大品云有菩薩下明生謗者如大品云不久行者聞深般若起謗墮泥黎中隨喜品云若菩薩不久行六度不多供養佛不種善根不隨善友不善自性空等取相迴向不應爲如是菩薩說深般若乃至種智十八空等如是菩薩聞必起謗具如前信謗品等故三藏菩薩外凡及第二僧祇尙有謗義內凡之人及第三祇方乃不謗別教初心不謗者教詮中道中道理深知此深理故且免謗。

○三判並屬於權。

此等悉是諸權善根故次二乘後說也

判三菩薩並屬於權

○四判三初判境之位

此十種境始自凡夫正報終至聖人方便

前八在凡可見後二言在聖人方便者即是圓教寶道方便方便望實名實爲聖圓是聖法令成極聖人得聖法故云聖人故知十境位並在凡

○次判境隱顯

陰入一境常自現前若發不發恒得爲觀餘九境發可爲觀不發何所觀

則陰入境顯餘九境隱又餘之九境發者則顯未發者隱

○三判境近遠

又八境去正道遠深加防護得歸正轍二境去正道近至此位時不慮無觀薄修即正

煩惱等七轉觀猶難故名爲遠後之二境借使未觀已成方便故名爲近又煩惱等去眞猶遥何况中道故名爲遠後二不爾是故名近

○五明互發二先述其意

又若不解諸境互發大起疑網如在岐道不知所從先若聞之悉其變怪心安若空

欲明互發先述其意恐後發得不知進否故須預說令識相貌又此十發文雖標十義乃二十名十雙故縱除第十亦有十八

○次正明互發二先列章門

互發有十謂次第不次第雜不雜具不具作意不作意成不成益不益久不久難不難更不更三障四魔九雙七隻

前九相對故云九雙後二不對但云七隻七隻秖是三四一雙十中一一皆徧十境又前之九雙止

辨互發後一但是收攝十境判屬魔障

○次釋九雙七隻二初釋九雙九初次不次各有三義然初二對即三止觀此不論於現在修觀直是所發三相不同故不同前大意中三並結現文成三種相今言不次法者皆是法界名爲不次發修二種不名爲頓但爲相對辨異如文又發修易見故在前釋法義稍廣故在後釋分二初次第二先列三義

次第者有三義謂法修發

○次釋三義

法者次第淺深法也。修者先世已曾研習次第。或此世次第修也。發者依次修而次發也。

○次不次二。先列三義。

不次亦三義。謂法修發。

○次釋三義二。初釋三。初釋發。

發則不定。或前發菩薩境。後發陰入。雖不次第。十數宛足。

○次釋修。

修者若四大違返。則先修病患。若四分增多則先修煩惱。如是一一隨强者先修。

○三釋法十。初明陰入不次三。初正明。

法者。眼耳鼻舌陰入界等。皆是寂靜門。亦是法界。何須捨此就彼。

法者。舉文自為十例。亦應更云陰入為法界者也。所言眼等為寂靜門者。具如第四卷引。何須捨此等者。不同二乘捨此生死求彼涅槃。

○次指經。

出寶篋經云云

篋謂笥也。盛寶之篋故云寶篋。此經能盛實相寶故。

○三結成。

當知法界外更無復有法而為次第也。

○次煩惱不次三。初標。

煩惱即法界。

○次引證。

如無行經云。貪欲即是道。淨名云。行於非道通達佛道。

○三釋成。

佛道既通無復次第也。

○三病患不次三。初標。

病患是法界者。

○次引證。

淨名云。今我病者非真非有。衆生病亦非真非有。

○三釋成。

以此自調。亦度衆生。方丈託疾。雙林病行。即其意也。

方丈託疾者。淨名自念寢疾於床。世尊大慈寧不垂愍。佛知其念。夙鑒機緣。命諸聲聞及諸菩薩。咸述昔屈。皆辭不堪。時會因茲聞被彈事。復聞文殊受命問疾。雖承佛旨。仍歎難酬。大衆由斯欽風慕德。無數千萬隨從往觀。已為諸來國王大臣因疾廣譚無常速朽。文殊纔至。述佛遺命。然後自問疾之生滅。大士廣答。調伏慰喻。廣說菩薩不思議事。及觀衆生。爲畢竟空。佛道斯通。不二門啟。室納高座。香飯普熏。令招去華之譏。致受禮座之屈。二大士縱辯。非二乘所知。歎仰大乘。成生蘇益。及諸大士。咸會醍醐。斯教得興。皆由託疾。疾益既畢。推功有歸。還詣菴園。復宗印定。以能因時觀己他疾。皆法界故。至果能以疾益於他。故使淨名疾爲化道。一切諸法。悉在疾中。如唐請菩提像。使王策親至其室。既致敬已。欲題壁記。壁乃目前。久行不至。息

心欲出。違近如初。歎不思議蹤。今猶未滅。雙林現病者。佛在雙林。因告背痛。託純陀請。佳廣開常宗。寄斥奪三修。敷揚三點。答三十六問。演五行十功德。六師翻邪。十仙受道。如是等教。現病斯興。

○四業相不次三。初標指。

業相爲法界者。業是行陰。

○次引證。

法華云。深達罪福相。偏照於十方。微妙淨法身。具相三十二。

引法華者。罪福是業。由深達故。故名法界。十方即十界。由達十界。即法界故。見界理周。名爲深達。

○三釋成。

達業從緣生。不自在故空。此業能破業。若衆生應以此業得度。示現諸業。以此業立業。業與不業。縛脫叵得。普門示現。雙照縛脫。故名深達。何啻堪爲方等師耶。

初文眞也。空業破諸業。故云此業能破業。次業衆生下。假業也。即於空業。徧達諸業。故以此業立於假業。次業與不業下。觀業中道。業即是假。不業是空。假業名縛。空業名脫。雙非二邊。皆不可得。普門

示現等者。引物偏好。且對三文。若現六界爲縛。現二乘界名脫。佛菩薩界爲雙照縛脫。自非證得法華三昧不思議身自在之業。安能現此三十三身。非縛非脫。而現縛脫。何啻等者。啻者猶多也。方等師外。其德猶多。何者。世方等師。但秪須判有漏業相。尚不能達業空業假。況復業中。今達業法界。何啻堪爲世方等師。

○五魔事不次三。初標。

魔事爲法界者。

○次引證。

首楞嚴云魔界如佛界如一如無二如。

○三釋成。

實際中尚不見佛況見有魔耶設有魔者良藥塗屣堪任乘御云云

設有等者旣觀法界魔亦本如設使於行猶有魔者如藥塗屣堪任乘御魔事如屣圓觀如塗觀魔卽如名堪乘御。

○六禪定不次二初正明。

禪爲法界者能觀心性名爲上定。

能觀心性等者觀三毒性尚名上定況觀禪心爲

法界耶。

○次引證。

卽首楞嚴不昧不亂入王三昧一切三昧悉入其中。

○七諸見不次三初標。

見爲法界者。

○次引證。

淨名云以邪相入正相於諸見不動而修三十七品。

以邪入正者邪卽是正見卽法界於見不動亦復如是經文猶總若分別者具如上文懺淨中說。

○三釋成。

文動修不動修亦動亦不動修非動非不動修三十七品以見爲門以見爲侍。

以見爲門結前以邪相也門名能通以邪入正卽能通義以見爲侍結前於見不動淨名云菩薩於諸見而不動於生死而不捨卽侍者義凡言侍者能隨順人見隨觀轉任觀所照見卽法界無處不隨。

○八上慢不次三初標。

慢爲法界者。

○次畧判同異。

還是煩惱耳。

○三正釋。

觀慢無慢慢大慢非慢非不慢成秘密藏入大涅槃。

還是煩惱耳者畧判同異別說則慢有八種此屬增上煩惱中利鈍不專增上今從通說亦屬煩惱無慢空也大慢假也眞出假位現種種形調伏衆生故名大慢大經三十云菩薩若見衆生有憍慢者現爲大慢雙非屬中例應可見。

○九二乘不次二初標。

二乘爲法界者。

○次正明

若但見於空。不見不空。云云。智者見空及與不空。

若但見於空等者。但深觀空。空體本妙。衆生情隔謂空不空。故今達空。即是法界。從空所現。即是俗也。對空不空。三諦義足。

○次引證。

決了聲聞法。是諸經之王。聞已諦思惟。得近無上道。

○十菩薩不次三初標。

菩薩境為法界者。

○次以淺况深。

底惡生死。下劣小乘。尚即是法界。況菩薩法。寧非佛道。

底惡等者。底惡即是陰等八境。下劣二乘。即二乘境。尚是法界。況三菩薩。

○三重寄權實以顯三諦。

又菩薩方便之權。即權而實。亦即非權非實。成秘密藏。入大涅槃。

權是俗。實是真。雙非顯中。

○次結。

是一一法。皆即法界。是為不次第法相也。

如文。

○次雜不雜二先明不雜。

雜不雜者。發一境已。更發一境。歷歷分明。是為不雜。

○次明雜。

適發陰入。復起煩惱。煩惱未謝。復業復魔禪見慢等。交橫並沓。是為雜法。雖雜不出十種。

言適發陰入者。但發陰解。亦名為發。交橫並沓者。交互而起。為交橫。雙雙俱起。名之為並。相次而起。名之為沓。又復並者。必在同類。如禪與見。煩惱與禪。不可並起。餘例可知。

○三具不具二初明當門。

具不具者。十數足名具。九去名不具。

○次歸諸義。

次不次雜不雜。皆論具不具。又總具總不具。別具別不具。十數足是總具。十數不委悉是總不具。九數欠是別不具。九數中委悉是別具。又橫具橫不具。豎具豎不具。例如發四禪至非想是豎具。至不用處是豎不具。發通明背捨等是橫具。止發七背捨是橫不具。又發初禪至四禪是豎具。三禪來是豎不具。又初禪九品是豎具。八品來是豎不具。又一品五支足是橫具。四支以來是橫不具。其餘例此可知云云次不次雜不雜皆論具不具者次具可知不次具者雖見諸境無非法界所起亦有具不具故所起雜二義準知言總別者總謂總都都起十境故名總具雖具起十於一一中頭數不足名總不具總中欠一故名爲別別中又欠名別不具九中一一復頭數不足名別不具故下成不成中指此文云具不具中止明頭數今明體分始終者於頭數中皆有始終次明橫竪中云通明背捨名橫法者以禪望禪名之爲橫又初禪中具有根本味淨等法故名爲橫然以味望淨雖有淺深並在初禪故名

爲橫言發七背捨名橫不具者滅受想中闕此一故餘法例者從如發四禪下借禪例釋橫竪等相自餘九境準禪應知然餘境中雖有橫竪不及禪中最爲委悉欲略說者初陰入境既不論發不論橫竪具不具等次煩惱中利鈍使足名爲橫具利中單複說至無言名爲竪具鈍中剎那至重三毒名爲竪具不具比說病中四大五藏及鬼魔等名之爲橫相生相剋名之爲竪具與不具比說可知業中蔽度相對名之爲竪蔽度彼彼各自相望名之爲橫魔中三種名之爲橫先惡後善及墮二乘

名之爲竪見中具起外及佛法名之爲竪四句四門相望爲橫慢中謂得諸禪名之爲橫謂得初果乃至四果名之爲竪二乘中四諦相望名之爲橫因緣相望名之爲竪又二乘相望名之爲竪又四諦中二二相望及因緣中以智望境亦名爲橫菩薩中當位自行名之爲橫三教相望名之爲竪

○四作意不作意二初明修

修不修者作意修陰界入界入開解是修發

修不修者下文云作意不作意名異義同

○次不修

不作意陰界入自發通達色心是不修發乃至菩薩境亦如是應有四句爲根本句句織成三十六句例如下煩惱境中說

如下煩惱境中說者下煩惱境無修發句但有煩惱諸法及法身等各三十六今但指彼句法爲例法則不同若欲分別三十六句先識修發各四句相一句各四成三十二修發二四各初二句意義可知各下二句應須略辨初修後不修名第三句一向緣理名第四句初發後不成名第三句發時緣理名第四句用此參互成三十二問下之九境

不發無修何故十境皆云修發答此須分別若觀陰發陰是通修通發觀陰發九是通修別發若觀煩惱發下八境是別修別發若觀煩惱而生陰解是別修通發又若觀通途煩惱而發宿習煩惱亦名通修別發若觀宿習貪欲而發宿習瞋恚亦名別修別發又若觀陰入陰解未起是修而不發若發生陰解及下九境未能進觀名發而不修亦修亦發不修不發準此可知又若觀通途煩惱而發宿習煩惱亦名修發餘九亦爾故下九境名爲修發況復隨人作意欲修有發不發故亦九境通名

修發修發既成十六句發修又成一十六句并根本四句合爲三十六句然須思擇使義不濫

○五成不成二初明成

成不成者若發一境究竟成就成就已謝更發餘境餘境亦究竟成

○次不成

若發一種乍起乍滅非但品數缺少於分分中亦曖昧不明前具不具止明頭數此中論體分始終

○六益不益者問何故善惡俱論損益答以隨宿習諸輕重及現觀力純雜不同是故各有損益差別於中應須先判善惡次辨損益先判善惡

益不益者或發惡法於止觀巨益明靜轉深或發善法於止觀大損損其靜照

如陰入境體是無記不論善惡因觀無記發於善惡用觀不同則有損益若煩惱慢病通皆是惡禪及後二通皆是善業魔見境通善不善如業中六度爲善六蔽爲惡魔現惡相及令墮惡即是惡攝若現善相及令墮善并二乘等即是善也見中外道以惡爲本亦能起善附佛法起以善爲本亦有於惡

○次辨損益

或增靜損照或損靜增照俱增俱損

照即是觀靜即是止雖具善惡皆由觀力若觀善惡如衆流入海風益求羅則一向爲益隨境而轉妨修止觀則一向爲損故卷初云隨之壞人向惡道等雖損止觀復宜以觀照其昏障或宜以止寂其散障故前文云以觀觀昏以止止散等此則諸境損復名益障而非障即此意也若諸境起不復修觀但倚此境以爲自得此則益復名損例之可知後之二境雖有損義觀道易正互損互益及俱

損益例此可知。
○七難不難。
難發不難發者。或惡發難易。或善法難易。俱難俱易。難易中亦言善惡者。如損益中說。但須更辯難易相耳。
○八久不久。
久不久者。自有一境久久不去。或有一境即起即去。云云
○九更不更。
更不更者。自有一境。一更兩更。乃至多多。自有一境

一發即休。後不復發。
○次結識。
如是等種種不同。善識其意。莫謬去取。然皆以止觀研之。使無滯也。
莫謬去取者。即初文云不可隨不可畏也。皆以止觀研之者。即初文云以觀觀昏等也。乃至十法出沒研覈。
○十七隻二。初明三障二。初分屬。
三障四魔者。普賢觀經云。閻浮提人。三障重故。陰入病患是報障。煩惱見慢是煩惱障。業魔禪二乘菩薩是業障。
○次功能。
障止觀不明靜。塞菩提道。令行人不得通至五品六根清淨位。故名爲障。
二乘等是業障者。有出世業。且屬業攝。又思力勝故。亦得名業。又二乘亦是無漏業。成菩薩境者。三人不同。三藏有漏。通初二地同於三藏。三地以上同於學人。八地以上同無學人。成漏無漏業。別教住行望通教說十向非漏非無漏業。登地證同。不名爲境。分別雖爾。若據爲障。並在初心。義通於後

故此分別。若爾前五是有漏。應是有漏業。亦是業障攝。答。通論十境者無不具三障。今且隨名便。及隨增勝說。若以餘境望自名爲報陰。及以煩惱等是故今別以二乘及菩薩名爲業障攝。又此無漏等並據宿因。若先已證則應出界。那更於今方復論發。況復望圓名之爲障。故云不至五品六根。
○次明四魔二。初分屬。
四魔者。陰入正是陰魔。業禪二乘菩薩等是行陰。名爲陰魔。煩惱見慢等是煩惱魔。病患是死因名死魔。魔事是天子魔。

業禪二乘菩薩行陰攝者業中善業及以禪等並起善行故屬於行況行陰中所攝寬多故小乘中通大地十大善地十大煩惱地六大不善地二小煩惱地十及十四不相應行大乘中徧行五別境五大善地十一隨煩惱二十不定四大小乘中諸心所法除受想已並行陰攝故善業等並為大善及通大地不相應行等之所攝也餘者並在煩惱魔中之所攝也問俱舍中云蘊不攝無為何以行陰攝於二乘菩薩兩境答彼明取陰不攝無為今明未證實道之前仍屬於陰現在發習猶是有為

○次功能

魔名奪者破觀名奪命破止名奪身又魔名磨訛磨觀訛令黑闇磨止訛令散逸故名為魔 云云

魔名等者奪慧命故破法身故問何以止屬於身答若福慧相對止即屬福福屬於身若智斷相對斷屬解脫解脫現身調伏眾生若爾但屬應身何關法身答止體寂故即是法身觀體用故即是般若況三身體一應即法故魔名磨訛等者古譯經論魔字從石自梁武來謂魔能惱人字宜從鬼故使近代釋字訓家釋從鬼者云釋典所出故今釋

魔通存兩意若云奪者即從鬼義若云魔訛是從石義若準此義訛字從金謂去銳也能摧止觀利用故也若從言者謂偽謬耳詩云人之訛言苟亦無信若存言義復順從鬼現無漏像而宣謬言由偽無信逸止暗觀又訛動也則通二義從石從鬼通皆動壞止觀二法

○六料簡二初大師自料簡二先問可見

問何意互發

○次答二初約二世因緣明互發

答皆由二世因緣昔有漸觀種子今得修行之兩即

次第發昔有頓觀種子即不次第發昔有不定種子即雜發昔修時數具即具發昔修時數不具即不具發昔曾證得今發則成昔但修不證今發不成昔因強今不修而發今緣強待修而發昔因今緣二俱善巧迴向上道今發則益昔因緣中雜毒是則致損發所因處弱則不久發因處強是則久麤細住乃至四禪傳傳判強弱 云云

次出九雙即以初二對三止觀當知秖是望昔宿習非為現修故現修文無復三義是則下七但是分別前二對耳皆有次及不次及以雜故昔因緣

中雜毒等者問前句云昔因今緣此句何以因緣在昔答以今修行望昔習種故昔爲因今助發昔故今爲緣若過現各論皆具因緣並以內心爲因知識教等以之爲緣故前後二文各隨一義意亦無殊若宿生來唯爲菩提雖有魔等名爲不雜若兼名利縱有二乘菩薩佛境亦名爲雜所因等者謂所依也宿依何境依者則久又所依中有強有弱故依強弱有久不久言麤細住乃至四禪者以四禪等階級多故故寄禪判言云云者乃至味淨及念佛等傳論強弱又十境中見慢二乘菩薩多

依於禪魔屬末到煩惱業慢或禪後發故得以禪判其強弱

○次以根遮四句判難易

善易發闕遮輕善難發由遮重惡難發由根利惡易發由根鈍惡欲滅而告謝善欲生而相知則一而不更善欲滅而求救惡欲興而求受則更更更更此中皆須口決用智慧籌量不得師心謬判是非爾其愼之勤之重之

善易發等者善惡亦準損益中判復以根遮四句判其難易惡欲滅等四句判更不更者初句表惡欲滅故云告謝如惡人共住今欲永去故云告謝次善欲下表善欲生故云相知如良客初來必先造主故云相知此善惡相一度來已不復更來卽是惡滅善生之相次善欲下表善欲滅如遇吉知凶應求勢助故云求救見此相已勤策身口次惡欲下表惡欲生如竊爲惡求私輕罰恕免官刑故云求受見此相已願今身償不惡道受此善惡相來已復來卽是惡生善滅之相言四更者明數來不已盡去聲呼有人以第一第四平聲呼第二第三去聲呼甚失甚失此中皆須口決等者用道智

法眼方可判他若闕自力亦須憑教如無文據仰推先達凡情輒判誤累後生故再誡云愼之勤之謂愼勿謬判勤加自行保重所受

摩訶止觀輔行傳弘決卷第五之一

摩訶止觀輔行傳弘決卷第五之二

陳隋天台智者大師說　唐荊谿大師湛然傳弘決
門人章安大師灌頂記　明天台沙門傳燈增科

○次章安私料簡中都十六番問答分五初一番問答總問諸境何故但十二初問

私料簡者法若塵沙境何定十

總問諸境何故但十如陰入境諸陰不同煩惱種別亦復無量諸病諸業乃至兩教二乘方便正行三教菩薩諸位不同故云法若塵沙境何定十

○次答

答譬如大地一能生種種芽數方不廣畧令義易明了故言十耳

答意者實如所問法性如地種子如境觀行如雨發如抽芽略以數法且至於十

○次九番問答成通別四句五初一問問通句二初通問起

問十境通別云何

○次答通句文自為十初通稱陰

答受身之始無不有身諸經說觀多從色起故以陰為初耳以陰本陰因陰患陰主善陰又陰因別陰等云云

於初陰境義亦通十但依二義陰必居初下文雖云別當其首此中文意且順於通行人通以陰身為始諸經通以陰為觀初陰色在初故云諸經皆從色起非但陰通於十乃至菩薩義並通十此中通者但據名通其義猶別且如十境通得名陰而從因果別陰等異故義本別陰境既爾餘九亦然初通名陰者以陰為本陰境也煩惱及業名為陰因病為陰患魔為陰主不欲令人出三界故禪為善陰且對十境故禪為善陰若通論者欲六人四

乃至念處諸教伏位並善陰攝今以二乘為別陰等故不依通見慢兩境名又陰因因義同前文在後列故云又耳二乘菩薩雖未出界義違生死內外不同異於前八故云別也又此境若發界外陰攝故名為別十義雖殊通未離陰攝別從通故通名陰九境攝別意亦如之

○次通稱煩惱

通言煩惱者見慢同煩惱陰入病是煩惱果業是煩惱因禪是無動業業即煩惱用魔即統欲界即煩惱主二乘菩薩即別煩惱攝云云

禪是無動等業者對欲界動故云無動業爲煩惱用者煩惱無業則無至於來果之用續無動業文乘便釋之故云業是煩惱用也文意正言禪是煩惱用也雖在界繫乃有長時受樂之用故云用也

魔統欲界等者雖統欲界意欲令人增三界結釋梵二主並有統領皆佛弟子厭患生死故不得名煩惱主也言別煩惱者發出世心雖有煩惱不同前七故名爲別此從因判若從果判前七有通惑後二有別惑義通因果文意從因又從果中復應須簡三種菩薩如三藏菩薩未破通惑亦名爲別

是故應從初義爲正

○三通稱病患

通稱病患者陰界入即病本煩惱見慢等即是煩惱病淨名云今我病者皆從前世妄想諸煩惱上業亦是病大經云王今病重即指五逆爲病也魔能作病三災爲外過患喘息喜樂是內過患禪有喜樂即病患也二乘菩薩即是空病空病亦空

王今病重等者闍王意以身瘡爲病如來意以逆爲病問闍王但有害父一逆云何言五答一在五攝故總云五逆即是業故業亦名病魔能作病者魔不疾人色身報命但妬有道化其民屬今言病者冀因身病退菩提道三災爲外病者明禪亦名病災患是病之別名洪範五行云凡有害者皆名爲災春秋傳曰天反時爲災又傳例曰天火曰災雖有此說然實不識天之所在災之分齊故知非彼儒宗所論俱舍云要七火一水七水火後風經七火災次一水災如是經於七七火災一七水災又更次第經七火災方一風災總成八七五十六火又一七水一箇風災何故爾耶火至初禪水至二禪風至三禪二禪壞時初禪必壞三禪壞時

初二必壞是故劫劫皆壞初禪爲順初禪一劫壽故必經八劫方至二禪爲順二禪第三天中八劫壽故風災必經六十四劫方至三禪爲順三禪第三天壽是故初禪內覺觀患外有火災二禪內有喜患外有水災三禪內有樂患外有風災四禪無患故亦無災今云喘息喜樂者對第四禪無喘息故下三通有喘息等也文闕覺觀畧云喜樂二乘菩薩是空病者此三菩薩既未見中故與二乘同有空病言空病亦空者引淨名證空是病故故云空病空病須空故云亦空即是中空空於偏空故

云亦空。
○四通稱業相。
通稱業者。陰入是業果。煩惱見慢是業本。病是業報。魔是魔業。禪是無動業。二乘菩薩是無漏業。
煩惱見慢是業本者。本因也。因於此三各能作業。二乘菩薩無漏業者。亦如前簡。
○五通稱魔事。
通稱魔者。陰入即陰魔。煩惱見慢。即煩惱魔。病是死魔。魔即天子魔。餘者皆是行陰魔攝。
餘者行陰魔攝者。行攝法寬。是故餘音盡攝其中。即是陰魔攝也。

○六通稱禪定。
通稱禪定者。禪自是其境。陰入煩惱見慢業等。悉是十大地中心數定攝。魔是未到地定果。亦是心數定攝。二乘菩薩淨禪攝。又三定攝之。上定攝菩薩二乘。中下二定攝八境云云
煩惱見慢等亦名禪者。禪祇是定。既通心數。亦有定名。此定復通煩惱見慢。故此等三俱名禪也。魔是未到定果者。此未到地亦得名定。得此定已捨壽生彼。故云定果。二乘菩薩淨禪者。大經既以根本四禪名為中定。故今將此以為淨禪。淨禪通屬上定所攝。是故次釋上定攝於二乘菩薩。中下二定攝餘八境。然禪境中唯以根本屬中定攝。特勝通明應兩向攝。九想已去並上定攝。餘之七境並下定攝。言三定者。大經二十五。善男子。一切眾生具足三定。謂上中下。上定者謂佛性。中定者。一切眾生具足初禪。有因緣故。則能修習。下定者。十大地中心數定攝。然下八境實屬善惡。今以八境望心數定通有定名。故用大地通心數攝。以大地定通善通惡。故經釋上定。雖云在佛。中定即云在於初禪。故今通將二乘菩薩名為上定。

○七通稱諸見。
通稱見者。陰入即我見。眾生見。煩惱具五見。病壽者命者見。業禪等作者見。亦是戒取見。魔是使作者使受者使起等攝。又生死即邊見攝。慢即我見攝。二乘方便菩薩等皆曲見攝。
陰入我見眾生見攝者。若通論者。十六知見不離陰入。今從別說。故總攬陰名為眾生。橫計陰者名之為我。所攬所計名為陰入。煩惱具五見者。如九十八使中五見具足。此九十八通名煩惱。故云煩

惱攝五見也病壽者命者見者命計連續壽計一期壽常雖計病時最切恐連持斷恐一期短從彊而說故對斯二業禪等作者戒取見者計我能有所作及修禪定故名作者禪非出道計為出道故名戒取魔為欲主謂驅策由我名使作者苦樂由我名使受者令其後世還在欲界名使起者又生死秪是邊見攝者生死秪是陰入初後重釋屬邊故云又也於生計常於死計斷故名為邊慢即我見攝者由我故慢故慢屬我二乘菩薩曲見攝者非圓直道故名為曲大經云若見菩薩從兜率下

納妃生子逾城出家乃至入滅是名二乘曲見雖標二乘實兼教道如為地前菩薩現身名為報身非自受用權示他身非眞實故義當於曲此十六知見文在大品大論廣解今但對八餘未對者說在八中謂生者見計能生衆生如父母生子二養育見計我能養他三衆數見計我有五陰十二入十八界四人見計我是行人五受者見計我後身當受果報六起者見計我能造後世果報七知者見計我五根能知五塵八見者見計我根塵能見於色及起邪見列名次第具如經論及法界次第中向隨義引不依次第前八外者若將入前八見中者生者養育攝入魔境魔雖不同梵王所計氣類大同衆數攝入陰境受者起者攝入業境人及知者見者攝入煩惱境

○八通稱上慢

通稱慢者陰入我慢攝煩惱即慢慢攝病患不如慢攝業即憍慢攝由憍故造業魔即大慢攝禪即憍慢攝見亦大慢攝二乘菩薩增上慢攝

陰入我慢攝者執我我所名為我慢俱舍文同陰即我所能計即我煩惱即慢慢者俱舍云於他勝

謂已等名為過慢與煩惱義同病不如慢者論云於多分勝謂已少劣名為卑慢如病不如他而猶生慢業禪憍慢者論云於等謂等雖然齊等心高舉故故名為慢等皆得禪無不自舉故自矜曰憍陵他曰慢魔見大慢者論云於他勝謂己勝名慢過慢如來實勝於佛亦慢增上慢者論云未得謂得二乘菩薩位居未極此境起時未能用觀正當增上論七慢中惟闕邪慢謂於有德人中謂己有德亦可將入魔見二境以彼二境不尊他故

○九通稱二乘

通稱二乘者四念處四諦法攝九境也

以四諦四念處攝九境者因緣四諦但是總別四諦攝法名義稍便故但語四諦不云因緣陰入全是四念處境是則苦諦四念攝陰入境又以四念處體別別對者病患即爲身受念攝亦屬苦諦禪則法念受念即屬集諦淨禪亦爲道諦所攝煩惱見慢禪及業相習因之中心王即心念處集諦攝諸心所及業習因中心所並魔並法念處集諦攝菩薩法念處道滅諦攝以法念中攝法寬多謂有爲無爲若論念處境屬蘊義邊念處即不攝於無

爲法也故但在四諦之中苦諦所攝故云四念四諦攝也又總對者但以念處境苦諦攝觀念處智道諦攝如此對者念處但攝陰入禪定二乘菩薩四境具斯多意故開合解之若更約九念處中前七屬方便即後二境所用若攝前八應如前釋思之可見

○十通稱菩薩

通稱菩薩境者以四弘誓攝得九境

四弘攝九者四諦即爲四弘之境依前分別亦應可解

○次四問皆以別難通句四初一問答二初問

問境法名俱通者行人亦通不

問意者境法及名既並互通能觀行人爲亦通不法謂十境當體名謂法上之名以此十法通未離陰乃至通名菩薩之法是名法通文云通稱陰入乃至通稱菩薩是爲名通法名既通是故更問能行行人爲亦通不

○次答

答大經云云何未發心而名爲菩薩前九境人亦通稱菩薩人也通是二乘則有四種聲聞增上慢聲聞

攝得下八境人也佛道聲聞攝得菩薩人也

答意者即以俱通而爲答也何者前之九境未發心前尚名菩薩故菩薩境而得通餘是故文中且舉九境通稱菩薩是則當知行人亦通言未發心名菩薩者此據理性一切衆生皆當作佛豈非菩薩問境名容通法云何通答名召於法其名既通其法不隔通稱二乘等者法華論有四種聲聞謂住果應化退菩提增上慢今云佛道即是應化言增上慢攝下八者二乘正當住果故也今論境發非前八境復非菩薩義同住果退菩提心亦在下

九若退爲二乘則二乘境攝若退圓入偏仍屬菩薩境也若大小都失方住下八禪中復應分漏無漏以對十境須審思之言佛道者且約發心終非圓極

○次一問答答中合字解義即以義別名通爲答分二初問

問通是無常不

問云通是無常不者問前十境既得通稱二乘菩薩八非三乘得稱三乘二非無常是無常不

○次答

答寶性論云菩薩住無漏界中有無常倒

答意者八非三乘三乘收盡二非無常有無常義故引寶性出三界外猶有無常菩薩尚爾况二乘耶故後二境通是無常

○三一問答答中分字解義分二初問

問通是有漏不

通是有漏不者復以前八重難後二若許無常無常即漏何故向引寶性論言住無漏界

○次答

答漏義則通有義小異

答意者通皆是漏有義不同降佛以來皆名爲漏有義異者十境別故陰至見慢有界內漏二乘菩薩有界外漏內外不同故云有異彼寶性論言無漏者望內得名若於界外仍名爲漏無常倒義亦復如是於彼是倒於此不倒若以大法形之則內外俱漏

○四一問答二初問

問通是偏眞不

通是偏眞不者以二乘境難餘九境後二非有漏通得名有漏二乘是偏眞餘九應偏眞

○次答

答偏義則通眞義異

答中亦分字爲答仍未會圓故通是偏眞有差別故云眞異二乘菩薩有界外眞餘之八境有界內眞

○三一問問別句二初問

問通義可領別復云何

通義可領者如前所釋境法名人乃至無常有漏偏眞亦通十境爲一向通亦有別耶

○次答

答。十境不同。即別義也。
答者。不同本別何須更問。故云十境即是別義。此等三問。爲成下三句也。此即第二別句竟也。
○四二問。問亦通亦別二。初一問答。
復有亦通亦別。陰是受身之本。又是觀慧之初。所以別當其首。此一境亦通亦別。後九境從發異相受名但得是通是別。不得是亦通亦別也。
即第三句不更別問。於答別中便即釋出。故云復有亦通亦別。於中復更分別亦通亦別。與是通是別雖俱屬第三句。而不無同異。初陰入境具二義

故名亦通亦別。何者。身本觀初二義異九。故名亦別。復使陰義通入餘九。復令餘九通得名陰。故名亦通。餘之九境闕二義。故但得諸境展轉相異名爲是別。展轉互通故名是通。是則一法自具二義。故云亦通亦別。一法兩向對他故。二但云是通是別。言二義者。一者別當其首。二者與九互通。所言兩向及對他者。異他故別。通他故通。陰境非無異他之別。此別猶通。獨有別當其首。全異餘九。故云亦別。以此亦別。對於互通。故云亦通。餘九不然。是故但云是通是別。以無初之二義故也。下之九境。

發可爲觀。不發何所觀。故闕初義。諸教所列。不以爲初。闕第二義。無此二義。不名亦別。既非亦別。不成亦通。
○次一問答二。初問。
若爾煩惱亦是諸法之本。元爲治惑。亦是觀初。病身四大亦是事本。元爲治病。亦是觀初。何意不得亦通亦別。
將煩惱病患以難陰入此之二境亦具二義。何獨陰入。何者。煩惱亦是諸法之本。難同初義。元爲治惑。難同次義。病境亦爾。病身四大。難同初義。元爲

治病。難同次義。
○次答。
答。若身因煩惱。屬前世。若今世煩惱由身而有。病不恒起。爲本事。若諸經論。不以病爲觀首。故不亦通亦別耳。
答意者。初明煩惱無二義中。遮用大經以伏難。難云。若也。煩惱不得以爲諸法本者。何故經云。煩惱與身。雖無先後。要因煩惱。而得有身。當知煩惱定爲身本。何關陰入爲觀本耶。故今遮云。言因煩惱而有身者。煩惱已屬過去世攝。云何更得以爲觀

境雖元爲治惑豈可治於已謝之惑是故煩惱二義全闕況過去惑亦由身有是故諸教並初觀陰以現在惑計陰生故但令觀陰惑則不生病不恒起下答病無二義可見

○五一問問非遍非別

非遍非別者皆不思議一陰一切陰非一非一切

此下無問便卽釋出第四句相皆不思議者如不次第無非法界更復與誰以論遍別一陰一切陰者具如不思議境說文但舉陰不語餘九者陰既徧攝九從陰生例陰亦應一惑一切惑一切惑一惑非一非一切乃至菩薩一願一切願一切願一願非一非一切

○三一番問答獨問陰境二先問

問九境相起更立別名者陰入解起應立別名

餘之九境從發受名皆有別稱陰解起時亦是發得應別立名

○次答二先正答

答陰解起時非條然別還是陰入攝若執此解卽屬見若約解起愛恚屬煩惱招病來魔隨事別判若解發朗然無九境相者此則止觀氣分

答意者於陰生解雖是發得無九相故還屬於陰如煩惱起觀於煩惱而生圓解此解起時亦無別稱今亦如是此解生已生執起愛若病若業受別名者自由執等非關陰解是故陰解不受別名故云若解發等也此則下畧判位次功能言氣分者卽入五品之前相也

○次畧判位次功能

但得通別不得亦通亦別耳

因於陰解而生別相雖亦陰攝而不得名亦通亦別言但得通別等者但得是通是別也此解起時義同後九同是發得故亦同九是通是別又非陰境故不同陰亦通亦別

○四一番問答明十境別相二初問

問十境條然別不

條然別不等者如前答問十境不同卽別義也此別仍通故更問云亦有十境條然永別不互通耶答文具出條然別相條謂條科卽十科永異

○次答

答四念處是陰別觀空聚是入別無我是界別五停心煩惱別八念病別十善業別五繫魔別六妙門禪

別道品見別無常苦空慢別四諦十二緣二乘別六度菩薩別

四念陰別者若但云陰陰名尙通若云四念觀陰乃至無我觀界則不得名陰因別陰等也言空聚者淨名云樂觀內入如空聚大經云如空聚落遠望謂有近看則無入亦如是凡夫謂有智者知無無我觀界者大經云著我多者則爲分別十八界法一一界中求我叵得五停心煩惱別者五停所治各各不同豈更得名煩惱果等八念病別者修九想怖令修八念以怖爲病尙不同於四大不調

豈同逆病及禪病等十善業別者十中三業所對各別尙非十惡豈同無漏及無動等五繫魔別者四依所誡及楞嚴力制不同陰魔行陰等魔故大經四依品中四依菩薩驅逐魔云天魔波旬若更來者當以五繫繫縛於汝章安釋云繫有二種一者五屍繫二者繫五處五屍繫者如不淨觀治於愛魔五處如理治於見魔故首楞嚴中舍利子問佛說此三昧不爲諸魔之所惱不佛言欲見諸魔衰惱事不唯然欲見放眉閒光見一切魔皆被五繫舍利弗言是誰所作佛言是首楞嚴三昧之力但有說是三昧之處魔欲爲障自見五繫佛滅度後說三昧處亦復如是六妙門禪別者數等六門前後不同豈同心數及上定等道品見別者道品所治卽界內見謂戒取等不同十六知見及別見等無常苦空慢別者大小兩乘各有上慢若大乘中未得佛果自謂究竟名增上慢若小乘中未得四果謂得四果名增上慢今小乘中因觀無常謂爲極理豈同世禪謂四果耶又不同八慢及下八境四諦因緣二乘別者自是三藏二乘豈同通中二乘及以上慢佛道等耶六度菩薩別者三祇伏

惑豈得復同未發心等此之條然二義故別一者依於能治別立此十如陰似同分三科異餘九能治準此可知二者此十所別不同故復名別

○五六番問答爲成不思議意六初一問答二初問

問五陰俱是境色心外別有觀耶

如前所明必先觀陰陰具色心爲卽四陰以爲能觀爲四陰外別有能觀若色心外別有能觀則所觀境攝法不盡若秪四陰以爲能觀如何以陰而能觀陰

○次答二意。先約不思議相卽答。次約思議舉況答。初相卽答中。

答。不思議境智卽陰是觀。

不可思議等者。無始色心本是理性。妙境妙智。而隨妄轉。不覺不知。今旣聞名。知陰卽是。卽四陰心而能成觀。

○次約思議舉況答二。初正答。

亦可分別。不善無記陰是境。善五陰是觀。觀旣純熟無惡無無記。惟有善陰。善陰轉成方便陰。方便陰轉成無漏陰。無漏陰轉成法性陰。謂無等等陰。豈非陰

外別有觀耶。

約舉況答者。引小乘中有於善惡無記。乃至法性無等等陰。初心雖以惡及無記。以爲所觀。別立善陰。以爲能觀。觀之不已。惡無記陰轉成善陰。卽成向來能觀善陰。當知初觀之時雖二而一。陰轉之時雖一而二。乃至轉爲無等等陰。亦復如是。何者所觀雖轉。而復立能觀。故雖一而二。雖別立能觀而所轉爲能。故雖二而一。雖展轉互轉。終成陰外別立能觀善惡等位在外凡。方便陰者位在內凡無漏陰者極在羅漢。法性陰者在方便土得法性陰。陰中無等。故以無等等釋於法性。豈非下結也。

○次舉況。

小乘尚爾。況不思議耶。

小乘尚乃一中論二。況不思議境智相卽。故不思議卽陰是觀。而境智宛然。

○次一問答二。初以向小乘況答爲問。

問。若轉陰爲觀。報陰亦應轉。

旣云惡無記陰轉爲善陰。乃至轉爲無等等陰。如是展轉。轉所爲能。爲獨轉觀。果陰亦轉。

○次直以初不思議相卽意答。

答。大品云。色淨故受想行識淨。般若亦淨。法華云。顏色鮮白。六根淸淨。卽其義也。陰雖轉。觀境宛然。云云

答意者。向立問中。以向小乘況答爲問。今答直以初不思議相卽意答。單約小乘。不云報轉。故依大品法華二文。並是圓觀報陰轉義。報若不轉。何以父母所生諸根。皆悉見聞三千大千。大品色淨。其意亦爾。故至六根淸淨位時。亦得名爲報陰轉也。

○三一問答二。初問。

問。十境與五分云何。

問十境與五分者。此問別生。非關向答。

○次答三先別次同初答明不同
答五分判禪十發約境
言五分者自以此五判所得禪有進退等諸相不同今明十境明所觀境十發不同何得十境同於五分
○次強會令同則有通別二會初通會
今當會之若次不次一發至後則進分也齊九以來住分也作意矜持護分也一發即失退分也達分可知
初以五分通判十境者前四可知達謂隨發皆以

自境體達於境云云
○次別會
若於境境皆作五分者可以意推不俟分別
別於境境自作五分者如判禪中亦有約禪約品通別兩判故今亦然若其約觀爲五分者藏通別圓四解起時從初至後爲進前三隨一爲住得一須持爲護得已又失爲退得已自了爲達若約品者三教皆有約品之義今且從圓者如圓解發始自初品終至無生進分也齊二品來乃至六根名住分也始從初品乃至十信作意矜持名護分也

纔得初品得已即失名退分也隨得一品即能體達所得未深即達分也若約境者煩惱起時以貪望瞋名之爲通約諸惑者貪中淺深名之爲別約諸品進及住可知防不欲除名之爲護起已自滅名之爲退自知是惑名之爲達餘並如上判橫竪中橫則是通竪則是別兩番對義準上可知不能委記然約禪爲正九境齊通是故不可例禪委悉前之橫竪意亦如然
○三更通伏難
然五分十境皆是法相可得互有其義六即十地行

位淺深不得相類
難云五分判禪與十境別既得相會亦可得與六即十地而相會耶故爲通云五分十境俱是法相義理雖別強爲會通六即十地二俱是位故不可以五分判之如云進至妙覺不可更使退至六根餘護住等準此說之五品容有非文正意又亦不可以六即判地
○四一問答二初問正顯不思議
問念性離緣性亦離若無緣無念亦無數量云何具十法界耶

問念性緣性等。此取隨自意中文意爲問。此問正顯不思議境。此中一問含於二意。先問緣念性離。次約此離以問十界法性離。能念名爲念性離。法性離所緣名爲緣性離。既離於能所。性亦非數量。惟觀一法性。性淨若虛空。云何性空中而具十法界。若具十法界。即是有緣念。若也有緣念。何得名爲離。

○次答二意。先畧伸難意。次釋不思議。初文中。

答不可思議無相而相。觀智宛然。

文含二。先總標不思議無相下正答二義。初云無

相而相。先得十界無相而具十界之相。觀智宛然者。次答緣念雖無能所觀智宛然。觀爲能觀。十界爲所。點空論界。界無界相雖曰能所緣念本無。

○次釋不思議義二。初出他人解。

他解須彌容芥。芥容須彌。火出蓮華。人能渡海。就希有事解不思議。

他解但云須彌及芥相容入等。此事希奇。世間罕有。名不思議。言須彌容芥者。謂容入於芥。芥容須彌者。謂芥受須彌。火出蓮華者。大經云。火中生蓮華。是可謂希有。人能渡海者。大經十六云。若有人

言我能渡海。可思議不。佛言。亦可思議亦不可思議。若人能渡則不可思議。若修羅渡則可思議。如此釋者。但是約事。若但約事。何能顯於不思議理。如增一阿含云。有四種不思議事。謂世界衆生龍佛土。華嚴亦云。自在天王有寶女名善音。於一語音出百千音樂。一一樂聲復出百千音聲。此等但是人所不測。名不思議。又有解。須彌入芥等。是神力能爾。神力乃是本無今有。非常住法。有人云。大小無相故能相入。破曰。若小自是小。大自是大。此自性大小。不得相入。若小是大小。大是小大。此是

他性大小。何能相入。汝所立者。小無小相。大無大相。此是他性。大小亦不相入。若云小是大小之小。大是小大之大。名共性。大小亦無相入。若云。小是非大小之小。大是非小大之大。此是無因大小。故無相入。若以理寄事。如華嚴經。譬一塵中有大千經卷。一念如微塵。諸法如經卷。芥子須彌。取譬亦爾。若失今意。理實難通。

○次今家正解。

今解無心無念無能行無能到。不思議理。理則勝事。秖約一念心性眞如。契此理故有難思用。理性雖

無能緣所緣能所宛然修此理故名曰能行契此理故名爲能到到故有用約正理釋故云理則勝事今文語畧應依淨名疏解不思議品經云菩薩有解脫名不可思議若菩薩住是解脫者以須彌之高廣內芥子中乃至一品皆如是說以證解脫事用無窮故云乃至窮劫說不能盡疏中但以三軌銷此經文理無不盡諸佛菩薩有解脫即眞性軌亦名眞性解脫若菩薩住是解脫者即觀照軌亦名實慧解脫能以須彌之高廣等即資成軌亦名方便淨解脫彼文具以前之三教三軌比決方

顯心性圓極三軌今置三教直明心性以眞性軌與實慧合名爲能到能從理起用故云理則勝事問眞性自與實慧和合何關外境而云大小相入由於契理答然此眞性徧於法界迷謂內外悟惟一心是故四眼二智萬像森然佛眼種智眞空冥寂今雖初觀豈令順迷制心從理無非心性

○五一問答二初問

問十法界互相有爲因爲果

問者爲是一一因心具十界因爲復一一界果具十界果

○次答二初總答

答俱相有而果隔難顯因通易知

俱相有者法爾而然一念因心道理具十一界之果豈當一界然言一果具於十果果既越隔偏顯似難若知隨起十中一心一必通十是則一果具十因一因具十因故曰因通理則易知

○次別答二初明因通次明果隔初中

如慈童女以地獄界發佛心如未得記菩薩輕得記者若不生悔無出罪期

因通者但舉初後中間比知初慈童女者如心論

云慈童女長者欲隨伴入海采寶從母求去母云吾惟有汝何棄吾去母恐其去便抱其足童女便以手捉母髮一莖髮落母乃放去至海洲上見熱鐵輪從空中下臨其頂上便發誓言願法界苦皆集我身以誓願力火輪遂落從茲捨命生第六天違母損髮成地獄心發弘誓願即屬佛界引未得記輕得記者雖未得記已屬佛心輕得記者成地獄界故大品觀空不證品云我證跋致餘人永無而輕弄餘人以是事故遠離菩提遠善知識若即身悔久久還依般若波羅蜜若不即悔當知是罪

重於四禁。過於五逆。當知是菩薩旃陀羅。

○次明果隔。

更引諸例。凡聖皆具五陰。不可言聖陰如凡陰。又佛具五眼。豈可以人天果報釋佛眼。佛具五行。病行是四惡界。嬰兒行是人天界。聖行是二乘法界。梵行是菩薩法界。天行是佛法界。

畧明果隔。示難顯相。從事理說。即十界果各具十果。故云凡聖皆具五陰。陰即是果。凡謂六凡。聖謂四聖。雖復各具。不可聖陰如凡陰也。言不可者。意說凡陰不同聖陰。又佛具下。舉一佛果具於十界。

然不可以聖陰同凡。自是佛果能具十界。終不可以佛地獄界以爲凡夫地獄界也。佛果以滿從事而說。已具十界。初地初住。分具十界。乃至凡夫但是理具。是則一一界果各各具十。不相混濫。一往從易。且云因通。及以果隔。理而言之。一念因心實具十界。百界因果。何者。如云起一界心。即具十界十如。十如秖是因果法耳。相至因緣以屬於因。果報屬果。當知一念恒具百界依正因果。故佛藏云。佛見一切衆生心中皆有如來結跏趺坐。尚具佛果。餘果亦然。是故下地雖具因果。但是理性。所以致有果隔之言。

○六一問答二。先問。

問。一念具十法界。爲作念具。爲任運具。

問者。一念具十。爲復任運恒具十界。爲待過緣作意現起名具十耶。若準前答。因通易知。已明一心具十界境。然觀前答。狀似作念。是故更置此問釋疑。

○次答。

答。法性自爾。非作所成。如一微塵具十方分。云云

法性自爾者。凡聖法性。悉皆自爾。自爾秖是自然

異名。問。既云自爾。何殊外計。答。前第三卷已畧分別。如法華玄云。外道已爲初教所破。尚不同於通別二教。況以圓極比外自然。若破性中云。非自然者。爲破計故。理必自然。如第一卷釋四弘中法性自天而然等。小乘尚然。況復實理。問。一心既具。但觀於心。何須觀具。答。一家觀門。永異諸說。該攝一切十方三世若凡若聖。一切因果者。良由觀具。具即是假。假即空中。理性雖具。若不觀之。但言觀心則不稱理。小乘奚嘗不觀心耶。但迷一心具諸法耳。問。若不觀具。爲屬何教。答。別教。教道從初心來

但云次第生於十界斷亦次第故不觀具或稟通教即空但理或稟三藏寂滅眞空如此等人何須觀具何者藏通但云心生六界觀有巧拙即離不同是故此兩不須觀具尚不識具况識空中若不爾者何名發心畢竟不別成正覺已何能現於十界身土又復學者縱知內心具三千法不知我心徧彼三千彼彼三千互徧亦爾苟順凡情生內外見應照理體本無四性心佛衆生三無差別能知此者依佛識心又此十乘得名皆同並有能所相對故也

○七依章別解十初觀陰入界境三初端坐觀陰二先重明境次明修觀初文先附小宗畧釋三科辨境離合先重明所觀之境三先標名

第一觀陰入界境者

○次列名

謂五陰十二入十八界也

○三釋名十一初正釋名

陰者陰葢善法此就因得名又陰是積聚生死重沓此就果得名入者涉入亦名輸門界名界別亦名性分

今文但以因果兩義釋名即以因果攝餘盡故婆沙中云陰是何義答聚義畧義積義總義如種種雜物以爲一聚色乃至識聚在一處故名爲聚乃至合於三世內外故名爲總中間諸名準說可知問五取蘊與陰有何差別答蘊通漏無漏取蘊惟有漏蘊之與陰新舊異譯蘊與蘊積與陰義同準俱舍中色攝五根境及以二無作行攝諸心所惟除受想二識即是心王爲今初觀境入者新名爲處婆沙云入是何義答輸門義輸道義藏義倉義田義流義海義是爲入義隨名解釋亦應可見今

文涉入及以輸門並是道義然上釋義初明根塵互相涉入次義者明根爲外塵之所得便由心心所流入根境令塵得入名爲輸道故彼論文門之與道並是能通使心心所得流入也準俱舍中法入最寬界者婆沙云界是何義分別是界義如山中有寶種類不同俱舍頌云聚生門種族是蘊處界義例婆沙文可以意知俱舍中廣以族持性等三義釋界餘根塵釋如常可知法界攝四亦同法入乃至廣以二十二門分別界義委悉別名辨相出體非今文意惟依諸論以明開合而爲觀境故

次明之。

○次明境開合。

毘婆沙明三科開合。若迷心開心爲四陰色爲一陰。若迷色開色爲十入及一入少分。心爲一意入及法入少分。若俱迷者開爲十八界也。

明境開合與俱舍同頌云愚根樂三故說蘊處界三愚謂迷也根謂三品。樂謂所欲今明觀境不須兩義故但從迷言少分者以法入法界中具含心色今文畧界且從入說故云法入含於色心成兩少分。意但是心餘十唯色若約界者法界亦二十

界是色七界是心陰中四陰既純是心故不須簡於法入法界中言二少分者以法入中有四類法謂無表色心心所法不相應行三無爲法是則無表是色心所是心不相應行非色非心無爲法者非三聚攝無爲在下二乘境攝得非得者在下助道觀中無想二定復在禪境餘並在此若依經部大乘法相等同時意識緣現五塵及落謝塵法入所收少分屬色少分屬心今且觀心心即識也又有宗五識及五意識并第六識俱能引起受等三心若依成論五識定無起三心義雖此同異今初且觀諸識爲境問識陰是王有宗心王與數同起如何別於心王修觀答此但宗計意則不然直爾觀心義當觀王。

○三兼示二論不同之相。

數人說五陰同時識是心王四陰是數約有門明義故王數相扶同時而起論人說識先了別次受領納想取相貌行起違從色由行感約空門明義故次第相生。

數人即是薩婆多師破成論師云心聚是一何容前後論師復破薩婆多師云雖同心聚四心各別

自有其體而共相應今並不從一論同別但且用心爲所觀境。

○四且依空門以判前後。

若就能生所生從細至麤故識在前若從修行從麤至細故色在前皆不得以數隔王。

若前若後皆不得使數涉於王故云不得以數隔王數在前後王在中央名爲數隔是故心王非前則後。

○五釋疑。

若論四念處則王在中此就言說爲便耳。

疑云何故念處王在中央釋云就言說便非起次第亦非約行

○六正示境相三科不同三先但論陰不同

又分別九種一期色心名果報五陰平平想受無記五陰起見起愛者兩汙穢五陰動身口業善惡兩五陰變化示現工巧五陰五善根人方便五陰證四果者無漏五陰

但論陰者以界入中心界心入則有少分全分不同五陰雖開無少分故故先約陰後例界入又此三科既開合異欲以識界而爲觀初何往不得但

識名多故陰在初故又名畧故是故先用故依經論明陰不同皆從心造見愛是穢故兩所起名汙穢陰並起善惡並名造陰初兩惟是果報陰耳變化卽是工巧故也五善根者總別念處但合爲一並煗等四名五方便亦名五善根五停但是對治五障是故不論念處等五能爲無漏作近方便

○次明皆從心生

如是種種源從心出

○三引大小敎證

正法念云如畫師手畫出五彩黑青赤黃白白白畫手譬心黑色譬地獄陰青色譬鬼赤譬畜黃譬修羅白譬人白白譬天此六種陰止齊界內若依華嚴云心如工畫師畫種種五陰界內界外一切世間中莫不從心造

又正法念中雖但列六華嚴旣云種種五陰卽通十界

○七畧示境相難思八初法說

世間色心尙叵窮盡況復出世寧可凡心知

畧示境相難知故舉況云寧可凡心知如世間陰人中一種尙叵窮盡況復六道陰六道陰尙爾況

出世四聖此中預以報陰比決令識下文不思議陰

○次舉譬

凡眼翳尙不見近那得見遠

肉眼世智猶如凡眼三惑所障名之爲翳尙不見於眞諦之近況能見於中道之遠

○三合譬

彌生曠劫不覩界內一隅況復界外邊表

界內偏眞名爲一隅界外圓中名爲邊表四角曰隅

○四重譬不知之人。
如渴鹿逐炎狂狗齧雷何有得理。
隨世色聲若偏小等終不聞見眞妙之理。
○五縱釋。
縱令解悟小乘終非大道。
與而言之但觀小法。
○六引證。
故大集云常見之人說異念斷斷見之人說一念斷皆墮二邊不會由道。
佛世値聖猶尙住小各執一門異計不同依毘曇

門用七方便名爲常見說異能斷依成實門但觀空心名爲斷見說一能斷當知滅後圓門不易。
○七舉佛滅後不知爲況。
況佛去世後人根轉鈍執名起諍互相是非悉墮邪見。
○八明佛滅後造論破計。
故龍樹破五陰一異同時前後皆如炎幻響化悉不可得豈更執於王數同時異時耶。
一謂毘曇王數同時異謂成論王數前後四句三假皆如幻化。

○八欲示識心而爲觀境先且總攬心爲起由。
然界內外一切陰入皆由心起。
欲示識心而爲觀境先且總攬心爲起由卽前所引經論是也。
○九重引阿含大論以證心造。
佛告比丘一法攝一切法所謂心是論云一切世間中但有名與色若欲如實觀但當觀名色心是惑本其義如是。
○十雙舉二譬。
若欲觀察須伐其根如灸病得穴。

世出世陰如條如病一念識心如根如穴如華陁治病湯不過一種兩種灸不過一穴兩穴若爾觀心卽足何故第四破徧文末更例觀於餘陰界入答欲融諸法示觀境徧是故下文例於界入若示境體觀心卽足以心徧故攝餘法故又非但心攝一切亦乃一切攝心故四念處云非但惟識亦乃惟聲惟香味等。
○十一從廣之狹正示境體。
今當去丈就尺去尺就寸置色等四陰但觀識陰識陰者心是也。

陰人界三並可爲境寬漫難示故促指的畧二就
陰如去丈就尺畧四從識如去尺就寸以由界入
所攝寬多陰唯有爲有爲之中義兼心色故置色
存心心名復含心及心所今且觀心王置於心所
故初觀識餘下例之問五識五意識及第六識並
能生於受等三心何等識心及所生三心是今觀
境答五識五意識定是今境未屬煩惱在無記故
於第六中取能招報者仍須發得乃屬煩惱境餘
之分別方屬今境又此五識及五意識雖在今境
仍在下文歷緣對境中明又若探取不思議意以

對喩者則一念心十界三科如丈一界五陰如尺
惟在識心如寸若達心具一切法已方能度入一
切法心如一一尺無非是寸及一一丈無非是尺
是故丈尺全體是寸
○次明能觀觀法二先明十乘觀法六初列十乘
觀心具十法門一觀不可思議境二起慈悲心三巧
安止觀四破法徧五識通塞六修道品七對治助開
八知次位九能安忍十無法愛也
觀法非十對根有殊雖復根殊但是一不思議觀
觀不思議境乃至離愛不離境故故此十觀文十

義十根三意二分遠近故近期初住遠在極果又
次位下三雖非觀法並由觀力相從名觀故名十
觀又備此十令觀可成故名成觀亦名成乘思之
可見
○次生起次第
旣自達妙境卽起誓悲他次作行塡願願行旣巧破
無不徧徧破之中精識通塞令道品進行又用助開
道道中之位已他皆識安忍內外榮辱莫著中道法
愛故得疾入菩薩位
生起次第今文可見四念處中以初四法皆共成

於上求下化故彼文云上求不思議境觀於煩惱
卽是菩提於此煩惱上求菩提無別求也生死涅
槃亦復如是爲欲下化應須發心卽發弘誓我以
何法上求下化應須安心莊嚴上求以此定慧能
度衆生名爲下化若無上界下化不成故知果成
由於破徧若破不徧須識通塞下去生起與今文
同以此而觀前之四法用無前後通塞等三成就
前四次位等三以判前七能善用者十如指掌
○三舉譬
譬如毘首羯磨造得勝堂不疎不密間隙容綖巍巍

昂昂峙於上天。非拙匠所能揆則。又如善畫圖其匡郭寫像偪眞。骨法精靈。生氣飛動。豈塡彩人所能點綴。

毘首等者。毘首是天家巧匠。長阿含云。天帝與修羅戰勝。更造一堂。名爲最勝。東西百由旬。南北六十由旬。堂有百間。間有七支露臺。一一臺上有七玉女。一一玉女有七使人。皆是天帝優給衣食莊嚴之具。于世界中此堂無比。故名最勝。今云得勝者由戰得勝而造此堂。先畧銷譬。下文自合。周帀間隙。皆容一綖。十法無間。如不疎無混濫過。如不

密。十法相別。如容綖。十法圓乘出諸觀上。如峙上天。謂居極理第一義天。巍巍昂昂稱歎辭也。巍高也。昂舉也。尚非別教。教道所知。況暗證拙匠能揆則耶。揆度也。則準也。非是暗證能思度故。言善畫者。如張顧之徒。並得筆墨之妙。今家觀法亦復如是。圖謂圖寫。畫之所生。依教修習得佛法大綱。猶如匡郭。匡郭者物之外圍。得佛法意。猶如逼眞。依教尋眞。猶如寫像。窮教實體。名爲骨法。依實生解。義如精靈。十法所趣。如生氣。從因趣果。名飛動。豈誦文者所知。如非塡彩等也。

○四合譬。

此十重觀法。橫竪收束。微妙精巧。初則簡境眞僞。中則正助相添。後則安忍無著。意圓法巧。該括周備。規矩初心。將送行者到彼薩雲。非暗證禪師誦文法師所能知也。

以此一合。通合兩譬。最後結中同結二人。然此合語文約意廣。先對二譬。次重釋文。初合勝堂者。橫竪等合不疎不密等。從初得下合巍巍等。意圓下合非拙匠等。若合後譬者。橫竪等合匡郭逼眞微妙等。合圖寫等。從初則下合生氣等。非誦文者合

塡彩人。次更委釋此合文者。言橫竪者。此之十法有通有別。別者初如不思議境。窮實相底名竪。包十法界名橫。二發心上求名竪。下化衆生名橫。又上求下化名竪。依境發誓名橫。三安心徹理名竪。六十四番名橫。四破徧惑窮名竪。諸門相望名橫。五通至寶所名竪。檢校塞著名橫。六道品至後名竪。品品相望名橫。七正助至後名竪。法法相望名橫。八次位至極名竪。位位偏攝爲橫。九安忍進後爲竪。違順相望爲橫。十無著入住爲竪。離似三法爲橫。此且單約圓乘爲解。若望偏乘名橫名竪亦

如橫豎顯非橫豎若不思議非橫非豎能作橫豎而云橫豎又總論者在一一位十自相望爲橫一一至極當法漸深爲豎又亦可前之七法名橫識次位去名爲豎又玄文對信復名別豎攝諸法盡故云收束十法理幽爲微開麤絕待爲妙不濫偏小名精安布次比名巧初則簡圓極境爲眞以偏小等爲僞中則發心安心至識次位爲正惟有第七正助爲助以助添正名爲相添後則第九安忍第十無著令行不息得入初住若觀若說意在一乘名爲意圓所說之法不雜偏邪名爲法巧法偏

諸教爲該咸收入十爲括以該故周以括故備偏於四教一十六門乃至五時八教一期始終今皆開顯束入一乘偏括諸教備入一實若當分者尚非偏教教主所知況復世間暗證者耶規圓矩方法有準則依理安心初有則也不次第破無逼無塞而論逼塞乃至正助中有則也無著不於相似起愛後有則也至於初住名爲薩雲薩雲雖即本在究竟初住分得亦可通用也

○五稱歎

蓋由如來積劫之所勤求道場之所妙悟身子之所三請法譬之所三說正在茲乎

十法既是法華所乘是故還用法華文歎若約迹說即指大通智勝佛時以爲積劫寂滅道場以爲妙悟若約本門指我本行菩薩道時以爲積劫本成佛時以爲妙悟迹本二門秖是求悟此之十法身子等者寂場欲說物機未宜恐其墮苦更施方便四十餘年種種調熟至法華會初略開權動執生疑殷勤三請五千起去方無枝葉點示四一演五佛章被上根人名爲說法中根未解猶希譬喻下根器劣復時因緣佛意聯綿在茲十法故十法

文末皆譬大車今文所憑意在於此惑者未見尚指華嚴惟知華會圓頓之名而昧彼部兼帶之說全失法華絕待之意貶挫妙教獨顯之能驗迹本二文撿五時之說圓極不謬何須致疑是故結曰正在茲乎

摩訶止觀輔行傳弘決卷第五之二

摩訶止觀輔行傳弘决卷第五之三

陳隋天台智者大師說　唐荆谿大師湛然傳弘决

門人章安大師灌頂記　明天台沙門傳燈增科

○六正解十法中初釋不思議境者問前引諸文廣明境竟此中秖應明能觀觀何故復明不思議境答前雖示體但直指心心爲一切法之本故示體是心然未委示不思議相猶恐人迷如匠造物有能有所能所似殊是故今文妙觀觀之令成妙境境方稱理復以所觀顯於能觀妙境義成妙觀斯立爲是義故復明於境又爲知妙境爲九乘本

稱本修九方堪入位是故名爲十乘妙觀於中分二先明可思議次明不思議初可思議中文十義十意但在於顯不思議於中又四先明思議之意者令不思議易解故也

一觀心是不可思議境者此境難說先明思議境令不思議境易顯

言易解者已聞思議十界歷別示此十界同在一心則一心中十界可識故可思議中此是地獄乃至佛界無說而已說必次第十界歷歷麤細不違人見注云非令所用便棄思議別求不思議者違矣如爲實施權權是實權開權顯實實是權實相待絶待次與不次悉皆如是故下諸文釋思議境或至九界而止或時至佛法界佛界實是不可思議在九界後亦云思議如此文中思議境後明佛界云觀此能度所度等究竟圓極豈過於此云思議者意如向說

○初明思議之由

思議法者小乘亦說心生一切法謂六道因果三界輪環若去凡欣聖則棄下上出灰身滅智乃是有作四諦蓋思議法也大乘亦明心生一切法謂十法界

也

由大小乘皆云心生以教權故不云心具雖若六若十皆屬思議

○三明思議之相

若觀心是有有善有惡惡則三品三途因果也善卽三品修羅人天因果觀此六品無常生滅能觀之心亦念念不住又能觀所觀悉是緣生緣生卽空並是二乘因果法也若觀此空有墮落二邊沈空滯有而起大慈悲入假化物實無身假作身實無空假說空而化導之卽菩薩因果法也觀此法能度所度皆是

中道實相之法畢竟清淨誰善誰惡誰有誰無誰度誰不度一切法悉如是是佛因果法也

佛法界中能度所度等皆是實相者無非法界亡泯故也誰善誰惡泯前界內三善三惡誰有誰無泯前三有及二乘無誰度不度泯前三教四弘能所雖泯諸法次第炳然若棄思議當知是人二法俱失所以大意五畧釋名四段顯體四科攝法六義偏圓五門次與不次意亦如是攬彼生解以導方便方乃成今十法妙觀下之九境遷移此觀以觀諸境阿伽陀藥徧治衆病

○三結判思議境

此之十法邐迤淺深皆從心出雖是大乘無量四諦所攝猶是思議之境非今止觀所觀也

既非一心且判似別故云所攝別則時長行遠此則借法顯圓

○次明不思議文異義一意非一異以三諦法不出修性自他故也於中爲二先明性德不思議境四初引華嚴者重牒初引示境相文

不可思議境者如華嚴云心如工畫師造種種五陰一切世間中莫不從心造種種五陰者如前十法界五陰也

前云心造即是心具故引造文以證心具彼經第十八中如來林菩薩說偈云心如工畫師造種種五陰一切世界中無法而不造如心佛亦爾如佛衆生然心佛及衆生是三無差別若人欲求知三世一切佛應當如是觀心造諸如來不解今文如何銷偈心造一切三無差別言心造者不出二意一者約理造即是具二者約事不出三世三世又三一者過造於現過現造當如無始來及以現在乃至造於盡未來際一切諸業不出十界百界千如三千世間二者現造於現即是現在同業所感逐境心變名之爲造以心有故一切皆有以心空故一切皆空如世一官所見不同是畏是愛是親是冤三者聖人變化所造亦令衆生變心所見並由理具方有事用今欲修觀但觀理具俱破俱立俱是法界任運攝得權實所現如向引經雖復種種不出十界三世間等

○次釋法界名問法界法性名義何別答名異義異而體是一言法界者法即諸法界謂界分相不同故一切諸法皆以三諦而爲界分爲明三諦故

須加十以顯相狀故釋三字離合不同備成三諦
言法性者亦是諸法具三諦性性亦性分不可改
故三諦性冥始終無變亦可界法性法即是實相
實相之體三諦具足故今文中釋此三字分三初
約眞諦作所依釋
法界者三義十數是能依法界是所依能所合稱故
言十法界
十數是假所依是空能從於所十法皆空是故此
十以空法爲界故云十法界
○次約俗諦作隔異釋

又此十法各各因各各果不相混濫故言十法界
十法差別名之爲界是故十法各有界分故云十
法界
○三約中道作法界釋
又此十法一一當體皆是法界故言十法界云云
十法無非眞如法界故名十法界若讀此中十法
界三字隨義爲句初番十字獨呼法界字合呼次
番十法字合呼界字獨呼後番十法界三字合呼
依此讀文隨語思之三諦義顯三諦無形俱不可
見然即假法可寄事辨即此假法即空即中空中

二體二無二也心性不動假立中名亡泯三千假
立空稱雖亡而存假立假號
○三釋境中所攝法相二先明三種世間次明一
一世間皆具十如三世間者秖是十界五陰實法
假名衆生及所依土於中分四先釋五陰世間三
初列十種五陰
十法界通稱陰入界其實不同三途是有漏惡陰界
入三善是有漏善陰界入二乘是無漏陰界入菩薩
是亦有漏亦無漏陰界入佛是非有漏非無漏陰界
入
○次引一論二經釋佛法界具五陰義三初引大
論

釋論云法無上者涅槃是即非有漏非無漏法也
意云涅槃是無上五陰
○次引無量經釋成大論義
無量義經云佛無諸大陰界入者無前九陰界入也
今言有者有涅槃常住陰界入也
云何得知涅槃猶名無上五陰經言無者不可都
無驗知但無九界陰耳
○三引大經釋無量義

大經云因滅無常色獲得常色受想行識亦復如是常樂重沓即積聚義慈悲覆蓋即陰義云何得知涅槃名陰大經既云色常受想等常當知涅槃但無無常九界陰耳如俱舍中蘊與取蘊俱名爲蘊今亦如是常與無常俱名爲陰

○三結成十種五陰

以十種陰界不同故故名五陰世間也

○次釋衆生世間三初正明衆生不同

攬五陰通稱衆生衆生不同攬三途陰罪苦衆生攬人天陰受樂衆生攬無漏陰眞聖衆生攬慈悲陰大

士衆生攬常住陰尊極衆生

如攬五指假名爲拳

○次引大論證成佛界亦名衆生

大論云衆生無上者佛是豈與凡下同

○三引大經證成差別是世間義

大經云歌羅邏時名字異乃至老時名字異芽時名字異乃至果時名字亦異直約一期十時差別況十界衆生寧得不異故名衆生世間也

三十四云內色外色各十時異內色異者一歌羅邏時異二阿浮陀時異三閉手時異四皰時異五初生時異六嬰孩時異七童子時異八年少時異九盛壯時異十老死時異外色亦爾牙莖枝葉花果時異故用此異以釋世間

○三釋國土世間二初列四土爲十界陰衆生所居

十種所居通稱國土世間者地獄依赤鐵住畜生依地水空住修羅依海畔海底住人依地住天依宮殿住六度菩薩同人依地住通教菩薩惑未盡同人天依住斷惑盡者依方便土住別圓菩薩惑未盡者同人天方便等住斷惑盡者依實報土住如來依常寂

光土住

○次引經證佛有所居亦名爲土

仁王經云三賢十聖住果報惟佛一人居淨土土土不同故名國土世間也

前之九界名陰名生有所居土理在不疑恐不信佛名陰名生猶有居土故但引證佛界三義

○四總結從心

此三十種世間悉從心造

問於不思議中但明四聖何法不攝何必須明六道法耶答爲實施權從實開出今欲示實何得不

論總約一化有五意說一者爲示人天路故二者爲令厭輪廻故三者爲知菩薩自誓悲他境相故四者爲知不可思議境所攝法故五者爲欲令知性惡法門徧故今文正在第四第五兼用第二第三問依何教門立三世間答依大論釋百八三昧中至釋能照一切世間三昧云得是三昧故能照三種世間謂衆生世間住處世間五陰世間至釋一切住處三昧云得是三昧者樂生世間不樂住非世間以世間有無常故故世間有三種亦如前列非世間者無一切法大可畏處且指有漏名爲

世間二乘所依名非世間故云可畏大經十六梵行品釋十號中至釋世間解中云有六種世間一者世間名五陰五陰世間又世間者十方阿僧祇世界國土世間又世間者一切凡夫十六界衆生又世間者名蓮華二乘又世間者謂諸菩薩亦攝二乘又世間者名爲五欲更立因法世間故知六種雖加因法亦不出三以十如中含因法故今依義開十界各三

○次明皆具十如十如秖是法華實相權實正體亦是車體亦實所體今境是體是故須明故經云諸法實相所謂諸法如是相等既云諸法故實相

即十既云實相故十即實相故使今解不與他同於一念心不約十界收事不偏不約三諦攝理不周不語十如因果不備無三世間依正不盡言十如者南嶽讀文皆以如爲句末故也天台大師依義讀文凡爲三轉初以如爲句如即空也次以相性等爲句相性不同即假也次以是爲句如於中道實相之是即中也以一一界具三諦故義雖若是常讀多依相性爲句准偈文云性相義等文分三初釋十界五陰十如三先指列

又十種五曰一一各具十法謂如是相性體力作因

緣果報本末究竟等先總釋後隨類釋

○次釋義於中先且總釋次別釋先善總意以冠於別則使別義泠然可見總釋分十初釋如是相中有法譬合先法

總釋者夫相以據外覽而可別釋論云易知故名爲相

○次譬三先舉水火以譬別異之相

如水火相異則易可知

○次譬中水火以譬別異攬而可別故名爲相

○次舉面色以譬先現之相

如人面色具諸休否。覽外相即知其內。

如人面色。以先現故名之為相。言休否者。爾雅云。休者喜也。廣雅云。慶也。否者惡也。十界相望善惡可知。

○三引現事以證先現之相。

昔孫劉相顯。曹公相隱。相者舉聲大哭。四海三分。百姓荼毒。若言有相。闇者不知。若言無相。占者洞解。當隨善相者。信人面外具一切相也。

漢末三人俱詣相者。相者見孫劉有社稷之相。即便語之。曹公不蒙相者所記。知相者不遠。褰衣示之。相者見已舉聲大哭。天下鼎峙。四海三分等。荼苦菜也。至後漢末此之三人。果據三方。孫據吳。劉據蜀。曹據魏。前後二漢并王莽十八年。劉玄一年。合四百二十六年。後漢末獻帝時。董卓作亂。殺太后。焚洛陽。五星失度。五嶽崩裂。天狗流行。地數振動。白虹貫日。赤氣穿宮。穀一斛五十萬。豆一斛二十萬。州縣各權。羣臣餓死。至建安元年。操為司隸校尉。操本沛人。姓曹氏。諱操。字孟德。漢曹參之後。少多機警。有權數。好飛鷹走狗。遊蕩無度。世人未奇之。惟南陽何顒等異之。本傳應別有相者不知。顒謂曰。吾見天下之士未見若君者。天下將亂。非命世之士不能濟。能安者在君乎。為校尉時。知尚書令事。二年袁紹稱天子。八年操尚為冀州牧。十三年操為丞相。十八年後操自稱為魏公。十九年。劉備劉章。據益州。備字玄德。涿郡人。備父事州郡。少孤。母販履賃織為生。舍東南角籬上有桑樹高五丈餘。常望氣曡曡。如小車蓋。往來者異之。或云此家出貴人。備小時兒戲其下。曰。吾必乘此羽葆車蓋。叔父子驚曰。勿妄言滅吾門矣。年長大。不樂讀書。希走狗馬奏音樂。美衣服。長七尺五寸。手過

膝。少語。善下人。喜怒不形於色。此即顯相之貌也。至建安二十年。操殺皇后及皇太子。二十一年。自稱魏王。其年劉備自稱漢中王。孫傳不能具記。曹公相隱如八界。孫劉相顯如二界。或已得無生相彰於外。即如彌勒。

○三合

心亦如是。具一切相。眾生相隱。彌勒相顯。如來善知。故遠近皆記。不善觀者不信。心具一切相。當隨如實觀者。信心具一切相也。

遠近皆記者。遠記如記鴿雀成佛。法師品中。一句

一偈我皆與記。及常不輕等。近記者如彌勒及賢劫中。九百九十五佛。法華迹本二門諸經會末得無生記。乃至一生等。亦如楞嚴四種授記。佛告堅意是惡魔從今已往漸漸當得首楞嚴三昧。乃至成佛。堅意語魔如來已與汝記。魔言我不淨心如來何故與記。佛欲斷一切衆生疑故告堅意言。記有四種。一者未發心記。或有流轉六道生於人間好樂佛法過百千萬億劫當發心。過百千萬億阿僧祇劫行菩薩道。乃至供養佛化衆生皆經若干劫。當得菩提。迦葉白佛我今於一切衆生。生世尊

想。佛言仁者善哉。不應妄稱量衆生惟有如來能量衆生。二適發心與記是人久劫種諸善根好樂大法有慈悲心。發心即住不退地故。故發心與記。三密記者。有菩薩未得記。而行六度功德滿足。天龍八部皆作是念此菩薩幾時當得菩提劫國弟子衆數如何。佛斷此疑即與授記。舉衆皆知此菩薩獨不知。四無生忍記者。於大衆中顯露與記經四記中未發心記最遠。密記次遠。發心記次近。無生記最近。是故今云遠近皆記。今修觀者並隨實觀。不隨於權。故照已他十界相足。

○次釋如是性二。初正解中有法譬合。初法。

如是性者。性以據內總有三義。一不改名性。無行經稱不動性性即不改義也。又性名性分種類之義。分分不同各各不可改。又性是實性實性即理性。極實無過即佛性異名耳。不動性扶空。種性扶假。實性扶中。

性既有三以相例此相亦應三。故本末文並作三諦。

○次譬。

今明內性不可改。如竹中火性雖不可見不得言無。

燧人乾草徧燒一切。

燧人等者燧者出火物也。此土先古燧人能出火故後名出火物名之為燧。燧字統云夜為烽晝為燧非今正意。鄭玄云金燧者火鏡也。木燧者火鑽等。論語云鑽燧改火四時不同。大經云因燧因鑽因手因乾草四法和合故有火生。今文語略但云燧人。止觀如鑽觀境如燧助道如草運功如手。斷惑性顯猶如火出。自既除惑亦能利他名燒一切。

○三合。

心亦如是具一切五陰性雖不可見不得言無。以智

眼觀具一切性。
○次破他四先總破次別破。此卽總也。
世間人可笑以其偏聞判圓經涅槃明佛知衆生有佛性判爲極常法華明佛知一切法如是性判爲無常豈可以少知爲常多知爲無常。又法華云佛知一切法皆是一種一性此語亦少何故判爲無常。
自古共許涅槃爲常住宗以法華經不明佛性則非常宗故今破之。
○次別破。
又有師判法華十如前五如屬凡是權後五屬聖爲

實依汝所判則凡無實永不得成聖聖無權非正徧知此乃專輙之說誣佛慢凡耳。
判法華十如不應分之各明權實。
○三引經破例。
又涅槃明一切衆生悉有佛性而言是常淨名云一切衆生卽菩提相判是無常若佛性菩提相異者可一常一無常若不異者此判大謬。
○四引喻例明
如占者見王相王性俱得登極佛性菩提相何故不同。

○三釋如是體。
如是體者主質故名體此十法界陰俱用色心爲體質也。
體力等餘意可見思之。
○四釋如是力三初法。
如是力者堪任力用也。
○次譬。
如王力士千萬技能病故謂無病差有用。
○三合。
心亦如是具有諸力煩惱病故不能運動如實觀之

具一切力。
煩惱病故等者且約四聖力用以說若準通意凡有心者莫不堪任十界用故。
○五釋如是作。
如是作者運爲建立名作若離心者更無所作故知心具一切作也。
○六釋如是因。
如是因者招果爲因亦名爲業十法界業起自於心但使有心諸業具足故名如是因也。
○七釋如是緣。

如是緣者。緣名緣由助業皆是緣義。無明愛等能潤於業。即心爲緣也。
○八釋如是果。
如是果者。尅獲爲果。習因習續於前。習果尅獲於後。故言如是果也。
○九釋如是報。
如是報者。酬因曰報。習因習果通名爲因。牽後世報。此報酬於因也。
○十釋本末究竟三。初約空論等。
如是本末究竟等者。相爲本。報爲末。本末悉從緣生。

緣生故空。本末皆空。此就空爲等也。
○次約假論等。
又相但有字。報亦但有字。悉假施設。此就假名爲等。
又本末互相表幟。覽初相表後報。覩後報知本相。如見施知富。見富知施。初後相在。此就假論等也。
○三約中論等。
又相無相。無相而相。非相非無相。報無報。無報而報。非報非無報。一一皆入如實之際。此就中論等也。
○次類釋四。先束。
二類解者。束十法爲四類。

次類解者。卽別解也。應約十界別別明之。相繁難見。故束明也
○次明四。初三途類。
三途以表苦爲相。定惡聚爲性。摧折色心爲體。登刀入鑊爲力。起十不善爲作。有漏惡業爲因。愛取等爲緣。惡習果爲果。三惡趣爲報。本末皆癡爲等。
○次三善類。
三善表樂爲相。定善聚爲性。升出色心爲體。樂受爲力。起五戒十善爲作。白業爲因。善愛取爲緣。善習果爲果。人天有爲報。應就假名。初後相在爲等也。

○三二乘類。
二乘表涅槃爲相。解脫爲性。五分爲體。無繫爲力。道品爲作。無漏慧行爲因。行行爲緣。四果爲果。旣後有田中不生。故無報云云
涅槃者。卽無餘也。其法麤者名之爲相。言解脫者。謂法樂也。其法細者名之爲性。得無餘者可表二乘。得法樂者性必無改。五分爲體者。亦是色心。以戒爲色。餘者爲心。分謂支分。五法和合名爲法身。身卽體也。言五法者。謂道俱戒。事理諸定。無漏正慧。二種解脫。及了解脫智。廣解如論。無繫爲力者

擇滅離於三界繫也。修二乘者必有是力。旣後有田中不生者未來生陰名爲後有。陰復生陰名後有田。若入無餘無生處故。故名不生。論云本有中有當有。當有卽後有也。以無生故。故名無報。田是生義。此問古者以獵爲畋。畋者取狩也。則四時不同。春蒐夏苗秋獮冬狩。今以能生五穀爲田。擬昔之畋。故爾雅云。田者地也。卽取五穀之處也。卽是無復來報生處。大經三十四云。黑業黑報。白業白報。雜業雜報。非白非黑業非白非黑報。非白非黑名爲無漏。迦葉難言。世尊先說無漏無報。今云何

言不白不黑報耶。佛言。義有二種。一者亦果亦報。二者惟果無報。黑等三業亦果亦報。黑等因生故得名果。能作因故。故亦名報。無漏因生故名爲果。不作他因故不名報。果卽是習果。報卽報果。從習因生故云從因至報。方能爲他作因。今此無漏惟果無報。是故無漏不受來報。卽不生義也。

○四菩薩佛類。

菩薩佛類者。緣因爲相。了因爲性。正因爲體。四弘爲力。六度萬行爲作。智慧莊嚴爲因。福德莊嚴爲緣。三菩提爲果。大涅槃爲報。云云

問。總中旣以色心爲體。此中但以正因爲體。何故闕色。答。圓釋正因。祇是色心。如苦道爲正因。非全心也。況修德性德竝不離色心。

○三重約因緣作逆順釋。

因緣有逆順。順生死者有漏業爲因。愛取等爲緣。逆生死者。以無漏正慧爲因。行行爲緣。俱損生破惑。順界外生死。亦以無漏慧爲因。無明等爲緣。若逆生死卽以中道慧爲因。萬行爲緣。俱損變易生死。故因緣旣爾。餘者逆順準此可知。

因緣有順逆者。重約因緣作逆順釋。以義便故。可

例餘法。順界內外。如四趣等。逆界內法。如前二乘。順界外法。亦如二乘。但以無明爲緣有異耳。至界外時。界內行息。則須界外無明潤生故也。逆界外法。如菩薩佛。又菩薩類多種不同。如後說。逆界外法。旣以中道爲因。當知皆取破無明位。言餘至準此可知者。相性體三。但是總說因緣之意。力者。但是因緣功能。作者是預說因緣運用。果報祇是因緣習果及報果耳。故知畧說。卽以因緣爲本。廣說始終。故須明十。是故界外皆取破無明位。

○四約現生故論九論十。

若依聲聞但九無十。若依大乘三佛義佛有報身。若依斷惑盡義。則無後報。九之與十。斟酌可解。

若依大乘三佛者佛有報身故名爲報。具如玄文。約現生後論九論十。及以斷惑盡義等也云云 又如大瓔珞第八。惠眼菩薩問文殊言。如來相好。爲有報耶。爲無報耶。文殊言。如來色身有報。法身無報。惠眼復問。去貪欲內心淨獲大果。六度之法。非無相報。如何而得成法身耶。文殊言。如來法身有耶無耶。慧眼曰。色身是有。法身是無。如我觀察。如來身者非報非無報。據此應以四句分別。謂色有

報。法無報。事亦報亦無報。理非報非無報。故不應以無報爲定。

○次釋十界假名十如。

衆生世間旣是假名。無體分別攬實法假施設耳。所謂惡道衆生相性體力究竟等云云。善道衆生相性體力究竟等。無漏衆生相性體力究竟等。菩薩佛法界相性體力究竟等。準例皆可解。

明衆生世間但假實異。餘如前說。

○三釋十界國土十如。

國土世間亦具十種法。所謂惡國土相性體力等云云。善國土無漏國土佛菩薩國土相性體力云

明國土者應以四土橫豎銷釋。具如淨名疏中云。彼明隨見不同。此明所依各異。今論當分所居各別。若如玄文用教多少。今所未論。故淨名疏四土相望十種差別。以銷天器飯色不同。前九正當今文世間義也。一同居自異。二同居與方便不同。三方便自異。四方便與實報不同。五十報自異。六實報與下品寂光不同。七與中品寂光不同。八與上品寂光不同。九諸土總對寂光不同。十諸土非垢寂光非淨。前九正明諸土不同。第十但明諸土體耳。

土雖差別不異寂光。寂光雖寂不異諸土。今文不論諸土體者。爲成世間差別義故。於同居中別開善惡者。今文爲明十界所依各各不同。向應須明十土相別。且合六道以爲善惡。如釋十如亦合四趣。及合人天無漏即是方便土也。佛菩薩土者義通三土。佛則惟在上品寂光。

○四結成理境三初正明。

夫一心具十法界。一法界又具十法界百法界。一界具三十種世間。百法界即具三千種世間。此三千在一念心。若無心而已。介爾有心即具三千。亦不言一

心在前一切法在後亦不言一切法在前一心在後如前所釋本在一心圓融三諦既已開釋恐人生迷故重結之令人一念當知身土一念三千故成道時稱此本理一身一念徧於法界言無心而已者顯心不無言介爾者謂剎那心無間相續未曾斷絕纔一剎那三千具足準八相喻思之可知若具三千即具三德故金光明第一云依於法身初發心時顯現不退心金剛心如來心不退即解脫心也金剛即般若心也如來即法身心也故知因心果體具足又介爾者介者弱也詩云介爾景福

謂細念也但異無心三千具足故大師於覺意三昧觀心食法及誦經法小止觀等諸心觀文俱以自他等觀推於三假並未云一念三千具足乃至觀心論中亦秖以三十六問責於四心亦不涉於一念三千惟四念處中畧云觀心十界而已故至止觀正明觀法並以三千而為指南乃是終窮究竟極說故序中云說已心中所行法門良有以也請尋讀者心無異緣問此三千為初心觀後心亦觀答初後不二問凡夫心中具有諸佛菩薩等性容可俱觀中心後心界如漸減乃至成佛惟一佛

界如何後心猶具三千答一家圓義言法界者須云十界即空假中初後不二方異諸教若見觀音玄文意者則事理凡聖自他始終修性等意一切可見彼文料簡緣了中云如來不斷性惡闡提不斷性善點此一意衆滯自銷以不斷性善故緣因本有彼文云了是顯了智慧莊嚴緣是資助福德莊嚴由二為因佛具二果元此因果本是性德性德緣了本自有之今三千即空性了因也三千即假性緣因也三千即中性正因也是故他解惟知闡提不斷正因不知不斷性德緣了故知善惡不

出三千彼又問云既有性德善亦有性德惡不答具有問闡提與佛斷何等善惡答闡提斷修善但有性善在如來斷修惡但有性惡在問性德善惡何以不斷答性德但是善惡法門故不可斷一切世間無能毀者如魔燒經卷豈能令於性法門盡縱燒惡譜亦不能令惡法門盡問闡提不斷性善故後時還起善如來不斷性惡故應當後時還起惡答闡提不達性惡故後時還起於修惡不了於性善故後時還為修善染是故修善還得起即以修善治修惡則令修惡不得起佛雖不斷於性惡

而能了達於性惡而於惡法得自在不爲修惡之所染是故修惡不得起故佛永無於修惡自在用於惡法門闡提若能達修惡則與如來無差別故知於善於惡善達修性於修照性以性了修能知此者方可與論性德三因生死涅槃煩惱菩提十二因緣即是三德如是無量理無不通彼文又問闡提斷善盡爲黎耶所持一切諸種子爲內外所熏更能起善者此識旣無記與眞如何別又此種子住在何處而不早熏故知權說非爲了義若有說言佛起神通現惡化物此作意通同彼外道及

二乘通不同明鏡任運現像若大經三十二云或有佛性闡提人有善根人無古師謂是惡境界性或有佛性善根人有闡提人無古師謂爲緣因性也復有佛性二人俱有古師謂爲正因性也復有佛性二人俱無古師謂爲了因性也如此釋者亦別教意不了義說若了義者應云闡提善人俱有性德而闡提無修善善根人有闡提有修惡善根人無二人俱無無不退性未入似位故也

○次擧例

例如八相遷物物在相前物不被遷相在物前亦不被遷前亦不可後亦不可秖物論相遷秖相遷論物

如八相遷物者相爲能遷物爲所遷俱舍頌云此謂生生等於八一有能謂本四相及隨四相名之爲八大相名本小相名隨以此八故令一切法成有爲相言生生者所爲小生生大生等等謂等於餘之三相謂小住住大住小異異大異小滅滅大滅於八一有能者通無窮難所謂小相於一有能能相大相大相於八有能謂一大相起時必與三大相及四小相俱起并一本法故云於八餘三大相各亦如是故此八相望於本法不前不後心具

三千亦復如是三千如八相一心如本法

○三合譬

今心亦如是若從一心生一切法者此則是縱若心一時含一切法者此即是橫縱亦不可橫亦不可秖心是一切法一切法是心故非縱非橫非一非異玄妙深絕非識所識非言所言所以稱爲不可思議境意在於此云云

一念尙無誰論橫竪當知一念心中此三千法實非橫竪非識是不思非言是不議故大經三十三云佛性者不名一法不名十法不名百法不名千

法不名萬法未得菩提時一切善惡無記皆名佛
性經文既云非一乃至非萬復云善惡無記即是
佛性善惡無記即三千也故知三千非三千具足
三佛性也下文結成三諦等義並依理境若無理
境約誰論諦問此不思議還秖次第以釋十界與
思議何別答其實無別思議乃作從心生說不思
議作一心具說以生顯具何須更問
○次明修德不思議境即是自行須明行相故以
問答推檢而爲行體如前理性本無性過約修門
說須明離計故約四性以爲徵問然此問中且約

所起對理自具而爲研覈其實但推本具理心恐
生計故故須此覈故下答文但離橫等四句執竟
還歸本理一念三千又此問答亦名料簡前云理
性又云修具即名推檢而爲料簡無復別途又此
理具變爲修具一一修具無非理具所以將理對
修料簡令識修具全是理具乃達理具即空即中
故妙境初文章安料簡云法性自爾非作所成如
一塵中有大千經卷故知章安深領玄旨文分二
初明自行不可思議二初約四性徵問
問心起必託緣爲心具三千法爲緣具爲共具爲離

具若心具者心起不用緣若緣具者緣具不關心若
共具者未共各無共時安有若離具者既離心離緣
那忽心具四句尚不可得云何具三千法耶
○次約破計答釋三初約橫豎等破四初約橫破
五初約二論師所起計相
答地人云一切解惑眞妄依持法性法性持眞妄眞
妄依法性也攝大乘云法性不爲惑所染不爲眞所
淨故法性非依持言依持者阿黎耶是也無沒無明
盛持一切種子
答者然此破性不同三教前之三教或約違理或

約事行或約俗諦推因緣法生即無生今此不爾
約理本無四性計相凡情易執約執破性寄二論
破者論隨教道順物機緣恐迷者執權即成性過
故寄破之令成圓極言無沒無明者即阿黎耶識
無始恒有故云無沒沒謂失沒恒不失故不同俱
生及現行等
○次示各計人以成過相
若從地師則心具一切法若從攝師則緣具一切法
此兩師各據一邊
心成自性緣即他性

○三約自他所計互破。二。先以他破自。
若法性生一切法者。法性非心非緣。非心故而心生一切法者。非緣故亦應緣生一切法。何得獨言法性是眞妄依持耶。
法性非心非緣者。還舉其所計。准理破之。法性之理既非心緣。地人所計。義當於心。法性非心。若許心具。法性非緣亦應緣具。何得不許攝論黎耶。此即破地師也。
○次以自破他。
若言法性非依持。黎耶是依持。離法性外。別有黎耶

依持則不關法性。若法性不離黎耶。黎耶依持。即是法性依持。何得獨言黎耶是依持。
還以道理破其所計。法性之外。無別黎耶。若許黎耶依持。則許法性依持。若不關者。義理乖各。是故不關義必不成。若即是者。何得不許法性依持。此破攝師也。
○四引經論示計有過。二。先違經。
又違經。經言非內非外。亦非中間。亦不常自有。
○次違論。
又違龍樹。龍樹云。諸法不自生。亦不從他生。不共不無因。
經論皆云。非內非外等。及非自他等。二論師何得各計一邊。經即大品文也。
○五約譬檢過。四。先定之。
更就譬檢。爲當依心故有夢。依眠故有夢。眠法合心故有夢。離心離眠故有夢。
○次徵責。
若依心有夢者。不眠亦有夢。若依眠有夢者。死人如眠應有夢。若眠心兩合而有夢者。眠人那有不夢時。又眠心各有夢。合可有夢。各既無夢。合不應有。若離

心離眠而有夢者。虛空離二。應常有夢。
○三結成無生。
四句求夢。尚不得。云何於眠夢見一切事。
○四合法。
心喩法性。夢喩黎耶。云何偏據法性黎耶。生一切法。當四句求心不可得。求三千法。亦不可得。
恐寫者誤。喩中既以眠心相對。今合應云。心喩法性。眠喩黎耶。夢事則喩生一切法。縱使眠人。亦有不睡時者。秖應改云睡喩黎耶。若言睡人亦有不夢時者。今文但取夢時爲喩。四句推夢。雖不可得

而夢事不無若爲他說還依四句不可順計言自他等此之三千亦復如是二師何得各計一邊然雖破計說必順機何但說爾觀亦隨宜故觀心論中觀於一句各生三十六法良由於此已明橫破竟

○次約豎破

旣橫從四句生三千法不可得者應從一念心滅生三千法耶心滅尚不能生一法云何能生三千法耶若從心亦滅亦不滅生三千法者亦滅亦不滅其性相違猶如水火二俱不立云何能生三千法耶若謂

止觀輔行卷十九　三二

心非滅非不滅生三千法者非滅非不滅非能非所云何能所生三千法耶

初之橫破但約黎耶法性以爲內外已異藏通藏通但約心境等生滅乃至非生非滅相望名豎此中則以三千四計爲生以四句推三千叵得爲滅故此生滅尚異於別豈況藏通故知若計黎耶及法性等乃成別義今欲明圓是故須破此之四句亦是爲防轉計故說推亦生亦滅者單生單滅破破不生故轉計雙共生諸法故須破之各旣不生二不生合云何能生故云其性相違猶如水火水火和合二俱損壞何能生法破第四句者滅爲能生不滅爲所旣云雙非卽無能所云何更生三千法耶

○三雙亦破

亦縱亦橫求三千法不可得

亦橫亦豎者前兩四句單約橫豎旣被推破又恐雙計橫豎能生故復更推言亦橫亦豎者於豎四句一一計橫初句計四卽初文是滅句計四者云自滅生他滅生共滅生無因滅生第三第四準此可解計相旣爾破亦準知此是以橫織豎而爲計

止觀輔行卷十九　三三

相若總論者謂橫及豎方生諸法破亦準知

○四雙非破

非縱非橫求三千法亦不可得

言非橫非豎者單約雙計旣皆被破便謂俱離生三千法俱合尚不能生三千俱離云何能生法耶問雙非心性其相如何答橫計是生豎是生滅雙是秖是是生是滅雙非秖是雙非生滅心體其實未契雙非但是計此謂爲能生是故須破旣不可以橫豎等生生卽無生

○三結成不思議境

言語道斷心行處滅故名不可思議境。
前雖結成理性境竟若不推檢何殊鳥空。此即結成修德境也。
○三引大經證。
大經云。生生不可說。生不生不可說。不生生不可說。不生不生不可說。即此義也。
此生生等四不可說義意含故。故總引證前兩四句皆不生也。生生等文已成豎竟若證橫者生生秖是自。生不生秖是他。不生生秖是共。不生不生秖是離。第三秖是俱計橫豎。第四秖是雙非橫豎。

但證初二。即證三四。問。前理性境及前章安料簡文中皆云一心。任運具足。今此何得對緣推耶。答。今此正推一念起心已具三千。故推此具為心為緣。若推此起。起不可得。念與三千並不可得。不得而得三諦宛然。
○次明化他不可思議。六。初結前生後。結前自行生後化他。自行若滿必有化他。故引多義結前生後。又分為三。初正明結前生後。
當知第一義中一法不可得。況三千法。世諦中一心尚具無量法。況三千耶。

初約二諦也。第一義諦結前自行。推法不生。若世諦者欲為他說。說必四句。以生三千。亦是舉況明有三千可為他說。
○次引證前生後二。初引佛告德女。
如佛告德女。無明內有不。不也。外有不。不也。內外有不。不也。非內非外有不。不也。佛言。如是有。
○次引大論大經
龍樹云。不自不他不共不無因生。大經生生不可說乃至不生不生不可說。有因緣故亦可得說。謂四悉檀因緣也。

即大品中佛告德女。世尊問。德女答。答文並是結前自行。佛言如是有者。生後化他。次引龍樹及更引大經四不可說。以結前有因緣故。以生後。即有利他因緣故也。
○三釋前諸文結前生後。
雖四句冥寂慈悲憐愍於無名相中假名相說。
四句冥寂釋前自行以結前。慈悲憐愍釋前化他以生後。若聖若凡。凡欲利他皆須四句橫豎破執。乃可四句慈悲為他。然此為他與後起教。其義不同。彼惟實報八相被物。發起權實施開廢等。此惟初心依理生解無性執已爲他四說亦通後心仍在習果無生忍位四執實破赴物說四問前自行中具破四性今此化他何故各一答受化之徒還成自行何故與前自行不同答聖人設化逗彼所宜受者成觀實離四執若其執自佛豈增執而爲說耶餘之三句準此應知

○次正明逗物二初依四悉檀作四句說即十六番說化他境化他偏破故列十六若彼受者隨用一句或二三四觀心論中徧約四性各三十六問者爲偏責故偏生法故仍畧四悉直舉自等今但

約四悉望彼仍總文爲四今初約世界作四句說二初徵釋

或作世界說心具一切法聞者歡喜如言三界無別法惟是一心造即其文也或說緣生一切法聞者歡喜如言五欲令人墮惡道善知識者是大因緣所謂化導令得見佛即其文也或言因緣共生一切法聞者歡喜如言水銀和眞金能塗諸色像即其文也或言離生一切法聞者歡喜如言十二因緣非佛作非天人修羅作其性自爾即其文也

○次結成

此四句即世界悉檀說心生三千一切法也

若言心具心即是自善知識者即是他也以水銀他和眞金自即是共也自爾秖是無因異名此四皆須順歡喜義成世界悉

○次約爲人作四句說二初徵釋

云何爲人悉檀如言佛法如海惟信能入信則道源功德母一切善法由之生汝但發三菩提心是則出家禁戒具足聞者生信即其文也或說緣生一切法如言若不值佛當於無量劫墮地獄苦以見佛故得無根信如從伊蘭出生旃檀聞者生信或說合生一

切法如言心水澄清珠相自現慈善根力見如此事聞者生信即其文也或說離生一切法如言非內觀得是智慧乃至非內外觀得是智慧若有住著先尼梵志小信尚不可得況捨邪入正聞者生信即其文也

○次結成

是爲爲人悉檀四句說心生三千一切法也

言惟信者信即是自云但發心發心是自若云見佛佛即是他自珠待他水清即共也又他慈善根令我自見亦共也非內非自非外非他即無因也

先尼者以證四句無著即屬於離離即無著若有著者如先尼梵志於小乘中生信尚難況復大乘大論四十七云若佛法中有微法而可得者先尼於一切法中終不生信云何生信信不若波羅蜜不以有相不以無相不取相故住信行中論問此中何故引先尼耶答此經種種因緣說法空乃至無有微相可得人心疑怪不信此理難見是故須菩提引小乘中尚有法空況大乘法論文引意先尼有著信小乘法空尚難況信大乘法空小乘法空如阿含中是老死誰老死也餘二悉比知

○三約對治作四句說二初徵釋

云何對治悉檀說心治一切惡如言得一心者萬邪滅矣即其文也或說緣治一切惡如說得聞無上大慧明心定如地不可動即其文也或說因緣和合治一切惡如言一分從思生一分從師得即其文也或說離治一切惡我坐道場時不得一切法空拳誑小兒誘度於一切即其文也

○次結成

是為對治悉檀心破一切惡

○四約第一義作四句說二初徵釋

云何第一義悉檀心得見理如言心開意解豁然得道或說緣能見理如言須臾聞之即得究竟三菩提或說因緣和合得道如快馬見鞭影即得正路或說離能見理如言無所得即是得已是得無所得

○三結成

是名第一義四句見理何況心生三千法耶

○次明佛意體性自他相即

佛旨盡淨不在因緣共離即世諦是第一義也

明佛意體性即明自行化他相即不在因緣等即是第一義即化他心不乖自行故即世諦是第一

義諦

○三明四句可說二初法說

又四句俱皆可說說因亦是緣亦是共亦是離亦是

○次約譬重說體性相即

若為盲人說乳若貝若粖若雪若鶴盲聞諸說即得解乳即世諦是第一義諦

為盲四說貝第俱是如前四四一十六說皆契悉檀故云見乳即世諦者以法結譬

○四結意

當知終日說終日不說終日不說終日說終日雙遮

終日雙照即破即立即立即破。經論皆爾。

不說即默。即是終日說默相即。終日雙非說默。終日雙照說默。破即不說。立即四說。又破即雙遮。立即雙照。經論者。如前所引。

⊖五重伸兩論本意二。先明失。

天親龍樹內鑒泠然。外適時宜。各權所據。而人師偏解。學者苟執。遂興矢石。各保一邊。大乖聖道也。

論主逗機。各演一門。論師各執。偏弘成諍。致使後學。情見不同。矢石者。如箭矢射石。義非相入。以各計故。不入圓理。如彼矢石。

○次明得。

若得此意。俱不可說。俱可說。

若約二論論主元意。及得今文悉檀之意。四俱可說。據理俱不可說。雖不可說。如前一十六番並是隨宜而說。

○六明教門大體五。初因緣和合。

若隨便宜者。應言無明法法性。生一切法。如眠法法心。則有一切夢事。心與緣合。則三種世間三千相性。皆從心起。

逗物雖用適時之變。佛出世意。教門大體。皆是因緣和合。乃生諸法。是則若自若他若無因等。皆屬於共。故今復依大體而說。故云無明法法性。無明是暗法來法於法性。如丹是藥法來法於銅等。因緣和合。有成金用。是則無明為緣。法性為因。明暗和合能生諸法。自行猶觀染因緣生。化他則以淨因緣生。自他相對則以染淨和合因緣而生。又自行染有內有。內謂無明。外謂他境。以內具故。他境能熏。故觀所熏。惟見理具。若觀理具。則識真如。常熏內具。諸論教道。不見此實。雖內外熏。以立種義。不了新熏本有之意。是故種子。但同其初。故是教

道非真實說。今觀此等。染淨雖殊。即理無別。秖約此因緣。而推多種自他共等。其理不殊。故知凡推四句之法。皆推諸法已和合性。所以推一至理。染淨緣起。因邊緣邊。各不能生。二不生合。故無生理和合。尚無。離二焉有。不有而有。三諦宛然。

○次釋和合性。

一性雖少而不無。無明雖多而不有。

一性雖少而不無者。為緣成法。生一切。故無明雖多而不有者。推此性故。一法亦無。不少不多。妙理斯在。

○三重釋上句。
何者指一爲多。多非多。指多爲一。一非少。
指法性爲無明則多非多。指無明爲法性則一非少。
○四結化他妙境
故名此心爲不思議境也。
○五依教體歷境之相。卽還依教體歷前三科。三種世間。及界如等。專云妙境。三諦之相雖先約識心。至此且總結成三諦。知其陰等皆是妙境。文分二。初正明二。初歷前心造諸法。

若解一心一切心。一切心一心。非一非一切。
○次歷前五陰
一陰一切陰。一切陰一陰。非一非一切。
○三歷前十二入
一入一切入。一切入一入。非一非一切。
○四歷前十八界。
一界一切界。一切界一界。非一非一切。
三科卽是五陰世間。
○五歷前衆生世間
一衆生一切衆生。一切衆生一衆生。非一非一切。
○六歷前國土世間
一國土一切國土。一切國土一國土。非一非一切。
○七歷前三處十如
一相一切相。一切相一相。非一非一切。乃至一究竟一切究竟。一切究竟一究竟。非一非一切。
○次結
徧歷一切皆是不可思議境。
○次以教體意結前所歷成三諦等。文爲十。初文卽是結成三諦二。初結。
若法性無明合有一切法陰界入等。卽是俗諦。一切

界入是一法界。卽是眞諦。非一非一切。卽是中道第一義諦。
○次例。
如是徧歷一切法無非不思議三諦云云
○次結成三觀二。初結。
若一法一切法。卽是因緣所生法。是爲假名假觀也。若一切法卽一法。我說卽是空。空觀也。若非一非一切者。卽是中道觀。
○次釋向三觀成總相
一空一切空。無假中而不空。總空觀也。一假一切假。

無空中而不假總假觀也一中一切中無空假而不中總中觀也卽中論所說不可思議一心三觀歷一切法亦如是

非但空空亦空假中假中亦然若淨名疏亦名總相三觀之相與今意別故彼文云有三種三觀一者別相卽別教也二者通相亦名總相語似今文其意則別彼但是方等部中通相之意如觀衆生品等三觀雖空三觀猶別如佛道爲假入不二門爲中其意亦然三一心三觀正當今總

○三結成三智例上下卽以權實例於三觀亦應

如前對三法竟次明總相故云一權一切權等又二初結

若因緣所生一切法者卽方便隨情道種權智若一切法一法我說卽是空卽隨智一切智若非一非一切亦名中道義者卽非權非實一切種智

○次釋向三智成總相

例上一權一切權一實一切實一切非權非實徧歷一切是不思議三智也

○四結成三語

若隨情卽隨他意語若隨智卽隨自意語若非權非實卽非自非他意語徧歷一切法無非漸頓不定不思議教門也若解頓卽解心心尚不可得云何當有趣非趣若解漸卽解一切法趣心若解不定卽解是趣不過

能說名語被物成教故以漸等三止觀教結之故云無非漸等故此三止觀卽是三語隨他是漸隨自是頓隨自他是不定前大意中於一圓頓結示三種止觀之相今妙境中收三止觀同一圓頓故以此三會於三觀及三語等由有教故令趣入故以三趣對於三教合不可得及趣非趣爲頓一

切法中開對漸及不定是故屬假前一一文皆先正結次例諸法惟此三起闕例諸法

○五會異

此等名異義同軌則行人呼爲三法所照爲三諦所發爲三觀觀成爲三智教他呼爲三語歸宗呼爲三趣得斯意類一切皆成法門

此不思議秖是妙境何故乃云亦是三觀乃至三趣等耶故更會之妙境不殊得名處別名處雖別同歸一理軌秖是法以三軌則之使始終不改故名爲法法卽所照故立諦名三軌所發以立觀名

智望於觀因果乃殊同是所發所發成果故能敎他敎他未嘗不與法俱敎他旣滿自他歸宗名之爲趣

○六誡勸

種種味勿嫌煩云云

○七舉譬以譬於境四初如意珠喩二初正舉喩

如如意珠天上勝寶狀如芥粟有大功能淨妙五欲七寶琳琅非內畜非外入不謀前後不擇多少不作麤妙稱意豐儉降雨穰穰不添不盡

前文以三千等別明理性乃至十界別含權實前文雖以八相爲譬別爲破於心法前後雖有夢譬別爲破於四句計性故今正用珠譬妙境卽總譬於前來理性自他橫豎及結成等今珠義者第一義天天然理體卽勝寶也性無雜染名之爲淨無非佛法故名爲妙在一刹那故云芥粟大論云古佛舍利狀如芥粟能滿自他菩提妙果名大功能珠中所雨不增八欲生一切願從希須邊故名爲欲欲不出五故總舉五又理爲四弘所緣之境故名怖須七寶者謂金銀瑠璃車渠瑪瑙珊瑚虎珀寶不出七故並舉之卽譬無作道品寶具陀羅尼也珍寶名琳似寶名琅有云琅玕璆琳皆石似玉今且依前眞似二寶皆生於珠卽正助二門不出於理非自性故非內畜非他性故非外入旣離自他卽無共離故但兩句不云三四從不謀去有化他用非縱故不謀前後非橫故不擇多少任運施化名爲不謀稱機設逗名爲不擇雖五味不同而祕密不定故縱而不縱雖諸敎不同而適時增減故非多非少若機若應並非權非實故云不作麤妙觸緣斯現故云稱意豐儉多名爲豐少名爲儉益物不窮故降雨穰穰穰穰福也乃至依正珠亦

雨之雨字去聲呼自天而降曰上聲降之所被曰去聲大經云無上法雨雨汝心田非本無今有故不添非本有今無故不盡若自若他皆不出三諦下之二喩擬此可知單銷譬事意則可見故値對理以明體用

○次以色況心

蓋是色法尙能如此況心神靈妙寧不具一切法耶

珠是色法世福所感尙能如是況復心神不思議境故大論十一云此珠隨念能出四事及音樂等

○次三毒喩二初正舉喩

又三毒惑心。一念心起。尙復身邊利鈍。八十八使。乃至八萬四千煩惱。若言先有。那忽待緣。若言本無。緣對卽應。不有不無。定有卽邪。定無卽妄。當知有而不有。不有而有。

言定有定無等者。定有謂巳具。定無謂永闕。若謂巳有。如倉中盛物。若謂永無。如沙中無油。故並不可。

○次以粗況妙

惑心尙爾。況不思議一心耶。

○三夢喩爲三。初總舉夢事二。初正明。

又如眠夢見百千萬事。豁寤無一。況復百千。未眠不夢。不覺。不多不一。眠力故謂多。覺力故謂少。

○二引莊周夢證。

莊周夢爲蝴蝶。翾翔百年。寤知非蝶。亦非積歲。

夢事如三千。豁悟如一念。未眠如法性。法性非無如不覺。法性非有如不夢。不夢故不多。不覺故不一。無明眠故。謂之爲多。覩一念故。謂之爲少。無明與一念。不出法性。故非多非少。莊周夢喩亦復如是。無明如夢蝶。三千如百年。一念無實。猶如非蝶。三千亦無。如非積歲。翾小飛。翔迴飛也。郭璞云。布翅翾翔。

○次以譬帖合。

無明法法性。一心一切心。如彼昏眠。達無明卽法性。一切心一心。如彼醒寤 云云

合文猶略。無明法法性。合夢蝶。一心一切心。合百年。達無明卽法性。合悟知非蝶。一切心一心。合非積歲。言云云者。長非長。故夢非夢。短非短。故悟非悟。故以心性爲不思議境。彼論齊物。一夢爲短而非短。百年爲長而非長。今借喩妙境。理稍可通。若均山毫。等鳧鶴。恐未可也。具如論衡范贊與靜泰。論於齊物。貸屈於泰者。以齊物無理故也。

○三安樂行人

又行安樂行人。一眠夢初發心。乃至作佛。坐道場。轉法輪。度衆生。入涅槃。豁寤秖是一夢事。

安樂行人夢喩。比莊周夢意亦可知。

○四勸信

若信三喩。則信一心。非口所宣。非情所測。

言三喩者。一如意珠。二三毒。三三夢。非口爲不議。非情爲不思。信此三喩。卽信一念不思議境。

○八明境功能。

此不思議境何法不收此境發智何智不發。
○九例九滿足良由於境。
依此境發誓乃至無法愛何誓不具何行不滿足耶。
明例九法皆滿足等良由於境。
○十收入一心總爲觀境。
說時如上次第行時一心中具一切心云云
如前所明事理自他並在一念說必如上行無先後。
○次明眞正發菩提心初起大志道趣所期名之爲發不依教道爲眞依三諦理名正菩提即是所期之果妙境即是所行之路心即能行能趣有情以無始來隨逐塵染不知無緣體徧法界惟隨妄我慮知之執今依聖教從迷反迷故名爲發制此慮知令上求下化復名爲發此中文四義惟有二所謂慈悲意在極果若從利他意在徧益問應先起誓後觀妙境何故境後方云發心答境前非不發心具如五畧中意今發重爲成觀故須緣理益他文分二先牒。
二發眞正菩提心者。
○次釋於中二初約教二初別釋四先悲次慈若從名便應先慈次悲今從行便故先悲次慈必先離苦方與樂故理無先後文且附事初釋悲中二先明誓境於中二先總牒前妙境。
既深識不思議境知一苦一切苦。
牒前妙境故云一苦一切苦苦集二苦俱名爲苦義攝十界秖在一念故云一苦一切苦不明妙境一念三千如何可識一攝一切三千不出一念無明是故惟有苦因苦果由知無明秖是法性是故起悲。
○次歷境思惟爲起誓之由亦先寄次第方解妙境初文爲三初歷三途四初文即是明昔來所起三途之因。
自悲昔苦起惑耽湎麤弊色聲縱身口意作不善業
○次明三途因招三惡果。
輪環惡趣縈諸熱惱身苦心苦而身毀傷。
○三明今世復起三途之因。
而今還以愛繭自纏癡燈所害。
三界之集亦不出於癡愛兩心恒爲所誤喻蠶喻蛾
○四明驚歎。

百千萬劫。一何痛哉。

○次歷人天四。初明無道滅。但有人天二。初明相心。

設使欲捨三途。欣五戒十善。相心修福。

設謂假設。常在流轉。假使欲捨。但欣戒善。不求無漏。名爲相心。

○次舉譬明過。

如市易博換。飜更益罪。似魚入笱口。蛾赴燈中。狂計邪黠。逾迷逾遠。渴更飲鹹。

如市易去。並喻相福。反更益罪。若修相福。得人天

樂。換三途苦。復有此樂。得三途苦。易人天樂。杜延業云。福有五種。一曰壽福。二曰富福。三曰康寧福。四曰攸好德福。五曰考終命福。此之俗儒。但知有福。而不辨所感。亦不云須戒。以爲受福之器。以福多故。招罪亦多。名爲更益。笱者。取魚器也。相心如魚。如蛾。相福如笱。如燈。相心感果。如入如赴。情想虛構。名爲狂計。非出世慧。名爲邪黠。逾猶越也。甚也。結集既厚。名爲逾迷。招苦必深。名爲逾遠。貪愛之心。乏眞理水。義之如渴。又相心修福。作五欲因。如更飲鹹。反增生死。如渴更甚。

○次明損道。

龍須縛身。入水轉痛。牛皮繫體。向日彌堅。盲入棘林。溺墮洄澓。

有相之福。如龍須牛皮。戒定慧三。如身如體。有相心修。如縛如繫。受人天果。如入如向。卻墮三途。如彌堅轉痛。故大論云。夫利養者。如龍須繩縛身入水。初損戒皮。次損定肉。後損慧骨。今由相福得人天利。失於三學。亦復如是。無明如盲。戒善如入。所感果報。如在棘林。有相心修。猶如不固。所獲相福猶如溺墮。生死難出。猶如洄洑。溺是墮水。洄洑者

逆旋流也。

○三歎無道滅。

把火抱炬。痛耶可言。虎尾蛇頭。悚焉悼慄。

一毫之善。本趣菩提。如操刀執炬。得其要柄。若以相心。如把火抱火。覩前相心。生死苦集。如履虎尾蛇頭等也。悚謂驚懼。悼者傷也。慄謂戰慄。以傷懼故。所以起誓。

○四自悲悲他。

自惟若此。悲他亦然。

文中斥於凡夫生死。亦兼斥於六度二乘。故下結

云今則非僞非𡚶三藏菩薩名雜𡚶也二乘六道名之爲僞故前簡非九縛一脫皆名爲非非即是僞。

○三歷二乘三初明但有一脫

假令隘路叛出怨國備歷辛苦絕而復蘇往至貧里傭賃一日止宿草菴不肯前進樂爲鄙事。

二乘因果亦成誓境穌者死而更生字或作穌或作穌並不從草從草者菜也三藏觀境不能即事名爲隘路故大經第二云聲聞緣覺猶如隘路不受二人並行色空相即故名爲並滅色從空故云

不並滅色之空名爲隘路修菩薩行義如公行背捨生死義如叛出煩惱生死損害涅槃是故如冤三界皆是生死住處名爲怨國周遍五道名爲備歷三界無安名爲辛苦失菩提願名之爲絕更發小志名爲復穌背大乘父名之爲往五塵求解如至貧里除煩惱糞求智慧錢名爲傭賃生死爲夜涅槃爲日小果息處名爲草菴未發大心名不肯前進揣度破惑名爲鄙事。

○次明愍傷之由

不信不識可悲可怪。

不信等者愍傷之由由二乘人背大向小是故愍傷方等以前未免生謗名爲不信方等雖聞不解不行名爲不識故迦葉云猶如盲人不知別惑是故可悲不識別理是故可怪又可悲之甚名之曰怪。

○三正明悲傷

思惟彼我鯁痛自他。

自傷傷他思惟是弘誓之始鯁痛是悲願習成鯁者謂魚骨鯁喉如是傷痛至甚之相也。

摩訶止觀輔行傳弘決卷第五之三

摩訶止觀輔行傳弘決卷第五之四

陳隋天台智者大師說　唐荊谿大師湛然傳弘決

門人章安大師灌頂記　明天台沙門傳燈增科

○次正明起誓三初起兩誓願

卽起大悲與兩誓願衆生無邊誓願度煩惱無數誓願斷

初約衆生起於初誓次約煩惱起於次誓若己若他並緣無始經歷之境故並約事以辨悲心及論發誓並須緣理故下諸誓皆約三諦三諦復須寄別顯總下慈誓意比此可知

○次正明誓相亦寄次第以辨不次三初文卽是空觀誓相

衆生雖如虛空誓度如空之衆生雖知煩惱無所有誓斷無所有之煩惱

○次假觀誓相

雖知衆生數甚多而度甚多之衆生雖知煩惱無邊底而斷無底之煩惱

○三中觀誓相

雖知衆生如如佛如而度如佛如之衆生雖知煩惱如實相而斷如實相之煩惱

一一觀相皆有兩誓誓願既廣苦集亦長

○三重釋誓相兼斥偏小二初斥小三先斥三藏

何者若但拔苦因不拔苦果此誓雜毒故須觀空

○次斥通教鈍根菩薩

若偏觀空則不見衆生可度是名著空者諸佛所不化

○三斥別教教道亦兼通教出假菩薩

若偏具衆生可度卽墮愛見大悲非解脫道云云

未得眞應猶同見愛二觀猶爲無明所縛名非解脫

○次顯正四初法

今則非毒非僞故名爲眞非空邊非有邊故名爲正

正明中道故雙非毒僞毒僞者如前已釋

○次譬

如鳥飛空終不住空雖不住空蹟不可尋

飛空不住空譬卽空而假雖不住去譬卽假而空

○三合

雖空而度雖度而空

度卽是假卽是空假不二故也

○四更以闕空帖合前譬

是故名誓與虛空共鬭。故名眞正發菩提心。即此意也。

○次釋慈二。初明誓境。二境中亦初總牒前妙境不思議樂。

又識不可思議心。一樂心一切樂心。

道滅二諦俱名爲樂。義攝四教。秖在一念。故云一樂一切樂。不說妙境。一念三千如何可識。一攝一切。三千不出一念法性。是故惟有樂因樂果。由知法性秖是無明。是故起慈。

○次別明誓境明無道滅

我及衆生昔雖求樂不知樂因。如執瓦礫謂如意珠。妄指螢光呼爲日月。

言昔雖等者。但求人天二乘之樂。明無滅也。而不知發菩提之心習諸佛法爲究竟樂因。明無道也。前悲誓中明無道滅義兼於此。故此文畧但舉譬云如執瓦礫。譬不識滅。妄指螢光。譬不識道。妄謂世間及小因果以之爲實。

○次依境起誓二。初起兩誓願。

今方始解。故起大慈興兩誓願。謂法門無量誓願知。無上佛道誓願成。

初約道諦起於初誓。次約滅諦起於次誓。

○次正明誓相。亦寄次第以辨不次分三。初文即是空觀誓相。

雖知法門永寂如空。誓願修行永寂。雖知菩提無所有。無所有中吾故求之。

○次假觀誓相

雖知法門如空無所有。誓願畫繢莊嚴虛空。雖知佛道非成所成。如虛空中種樹使得華得果。

○三中觀誓相

雖知法門及佛果非修非不修而修。非證非得。以無

所證得而證而得。

畫空種樹並思益文。中觀文中法門是標初誓。佛果是標次誓。非修等者釋初誓也。非證等者釋次誓也。中道之體雖非修證亦可修證。是故發誓自爲爲他。

○三顯正

是名非僞非毒名爲眞。非空非見愛名爲正。

此中圓教眞正發心。應約三教以簡毒僞。所謂非空及非愛見也。三教菩薩未證中道通名爲毒。兩教二乘及九非心通名爲僞。兩教二乘及以通別

入空菩薩俱名爲空。三教出假通名愛見。從初發
心常觀中道。故永不同毒僞空假。
○四結束三。初明誓願與境智相卽。
如此慈悲誓願與不可思議境智非前非後同時俱
起。
○次明智慧與慈悲相卽
慈悲卽智慧智慧卽慈悲。無緣無念普覆一切。任運
拔苦自然與樂。
智秪是解。依境生解依解起願。境爲所緣誓爲能
緣。以無緣慈悲緣不思議境。境名無緣誓名無念。

運此慈悲徧覆法界。故能任運拔苦自然與樂。
○三重總斥前次第慈悲
不同毒害不同但空不同愛見。
前二文後雖各斥竟。今二文竟復更總斥。
○次總結
是名眞正發心菩提義。自悲已悲衆生義皆如上說。
亦總結之義不異前故還指上。此中應具云慈悲。
單云悲者隨語便耳。又此四弘更互相資。一念具
足無前無後具如第一。及下諸文云云
○次約觀

觀心可解。
觀心者約一念心無作四諦寄於弘誓略明觀心。
亦應可解。如前誓相卽其相也。
○三明善巧安心止觀九。初釋名。
三善巧安心者善以止觀安於法性也。
善以法性自安其心。故云心安。
○次結前生後二。初結前二。初結前正境深
上深達不思議境淵奧微密。
旣自達妙境結前正境深也。故云淵奧。
○次結前弘誓廣

傳運慈悲亘蓋若此。
結前弘誓廣也。故云亘蓋。博廣也。國語曰東西曰
廣南北曰運。卽橫徧也。亘亦徧也。境攝諸法非不
橫廣。依理發心非不竪深。且寄事理釋名爲便。正
境是理理深也。慈悲屬事事廣也。具如前說。故云
若此。雖有事理但是空願。
○次生後
須行塡願行卽止觀也。
若不安心無所尅獲。故次正願而明安心。初妙境
中一念具足無作四諦。故四弘中依無作諦而發

弘誓。今以能安安於所安能所相稱名爲妙行。旣安心已廣能利物塡初誓也。欲利衆生先須斷惑塡次誓也。欲利衆生復須習法塡第三誓也。分分證實塡第四誓也。至究竟位四誓方滿若爾從此安心乃至正助通名塡願若有解無行名枉死人如譬喩經云如一母二子。一善習浮二不習浮。不習浮者墮水而死其母不哭。先習浮者墮水而死其母大笑。人問其故答云習浮者死名爲枉死是故笑耳。願如習浮無行如死。

○三正明安心大文有二於中先總明安心次別

明安心。總別俱是依於妙境。以隨人故總別不同。惑重觀微應須隨事。故使行相若信若法四悉廻轉。人不見之便於別安而生異計則失大師逐宜之能。初總安中秖是止觀。於中又二。先重明法體以爲所安法體者何卽妙境也。又二先法次譬。初正明法體。

無明癡惑本是法性。以癡迷故法性變作無明起諸顚倒善不善等。

但指無明卽是法性。但觀法性不觀無明。故大論六十九云若以常無常等求之皆錯若入法性則無有錯。九十一云法性卽是實相實相秖是法性。

○次爲體舉譬

如寒來結水變作堅氷。又如眠來變心有種種夢。

寒譬無明水譬法性。無明法法性名寒結水眠覆於心。準氷水說。氷本是水夢不異心。寄事引迷云覆云結。

○次示能安止觀安於法性。觀前無明秖是法性。如融氷爲水覺無明眠。於中分四先明用止二初正明用止三初法說。

今當體諸顚倒卽是法性不一不異。

雖顚倒起滅如旋火輪。

但信其火不信於輪。

○三合譬

不信顚倒起滅惟信此心但是法性。起是法性起滅是法性滅體其實不起滅妄謂起滅秖指妄想悉是法性。以法性繫法性。以法性念法性。常是法性無不法性時。

以法性念法性文似於觀但成止義繫之與念俱止法性故也。

○次明止成相

體達旣成不得妄想亦不得法性還源反本法界俱寂是名爲止如此止時上來一切流轉皆止

○次明用觀二初正明用觀二初法

觀者觀察無明之心上等於法性本來皆空下等一切妄想善惡皆如虛空無二無別

○次譬

譬如劫盡從地上至初禪炎炎無非是火又如虛空藏菩薩所現之相一切皆空如海慧初來所現一切皆水

火空水三共譬於觀初劫火者劫如前釋三災者略如通釋十境中說虛空藏海慧此二並是大集經中菩薩彼經廣集十方諸佛諸大菩薩於欲色二界大空亭中故云大集此菩薩欲來於衆會中先現此相凡諸菩薩皆從德立名故入衆現相亦隨其德所以空藏現空海慧現水並不見大衆惟見空水修觀亦爾法外無法

○次明觀成相並結二空亦先法次譬後合初法說中

介爾念起所念念者無不卽空空亦不可得

言介爾者非緣妄境但生一念謂我觀成名爲介爾介者助也助謂微弱之念此念起時念與念者隨念卽亡名爲性空空無空相名不可得卽是相空所念謂法性念者謂介爾此中且止觀行未論入眞

○次舉譬

如前火木能使薪然亦復自然

能所俱燒可以譬於亡能亡所能空亦空故也

○三合譬

法界洞朗咸皆大明名之爲觀

不可得亦不可得

○三明止觀體

止秖是智智秖是止

卽不二而二寂照無殊故云秖是止智爲令下文別安可識故今預辨止觀別相故知此中別而不別下文別中不別而別

○四重釋相卽四初明止卽是觀

不動止秖是不動智

○次明觀秖是止

不動智秖是不動止

○三雙明止觀同照法性

不動智照於法性、即是觀智得安、亦是止安。

止觀得法性故、方始名安、故云觀智得安、亦是止安。

○四更卻覆釋

不動於法性相應、即是止安、亦是觀安、無二無別。

上句觀安故止安、此中止安故觀安、並由法性、故無二無別。故金光明第一云、依於法身。大智大定。法身者即法性、智定者即止觀、即是法界繫緣一念。

○次別明安心二、欲明別安、先序別意二、先問。

別若俱不得安、當復云何。

俱謂止觀俱不得安、則總非其宜、雖以法性自安、其心彌增暗散。既俱不安、當復云何者、問生後別由。

○次釋明三、欲明別安、先辨不安之相、為別安之由。

夫心神冥昧、穖利悅惝、汩起汩滅、難可執持、倏去倏來、不易關禁、雖復止之、馳疾飈炎、雖復觀之、闇逾漆墨、加功苦至、散惑倍隆。

冥昧者是觀不安、穖利者是止不安。穖字應作迅疾也。息和反。汩為筆反、去貌、亦疾、亦流急也。字從曰、于月反。若從日、是亡的反、此音即是屈原所沈之水、非今所用。倏者駛也、亦驚也、亦可作倏。楚辭云、往來速疾也。

○次引事以況不安之相、明須事安。

敵強力弱、鷸蚌相扼、既不得進、又不可退。

禮云、知天文鳥也。說文云、水鳥能知天雨。暗散如敵強、觀微如力弱。事在六國時。六國者韓、齊、楚、魏、燕、趙、并秦以為七雄。趙將伐燕、蘇代為燕說趙王曰、今者臣從外來、遇小水蚌方出暴、而鷸啄其肉、

蚌合而夾其喙。鷸曰、今日不雨、明日不雨、必見蚌脯。蚌亦謂鷸曰、今日不出、明日不出、必見死鷸、兩者不捨、漁父得而併擒之。今趙且伐燕、燕趙相支、以弊其眾。臣恐強秦為漁父也、故願大王熟計之。趙王乃止。出春秋後語。今文但取相扼義邊、不用強秦得便意也。凡用俗書、皆取少分、非全其意。如總修止觀而非其宜、但增暗散、不可常與暗散相扼、應誓以別安破其暗散、如蘇說趙也。

○三總示事安之儀

當殉命奉道、薦以肌骨、誓巧安心、方便迴轉、令得相

應成觀行位也。

以生從死曰殉。如魏時有人發周王塚得殉葬女子。今以生從死。不捨精進薦獻也。肌皮也。假使皮骨銷盡盡命奉道專修止觀誓死不休。堅志別安。以令入品。故云誓巧。乃至入位。謂初住也。

○次正明別安。乃是望總名別。不得以爲次第之別。若望下文結會數中別仍成總。總卽是圓。下之一心卽指此圓也。以於法性分於信法。及四悉檀迴轉相資。故別還用總中一止一觀對法對信自他並然。文爲二。先列。

安心爲兩。一教他。二自行。教他又爲兩。一聖師。二凡師。

○次釋二。於中先明教他者。菩薩運懷利他爲本故先他後自。又二。初聖師三。初明聖師有三種力。

聖師有慧眼力。明於法藥。有法眼力。識於病障。有化道力。應病授藥。令得服行。

聖師三力者。中道空慧名爲慧眼。慧眼見機名爲法眼。任運逗藥名爲化道。此是不可思議之三力也。故於一眼以分二名。

○次引毱多化弟子相以證聖師。

如毱多知弟子。應以信悟。令上樹。應以食悟。令服乳酪。應以呵責悟。化爲女像。一一開曉。無有毫差。不待時。不過時。言發卽悟。

毱多雖在羅漢之位。旣在付法聖師之類。故知卽是四依人也。教弟子上樹者。如第四卷。引以食悟者。有一比丘。性嗜飲食。由此嗜欲。不得聖果。毱多請令就房。以香乳糜與之。語言待冷可食。比丘口吹尋冷。白尊者曰。糜已冷也。尊者曰。糜雖冷。汝欲火熱。應以觀水滅汝心火。復以空器。令吐食出。還使食之。比丘曰。涎唾已合。云何可食。尊者語云。一

切飲食。與此無異。汝不觀察。妄生貪著。汝今當觀食不淨想。卽爲說法。得阿羅漢。應以呵責等者。像者。似也。文選海賦云。倣像其色。毱多現者。似女人故。多弟子中有一比丘。信心出家。獲得四禪。謂爲四果。毱多方便令往他處。於路化作羣賊。復化作五百賈客。賊劫賈客。殺害狼藉。比丘生怖。卽便自念。我非羅漢。應是第三果。賈客亡後。有長者女。語比丘言。惟願大德與我共去。比丘答言。佛不許我與女人行。女言。我望大德。而隨其後。比丘憐愍相望而行。尊者次復變作大河。女人言。大德可共我

渡比丘在下女在上流女便墮水白言大德濟我爾時比丘手接而出生細滑想起愛欲心即便自知非阿那含於此女人極生愛著將向屏處欲共交通方見是師生大慚愧低頭而立尊者語言汝昔自謂是阿羅漢云何欲爲如此惡事將至僧中教其懺悔爲說法要得阿羅漢故知習聖教者薄知次位縱生逾濫亦易開解曾聞有人自謂成佛待天不曉謂爲魔障曉已不見梵王請說自知非佛仍便自謂是阿羅漢他人罵之心生異念自知非是阿羅漢仍謂是第三果也見女起欲知非聖

人此亦良由知教相故不待不過者非未熟而化名不待時非機熟不化名不過時故金光明第一釋化身云以自在力隨衆生心行隨衆生界多種了別不待時不過時處相應時相應行相應說法相應現身而度今但引兩句攝經意盡故知聖師位在初住初住得法身之本能起應化也

○三譬聖師難遇

佛去世後如是之師甚爲難得盲龜何由上値浮孔墜芥豈得下貫針鋒難難

如大海中有一盲龜爾時海中復有浮木木惟一孔可立龜身此龜三千年方得一出億百千出何由可値浮木之孔故大經第二云生世爲人難値佛生信難猶如大海中盲龜遇浮木亦如針鋒豎閻浮提以一芥子從忉利天投閻浮提何由可得貫針鋒上佛去世後非無四依衆生薄德何由可値

○次凡師三初明師二初正明四初明凡師施化劣於聖師

二者凡師雖無三力亦得施化

凡師施化劣於聖師無三力故

○次譬有三力而亦無益

譬如良醫精別藥病解色解聲解脈逗藥即差有命盡者亦不能起死

譬有三力而亦無益故令凡師施化如世醫法上醫視色中醫聽聲下醫診脈猶如聖師觀諸衆生三業之機現三輪化視色如觀身業聽聲如觀口業診脈如觀意業障重無機雖是聖師亦不能化故云亦不能起死等也

○三明無三術或亦有益

若不解脈醫問病相依語作方亦挑脫得差

但牒不能觀於意業。但觀余兩。依語作方。亦有得益。則大師自斥我爲凡師。衆生既無値聖之緣。遇此凡師。亦偶然得益。故云挑脫。卽大師自謙。被物不周也。兼示後代。勿廢化道。皆問病者。故云依語如下諸文。皆云師應問言。及其人若言等。卽是其相。

○四舉小乘善說法亦差機

身子聖德亦復差機。凡夫具縛。稱病導師。

舉小乘中善說法者。轉法輪將。智慧第一。尙自差機。大經三十四云。雖有身子目連。非眞知識。生一

闡提心因緣故。如我昔於波羅柰時。舍利弗教二弟子。一令骨觀。一令數息。經歷多年。皆不得定。以是緣故。皆生邪見。言無涅槃無漏之法。若其有者。我應得之。我能善持所受戒故。我於爾時見是二人生邪見心。喚舍利弗而呵責之。云何乃爲此二弟子。顚倒說法。汝二弟子。其性各異。一主浣衣。一主金師。金師之子。應敎數息。浣衣之子。應教骨觀。以錯敎令生邪見。我卽爲其如應說法。二人聞已。俱得羅漢。是故我爲衆生眞善知識。莊嚴論云。浣衣漸淨白。如骨能調鞴。囊善知息。凡夫具縛者。若

通論者。六根五品。皆屬凡師。未破無明。通皆具縛。若別論者。五品位也。六根淸淨。離二縛故。相似聖師。準第一卷料簡文中。通取六根。以爲凡師。前指聖師在初住故。六根尙稱爲病導師。況三藏菩薩一切未斷

○次結示

今不論聖師。正說凡師。教他安心也。

如文

○次明他四。初判其兩行。

他有二種。一信行。二法行。

○次引論出同異

薩婆多明此二人。位在見道。因聞入者。是爲信行。因思入者。是爲法行。曇無德云。位在方便。自見法少。憑聞力多。後時要須聞法得悟。名爲信行。憑聞力少。自見法多。後時要須思惟得悟。名爲法行。若見道中。無相心利。一發卽眞。那得判信法之別。

泛引二論。以出同異。非用論意。彼在小宗。各依一門。未爲通方遍被之道。如毘曇十五云。鈍名信行。利名法行。信行者少觀察。故法行者多觀察。故與薩婆多同。彼但判位在於見道。少觀察者。正當因

門今引曇無德兩行俱在世第一前故云方便
○三從容和通
然數據行成論據根性各有所以不得相非
數據行成故在見道論據根性故在方便若多論
云所因不同卽是今家一向根性德宗多少不同
卽似今家相資根性是故爲會而復兩存又阿毘
曇使犍度中云堅信人有如許慧堅法人有如許
信何故一人但名堅信一人但名堅法答各隨所
因從勝立名非不互有此亦似於相資意也毘曇
又云定入名信慧入名法若據初文定慧並以內

思爲法聞定慧者名之爲信是故今文止觀各立
信法二行
○四明師行相二初正明二行
今師遠討源由久劫聽學久劫坐禪得爲信法種子
世世熏習則成根性各於聞思開悟耳
正明今師二行之相則以久因爲現種子明現有
者必籍久因久因異於德宗方便現在亦異多論
行成是故今家但論由宿種故現堪修觀及以聞
法驗今知昔得二行名大經二十云如有咒術若
有一聞後二十年不中毒藥若有誦持乃至命終

無有衆病是大乘法亦復如是若有衆生一經於
耳卻後七劫不墮惡道思惟其義必得菩提淨見
佛性經耳卽是信行種也思惟卽是法行種也法
華云若有聞解思惟修習又大經云一聽聞正法
二思惟其義經論此類並是久遠信法種也
○次今家判利鈍
若論根利鈍者法行利內自觀法故信行鈍藉他聞
故又信行利一聞卽悟故法行鈍應法觀察故或俱
利俱鈍信行人聞慧利修慧鈍法行人修慧利聞慧
鈍

更互得名不同兩論一向判之
○三教他四初結前生後
已說前人根性利鈍竟云何安心
○次正審根性
師應問言汝於定慧爲志何等
欲爲說法先審根性定秖是止慧秖是觀汝於此
二爲志聞耶爲志思耶
○三述彼根性所尚之相
其人若言我聞佛說善知識者如月形光漸漸圓著
又如梯凳漸漸增高巧說轉人心得道全因緣志欣

渴飲如犢逐母當知是則信行人也若言我聞佛說明鏡體若不動色像分明淨水無波魚石自現欣捨惡覺如棄重擔當知是則法行人也

○四正爲說法二初總標

旣知根性於一人所八番安心

旣知根性病相定已於一人所依語作方止觀各四故且爲八一一文中各有三意一示法相二指廣三結成悉檀初文初意咄男子下正爲說法說法之相隨有相應卽便引用或儒或小或偏或漸言近意遠且爲助成圓敎圓觀四悉法信止觀之

相爲後來者作於化他說法之式乃至據下結文於一一文有次與不次意且在圓文中所列四敎及似次第三觀語者意在聞咸歡喜是善並生惡無不破見一切理故偏列耳故知至下結文方開次第次第則歷於三諦不次惟約一心一一番中以後望前皆成四意謂次第三觀有三一心三觀爲一

○次別釋三初爲信行約八番說止觀二初正釋二先四番說止四初隨樂欲以止安心三初示法相

咄善男子無量劫來飮狂散毒馳逐五塵升沈三界猶如猛風吹兜羅毦大熱沸鑊煮豆升沈從苦至惱從惱至苦何不息心達本以一其意意若一者何事不辦若集得一則不輪迴無明得一不至於行乃至不至老死摧折大樹畢故不造新六蔽得一則度彼岸惟此爲快

一其意者老子曰天得一以淸地得一以寧侯王得一以天下正老意但以合陰陽之道以爲天地得一合君臣之道爲侯王得一今廢彼理但借彼名以證今理苦集得一謂滅諦因緣得一謂無明

滅則行滅等六蔽得一謂至彼岸凡引俗典例皆如此一是三乘之最故云惟此爲快快故適其樂欲

○次指廣

善巧方便種種因緣種種譬喻廣讚於止發悅其情

○三結成悉檀

是名隨樂欲以止安心也

○次隨便宜以止安心三初示法相二初譬

又善男子如天亢旱河池悉乾萬卉焦枯百穀零落娑伽羅龍王七日構雲四方注雨大地沾洽一切種

子皆萌芽。一切根株皆開發。一切枝葉皆蔚茂。一切華果皆敷榮。

如天亢旱等者。亢亦旱也。萬之與百並小數之極。隨便互彰。卉是草之總名。舉彼不生。欲顯降雨以成於生。生即生善。娑伽龍者。華嚴文也。長含又云。阿耨達龍王身心降雨滿閻浮提。今文云四方霆雨者是也。言七日者。是摩那斯龍王。欲降雨時先七日布雲。令一切衆生究竟諸業。漸降微雨。恐損物故。

○次合譬而不合七日及以四方。但合通塗霆雨意耳。合河兼池。加道品樹。既非全出正經。盈縮隨時。爲二。初反合善根不生。

人亦如是以散逆故。應生善不復生。已生善遭退失。禪定河乾道品樹滅。萬善焦枯百福殘悴。因華道果不復成熟。

○次正合善根生

若能閑林一意。內不出外不入。靜雲興也。發諸禪定即是降雨也。功德叢林。煗頂方便。眼智明覺信忍順忍。無生寂滅。乃至無上菩提。悉皆克獲。

可對三觀四教釋之。發諸禪如雨者。禪定若發無量善法。一切法門並因禪發。煗頂等。三藏也。眼智等。見道中位也。苦法忍爲眼。苦法智爲智。苦比忍爲明。苦比智爲覺。順忍等。通教中諸善根也。外凡爲信。內凡爲順。餘文並畧。寂滅無生是別圓中善根也。此等並因禪靜而生。即生善義。

○次指廣

善巧方便。種種緣喻。廣讚於止生其善根。

緣喻等者。種種因緣種種譬喻因緣。秖是廣引。今昔共成此義。下去例然。

○二結成悉檀

是名隨便宜以止安心也。

○三隨對治以止安心。三。初示法相。二。初反譬惡不滅。

又善男子。夫散心者。惡中之惡。如無鉤醉象。踏壞華池。穴鼻駱駝。飜倒負馱。疾於掣電。毒逾蛇舌。重沓五翳。埃霾曜靈。睫近霄遠俱皆不見。

醉象如卷初釋。穴駝出大論三十三。第七又引。亦同無鉤意也。五翳等者。經論大同。成論云。譬如天日月。其性本明淨。烟雲塵霧等。五翳則不現。等者等取阿修羅手。爾雅云。陰而風曰翳。翳謂障光。今則通取五皆能障通名爲翳又風動塵起曰埃烟雲霧起曰霿霿謂雺等掩也曜靈者日名也謂日被掩亦可曜謂七曜七曜圖云日月五星名爲七曜日是陽精月是陰精五星者東歲南熒惑西太白北辰及中央鎮所言靈者大戴禮云陽之精氣曰神陰之精氣曰靈爾雅云八方神爲八靈五翳翳於八方故也是故俗典凡釋神靈變化精微及道性等不出陰陽彼教未知出世道故又大經譬日月又爲烟雲塵霧及修羅手因緣故令諸衆生不能得見既爲煩惱翳之所障故須對治睫近霄

遠等者霄者近天赤氣也雲得日光雖赤色可見雲無實體而可見也中論大經大同小異大經二十六云有因緣不可見者如空中鳥迹近不可見者如眼睫壞不可見者如根敗亂不可見者如不專一細不可見者如微塵障不可見者如雲外月多不可見者如稻中麻相似不可見者如豆中豆中論加遠不可見者如霄則無根敗今文意者由煩惱故故不可見遠不可見如不見中近不可見如不見俗從夫散心來至皆不可見者舉彼諸惡顯此修定以爲所治故

○次正譬能滅惡

若能修定如密室中燈能破巨闇金錍抉膜空色朗然一指二指三指皆了大雨能淹囂塵大定能靜狂逸止能破散虛妄滅矣

膜塵等皆是所破密室中燈除外風也破內暗也金錍等者大經第八如來性品迦葉問佛云何佛性難見難入佛言如有盲人爲治眼故造詣良醫良醫即以金錍抉其眼膜一指示之問言見不答言不見復以二指三指示之問言見不答言少見合喻云無量菩薩雖具足行六波羅蜜乃至十住

猶未能見如來既說則便少見此乃別教十住故云未見疏引他釋一云三指譬三乘二云譬三慧三云譬三教初譬小乘初教爲一般若至法華爲一涅槃爲一四云信順無生爲三章安云既譬佛性不應餘解即以三諦而爲三指初指如空觀故云不見三指如十住故云少見即圓十住也金錍如教故下文云如是菩薩位階十地尚不了了今從決膜除惑義邊故云對治

○次指廣

善巧方便種種緣喻廣讚於止破其睡散

○三結成悉檀
是名對治以止安心也
○四隨第一義以止安心三初示法相
又善男子心若在定能知世間生滅法相亦知出世不生不滅法相如來成道猶尚樂定況諸凡夫有禪定者如夜見電光卽得見道破無數億洞然之惡乃至得成一切種智
心若等者世間是生滅法出世是不生不滅法由定能了故云也亦可世間生滅是界內俗出世不生不滅是界外真界內畧真界外畧俗內外真俗

卽三諦也三諦是理理卽第一義意也如來成道卽第一義意猶尚樂定入定復是第一義意況諸凡夫凡夫理合修第一義佛是凡故故諸經中多處有文明佛入定有禪定等者電光者如第九卷釋見道卽是第一義意也雖成論中本譬欲定今通用之凡初見諦理皆名電光皆名見道破無數等者意以一切種智爲第一義破惡之言因便來耳
○次指廣
善巧方便種種緣喻廣讚於止卽會真如

○三結成悉檀
是名隨第一義以止安心也
○次四番說觀四初隨樂欲以觀安心三初示法相
其人若言我聞寂滅都不入懷若聞分別聽受無厭卽應爲說三惡燒然駝驢重楚餓鬼饑渴不名爲苦癡闇無聞不識方隅乃是大苦多聞分別樂見法法喜樂以善攻惡樂無著阿羅漢是名爲最樂從多聞人聞甘露樂如教觀察知道非道遠離坑坎直去不廻

信行約觀四悉前雙問故今但出答我聞等者斥法行也三惡等者舉世間苦況出世苦燒然是地獄駝驢是畜生如是等苦苦有限期癡暗無明障三諦苦終至實報故云大苦方隅可譬權實理也四方曰方四維曰隅隅如權方如實爾雅曰西北隅謂之屋漏東北隅謂之宧宧音怡郭云未詳麻杲云養養萬物也東隅謂之窔烏釣切西南隅謂之奥謂屋中隱奧之處亦可以生滅四諦如隅無生四諦如方界外兩教方隅亦然多聞分別等者據此四句皆以樂爲名初句云多聞等者樂卽樂

欲聞即信行可對世界。攻惡等言相從來耳。若盡一偈文意四悉義足。四句次第以對四悉可見。如教至道非道者。四種道品名之爲道。分段變易名爲非道。界內以三途爲坑坎。界外以分段爲坑坎。若作陷字(戶懺切)非今所用。分別苦樂道非道等。間隔不同。即世界意。

○次指廣

善巧方便種種緣喻廣讚於觀。發悅其情。

○三結成悉檀

是名隨樂欲以觀安心。

○次隨便宜以觀安心。三。初示法相。

又善男子。月開蓮華。日興作務。商應隨主。彩畫須膠。坯不遇火。無須臾用。盲不得導。一步不前。行無觀智。亦復如是。一切種智以觀爲根本。無量功德之所莊嚴。

月開等者。靑蓮華因月而開。赤蓮華因日而開。有人云。白蓮華因日。並取開生。是爲人義。大經第九云。譬如蓮華爲日所照無不開敷。日興等者。大經第九云。譬如營作至暗皆息。若未成就要待日明。義同於月。主膠火導並譬於觀。商畫坯盲並譬於行。行即善也。從勝別擧。一切種智亦推於觀。種智即是善中之最故也。自餘諸善但是莊嚴觀耳。

○次指廣

善巧方便種種緣喻廣讚於觀生其功德。

○三結成悉檀

是名隨便宜以觀安心。

○三隨對治以觀安心。三。初示法相。

又善男子。智者識怨。怨不能害。武將有謀。能破強敵。非風何以捲雲。非雲何以遮熱。非水何以滅火。非火何以除暗。析薪之斧。解縛之刀。豈過智慧。

怨即是惡。識即能治觀也。武將有謀者。如秦將王翦。魏將吳起。廉頗。李牧。張良。樊噲之徒。善破陣。故以譬破惡。並須委釋破三惑惡。次雲熱火暗並譬所破之惡。薪縛例之。可以意得。

○次指廣

善巧方便種種喻緣廣讚於觀使其破惡。

○三結成悉檀

是名對治以觀安心。

○四隨第一義以觀安心。三。初示法相。

又善男子。井中七寶。闇室瓶盆。要待日明。日既出已。

皆得明了。須智慧眼觀知諸法實相。一切諸法中皆以等觀入。般若波羅蜜最爲照明。

井中七寶等者。大經十九佛告德王。如暗室中井種種七寶。人亦知之。暗故不見。有善方便然大明燈持往照了。悉得見之。是人終不念言是水及寶本無今有。涅槃亦爾。不可說言本無今有。瓶盆亦爾。今云日明者。舉明中之盛。衆生如井。佛性如寶。衆生如室。佛性如餅。並以無明如暗。燈日如智。日照如見。今此文中以日替燈。須以智慧去。般若偈文能見於寶。及觀法實。即第一義意也。等觀入者

至第一義。故名爲入。知諸法實。及觀等入。般若爲最。故須用觀入第一義。

○次指廣

善巧方便種種緣喻。廣讚於觀。令得悟解。

○三結成悉檀

是名第一義以觀安心。

○次結成

如是八番爲信行人說安心也。

○次爲法行約八番說止觀。三。初正釋。二。初四番說止四。初隨樂欲以止安心。三。初示法相。

其人若云。我樂息心。默已復默。損之又損。遂至於無爲。不樂分別。坐馳無益。此則法行根性。當爲說止。汝勿外尋。但內守一。攀覺流動。皆從妄生。如旋火輪輟手則息。洪波鼓怒。風靜則澄。淨名云。何謂攀緣。謂緣三界。何謂息攀緣。謂心無所得。瑞應云。其得一心者。則萬邪滅矣。龍樹云。實法不顛倒。念想觀已除。言語法皆滅。無量衆罪除。淸淨心常一。如是尊妙人。則能見般若。夫山中幽寂。神仙所讚。況涅槃澄淨。賢聖尊崇。佛話經云。比丘在聚。身口精勤。諸佛咸憂。比丘在山。息事安臥。諸佛皆喜。況復結跏束手。緘脣結舌。

思惟寂相。心源一止。法界同寂。豈非要道。惟此爲貴。餘不能止。

默復默者。明思不移。損之又損等者。周易云。以至於無損。肇公改用。今且依肇。以眞理極名爲無損。煩惱損盡。亦名無損。斥信行聞。屬有爲。故坐馳等者。莊周貴坐亡。故云馳無益。今借彼意。忘聞觀理。隨文曰馳。思理之外。餘皆曰馳。又外篇云。敬孝易。愛孝難。愛孝易。亡親難。亡親易。使親亡我難。使親亡我易。兼亡天下難。兼亡天下易。使天下亡我難。注云。忘之使天下自得。安得不亡我耶。以是而

言秖是莊生無亡他之智反斥他不亡而令天下
亡已注家云恣未足釋亡今之天下可由不恣恣
若是亡何曾不亡而展轉比云最後難耶故知汝
之所恣非他之亡他之所亡何關汝恣是則坐亡
有言無行今借語成理依理曰亡當爲下諸句旨
須知是諸法是止隨四悉意話(戶夬切)
○次指廣
善巧方便種種因緣種種譬喻廣讚於止發悅其心
○三結成悉檀
是名隨樂欲以止安心

○次隨便宜以止安心三初示法相
其人若云我觀法相秖增紛動善法不明當爲說止
止是法界平正良田何法不備止捨攀緣即是檀止
體非惡即是戒止體不動即是忍止無間雜即是精
進止則決定即是禪止法亦無止者亦無即是般若
止會非止非不止即是方便一止一切止即是願止
止愛止止見即是力此止如佛止無二無別即是智
止其一切法即是秘藏但安於止何用別修諸法
何法不備下止具十度一一度中一切法足善雖
無量不出此十故是生善中最前六可見因止等

者止爲雙非之方便故故云也上中具諸願亦遂
衆生願是故云一切有除惑功故名爲力此是中
智故云無二止具一切即總結也且約當機故云
何用別修
○次指廣
善巧方便種種緣喻令生善根
○三結成悉檀
即是隨便宜以止安心也
○三隨對治以止安心三初示法相
若言我觀法相散睡不除者當爲說止大有功能止

是壁定八風惡覺所不能入止是淨水蕩於貪婬八
倒猶如朝露見陽則晞止是大慈怨親俱愍能破恚
怒止是大明呪癡疑皆遣止即是佛破除障道如阿
伽陀藥遍治一切如妙良醫呪枯起死
壁定者室有四壁則八風不入若得止已離界內
外違順惡覺八風秖是四違四順書中八風者爾
雅曰南爲凱風東爲谷風北爲涼風西爲泰風從
上下爲頹風從下上爲飈風與火俱爲庉風庉字(徒昆切)
迴轉爲旋風室壁亦免此之八風故以爲喻
亦是四方四維之八風也朝露見陽者露如散陽

如止也。晞乾也。如定。止是大慈等者。慈定治瞋。大明呪如釋籤。大明呪是般若。故能除惡覺貪淫恚怒癡疑朝露之惡。止即是佛等者。念佛治障道。今修於止。如佛法故。治障妙道。阿伽陀及妙良藥。並呪枯起死之術等。並舉能治之止。

○次指廣

善巧方便種種緣喻。令其破惡。

○三結成悉檀

是名對治以止安心。

○四隨第一義以止安心三。初示法相。

其人若言我觀察時。不得開悟。當爲說止。止即體眞照而常寂。止即隨緣。寂而常照。止即不止。止雙遮雙照。止即佛母。止即佛父。亦即父即母。止即佛師佛身佛眼佛之相好。佛藏佛住處。何所不具。何所不除。

止即體眞等者。用彼釋名中次第之名。以成不思議理。止是佛母等者。實母權父。共生佛子。父母相即。準上可知。即淨名經意。理體寂照。是佛師也。止是佛身。即法應二身也。亦可三身具足。因名止。果名眼。定慧能嚴。今止屬定。故名相好。具一切法。故名爲藏。爲諸法依。故名住處。何法不具。牒前便宜。何法不除。牒前對治。乃是見理。故惡滅善生。

○次指廣

善巧方便種種緣喻。廣讚於止。

○三結成悉檀

是爲第一義以止安心。

○次四番說觀四。初隨樂欲以觀安心三。初示法相。

彼人若言止狀沈寂。非我悅樂。當爲說觀。推尋道理七覺中有擇覺分。八正中有正見。六度中有般若。於法門中爲主爲導。乃至成佛。正覺大覺徧覺皆是觀

慧異名。當知觀慧最爲尊妙。

正覺等者。在因名觀。在果名覺。正大徧等。借用果上之稱。

○次指廣

如是廣讚云云

○三結成悉檀

是爲隨樂欲以觀安心。

○次隨便宜以觀安心二。初示法相。

若勤修觀。能生信戒定慧解脫解脫知見。知病識藥化道大行。衆善普會。莫復過觀。

能生等者信戒等五。即五分法身。既能生於五分即生善中最化道大行者。即應病授藥也。

○次結成悉檀

是爲隨便宜以觀安心。

○三隨對治以觀安心二。初示法相。

觀能破闇能照道能除怨能得寶傾邪山竭愛海皆觀之力

能照道者亦取破暗之意能得寶者除貧苦之惡。

○次結成悉檀

是爲隨對治以觀安心。

○四隨第一義以觀安心二。初示法相。

觀觀法時不得能所心慮虛豁朦朧欲開但當勤觀開示悟入。

但當勤觀開示悟入等者此四皆是無生觀也具如疏中約觀心釋故第一義也。

○次結成悉檀

是爲用第一義以觀安心。

○三結成

是爲八番爲法行人說安心也。

○三明信法約八番各回轉二。先序二論。

復次人根不定或時迴轉薩婆多明轉鈍爲利成論明數習則利此乃始終論利鈍不得一時辨也。

言始終者二論並以始鈍終利今言須臾故不同彼。

○次明迴轉

今明衆生心行不定或須臾而鈍須臾而利任運自爾非關根轉亦不數習或作觀不徹因聽即悟或久聽不解暫思即決是故更論轉根安心若法行轉爲信行逐其根轉用八番悉檀而授安心若信行轉成法行亦逐根轉用八番悉檀而授安心得此意廣畧自在說之轉不轉合有三十二安心也。

○次明自行則止觀並說亦二。先標二行教他以說法爲本故先信後法自行多在於思惟故先法後信前教他中十六番各屬一人故止觀離明今自行中並在一人故止觀合明又前非不合今非不離云云。

自行安心者當觀察此心欲何所樂若欲息妄念想寂然是樂法行若樂聽聞徹無明底是樂信行。

○次正釋二行四。初釋法行二。初釋於四悉中各一止一觀文爲四。初隨樂欲以止觀安心。

樂寂者。知妄從心出。息心則衆妄皆靜。若欲照知。須知心原。心原不二。則一切諸法皆同虛空。是爲隨樂欲自行安心。

樂欲中。初是止。若欲下觀。並依世界以赴樂欲。以在初故。未論過生。故但直舉一止一觀。

○次隨便宜以止觀安心、

其心雖廣分別。心及諸法。而信念精進。毫善不生。卽當凝停。寘動諸善功德。因靜而生。若凝停時。還更沈寂。都無進忍。當較計籌量。策之令起。

明爲人等三。皆先明因前生過。次用止觀。初文是

因世界中用觀生過。過謂毫善不生。次卽當下用止。若凝停下。因止生過。次當校計下用觀。

○三隨對治以止觀安心

若念念不住。如汗馬奔逸。卽當以止對治馳蕩。若靜默無記。與睡相應。卽當修觀。破諸昏塞。

對治中一止一觀。初文是因爲人中用觀生過。過謂長惡。卽當下以止治之。次若靜下。用止生過。卽當下用觀治之。

○四隨第一義以止觀安心

修止既久。不能開發。卽應修觀。觀一切法無礙無異怗怗明利。漸覺如空。修觀若久。闇障不除。宜更修止止諸緣念。無能無所。所我皆寂。空慧將生。

第一義中一止一觀。初文雖上治中用止用觀。理不開發。初文用止不開。卽是過也。本爲見理。理卽不發。故名爲過。次卽應下。用觀令開。次修觀下。過生。次宜更下。用止令開。

○次結

是爲自修法行。八番善巧布置。令得心安云云

○次釋信行二。初釋四悉。各一止一觀。分四。初隨樂欲以止觀安心。

信行安心者。或欲聞寂定。如須彌不畏八動。卽應聽止。欲聞利觀。破諸煩惱。如日除闇。卽應聽觀。

樂欲中亦如前意。但直赴樂欲。明一止一觀。

○次隨便宜以止觀安心

聽觀多。如日焦芽。卽應聽止。潤以定水。或聽定淹久。如芽爛不生。卽應聽觀。令風日發動。使善法現前。

爲人中一止一觀。先明生過等。初文生過。卽應下。聽止令益。或下生過。卽應下聽觀令益。

○三隨對治以止觀安心

或時馳覺。一念叵住。卽應聽止。以治散心。或沈昏濛

濛坐霧卽當聽觀破此睡熟。
對治中一止一觀初聽觀生過卽應下聽止治之
或沈下聽止生過卽當下聽觀治之。
○四隨第一義以止觀安心
或聽止豁豁卽專聽止或聞觀朗朗卽專聽觀。
第一義中一止一觀不語生過直云豁豁朗朗得
益之相前之三悉如世醫治此第一義如如來治
故不生過。
○次結
是爲自修信行八番巧安心也。

○三信法迴轉
若法行心轉爲信行信行心轉爲法行皆隨其所宜
巧鑽研之自行有三十二化他有三十二合爲六十
四安心也。
○四信法相資二初標相資來意。
復次信法不孤立須聞思相資。
○次正示相資之相若法多信少名信資法若信
多法少名法資信亦曰正助文二初明信資法旣
云相資乃是信法二行俱有益也又二初明止觀
二初明止中四悉四初樂欲。

如法行者隨聞一句體寂湛然夢妄皆遣還坐思惟
心生歡喜。
言法行者旣信資法以法爲正從法行立名故云
如法行者初總明信以爲能資冠下四悉若具廣
說應一一悉上皆云隨聞一句乃至皆遣爲避煩
文故標初一句還坐下法行樂欲次下有三箇又
聞卽法行中爲人等三。
○次爲人
又聞止已還更思惟卽生禪定。
○三對治

又聞於止還卽思惟妄念皆破。
○四第一義
又聞止已還更思惟朗然欲悟。
○次明觀中四悉二初樂欲
又聞觀已還更思惟心大歡喜。
○次三悉
又聞觀已還更思惟生善破惡欲悟等準前可知。
觀中四悉信資於法卽初二悉有聞觀之言下二
悉畧例止可知破惡卽對治欲悟卽第一義問何
不云悟而云欲悟耶答此四悉中第一義者何必

證理名第一義。但取非前三悉之相附理氣分。即屬第一義。故前文但云豁豁朗朗等耳。

○次結信資法

此乃聽少思多名爲法行。非都不聽法也。

○次明法資信二。初明止觀四先樂欲

信行端坐思惟寂滅。欣踊未生起已聞止歡喜甘樂。

○次爲人

端坐念善善不能發起已聞止信戒精進倍更增多。

○三對治

端坐治惡惡不能遣起已聞止散動破滅。

○四第一義

端坐即眞眞道不起起已聞止豁如悟寂。

比前法行可以意知。

○次結法資信

是爲信行坐少聞多非都不思惟。前作一向根性。今作相資根性就相資中復論轉不轉亦有三十二安心。化他相資亦有三十二安心合六十四合前爲一百二十八安心也。

○四結安心意

夫心地難安違苦順樂。今隨其所願遂而安之。譬如養生或飲或食。適身立命。養法身亦爾。以止爲飲。以觀爲食。藥法亦爾。或丸或散。以除冷熱。治無明病。以止爲丸。以觀爲散。如陰陽法。陽則風日。陰則雲雨。雨多則爛。日多則燋。陰如定。陽如慧。慧定偏者皆不見佛性。八番調和貴在得意。

以總安中唯止唯觀。今以四悉等故云遂願加以飲食丸散陰陽三雙譬之。一一雙中皆偏前意合成四悉意也。隨其所願樂欲也。飲食生善也。丸散對治也。陰陽云見性即第一義也。

○五明偏修之失四。初明偏止之失。

一種禪師不許作觀。惟專用止。引偈云。思思徒自思思思徒自苦。息思即是道。有思終不覩。

○次明偏觀之失

又一禪師不許作止。專在於觀。引偈云。止止徒自止昏闇無所以。止止即是道。觀觀得會理。

○三總斥偏失

兩師各從一門而入。以己益教他。學者則不見意。一向服乳藥。猶難得況復醍醐。

明偏修之失。故知二師非但止觀偏用。亦乃並無信行等中一止一觀。故也。二師引偈並未見正典。

各隨一門得入以自行所稟未遇通途便以偏門偏令他學致令學者彼彼相非若爾則人天之善尚無安尅至眞之妙故引大經一向服乳經第三中佛告迦葉譬如長者(佛也)多有諸牛(教也)色雖種種(隨機)同共一羣(理一)付放牧人(弘教)令逐水草(被機)惟為醍醐(常住)不求乳酪(人天二乘)時放牧人穀已自食(弘者自益)長者命終(佛滅)所有諸牛悉為羣賊之所抄掠(盜佛教法)賊得牛已無有婦女(無慈)穀已自食(利養)羣賊相謂長者畜牛惟為醍醐不求乳酪當設何計而得之耶(欽慕)我等無器(非根)雖復得乳無安置處(設復持戒非常住本)復共

相謂惟有皮囊可以盛之(人天因果)雖有盛處不知鑽搖(無定慧方便名不知鑽搖似道尚無況復眞常)爾時羣賊為醍醐故加之以水(起見)以水多故一切皆失(起見墮惡失人天果)今此二師偏執大理寂照定慧義當羣賊不知鑽搖等

○四引諸四悉重斥偏迷

若一向作解者佛何故種種說耶天不常晴醫不專散食不恒飯世間尚不爾況出世耶今隨根隨病迴轉自行化他有六十四

○六更歷三種止觀以結前數

若就三番止觀則三百八十四又一心止觀復有六十四合五百一十二

言若就者別立之辭文雖惟頓若更別約次第三觀則一一各有百二十八故著若就之言次第三合故立一心依前重舉故云又耳人見三番之後更云一心便謂頓等三止觀外更立一心謂此一心不關前頓今安心者依前妙境及前妙願故前文云須行塡願則願行相稱故向安心若總若別並是圓頓塡圓頓願更開對於次第三觀一一觀中皆具前來一百二十八對本一心乃成四番一

百二十八合五百一十二人不見之妄生穿鑿況復空假中三不異頓漸不定之三故前不思議未會異名中所發為三觀觀成為三智教他為三語歸宗為三趣三趣即是頓等三也以一部文共成一意尚恐疎漏豈有潛於結數之中秖云一心即令妙行成之於此此則上下諸文便為繁芿具如卷初及第四第三中撮說文旨不見此意自失安心自安既無教他何在應從初以來鉤鎖相承橫豎高濟前後冠帶方成行儀豈有輒爾立斯異計如破偏中一一句見一一品思塵沙無明皆云信

法相資迴轉即是見品思品無知無明各六十四番橫豎不二即是一心故自他相對亦各須有一百二十八此云五百一十二番者且從合說隨諦言之若作相顯說者即以次第顯不次第具如前後諸文料簡又何但約於不次第義後立三箇一百二十八秖約不可思議一中之三以爲三番三中之一而爲一心三一共論亦有五百一十二也問圓人那得三觀別論有此信法相資等別答如後第六云多入空少入假中等既許偏入亦可偏觀又破偏初無生爲首無生即空空門既爾餘門

亦然隨宜乃成七句不同尙成七番一百二十八何啻三耶故知自他皆有七句若次第觀惟得爲三

○七判前四悉

三悉檀是世間安心世醫所治差已復生一悉檀是出世安心如來所治畢竟不發世出世法互相成顯雖復五百一十二番但語信法或以止觀無不攝盡爲判權實須約四悉所言世醫等者借大論中文以成今意故但屬四諦判爲世醫如世界後復須生善善若不生復須破惡惡去不去皆須見理故云三悉差已更生至第一義縱未無生於斯必契故云差已更不復發況復結云世出世法互相成顯故一一行皆歷四悉雖行三悉必須見理若入第一義見理未深還須更以三悉成之況復三悉本爲期於第一義故故云相顯況開權顯實次第四悉尙皆入於不次第四況此本是不思議悉四中之三況不思議中三皆第一義

○八重示前妙境爲所安處

若離三諦無安心處若離止觀無安心法

重示前妙境爲所安處止觀四悉但是能安之方

法耳

○九釋疑三初法說

若心安於諦一句即足如其不安巧用方便令心得安

疑云爲一一行者必須如前諸句安耶故今釋曰若心安於諦一句即足如前總安但安法性如其不安則置總用別別中或惟一悉即足以觀世界即第一義故或用二句乃至多句乃至具用六十四番乃至多用六十四番故云巧用方便令心得安

○次舉譬
一目之羅不能得鳥得鳥者羅之一目耳。
爲逗多人或一人初後故須廣說若隨其得入則不須多故云得鳥羅之一目言一目者乃據最後入法之言一生行之豈惟一目是故或一人用多或多人用一況一人始末非一可辨故下合云如爲衆多一人亦爾羅者爾雅云鳥罟曰羅兎罟曰罦亦曰罝。
○三合法
衆生心行各各不同或多人同一心行或一人多種心行如爲一人衆多亦然如爲多人一人亦然須廣施法網之目捕心行之鳥耳。
捕者陸獵也逐也。

○第四明破法遍二先標牒。
第四明破法遍者。
○次解釋十一初畧明來意二初徵起。
法性清淨不合不散言語道斷心行處滅非破非不破何故言破。
徵起設問卽約上不思議境正設問也故云法性清淨不合不散等卽是境中一念三千離四性計。是故畧云不合不散合謂一念散謂三千。
但衆生多顚倒少不顚倒破顚倒令不顚倒故言破法徧耳。
○次答釋
答中意者約不思議理之與惑不當一異破不破等隨迷妄故事須設破衆生無始全體顚倒誰論多少但曾解境發心安心心旣未安故云少耳全未破故故復云破前以定慧處於法性故名爲安今以準教四句推責不安之心故名爲破破非不安安非不破得名隨事心境惟一。

○次約上安心對辨破否
上善巧安心則定慧開發不俟更破。
若已安於諦定慧已發彼卽是破何須至今更須論破。
○三正明破意
若未相應應用有定之慧而盡淨之故言破耳。
正明破意由未安故若未破故今更論破故云若未相應等也言有定之慧等者然安心破徧並是絕待咸具定慧今據初心欲入未入隨事調熟用與不同或宜有慧之定如前安心或宜有定之慧

如今破偏。故從行立名。名不虛說。又前安中先推法性。以多從定。是故云安。今此破中先準教門義多從慧。是故云破。二文兼具法體無偏。故前信法莫非法性止觀故也。今此無生亦由同體止觀故也。

○四通舉諸門不同二。初總標不同。

然破法須依門。經說門不同。

欲明無生破法之門。先且通舉諸門不同。從廣之狹。以指無生。故先列經論所出諸門。謂教行智理。

○次別釋不同四。初以文字爲門。

或文字爲門。大品明四十二字門是也。

文字卽是教爲門也。大品四十二字。大論廣釋。南嶽大師分爲二解。一通約三乘。二別約圓頓。今廢通從頓。大品云。菩薩摩訶衍所謂語等字等諸字入阿字門。阿字門具一切法。乃至荼字盡諸法邊。究竟窮底。不終不生。過荼無字可說。不可說。不可盡。一切法如虛空。

○次以觀行爲門

或觀行爲門。釋論明菩薩修三三昧。緣諸法實相是也。

三昧是行。大論云。菩薩修三三昧。名諸三昧門。能通至實相。是故能爲實相作門。若十六行爲三三昧門。但爲眞諦作門。非今文意。

○三以智慧爲門

或智慧爲門。法華云。其智慧門是也。

以智慧爲門云云

○四以理爲門

或理爲門。大品明無生法無來無去。卽是佛也。

以禮爲門云云

○五生起四門次第

依教門通觀。依觀門通智。依智門通理。理爲門。復通何處。教觀智等諸門悉依於理。能依是門。所依何得非門。雖無所通。究竟徧通。是妙門也。

且生起前所列教等四門次第。教旣居初。故今依教。復爲令知教有功能。能通至於觀智理等。是教光顯。是故生起。

○六明去取

三門置之。今但說教門。

○七復簡三教

三藏四門先破見後破思。亦俱破云云。通教四門亦先破見後破思亦俱破但破四住不得言偏也別教四門次第斷五住斯乃豎偏橫不偏並非今所用復簡藏等三教言三藏先破見等者若佛弟子必先破見或慧行欣厭或聞善來等成羅漢者或佛三十四心等並俱斷也通教大同但俱破之言不在佛耳別但次第從淺至深故云豎偏且寄教道故云豎偏依實但斷一十二品豎尚未偏況復橫耶言橫不偏者如初觀見思具攝諸惑能觀之智攝一切智位位皆然故云橫偏別教不爾故須簡之

○八示圓門相

今不思議一境一切境一心一切心橫豎諸法悉趣於心破心故一切皆破故言偏也

一境一切境指前不思議境一心一切心指前發心安心依此論破故名破偏

○九正明簡意正用圓門

餘門破不偏則不須說圓教四門皆能破偏

○十正列圓門

所謂有門無門亦有亦無門非有非無門今且置三門且依空無生門

今於圓門復論去取理雖相即初心從易及隨便宜多用無生故於圓門去三存一

○十一正示無生橫豎破偏攝法功能於中先畧次廣初中二先明豎三初標能通光顯二意

無生門能通止觀到因到果又能顯無生使門光揚

○次通釋二意二初釋門能到因二初釋能通二初正明

何者止觀是行無生門是教依教修行通至無生法忍因位具足

○次引證

靜名三十二菩薩各說入不二門皆是菩薩從門入位而無生爲首大品明阿字門所謂諸法初不生此證無生門通止觀到因其義可見

淨名大品皆以教門通行至因並以無生爲首故彼淨名三十二菩薩中初法自在云生滅爲二不生不滅爲不二不生不滅即圓無生大品四十二字亦無生居首故今亦然文列雖以有門居首依前諸意且用無生

○次釋光顯二初明止觀能顯

止觀光揚無生門者法不自顯弘之在人人能行行

法門光顯使無生教縱橫無礙觸處皆通門義方成雖有此教必須行顯故前生起云依教通行若無教者行無所尅以有教故令行智門通至於理初住見理外用自在令無生門一重光顯故云縱橫無礙觸處皆通故生起中云雖無所通徧通一切

○次舉譬

譬如世人門戶出入有人有位門則榮顯能譬既然所譬可解

人謂行人位謂入住若空有其門教何所被空有其人行何所稟稟教行行得至於理故云有人有

位如人入相門方榮顯

○次釋門能通果二初出所通之果

門通果者大經云般涅言不槃者言生不生之義名大涅槃

○次明能通之因三初明定慧俱滿故名不生

又云定慧二法能大利益乃至菩提

○次明無生即是佛果

大品云無生法無來無去無生法即是佛

○三明佛果須定慧嚴

法華云佛自住大乘如其所得法定慧力莊嚴以此度衆生

○次結

且引三經果義明矣

通果者初出所通之果即涅槃不生次定慧俱滿故名不生智斷俱滿故名不生故定慧二法至果方滿大品文者無生理滿故云不來不去至佛方名無生故也法華文意例涅槃可知

○次明能顯果由三初正明

止觀能顯果者果不自顯由行故果滿果滿故一切皆滿

果滿故自他依正一切俱滿

○次舉譬

巍巍堂堂如星中月照十寶山影臨四海

巍巍等者巍巍高出貌堂堂者爾雅云堂堂容也白虎通云堂堂明也如月高明即是果智諸明中最如月在星灌頂經云巍巍堂堂如星之月銷除生死之雲今明果滿能益地也照十寶山等者華嚴二十一云佛子菩薩十地因於佛智而有差別如因大地有十寶山謂雪香軻黎羅仙聖由乾陀馬耳尼民陀斫迦羅宿慧並及須彌山一一皆云

王雪集一切藥香集一切香。訶黎羅集華。仙聖集五通。由乾陀集藥。叉馬耳集妙果。尼民陀集龍。斫迦羅自在宿慧集修羅。須彌集諸天。言自在者謂諸大力。即以十山所集功能對於十地。初地以上心證佛智。階降不同。惟佛能知。此地亦爾。故云因於佛智而有十地。今文用喻與經稍別。經以十山譬於十地。十山依地。地喻智果。今以亦十山喻於十地。月喻佛智。下照十山喻佛果智起於諸地。故合喻云功高十地影臨四海喻起應也。

○三合法

果亦如是無上無上功高十地汲引四機。

○四引證

金光明中佛禮骨塔即其義也。

汲引四機者。水如機。影如應。四教四門四悉並是垂應設教。金光明經佛禮骨塔者。新譯第十云。爾時四尊爲諸大衆說十千天子本緣已。於座上結加趺坐。告諸比丘。汝等樂見菩薩本身已不。諸比丘言。我等樂見。爾時世尊即以百福莊嚴手按地。即便開裂。有七寶制多忽然踊出。衆寶莊嚴。爾時世尊即從座起。作禮右繞還就本座。告阿難言。汝開塔戶。阿難如教開已。見七寶函。見有舍利。白如珂雪。告諸比丘。汝等禮拜菩薩本身。阿難白佛。如來世尊出過一切。爲諸有情之所恭敬。何因緣故禮此身骨。佛告阿難。由此速能證得菩提。爲報法恩我今敬禮。因爲大衆說薩埵本緣。彼薩埵者即我身是。故知佛地因果由止觀教。雖得佛果敬禀教身。是故佛今而禮身骨。

○次明橫攝二。此即先結前生後。

無生教門豎攝因果其義已彰。橫攝之意今當說。

○次正示橫門

大品云。若聞無生門則解一切義。初阿字攝四十一字。四十一字攝阿字。中間亦然。橫豎備攝。其文如此。問。前無生豎門亦是四十二字之初。何故而今乃以字門爲橫。答。前於無生一門豎入。故有因果相望淺深。所以名豎。今以四十二字各各相望。已自成橫。又各各攝於四十二字。則一一字中所攝又橫。故知橫豎備攝其中。此亦非橫非豎而論橫豎。

○次廣二。先提起。

此意難見。更引佛藏示其相。次引涅槃釋其義。後說無生門破法偏。

○次解釋欲廣示相釋義功能故先提起但云因果橫竪無生意猶難見是故更須約佛藏等今此文中三初釋佛藏義先事次觀先事釋又二先正引經以明外用次合無生門言外用者經上卷云無名相中假名相說皆是如來不思議力譬如有人嚼須彌山飛行虛空石筏渡海負四天下及須彌山蚊脚爲梯登至梵宮劫盡燒時一唾劫火即滅一吹世界即成以藕絲懸須彌山手接四天下雨如來一說一切諸法無相無爲無生無滅令人信解甚爲難有甚爲希有若少有所得與佛法僧

諍入於邪道不聽出家受戒飲一杯水當知經明無生外用以顯妙理因果無生是則不了一體三寶常住不聽出家言不聽者若不解此戒不具足此即同前第三卷末勝鬘後解今初中

佛藏云劫火起時菩薩一唾火即滅一吹世界即成非是先滅後成秖一唾中即滅即成

○次內合無生門

彼經明外用內合無生門即破偏即立偏破立不須二念若內無是德則外無大用寄外顯內其相如是

內合無生者吹唾秖是智斷之用智斷不二故吹唾同時若有是言得無生者請驗外用

○次觀心

須識觀心者衆生一期將訖即是劫盡三毒三災火爲語端以止止之如唾滅以觀觀之如吹成云云

次明觀心釋佛藏義觀心即是修智斷因是故更須約觀心釋一剎那起名一衆生即起即滅名爲一期念念之中恒起三毒即當劫盡三災義也三毒貪爲首三災火爲端以不思議止觀觀此三毒云云

摩訶止觀輔行傳弘決卷第五之四

摩訶止觀輔行傳弘決卷第五

陳隋天台智者大師說　唐荊谿大師湛然傳弘決
門人章安大師灌頂記　明天台沙門傳燈增科

○次引涅槃釋其義然無生義散在諸教名相委悉不過大經故引四句六句釋無生義不出自他智斷能所事理思議不思議悉無生也即是因果光揚能顯義也並在第十九經也初釋四句言不聞聞一句有種種義者經初列不聞聞等四句次以不生生等四句釋不聞聞等復以不至至等四句釋不生生等故云不聞聞等有種種義今處中

說文順無生故用不生生等釋無生義然古人以不聞聞不生生等四句在前下二但是轉釋而已故多釋不聞聞等四句餘句但例有云聞不聞即俗而眞不聞聞是即眞而俗聞聞但俗不聞不聞但眞又云不聞聞從眞起應聞不聞攝應還本不聞不聞法身凝然聞聞是應迹不已不生生等古亦多解興皇以雪山偈銷不生生是諸行無常生不生是是生滅法生生是生滅滅已不生不生是寂滅爲樂又將四出偈銷言四出者此偈四處出之古人名爲涅槃四柱謂九十五二十五二十六

不生生本無今有生不生本有今無生生三世有法不生不生無有是處又云如來證涅槃等四句對之章安云準下文云我因是事即得解於一句半句得見佛性入於涅槃當知並是見佛性句不聞聞了因性聞不聞緣因性不聞不聞正因性聞聞境界性例此以釋不生生等亦應可見雖古多釋未會經旨依章安解復是一途章安云並不如此智斷因果俱無生也但爲銷經別作一途彼經佛欲說此不聞聞等放光照於十方世界時東方有瑠璃光菩薩初來之時一切大衆非青見青乃

至非白見白等諸菩薩等見此光明皆相問言此是何光皆默不答次問文殊文殊答言光明者即是智慧智慧者即是常住乃至即是如來即是大慈佛言汝今莫入甚深第一義定應以世俗而爲解釋文殊言東方去此二十恒沙有世界名滿月彼有菩薩名瑠璃光於彼見光而問彼佛彼佛答言西方去此二十恒沙有世界名娑婆佛名釋迦爲諸菩薩說不聞聞等彼菩薩而白彼佛欲來此聽不聞聞等從彼發來先現此相如古諸釋各自一途將何以表光召之旨將何以生十方大疑將

無枉辱彼佛遺命何足以補遠來之情偈雖廣攝諸師意畧故知不可聊爾而釋欲了此文須曉大師用經文意若釋餘文及下爲他則以生生居初用對四教以隨生等義便故也此中銷經釋無生義是故具依經文次第又二初列四句

大經釋義者不聞聞一句有種種義初云不生生不生不生生不生生生

○次畧舉攝相

按此四句說無生門攝自行因果化他能所等法皆偏

不生生者自行因也即初住位不生不生自行果也位在妙覺生不生者即化他能生生者即化他所若不爾者何名爲偏故破偏門義同一部一部秖是自他因果能所故也

○三釋四句自爲四文然諸句中凡云經釋並是大經佛自釋也凡云今解即是大師釋佛所解皆引佛藏吹唖結之初句闕結義亦應有文四初釋不生生句二初牒經初句

不生生者

○次解釋二初如來解

安住世諦初出胎時名不生生

○次大師釋五初欲明所安故先釋世諦

今解世諦者無明共法性出生一切隔歷分別故名世諦

○次釋安住

安住者以止觀安於世諦即是不可思議境觀行位成故名安住以安住故名託聖胎初開佛知見得無生忍名出聖胎不見無明世諦故言不生

明能安故後釋安住理本不二非共非離約事且云無明共等能生所生能安所安亦復如是以止

觀安故世諦方成不思議境安即觀也此觀初成名觀行位以圓觀解託於世諦觀是聖孕聖託胎故名託聖胎又聖種中生名託聖胎若入初住名出聖胎聖出胎故名出聖胎從聖生故名出聖胎契一分理故言不見不見即不生智德成也此釋不生

○三釋生字

獲佛知佛見故名爲生

○四引論證

論云諸法不生而般若生即其義也

諸法即是無明世諦。般若生。是佛知見開。

○五結示。

此說自行無生忍位。因義成也。

○次釋不生不生句二。先牒第二句。

經釋不生不生者。

○次解釋二。初如來解二。初總標。

不生不生名大涅槃。

○次釋兩不生。

生相盡故。修道得故。

生相盡故。即智斷德滿。修道得故。明果由因契。

○次大師釋二。初正釋。

今解果由因剋。故言修道得故。斷德已圓。無明不生。智德已圓。般若不生。故言不生不生。此說自行寂滅忍。果義成也。

二德已圓。釋生相盡。即指妙覺為寂滅果。

○次以佛藏結。結謂結同。

因果既圓。即如佛藏所明一吹唾。即滅即立。是其義焉。

○三釋生不生句二。初先釋二。初牒第三句。

經釋生不生者。

○次解釋二。初如來解。

世諦死時。名生不生。

○次大師釋三。初正釋。

今解世諦者。無明是其根本。既破無明。故言世死。世死故名生不生。

由無明故。與法性合。出生諸法。故名無明。以為根本。但破根本。諸法不生。死是不生之異名耳。

○次重明此句所用意旨三。初釋兩句。

此釋初句。初句上緣於理智德成。故言不生生。此句下破於惑。斷德成。故言生不生。

○次簡二。初簡兩句中不生字。

不生名雖同。事理大異。

○次簡兩句中生字。

初句詺智慧開發為生。此句詺結業起動為生。生名雖同而縛脫大異。

○三結勸。

莫迷名惑旨。須精識之。須精識之。

以此斷德釋初智德。若無斷德。智不成就。是故須以斷德釋智。若初句中智德成。即初句中下生字也。若此句中斷德成。即此句中下不生字。不生名同等者簡兩句中不生字也。初句上不生字。此句下不生字。兩處不生。其名雖同。事理則異。初句智德緣理名爲不生。此句破事惑盡。得不生名。以理望事。事則爲下。故云下破。以事望理。理則是上。故云上緣。次初句下簡兩句中生字也。初句下生字屬智。此句上生字屬惑。兩處生字。其名雖同。初句生字屬智。智卽是脫。此句生字屬惑。惑卽是縛。故云大異。兩處俱有生與不生。是故須簡。名同義異。智斷二德。旣無前後。若以第三釋於第一。亦可第一以釋第三。以智斷同時故也。體雖不二。必先運

智以斷於惑。豈惑智斷而方智生。是故且以第三釋初。又假使第三列在於初。亦可第一以釋第三。言不累書。且依文次。又從義便。是故爾耳。

○三以佛藏結同。

初句如唖中吹。此句如吹中唖。唖吹一時。不可前後也。

此旣釋初。是故結中亦望初句。相卽而結。文似前後。用必同時。故云一時不可前後。

○次述經重釋第三句二。此初牒經重釋。

經重釋此句云。四住菩薩名生不生。生自在故。

○次大師釋經重釋義也。二。初正釋。

今解先生不生。說自行之惑滅重釋生不生。明化道之興。何者菩薩斷四住時。破結業生。卽能自在生。況斷五住耶。以劣顯勝。彌彰化道。二乘斷惑。沈空不能如此。故標菩薩也。

經文但云一生不生。經前後釋自分兩義。故今大師判出兩文不同之相。先謂前解旣云斷德。知是自行之惑滅也。此中重釋旣云四住菩薩。卽是菩薩斷四住已。能自在生。先斷四住。卽如通教菩薩尙能自在利益衆生。況入初住眞因分開。以通教

人斷四住劣。顯於圓人斷五住勝。

○次以佛藏結。

亦以佛藏重結兩解惑滅顯唖。以結初釋。化興顯吹。以結重釋。

惑滅顯唖。化興顯吹也。

○四釋生生句二。先牒第四句。

經釋生生者。

○次解釋二。初如來解。

一切有漏念念生故。

○次大師釋六。初正釋。

今解此句明化用之斷耳。

○次牒向重釋以爲能化。

菩薩何意不生而生良由一切有漏衆生相續不斷。有漏是生相續不斷故名生生生即是所化之境也。

○三重牒能化示生之意意在所化。

是故菩薩而起大悲示自在生而度脫之。

○四結成無生功能。

是爲無生門攝自行因果化他能所皆悉具足矣。結成無生功能故也前之三句並是化他之能因

果智斷此句即是化他所也。

○五約地持四住重釋。

四住菩薩者地持云從初發心住至十地束爲六住一種性住二解行住三淨心住四行道迹住五決定住六究竟住種性住者若人無有種性雖生善道數退數進不得在菩薩六人數中若種性處成就無有退失數數增進得是一人也解行人是初地方便淨心住是入初地得出世間心離凡夫我相障故名淨心住行道迹住者從二地至七地住修道也決定住者八地九地也已得報行不還不退故名決定究竟住者第十地學行窮滿故言究竟住也。

大師重以地持六住中之四住釋佛重釋四住菩薩也地持六住即當別義向佛尚以通劣而顯圓勝豈無以別顯於圓耶況復幸有地持別文是故引之以顯圓妙論六住者從十住去方受住名若人無有種性等者指十信菩薩故云雖生善道等不在六人數中者即六住所不攝故也以此六人皆不退故故名爲住復言究竟者乃是菩薩地窮非示究竟種性成就即十住滿已斷見思故云無退得在一人者六中初人也乃至行向並由住中

斷見思已方能進行故云數數增進即第二住親爲初地方便故也前種性中已入空觀非不亦爲初地方便去地遙故至迴向中親修中觀故云方便淨心是初地者破同體見故云離我地前凡夫並未斷故即是別教見道位也行道修者別修道位破同體思決定究竟並破思也。

○六以論判經。

經稱四住名生不生者正是行道迹住從二地上正是入假化他之位處處現生而非實生將別顯圓初出胎時即能利他化生自在於圓義亦應無失。

至行道迹名眞出假帶教道說故立見思次第至此尚能大益況復圓教五住盡耶況復一體智斷成耶。

○次釋六句經中所以重明六句者前之四句直明四果能所無生無生之名雖卽是破未破無生是故今明皆不可說又前四句雖云無生未知爲是何等無生故六句中思議不思議生與無生一切俱破是故六句皆不可說乃顯今文破偏正意文二初正釋六句皆不可說以明自行二於中初列經句。

經又六句不生生亦不可說生生亦不可說生不生亦不可說不生不生亦不可說生亦不可說不生亦不可說。

○次畧明句意。

按此六句明無生門破法徧

○三大師先且銷經本句一一句下皆云不可說者卽是破義三初文是畧判也。

若破思議惑用前四句若破不思議惑用後二句。

言思議不思議惑者應云思議不思議解惑文中存畧但云惑耳次第解惑卽是思議不次第解惑是不思議解是能破惑是所破故解惑相從同名思議不思議也惑之與解俱須徧破尚不可作不思議說況思議耶故一一句下皆云不可說問思議須破不可思議何用破耶答理非偏圓故皆須破若破圓者破圓異偏不破圓理故云不破聖人心中所得涅槃爲未得者執成戲論是故破耳。

○次解釋二先釋四句思議解惑於中二先破惑次破解先破思議惑中兩句二初釋成可思議次釋成不可說初釋又二先釋初二兩句。

何者思議惑雖多不出界內外界外惑附體生故言

不生生界內惑是枝末故言生生。

云界外惑者理體不生而惑是生故云不生生界內之惑言枝末者界外之惑已是於生從生惑上復生於惑故云生生界外卽是無明惑也界內卽是見思惑也有麤細故有內外故是故判爲可思議惑

○次示相待相。

此惑紛綸並是所化之境爲此境故施自在生。

示相待相初明生生是所化境所言並者凡是生生皆所化故因所有能故成相待。

○次釋成不可說。
化既不可得。何處有能化能所俱忘。是故不生生。
所生俱不可說。
生。明能化所化皆不可說。猶如幻人爲幻人說法。問
能化既是別惑。何故乃云自在。答已斷通惑。卽於
通惑名爲自在。若於別惑。仍是繫縛。枝之與本。並
是法性。卽觀法性。而忘於惑。名不可說
○次破思議解亦二。初釋兩句。成可思議。次總釋
成不可說也。初釋又二。初釋三四兩句。
若破思議解。此解雖多。不出界內外。界內解止遣分

段。故言生不生。界外解雙遣分段變易。故言不生不
生。
界外之解言雙遣者。從前得名。亦是異時相望名
雙。應言破惑。今言破分段變易者。因中說果。以惑
破故生死必破。破界內惑。令生不生。故云生不生
問界外之惑。旣是能化。與界內解有何差別。答界
內之與破界內惑而得解名。生界外已。於彼具縛。
名界外惑。雖當分名惑。而能化於界內之惑。體雖
不別。得名處殊。
○次示相待相。

此解淺深。故有種種自行因果。
十六門異。故云種種。從淺至深。皆屬自行。前後次
第。及化他位。望四教說。乃成多種因果不同。如第
一卷四弘中說。
○次總釋成不可說。
理尙非一。寧有種種。今徧喢破。故言生不生不可說。
不生不生。亦不可說。
四種道諦。是能趣行。滅理法性。是所趣理。理體尙
無。何得種種能趣所趣。故皆不可說。
○次破不思議解惑。亦先惑次解。此之解惑但點

無明對於圓理。不分內外枝本之殊。是故名爲不
思議也。初破不思議惑中二。先且釋成不可思議
故云秖是無明。
若破不可思議惑者。秖是無明。無明故生生故無明。
○次明不可說理。
無明不可得。生亦不可得。今皆喢破。故言生不可得。
不可得者。秖是不可說耳。
○次破不思議解者二。亦先示不思議相。卽不生
不可說。
若破不思議解者。秖是圓解。圓解始終判出因果。

示於不思議相故云秖是圓解於此判出圓因圓果。

○次明不可說。

理不偏圓亦非始終那有因果今皆唾破故言不生不可得。

理非偏故不可偏說理亦非圓何可圓說耶。

○三明用句意。

將彼經意釋無生門破法徧者其義分明。

○四明大師釋佛所釋六初釋不生生不可說二故句句中皆先舉佛自釋。

佛自釋六句云何不生生不可說不生名爲生故不可說。

○次明大師釋二初釋不生生。

今解不生生者法性也生者無明也二乘證不生猶受法性生故言不生名爲生依佛此旨知是界外附體之惑不生而名爲生。

明大師所釋意扶佛釋但小廣耳二一句中皆云依佛此旨者大師自云已申佛意重述佛旨以符已見。

○次明不可說。

生即顛倒顛倒即不顛倒心行處滅言語道斷故不可說。

○次釋生生不可說二先舉經釋。

云何生生不可說生生故生生生故不生故不可說

○次明大師釋又二先釋生生。

今解生生故生生者即是大生生小生八相所遷有漏之法也依佛此旨知是界內有漏惑也。

八相所遷全是有漏八相所遷具如前釋問八相中云小生生大此中何以大生生小答由有大生引起小生故令小生能生於大。

○次明不可說。

生生故不生者因緣生法即空即中心行處滅言語道斷故不可說也。

有漏之生即是空中空中不可言思所得故不可說但云空中者且以法性空中對幻假說其實須云幻假即是不思議假何者今但以此假即是空中此假任運成不思議故不別說前第一卷四弘文中意亦如之。

○三釋生不生不可說二先牒經釋。

云何生不生不可說生即名爲生生不自生故不可

說。
○次明大師釋三。初釋生不生。三。初釋生卽名生。
今解生卽名爲生者。乃是諸法不生。般若生也。
生卽名爲生者。釋上生字。般若生時。由諸法不生。
○次釋不生字。
生不自生者。此般若生。不從四句生。生不自生。是初
句耳。具言生不他生。生不共生。生不無因生。
卽以四句推破諸法。諸法破已。尚無無句。何有四
句。是故般若非四句生。名爲不生。
○二重釋。

又般若生時。世諦已死。無復有生。而生三界者。爲緣
故生。非業生也。故言生不自生。
反以不生生。而釋生不生。生卽無生者。良由般若
生時。世諦已死。故得雖生。而生自在。卽是生不生。
○次釋不可說。
若般若生。若自在生。皆言語道斷。故不可說也。
若般若生。牒上初解中第二解。及次解中。初解云。
般若生時。若自在生。牒上第二釋中後解也。言而
生三界也。此之兩生。皆不可作生而說者。體非次
第故也。

○三判句。
據此意知。是界內之解也。
○四釋不生不生不可說二。先牒。
云何不生不生不可說。以修道得故。
○次明大師釋三。先釋不生不生。
今解修道得者。乃是極果所證。
○次明不可說。
尙非下十地所知。豈可言說耶。
○三判句。
據此知是界外之解也。

○五釋生亦不可說二。先舉經釋。
經云。生亦不可說。以生無故。
○次明大師釋二。先釋於生。
今解此破不思議惑。界內生生亦是生。界外不生生
亦是生。秖是無明之生。生必託緣生。
界內外生。秖是無明者。覽前兩句思議之惑。秖是
一念從緣生惑。此惑秖是障中無明。
○次明不可說。
緣生卽空卽中。心行處滅。言語道斷。故不可說也。
界內外生。生義雖殊。今觀同是一念緣生卽空卽

中何者以見一念即畢竟空即法性中前對生生是可思議見此思議是空是中今見一念即具三惑名不思議惑道理即是即空即中大意同前

○六釋不生不可說二先牒經釋

經云不生不可說以有得故

○次明大師釋二先釋不生

今解此破不思議解及界內之解亦是修道得故界外之解亦是修道得故得即詣理

亦覽前兩思議之解即是此中不思議解故云及界內外解並皆是得得即詣理

○次明不可說

理絕心口故不可說也

不可復作圓理而說理無說故名不可說

○五隨結破法徧

佛以六句破諸法解惑皆言不可說彌顯無生門破法徧也

徧圓解惑悉皆不生皆不可說故名爲徧

○六總以佛藏通結前來四句六句

依佛藏經前四句亦吹亦唾後兩句結前吹唾耳此六句專論於唾也

言前四句亦吹亦唾者結初四句初四句中初句即吹而唾次第三句即唾而吹次第二句者吹唾成就第四句者吹唾所化當知前三句中句句之中有吹有唾第四句者若單約所化則義屬於吹吹不獨用義須即唾若以所顯能全是吹唾之功用也後兩句者謂六句中後兩句也以此兩句兩向用之在六句末同名爲唾唾秖是破破者秖是不可說耳故六句中句句皆云不可說也若將結前四句文者二句既是不思議之解惑解惑相即智斷不二與吹唾義同故用結前四句智斷此乃

但用上生不生不論二句下不可說也故用生字以結前吹用不生字以結前唾若兼後二句下不可說亦結前者結前吹唾皆悉相即亦不可作相即而說

○七復以楞伽釋成六句二先釋楞伽次結大經與楞伽同初釋楞伽義二初引經所列二法

又楞伽云我從得道夜至涅槃夜不說一字佛因二法作如此說謂緣自法及本住法

彼經第四無常品云大慧白佛如佛所言我於某夜成最正覺某夜入般涅槃中間不說一字不已

說不當說不今說是佛說世尊依何密語作如是說佛言依二密語謂自證法及本住法然一代施化豈無權智被物之教但約此二未曾有說故云不說耳今云自法但約自證耳

○次解釋向經中所列二法三初釋自法二先列經釋

自法者彼如來所得我亦得之無增無減離言說妄想文字二趣

云彼如來者謂過去諸佛及以現在十方諸佛與彼佛證一體無殊不多不少名不增減離言說等

者重釋自證所離之法

○次今釋經意

釋曰緣自法是證聖眞諦實性也離言說妄想者不可思議也離文字者離假名也離二趣者離說所說想所想名所名也

離言說等者彼經第七云離言說者不可議也離妄想者不可思也離文字者離假名文字也凡能詮教無非假名約自證法有何文字言二趣者復疏釋前言說假名恐情妄計但離能說能思能名即以所說所思所名謂爲眞體故復疏云二趣俱離何者於自證中不見能所名離二趣

○次釋本住法二初正釋

本住法者謂古先聖道法界常住如道趣城道爲人行非行者作道城由道至非至者作城

謂佛自行所行之道及佛本證實相之理並非修成非作法故徧一切處不可改易故名爲住理是所至道是所行故舉譬云並非行者至者所作故本有道爲人所行豈行者作本有理城由本道至亦由行人而能至理故並不由至者能作經初又云本住法者如金在鑛及所至城鑛似兼別城必

從圓

○次引彼經助釋

經曰士夫見平坦道即隨入城受如意樂我及先佛法界常住亦復如是是故二夜不說一字

彼經次文即以古城爲喻佛問大慧彼城及道并城中物是彼入者之所作耶答曰不也士夫行人但隨本有常住之道至實相城得於萬德秘藏之物以受如意涅槃之樂本期涅槃故云如意

○三總結前意

當知二法決定非口言分別所能變異本法者如理

也。自法者證實也。
非口言者不可議也。非分別者不可思也。稱本法故不可變異。
○次結大經與楞伽同。
此義與大經四不可說意同。生生不可說者本法不可說也。生隨順緣生本法不可說也。生不生不可說者即自斷法不可說也。不生生不可說者即自智法不可說也。不生不生不可說者即是究竟自證法不可說也。後二句一結生不可說結本法不可說也。一句結不生不可說結自證法不可說也。

會同中乃以生生為本法者前釋生生指有漏法今指有漏體全是理。問前釋何故云是所化今何故云是本法耶。答一切所化無非本法故曉法師云水窮波末波徹水源。生隨順緣生不可說者結前生生不可說。故前文釋云生即空中故不可說也。今亦如是隨順緣生不可說生即空中故。第二三句準前可知。不生不生即究竟者智斷究竟也。餘並同前。
○次明有十因緣故可說。凡諸文中不可說後必明可說者先自證已必化他故。十二因緣中不云生死者此屬未來。今明從過至現以成機緣故不取也。故大經中續前不可說文後即云十因緣法為生作因。文二。初牒經指同。
大經云十因緣法為生作因亦可得說者。今解此即無生門偏立之義。亦如佛藏偏吹即成也。
所言十因為生作因者以宿種子在無明行中來至今世復依本習起愛取有。復由現在聞法發習。此中因緣且語衆生十因緣邊。亦應義兼感應因緣。謂感佛四說即因緣義。
○次依經解釋五。初立義。

十因緣者從無明支乃至有支立諸法也。
○次列科。
立有三義。一立衆生。二立機緣。三立聲教。
○三解釋三。初釋立衆生。
立衆生者過去二因現在五果更互因緣而立五陰假名衆生也。
○次釋立機緣。
立根機者過去或修行析行體行漸行頓行。以行為業無明潤之致今五果。於此陰果更起本習。或起析愛取有。或起體愛取有。或起漸愛取有。或起頓愛取有取有起故得爲機緣也。

○三釋立聲教四初立藏教。

立聲教者析愛取有起故感三藏教是爲生生不可說十因緣法爲生生作因亦可得說說生生也。

○次立通教。

體愛取有感於通教是爲生不生不可說十因緣法爲生不生作因亦可得說說生不生也。

○三立別教。

漸愛取有感於別教是爲不生生不可說十因緣法爲不生生作因亦可得說說不生生也。

○四立圓教。

頓愛取有感於圓教是爲不生不生不可說十因緣法爲不生不生作因亦可得說說不生不生也。

○四結成。

衆生若立一切惑法因果立一切所化立機教若立一切解行因果立一切能化立是爲無生門一立一切立。

○五引證二先引大品佛藏證無生門徧立。

故大品云若聞阿字門則解一切義佛藏云一吹一切悉成此之謂也。

○次引地持證四種機緣。

如地持四種成熟謂聲聞種性緣覺種性佛種性菩薩種性無此四性以善趣熟之佛種性即此圓機菩薩種性即此別機彼文云菩薩種子有佛無佛堪能次第斷煩惱障及智障豈非別機聲聞種性當開之別異善根及二藏機退大取小種性即通機彼四成熟即此四種機緣義也。

彼地持文立四種性於中聲聞種性謂永入滅者非今所用然瑜珈論解深密經等並方等部攝挫云永入策發令起如淨名中迦葉自叙云於此大

乘已如敗種敗種豈有更生之理至法華會中根獲記是故彼文且附方等但以四性對於四教義味俱合。

○三料簡三初一問答二初令立第四句問。

問上六句是無生門一破一切破十因緣法是無生門一立一切立上四句是無生門亦破亦立亦應有第四句非破非立不。

答赴機是立六句是破前四句中有智有斷即是義當亦破亦立。

○次以大經文答。

答大經十九卷初云十事功德不可思議聞者驚怪非難非易非內非外非相非非相非方非圓非尖非斜等即是第四句非破非立之文義

彼文釋五行竟次明十功德云十事功德不可思議非難非易等當知十德皆證中道此五行十德自古多釋瑤亮云五行是畧十德是廣各以二德對於一行宗師破云初六對三相貌可爾後四對行全不相應光宅云行與功德一體異名並從因以至果開善云五行淺十德深五行者始從初心終至地前十德者始從初地至金剛心若作別義

開善最親若依圓義光宅似當具如玄文明圓五行然亦不是全用彼經但彼經文兼圓帶別十地證道雖與圓同地前教道未會聞故故云不可思議聞者驚怪河西云若準梵本應云希有奇特鈍根小智聞則驚怪譯者畧之但云不可思議等章安釋云深無底故驚廣無邊故怪非分別智能知故非難泥洹智不泊故非易非眞故非內非俗故非外非色故非相非心故非非相無去來今故非是世法無中邊故無有相貌絕四離百故世間所無疏中不釋非方圓尖斜今助釋曰非別故非方非通故非圓非空故非尖非有故非斜若作非破非立爲言者非破故非難非立故非易非破故非內非立故非外非立故非相非破故非非相非破故非圓非立故非方非立故非尖非破故非斜

○次一問答二初問

問若無生門攝一切法者則無復諸門也

問者圓有四門若無生攝盡何用諸門

○次答四初諸門互攝

答無生門亦攝諸門諸門亦攝無生門

答意者今說無生則云無生攝盡若說餘門則應

一一各云攝盡今從行便且云無生乃至開爲三十二門何但四耶旣云從於智斷二德以立門名三十二門未嘗別異隨舉一門攝三十一

○次依義便立二初依智德義便先立四門

欲依智德義便故言無生門此應四句生門無生門亦生亦無生門非生非無生門一一門各有四門四四十六門

○次依斷德義便例立四門

若依斷德義便應有滅門不滅門亦滅亦不滅門非滅非不滅門一一門各有四門四四十六門合三十

二門。
○三譬不異而異。
大經舉十五日月光增正喻智德。十六日月光減正喻斷德。月無增無減約白論增。約黑論減。實相無智無斷。約照論智。約寂論斷。
月無增減等者。譬不異而異。約惑智邊說有增減。見有增減。月體常圓。諸門依於智斷二德。但從能入差別不同。而其理體未嘗生滅。大經云。因須彌山故有虧盈。俱舍復云。近日自影覆。諸小乘經多云白銀琉璃漸漸互現。故有增減。今取此意譬無

增減意甚便也。
○四以門結徧。
若無生門攝一切法高極。此豎攝一切法也。若無生門攝諸法廣徧者。即無生門橫攝一切法也。
○三一問答二。初問。
問無生門門稱無生。其境惑智斷等悉應稱為無生。那忽言無生生。生生自在故。
問無生門門稱無生等者。門稱無生。則應一切悉稱無生。前諸句中何故復云。無生生等。無生生是初四句中第一句。生生是第四句。生自在故。是第

三句。引三生句。以難無生。
○次答
答此還助顯無生門無生忽發。故言無生生。明其所化。故言生生。明其應用。故言生自在。還是無生門。即唾。故言無生。即吹。故言無生生等。彌顯無生門攝法徧耳。
答意者。三句明生並是無生功能故也。
○四總結。
約大經釋門義竟云云。
○三明無生門破法徧二。初列三章三。初探說章

中之意以列三。
次明破法徧者為三。一無生門從始至終。盡其源底豎破法徧。二歷諸法門。當門從始至終。盡其源底。橫破法徧。三橫豎不二。從始至終。盡其源底。非橫非豎破法徧。
初列三章。一一章門皆云從始至終盡其源底者。標標探說章中之意。盡源故橫周盡底故豎窮。豎破灼然有始有終。於一一見。一一品思。無非法界故也。橫門一一。亦各復有從始至終。不二門中。不無豎橫。如是皆悉橫豎不二。若欲且從三章各說

者。三惑各偏名爲横周。通至實相名爲深窮。一一惑智理非横竪横中一一。亦復如是。又横攝一切名爲横周。一一至極名爲竪深。不二門中具攝諸横名爲横周。無不圓極故云竪深。雖有三文但成二義。謂次不次横竪但成次第故也。雖有二義共成一心。當知竪中具足有横。及以不二。餘二類之。故云竪則論高。乃至無竪而不廣也。法華大車意亦如是。當知秖是高廣大車。故知横竪但論相入。不得不二。未免縱横。雖横竪皆徧須識不二。故次釋云非横非竪。隨文見者。柰何迷深。故一家釋義。

前總次別。後還結攝歸於元意。意雖若是。爲顯不二。還依章門横竪解釋。則於一中横竪甄分淺深不亂。

○次横竪互具。

竪則論高。横則論廣。竪來入横無横而不高。横來入竪無竪而不廣。

○三引經證義。

法華云。其車高廣。横竪不二。則非横非竪。故曰是法平等無有高下。

○次釋三章三。初明竪破法徧七。初列竪章。亦先列意。

一無生門破法徧者。又爲三。一從假入空破法徧。二從空入假破法徧。三兩觀爲方便得入中道第一義諦破法徧。

○次述竪章意。

如此三觀實在一心。法妙難解寄三以顯一耳。

此文分明寄三顯一。如何棄此漫指徧文。

○三引論證於寄三顯一意。

大論云。三智實在一心。爲向人說令易解故分屬三人。

引論證於寄三顯一意也。是故此中文三義三。意在度入歸於不二。一心中破。故知下文句句之中。皆有一文一義一意。不煩文故且立六處。

○四重引華嚴意以顯今文。

華嚴亦有二意。宣說菩薩歷劫修行。彼爲鈍根也。初發心時便成正覺。所有慧身不由他悟。彼是利根也。彼經二根而分兩意者。此亦先次後論不次。故似於彼。彼說次者。意亦爲成圓頓不次。與今似同。若論今文約觀但是借別顯總。全非別教意復成異。

○五引法華正當今意。

法華唯一意正直捨方便但說無上道。
法華唯一。則開鈍成利。人無不開。法亦無二。正當
今意。
○六顯文元意。
今欲借別顯總舉次而論不次。故先三義解釋也。
○七正解釋諸教既爾。今亦依之。故示讀者預於
文前逕點六處結撮要意。一破見位後。二破思位
後。三四門料簡中。四出假利益位。五結破法徧文
後。六修中觀文。初頻此六文。慇勤指的顯露彰灼。
讀者尚昏儻沈密隱映。如何取解。故逆提綱領。至

文重示此。仍不論標章指意等。直指文內有此六
重為三。初從假入空中破法徧二。初列章。
從假入空破法徧又為三。先從見假入空。次從思假
入空。後四門料簡。
○次解釋三。初釋從見假入空三。先列。
從見假入空文為二。先明見假。次明空觀。
○次釋二。初明見假二。初明從解得名。次釋當體
受稱。初文又三。初釋見名二。初明見所從而生。及
以能障功能三。初法。
見惑附體而生邊能障體。

文中且通釋云。見惑等者。明見所從而生。及以能
障功能。
○次譬。
如炎依空而動亂於空。似夢因眠夢昏於眠。夢若不
息。眠不得覺。
談夢者見惑也。空覺者真體也。
○三合。
此惑不除體不得顯。
○次釋從解得名。
然見則見理見實非惑。見理時能斷此惑。從解得名。

名為見惑耳。
○次明外道生見三。初列。
見惑有四。一單四見。二複四見。三具足四見。四無言
見。
○次釋四。初明單四見二。先列四句。
單四見者。執有。執無。執亦有亦無。執非有非無。
○次解釋三。初正解五。先明有見三。初釋利使。
於一有見復起利鈍。謂有於我我。與有俱恒起我心。
與我相應即是我見。以計我故。能生邊見。以我邊故。
破世出世因果。即是邪見。執此為道。望通涅槃名為

戒取。謂此爲實。餘皆妄語。不受餘見。名爲見取。
謂有於我者。外人計我。或如麻豆及母指等。或計徧身。神身四句及一異等。計我不忘。名爲我見。計我斷常。名爲邊見。由計斷常。不信因果。復計此我。以爲自然。冥初世性。世性即是二十五諦及六諦等。或計從於父母。微塵梵天等生。皆名邪見。執邪爲道。名爲非因計因。名戒取見。爲因此見。通至非想。信此非餘。名爲見取。

○次明因見惑起於鈍使。

是己法者愛。非己法故瞋。我解他不解生慢。不識有

見中苦集爲痴。猶豫不決爲疑。

○三歷三界四諦結八十八使。

如是十使。歷欲界四諦。苦下具十。集下有七。除身邊戒取。道下有八。除身邊。滅下有七。除身邊戒取。合三十二使。歷色界四諦。有二十八。無色亦爾。例除一瞋。合有八十八使。

歷三界四諦結八十八使。如文可見。三界合有五十二鈍。三十六利。鈍五十二者。謂欲界二十。四諦各五。上界無瞋。但一十六。上二界合成三十二。并欲二十。合五十二。利三十六者。三界各十二故也。

如欲界中。苦下具五。道下有三。除身邊。集滅各二。除身邊戒取。合十二也。上二界亦然。三十六及五十二。合八十八。問。四諦下惑。依何理教。減不同耶。答。依阿毘曇。上界不行恚。問。何故身邊唯在苦耶。答。此見依身。故名身見。依於身見而起邊見。餘三非身。故無此見。又見苦斷。故在苦下。問。戒取何故唯在苦道。答。唯彼所起。問。戒取計因。苦諦是果。何故在苦。答。計多苦行。望爲實因。故在苦下。非出道故妄。謂出道。是故復於道處能起。集滅異此。故無身見。無身見故。亦無邊見。集滅非道。不生戒取。

又復戒取。在於苦道二諦下者。本是內道見苦能斷。本外道者見道能斷。故唯在二。問。八十八中。初果所斷。既唯見惑。何故中有五十二思。答。此思依見。見爲根本。但斷於見。根壞條枯。若迷事思。此中不攝。故文云是己法者。愛即指五見爲己法也。問。修所斷中。何故無疑。答。見道已斷。理合無疑。

○次例餘三見。

餘三見亦各具八十八使。

但例於有。則三見可解。但以無等而爲根本。如計我是無。乃至非有非無也。

○三歷六十二見各生八十八使。

若歷六十二見見各具八十八使倒浪瀾漫不可彌數邪網彌密障於體理。

明歷六十二各生八十八瀾。力日反又力丹反瀾漫逸波也漫亦散漫縱逸也言此倒惑如波之逸。

○四明生百八見。

五十校計經云若眼見好色中有陰有集見惡色中有陰有集見平平色中有陰有集乃至意緣法亦如是一根有三三中有六六根具三十六三世合百八。歷六十二見八十八使各各百八。

此經是後漢安世高譯所立法相稍異諸經經云。佛在王舍十方菩薩問佛何故諸行因緣不同佛言校計五根及以意識為一切法本得十方佛智。問云何具足行道謂常守根識修校計者為黠菩薩若不修校計者為癡菩薩問云何不修校計為癡修校計為黠佛以五十法答一一法中皆云校計故云五十校計一一法中皆有百八初盡百八癡次盡百八欲乃至得百八眞證百八盡力諸菩薩問云何百八佛言有所念不自知心生心滅中有陰有集不知為癡轉入意地亦如是識亦如是是為意三見好色中色惡色不自知著不自知滅有陰有集乃至觸亦如是彼經但列六根各六雖無三世之語而結云百八故知是約剎那而為三世也既以心意識三為意地三故通三世如云集起名心籌量名意別知名識意三既爾故使所依五根亦爾三世三個三十六故故有百八經又問云我設知百八癡滅為癡為黠佛言未黠諸菩薩言何故爾耶佛言猶有百八疑乃至未得百八盡力以念念中不離六根剎那三世故一一見皆一百八乃至五十個百八煩惱故彼經云舉心動念

生死無盡若準大論六根各三受三受對三塵三世為百八此則約果報以論三世若諸論中復以十纏加八十八為九十八加十思惟合一百八言十纏者論云纏八無慚愧嫉慳并悔眠及掉舉昏沈或十加忿覆故知念念有多百八理含義別大論又總以十四難而攝六十二見謂三世各四句并根本二句有此難者不應為答。

○五結。

當知舉心動念浩然無際昏而且盲都無見覺云云

心昏眼盲故不見昏故不覺即是無明心昏智

慧眼盲故不見不覺眞諦之理
○次斥謬六初正破謬解
世講者謂有是見無非是見亦有亦無是見非有非無非是見
以彼不知俱是見故謬生去取講者私解也
○次明其謬見違經負心
此語違經負心經云依止此諸見具足六十二如汝解者數則欠少
世人但云初三是見二四非見則六十二中但有其半故云欠少是故違經言負心者若實作此見

但有違經之失若隱知虛說則有負心之過
○三且引有無俱是性計
中論破自他性有是自性對有說無無他性若有若無皆是性何意無非是見
且證有無俱是性計計即是見也無既成見當知第四句悉亦是見
○四驗無非證故知屬見
又此無既非證理之無寧得非見
○五明是邪人所得驗知是見二初文逕舉外道所計以辨人非

諸外道本劫本見末劫末見介爾計謂是事實餘妄語增見長非吾我毒盛捉頭拔髮搆造生死
言本劫本見等者長阿含十三云佛告善念梵志此本末見不出六十二也本劫本見一十八末劫末見四十四合六十二言十八者有四四句及根本二初四句者一見二十劫成敗二見四十劫三見八十劫四以捷疾智說一一句皆云神及世間常第二四句者一我及世間半常半無常二計由戲笑三計失意生四以捷疾智說廣如初句第三四句者一神及世間有邊二無邊三上下方有邊四方無邊四以捷

疾智說廣如初句此三四句初皆云或有沙門婆羅門以種種方便定意觀見二十劫等第四四句者一我不知不見善惡有報無報耶二我不知不見有他世無他世耶三我不知不見何者善何者惡耶四愚癡暗鈍隨他問答此四句頭皆說異問異答根本二句者一定意知衆生未來無因緣而有二者捷疾智說次末劫末見四十四句者初四四句中第一有想四句一我此終後生有色有想二生無色有想三生有色無色有想四非有色非無色有想廣如初句第二四句者以有邊無邊對有想作四句第三四句者以有樂無樂對有想作四句第

四四句者一有想二若干想三少想四無量想第
二有二四句初四句者以有色無色對無想作四
句如初四句唯以無想替有想次四句者以有邊
無邊對無想爲四句如初文中次四句說但改無
想以替有想第三有二四句初四句者有色無色
對非有想非無想爲四次四句者有邊無邊對非
有想非無想爲四句此兩二四并前四四合三十
二句復有斷見七句一作沙門婆羅門作是論我
身從父母乳哺衣食長養而生終歸磨滅二者欲
界諸天生具足斷滅三者色界諸天生具足斷滅

四者空處五者識處六者不用處七者非想非非
想處廣如欲界句說次常見有五句計一切衆生現在涅
槃一計現在五欲自恣得涅槃二初禪三二禪四
三禪五四禪涅槃並計得合十二句并前三十二句合
四十四句經釋甚廣數雖六十二不出單四句見
也捉頭拔髮者即六十二見中有無等見互相是
非如大經十八者婆爲闍王作外道譬中云見二
小兒相牽鬭諍捉頭拔髮章安釋云二小兒者斷
常有無互相是非如捉頭拔髮因既不善果苦無
邊故生死浩然

○次舉長爪亦不出四句
如長爪雖不受一切法而受於不受不識苦集佛以
一責墮二負處
大論第一云有外道梵志名長爪亦名先尼亦名
婆蹉亦名薩遮迦亦名摩揵提是大論師計一切
論可破一切語可壞一切執可轉故無實法可信
可敬如舍利弗本末經中說舍利弗母即是其姊
姊夢見一人具如法華疏舍利弗緣中云云學訖
還國覓甥不見往難世尊云一切論可破等佛以
一句責云汝見是忍不思惟於久不得一法入心

乃云沙門瞿曇著我置二負門中若我答忍是負
門麤衆人皆知云何自言不忍而今言忍現見妄
語若答言我見不忍是負門細無人知者即便答
言是見亦不忍佛言不忍是見將何破他衆人無
異何用自高而生慢爲長爪於是不能答佛自知
墮負世尊不彰我過不言是非心調柔軟得法眼
淨即屬單四句中非有非無見攝若準下文并此
中意長爪義當單四見中後之三見及無言見若
言一切不受即似無見
○六舉況釋

高著外道。尚未免見。云何底下。謬謂爲是。
即指長爪。爲外道中高流上輩。所學已著。尚未出
單。況餘暗鈍。隨時問答者耶。
○三今家判。
今判此。並屬單四見攝也。
今家判前本末見等。並不出單。
○次明複四見二。初出相。
複四見者。謂有有有無。無有無無。亦有有無。亦無有
無。非有有無。非無有無。此是複四見。
句別具二。故名爲複。一一並緣法塵而起。云云。

○次複見生惑。
於一一見具八十八使。若六十二見見見又具八十
八使。百八等如上說。
○三明具足四見二。初出見相。
具足四見者。有見具四者。謂有有。有無。有亦有亦無。
有非有非無。無具四者。無有。無無。無亦有亦無。無非
有非無。亦有亦無具四者。亦有亦無有。亦有亦無無。
亦有亦無亦有亦無。亦有亦無非有非無。非有非無
具四者。非有非無有。非有非無無。非有非無亦有亦
無。非有非無非有非無。是名具足四見。

明具足句。句法至四。今一一中具四。故名具足。雖復
單複不同。並以四爲句法。故並云四。但三四中單
複具異。得三四句名耳。單則四人。複則八人。具十
六人。複中一往列句。雖似單四句。上各加有無。然
有有同單有。無無同單無。但於有上加無。無上加
有。第三第四。各加兩句。句法應云亦有亦無有。亦
有亦無無。非有非無有。非有非無無。今文開於兩
亦雙非。合有無也。此開合者。或寫誤。或別有意。第
二本中都不列句。但直標云複具而已。此乃脩補
時添。應是元聽具闕列釋。今加不云私謂故也。是

則四單之上更加六句。以爲複句。具足四句。一往
亦似於單四上。各加四句。然亦有有同單有。無無
同單無。兩亦之上。雖加兩亦。同單兩亦。雙非之上。
雖加雙非。同單雙非。是則於前單上。成加一十二
句。於前複上。但更加六。并前單複。則成十六。是則
於一四句之上。離之乃爲二十八人。計但成於十
六句耳。故六十二中並無複具。
○次具所生惑。
一一句具八十八使。如是六十二見見見具八十八使。
百八等如前說。

○四明絶言見二初出相
絶言見者單四見外一絶言見複四句外一絶言見
具足四句外一絶言見
○次絶言生惑
一一見皆起八十八使六十二見百八等如前說
一一下諸四句後各有絶言各生若干諸惑不已
故云一一
○三結
如是等約外道法生如是等見也
○三明依於佛法生見亦有絶言并所生惑餘並

如文爲三初四教四見
又約佛法生見者三藏四門生四見通教四門生四
見別教四門生四見圓教四門生四見
○次四教絶言見
又一種四門外各有絶言見
○三見所生惑
如是一一見中各各起八十八使六十二見百八等
惑如前說
○次釋當體　名見見秖是假假者秖是不實
爲義得名雖殊見體不別所以重於當體立假名
者欲於一一立三假義知見體是假是故先云見
體是假假謂三假又前文云從解得名見理方斷
云何見理必推三假是故復云當體名假應以四
句破假假破故見理亦應合云假所生惑此釋三
假爲破惑故不應生惑若無四句及性相空邊生
於惑故此未明出在後文分四初明見秖是假
復次見惑非但隨解得名亦當體受稱稱之爲假假
者虛妄顛倒名之假耳
○次例前名數
例前亦應言單四假複四假具足四假一一各有絶
言之假依於佛法復有十六假一一如前說

○三例三假名
又於一一假中復有三假爲因成假相續假相待假
○四釋三假相四初正釋二初明隨事三假二初
釋二初約心釋二初明今解
法塵對意根生一念心起卽因成假前念後念次第
不斷卽相續假待餘無心知有此心卽相待假上因
成約外塵內根相續但約內根相待豈待滅無之無
文橫待三無爲之無心也
因內因外和合方成故所生法名因成假念不實

故故前念滅滅已復生生者必滅計能相續名相續假他待於己假立他名己待於他假立於己相待不實名相待假若豎待者意亦如是言三無爲者。虛空二擇滅三非擇滅舊名數緣非數緣也俱舍頌云此中空無礙謂太虛空無礙爲性非謂所見空一顯色及竅隙等頌云擇滅謂離繫隨繫事各別隨三界繫見見品品皆名爲繫所繫不同名爲隨事離一繫故得一擇滅擇力所得滅名爲擇滅擇謂斷智推度令滅故名擇滅非擇滅者頌云畢竟礙當生別得非擇滅此非擇滅二類不同

謂根塵闕緣及所證位諸無知惑不得續起名礙當生如緣一色時於餘諸色及餘四塵得非擇滅爲正緣色礙餘色等當不生故名礙當生三皆無心待我爲有故有是假

○次明他解

開善云因兼二假或一過之明第三假起時因上兩假故言因兼上假未除後假復起故言過之此就心明三假也

此明他解後文當破

○次約色釋二初約正報

又約色明三假先世行業託生父母得有此身即因成假從胎相續迄乎皓首即相續假以身待不身即相待假

約色者四大色身體全不實是三假故前念滅時假後念續故名爲假待中亦應具有橫豎待往滅身名爲不身豎待也他非我身名爲不身橫待也夫相待文皆有二義並須思知

○次約依報

又約依報亦具三假如四微成柱時節改變相續不斷此柱待不柱長短大小等也

約依報者正報既假依報亦然依必隨正如影隨形

○次結

此是三藏經中隨事三假委釋如論師

委釋如論師者如成論師委明三假今文雖釋義猶似略已明色心依正三假足曉破見故無旁及

○次明隨理三假二初釋二初法

但此名通用不獨在小乘大乘亦明三假附無明起如幻如化但有名字實不可得

言大乘者即衍門三教無明幻化其名並通

○次喻

鏡中能成之四微尚不可得況所成之幻柱柱尚不可得況歷時節相續以幻化長短相待豈復可得舉易況難而明十喻即色是空非色滅空即此義也外四大柱既從四微和合所成外大四柱復現鏡中鏡中豈有能成四微能成尚無豈有所成鏡中幻柱鏡柱如幻故云幻柱以幻喻像故復云幻鏡柱無者本是外柱由鏡明故像現其中鏡是外柱現像之緣若爾外柱亦爾柱體則由外四大種而令木現復由工匠假立柱名當知外柱亦復如是

云云。言四微者色香味觸由四大和合造此色柱於外即是所造之柱於像即是能成之柱由有四微所造柱故而令鏡中所成柱現故於鏡中推能造微及所成柱永不可得因成既無安有續待故但況云況歷時節者即以相續況也以幻化長短者即以相待況也故總結云豈復可得以一況字冠下二句大論四十六廣明衍門三假之相雖云隨理理有權實通教隨權理別圓隨實理今云三假附無明起故知無明亦通深淺今既破見且從豎義即通教三假也別圓三假在第六卷修中觀中三番是也故有次第三不次第三等云云。又通論雖爾若別論者如章安云聲聞觀因成緣覺觀相續菩薩觀相待雖此為首後必具三舉易況難者如向鏡柱以例外柱即其相也言不實者但以諸法從因緣故念念不住故待他假設故當知鏡柱與外柱等無非三假不實義同雖同不實像等易解外柱難解故大乘經共立十喻言十喻者大論第七云如幻者譬如幻師幻作種種雖無有實然而色法而可見聞諸法亦爾無明幻化而可見聞二如燄者以日光風動塵故曠野中猶如野馬

無智謂水諸法亦爾結使光諸行塵憶想風生死曠野中轉無智之人謂之為實三水月者月在空影在水實相之月在實際空於凡夫人心水之中我所相現四虛空者空但有名而無真實空不可見遠視光轉令見縹色諸法本無邊無漏智故見諸相五如響者深山中語及打木聲從聲有聲無智謂有一切語言亦復如是但是口中優陀那風觸於七處和合有聲六如城者日初出時見城樓櫓行人去來日高則滅無智謂實諸法亦爾妄計吾我七如夢者夢中無實謂之為實覺已知無而

還自笑諸結眠中無而生著得道覺已乃知無實八如影者見不可捉諸法亦爾雖情謂實求不可得九如鏡像者非鏡非面四句叵得但有名字諸法亦爾非自等四但有名字十如化者諸天聖人能有所化所化無實諸法亦爾皆無生滅猶如化人本自無生何有老死

○次結

是名大乘隨理三假

○次會異謂會三有及三聶提與三假同大論四十六廣釋三有三聶提義並在三假品中明之故

得會同然論文三有與三假名義有同有異則相待名同餘二名異二異名中法同因成假名但覽法假而立故不同相續文中但釋而不見會今文列釋意者本在會同故須會之假名即當相續假也何者以於法上假立名故則謂諸法相續名住

今文二初會三有二先列

又釋論名三種有相待有假名有法有

○次釋三初釋相待有

相待有者長因短有短亦因長此彼亦爾物東則以此為西在西則東一物未異而有東西之別有名無實為相待有

相待有中全用彼文如五寸之物待一尺為短待三寸為長彼此亦爾者在此則以彼為彼在彼則以此為彼物東等者如彼人在物東則以此物為西故云則以此為西在西則東者我在物西則以此物為東一物未嘗異由人在於物之東西卻謂物之在我東西當知物上假名東西

○次釋假名有二初正釋

假名有者如酪色香味觸四事因緣和合故假名為酪雖有不同因緣之有雖無不如兔角龜毛之無但

止觀輔行卷二十一　五三

以因緣和合故有假名為酪

雖有不同因緣等者和合法上立一假名此之假名是有是無能詮故有不實故無是故不同因緣實有及兔角無何者如酪四微非蘇四微方有酪名故知酪名不同兔角如餅等名下則有實餅兔角名下無實兔角龜毛亦爾雖有復不同於實法之體體則有實名則假立是故假有不同實有言色等四事因緣和合者此非和合造酪因緣造酪應以乳因人緣方名為酪因緣所成必具四事故名四事為和合法和合具四假立酪名

○次重約端氈立重重實法重重假名釋假
又如極微色香味觸故有毛分毛分故有毳毳故有氈氈故有衣是爲假名有
重約端氈立重重實法重重假名釋假名有論中廣破端氈無常無我如坐禪人觀於端氈作地水火風青黃赤白等或復都空是故端氈但有名字今文畧撮論文甚廣從一極微色香味觸以爲實法假名毛分毛分者毛中小分名爲毛分故極微微等皆名毛分合聚故名爲毳毳卽細毛尚書云皆生濡毳細毛以自温也故知七水爲一兔兔亦

細毛之類也乃至成衣衣是假名氈是實法如是展轉迭爲假實假名有無例如前說
○三釋法有
法有者卽是色香味觸四微和合故云法有
○次會三聶提三聶提西音翻假施設欲會令同故先問起
論又云三假施設與三假云何
○次答釋二初會名
答別義不論今通會之法假施設如因成受假施設如相續名假施設如相待

○次釋義
論云五衆等法是法波羅聶提五衆和合故名衆生如根莖枝葉故有樹名是受波羅聶提用是名字取二法相說是名波羅聶提故知三假義同也
法中既云五衆和合故與因成義同次受假中受謂領納由根莖枝葉故樹可領納領納樹故有樹始終卽名相續是故與前假名有同用是名字下會相待假用於樹名及枝葉名取二名下二種之法樹名之下枝葉爲法枝葉名下四大爲法二名二法若待非樹有樹名生一切諸法乃至心所亦

復如是論云行者先壞名至受次壞受至法以壞法故得諸法實相依論次第及先破相待以至相續後破因成若論三假起之次第則必先因成乃至相待展轉生計展轉破之故破相待以至因成得實相空次第稍異文意各別善須思擇
○三引證三假二初引瓔珞總證
瓔珞經亦有三假之文
引瓔珞者彼經具有故總證也彼本業下卷云諸法緣成假法無我有法相待一切相虛相續名一空不可得皆上句明其假相次句明其總破以破

因成故求我叵得破相待故一切相虛破相續故空不可得次第復不與大論文同佛旨深遠我別有意

○次引三經各證一假

大品云有緣思生無緣思不生即因成意大經云如讀誦法雖念念滅亦能從一阿含至一阿含猶如飲食雖念念滅亦能初饑後飽相續意也淨名云諸法不相待一念不住故

別引三經各證一假此即衍門三假義也大品者有外緣故令內思生思生即是所生之法大經文

者第十二釋外道計常中云如讀誦法從一阿含至一阿含者如人欲誦四阿含經能從一部以至一部者由相續故阿含此云無比法也食法亦爾相續故飽外計實故謂相續常故今破之相續是假具如後破淨名等者從破邊說云不相待四句破已待不可得無一念住引此衍文者爲欲顯於小衍同有故也

○四明小衍各具三假三初結前生後明來意

當知三假之名大小通用非但小乘名生死法以爲見爲假如前說大乘亦名生死爲見爲假

○次具列四教三假

所謂三藏四門生四見見有三假六十二見百八煩惱等云云通教四門生四見見具二假六十二見百八煩惱等別教四門生四見見具三假六十二見百八煩惱等圓教四門生四見見具三假六十二見百八煩惱等

前文雖明小門三假末云四門各具三假及所生惑今對衍門故重列之

○三明生惑之由

如來教門示人無諍法消者成甘露不消成毒藥實

語是虛語生語見故於四門十六門起見起假云云

佛教本意示人無諍諍者人過何關法非但三藏門拙易生諍耳然大論文本斥三藏以爲諍法即以衍門爲無諍法故論云佛法有二一者諍處二無諍處餘經已說諍處今欲示人無諍法故說摩訶般若波羅蜜經乃至有相無相有依無依有對無對有上無上以分二門亦復如是今則通以佛法大小皆本示人無諍之法故云生語見故於十六門而起假也如天甘露本令長生愚食不消反

令壽促。佛教亦爾。本令通至常住涅槃。以生詐故。反入三途。言語見者語謂言教。依門合計。隨生一見既不能達語下之旨。名爲語見。

摩訶止觀輔行傳弘决卷第五之五

摩訶止觀輔行傳弘决卷五之六

陳隋天台智者大師說　唐荆谿大師湛然傳弘决

門人章安大師灌頂記　明天台沙門傳燈增科

○次明破假觀三初標列

二明破假觀者即爲三一破假觀二明得失三明位

○次解釋三初破假觀二初列觀

觀又爲四一破單二破複三破具四破無言

○次解釋二先横破四初破單二初列

破單爲兩初畧後廣

○次釋文自爲兩謂畧廣二破初畧破者畧祇是

總文二先序畧境次明畧觀境四觀二合爲六畧

言境四者一者見畧不列有等四句但云必屬一見二者假畧不明三假之相但云虚妄無實三者所生惑畧不列八十八等但云浩浩如前四者所防過畧不出生過之相但云具如後說言觀二者一止觀畧不云推至性相二空但云雙寂不二二者結畧不云眼智無生但云從假入空此六畧意並通此下四見首也後廣此六故名爲廣今初序畧境

畧者若一念心起於單四見中必是一見見即三假虚妄無實八十八使浩浩如前說諸惡彰露具如後說

言如前者具如五十校計所明言如後者如此卷末得失中說前之四畧次第在文可以意得

○次明止觀畧六初文是止畧從又觀去是觀此中亦是止觀總用亦是別而不別乃至爲成下文六十四番不別而別故知直用四性以推三假具含止觀初畧明止

應當體達飈依炎炎依空空無所依空尚無空何處復有若炎若飈又如眠夢百千憂喜本末雙寂畢竟

清淨是名爲止

飈依炎者飈字七障七彰二反並通風飄曰飈即燄之動轉也必依於炎方有動故燄必依空實處無故炎飈俱是動轉之法如見及無明俱是動法如動依燄燄依於空空無所依如見依無明無明依法性法性無所依何者法性無體全是無明故云空無所依眠喻同燄何者眠心如法性昏眠如無明夢事如諸見無明爲本諸見爲末無明無依諸見無住故云雙寂

○次明畧觀

又觀無明卽法性不二不異。

無明旣卽是法性不二秖是不異亦可不二從性不異從相。

○三釋上不二不異

法性本來淸淨不起不滅。無明惑心亦復淸淨誰起誰滅。

無明旣其卽是法性法性不爲無明所染名本淸淨。在無明時法性不滅出無明時法性不起。又在無明時法性不起無明破時法性不滅。無明與法性其體一故故無明體亦不生滅故云無明亦復

如是故知無明無始不起今卽法性亦復無滅無人計人故並云誰。

○四重釋無明同法性

若謂此心有起滅者橫謂法性有起滅耳。

○五重以法性之體以釋無明

法性無起誰復生憂法性無滅誰復生喜若無憂喜誰復分別此是法性此是無明能觀所觀猶如虛空。

能觀等者無明法性並是所觀卽空之觀卽是能觀非但所觀無明法性體性不二能觀觀智卽無明是無明如空故觀智亦空。

○六畧結

如此觀時畢竟淸淨是爲從假入空觀。

以名通故共立無明法性之名今依次第且約破見之無明眞諦之法性故云從假入空。

○次廣破二先破有見者雖對四見離總明別據未分信法迴轉等別仍名爲總又二初立利根信法兩行如前畧破其文已足爲未解者更須後廣。

初立利根結前畧破。

信行利根一聞卽悟法行思已卽能得解。

○次立鈍根以明廣破五先述廣意及用廣法。

其鈍根者非惟聞思不悟更增衆失故中論云將來世中人根轉鈍造作諸惡不知何因緣故說畢竟空。是故廣作觀法說於中論。

欲明廣觀先述廣意及用廣法若不用廣則增衆失故云今依中論廣觀之法中論正被末代之人世觀心者何爲棄之龍樹不任爲師知復師於誰乎故此下文並是龍樹中論觀法故云今亦如是。

○次依論立觀

今亦如是爲鈍根故廣破單複詑至無言說見通用龍樹四句破令盡淨。

○三重迹前來所明三假為所破之假。

若一念心起即具三假三假如前說。

○四正明用觀五初破三假三初文先以四句破因成假於中八先列四句。

當觀此一念為從心自生心為對塵生心為根塵共生心為根塵離生心。

○次正推破四初破自生心二初釋二先立二句。

若心自生者前念為根後念為識為從根生心為從識生心。

前念為根後念為識者根無別體還指無間滅意

為體根名能生由前意滅生後意識故俱舍云由即六識身無間滅為意身者體也無間滅時為意根體爾時五識亦依無間滅意以為親緣用五色根以為疏緣即生五識五識無間分別生時即名意識今此文意不是五識是第六識緣於有見以為法塵即名為識即以此識對根研責故云根為有識故生識根為無識故生識大論問曰前念若滅何能生後答有二義一念念滅二念念生有此二故故滅得生恐生斷見是故須立今為破故是故須責生滅雖殊根之與識俱是自心從根從識俱屬自性於自性中根識互責求不可得又心之與識俱對於塵以立心名是故文中兩名互用終不得以法相分別心意識異而拘此文故此初立皆云生心下句難中並云生識故此文意兩名無在為從根生問滅生也為從識生問生生也。

○次破三先破上句小宗雖許根能生識今破滅生是故須責若從識生則前識不滅復生一識為妨最大故不俟責是故文中但破根生又二先雙定。

若根能生識根為有識故生識根為無識故生識。

○次雙責二初責有識

根若有識根識則並又無能生所生。

根若有識則有二妨謂根識並及能所並則有生生無窮之過若無能所生義不成云何言生又無間滅方名生識根若有識生滅相違故並有過。

○次責無識

根若無識而能生識諸無識物不能生識根既無識何能生識。

責下句也即類無識能生識也。

○次責根有識性此是縱破二先立二句。

根雖無識而有識性故能生識者此之識性是有是無
○次責
有已是識並在於根何謂為性根無識性不能生識
有還同有亦成並生無還同無同無情生
○三作一異責二先定
又識性與識為一為異
○次責
若一性即是識無能無所若異還是他生非心自生
若一者先責一句凡言性者後方能生識與性一

故無能所若異者責異句性若異識則同外境外
境能生識即同他如何計自
○次結
如是推求畢竟知心不從自生
○次破他生心二初釋四初立句
若言心不自生塵來發心故有心生
如前責已畢定知心不從自生故許不自生云雖
言心不自生由有外塵而來發心塵望於根塵名
為他
○次引論

引經云有緣思生無緣思不生
引大品文證他性者塵是外緣來發內根生思即
是所生之法佛赴一機作他性說計者不了引經
助執
○三判屬他生
若爾塵在意外來發內識則心由他生
○四用觀二先定兩句
今推此塵為是心故生心為非心故生心
○次責二先責是心
塵若是心則不名塵亦非意外則同自生又二心並

則無能所
先責是心則有三妨一塵非心妨則心不名塵二
塵非意外同自生妨三並生妨塵若非心容計塵
生塵若是心還成心處生心即名並生子若生苗
則有能所子還生子則二子並生有何能所
○次責非心二初責塵無有識
塵若非心那能生心如前破
次責非心句也與前根中無識義同責意亦爾故
云如前破
○次責塵有生性二先定

若塵中有生性。是故生心。此性爲有爲無。
塵有識性。例前可知。
○次責
性若是有。性與塵並亦無能所。若無無不能生。
○次結
如是推求。知心畢竟不從塵生。
○三破共生。心單計自他。既並推破。故計合生。擬
免自他文三。先釋分二。先立二句。
若根塵合故有心生者。根塵各各有心。故合生心。各
各無心。故合生心。

○次責三初法
若各各有。合則兩心生。墮自他性中。若各各無。合時
亦無。
若各各有。還同前文兩句中有。故云墮自他性。何
名共生。若各各無。如二砂無油。和合亦無。亦不名
共。
○次譬三先立兩句
譬如鏡面各有像。故合生像。各無像。故合生像。
○次責兩句
若各有像。應有兩像。若各無像。合不能生。

責兩句具如法中
○三責鏡面離合
若鏡面合爲一。而生像者。今實不合。合則無像。若鏡
面離。故生像者。各在一方。則應有像。今實不爾。
若鏡面合一者。各有各無。恐計異方。不能生像。和
合同處。方能生像。故結責云實不合一。若鏡至面
方名合一。今取像法。不近不遠。則能見像。若爾自
是不近不遠而能生像。何關鏡面離復不可故知
無像。
○三合法
根塵離合。亦復如是。

但合若鏡面合已下文耳。已上文者。法中已具。故
也。應一一更將根塵合鏡面合爲一。已上文也。
○次結
如是推求。知心畢竟不從合生。
○三責性及一異
又根塵各有心性。合則心生者。當撿此性爲有爲無
如前破云云
責性及一異。並如前自生中說。
○四破離生心。前三被推。既不得生。故於二外別

計於離。於中二。先釋三。先判屬無因緣無因不生。
若根塵各離而有心生者。此是無因緣生。
○次責離有無二。先定二句
爲有此離。爲無此離。
○次責二句二。先責有離。
若有此離。還從緣生。何謂爲離
離卽是緣。卽同他生。何謂爲離。
○次責同無心
若無此離。無何能生。
○三責離有性二。先定二句。

若言此離有性。性爲有爲無。
○次難二句
若性是有。還從緣生。不名爲離。若性是無。無何能生。
有亦同他。無同無心。
○次結
如是推求。知心畢竟不從離生。
○三引證中論四句不應生
中論云。諸法不自生。亦不從他生。不共不無因。是故
說無生。卽此意也。
引中論總證四句。總不應生。何故各計

○四結成性相二空二。先示性空。
若推因成假四句。求生不得。執性卽薄。但有名字。名
爲心生。名不在內外中間。亦不常自有。是字不住。不
住有四句。
此中初示二空相。但無性計。名爲性空。
○次示相空。
亦不不住。不住無四句。故無住之心。雖有心名。字名
字卽空。
性既破已。但有色心內外之相。既不住於無四句
中。故相亦叵得。名爲相空。言不在內外等者。內秖

是因。外秖是緣。中間是共。常自有者。秖是無因。無
此計故。卽無四性。此之二空。言雖前後。意不異時。
○五復以二諦結成二空。
若四句推性不見。性是世諦破性。亦名性空。若四句
推名不見名。是眞諦破假。亦名相空。
若有性執。世而非諦。破性執已。乃名世諦。故云世
諦破性。性執破已。但有名字。名之爲假。假卽是相。
爲空相故。觀於法性。觀理證眞。名眞諦破相。空非
前後。二諦同時。爲辨性相。前後說耳。思之思之。不
見此意。徒謂卽空。故大品中。歷一一法。皆云不在

內外中間等此則三乘通觀二空。次勸學品中云。菩薩摩訶薩等。皆應修學。此之三假。卽是空所破假。次集散品。一一句中。皆云但有名字。是字不住亦不不住。言集散者。散所集故。名性相二空是則諸菩薩等。皆學此二空。得是二空。具十八空。

○六結示總別空相

性相俱空者。是爲總相。從假入空觀也。

性相俱空等者。總結示於總別空相也。此中言總但指二空名之爲總。以此二空。徧空一切。故名爲總。若望初文。此總仍別。以於四句。句句破。故若一

句得入。亦具二空。非必四句方名二空。文言四者爲轉計者。極至無因。故云破四。名性相空耳。此中總者。望下六十四句。復名爲總。

○七引證中論二空

故中論曰。諸法不自生。如此用觀者。與中論意同也。

故中論等者。前引此文。證四俱性。性並須破。破已名空。卽是性空。此中引者。證無自性。乃至無無因性。亦復無名。名爲二空。故云用觀與中論同。

○八具二空故卽十八空二初釋

若根撿不得心。卽是內空。塵撿無心。卽是外空。根塵合撿不得。卽內外空。離撿不得。卽是空空。四性撿不得。卽是性空。四句撿不得。卽是相空。若就塵撿無十方分。卽是大空。求最上所以不得。卽是第一義空。四句因緣不得。卽有爲空。因有爲說無爲。旣不得有爲亦不得無爲。卽無爲空。四句求心生元不得。卽無始空。四句求心滅不可得。卽散空。四句求心生滅不可得。亦不得心不生不滅。卽畢竟空。三界無別法。唯是一心作。今求心不可得。卽一切空。觀心無心。觀空無空。卽無所得空。觀有見三假不可得。卽有法空。觀無見三假不可得。卽無法空。觀亦有亦無見三假不可得。卽無法有法空。

具二空。故卽具十八。此內外等。並是所空。空十八事。得十八名。若歷一一空。皆識能所。銷之可見。法界次第中。亦畧銷釋。意甚分明。以此望彼。言雖小異。意亦大同。問。從有法至無法有法空。旣對三句。何故不空非有非無句耶。答。前畢竟空破不生不滅。卽是破第四句也。故下文無問。前之六空已明二空。何須更說次七空耶。答。以向性相重歷諸法故更明七。問內至畢竟。破諸法盡。何須後五。答。大論云。十三破盡後五重說耳。此十八空。大論三十

四廣釋相狀。又九十二云。是十八空性亦自空。即是能空亦復皆空。大經十一空。及二十空。亦何出此十八空耶。楞伽但列七空。一者相空。分析自他共不生故。二者自性空。空於諸法。自性不生故。三者無行空。陰本涅槃故。四者行空。陰入和合離我我所故。五者不可得空。諸法妄計。無可說故。六者第一義空。自證聖智。離過習故。七者彼彼空。空中最下。無復彼此。亦是合十八。為七空耳。然彼經意與大論不無小異。故知楞伽七空多在藏通。以自證中云離過習故。從容取之。稍通圓別。如大品十

八亦通三教。

○次結

如此觀者。即與大品意同。是為十八種從假入空觀也。

○次以四句破相續假。此因成就亦應可見。然須細銷。以出相狀。文為五。初明因前不悟應入相續。

若不悟者。轉入相續假破之。何以故。雖因成四破。不得心生。今現見心念念生滅。相續不斷。何謂不生。

○次正立四句推而破之二。初立四句

此之念念為當前念滅後念生。為前念不滅後念生。為前念亦滅亦不滅後念生。為前念非滅非不滅後念生。

○次一一推破四。初破前念不滅後念生二。初破二生相並。

若前念不滅後念生。此則念自生念。兩生相並。亦無能所。

○次破前念不滅有生性二。先定兩句。

若前念有生性生於後念。此性為有為無。

○次破

有則非性。無則不生。如前。

○次破前念滅後念生三。初判屬他性。

若前念滅後念生者。前不滅生。名為自性。今由滅生不滅望滅。豈非他性。

○次破他性二。先定兩句。

他性滅中有生故生。無生故生。

○次破

有生是生。生滅相違。乃是生生。何謂滅生。若滅無生無何能生。

○三破前念滅有生性

若滅有生性。性破如前。

○四破前念亦滅亦不滅後念生三初判屬共性
若前念亦滅亦不滅後念生者若滅已屬滅若不滅已屬不滅若不滅合滅能生即是共生
○次破共性
共生自相違相違何能生又若各各有生即有二過各各無生合亦不生
○三破有生性二先定兩句
若滅不滅中有生性者爲有爲無
○次破
若性定有何謂滅不滅若性定無亦何謂滅不滅此

不免斷常之失還墮共過
云墮斷常者即定有定無也
○四破前念非滅非不滅後念生二初破無因二
先定兩句
若前念非滅非不滅而後念心生者爲有此非滅非不滅爲無此非滅非不滅
○次破
若有則非無因若無無因不能生
○次破無因有生性
若無因有生性者此性即因何謂無因若無無不能生
○三結成性相二空
如是四句推相續假求心不得無四性實執心即薄但有心名字是字不住內外兩中間亦不常自有
○四復以二諦結成二空
相續無性即世諦破性名爲性空相續無名即眞諦破假名爲相空
○五具二空故即一八空二初釋
性相俱空乃至作十八空如前說
○次結
是名從假以入空觀

○三以四句破相待假四先辨相待與二假異二
初明異之由
若不得入者猶計有心待於無心相待感起此與上異
○次正明異相
因成取根塵兩法和合爲因成相續豎取意根前後爲相續豎望生滅此是別滅別滅則狹今相待假待於通滅此義則寬通滅者如三無爲雖不併是滅而得是無生待虛空無生而說心生即是相待假

指相續中爲別滅者別在有情心所滅故異於虛空在生滅故異於擇滅是有爲故於非擇中文不與彼闕緣義同於所緣處心生滅故故但與彼生滅義同唯對此滅後念心生名爲相續若相待中言對通者三無爲法通是無生無生之名義同於滅對彼三滅知我有心言雖不併是者謂三無爲雖不併是生滅之滅而得是無生者三無爲法同是無生故也生滅之滅義似無生彼三無爲是無生故無生是滅故對滅知生言虛空等者舉一例二

○次借於開善因兼之名以釋相待三初牒舊解

上既不悟復因上惑共起此惑故言因兼上惑猶在復起此惑故言過之

牒開善舊解者舊是開善寺藏法師所立因上兼此故云因兼上但二重今至第三故曰過之

○次今解異舊

又因兼者無生法塵待意根生亦是因成因上假心來續相待即是相續故言因兼過者上兩假不於通滅起惑今約通起豈非過之

上因成中及相續中惑雖未破緣無生解以此無生對意根生即相待中因成相也因上假心來續相待即相待中相續相也因上至此故名爲因此具上二故名爲兼是則釋因大意同舊兼與過之與舊釋殊開善但以共起名兼不云具二上惑不除復起此惑是故名兼不云通滅名爲過之

○三結斥

釋既異舊而借彼語示相待假相耳

雖用他名義與彼異但借舊名顯相待義即以今義還破於彼

○三正釋二先立四句

今撿此心爲待無生心生爲待有生心生爲待亦生亦無生而心生爲待非生非不生而心生

○次推破四初破待無生而生心二初破無生生心二先定兩句

若待無生而生心者有此無生無此無生

○次破

若有生可待還是待有何謂待無有有相待即是自生若無此無生無何所待若秖待此無無而生心者一切無無亦應生心無望於有無即是他生也

○次破無生雖異而有生性二先定兩句

又無生雖無而有生性。待此性故。而知有心。此性爲已生爲未生。

○次破

若已生生。卽是於生。何謂爲性。性若未生。未生何能生。

○次破待有生而生心。

若待生而心生者。生還待生。長應待長。旣無此義。何得心生。

○三破待雙亦生而生心。

若待生無生故有心生。如待長短得有於長。此墮二

過。各有則二生並。各無全不可得。如前。

○四破待雙非生而生心。三初引論破無因不可。

若待非生非無生而有心生者。論云。從因緣生尚不可。何況無因緣。

○次破無因生二。先定兩句。

又此無因爲有爲無。

○次破

若有。還是待有。若無。還是待無。何謂無因。

○三破有生性二。先定兩句。

若言有性。性爲有爲無。

○次破

性若是有。爲生非生。若生。已是生。何謂爲性。若無生。云何能生。

○四結成二空二。諦等三。先結成性相二空。

如是四句推相待假。求心生不可得。執心卽薄。不起性實。但有名字。名字之生。生則非生。是字不在內外中間。亦不常自有。是字無所有。

○次以二諦結成二空

求性不可得。世諦破性。是名性空。求名不可得。眞諦破假。是名相空。

○三具二空。故卽十八空。

復次此性相中。求陰入界不可得。卽是法空。性相中求人我知見不可得。名衆生空。乃至作十八空如前說。是名從假入空慧眼得開。見第一義。

上文闕於慧眼。言者畧也。又亦應云一切智等。文無者畧。

○次例破諸見

非但有見三假惑除。一切見惑無不淸淨。正智現前。而此見惑由見理故。破有見。見理之時。單中餘三復具絕言。一切俱破。

○三結
是名無生門通於止觀亦是止觀成無生門。
止觀能顯光揚並由見破故教門光顯但破於見尚是光揚況破諸思塵沙無明況一心破具如前說但前約圓門此寄破見得意何別妙旨如初於此有見亦名總脩。
○四對信法六十四番
若不悟者當善用止觀巧破見假信法迴轉成方便道伏於有見無量煩惱悉皆被伏伏故名善有漏五陰也。

對於信法六十四番復名為別遣離前來初總止觀以對四悉二行故也下去例然具如前文安心中說於一一見並作此結。故知前文離開三諦及以一心猶名為總用此總別有見即伏望小同於四善根位故且結為善有漏陰。
○五明見度轉計
以被伏故有見不起度入無見計中如後破。
以不起故便起無見有見猶在謂心起無亦成見也。
○次破無見三。欲破無見先明見由。

夫破見之由聞思不定若上根人聞觀於生知生無生破執得悟中根執輕成伏見方便善有漏五陰下根執重猶懷取著聞破生不得生謂無生是實更起無生見。
欲破無見先明破由即二行三根依無起計已成下根如前總後亦判利鈍二行不同下去亦爾或但文畧明三根中聞觀於生等者生即有見謂有為無謂無為實是故此見應須委破。
○次正破二先標
又當總別破之。

總謂直修觀破別謂三假四句故此等總即同初文前於單見名之為總雖對四見名總今文重述故於一見對別名總又亦不同有見因成末文總別若對信法六十四番此之總別復成於總。
○次正明破無二初總破二先引二經明破之相二先引大品。
總破者如大品云識無生尚不可得何況識生又識生尚不可得何況識無生生與無生俱不可得。
引大品者以識了別於生即有見無生即無見有無俱破故互相況皆云不可得即是舉深況淺舉

淺況深也。思之思之。

○次引楞伽

楞伽經中文廣破無生見。

引楞伽者彼經第四云。若起空見名爲壞者墮於自共。彼前後文破見非一。

○次斥奪

然無生之理非識所知。云何謂情捨有緣無。如步屈蟲。又似獼猴不應虛妄執此見著。是爲總破。

捨有著無何殊步屈。

○次別破五。初序見由。

別破者行人用止觀破因成三假不得性相。泯然入定不見內外。亦無前後無相形待。

由前有見三假惑伏成今無見。所執之境總別二破。名用止觀不見三假。似性相空。故云泯然入定不見內外。似因成破。亦無前後似相續破。無相形待似相待破。

○次明外道執見成過四。初正明無見所計之相。

寂然定住。或谿亡身心一切都淨。便發此無心自謂得無生止觀定慧已成。

○二責見過相

而起見著。著此空想諸佛不化。何故不化。觀心推盡發一分細定生一分空解。此是空見法塵與心相應何關無生。

故論偈云。諸佛說空法爲破諸見故。而復著於空諸佛所不化。

○三比決簡異

釋論簡外道佛法二俱觀空。云何有異。外道愛著觀空智慧。卽是向者所發空塵。謂爲涅槃。卽有能觀者。能觀者便成身見。身見故卽有利鈍十使乃至八十八等生死浩然如前說。

大論十八云。外道愛慢多故不捨一切法。論問云外道觀空則捨一切。云何不捨。答外道雖觀空而取空相。雖知諸法空不知我空。愛著觀空智慧故若愛著者便成我見。我見卽具八十八使。論又問云。外道既有無想等定滅心所法應無取著觀空智慧。答無想定力非智慧力。

○四出見過由結成空見。

如是罪過皆由空塵而起。障眞失道豈會涅槃。是名外道觀空。

○三明佛弟子知不成過三。初顯正辨異明知過由。
佛弟子觀無生若發空心空心生時即知是愛何者生名愛法愛法即是無明無明生我見等八十八使一一皆具三假之惑終不執謂是眞無生。
顯正辨異明知過由由謂著心著心若生知過故離離即修觀豈更謂此爲眞無生。
○次示無見中三假具由。
云何三假具由上來有見三假破伏度入無見。
示無見中三假具足具由有見來入此中。
○三出無見中三假之相。

無生法塵對意根一念空心生即因成假以生心滅故無生心生是相續假豁爾無生待於有生是相待假。
○四正明用觀三先破因成二先立四句。
當推此無生心生爲意根生爲法塵生爲合爲離。
○次正推破四初破意根生二先正破二初破意根有識無識二先定兩句。
若意根生者爲根生爲識生若根生爲根中有識故生識爲無識故生識。
○次破二初破根有識。
若根有識爲是根爲非根識若是根則無能所。
○次破根無識
根若無識何能生識。
○次破根有識之性二先定兩句。
若根有生識之性此性爲有爲無。
○次破
性若有者識性與識爲一爲異若一性即是識若異異何能生。
○次結指
自生中撿心不可得具如上說。

○次破由塵生二先正破二二初破塵有心無心二先定兩句。
若由塵起無心生者塵爲有心爲無心。
○次破
若有心則無能所若無無不能生。
○次破塵爲一爲異二先定兩句。
又塵爲一爲異。
○次破
一則無能所異則不能生。
○次結指

撿他心不可得。具如上說。

○三破合生

若根塵合有無生心生者。此有二過。如前說云云

○四破離生

又離根離塵有無生心生者。從因緣尚不可得。何況無因。如前。

○次結成二空十八空等

當知無生之心。不自不他不共不離。無四性。無四性故名性空。性空即無心。而言心者。但有名字。名字不在內外。是名相空。乃至十八空。如上說。是爲從假入空見第一義。

○三例破諸見

非但無見假破。上惑下障一切皆除。得正智慧。例破諸見。意如前說。

○五別約六十四番

若未去者。勤用止觀善巧修習。信法迴轉。成方便道。伏於苦集所有陰界八等八十八使。皆悉被伏。以被伏故。名善有漏也。

別約六十四番。如前說。

○三明見度轉計

勤修力故。無見中假不復得起。度入有無假中。如後破云云

○三破亦有亦無見十一。初牒前見爲此見體。

次破亦有亦無見三假者。行人善用止觀。伏無見惑。無假不起。

○次辨此見相

或進一分定慧豁發。亦有亦無與心相應。即便謂言。若無心者。誰知無生。無生是無知。即是有。發此心時。受是亦有亦無見。謂是事實。堅著不可捨。不知過患。

○三引例

如長爪自謂有道。實是苦集。不能識。故佛點示之。即便得悟。

一切能破是亦無見。計有此見是亦有見。又見心謂無破他成有言得悟者。示計是見。因示得悟。若非見者。云何被破。

○四指同

發見之人亦復如是。迷此見毒。不識正眞。若聞指示。執心颯解。

○五廣示見心是苦集相三。初引經證定。

云何指示。大品五受皆不受。

言五不受者第三行相品云菩薩摩訶薩行般若波羅蜜時行亦不受不行亦不受亦行亦不行亦不受非行非不行亦不受不受亦不受舍利弗問須菩提何故不受答般若波羅蜜空故自性不受不受尙不受汝是亦有亦無卽受第三句也

〇次示見心中苦

汝云何受是亦有亦無法塵豈非受陰緣此像貌行用此法了別此法四陰宛然如此受想皆名汙穢是見依色陰又意根受是亦有亦無法塵卽是界根塵相涉卽是入是名苦也

示見心中苦卽汙穢五陰

〇三示見心中集

又我能行能受能知此法假名卽起我見我見旣生卽有邊見若撥因果是邪見計此爲道此戒取計爲涅槃是見取違瞋順喜我解慢他不識苦集卽痴後當大疑如是等十使歷三界具八十八遍於實道順於生死悉於亦有亦無見心中生

〇六點示雙亦見中三假

又此見心卽備三假例前可知

點示此亦有亦無見心中三假

〇七正破

令破此見三假者還用四句一一例前可解

〇八結成二空等

如是破已三假四句陰入皆無實性卽是性空但有名字名字卽空是名相空性相旣空乃至十八空如上說

〇九結成眼智

卽是入第一義正智現前

〇十別明六十四番

若不入者善用悉檀信法迴轉巧修止觀伏於諸見

令成方便善有漏法

此見初文亦應有總文無者略

〇十一見度計轉

亦有亦無見雖伏不起仍度入非有非無見中如後破

〇四破非有非無見十六初略示見由

次破非有非無見者上勤用方便伏有無見豁然更發離有無心

〇次略釋見由

所以者何心若定有不可令無心若定無不可令有

云何乃謂亦有亦無
　由惑不破故成此見
○三正示見體
若不定有則非有若不定無則非無非有者非生也
非無者非滅也出於有無之表是名中道與中論同
○四引論以證已執
何以故前有見是因緣生法無見是卽空亦有亦無
是卽假今是卽中
法正人邪名同義異
○五明見成起計

堅著此心計以爲實是人能起無量過患何以故汝
謂此心爲實者乃以虛語爲實語生語見故故非眞
實若眞實者此心應是常樂我淨此心生滅故非常
受此心故非樂不自在故非我汙穢故非淨
見成起計卽見相也亦是責過畧以四德證法責
之世人誰不自云常等咸計所得起愛恚癡雖非
六師定屬見計若不云證粗免夷愆自謂高深眞
爲上慢
○六示見所生苦集之過
我心生故是身見身見有無未免非有非無如屈步
蟲是名邊見謂非有非無見以爲中道通諸生死是
愚癡論非道非字謂是道字是名戒取謂非有非無
心爲涅槃具陰界入利鈍等使是名見取謂非有非
無以爲正法乃破一切世間因果故名非有破一切
出世間因果故名非無破正見威儀尙不當世間道
理云何能當出世道理寍起我見如須彌山不惡取
空不正爲正是名邪見若順歎則愛違毀則瞋不識
此心毒草藥王則癡自擅陵他則慢後當大疑畧過
有十廣不可盡如是等過皆從非有非無見心中出
言寍起等者楞伽第四無常品云寍起我見如須

彌山不惡取見懷增上慢此乃少分與而言之乃
至應云寍起我見徧於法界不惡取空如微塵許
不識此見毒草藥王者毒草譬苦集藥王譬道滅
世有草木可治病者於中爲最稱爲藥王如耆婆
經云耆婆童子於貨柴人所大柴束中見有一木
光明徹照名爲藥王倚病人身照見身中一切諸
病道滅亦爾能照衆生煩惱諸病畧過有十者如
向所列十使是也廣不可盡謂由十使生一切過
○七示此見具足三假
又一一過悉具三假如前云云

又一一等者此一切過各具三假。
○八畧指觀門
若破此見假還用前四句止觀。逐而破之如前云云
用觀如文
○九結示向文不出四諦
復次黙出諸見五陰者是示其苦。黙出十使者是示其集用止觀破著是示其道諸見若伏若無是示其滅。
○十正示四諦所以
夫一切外道邪解佛法僻計無量過患皆用四諦破之無不革凡成聖。
○十一引證
如來初說阿含四諦之力尚能如此何況大乘三種四諦何所不破耶。
謂初轉法輪正在破見初轉雖未盡具四含四含並是生滅四諦義同初轉故云阿含四諦之力。如中含云舍利子問拘絺羅言頗有事因此得見諦耶。拘絺羅言有謂知食知食集知食滅知食滅道。迹等具如釋籤中引生滅尚爾況後三番三種四諦何所不破。

○十二例破諸惑兼結成眼智。
若非有非無見破者。一切諸惑亦悉斷壞發正智慧
例破諸惑兼結成眼智故云發正智慧。
○十三結成空觀
是名從假入空見第一義。
○十四六十四番別破
若不入者當用止觀信法迴轉善巧四隨方便修習伏諸見惑執心即薄住方便道成善有漏法。
○十五見度轉計
此見不起度入無言說中如後破云云
○十六結勸
所以節節說見過者殷勤行人令於觀心善識毒草明解藥王若得此意終不謬計也章節雖煩番番不雜能了此者可與論道。兀然如盲名為識乳。
言不雜者見見之中俱云三假所計不同一一假異皆四句破。破體各別。四句之後並結二空所空義殊復皆各修六十四番番番顯異一往似雜章節自分能了等者深勸深誡若能了者則可與論觀行之道不識一句如何能識真諦之乳況橫竪不二一心諸番。

○五破無言見七。初明見由
次破無言說見假者。若能如上破者。或進發定慧谿
然明靜
由用觀破上之四句。
○次正明見體
復起異解謂適有此有。卽有生死。四句皆假。虛妄不
實理在言外。絕於四句。乃是無生。
○三責過
謂出四句。實不出也。
○四復以衆多絕言通責。

畧有三種四句外。一單。二複。三具足。
○五別判
若謂理在言外者。乃是出單四句外。不出複見第二
句亦不出具足見初句。
判其不出複具四句。何謂絕言所言不出複見第
二句者。謂無無句。汝此絕言與無無不別。所言不
出具足見初句者。卽初四句中第四句也。謂有非
有非無。及第四句中初句也。謂非有非無有。
○六結見惑難出
故知見網蒙密。難可得出。

結其見惑難出故也。
○七引證
法華云。魑魅魍魎處處皆有。
此文通譬見網。蒙蔓經中鳩槃茶下別譬見惑。玉
篇云。山神爲魑魅。水神爲魍魎。西京賦云。山神虎
形爲魑。宅神豬頭人形爲魅。通俗文云。木石變怪
爲魍魎。以向二例攝鬼神盡。故以此鬼譬一切見。
○次畧破複具二種四見。亦應複具各各先明畧
境畧觀。次廣以四句一一責之。乃至亦以二空之
總。以對四句之別。一一結成二空十八空等。但例

前可知。故不煩文。下絕言見雖無別相可對。爲總
應但用別具。如有見。乃至先出見相。次出絕言。今
文存畧。亦先畧出複具之見。五於中初畧出見由
見體見相。正破結成轉計等。且初出見由體。
複具諸見。
○次畧出見相
一一皆有三假苦集。
○三畧正破
破假之觀。皆如上說。
○四畧結成

若人能於諸見修習道品皆應節節得悟從假入空見第一義
○五明轉計
若未得入者單複具足一切諸見悉皆被伏成善有漏五陰見不得起或進發禪解
○次破無言五初出見由體
又復言出單複具足四句之外言語道斷心行處滅泯然清淨即是無生絕言之道
出復具下絕言之相亦畧出見由見體
○次正判屬見

如此計者還是不可說絕言之見何關正道從謂絕言言終不絕
○三釋判
何以故待不絕而論絕絕還是待待對得起不應言絕如避虛空豈有免理
何故判此而屬見耶待對生故言不絕故四句本絕何須避句別求於絕空譬可知
○四更復豎破絕言之計
又豎破不絕者心不絕故無言見具起一切生死因果云何稱絕

前以諸絕相望故橫又以不絕對破於絕絕還不絕故名為橫今以因果前後相望故名為豎因不絕故果亦不絕
○五重判前來單複等見所破橫豎
上來節節皆有橫豎兩破於一有見是橫破重累四見是豎破因成假是橫破相續假是豎破相待假是亦橫亦豎破總破是非橫非豎破大途秖是橫破
重判前來單複等見所破橫豎也如一有見中三假四句相望成橫展轉度入至四名豎於一見中因成內外相望故橫相續念念相望故豎相待待

於前滅名豎待三無為名橫一一見初皆有總破直以空破未分橫豎大途秖是橫破者若曲分委判如向所說大槩而言但成橫破何者諸見體橫還以三假四句破之是故大判能所俱橫
○次明豎破者以豎法責故云豎破言豎法者有淺深故始自三藏五停終訖圓教妙覺此等位發名之為生汝若言生為何等生又此豎破不同次第三諦之豎次第三諦依諦破惑前後不同故名為豎此中但以豎法往責責其成見見故須破故云豎破如前釋假還約佛法四教明假假皆須破

今明破假還約佛法四教辨位責其見心諸教全無非見何謂定屬有見終非位生文爲二初總破

今當豎破汝執心是有有卽是生汝是何等生

○次別破四初豎破生二初破四初約三藏位生

爲是五停總別念處煖頂忍世第一生爲是苦忍眞明生爲是重慮思惟生

言苦忍等者無漏十六心此居其首乃至道比第十六也

○次約通教位生

爲是乾慧似道生爲是八人見諦生爲是神通遊戲

誓扶習氣生

○三約別教位生

爲是三賢伏道似解生爲是十聖眞解生

○四約圓教位生

爲是鐵輪似道生爲是銅輪眞道生爲是徧法界自在生

別無信位圓無五品者秖是略耳言重慮者慮謂思慮見道觀眞已發無漏今復重觀故云重慮言神通等者入位菩薩道種智明遊戲神通淨佛國土大論九十三問云神通所作何名遊戲答猶如幻師種種變現菩薩亦爾故名爲戲復次三三昧中空名爲上諸餘行法皆名爲下下如兒戲故名爲戲論第七又問云菩薩但當出生三昧何須遊戲答菩薩心已出生三昧欣樂出入亦名遊戲旣不同於結使遊樂欣樂出入卽是出假言誓扶習者大品云留餘殘習以誓願力及扶餘習而生三界利樂有情

○次結

用此諸生勘汝執心全無氣分而言非見孰是見乎

○次豎破無生二初文正約無生以破次從有人下難中論師寄非辨異初文三初徵起

若計心是無生無卽不生汝是何等不生

○次正責三初約三障以明不生

爲是見不生爲是思不生爲習氣不生爲塵沙不生爲無明不生爲業不生爲報不生

見思等三屬煩惱障

○次約事理破

爲行不生爲理不生

爲破三障須約行理是故次明行窮理滿名爲不生

○三約三佛破於中四。初破世人謬釋。

世人云。不生不生。卽是佛。秖道是法佛。

言不生者。卽是法佛。雖甚會理。若唯法佛。未是通方。然此中不生不生。不得作重語讀之。應須間書。上不生字。爲上句末。下不生字。爲下句頭。

○次今家正釋文存四解。初約事理隱顯釋。

今釋此語。卽是三佛。理不生。卽法佛。無明不生。卽報佛。塵沙見思不生。卽應佛。

法身本有。名之爲隱。報應二身。破惑方顯。故以三惑併對二身。破無明盡。究竟智滿。故名報身。塵沙

障法門。見思障化道。此惑俱爲應身家障。故二惑不生。名爲應身。

○次約對治三惑釋。故將三身以對三惑。

又無明不生。卽法佛。見思不生。卽報佛。塵沙不生。卽應佛。

無明障中理。中顯法身現。見思障空理。空顯報身現。塵沙障俗理。俗顯能垂化。

○三約能治所顯釋

又業行位不生。卽應佛。智業不生。卽報佛。理不生。卽法佛。

業行位智。以爲能治。眞如實相。以爲所顯。復由業行及位智故。三煩惱盡。煩惱盡故。報應成就。報應成故。本有理顯。此則法身本有。報應修成。

○四約別對三因釋

又應佛從緣因生。報佛從了因生。法佛從正因生。

修性皆爾。故用對之。此之四解義通圓別。意唯在圓。故初三兩解義扶於別。一四兩解義扶於圓。以別助圓。共成責義。又初之三解。皆約諸法不生而三佛生。第四一釋。約諸法生。而三佛生。

○三約理結三佛

三佛生卽無生。無生卽三佛生。

當知四釋總論諸法不生。而三佛生。故總結云。生卽無生。無生卽生。他解不生。唯在法佛。尙不見法佛不生卽生。況見四重三佛生無生耶。然今文意本責無生。解三佛義。因破他解。故論相卽。故知三佛生則俱生。若也無生。悉皆無生。是故須立相卽義也。

○四引證

若聞阿字門。卽解一切義。云何秖作一解耶。利钁斵地。徹至金剛。聞一不生。徧解法界不生。

聞一不生解一切義。如聞不生。卽知三佛皆生無生。乃至四解三佛無生。云何秖作法身一解。若如今解。三佛體徧。不生亦徧。

○三結責

將諸不生。勘汝執心。了無一分非見是何。

責汝執心。並不入此諸不生中。非見是何。

○次難中論師寄非辨異二。初出舊義二。初述他人破中論師。

有人難中論云。不生不滅。未會深理。何者煩惱是生法。三相遷謝是滅法。秖不此生滅。故言不生不滅。但

是入空。不見中意。

約中論師被破之義而廣辨非。他述他人。破中論師。論師轉釋。不生不滅。雖作多意。而不明破深淺分齊。故被他人約破惑責。但成入空。言秖不者不者破也。非也。

○次明論師不曉

中論師解云。不生不滅者。不不生不不滅。以顯中道。論師不曉被他破已。便加不字。令使會中。若爾非向煩惱之生。非向遷滅之滅。似顯中道。何殊見眞。

○次今正破三。初畧斥

此解扶中。而傷文失義。

今且與其不不生邊。故云此解扶中。責其不周。故云傷文失義。

○次解釋二。先釋失義。次釋傷文。初言失義者。謂失兼通含別之義。論之圓宗。有此兼含。如何被破伏無中道。如汝被破。正當論文所兼通藏。卽此初文是也。初文爲五。初爲出論文兼藏通之義。

何者。龍樹之意。兼通含別。故言不生不滅。不生者不二十五有之生。不三相遷滅之滅。能破二十種身見成須陀洹。乃至無學。豈非兼申通意。亦兼三藏意。

言破二十身見等者。此果破見。經論列數多少不同。毘曇云。如須陀洹喻經說斷無量惑。名須陀洹。何故大經但斷三結。或隨病故。或隨根故。爲鈍根者。說八十八。爲利根者。說斷三結。今此卽是大論之文。約處中說。言破二十。又或時爲鈍。但說斷三。婆沙云。如昔一時有毘棃子。佛法出家。時佛已制二百五十戒。令族姓子。隨所樂行。彼人問已。乃生憂慮。誰能守護。如是諸戒。便詣佛所。頭面禮佛。白佛言。我不堪護。如是諸戒。爾時世尊現親善相。而不呵責。以軟美語而慰喻之。善哉善哉。爲能善持

三戒不耶。謂戒心慧。彼人聞已。卽大歡喜。我能善持如是三戒。斷惑亦爾。若世尊說斷八十八使。及無量苦。名須陀洹。則受化者。心生憂慮。何能拔除八十八樹。度八十八大河。竭八十八大海。摧八十八大山。修八十八對治。若佛但說斷三結者。則受化者生大歡喜。言二十者。五陰各四。謂色大我小。我在色中。我大色小。色在我中。卽色是我。離色有我。四陰亦爾。故此二十名爲身見。八十八使具如前釋。

○次爲出論文含別之義

若生若滅。皆屬於生。涅槃但空。唯屬寂滅。不此之生不此之滅。雙遮二邊。豈非含別之意。

○三正顯論文。圓宗本意。

若生滅是因緣所生法。卽空卽假卽中。卽空故不生。卽假故不滅。不生不滅。卽是中道。

○四結

按文解釋。兼二含別。顯中四義宛然。

兼二謂通藏。

○五推功論主

龍樹之巧。以不生不滅一句。廣攝諸法。乃會摩訶衍耳。

解釋自我論意本然。如何弘論受他暗破。自愜無中。

○次釋傷文三初寄事以斥論師如吃。

若開唇動舌。重吃鳳兮之聲。

吃者不利也。寄事以斥論師如吃。卽論語第九有楚狂接輿見孔子領徒而行。乃爲歌曰。鳳兮鳳兮。何德之衰。爾雅云。雄曰鳳。雌曰凰。意斥孔子。秖如鳳兮出不遇時。周道若斯。欲行禮教。亦如鳳兮出非時也。故鄧艾對魏主。以此爲譏。警魏主令其破

蜀。艾爲性吃。對魏主時頻稱艾艾。魏主戲曰。卿言艾艾。爲有幾艾。答曰。鳳兮鳳兮。秖是一鳳。今以此意斥彼論師。秖如鄧艾。以鳳兮鳳兮。酬於吃譏。當知不下加不。如重吃聲。雖云不不。秖是一不。縱欲顯中失論兼意。此則斥其所說傷文。

○次正斥著述傷文

抽筆染毫。加於點黔之字。秖得一意。全失三門。

傷者損也。已損圓文。徒加點涂。既能著述。從錯抽筆染毫。於硯不能開拓演其深致。而於不下。加點涂乎。徒增不不之聲。却失兼含之富。秖得雙非但

中一意全失通藏及論圓宗
○三重約喩責
懸癰附贅雖欲補助還成漏失
癰者肉之餘也橫生一肉著體爲贅贅又生癰不字加點如贅主癰被破無中意欲補助還成却失圓及藏通
○三兼約彼非以顯今是爲扶含顯存本不生依汝加不亦有多種不生不不生也故今責彼見心爲何等不生不不生耶故初標云且畧出其十種文爲三初標

今解不生一句何啻含於四義且畧出十不生不不生意也
○次釋於中分爲三義第一第二明非但破生不生不不生須破故更加不不生此乃以正而破於邪第三至第九皆以兩不破兩惑生故云不不生卽是以一生字對上兩不義而言之開爲兩生故上不生是一不不見生次一不生是一不不思生及論結句一一但云不不生者還存畧故故以下句不字次前不下故云不不下去諸句準此可知故云正習乃至別圓第十約妙覺位智斷永滿兩生不生名不生生此中三釋同在妙覺初但標十意在於此又從第三至第九一一文中皆釋前竟次生後句前雖不生望後猶生如釋三藏二乘不見不思兩不生竟卽生後云習氣猶生若不爾者後何所破初意二初文長爪
一者一切法可破可壞一切語可轉非有非無絕言離句無一法入心是一不生不生亦不生故名不不生雖情謂不生而實是生如非想謂言無想而成就細想此乃邪見外道之不不生也
長爪成第四句及絕言者一切能破義似雙非語

皆可轉義似絕言是則一計前後四出謂無見亦有亦無非有非無及以絕言今總判之似一不生不生邪見是故須破名不不生如非想下復引須拔非想無生無生須破名不不生犢子例此
○次犢子
二者犢子道人計我在第五不可說藏中此是一不生不生亦不生故名不不生
言第五不可說藏中者大論第一云佛法中亦有犢子道人說四大和合故有眼五衆和合故有人如犢子阿毘曇中說五衆不離人人不離五衆五

衆不是人。人不是五衆。人在第五不可說藏中所攝故。一切有道人皆言一切種。一切時。一切法門中求不可得。如龜毛兎角。其體常無陰界入等。無有自性。此是一不生。犢子所計猶違小宗。故此不生猶更須破。故云不生亦不生。

○次意第三至第九。以兩不破兩惑生。故云不生生七。初三藏二乘。

若三藏二乘斷三界見思。一不不見。二不不思。故名不不生。而習氣猶生。

○次三藏果佛

若三藏佛正習俱盡。名不不生。一不不正。一不不習。故言不不生。此析法不不生。

三藏菩薩未得不生。是故不論。緣覺侵習。習未都盡。非不不生。故亦不論。

○三通教二乘

若通教體見本不生。體思本不生。故言不不生。思益云我於無生無作而得作證。二乘雖體不見思。而習無猶生。

言體不見思者。巧智所觀故云體。不通教菩薩空同二乘。假同別教。故今文中亦不說之。

○四通教果佛

通教佛坐道場。正習俱盡。亦是不不生。此乃分段不不生耳。

○五別教因人

若別教人。斷通別惑。一不不通。一不不別。名不不生。此一品一分。二品二分。不不生耳。上分猶生。

別人兩不不通不別。而上地猶生者。別惑未窮故也。

○六別教果佛

若別教佛上分盡。名不不生。此猶是方便權說。不不

生。

別佛約教。且云究竟。故大論第九云。小小因緣能感大果。況聞般若波羅蜜實相。不生不滅。不不生不不滅。言小小因緣者。謂如少施少戒之流。遠願導之尚感大果。況聞圓中不不生等。

○七圓教因人

若圓人。一不不通。一不不別。名不不生。猶居因地。猶有上地行智報等生在。

○三意第十。約妙覺位智斷永滿。兩生不生。名不不生。

若妙覺智滿其智更不生。無明究竟盡。惑更不生。行智報等畢竟不不生。又眞理極故。一不不生。圓理極故。一不不生。又理本本不生。今亦不不生。

如文

○三結斥

若作單不生語攝法亦盡。如前說。若作不不生語攝初法亦盡。汝作不生。齊何處不生。汝作不不生。復齊何處不不生。他尚不識外道不不生。況識最後不不生。那得不慨是見。當苦破之。

○三竪破第三第四句二先畧指

竪破亦有亦無見非有非無見如上菩提心中釋名絕待中示其相也。

如上菩提心中者第一卷發大心中非九縛故非有非一脫故非無若爾第三句云何。答雙非即第四雙照即第三若歷推理乃至起過聞法開四是則五十六重雙非雙照更加四弘六即是則六十六重雙非雙照況復通教八地以上及以別圓地住以上位位無不雙非雙照故也。我今將諸第三四句勘汝執心汝是何等第三第四耶。釋名絕待者先破橫竪中各有第三第四句及絕待與絕體體是雙非雙照句也。雖即畧指復更歷教一一委釋。

○次更歷教二　一委釋二文各三初破亦有亦無生三初徵起。

若謂心亦生亦不生者爲是何等亦生亦不生。

○次正釋

爲是見不生而眞生爲是思不生而眞生爲是習不生而眞生爲是塵沙不生通用生爲是無明不生中道生爲是內業不生外業生爲是內報不生外報生爲是小行不生大行生爲是偏理不生圓理生而言

亦生亦不生。

塵沙不生通用生者破一一惑即得無量俗諦三昧利物自在名通用生內外業報者秖是約界論內外也。

○三結

若非如此等亦生亦不生非見何謂。

○次破非有非無生三初徵起。

若言心非生非不生者爲是何等非生非不生。

○次正釋

爲是析斷常非生非不生爲體斷常非生非不生爲

是八地道觀雙流非生非不生。爲是初地破生死得涅槃非生非不生。爲是十地後果非生非不生。爲是初住雙遮二邊非生非不生。爲是十行增進中道非生非不生。爲是十迴向非生非不生。爲是十地非生非不生。爲是妙覺極地非生非不生。

析斷常者。二乘亦得。不名雙非。雙非之義具如第三卷中。通教二乘亦離斷常意。如三藏。通教菩薩八地以上道諦化道觀。謂空觀帶空出假。故曰雙流入空非有入假非空。故名雙非。別圓地住妙中雙非。初地去是別。文中應剩得字。雙遮之言順第

四句理不異時。

○三結

旣非此等非生非不生非見是何。

○四豎破絕言三。初列外外等六絕責之。

若絕言者。絕言甚多。是何等絕言。單四句外亦稱絕言。複外具外亦稱絕言。如婆羅門受啞法者亦是絕言。又長爪一切法不受亦是絕言。犢子云世諦有我我在不可說藏中不可說亦是絕言。

言婆羅門受啞法者。彼外道中有計瘂法不共言說以爲至道。

○次復以佛法多絕責之三。初正責。

三藏入實證眞亦不可說。故身子云。吾聞解脫之中無有言說。三藏解脫凡有四門入實。卽有四種不可說。通教三乘人同以無言說道斷煩惱。亦有四門不可說。別教人觀常住理無言無說。亦有四門不可說。圓教不可宣示。淨名杜口。文殊印之。此亦有四門不可說。

四教皆以四門通理。得理方絕。杜者如前解。

○次況責

不可說衆多。汝所計不可說爲是何等。汝尙不及犢

子不可說。何況三藏四不可說。何以故。犢子謂不可說爲世諦。不計爲涅槃。汝計爲實。故知不及犢子。犢子尙是見。汝寧非見。

○三明過患

爲此見故廣起煩惱浩然。如前說。

○三復以十種四句外責六。初標。

更重破絕言者。汝謂絕言在四句外。今明十種四句。汝之絕言在何等四句外。

○次列句

十種者。一往四句。無窮四句。結位四句。攝牒四句。得

悟四句。攝屬四句。權實四句。開顯四句。失意四句。得意四句。

○三釋十初一往四句

一往四句者。凡聖通途皆論四句。此意可知。

○次無窮四句

無窮四句者。四四瀾漫無貲。如四十八番中示其相云云

○三結位四句

結位四句者。分齊四句尅定是非。如單複具足等。住著不亡。卽凡夫四句。若無句義爲句義。是聖人四句。

○四礙牒四句

礙牒四句者。結凡夫四句牒爲有句。牒二乘爲無句。牒菩薩爲亦有亦無句。牒佛爲非有非無句。

○五得悟四句

得悟四句者。隨句入處卽成悟入之門。四句卽成四門。

○六攝屬四句

攝屬四句者。隨諸句門悟入何法。以法分之屬諸法門也。

○七權實四句

權實四句者。諸法四句之門。三四爲權。一四爲實也。

○八開顯四句

開顯四句者。開一切四句皆入一實四句。若入實四句皆不可說也。佛教四句齊此。

○九失意四句

失意四句者。執佛四句而起諍競。過同凡夫也。

○十得意四句

得意四句者。菩薩見失意之過。作小大論申佛兩四句。破執遣迷。則有得意四句。作論之功息矣。

直立四句。故云一往。四上復四。故曰無窮。如前四

見一一見上復以三假四句破之。見各十二。成四十八。見復起見。乃至複具無言等見。皆以四句三假破之。故曰無窮。從門得悟。門有四故。名得悟四句。言攝屬者。如諸四門皆名有等。隨人脩習爲入何法。若眞若中。以法攝門。門屬於法。問。攝屬與礙褻何別。答。礙褻則攝法入句。攝屬則攝句入法。權實者。權實各四。爲是何等四句外耶。開顯者。一切皆實。汝爲出此實四句耶。若實若開。句外無法。云何言出。一期佛教畢於法華。故云齊此。今依法華。亦但齊此。滅後起諍。是故失意。作論通經。故云得

意。

○四結責

若不愜是絕言見者前諸四句汝出何等四句外而謂理在言外耶。

愜者伏也。

○五判橫竪

前橫破四句今竪破四句之言外也。

前橫破等者判橫竪文具如前廣約外外及附佛法乃至佛法一徃成十。旣從外外至佛滅後故名爲竪

○六斥僞釋疑二初邪人邪教邪正相濫五初約人釋以正濫邪。

今世多有惡魔比丘退戒還家懼畏驅策更越濟道士復邀名利誇談莊老以佛法義偷安邪典押高就下摧尊入卑槩令平等。

言惡魔比丘者謂曾出家還家破戒復作道士破滅佛法者是又何但比丘越濟名爲惡魔如大品十六天魔波旬亦作比丘爲菩薩說相似道所謂骨想乃至亦說阿羅漢法語菩薩言汝用此道盡苦何用於生死受種種諸苦今四大身尚不欲受況當來身又大經第九云有一闡提作羅漢像住空閑處誹謗方等凡夫見之謂眞羅漢此等卽是作比丘身破滅佛法若退戒還家如衛元嵩等卽以在家身破壞佛法言越濟者報恩經第六云賊住越濟斷善根人五逆等人受戒不得此卽正以破內外道名爲越濟濟者道也越謂違越卽當破義先破外道來投出家中途背此卻復邪宗若更重來成難障戒今文不論重來成難且以彼此俱破義故名爲越濟此人偷竊正教助添邪典淮南子云偷者天下之大賊邀者古遼反要也遮截也不

可圖勝且求平等押高等者平卑之木曰槩以道士心爲二教槩使邪正等義無是理曾入佛法偷正助邪押八萬十二之高就五千二篇之下用釋彼典邪鄙之教名摧尊入卑如安法師著二教論引班固九流道教則是九中之一謂道流也若使道流立爲一教則餘之八流法爾分源若具九流合爲一儒是則對釋唯存二教尚不合獨爲教主況復翻欲混和自古先賢久判眞僞近代名德仍困是非不如儒俗猶分淸濁如李思愼十異等文又牟子曰堯事尹壽舜事務成丘學老聃旦師呂

望四師雖聖比之於佛。猶白鹿之比麒麟。比其教也。猶烏鵲之與鸞鳳。比其形也。猶丘垤徒結反蟻封也之與華恒。他又問曰。蓋諸道叢殘。凡九十六。憺怕無爲莫尚於佛。神仙之術。僕以爲尊。殆佛法之不如乎。牟子曰。指南爲北自謂不惑。引東爲西自謂不迷。如汝所言。似以鴟梟而笑鳳凰。執螻蚓而嘲龜龍。然世人有背日月而向燈燭。深溝瀆而淺江河。豈不謬乎。汝背佛法而尊神仙者。此之謂也。

○次斥其以邪濫正

以道可道非常道。名可名非常名。均齊佛法。不可說

示。如蟲食木偶得成字。檢校道理。邪正懸絕。愚者所信。智者所嗤。

如新注云。若稱可眞常之道。非世常人所行之道。舊注云。可說之道。非眞常之道。名可名。例之可知。雖有二解。望理惑智行位因果。無可以擬別圓四德常樂之道。故云不可均齊佛法。不可說等。

○三引列結責

何者。如前所說。諸生諸不生。諸四句諸不可說。汝尚非單四句外不可說。何況複外。何況具足外。何況犢子耶。尚非犢子。何況三藏通別圓耶。

○四重廣解釋不齊之相。如道士李仲卿著十異論。琳法師立十喻論。以喻其異。而異於彼。喻猶曉也。曉彼迷故。以今文望彼。似彼七異。復加威儀及族位不齊。合爲九異。初明理本不齊。

諸法理本。往望常名常道。云何得齊。

一者理本不齊。亦指向來所濫之法。道可道等。將眞如常住之法望之。云何得齊。然聃雖有無爲無欲之語。語下無旨。雖有常名常道之說。說無所歸。若言常無欲觀其妙。妙理衆多。欲非一揆。爲是何等欲妙者乎。故不可以常道之名。均於實相。

○次明教相不齊

教相往望。已不得齊。

今文但略舉一不齊之言。然五千之文。但去奢去泰。自約自儉。守雌守弱。患智患身。是故聃化以虛無爲本。憺怕爲先。豈與八萬法藏。十二分教。逗大逗小。若偏若圓。四悉赴機。五乘接物。冥益顯益。逆化順化。欲校優劣。安可同耶。

○三明苦集不齊

況以苦集往撿。過患彰露。云何得齊。

以苦集不齊況之。老雖患身去欲。未達患源。弊智

勞形不窮弊本苦集增長去道彌遙豈與夫捨三界繫離六趣果同耶況三惑二死四智五眼彼無其名安知其義苦集彰露具如前說。

○四明道品不齊

況將道品往望云何得齊正法之要。以道滅不齊況之故三十七品彼典無名四德涅槃歸乎釋教徒施患身之說信無不淨初門身念旣無道品安在生滅道品尚已天隔況復衍門彼無毫釐。

○五明示迹不齊

本旣不齊迹亦不齊佛迹世世是正天竺金輪刹利莊老是眞丹邊地小國柱下書史宋國漆園吏此云何齊。

滅理爲本應化爲迹俗以三十年爲一世今但以前王後王而爲一世居五天中故云正也天竺身毒印度並是梵音輕重三世諸佛皆降迦維是故名正言金輪者王四天下故俱舍頌云金銀銅鐵輪一二三四洲律中從劫初來次第相承八萬四千二百五十二帝有十輪王餘皆粟散悉王天竺悉達生彼淨飯王宮當此周昭王甲寅之歲若不出家當爲輪王不紹王位夜半逾城志求大道旣成道已現勝劣應說權實法乃至入滅利益無疆老在桓王之年託牧母之野合居陳州之苦縣厲鄉曲仁之里字伯陽謚老聃爲柱史處小臣莊任漆園德位可識言邊地者望彼五天此居邊地也即如嚴觀法師與何承天論中邊事具如釋籤。

○六明相好不齊

佛以三十二相八十種好纓絡其身莊老身如凡流。凡流之形痤小醜陋經云閻浮提人形狀如鬼云何佛齊。

如來聚日融金之色旣彰希有之徵卍字千輻之奇誠標聖人之相況分身百億光照十方化及泥黎聲振尼吒李氏之形凡庸醜陋手把十文足蹈二五語其同年終不可得。

○七明化境不齊二先老次莊先述老。

佛說法時放光動地天人畢會叉手聽法適機而說梵響如流辨不可盡當於語下言不虛發聞皆得道老在周朝主上不知羣下不識不敢出一言諫諍不能化得一人乘壞板車出關西竊說尹喜有何公灼。

老子竊說說字音稅述也宣意也非私曰公灼明

也隱竊私說尹喜一人是故非爲彰灼公道列傳云喜爲周大夫善星象因見異氣而東迎之果得老子請著書五千有言喜亦自著書九篇名關令子準化胡經老過關西喜欲從聃求去聃云若欲志心求去當將父母等七人頭來乃可得去喜乃從教七頭皆變爲豬頭然俗典孝儒尚尊木像老聃設化令喜害親如來教門大慈爲本如何老氏逆爲化原

○次述莊

又漆園染毫題簡勾治改足軋軋若抽造內外篇以

規顯達誰共同聞復誰得道云何得齊如是不齊其義無量倦不能說云何以邪而干於正

莊子蒙人也名周梁惠王同學著書十餘萬言而皆寓言今宋州北故蒙城是其處也現有漆園鄉於彼著述改足勾治點筆題簡豈同衆聖結集軋軋若抽豈同圓音梵響自規顯達豈同無緣大悲無聞無得豈同塵界獲記軋軋車聲遲貌也

○八明威儀不齊

復次如來行時帝釋在右梵王在左金剛前導四部後從飛空而行老自御薄板青牛車向關西作田莊爲他所使看守漆樹如此舉動復云何齊

○九明族位不齊

如來定爲轉輪聖帝四海顒顒待神寶至忽此榮位出家得佛老仕關東恪小吏之職墾農關西惜數畝之田公私忽遽不能棄此云何言齊

顒顒仰也爾雅云顒顒昂昂君德也詩云萬人顒顒

○五結斥

盲人無眼信汝所說有智慧者愍而怪之是故當知汝不可說是絕言之見三假具足苦集成就生死宛

然抱炬自燒甚可傷痛若破此見如前所說云云

○次畢明所濫之法六先辨同異

復次外人或時用道可道非常道爲絕言破中論不生不滅云是第四句絕言出過四句一往聞語謂言出過理則不然言不生者見心不生既不生即不滅故言不生不滅絕言見心生一切愛見疑慢云何以生滅破他不生不滅愚癡戲論不應如此

前既已明多種絕言絕言之前應有多種四句中論不生不滅乃是別圓第四句相即眞中道正絕言也故正絕言句外無法如何以外外絕言破他

圓別。外外尚爲三藏所破。何容此見輒破行門。
○次問答料簡。二初問。
又問。起不生不滅見此復云何。
問意者。既不許以外見。以破中論不生不滅。若於中論不生不滅起見如何。
○次答
答。應有六句。絕言破不生不滅。不生不滅破絕言。絕言脩不生不滅。不生不滅修絕言。絕言卽不生不滅。不生不滅卽絕言 云云
答。中更開六句。分別判釋。釋中意者。以中論不生

不滅而爲難辭。故今還以中論意答。中論兼含。既具四意。亦以四意。不生不滅對彼外人。絕言之見。復以四種。不生滅見對四教下。四正絕言。故有相破相修相卽。且如三藏對外簡者。三藏不生不滅。破絕言見。三藏絕言。破不生不滅見。絕言見更修三藏。不生不滅。不生不滅見更修三藏絕言。三藏絕言卽三藏不生不滅。翻到亦爾。次以外外對行說之。是說復成三箇六句。又除外外。但以教教自以絕言。破不生不滅等。復成四箇六句。又以藏對通對別對圓復成三箇六句。復以通對別圓復成兩箇六句。復以別對圓。復成一箇六句。如是都成十四六句。若論答問。一箇破邪。六句卽足。準楞伽文中。廣明破見。及以此文。依教起見。是故須此委悉論之。故楞伽第四大慧白佛。外道亦說不生不滅。與佛法何別。佛言不同。如幻而生。如幻而滅。名不生滅。此卽通以大乘。不生不滅。破外不生不滅。舉一例諸。他皆準此。又如向所說相破相修。破中皆以大破於小。若準起見。皆以藏破之。復應以藏對三。以藏破三。修中亦以小修於大。助中亦以大修於小。

○三約一切凡夫。無非是見。
一切凡夫。未階聖道。介爾起計。悉皆是見。以有見故三假苦集煩惱隨從。魚王貝母。衆使具足。結業蕪蔓。生死浩然。一人經歷尚無邊畔。何況多人。
魚王等者。此二行時衆魚衆貝皆悉隨從。爾雅云。貝居陸者曰貝。在水者曰蜬。五含反 大經十一云。如轉輪王主兵大臣。常在前導。王隨後行。亦如魚王蟻王。螺王。商主。牛王。在前行時。諸衆隨逐。蕪蔓者。草滋長曰蕪。藤滋長曰蔓。又曰。木藤草蔓。
○四示見過患勸勤修觀。

當知見惑大可怖畏勤用止觀而推伏之若起單見用止觀四句逐體破之若避單入複避複入具避具入絕言無趣遣起止觀逐之無遠不屆常寂常照治之不休如金剛刀所擬皆斷取悟爲期能如是觀雖不發眞諸見被伏成方便五陰

且約外外故云避具入絕若約佛法亦應云乃至避別入圓皆以止觀逐而破之具足如向一十四番六句故云無遠不屆乃至如金剛刀等此約破見以成伏道

○五明能成斷道

若得入空衆見消盡故初果所破如竭四十里水功夫甚大恐聞者生疑畧斷三結餘殘不盡如一滴水思雖未盡見已無餘從多爲言亦得明破法徧也

以見望思名之爲多故云從多爲言且約破見豎論名徧望橫望後及以一心不名爲徧下去例然言三結者問見惑既有八十八使如何但說斷三結已即令得果答論云此三種結是三三昧近對治法身見是空近對治法戒取是無願近對治法疑是無相近對治法復次三結生惑增上身見生六十二戒取生一切苦行疑於過未一切生處猶豫是故經中但說三結大經三十二云須陀洹人所斷煩惱猶如縱廣四十里水畧言三結此三重故譬如大王出遊巡時雖有四兵世人但言王去王來

○六釋疑二先釋能破疑二初問

問從假入空破無量見下二觀復何所破

問意者能破止觀既有三種空觀已云破無量見後之二觀更何所破言無量見者如前所列單複乃至圓門絕言圓絕尚破況復餘耶當知後觀無所復破

○次答四初正答

答入空之觀破見及思束而言之秖是破有次觀所破秖是破無中觀所破雙非二邊正顯中道

答中意者初觀所破謂見及思束此二破但成破有見雖無量尚未破思且言見徧耳若其通途以見爲名後之二觀破於無見及以雙非各有所以何慮無破

○次引證

故釋論云有無二見滅無餘稽首佛所尊重法

中道雙非方遣二見

○三結意。

故知諸見縱橫。尚不為第二觀所破。

通以諸惑同作見名。界內諸見雖復縱橫。但為初觀之所破耳。故云尚不為第二觀所破。云何而言第三觀無所破耶。

○四兼責

云何謬謂為眞法耶。

兼責前諸見橫計也。諸見尚在未得初觀。況第二第三。云何諸計自謂眞道。故大論中若有若無通皆是見。汝尚未出有見。況復無耶。即大論序中歸

敬偈文也。又通以諸見而名有者。為斥二乘為無見故。

○次釋所破疑二。先問。

問束生死為有。束二乘為無。有見縱橫無量。無亦應然。

問者有之與無。同斥為見。有既無量。無豈不然。

○次答

答凡夫妄計觸處生著。是故有多。二乘已斷見思。無復橫計。唯證於空。大乘破之。名為空見耳。

答意者。大論頌文。一往斥小。且通名見。妄計已斷故不縱橫。

○大段第二明得失二。先問。

二料簡得失者。問如此止觀隨逐諸見。有何得失。

問意者。所破之見。是失非得。能破止觀。從單至具。乃至圓門。隨逐不捨。為唯是得。有失不耶。

○次答分為四句四。先列四句。

答當四句料簡。一故惑不除新惑又生。二故惑除新惑又生。三故惑不除新惑不生。四故惑除新惑不生。

○次舉譬

一譬如服藥。故病不差。藥更成病。二所治病差。而藥

作病。三病雖不差。藥不成妨。四故病即差。藥亦隨歇。

○三判且從末說

前二種是外道得失相。後二種是佛弟子得失相

○四釋四。初故惑不除新惑又生。

所以者何。本用止觀治生死惑。而貪欲之心都不休息。因此止觀更發諸見。破因破果。無所不為。是則故惑不除。而新惑更起也。

○次故惑除新惑又生。

二脩止觀時貪求衣食。諸鈍煩惱息而不起。忍耐寒苦。刀割香塗不生憎愛。財物得失其心平等。而執見

之心甚可怖畏如渴馬獲水搪揬破壞撥無因果是則故惑去而新惑生此兩屬外道愛處生愛瞋處生瞋若學止觀墮如此者同彼外道也

○三故惑不除新惑不生

三佛弟子修此止觀爲方便道深識見愛無門因緣介爾心起卽知三假止觀隨逐破性破相雖復貪瞋尚在而見著已虛六十二等彼伏不起是名故惑不除而新惑不生是爲方便道中人也

○四故惑除新惑不生

四若能如此三假四觀逐念撿責體達虛妄性相俱

空豁然發眞卽得見理非唯故病永除新病不發是爲入見諦道成聖人 云

云

初之兩句外道得失亦言修止觀者本是佛弟子因觀起見過同於外於中復辨事惑伏者且名爲得事惑未伏者唯起諸惡名之爲失又以外道中有斷常二見常見之人斷鈍使者名之爲得斷見之人撥因果故名之爲失此且寄外論得失也次佛弟子兩句論得失中雖復用觀見惑未斷位在方便名之爲失惑斷入眞方名爲得若望外道失卻成得何者外道雖得仍起見故是故外道得翻成失以此四種判前破假觀者得失異耳卽如前文破一一見三根不同上根是佛弟子中得者是也中根是佛弟子中失者是也下根卽同外計得失者是也若成外得失及佛法得失並應更觀 云

云

○第三明破見位二初標牒

三明破見位者若修此方法明識四諦巧用觀慧諸見破伏者

○次解釋三初列位可見文雖具列四破見位今文所用旣觀三假四句不生卽是次第衍門之初

爲欲徧知存文旨故分四初列三藏位

依三藏法是總別念處正伏四倒四倒不生煖卽得發成方便等位進破諸見發眞成聖卽初果位也

○次列通教位

若依通教伏見之位是乾慧地若得理水沾心卽成性地若進破見者卽是八人見地位也

○三列別教位

若依別教伏見者是鐵輪十信位破見是銅輪十住位

○四列圓教位

若依圓教伏見是五品弟子位破見是六根淸淨位

○次辨同異

斷伏名同觀智大異三藏觀思議眞折法觀智伏斷通教觀思議眞體法觀智伏斷別教雖知中道次第觀智伏斷圓教即中一心觀智伏斷不可聞名仍混其義

○三料簡二初一問答二初問

問若伏見假入賢者故惑雖未差新惑不應生那得脩止觀時有諸見境發

○次答

答此發宿習宿習之見還是故惑如人服藥藥擊宿病宿病既動須臾自差非是藥爲新病也

○次一問答二先問

問何不直明別圓入空破假位而明三藏通教等入空位爲

問意者若兼示文旨須存次第以顯不次即應直明別圓之位以次第意似別位故故雙爲問若直論文旨何不直明圓破見位何須用前三教位耶若單存次第秖應明別何用三耶此是止觀正文讀者尙暗或銷文者唯云次第或修觀者別求圓融但觀答文義理自顯前第一卷發心文末已約四悉料簡三教菩薩發心今於此中復申四意

○次答四初恐修者發宿習須識諸位

答上明修發不修發十境交互等欲示行人淺深法故敘諸位耳

恐修觀時發宿習故須識諸教斷見次位

○次恐互相濫須識諸位

又欲明半滿之位令行者識之耳

爲令行者識半滿位如其不識權實互濫

○三明識前三爲圓助道

又半字人空法悉是別圓助道方便又多僕從而侍衛之即其義也

明識前三教並爲圓頓助道法故若不識者圓乘傾覆侍者承事也衞者護也

○四顯同見爲法界無位不實

又豈離方便而別有眞實即此半字而是滿字故云二乘若智若斷即是菩薩無生法忍也

顯同見爲法界無位不實若異分別何異避空言是菩薩無生忍者借大品語語通意圓善須得意

○三以止觀結之

體假入空結成止觀義者諸見輪息一受不退永寂然名爲止達見無性性空相空名爲觀見眞諦理名爲不生理既不生理亦不滅是爲不生不滅名無生忍又見惑不生名因不生不受三惡報生名果不生因果不生亦復不滅不生不滅名無生忍是爲無生門通於止觀亦是止觀成無生門

見息入空名止達見二空名觀通結前來一切諸見悉達即空此是第一節示妙旨也

○三結

從假入空破見惑徧竟

摩訶止觀輔行傳弘決卷五之六

摩訶止觀輔行傳弘決卷第六之一

陳隋天台智者大師說　唐荊谿大師湛然傳弘決
門人章安大師灌頂記　明天台沙門傳燈增科

○第二明破思假入空破法徧二初標列

第二體思假入空破法徧者卽爲三一明思假二明體觀三明其位。

○次解釋三初明思假十三初列思假名。

思假者謂貪瞋癡慢此名鈍使亦名正三毒。

亦名正三毒者思惑有四慢入癡攝故但云三一非背使二非智氣故名爲正。

○次出頭數品數。

歷三界爲十又約三界凡九地地地有九品合八十一品。

歷三下頭數也三界九地下品數也欲四上二各三上界無瞋故三界但十欲界六天地獄洲異同是散地故但爲一四禪合處大意亦爾無色無處由生有四言九品者以智斷惑智分分明惑漸漸盡何啻有九立敎判果且畧爲九如判往生據行優劣何啻九品亦爲接凡大畧而說。

○三明惑功能。

皆能潤業受三界生。

於未斷位一一皆能與力潤生隨其何果斷盡不生。

○四與見辨異

初果猶七反未盡如燈滅方盛雖復有欲非婦不婬。雖復有瞋壐地不夭雖復有愚不計性實道共戒力。任運如是故稱正煩惱也。

極至於七定不至八故名七反不必一切盡至於七故楞伽第三云下者至七中者三五上者卽生入般涅槃成論云於七世中無漏至熟如服蘇法七日病銷如迦羅邏等七日一變如親族法限至七代如七步蛇四大力故行至七步蛇毒力故不至八步惑力至七道力非八婆沙云應云十四何故云七答中有本有數不出七故但云七又七處生故人及六天又修七道故斷七使故言七使者一欲愛二恚三有愛四慢五無明六見七疑又總論生應云七八七天十四中有合二十八生且依前說不出七故但云七如燈滅方盛者如前隨自意中引出曜經雖復有欲等者道共戒力性離邪行他境自妻一切不犯以於自妻亦離非時非

處等故。蟲常任運離刄四寸。已斷見惑得人空智。雖有事中獨頭相應。了法從緣。不計性實。以於三毒。無邪曰正。雖能潤生。不招四趣。

○五簡異見惑

不同見惑爛漫無方。觸境生著。

見是著心隨境生著。以能造四趣因故。故正三毒在於具縛聖者身中。非但不爲四趣作因。起亦離合有取有捨。故不同見瀾漫生著。

○六釋思惑名

稱思惟者。從解得名。初觀眞淺猶有事障。後重慮審

此惑卽除。故名思惟惑也。

此惑因於重慮思惟方能斷故。故名思惟。

○七明二部同異

數人云。欲界爲貪。上界名愛。成論人難此語。上界有味禪貪。下界有欲愛。愛貪俱通。何意偏判。

成論難數人者。初以上貪下愛相對並難。

○八以名異義同難

若言下界貪重。上界貪輕。貪輕可非貪耶。此亦是一並。

以名異義同爲難。不應輕重而分貪愛。言一並者準彼論師。復應更以瞋恚爲並。上界旣以輕貪名愛。何不上界輕瞋名恚而言上界不行恚耶。故彼阿毘曇心使品中。亦列七使。如前所列。唯改第一名貪。此之七使界行分別有九十八。貪恚二使界種分別。各有五使。謂欲界五部各有一故。貪不通上愛以界種分別有十。謂上二界五部各五。愛不通下慢及無明界種分別各有十五。謂三界五部各一故也。見使種有五。謂五利也。四諦分別合有十二。謂苦下具五。集滅各二。道下有三。合有十二。三界合三十六。疑四諦各一。三界有十二。都成九十八。以明

貪愛上下互不相通。故招論師二並難也。

○九和通

但佛有時對緣別說。假名無定。豈可一例。

○十明立名之意

但令召得煩惱。卽須破除。何勞諍於貪愛。

爲令識境。何勞苦諍。

○十一舉譬

譬如除糞。惟以卻穢爲先。分別非急。入道要在方便名相傍耳。

○十二示本論

若欲委知毘曇成論備悉明之可往彼尋。
○十三結本意
空假之觀今所論也。
並如文
○次明體觀四初標列
二明體觀者若生滅門先用析智斷見後還用析智重慮斷思無生滅門初用體見入空後還用體思重慮更不餘途也。
二明體觀者空兼析體故須標列破見亦爾行門初故今復更明析門用智者明彼始終俱是析故

辨異故來非正用也。
○次正明觀法三初破欲界九品二初正明四初觀初品二初標且總標一品各有三假。
今體貪欲假入空者欲惑九品一一品起即有三假。
○次釋三初釋因成二先明因成境六初引六欲以爲外緣。
如女有六欲謂色欲形貌欲威儀姿態欲言語音聲欲細滑欲人相欲分別 云云
引女六欲以爲外緣對心爲因所起欲想名所生法。六欲境者大論二十一釋九想中云此九種者

能治行人七種染欲。一或有人染著於色謂靑黃赤白。二或有人縱不著色但染形容細膚纖指修目高眉。三或有人不著形容著於威儀進止坐起行住禮拜俯仰屈申揚眉頓睞親近按摩言姿態者美容貌善進止四或有人不著威儀但著言語軟美辨捷隨時而說應意承旨能動人心。五或有人都不著此但著細滑柔膚軟肌熱時體涼寒時體溫。六或有人皆不著如上但著人相若男若女。七若有人雖得上六無所著人猶無所解捨世所重五種欲樂而隨其死此中第七所著人欲既總於六求所著

人今置總存別故但云六以九治七具如禪門。
○次明對意成所生法
此六欲若觸行人能染汙諸根內動血脉貪相外現。
此六下至貪相外現即是向六對內意根成所生法。
○三舉初果及無學況
初果尚所未斷何況凡夫難陀餘習衆中見女先共言談欲動殘習況正使者。
舉初果況及無學況如文難陀欲習如前所引。
○四引證應云序六欲

法華云不於女人身取能正欲想相而爲說法。

法華欲想等者爲欲身防欲過故也。尚不起想。況復形交。言欲相者俱舍云。六受欲交抱執手笑視婬。地居形交。但忉利天以風爲事。夜摩抱持。兜率執手。化樂視笑。他化但視。尚不生想。况復視笑。乃至娑婆。文辨四洲人欲輕重。此洲最多。不復可數。東洲極至十二度。中下或十。西洲多至七八。少至四五。北洲極多至五。少者三四。亦有修梵行者。故多欲者。不及畜生。此洲亦有少欲之人。乃至梵行如是多少麤細想相。

○五正明因成并成後二

若取此相塵動意根起欲心者。卽因成假。念起相續不斷。遂致行事。卽相續假。以有欲心相異無欲心。卽相待假。

正明因成。取前六相。內動意根。卽是所生。相續中云致行事者。爲防行事。制內相續。非謂相續已有行事。

○六總知不實

假虛不實。終不計之以爲道理。

言道理者。對境生心。尚知虛假。豈更計於以理。婚聘還精益壽。一月二時通神養生。西方外道爲求非想無想等定。尚除下界一切貪欲。況計此理以爲正道。

○次正修觀推五先例四句。

觀此欲心。爲從根生。爲從塵生。爲共。爲離。

○次用觀推

若從根生。未對塵時心應自起。若從塵生。塵既是他。於我何預。若共生者。應起兩心。若無因生。無因不可。

○三結成二空

四句推欲。欲無來處。既無來處。亦無去處。無欲無句

無來無去。畢竟空寂。

斷惑證眞。結成二空。無欲性空。無句相空。

○四結根行不同

利根之人。如此觀時。思假一品去。一分眞明顯。

結利鈍根。二行不同。利根二行。如上破見中說。上根之人。破有見竟。卽得入眞。若未相應。亦須用於六十四番。

○五明六十四番

設未相應。用四悉檀。信法迴轉。善調止觀。卽得相應。斷一品思。顯一分眞。云云

○次釋相續四。初標相續。
若鈍人於因成中觀初品未去。更於相續中觀。
○次示觀法
爲前念滅生。爲不滅生。爲亦滅亦不滅生。爲非滅非不滅生。若滅生。滅不能生。若不滅生。不滅則不生。若滅不滅生。性相違故。若離生。此則不可。
例因成說
○三結成二空
四句無欲亦無於四。如此觀時。卽應得入成生法兩空。

四句無欲。卽性空。亦無於四。卽相空。前破見中。破三假後各結二空。此中一一假後亦皆結無生及以二空。文異意同。
○四明六十四番
若不入者四悉巧修。
○三釋相待
修又不入。更於相待中作觀。例前可解。
○次明餘例初品說
初品既爾。後八品亦然。
明餘品亦有三假。例初品說。

○三例餘使
破貪欲九品既爾。破瞋癡慢九品亦然。例自可解。不復委記。
餘使亦例
○四結成無生破徧
九品眞顯。卽是理不生。九品惑盡。卽是因不生。欲界果不起。卽是果不生。不生故不滅。卽是無生法忍。云云
○次料簡二。初問。
問欲界煩惱定九品耶。

如文
○次答二。初明兩論判品答。
答若成論無礙道伏解脫道斷。唯論九品。若阿毗曇有方便道勝進道兩道伏。無礙道斷。解脫道證。證無惑處也。諸經多用。今且依之。
由用道異。故品不同。故阿毗曇造論緣起中云問何故名阿毗曇。答謂分別未分別者故也。是方便道是勝進道是無礙道是解脫道下。諸犍度文中。但云兩道伏兩道斷。
○次判兩道不同答

若從見假入觀無漏心疾不出觀斷不論品秩修道容與得有方便善巧修習信法迴轉轉入勝進品若數數勝進當知品秩亦多何啻有九九者大分爲言耳。

○次破色界九品二初釋三先明所用智不同

次破色界九品者或用世智或用無漏智如慧解脫入亦無世禪但用無漏得成無學初果無禪者進修重慮理用無漏智也若俱解脫人或用無漏智或用世智今且依世智約得禪者爲便

言世智者依於世禪六行欣厭依無漏理名無漏

智俱解脫人俱得二智斷惑之時隨用一智

○次判事性兩障

若初習禪破於事障發欲界定破於性障即發色定故云事障未來性障根本

如欲入初禪若猶見有欲界定中脒鋪等事名爲事障欲惑未除性障仍在此惑若破即發初禪二禪亦爾覺觀未除不發中間初禪惑破方發二禪三四兩障準說可解

○三正釋九品惑相六初明初禪六初明初禪發相

性障若除初禪發起八觸觸身五支功德生是初禪相

○次明初禪惑相

其中有味名貪輕於不得者名慢不知禪中苦集名癡如此三惑復有九品

○三明初禪三假之相

品品三假色發八觸觸欲界意根等即是因成分別爲觀念念不斷即相續此發禪心異於不發即是相待

○四明破惑意

若不觀破隨禪受生何謂不生

○五明六十四番

今用四句止觀善巧修習方便勝進一品惑斷名無礙道證無惑處即解脫道一分惑除即因果等無生是名從假入空也

○六例餘假餘品

相續相待用四觀觀假入空亦如是破初品既然餘八品亦如是破貪既然破慢癡九品亦如是

○次明二禪六初明發相

若初禪破事障發中間於此命終不生二禪例如欲

界。性障不去。不生初禪。今初禪破性。二禪即發與喜俱生。猗喜樂四支等。

○次明惑相

此中有味有貪有慢有癡各有九品。

○三明三假之相

品品有三假。內淨法塵。與意根合。是因成。內淨之心。相續得生。待不內淨。而有內淨。是爲三假。

○四明破意

若不觀撿隨禪受生。

○五明六十番

今用止觀修習。成方便勝進無礙斷惑解脫證眞入事理無生。

○六例餘假餘品

若未入者。更觀相續相待亦如是。餘八品亦如是。癡慢等亦如是。

二禪去明因成者。並以下地定體爲因。相續相待比初禪說。

○三明三禪六。初明發相。

二禪亦有事障性障。事去發中間。性去發三禪。與樂俱發。

○次明惑相

此樂深妙。聖人能捨凡夫捨爲難。此中有愛慢癡。凡有九品。

此樂乃至爲難者。聖人及佛弟子修此禪時。於地地中有聖種觀。故捨爲易。凡夫以於諸地生愛。故捨爲難。

○三明三假之相

品品有三假。樂對意根。樂心相續。待無樂有樂。

○四明破意

若不觀察隨禪受生。

○五明六十四番

今用四句觀慧破之。方便勝進無礙斷惑解脫證眞。成事理無生。

○六例餘假餘品

若未去者。更修相續相待。及餘八品亦如是。癡慢九品亦如是。

○四明四禪六。初明發相。

三禪亦有事性兩障。若破性障捨俱起時。

○次明惑相

亦備愛慢癡。亦有九品。

○三明三假之相
三假不動法對意根卽因成等。
○四明破意
若不觀察隨禪受生。
○五明六十四番
今用止觀方便勝進無礙解脫成事理無生。
○六例餘假餘品
若未去者更觀相續相待亦如是餘八品及癡慢等。
亦如是。
○五明無想五初明發相

若無想天留色滅心故名無想情謂無想具足想在
例如斷事障性障猶存終不出色故名外道天。
無想定至禪境中畧釋。
○次辨異
前破見心見心久去當不生此天。
○三明惑相三假
或爲因緣事心起此定卽有三假等。
○四明破意
亦用四觀破之。
○五例餘假餘品

相續相待亦如是。
○六明那含四初明那含發相。
若五那含天更練四禪用無漏次熏有漏色定轉明。
果報轉勝。
五那含者若以地爲名但名第四禪此禪九處五
是聖居名五含天無想惟凡三通凡聖生五含者
然由修熏禪有五階差大品九定通熏九地此中
惟熏第四禪地先修得已更以多念無漏相續現
起從此引生多念有漏從此復生多念無漏如是
後後漸漸減少乃至最後二念無漏次復引生二

念有漏無間復生二念無漏名熏加行成相次惟
一念無漏次復惟有一念有漏無間復生一念無
漏名根本成故俱舍云成由一念雜言五差者謂
下中上上勝上極一品有三後品兼前故第五品
合成十五如是五品如其次第三六九等生五淨
居言次熏者謂前後無漏中間有漏使多念等漏
俱成一念無漏故名次熏言五天者謂無煩無熱
善現善見色究竟從此以上皆無煩雜無煩之始
得無煩名伏煩惱故名爲無熱果易彰故名爲善
現見清徹故名爲善見色中無上名色究竟下之

三禪復各三天若依有宗但十六處。於初禪中高勝之處名爲梵王故不別立。
○次明惑假之相
勝定起時亦有愛慢癡九品三假之惑。
○三明用觀對治
用四觀體達無礙解脫成事理無生
○四例餘假餘品
若未去更修相續相待亦如是。餘八品亦如是。癡慢亦如是。
○次結

色界四九三十六品不生竟。
○三破無色九品四。初明空處四。初明空定發相。
次破無色界九品者。若欲滅有對等三種之色。是時破事障發求到破性障入空處。
言有對等三種色者。從第四禪欲入空處。必作方便滅三種色。大論二十一。四十一云。三種色者。一可見有對。二不可見有對。三不可見無對。大品云爲過一切色相滅有對色相不念種種相入無邊空處過一切色滅可見有對色滅有對色滅不可見有對色不念種種色相滅不可見無對色一切色法惟十一種謂五根塵法入少分。少分者。無表色也。阿毘曇云。一可見謂色是。二有對有十謂五根塵。若云不可見有對。應但云五根四塵。三不可見無對。謂法入少分。大經二十一云。眼見色壞名爲過色。五根塵壞名過有對。於二種餘及無教壞名過異相。此之三色並在色界。欲入無色故滅此三。今此應云及背捨勝處一切處中八色等也。若無表色。雖非今文空觀所過。得空觀時必定離於表無表色。又於可見有對等中。復應明於三有對義。非今正意。是故不論滅色方便具如禪門先想

此身如甑如籠如網。乃至漸空。大論十九云。如鳥在瓶瓶破得出。問。無色界中爲定有色爲定無色具如釋籤。又曾聞有一比丘得無色定定起摸空。他問何求。答覓我身。旁人語言身在牀上。於此得定尚不能身。故生彼界於小乘定判爲無色。若大乘中如大經諍論中云。無色界色非諸聲聞緣覺所知。今且依小是時下正修觀以入空處識處。
○次明空定惑相
空處定亦具愛慢癡。
○三明用觀之意

還用四觀方便勝進成事理無生。

⊙四例餘假餘品

若不去。更修相續相待亦如是。八品及癡慢等亦如是。

○次明識處四。初明發相。

先緣空。空多則散捨空緣識卽得識定與心相應。

○次明惑相

亦具愛慢癡等惑。

○三明用觀

亦用四觀方便勝進等成事理無生。

○四例餘

餘例可知。

○三明無所有處五。初破古謬。

先緣識多定心分散捨多識緣無所有。識若緣少識豈得名無所有耶。則是用少識豈得名不用處耶。如禪門中問彼無所有處取少許識緣之入定。此事云何。答。不然。應云一切時中但緣無所有處說有少識者。但以意根對無所有法塵生少識想。非取少識緣之入定。今文因此便破所有。及有用等。

○次明發相

今緣無所有入定。此法與心相應。

○三明惑相

亦具三假等。

○四明用觀

亦用四觀。

○五例餘

餘例可知。

○四明非想非非想處五。先指定勝。

先識處如癰無所有處如瘡。更有勝定名非有想非無想。

依八聖種。此中文略。應云空處如病。識處無所有處如文。非想非非想處如刺。今不云者。且寄有漏謂此為極。故云勝定。若其通途依聖種觀。用病等四。及無常等四。前四對治後四緣諦。故以此八緣於無色有總有別。總者總以八觀觀彼四陰和合不實。別者前之四種治四陰事。受如病。想如癰。行如瘡。識如刺。以無常等治四陰理。無常觀識。苦觀於受。空觀於想。無我觀行。以有此八心易生厭疾能捨離修習無漏。問。四禪但以苦麤障三而為方便。空等四處何須用八。答。空處定細。不說八過。過患難識。凡夫亦有依六行者。不及聖種。離之速疾。
○次釋非想名三。初阿毘婆沙釋。
阿毘曇婆沙云。非無想天之無想。非三空之有想。故言非有想非無想也。
引文存畧。立世云。非如四色。及以三空。故名非想非無想天。及無心定。名非非想。文引婆沙。仍不盡語四禪。
○次人師釋
人師云。無想是色天異界。不應仍此得名。就同界釋名。前無所有定已除想。今復除無想。想無想兩捨。故言非有想非無想。

人師尚不許引色無想天。況總引四禪。既是論家取亦無失。人師釋義。亦未全非。今家俱存。故無破斥。望前三空。展轉離患。以為釋名。故知非想。依同界釋。不無其義。不破人師意在於此。
○三判漏無漏
大論云。一常有漏。三當分別。前三是亦有漏亦無漏。能發出世智。名亦無漏。此定不發無漏。專是有漏。教門對機。或覆或顯。作如此說。自有人於此定中發無漏。此復云何。今且依教云云

大論云。一常有漏者。小乘經論。非想一地。並唯有漏。故婆沙云。漏是何義。答住是漏義。凡夫至此。被留住故。浸漬是漏義。至三有頂。常浸漬故。流出是漏義。垂盡三有。還出下故。持義醉義。作內義放逸義。並是漏義。準初義釋。是故有頂專受漏名。論云何故非想。及以欲界無無漏耶。答非田器故。無漏之法。住中道故。又欲地不定。非想愚騃。聖法反此。故二處無。若準大論成論。非想同無。欲界則有。
○三明非想具惑
此定雖無麤煩惱。成就十種細法。如禪門。

言細法者。彼地猶有四陰。二入。三界故也。所言十種者。受乃至慧。受謂識之所受。想謂識之所想。行謂法行。觸謂意觸。思謂法思。欲謂欲入定。解謂法勝解。念謂念三昧。定謂心如法住。慧根慧力。此之十法。及無色愛。無明。掉慢。心不相應諸行。苦集因緣和合。得生於彼。欲入滅定。先滅此等。
○四明用觀意
應知此定亦具三假。今一向用無漏智破。方便勝進無礙解脫。成事理無生。
既知彼地具細煩惱。即有三假。用觀破之。使入無

生煩惱盡故名事無生眞諦理窮名理無生故不由地而住有漏。

○五例餘假餘品

九品亦如是例前可知。

○三判二智得名不同

若用世智斷諸思惑名盡智無漏智斷名無生智。

○四結破思假徧

是名體思觀破三界九九八十一品思惑盡名破法徧也。

此卽破思假徧也。

○三明破假位二先列。

三明破思假入空位者爲四一三藏家破思位二通家破思位三別名名通家共位四別名名通家菩薩位。

○次釋五初三藏家破思位三初出異部。

三藏破思位者成論明十六心正是初果位異部明十六心是修道位。

異部者成論之外並屬異部諸阿毘曇並明見道在十五心。

○次正釋三初釋聲聞。

今且依修道斷一品欲惑次第至第五品盡皆名斯陀含向若超斷至第五品名家家次斷六品盡名斯陀含果超斷至六品盡名一往來次斷第七品至第八品名阿那含向超斷至第八品名一種子次斷第九品盡名阿那含果畢竟不復還來欲界次斷初禪初品至非想第八品凡七十一品悉名阿羅漢向六種那含位在其中第九無礙道斷非想第九惑盡第九解脫道證名阿羅漢果。

且依修道至盡等者若釋家家應須先辨欲惑九品能潤七生斷品多少對果高下謂上上能潤二

生上中上下中上各潤一生中中中下共潤一生下之三品共潤一生斷多少者俱舍云斷欲三四品三二生家家斷至五二向斷六一來果釋曰斷上三品則損四生餘三生在爲六品潤名三生家家進斷中上又損一生并前損五餘二生在名二生家家更斷中中未損一生但名二向更斷中下兼前中中成損六生餘下三品但潤一生名爲一來問何緣無斷一品二品及斷五品名家家耶答必無斷二不至第三而命終者亦無斷五不至斷六而命終者謂由聖者起大加行必無不斷六品

惑盡而命終者言大品者謂三品也離三成九故三名大若斷至二必至於三是斷初大品也若斷至五必至六者是第二大品又無一品能障於果是故斷五必至於六此次斷義與今文同問若無不斷大品而命終者何故斷八不至於九而有命終答斷九二義故異三品一者得果二者越界第九一品以有障果及能越界故斷至八有命終者六惟得果無越界義是故斷五必至於六二三品中全無二義斷二必三於理無疑今文中言超斷者卽是下文小超之人本在凡地未得色定或修

欲定欲惑未斷此人至十六心超斷五品名爲家家此之五品同四品故隨其本斷品之多少而得名爲家家種子及以無學向果等名然大師所用並準舊婆沙若欲知者更檢彼文又家家者有二不同謂人及天天謂欲天二三家生而證圓寂人謂人處或三二家或三二洲而證圓寂若天三生天三人二若天二生天二人一人生三二反此可知故天家家先於人中得見道已若超若次進斷三四後於天中三二處生人中反此天家家者於最後生天中餘殘結斷名得圓寂人中家家準此

說之六種那含位在其中者大論三十三云王那含者謂中生行不行上流復有六種五如上加現復有七種六如上加無色俱舍不立現般但取無色般并五爲六頌曰此中生有行無行般涅槃上流若雜修能往色究竟超半超徧沒餘能往有頂行無色有四住此般涅槃釋曰不還有五一中謂欲界沒於色中陰而般涅槃二者生般生色界已而般涅槃三者有行生色界已長時修行方般涅槃但有勤修無速進道四者無行生色界已不經久修無功用行而般涅槃勤修速進二道俱無五

者上流於色界中要轉經於四禪天處方般涅槃上流又二一者雜修卽樂慧是二無雜修卽樂定是有雜修者往色究竟無雜修者往於有頂頌中餘字是不雜修又有三種一全超者謂在欲界於四禪中已徧雜修遇緣退失從梵衆沒生色究竟中間盡越故名全超二者半超梵衆沒已中間漸受十四天處或超一二乃至十三後乃方生色究竟天皆名半超非全超故通受半名全不能超名爲徧沒無雜修者生無色界唯不能生五淨居天從廣果沒生三無色後生有頂方般涅槃故此那

含縱生無色猶屬色攝若欲界沒生無色天卽無色攝復有九種中生上流各三種故如釋籤引此六九中未入般前或得名爲羅漢向攝在色界時或有勤修速進故也第九無礙等者從斷九惑各一無礙及一解脫斷名無礙證名解脫阿毘曇中加二如前

○次結成無生

三界思盡得盡智無生智名煩惱不生證八十一分眞空名理不生眞智慧足名智慧不生不受生死名果報不生

言盡無生者毘曇云盡智者謂我知苦乃至知道無生智者言我知苦已不復更知乃至我修道已不復更修又云我漏已盡不復更生又云世智無漏智斷又云慧解脫人俱解脫人並從此等得二智名分別相狀等廣如諸論

○三釋支佛

若論支佛更侵少習氣不生爲異耳

○三結

此約析假斷思判位畧如此也

○次通家破思位四初列經正判

二通家體思三乘共位者如大品明乾慧地性地乃至第六地共聲聞至七地共支佛至八地九地共菩薩菩薩地轉入第十名佛地

言共聲等者通教二乘七地以前與菩薩共名共聲聞若爾八地以上過二乘地何故亦名共菩薩耶答以初名後從本立名不同別圓始終別故三藏教中雖有二乘菩薩行遠始終伏惑永異二乘故不名共不閒別理復非不共問七地名共支故六地名共聲聞八名支佛地何故七地名共支佛答通位從容具如後簡

○次畧釋

所言共地而有高下者論云三人同斷正使同入有餘無餘涅槃故言共也如燒木有炭有灰等故有高下也

此意正言三乘共地何故諸教判斷惑位高下差別何故三乘惑斷前後智行不同雖復不同而涉共位以由此故而得共名

○三正釋四初釋聲聞位

乾慧地正是三賢位一五停心二別相念處三總相念處通是外凡故言乾慧地性者卽是四善根位以

總念處力發善有漏五陰名爲煖增進初中後心得入頂忍世第一法通名內凡故言性地此兩位共伏見惑八人者八忍也從世第一轉入無間三昧故名八人見者見眞斷三界見惑八十八使皆盡故言見地薄者除欲界思惟六品故名薄地離欲者除欲界九品盡故言離欲地已辦者除色無色七十二品盡如火燒木爲炭故言已辦地

五停四念畧如玄文及釋籖引並望三藏立內外凡若論觀行巧拙雖別總別等相何妨稍同未有理水故名爲乾薄有理解故名爲性忍者因也見

謂見諦欲惑稍輕故名爲薄欲惑全忘故名爲離智斷功畢故名爲辦

○次釋支佛位

辟支佛者福慧深利能侵除習氣如燒木成灰

○三釋菩薩位

菩薩者福慧深利道觀雙流斷習氣及色心無知得法眼道種智遊戲神通淨佛國土學佛力無畏等法殘習將盡如餘少灰

○四釋通佛位

佛地者大功德資利智慧得一念相應慧習氣永盡如刧燒火無炭無灰

○四結成

此卽三乘共十地斷思惑之位也

○三別名名通共位二先破立序舊二先序舊

三別名名通家共位者舊云三地斷見或言四地斷見或言六地斷思盡或言七地斷思盡

破立序舊明斷見思位皆不同

○次正破七先總破

今覈此語若云三地四地皆斷見者此師不解通教義

總破其斷見位殊秖是不解通教義耳

○次別責

何者三乘共位同入無間三昧不出入觀而斷見那忽用三地四地皆斷見耶若但取第三地斷見者第四地應斷思若但取第四地斷見者第三地應未斷見若用兩地斷見爲出入觀爲不出入觀若不出入觀則無兩地若出入觀非斷見位

通位斷見兩地不同斷見復應不出入觀

○三人師不解

人師救云經說如此此師不解經意

人師不曉推過與經。故今折言。不解經意。

○四畧示

今言經借別義顯通耳。

○五畧釋

別見義長。論三地四地。通見義短。不出入觀。

○六判斷

然名可借別。義必依通。若作不入出觀釋者。若言三地者。據斷見初。言四地者。據斷見後。皆不出觀。

○七引例

例如第十六心。或言是見道。或言是思道。

此十六心。同是一位。何判兩道。何妨斷見二地。不同問。當通教中。判斷見位。自分二地。何須破他自立借別立斷見位。還同通教。答。秖緣同通。故得名通。通雖二地。斷時仍促。三乘共故。雖促復長。是故須分三地四地。或時借別。別見更長。仍有二意。若約理說。通至佛地。若約教道。云三四地。雖二。意各別。見義並長。以別長故。故借教道。用判兩地。斷見無爽。若依通義。云不出觀。若依別義。但云地地皆能破見。以此為義。以別長故。故後兩番。通用四地。皆斷見位。人多不見。謂通義足。何須借別。此是大師通申經論有此判者。屬借別名。名通位也。何者。若定屬通。不應地前而立伏位。若定屬別。不應行向屬四善根。乃至四地。共斷見惑。亦復如是。故立此式。示後學者。使古今異說。泠然可見。

○次正明借別二。先借別教始終名通二。初正釋。

言借別名名通位者。外凡三賢是乾慧地。而名為十信。內凡四善根是性地。而名為十住十行十廻向。八人見地是須陀洹。而名為初歡喜地也。薄地是斯陀含。斯陀含有向有果。立向為離垢地。立果為明地。離欲地是阿那含。阿那含有向有果。立向為炎地。立果

為難勝地。已辦地是阿羅漢。阿羅漢有向有果。立向為現前地。立果為遠行地。辟支佛位立為不動地。菩薩地立為善慧地。或以菩薩地後心為法雲地。或以佛地為法雲地。

通教地前無位可論。故借別教內外凡位。但名通教初地二地。通教地後亦無復位。故但以別教法雲佛地。以名通教九地十地。從容不定。故有或言。

○次引證

大品云十地菩薩為如佛。得作此釋也。

大品既云十地如佛。當知即是別名名通。故楞伽

第七偈頌品云遠行善慧法雲佛地是佛種性餘者悉是二乘種性此亦別名名通位也若是別位豈遠行以前屬二乘耶近代釋位地前伏惑正是斯例

○次單借別十地明通十地

若借此別名判三人通位者則初地斷見惑二地斷欲界一兩品思三地斷六品思四地斷七八品思五地斷九品思六地斷七十一品思七地斷七十二品思八地以上侵習斷無知等例前可知云云

單借別十地名通十地則彼此地前通為伏惑通雖無位即未斷惑不入地故

○四別名名通菩薩位者此單約菩薩故修觀斷見不定分三初借別名但顯通義四初明菩薩斷見位二初正明斷見

四借別名名通家菩薩位者乾慧是外凡性地是內凡八人為初地十五心為二地十六心為三地此三地皆不出觀而斷見惑四忍為初地四智為二地四比忍為三地四比智為四地此四地皆不出觀而斷見惑

○次斥前舊師

如此釋者豈與舊同云云

畧以菩薩斷見之位斥前舊師三地四地斷見義也

○次明菩薩斷思位二初正明斷思

薄即五地斷六品思離欲即六地斷九品思已辦即七地斷色無色思盡支佛即八地乃至佛地斷習無知例前云云

○次序舊斷思

舊云六地斷思盡齊羅漢或用仁王經七地齊羅漢

重序舊師六七兩地為斷思位

○三明今家難二先難六地二先奪

但六地名離欲止離欲界九品秖可與阿那含齊

六地離欲止離欲惑如何即云與羅漢齊

○次縱

縱令帶果行向猶有非想第九品在亦不得與羅漢齊

縱帶三果行四果向餘一品在亦名為向如何復得與羅漢齊

○次難七地

若七地是已辦就果可爾向來屬果則初禪初品已

屬七地爾時得名已辨。
若最後品盡名第七者。此則可然。前六地中既但名離欲將向來屬果初禪初品亦屬已辨斷初一品實未辨故故亦不可與羅漢齊。
○四今為申之二。初但用十度對果名便申之。
今為取釋義便者。約十度明義。以第六般若入空之慧斷惑盡與羅漢齊第七方便般若出假化用此名目為便。
今為申之則不取通。十地之名。但用十度對果名便以別教義多以十度對於十地故亦依此以申

今意立此意者亦恐後人不曉經論對果高低不識別教名通之意。
○次取通十地兙定相齊申之
若取七地齊羅漢約諸地對果向七地正與第四果齊。
○三謙退推功
此皆一往相主對經論不定復須斟酌。不可苟執。云云
○四問答辨明四。初一問答二。初問。
問。三乘共斷其義已顯用何為據更獨開菩薩地耶。

問者三乘共位借義已成。別立菩薩恐無誠證。
○次答五。初引論焦炷答
答。大論判三處焦炷則有三種菩薩斷惑。乾慧是伏惑尚得為初炎。今取八人眞斷為初炎有何不可。云云
答意者。經論各有兩處明文。意並獨語菩薩智斷。
初引大論三處焦炷者。意引乾慧。別在菩薩斷惑之位。若共二乘不名初燄。初燄即是斷位故也。論別立菩薩。故以初地而為斷位。故大論七十八燈炷品云。十地有二。一菩薩初地為初燄。二聲聞見

地為初燄。若獨菩薩地即歡喜地為初燄。論文既以菩薩初地而為初燄。故今取之。以為況釋。於共伏道尚得以為菩薩初燄。今但退取共斷位者為獨菩薩。初燄有何不可。故知此文別判通教菩薩位也。下文自有獨菩薩位。即別菩薩位也。所言三種菩薩者。即共地菩薩中根之人亦同二乘。三四地斷。
○次引大品況釋
又大品明十地菩薩為如佛。既明後地鄰極。豈得無中地無初地耶。據此而推更獨開菩薩十地何咎。

第十佛地。尚名菩薩。況前諸位。無菩薩耶。故云豈得無中。及以初耶。言鄰極者。以別佛地過十地故。今借別名。乃至十地鄰極故也。

○三次重引大品證

若無十地者。經不應言菩薩修治地業。從初地至十地。地地各有如千法門云云

從初地來。皆云菩薩修治地業。故大品云。初十二有八。三五四有十。五十二。六六。七二十。八五。九十二十佛。今略爲頌。彼文一一具列釋之。當知此亦獨開菩薩。

○四證別得忍名二初正引論

又大論云。乾慧地。於菩薩法。是伏忍。性地於菩薩法。是柔順忍。八人地。於菩薩是無生忍。見地於菩薩是無生忍果。薄地於菩薩。名離欲清淨。離欲地於菩薩名遊戲神通。已辦地。於聲聞名佛地。於菩薩是無生法忍。

引大論於菩薩邊別得忍名。乃至遊戲神通等名。故知此名別屬菩薩。

○次引經證

故大品云。須陀洹若智若斷。是菩薩無生忍法。乃至支佛若智若斷。是菩薩無生法忍。

大品忍名亦復如是。

○五正申今意

如此論者。已自別約菩薩。今準此作義。復有何咎。

依向所引。尚得別開菩薩地位。準此以爲借別名通別對菩薩何咎。

○次一問答二初問

問。欲界亦斷九品。何意判果多。

問者。斷欲九品那制兩果。

○次答

答。如險處多難。多須城壁。欲界多難。多果休息也。

答意者。聖制果名。休息疲怠。散地惑重。名爲多難。恐爲難退。立兩果名。

○三一問答二初問

若爾。欲界散。多須多立禪。

問者。凡禪爲治散。欲散既多。應多立治。

○次答

答。欲界非定地。不得立禪。無漏緣通。得立果。

答意者。禪從地立。定散相違。豈可於欲而多立禪。

○四一問答二初問。

問。三乘人智。斷既齊何故二乘名智斷菩薩名法忍

問意者前別爲菩薩立忍名者六七地前所有智斷與二乘同何故菩薩別立忍稱。

○次答

答忍因智果故十五心名忍十六心名智又二乘取證宜判智斷菩薩望佛猶居因但受忍名又菩薩一品思盡即一分自在生故品品死品品生能忍生死勞苦不入涅槃故名忍

答中有三義故菩薩名忍初引十五十六心例如十五心雖已有於七智八忍未入果位故道比忍

猶名爲因菩薩雖斷諸地見思習未盡故位未滿故故但名忍餘二意可見。

○次正在別復顯豎義

若就別教明破思假位者初破見正入初住從二住至七住破於思假欲細分品秩判諸住位準前可知從八九十住正是侵習十行是正出假位不復關前也云云

約別教破思假者前借別名但顯通義今正在別復顯豎義故次明之問開章之初不列別圓何故至此便釋別圓答但論空位正在藏通爲顯通義更借別名若論始終豎義是別若論文旨須知圓融故於此中明別圓位言十行出假不復關前者此中豎意從假入空故別十行不關前空但列藏通意在於此故顯體中云若論三人則有諸位大小。

○四就圓教破思假位三初出位。

若就圓教破思假位者初破見假正是初信從第二信至第七信是破思假欲細分品秩以對諸信準前可知八信至十信斷習盡。

但云八信至第十信斷習盡者習通界外塵沙無

明例亦應云不復關前此不云者從初以來三諦圓修與次第義永不相關此論麤惑任運斷處與次第齊是故不須云不相關。

○次引證二初證初住位。

華嚴云初發心時正習一時俱盡無有餘界外正習未盡此乃界內正習盡耳華嚴云初發心已過於牟尼即此義也。

引華嚴者恐人不了麤惑先除初證初住都望十信故云界內習盡次華嚴下證初住位近代釋義地前咸伏云何銷通住過牟尼此是第二番示文

圓旨。
○次釋華嚴意二。初畧釋。
云何過正習俱盡。能八相作佛。此則齊矣。又三觀圓修此則過勝也。
○次徵難二。初難。
若爾亦應有聲聞過於菩薩。
既有菩薩過佛。豈無聲聞過菩薩耶。
○次答
然以佛道聲聞灼然過菩薩。
佛道屬於別圓地住。向能過於藏通牟尼。灼然過

於藏通菩薩。此約當分。作此比決。
○三辨同異。同斷見思得名。功用巧拙不同。此雖辨前破思假位。智用各別。亦是遙判諸經論中智斷異同。分二。初文且列四教斷思智用各別。
復次前諸位破假名同。緣理用智則異。三藏通教等二乘破假世諦死時。不能出假無自在生。通教菩薩破假世諦死時。還能出假自在受生。化緣若訖。灰身證空。別教破假世諦死時。亦能出假自在受生。為顯中道終不住空。圓教破假。既即是眞。即是入假。即是入中。圓伏無明。

○次判向所辨同異文也。二。初文當是通教。三乘自相比望。
若言二乘與菩薩智斷皆同。化他邊異。此是通教意相比望耳。
○次即以別圓菩薩比望。
若言二乘與菩薩智異斷同。是別圓相比望耳。
通藏二乘。同斷見思。而智各異。亦可云智斷俱異。即是通教。不斷別惑。此中未論斷於別惑。故不論也。又通三乘自相望者。亦可云智同斷異。習有盡與不盡異也。

○五料簡超果等四。二。初一問答二。初問。
問。破思假入空。凡破九九八十一品。云何復有超果之義。
可解。
○次答二。初明有超之義。
答。次第分別。有前句數。行人未必一向按品次入。若三藏中十六心後。即有一念超果至那含。或超至羅漢。豈更漸次。如前重數。
○次明品數不失。
雖不次歷諸品。而諸品惑盡。諸品定發。云云。文如三

藏佛。一念相應見思頓盡。佛之功德。一時現前。以根利故。不由品秩。利雖超品品不得廢。何以故。諸佛教門法如是故。

明果雖超而品數不失。如神通人。及常人行遲疾不同。豈無里數。

○次一問答二。初問。

問。利根能超。身子最利。何意不超。

夫論超者應是利根。身子利根。何不超耶。初聞三諦但得初果。

○次答四。初約三藏論不超所以。

答。小乘引鈍依品蘇息。故不超。身子大智應作轉法輪將分別品秩。故七日或云十五日不超。阿難為作侍者。故不超非無智力也。

言七日或十五日者。大論三十八云。身子見舅與佛論義有云聞頞鞞說三諦。或云經七日。或云經十五日得無學果。阿難為侍者者。大論云。佛求侍者。心在阿難。如東日照西壁。至結集時至法會中。迦葉訶云。汝如驢入馬群。阿難聞已。於閑靜處精勤修習。未得無學。放身欲臥。將頭就枕。未至枕間得阿羅漢。故知爾前非無智力。以阿羅漢不合為侍。故不取證。如羅什入天竺國人敬重。以沙彌五人為侍。據此降佛已還。並不應以大僧為侍。

○次約一往明不超之義。

通教菩薩智利。二乘亦應有超。荷負眾生而作導首。廣須分別。故不論超。

一往且明不超之義。故云亦應有超。菩薩無不荷負眾生。故不論超。論超自約人行不同。思假不得不破故也。

○三約別圓準例。

別圓二教亦如是。雖有超與不超。終是破思假徧也。

○四約四種論超二。初約小乘論四二。先列。

超果凡有四。一本斷超。二小超。三大超。四大大超。

○次釋四。初本斷超。

本在凡地得非想定。今發無漏第十六心滿。即得阿那含。本在凡地。或得初禪二三四禪。今十六心滿亦是阿那含。本在凡地欲界九品隨以世智斷之多少。第十六心滿隨本斷超果。皆名本斷超。

言本斷者。本在外道修世禪時已斷思惑。名為本斷。隨本時斷品數多少。故使於今入十六心超果不同。本得非想。即是已斷下八地思。至十六心。應名阿羅漢向但名那含者。以凡地時用有漏智。智力弱故。但名那含得那含時。此十六心起無漏。得替前有漏名。印持定。本得初禪。至二三四。比說可知。欲界九品。隨以世智斷之多少者。若本斷九。今名三向。若七八品。得名二果。斷六品等。名二果向。斷五四等。但名初果。不同次斷。意如向說。

○次小超

若凡地未得禪。十六心滿超。能兼除欲界諸品。或三兩品者。卽是家家。一品子等。卽是小超。

或三兩品名家家者。應云三四品。或恐文誤。婆沙

不同。

○三大超

本在凡地聽法。聞唱善來。成羅漢者。卽是大超。

善來者。如第四說。

○四大大超

如佛一念。正習俱盡。此名大大超。

正習盡者。秪是三藏佛耳。

○次約圓敎論四四。初明超。

圓人根最利。復是實說。復無品秩。此則最能超。瓔珞明頓悟如來法華一剎那。便成正覺。從此義則有超

圓人云最超者。問。前云荷負。是故不超。云何不同。答。此言超者。以圓望別。故得超名。故引瓔珞。正超不超。彼本業經敬首菩薩白佛言。諸佛菩薩。以大方便。平等大慧照諸法界。爲頓等覺。爲漸漸覺。佛言我昔法會。有一億八千無垢大士。卽於法會。達法性源頓覺無二。一切諸法皆一合相。各於十方。說此瓔珞大衆皆見。一億八千頓覺如來。故知彼經惟有頓覺。玄文第五。判爲初住。龍女亦爾。並名頓覺。言無垢者。且約六卽。以明無垢。

○次明不超

慈悲誓願重大。此則不超。

○三明雙亦

淨名云。雖成佛道。度衆生而行菩薩道。此則亦超亦不超。

淨名者。雖成佛道。明初住超。行菩薩道。此卽不超。

○四明雙非

實相理則無超無不超。隨機則偏動。順理則常寂云云

○三四門料簡六。初明須門意。

三四門料簡者。夫見思兩惑障通別二理。若破障顯

理非門不通
爲通理故故十六門並破見思今明入空破見思
竟應須更簡能入之門爲是義故須明諸門諸門
雖卽俱有智斷有次不次見思並障故須明門若
卽門通中是今文正意餘三能所爲顯圓極彼此
乃成一十六門觀於見思又若識諸門觀諸經論
泠然可見以諸經論不出十六故也
○次正明諸門四初明三藏四門三初正明門四
初明有門六初引論起觀
阿毘曇明我人衆生如龜毛兔角求不可得惟有實

法迷此實法橫起見思見思無常念念不住實法還
動分分生滅
○次用觀破惑
如此觀者能破單複具足諸見亦破三界八十一品
思成因果惑智等不生是名三藏有門破法之意
○三明得益之人
鹿苑初開拘鄰五人先獲清淨又頞鞞說三諦身子
破見經七日後得阿羅漢千二百等多於有門是第
一義
言俱鄰五人者謂陳如頞鞞跋提十力迦葉拘利

太子佛初成道欲度二仙以初出家於二仙所習
世間定欲報往恩故欲先度空聲報曰二仙已死
次思度五人往到其所五人立制佛到制破五人
恭敬爲敷具等聞法得道閻浮提中五人得道最
在一切人天之前並是有門之力故也又頞鞞說
三諦者如論偈曰一切衆生智惟除佛世尊欲比
舍利弗智慧及多聞於十六分中猶尚不及一因
見頞鞞威儀庠序而就問之汝師是誰誰之弟子
頞鞞答曰悉達太子捨生老病死出家修道得三
菩提是吾師也身子又問師說何法答我年尙幼

稚學戒日初淺豈能演至眞廣說第一義身子言
畧說其要頞鞞曰諸法從緣生是法說因緣是法
緣及盡我師如是說身子聞已而得初果初頞鞞
晨出佛已告之今日所見必是利人應畧說法是
故畧說四諦中三諸法從緣生苦諦也是法說因
緣集諦也是法緣及盡滅諦也身子聞已還其所
止目連見之先起迎逆而謂之曰汝得甘露應可
共嘗身子便爲如聞而說目連聞之亦得初果二
人見佛佛命善來並得羅漢千二百人者三迦葉
千人優樓迦葉五百二弟各二百五十目連身子

二百五十。今文闕五十。大論問曰。此諸比丘何故常隨世尊。答。如病者得差常隨大醫。如衆星繞月。顯佛德尊高。

○四明用門者善須方便

大論云。若得般若方便入阿毘曇不墮有中。言方便者。般若以無著爲宗。若無方便於門起著。用有則墮有中。乃至諸門亦復如是。

○五引佛世人依門得益

大集云。常見之人說異念斷。即是溝港斷結之義。豈非有門破假意耶。

○六斥成論人

成論人云。何斥言是調心方便而不得道耶。

○次明空門六。初引論起觀。

若成論所明我人本無。雖有實法浮虛非有。若迷此浮虛橫起見思流轉生死。觀此見思皆三假浮虛。假實皆無名平等空。

○次用觀破惑

修如此觀破單複具足無量諸見。亦破八十一品諸思成惑智因果等不生。是名三藏空門破法之意。

○三引證門體

故彼論云。我今正欲明三藏中實義。實義者空。是阿含經云。是老死誰老死。二俱邪見。是老死即是法空。誰老死即衆生空。又云。佛法身者即是空也。須菩提空智偏明。能於石室見佛法身。

云是老死誰老死者。大論引雜含云。十二因緣從無明至老死。若有人言是老死。若言誰老死。皆生邪見。乃至無明亦復如是。若說無誰老死。當知虛妄。是名生空。若說無是老死。當知虛妄。是名法空。乃至無明亦復如是。彼經佛在調牛聚落告諸比丘。初中後善。乃至梵行清淨。所謂大空經。若有問

言彼誰老死。老死屬誰。彼即言我即老死。今老死屬我。老死是我所。若無明離而生明者。彼誰老死。老死屬誰。老死則斷。斷其根本則無明滅。無明滅則諸行滅。具二空故名爲大空。故知小乘空於我所。名爲法空。空於我人。名衆生空。若諸菩薩以空涅槃洹沙佛法。名爲法空。人謂小乘不明法空者未曉經意。縱有誠教云。聲聞人但得生空。且讓菩薩與奪之言。須菩提空智偏明等者。雖得羅漢。何廢偏長。石室觀空者。佛在忉利。一夏安居。佛以神力制諸人天不知處所。夏受歲已。佛攝神足。欲還

閻浮爾時須菩提於石室中住自思惟言佛忉利下當至佛所禮佛耶爲不至耶復自思惟佛常說法若人以智慧力觀佛法身是名見佛中最佛時已從忉利下閻浮提四衆皆集人天相見座中有佛及轉輪王諸天大集衆會莊嚴先未曾有須菩提念今此大衆雖復殊特勢不久停磨滅之法皆歸無常因此無常觀之初門悉知諸法空無有實作是觀時卽得道證時一切衆皆欲先見如來禮拜供養有蓮花色比丘尼常爲他人呼爲婬女欲除惡名便化爲龍王七寶千子衆人見之皆悉避

座化王見佛還復本身爲比丘尼最先禮佛佛告尼言非汝先禮我惟須菩提最初禮我所以者何須菩提觀諸法空爲見法身得眞供養供養中最非供養生身名供養也

○四釋疑

故大品中被加說空身子被加說般若佛欲以大空並小空大智並小智故令二人轉教

大品被加等者凡言加者加於可加以須菩提空與般若空相應相似是故佛加令其說空般若是智故亦加身子所以但加此二人也故云欲以大

空並小空等以般若中盛明此二是故但加此二人也法華云我等雖爲諸佛子等說菩薩法大品中佛告須菩提汝當爲諸菩薩說般若波羅蜜如諸菩薩所應成就須菩提說已時諸菩薩聲聞四衆天龍八部作是念言爲須菩提自力爲是佛力須菩提知大衆心念語身子言豈佛弟子有所說法皆是佛力佛說法相不相違背二乘之人無力能說大論五十三云爾時須菩提作是念三世諸佛從般若波羅蜜生須菩提小人佛云何讚言欲說般若當如汝所說答須菩提說皆承佛旨正使

諸大菩薩大梵王等不承佛意尚不能說況須菩提在於佛前能自恣說身子有說亦復如是

○五善須方便

大論云若不得般若方便入空墮無中大集云斷見之人說一念斷豈非平等空意當知三藏復說空門善用方便意亦同前有門中說

○六斥阿毘曇人

阿毘曇人云何盪言是大乘空義

斥非中盪狄朗切

○三雙亦門三初引論起觀

若如迦旃延申其所入之門。造昆勒論傳南天竺。假無同前實法亦有亦無。若起定相橫起見思。觀此實法有無從容。

比說可知見。

○次用觀破惑

亦破單複等見。八十一思。成惑智因果等不生。是名三藏亦空亦有門。破法之意。

○三善須方便

故大論云。若得般若方便入昆勒門。不墮有無中。

摩訶止觀輔行傳弘決卷第六之一

止觀輔行卷二十三 　　　　　　 五十三

摩訶止觀輔行傳弘決卷第六之二

陳隋天台智者大師說　唐荊谿大師湛然傳弘決
門人章安大師灌頂記　明天台沙門傳燈增科

○四雙非門三。初引論起觀。

非空非有門者。如釋論明車匿。心調柔輭當爲說那陀迦旃延經。離有離無。乃可得道。

言車匿者。引入簡濫。佛臨涅槃。阿難心沒憂海。阿泥樓豆言。如來不久當入涅槃。若有所疑。今悉可問。何以憂愁。以失法利。阿難因是白佛言。一切經初安何等字。乃至惡口車匿云何擯治。佛言。一

切經初皆安如是我聞等字。惡口車匿依梵法治。若心調柔輭當爲說那陀迦旃延經離有離無。乃可得道。言離有無者。卽是雙非。

○次用觀破惑

此觀亦能破單複諸見八十一思。從假入空成惑智因果等無生。卽是三藏非有非無門破假之意。

若觀境者亦應云假無同前。非前實法有無俱是。是故雙非此卽境也。作此觀者卽名爲觀。

○三引人簡濫

當知車匿得小乘道。不可濫爲大乘中道門也。

○次明門中得益之位

如此四門。悉稱爲溝港得道者。以溝港是初果故也。勝者更別受其名。致有三門之外亦得通是溝港。有門無常溝港。無門空中等溝港。亦有亦無門從容溝港。非有非無門雙非溝港。溝港皆是四門之初果也。

言溝港者。古來翻譯方言未通。便以預流譯爲溝港。通水曰溝。隈水曰港。

○三明門異理同二。初明門異理同有法譬證。初法。

四門觀別見眞諦同。

○次譬

如城有四門。會通不異。

○三引證

故大集云。常見之人說異念斷。斷見之人說一念斷。二人雖殊。論其得道更無差別。

○次明依理通諍三。初正明理通

大經五百比丘各說身因。無非正說。跋摩云。諸論各異端。修行理無二。偏執有是非。達者無違諍。於時宋家盛弘成實。異執競起。作偈譏之。然眞諦寂寥。實非一四。身子曰。吾聞解脫之中無有言說。豈可四門標

榜若生定執悉不得道何獨有門若祛見思四門皆得何獨空門不應獨言論主義成數人義壞若得四悉檀意論數俱成若不得意論數俱壞乃至非有非無門亦如是若言有門明法相麤空門明法細巧拙相望爲成壞者三門俱劣非獨一門

跋摩者宋文帝時來至此土勅住祇桓臨終遺書自說己證傳與此土及外國僧衆偈有四十六行先歸敬三寶已次說不淨觀後說得二果末後云那彼阿毘曇說五因緣法實義修於智名者莫能見諸論各異端修行理無二等求那依毘曇得道

故斥成論不得道者但計異端無行契理然眞諦寂寥等非偈文也寥亦寂也空無人也祛者去惑也論主者訶黎跋摩造成實論

○次辨諍有無論文雖分大小辨諍今通用之順理必無失理故諍文二初明二乘有諍

何故四門好相形斥良由二乘自度但從一道直入偏據不容後人晩學因此生過

○次明菩薩無諍二初正明無諍

三藏菩薩則不如此析空伏惑偏學四門爲化他故廣識法相成佛之時名正偏知

○次釋論引明二初引

故釋論引迦旃延子明菩薩義云釋迦菩薩初値釋迦佛發心至罽那尸棄佛是初阿僧祇心不知作佛口亦不說次至然燈佛爲二毘婆尸佛爲三行六度滿各有時節如尸毘代鴿是檀滿乃至劬嬪大臣分閻浮提是般若滿百劫種三十二相論因則指釋迦論果則指彌勒偏行四門道法伏薄煩惱

釋迦初値至三祇等者俱舍云於三無數劫各供養七萬又如次供養五六七千佛釋曰初僧祇初供養七萬五千佛二僧祇七萬六千三僧祇七萬

七千頌曰三無數劫滿逆次逢勝觀然燈寶髻佛初釋迦牟尼釋曰第一僧祇初値釋迦牟尼第一僧祇滿値寶髻佛第二滿値然燈佛第三滿値勝觀佛大論第二僧祇名罽那尸棄第三名毘婆尸者彼此音異六度具如第三卷引論因則指釋迦等者彼婆沙中釋菩薩義明因則指釋迦三祇百劫明果則指彌勒當成何故爾耶釋迦果已成是故指因行爲令慕果而行因故彌勒因已滿是故指當果皆使觀因以知果故故諸聖教並明釋迦之因如說菩薩昔苦行等並明彌勒之果如說彌

勒下生經等。

○次難。

龍樹難云薄卽是斷如斯陀含使六品思名爲薄地汝既不斷那得稱薄故知但是伏道論薄耳三十四心方乃稱斷雖能如此猶是初教方便之說。

龍樹難云等者大論二十七問觀諸法實相及修慈悲令三毒薄薄故能集清淨功德者如離欲人斷下地結猶有上惑故名爲薄又如初果見盡思存尚未名薄如佛所說斷淫怒癡名斯陀含故名爲薄如是等義薄卽是斷汝何未斷而名爲薄論

云若得無生忍時斷正煩惱得佛果時斷餘殘習是眞實說此仍存通以破於藏又大論第五廣斥六度菩薩云是迦旃延子輩不讀衍經非大菩薩不知實相自以利根於佛法中作諸論議作結使智根等犍度尚處處失况菩薩論故此初文云釋論引迦旃延子明菩薩義當知大論爲破故引故論斥云如小人尚不能跳小渠况度大河豈不沒失云何沒失如云昔菩薩爲大薩他婆度大海水惡風吹船語賈人言汝捉我髮我當度汝諸人捉已以刀自殺大海水法不宿死屍卽時疾風吹至岸邊大慈如是而言不是菩薩受然燈記身升虛空見十方佛於空立讚然燈記言汝於來世作佛號釋迦牟尼得記如是如何言未是菩薩三僧祇未有相好亦無種相因緣見然燈佛身升虛空見十方佛豈非大相爲佛所記當得作佛亦是大相捨此大相而取三十二相三十二相輪王魔羅亦能作之調達亦有三十相餘人各有少多如靑目長臂等汝何以重相何經說三祇菩薩不種相好因如難陀因浴毘婆尸佛以靑黛塗支佛塔作支佛像願得端正金色之身世世受樂處處受生恒

得端正是福之餘生迦毘羅釋種之中得三十相出家得無學佛說五百比丘中難陀第一是相易得云何九十一劫中種餘一生中得是爲大失又初僧祇不知作佛不作等者若藏若衍何處說是語耶迦旃延子言佛口雖三藏中不說義理應然毘曇婆沙作是說耳如首楞嚴說四授記中有未發心與記有適發心與記他人盡知已不知有他已盡知云何二僧祇不知作佛又云種相好惟在欲界色界何故不得種耶如諸梵王常請佛轉法輪云何言上界不得又不惜身命名檀不知三空

故不名淨乃至般若亦須知三事皆空言分地息諍者云二乘及菩薩尚不能分分地爲七分是算數法是世俗般若中少許耳又云要在人中種相因者如婆伽度龍十住菩薩阿那婆跋達多龍王七住菩薩羅睺阿修羅王亦是大菩薩何故云餘道不種相耶言一思一相者是心彈指頃六十生滅一心不住不能分別云何能種大相不應不了心中種多心和合乃能種猶如重物多人能擔一人不能擔若云釋迦弟子機熟者藏衍等經亦無此說出自汝心如是種種破三藏相好若爾衍相

云何答大論二十九云云何名爲衍中相好十方三世諸佛皆悉無相何故說相一相尚無何故說三十二相答佛法二種世諦第一義諦世諦有相第一義諦無相又福道慧道又生法二身又相好嚴身無畏不共嚴衆生又爲二種衆生故現二身著名字者爲說相好知法假名不爲說三十二相問力無畏亦有相好云何說法身無相答一切諸法悉皆無相現色身者爲見色生喜發道心者說相無咎於前多解一一皆開爲三教意以斥三藏方稱經旨問何故不多不少唯說三十二相耶答

丈六身邊少則莊嚴不周多則雜亂問何名爲好答相大莊嚴身好小莊嚴身若說大者則已說小復次相麤好細衆生見佛則見佛相好則難見問斷衆生吾我何故相好自嚴其身答既有妙法莊嚴其心身無相好或恐度者心生憍慢謂佛身相不具不能一心受道如器不淨成好美食人所不喜如臭皮囊盛好寶物取者不樂是故相好自嚴其身又心莊嚴開涅槃道相好莊嚴開人天路又心莊嚴三界心息身莊嚴者三惡心息然此中明三祇百劫與俱舍小異俱舍則道樹已前四波羅

蜜滿至佛果位二波羅蜜滿故頌云但由悲普施被折身無忿讚歎底沙佛次無上菩提六波羅蜜多於如是四位一二又一二如次修圓滿初一謂布施次二謂戒忍次一謂精進次二謂禪智如次對四句由讚歎底沙其超九劫故從毘婆尸佛九十一劫禪智二波羅蜜滿若準大論三阿僧祇六波羅蜜滿不相違耶亦無相違大論三僧祇但是事禪事智滿耳若至樹王下亦是緣理禪智始滿俱舍云因時已斷八地惑者既未斷有頂但用有漏故大論沒前有漏之名至樹王下方云用三十

四心斷三界見修之惑故知爾時方得無漏今文且以大論所斥立三藏菩薩義故且存之名爲伏道。

○三引證惟小

涅槃稱爲半字法華名二十年中常令除糞釋論名爲拙醫維摩稱爲貧所樂法天親呼爲下劣乘皆指此四門非今所用也。

第五云譬如長者惟有一子心常愛念將詣明師懼不速成尋便將還以愛念故晝夜慇懃教其半字而不教誨毘伽羅論力未堪故合喻云言半字

者謂九部經毘伽羅論謂方等典釋云此論是字本河西云世間文字之根本也典籍音聲之論宣通四辨呵責世法讚出家法言辭淸雅義理深邃雖是外論而無邪法將是善權大士之所爲也故以此論喻方等經法華稱二十年等者約人即權同二乘約理即眞俗二諦約惑則見思俱破問二義可爾二十云何答二乘各有十智又斷見一無礙一解脫斷思九無礙九解脫貧所樂法等者如耕夫無帝王之念織婦絕皇后之窺二乘亦爾法華以前雖聞雖說自鄙絕分而無希取。

○次明通教四門五初正明門四初是有門云而有幻化即是有門正體如此下破惑結成若言假實下空門正體如此下破惑結成若明一切法下空有門體如是下破惑結成旣言下非空非有門體如此下破惑結成初有門二初明門正體。

次通教四門不同者若明一切假實從無明生無明如幻所生一切亦皆如幻如幻雖如虛空而有如幻破假之觀雖如虛空而如虛空生故云諸法不生而般若生。

諸法不生而般若生者大論六十二先引經云身

子白佛言云何生般若波羅蜜佛言色不生般若波羅蜜生乃至一切種智不生般若波羅蜜生身子問云何色不生等佛言色不起不生不得不失乃至種智亦如是是爲般若生生即是有故證有門雖具三教今意在通。

○次破惑結成

如是觀慧能破諸見諸思成惑智因果等不生是名有門觀意也。

○次明空門二初明門正體。

若言假實諸法體如幻化乃至涅槃亦如幻化幻化

是易解之空涅槃是難解之空舉易況難而難易皆空亦如幻人與空共鬭能觀所觀性皆寂滅

云乃至涅槃亦如幻化者大論五十三引經云諸天子念誰應聞須菩提說須菩提知諸天子念語諸天子云如幻如化如是聞法乃至涅槃亦如幻化論釋云佛於一切衆生中第一涅槃於一切法中第一以二法名字從因緣生故假令有法勝涅槃者能令如幻何況涅槃以無有法勝涅槃故假設言之

○次破惑結成

如此空慧體諸見思即幻而真能成惑智因果無生是名空門破假之意

○三明雙亦門二初明門正體

若明一切法如鏡中像見不可見見是亦有不可見是亦無雖無而有雖有而無

○次破惑結成

如是觀者能破諸法見思成惑智因果無生是名亦空亦有門破假觀之意也

○四明雙非門二初明門正體

既言幻化豈當有無不當有故不從有有不當無故不當無無

○次破惑結成

如是觀慧能破諸法見思成惑智因果等無生是名非有非無門破假觀意

○次斥三藏

若三藏約實色起見以溝港析觀雙非二見如實柱實破通教約幻色起見以即空體觀雙非二見如鏡中柱體而論破故言非有非無雖非中道而是體法虛融淨諸見著

斥三藏如文體而論破者此通伏難難云通人既

觀諸法如幻幻本不生今無所滅名之爲體體則非破今何故云體破見思名破法徧答此約即體而論破也不破而破故云體破

○三引證

故論云般若波羅蜜譬如大火炎四邊不可取彼偈具四門意細尋甚自分明又云般若有四種相又云四門入清涼池皆是四門之誠證也

云火燄等者並證四門不可取也乃至釋第一義中云一切實等四句四門入池等並此意也故讚般若偈云般若波羅蜜譬如大火聚四邊不可取

無取亦不取一切取悉捨是名不可取不可取而
取是即名為取釋曰初句明實相般若即是所通
次句譬所通也第三句譬能通不可取也第四句
門觀俱亡第五句能所俱亡第六句總結第七八
句明無取故名為得人義亦兼三且釋成通

○四明門體離諍

若不取著皆能通人若取著者即為所燒佛為示人
無諍法說此四門觀也

○五與三藏辨異二初問

問佛何處示人諍法

○次答

答佛不示人諍法衆生不解執而成諍三藏淺近四
門相妨執諍易生如成論人撥毘曇云是調心方便
全不得道毘曇人云惟是見有得道空屬大乘此二
論師失四門意浪撥浪擋見執鏗然諍計易起名此
為示人諍法耳通教體法如幻化無復實色但有名
字名字易虛扶順無乖少生諍計大論形斥三藏云
餘經多示人諍法般若示人無諍法亦名如實巧度
中論云諸法實相三人共得大品名為三乘之人同
以無言說道斷煩惱見第一義亦名共般若涅槃名

為三獸渡河皆是通教四門觀意亦非今所用也
擋字丁朗切謂朋擋也有門擋有而撥空空門擋空
而撥有亦名如實巧度等者大論第七作巧拙二
醫譬云如用鍼藥名為拙度用呪術者名為巧度
亦如二渡若用草筏名為拙度用方舟者名之為
巧雙舟曰方聲聞化人若行頭陀初中後夜勤心
禪觀苦而行道名為拙度菩薩化人觀諸法實無
縛無解心得清淨名為巧度巧如菩根拙如勝意
巧拙相形雖復若是揣心量行無令濫非此斥小
宗事相頭陀專根本禪無常等觀苦勵身口不知

諸法畢竟清淨此以衍教用斥拙度行道之人善
自斟酌三獸渡河者大經譬也三人如獸眞如水
底象雖得底仍分二別小象得泥通菩薩也大象
得實即見不空見不空者復有二種謂但不但今
文且用得泥菩薩以共二乘

○三明別教四門四初略辨異

次別教四門者即是觀別理斷別惑不與前同次第
修次第證不與後同

○次辨行相

大經云聞大涅槃有無上道大衆正行發心出家持

戒修定觀四諦慧得二十五三昧事相次第不殊三藏但以大涅槃心導於諸法以此異前漸修五行以此異後故稱爲別。

經云聞大涅槃有無上道等具如釋籤明聖行中。今云事相次第不殊三藏者且如戒定及生滅慧此二聖行全如三藏若無生等三慧聖行則異三藏今從初說故云不殊復約教道初不知圓餘如釋籤次第五行也。

○三正明門四初明有門二初正明。

言四門者觀幻化見思虛妄色盡別有妙色名爲佛

性。

○次引證

大經云空空者卽是外道解脫者卽是不空卽是眞善妙色如來秘藏不得不有又我者卽如來藏如來藏者卽是佛性如來藏經云弊帛裹金土模內像凡有十譬等卽是有門也。

解脫者卽是不空等者是大經第五百句解脫中文彼百解脫總而言之不出四門而多明非有非無當知百句是能通門三德涅槃是所通理以彼百句義兼圓別故使今在別門引之如來藏十喩

者二文不同諸文引用或云佛藏者隨語便耳文在方等如來藏經中彼經一卷佛爲金剛藏菩薩說文雖有十義但似九以初二文同一義故初文云我以佛眼觀一切衆生諸煩惱中有佛智眼有如來身結加趺坐儼然不動善男子譬如天眼觀未敷華中有如來除却華已便得顯現佛見衆生亦復如是以下九譬總有九番長行偈頌各四五行今畧從要各取一行令知喩相初云譬如萎變華其華未開敷天眼者觀見如來身無染二云譬如岩樹蜜無量蜂圍遶善方便取者先除彼羣蜂

三云譬一切粳糧皮糩未除蕩貧者猶賤之謂爲可棄物四云如金在不淨隱沒莫能見天眼者乃見卽以告衆人五云譬如貧人家內有珍寶藏主旣不知見寶復不能言六云譬如菴羅果內實不毀壞種之於大地必成大樹王七云譬如持金像行詣於他方裹以弊穢物棄之於曠野八云譬如貧女人色貌甚醜陋而懷貴相子當爲轉輪王九云譬如大冶鑄無量眞金像愚者自外觀但見焦黑土文中各以佛性合喩若尼楗經云有城名鬱闍延王名嚴熾有大薩遮來入其國王出遠迎其

見王已坐一樹下。王見致敬因爲王說治國之法乃至爲王說佛身相及種性等。乃至令王觀如來身云。大王當知依煩惱身觀如來身依陰界入觀如來身何以故此身卽是如來藏故。一切煩惱諸垢藏中佛性滿足。如石中金木中火地中水乳中酪麻中油子中禾藏中金模中像孕中胎雲中日。是故我言煩惱之中有如來藏尼揵經中雖亦有於如來藏明十喻亦與今文大同然既引幣帛薩遮中無故知應是引方等經也。

○次明空門

空門者。大經云迦毘城空如來藏空大涅槃空。又云令諸衆生悉得無色。大般涅槃涅槃非有因世俗故名涅槃有涅槃非色非聲云何而言可得見聞卽是空門。

涅槃非有等者。涅槃非是能名所名。故云非有因俗施設名涅槃有。既非色聲云何而言見妙有色聞涅槃名。

○三明雙亦門

亦空亦有門者。智者見空及與不空。若言空者則無常樂我淨若言不空誰復受是常樂我淨。如水酒酪

瓶不可說空及以不空是名亦空亦有門。

如水酒酪瓶等者。亦百句文。彼文云。又解脫者名曰不空。如水酒酪蘇蜜等瓶。無水等時猶故得名爲水等瓶。如是等瓶不可說空及以不空。若說空者則不得有色香味觸若說不空而實無有水酒酪等。

○四明雙非門

非有非無門者。絕四離百言語道斷不可說示。涅槃云。非常非斷名中道卽是其門也。

言絕四等者。意指中爲所證之理理無四故尙無四句焉有百非。此第四門雖四句攝今約理說故云絕四。乃至有門亦復如是。故引大經非常非斷名爲中道以證於理復是雙非。

○四判得失

如此四門得意通入實相。若不得意伏惑方便次第意耳。涅槃名爲菩薩聖行。大品名爲不共般若此皆是別教四門意非今所用也。

若得意者得入初地名爲見實若不得意但成地前方便位耳。若準前明三藏四門。一一門後各明得失。爲離煩文於此總明。

○四明圓教四門五。初辨同異。
圓教四門。妙理頓說。異前二種。圓融無礙。異於歷別。
○次總徵起
云何四門。
○三正釋門四。初明有門二。初正明。
觀見思假。即是法界。具足佛法。又諸法即是法性因緣。乃至第一義。亦是因緣。
即指見思。為不思議因緣生法。生法即假。假是有門。以無空中而不假故。故云乃至第一義亦是因緣。

○次引證
大經云。因滅無明。即得熾然三菩提燈。是名有門。
三菩提法。尚是因緣。故知一切。無非有也。
○次明空門
空門者。觀幻化見思。及一切法。不在因。不屬緣。我及涅槃。是二皆空。惟有空病。空病亦空。此即三諦皆空也。
云三諦者。亦是三諦皆空故也。亦是假中皆空故也。言我及涅槃。此二皆空者。我即是俗。涅槃即真。二諦俱空。惟有中空。中空亦空。故云空病亦空。此即三諦俱空故也。
○三雙亦門二。初正明。
云何亦空亦有門。幻化見思。雖無真實。分別假名。則不可盡。
亦空亦有門者。一中一切中。約雙照說。名第三門。無有真實。亦空也。分別不盡。亦有也。
○次引證
如一微塵中。有大千經卷。於第一義。而不動。善能分別諸法相。亦如大地一。能生種種芽。無名相中。假名相說。乃至佛亦但有名字。是為亦有亦無門。

引多文以為證也。一微塵中亦空也。大千卷亦有也。第一義亦空也。善分別亦有也。大地一。亦空也。種種芽亦有也。無名相。亦空也。假名相。亦有也。乃至佛亦空也。但有字。亦有也。既約中道雙照二諦。一切無非亦空亦有。
○四雙非門
云何非有非無門。觀幻化見思。即是法性。法性不可思議。非世故非有。非出世故非無。一色一香。無非中道。一中一切中。毘盧遮那。徧一切處。豈有見思。而非實法。是名非有非無門。

非空非有門者亦是一中一切中約雙非說名第四門空有乃至非空非有餘三門中皆云一有一切有等惟第三門言雖稍隱意實周具

○四明門互融二初標

云何一門即是三門一門尚是一切法何止三耶且寄四門別說其相三諦之理一一無虧

○次釋

所以者何觀因緣所生法是初門一切皆初門初門即空一空一切空即是第二門此初門即假一假一切假即是第三門此初門即中一中一切中即是第四門初門既即是三門三門即是一門但舉一門為名雖有四名理無隔別

何以故一門即是三門故也初舉因緣因緣即空空即是假假即法界今論行相四悉隨便根性各別隨依一門初依教門途轍大體一切且以無生為首今明教旨辨十六門俱斷見思故料簡之出其元意意在圓門故通列四又教教雖四隨教曲論一一教中初入復別故四念處云藏多用有通多用空別教多用亦空亦有圓教多用非空非有又但以空有相對說者藏別兩教多依有門通圓兩教多依空門但須分別界內界外偏用雖爾復順大途是故今文無生為首文中復須具足列四為偏簡故是故通列

○五結成無生

如上依無生門破見思者即是空門一門一切門不獨無生而已一破一切破非止破見思而已從假入空一空一切空非但空空生死而已如是義者即是圓教四門正是今之所用也

○三開權三先徵起

若爾何用前來種種分別

○次正開

但凡情闇鈍不說不知先誘開之後入正道

○三引證

法華云雖說種種道其實為一乘

若爾秖應引法華文以證顯實何須復引大品淨名答彼部中實不殊法華所顯實同故得為證既引法華開諸權已淨名大品何權不開故開彼權還入彼實即是法華權意本實他人不說此十六門將何以為能通之路破假不同混然難曉將何以簡諸空諸有乃至諸教非空非有如上所說起

寄一法以之爲式若覩諸教準例可從又此十六門藏通圓三隨所列門卽可爲觀惟別聞門稍異前後如今所列但是且論初心斷見思異若論遠理直在教道期心極果緣理生信卽以所信立爲四門衆生理具爲惑所纏初心頓聞而修漸行至十行後方始造修向末地初薄證少分信後習觀初斷見思具如藏通故云次第不殊三藏從初至後歷十六門自行化他或橫竪

○四開說卽理以結門意

若得此意終日分別無所分別

○五引證

涅槃名爲復有一行是如來行法華名正直捨方便但說無上道大品名爲一切種智知一切法淨名稱爲入薝蔔林不嗅餘香華嚴稱爲法界卽是此四門意

如文

○六總結用門本意

上無生門破假若得其意者乃是圓教之門非方便門也所以稱爲破法徧云云

此言依無生門者卽前大經圓無生門竪破見思卽竪而非橫竪皆攝一切若秖竪破未涉餘惑若得元意本在圓融故於此中具列諸門破見思位先簡後會故圓四門皆達見思卽是法界並具三諦恐入迷盲故於此中卽示門意若得意者終日次第意非次第故云非方便門此卽第三示文旨歸若銷文勢不可於一一句見一一品思頻論文旨若修觀者及尋文旨不可一句迷於妙體故四念處中問曰若爾應直說大何故先小答經具二意若先大者如照高山純被於大仍兼利鈍二機不同若先小者如初鹿苑然今先小其意有十一

爲用故亦如淨名中先爲俗衆二爲破故先弟子之砧後淨名之椎三爲攝故如淨名室內先說無常四爲會故大品會宗皆摩訶衍五爲開故如法華中央了諸法六爲學者識內外典離邪曲誤七爲知故知佛方便不應輒破八示末代坐禪內證邪正空別九爲學者識於內外孟浪行說十爲學者識大小門成徧習故今約自行似闕前三兼於利他全須十意爲此意故應徧立門應以此意該通上下

○次明從空入假破法徧初文意者大悲利物是

故二乘但住於空不能從空出假利物簡小正明出假意如文分二初列

第二從空入假破法徧者即爲四一入假意二明入假因緣三明入假觀四明入假位

○次釋四初明入假意四初正簡於小

入假意者自有但從空入假自有知空非空破空入假夫二乘智斷亦同證眞無大悲故不名菩薩華嚴云諸法實性相二乘亦皆得而不名爲佛若論自行入空有分若論化物出假則無

○次明出假意

菩薩從假入空自破縛著不同凡夫從空入假破他縛著不同二乘處有不染法眼識藥慈悲逗病慱愛無限兼濟無倦心用自在

○三示假觀相

善巧方便如空中種樹又如仰射空中筈筈相拄不令墮地

空中種樹者譬出假相既以大悲爲利衆生應於生死善巧方便如空中種樹知病識藥大論二十八引網明菩薩經云舍利弗白佛是菩薩所說有能解者得大功德何以故是菩薩乃至得聞其名得大利益何況聞其所說法耶世尊如人種樹不依於地而欲令其華果枝葉成果實者是難可得諸法行相亦復如是不著一切而得菩提今亦如是菩薩證空而不住空能於空中分別藥病雖知不實而常運懷筈筈入拄者大論云菩薩雖行諸法未具佛法故不取證不取證者謂不住空如佛所說譬如仰射虛空箭箭相拄不令墮地菩薩摩訶薩以般若箭射三空門後以方便箭射般若箭不令墮於涅槃之地大悲心厚爲利衆生此即入假之本意也

○四結入假意

若住於空則於衆生永無利益志存利他即入假之意也

○次明入假緣三初五緣二初總標

入假因緣者畧言有五

○次別釋五初慈悲心重

一慈悲心重初破假時見諸衆生顛倒獄縛不能得出起大慈悲愛同一子今既斷惑入空同體哀傷倍復隆重先人後已與拔彌篤

同體哀傷者且約出假見衆生苦同於己苦名爲

同體非謂無緣同實體也。

○次憶本誓願

二憶本誓願者本發弘誓拔苦與樂令得安隱今衆生苦多未能得度我若獨免𢒈違先心不忘本懷豈捨含識入假同事而引導之二乘初業不愚於法亦有大願隔生中忘退大取小衆望所呵菩薩不爾如母得食常憶其兒

憶本誓者本擬利生策發令憶故引二乘以勵先志

○三智慧猛利

三智慧猛利若入空時卽知空中有棄他之過何以故若住於空則無淨佛國土教化衆生具足佛法皆不能辦旣知過已非空入假

利智者應知住空有棄他過不習法過

○四善巧方便

四善巧方便能入世間雖生死煩惱不能損智慧遮障留難彌助化道

善巧者旣出假已不爲假汚令假智牢强

○五大精進力

五大精進力雖佛道長遠不以爲遥雖衆生數多而意有勇心堅無退精進發趣初無疲怠是名五緣

精進者誓塡本願無使一念生畏憚想

○次引證

如此五意與淨名經同彼文有三種慰喻先明觀身無常等是入空慰喻最後云當作醫王是入中慰喻中間是入假慰喻卽有五意以己之疾愍於彼疾卽是同體大悲當識宿世無數劫苦豈非本誓當念饒益一切衆生豈非知空之過憶所修福念於淨命卽是善巧方便勿生憂惱常起精進卽是第五意此義與彼文懸合云云

引淨名三慰喻者此是大師判釋淨名問疾品中爲三慰喻所言三者亦名三觀亦名三教言入空者彼經云說身有苦等此約通教亦以三藏助成於通於兩教中但在菩薩二乘無悲將何慰喻於彼文中初約果次約因初約果中謂苦下四行說身無常不同凡夫計之爲常不說厭離不同二乘自謂滿足於身生厭說身有苦不說樂於涅槃說身無我而說教道衆生說身空寂不說畢竟寂滅並如初釋次約因者卽約集諦說悔先罪者菩薩爲他理須悔罪二乘抵債不同凡夫順罪不悔不

同有部計於罪性從現入過故云不說入於過去令諸衆生觀此因果並是三假俱順入空下入中文云今我病者非眞非有衆生病亦非眞非有入假文在空中中間故云中間即是入假慰喻亦名別教慰喻彼入假文五意具足故引別教證次第假彼文三觀並約利他是故三觀皆云慰喻今入空即屬自行雖不引彼意亦大同言入假五意者經云以己之疾愍於彼疾證今文中同體大悲等者自悲悲他我昔有惑生死輪廻是故起悲利彼含識同體義者具如前釋若以文旨釋同體者見

諸衆生體性同己與十方佛體性無殊我既知已衆生不知非誓而誓觀己利彼下之四意準此應知問以己之疾愍於彼疾自己有疾何能利他既先入空復不應有如其無者以己愍彼義云何通答有二意一四住已斷猶有無明故生念云我無明尚爾況衆生見思四輕愍重是故出假二者無明輕四住重何得以輕而愍於重但以昔苦愍彼今苦故第二意引經云當識宿世無數劫苦第二意者如布衣登極知人苦樂憶昔四弘以饒益彼故第二意正當今義次引經云當念饒益諸衆生

者入空則棄他入假則念彼次引經云憶所修福念淨命者此語明具福慧二嚴福是福嚴淨命是慧言淨命者無四邪五邪乃至不見中理皆名邪命故以慧嚴判屬淨命當念於慧憶福利生次引經云勿生憂惱等者勸起勇健心也應如經云菩薩於生死而有勇若有憂惱或墮二地故勸勿憂常起精進若無精進則生退沒

○三料簡三有法譬合初法中

從空入假四法若無決不能出利根一種今當分別但住空聲聞未必鈍根入假菩薩未必利根如身子

智利而不出假當用四句釋之或根利住空或根鈍住空或根利入假或根鈍入假

○次譬

譬如身羸無力而膽勇成就入險破敵前無橫陣自有身力雄壯膽勇復强左推右盪無能當者自有身力雖多怯弱畏懼雖有好力望陣失膽自有無力無膽兩事不具何能有功

初法中云利根鈍根住空出假等四句不同譬與法文前後互列法中利鈍兩根入空在前入假在後譬中入假在前入空在後又法說中入空入假

並利前鈍後譬中入空利前鈍後入假鈍前利後隨文語便應無別意又法說中乃以利根對於住空而料簡五事者利根卽是利智住空卽無四事故將利根以對四事而爲料簡有闕四事未必鈍根具四事者未必利根次譬中身力譬利智膽勇譬精進餘之三事並須有進故且舉進以攝餘三亦可膽勇總譬四事以對身力五譬具足何能有功者秖是鈍根聲聞五事都無何能有利他之功

○三合

今住空之人亦有兩種出假亦然具五緣者如有親

有約有策有力有膽故能入假智根雖鈍四事因緣亦能入假聲聞之人雖有利智全無四事故不能入假也

合五緣也還牒向譬來此帖合初文總云住空出假各兩種者具如法譬卽以利智對四事說次具五緣者釋第二句五事具足若對前五少不次第有親如天性卽同體也有約謂要約卽本誓也有策謂奇謀卽善巧也有力謂勇健卽智利也有膽謂勇捍卽精進也

○三明入假觀二初列

三明入假觀者卽爲三一知病二識藥三授藥

列三法者闕一不可如大經二十三釋第七功德中云善男子佛及菩薩爲大醫故名善知識何以故知病知藥應病授藥譬如良醫善八種術先觀病相後授以藥大經教道眞位故在七地今論似位故在地前

○次釋三初明知病二初知見病三初正明假觀二初列

知病者知見思病知見根本知起見因緣知起見久近知見惑重數

○次釋四初知見根本先起次息初文又三初明見根本

云何知見根本我見爲諸見本一念惑心爲我見本

○次從本起見

從此惑心起無量見縱橫稠密不可稱計

○三起成苦集

爲此見故造衆結業墮墜三途沈廻無已

自上沈下名爲墮墜升沈更互名之爲廻結業爲集墮墜爲苦苦集更互如旋火輪

○次息二初譬

如旋火輪若欲息之應當止手。
○次合
知心無心妄想故心起亦知我無我顛倒故我生顛倒及妄想息者卽是根本息枝條自去。
○次知起因緣二初標。
云何知見起因緣。
○次釋三初辨相。
因緣不同生見亦異何以得知內外相故。
先以能辨所所謂內外相。
○次正釋三先釋外相。

知內外相者衆生居處相異時序寒熱國土高低產育精麤食物濃淡處所異故果報相異雖土風所出稸散豐儉或有或無或得或失貧富饑飽云云
產者養也育者收也蓄字應作稸謂積也散棄也貧者無福無財也富者福也周禮云豐財也。
○次釋內相二初形貌異。
形貌相異矬長端醜偉瘠健病云云
偉大肥也。
○次根性異
根性欣惡相異忽榮棄位樵漁自樂扣牛干相負鼎邀卿專文專武耽酒嗜味多貪多奢多瞋多喜多癡多黠如是參差百千萬品直置人道各各殊別何況異類不可勝言。
忽榮棄位者如諸經中捨國城妻子及此方先代若莊子云古之所謂得志者非軒冕之謂也今之所謂得志者軒冕之謂也軒冕在身非性命之有物儻來寄不可却其去也不可止故不可以軒冕肆其意故曰莊斥今人豈非今猶云來寄而不可却雖似斥彼意在苟求求之未會反斥求者與負鼎等曲直天別與忽榮等是非倍隔樵漁自樂

者樵如鄭弘漁如漁父此則安貧以自處也扣牛干相者非理造求爲干輔佐王者曰相如甯戚邀齊桓公乃於城旁飯牛至夜扣牛角而歌曰南山岸白石璨下有寒泉文章煥中有鯉魚長尺半生不逢堯與舜禪短褐禪衣齊至骭故旦反亦下晏反脛也從朝守牛至夜半長夜漫漫何時旦黃犢黃犢伍官何時用汝爲國相桓公夜聞之召爲國相負鼎等者指事求利曰邀亦古堯反伊尹邀相常負鼎而語曰若使以我爲國相者如鼎調味鼎者說文云三足兩耳調五味之寶器也爾雅云絕大者曰鼐

奴戴切 漢書郊祀志云昔太昊與一鼎象一統黄帝作三鼎象三才夏禹作九鼎象九州故伊尹負之以邀湯也太公亦以釣而邀文王專文專武等者嗜好不同俗古賢良偏嗜非一文武可知如泥乾經云有黑王子多財疾妒有勝仙王子爲性多殺有無畏王子大悲太過有婆藪天子行事太遲有天王子輕蹉戲笑波斯匿王爲性貪食有嚴熾王子爲性太暴嚴熾問尼乾子云有誰無偏過也答惟佛無過出假菩薩應須漸習使知衆生偏病不同設藥治之

○三結意

如此依正種種不同者必知業異業異故起見異是故則見未知本見外識內

如文

○三知見久近

云何知起見久近知如是見積累重沓非止一世知如是見近世所起知如是見此世適起知如是見未來方盛

如文

○四知見重數二初明重數

云何知見重數多少從一有見派出三假又從三假派出四句三假合十二句又從四句出四悉檀十二句合四十八悉檀又一悉檀派出性空相空四十八悉檀合有九十六性相空一一句各有止觀合一百九十二句止觀就前根本都合三百四十八句此就信行人如此法行人亦如是信行轉爲法行亦如是法行轉爲信行亦如是就四人合有一千三百九十二句此約一有見如此無見亦如是亦有亦無見亦如是非有非無見亦如是就四見有五千五百六十八句單四見如此複四句亦如是具足四見亦如是

就三種四見合有一萬六千七百四句不可說見如初有見但有一千三百九十二句是則合有一萬八千九十六句此是所破如此能破亦如是能所合論則有三萬六千一百九十二句自行如此化他亦如是自行化他都合七萬二千三百八十四句若更約六十二見八十八使論三假四句等者則有無量無邊不可窮盡

本文多有不同但依筭法合之應知文中有直爾合數有帶根本數合尋之可知派者分水也如於大水派爲小流今亦如是此見思重數文文皆有

止觀信法等者正是出假六十四番但文存畧無相貪耳。

〇次結苦集

病相無量菩薩悉知知若干句共成此見知若干句共成彼見深淺輕重善巧分別而無僻謬是名知集。既知集已亦能知苦苦集流轉精曉本末。

言此彼者以有望無乃至無言言深淺等者從有乃至非有非無單複乃至絶言故也言輕重者於一一見皆有輕重又諸重中皆由能治治於所治所治未破破法未盡有諸重生。

〇次入假方便二初正示

又入空之前徧觀見思總知病相爲出假方便後用一門斷惑入空若出假時分別見思照之則易薄修止觀法眼則明。

言薄修則明者由初有方便及見思已破下諸意例然。

〇次斥小

二乘入空專依一門無此弄引敎二弟子謬授於藥又少五意何能入假

〇三觀成破偏

而菩薩善巧大悲本願大精進力或寂諸想而發法眼識知見病或觀達見法發道種智明了惑法若不悟者但精進力勤研止觀內因即熟外被佛加或冥或顯豁然開悟於諸見病句句明了如於鏡中見諸色像自識識他諦審無礙

〇次知思病四初列數

次明知思病本知思起因緣知思起久近知思病重數。

〇次畧例

三意例見病可知思假以癡爲本云云

〇三重數四初正釋

重數者九地則有八十一品初一品有三假有四句止觀三假合十二句一句卽有信解見得各各用四悉檀信法各有八合則十六番此信法互有轉意復爲十六合前則有三十二句一句旣三十二句十二句三假合有十二句則有三百八十四句一一句復有性相二空則合有七百六十八句足前合爲一千一百五十二句含根本合爲一千一百六十四句一品如此九品合有一萬四百七十六句欲界九品如此三界九品合有九萬四千二百八十四句所破如

此能破亦然能所合有十八萬八千五百六十八句自行如此化他亦然合有三十七萬七千一百三十六句止觀

如文

○次舉廣況畧

若細論一一品復有無量品一一禪復有無量禪通明背捨等直置諸禪發時已自不可說況復禪禪品品品品之內復有三假四觀等句其數難知

如文

○三舉例

若舉見惑四十里水此緣一諦應是一十里水不橫起故稱之一滴重數甚多亦可十里

此緣一諦諦字應從言四十里水既是四諦下惑斷思但直緣一眞諦或四諦中隨緣一諦如十里水故稱之一渧者字應從水故大經云須陀洹所斷如四十里水其餘在者如一毛渧思惑雖多不橫起故

○四明方便

二乘直入故不分別菩薩初破思假已作方便先總知竟今出假修觀助開法眼道用止觀爲知假之門別修各有方法息諸緣念名正緣此思假名觀大悲本願大精進力諸佛威加豁然開解得法眼見道種智知分別思假病相分明云云

入假方便並須先預分別以作後時出假方便諸教皆爾但要期剋果長短不同而分教異如此習者豈與習法相者意同故先總知之後以觀助發別修各有方法者修觀結成於一一法通以止觀研之況復俗諦洹沙三昧修各不同如此修習助開法眼豈與扶順宿惑苟遂現情讀春秋誦左傳終朝心遊戰陣口演詐謀云助佛法者遠矣又如

向說者仍順教道若從實義畧此預知但專三昧至六根淨則徧見聞三千色聲欲說一偈不可窮盡況至初住不思議發

○四結觀

上見思重數雖煩知之何妨如五部律不塡入胷對緣行事能自正正他學此諸句即用自行化他隨意無礙

五部不塡胷者勸令預作助法眼因舉知五部以爲況喻言五部者若遺教三昧經因羅旬喻比丘乞食不得佛令分僧五部以驗僧福與佛滅後五

部名同其事則別。一曇無德部法名四分。二薩婆
多部法名十誦。三彌沙塞部法名五分。四婆麤富
羅部律本未來。五迦葉遺部法名解脫僧祇爲根
本部分出前五。如是五部習之在心豈塡胸臆。習
止觀者亦復如是廣習諸句作不思議開發之由
於理彌明於習彌顯。
○次明識法藥者楞伽亦云習有三種。第五又云
五度有三並云世間乃至上上。但彼經分屬三人。
大品明逗機設藥。卽如下文授藥是也。此中令習
之在心故與二經爲異。文爲三。初列。

二入假識藥者病相無量藥亦無量略言爲三。一世
間法藥。二出世間法藥。三出世間上上法藥。
○次證
大品有三種法施。三歸五戒十善道四禪無量心等
名世間法施。二出世間法施。三出世間上上法施可
知。云云
○三釋三。初識世間法藥二。初明法藥六。初引大
論。
釋論云。何惠用世間法施。譬如王子從高墮下。父王
愛念積以縮綿於地接之。令免苦痛。衆生亦爾。應墮

三途聖人愍念以世善法權接引之令免惡趣。然施
法藥凡愚本自不知皆是聖人託迹同凡。出無佛世。
誘誨童蒙。
○次引大經
大經云。一切世間外道經書皆是佛說非外道說。
○三引金光明
光明云。一切世間所有善論皆因此經。
大經金光明並云世法卽出世法。然兩經語同而
有顯密。大經在法華後已開權竟是故顯說。金光
明中但云世間皆因此經此乃密示。又大經雖云

是佛所說仍不云所說卽是妙理顯密雖爾順次
第意且引文證世法是藥亦爲治於衆生世病以
爲出世之梯漸也。
○四明世法卽佛法三。初總標。
若深識世法卽是佛法。何以故束於十善卽是五戒。
深知五常五行義亦似五戒。
深識世法卽出世法。一一世法無不爲令衆生出
世。以五戒爲出世法者以佛出世方制此戒世卽
出世。故引五行五常及十善法卽是五戒。問知病
中但云見思不說塵沙無明之病。次識藥中何故

乃云出世。及以出世上上法耶。上上法藥應治塵沙無明之病。何故藥病不相對耶。答。通論藥病應如所問。今明知病識藥。及授藥法。並是菩薩從空出假。破塵沙惑。應須徧識世法等三。故此菩薩初入空時。先用一門。破見思病。後出假時。亦先分別衆生見思。令其先破。破已亦令廣習法藥。後入中道。方復自以上上法藥。治無明病。故無明病非入假正意。若衆生有宜用上上藥。亦應爲說此上上法。令修假中二種觀法。中道亦屬假觀攝也。

○次別釋三。初釋五常似五戒。

仁慈矜養。不害於他。卽不殺戒。義讓推廉。抽己惠彼。是不盜戒。禮制規矩。結髮成親。卽不邪婬戒。智鑒明利。所爲秉直。中當道理。卽不飲酒戒。信契實錄。誠節不欺。是不妄語戒。周孔立此五常。爲世間法藥。救治人病。

言五常似五戒者。如提謂經中。長者問佛。何故但五。不說四六。佛言。但說五者。是天地之根。太一之初。神氣之始。以治天地。制御陰陽。成就萬物。衆生之靈。天持之和陰陽。地持之萬物生。人持之五藏安。天地之神。萬物之祖。是故但五。又云。所持五戒者。令成當來五體順世。五常五德之法。殺乖仁。盜乖義。婬乖禮。酒乖智。妄乖信。慇傷不殺曰仁。清察不盜曰義。防害不婬曰禮。持心禁酒曰智。[illegible]言曰信。此五不可造次而虧。不可須臾而廢。君[illegible]奉之以立身。用無暫替。故云五戒。又云。不殺過於二儀。不盜如太素。不邪行如虛空。不妄語如四時。

○次釋五行似五戒。

又五行似五戒。不殺防木。不盜防金。不婬防水。不妄語防土。不飲酒防火。

又五行似五戒者。畧以白虎通博物誌意。會釋其

相。木主東方。東方主肝。肝主眼。眼主春。春主生。生存則木安。故云不殺以防木。金主西方。西方主肺。肺主鼻。鼻主秋。秋主收。收藏則金安。故不盜以防金。水主北方。北方主腎。腎主耳。耳主冬。冬婬盛則水增。故不婬以禁水。土主中央。中央主脾。脾主身。土主四季。故提謂經云。不妄語如四時。身徧四根。妄語亦耳。徧於諸根。違心說故。火主南方。南方主心。心主舌。舌主夏。酒亂增火。故不飲酒以防於火。

○三釋五經似五戒

又五經似五戒。禮明撙節。此防飲酒。樂和心。防婬。詩

風刺防殺。尚書明義讓防盜。易測陰陽防妄語。

五經似五戒者。已略如前釋。此中開禮樂為二。不語春秋。又與提謂對義少別。以五行名與五經不同。故使爾也。禮云酒者因祭祀而用之。非謂常飲。非祭而飲。尚違世禮。況佛制耶。古制禮樂以防淫亂。今習鄭衛。反增邪濁。故古樂器但吹匏擊缶扣磬鳴鐘而已。故魏文侯問於子夏曰。吾端冕而聽古樂則惟恐臥。聽鄭衛之音則不知倦。敢問古樂於彼如何。新樂於此如何。子夏曰。夫古樂者始奏以文。復亂以武。修身及家均平天下。此古樂之法。

夫新樂者獶雜子女。不知父子。此新樂之發也。夫樂者天地順而四時當。民有德而五穀昌。疾疹不作而無妖祥。故曰樂以防淫。詩防殺者。謂毛詩刺上專防暴殺。謂上以風化下。下以風(去聲)刺上。尚書防盜者。專明帝王義讓之德。故防於盜。易測陰陽等者。如孔子有三備十經。上知天文。中知人事。下知地理。使詐者不行

○三結勸

如是等世智之法。精通其極。無能逾。無能勝。咸令信伏。而師導之。

○五示修觀處

出假菩薩。欲知此法。當別於通明觀中。勤心修習。

欲知此法等者。如向所說。未為善修。若通明觀。以三昧力。知此身中具倣天地。知頭圓像天。足方像地。身內空種即是虛空。腹溫法春夏。背剛法秋冬。四體法四時。大節十二法十二月。小節三百六十法三百六十日。鼻息出入法山澤溪谷中風。口息出入法虛空中風。眼法日月。開閉法晝夜。髮法星辰。眉法北斗。脈法江河。骨法玉石。肉法地土。毛法叢林。五藏在天法五星。在地法五嶽。在陰陽法五

行。在世法五常。在內法五神。修行法五德。治罪法五刑。謂墨劓剕宮大辟。主領為五官。五官如下第八卷引博物誌。謂句芒等。升天曰五雲。化為五龍。心為朱雀。腎為玄武。肝為青龍。肺為白虎。脾為勾陳。又云五音五明六義。皆從此起。亦復當識內治之法。覺心內為大王。居百重之內。出則為五官侍衛。肺為司馬。肝為司徒。脾為司空。四支為民子。左為司命。右為司錄。主司人命。乃至臍為太一君等。禪門中廣明其相。

○六明眼智開發。

大悲誓願精進無怠諸佛威加豁然明解於世法藥永無疑滯。

○次判淺深

然世法藥非畢竟治屈步移足雖垂盡三有當復退還故云凡夫雖修有漏禪其心行穿如漏器雖生非想當復退還如雨彩衣其色駮脫世醫雖差差復還生此之謂也。

云漏器等者禪法如水心性如器心行如漏世禪如彩衣心行如雨雨退失如色脫。

○次識出世法藥四初通列諸法意通兩教

次明知出世法藥者如大經云或說信爲道或說樂欲或說不放逸或說精進或說身念處或說正定或說修無常或說蘭若處或說爲他說法或說持戒或說親近善友或說修慈等也。

○次約增數明法藥

又如諸經中或一道爲藥如一行三昧如佛告比丘他物莫取一切法皆是他物於一切法不受成羅漢如前所明單複諸見皆悉不受或二道爲藥定愛智策二輪平等或三法爲藥謂戒定慧或四法爲藥謂四念處或五法爲藥謂五力或六法爲六念七覺八正道九想十智如是等增數明道乃至八萬四千不可稱數或衆多一法乃至無量一法不可說一法或衆多十法無量十法不可說十法。

約增數具如玄文約教增數中前二教數即其相也今文無約教但有通途以教判之便同約教此中人天亦可三藏攝如增一中亦以增數明人天教今且不論今增數法徧大小教且如增一阿含偈云以此方便了一法二從二法三從三四五六七八九十十一之法無不了從一增一至諸法義豐慧富不可盡一一契經義亦深是故名爲增一

含三藏教化無差別乃至一切諸大乘經亦從一法增至無量又如大經二十八文亦從二法乃至十法。

○三明習法藥意

是一一法有種種名種種相種種治出假菩薩皆須識知爲衆生故集衆法藥如海導師若不知者不能利物。

○四明破惑結成

爲欲知故一心通修止觀大悲誓願及精進力諸佛威加法眼開發皆能了知如觀掌果。

○三識出世上上法藥中有法譬合文又爲三初

正明法藥二初法

又知出世上上法藥約止觀一法爲藥者謂一實諦無明心與法性合則有一切病相觀此法性尚無法性何况無明及一切法或二法爲藥卽是止觀體達心性虛妄休息或三法爲藥卽是止觀及隨道戒任運防護又三三昧從假入空名空三昧亦不見空相名無相三昧生死業息名無作三昧或四法爲藥謂四念處諸見皆依色此色非汙穢非不汙穢受諸見思非苦非樂諸見想行非我非無我諸見思心尙非

心豈是常無常或五法爲藥卽是五根修止觀時無疑名信根常念止觀不念餘事卽念根止觀不息卽精進根一心在定卽定根四句體達無性故卽慧根五根增長名爲五力或六法爲藥謂六念處以止觀覺見思惑卽是佛法界不破法身名念佛常憶持止觀不分別止觀一異相名念法止觀理和是無爲相故名念僧止觀有隨道戒名念戒止觀卽第一義名念天止觀捨見思惑名念捨或七法爲藥者止是除捨定三覺分觀是擇喜精進覺分念通兩處或八法爲藥四句破假名正見動發正見名思惟依此修行名正業說此止觀名正語不以邪諂養身爲正命不離不忘名正念止名正定無間念名精進或九法爲藥者謂四見是汚穢五陰五陰變壞名色變想乃至九云云或十法爲藥卽十智見思兩假是集苦智止觀是道智二十五有不生是滅智知三界皆爾是比智以世間名字故說卽世智知他衆生亦然是他心智知諸法差別是等智知苦集盡名盡智無漏之慧名無生智常知止觀爲益衆生隨根增減旣得爲十亦得爲恒河沙佛法也

凡約增數者欲偏攝故一一數中雖至無量該攝

行要莫過二法如卽行人若能總識十重二法始終無闕方可論道謂眞俗教行信法乘戒福慧權實智斷定慧悲智正助此之十雙闕一不可以攝一切諸增數盡應細思之以爲行相然此法藥文相名目雖與出世法藥名同釋義皆須歸於圓別如四念處六念等文文相自顯自餘諸文名猶兼含如八正九想十智等文不可聊爾違於深致如九想中卽以四見爲汚穢陰等如是四見凡夫之人謂之爲淨得觀而變名爲不淨乃至白骨卽是見眞進至燒想實相無相初後旣然中間比說十

智亦爾。必不可依小乘十智而銷此文。云云
○次譬二。初總譬二。初譬增數。
譬如神農嘗草立方。或一藥二藥乃至十藥爲方。衆多藥爲方。爲病立方。非無因緣。
譬知法藥之相。初總譬增數也。爲病用藥。故有增減。又世出世眞不皆爲治見思病。故言近而意遠。
○次合譬數
入假菩薩亦復如是。知諸法門。一法二法至無量法。或爲一病。或爲兼病。
如文

○次別譬二。初譬二。初譬依於佛經以明法藥。
又如諸藥皮肉汁果根莖枝葉。各各如是。山海水陸四方上地。各有所出。採掘乾濕。各各有時。
皮肉汁果如其次第。以對四悉。根莖枝葉如次以對信戒定慧。山海水陸以譬四門。以四門中各有四悉及信等。故四方土地以譬四教。於一一教各四門。故如一一方各有山等。采掘乾濕通譬四教各有權實。眞俗定不定等。有定如頓。漸不定如秘密。不定有入假菩薩用佛正教。於定不定用與不同。用苗爲采。用根爲掘。用權爲苗。用實爲根。根各有乾濕不同。用眞如乾。用俗如濕。
○次明用藥所治不同。
又知諸藥各有所治。
善知授法。適時不差。入假菩薩雖未能作眞秘密化。相似位中亦有分似秘密之義。如一卷明。或得不得等是也。
○次合
入假菩薩知衆生根識所宜法亦復如是。知此一一法。乃至多法。是其樂欲。知彼一法二法。非其樂欲。知此一法二法。是其便宜。非其便宜。是對治。非對治。是

入第一義。非入第一義。皆審識之。
合中但合四悉。四悉在初。徧入諸教。舉初攝後。咸在悉中。故下信等略而不合。
○次明法藥體徧三。初譬出假二。初譬。
欲治一病。一藥卽足。欲爲大醫。徧須諸藥。
大醫者別出假位。卽十行是。
○次合
二乘治惑。一法卽足。菩薩大誓。須一切知。
○次譬開權二。初譬。
又如大地產藥而分劑作方。如大河水分劑升合。不

過不滅。
　卽是菩薩法藥所依。依於大地以隨病故故有增減。地無分別而用藥不同。
○次合
法藥亦爾。於一寂定開無量止。於一大慧開無量觀。皆實不虛。
　文似於一說多。正當於多會一。何者若未開權不說多一。觀合大地。止合大河。
○三譬四諦二。初譬二。初正譬四諦。
又如衆生病緣種種不同。諸病苦痛種種不同。諸藥

方治種種不同。病差因緣種種不同。
　復以四諦譬者。止觀所開不出四諦。乃至前來世出世及上上等。不出四諦故一一諦皆云種種。
○次設治不同
湯飲吐下鍼炙丸散得差之緣亦復非一
　湯飲等者。復譬四諦設治不同。一一四諦各有定慧。卽是止觀。定慧是道。舉道卽知具足四諦。謂慧湯定飲。生滅中二。慧吐定下。無生中二。定炙慧鍼。無量中二。定丸慧散。無作中二。則應須以敎意釋出。

○次合二。初合四諦。
入假菩薩亦如是。知一切衆生見思煩惱集不同。是知集。知一切衆生善惡苦果不同。是知苦。知一切法門。是知道。知一切衆入證不同。是知滅。
　苦集不同集諦也。苦家之集名爲苦集。苦果不同卽苦諦也。道滅如文。
○次合設治
種種四諦入假菩薩無不徧知。
　合四止觀具四四諦設治不同。故云種種。
○三明出假菩薩意三。初明造論通經。先譬。次合。

譬中二。先總譬。
復次神農本方用治後人。未必併益。華陀扁鵲觀時觀藥更立於方。
　神農者是黃帝時醫。後雖有妙醫並則於神農。華陀者。列傳云。字文化。沛國譙人也。專遊學。舉孝廉避而不就。曉養生之術。時人以其年且百歲貌如二十。精於方藥。心解分劑。不假秤量。若鍼藥不及則飲以麻湯。須臾如醉。開腹取病。若在腸中則便斷腸湔洗。縫腸膏傅。二三日便復。此例甚衆。扁鵲者。後語云。越醫也。因過齊見桓侯云。王有疾在腠

理。桓侯曰寡人無疾。如何欲治無疾爲功。五日後復見王云。有疾在血脉。五日後見云。有疾在腸胃。五日後扁鵲退走。桓侯使人逐之問其故。扁鵲云疾在腠理。可湯熨。在血脉可鍼灸。在腸胃可酒藥。過此後在骨髓。司命所及。不可治也。神農如佛。華陀等如出假菩薩。依經造論名爲作方。

○次別釋

所以者何。鄉土有南北。人有儘健。食有鹽淡。藥有濃淡。病有輕重。依本方治。不能效益。隨時製立。仍得差愈。

鄉土等者。諸土不同。設藥亦異。如似中邊。機見各別。西方則大小乘局。諸部抗行。此土則所習互通。以小助大。行事不壅。稍順化儀。人有儘健等者。利鈍根也。諸土各有利鈍故也。儘病也。食爲病緣故鹹淡各異。利根鈍病因各別。如大經云。或因根解義而生憍慢。或因讀誦而生憍慢。貴性顏貌飲食利養住處親友。生慢不同。生慢既然。諸惑亦爾。藥有濃淡者頓漸也。漸中圓濃三淡。亦可展轉造爲濃淡。病有輕重者。一貪一嗔。各有厚薄。良由過現緣疾不同。此中並釋造論意也。

○次合二。先合神農。

佛初出世。衆生機熟。逗根說法。無不得悟。

○次合華陀

後代澆醨。情惑轉異。直用佛經。於其無益。菩薩觀機道經作論。令衆生得悟。惟悟益彼。是入假正意。豈可守舊壅於化道耶。

○次引證造論意

釋論云。依隨經法廣立名字。而爲作義名爲法施。

○三明請佛加意

菩薩爲修如此慧故。大悲誓願勤精進力。通修止觀。

諸佛加威。豁然鑒朗。於入假智。而得自在。

爲成法眼。大悲利物故也。

摩訶止觀輔行傳弘決卷第六之二

摩訶止觀輔行傳弘決卷第六之三

陳隋天台智者大師說　唐荊谿大師湛然傳弘決

門人章安大師灌頂記　明天台沙門傳燈增科

○三明授藥二先總舉藥病

三應病授藥者既知苦集之病又識道滅之藥

○次別明授藥二先授世間法藥

若衆生無出世機根性薄弱不堪深化但授世藥如孔丘姬旦制君臣定父子故敬上愛下世間大治禮律節度尊卑有序此扶於戒也樂以和心移風易俗此扶於定先王至德要道此扶於慧元古渾沌未宜

出世邊表根性不感佛興我遣三聖化彼眞丹禮義前開大小乘經然後可信眞丹既然十方亦爾故前用世法而授與之云云

如孔丘等者姓孔名丘字仲尼周公姓姬名旦制禮作樂五德行世佛教流化實賴於茲禮樂前駈眞道後啟元古渾沌未宜出世者佛教明劫不須此名且寄此土化初而說我遣三聖等者亦云震旦具如前說清淨法行經云月光菩薩彼稱顏回光淨菩薩彼稱仲尼迦葉菩薩彼稱老子天竺指此震旦爲彼準諸目錄皆推此經以爲疑僞文義

既正或是失譯乃至今家所引像法決疑妙勝定等意亦如是如涅槃後分本在僞目至大唐刊定始入正經豈以時人未決便推入僞大師親證位在初依不應錯用

○次授出世法藥三初總明隨根授藥

又授出世藥者十種因緣所成衆生根性不同則是病異隨其病故授藥亦異謂下中上上上乃與上上法藥合說離合二文仍離四教故知應以藏通而爲出世法藥別圓以爲上上法藥故銷前文須用四教一十六門門門四悉若不爾者將

何授人

○次別明隨根授藥中以四教相望作下中上上上之名如大經中四人觀因緣智於一根中皆具四義秖是四悉文四初三藏二初明如來說經次明菩薩造論並有標釋結餘之三根準此可知菩薩論中樂聞卽世界生善卽爲人破濁卽對治見眞卽第一義下之三教準此可知下去文略但有二段先明四悉卽是佛經次明四門卽是論也縱無偏申一門之論或兼或具比望可知初標

下根四義一者志樂狹劣二行力微弱三五濁障重

四智慧極鈍。
○次釋
樂小法故說生滅法。行力微弱修事六度。五濁障重。
勤苦對治智慧鈍故斷淫怒癡名為解脫。
○三結
是為授因緣生法之藥治下根病也。
○次明菩薩造論三。初標。
雖是下根欣樂不同。諸聖作論復開為四。
○次釋
樂聞有者說阿毘曇生其小善破其五濁因此方便

見於真諦。樂聞無者說成實論生其小善破惡入真。
樂聞有無說毘勒論生善破惡入真。樂聞非有非無
者為說離有無經生善破惡入真。
○三結
是為入假菩薩作四論申四門授四藥治諸病云云
○次通教二。初明如來說經三。初標。
次中根人授藥者。
○次釋
此人心志小強行力小勝宜生理善。五濁障輕智慧
小利。赴其樂欲為說因緣即空聞生理善破於惡因

見第一義。
○三結
是為授即空藥治中根人。
○次明菩薩造論
此又為四。謂下中上上上。即是四門入池例前云云
○三別教二。初明如來說經三。初標。
次觀上根人授藥者。
○次釋
樂欲心廣善根開闊。五濁已除智慧又大。授無量四
諦生界外善。次第斷五住得入中道。

○三結
是為授即假藥治上根人。
○次明菩薩造論
就此又為四。即是四門授藥例上可知。
○四圓教二。初明如來說經三。初標。
次觀上上根授藥者。
○次釋
此人樂欲乃至智慧悉無與等故名上上。為如理直
說善如空生障如空滅入究竟道。
○三結

是名授卽中藥治上上根人。

○次明菩薩造論

亦有四門授藥治病云

○三總明授藥當宜二初法。

若入空觀尚無一法何有諸法今授十六道滅治十六苦集正是入假隨其類音妙聲徧告發彼耳識轉度入心令得服行各獲利益。

云十六道滅者一十六門門門四諦故有一十六道滅治一十六苦集門門之中論四悉者以十六門有佛本經菩薩出假更於四門各申佛意以利

於他卽是假智之正意也言隨其類音等者且以出假赴機善說名爲妙音非謂法身一音異解乃至一雲亦復如是若從文益則是妙意此之妙益猶在下文利益中明是故此文且從豎說。

○次喻

如一雲所雨而諸草木各得生長云

雲現身也雨說法也天雨無私所稟各異三草二木得益不同隨其見聞莫不蒙益故云生長應知此中若全不兼文之元意如何次第出假之位卽能授他圓教四門

○四明入假位二初列。

四明入假位者一先歷教判位二明利益三結破法徧。

○次釋三先歷教判位二先明位意。

入意咸言先除見假後卻思惟入空之果尚已迢遞出假化物非己所能望崖自絕。

若專用前三教下根破假之位則使凡夫望崖自絕入空之時先見後思位行長遠如七生思盡若一往來乃至如上破見破思重數無量則入空之位尚不可至何況入假故云迢遞是故須識諸教

明位權位下根入假未期實位上根一生可到一思一見尚卽法界況出假耶崖者岸也爾雅云水濱也又云崖重者曰岸。

○次正釋位三初四教四初三明藏於中先二乘次菩薩初文三初法。

今當分別假位不同夫三乘之初不愚於法皆欲求佛厭患生死喜多退轉。

如文

○次譬

譬如有人俱聞他方有七寶山翹心束腳若念路艱

嶮便退不前。

譬如等者譬三乘人。故大經二十六師子吼難云衆生若有佛性何故有退有不退耶。佛以喻答譬如二人俱聞他方有七寶山。山有淸泉其味甘美。若有能到永斷貧苦飮服其水增益壽命惟路嶮難。其二人者一則莊嚴一則空往。路値一人多齎七寶。二人便問彼方審有七寶山耶。答言實有。我已獲得。惟患路嶮多有賊盜砂礫荆棘乏於水草。往者千萬達者甚少。聞是事已。一人卽悔。一人復言有人能到我亦能到。如其不達以死爲期。於彼

多獲如願服水多齎所有還其所止供養父母供給親族時悔還者見彼心熱彼達已還我何爲住便涉路去。

○三合

行人亦爾畏懼生死退大沈空後聞菩薩勝妙功德自惟敗種泣動大千不待所因而懷憂悔若依此義但有入空便無入假事也。

涅槃之山有佛性水。二人者如二菩薩行行不同。生死如嶮逢人如佛賊如四魔沙如煩惱乏於水草如不修道還喻退轉往喻不退退者二乘人是。

退大已後鹿苑取小至方等中見諸菩薩不思議事皆應號泣聲振三千。於此大乘已如敗種至法華中方生憂悔悔不退前悔不待後怨怨取證今方得聞若依此義法華已前無出假事但於般若義似出假。

○次明菩薩三初下根。

若三藏菩薩初修空狼伏煩惱羊而不斷結若斷結者則無六度功德身肥是初阿僧祇位也。二僧祇煩惱脂消功德轉肥。三僧祇正入假位利益衆生。此下根人也。

○次中根

中根二僧祇已伏煩惱肥六度身卽能化物豈待三耶。

○三上根二初待經歷座席然後修習。

上根初發心時爲度一切誓求作佛因聞他說心已明解深識眞理爲度他故不求斷證。

○次不待經歷座席卽能修習

心又一轉我應度他不應不度當勤分別一切藥病何以故五事重故如人將兒過嶮自旣安隱那得擲兒雖自知空而不棄捨是爲初心卽能入假不待至

一僧祇也

心又一轉者不待經歷漸教座席本習所熏即能修習

○次明通教四先破他解

通教位者人多執經云八地修出假或六地七地斷結與羅漢齊方修出假此一途之說必不全爾

一途之說者於諸經中有此一往隨機之說未可偏該通方之意古人不達是故偏執

○次正釋位三初下根

但佛爲三根分別下根斷惑盡方能出假佛於法華中破其取涅槃心勸發無上道起方便慧二乘既然極鈍菩薩亦應同此說今判此爲下根耳

謂二乘人鈍根菩薩至法華中方開入實入實已後方運大悲名爲出假若不來至法華座席如是之人多取滅度惟識所計即是其流而於彼土求佛智慧則非彼論之所修也若復有人謂此法華偏被下根判爲漸教若爾法華玄文釋用中云迹門正爲生身未入者入旁爲生法兩身已入者進本門正爲生法兩身已入者入旁爲生身未入者入又本門增道損生文後有八世界微塵數人初

始發心既未遊漸此即頓人豈從數千二乘之人及鈍菩薩而判妙教況兩門得益數倍餘經何不推尋經之本文正直捨方便但說無上道無二亦無三除佛方便說已今當說最爲第一不聞此經不名善行聞方便門示眞實相等賜諸子各一大車草木皆依一地一雨如是等文不可具述何不憑茲爲頓教耶

○次中根

中根者斷見惑已生死少寛思任運斷第二地名菩薩神通從此已去即能入假

○三上根

上根者初心聞慧即能體達見思即空已爲衆生作依止處何須七地方出假耶

○三引經斥下根人四初引呵

若七地者爲大品所呵

大品所呵何必思盡方始出假思盡即與第七地齊故引大品若入七地已墮二乘故爲諸佛菩薩所呵

○次舉譬

有大鳥身長三百由旬而無兩翅從天而墮若死若

死等苦。
大論七十二問云行空無相願何以一人作佛一作羅漢答所謂薩婆若心行於空等是故作佛自度心修故成羅漢言大鳥者金翅鳥也能從一須彌至一須彌在於諸天如人間孔雀所以不來人間者翅有毒風令人失眼是鳥初出兩翅未成意欲飛去墮閻浮提若死若死等苦中道心悔我欲還天奢摩黎樹以身大故翅翼未成不能自舉論合云鳥身者菩薩也身大者多習六度無翅者無方便智須彌山者三界也虛空者無量佛法也未

應飛而飛者功德未滿欲從菩薩三解脫門遊於無量佛法空中而欲退沒雖欲作佛而不能得若死者羅漢果也死等苦者支佛也痛惱者失菩薩本功德也今文兩釋並是大師隨義轉用謂苦等於死名為死等而猶未死故名為等故以方便及斷見位名為死等以初果之人思惟全在義同未死。

○三正合

菩薩亦如是從初一向專修於空至於六地是為三空身肥假翅不生若墮二乘方便道名死等苦若墮初果名之為死若見盡是死等若無學是為死。

○四借譬帖合

是鳥欲還天上可得去不墮無學地欲發菩薩心永不能得。

○四重舉譬以顯法華之功三先序所治病重。

如人被閹不能五欲。

言不能五欲者以不能男者通為不能五欲用譬二乘根敗心死閹者揜也揜閉門也亦曰黃門黃者主中中謂聖人居天下中而通理萬民主黃家之門故曰黃門亦曰黃昏閉門故曰黃門。

○次欲顯法華先序餘經

華嚴大品不能治之惟有法華能令無學還生善根得成佛道所以稱妙。

華嚴已來至於大品如世間藥不能治於被閹之人諸大乘經融通諸法菩薩觀門願行該括而不能令二乘發心等是融通何不融令二乘作佛但云在座如聾如瘂乃至自悲敗種渴仰上乘而不為我說斯真要惟至法華得記生喜徧尋法華已前諸教實無二乘作佛之人及明如來久成之說故知並由帶方便故若不爾者豈部圓妙獨隔二

乘問若言方等不記二乘何故楞伽第二變化品中大慧問佛如來何故授聲聞記佛言三意故記一為入無餘界者密勸修菩薩行故二為此界他土菩薩樂求聲聞涅槃者勸捨此心修大行故三變化佛授聲聞記非法性佛大慧授聲聞記是秘密說判曰今聞法華是顯露記不同方等隱密與記若據斯理淨名大品皆應有之何獨楞伽故方等云第二第三授我等記初意自為已入滅者次第二義但為斥於鈍根菩薩對彼說記何關二乘第三判非法性佛者此是以實而隔於權末若法

華顯久遠本我土不毀而衆見燒況法性之佛尚不記菩薩何獨聲聞故知三義並異法華當知大慧發起密說是故發問授記之事故知彼經義屬方等與法華異豈待固論數數斥奪二乘等故故法華中三周授記偏語聲聞者為顯餘經所不說故是故委授劫國之名菩薩授記處處有文故但通途云當作佛乃至本門某生當得法華稱妙斯言可憑

○三更將涅槃對法華教

又開提有心猶可作佛二乘滅智心不可生法華能治復稱為妙云云

更將涅槃對法華教彼亦能治斷善闡提而但名大不名妙者一有心易治無心難治難治能治所以稱妙二者法華已開功非彼得大陣既破餘黨不難雖同醍醐非無斯別然復涅槃偏被末代帶方便說故復稍殊

○三明別教三初下根

別教之人十住心後十行之位修假方便何以故入理般若名為住住生功德名為行云云下根也

可見

○次中根

十住初心卽能入假已得無漏一受不退卽能出用何須至十行方起大悲中根也云云

○三上根

又別教初心不愚於法達解一切功德猶如幻化於名字不滯而修方便具五因緣以益衆生上根也

○四明圓教三初下根

圓教十信六根淨時卽徧見聞十法界事若是入空尚無一物既言六根互用卽是入假位也

圓教六根名下根者出假名同功逾十向此是相

似圓融三諦不同次第出假之位。
○次中根
又五品弟子正行六度廣能說法卽是入假之位何
必待六根淨耶。
○三上根二初正明。
又初心之人能知如來秘密之藏圓觀三諦尙能卽
中豈不卽假。
初心卽是五品之初。
○次引證
大品云初坐道場尙便成正覺轉法輪度衆生又六

卽料簡便有出假之義何須待至五品耶。
引大品文證上根者且約通說五品之初亦約觀
行論坐道場度衆生等更約六卽良由於此。
○次結判
上來諸教皆有三位若定判者應取下根以明其位
則有二義一依教故二決不退轉入假行成中上乍
有進退故不約其論位。
如文
○三料簡中五重問答初一問答二初問。
旣有三根出假例應三根入空。

問意者以空例假。
○次答二先分別三根以例出家。
謂情入似入眞入。
以情爲上似中眞下情在五停四念處位似在煖
等四善根位眞在見道已上位也。
○次重釋上根
情入者觸入能入非謂散情緣諦之觀於似眞之前
與空法塵相應。
言觸入者於似眞前念處位中緣苦諦觀未發相
似所緣之境全同法塵與此空想法塵相塵亦得

名爲情入空也非謂爾前凡情名入然此四念人
皆能入故曰觸入恐濫外凡已前故云非謂散情。
或云發八觸入方名情入未審此意云云
○次一問答二初更難。
若爾何益。
但是情入於空何益
○次答釋
此有情益。
亦但情益雖未證空與散情異卽此名益何必似
眞爲通前難以辨三根於實入空未爲眞益。

○三一問答二初更難

若益無退

凡云益者應異退人既云有益應當不退

○次答釋二初正答

不併退

雖未名爲不退之位此位何必一切盡退

○次縱釋

設退能憶念數修後致大益

設使有退亦能數修何以故是人以用五停治法深重感謝故能數修四念處觀

○四一問答二初問

問通別上根能入空出假與圓何異

問者通別上根初心之時即能入假當知即假復能入空是則空假二觀相即以圓空假相即何別

○次答二先列出三人不同

答通人出入不能即中別人次第出入不能一心圓入一心出入亦能別出入

答中列出三人不同通人雖即正出假時似即入空此教始終不能入中故知不同圓教相即別人雖亦初心出假復即入空教體終須先空次假習佛法備後方修中故名次第故此兩教與圓永乖況通別入空但照六界兩教出假長短不同尚未能出佛法界假豈能九界見即中耶是故兩教與圓不同況復初心空假並用一往似即二俱未滿縱帶此空即十界假既無法性的非圓融何須難云與圓何別從圓人去辨圓異別而言一心亦能作別者謂勝能兼劣能別能圓

○次釋圓人次第之相

謂多入中少入二多入二少入中多入空中少入假多入假少入空中多入假中少入空多入空少入假中雖別增減而三諦不缺

文列五句但成四句以第五句與初句同但是文誤應無別意義推應有六句不同前四如文除初同句更加假中與空相對以爲兩句謂多入空少入假中多入假中少入空文無者畧

○五一問答二初難

若爾則非次第之別

難向六句雖有多少三觀俱時何名圓人能觀次第故云則非次第之別

○次答

然尙能爲勝別況不能爲劣耶
如向六句卽是勝別別教次第名爲劣別圓觀自
在勝劣俱能是故以勝而況於劣
○次明出假利益者欲明出假眞實利益必在別
圓初地初住是知三根雖益而微此是第四示文
妙旨故知明益正示文意次第假相利益非無於
中分二且先總序眞應於中二先明眞應之由
二明入假利益者菩薩本不貴空而修空本爲衆生
故修空不貴空故不住爲益衆生故須出故有從眞
起應法眼稱機

文云眞應復云法眼故此法眼必非地前以不思
議假爲法眼耳
○次畧明應益之相
應以佛身得度卽作佛身說法授藥應以菩薩二乘
天龍八部等形得度而爲現之成就衆生淨佛國土
乃名利益
畧明應益以格藏通驗知此益定在法身
○次歷教正釋五初判前教非眞起應
三藏菩薩雖復出假有漏神通非眞起應世智分別
非法眼明雖利衆生而非成就雖作佛事非淨佛土

止是少分教化爲益甚微云云若通教入假雖分別
藥病但依二諦診病不深識藥不遠但是作意神通
非眞起應
判前兩教菩薩之人非眞起應縱約佛者尙非眞
應況復菩薩言佛非者亦且約於當分教道準彼
教門未明法身是故當教無眞應義若開顯說卽
是法身與誰相形云無眞應卽是玄文跨節義也
○次明眞應相以斥藏通
應有始終爲作父母師長世世結緣處處調伏動經
無量阿僧祇劫善根若熟卽生王宮道樹作佛漸頓

度人乃至入涅槃舍利住世久久利益有始有終乃
名爲應無而欻有暫出還沒故非眞應一時片益不
名成就灰身入滅非淨佛土
明眞應相以斥藏通如釋迦過去過去久得法身
於六道中與物結緣今於王城出家成道是故名
爲應有始終別教地前尙非眞應況復藏通
○次正明眞應二初明別教二初明證眞
別教十行入假利益義同通教若登地時得如來一
身無量身湛然應一切爾時知病盡病淵源爾時識
藥窮藥府藏爾時授藥如印不差眞道種智最勝法

眼所可應化任運普周。

正明眞應卽登地已上乃至妙覺深水曰淵水本曰源見衆生病知病根本如人見水知水源底觀諸法藥識藥內實如人見藥知藥體性印謂符印以銅爲之使天下同今亦如是使用諸教與機不差故名爲同是則無明爲病淵源中道爲藥府藏眞種智知如印不差不思議眼所見無失。

○次明現身

和光同塵結緣之始八相成道以論其終亦名爲化亦名爲應其見聞者無不蒙益有所施爲是淨佛國

土八假利益皆實不虛登地既然後地例爾。

同四住塵處處結緣作淨土因爲利物之始衆生機熟八相成道見身聞法終至實益仍存教道以約初地。

○次明圓教

乃至圓教初住入假眞實利益乃至後心亦復如是

圓教證道不別是故但云乃至亦復如是

○四對邪料簡三初標

若得此意料簡變化卽識眞僞

魔亦能爲故須決擇。

○次釋

所以者何魔亦能以有漏心作無漏形變爲佛像老子西升亦云作佛化胡諸外道等變釋爲羊停河在耳世智五通靡所不作如是邪化無量無邊尚非三藏五通化云何得是別圓任運眞化。

釋爲邪也言以有漏形作無漏像者如優波毱多調伏魔竟欲見如來在日之形謂魔曰汝爲我現魔曰如教但現相之時莫爲作禮便於林中放大光明八部導從乘空而出毱多見已生希有心不覺作禮以偈讚曰快哉清淨業能成是妙果非自

在天生亦非無因作面如紫金色目淨若青蓮端正超日月奇妙勝華林湛然若大海不動逾須彌安步猶師子顧視同牛王無量百千劫淨修身口意以是故獲得如此殊妙身怨見尚歡喜況我不欣慶魔被作禮便復本形大經四依品云若魔變爲佛形三十二相八十種好如是莊嚴來向汝者汝當撿校定其虛實世尊魔等尚能化作佛形況不能作阿羅漢像邪正品云天魔波旬爲壞法故作四衆像四果佛像老子等者彼化胡經乃是道士王浮僞造今且縱之借使老子化作佛者亦是

以有漏形作無漏像亦同天魔化身之例況復彼經自化十胡何關五印變釋爲羊等者大經三十五文具如釋籤第三所引尚非三藏五通者未斷惑故無無漏通所得神通亦依根本期心異故通用亦勝彼諸外道尚無念處煖頂等法故云世智如是現者但是如意身通少分如何得比三藏五通尚劣三藏豈同別圓

○三責奪

化語多種無眼之人謬生信受能深觀察不可雷同雷同者如陰陽發雷同生萬物亦作靁字字義同

前

○五示眞應益

故知從法身地垂應十界度脫衆生如此入假眞利益位

○三結破法徧者準文次第破無明盡方可云徧亦是取意不次第說分三初寄三諦以意斥文次舉要以結示初三諦中三初約眞諦前明文相於文相中四先出凡情

三結破法徧者未發眞前隨所計著百千萬種皆名爲見

未破見位尚未次第入眞況不次第入實初獨舉見意則兼思故此次文見思並舉

○次譬引三譬

如盲問乳非乳眞色若繩若杵何關象事噉言之見見卽是假故歷單複具足以觀破之破若不徧不得入空見思若盡乃名破法徧也

如盲問乳具如前引若繩若杵者大經如來性品云譬如有王令一大臣牽一白象示諸盲人衆盲各各以手觸象王問衆盲象爲何類其觸牙者言象如萊茯根其觸耳者言象如箕其觸鼻者言象

如杵其觸脚者言象如臼其觸脊者言象如牀其觸腹者言象如甕其觸尾者言象如繩次合喻云或有說言色是佛性或有說言受是佛性想行識等亦復如是各執俱非故云何關離此無象方知各是是故總云不卽不離不卽故凡夫豈是不離故離凡復無是故各計皆名爲見以色等六合牙等七故七喻通不須的對噉言等者應作此寱睡中言也大經第十八云譬如二人共爲親友一是王子能化一是賤人所化如是二人互相往反感應相關是時貧人邪我名貧見是王子有一好刀淨妙第一佛性心

中貪著（愛樂佛法）王子後時執持是刀逃至他國（菩薩捨應也感應事密故云逃至轉化餘方故云他國）貧人於後寄宿他舍（受王道身）卽於夢中寱言刀刀（無明暗寱妄謂有我從此已下聲聞施化卽以似解名爲旁人）旁人聞已收至王所時王問言汝言刀者爲何所似可以示我是人具以上事白王（初果）王今設使屠割臣身分裂手足欲得刀者實不可得（析觀）臣與王子素爲親友（曾受小化）共在一處（機感相應）雖曾眼見（聞慧）乃至不敢以手棠觸（思慧）況當故取（修慧惟得聞慧無思修故）王復問言卿所見刀相貌何似答言大王刀者如羖羊角（刹利計神黃色）王聞是已欣然而笑語言汝今隨意

所趣勿生憂怖我庫藏中都無是刀況汝曾於王子邊見王問羣臣汝曾見不言已便中尋立餘王紹繼王位復問羣臣汝於庫藏曾見刀不臣答曾見問言何似答言如羖羊角如是展轉至第四王登位（卽第四果）復問諸臣皆答言見王復問言相貌何似答言如優鉢羅華（婆羅門計神白）復有說言其色紅赤如火聚（毘舍計神赤色）有言猶如黑蝨（首陀計神黑色）王聞大笑卿等悉皆不見我刀眞相已上注文並是章安疏釋經自合云說已捨去如王子逃凡夫說我如彼暗蠱聲聞緣覺問諸衆生我有何相或有說言如母指或言如粟米等住在身中熾然如日如來出世爲斷我相言無是刀良秫雪鶴摸象蠱言並喻邪常雖云佛性而皆執我故屬見攝故今引之破見思徧但是入空。

○三明說意

就文字論乃當如此意則不然

附文但是破見思徧故云如此若論元意一見一思無非法界不同次第故曰意則不然

○四正出文意

見思卽是無明無明卽是法性見思破卽是無明破無明破卽是見法性入實相空方名破法徧也

若從文說見思障眞無明障中若從意說見思之外無別無明無明體性旣卽法性當知見思亦卽法性若見見思無明法性是約名第五卽論徧若取見性應惟第五第六今通論破何須必至分證究竟名徧

○次寄從空出假者亦先明文相次顯文意故云亦爾初文相中

從空入假破法徧亦爾假有無量病法藥法授藥法分別此三有所不達不名破法徧未發法眼之前雖

有分別分有所見不名破徧。
旣是次第且約法眼論徧不徧。
○次顯文意
六根淨時分別一病有若干種解一句法達無量句。十方諸佛說法一時受持是爲相似氣分。
文意本在不次第假不次第假雖卽從初不次第破復約不次而論次位卽是大根麤惑先除發得相似不思議假相似卽是中道前相卽是徧位之氣分也。
○三約中道觀以示破徧

障通無知旣破雙照二諦方名破法徧也。
中道旣是破徧之法是故直約雙照論徧不須復於文外論意卽指無明爲障不思議化道神通之惑此惑若破任應雙照雖復文中不論文相然此中道居二觀後復當次第文相故也。
○次舉要以結示
舉要而言次第破者則不名徧不次第破乃名爲徧耳。
更總明文旨謂不次第具如前文卽觀見思卽見法性不復更論三惑三觀前後次第如此結要乃名徧耳。
○三示結徧意
前觀法重沓旣多恐人迷故約二觀後結破法徧也
結徧應在中道文後如何於此預明破徧但後文明徧理數而然秖恐見前空假二觀觀法重沓迷於文旨言文旨者向之重沓不出一心故於此中且先畧示見思尙乃卽是法性豈有塵沙在見思外豈有無明在二觀後三惑旣卽三觀必融此是第五示文旨也。
○第三明中道破法徧四初牒前舉後。

第三明中道止破法徧者前生不生止觀觀破法徧一往似自行次不生生止觀破法徧一往似化他今不生不生止觀破法徧一往似雙非自他又雙照自他生不生卽不生生亦卽不生不生自卽不自亦非自非不自不生生卽生不生亦是不生不生他卽非他亦非他非不他不生不生卽生不生亦是不生生。亦是不雙非亦是不雙照。
釋中道四門不同於中先更牒前空假舉後入中。三文相對以顯圓妙生不生等者次第非實並云一往自他及以雙照自他並非文旨言同意殊故皆名似生不生更牒前從假入空即不生生等是述文意自即不自等者重述前文次第行意意本在於不次第也依文次第空是自行即此自行即是化他即非自他不生生更牒前出假不生不生引後入中假中二文比入空說可以意得故以三文展轉相即使空成妙空乃至假中成妙假中此即第六示文旨也

○次結前說意

種種分別令易解故作如前說耳

意雖若是還且附文次第而說故釋中道復開四

章

○三正釋二初列

就此為四一修中觀意二修中觀緣三正修中觀四明位利益

○次釋四四章初文明修中觀意者於次第中初文復先說於文旨今雖次第即是圓教二惑先除除非本意意在初心圓修三觀故歷四教簡其觀相前之兩教但中尚無何況圓妙別雖聞中如眼暗者是故三教非今所論文四初約三藏

其意者三藏中菩薩偏用世智照俗二乘偏用析假入真佛二諦周足異於弟子假說第三觀設作離有離無之說秖是離有無二見實無別理可觀故不須第三觀也

可見

○次約通教二初明理同三藏故無別理可觀

通教菩薩偏用體法入真菩薩慈悲入假惟佛俱照道觀雙流異於弟子亦假設第三觀亦無別理異於真諦開善所執佛果不出二諦外即此義也雖無別理而得有真如幻如化不生不滅中道之名

雖無等者此教無中假立中號亦云不生不滅故

也故知他約緣生色心作三諦名不能出此

○次明理雖論接當教終無第三

亦得有中道之義者佛滿字門通通通別鈍根止能通通不能通別故此教得有別接之義利者被接更用中道不被接者不須第三觀別接義如顯體中說云云

雖明遠通論被接者是故當教終無第三

○三約別教二初約諦離合

別教若作二諦三諦皆元知中道若作三諦可解若作二諦者中道為真有無為俗照此二諦從容中當

名中道。二用無偏名雙照。雖作二名中理亦顯。
言元知中者。但知而已。初雖未觀。然異通教。後心方知。故云元知。照此二諦等者。旣以有無共爲俗諦。以佛法中而爲眞諦。有異於小。故曰從容。雖合眞俗以之爲俗。眞諦不出中道理體。通教雖作三諦之名。實無中體。
○次約觀譬顯眞因分齊四。初法。
此理玄深根鈍障重。
○次譬
如眼闇者穿鍼不諦。

如眼闇等者。初標也。
○二合
云何穿鍼爲常理。故先破取相慧眼見空。次破無知法眼見假。進修中道破一分無明。開一分佛眼見一分中。方是眞因。因果圓滿乃名爲佛。二諦非正意。故不名因。
云何下釋也。亦是合喻。雖標心本眼。以眼暗故。但穿旁眼。旁實無眼。謂旁有眼。別教菩薩亦復如是。雖初知常而行次第。中理之外實無眞俗。謂有眞俗名爲旁眼。是故此教先破二惑。邊外無中。期心邊外。當知三諦俱名旁眼。
○四舉譬
例如小乘方便伏惑不見眞。不名修道。發見諦後。眞眞修道。始是眞因。無學爲眞果。別教例爾。二觀旣是方便。必須於中。雖復必須要前二觀。二觀若未辦亦不眼第三觀見。
方便如二諦。見諦如見中。
○四約圓教有法譬合。初法中。
圓教初知中道。亦前破兩惑者。促有異。何以故。別除兩惑歷三十心。動經劫數。然後始破無明。圓教不爾。

秖於是身卽破兩惑。卽入中道。一生可辦。
云先破兩惑等者。秖是圓觀麤惑先除。故知一生初住可獲。故南嶽云。望入銅輪領衆太早。但淨六根。次第行者。借使一生兩惑先除。雖不經歷亦成次第。或圓接別。或別圓接通。或解圓行漸。並兩惑先除。俱非今意。今意一向專在於圓。
○次譬二。初約用兵以譬能所。
譬如賊有三重。一人器械鈍。身力羸。智謀少。先破二重。更整人物方破第三。所以遲迴日月。有人身壯。兵利權多。一日之中卽破三重。不待時節。以此喻之。其義可見。
器械譬止身力譬諦智謀譬觀械者兵器通名兵
即五兵也設弓刀槊戈殳也殳音殊長丈二而无
戟有柄也故淮南子云用兵如決積水於千仞之
堤轉圓石於萬丈之壑即兵利也今以身壯譬圓
三諦兵利譬圓三止也權多譬圓三觀也智械並
依身力故也一日者一生也
○次以治鐵別譬於能
又如兩鐵一種種燒治方有利用一是古珠即燒即
利。

兩鐵譬者約教說之乃有種種燒治故也
○三合
爲是義故圓教初心即修三觀不待二觀成以是義
故即須明第三觀也
○次修中觀緣者初正釋五緣五名雖同義與假
異一者假中五事具足方能出假今此爲具五事
應須入中又期心五事方可修中入空五緣意亦
如是文爲三初例
二修中觀因緣者畧爲五一爲無緣慈悲二滿弘誓
願三求佛智慧四學大方便五修牢強精進

○次釋五初爲無緣慈二初釋七初標慈指人
一無緣慈悲者即如來慈悲也
云無緣慈悲者具足三慈方名無緣
○次正出慈相
此慈悲與實相同體不取衆生相故非愛見不取涅
槃相故非空寂非空寂故非法緣慈悲非愛見故非
衆生緣無二邊相故名無緣大經云緣如來者名曰
無緣普覆法界拔除苦本與究竟樂
結成雙非三諦相也大經十四梵行品文品初云
慈有三種一緣衆生二緣於法三者無緣衆生緣

者緣一切衆生如父母親想法緣者見一切法皆
從緣生無緣者不住法相及衆生相大論二十亦
云慈有三種衆生緣者謂緣十方無量怨親中人
法緣者謂緣無漏羅漢支佛諸佛聖人破吾我相
但觀四緣空五衆法無緣者不住有無惟諸佛有
與大經文文意大同須釋出之大論第五明悲亦
有衆生等三故知將三慈悲以對三諦義甚顯了
今從勝說但云無緣若得無緣必具前二故知明
於究竟慈悲不辨此三實未周具
○三三慈比斥

上兩觀慈悲有邊表。如來慈者即無齊限。上兩觀慈與菩薩共。無緣慈者獨在如來。上兩慈無所包含。如來慈者具一切佛法。十力無畏是如來藏諸法都海。上兩與菩薩共者比斥。乃與藏通兩菩薩共也。法緣亦與二乘共也。是故更須第三觀也。

○四結成三諦

故大經云慈若有若無非有非無。如是之慈乃是諸佛如來境界。當知慈具三諦也。

大經梵行品云慈若有若無非有非無。如是之慈。非諸聲聞緣覺境界。非不異於諸偏菩薩。但偏菩

薩聞法異轉。仍有少分。二乘全闕。故獨對之。乃至十二因緣七覺八正十力無畏諸佛神通無不皆以慈爲根本。是故經中徧歷諸法皆悉結云慈即如來。如來即慈。

○五明慈具德

迦葉讚云今我欲以一法讚所謂慈心遊世間。是慈即是大法聚。是慈即是眞解脫。解脫即是大涅槃。

○六結成功能

上慈作意乃成。此慈任運無請。爲依手出師子令彼調伏。如慈石吸鐵無心而取。

手出師子等者。明慈有折伏之用。梵行品云提婆達多教阿闍世放護財醉象。欲害如來及諸弟子。爾時踏殺無量衆生。象聞血氣。狂醉倍常。見我翼從被服赤色。謂呼是血。復來奔趣。我弟子中未離欲者。四散馳走。城中人民。謂我終歿。調達歡喜快哉適願。我於爾時即入慈定。舒手示之。即於五指出五師子。是象見已而生怖畏。失大小便。投身禮我。善男子。我於爾時手指實不出五師子。慈善根力令彼調伏。乃至下文舉石空中。力士驚怖。現作莊嚴。降諸外道。令狂女人見如己子。患瘡女人得

藥平復。如是皆是無緣慈力。如磁石等者。明無緣慈有攝受用。故大經三十師子吼中明無緣慈任運能吸。猶如磁石任運吸鐵。經舉六譬以譬慈義。猶如猛火不能燒薪。火然薪以名爲燒。葵藿隨日芭蕉因雷等。其義不別。即是異法相應。如磁能攝。

○七釋修中意二。初明無明有障慈之蔽。

夫鐵在障外。石不能吸。衆生心性即無緣慈。無明障隔。不能任運吸取一切。

今明慈等。具破立義。所言破者。石本不吸。火本不

燒。如來亦爾。本不度生。所言立者無情尚能巽法出生。況復法身。依本誓立。不能任運吸衆生耶。若無明未破。理雖具足。如石隔障不能吸鐵。

○次明慈悲有斷惑之用三。初法。

今欲破無明障顯佛慈石任運吸取無量佛法無量衆生。欲修此慈非中道觀誰能開闢。

○次譬

如水生火。水不能滅還用火滅。

如水生火等者明慈有能斷惑之用。大論三十五釋火性不定中云。若火實熱。云何有人。入火不燒。

人身中火。不燒人身。雲中火起以能力故。水不能滅。以火照之。其火則滅。今無明亦爾。因於二觀而生無明。二觀之水。所不能滅還用中道智火滅之。為滅無明。是故須明第三觀也。又大論四十九云若心著善破者則易。若心著空破者則難。是故著空還須有破。如火起草中得水則滅。若起水中無物能滅。是故還須以火滅之。今亦例爾。若著二惑二智能滅。若著二邊。二智所不能滅。又律云本謂水能滅火。不意水中生火。今亦如是本謂二智滅惑。不意二智生惑。是故須用中智之火。滅二智火。

○三合

此無明障。依兩觀生。兩觀所不能除。唯中道觀。乃能破耳。

○次結

為是因緣修第三觀也

○次滿弘誓願二。初釋二。初指圓四弘以比偏誓。

二滿本弘誓者。初發心時。起四弘誓與虛空等。空假兩觀。知苦斷集。猶如枝葉。所未知斷喻若根本。空假兩觀修道證滅猶如燈炬。諸山幽闇力不能明。

次滿本誓。誓即四弘。四弘亦依四諦而起。枝葉即

譬前之二觀所斷苦集。所未知斷。即是無明。故以無明。譬於根本。次以燈炬。譬前二觀所修道滅。

○次斥偏四諦以顯無作四。初斥偏。

雖修兩觀。誓願未滿

○次喻偏

譬如百川不能溢海。

百川者。如前二觀所修四諦。

○三顯正

娑竭羅龍王所霔泉池。一霔即滿。

一霔者。如今無作所修四諦。

○四合譬
中道正觀亦復如是知一切苦斷法界集修無上道證究竟滅
合譬無作體徧義也
○次結
爲滿本願故須修第三觀
○三求佛智慧二初釋三初明智體
三求佛智慧者卽是如來一切種智知佛眼見廣大深遠橫竪覺了究竟具足
智必有眼故兼明眼眼智卽是能顯廣大能顯旣

廣所顯必深深竪遠橫皆以眼智覺了周徧從因至果究竟具足
○次以譬比斥
上兩觀眼智比於佛法猶如盲人闇中想畫不能覩月墜落坑坎云何得前
○三以譬兼合
若修中道如有目足到淸涼池除二邊熱悶醒覺休息飮服其水冷滑香甘是名佛智知見其池相方圓深淺水色淸淨是名佛眼見
卽是中觀之功能也目足者譬圓解行也形前兩觀眼智盲跛解行闕故終不契中到池等者解行所契形前墮墜等也飮服等者親飡理味四德之水水體不異而有冷等四性不同佛性理一而有常等四德差別見池相等者徧池是水全水是池池湼槃也盡果得邊窮佛性底名見池相見法橫周名見方圓見理竪極名見深淺同體權實名爲方圓四卽不同故云深淺見卽佛眼見也飮卽佛智知也知見體一池水不二法性無染名爲淸淨
○次結
欲得如來實相眼智非止觀不成故修第三觀

○四學大方便二初釋八初文通序依體起用
四學大方便者卽是如來無謀善權無方大用住首楞嚴種種示現
無謀等者大智也不假先念故曰無謀住首楞者大定也
○次總歎智定善巧之用
不可思議巧方便力示諸衆生虛空中風劫燒負草令無燒害此爲難事故須善巧
善巧秖是體內方便應理稱機適時化用示空風等者借事顯用風界無色示令可見世間之火尚

能燒草能入劫火而令不燒得中體故有斯巧便故此方便名之爲大爲大用故學斯方便

○三寄於二聖以顯善巧二初引事

如彌勒先爲天子說不退行淨名卽彈云從如生得菩提耶云云無菩提勿起此見旣破見已卽說寂滅是菩提不二是菩提一切衆生卽是菩提云云天子聞玄悟無生忍

淨名彈呵彌勒受折二聖皆依同體善巧何者彌勒蒙佛受一生記若記一生定生兜率故彼天子須來修敬彌勒位居偏教不退天子宿發圓菩提

心彌勒以偏誠諸天子不鑒天子圓機方成故感淨名正熟諸天旁折彌勒先約三世折云過去耶未來耶現在耶三世無住如何自謂得一生記淨名次以如理而呵如無生滅云何言得菩提記耶注云云者經中有並謂以衆生草木聖賢而爲並詰如通凡聖及情非情若彌勒如得授記者一切衆生小乘賢聖無情草木亦應記耶若衆生等不得記者彌勒亦然何獨衆生及賢聖等有得不得如不應同如體旣同記何不等卻覆並決理妙辭窮所化機成能化久鑒黙受彈折狀似招譏是故

譏云勿起此見三教菩提見心旣破淨名爲說圓實菩提隨要畧明二十五句徧一切法無非菩提故云寂滅是菩提等應約六卽以釋發心而明寂滅及不二等是諸天子聞菩提已咸悟無生

○次結成

是二大士槌砧更扣令難悟者悟悟難悟法若無方便云何利他

是二大士更扣等者彌勒用權以隱實大士用實以隱權故彌勒以說不退轉行如槌扣淨名之砧淨名以呵一生補處如槌扣彌勒之砧互爲槌砧

成天子器故得法忍由聞菩提令難悟者等者諸天著樂名難悟者妙理微密名難悟法難悟之人悟偏漸法已目爲難聞圓菩提得無生忍若非二聖槌砧之巧焉令天子妙位斯獲豈獨高位初心例然以此而觀彈呵不易泛爾貶挫傷他善萌等不知機應順安樂行猶須待問答以大乘深要法人尚誡多說說必有軌無違化儀被寂忍衣居大慈室坐妙空座方可能爲善巧利他如是利他名字位中已有巨益何待五品乃至無生

○四寄佛化小以明善巧二初正明善巧

又如來初出不卽說大種種方便譬類言辭引導衆生令離諸著然後開佛知見示以一乘

且據鹿苑而爲漸初一往稱爲不卽說大言種種者四時七教盈縮不同引導皆令離偏小著無不咸使歸會一乘乃可名爲大巧方便文中語畧但云種種意該鹿苑至法華前離著之言通七方便故云然後開佛知見

○次更述化意

是故殷勤稱歎方便眞實得顯功由善權故言雖說種種道其實爲一乘

種種方便意在眞實眞實得顯方有所歸

○五重述善巧用權之意

更以異方便助顯第一義

更以等者重述善巧用權之意故前三教是異方便莫不皆爲顯於法華

○六歎佛同體權謀叵測

佛智叵思議方便隨宜說佛意難可測無有能得解

佛智等者歎佛同體權謀叵測權中之實難可思議實權體融無能逮者

○七重牒前文用方便意

以百千方便令鈍根者妙契寰中

重牒前文用方便意結令鈍根菩薩來至法華皆悉入實是則彌顯善巧之功言寰中者謂法界爲域法王所都法王無偏理性無外受化契理名悟寰中若作此環如莊子注以圓環內空體無際名爲環中今亦如是如理無相無始無終會此環空故云妙契

○八寄文殊化外以明善巧

上二觀智力用輕微如富樓那化彼外道反見蚩弄文殊暫往師徒靡風

寶篋經下卷因舍利弗歎文殊師利神力智慧不可思議時富樓那語舍利弗我亦曾見彼之所爲一時佛在毘舍離城時尼乾子有六萬眷屬我入三昧見百千尼乾應當受化往爲說法反見輕笑出麤惡言於三月中無受化者便捨之去爾時文殊化爲五百異道師徒往尼乾所頂禮白言我承名德自遠而至汝是我師我是弟子願見哀納令我不見沙門瞿曇不聞彼法答言善哉汝已純熟不久當解我調伏法尼乾告衆與此摩納和合共住互相問訊彼有所說汝專聽受次第而坐用尼

乾法文殊師利威儀殊特於時讚說三寶功德亦讚說乾所有功德令破親附後於異時知衆已集即便語言我等所行呪術經書若讚誦時瞿曇所有功德入我經中來者是瞿曇實功德何以故是瞿曇父母眞正轉輪王種百福嚴身生時地動梵王扶侍自行七步口自宣言一切衆中惟我為尊乃至廣讚一代化物漸次開解示其正法五百外道得法眼淨八千外道發無上心時文殊所化五百弟子五體投地言南謨佛陀南謨佛陀彼外道中未信解者亦皆相效供養文殊文殊領來至佛

所已佛為說法無不得益如文殊鑒機先同後異方得名為大巧方便

○次結

欲得如來此方便者若非中觀所不能成故修第三觀也

○五明大精進二初釋二初畧出

五大精進者欲為大事大用功力

即以佛乘名為佛事依乘起行名大功力

○次引證三初引法華比決

法華云如有勇健能為難事

力能趣實故云勇健依理起進故云難事令佛輪王解權賜實

○次引金光比決

不動不退方名薩埵不顧身命何況財物雖得菩提猶尙不息何況未得

引金光明果上精進以況於因不為二邊所動永不退入三惡不失實相正理方名菩提薩埵薩埵者薩埵王子也彼經本緣能投身餓虎不惜身命況餘財物以此為因成無上道雖得佛果精進不休故於衆中起禮身骨故云雖得菩提猶尙不息

況餘凡下端拱成耶故不共法中有精進無減

○三約賜珠比決

上兩觀功微賞少中觀功蓋天下賞窮解髻

重約賜珠比決開權以明精進妙功能也故佛輪王見小乘衆破見思賊有微功者賜事禪定無漏田宅若見大士應破大惑獲大智勳故云功蓋天下於實法界頂開同體權髻與實相明珠得法上記前法賜之極極在佛記故云賞窮施化之意意在開權故云解髻如此皆由大精進力

○次結

為大精進。修第三觀。

○三結

修中道因緣甚多。為對出假觀。略說五耳云云

摩訶止觀輔行傳弘决卷第六之三

摩訶止觀輔行傳弘决卷第六之四

陳隋天台智者大師說　唐荆谿大師湛然傳弘决

門人章安大師灌頂記　明天台沙門傳燈增科

○三正修中觀三先舉難知難觀

三正修中觀者此觀正破無明無明懸絶非眼處見知云何可觀

若云初心直令觀中破細無明顯於實相凡尚不識欲界無明故云懸絶非前四眼二智所及豈肉眼見情慮知耶文中隔字故云眼處見知二智四眼旣未知見中道之理是故斥之非眼處等

○次例釋例易况難引難從易故以空假二觀况於中觀何但中道難觀二觀應知不易雖曰不易亦由觀成故知中觀亦可例之分三初舉眞况

例如初觀觀眞眞無色像亦無方所但觀陰入界心三假之惑四句推求巧修止觀得無漏發名爲見眞云觀眞之時亦無色像方所可觀但觀現在麤陰入心止觀研窮三假四句漸生煖解發眞無漏見眞分明名眞智發如是所見良由觀陰

○次以假况

次觀觀假假復云何但觀空智能令不空於一心中顯示萬行卽發法眼徧知藥病故名假觀

恒沙佛法無量三昧云何可觀爲發眼智但觀眞空於空心中漸思諸法諸法漸發漸深漸廣漸利漸明洞曉藥病種智開發故俗智發但由研眞

○三正舉中觀例前二觀今使可觀但研二智漸見中理何者夫見中道須識無明二智之體旣是無明以觀研之中理可顯卽下三重觀法是也但觀二智體是無明無明法性非一非異觀之不已自然雙亡自然雙照如此竪說中尚非遥况觀陰入一切皆實故知二智能破所破並是中道所觀

之境於中爲二先釋智障言智障者有三重釋初重釋者二智卽是中智家障故名智障次又此智障下明中智被障名爲智障次又能障下明能所相對得智障名初重釋者智障兩字全屬所障次重釋者智障兩字全屬能障後重釋者障字屬能智字屬所至此卷末引達磨鬱多羅雖有多解不出此三準文合在此中引釋彼解稍煩恐妨文旨故在後明文又二初明能所各釋得智障名四初釋義二先明二智卽是中智家障

今觀無明亦復如是觀二觀智當彼破惑名之爲智

今望中道智還成惑。此惑是中智家障。故言智障。
○次明中智被障名為智障。
又此智障於中智。中智不發。故名智障。
○次指能所。
前言智能障。後言智被障。
○三引例。
例如六十二見。見名慧性。慧即世智。若望無漏。此慧性與見思合。能障於眞。
○四結合。
此二諦智與無明合。障於中道。亦復如是。

○次明能所相對得智障名。
又能障是惑。所障是中智。能所合論。故言智障。
○次欲觀中道先審觀障。
云何觀此二智即是無明。若言是明。種智現前。洞識諸佛十力無畏。一切諸法圓足覺了。可得是明。而今不爾。豈非無明。
欲觀中道。先審觀意。云何觀此二智無明。以觀審之。知非智相。既非智相。即是無明。故下用觀。雖分三別。秖是為破無明顯中。
○三正明用觀三。先列名。

觀此無明即為三番。一觀無明。二觀法性。三觀眞緣。
先列三番。三番秖是三假異名。一一假中亦用四句推檢研覈。
○次解釋三。初觀無明即因成假六。初立觀境。
一觀無明者。空假之智與心相應。
言空假之智與心相應者。法性為因。二智為緣。與心相應。名所生法。法即無明。即重立無明以為觀境。
○次正用觀法三。初正明二。初列句觀法。
觀此二智為從法性生。為從無明生。為從法性無明

合生。為從離生。
四句推檢。二智叵得。問。既云二智即是無明。應以自他推。此無明何故復云為從無明為從法性。答。中智望之。名為無明。今觀無明。但推二智為從法性為從無明。乃至共離。複推雙責。具如破見內成中說。
○次約句破執。
若從法性。法性無生。若從無明。無明不實。亦不關中道。若合其生。則有二過。若從離生。則無因緣。
○次引證。

中論云諸法不自生云云
○三指廣。
如是廣破如上因成中說。
○三明能推止觀之相二。初明觀相有法譬合法說可見至此亦應結成二空二諦等也。止文亦爾並是文略文爲四。初說法。
作此觀時泯然清淨心無依倚亦不住著不覺不知能觀所觀猶若虛空不可說示雖未發眞於四句中決定不執。
○次舉譬

譬如闇中遙望株杌不審人杌人應六分動相杌無六分是不動相久住觀之心謂是杌亦不明了。
遙望等者大論十四云如夜見杌謂之爲人是不實中能令心生謂之爲人人又疑無六分動相杌如法性人如無明人之與杌俱未審定故云不了。
○三合喻。
起四句執即喻動相動喻無常相不動喻常久觀不已定知是常不起四執而無明未破猶不了了雖不了了定知一常一切常行大直道無畱難故。
○四重述所破不同
前見思塵沙久已穿徹惟三觀智即喻金剛。
旣云起於四句執等故知即是初心觀中爲成次第故二觀後明於中也若執四句不會中理故成無常若離性執即於無明見於中道生法二空故名爲常前見思等者更重述於所破不同二觀但破見思塵沙故今所破惟二觀智即是無明言金剛者亦用大經利钁斵地惟至金剛不能穿徹即喻無明非前二觀之所能破能破即是中智龜甲白羊角也。
○四結名

觀破智障名觀穿觀安心此理名觀達觀此理不可思議名第一義空待二乘頑境之空名爲智慧而此法性非智非不智是爲中觀具三義也。
二觀如文此理不可下即不觀觀故云非智非不智。
○次明三止相四初法說。
復次體達智障無明無自他性共無因性畢竟不可得。
明三止也初總明用止亦用四句推撿無明乃至二空與觀不別故略引而已但體是即寂與前爲

異故須辨相。
○次舉譬
如持戒比丘觀無蟲水此中動者蟲耶塵耶蟲即生
相塵無生相諦觀不已雖知是塵亦不明了。
舉譬也故大經第八云譬如持戒比丘觀無蟲水
見塵似蟲即作是念此中動者蟲耶塵耶久觀不
已雖知是塵亦不明了十住見性亦復如是今全
未見義同不了故得借用彼十住喻無明如蟲法
性如塵雖用四句推撿叵得亦未了了見於法性
前人机喻意亦如之。

○三合喻
若謂無明有四性性是生動若無四性無性無生動
雖知不動亦不決定雖不決定而決定觀常住不動
可知。
○四結名
前生死涅槃二邊流動上兩觀已止惟有無明迴轉
未息。
○五結名
今達心本源無明寂靜名止息止安心此理名停止
止常住之理非止非不止對無常動故言為止即是
非止非不止是名中止具三義也。
可知
○四用六十四番
復次智障心中即有三假四句止觀信法迴轉四悉
檀巧修皆例如前說。
○五重示方法
如是四句即是觀門若離此四無修觀處善巧方便
因門而通得見中道見中道時非即四觀若於一觀
得入餘句即融不須更修若未通入但勤修四句方
便取悟若執此四即為所燒遮塞不通若無執滯即

是觀無明四句得悟也。
重示四句方法之相句即是門門名能通由一一
句皆能通理隨用一門咸應見實為不了者及以
多人施設多門雖立多門見必隨一即以四句為
修觀處非所觀理名之為處故第五卷中正以四
句為修觀法法謂方法即是能通入理之法是故
此法亦可名處因能通處至所通處故云因門二
處名同能所別也隨用一句既得見理無復餘句
故名為融自行既爾化他亦然他機不同隨句見
理即名得入以之為融故須諸句一一研試會有

相應相應卽融若執等者更判用觀得失之相雖破四句必離能執執卽門壞故名爲燒

○次觀法性卽相續假何者由觀無明謂無明滅但有法性雖作此角未破無明當知此是情想二解是故更觀法性之計爲從何生無明爲前念法性爲後念於中爲三先牒前法性解此解成惑爲所觀境二先法

二約法性破無明者上四句觀於智障求無明生决定叵得或生一種解或發一定决謂無明卽是法性如此計者非是悟心但發觀解

○次譬

如闇見塵杌决謂塵杌

云塵杌等者雙指前來觀無明譬前觀無明卽是法性如觀塵杌蟲人叵得今觀法性如觀塵杌復非明了

○次正示觀法二先列句觀法

卽當移觀觀於法性爲當無明心滅法性心生爲當不滅法性心生爲當亦滅不滅法性心生爲當非滅非不滅法性心生

應須觀破不了之相所以移觀而推法性具如破見相續假中準前亦應結成三觀三止等相文畧不說

○次約句破執

若無明滅而法性生者滅何能生不滅生者明無明並共生者卽有二過離則不可不自不他不共不無因

○三用六十四番

如是四句一一句中信法廻轉四悉善巧卽能得悟通四門池雖未得悟决定謂此中道觀智能破無明常如是學更不餘修也

亦應如前明得失等文畧不說雖未等者勸於行者勸用止觀雖六十四不出止觀故勸常學不得餘途

○三觀眞緣卽相待假二初明自行七先出待相爲所觀境

三約眞緣破無明者觀此觀智待誰得名爲智爲非智若横待者十方諸佛是智是明待我無智明也若竪待者我於將來破除盲冥而得大明待今是無智無明

卽前觀於無明法性之觀智也爲智爲非智者總

立也。應知此智未見中理。卽是無明。無明非智。此之非智。待誰得名。故有自他橫竪二待。諸佛在現對我爲橫。我悟在當。望今爲竪。

○次列句觀法

如是智明。爲是緣修。爲是眞修。眞緣合修。離眞離緣。

○三約句破執

若緣修者。緣是無常。云何生常。若是眞修。眞不應修。

但破眞緣。共離自壞。緣在地前。故云無常。非謂分叚生死無常。若言緣修生智明者。義當無常生於常也。無此理故。故云云何生常。若彼諸佛及我將來。是眞修者。眞卽是證。證不名修。

○四寄彼異釋以辨性過。

釋此有兩家。一云緣修顯眞修。二云緣修滅眞自顯。

○五正判

眞自顯是自生。由緣顯是他生。眞緣合是共生。離眞緣是無因生。

○六畧明觀成無四句計。二。初標。

四句求智不可得。亦不得無智。

畧明觀成。無四句計。求橫竪相皆不可得。故智障亦不可得。

○次釋

何以故。待智說無智。智無故無所可待。故無智亦無。

何故無明體不可得。待諸佛智說爲無明。佛智本無。無明叵得。所觀無明。旣不可得。能觀觀智亦復非有。故云亦無。

○七辨得失。二。初失。

若執眞緣爲是者。不能發中。俱是障智。

辨得失也。初判屬智障。卽是失也。

○次得。二。初明能通門。

若不執者。卽是四門。

卽是得也。初云四門。卽能通門。以成門故。名能通得。

○次明所通理。

若得契理。理非眞非緣。非共非離。不可說示。

契此理故。名所通得。雖觀四句。理實非四。此中闕六十四番者。但是畧耳。

○次明化他問。觀前二假。何故不明化他相耶。答。前觀法未周。自行未滿。是故至此。方名利他。分二。

先總舉。

若有機緣。亦可四說。悉檀方便。無復定執。隨緣異說聞卽得道。

○次別釋十。初釋緣修二。初法。

所謂從無常生於常。大經云。因是無常而果是常。

無常生常。如前所說。前爲破故。故云不應無常生常。今明隨機宜聞得益。語同意異。不可一準。無常望常無常是他。故大經破十仙中云。如汝法中。因是常果是無常。何妨我法。因是無常而果是常。今亦如是因於緣修無常因故生於眞修常住果也。

○次喻

又云從伊蘭子生旃檀樹。

譬他生。伊蘭如無明。旃檀如法性故。是故大經闍王聞法得授記已自述歎云。我見世間從伊蘭子生伊蘭樹。不見伊蘭生旃檀樹。我今得見從伊蘭子生旃檀樹。旃檀樹者。卽是我心無根信也。言無根者。我初不知恭敬如來。今蒙生信。故曰無根也。

○次釋眞修

或時云從法王種性中生。卽是眞修。

如來望我。如來爲他。法王種性自也。從穀生穀。故名爲種。穀種不變。故名爲性。從我身中法性而生。義之如種。無始至今。其種不變。故名爲性。不同從佛而生信心。故名爲自。

○三釋共生

或言因滅無明則得菩提燈。

因滅等共生也。由內法性及外觀智無明滅已。卽得菩提。故名爲共。

○四釋離生

或言非內觀非外觀而得是智慧云云

非內謂非法性。非外謂非緣修。離此二故名爲無因而得。是等者雖非內外不無所得中道之智。言云云者。一一句末皆應結云得是智慧以離執故

名爲得智。

○五結成三觀

無得之得。以是得無所得入空。意無所得卽是得入假。意得無所得皆不可得。雙照得無得。卽中意。

無得等者。結釋前文以成三觀。離性過故名爲無得。離過得智故云之得。證無得故名得無得。卽此無得假名爲得。得與無得皆不可得。義兼雙遮。復能雙照得與無得。

○六明菩薩作論利他

諸菩薩等或偏申一門。如天親明阿黎耶識爲世諦

別有眞如。此是論之正主。禪定助道皆是陪從莊嚴耳。如中論中畢竟空空爲論主。其餘亦是助道耳。餘門亦應有菩薩作論申之。作論異說豈離四門。因門有殊。契會不異。若得此意何所乖諍。苦與矛盾。
即是菩薩作論申門。天親地論法性依持即屬自生。是論正意。故云正主。他共無因例此可知。中論中空空爲正主。餘有等三準此亦爾。豈離四門者攝教顯門。一切諸教四門攝盡。四門雖殊。通理不異。若得此意無所乖違。牟楯者牟字應作矛。或作鉾。兵器也。長二丈。建於兵車。楯字應作盾。亦是兵器。即旁牌也。此楯是欄楯字耳。此牟是牛鳴也。並非文意。如楚有賣矛及賣盾者。有來買矛。語買者言。此矛壞千盾。有來買盾者。語買者言。此盾壞千矛。買矛者猶在。買盾者復至。買矛者語賣者言。還與汝矛而壞汝盾爲得幾盾。賣者無答。自相違故。

○七用四悉四門中四論以修止觀。
若用四門修觀者。或樂或宜或對或入一門。既爾餘門亦然。觀行雖別。得道何異。
用四門中四論四悉以修止觀。
○八明門功能
經論爲緣不同。古來諍競難可通處。用此解釋。氷冶雲銷。
○九明門中觀行功能
如此觀行契教根理。印會允合。有何是非。
明門中觀行之功能也。允亦合也。
○十舉得辨失
明眼之人依義不依語。有智之者必不生疑。無目無解徒勞愁怪。詎可益乎。
○三料簡二。初一問答二。初問。
問無明即法性。法性即無明。無明破時法性破不。法性顯時無明顯不。
無明法性既其相即。法性即無明故應當俱破。無明即法性故應當俱顯。二法不二故俱破顯。二法若二爲理不成。

○次答
答然理實無名。對無明稱法性。法性顯則無明轉變爲明。無明破則無無明。對誰復論法性耶。
答意者。二法無體。但有假名。雖俱假名。必無並住。故法性顯無明已傾。無明傾時法性尚無。況復更立無明之名。故無破顯而破而顯。

○次一問答二。初問。
問無明即法性。無復無明與誰相即。
問意者如向所答。無明既其即是法性。但唯法性何有無明。而前文云。二法相即。若相即者。何但無明即是法性。復有法性即是無明。今文但舉一邊爲問。故云無復無明與誰相即。亦應更云法性即無明。無復法性與誰相即。所以不論後一邊者。於迷示理。明理不二。是故相即推不二理。一對即足。何須重並下一對耶。若示迷性。應存後對。
○次答二。初引氷喩答。

答如爲不識氷人。指水是氷。指氷是水。但有名字。寧復有二物相即耶。
答中二喩。初喩意者具用二對。無明如氷。法性如水。如爲不識一句。冠下兩句。爲迷氷者指水爲氷。爲迷水者指氷爲水。如迷法性即指無明。如迷無明即指法性。若失此意俱迷二法。故知世人非但不識即無明之法性。亦乃不識即法性之無明。猶如濕性本無二名。假立二名以示迷者。爲計二名不了無二。故以二法更互相即。
○次更引珠喩答。

如一珠向月生水。向日生火。不向則無水火。一物未曾二。而有水火之殊耳。
恐迷氷水。更引珠喩。珠非水火。遇緣故生。理性非二。從緣故說。
○四明位利益六。初釋中位。
四修中觀位者。前兩止爲中道雙遮方便。兩觀是雙照方便。因此遮照得入中道。自然雙流。自然雙照。修相證相亦爲且存次第文故。故云兩觀以爲方便。地相體眞。及以隨緣能爲入地雙遮方便。故至初地任運雙遮。地前空假能爲入地雙照方便。故

至初地任運雙照。故體眞止以止見思。即以空觀而照眞諦。假觀隨緣準此可知。是故初地名中道位。
修此雙流。凡有三處。
○次斥權位三。初立三位。
三位謂通教八地。別教初地。圓教初住。
○次兼序通別修證之位。
若別接通者。七地論修。八地論證。別教十迴向論修。登地論證。
兼序通別修證之位。欲斥於權。是故重序。初明通

教以別接者。方乃得云七地論修。八地論證。問第
三卷明別接通中何故乃云八地聞中道九地伏
無明十地破無明方得名爲佛以何義故與此不
同答始從四地終至九地咸受接名三根不同故
位不等。四地爲上六七爲中八九爲下文從中說
故云七地前爲鈍經故從下說故大品云十地菩
薩爲如佛經從下者其位定故故諸經論多從下
說言如佛者通第十地名爲佛地被接之人能破
無明無明破已如彼佛地同得八相故名爲如
○三正斥權位通別二意雖破無明權位猶高故

須斥破文二初斥通教
如此修證高遠迢遞初心衆生尚不得修乾慧云何
能證八地耶此中道觀於凡無益
問乾慧正是初心所修云何斥言初不得修答舉
劣況勝一往斥之如乾慧中總含三賢初心但可
修五停心尚無念處況有八地道觀雙流即今被
接破無明耶
○次斥別教
又初心尚未入十信至廻向若無廻向豈得修中無
修則無證此中道觀於凡夫人望崖無益

初立信心尚未入信豈論廻向文中但云至廻向
者文畧故也故彼權位凡夫無分言修中者亦寄
次第實而言之三觀圓修以二觀心修於中道是
故至此即名圓修故四念處云別向圓修即此意
也
○三正顯圓位六初立五品位
今明圓教五品之初秖是凡地即能圓觀三諦修於
中空坐如來座修寂滅忍著如來衣修佛定慧以如
來莊嚴而自莊嚴修無緣慈入如來室
引法華經釋成三觀空座中衣假室復以定慧助

釋忍衣座畢竟故所以空圓寂滅故所以中圓
室慈大故所以假圓又室衣座三皆云如來是故
圓也
○次立相似位三初法說
始從初品進入第五相似法起
○次舉譬
見鴿知池望烟驗火即是相似位人入六根清淨也
大經十四云見有二種一相貌見二了了見相貌
見者如遠見烟名爲見火雖不見火實非虛妄空
中見鶴便言見水若見蓮華便言見根籬間見角

便言見牛見女懷妊便言見欲若見身口便言見心一句下廣如初句如是並名相貌見也了了見者如眼見色菩薩見道菩提涅槃亦復如是及觀掌果義亦同之如是並名了了見也若相貌見名相似見了了見者名究竟見分證亦得分了之名故此似位引彼相貌者相似見實非見性雖非見性不同凡夫虛妄稱見故諸譬云實非虛妄五品尙得觀行名見況復相似而非見耶

○三引例釋成

例如外道不修念處永無煖分二觀亦爾不修中道

似解不發

○三正明中位

今五品修中能生似解轉入初住即破無明

○四引華嚴以證初住

故華嚴解初住云無染如虛空清淨妙法身湛然應一切正使及習一時皆盡無有遺餘初發過牟尼此之謂也

引華嚴以證初住六根淨位界內惑盡且名無餘進破無明方過牟尼三藏牟尼未斷別惑教門觀行復劣於圓故初住心過牟尼也

○五顯觀功能

始自初品終至初住一生可修一生可證

○六重斥通別

不待位登七地爾乃修習何暇歡喜始入雙流

不待等者重斥通教七地方接何暇歡喜者斥別初地始證中者故楞伽第五云菩薩摩訶薩住如如已升歡喜地如是次第乃至法雲故知並是初地以上教道之說

○四正判權實

前教所以高其位者方便之說圓教位下者眞實之

說

教彌實位彌下教彌權位彌高故通在八地別在初地圓在初住

○五引證權實

法華云如此之事是我方便諸佛亦然今當為汝說最實事即此意也

方便證權實事證實我即釋迦諸謂十方三世等也借彼發迹之語以成開權之文

○六更歷教判二初明前權位

復次三藏菩薩坐道場時猶是具惑故無雙流雙流

位在佛耳。通教有別來接者雙流位在八地。別教雙流位在初地。故漸漸引之。其位稍低。實意爾顯也。

前但列二雙流入中。今更通說故兼三藏。其教更下其位極高。故雙流位唯在於佛。應明當分跨節二義。

○次明圓實位四。初法說。

雖言初住破一分無明。是雙流位。此是畧語。其位雖下。破惑功多。至初住時。一攝一切。雖云一品。品實無量。

○次舉譬

譬如舉帆。一日三千。畧言一日耳。

如文

○三引例釋

又如禪有九品。此亦大較。如佛得四禪身子不知。身子入四禪目連不知。目連入四禪諸比丘不知。如此往推禪不啻九品。初住亦爾。言一品者亦無量品。此位能徧法界作佛事。不可限量。

引例釋也。如四禪是一入者不同。以是而言品不啻九。故知初住破品應多。

○四指經

如首楞嚴華嚴中廣說。尚示八相。何況餘耶云云

○四更畧結前三番中觀以成二空名破法徧。破法徧三。初正明。

前兩觀後已結成破法徧。如上說。今中道正觀觀無明法性。不依二邊。不依四句。畢竟清淨無倚無著。

前兩觀後等者。準文次第至此方可結暨破徧。恐迷遠文故預於前二觀後結。今至此中正當結處。故但畧結還卻指前。今中道觀下更畧結前三番。中觀以成二空名破法徧。無明是結前初番。法性是結前次番。不依等結前第三。不依四句結成性空。無倚無著結成相空。準前破見在三假後方結二空。故今亦應然。

○次證二空

故淨名云。稽首如空無所依。

引淨名以證二空。佛具二空故稽首禮。具二空故盡淨諸法。以空喻空故曰如空。無復性相故曰無依。

○三結成

此智豁開。一破一切破。靡所不徧故名破法徧也。

若入初住。攝一切住。住既破惑。是故一破攝一切

破從初至後皆除一分故名一破一切破也。
○次明橫門破法徧三初明來意二初法。
第二約餘門明破法徧者上約無生一門豎修三觀徹照三諦破法徧無量諸門望無生門餘門是橫。
○次譬
譬如徑直重門此則名豎齊竝邐迤故稱爲橫。
從淺至深故名徑直門門意等故名爲齊俱列意等故名爲竝。
○次說門意
若橫若豎皆得見王故約橫論觀辨破法徧也。

橫豎雖異無不見實亦是類通通一切行皆至於極。
○三正釋橫門五先列八不。
橫門者如中論八不不生不滅不常不斷不一不異不來不去。
一論具列故先明之故論第一歸敬序云不生亦不滅不常亦不斷不一亦不異不來亦不去能說是因緣善滅諸戲論我稽首禮佛諸法中第一此之八不明佛所說第一義諦。
○次舉例指廣
一論明八門諸經論則無量或不有不無不垢不淨不住不著不受不取不虛不實不縛不脫如此等諸教行門其數無量俱皆能通故稱爲門。
○三引論攝相
中論云若深觀不常不斷即入無生無滅義何以故不生即不異不滅即不一生名集成即異義滅名散壞即一義不生即不常不滅即不斷不生即不來不滅即不去不生即不垢不滅即不淨不生即不增不滅即不減不生即不縛不滅即不脫不生即不有不滅即不無是故深觀不生不滅即是諸門義也。

以二攝六及垢淨等論問曰諸法無量何故但以此八破耶答法雖無量此八破盡當知諸文所列門相不出此八起緣名異是故廣明故論云言不生者一切邪計及四性等生與無生皆不可得不生無生何得有滅滅無生故故生本無餘之六句準此說之問不生不滅既已總破一切諸法何須更列餘六句耶答爲成初二故列餘六又信樂不同隨宜說異故本業瓔珞下卷大經大論第六明破諸法竝列八不與中論同故瓔珞云八不相即聖智不二不二故是諸佛菩薩母諸佛皆說八不

故也。故知八不攝門義盡。又今豎門三諦義足度入橫門。門門三諦故使橫門無橫不豎。以豎望橫無豎不橫。從始至終並有橫故。如一無生一切無生乃至不出亦復如是。攝此橫豎皆入一心。具如後說。此八既爾諸門例然。是故今文度入諸門。具如中論初二入六。是故今文先以諸法悉入無生。餘七展轉更互相入。乃至一切橫門亦然。是故且明無生度入。

○四明豎門三諦義足度入橫門三諦。三諦三。初別釋十。初將無生門陰入界境十雙互發來入諸

門。

若無生門觀陰界入次第不次第乃至三障四魔者餘門亦如是。

若無生門至亦如是者。是將無生門中陰入界境十雙互發來入諸門。

○次將無生門十乘初文界如三千來入諸門。

若無生門觀心如工畫師造種種五陰。一切世間中莫不從心造。一陰界入一切陰界入。一性相體力一切性相體力等。餘門亦如是。

是將無生門中十法成乘初文及不思議境境中十如十界三千來入諸門。此中存略但云種種五陰。即是略舉五陰世間。一性相等即是略舉三世間中十如文來入諸門。

○三將無生門發菩提心來入諸門。

若無生門發真正菩提心起四弘誓願。餘門亦如是。

○四將無生門安心止觀來入諸門。

若無生門安心止觀自行化他信法迴轉善巧悉檀餘門亦如是。

此前三法列文並略。唯至破徧文相稍廣者。正約破徧明度入故。自餘諸文相承來耳。既相承來無

住無行理亦應具。彼二門中或時無者是闕略耳。

○五將無生門破徧三觀空文來入諸門。

若無生門識有無破單複具足無言說見。一一皆有三假四觀。如是不自不他不共不無因者。餘門亦如是。

是將破徧中豎三觀中入空文來。但是空中破見文耳。猶略破思及以諸位四門料簡等。

○六將無生門入假知病重數來入諸門。

若無生門破見有七萬二千三百八十四止觀者。餘門亦如是。

是將入假中知病知病中重數重數中知見重數
文來餘知病中諸義及識藥授藥等文並畧
○七將無生門入中觀無明文來入諸門二初推
自性來入
若無生門觀智障自生非自生故說自生空自生空
非自空故說自生假自假非假自空非空故說自生
中自中不但中雙照空假故說三觀一心者餘諸門
亦如是
是將入中初觀無明文來前文既以四句推破破
已乃云若於一觀得悟餘句即融故知一句得悟
悟即三觀現前帶前二觀修中故也餘三句如文

○次推三性來入
若無生門觀智障他生非他生共生非共生無因生
非無因生乃至三觀一心者餘門亦如是
○八將無生門入中觀法性文來入諸門二初推
自性來入
若無生門觀智障自滅非自滅故說自滅空自空非
自空故說自滅假自假非假自空非空故說自滅中
自滅中不但中雙照空假故說自滅三觀一心者餘
門亦如是

○次推三性來入
若無生門觀智障他滅非他滅共滅非共滅無因滅
非無因滅乃至三觀一心者餘門亦如是
○九將無生門入中觀眞緣文來入諸門二初推
自性來入
若無生門自待非自待故說自待空自空非自空故
說自待假自空非空自假非假故說自待中自中不
但中雙照二諦故說三觀一心者餘門亦如是
○次推三性來入
若無生門他待非他待共待非共待無因待非無因
待乃至三觀一心者餘門亦如是

初無生門中明因成假約無明法性以爲自他共
無因等今入中道中道文初攬前空假與中相即
已具三諦故今四句一一句內皆結三諦相續相
待亦復如是又一一假中皆初明自生次明三句
在文可見相續文中言自滅等者前觀法性中云
爲當無明滅法性生等故此文中以滅爲名無明
滅生無明即是自滅法性生即是他生不滅而生
即是他滅法性名自滅不滅生即是共滅離滅不
滅即是無因法性亦爾何者不滅生是自不滅望

滅滅卽成他。今通無明言之故皆云滅相待中云自待等者前相待中云待智說無智待於諸佛名爲他待待我當來名爲自待共與無因例此可知。

○十將無生門三觀結成破法徧文來入諸門。

若無生門三觀結成破法徧者餘門亦如是。

前於二觀後結竟至第三觀後但指前結之今度入文既於第三觀後說之第二與後故畧不出故知結徧正應合在第三觀末。

○次總結

以無生門如上等諸法度入餘門縱橫無礙如金剛

刀無能障者。

○三明無生度入二經四初還明入相。

若得此意通釋經論隨義廻轉文義允當無處不合。

○次正明二經二先明無行次明金剛。初無行中二初引經畧標。

所以者何若將此義釋無行經卽轉無生意入無行門。

○次明十乘三文

所謂諦無行智無行菩提心無行安心於止觀無行破見思無知無明等無行生死涅槃中間等皆無行

無行行無行位無行教如是等一切悉入無行門中說究竟具足也。

諦無行者卽是妙境智是依境起解菩提是發心。安心如文破見思等者卽是破徧生死涅槃中間卽是通舉始終行位教等指下文中通塞道品及以正助位是次位通攝安忍及以離愛並在位中。過離愛已入初住位必有起教故云教也。

○次明金剛四初明引經六塵不住。

若釋金剛般若經卽轉無生意度入不住門中種種不住不住色布施不住聲香味觸布施。

金剛者初且引經六塵不住。

○次明十乘三文

不住境智布施不住慈悲布施不住見思中布施不住無知無明中布施是名檀波羅蜜不住色中持戒乃至不住色中般若初地不應住乃至十地不應住。雖諸法不住以無住法住般若中卽是入空以無住法住世諦卽是入假以無住法住實相卽是入中。

不住境智乃至見思無明等者且舉十乘初三文也以破徧文是元度入故也不住地等者更引經中不住之文入地尚乃云不應住以未極故況復

住於初心境智乃至若未破徧故不應住即是無住而住是則亦名不應住故云雖諸法不住以無住法住般若中是則三諦復通初後六即皆得名無住。

○三更判位二初正判。

此無住慧即是金剛三昧能破磐石砂礫徹至本際。

○次釋判三初明分得金剛。

故仁王經三處明金剛三昧七地初地初住即是金剛無住釋三教位義。

通途言之此之三處皆破無明是故分得金剛無

住。

○次明究竟金剛

又云釋迦牟尼入大寂定金剛三昧。

○三釋疑二初疑。

若爾者常途不應云無礙道有金剛斷道無金剛。

○次釋

經云佛有豈非斷道有耶。

常途所釋但云金剛唯在伏道故云斷道無金剛耳故以等覺為金剛位妙覺唯斷無金剛也仁王既云釋迦所入故今引之佛有金剛通至初住極在於佛無非金剛不住義也為破他解故引佛有。

從容釋之有無無在用在等覺功歸妙覺。

○四以論意結

天親無著論開善廣解詎出無生無住之意耶。

二論所說亦不出於十乘不住。

○三明用經意

畧舉二經示度曲之端耳。

言度曲者曲謂音曲以無生義度入餘門如世絃管絃管不殊而曲各異絃管如橫諸曲如豎。

○四明經功能

若得此意千經萬論豁矣無疑此是學觀之初章思義之根本釋異之妙慧入道之指歸綱骨曠大事理具足解一千從法門自在云云

初章根本妙慧指歸度曲之功曠大若是八道為理餘三屬事千從之解少分為言。

○五更料簡二初問。

問無生一門申一切佛法復何用餘門耶。

可知

○次答五初正示自行能通之門。

答法相如此二義相須人人不同各各自行應須餘

門。如淨名三十二菩薩各說已入不二法門。
答意者。無生對餘名爲二義。初正示自行能通之門。故云三十二菩薩各各說已所入之門。
○次出他解
若言生滅是生死爲二。不生不滅則無二。乃是空門。何關中道。
○三今家正解四。初示能通之門。
今解生是生死。滅是涅槃。是爲二。雙遮二邊得入中道。是爲入不二法門。
○次明自行

此菩薩自說已門。不說他門。華嚴云。我唯知此一門。卽是各說入門。門則無量也。
○三明化他
又他緣不同逗化非一。前一番人聞說無生無滅得悟。餘非其宜。所以無益。次菩薩更說不垢不淨入不二門。當其所宜聞之得道。是則橫門無量。八千菩薩各各說之。
前明諸菩薩各自說已所入之門。故成自行。此中明三十二菩薩各各說者。非獨述己。亦爲利他。他緣不同。故須各說。是則等者。歎門無量無不益他。

○四結酬前難
云何難言一門足耶。
○四更於門門。復明四悉。
復次行人依無生門修四三昧。或時歡喜頂受。或信善心生。或惡覺執破。或悅悅欲悟。若爾者此無生門是其道門。若不爾非其門也。
更於門門以明四悉。得四悉益。卽是其宜。若無四悉應須度入。歡喜卽世界。信善卽爲人。執破卽對治。欲悟卽第一義。
○五明無滅等門有四悉益三。初法

當更從無滅門入。喜生善發執破近道。當知無滅是其道門。不爾於其非門。如是廣歷衆門一一檢試會有相應。
○次譬
從喜生下八字。卽四悉門也。
張羅旣廣。心鳥自獲。
如文
○三結
爲是義故。將橫約豎。以顯門通也。
○三明橫豎一心六。初明來意。

第三橫豎一心明止觀者。如上所說橫豎深廣。破一切邪執。申一切經論。修一切觀行。逗一切根緣。廻轉無窮。言煩難見。今當結束。出其正意。

始從外外。終至佛法。皆有邪執。及以諸思。並皆觀破。破立兼申。一切經論。故見思破位。大小不同。四門料簡。所入各異。出假藥病。及授藥等。徧歷一切。入中復有諸位不同。度入橫門。門又無量。是故一一皆云一切。其相既廣。欲修觀者。循心難當。故須結撮示其正意。名爲一心。此卽正明一心。無生門之來意也。

○次明橫豎諸門。度入一心。

若無生門千萬重疊。秖是無明一念因緣所生法。卽空卽假卽中。不思議三諦。一心三觀。一切種智佛眼等法耳。無生門既爾。諸餘橫門亦復如是。

若無生門千萬等者。明橫豎諸門度入一心。

○三結成一心

雖種種說。秖一心三觀。故無橫無豎。

○四分門解釋。二。初列。

但一心修止觀。又爲二。一總明一心。二歷餘一心。

○次釋三。初總明一心。對下食等。一一相別。故名爲總利者。舉總已了。於別爲未了者。下更別云。於中又三。初略示觀法。

總者。秖約無明一念心。此心具三諦。體達一觀。此觀具三觀。

○次明度入意。分三。初標。

若不得前來橫豎諸說。如此境智。何由可解。

尋文可見。

○次釋四。初因緣生法度入。

前說一念無明與法性合。卽有一切百千夢事。一陰界入。一切陰界入。無量單複具足無言等見。三界九

地一切諸思。十六門破等諸法。先已次第橫豎聞竟。今聞一心因緣生法者。卽懸超前來一切次第因緣生法。懸識不可思議因緣生法。

言懸超者。一心中具無復次第。不同前豎。故曰懸超。

○次諸法卽空度入

前說諸法皆三假四句。句句求實不可得。單複諸見皆空。九地諸思皆空。十六門皆空。先已聞故。今聞一心卽是空。懸超前來次第諸空。懸識不可思議畢竟妙空。

○三諸法卽假度入
前來所明諸假覆疏倒入分別藥病授藥等法先已聞故今聞一心卽假懸超前來次第之假懸識雙照二諦之假
覆疏倒入者自行雖破未委分別故名爲疏次爲利他更廣分別故名爲覆破已復來故名倒入亦名卻入未前進故如是等相亦入一心故云妙空乃至雙照等一切雙非意亦如是言雙照二諦之假者以假卽中故也
○四諸法卽中度入

今聞非空非假者懸超前來諸空皆非空諸假皆非假又前來分別一切非有非無單見中非有非無複見中非有非無具足中非有非無三藏中非有非無通門非有非無別門非有非無前已聞故今聞非有非無懸超前來諸非有非無懸識中道不可思議非有非無
○三結二初正結
如此三諦一心中解者此人難得
○次釋結
何以故約心論無明還約心論因緣所生法故有前來一切法約心卽空故有前來諸空還約心論假故有前來出假等亦約心論法界故有中道非空非假三諦具足秖在一心分別相貌如次第說若論道理秖在一心卽空卽假卽中如一剎那而有三相三相不同生住滅異一心三觀亦如是生喩假有滅喩空無住喩非空非有三諦不同而秖一念如生住滅異秖一剎那三觀三智三止三眼例則可知
○三約一心開佛知見二初正明
如是觀者則是衆生開佛知見言衆生者貪恚癡心皆計有我我卽衆生我逐心起心起三毒卽名衆生

此心起時卽空卽假卽中隨心起念止觀具足觀名佛知止名佛見於念念中止觀現前卽是衆生開佛知見
旣於念念止觀現前約此心念名爲衆生何者總撮前來若橫若豎旣入一心凡一念起不離於我我卽衆生達念念心而寂而照寂故名止照故名觀一心旣爾諸心例然止觀爲因眼智爲果一一念中無非止觀眼智故也何必初住方名開耶如開三乘但是開彼執近之謂謂卽衆生亦是顯示謂情寂照卽是三乘佛知見開今此但是開許開

通之開。未是開發開見之開。故下文云此觀成等。以判開位。

○次約位三。初約五品位。

此觀成就名初隨喜品。讀誦扶助此觀轉明成第二品。如行而說資心轉明成第三品。兼行六度功德轉深成第四品。具行六度事理無減成第五品。

○次約相似位二。初正明。

第五品轉入六根清淨名相似位。

○次引證

故法華云雖未得無漏而其意根清淨若此。

六根淨中但引意根者。由意淨故諸根清淨。故但引意以攝餘根。

○三分眞究竟二。初正明。

從相似位進入銅輪破無明得無生忍。四十二地諸位。

○次引證四。初引二經證。

故法華云得如是無漏清淨之果報。亦是三賢十聖住果報。唯佛一人居淨土。以賢聖例佛。指妙覺是報。三賢十聖等。引仁王者。賢聖居因故有果報。佛無報故。故名爲淨。今通論之。淨穢既殊。有報義別。可證究竟。

○次引大經證

大經云得無上報者。有現報故名無上報。無生後故言佛無報。大經亦云子果。果子以現報故。即如子果。無後報故。不名果子云云

借小明大。證妙覺報。小乘亦以有現報故。名爲有報。故二十七云衆生繫縛名色。名色繫縛衆生等。師子吼難言。若有名色是繫縛者。諸阿羅漢未離名色。亦應繫縛。佛言善男子解脫二種。一者子斷。二者果斷。言子斷者。諸阿羅漢已斷煩惱諸結爛

壞。未斷果故名果繫縛。不得說言名色繫縛。雖未斷果必定斷故。煩惱即是果家之子。陰果即是子家之果。大乘雖不同彼小乘入無餘時永斷於果。但有現報無生後報。其義稍同。故得相顯也。有報身故同於子果。不招後報名無果子。

○三引光明證

又金光明稱爲應身境智相應也。就境爲法身。就智爲報身。起用爲應身。以得法身故常恒不變。法身清淨廣大如法界究竟如虛空盡未來際也。

引金光明亦證報身。雖同名報。報義復別。不同小

乘隔世報故故重引之境名法身智名報身境智相應能起化用名爲應身準彼經意應字平呼智應於境名爲應身彼經卽以報身爲應起化用者可去聲呼卽化身是故彼經三身品云化身應身法身隨諸衆生現種種身名爲化身相應如如如如智願力故得現具足相好名爲應身斷一切煩惱具一切法唯有如如如如智也如如法身爲如如智所應依故

○四引寶性釋金光明

寶性論云常卽不生恒卽不老淸淨卽不病不變卽

不死法身是淨德廣大如法界是我德究竟如虛空是樂德盡未來際是常德故知初住法身卽見如是常樂我淨無生老死也云云

引寶性釋金光明

○次歷餘一心

歷餘一心三觀者若總無明心未必是宜更歷餘心或欲心瞋心慢心此等心起卽空卽假卽中還如總中所說云云

歷餘一心者以向橫豎不二之一心歷於諸心一切諸心無非無明是故初且總觀無明總旣非宜開

總出別無明心中具諸心故問前文但云觀於識陰何故得有欲等心耶答一者諸心不出於識二者爲對便宜之人故須兼列問貪等卽是煩惱所攝何名觀陰答雖是煩惱善惡陰攝况此但觀欲等心王若爾與煩惱境有何別耶答此是煩惱非煩惱境彼由觀發昔此過現習生與下不同故合在此其實煩惱非報陰也雖卽屬陰攝陰不盡是故下文復例餘陰所言歷者謂巡檢也以別望總故名爲餘不出無明故云一心

○三例餘陰入

前來所說但觀識陰作如此說餘四陰亦如是十二入十八界亦如是是名觀陰界入境破法徧竟

例餘陰入等者問應在第七卷末明十乘竟例餘陰入皆修十乘何故於此卽例餘耶答以義便故從初至此單約識心從此已去乃至離愛具約五陰方成法根故通塞中旣撿校諦緣諦緣必須具足五陰道品念處不可獨明一識陰故正助秪是助於道品下三秪是明於觀陰次位等耳故須於此例餘陰入將餘陰入共爲觀境問歷餘一心與四陰何別答有同有異具如向簡又歷餘一心以

心對心而論總別。若例餘陰以陰對陰而論麤細報非報異法相別故。故須別明。雖復別明須知同異陰不出心心不離陰陰從能覆心從能造造親覆疎並心爲境。

○五問答料簡二。初問。

問。入假中有因緣入空何意無。入空以四門料簡假中何意無。

如文

○次答二。先答入空因緣四。先總答。

答。入空亦有畧故不說耳。

○次別列

何者。謂爲解脫故。爲脫他故。爲慧命故。爲無漏故。爲法位故。

○三解釋五。初釋爲自脫。

夫生死縛著勞我精神非空不解。

○次釋爲脫他

自既有縛能解他縛無有是處。爲脫他故應須入空。

○三釋爲慧命

賢聖以慧爲命。慧命非空不立。

○四釋爲無漏

諸神通中無漏通勝。爲勝神通故應須入空。

○五釋爲法位

又法位非慧不入。空慧能速入法位。

○四結成

入空因緣甚多。例後故說五耳。

然須思擇例同。出假因緣相者。自脫同大悲脫他同本誓慧命同利智無漏同方便法位同精進。一一細會令義相當。假在空後故云例後。欲以前後一例五緣故亦五耳。

○次答入假無四意

夫空觀通於小大偏圓。欲分別不濫須四門料簡。假中不雜小故不用耳。空觀二種。析空專在小。體空小大共。今之料簡簡於體空。雖同用體所爲處別。故須料簡。別圓能通雖各四門所通處同故料簡則閒耳。

空通大小等者。小藏大衍偏三圓一。此等皆破見思入空能破之觀依門不同故列十六門。使析體不濫。如體空中諸空復別。見思斷處三乘共有。別教入空雖獨在菩薩智斷復同。標心永異。今文明豎相似別教文意復殊。故今文云所爲處別故對別簡使與別異以立次第。本顯不次。故云料簡閒也恐人迷故寄四教簡文意本在唯一圓融。
○六寄釋智障即寄此文後以引達磨鬱多羅釋
智障義達磨鬱多羅此云法尚佛滅度後八百年
出是阿羅漢於婆沙中取三百偈以爲一部名雜
阿毘曇此論主凡有釋義文多委悉大師引用全
無破斥亦如玄文釋十二部經雖不正用具存彼
意今文初從煩惱至云何說智爲障即徵起也智
有二種云答也既述彼義且順彼宗勿將今文以
雜彼意文二初一問答二初徵起
智障者異解不同今出達磨鬱多羅釋煩惱是惑心

故煩惱是障智是明解云何說智爲障
可解
○次答釋六初釋智爲障
智有二種證智識智識智分別體違想順想順故說
爲智體違分別與證智爲礙故說智爲障
言證智者是佛菩薩智言識智者是二乘智二乘
之智雖得智名未順實相義當於識能破煩惱義
當於智言體違等者釋識智識順於想性是分別
此智違體故曰體違此智順想故曰想順順二乘
智違於佛智與佛菩薩智而作障故故云智障

○次約佛得脫知智是障
又佛於二障得解脫
○三引涅槃證二解脫
涅槃云斷愛故得心解脫斷無明故得智解脫
佛煩惱障先已除竟無明復盡名離二障故引涅
槃證二解脫心謂無漏智謂證智智不被障名智
解脫
○四引地持釋涅槃意
地持中說愛爲煩惱首故心解脫對治煩惱障也遠
離一切無明穢汚於一切所知知無障礙名智淨智

淨即慧解脫
地持名慧涅槃名智名異義同
○五轉釋地持慧解脫
若以智所知礙名智障者以無明故於智有礙正以
無明爲智障體也
地持中云於一切所知知無障礙名爲智淨故釋
云以無明故於知有礙若破無明知無障礙即是
無明障於證智名爲智障破無明故得智無障
○六引證無明是智障義
入大乘論云出世間無明是智障世間無明賢聖已

遠離卽是先斷煩惱障也。
引入大乘以證無明是智障義。然無明名同是故須簡出世無明方名智障。
○次一問答二。初更轉難智障。
二障俱是煩惱云何以無明爲智障。
更轉難也。無明與愛俱是煩惱何故獨以無明煩惱而爲智障。
○次釋五。初釋卽智爲障。
無明是卽智之惑以智爲體卽智說障。
愛是煩惱煩惱異智無明雖亦名爲煩惱煩惱卽

智是故無明不同於愛所以分於二障不同。
○次引例釋智障
例如無餘生死卽無爲而說生死以無爲爲名也。
分段是生死生死非無爲若無爲生死生死卽無爲無明亦如是卽體得名智是故說無明得名爲智障。
○三釋煩惱非卽智之惑
愛卽四住地也。亦能障智然是異心之惑解惑不俱體是煩惱故當體爲名名煩惱障。
釋煩惱非卽智之惑故有智慧時則無煩惱有煩惱時則無智慧是故文云解惑不俱煩惱卽障名煩惱障。言無爲生死者攝大乘立七種生死中有方便生死卽無爲生死有因緣生死卽法界生死此二生死在變易土故彼生死卽是無爲故借例今卽智之惑。
○四重釋出愛與無明其體不同五。初明愛功能。
復次愛能令諸有相續能令心煩與心作惱。
更重釋出愛與無明其體不同愛從果起能續後果故云能令諸有相續此明愛之功能能令心煩下釋愛功能秖是煩惱。

○次出無明功能從强受名。
雖無明覆蔽然生由愛水招生功强故名愛爲煩惱障。
出無明功能以望煩惱招生强者不過於愛故從强受名是故愛但名爲煩惱不名智障。
○三正釋無明功能
無明不了正與解脫反
正釋無明功能是智障義無明與愛俱違解脫而無明與愛枝本不同無明爲本正違解脫違卽是障。

○四明愛是枝本
愛性雖違然以無明爲本。
愛是枝本既已受智障之名是故愛但名爲煩惱
○五重釋無明親能障智
無明性迷障智義顯。故從所障名爲智障。
重釋無明親能障智。體性復迷迷即是障。親障智
故是故名爲智障義顯。
○五重簡無明名同體異以辦二障體相不同十
一先問。
無明有二。一迷理。二迷事。何者是智障。

重簡無明名同體異以辦二障體相不同。先問云
雖有迷事迷理之殊。二既同得名爲無明。云何無
明得名智障。
○次引地持答
地持說二乘無漏人無我智爲煩惱障淨智。佛菩薩
法無我智爲智障淨智。
若通論者所障既其俱名智。故使能障俱名障。令
別論者。所障智體既不同。故令能障無明別。是故
二乘人無我智。而爲所障。即以煩惱而爲能障。諸
佛菩薩法無我智。而爲所障。人無我智而爲能障。

以二乘之所障爲佛菩薩之能障。於二乘人得名
爲智。於佛菩薩但名爲障。此亦即智是障名爲智
障。
○三判向地持二。初明二俱智障。
若爾。二俱是迷理爲智障。
判向地持人法無我俱是所迷。人法無我二俱名
理。二無我智俱名淨智煩惱及智俱是理智家障。
○次明即是事智被障爲智障
又智所知礙名爲智障者於一切法。知無障礙。即於
事中知無障礙。但是迷事爲智障。

○四徵向所解
若爾何者爲定。
迷事迷理俱名智障。何者爲定。
○五會向二解並有道理。
照事照理之智。智雖有二。二無別體。智障無明。亦無
二性。雖有二說。而無二也。
以古人釋有二不同。或以諸法被障名爲智障。或
以無明障於佛智名爲智障。論主俱許。故云雖二
二無二也。何者。秖是一智能照事理。事理雖殊智
體無別。

○六更出異解

又心智爲障者。究尋分別智。礙於如實。不得證智。此亦即智是障。

有人云。心智爲障者。心是分別。分別爲事。事礙如實。此釋即取以迷理者名爲智障。

○七舉小乘法。對釋於大。

以滅想滅心。故有斷智之義。若捨分別。即向智障淸淨。

如生乘人入滅盡定。滅想滅心。亦名滅智。此是斷滅。今滅智障。心不可滅。即捨分別。入無分別。故知

分別實不可捨。

○八重釋智障與中道智。非條然別。

又非是條然。故智亦不斷。

智障是無明。無明是法性。是故智障不可斷也。

○九引經爲證

是以經有不失福之言。百論引佛說於福莫畏者。助道應行也。

福尚一毫無不趣極。當知分別智體無捨。爲助道故。先破煩惱。煩惱若破。此破惑智體是證智。是故無失。

○十破執見

人作一向之論。便有斷不斷二途。計無矛盾。勿生偏執競也。

見者自謂有斷不斷之別。論其智體。體本無殊。如上衆釋。意顯無明。雖云智障。障體即智。又前來諸解。亦不出前釋中觀。初明智障義。開爲三釋。初云說智爲障。即是智爲能障。智障兩字。俱屬能也。次云從所障故。名爲智障者。即是證智被障。名爲智障。智障兩字。俱屬所障。次云又智所知礙。名爲智障者。即障字爲能。智字爲所。

○十一重釋妨二。初問一。答二。初問。

問。瓔珞云。第三觀初地現前。今云何或說在八地。或說在初住。

問意者。瓔珞經中列位始終。唯云初地三觀現前。前雙流文。何故得有三處雙流。

○次答

答。借義相成。或借高成下。故言八地。或借下成高。故言初住。瓔珞明別教。故言初地。

答意者。借義相成。於理無失。借別八地。成通教下。借別初住。成圓教高。不可專執。瓔珞別位。定在初

地明位委悉。不過瓔珞。是故借之以成高下。此一

問答拾遺故來。文亦非次。

○次一問答二。初問。

問。假中兩觀明三根人修位。初觀不見判修位。

○次答

答。後觀悉入位方修假中。故約位判三根淺深。初觀始於凡地。無位可判淺深。又瓔珞亦有文云。四地名須陀洹。此應是下根。又三地明須陀洹。此應是中根或初地明須陀洹。此語上根云云

摩訶止觀輔行傳弘決卷第六之四

摩訶止觀輔行傳弘決卷第七之一

陳隋天台智者大師說　唐荆谿大師湛然

門人章安大師灌頂記　明天台沙門傳燈

○第五識通塞五[illegible]列異名。

第五識通塞者。亦名[illegible]亦名知字非字。

○次明來意有法[illegible]法說中三。先結前生後。

如上破法徧應通入[illegible]者當尋得失必滯是非。

前破法徧者結前也。[illegible]後也。俱用三名以爲生後。故云應入不入。當尋得失必滯是非。得失秖是有著無著。若同外道名著。名失。當用此門。撿校除失。若無失者。但依前門。破塞存通。是故今門。意在撿校。恐於通中翻起於塞。

○次誡勸

不得一向作解。

若一向作解。唯用破徧。恐於通起塞。於塞無通。所以立此通塞一門。撿彼破徧。令塞得通使彼破門。於通無塞。

○三正明來意

何者。若同外道愛著觀空智慧。宜以四句徧破。能破如所破。令衆塞得通。若不執觀空智慧則能破不如所破。但破塞存通。

於能生著同彼外道。宜用通塞四句徧破。故知前破徧中但用能破。破於所破。猶未悟者。必於能所心生塞著。於能生著觀法雖正。著心同邪。是故須破。故云愛著觀空智慧。是故須以四句三假破能著心。使無立處。破能著智。如所破惑。故云能破如所破也。雖不愛著能破之觀。而猶愛著所破之惑。故云若不愛著觀空智慧則能破不如所破。是故但用破徧破惑。是故須以二句分別。則使此文與前永異。一者通途通塞。則以所破爲塞。能破爲通。二者別相通塞。則以於能起著爲塞。破塞無著爲通。故下文云。法相淺深。任有通塞。況復於中起苦集等。上句卽是通途通塞。下句卽以別相況之。然今此中總有四義。一橫通塞。二豎通塞。三橫別通塞。四一心通塞。文四義二。前三爲成一心故也。一一皆須四句撿校。若於四通而起塞著。皆須破塞以存於通。如是展轉以破爲期。故下文云。於一一能。一一所。一一心。皆悉撿校。爲是義故。立通塞門。

所以復須四句分別。一者塞中得通。二者通中有塞。三者塞自是塞。四者通自是通。初之二句。卽是今文別相通塞。後之二句。若塞已破。卽屬破徧。若塞未破。度入今文。成前二句。又第一句。兼於兩句。謂通相別相兩意故也。

○次譬

如除膜養珠破賊護將。

舉譬中先譬除膜養珠。但成分喻。若破賊護將便成徧喻。何者。除膜養珠。不可珠復爲膜。卽濫第三第四兩句。是故更喻破賊護將。將若爲賊。此賊亦

破賊若爲將。此將亦護。如是展轉。將皆爲賊。節節破之。卽是此文之正意也。所言膜者。皮間薄膜。此膜覆眼。名爲眼膜。

○三合二。初正合譬。

若爾卽大導師善知通塞。將導衆人。能過五百由旬。若能如是。方能導人。至於寶所。於中先正合譬。次通五百由旬義也。亦通塞之正意也。破塞存通。至寶所故。是故路經五百由旬。經云。導師善知通塞。故用法華將導譬也。是故須破。古今諸釋。方了今文。一心通塞。

○次通五百由旬三。先破舊六。初第一師二。初引舊。云六地見思盡爲三百。七地八地爲四百。九地十地爲五百。

○次破

此義與釋論乖。論以二乘爲四百。二乘之道。非七地八地。

○次第二師二。初引。

攝大乘人。以三界爲三百。方便因緣兩生死足爲五百。

○次破

則攝義不盡。更有有後生死無後生死。屬何百耶。

○三第三師二。初引。

地人以十信住行向地爲五百。

○次破

此與法華乖。法華過三百由旬作化城。此則二百由旬作化城。

○四第四師二。初引。

復有人解三界爲三百。二乘足爲五百。

○次破

此義三失。一出三界外立化城。云何二乘出三界外

不入城更行四百五百四百五百之外更無化城何所可入而稱二乘二者滅化城方可得進城猶未滅而輙進四百五百三者二乘共入化城云何聲聞爲四百支佛爲五百

○五第五師二初引

有人以五住煩惱爲五百

○次破

然二乘已斷四住應是四百由旬外立化城

○六第六師二初引

有人以斷三界思爲三百塵沙爲四百無明爲五百

○次破

此亦不然由旬本譬煩惱云何見多而不數思少爲三百

破初家云二乘之道非七八地者問二乘正當七地八地云何言非答此中用釋論意以破彼計彼釋既云六地見思盡以爲三百七地八地以爲四百是故今文以論破之論以二乘而對四百汝以六地對見思盡正當二乘不爲四百卻以七八二地而爲四百故汝所釋與彼大論違教義違此師用通義而不識通意是故還引大論破之大論通意至後更釋後之二家皆約煩惱爲五百者而前家不數塵沙後家不數於見是故並失後辨失中畧不更破也

○次通經二先正通

此之名義本出法華法華舉五百爲譬本以生死險道導師觀知合之應作三番明五百乃會經耳一就生死處所二就煩惱三就智慧

經具三義故知諸師不與經會

○次辨失二先總判

諸師之釋方圓動息不與文會如持一孔之匙開三

須之鑰

言總者用別如太方用通如太圓二乘擅行如太動界內立城如太靜又約煩惱而不數見及塵沙約生死而不數有後無後爲太靜故知諸師各隨一見或得通而失二或用別而爲圓或至三百而不立化城或有擅行於四百五百或約煩惱而攝惑不盡或約生死而取捨不周欲判圓經恐未可也如持一孔等者不可以一師偏解能釋兼三之文

○次別判

初家約通位就四百立化城攝家約生死判二種於荒外地家約別位在界內立化城次家徑廷不待開權即自顯實

但判四師不判第五第六師者畧無易見判初家云四百立城者若約通義七八二地正屬二乘彼師七八對於四百故成四百以立化城攝家判二死於荒外者攝大乘師立七種生死一分段謂三界果報二流來謂迷眞之初三反出謂背妄之始四方便謂入滅二乘五因緣謂初地以上六有後謂第十地七無後謂金剛心汝既自立七種生死

釋五百義何故捨二但用方便及以因緣足於三界爲五百耶如汝所釋寶渚之外更有有後及以無後捨而不用故名爲判荒爲八荒八極之內亦云四海之內亦曰九州之外亦云荒服之外故曰方外如第一卷所引爾雅云九夷等四此次荒之國也孤竹等四此極遠荒之國也今以地極名爲遠荒即以所極譬於寶渚寶渚之外不應有地攝師猶有二種生死闕而不論是故破之次判地家界內立城者既將住位以對二百住位復是見思斷位二百對界秪是色界故知即是界內立城故

不可也次家即以二乘足爲五百經過三百以立化城二乘至此即應入城何故將對四百五百故知擅行四百五百唯至法華開權顯實方可出城進四五百若開權已成大菩薩那得復云猶是二乘而云二乘足爲五百言逕廷者二乘本是被覆之權輒自開權故云逕廷至法華會佛爲發權不名擅行亦非逕廷廷者他定反越次之義又開權竟二乘同入亦非二乘各對一百是故不用城者盛也盛於所住即行人也

○三釋疑二先徵起

人師過如此釋論意云何

恐人見論疑破初家論以二乘而爲四百何故不許四百立城

○次正釋二先序論文

論有二文初以二乘爲四百而止不作五百後文以二乘爲一百

言論有二文者大論六十八云譬如欲過一百二百三百四百由旬曠野嶮道言嶮道者即世間也一百欲界二百色界三百無色四百二乘復次四百欲界三百色界二百無色一百二乘菩薩摩訶

薩當知不久得菩提記當知不畏墮於二地是過四百近菩提城論文無五百之言者既云通意過於四百曠野近菩提城城即五百

○次判論文

今通之論明通意通家以真諦為極過三界已未破化城但入涅槃即指涅槃為四百耳而復以二乘為一百者更明出假菩薩從空出假非涅槃為一百入三界為三百作如此消文於經論無妨也

即是今家判於論文但屬通義是故但以二乘對於四百菩薩至此與二乘齊仍約鈍根未見中者

是故不明五百由旬故指三乘共得解脫名為涅槃復以二乘為一百者如前引論尋文可知

○二今家正解正顯今家依法華明通塞義也經文既云過於五百今家準經以為三釋若約生死及以煩惱不應云過若約觀智即得云過過前生死煩惱二五即至涅槃一切種智故云空觀智知三百等知即是過文四初約生死

今明五百由旬者一約生死處所謂三界果報為三百方便有餘土實報無礙土是為五百由旬處所

約生死者五百皆是生死故也是故不以寂光對於五百

○次約煩惱

次約煩惱者所謂見諦惑為一百五下分為二百五上分為三百塵沙為四百無明為五百

次約煩惱者見通三界故合為一下分繫欲故合為一俱舍云由二不超欲由三復還下二謂貪瞋上通名類故合為一下分有五謂身見戒取疑貪瞋言上分者上分有五謂掉慢無明色染以此三釋即是一念能所無著方名善知

○三約觀智

次約觀智者空觀智知三百假觀智知四百中觀智

知五百此與文會無前諸師過也

○四結非顯正

又諸師判位遼遠初心行人尚未斷見何由超過五百由旬乎

結非顯正斥諸師釋唯依權教判位太高於權位中又釋不了故下正以橫豎判權及橫別等方曉權人所行之法若橫若豎俱破五百但非一念故判屬權遼亦遠也遠而又迴故名為遼二邊之外別立五百故名遼遠此即通結諸師判位太高初

地以十地爲五百攝師在初地地師在十地如此判者凡下絕分化城非冀寶所望崖凡既望崖爲誰說教若其此教唯爲聖人經不應云爲令衆生

又若定在十地等者二乘被會尚亦未至何况凡夫今明圓門實相寶所凡聖通具六卽既分舊依權門判位太遠今依實教是故不用

○四正以由旬釋通塞意二先縱横次一心初有三義謂一横二竪三者横別初明横中

今論由旬有横通塞有竪通塞横者具約三法苦集爲塞道滅爲通無明十二因緣爲塞無明滅爲通六

蔽覆心爲塞六度爲通

如文

○次明竪四先正明竪

竪通塞者見思分段生死爲塞從假入空觀爲通無知方便生死爲塞從空入假觀爲通無明因緣生死等爲塞中道正觀爲通

○次以横織竪竪三如經横三如緯織之令成三諦文章若三諦中有苦集等三諦不成故也如入空時具諦緣度撿校心法及以能所令無苦集無明六蔽假中撿校亦復如是文三初撿校入空中

析體不同初明析空三先言三塞者初是苦集既不識下是十二緣次不滅下是六蔽於六蔽中但舉一慳餘五並畧初明苦集

今當以横織竪撿校通塞如從假入空破諸見思單複具足無言等見九九八十一思如斯諸惑本是汙穢增長煩惱遮塞行人那忽取著謂是非起諸結業漏落生死唯見苦集不見道滅

○次明十二因緣

既不識見思中四諦是事不知名爲無明乃至老死但搆因緣無明不滅

○三明六蔽二初立義

不滅故堅著叵捨唯在此岸不到彼岸

○次引證

大經云童子饑時取糞中果智人呵之赧然有愧失於淨法是名爲塞

引大經以證六蔽蔽卽是塞第十一云如婆羅門幼稚童子爲饑所逼見人糞中有菴羅果卽便取之有智之人卽呵責之汝淨行種云何取此穢果而食童子聞已赧然有愧卽答之言我實不食淨洗棄之智者呵言汝大愚癡若擬棄者本不應取

章安解云婆羅門者即譬初修般若淨道幼稚以譬解行淺弱三途苦逼譬之如饑無常之中有人天果如彼穢糞有菴羅果深行呵淺故曰智呵童子去淺行懷愧非貪天樂爲欲於中修道棄捨故云洗棄智者語言去菩薩勸令一切俱捨不須受已復觀而捨故知經意正譬三藏菩薩觀生受生名洗已棄故知三祇百劫之內有漏心中修事六度度與惑俱義同於蔽

○次明三通三即諦緣度諦緣度相尋文可見初明道滅成

若於諸見介爾起心知無性實無常無主倒破則無業無業則無果是名爲道道故有滅

○次明因緣滅

若識四諦則無無明亦無老死

○三明六度備

因緣壞故則捨諸有到於彼岸

○三明檢校

當用此意歷一一心歷一一能歷一一所若起三塞破之令通若是三通養令成就

言一一者不問能所及以心法有塞咸破如前破賊故知通塞咸須檢校三諦之中言心等者心謂體析見思之心法謂假觀知病等三及中觀中無明等三此等皆有能所故也又心謂能緣之心法謂所緣之法若觀若境俱有心法咸須檢校下去例然

○次明體空四先明通塞之相

復次體見即空能體亦即空

○次以聖況凡

如羅漢之心尚名無漏五陰我觀未眞那得非陰聖尚名陰凡何得無

○三正示通塞三初示苦集

若計陰實則結業生死

○次示因緣

結業即集生死即苦

若不識陰四諦即是無明

○三示六蔽

若愛觀空智慧則不能捨

亦但舉一慳餘五並略

○四檢校入空

用即空意歷一一心歷一一能歷一一所若有三塞

破之令通。若是三通養令成就。則巧過見思之塞。普通三百由旬也。

○次明檢校入假二。初示通塞。

次用横織豎撿校從空入假觀通塞者。此則易解。於病法。藥法。授藥法。

並可見。

○次示檢校相

於一一法。一一能。一一所。明識諦緣度。若起三塞。破之令通。若有三通養令成就。則過無知之塞。通四百由旬。

問。前入空中云一一心。今入假中云一一法者。何耶。答。三觀所觀。無非心法。初破見思作心名便。入假習法。作法名便。以己他心所習成法。入中之時並是法界。從法又便。文畧可見。

○三明檢校入中二。初示通塞。

次用横織豎檢校中道正觀者。於無明法性眞緣等。檢校中道正觀者。還檢豎破中觀三番。此中存畧。但云觀於無明法性眞緣。三假以示通塞。

○次示檢校相

一一法。一一能。一一所。明識諦緣度。若起三塞。破之令通。若有三通養令成就。則過無明之塞。通五百由旬。

○三明權位太高

若作如此論通塞者。次第豎論。六地初地。動經劫數塞乃得通。

通教六地。別教初地。如是兩教經於劫數乃到寶相寶所之位。此位乃是豎三諦相。

○四引大經以證權位經於劫數。

大經云。須陀洹者八萬劫到。乃至支佛十千劫到。到菩薩初發心住。此論聖位。何益初心行人者乎。

引大經以證權位經於劫數。大經前後。總有四文。大同小異。第十云。經爾所劫當得菩提。第十九云。至菩提。第二十云。得菩提。第二十一云。住菩提。住者秖是住於初住菩提住處。當謂經劫方得菩提至之與得。名異義同。至謂從於方便中來得。謂得於發心處所。言須陀洹等者。從本爲名。經七生已任運入般。生彼復經八萬劫竟。方發大心。一來六萬。不還四萬。無學二萬。支佛一萬。比說可知。從根利鈍。故使出界經劫長短。發心以後。修中道觀。斷無明惑。得見佛性。乃可名爲過於五百。此語三藏入滅二乘。通教多分卽生能發。如此論者。無益初心。然向五人皆云發心。若到若得。是故不與。唯識義同。長時乃發。教尚是權。況計永滅。豈非方便。若執權論。破佛實經。招過既深。良恐未可。此之豎相雖本爲成。非豎非橫。與彼權教。次位同故。故須斥破。下橫亦爾。

○三明橫別二。先法。次喩。先法二。先寄三人。以明觀相。三。初空。二。一文中皆先出觀相。次明檢校。此三觀者。依大品文。經云。有菩薩摩訶薩。初發心時行六波羅蜜。上菩薩位。得阿鞞跋致。有菩薩摩訶

薩。初發心時便成阿耨多羅三藐三菩提。轉法輪與無量衆生化益厚已。入於涅槃。有菩薩摩訶薩從初發心時與薩婆若相應。與無量百千萬億。從一佛國至一佛國。淨佛世界。今文所引。開彼第三爲第一。第二。以第二爲第三。又經列前深後淺。今列從淺至深。依隨義便。於理無失。第一文云。六波羅蜜卽是擧行。第二文云。便成菩提卽是擧位。行位雖殊。同顯一意。是故今文畧於第一。第三文中初云薩婆若。又云淨佛土。雖同一文。旣具二義。是故開爲第一第二。餘文所引。並擬三教初發心也。

通雖有假。意多在空。別雖有中。文多在假。圓雖三觀。從初觀中。是故今引以對三觀。同初發心。故名爲橫。分屬三人。故名爲別。今初出觀相。

復次約橫別論通塞者。如大品經云。有菩薩從初發心。卽與薩婆若相應者。與空相應也。

○次明檢校

若初未相應。當用諦緣度。檢一一心。若有三塞。破之令通。若有三通。養令成就。得過三百由旬。

○次假二。先出觀相。

又云。有菩薩從初發心。卽能遊戲神通。淨佛國土。此

是出假之意。

○次明檢校

若初發心修假。亦用諦緣度。檢一一心。破塞養通。過四百由旬。

○三中二。先出觀相。

又云。有菩薩從初發心。卽能坐道場。成正覺。此卽中意。

○次明檢校

若初發心修中。亦用諦緣度。檢一一心。破塞養通。過五百由旬也。

○次斥權異實
如此說者。雖初心得論通塞。而三法各別。
圓中雖云從初心修。彼般若部帶二教權。猶未開
顯。是故斥云三法各別。
○次喻二。初引三喻。
大論引三喻。一則步涉。二則乘馬。三則神通。步馬兩
行須知通塞。神通無礙塞不能遮。山壁皆虛。何通可
擇。
引論文三喻。亦證橫別。於中先喻。次合。故大論四
十三云。是三菩薩。未發心前聞佛說大發菩提心。
止觀輔行卷二十七　十九
譬如道行。或乘羊去。或乘馬去。或乘通去。是故到
彼。有遲有疾。初者鈍根。次者漸行。後者即到。又云
初者罪多福少。次者福多罪少。後者無罪為淨。今
此文中以步替羊者。以羊遲故。不異於步。故知今
文用法華意。故得破彼權部縱橫。論五十六。又云
如三人行。一人避走。一人錢求。一人隨王。破意亦
爾。橫別義意。如向所釋。
○次合三觀
初觀喻步。次觀喻馬。後觀喻飛。三義分張。亦非今所
用也。

○次明一心五。初斥橫豎。次正明一心功能。檢校
破偏。初斥橫豎二。先重列出通相。
若豎論三觀兩觀。當地為通。望上為塞。若後一觀。勝
下為通。隔小為塞。橫論三觀。當分為通。不相收為塞。
通塞是即空假兩觀能破見思塵沙。於當位中雖
得為通。望於中觀仍具無明。故名為塞。若後中觀
勝下二觀。雖得名通。隔於空假。故名為塞。橫中通
塞。尋文可見。
○次況出今文橫豎別相通中之塞。
法相淺深。任有通塞。況復於中起苦集無明蔽等。是
止觀輔行卷二十七　二十
故皆塞。無復有通。
況出今文橫豎別相通中之塞。橫豎法相已有通
塞。況復於通起著成塞。當知橫豎通別並塞。故云
皆塞。無復有通。欲出通相。一心為通。故先辨於橫
豎之塞。
○次正明一心功能即是檢校。一心破偏。前破偏
中。既已結成。出其元意。祇應立於一心。檢校於義
即足。又為成就前橫豎門。故更節節以論檢校。復
引法華善知通塞。顯今檢校。須破諸師論其正意
祇在一念。故前之三種。為顯一心舉破偏等例之。

可見又前三種望於破偏但成於豎至下度入方始以豎而入於橫如諦緣度橫織豎成豎橫別之橫三俱初發雖名爲橫三觀望之終名爲豎今破權功能正顯一心文三初圓三觀偏破橫豎

若一心三觀法相即破豎中之通塞三觀一心破橫中之通塞

破豎者豎通漸入雖屬一人前後次第三時各異以各異故故非一三今一心具三破次第之三故云一心三觀破豎通塞三觀一心能破橫者彼橫三觀離屬三人並在初心故三不合一今以三祇

是一破彼分張之三故云三觀一心破橫通塞應知一心三觀與三觀一心言互理同爲破橫豎翻對而說如此橫豎一一諦中具諦緣度若通若塞橫豎若破諦緣度中通塞隨破故不煩破諦等通塞故向文云況復於中起苦集無明蔽等況出此塞以圓破之有人云破諦緣度橫名爲破橫深不見文旨故前文中先明豎竟次橫織之一一皆具諦緣度三況復於通復起苦集無明等塞故知破豎苦等自破不須更指苦等爲橫

○次圓三觀觀觀具三以破橫別

空即三觀故破步涉山壁三百之通塞假即三觀破乘馬四百之通塞中即三觀破神通之通塞

空即三觀等者次圓三觀觀觀具三以破橫別一一所破各別不同故云空即三觀乃至中即三觀有人云破神通者破第一卷圓頓止觀通者騰空騰空破破知前非頓如此說者殊乖文義論文神通近在目前何須遠求序中之說又若破彼頓更何所傳師資不成付法安在祖乎龍樹其言徒施又彼頓譬文在序中說止觀時未有此序豈得將已正說預破弟子序耶又序中所述師資所傳若

破所傳便成自壞

○三正歎功能能破橫豎及橫別

良以一心能即空假中者一切山河石壁衆魔羣道皆如虛空一心三觀遊之無礙終不去下陵高避山從谷觸處諸塞皆通無礙能過五百由旬到於寶所是名爲通通本對塞旣觸處如空則無復有塞無塞則無通

能破橫豎及橫別者良由一心圓妙故也衆魔等者衆魔者即天魔也羣道者即外道也又羣道者偏小通名故以一心皆能對破終不等者若步涉

乘馬避嶮從夷若神通騰空從虛避下是故初修二觀先破二惑次修中觀更破無明令三觀一心初後無礙不同三譬故云終不等也是故去下陵高斥前騰空空假如下中道如高避山從谷斥前步馬終不兩字冠下兩句

○三明一心用通塞意

若於無塞無通起苦集無明障蔽者非但失於神通亦失馬步能破如所破字爲非字如彼蟲道偶得三觀之名是蟲不知是字非字

一心不當橫竪通塞於此一心復起塞著而生苦集無明蔽等此苦集等卽是見思見思旣生卽空尙失豈復更有去邊求中故云非但失於中道神通亦失空假步馬此是一心別相之塞尙須檢校令塞得通

○四令檢校此一心通塞

若於一一法一一能一一所皆卽空卽假卽中具諸緣度是名無通無塞雙照通塞

○五正判

是爲智者識字非字亦名良醫知得知失於無生門明識通塞者於餘法門亦如是是爲初心過五百由旬應明六卽義云云

如此釋者一切衆生理性五百乃至諸佛究竟五百不同舊義令凡望崖

○五問答料簡二初一問答料簡異名二初問

問通塞得失字非字爲一爲異

問文可見

○次答三先通答

答此是一意種種說耳

旣云一意故名爲通

○次別答

亦有差別通塞約解得失約行字非字約教

亦有差別故名爲別別中分爲三意不同言約解者解圓無著是名爲通解偏起著是名爲塞言約行者解爲行本行從解生由解偏圓令行得失言約字者字卽教也有名有實名爲知字有名無旨名爲非字如蟲蝕木偶得伊名是蟲不知是字非字況知是字有旨無旨

○三引經總證三名

金光明云正聞正聽正分別正解於緣正能覺了知字非字是正聞正聽知得失是正分別正解於緣知

通塞是正能覺了。雖此差別，同顯一致耳。
引金光明者，總證三名，即散脂品文也。
○次一問答料簡通塞二。初問。
問橫塞塞豎通不。豎塞塞橫通不。橫通通豎塞不。豎通通橫塞不。
問中四者，約此卷初立橫豎義而爲此問。更列前文，令此可解。四諦因緣六度名爲橫通，苦集無明六蔽名爲橫塞。先空次假後中名爲豎通，見思塵沙無明名爲豎塞。橫豎通塞更互相對以爲四問。問出圓意，以顯文旨。然此問意雖以三惑三智爲

豎，別指無明以爲豎塞，最細極故；別指中道以爲豎通，最高遠故。若橫纖豎及以檢校諦緣度三，雖至中道若不纖豎，但在即空，故下答文指於界內苦集等三別爲橫塞，即空真諦別爲橫通。
○次答。問則通途泛問，答則分於兩途。二。先立兩途。
答。一往然，二往不然。
○次釋兩意二。初釋一往。
然者，無明即見思，何意非橫障。中智治一切，何不通橫塞。此是一往然義耳。

然謂然可。如向所問橫豎皆悉更互通塞，此即圓頓不次第意。又前既具明次與不次，問中一往似問不次，而實通問次與不次。是故答中分爲兩意。以所治惑有即有離，故使能治亦有即離。若次第修，通塞俱別，如後二往。若不次第，一體無殊，如前一往。言一往者，無明無別體，全指於見思。見思障諦緣，無明亦能障諦緣。既被障亦作橫中塞。此但據初心三惑全未破故，真諦諦緣亦被無明障。中智治一切者，圓人修中，智非獨破無明，亦治真諦障界內之苦集，是故名豎通亦通於橫塞，亦據初

觀中得作如此說。文中若準前問文，仍闕餘二句。是故應更云橫通通豎塞，所謂諦緣度非但治見思亦破於無明。一空一切空，故三惑俱破。橫塞障豎通，所謂苦集等非但障真諦亦障於中道。一苦一切苦，故障於三諦。
○次釋二往。
若二往釋者，橫塞障近，不能塞豎通；橫通力弱，不能通豎塞；豎塞深遠，不作橫障；豎通對當別，不通於橫塞耳。
所言二往者，見思中苦集及無明六蔽，唯障於真

諦不能障中道眞諦諦緣度但能破見思不能破無明無明自障中故不關眞諦中智破無明亦不關見思是故今文云豎義對當別

○第六道品調適三初通列釋四道品相文四義四意在調停此四通論俱通大小別而言之第三唯小餘三在大文二初標列

第六明道品調適者道品有四一當分二相攝三約位四相生

○次解釋四初明當分二初正明

一明當分者未必具品方能得道三四二五單七隻

八當分是道故云當依念處得道

言當分者互不相假既云當依念處得道念處既爾當知餘品並爲所依皆能得道故云當分

○次引證

又云是道場又云是摩訶衍念處既爾餘品亦然是爲當分道品而非調停也

亦得將念處以例餘品故云亦然此從別義故引念處是道場及以衍等若從通義教教七科無非當分

○次明相攝二初正明

二明相攝者如念處一法皆攝諸品

言相攝者大小乘教凡論道品隨其科品皆互相收

○次引證

引釋論文云念處既攝餘品餘品亦攝念處是爲相攝道品亦調停也

次引論證文意可知

○三明約位

三約位者如念處當其位正勤是煖位如意足是頂位五根是忍位五力是世第一位八正是見諦位七

覺是修道位此是約位亦非調停也

言約位者如大師自有四念處文四教各以念處爲位判在外凡故諸教位並對道品此文從小且對小位若從通論諸教皆得以內凡爲煖頂等

○四明相生

四相生者如修念處能生正勤正勤發如意足如意足生五根五根生五力五力生七覺七覺入八正道是爲善巧調適戒定慧等皆名爲正清淨心常一則能見般若是爲相生亦是調適

言相生者如文云念處生正勤乃至生八正由此

相生故下七科次第調停亦名相生調停乃是諸
品調試何者相應可入法性故此七科初心可修
雖有四文亦但二義前三爲成第四故
○次明來意於中五初畧明來意
所以須此者上來雖破法徧識通塞若不調停道品
何能疾與眞法相應
於上破徧及以通塞若不悟者由無調停
○次釋向道品所證之法
眞法名無漏道品是有漏有漏能作無漏方便方便
失所眞理難會

釋向道品所證之法初住以上分得無漏自爾以
前皆名有漏是故初心調停道品能爲初住無漏
作因
○三舉譬
如釀酒法酵煖得宜變水成酒麴蘖失度味則不成
此方即以麥麴爲酵西方或用草華等酵眞法在
迷猶如水米道品調停猶如酵煖調停得所變有
漏米成無漏酒調停失度理味不成
○四引大論證須道品能爲無漏作近因
大論云三十七品是行道法涅槃城有三門三門是
近因道品是遠因爲是義故應須道品調停也
引大論證須道品能爲無漏作近因故如大論云
不淨開身念處身念開四念處四念開道品道品
開三脫三脫開涅槃涅槃是無漏是故有漏能爲
無漏而作因緣論文雖以不淨爲首語且約小正
在衍門隨教不同理觀各別皆是有漏爲無漏因
及道品後次明三脫
○五問答料簡三初料簡大小二初問
問道品是二乘法云何是菩提道耶
○次答問答具在大論二十一中今文答中四先

明用論意
答大論呵此問誰作是語三藏摩訶衍皆不作是說
那得獨云是小乘法
○次引諸經助答
淨名云道品善知識由是成正覺道品是道場亦是
摩訶衍涅槃云能修八正道者即見佛性名得醍醐
大集云三十七品是菩薩寶炬陀羅尼如此等經皆
明道品何時獨是小乘
引淨名大經大集助論答意淨名由之成佛得道
之處及摩訶衍大經見性及譬醍醐大集是名菩

薩寶炬。寶具諸法。炬能破暗攝一切法。名陀羅尼。
故總結云皆不云小。
○三釋疑
若大經云三十七品是涅槃因。非大涅槃因。無量阿僧祇助菩提法。是大涅槃因者。道品之外。無別有道品。如四諦外無第五諦。一種苦集。如爪上土。分別苦集有無量相。如十方土。直明一三十七品是涅槃因。復有無量三十七助道品。名大涅槃因。云何無量。有四種道諦故有十六門故。
既折不許專在於小。次復縱云遍於大小。故云無量助菩提法。是大涅槃因。亦是釋疑。恐人疑云更有無量助菩提法。方得名為大涅槃因。故知道品非大乘因。故即釋云道品之外。無別道品。雖云無量。不出道品。是故道品是大乘因。故復更引大經四諦而為例釋。四諦之外。無別四諦。三十七品既是道諦。故道品外。無別道品。故四含中所明四諦云為聲聞。如殃掘中及諸大乘所明四諦。並為菩薩。故知通也。故殃掘云。云何名為四。所謂四諦法。此是聲聞宗。斯非摩訶衍。大乘無量諦。言如爪土者。大經三十一。迦葉品中佛取少土置於爪上。告

迦葉言。是土多耶。十方世界地土多耶。迦葉答言爪上土者。不比十方。今借此文。校量四諦。三藏四諦。如爪上土。所未說者。如十方土。即餘三教四諦法也。若未說者。如十方土。應有五諦。佛言無第五諦。但言四諦有無量相。非諸聲聞緣覺所知。且指別教四諦。以為無量。故殃掘云。大乘無量諦。言十六門者。雖借別教始終十六。意實通於四教十六。
○四約五味判
又有漏道品。欲界二十二。未到三十六。初禪三十七。皆有漏道品如乳。三藏道品如酪。通教道品如生酥。別教如熟酥。圓教如醍醐。大經之文義合於此。非道品外。別有助法也。
由向中難。一十六門俱有道品。故云無量。而不無淺深。故以五味判其優劣。初言有漏者。即屬界攝。隨其多少。並有漏攝。今之所用意在醍醐。二十二等者。大論十九云。欲界二十二。除七覺八正。未到三十六。除喜覺。初禪三十七。二禪三十六。除正行正行即是正思惟。三禪四禪及以中間。並三十五。除正行及喜。三無色三十二。除喜覺正行正語業命。有頂二十二。除覺道。若婆沙中不辨欲界。於無

色中但三十二。不辨下三。與非想異。大論云正行。婆沙云正覺。餘文並同。大論婆沙文復分別幾法現前。問曰。諸地之中各有幾法現前。答。未到三十六。三十三法。一時現前。初禪三十七。三十四法。一時現前。中間三十五。三十二法。一時現前。三四三十五。二禪三十六。無色三十二。並除三念。以緣異故。三念者謂身等。不俱。故無量之文須兼五味。

○次料簡正助。釋大經疑

或言三十七品是助道。或言是正道。大論云是菩薩道。此文似正也。淨名云道品善知識。由是成正覺。此

文似助也。

前引大經。乃云無量阿僧祇助菩提法。是大涅槃因。及五味中有正有助。今文何故復以為正。故引兩文。或正或助。隨其深淺。皆以前前助於後後。教文意兼。故皆云似。故今文意須有正助。此文即正助道即助。是故引教。兩文俱存。前五味中具引諸經。故並有正助。

○三料簡有漏無漏者。由前五味中云有漏道品欲界二十二等。文二。初問三。初文徵難。

又若言三十七品是有漏者。云何言七覺是修道。

準婆沙文七覺既是修道之位。何得總判道品有漏。故引法華證成無漏。

○次引法華證成無漏

法華無漏根力覺道之財。

○三重難

云何八正在七覺前。

婆沙七覺既是修道之位。當知八正在七覺前。即是見道。依此問之。何故八正在七覺前。

○次答。由前二文相違不定。故須開為三句解釋文二。先列三句。

此應三句分別。一三十七品皆有漏。二皆是無漏。三亦有漏亦無漏。

○次釋三句三。初釋初句二。先略釋有漏。

如大論云。修八正道得初善有漏五陰。善有漏五陰即是煖法。煖法之前尚得修於八正道。

○次釋三十七品是有漏相。

云何修邪。初從師受法。繫心憶念。名念處。為求此法勤而行之。名正勤。一心中修。名如意足。五善根生。名根。根增長。名力。分別道用。名七覺。安隱道中行。名八正道。能如是修。得善有漏五陰。當知道品皆是有漏。

○次釋二句二。初釋三十七品皆是無漏。
皆是無漏者。即是見諦思惟所行道品。一向是無漏。
法華之文意在此也。
○次重更印許前引大論之文
從來雖言有漏中得修八正七覺等未有文證。
○三釋第三句二。初引婆娑文。
而毘婆沙云若八正在七覺後亦得是有漏亦得是
無漏。
○次釋婆沙文
何以故依八正入見諦即是亦無漏。若八正在七覺

前一向是無漏。此則可解。引婆沙文證成二意。又亦
漏無漏即是對位意也。
若八正在七覺後。八正以前雖是有漏。若至八正
入無漏故。故此道品亦漏無漏。若言八正在七覺
前是無漏者。如常所說經論皆爾。故云可解。即屬
第二意。又婆沙五十三云。四念處有二種。謂有漏
無漏。乃至八正亦復如是。是則始終俱屬第三。又
雜含第六云。七覺八正。一一皆有漏及無漏。是則
婆沙及以雜含具有三義。俱屬第三。今文但列初
義。證成引婆沙證成二義者。亦漏無漏及以無漏。

又亦漏無漏是對位者。重以對位。釋前八正在七
覺前世第一。前是亦有漏見道已去。是亦無漏。是
則八正在七覺前具於二義。謂第二第三。
○三正明無作道品。今文正意也。故且置餘三。文
五。初明來意。
諸道諦三十七品。今不具記。但明無作道諦三十七
品成於一心三觀義也。
○次正釋此之七科。文七。義七意在隨益順機不
同。此但通論文義及意。於七科中各論文義。具如
下列。於七科中先明念處有總有別。下之六科。別

別而用。今初釋念處。文四。義四。同顯一境。境一品
四。隨何相應。於中又二。初正釋。次結前生後。初正
釋二。初引三經。而以後後釋於前前。三。初引大品
釋於念處。使成三諦。
大品云。欲以一切種修四念處者。念處是法界攝一
切法。一切法趣念處。是趣不過。
○次引華嚴以釋大品。明四念處具一切法。
華嚴云。譬如大地一。能生種種芽。地是諸芽種也。
引華嚴以釋大品。明四念處具一切法。即念處境
也。如大地一。具種種芽。

○三引法華結華嚴意三初正引經

法華云一切種相體性皆是一種相體性何謂一種卽佛種相體性也

云何種種謂相性等正用十如以爲觀境故最後結凡言一切不出百界千如故也又下釋中皆先約一界次以九例一中皆云一切等者以一界中復十復百三千故也

○次斥舊解

常途云法華不明佛性經明一種是何一種

第一經中一切諸法相性體等秪是第三經一相

一種及第三一地實事種相體性秪是一種故此一種云是佛性

○三今正解

卉木叢林種種喻七方便大地一種卽一實事名佛種也

卉是草之總名木是樹之通稱衆草成叢衆木成林卉木秪是三草二木三草二木譬七方便此七方便木是一實

○次正釋念處七先更牒前不思議境爲念處境

今一念心起不思議卽一切種十界陰入不相妨礙

更牒前不思議境爲念處境旣一一界各具十界故不相妨前總立陰名觀旣不悟故離爲四而調停之

○次示念處觀四初身念處委悉具如四卷別行

圓念處說四文皆以一念百界千如三千世間攝成三諦方得名爲無作念處故知前來境等五法並依於陰乃至覺道亦復如是今一一念處皆先趣舉一界爲境次以餘九例之可知說之則四法先後觀之則不出一念於一念中有總有別又爲約法相令具足故及示識心以爲境首故先於破

法徧後例於餘陰以爲通塞道品之本若欲顯於不可思議還須約於一念心辨則具觀於陰入界等一切皆然先趣舉一界爲境

若觀法性因緣生故一種一切種則一色一切色若法性空故一切色一色則一空一切空法性假故一色一切色一假一切假法性中故非一非一切雙照一一切亦名非空非假雙照空假則一切非空非假空照空假

○次以餘九界例之

九法界色卽空卽假卽中亦復如是是名身念處

○(十)次受念處二。先趣舉一界爲境。

若觀法性受法性因緣生故。一種一切種。一受一切受。法性受空故。一切受一受。一空一切空。法性受假名故。一受一切受。一假一切假。法性受中故。非一受非一切受。非空非假。雙照空假。則一切非空非假雙照空假。

○次以餘九界例之

九法界受。卽空卽假卽中。亦復如是。是名受念處。

○三心念處二。先趣舉一界爲境。

若觀法性心因緣生法。一種一切種。一心一切心。法性空故。一切心一心。一空一切空。法性假故。一心一切心。一假一切假。法性中故。非一非一切。非空非假雙照空假。

○次以餘九界例之

九法界心。亦復如是。是名心念處。

○四法念處二。先趣舉一界爲境。

若觀法性想行兩陰因緣生法。一種一切種。一行無量行。法性空故。一切行一行。一空一切空。法性假故一行一切行。一假一切假。法性中故。非一非一切。非空非假雙照空假。一切非空非假雙照空假。

○次以餘九界例之

九法界行。皆卽空卽假卽中。亦復如是。是名法念處

○三總結念處義意兼廣破倒顯理。

如是念處力用廣博。義兼大小。具破八倒。雙顯榮枯雙非榮枯。卽於中間入般涅槃。亦名坐道場。亦名摩訶衍。亦名法界。

總結念處義意兼廣破倒顯理。下釋兼廣文自有四。一一念處皆悉先明空假破倒。次以中道結成秘藏自他俱滿。義兼大小。言俱破者。旣以中道顯秘密藏。故四念處咸皆破倒。何者。以卽空故卽破常倒。義兼於小。以卽假故。破無常倒。義兼於大。中道爲正。故曰義兼。以卽中故。雙照大小。雙非大小。卽是雙照雙破八倒。三諦相卽。兼無前後。破無次第。卽破卽立。卽照卽遮。言枯榮等者。大經云。東方雙者喩常無常。南方雙者喩樂無樂。西方雙者喩我無我。北方雙者喩淨不淨。四方各雙。故名雙樹。方面皆悉一枯一榮。榮喩於常等。枯喩無常等。如來於中北首而臥。入般涅槃。表非枯榮。榮卽表假枯卽表空。卽是於其空假中間而入秘藏。後分云。東方一雙在於佛後。西方一雙在於佛前。南方一

雙在於佛足。北方一雙在於佛首。入涅槃已。東西二雙合爲一樹。南北二雙亦合爲一。二合皆悉垂覆如來。其樹慘然皆悉變白。常無常等二。即不二。常樂我淨徧覆法界。故二二合垂覆如來。即是如來契於秘藏。亦是念處無非寂滅。白者即是衆色之本。常等稱本。故名爲變。言北首者。增一阿含云表於佛法久住北天。長含第四云。佛告阿難。安我頭南首面向北。則使佛法久住北天。機見不同。不須和會。小乘經文尚表佛法久住不滅。況涅槃終極。不表秘密藏耶。然一代教門凡諸所表文義顯

著。莫過雙樹。以四念處能爲大小觀行初門。是故爾也。慇勤遺囑意在於斯。

〇四釋兼廣意二。初徵起。

兼廣之義其相云何。

〇次釋出四。初釋身念處二。初明空假破倒三。初明倒。

法性之色實非是淨。而凡夫橫計爲淨。是名顛倒。實非不淨。二乘之人橫計不淨。是名顛倒。

〇次明觀

今觀色種即空。一切即空。空中無淨。云何染着。是名凡夫計淨倒。破枯念處成。色種即假。一切皆假分別名相不可窮盡。假智常淨。不爲無知塵惑所染。云何滯空而取灰滅。言色不淨。是名二乘不淨倒。破榮念處成。

〇三結成

是名八倒俱破。枯榮雙立。

〇次明中道結成秘藏

觀色本際非空非假。則一切非空非假。非空故非不淨倒。非假故非淨倒。非淨倒故則非榮樹。非不淨倒故則非枯樹。非枯非榮則非二邊。無邊無中乃名中

間。佛會此理故名涅槃。亦名非淨非不淨。八倒不生名爲涅槃。如是涅槃名秘密藏。安置諸子秘密藏中。佛自住中。故言入也。

〇次釋受念處二。初明空假破倒三。初明倒。

法性之受本非是樂。而凡夫之人橫計爲樂。是名顛倒。實非是苦。二乘之人橫計爲苦。

〇次明觀

今觀受種即空。一切皆空。空中無樂。云何生染。則凡夫倒破。枯念處成。受種即假。一切皆假。以無所受。而受諸受。名聞分別。不生厭畏。云何棄之。沈空灰斷。二

乘倒破榮念處成。

○三結成

是名二倒雙破枯榮雙立。

○次明中道結成秘藏

觀受本際卽非空非假。非空故非枯。非假故非榮。邊倒不生。名爲涅槃中間理顯名秘密藏。皆如上說云云

○三釋心念處二。初明空假破倒二。初明倒。

法性之心。本非是常。凡夫橫計。是名常倒。法性實非無常。二乘橫計無常。

○次明觀

今觀心種卽空。一切卽空。空中非常。云何謂心念念相續。是名凡夫常倒破枯念處成。心卽假名。一切悉假。心若無常。那得分別無量心相。是名二乘無常倒破榮念處成。

○次明中道結成秘藏

又心卽非空非假。非空故非無常。非假故非於常。非榮非枯。邊倒不生。名入涅槃中道理顯名秘密藏。安置諸子。自亦入中云云

○四釋法念處二。初明空假破倒二。初明倒。

法性之法。本非有我。凡夫之人。橫計有我。本非無我。二乘之人。橫計無我。

○次明觀

今觀法性卽空。一切皆空。空中無我。是名凡夫倒破枯念處成。法性之假。一切皆假。施設自在不滯我義具足。是名二乘倒破榮念處成。

○次明中道結成秘藏

觀法本際卽非空非假。非空故非無我。非假故非於我。邊倒不生。名入涅槃中間理顯名秘密藏。

○五釋念處名

治倒法藥。其數有四。法性觀智名之爲念。一諦三諦名之爲處。

○六結成三諦

一切卽空。諸倒榮枯無不空寂。一切卽假。二邊雙樹無不成立。一切卽中無非法界。

結成三諦。三諦祇是秘密之藏。卽是釋成釋名義

○七結成行相

祇一念心廣遠若此。若能深觀念處是坐道場是摩訶衍。是雙樹間入般涅槃。始終具足不須更修餘法。

祇一等者總結成行相。勸行者觀之。能如是觀卽

義同如來於雙樹中而入秘藏。是故念處是得道之場。場是所依。所依卽理。治於四處無明之糠。顯於四德實相之米。依此境故從因至果。境爲乘體。智爲白牛。空假破倒名莊嚴具。發心起觀名爲乘始。故云若能深觀究竟至果名爲乘終。故云入般涅槃法界非四而不離四。以無所住住此四法。非始而始非終而終。諸法具足。故不餘修。但爲未入故進後品。自行化他始終具足。念處旣爾。餘品亦然。名異義同。用爲調試。隨所宜樂得入不同。

○次結前生後

若不入者更研餘品。

○次明四正勤二。初正釋四。初釋名。

勤觀念處名正勤。

○三釋相二。先滅二世惡

見思本起名已生惡。觀於卽空令已生不生。故勤精進。塵沙無明名未生惡。觀卽假卽中令未生不生。故勤精進竭力盡誠。行四三昧遮此二惡。

○次生二世善

一切智名已生善。此善易生。故言泥洹道易得也。道種智一切種智名未生善。此分別智難生。空智已生。勤加增長。中智未生令得開發。

正勤秖是於前念處精勤除惡生善。故此四文義唯善惡。意在四品次第豎進。文從語便先除二惡次生二善。據行必以已生善惡居先。未生善惡居次。並先滅惡次明生善。雖云已生未生善惡。文似次第。意實圓融。故云前四勤而觀之。但麤惑浮疎細惑沈隱。故分已生未生之相。先以三觀勤觀已生。令速不生。又更勤令未生不生。是以麤惑任運先除。且得名爲已生不生。入六根淨進修三觀。復伏細惑。名爲除斷麤惑。先去眞諦先成。卽名眞諦爲已生善。未得無生名未生善。

○三明正勤意

三觀無間秖爲生此二智耳。

○四總結成行相

是四正勤亦能悟道。故言一心勤精進故得三菩提。不須餘法。

○次結前生後

若不入者當是不勤。心過散動。須入善寂審觀心性。名爲上定。於上定中修如意足。

○三明如意足者。此之四法。文四義四意在隨入。

隨何相應此四屬定六神通中身如意足藉茲而顯又通因定生亦可六通因兹並發當是不勤等者此四正勤是有定之慧慧觀不勤念處不成反招散動故釋欲中云如風中燈今修如意如加密室於此四法一一調試定慧若等方可名爲有慧之定三智圓發三惑圓除是故此四通名斷行四法皆是斷惑之行名爲斷行言成就者從果立名故四正勤四法同觀二二異時位相別故今如意足四法各用文二初正釋二初列

欲精進心思惟

○次釋四初釋欲如意足

欲者專向彼法亦名莊嚴彼法定中觀智如密室中燈照物則了以照了故斷行成就修如意足

欲者希向樂慕莊嚴彼法言彼法者謂念處境言莊嚴者修希向心合法端美凡所修立一切諸法若無樂欲事必疎遺

○次釋精進如意足

精進者成就彼法法性不動而寂然精進無間無雜斷行成就修如意足

言精進者唯專觀理使無間雜無雜故精無間故進凡所修立一切諸法若無精進事必不成

○三釋心如意足

心者正住觀察彼法一心中緣制之一處無事不辦斷行成就修如意足

言一心者專注彼境一心正住若無一心觀法斷絕

○四釋思惟如意足

思惟者善能分別彼法方便如此思惟不令動散定思惟故斷行成就修如意足能如此修定心而入不須餘法

言思惟者思惟彼理由思惟故心不馳散當知四法是入定方便

○次結前生後

若不入者當修五根

○四明五根者此之五法文五義五意亦隨入修前諸品縱善萌微發根猶未生根未生故萌善易壞今修五法使善根生故此五法皆名爲根釋此五法一一具二一釋根當體二攝後歸前又此二義前後不定文二初正釋五初釋信根二先釋信當體謂信三諦

信三諦理是三世佛母能生一切十力無畏解脫三昧。

○次攝後歸前

但念處修不求餘法是名信根。

謂此信根必依念處若無信境根何能生問前修念處既不得入何須更依念處境耶答祇爲念處未能得入更於此境修令根生是故五根咸依念處正勤如意所依亦然。

○次釋進根二先攝進入信故云信攝諸法。

進者以信攝於諸法。

○次釋進當體

信諸法故倍策精進。

○三釋念根二先釋念當體。

念者但念正助之道不令邪妄得入。

必依念持無使邪妄偏小得入。

○次攝念入進

又此法者爲精進所修是法不忘故名念根。

念進不遺故云不忘。

○四釋定根二先釋定當體。

定者一心寂定。

一心恬寂故名爲定。

○次攝後歸前二先攝定入進。

而行精進。

○次攝定入念

又此法爲念所攝是法不忘不動故名定根。

有念故不忘有進故不動。

○五釋慧根二先攝慧入定。

慧者念處之慧爲定法所攝。

○次釋慧當體

內性自照不從他知是名慧根但修五根亦能入道成摩訶衍。

有定之慧照本有性是故名爲內性自照。

○次結前生後

若不入者進修五力令根增長遮諸煩惱名之爲力。

言遮諸煩惱者即以中慧破於三惑。

○五明五力者文義及意準根可知問名同爲根何須更立答善根雖生惡猶未破復更修習令根增長是故此五復受力名根成惡破故名爲力故大論二十一云天魔外道不能阻壞是故此五復名爲力若自若他皆得力名文二初正釋五初釋

信力。
信破諸疑無能動者。
信力信諦不爲偏小諸疑所動。
○次釋進力
精進除懈怠如本所願皆得成就。
進力觀諦必無間雜本求極果未證不休。
○三釋念力
念破邪想不爲煩惱所壞。
念力持諦破邊邪想不令三惑之所破壞。
○四釋定力

定破散亂遠離憒鬧雖有所說不礙初禪善住覺觀不礙二禪心生歡喜不礙三禪教化衆生不礙四禪妨四禪法不妨諸定亦不捨定亦不隨定是名定力。
定力若成能於諸禪互無妨礙不同單修根本之相言破散者能破欲界一切諸散或復雖用欲界語法而不礙於初禪支林或住初禪覺觀之法而不礙於二禪內淨或住二禪與喜相應而不礙於三禪樂受或與四禪捨受相應而能教化一切衆生縱妨四禪不妨諸定妨謂妨礙礙謂遮止縱有因緣不入四禪不妨一切禪定自在總而言之秖是諸定互不相妨所言不捨不隨等者不捨世禪不隨禪生故經云雖行禪定解脫三昧而不隨禪生是菩薩行總而言之正用中定是故方能不捨不隨。
○五釋慧力
慧破邪執一切執一切慧雙照具足是名慧力如是五力名摩訶衍。
能破一切偏圓等慧能破一切權實等執而能雙照執慧實相。
○次結前生後

若不入者用七覺均調。
○六明七覺支者文七相三義二意亦隨入通一別二故曰相三不出定慧故曰義二還以寂照除等進等而調停之復以寂照安之起之定慧各三各隨用一得益便止無假偏修若全無益方趣後品文二初正釋二初釋相。
心浮動時以除覺除身口之麤以捨覺捨於觀智以定心入禪若心沈時精進擇喜起之念通緣兩處修此七覺即得入道。
念能通持定慧六分是故念品通於兩處。

○次引證
大論云若離五蓋專修七覺不得入者無有是處
○次結前生後
若不入者修八正道
○七明八正道文八義八意亦不定品位既極無
復生後文二初釋八正八初釋正見
更以出世上上正見觀三諦理
○次釋正思惟
以正思惟發動此觀
初二如文

○三釋正語
如法相說自他俱益即是正語
聽法說法俱得解脫化功歸己故益自他
○四釋正業二先列四業
若黑業得黑報白業得白報雜業得雜報非白非黑
業得非白非黑報
○次釋四業
約小乘作可解今言沈空是黑業出假是白業兩兼
是雜業中道是非白非黑業皆名邪命若業能盡業
名爲正業依此而行名爲正業正業不爲二邊所牽

言小乘可解者若小乘中則不得云非白非黑而
有來報具如第一卷中料簡有無今云有者約大
乘說則無漏爲因無明爲緣生於界外受法性身
酬於此因名之爲報文中更約三觀釋業不次第
者名圓正業言邪命者自圓之外皆名爲邪迦葉
自述即其意也問何故釋業而云邪命答緣理義
通故得互釋圓業不正常命成邪破無不偏故名
爲盡依偏而行方名爲正
○五釋正命
見他得利心不惱熱而於己利常知止足是爲正命

文雖附事例前亦應以爲理釋且約事者圓修之
人必離四邪方名正命見他得利事解可知若理
釋者若偏若小名爲他利具三諦益名爲己利終
日圓修不起圓想而於無想不生染著名知止足
○六釋正精進
善入正諦名正精進
善故名精入故名進得中名正
○七釋正念
心不動失正直不忘名正念
心不動等者不動故正直不失故不忘上句爲因

下句爲果。不動中道。於念不忘。故名正念。
○八釋正定
正住決定名正定。
正住釋正字。決定釋定字。正住於理決定不移。
○次結成行相二。初正結。
因是八正道。即得入理。
○次引證
大經云。若有能修八正道者。即得醍醐。
○三通結道品四。初結示道品在一念心。
如是道品。非是對位。但於初心觀法性理。即得具足。

結示道品在一念心中。初心可修。未論深位。
○次引證道品並在念處。
大論云。四念處中四種精進。名四正勤。四種定心。名四如意足。五善根生名爲根。根增長名爲力。分別四念處道用名爲覺。四念處安隱道中行。名八正道。
引證道品並在念處。是故道品初心並修。
○三明修道品功能
故知初心行道。用三十七品。調養止觀。四種三昧。入菩薩位。
故知等者。明修道品功能故也。

○四結判
如此道品。是大涅槃近因。餘諸道品名爲遠因。云云
○五舉譬者。婆沙大論。並依樹譬道品。故名道樹。云云
二論並與今文大同。但今結果位在初住。與婆沙異。於中又二。初別約無作道品。次通約三觀。初文有譬合結譬及合文。並闕如意。譬中應云。莖幹上聳。即如意足文二。初別約無作道品三。初譬。
今以譬顯此義。植種於地。芽莖初開。生根下向。枝葉上布。其華敷榮。結果成實。
○次合二。先正合道品。

法性法界爲大地。念處觀爲種子。四正勤如抽芽。五根如生根。五力如莖葉增長。七覺如開華。八正如結果。
○次明果異名
結果者。即是入銅輪位。證無生忍。亦名至寶所。亦名入秘藏。亦名得醍醐。亦名見佛性。亦名法身顯。八相作佛。
○三結
道品善知識。由是成正覺。此之謂也。
結前合譬準方便中有三知識。從初引導令至寶

所卽同行也。由是道品令行無誤。卽教授義。諸品防護妄誤不使。卽外護義。忍辱爲衣。法喜爲食。資於慧命。蓋以定身。並外護義。由三知識令入初住。三身正覺能與衆生眞善知識。

○次通約三諦前但約圓別別對位。此通約諦。諦諦各辨。於中先別對。次總對。總別二對但寄喻文。非約修行。又約豎位。以譬圓者。觀行爲葉。相似爲華。分眞爲果。若通約四教。準說可知。先別對。

若通途釋道樹者。如大品明離三惡道名葉蓋。得人天身如華蓋。得四道果名果蓋。此偏就空爲釋耳。免二乘地爲葉蓋。得變通身爲華蓋。具道種智爲果蓋。此偏就假爲釋耳。免二邊縛爲葉蓋。受法性身爲華蓋。證入佛性爲果蓋。此偏就中爲釋耳。

○次總對

若總就三觀者。卽空名葉蓋。卽假名華蓋。卽中名果蓋云云

摩訶止觀輔行傳弘決卷第七之一

摩訶止觀輔行傳弘決卷第七之二

陳隋天台智者大師說　唐荊谿大師湛然傳弘決

門人章安大師灌頂記　明天台沙門傳燈會科

○四明三脫門者。卽明道品功能。大論二十一問涅槃唯一門。何故三耶。答法一義三。三秖是一。又隨人不同。故分三別。見行從於空。愛行從無作。見愛等者從於無相。論局三藏。今通三教。別教初心同二教故。諸教並以證道為無漏城。唯圓義通六卽辨異。是故今文釋道品竟。次明三脫。若準文正意。秖應但明無作三脫。亦為比決。使識無作。是故具明諸教三脫。於中為三。初來意。

復次行三十七道品。將到無漏城。城有三門。若入此門。卽得發眞。

○次列名

謂空無相無作門。亦名三解脫門。亦名三三昧。

○三正釋二。先總釋。次歷教。初文三。先辨王臣旁正親疎。次約伏斷。三約名體。以總冠別。諸教各各三義不同。準望聖教。不可專一。故並云或。下約教釋。但注云云。不復別辨。應隨其教。出其相狀。初王臣中二。先明三昧為王。

若從正見正思惟入定。從定發無漏。是時正見智名大臣。正定為大王。從此得名名三三昧。非智不禪。卽此意也。

○次明三脫為王

若由正定生正見。從正見發無漏。是時正定為大臣智慧為大王。從此得名名三解脫。非禪不智。卽此意也。

三脫從慧。三昧從定。於空等上立二名者。由二種人入無漏異。故有三昧三脫不同。以親入無漏者為王。旁助發者為臣。見與思惟屬慧。卽是從慧發定從定發慧。準此可知。

○次約伏斷

或可三昧是伏道。解脫是斷道證道。

○三約名體以總觀別

或可定慧合故。三昧是解脫。解脫卽三昧。

斷伏名體。尋文可見。

○次歷教四。初三藏二。初明三三昧。

若三藏以苦下空無我是空門。滅下四行是無相門。集道下八行。苦下兩行。是無作門。

三藏教約十六行。以分三門。俱舍婆沙諸文皆爾。

故三藏中由觀此行上忍發眞故以此行而爲三
門又此行相但取與其三門類同判屬門耳
○次結成王臣
此十六行王臣等云云
但分三昧及以三脫互爲王臣諸論未辨
○次通教二初明三三昧三初空門二初正釋空
門
若通教明苦集皆如幻化即空門
○次引古今釋論本二初正引
古釋論本云若觀極微色則有十八空今本云若觀

一端疊則有十八空
○次和合
疊是假名極微是實法以此爲異若得意者假實皆
空耳
○次無相門
若未入空情想戲論計有空相知空無空相名無相
門
○三無作門
空相雖空猶計觀智既無能所誰作空觀是名無作
門既無作者誰起願求亦名無願

通教從初但觀幻化是故不復依十六行初空門
中具引古今釋論本者既是古今互出不同今雙
引之以證假實此教三門不同三藏三門體殊此
中得空即無相願
○次結成王臣
此三三昧王臣云云
但約空觀以辨三相還約定慧以辨王臣空等三
義雖皆觀幻不妨亦有王臣不同亦由人道根異
故爾
○三別教二先通約三觀二初明三三昧

若別教明從假入空證眞諦名空三昧二乘但證此
空猶有空相菩薩知空非空出假化物無復空相是
名無相三昧進修中道無中邊相亦不求中邊名無
作三昧
意者即以三觀爲三三昧三脫亦然一一諦中止
即三昧觀即三脫王臣伏斷等準三藏說即以初
地爲無漏城
○次結成王臣
此三觀智王臣云云
○次別約出假二初明三三昧

復次別約出假意者分別無量藥病悉是假名假名無實無實故空是名空門空尚無空相況有假相故名無相門空假無相亦不願求知病識藥故名無願約此一諦既義立三當知亦具王臣等義於別教中立二釋者約教始終雖具三諦不得意者但在於假是故此教應須兩釋又一教始終雖具三諦若入證道不復名別是故別教但在於假凡釋別義悉皆準此既約出假以釋三門亦通行向爲無漏城故大品云欲度衆生修於空護持諸法修無相不捨諸有修無願豈非純於出假以立三門出

假尚爾餘任運具何假義求

○次結成王臣

此出假智王臣云云

○四圓教者前釋三教直爾釋之今明圓教云別約者當知前三通途泛列此文正意別在於圓故圓三門與前永異圓王臣等亦復天隔故圓教中空即無相無作故也語似通教意復永乖定慧體一圓伏圓斷圓名妙體二義融通於中二先引論文總比決之次正解釋初引論文二初比決二初所緣不同能通門異

別約圓者名雖同前意義大異大論云聲聞緣空修三解脫菩薩緣諸法實相修三解脫

所緣不同能通門異所緣即是初住無漏故使能通近遠亦異

○次明空體不同

智者見空及與不空此空不空亦名中道若見此空即見佛性

智者等者明空體不同智者之言亦通別教及以接通今唯在圓成圓三脫空即不空皆能通極故並名中皆能見性又所見之空空無大小以智異

故大小名生是故此中以智判空智既圓融二空則合合故名中復能見性

○次因辨大小十八空二初小十八空異

又二乘觀夢中十八事夢中內事不可得名內法空夢外事不可得名外法空乃至夢中十八有不可得名十八空

因辨大小十八空異若得此空必具十八是故次此辨十八空空若不同餘門自別所以二乘觀十八空如觀夢事

○次大十八空

今圓觀眠法不可得無內法從眠所生一切內法皆不可得名內法空一切法趣此內空眠無外法從眠所生一切外法不可得即外法空一切法趣此外空乃至眠法十八種有不可得名十八空一切法趣十八空歷十八緣名十八空但是一空方等云大空小空皆歸一空一空即法性實相諸佛實法大品云獨空也

圓人觀之如觀眠法法如無明夢事如取相取相枝末無明為本是故夢事必依眠法故觀無明即見實相但觀取相唯見真理若與二乘辨空異者則兩教二乘及通別入空任運可識縱使別教詮於不空非初心觀何須比決故並不與圓教空同故但約二乘不論諸教以此文中義猶含隱是故下文更重簡之

○次正解釋二先正示門相三前修中觀中初寄三假以辨三相

如前觀無明四句不可得一空一切空不見四門分別之相非緣非真無誰所作主臣云云

寄前修中觀中三假以辨三相故云如前既用四句觀破無明即具二空皆不可得即是空門不見四門之相即相續假破尚無法性豈有無明是故不分四門之異即無相門門秖是句即四句也有真有緣故有能所有能所故故有作者今非真緣故無作者即無作門雖寄三假實無前後前通教中向空即無相及無作等況復圓妙更立次第耶王臣云云者亦具三義與前不同

○次明三門相即

如是空即無相無作及一切法一切法亦如是當知一解脫門即三解脫門三解脫門即一門

○三明門門三脫一一互通

又四門中皆修三解脫互無障礙

門門三脫一一互通

○次重更約教以辨空異三初結成圓門

如此三門意非次第

重更約教以辨空異初結成圓門故云三門意非次第

○次判異

別雖次第皆緣實相又異通教通緣空理復異三藏三藏緣四諦智故知三脫及與道品節節有異須善識之

仍許別教亦緣實相以次第故與圓不同又異等者尚不同別況復藏通能知異相方可觀同是故勸物須善識之

○三約五味判五初正約五味判

又華嚴日出先照高山偏多四榮鹿苑三藏偏多四枯方等般若多調枯以入榮引小而歸大鶴林施化已足於榮枯中間而入涅槃爲極鈍難化來至雙樹始復畢功利根明悟處處得入如身子等於法華中入秘密藏得見佛性所以涅槃遥指八千聲聞於法華中得記作佛如秋收冬藏更無所作約此一番施

化早畢不俟涅槃

約五味以判明四念處秖是觀陰若至涅槃成五解脫解脫秖是秘密之藏念處既居道品之初雙樹枯榮復表念處是故還約枯榮以判初華嚴中雖具二義文多明別故云偏多四榮所以住前十種梵行全明別義初住雖即略明圓義二住已去乃至十地多明別義雖行向中辨於普賢行布二門而諸位中普賢義少入法界品唯見彌勒文殊普賢廣明圓融餘諸知識多明別相是故今云偏多四榮三藏可解方等般若文中處處雖有圓義多爲調於鈍根菩薩及二乘人故淨名中彈斥聲聞貶挫菩薩念座致屈去華招識聞不思議事猶如根敗覩大士現變自鄙如盲方信摩訶衍甚深伏諸菩薩志大至般若會乃堪委業故佛加之以說二空所以兩時教意多調枯以入榮使二乘之輩稍成通別雖未顯說義已成榮至法華時會諸枯榮入非枯榮爾乃方堪授作佛記且順大經越而未說即云鶴林施化已足二經同味雖越而兼是故判云爲極鈍根來至雙樹方等般若顯入密入故云菩薩處處得入既引涅槃遥指法華故知

法華爲醍醐正主所以經喻秋收冬藏至涅槃時猶如捃拾故大經第九云譬如暗夜諸營作一切皆息其未訖者要待日明學大乘者要待無上大涅槃日是經出世如彼果實多所饒益安樂一切能令衆生見如來性如法華中八千聲聞得授記莂如秋收冬藏更無所作一闡提輩於諸善法無所營作八千聲聞即是持品八千人也此據五時相生以說若論教旨法華唯以開權顯遠爲教正主獨得名妙意在於此

○次約人結所表

又云誰能莊嚴娑羅雙樹即舉舍利弗六人又別舉如來若見佛性能莊嚴雙樹於其中間而入涅槃身子六人既能莊嚴豈不見佛性於其中間入於涅槃約人結成所表正意秖是結成念處功畢耳所言六人及如來者二十八云爾時師子吼菩薩白佛言世尊何等比丘能莊嚴娑羅雙樹佛舉六人及以如來六人在因如來居果因果俱得莊嚴之名因果始終四德具足所表義顯故云莊嚴因六人者經云若有比丘受持讀誦十二部經正其文句如是比丘乃能莊嚴娑羅雙樹師子吼言如我解

佛所說義者阿難比丘即其人也得淨天眼指阿那律少欲知足指大迦葉無諍空門指須菩提善修神通指目犍連得大智慧指舍利弗於一一人廣如阿難後舉果人云若有比丘能說衆生悉有佛性得金剛三昧具足四德八自在我如是比丘最能莊嚴娑羅雙樹師子吼言如我解佛所說義者唯有如來乃能莊嚴娑羅雙樹如其無者則不端嚴唯願如來常住於此佛言一切諸法性無住住云何請住前之六人雖曰多聞乃至大智要必宣說一切衆生悉有佛性已於法華聞得記已非不能說但不及果人故云如來最能莊嚴因人果人皆具四德因人始入故云唯佛

○三舉劣況勝

聲聞尚爾諸菩薩等處處得入其義可知

○四結成秘藏

若入涅槃成五解脫

若入涅槃成五解脫者結四念所表以成秘藏秘藏秖是涅槃涅槃秖是解脫四念處觀既觀五陰念處既成中間涅槃即是五陰成五解脫故經云色解脫乃至識解脫

○五結成三佛性

不即六法不離六法三佛性意云云

不即等者結四念及以解脫成三佛性此三佛性與計六法不即不離不即故非不離故是理具故是本迷故非言六法者謂五陰神我故大經三十作盲人摸象譬竟即合譬云或有說言色是佛性乃至說言我是佛性當知佛性與彼六法不即不離三佛性者準第三卷意念處中文正因不即不離於色了因不即不離於識緣因不即不離受想行及我當知六法秖是三因故此三因與五陰等

不即不離轉於五陰以成四德三德三因具如第三卷三德文末彼具圓別今但在圓大同小異各有意旨前之二解以五陰四念對三德四德今對五陰復加神我置於四德唯對三因是故開合有少同異

○第七對治助開七初明來意四先尅出所助之體

第七助道對治者釋論云三三昧爲一切三昧作本也

尅出所助之體故云爲一切三昧作本故四三昧

必依圓教不思議三三昧爲本此即前六名爲正行正行不顯良由有遮當分說者當教三昧即爲當教諸行之本今文唯約無作三昧爲諸行本也

○次別明爲今文行本

若入三三昧能成四種三昧

○三約根遮以簡助意

根利無遮易入清涼池不須對治根利有遮但專三脫門遮不能障亦不須助道根鈍無遮但用道品調適即能轉鈍爲利亦不須助道根鈍遮重者以根鈍故不能即開三解脫門以遮重故牽破觀心爲是義故應須治道對破遮障則得安隱入三解脫門大論稱諸對治是助開門法即此意也

四句之中三句不須唯根鈍有遮用此對治次句中云但專三脫者但專修前無作道品以開三脫

○四況釋斯須二果

夫初果聖人無漏根利見理分明事中煩惱猶有遮障不名善人斯陀洹侵五下分亦非善人雖非善人實非凡夫若世智斷惑雖無事障實非聖人如此兩條尚須助道況根鈍遮重而不修對治云何得入

況釋斯須二果爲根利有遮及世智斷結雖非出

世根利亦是無遮之限言兩條者二果爲一條世智爲一條如此兩條初條尚有事惑次條無事爲理成障破事理障義當用治況根鈍遮重不修對治第三果人欲結盡故不說須治世智雖斷下八地思以計我故猶須治道故五停中著我多者尚須對治爲說界法若準此意唯根利無遮根鈍無遮及無漏智盡欲結者不須對治然初二果但緣理治惑名爲用治實不同於凡夫治相當知無遮但專上來境等六法若有遮根鈍等治道不成三昧安尅

○次明用治所依

助道無量前通塞意中約六蔽明遮宜用六度爲治。以論助道。

助道無量但用六者爲對六蔽故且立六以示治相準下文意雖復初教展轉爲治此科正爲治於重蔽是故且立事六爲治問前通塞中塞有橫竪此中治塞何故但將橫中六度以辨治相耶答橫則事理俱障六則彌事畧周況復苦集無明名畧對治不足及竪中塵沙等惑非治正意今明事治故不論之又若有苦集即具無明具無明故六蔽

具足但治六蔽餘二則去此之蔽相復重於險境所歷餘心是故別生此文用觀

○三正明對治二初別釋六初治慳貪

若人修四三昧道品調適解脫不開而慳貪忽起激動觀心於身命財守護保著又貪覺緣想須欲念生雖作意遮止而慳貪轉生是時當用檀捨爲治。

若人修四三昧至脫門不開此文冠下五度之首。下五但云修三昧時餘文並略激者水衝也。

○次治破戒

修三昧時破戒心忽起威儀麤獷無復矜持身口乖違觸犯制度淨禁不淯三昧難發是時當用尸羅爲治。

獷者芒稻也麤澀貌也防過曰制限分爲度淯謂淯朴亦漬也沃也

○三治瞋恚

修三昧時瞋恚悖怒常生忿恨惡口兩舌諍計是非此毒障於三昧是時當修忍爲治。

悖者此非字體謂背逆也應作愗字亂也。

○四治懈怠

修三昧時放逸懈怠恣身口意縱蕩罔野無慚無愧

不能苦節如鑽火未熱數數而止事慵之人尚不辦世務況三昧門是時應用精進爲治。

事字託跋正應作嬾慵者玉篇云心不力也謂懈怠也。

○五治散亂

修三昧時散亂不定身如獨落口若春蛙心如風燈以散逸故法不現前是時應用禪定爲治。

春蛙者蝦蟆之流

○六治愚癡

修三昧時愚癡迷惑計著斷常謂有人我衆生壽命

觸事面牆。進止常短。不稱物望。意慮頑拙。非智黠相。
是時當用智慧爲治。
面牆者無所見也。
○次總結
諸蔽覆心。亦有厚薄。薄者心動身口不必動。厚者身
口動。心必先動。內病既強。其相外現。
前六蔽中各有厚薄云云
○四具辨四隨迴轉治相二。初總舉。
若用對治得去。是病所宜。若對治不除。當依四隨迴
轉助道。

具辨四隨迴轉治相。前之對治。已用四中一對治。
竟忽非其宜。應須轉用。或兼或具。若第一義。是故
總云當依四隨。
○次別示
如治一慳。或樂修檀。或不樂修檀。或善心生。或不善
生。或修檀慳破。或不破。或修檀助開。或不開。當善巧
斟酌。或對或轉。或兼或第一義云云
如治一慳者。略於一蔽。示四隨相。問。文中若是已
明對治。此中秪應更明三隨。何故約慳具列四耶。
答。前雖明對。是直爾用治。未辨用治有益以不益。

謂惡破善生等也。今示隨相教其迴轉。是故具列。
四隨之相。又於四中若樂不樂。以明轉相者。以不
樂檀。即轉用尸。乃至般若。若善心生。乃至開等。是
轉兼具及第一義。又於對中破即是對。不破即是
轉兼具等。故總舉之爲轉等式。所言轉者。或轉用
尸。乃至般若。或次或超。超一至四。逆順間雜。病去
便止。五度爲頭。但越本位。餘同於檀。此病不轉而
治轉也。一度轉用餘之五度。即成五句。六度合有
三十句。治。若藥病俱轉。名亦對亦轉。成三十句。是
轉非對。亦三十句。又是轉是對。是轉非對。一往且

立。爲三十句。若超雜等。句相不定。行者自知。豈可
具記。又一度轉用至二三四。亦可名轉。亦可名兼。
若至五度。名轉名具。不得具名者。以轉用故。若言
具者。不得云轉。但具用六。以治一蔽。亦以轉故。復
失兼名。故雖兼具。但名爲轉。故轉至五。不名具者。
轉則單用。具則兼俱。故不同也。若病轉藥不轉。不
名轉治。亦非兼具。或第一義。名一向治。亦有超順
逆間等也。隨其病轉。以爲五蔽。亦成三十句。一向
治也。所言兼者。藥兼一兩。乃至三四。至五名具。是
故但四度。別四句。成二十四。一度至五。但成六句。

正名具治。今文無具者。但是文略。第八卷有此約
圓人用事治相。若藏通別初心。爲四念處等用事
治相準此可知。言第一義者。唯觀無相眞如寂理。
若約教者。各以當教眞理爲治。乃至圓人。亦用三
教理而爲對等。又四教初心。皆須事治。如向所說。
若以四教展轉爲治。以前助後者。還以前六轉望
後教六蔽之相。爲對轉等。如通教人。用三藏六。別
人則用藏通兩六。圓人用三。並有轉等。如治一慳
看慳何等財身及命。所慳不同。既知慳已。用事爲
治。別人用二。例此可知。圓人用三者。如用事治慳

慳雖似破。因茲乃計。三捨爲實。但增生死。無正可
論。轉用卽空。治其計實。實計若破。卽應得與法界
相應。破實存空。則應轉用恒沙佛法。捨身命財。十
界無知。作此觀時。計假爲實。但得名爲愛見大悲
則應轉用觀身命財。悉是法界圓教觀法。得對治
名。良由於此。此中唯有藥病俱轉。終無病轉而藥
不轉。亦可得有藥轉而病不轉。何以故。計實不轉
而亦容用後之三藥。兼具比說。思之可知。又此轉
治。始從生滅。終至無作。名爲漸轉。若從無作。轉至
生滅。及以互轉。名爲不定。若第一義。名爲頓轉。一

蔽。既爾。餘蔽亦然。是則於一病中。轉用藏教。五及
以三教六。成二十三度。六蔽合有一百三十八治。
倶轉名對。及亦名轉。各有一百三十八治。兼具等
想。思之可知。若見其意。方了此文。
○五明合行式中。明其治相非一。
於助六度。但作一事。解不能助道。當觀此助。不思議。
攝一切法。如後說。
更總明合行式中。明其治相。其事非一。於一一事。
皆有合行。非此可具。故指後文相攝中說。
○六正明合行二。初欲明合行。先出異解。

有人言。說六是通教。說十是通宗。此不應爾。
欲明合行。先出異解。然後破異。明須合行。是故今
家下文。則有四種六度。初文正出異解者。顯十與
六。但是開合。古人不見開合之意。濫用楞伽宗教
之文。彼楞伽云。二乘菩薩有二種。一者宗趣法相。
謂自所證。離分別相。入無漏界。二者言說。謂說九
部。離於四句。令衆生入。然彼通舉二乘菩薩所證
及說。成其三乘理教之相。古師不了。謂宗無說爲
理爲大。以屬菩薩。謂教有說爲事爲小。以屬二乘。
宗教有無。具如法華維摩玄文所破。

○次破異解明合行二。初引大經大品以證六度。
攝一切法。
大經明六度是佛性。大品云是摩訶衍。一度尙攝諸
法。何況六耶。
引大經大品以證六度攝一切法。故知六外無復
餘法。如前四諦但云四諦有無量相。不云四外更
有餘法。何故云六。但在通教。
○次略示文意
若得開合之意。則無去取。
若六若十。旣是開合。不應以此而判大小宗教等

別。
○三正示開合
如禪有願智力。開出泥滓波羅蜜。有神通力。開出婆
羅波羅蜜。定守禪度也。般若有道種智。開出漚和俱
舍羅。又有一切種智。開出闍那波羅蜜。一切智守本。
受般若之稱。離則爲十。束卽爲六。豈得以廣略而判
大小耶。
正示開合。合故卽是事理合明。開之則是事理別
說。又明六則通於大小。明十則唯在於大。又此十
中通則通於四教。別則唯在別圓。如三藏菩薩卽

以伏惑爲一切智。以三祇假爲道種智。佛果以爲
一切種智。能起神通有勝願用。故三藏菩薩亦得
有十。若據未斷惑邊。則般若亦無。非從空出。種智
不成。未得法身。無願智力。且以分地而爲般若。則
但有六。通教菩薩從但空邊開出方便。佛果種智
及願智力。以爲十度。未得法身。與三藏同。已斷通
惑從空出假。從容進退。多少不同。是則兩教或六
或七或八或十。今文且約別圓義邊開六爲十。餘
諸增減。文中未論。又存教道。且兼於別。意本在圓。
泥滓與願。婆羅與力。方音異耳。言定守禪度者。若

開禪爲三。則根本定守第五度。名禪定也。餘所開
者名力名願。空智守於第六般若。餘所開者名漚
和等。漚和出假智也。闍那入中智也。亦是方音不
同也。
○七明攝法者。正是合行。故能攝法。若不達於一
切諸法皆入此之對治門中。如何對治攝一切法。
文三。初總列
今明六度助道攝諸法盡。略明攝諸道品。調伏六根
十力四無所畏十八不共法六通三明四攝四辨陀
羅尼三十二相八十隨形好等及一切法。

〇次別明二初二畧攝因行二初明六度攝道品者下文廣釋意雖可見今預通說至文易明何者檀攝二覺謂除捨也文中闕一下文具列尸攝三謂正語業命忍攝四謂念根念力念覺正念進攝八謂四正勤進根進力進覺分正精進禪攝八謂四如意定根定力定覺正定慧攝十謂四念處慧根慧力擇覺喜覺正見正思合三十五餘有二信通三十五一切諸法信爲本故若準婆沙以實體十一攝三十七故婆沙中先以七覺收餘六科餘不入者謂二信爲一及正思惟一以語業命三實

體但二足成十一俱舍唯十以合戒支故也言入七者謂四念處及慧根力正見入擇法覺分四正勤進根力及正方便方便是進入進覺分四如意足及定根力正定入定覺分念根力正念入念覺分是則二十四法攝入七覺並本七覺合三十一並信等六合三十七今於七中攝喜入擇攝除入捨則合七成五以念爲忍語等爲尸擇喜屬慧除捨是檀定等是禪二信依前以爲通入所以七覺六度義足故今開合與論不殊開合雖爾義與論別今此六文義通四教各含十故卽此六度文爲六段一一段中皆有六義初三藏文是事治正意故文稍廣初明事檀攝二文相可見文又二初正明攝法六初明檀度攝法二初指義

云何攝諸道品諸道品中各有捨覺分正爲檀攝

〇次攝相四初三藏四初正明事捨

若三藏捨覺分雖不入理亦是捨身命財

正明事捨仍舉理以況之雖未成理檀有事治之益

〇次引論徵問

大論云慈悲喜於衆生有益捨何所益

〇三據義答釋

捨能具足六度廣利衆生是名大益

〇四明檀能成五

又捨如膏油能增五度光明故知檀度攝捨覺分也

〇次通教

若通教捨覺分捨身命財如幻如化三事皆空此捨覺分亦爲檀度所攝也

〇三別教

若別教捨覺分捨身命財中無知此捨亦爲檀度所攝也

○四圓教圓是今文與事合行正意故也復順今文正修之體是故引文廣明其相文二初正明圓捨

若圓教捨覺分捨十法界色身捨十法界連持之命捨十法界依報如是身命財皆不入二邊

言十法界色身等者但觀三事心冥法界則十三事冥然自亡正報是身依報是財所言命者連持爲義卽諸界中各有連持如六道中報命不同及四聖中有慧命常住命等卽此三事在一念心三諦具足能除三惑故名爲捨入不二邊者祇是

中道不二之捨此約最後理觀檀義若辨合行應具事理故下文中結偏失云理觀深微而不存事行卽卻舉三藏事治之相事治文竟又復斥云而不存理觀卽以度品六句料簡是故當知修理觀者重惑若起必須事助事與理俱名爲合行是故六句正顯度品俱有事理故有相破相修相卽人不見之祇謂泛爾分別而已若如是者何益修行

○次釋圓捨相九先明不二之捨

何以故財名六塵若計六塵可捨有前人可與己身能施如此施者卽入六塵有邊若三事皆空卽墮無邊今觀財卽空不入有觀財卽假不入空

○次引殃掘以證圓捨於中二初列經文

不二之捨與生死後際等離老病死得不壞常住

○次釋經意

有邊是生死屬前際空邊是涅槃屬後際是二皆空悉不可得故稱爲等離老死者前際空故離分段老死後際空故離變易老死二死永免故言離也得不壞常住者卽是中道法性諸佛所師以法常故諸佛亦常此常住財無能毀損常住之身無能繫縛常住之命不可斷滅成就究竟檀波羅蜜以自莊嚴

言不壞者卽於百界生死之身達常住理於慳成治復顯法身法身既爾財命亦然

○三引金剛以證圓捨

故金剛般若云初中後日分悉以恒河沙身布施不如受持般若一四句偈當知理觀圓捨乃會道品檀度所攝也

引金剛者四句是教依教修觀觀教卽具三種般若故實相般若資於法身捨一切身觀照般若資於慧命捨一切命四句文字資常住財捨一切財復以修三資於理三故理顯時一切能捨又文字

能詮三種般若觀照修得三種般若實相本有三種般若故古人云日捨三恒未免有生四句般若累滅道成是故當知四句功深三恒力劣故知四句與捨身豈可校其優劣耶

○四斥偏

如此道品捨覺分理觀深微而不存事行三藏中事施雄猛剜燈救貿國城妻子而理觀全無毫末兩皆有過

斥偏也初文即是互失之相故云兩皆有過或唯修圓觀事行全無或專修事度圓理絕分是故二

失並闕合行檀度既然餘五咸爾又二失相望無不優劣今勸並行是故俱責言剜身等者仍是三藏菩薩之事報恩經云釋迦菩薩爲輪王時剜身千燈以求半偈偈曰夫生輙死此滅爲樂得此偈已令諸大衆讀誦書寫石壁要路令凡見者發菩提心身燈光明亦說此偈聞者皆悉發菩提心其光上至忉利天上諸天光明悉皆不現諸天相問此光因緣即以天眼見此輪王以大慈悲爲衆生故求於半偈剜身千燈此光是彼身燈光明天帝因即至菩薩所問菩薩言作此供養爲求天帝等耶答言爲衆生故求菩提故天帝問曰以何爲證答曰若使不虛身當平復言已其身平復如故具如彼經廣明亦如月光菩薩經有王名曰智聞剜髀肉以救病比丘大論月光太子出血髓以救癩人出脇肉以貿猴子露脊骨以濟跛兎等捨國城者如大論中鞞施伽王爲隣國所伐四兵垂至安然不驚諸臣白曰何法卻之王曰有法如是至三皆云有法賊既至已王語諸臣汝等事主有何彼此汝可事彼吾今去矣乃從後門逃走而出後王坐已即便勑云若有能得前王者當加重賞後時

他人先知此王爲性好施求詣王乞不知此王棄於國城道逢此王而復不識遇便問曰我聞鞞施伽王其性好施我欲詣乞王乃語言汝可縛我將送新王必得重賞其人聞已生大恭敬不敢諾之王云隨去至城汝可縛進至已諸臣見王大哭新王問之諸臣具答兼從乞者亦說其事新王下階拜爲兄弟遜知國事救鴿飴虎捨身兼命

○五明得失二初畧明得相

今明事檀助破慳蔽進成理觀豈可相離

○次廣明失相二初別明無三

若人雖解實相圓捨之觀撫臆論行涉事慳克保護財物一毫不捨辭憚勞苦稱筋計力不能屈己成他貪惜壽命豈能諍死讓生。

撫者擊也臆謂臆胸循心自責知行不周保護下不能捨財辭憚下不能捨身貪惜下不能捨命

○次總結無三

觸事悋著鏗然不動但解無行如是重蔽何山可破三解脫門何由可開。

○六立行請加

令於道場苦到懺悔生決定心起大誓願捨身命財

決無愛惜自行此檀又以教他讚歎檀法隨喜檀者立此誓已稱十方佛爲證爲救

自行教他等者大論五十六云菩薩摩訶薩自不殺生乃至種智教人不殺讚歎不殺法亦歡喜不殺者乃至種智是菩薩愛佛法知身口意無常故不說無益之語以令善法得增益故令諸煩惱不能覆心行者作是行時結使雖起智慧思惟不令覆心若恣結使失於今世後世善財妨於佛道設使心起不令口起設若口起不令身起設使身起不令作大罪如凡夫人是菩薩雖復卑陋鄙賤以行勝法得在勝人數中是人深樂功德故能行四種勝行二乘不能具足四種以不深樂佛法故也是菩薩自既不殺以慈悲故教人不殺慈悲是一切賢聖善法故須讚歎菩薩常欲令人得樂故見他不殺心生歡喜讚歎乃至種智亦復如是若不自行何能利他若不利他何能成就一切衆生若不成就一切何能淨佛國土何以故衆生淨故世界卽淨又八十八云此四種行是菩薩摩訶薩初心之要不可不識何以故此四不具不名菩薩摩訶薩故何者或能自行不能化他等云云　四法交

互爲句廣辨互相始從不殺不盜乃至種智以不具故不成極果。

○七蒙加得益

心若眞實無欺誑者能感如來放檀光明照除慳蔽思益等云云　以蒙光故與諸道品捨覺相應須一一釋出之。

能感乃至思益等者彼經佛放一切法光今文且引六文以證六度經云又如來光名曰能捨佛以此光能破衆生慳貪之心能令行施又如來光名無悔熱佛以此光能破衆生破戒之心令持禁戒

又如來光名曰安和。佛以此光能破衆生瞋恚之心。令行忍辱。又如來光名曰勤修。佛以此光能破衆生懈怠之心。令行精進。又如來光名曰一心。佛以此光能破衆生妄念之心。令行禪定。又如來光名曰能解。佛以此光能破衆生愚癡之心。令行智慧。乃至四儀。一切諸法亦復如是。下諸文中不復更引。以蒙光故。至一一須釋出之者。既蒙光已隨其宿緣及現加行得與四種行相相應。文中語畧但云捨若遺芥。而不委明觀行淺深。故令後人一一釋出四種檀相。以對四教。令蒙益者識益知加。

若以釋之。應云若與三藏檀捨相應。能捨事中身命財也。與通相應。知三事空。與別相應。達施諸法。與圓相應。見施法界。過現和合。與四相應。檀度既然。餘五亦爾。

○八理具事成

事理既圓。能畢竟檀。捨財同糞土。身比毒器。命若行雲。棄三如唾。慳障既破。治道義成。便得解脫。若無因緣寄之行道。應有利益捨若遺芥。

若無因緣等者。我此身等無益物緣。權寄臭軀以進己道。忽若於他有微利益。捨此身等猶如草芥。俗中尚能殺身成仁。豈出世高士而迷臭軀。

○九總結得益

是爲事油助增道明。開三脫門。得見佛性。若不能爾無助治之益。

是爲等者。總結得益。正助行成。以斥不成。正智如火。陰境如炷。事度如油。火若不明。炷則不焦。乃由事行油竭故也。以油竭故。無明大暗何由可滅。

○次修尸度攝法七。初明攝法。

若如上修。即應得悟。設不悟者。應自思惟理觀道品。有正業正語正命。此屬尸羅所攝。

○次別教四。初三藏。

若三藏正業等。乃至愼護威儀。不破不缺不穿不雜。

○次通教

通教正業等。不得身口。即事而眞。乃是隨道無着等戒。

○三別教

別教正業等。乃是智所讃自在等戒。

○四圓教二。初正明。

圓教正業等。皆觀法性。即是具足等戒。

○次引證

淨名云具能如此是名奉律即此意也。
○三斥失
理觀之戒即心而備雖作此解身口多虧或今生麤
穢或先世遮障未得懺悔覆我三昧脫門不開。
如文
○四請佛冥加三初正明。
思惟事已常自悲愍深生改革從今日始斷相續心。
誓持禁戒事無瑕玷護持愛惜如保浮囊終不全身。
而損戒也。
云瑕玷者瑕玉病也玷玉缺也毀重如玷破輕如

瑕。
○次引事
毒龍輪皮全蟻須陀摩王失國護偈。
毒龍等者大論十三云如釋迦菩薩本身曾爲大
力菩薩毒龍若觸嗅視弱者便死強者氣噓乃死。
此龍曾受一日一夜戒入靜林中獨坐思惟坐久
疲怠而便臥睡龍法若睡形狀如蛇文章七寶獵
者見之便驚走曰如此希有難得之皮若上大王
不亦宜乎以杖按頭以刀剝皮龍自思惟我力如
意傾覆此國猶如反掌此之小人豈能困我我今
持戒不計此身當從佛語於是自忍眼目不視閉
氣絕息憐愍此人一心受剝不生悔意既失皮已
赤肉在地時爲日炙宛轉土中欲趣大水見諸蟲
蟻唼食其身爲護戒故復不敢動自思言我今此
身以施諸蟲蟻爲佛道故今以肉施用充其命後
成佛時當以法施以益其心如是誓已身乾命絕
即生第二忉利天上獵師者調達六師等是諸小
蟲輩今初轉法輪八萬諸天得道者是須陀等者
是大論中名仁王名爲普明王經云爲斑足王而
捉將去從其乞願一日行施飯食沙門頂禮三寶

斑足許已還國依七佛法請百法師一日二時講
仁王般若第一法師爲王說偈云
劫燒終訖　乾坤洞然　須彌巨海　都爲灰颺
天龍福盡　於中彫喪　二儀尚爾　國有何常
神識無主　假乘四蛇　無明保養　以爲樂車
神無常主　形無常家　形神尚離　豈有國耶
有本自無　因緣成諸　盛者必衰　實者必虛
衆生蠢蠢　都如幻居　三界皆爾　國土亦如
生老病死　輪轉無際　事與願違　憂悲爲害
欲深禍重　瘡疣無外　三界皆爾　國有何賴

偈意皆悉勸王捨身及國土等大論中云爾時法師說此偈已王還至天羅國斑足王所於大衆中告九百九十九王言就死而至人各誦過去七佛仁王經偈諸王皆誦斑足聞已問諸王言爲誦何等普明以偈而答斑足斑足聞已得空平等三昧諸王同證斑足因茲而放諸王

○三結具

自戒化他讚法讚者大誓不動稱佛名字爲證爲救

○五蒙如獲益

心誠感佛放淨戒光能令毀禁者淨戒光觸時二世

罪滅即與理觀正業相應一一須釋出之

二世罪者謂過現罪亦應一一釋出四尸羅相三藏可知凡通教中云非持非犯者不出持相故曰非持持相尚無犯相本滅故大論云若見持戒人喜見破戒者瞋如是持戒名罪因緣亡持犯相方名不見故尸文後云與理觀正業等相應者事中正業即是事尸此尸若與圓理相應方名具足別圓二尸例檀可見此後四度結文不同忍辱文後但云相應不云一一釋出者但是文畧故進度文後即具列生生等四禪度文後但云得與四觀相應數存義畧是故重引大論五門禪相於門門之後具云四種般若文末列四倒者具出三藏三乘故也文後即具列云四種十慧雖互存沒須知一準又施戒中直明度相不明蔽相忍中先委明蔽次方明度進中畧示蔽相禪中具列隨文逐要故此不同若釋義者應須一一具存蔽度及四種相結得益相如文下分文大同

○六理具事成

事理既圓畢竟持戒入三脫門見於佛性

○七總結得益

是名助油以增道明

○三明忍度攝法七初明攝法

如上修戒若不入者當復思惟是諸道品各有念根念力念覺分正念等即是忍義羼提所攝

○次列教即以四忍爲四教者諸經論中明五忍義多約別教以別教中豎具四義今借義用且除信忍即以餘四用對四教但依於義而不依語又以忍爲名但在菩薩此意唯在大乘故也文四初三藏

若三藏正念等是伏忍

三藏不斷故宜名伏。
○次通教
通教正念等是柔順忍。
通在行初扶順於理故宜名順。
○三別教
別教正念等是無生忍。
別教後心亦破無明宜名無生。
○四圓教
圓教正念等是寂滅忍。
圓理本寂宜名寂滅

○三斥失
若人念力堅強瞋恚之賊則不得入而得入者或因無念或念不強而瞋蔽得起或今世起或前世起或瞋同行外護或瞋現事或追緣昔嫌或初起屑屑或初卽隆盛若恣瞋毒傾蕩無遺設不自在如蛇自齧。瞋障百千法門豈得恣之而不可責當知但有理解未有忍力。
但出瞋相而但有理解無事忍故事瞋具如第二卷釋言屑屑者不安之相亦云瑣瑣小陋貌也郭璞云往來貌也亦碎貌卽小瞋也隆者高也爾雅云苑中隆郭璞云山中央高也謂瞋起時如高可見。
○四立行請加三初正明。
旣知是已深生改悔發大誓願卑如江海穢濁歸之。屈如橋梁人馬踐之當耐勞苦猶如射垜衆箭湊之。無恨無怨。
一切行中瞋害尤甚故忍最難大論云如天帝問佛若行忍者唯有一事最不可耐小人輕慢謂爲怖畏故不應忍佛言若以小人輕慢謂爲怖畏欲不忍者不忍之罪甚於此也何以故不忍之人賢

聖善人之所輕慢忍辱之人而爲小人之所輕慢二輕之中寧取何輕故知寧爲小人之所輕不爲賢聖之所賤何以故無智之人輕於不可輕賢聖之人賤於可賤爲是義故彌須行忍。
○次引事
如富樓那被罵喜免手乃至被刃喜疾滅無辛惱者忍力轉盛如揩金磨鏡羼提仙人强輭俱安。
如富樓那等者增一云其成道已欲還本國利益村人佛言彼國土中人多弊惡於汝云何答言我當修忍若毀辱我我當自幸不得拳毆拳毆時自

幸不得木杖得木杖時自幸不得刀刃刀刃時自幸早離五陰毒身佛言若如是者乃得利益可還本國如指金等者忍力如金如鏡違境如揩如磨故彌揩彌摩轉益明淨羼提等者具如第三卷所引割截是強王悔是輭強輭不變故身平復二境不變名曰俱安

○三結具

自忍化他讃法讃者大誓不動稱十方佛爲證爲救

○五業加獲益

佛放忍光二世瞋障重罪銷滅

○六理具事成

得與事理諸念相應於諸違境忍力成就

○七總結得益

是爲事油助增道明

○四明進度攝法七初明攝法

若如上修而不入者當復思惟四種道品各八精進爲毘梨耶所攝

○次列教

大論云前三易成不須精進後二難成必須精進精進故得三菩提阿難說精進覺佛即起坐如大施抒海乃可相應

列敎文畧前三易行等者具如第一卷第三卷引此則舉別知通若無通者則二俱不成阿難說精進覺者準大論三十佛告阿難我今背痛小息以鬱多羅敷以僧伽棃枕令阿難爲諸比丘說法阿難乃說七覺佛時問言說精進覺耶阿難云已至如是三問三答佛即驚起告阿難言汝讃歎精進由是得菩提若第十七即云佛聞說已即從座起又長阿含中有八精進八懈怠於四種事各有前後生於進怠謂乞食執作行李病患如乞食時若不得時即作是念乞食不得身體疲極不能堪任坐禪讀誦精勤行道宜令且息二者若乞食得復作是念身體沈重不能堪任是爲乞食前後生於懈怠設少執作便作是念我今疲極不復堪任若欲執作便作是念明當執作必有疲極設少行來便作是念我朝行來身體疲極設欲少行復作是念我明當行必有疲極設遇少患便作是念我今重患困篤疲極所患差已復念病差未久身體疲極一一句下皆云未得欲得未獲欲獲未證欲證由此八故皆不成就故名懈怠八精進者若乞不

得念我身體少於睡臥堪行精進若乞得食念今飽滿氣力充足堪行精進我向執作廢我行道今宜精進若明當執作念當妨行道須預精進若行來時念朝行來廢我行道若明當行念當廢行道若得重病當念命終若少病患或恐更增一一句下皆云宜應精進未得者得未證者證此意宜對隨自意意大施抒海如第三卷抒者除也舊頡篇云酌取也

○三斥失

而今放逸倚臥縱緩忘失本心無復進力雖在道場

雜諸惡覺名之爲汙日不如日名之爲退退則非進汙則非精何能契理或先世懈怠罪障覆心如穴鼻無鉤狂醉越逸初中後夜不克己競時還復遷延稽度日月

如穴鼻等者大論三十三云如駝穿鼻一切隨人有爲法中若有智慧上聖所親若無智慧猶如穴鼻翻倒一切所有功德於生死中無鉤醉象者大經二十三云譬如無鉤醉象狂逸暴惡多所殺害有調象師以大鐵鉤用掛其頂卽時調順惡心都息婆沙廣有調象因緣喻八解脫還者本是草名

亦是人姓今以過度之言借用此字以替方言稽者自生稽耳恐應作此儘心不力故空度時日

○四立誓請加二初正明

當發誓願刻骨銘心身命許道推死在前無量劫來唐愛護惜今求三昧決定應捨以夜繼晝呵責過患行法匪懈端直其身無復難心苦心設有病惱不以爲患一生不尅歷劫不休

刻骨等者誓身精進如刻至骨誓心精進如銘其石銘者名也書之爲誡刻石紀功今亦如是誓要其心如刻石紀功使永不昧爲法輸身名爲許道

唐者虛也無復等者無復難心結上行法匪懈不以行爲難行無復苦心結上端直其身不以身爲疲苦

○次結具

自進化他讚法讚者稱十方佛爲證爲救

○五賞加獲益

感佛進光

○六理具事成

得與理觀八進相應若與三藏相應卽成生生精進通相應卽成生不生精進別相應卽成不生生精進

圓相應即成不生不生牢强精進開涅槃門見於佛性。

以生生等對四精進者進是發起策勵之相故以生等釋成四進三藏三祇進猶潤生故曰生生通亡進相名生不生別已入空爲生故進故不生生圓理本寂進亦不生故不生不生又於進境亡能亡所。

○七總結得益

是爲事油助增觀明精進有通體別體云云

○五明禪度攝法七初總約禪度。

若如上修不得悟者當自思惟理觀道品各有八定爲禪度所攝。

○次列教

但是解心實未證得雖言根本事定不成乃至雖言無作定首楞嚴不成。

但是等者列教初云根本即三藏也越中二教故云乃至雖云無作楞嚴不成中間應云雖云無生理定不成雖云恒沙佛法俗諦三昧不成。

○三斥失

若無定者平地顛墮或二世散動三昧不開。

無定等者引大經況釋如世間人若無十大地中心數定者世路平地尚亦顛墮況修出世無定豈成。

○四請加二初正明。

爲是義故一心決果初中後夜身端心寂疲苦邪想若起疾滅。

總標請加略舉應須修禪故總云一心至下方乃別出五門。

○次結具

自禪教他讚法讚者大誓不動盡命爲期乃至後世

不證不止稱十方佛爲明爲救。

○五掌加獲益

感佛定光散動障破。

此總明禪關結文者下五門中具明故也爲避煩文故互存沒。

○六理具事成

事禪開發與四觀相應。

○七明五門禪二初明來意以禪門中門戶多故故更明此五門禪相。

大論釋禪度先列諸禪法次明無所得顯波羅蜜相。

後廣釋九想八念等皆於禪中開出諸禪法甚多今但取五門爲助道也
○次正釋五初明數息治散亂至第九卷中更釋文三初正明觀法
若禪思時心多覺觀偏緣三毒當用數息爲治數若不成即知心去去即追還從初更數防散錄心此爲良治以心住故或發欲界定乃至七依定皆能入若不得般若方便成凡夫法若得方便成摩訶衍
言七依定者成論七三昧品云謂依初禪得無漏乃至依於無所有處得無漏依此七處得聖果故

故名七依有人自謂有漏爲足是故佛說七依無漏問何故依禪得無漏耶答得初禪時觀初禪陰起八聖種心生厭離乃至無色觀於四陰亦復如是問何以不說欲界爲依答如須尸摩經說更有無漏所謂欲界故知亦有少故不說問何故不說非非想處爲無漏耶答彼不了故定多慧少故不說依問七想即七依耶答外道無眞是故云想聖人破想是故說依故今文中且云發得欲定乃至七依未判有漏及無漏等準論分別二義並通
○次助益行成
故請觀音云若數息心定毛孔見佛住首楞嚴得不退轉是爲數息開解脫門即與三藏八定相應乃至與無作八定相應
○三總結得益
是爲事油助增道明
○次明不淨治貪欲三初正明觀法
若緣女色耽湎在懷惑著不離當用不淨觀爲治觀所愛人初死之相言語適爾奄便那去身冷色變蟲膿流出不淨臭處穢惡充滿捐棄塚間如朽敗木昔所愛重今何所見是爲惡物令我憂勞既識欲過淫

心即息餘八想亦治淫欲大論云多淫者令觀九想於緣不自在令觀背捨緣不廣普令觀勝處不能轉變令觀十一切處若有怖畏令修八念皆以不淨爲初門悉治淫火
耽者爾雅云久樂也從酉者酖酒耳非此文意亦可以耽酒喻淫故作酖字亦與湎字義同湎者酖於酒也亦可作䤄故大經云若常愁苦愁遂增長乃至貪淫嗜酒亦復如是不淨觀者即假想觀如求證人經說佛在舍衛有比丘至塚間路由他田田主罵言此何比丘不修道業常遊我田便往問

之比丘答言我有諍事來求證人田主問言證人是誰比丘卽喚田主隨去見屍狼藉比丘言此諸蟲鳥是我證人田主問故比丘答言心之漏患觀已還房觀身亦爾我今欲識心之本源是故觀之田主聞已垂淚哽咽彼田主者於迦葉佛法中千歲修習是不淨觀比丘及田主俱得初果九想在第九卷引大論中言八背捨等因便兼列非文正意但言皆由九想而成故云皆以九想而爲初門此明九想功能故也若實觀者如撰擇長者緣云云

○次助益行成

開解脫門與四種八定相應

○三總結得益

助油增明云云

○三以慈悲治瞋恚二初正明觀法

若攀緣瞋恚當用慈心爲治上忍度是通治今別約慈無量心餘三心或是樂欲等悲無量爲對治者緣衆生苦深起愍傷欲拔其苦緣此心入定與悲相應慈者想衆生得樂緣此心入與慈定相應喜心者想衆生得樂生大歡喜緣此心入與喜定相應捨心者捨愛憎想住平等觀緣此心入與捨定相應

以慈治瞋者上釋忍中但通途云如橋地等故云通治未治重瞋今專修慈以治瞋恚是故云別因明慈定兼說餘三恐修慈心非己所宜故云餘之三心或樂欲等等取餘三是依四隨修四無量也對轉兼具準上可知

○次助益行成

得此四定者於諸衆生瞋無從生下更廣說

○四明因緣治愚癡二初正明觀法

若攀緣邪倒當用因緣觀治之毗曇以界方便破我

今因緣破我三世破斷常二世破我一念破性

釋治愚癡文相最略應例諸文毗曇以界方便破我等者我及斷常並計性三並屬癡故初破我者經論不同雜阿毗曇云著見行者以界方便愚夫不了宿業煩惱積聚五陰於緣計我當於自身以界方便觀察種種性種種業種種相謂地等六界彼地界者爲水所潤而不相離彼水界者爲地界持故不流散火界成熟故不淤壞風界動故而得增長空界空故食得出入有識界故有所造作由衆緣故故知無我又觀此身不淨充滿如吹散積

沙於無色法前後相續如是觀者則得空解脫門種子於彼生厭得無願解脫門種子正向涅槃得無相解脫門種子是名界方便若準大經云著我多者則爲分別十八界法此與六界總別之異論四大界是十色界半論識界是七心界半但合色爲四合心爲一更加空界教門隨機離合不定今準禪經因緣破我大集亦以二世破我爲簡異故故俱列釋言三世破斷常者三世相續故不斷三世迭謝故不常又過去破常未來破斷現在因果雙破斷常二世破我者現未二世具十二緣於父

生愛於母生瞋名爲無明父遺體時謂是已有名之爲行從識支去至老死支與三世同言一念者具如玄文第三卷境妙中說

○次助益行成

此定若成即理觀相應助開涅槃門

○五明念佛治睡眠二初正明觀法

若睡障道罪起即用念佛觀治之緣於應佛無相之相緣相分明

如文

○次助益行成

破障道罪見十方佛與理觀相應開涅槃門

摩訶止觀輔行傳弘決卷第七之二

摩訶止觀輔行傳弘決卷第七之三

陳隋天台智者大師說　唐荊谿大師湛然傳弘決

門人章安大師灌頂記　明天台沙門傳燈會科

○六明般若度攝法五。初明攝法。

若如上脩而不入者。或非其宜。當自思惟理觀之中。具四念處。意根慧力擇喜覺分正見正思惟。如是十法智度所攝。

○次斥失

此是理觀。此解不明。由於二世愚癡迷僻。昏覆精神。故令三昧不顯。

如文

○三立行請加二。先立行。次請加。立行中三。先總明念處有破倒之功。

應當改革。發大誓願。令事觀明了。破四顛倒。

如文

○次別明四念處觀四。初觀身不淨有五。初列五種不淨者。大論二十一廣說之。文三。初列。

諦觀此身。從頭至足。但是種子不淨。乃至究竟五種不淨。

○次釋五。初明種子不淨。

所謂是身攬他遺體。吐淚赤白二渧和合。託識其中。以爲體質。是名種子不淨。

言種子者。如論偈曰。是身種不淨。非是妙寶物。不從白淨生。父母邪想憶念風吹婬欲之火。肉髓膏流。熱變爲精。業因緣故。識託種子在赤白精中。故云攬他遺體。吐淚等者。大論云。身內欲蟲。人和合時。男蟲白精。如淚而出。女蟲赤精。如吐而出。骨髓膏流。令此二蟲吐淚而出。

○次明住處不淨

居二藏間。穢濁泆潤。乍懸乍壓。或熱或冷。七日一變。

十月懷抱。若六胞成就。形相具足。日月已滿。轉向產門。大論云。此身非化生。亦非蓮華生。但從尿道出。此處卑猥。底下廁惡。是名住處不淨。

生處不淨者。如論偈曰。是身爲臭穢。不從華開生。亦不從薝蔔。又不出寶山。今云住處者。所居曰住。從出名生。是故二文。秖是一意。猥者雜惡也。亦衆也。廁者賤役也。

○三明自相不淨

既生出已。眠臥糞穢。乳哺將養。自小之大。耳貯結聹眼流眵淚。鼻孔垂膿。口氣常臭。頭垢重沓。如薄糞泥胜胮酸汗。如淋尿灑。衣服著體。即如油塗。是名自相不淨。

自相不淨者。衣服澡浴。種種華香。飴以上饌。衆妙美味。經宿之間。皆爲不淨。假令衣天衣。食天食。以身性故。亦成不淨。何況衣飴人間衣食。如論偈曰。地水火風質。能變除不淨。傾海洗此身。不能令香潔。譬如死狗。以海水洗。餘一塵在。亦如初臭。糞穢亦爾。聹者。耵聹也。上音項下乃鼎反。耳垢也。眵昌移反目汁凝現也。淋尿者。應作此痳。即病也。其尿臭故。

○四明自性不淨

其中唯有屎尿之聚。膿聚。血聚。膏髓等聚。大腸小腸肪𦝫腦膜筋纏。血塗惡露臭處。蟲戶所集。盡海水洗。不能令淨。論云。此身不如摩羅延山能出栴檀。自小至大。性是不淨。譬如糞穢。多少俱臭。是名自性不淨。

自性不淨者。大小便道。目淚涕唾。常流不息。如論偈云。種種不淨物。充滿於其身。常流出不止。如漏囊盛物。膿者。玉篇云。癰疽血也。身肉所有。與彼不異。膏者。身滑澤也。說文云。有角曰脂。無角曰膏。身中不淨。以類於彼。禮云。犬膏膠。雞膏腥。羊膏羶。若云魚臭。應云鯹鰺。肪者。肥脂。𦝫者。亦脂肪。今云腥膠。如犬雞等也。故四念處云。外十二物名相不淨。內十二物名性不淨。中十二物名性相不淨。今文但分性相二種。不共立爲相性。不淨應合中間。以屬於性。

○五明究竟不淨

一旦命終。假借還本。風去火冷。地壞水流。蟲啾鳥啄。頭手分離。盈流於外。三五里間。逆風聞臭。惡氣腥臊。衝人鼻息。惡色黵𤺊。汙人眼目。劇於死狗。是名究竟不淨。

究竟不淨者。如論偈曰。審諦觀此身。終必歸死處。難語無反復。背恩如小兒。劇者甚也。

○三結

如是五種。皆是實觀。非得解觀。那忽於中計以爲淨。好衣美食。愛護將養。摩頭拭頸。保此毒身。譬如蜣蜋。丸鹿糞穢。人亦如是。愛重此身。至死不厭。不可搪觸。養此身故。造種種罪。若知過患。始終不淨。能破淨倒也。

蜣蜋亦曰蛣蜣。即丸糞蟲者是也。此蟲唯知美糞而不辨歡喜丸味。

○次觀受是苦

又復當知四大成身二上二下互相違返地遏水水爛地風散地地遮風水滅火火煎水更相侵害如篋盛四蛇癰瘡刺箭當自是苦有何可樂加以飢渴寒熱鞭打繫縛生老病死是爲苦苦四大相侵互相破壞是爲壞苦念念流炎是爲行苦於下苦中橫生樂想若見苦相分明如瘡中刺介介當痛不於此身生一念樂倒

明苦觀者論云復次此身一切皆苦屈伸俯仰無非苦者如初坐爲樂坐久則苦行住臥等亦復如是如婬爲樂求女色時得之逾多患生逾重如疥

病得火樂爲苦因行者知身但是無常苦不淨者不得已而養之譬如父母生於惡子子雖極惡從己生故要必養育令使成就身實無樂何以故不自在故如風病人不能俯仰行來去就如病咽者不能語言以是故知身不自在故云於下苦中橫生樂想準諸論文應以三途爲苦苦名爲上苦諸天五衰相現天樂壞時生於大苦名爲壞苦人間爲行苦念念常苦故名爲下凡夫橫計以之爲樂故俱舍云如以一睫毛置掌而不覺若置眼睛上爲損反不安凡夫如手掌不覺行苦睫智者如眼睛緣及生厭怖望三途苦爲下苦耳今文從義直約人間以立三苦雖是下苦具三苦故不應於中橫生樂想故大經十一迦葉難云若於下苦生樂想者於下生苦乃至於下五盛陰苦亦生於樂想耶下生者三惡中生者人上生者天又亦應云於下樂中生於苦想耶佛言如汝所言是故昔爲釋摩男說於三受三苦一一受中皆悉三苦故今文中於行苦中立三苦義

○三觀心無常二初正觀三初法

又復當觀過去無明善惡諸業驅縛心識偪入胎獄

○次喩

如繫鳥在籠欲去不得

如繫鳥等者如論偈云鳥來入餅中羅縠掩餅口縠穿鳥飛去神明隨業走釋曰乘業受報如鳥入餅爲業所繫如羅縠掩果謝隨業如縠穿鳥去去必逐業故名隨走今此文中以籠喩果以餅喩因

○三合三初正合

心識亦爾籠以四大繫以得繩心在色籠無處不至業繩未斷去已復還籠破繫斷卽去不反空籠而存此壞彼成出籠入籠

言得繩者準於有部立以得得得漸以後得得於前得故使往業能至未來故有部中業入過去得至未來身死得謝未來報起如一業成以一大得得於業法又以小得得於大得第二刹那以三大得得前二得及以業法初念之得俱成法故又三小得得前三大并初刹那九法成就第三刹那二十七法此之得義出自法相釋作無作引論云初念作現在成第二念過去成若無作者初念現在成第二念二世成所言作者第一念中但有法俱第二念中唯有法後言法俱者謂初念本法及八小

得言法後者第二念去前前之念轉成法故故後後念大小得得言無作者初第一念亦但有法俱亦如作中初念說也至第二念有法俱得及法後得言法後者亦如前作中第二念說言法俱者與法後得同時而起一無作法及大小得是則第二念中有三大得及三小得得初三法同時復有三法俱起故第二念九法俱生并初念三成十二法所以第二念中六得得於過去名過去成又有二得得現在法名現在成故云初念無作現在成第二念無作二世成凡云大小得者皆以大得得於

本法復以小得得於大得還以大得得於小得故大小得更互相得故知第三念去如是展轉得徧虛空凡有所作善惡諸業若下劣心唯有於作則無無作若增上心則有於作及以無作作與無作各起得得業入過去得至未來能招後報作無作得但與形俱是故得名得非色心故俱舍論不相應行有十四種謂得非得同分無想二定命相名身等類是則一生之中於一業思之所起得尚已無量況無量生無量業得以至來際若經部宗得既是假但云意與身口和合成業假立為種至未

來生又復業名通於方便根本後起今對根本立以業名若大乘中藏識盛持以至來世雖有此異凡受報處必為精血四大所籠未能擇滅非得已來常為得繩之所連縛連縛未斷去已復還現陰若壞名為去已復受生有名為復還至無學果方名籠破生有業盡名為不返陰質不續名空籠存此壞等者復斥凡夫此五陰壞生有陰成出陰入陰現生後等云云

○次重顯籠鉼

印壞文成無一念住又風氣依身名出入息此息還

謝出不保入毘曇云命是非色非心法。

印壞文成等者重顯籠餅文仍少異籠餅二喻但喻因果此蠟印喻更加中陰故大經二十七云如蠟印印泥印與泥合印滅文成文非泥出不餘處來以印因緣而成是文經合喻云現在陰滅中陰陰生是現在陰終不變為中陰五陰亦非自生不從餘來因現陰故生中陰陰提譬合云如印印泥印滅文成名雖無差而時節各異是故我說中陰五陰非肉眼見天眼所見釋曰現陰如印中陰生處義之如泥現在陰滅名為印壞中陰陰起名為

文成於此復以中陰為印業遍受胎名為印泥中陰陰滅名為印壞未能陰起名為文成業種未斷文復為印印復為文文印相成不可窮已中陰生陰俱名為陰此等滅時俱名印壞此等成時俱名文成生滅名同故曰無差生處不同故云各異若文不為印名為因滅印不為文文亦自壞名為果亡故大論云先世業自作轉為種種形虛空不受害無業亦如是毘曇命是非色非心法者亦屬十四不相應行攝

○三引證

大集云出入息名壽命一息不返即名命終比丘白佛不保七日乃至不保出入息佛言善哉善脩無常

大集等者引證命也一期為壽連持曰命一期連持息風不斷故出入息名為壽命比丘不保七日等者大論二十五佛為比丘說死想義有比丘白佛我能善脩死想佛言汝云何脩答言不過七年有云不保七月有云七日乃至六五四三二一日佛言是名放逸不得名為善脩無常有比丘言不保從旦至食有云食頃佛言皆是放逸有一比丘言出息不保入息佛言是名精進善脩無常

○次勸勉二初舉失勸二初勉在家

又觀諸業猶如怨家如鳥競肉經云剎那起惡殃墜無間促促時節尚成重業何況長夜惡念業則無邊業如怨責常伺人便若正償此責餘業不牽償稍欲畢餘業爭攝去住無期無常役鬼不擇豪賢危脆不堅難可恃怙云何安然規望百歲四方馳求貯積聚斂聚斂未足溘然長往所有產貨徒為他有冥冥獨逝誰訪是非

殃者咎也罪也爾雅云肉爛也若遭殃時義如肉爛無父何怙無母何恃理性法身猶如嬰孩若無

二智父母所養。是故當知必死無疑。云何安然而生常想。遼者去也。冥者北方幽冥。即是陰方。幽道故也。

○次勉出家

或出家人。知解溢胸。或精進滅火。而不悟無常。諺云可憐無五媚。精進無道心。此之謂也。

或精進滅火者。精進之水。破懈怠火。猶如救火。不可少息。懈怠火滅。故云滅火。雖不少息。與道尙乖。身雖精進。不悟無常。不得名爲身心精進。大論十八云。菩薩摩訶薩行精進者。四儀不廢。寍失身命。

不廢道業。譬如失火。餅水投之。唯存滅火。不惜於餅。諸行如舍。懈怠如火。身如水餅。心如盛水。身心精進。如合餅投。是故精進以心爲本。以身爲助。所以應須正助具足。若以空餅投火。擬滅而不知水堪能滅火。徒自疲勞。火終不滅。但身精進。亦復如是。又精進者。亦如野雉。見大樹林爲火所燒。恐衆鳥無依。以自身力。飛入水中。漬其毛羽。來滅大火。火大水小。往來疲極。不以爲苦。是時天帝來問之曰。汝作何事。答言。我爲衆生。以此林樹陰育處廣清涼快樂。我諸種類諸宗親族及諸衆生。皆依仰此我之身力。豈敢懈怠。問曰。汝此精進。當至幾時。答言。以死爲期。天帝言。汝言雖爾。誰當信汝。即自立誓。若不虛者。火當即滅。是時淨居諸天。知菩薩誓廣。即爲滅火。自古及今。唯有此林。獨常滋茂。不爲火燒。喭云等者。喭傳也。應作諺字。若作喭者。弔也。凡諸諺言。皆是聖語。故自昔來。用爲實錄。顏氏家訓。往往引之。可憐如精進。五媚如道心。媚好姿也。

○次舉得勸

若覺無常。過於暴水猛風掣電。山海空市。無逃避處。

如此觀已。心大怖畏。眠不安席。食不甘哺。如救頭然。白駒烏兎。日夜奔競。以求出要。豈復貪著世財。結搆諸有。作無益事。造生死業耶。頓絕羈鎖。超然直去。如野干絕透。爭出火宅。早求免濟。是爲破常倒。

山海空市等者。法句經第二云。有梵志兄弟四人。各得神通。知後七日一時皆死。自共議之。我等四人。五通之力。翻覆天地。捫摸日月。寍不避死。一云吾入大海。下不至地。上不出水。一云入須彌腹。還合其山。一云輕舉空中。一云入大市中。各云如是處。避無常殺鬼。豈知我處。議訖辭王。逝其去意。過

七日已各各命終。如熟果落。市監白王。有一梵志
卒死市中。王云有四人避對。一人已死。餘三豈免。
王卽問佛。佛告王言。有四事不可離。一者已在中
陰。不可不生。二者已生。不可不老。三者已老。不可
不病。四者已病。不可不死。白駒。日也。烏兎。月也。又
俗典中云。月中有兎。日中有烏。如野干等者。具如
第四卷引。
○四觀法無我二。初明凡夫我相三。初正明無我
計我。
又復當觀無量劫來。多約名色。及以想行而計我人。

若其執作。忽聞讚罵。云讚罵我。歷行住坐臥。一切事
物。皆計於我。如膠塗手。隨執隨著。
忽聞讚罵等者。如人持餅。聞罵持者。或讚持者。攬
他彼說。云讚罵已。一切事業。亦復如是。況復罵己。
全是罵他。以身屬他。四大造故。云云心性如手。執
如塗膠。取境名爲隨執隨著。
○次引證計我招過
經云。凡夫若離我心。無有是處。若遭貧窮。失於本心。
亦計我不息。若得富貴。恣勢縱毒。酷害天下。赫怒隆
盛。怨枉無辜。諸業與起。皆我所爲。誰代當者。逆風執
火。豈不燒手。
酷者。虐也。赫者。盛也。隆者。如前。
○三引證無我計我
如彼夜房謂言有鬼。天明照了。乃本舊人。
如彼夜房等者。大論九十三云。瞋者本無。一切皆
虛妄事。故生瞋恚。加於逆害。乃至奪命。起重罪業。
因茲重業。必墮三惡。愼勿無事。受大苦惱。如一山
中有一佛圖。中有別房。常有鬼來。故諸道人。皆捨
此房。有客比丘。暮投其宿。維那處分。令住此房。而
謂之言。此房有鬼。喜來惱人。能住不耶。此客比丘

自恃戒力。及多聞力。而不畏之。謂此小鬼。有何所
能。我能伏之。卽便入房。至暮復有一客比丘。求覓
住處。維那亦令住此鬼房。亦如前說。客僧亦復如
前人說。先住比丘。閉門端坐。伺待鬼來。後來比丘
夜已黑闇。打門求入。先者謂鬼。不爲開門。後者復
以極力打門。內者復以極力拒之。外者得勝。排門
得入。內者以極力打外者。外者亦以極力打之。如
是相打。以至明旦。相見。乃是故舊同學。各相愧謝。
衆人聚而怪之。衆生亦爾。五陰本來。無人無我。空
取其相。生於鬬諍。若披在地。但有骨肉。無復人我。

當爾之時誰論彼此是故菩薩語衆生言汝愼勿
於本空之中起鬭諍耶
○次正明脩觀二初正觀我實無我
又無智慧故計言有我以慧觀之實無有我我在何
處頭足支節一一諦觀了不見我何處有人及以衆
生業力機關假爲空聚從衆緣生無有宰主
○次引事證我無我
如宿空亭二鬼爭屍如此觀時我倒休息
二鬼爭屍等者大論十三云如人遠行獨宿空亭
夜中有鬼擔一死屍來著其前復有一鬼從後而

來瞋罵前鬼云是我屍何以擔來前鬼復言本是
我物我自擔來二鬼各以一手爭之前鬼語曰可
問此人後鬼卽問是誰死人誰擔將來是人思惟
此之二鬼皆有大力實語虛語皆不免死我今不
應妄語答鬼便答後鬼前鬼擔來後鬼大瞋拔其
手足出著地上前鬼愧之取屍補之補之便著顯
手足等舉身皆易於是二鬼共食所易活人之身
各各拭口分首而去其人思惟父母生身眼見食
盡我今此身盡是他肉爲有身耶爲無身耶如是
思惟心懷迷亂不知所措猶如狂人天旣明矣尋

路而去至前國土見有佛塔凡見衆僧不論餘事
但問己身爲有爲無諸比丘問汝何人耶答曰我
亦不知是人非人卽爲衆僧廣說上事衆僧皆云
此人自知己身無我易可化度卽語之言汝身本
來恒自無我但以四大和合聚集計爲本身如汝
本身與今無異時諸比丘度爲沙門斷煩惱盡得
阿羅漢是故有時於他人身亦計爲我以無我故
有時於我謂爲他人故文殊問經云有老人夜臥
手捉兩膝而便問云那得有此兩小兒耶身若有
我云何不識謂爲小兒故知橫計皆無定實

○三結成三乘行異三初聲聞三初法
若修四觀破四顛倒道心鬱起生大怖畏如爲怨逐
如叛怨國如行險道念念周障祇求出路
如爲怨逐等者四倒如怨逼心如逐身如怨國觀
如叛出不出五陰而於中行若至見道方有出路
○次譬
麞聞獵圍霍驚絕走雖遇水草何暇飲噉志在免脫
譬三乘之人雖復觀於諦緣度別通而言之俱觀
念處雖同念處自行化他有悲無悲宿福不同故
分三別故於此後分出三乘初文譬者聲聞觀法

義之如麞。生老病死。猶如獵圍。三界五欲。猶如水草。不遑視聽。如不暇飲噉。希離二縛。如志在免脫。

○三合

聲聞如是。

○次緣覺二。初譬。

若鹿透圍小得免難。並馳並顧。悲鳴呦咽。痛戀本羣。雖復踟躕。更知何益。茹氣吞聲。啣悲前進。

支佛行相中。支佛觀法。義之如鹿。觀因緣智。猶如透圍。斷結侵習。如小免難。自智如馳。愍他如顧。悲智兼行。故名爲並。部行說法。名爲悲鳴。但讚出苦。

名爲呦咽。呦呦鹿鳴也。咽字應作噎。飲食不下也。悲心愍物。如食不進。自厭有餘。名之爲痛。亦悲他人。名之爲戀。昔同被苦。名爲本羣。欲去念住。恐非永益。名雖踟躕。言踟躕者。行不前貌。有少悲心。似住生死。利物事微。名爲何益。說已入般。名爲茹氣。教法不住。名爲吞聲。茹者飲也。雖愍而逝。如啣悲前進。

○次合

緣覺如是。自出生死。愍念衆生。雖悲悼哀傷。不能救拔。

合譬文畧。悼者哀也。矜也。

○三菩薩二。初譬。

若大象王雖聞圍合。不忍獨去。自知力。大堪遮刀箭。守護其子。令羣安隱。得免傷害。

譬文可知。

○次合五。初正合。

菩薩如是。無常無我。諸觀明時。怖畏切心。如蹈水火。又起慈悲。如母念子。衆生盲冥。不覺火炕。我今云何棄之獨去。安耐生死。以智方便。教化淯熟。作得度因緣。於自功德法身慧命。展轉增長。有緣機熟。卽坐道

塲。成佛與衆生共出三界。如彼大象自他俱安。

合譬中文相皆是事助之益。是故當須事理合行。故下文若全無下更說合行之意。若不見之。如何進行。前聲聞中先法次喻。次支佛中先喻次合。此二合文。文相並畧。不委對合。是故於喻扶文委銷。今菩薩中合喻文足。故直合之。不復別釋。大象合菩薩。從無常去。至水火者。合雖聞圍合。從又起慈悲去。至獨去者。合不忍獨去。從安耐生死。合自知力大等。從以智去。至俱安者。合令羣安隱。事度爲功德。五分爲法身。伏道爲慧命。後後爲增長。三祇

為大象

○次抑揚二初譬

若小象子雖捍刀箭必為所中自他無益

○次合

初心菩薩欲入生死生死觸之失退善根法身破壞

雖然發大悲心功德可歎

若小象子去抑揚也小不及大抑也初心可歎揚也初僧祇初名小菩薩雖未免退實異凡小故可稱歎

○三揀異

故菩薩雖怖生死而恒求善本荷負衆生不同二乘雖住生死非貪五欲但為兼濟不同凡夫

○四引證

經云不住調伏不住不調伏雖知無我而誨人不倦雖知涅槃而不永滅雖知不淨不說厭離即此義也

不住不調等者初心菩薩事度誓願異凡夫故名不住不調異二乘故名不住調雖知已去三句例此而不取證故並云雖但以伏道為無我等不同通別二種菩薩

○五結行成

多脩六度功德善本似羊身肥勤觀無常諸惡業壞恒被狼怖如羊無脂是名脩事般若相

狼者獸也似犬而狠此三藏中三乘之智同觀無常苦空無我為三乘行異並可以為助道事智

○次請加

自行教他讚法讚者稱十方佛為證為救

○四蒙加

諸佛威加離障解脫即與四種十慧相應

○五結益

是為事油助增道明云云

如文

○次明合行之意四先斥失

若全無理觀文無事懺輒望佛印希利規名若佛印者無有是處

佛印者印謂印可可謂稱可事理相稱故可聖心為聖冥印障去理顯既具衆失文迷理觀印無是處

○次辨得

若理觀無間借事破蔽眞實心懺印有是處

○三引昔化事釋成助意有法譬合初法中二初

引昔化事以證助意。
所以須事助道者。如二萬億佛所繫珠。中忘大乘。即不以大化。更六百劫。以小起之。令怖畏生死。漸向父舍。故知應借小助大。
謂昔曾繫珠義如正道。退大輪廻義如重蔽。以小起之義如用助。初曾禀大。退大流轉。不堪大化。先小導之。方堪入大。是故名爲以小起之。
○次引化儀以證助意。
又佛初欲大化。諸佛不印。若思方便。即稱善哉。本是大緣義之如正。大機未熟。義如重蔽。尋用方

便義如用事。以當宜故。如梵音讚十方諸佛同讚助道。况今重蔽而不助耶。
○次譬
如富家子病。應用黄龍湯。父母豈惜好藥。宜强之耳服已病差。
若論觀蔽應用無生。事不獲已。用事助者。如大經十九云。譬如有人。閉在囹圄。從厠孔出。譬如有人懼於寃家。依旃陀羅。如婆羅門病。食不淨藥。菩薩摩訶薩。行於事度。亦復如是。爲是義故。應須事助。况復今文。正助合行。一切助行。無非法界。

○三合
佛有本願。令衆如我。豈惜大乘。事不獲已。逗機對治助道開門。義亦如是。
合譬可見。此六度文。並在大論第十五至第二十一。每於一度。衆釋不同。然亦不出此之四意。
○四以六句料簡事理二。初問。
問曰。不修助道三昧不成。六度應勝道品耶。
問意者。事度屬三藏。道品是無作。本以無作正行道品。通至無作三三昧門。今此乃云不脩事度。無作三昧不成就者。事度應勝無作道品。

○次答意者。度之與品。具有事理。况復度品。更互相攝。是故勝劣亦互受名。但作度名。於治義便。所以對治從度爲名。今文以事而助於理。故上文云無事理定不成。前文已約佛今昔化。及以大經諸譬之文。足顯以事助理之意。爲顯行門。何論勝劣。爲欲更顯通別治相。是故更爲三對六句。於中爲二。先列六句。
答。此有三句。六度破道品。道品破六度。六度脩道品道品脩六度。六度即道品。道品即六度。
○次釋六句二。先別次通。所言別者。三對不同。且

以事度對理道品。生滅道品。對圓六度。以明相破相脩相卽。先別釋三。初明相破。

如上道品。不能契眞。若脩六度。卽能破蔽。豈非六度破道品。有時六度。不能到彼岸。若脩道品。卽得悟入。是爲道品破六度。

言相破者。文云。如上道品不能契眞。指前第六正脩道品。故知卽是無作道品。若脩六度。卽能破蔽卽是今文對治助開。卽是六度破道品也。若脩圓六度不能契眞。脩事道品。卽能破惑。是名道品破六度也。六度之下。云波羅蜜。故云彼岸。

○次明相脩

若脩六度。先破六蔽。進脩道品。任運可成。是爲六度脩道品。如上所說。卽是道品脩六度。

相脩者。脩事六度。爲對治竟。更須進脩無作道品。治道成就。故云任運。若脩生滅道品。爲對治已。更須進脩無作六度。言如上所說者。如上六度攝生滅道品中。卽是生滅道品破事蔽竟。而理觀全無毫末。必須進脩無作六度。

○三明相卽

六度道品相卽者。檀卽摩訶衍。四念處亦卽摩訶衍。檀與道品。無二無別。不可得故。

言相卽者。生滅六度。卽圓道品。生滅道品。卽圓六度。約事須有生滅等別。據諸法體。本來相卽。故引經云。皆摩訶衍。檀度擧六度之初。念處擧道品之首。故知相破相脩。約判權實。而成助道。相卽卽是約開權實。而成合行。若且一往。爲無作故。脩事爲治。如向所說。若以四教。遞爲助者。應以通教對事六度。別教對事。圓教對事。別教對通。圓教對通。圓教對別。總合六重。度品不同。

○次通釋

通論諸法。於行無益。互有相破。於行有益。互有相脩。約理互有相卽。若四諦因緣。有無非有無。廣歷一切法。皆有三番。若得此意。自在說云云

通論諸法。皆得相對。以辨六句。文中略擧四諦因緣。言有無等者。有謂有益。無謂無益。非有無者。卽是相卽。人見有無。及以雙非。作三諦釋。甚失文旨。若不論助。則於當教。隨所宜樂。以論有益無益等也。是故當教。亦有相破相脩相卽。

○次明六度攝調伏諸根五。初正明調伏中四教不同。一一教中。皆具六度。一一度中。皆調六根。卽

是一一根中皆具六度四教乃成二十四番六度亦是二十四番道品若望隨自意中更對六作又成度品各二十四乃成度品各四十八於一助治豐富若此世人不識讀者尚迷今文既云調伏諸根即是置作論受一一教中皆悉先釋次結今初檀中不復論財者且從調根具足應如隨自意中但約六作六受以明六度度既有四以四種度調伏諸根故調伏諸根亦有四別即是助道徧於作受治於六根六蔽之相而於六根顯究竟六故此因門已攝諸法此之四教六度六根若消釋者必

須順於當教教意皆以後教展轉融前方名助道展轉爲治初三藏二先釋六初明檀

云何六度攝調伏諸根義若六根不受六塵即合諸道品中捨除覺分即是檀度調伏諸根也

○次明尸

六根不爲六塵所傷即合道品正業正語正命即是戒度調伏諸根也

言不傷者傷秖是破護戒無缺故曰無傷

○三明忍

違情六塵安忍不動即合道品四種之念是名忍度調伏諸根也

○四明進

守諸根塵常不懈怠即合道品八種精進是名進度調伏諸根

○五明禪

定心不亂不爲六塵所惑即合道品八種之定是名禪度調伏諸根

○六明慧

知六塵無常苦空寂滅即合道品十種之慧是名智度調伏諸根也

○次結

此乃三藏調伏諸根滿足六度

○次通教二先釋六初明檀

復次知眼空不受眼色空不受色根塵空故名常捨行乃至意空不受意法空不受法名常捨行即合道品除捨覺分是名檀度調伏諸根

○次明尸

色空不能傷眼空眼空不能傷色空乃至法空不得意便意空不得法便即合道品正語正業正命是名尸度調法諸根

○三明忍
又眼色空故。則無違無順無忍不忍。乃至意法空故。無違無順。無忍不忍。卽合道品。四種之念。是名忍度。調伏諸根。
○四明進
眼色常空。無不空時。如是習應。與般若相應。乃至意法常空。無不空時。是名與般若相應。卽合道品入種精進。是名進度。調伏諸根。
言習應者。如是脩習。使得相應。故大品習應品中。舍利弗問菩薩摩訶薩。云何修習般若波羅蜜與

般若波羅蜜相應。論釋云。舍利弗。知般若波羅蜜難行難得。難可受持。故作是問。大品云。佛告舍利弗。菩薩摩訶薩。習應色空。乃至一切種智空。是名與般若波羅蜜相應。論問云。習應是何義。答。習謂隨般若波羅蜜脩行。不息不休。是名爲習。譬如弟子隨順師教。不違師意。是名相應。隨順般若。不增不減。如函葢相稱。是名相應。
○五明禪
眼色空故。不亂不味。乃至意法空故。不亂不味。卽合道品諸定。是名禪度。調伏諸根。

○六明慧
眼色空故。不愚不智。乃至意法空故。不愚不智。卽合道品。十種之智。是名智度。調伏諸根。
○次結
此是通教。調伏諸根。滿足六度也。
○三別教二。先釋六。初明檀。
若眼色具十法界。十法界各有果報。勝劣不同。各各修因。深淺有異。因果無量。不可窮盡。除却無知。分別法相。無所受著。乃至意法。具十法界。分別無著。卽合道品除捨覺分。是名檀度。調伏諸根。

○次明尸
分別眼色。乃至意法。無量相貌。未曾差機。傷他善根。自亦不爲無量根塵所傷。卽合道品。正業語命。是名戒度。調伏諸根。
○三明忍
又於十界根塵。若違若順。其心不動。安住假中。能忍成道事。卽合道品諸念。是名忍度。調伏諸根。
○四明進
又分別一切根塵。若起難心苦心。亦不中退。於生死有勇。卽合道品精進。是名進度。調伏諸根。

○五明禪
又分別一切根塵。心不壞亂。不動不僻。即合道品諸定。是名禪度。調伏諸根。
○六明慧
又分別一切根塵。道種智力。授藥當宜。方便善巧。亦無染著。即合道品諸慧。是名智度調伏諸根。
○次結
此則別教。調伏諸根。滿足六度。
○四圓教四。先引經。立義。二先引經。
復次若如殃掘摩羅經云。所謂彼眼根於諸如來常。

具足無減脩。了了分明見者。
殃掘云者。準殃掘經。其殺千人。唯少一人。欲害其母。佛隨至來。復欲害佛。初緣具如第二卷引。佛徐行不疾。殃掘疾走。趁佛不及。說偈與言住住大沙門等。三十六偈。佛以二百七十六行偈答。每三行偈結成一答。合九十二答。其三行內但換第二行初句。餘句並同。初云。
住住殃掘摩
汝當住淨戒　我是等正覺　輸汝慧劍稅
我住無生際　而汝不覺知　汝殃掘摩羅
我是等正覺　今當輸汝稅　無上善法水
汝今當速飲　除汝生死渴　餘第二行初句者
我住無作際　我住無為際　我住無老際
乃至無病際　無染際等。殃掘慚愧。猶如盲人為毒螫脚。佛說偈已。復告殃掘云。云何名為學。殃掘答言。一切眾生命皆依飲食存。此是聲聞宗。斯非摩訶衍。所謂摩訶衍。離食常堅固。云何名為一。謂一切眾生皆以如來藏。畢竟恒安住。如是增數。至增六中云。云何名為六。所謂六入處。此是聲聞宗。斯非摩訶衍。若言摩訶衍。所謂彼眼根。於諸如來常。明見來入門。具足無減脩。所謂彼耳根。明聞來

入門。已下並畧第二第四句也所謂彼鼻根。明嗅來入門。所謂彼舌根。明嘗來入門。所謂彼身根。明觸來入門。所謂彼意根。明說來入門。乃至增數。以至十力答竟。佛命善來。成阿羅漢。經中不云了了。今文義說。一念眼根具權實理。故云了了。及分明也。又今意根與經不同。亦是隨義。是故爾耳。經從外用故云明說。今從內證。故名為知。經從外用名為說者。如法華中釋意根云。月四月至歲。分別無窮盡。即是意根以說辨用。如是助者。方助圓極。即名合行。
○次釋經

彼是九法界眼根也。於如來常者。九界自謂各各非真。如來觀之。即佛法界。無二無別。無減脩者。觀諸眼即佛眼。一心三諦。圓因具足。無有缺減也。了了分明見者。照實爲了。了照權爲分明。三智一心中。五眼具足。圓照名爲了了見佛性也。見論圓證。脩論圓因。

自謂等者。九界自謂當界爲極。不知理體究竟真實。是故名爲自謂非真。

○次解釋六度

又具足脩者。觀於眼根。捨二邊漏。名爲檀。眼根不爲二邊不傷。名爲尸。眼根寂滅。不爲二邊所動。名爲羼

提。眼根及識。自然流入薩婆若海。名爲精進。觀眼實性。名爲上定。以一切種智。照眼中道。名爲智慧。是爲眼根具足無減脩。無減故。了了分明見眼法界。

○三舉例結成眼智

乃至彼意根。於諸如來常具足無減脩。了了分明知。於一一根。即空即假即中。三觀一心。名無減脩。證慧眼法眼佛眼。一心中得。名了了見。皆如上說。

○四例六塵總結

根既如此。塵亦復然。一切諸法。亦復如是。是爲圓教調伏諸根。滿足六度。

○次明合行

此則究竟調伏。究竟滿足。如是助道。助究竟道。

○三結成

當知六度徧能調伏一切諸根也。

如文

○四引大品證

大品云。施者受者財物不可得。故具足檀波羅蜜。亡三事無所著。正當檀體。

云亡三者。此圓亡三。語似通教。須簡同異。使教相別。通教但以能所財物爲三。別教約三亡於十界。

藥病授藥等三。圓教約三亡於空假中三。又若以能所財物之三。而爲所亡。三教能亡。觀行別者。義亦可然。通教即空。而爲能亡。別雖緣中。用空不別。圓教即用不思議空。即此正是亡於三諦。常亡常照。論亡論照。乃至無著。亦須料簡。如是名爲事理合行。

○五正釋合行之相。一先略立。

應是具足者。行於財法二施。檀名具足。事理二圓。

○次解釋

自他俱益。故名具足。事則破其慳法。而能捨財。理則

破其慳心而能捨法二破二捨體用具足名波羅蜜也。

具足事理自行化他方名具足然理通三教且從勝說以圓對事方名具足事則破其慳法等者略語捨財準例亦應釋捨身命應云摩拭保重毫力不施名慳身法貧具長養不能傾生名慳命法封閉藏隱不欲人知名慳財法今不惜身命而行事施身如聚沫命若電光財如糞土名破慳法雖能事施猶滯違理不能徧捨十界正依慳義猶存名為慳心心觀漸明不見十界身命財相常與法界

理檀相應故云理則破其慳心心慳若破則是徧捨一念十界百界依正故入位時徧能逗會十界機緣是故名為而能捨法財施助法法施融財正助合行斯之謂也結中二破謂破法破心二捨謂捨財施法事理二圓二捨周備理施為體事施為用此約自行以論體用故云體用事理具足度二死海至三德岸名波羅蜜作此觀時名為觀行六根若淨名相似位具如法華六根清淨若入銅輪具如華嚴十種六根。

○次九科略攝果德九初明六度攝佛威儀者前之二科略攝因行此去十科略攝果德佛以無緣慈悲攝物不動法性現諸威儀必依不共力無畏等故十力等名佛威儀文三初總標來意。

云何六度攝佛威儀佛以十力無畏不共法等為威儀一心中脩四道品名修佛威儀證佛眼佛智名得佛威儀。

○次別明攝相既以六度而為助道即應六度攝佛威儀六度名陿攝義不周故隨名便以道品攝前既六度已攝道品當知道品不異六度又道品秖是四諦之一若有道諦方有四諦若無道者苦

集非諦何況滅耶道名復通故具用四文中雖分四種十力十力之外無別十力亦如四諦無量相等故引殃掘力有無量非諸聲聞緣覺所知如處非處聲聞經中即以六道而為非處涅槃為處今摩訶衍約四四諦十界四土辨處非處故大乘力如十方七大經既對二乘四諦以明無量今亦且對二乘經力以明十力於中初正攝四種十力故一一力中皆須四義文七初明知是處非處力。

今逐語便約道品明攝十力者若四種道品即是四種四諦智次定因果知生滅之集次受三界之苦斯

有是處。生滅之集。若至無餘涅槃。斯無是處。若生滅之道。能盡苦入涅槃。斯有是處。生滅之道。若至三界斯無是處。乃至無作之集。通至變易。斯有是處。若通至無上涅槃。無有是處。若無作道滅。通至一切種智斯有是處。若通至二乘。無有是處。是四因果。一心中知。決判明斷。名是處非處力。故如來於佛法中。作師子吼。獨我法中有四沙門果。即此義也。

言乃至無作者。中越二教。若欲例知。即以無生。例於生滅。無量例於無作。巧拙雖殊。所緣理等。下九力中。一一皆須諸教對辨。方曉四種廣陿淺深。應

知後之三力。即三明也。大論二十七廣明十力。須者往尋。問。十力既不出四諦。何不但明四諦。何須明力。答。諦通所觀之境。力明如來勝能。四諦在因十力唯果。四諦通小。力唯在大。故須別說。

○次明知業報智力

業報智力者。知四種集是知業。知苦是知報。道滅亦爾。分別四種業報淺深不謬。是二力也。

○三明知禪定力

知禪定力者。四種道諦中。八定分別深淺。照了不差是三力也。

○四明知根欲性三力

知根欲性力者。知過去苦集不同。名根力。知現在苦集樂欲不同。名欲力。知未來苦集得失不同。名性力是四五六力也。

○五明知至處道力

知至處道力者。知四道諦所至之處。是七力也。

○六明知宿命天眼二力

知宿命天眼力者。照過去一世多世。種性好惡。壽命長短。名宿命力。照未來生處好醜。名天眼力。是名八九力也。

○七明知漏盡力

漏盡力者。四種滅諦所證無漏心慧等解脫也。

○三釋疑三。初釋四種疑。

是一法門而有四種者。如王密語智臣解意。佛說十力。赴四種機。不令小者謗大傷其功德。不令大者得小抑其善根。彼彼獨聞各各獲利。無謀權巧。故號能仁。菩薩智臣深解密語。知意在三藏。即問生滅。鄭重諮詢。合有緣疾悟。乃至知意在圓。或頌無作。或問無作。令他得解。一音殊唱。萬聽咸悅。口密無邊。義不可盡。上作四釋。何足致疑耶。

力必利生生機不同能被必別故須四種藥病相對以辨四法不令等者顯露法輪利益不等同一座席所稟各殊小不聞大令不謗大大得密聞是故不抑能仁者亦曰能儒直林度沃焦等具如華嚴名號品明菩薩智臣等者明五時中諸大菩薩知佛口密抑機而問如王但云先陀婆來智臣善知鹽水器馬於一言音密被四類機應主伴不差毫釐鄭者亦重也故漢書云皇天所以鄭重即頻降命也菩薩亦爾爲衆生故頻頻抑聖

○次釋因果疑二初問

問十力是佛威儀初心云何能學云何能得

問意者助道但在初心十力唯居果位何得初心而攝果力

○次答四初引三處文以證初心可脩十力況助門偏具攝始終十力既然諸法例爾故但難力餘不復論是故下文但直爾釋乃至不共及相好等

文三初引證三初引大論二初引

答大論云菩薩行般若十力無畏不應住若佛於佛法無有過失是則應住若菩薩無佛法何所論住

引大論者引論二釋並是初心已脩十力引初文者既許菩薩脩般若時十力不應住初心若住望佛有過非初心無故云初心但未究竟爲是義故故不應住當知初心已有力分

○次釋二初釋初心非無

釋云菩薩脩佛功德多生重著破此重心故言不應住

○次釋是分得

又菩薩分得十力無畏既未究竟故不應住

○次引華嚴二先重難兩意

若爾前雖脩而未得後語入位何闕初心

先更難論論中但云初心許脩豈名爲得此斥初解云多生著故知即是脩而未得言後語入位者次難後解云未究竟應在初住方名入位何闕初心準此二義不名初心具足十力

○次正引經答

若依華嚴十住品云菩薩因初發心得十力分正念天子問法慧云初心大士脩十力方便云何知家非家出家學道云何方便脩習梵行具十住道速成菩提答云菩薩先當分別十種之法謂三業及佛法僧戒若身是梵行梵行渾濁八萬戸蟲若身業是梵行

四儀顧眄舉足下足若口是梵行音聲觸心脣齒舌動若口業是梵行則是語言乃至戒是梵行戒場十衆問清淨戒師白四羯磨剃髮乞食等皆非梵行梵行爲在何處誰有梵行三世平等猶如虛空是名方便又更脩習增上十法所謂十力甚深無量如是觀者疾得一切諸佛功德初發心時便成正覺知一切法眞實之性具足慧身不由他悟如此明文豈非初心脩證十力

住前已得十力之分是故當知非初心無後云乃至如是觀者便成正覺卽是初住分證十力言先

當分別十種法者自古講者云十梵行旣在住前義當十信文言三業及佛法僧戒者此中語略應云身身業口口業意意業及佛等四舊經十七云法慧菩薩承佛神力說十住竟次正念天子問具如今文所引者是法慧答云此菩薩一向專求無上菩提先當分別十種之法身乃至戒應如是觀觀此十法皆同法界且從皆非梵行而說以此菩薩棄俗出家脩梵行故爲無上道復觀事行不可得也何者具清淨戒名爲梵行從緣方具緣謂三業三寶戒法對於心因方能成就今初推因緣皆

無自性同法性理故云如空故彼經云若身是梵行當知梵行則不清淨則爲非法則爲混濁則爲臭穢塵垢諂曲八萬戸蟲一一皆如初句說之若身業是梵行當知四儀卽是梵行餘如今文一一皆云應是梵行若口是梵行當知舌動卽是梵行脣齒和合卽是梵行若口業是梵行當知語言爲梵行所說作無作稱譏毀譽卽爲梵行若意爲梵行當知覺觀憶念不忘思惟夢幻等爲梵行若意業爲梵行當知想是梵行寒熱飢渴是梵行苦樂憂喜是梵行若佛是梵行爲色受想行識爲三十

二相八十種好神通變化等是梵行耶若法是梵行爲正法邪法寂滅涅槃生非生實不實等法爲梵行耶若僧是梵行者爲四果向爲初果乃至阿羅漢果僧爲梵行耶爲三明六通八解脫時不時解脫爲梵行耶若戒爲梵行者具在今文又約三世五陰種種推求梵行叵得觀此十已次脩十力旣初心許脩卽是有分

○三引地持

又地持云菩薩知如來藏聞思前行脩自性禪得入一切禪一切禪有三種一現法樂現法樂故稱歎喜

地二出生十力種性三摩跋提及二乘除入三利益衆生禪也十住名聞慧十行名思慧此聞思前以脩自性入一切禪得具三法豈非初心有脩有證三據明矣

言菩薩知如來藏者義通別圓今意在圓故前後文引九大禪或通證二或唯證圓故今藏義應從圓釋若爾何故復云在初地耶答義兼別故寄教道說別教次第初心尚具何况圓耶故引地持助成華嚴聞思前位既是十信信中已脩出生十力故準華嚴不須疑也二乘除入者除者捨也入者

解也捨煩惱故而得解悟悟即是入所入是處即八勝處也故大論仁王並云八除入也故知初地自性禪中攝得一切大小諸定豈非等者十信心脩初地有分三據明矣者結前三文

○三結攝

道品六度及佛十力宛轉相攝皆如上說若脩道品六度即是脩佛十力若調伏諸根滿足六度即是滿足十力住佛威儀無異也

如文

○四釋名

十住毘婆沙云力名扶助氣力不可窮盡地持云得勝堪能名爲力於十處悉如實離虛妄勝於魔自行故名得勝能以方便利益衆生故言堪能

諸佛菩薩如實智用通達一切了了分明無能壞者無能勝者又無過失是故究竟乃名無過故云得勝方便化物故曰堪能又至果時化用最勝名勝堪能今明攝法義雖通初且約極果以釋力名故毘曇婆沙問云何故如來身中之智以立力名而非餘耶答無障礙義是力義了見三界是力義名雖在小義意通大廣陿爲異比說可知言扶助

者有此力能扶於法身用無窮盡地持中意有自行故外用無窮

○三重釋疑

然佛力無量何止言十實是一智緣十事故言十此十化衆生足舉十餘亦可知殃掘云十力是聲聞宗非摩訶衍大乘有無量力此二釋彌顯四種十力意

言此二釋者此十化生足爲一釋殃掘無量力爲一釋此力云十復云無量當知一一皆無量也雖云無量不出於四故云彌顯此之十力及下九科大論法相卒不可盡今畧存名目以顯攝法

○次明六度攝四無所畏者。諸十力智內充明了。故對外緣而無所畏。故次十力而攝無畏。如釋力名中第二釋也。全從化用得無畏名。於中分四。初正釋。

云何道品攝四無所畏。一切智無畏者。即是備知四種苦諦。爲他分別明示過患。決定師子吼無微畏相。無能難言是法非法。障道無畏者。四種集諦障四道滅。決定師子吼無微相畏。無能難言此非障道。盡苦道無畏者。四種道諦能行是道得盡苦出世間。決定師子吼無微畏相。無漏無畏者。即四種滅諦各有所

證各有所滅。決定師子吼無微畏相。

○次結成

道品無畏宛轉相攝。若修道品六度。即是修無畏住佛威儀也。

○三釋名

大論云。內心具足名爲力。外用無怯名無畏。

引大論釋名。通名無畏者。謂於大衆廣說自他及智斷等決定無失無恐畏相名爲無畏。以於內心諸德具故。故於大衆廣說無畏。言大衆者。謂若人若天若沙門婆羅門若魔梵等及以餘衆。

○四釋疑。四初文難起於四事中。下正釋。佛應於一切。下重難。舉大要。下重釋。初文以略而難於四。次文以廣而難於四。故知四是處中之說。此四次第者。大論云。初如藥師示一切藥。第二如示一切病滅。第三如示藥法禁忌。第四如示所應食物。應隨四教分別相狀。今文存略。例力可知。大論第七問曰。菩薩無畏與佛何別。答有二意。一者一切處二非一切處。非一切處是菩薩法。故知初心亦修無畏。大論二十八廣解無畏。初難起中。

十住毘婆沙云。一法名無畏。云何言四。

○次正釋

於四事中無疑。故名四。

○三重難

佛應於一切法無畏。云何但四。

○四重釋

舉大要開事端。餘亦無畏也。

○三明六度攝十八不共法者。旣十力內充。外用無畏。顯所有德超過物表。異於一切凡聖所得。故次無畏攝不共法。文闕釋名。應云通言不共者。極果之法。不與下地等共。若別解者。應云圓果不與

偏小因等共也。大論二十四問曰。迦旃延子。復以十力四無所畏。大悲三念。爲十八不共者何耶。答以是故名迦旃延子所說。若釋迦子所說。應如今文所說者是。又十力等二乘有分。十八不共。二乘無分。又云十八不共。二乘有分。但有過失。當知無失方名不共。文二。初正明攝法。

攝十八不共法者。初身口無失。此二是四種道品正業語命也。得供不高。逢毀不下。名無不定心。四威儀恒在定。名無不知已捨。此二法是四種道品中八種定也。脩身戒心慧不可盡。名欲無減。慈悲度人。安住

寂滅。不增不減。名精進無減。無量劫爲一切衆生受苦。不疲不厭。名念無減。此三法是四種道品中八種精進也。常照三世衆生心。不須更觀而爲說法。不失先念。名慧無減。憶三世事不忘。名解脫無減。自然覺悟。不同二乘。名解脫知見無減。一切身業智慧爲本得無礙智。說不可盡。名身業共智慧行。口意共智慧亦如是。凡十二法。是四種道品中十種之慧。

文云凡十二法者。恐此文誤。準文會數。但闕十一。初文七法。已屬三度。謂身口無失。此二屬戒。無不定心。無不知已捨。此二屬定。欲進念無減。此三屬進。於十一者謂慧無減解脫無減解脫知見無減三業隨智慧行。此六已列在文。餘五謂智慧知三世。意無失。無異想。此之五法。文雖不列。已合在於慧無減解脫無減中。明以十一法。同屬慧。故是故合說。其相云何。論云。於諸衆生等心普度。名無異想。如來意業不須更觀。常無漏失。名意無失。佛智窮了。達去來今。名知三世。論釋慧無減但云十力無畏圓極故也。今文釋慧無減中云常照至而爲說法。屬無異想。不失先念一句屬意無失。此之二義。十力無畏圓極故也。餘三合在解脫無減中。何

者。論釋解脫無減中。但云具足有爲無爲二種解脫。有爲者謂無漏智慧相應。言無爲者謂煩惱都盡。今文中云憶三世事不忘。屬智慧知三世。以解脫具故能知三世。以義同故。故得合說。六度之中但出三學及進度者。以此三學畧攝六度足。加精進者。以此三學。非進不成。故加精進。闕施忍者。如前引論料簡易行故也。又可但是文畧。若義取者應以念爲忍也。無不知已捨爲檀也。即六度義足。

○次畧結不共

結成攝法意如上說。

結成攝法中云意如上說者。畧結不共與前諸義展轉相攝結成助道。準道品末。比說可知。

○四明六度攝四無礙智者。諸佛於此四法。智慧自在。㨗疾無礙。了了通達。故名無礙。法界次第中。判為菩薩法者。法身菩薩。皆具此四。亦是通途。大槩判之。卽如十力義通因故。此之四法。初二是識藥。第三是知病。第四是授藥。故釋第一。卽約四教。第二同入一實。咸是法藥。釋第三法。卽約十界病相。釋第四法。還約四教。以明授藥。故知授四法藥。被十界生。用樂說辯。令他知名。說前第一。令他知

義。說前第二。故用第四。說於前二。授與第三。次重釋云。辭約四種苦諦。不云十法界者。據機緣說。應委悉約十法界中。四機不同。故初畧釋。次對四諦。次總結樂說。故樂說中。令他聞說。一切字。一切義等。用前二也。赴一切音辭。卽是赴於第三。十界音辭。又為對諦。是故重釋。與前少異。文四。初畧釋前三。

攝四無礙智者。法無礙。是四種四諦。名字之法。名字從心分別。若無心者。誰為作名。既達一心無量心。亦知一名無量名。名不可盡。是名法無礙。義無礙者。諸法諸名。皆歸一義。所謂如實。義名義無礙。辭無礙者。十法界衆生言辭不同。皆悉解了。十界音辭。入一音辭。知一界。卽解十界。無有罣礙。名辭無礙。

○次對四諦

又法是四諦法門。義是四種道諦。辭是四種苦諦云云

○三總結樂說

樂說無礙者。以四種四諦。巧赴機緣。旋轉交絡。說不可盡。令他樂聞。於一字中。說一切字。一切義。赴一切音。當其根性。各沾利益。

○四畧結無礙

結攝意如上說。

○五明六度攝六通

攝六通者。眼耳如意三通。如調伏諸根中說。他心宿命漏盡。如十力中說。

攝六通者。至下禪境。釋六通中說。瓔珞釋名云。神名天心。通名慧性者。天然之慧。徹照無礙。故名神通。眼耳如意。指調伏諸根中者。隨何等通。指入何教。調伏諸根。餘之三通。指十力者。他心卽是欲力餘二名同。亦應隨依何等漏盡。而知何等他心宿

命。亦應皆有結成攝法。文無者畧。

○六明六度攝三明

攝三明者。如六通中說。

言如六通中者。六中天眼宿命漏盡。此三屬明。故婆沙中問。何故餘三不立明名。答。身通但是工巧而已。天耳但是聲聞而已。他心緣他別想而已。是故不立。此三爲明。餘三立者。宿命知過去苦生大厭離。天眼知未來苦生大厭離。漏盡能作正觀斷諸煩惱。復次前世智證明。知過去相續未來因果智證明。知如散微塵。又前世智證明。知自身衰未

來智證明。知他身衰。復次前世智證明。治常見。未來智證明。治斷見。無漏智證明。治二邊。又前世生空門。未來生無願門。無漏生無相門。問。在無學人。何故立明。在於學人。何故不立明名耶。答。從勝立故。又無學無無明。不雜無明故立明名。大論第三問曰。通明何別。答。直知過去名通。知過去因緣行業名明。直見死此生彼名通。知因緣際會名明。直云漏盡名通。知漏盡不復生名明。此明卽是大羅漢所得故也。若爾與佛何別。答。滿不滿別。是故通通於六。明唯局三。小乘中諸阿羅漢皆能得之。今

此文中云。佛菩薩之所得者。異於偏小故也。所依別故。觀智異故。又小乘唯脩。大乘發得。應簡四教廣陿不同。

○七明六度攝四攝

攝四攝者。若布施攝。卽四種道品中除捨覺分也。愛語卽四種道品中正業語命也。利行同事。卽四種道品八定。定有神力故能利行同事云云

同事者。又亦應云同其苦集。爲令斷故。先同後異

○八明六度攝陀羅尼二。初正明。

攝陀羅尼者。持諸善法。如完器盛水。遮諸惡法。如棘

援防果。卽是四種道品中四正勤。勤遮二惡。勤生二善。

陀羅尼者。別則唯在於大。不通於通。通則尚通三藏菩薩。況復通教後心。如毘尸王得歸命救護陀羅尼。卽三藏義也。大論第六云。陀羅尼者能遮能持。一切善法。持令不散。如完器承水。故名爲持。一切惡遮令不作。故名爲遮。又或心相應。或不相應。或全有漏。或是無漏。若云無色不可見行陰法八九智。除盡智意識所識等。並阿毘曇中陀羅尼義。若但云或相應或不相應等。則通於大小。若云

菩薩摩訶薩得陀羅尼。一切時。一切處常相隨逐。則唯在大。若別論者。如文所指。唯在無作正勤。若通論者。但云遮惡持善。則可以通四教釋之。苦集爲惡道滅爲善。

○次引證

故十住毘婆沙偈云。斷已生惡法　猶如除毒蛇　斷未生惡法　如預防流水　增長已生善　如溉甘果栽　未生善爲生　如鑽木出火

溉者。灌水也。

○九明六度攝三十二相者。應具明四教相好不同文。三初三藏。三。初略指婆沙。

攝三十二相者。婆沙云。阿毘曇相品中。一一相。三種分別。謂相體相業相果也。

引婆沙云。阿毘曇相品者。十住婆沙引小乘中相體業果。以爲初心菩薩立觀法。故具如第二卷記。

○次引論明業

大論云。百劫種三十二相。即其義也。

○三三攝相因

還用三藏道品六度。望之終不出施戒慧等。文煩不委。攝意可知。

還用至終不出施戒慧者。取六中三。以攝相因。施戒生人天。以慧導諸行。畧舉此三。攝相亦足。

○次通教四。初斥異。

若通教相體業果者。不同上也。

○次引證相即無相

若以相求佛。轉輪聖王即是如來。是人行邪道。佛說三十二相。即非三十二相。一一悉用空心蕩淨。與空相應。乃名爲相也。

○三引證空無相體

毘婆沙亦云。菩薩一心脩習三十二相業。皆以慧爲本即空慧也。

云不同上者。即空心脩。豈三祇後方百劫耶。故知通教相體業果。並與藏異。故引般若相即非相。及引十住。空爲相體。既異三藏。不同相海。故知屬通故大論十三云。初以一施生三十七品。次以一施而爲相因。復云一一度各爲相因。此並屬於通教意也。

○四結攝

若爾三十二相。皆爲道品十慧及智度所攝。即通教意也。

○三別圓二初欲明別圓重更比決有本無本如銅如鏡以分前後又二初明藏通無本三初法

復次前兩道品教門名因得脩相業論果得有相體但此相小勝輪王魔能化作故非奇特入無餘涅槃相則永滅

○次喻

譬如得銅不能照面

○三合斥

二乘共三藏佛俱得眞無法界像當知前兩道品非脩相法

○次明別圓有本四初法四初略立

若後兩道品是脩相法

○次引證

法華云深達罪福相徧照於十方微妙淨法身具相三十二

○三明得

若證中道中道即具此相

○四證得

如法華中二乘開示悟入妙會中道即與八相佛記

○次譬

譬如得鏡萬像必形

○三合

大乘得中靡所不現法身相者名爲眞相

○四引釋二初引

淨名云已捨世間所有相好

○次釋

輪王魔羅世相嚴身皆是虛妄故言已捨中道明鏡本無諸相無相而相者姸醜由彼多少任緣普現色身即眞相也

○次正明別圓法身現相

無量壽觀云阿彌陀佛八萬四千相一一相八萬四千好薩遮華嚴皆云相爲大相海好爲小相海既言相海豈局三十二耶爲緣不同多少在彼此眞實之相爲別圓兩道品所攝義自可知不能委記

薩遮華嚴等者薩遮尼乾經中此尼乾子爲嚴熾王說無過人者唯有瞿曇因此廣說如來相好種性化物華嚴廣列八十四名於一一名皆云相好雲等初云如來有大相好名莊嚴雲等有十蓮華藏海微塵數佛大人相好又小相光明功德品明十種菩薩從兜率下放大光明名幢王普照照十

世界微塵數佛刹。令彼十方種衆生。六根清淨。如是相好。豈謂丈六。三十二空慧等同耶。故知前二。但是教門權說之耳。

○三總結

當知六度助道。攝諸善法。無量無邊。擧上十二條以示義端。知餘亦攝。助道尚爾。何况正道。云云

摩訶止觀輔行傳弘決卷第七之三

摩訶止觀輔行傳弘決卷第七之四

陳隋天台智者大師說　唐荆谿大師湛然傳弘決

門人章安大師灌頂記　明天台沙門傳燈會科

○第八知次位三初明來意

第八明次位者夫眞似二位有解脫知見朱紫分明旣用前七以爲所修二世善發入位不定或未入位未得謂得恐極下根生重罪故故須明位令行者識之四教各有眞似二位在賢名似入聖名眞眞位究竟名爲解脫證已了位能爲他說名爲知見知見秖是智眼異名次擧喻云朱紫等者朱正

色如眞位紫閒色如似位如赤黑合以成於紫眞妄兩雜故名爲似

○次正釋次位二初通列四門明二教位意

終不謬謂未得謂得計四善根以爲初果初果爲無學自知所斷證未斷證雖四門名位有殊斷及諦理孱然不異

通列四門明一一教位意意在斷惑以證眞故故三藏中四門名異謂空有等四門位別卽七賢七聖二十七賢聖等故云有殊一一門中皆斷見思緣眞諦理故云斷及諦理孱然不異孱者現也

○次釋四教位次四初三藏二初辨門門之中二乘不同

二乘多論一生斷結時節旣促教門所明大同小異不過迭動菩薩教門非但時長行遠智斷亦別徑路乃殊歸途一也六度初僧祇未知作佛二僧祇知而不說三僧祇自知亦說百劫種大人相具五功德名不退地皆似位也坐道場成佛方名眞位

二乘多論一生等者辨門門中二乘不同言一生者雖有百劫三生種解脫分等從念處去乃至一生或二或三或七生等論其元意卽生取證元意

雖爾非皆一生是故云多雖有四門明位小異得果大同如判第十六心見修不同故云小異自餘三果多分楷定故云不過迭動菩薩三祇百劫故曰時長六度百福名爲行遠不同二乘一生斷結故云亦別奢促不同名徑路殊咸趣眞諦名歸途一菩薩之人望於圓教雖權實異心願易迴不同於小五功德者具如第三卷引

○二斥濫

此教初淺尚有次位豈有凡夫造心卽言上位此非增上慢推與誰乎

此科正謂簡濫故來。是故須斥。
○次明通教位
通教二乘眞似之位。智異三藏斷位不殊。若菩薩位。條然不同。簡名義通別。如法華玄云云
簡名別義通。如玄文第五卷初十義料簡名通義圓名別義圓等。
○三明別教位六。先明別位意。
別教惑斷智位。二乘聾啞。非其境界。故名爲別。
○次畧指經論
一往望攝論華嚴所明地位。卽是其義。

攝論華嚴多明次第四十二位。言一往者。諸教不同。且指此教以爲大畧。然華嚴中有別有圓。非專一教。如經列位。位位皆有行布普賢二門故也。又諸經論別位多途。故云一往。
○三示別位相五。初示經。
但別義多途。赴機異說。橫則四門不同。豎則階降深淺不可定執一經而相是非。
○次示論
又菩薩或造通論釋經。或造別論釋經。如龍樹造千部論。天親及諸菩薩論。復何量度。此者少那得菩專一意非撥餘門。若苟且抑揚。失佛方便。自招毀損。欲望通途。翻成哽塞。
通論者。如中攝等。通釋大乘。別論者。如智論地論等。別釋一經。那得等者。破執也。論申當門。爲引偏好。晚人不達。抑有揚無。失有方便。毀無讚有。失無通途。三四二門。亦復如是。雖欲引進。翻爲哽塞。
○三述論意。意在通理二。初明意通。
今明別位。四門異說種種不同。雖阡陌經緯。其致一也。此方雖未有多論。而前四門推之。若通教說種種位。知其同是眞諦。別教說種種位。知其同是中道。

阡陌等者。南北爲阡。東西爲陌。經如阡。緯如陌。四門如緯。諸位如經。門門位殊。皆至極果。故云一也。此方等者。準此望彼。文舉通別。意兼藏圓。此中正明別教次位。故且舉別。以望通教。辨於所通眞中不同。是故未云藏圓兩教。若以四門通理攝教。借使西方諸論盡度。門理勘之。則易可識。諍論自息。矛盾不生。
○次證理同
經言。雖說種種道。其實爲一乘。其所說法。皆悉到於一切智地。

經言等者證向門異理同故也。開權顯實三教諸門。尚歸一實。豈況當教諸門不融。世不達者謂智者大師多好破斥而不見融會令歸一乘。況十乘融通除疑釋滯銷通經論教法不壅。

○四畧結

得此意者狐疑易息。鬬諍不生。

○五指廣

上破思假中已畧說諸位。若欲知者往彼尋看云云

如文

○四十意融通經論十初用顯體意

又今有十意融通佛法。一明道理寂絕亡離不可思議即是四諦三二一無隨情智等。或開或合。若識此意權實道理泠然自照。

○次用判教意二。初舉譬。

二教門綱格匡骨盤峙包括密露涇渭大小。

○次合譬

即是漸頓不定秘密藏通別圓若得此意聲教開合。化道可知。

○三用釋名意

三經論矛盾言義相乖不可以情通。不可以博解古來執諍連代不消。若得四悉檀意則結滯開融懷抱瑣析拔擲自在不惑此疑彼也。

○四用明用意

四若知謬執而生塞著巧破盡淨單複具足無言窮逐能破如所破有何所得耶。

○五用明宗意

五結正法門對當行位。修有方便。證有階差。權實大小賢聖不濫。增上慢罪從何而生。

○六不壅佛意意

六於一法門縱橫無礙綸緒次第亹亹成章。

○七開章科段意

七開章科段鉤鎖相承生起可愛。

○八帖釋經文意

八帖釋經文婉轉綿媚總用上諸方法隨語消釋義順而文當。

○九翻譯梵漢意

九翻譯梵漢名數兼通使方言不壅。

○十如聞而修意

十一一句偈如聞而修。入心成觀觀與經合。觀則有印。印心作觀非數他寶。

以十意融通經論者人見十意之初有諦理之言便將十乘以對十意深不便也若以境對理稍似相當如何發心用對八教況下八義對意永殊如四悉銷經翻譯胡漢將對安忍甚爲不類又第四文雖云破徧乃與通塞共爲一文況今文中通塞之名與十乘中通塞意別況復自云融通佛法則指一期佛教故十法成觀且在行門故知定不得用十乘釋此又圓教諸位經論易同少生諍計別教既是界外析法所明次位附近教道文多互異故有多途是故因以十意融通今之次位即是十

中之一意也然此十意一一皆徧一切經論所以前之六意借用釋經五重玄義後之四義用附文意於前六中初五正對五重玄義第六即是今家開拓用義方法令後學者識一法多含無量歸一就前五中第一云道理乃至開合等者一期佛教並以所詮而爲教體教既半滿偏圓不同體亦隨教權實不一諸諦離合隨智隨情歸會法華唯一實相具如境妙中說此用顯體意也第二意者先舉譬次即是下合譬便將合義以釋譬意綱謂綱紀如綱之外圍格謂格正如物之大體以教判釋

得教遠度故云綱格教隨機異如綱目也外正曰匡內實曰骨四門外正一理內實橫周爲盤豎窮曰峙門門諸行各有橫豎又用漸頓秘密不定如匡用藏通別圓如骨橫用諸門如盤豎歸一理如峙以此八教收攝無外名爲包括八中秘密爲密餘七顯露名露然餘七中皆有密露又秘密不定名密顯露不定名露涇清渭濁頓教如清漸教如濁頓中別濁圓清漸中藏濁餘清又法華唯清鹿苑唯濁方等般若有清有濁又此八教用各有意藏等四教是教門法式頓等四教是敷置引入如

來權巧善達物機須宣藏等以爲頓等或開或合宜盈宜縮名雖有八用必不俱具如法華玄文第一卷釋及第一卷釋籤中明此用判教意也第三意者一代教法首題名字名該一部部內義兼大小時節因果互形如是等相莫不相違或一義多名或多義一名或離或合或但或兼言義相乖一多違諍不可以世情和會不可以文字傳解自古迄今無能達者得四悉意無處不通諸法相望互爲彼此於赴機教情何所疑此用釋名意也第四意者祛執遣迷有執咸破單複具足無言等見漸

敵諸教破立不同計能計所執性不等用法華意
徧破偏立情無滯礙能所適然此用明用意也第
五意者凡有所說結成法門以對眞似漸頓諸位
位是所階行是能修能所相帶則方便與證因果
不混一切權位皆歸實果此用明宗意也第六意
者開拓法門使佛意不壅雖廣開拓乃符本文仍
使不失部中正意綸者繩索也緒者絲頭也縱横
開合不失次第亹亹者文彩順也亦猶風之偃草
也謂聲韻義理無煩雜過第七以下附文意中開
章等者如諸義疏凡開章段無不生起如鉤鎖也

如今止觀十章十乘無不前後次第生起八帖釋
等雖文前撮要義門玄解横竪並沓總別離合或
廣張旁布或一轍竪深復須附文次第帖釋不廣
不畧有事有理總用前七法據理銷釋無涉華辭
意存文旨九翻譯等者前朝諍輕未多紛競但是
西語咸曰胡音後因黄冠虛搆僞制近代方始胡
梵甄分慈嶺已西並屬梵種鐵門之左皆曰胡鄉
言梵種者光音初下展轉出生是故五天並云梵
種近代著述特諱胡音第十意者附文成觀文不
虛設觀與文合名爲印心如釋法華一一句經皆

爲四解一者因緣二者約教三者本迹四者觀心
若釋他經唯闕本迹三意咸通事理存焉行解具
足又如玄文一一科義亦爲四解一者分別二者
麤妙三者開顯四者觀心玄釋附文無不成觀非
數他寶等者華嚴偈云譬如貧窮人晝夜數他寶
自無半錢分多聞亦如是譬如盲瞽人本習故能
畫悅彼不自見多聞亦如是譬如聾聵人善奏諸
音樂悅彼不自聞多聞亦如是此斥偏聞之人

○五謙退斥奪

譯名數未暇廣尋九意不與世間文字法師共亦不

與事相禪師共一種禪師唯有觀心一意或淺或僞
餘九全無此非虛言後賢有眼者當證知也
方音不同非關義理不可卒備故云未暇文字法
師者內無觀解唯搆法相事相禪師者不閑境智
鼻隔止心乃至根本有漏定等一師唯有觀心一
意等者此且與而爲論奪則觀解俱闕世間禪人
偏尚理觀既不諳教以觀銷經數八邪八風爲丈
六佛合五陰三毒名爲八邪用六入爲六通以四
大爲四諦如此解經僞中之僞何淺可論縱以心
王解王五陰釋舍念一體爲持鉢離二見爲洗足

將解般若持鉢之名終不可也用釋法華王舍之稱殊無所擬既無分判淺僞何疑是故今家觀心銷經隨經部別義勢不等以理爲本詮行各殊

○六正示十乘

次位者十意之一也

次位一意即彼十中次位之一爲明別教次位難會故演十意指一通之若是十乘何不但云此之十法是十乘耶至此但指十中之一

○四明圓教位二先釋五悔五先明五悔爲入位之方他人圓修都無此意將何以爲造行之始但

云一念即是如來空譚舉心無非法界委撿心行全無毫微

若圓教次位者於菩薩境中應廣分別但彼證今修故須畧辨若四種三昧修習方便通如上說唯法華別約六時五悔重作方便

若修四種三昧至重作方便者明方便來意四種三昧通用二十五法爲通方便若行法華別加五悔不通餘行故云唯也若方等中以求夢王爲別方便常行常坐及隨自意宜爾行之逆順十心一切通具

○次明五悔意

今就五悔明其位相先知逆順十心而繫緣實相是第一懺常懺悔無不懺時

明五悔意爲入觀之方是故重牒前文觀法

○三明用觀方便

但心理微密觀用輕疎黑惡覆障卒難開曉重運身口助發意業使疾相應更加五悔耳

明用向觀法不能發真是故應須更加五悔此之五悔爲圓位初因若復悠悠道法安剋

○四正明五悔雖有勸請等四不同莫非悔罪故

名五悔具如下文明悔意中各有所治今僧常儀前四出十住婆沙願文在大涅槃若占察經亦但列四南山云占察不須更加發願以其四悔皆是願故若爾經論皆四今何故五答如彌勒問經云晝夜六時勤行五悔不假苦行能得菩提故必須願此五次第者若皆名悔莫非治罪應無次第若準婆沙占察次第並同若如是等長悔之文亦五悔義足初如是下即懺悔也次今諸佛下即迴向也次衆罪去一偈即重舉懺悔畧例餘三次一偈重舉世尊以爲歸禮故無次第且依次第爲生起

者若舊罪不除徒施勸請既勸請已覩相聞教依教修行若嫉妬不除自善微劣尚不喜他何能迴向四法具足以願導之如此五法尚能入位況滅罪耶比來行人都無介意徒勞讚者急誦未與耳識相應一生若斯枉招信施業不他受試為思之

文五初明懺悔

懺名陳露先惡悔名改往修來佛智徧照佛慈普攝我以身口投佛足下願世間眼證我懺悔我無始無量遮佛道罪無明所逼不識正真從三界繫動身口意起十惡罪三寶六親四生五道作不饒益事破發

三乘心入造五七逆自作教他見作隨喜應現生後受諸苦惱如三世菩薩求佛道時懺悔我亦如是傷已昏沈無智慧眼發是語時聲淚俱下至誠真實五體投地如樹崩倒摧折我人衆惡傾殄是名懺悔

懺悔者初文釋名陳露者陳列也首也悔者伏也金光明疏釋懺悔品彼廣釋名云懺名白法悔名黑法白法須尚黑法須捨又懺名改往悔曰修來又懺名披陳悔名斷續五體者如前所釋又今文但是說其懺意懺辭具在法華三昧亦可隨己智力任意廣陳

○次明勸請二初明請意

勸請者名為祈求聲聞自度直懺己罪菩薩愍衆故行道故須勸請我今知罪尚不得脫衆生不知歷劫流轉我無力救請十方佛佛愍衆生不簡巨細必冀從願大論明請不請云云

○次正明請二初請轉法輪

請轉法輪謂勸示證令於四諦生眼智明覺是名三轉有人言請說三乘名三轉佛若說法衆生得涅槃證設未得者且令受世間樂佛若普許則一切得安我預一切罪苦亦除如徧請雨我有少田自沾甘潤

○次請佛住世

請住世者夫命隨業得住變化隨心得住心止化滅我今請佛饒益衆生如大炬火莫止變化之心久住安隱度脫一切是名勸請

勸請者大為二意一者請住於世二者請轉法輪

大論至云云者大論十五具釋問諸佛之法法應說法何須勸請又若諸佛現見在前請佛可爾今乃不見云何可請答佛雖必說而不待請請者得福何得不請猶如大王雖多美膳若有請者必得恩福錄其心故是故有益如修慈心令衆生樂衆

生雖無得樂之者念者得福請佛亦爾復次佛法待請爲說又衆生雖不面見諸佛諸佛何嘗不見其心聞其所請假令諸佛不聞不見請亦得福何況聞見而無益耶又破外道作如是言道法常定何須多言防其謗故故須待請又外道言諸佛不應貪壽住世爲防此謗是故須請又若不請謂佛愛著令知無著故須待請又諸外道皆無請說故今須請次請轉下至住世者盡是論文有此諸意故須二請若佛初成先轉四諦今爲求圓是故通請夫命至得住等者明勸請所指所言請者爲請

何等謂請佛大悲非請色陰若大悲不息身則久住故舉命業以譬請住報命如佛我心如業又報命如色身業如大悲心我心請佛不息願佛大悲住世變化亦爾作意神通隨心所期期心未息變化不止我心如心佛身如化我心不息願佛莫滅又佛身如化大悲如心願莫息大悲則色身不滅我今請佛如大炬火爲破無明我心不息願佛勿滅

○三明隨喜

隨喜者名爲慶彼佛既三轉法輪衆生得三世利益我助彼喜又我應勸化令其生善其善自生是故我喜喜三世衆生福德善三世三乘無漏善三世諸佛從初心至入滅一切諸善我皆隨喜亦教他喜如買賣香旁觀三人同熏能化受化及隨喜者三善均等觀衆生惑甚可悲傷觀衆生善應大恭敬心常不輕深知衆生具正緣了卽雖未發會必應生壽鼓遠近爲要當死故敬之如佛何者未來諸世尊其數無有量也此深是隨喜意也法華隨喜法大品隨喜人人法互舉耳

隨喜者佛轉法輪衆生得三世益我助彼喜者喜

前勸請也過去下種現在熏鬧得成熟益未曾下種現在成種未來方益故三世益皆因法輪故我隨喜衆生得益大論六十一云隨喜者有二種一者世間二者出世若人無有出世善根我今隨喜衆生世福是故隨喜通於有漏無漏俱名爲福又福德者是菩薩摩訶薩根本能滿菩提聖人讚歎智者行處無智遠處是福因緣能得輪王諸天乃至一切種智知如是等得正知見是故見福而生歡喜復次我應與衆生善其自修福是故我喜復次衆生有善與我相似是我同伴是故我喜復次

菩薩摩訶薩於十方三世佛及菩薩二乘一切修
福者而生歡喜故名隨喜若無福德畜生無異但
同飲食淫欲鬬諍修福之人衆生尊敬猶如熱時
淸涼滿月是故隨喜大論三十二云如賣買香等
問云何隨喜心過二乘上答以隨喜善迴與衆生
故觀衆生至正緣了等者如法華中常不輕品不
輕菩薩見諸衆生具足三因皆當作佛故不敢輕
此但敬其正因故也正因之中三因具足况無始
時曾聞一句即了因種彈指合掌即緣因種故此
菩薩凡見衆生皆悉與記乃至身行不輕之行等

云
　云毒鼓者大經第九云譬如有人以新毒藥用
塗大鼓於大衆中擊令出聲雖無心欲聞若有聞
者遠近皆死唯除一人不橫死者謂一闡提纔聞
即能破無明惑名爲近死聞未即益作後世因名
爲遠死諸教諸味及經時節以論遠近四念處云
若有聞者遠近不死但謂破於見思塵沙法華隨
喜法等者隨喜品中從法座起至於餘處爲他人
說他人聞已復隨喜轉教如是展轉至第五十校
量聞法而生隨喜故云隨喜法大品隨喜人者經
云若聲聞人能發心者我亦隨喜聲聞是人隨喜

其人名隨喜人人必有法法必籍人故云互舉也
○四明迴向
迴向者迴衆善向菩提一切賢聖功德廣大我今隨
喜福亦廣大衆生無善我以善施施衆生已正向菩
提如迴聲入角響聞則遠迴向爲大利正迴向者斷
三界道滅諸戲論乾煩惱泥滅棘刺林捨除重檐不
取不念不見不得不分別能迴向者所迴向處諸法
皆妄想和合故有一切法實不生無已今當生無已
今當滅諸法如是我順諸法隨喜迴向如三世諸佛
所知所見所許是名眞實正迴向亦名最上具足大

迴向則不謗佛無過咎無所繫無毒無失何但迴向
如此前三後一亦然毘婆沙云罪應如是懺勸請隨
喜福迴向於菩提
迴向者以隨喜福與衆生共及向菩提菩提如文
施衆生者然修因福不可得共若得果時則以此
福施於衆生是故菩薩得世四事利益衆生又自
以福淨其身口人見歡喜所說信受今得十善乃
至種智乃至舍利能令一切衆生得道是故果報
與衆生共今因中說果故云與共若言福因與他
共者從初發心所修善根盡與衆生後時將何以

爲成道之因以善法體不可與人故今直以無畏
無惱以施衆生用無所得故至菩提故淨名云迴
向心是菩提淨土迴向爲大利等故法華梵天施
宮殿時皆發願云願以此功德等云云如迴聲入
角等者大論三十二云迴向者如少物上王如迴
聲入角問菩薩功德勝於二乘有何奇特答今此
不以功德比之但以隨喜迴向心比如巧匠指示
倍得價直執斧之人倍用功力直不足言聲聞自
行如執斧者菩薩教他而行迴向猶如大匠大論
問曰何故名二乘爲自調自淨自度而不迴向答

戒爲自調禪爲自淨慧爲自度二乘唯自修此三
故不取等者釋上斷三界等四謂不取苦不念集
不見滅不得道於此四中而不分別世及出世因
果等相名不分別如是名爲正迴向也實相無取
乃至無有分別故也能迴向至妄想等不生者大
論云菩薩心空檀波羅蜜乃至種智一切皆空一
相無相如佛所說如是迴向如箭射地無不中者
以見無相不見不得一切諸法故爾能謂迴向之
心所謂衆生佛果如是能所及一切法一心推求
皆不可得亡能亡所如是一切所迴向之法無不

歸實故不可得無已今當等者三世推求此之能
所生滅不住又發心爲已迴向爲今所迴向處爲
當又所迴向中極果爲當衆生爲現又衆生者亦
有當現卽諸衆生名之爲現共福當得名之爲當
如是三世畢竟叵得如三世諸佛所知等者唯一
實相是佛所知所見所許於中能知卽種智能見
卽佛眼也能許卽是本時弘誓及一切行是名眞
實等者如佛所知方名眞實非向權果權果虛妄
卽對破藏通所期之果言最上者非上中下之上
卽指圓教名爲最上最上故具足此破別教也則

不謗佛等者計佛果爲有乃至非有非無皆名謗
佛何以故佛果非有乃至非有非無非苦故無過
咎非集故無繫著有道故無毒有滅故無失此依
無作四諦爲迴向也言無苦集唯有道滅且約事
說理卽苦集本是道滅何但等者前三謂懺悔勸
請隨喜後一謂發願前後皆例今迴向意依無作
諦而不見諦名眞五悔能發眞位故引婆沙證成
圓意故知五悔並依無作方令懺悔見罪性本空
勸請知法身常住隨喜了福等眞如發願達能所
平等

○五明發願

發願者誓也如許人物若不分券物則不定施衆生善若不要心或恐退悔加之以誓又無誓願如牛無御不知所趣願來持行將至所在亦名陀羅尼持善遮惡如坏得火堪可盛物二乘生盡故不須願菩薩生生化物須總願別願四弘是總願法藏華嚴所說一一善行陀羅尼皆有別願

發願者初釋名云如許人物等者券者約也亦契也說文云券別之書以刀判其旁故謂之契故字從刀御者侍也主也一切諸法以願侍之以願爲

主亦名下至盛物者四弘誓中衆生煩惱爲惡法門佛道爲善遮惡爲遮持善爲總持諸行如坏誓願如火坏者瓦未燒也堪任利他名爲盛物四弘爲總願等者一切諸願四弘攝盡故名爲總法藏等者觀經悲華並云彌陀因名法藏於自在王如來所聞說二百一十億佛刹發願又觀經云法藏比丘爲欲攝取諸佛土故發四十八願發是願已地爲六動爲佛所記大阿彌陀經云爲菩薩時發二十四願云不得是願終不作佛願數不同部異見別不須和會悲華經中則無別願但云爲取佛土故發四弘誓願故知一切菩薩凡見諸佛無不發於總願別願故大論第八問曰菩薩修行自得淨報何須發願答福若無願如牛無御則無所至如佛所說不知法人聞天中樂心便念著問若無願者不得報耶答雖得不如有願有願則少福而得大果華嚴者新經第十四歷事別願又如梵網發十大願十三誓等大經聖行願文大同又第十四梵行品云若施食時令諸衆生得大智食法喜食般若食若施漿時令諸衆生趣涅槃河飲八味水得甘露味準如此例及華嚴等隨境發願隨

其智力何必如文若有文者幸依佛說如此等文並別願也今五悔中義兼總別故知五悔非小行所宜如彌勒問經佛告阿難彌勒往昔不修苦行但修善巧方便安樂之道積習無上正等菩提阿難言云何名爲善巧方便佛言彌勒昔行菩薩道時但晝夜六時勤修五悔而得菩提彼經悔文有二十三行亦無別列五悔辭句但數數請佛數數說悔餘三亦然如云有罪悉懺悔是福皆隨喜我今請諸佛願成無上智若準此例未必各說但修行者智力微弱緣心難當故須一一準如婆沙四悔

雖僧常儀亦須善其意以爲運念具如南山正行儀中注解。

○五總結悔意

今於道場日夜六時行此懺悔破大惡業罪勸請破謗法罪隨喜破嫉妒罪迴向破爲諸有罪順空無相願所得功德不可限量譬算校計亦不能說。

今於道場等者總結悔意皆爲破罪故也昔作大惡三業俱重故今懺悔三業並運發大勇猛方破大惡勸請破謗法罪者亦應先云懺悔破於三業遮性等罪文闕義足次文者昔聞諸法而生誹謗

今請佛說令一切聞是故能翻謗法之罪隨喜破嫉妒罪者昔對境生嫉今隨喜一切故得翻破昔嫉妒心迴向破爲諸有罪者昔所作福但順生死爲諸有因不能自免豈能令他離於有因今具二迴向自免免他是故迴向順涅槃門故云順空無相等也亦應更云發願者破邪願罪即導前四令至所在。

○次正釋圓位於中爲三初明五品三初明五悔功能能入品位由此五法助開初品乃至入住遠由此五一一品文皆先正釋次引證釋初品引文據疏分文乃是現在四信之文言四信者一者一念隨喜二者解其言趣三者廣爲他說四者深信觀成與佛滅後五品之初兩處隨喜文義大同故今互引以證初品第三品引文中云不須復起塔寺等者此第三品觀行猶弱且以說法增其觀心觀成就方行第四第四未能事理相即故云旁行至第五品事理不二即云若人起立僧坊供養讚歎聲聞衆僧乃至具六豈執第三永令捨事豈執第五一槩令行故修行者應善教意入第五品嘗事未遑初心行人必以此五善自調御委識進否

應止應行又此五品品品之中令修五悔況常人乎以品品中各有障故故四念處中以此五品擬五停心防初心故其相云何初三藏教以數息停散今以隨理除於疑散三藏以不淨停貪今以讀誦除於雜染三藏以慈心除瞋今以說法治秘法恚三藏以因緣除癡今以六度治無明暗三藏以念佛除障今以理觀除於事相若爾通別云何答別教中但以戒定二行而停其心通教中五應觀息等不生不滅而爲停心文爲五初隨喜品二初正釋。

若能勤行五悔方便助開觀門。一心三諦豁爾開明。如臨淨鏡徧了諸色。於一念中圓解成就。不加功力任運分明。正信堅固無能移動。此名深信隨喜心。即初品弟子位也。

○次引證

分別功德品云。其有衆生聞佛壽長遠。乃至能生一念信解。所得功德不可限量。能起如來無上之慧。若聞是經而不毀呰起隨喜心。當知已爲深信解相。即初品文也。

○次讀誦品二。初正釋。

又以圓解觀心修行五悔。更加讀誦善言妙義與心相會。如膏助火。是時心觀益明。名第二品也。

○次引證

文云。何況讀誦受持之者。斯人則爲頂戴如來。

○三說法品二。初正釋。

又以增品勝心修行五悔。更加說法轉其內解導利前人。以曠濟故化功歸己。心更一轉倍勝於前。名第三品也。

○次引證

文云。若有受持讀誦爲他人說。自書教人書。供養經卷。不須復起塔寺供養衆僧。

○四兼行六度二。初正釋。

又以增進心修行五悔兼修六度。福德力故倍助觀心。更一重深進。名第四品也。

○次引證

文云。況復有人能持是經兼行六度。其德最勝無量無邊。譬如虛空至一切種智。

○五正行六度二。初正釋。

又以此心修行五悔正修六度。自行化他事理具足。心觀無礙轉勝於前。不可比喻。名第五品也。

○次引證

文云。能爲他人種種解說。清淨持戒忍辱無瞋。常貴坐禪精進勇猛利根智慧。當知是人已趣道場近三菩提。

○次辨同異

若爾五品之位在十信前。若以普賢觀。即以五品爲十信。五心但佛意難知。赴機異說。借此開解。何苦勞諍云云

○三約陰界入以明次位。

復次今此一章是觀陰界入境。須約陰入而判次位。

所謂黑陰入界卽三惡道位白陰入界卽三善道位善方便陰入界卽小乘似位無漏陰界入卽二乘眞位變易陰界入卽五種人位法性常色常受想行識陰界入卽佛位 云

前雖約教以明圓位今復約凡聖明五陰位言五種人者果地二乘及後三教斷惑菩薩生界外者此位之後旣對四德以爲佛位故知降佛皆是三種菩薩所攝是故次品而明其位

○次明十信二初正明

又假名五品旣轉明淨豁入聞慧通達無滯深信難

動卽信心也如此次第念進慧定陀羅尼戒護迴向願等十信具足名六根淸淨相似之位四住已盡

十信位者五品已能圓伏五住豈至此位別斷見思但是圓修麤惑先斷猶如冶鐵麤垢先除 云 人不見之便謂法華六根爲圓仁王長別三界爲 云 漸旣云法華部是漸頓云何釋位卽是頓頓況所引仁王本證法華如何離開分屬兩種又除圓位已一切諸位無有十信破見思者委釋圓信具如四念處文今文但畧釋初信而已今依菩薩戒疏以十法成乘豎對十信復以十法橫入十信言豎對者今文初信以對於境次修慈悲以對念心善修寂照以對進心善修破法卽入慧心善修通塞卽入定心善修道品入不退心善修正助入迴向心善修諸位入護法心善修不動卽入戒心善修安忍卽入願心今止觀文少不次第及名不同今云陀羅尼卽彼不退也餘不次第者但將向列戒疏之文對之可見言橫入者一一信心各具十法故瓔珞云一信有十十信有百又四念處云五品各有十法成觀五品尙爾何況十信所以十信各具十法故至初住轉名十大

○次引證

仁王般若云十善菩薩發大心長別三界苦輪海卽此意也

○三明眞位三初正明

次入初住破無明見佛性

○次引證

華嚴云初發心時便成正覺眞實之性不由他悟卽此意也

○三結成

如是次第四十二位究竟妙覺無有叨濫

四念處中及菩薩戒疏並略明初住以上圓教聖位亦畧錄之何者初發心住三種開發卽正緣了謂境智行三法相應是故名爲分證三德故華嚴云初住所有功德三世諸佛歎不能盡初發心時便成正覺了達諸法眞實之性所有聞法不由他悟淨名云知一切法是爲坐道場大品云初發心坐道場阿字門等並是圓教十住位相若別教位十地方與圓十住齊故瓔珞云初地一分無相法身智行成就百萬阿僧祇功德雙照二諦等具如第三卷引乃至等覺功德難思但約化道以辨功

用如初地百界二地千界乃至萬億等界現身亦爾十住之後十相更復十倍增明更十番智斷破十品無明念念流入平等法界海諸波羅蜜任運生長名爲十行十行之後無功用道眞明復更十倍開發願行事理自然和融迴入平等法界海更破十品無明名十迴向向後復破十品無明無功用道猶如大地能生一切功德荷負一切佛法荷負法界衆生入三世佛智地地後觀達無始無明源底邊際智滿究竟淸淨斷最後微細窮源無明登中道山頂與無明父母別是明有所斷者名有上士名等覺位此位後心究竟解脫無上佛智無所斷者名無上士十法至此方受大名謂理大願大莊嚴大智斷大徧智大道大用大權實大利益大無住大次第以對十法成乘釋名對義亦應可解。

○三結

是名知次位

○第九安忍中亦先法次譬後合初法說

第九安忍者能忍成道事不動亦不退是心名薩埵始觀陰界至識次位八法障轉慧開或未入品或入

初品神智爽利

爽者明也

○次舉譬

若鋒刄飛霜觸物斯斷

云鋒等者又以飛霜喻於鋒刄

○三合法二初合功能

初心聰叡有逾於此本不聽學能解經論覽他義疏洞識宗塗欲釋一條辨不可盡

聰善於聽心敏於事叡者說文云深明也智也踰過也越也疏者記也洞者疾流也卽徹過也亦深

遠也。

○次合安忍三。初明能安忍。

若懷寶藏璧。蘊解匿名。密勤精進。必得入品。或進深品。志念堅固。無能移易。彌為勝術。

懷者安也。詩云。懷我好音。術者道藝也。

○次明不安忍四。初明不忍之由。

但錐不處囊。難覆易露。或見講者不稱理。或見行道者不當轍。慈悲示語。即被圍繞。凡令講說。或勸為衆生。內痒外動。即說一兩句法。或示一兩節禪。初對一人。馳傳漸廣。則不得止。

○次明反成障道三。初法。

初謂有益。益他蓋微。廢損自行。非唯品秩不進。障道還興。

○次喻

象子力微。身沒刀箭。擲湯投氷。翻添氷聚。

○三證

毘婆沙云。破敗菩薩也。

○三引人辨失二。初鄴洛後悔。

昔鄴洛禪師。名播河海。住則四方雲仰。去則千百成羣。隱隱轟轟。亦有何益利。臨終皆悔。

鄴洛禪師。鄴在相州。即齊魏所都。大興佛法。禪祖之一。主化其地。護時人意。不出其名。洛即洛陽。羣者友也。輩也。

○次武津誡二。初明四擇。

武津歎曰。一生望入銅輪。領衆太早。所求不克。著願文云。擇擇擇擇。

武津歎曰者。南岳大師。陳州項城武津人也。武津是所居地名。傳中不云領徒太早。但云有智斷師諮疑禪要。思因為說十地法門。驚異心目。智斷曰。恐師位階十地。師曰。吾是十信鐵輪位耳。應是習

傳者異聞。著願文者。其文現行。然文引四擇者。有人將此以對三術。非但數不相當。亦乃文意永別。三術是天台密意。四擇是南岳願文。引彼對此。多恐未便。今言大師所引意者。用誡後學。善須決擇勤勤不已。四度言之。

○次結成勝軌

高勝垂軌。可以鏡焉。

故天台大師。指南岳為高勝之人。垂於深誡。以為後軌。後代學者。可以為鏡。鏡可以照不整之形。

○四勸令斟酌有力無力二。初有力當出二。初法。

修行至此審自斟酌智力強盛須廣利益。
○次喻
如大象押羣。
○次無力宜忍
若其不然且當安忍深修三昧行成力著爲化不晚
○三正明安忍五初引論明忍。
大論云菩薩以度人爲事云何深山自善答曰如服藥將身體康復業身雖遠離心不遠離。
引大論菩薩深山等者大論十九釋禪度中問云菩薩摩訶薩應教化衆生爲事云何深山自靜棄

捨衆生違於慈悲利他之行答曰身雖遠離心不遠離猶如病人服藥將身身康已後方可復業康者安和也菩薩亦爾服般若藥煩惱病損法身康復爲化未晚。
○次忍成獲益二初舉位。
若至六根清淨名初依人有所說法亦可信受一音徧滿聞者歡喜是化他位也。
若至六根等者此語初依最後極位通前五品並屬初依故大經云具煩惱性能知如來秘密之藏無明全在名具煩惱。

○次明益三初法。
若此時不出強輭兩賊無如之何自行轉成於他有辨。
○次喻
大象捍挌刀箭無施日光照世長氷自冶。
大象捍挌等者即以久行名爲大象不同前文對治文中但以三祇名爲大象不憚生死名爲捍挌捍者衛也挌應從土戶反自禮云發然後禁則捍垎而不勝注云捍垎者堅不可入也從木從手並非今意前既以五品爲小象今且以六根爲大象既

離界繫自在堪能煩惱不染如刀箭無施種智化物如日光照世物無始苦猶如長氷機熟獲益名爲自冶象喻現身應世利物。
○三結
此即安忍之力焉。
○三示安忍之方二初外三術二初正明術。
若被名譽羅罥利養毛繩眷屬集樹妨蠹內侵枝葉外盡者當早推之莫受莫著推若不去翻被黏繫者當縮德露玼揚狂隱實密覆金貝莫令盜見若遁迹不脫當一舉萬里絕域他方無相諳練快得學道如

求那跋摩云　云

若彼名譽等者。為此三事之所動壞。前二如妨蠹。令觀法散滅。名為內侵。眷屬若集。令諸行破壞。名枝葉外盡。猶如大樹。外集眾鳥。內抱蟲蝎。樹必死壞。蠹者。害物之蟲也。亦云食桂蟲也。

○次勉令忍

若名利眷屬從外來破。憶此三術。齧齒忍耐。雖千萬請。確乎難拔。讓哉。隱哉。去哉。

言三術者。如上文自列。一莫受莫著。二縮德露玼。三一舉萬里。

○次示內三術二。初正明術。

若煩惱業定見慢等。從內來破者。亦憶三術。即空即假即中。

內三術者。謂空假中。外障是輭賊。謂名譽等。內障是強賊。謂煩惱等。是故內外用術不同。

○次勉令忍

設使屠粉肌肉。心不動散。大地鎮壓。不為重。論。毘嵐弗輕。寒冰非冷。猛炎盜熱。端心正觀。那得薄證片禪。即以為喜。纔見少惡。即以為憂。

論者。沒也。毘嵐者。猛風也。此風在大鐵圍山外。若無鐵圍。吹須彌山。猶如腐草。故引為況。文舉片禪少惡。為違順之端。故知違順未堪。不應領眾。如彌沙塞律。佛因調達領眾。乃引事云。往古有仙。在山中誦刹利書。有一野狐。而便誦之。自思惟言。我解此書。足為獸王。因出遊行。逢一困狐。而欲殺之。困狐曰。何以見殺。答云。我是獸王。汝不伏我。故當殺汝。彼困狐云。汝勿殺我。我當隨汝。如是展轉。伏眾師子。師子伏已。便作是念。我今不復以獸為婦。乃將諸獸。遶迦夷國。百千萬匝。王令使問。使迴答意。諸臣皆許。唯一臣言。自古及今。未曾見人王以女

嫁獸。臣要當殺。令此狐走。王問如何。此臣答曰。遣使剋求。從期一願。必令師子先戰後吼。彼謂吾等。畏師子吼。必令師子先吼後戰。師子若吼。諸獸必散。王如其計。至日出軍。事果如計。狐等纔聞師子吼聲。心破七分。墮象而死。群獸皆走。佛說偈言。

野狐憍慢盛　求欲愛眷屬　行到迦夷城
自稱是獸王　人憍亦如是　現領於徒眾
在於摩竭國　法主以自號

早領眾者。亦復如是。名成損己。益他蓋微。莊子云。名者。功之器。不可多取。

○四引經深誡二。初舉喻。

坯器易塠。菴華難實。

坯器菴華者。並在大論。喻以初心。堆者。聚土也。若作塠字。義亦通於塠阜也。菴羅華者。多華少實。

○次引經

大品云。無量人發菩提心。多墮二乘地。爲辦大事。彌須安忍。

○五結得否

若得此意。不須九境。若未了者。當更廣明。

若得此意。不須九境者。若能於此陰境安忍。必得

入於六根清淨。尚離二乘菩薩二境。况復煩惱等七。故約此人。不須更明下九。不忍違順。故九境生違。卽是惡順。卽是善。具如前文互發中判善惡等相。故知上根。唯觀陰境。故於陰安忍。不須下九。

○第十無法愛二。初來意。

第十無法愛者。行上九事。過內外障。應得入眞。而不入者。以法愛住著。而不得前。

行上九事。過內外障等者。內外如向分別。安忍此已。已入六根。不得發眞。良由住著。著相似法。名爲頂墮。應通歷四教。明頂墮義。

○次正明三。初明有法愛二。初文且寄三教頂墮。

從旣不入位去。正明今文頂墮之義。初寄三教頂墮二。初明三藏頂墮。具如毘曇中說。文中爲二。先簡非頂墮。

毘曇云。煖法猶退。五根若立。上忍發眞。則不論退。

簡非頂墮位。謂煖一向退。不名頂墮。忍位過頂。復不名墮。於二位間。住頂名墮。何者。五根忍位。不復出觀。上忍發眞。是故不墮。

○次正明頂墮

頂法若生愛心。應入不入。退爲四重五逆。

於頂位法中。多生愛心。則應入頂。而不得入。由退頂故。造於重逆。故名爲墮。

○次明通別頂墮

通別皆有頂墮之義。

通教頂墮。例此可知。別教頂位。在十行中。故無墮義。於行向中。縱起著心。但未入地。名爲頂墮。終無造過。

○次正明今文頂墮之義二。初出圓似位有愛。

卽不入位。文不墮二乘。大論云。三三昧是似道位。未發眞時。喜有法愛。名爲頂墮。

○次正明頂墮三初法
令人行道萬不至此至此善自防護此位無內外障唯有法愛法愛難斷若有稽留此非小事
今論圓教至十信時若生愛心不入初住而六根淨位定不墮小則以住頂名之爲墮非謂退墮以六根中無退義故況復更有造重逆耶故此頂墮異前通藏故大論三十明頂墮義二種不同一者頂退名之爲墮二者住頂名之爲墮小乘教中雖具二義住頂多退故今圓位見思已落但有住頂一墮義耳故大論四十三問曰頂不應墮云何言

墮答垂近應得而便失者名之爲墮若得頂者智慧安隱則不畏墮此約初義以退爲墮若第二義但以住頂不進不退名之爲墮是則十信初心猶名爲燸
○次譬
譬如同帆一去一停停即住著又雖不著沙亦不著岸風息故住
○三合
不著沙喻無內障岸喻外障而生法愛無住風息不進不退名爲頂墮

○次明無法愛
若破法愛入三解脫發眞中道所有慧身不由他悟自然流入薩婆若海住無生忍亦名寂滅忍以首楞嚴遊戲神通具大智慧如大海水所有功德唯佛能知
○三總結示之
今止觀進趣方便齊此而已入住功德今無所論後當重辨
初從妙境終至離愛行解具足正助不虧已送行者至於初住入無功用自堪進道入住已去今文

不論故云齊此故諸經論初住已去多明輔佛化他之相不復委釋論於自行是故今云入住功德今所不論今意且赴末代修行後當重說者至菩薩境中應更廣辨夏終不說下無所論始從第五卷初來至此中正當法說明於陰境十法成乘竟
○次引法華大車以譬十法六初略標
是十種法名大乘觀學是乘者名摩訶衍
○次列經
云何大乘如法華云各賜諸子等一大車其車高廣衆寶莊校周帀欄楯四面懸鈴又於其上張設幰蓋

亦以珍奇雜寶而嚴飾之。寶繩交絡垂諸華纓。重敷綩綖。安置丹枕。駕以白牛。肥壯多力。膚色充潔。形體姝好。有大筋力。行步平正。其疾如風。又多僕從而侍衞之。

且順經次第。不復依於十法次第。今以十法隨對整足。大車高廣。一不思議境也。幰蓋慈悲。寶繩交絡。即二發心也。安置丹枕。枕有內外。若車內枕。休息衆行。即三安心也。若車外枕。或動或靜。動靜秖是四通塞義也。破塞存通。即塞而通。其疾如風。即破無明。是五破徧義也。大品云。法愛難斷。故處處

說。破無明三昧。始自白牛。終至平正。六道品義也。又多僕從。即七正助也。頌中云。儐從禮云。導也。又云。侍邊也。遊於四方。即八次位也。安忍離著。在次位之初。是故更加。復次結位。始從初心。終訖究竟。安忍秖是忍於五品。違順二境。令入六根。離愛秖是離六根中相似法愛。綩綖者。埤蒼云。綩者。衣繡裳也。綖者。席也。應作筵字。此綖字是天子覆冠曰綖。亦可通用。又次位者。秖是行之所階。恐行者生濫。故於次位中。別出五品六根清淨。勸勵行者。令離障離愛。故知前七正明車體。及以具度。後三秖是乘之所涉。若無所涉。運義不成。是故十法通名乘也。

○三合法

止觀大乘。亦如是。觀念念心。無非法性實相。是名等一大車。於一一心。即空即假即中。是名各賜大車。徹三諦之源。名爲高。收十法界。名爲廣。無量道品。名衆寶莊校。四勤遮惡持善。又願來持行。釘鑷牢固。名周帀欄楯。法義辭辯。宣暢開覺。名四面懸鈴。慈悲普覆無有遺限。名張設幰蓋。道品所攝。十力無畏。十八不共之法。不與他共。名珍奇嚴飾。四弘誓願。要心不退

名寶繩交絡。四攝攝物。物無不悅。名垂諸華纓。諸禪三昧。起六神通。名重敷綩綖。四門歸宗。休息諸行。名安置丹枕。四念處慧。破除八倒之黑。名駕以白牛。四正勤。增長二善。名肥壯多力。遮斷二惡。二惡盡淨。故言膚色充潔。四如意足。四辯自在。名形體姝好。五根盤固。不可移動。名爲筋。五力增長。遮諸惡法。名爲力。七覺簡擇。名爲行步。八道安隱。名爲正平。對治助道廣攝諸法。名又多僕從而侍衞之。破法愛無明。入薩婆若海。發眞速疾。名其疾如風。運載諸子。嬉戲快樂。此大乘觀法門具度。與彼經合。故名大乘觀也。

○四結位

復次一切法悉一乘故夫有心者無不具足如此妙法是名理乘如來不說則不能知以聞教歡喜頂受即名字乘因聞名故依教修行入五品位名觀行乘得六根淸淨名相似乘從三界出到薩婆若中住是亦不住若入初住乃至十住得眞實乘遊於東方十行遊南方十向遊西方十地遊北方輪環無際得空而止止於中央即妙覺直至道場是此意也

夫有心者悉具三軌此之三軌通於六即理性車體具度資成白牛觀照在一念心即是理性聞名

起觀名爲等賜諸子乘乘入位不同故有觀行相似等別乃至四方直至道場道場猶受果乘之號是故因果乘義不無

○五斥邪

今人祇謂捨惡取空是大乘此空尙不免六十二見單複之惡何得動出爲乘設借爲乘祇一禿乘無法門具度

設謂假設借字子謝反設使借之與乘名者但是邪乘乘者本以運載爲義邪法無運故名爲借既是邪法不出諸見諸見即具六十二也

○六顯正

正法大城金剛寶藏具足無缺何所而無豈容禿空而已若但爾者乘邪見乘入險惡道是壞驢車耳云云

不同惡空故云正法正法御邪故云大城不可壞故名爲金剛具足諸法名爲寶藏具足者釋寶藏也無缺者釋金剛也如此妙乘豈同惡空與而言之但有車體既無具度故名爲禿奪而言之體用俱非故名爲禿故引大經乘壞驢車非但關於白牛般若爲驢所乘任運非正故非高廣又復言壞

全無莊嚴況復起見入三惡道

○次明歷緣對境者端坐觀陰界入境所云端坐者豈隔餘儀四三昧中常坐居首是故先明常行等三亦可通用歷緣對境自攝餘三是故且判以爲端坐問五陰盡在端坐觀耶答陰通三性不隔餘儀前文且明端坐用觀餘儀在後歷緣對境文爲三初序來意

端初觀陰入如上說歷緣對境觀陰界者緣謂六作境謂六塵大論云於緣生作者於塵生受者如隨自意中說般舟常行法華方等半行或掃灑執作皆有

行動隨自意最多若不於行中習觀云何速與道理
相應
○次正釋文中二先明歷緣次明對境就歷緣中
四初於行緣具明十法三初總標
畧辨其相例前爲十
○次別釋十初明觀境
初所觀境者若舉足下足足是色法色由心運從此
至彼此心依色即是色陰領受此行即受陰於行計
我即想陰或善行惡行即行陰行中之心即識陰行
塵對意則有界入乃至眼色意法亦如是是陰界入

於舉下閉悉皆具足如此陰入即是無明與行緣合
生行中陰界入陰界入不異無明無明即是法性法
性即是法界一切法趣行中是趣不過一陰界入一
切陰界入一多不一不多不相妨礙是名行中不思
議境
○次明發心
達此境時與慈悲俱起傷己昏沈無量劫來常爲陰
入迷惑欺誑今始覺知一切衆生悉是一乘昏醉倒
解甚可憐憫誓破無明作衆依止
○三明安心

安心定慧而寂照之
○四明破徧
心既得安徧破見思無知無明三諦之障橫竪皆盡
○五明通塞
又善識通塞終不於中取藥成病
○六明道品
善知道品榮枯念處雙樹中間入般涅槃
○七明對治
又善知行中對治六度助開涅槃門
○八明位次

深識次位知我此行未同上聖慚愧進修無有休已
○九明安忍
能於行中外降名利內伏三障安忍不動
○十明法愛
法愛滯著莫令頂墮十法成就即入銅輪證無生忍
○次引法華以譬十乘
得一大車高廣嚴淨衆寶莊校其疾如風嬉戲快樂
乘是寶乘直至道場
○三結意
是約行緣作觀治無明糠顯法性米舉足下足道場

中來具足佛法矣例前可知。
○次例餘五緣三初正例。
行緣旣爾住坐卧語作例前可解。
○次釋疑
三三昧無卧法隨自意則有。
○三引證
昔國王於卧中悟辟支佛當知卧中得有觀行云云
大論二十云昔有國王園中遊戲朝見華林茂盛
可愛食已卧息夫人彩女皆共取華毀折林樹覺
已見之悟一切法皆悉無常如是思惟悟辟支佛。

宿福旣厚藉小因緣易得聖果。
○次明對境中二先約眼色具足十法二初正明
十乘十初觀境二初釋五初結數
對境者約眼計我言我能受一塵有三合十八受者
○次引例
眼見色有五陰三界二入例如上說。
○三引證
又彌勒相胃經云一念見色有三百億五陰生滅一
一五陰卽是衆生若爾者眼對色時何啻五陰三界
二入。

○四結非
若如此觀眼色者名爲減修非摩訶衍。
○五不思議境七初引經總立三智五眼
若觀眼色於諸如來常具足無減修明識來入門者
眼色一念心起卽是法界具一切法卽空卽假卽中
○次別釋三觀三初空觀。
四句求不可得故言卽空。
○次假觀
如彌勒相色一念三百億五陰生滅乃至一地十地。
相色旣爾受想行識亦復如是又外道打髑髏作聲

聽知生處知無量事香味觸等亦復如是故言卽假。
外道打髑髏作聲者增一阿含云佛在耆闍崛山
與五百比丘俱從於靜室下靈鷲山與鹿頭梵志
俱行至大畏林取死人髑髏授與鹿頭而作是言
今此梵志明於星宿兼善醫藥善解諸聲知死因
緣問云此是何人髑髏答曰男子問云何命終答
衆病皆集百節酸疼故命終也何方治答呵黎勒
和蜜治必不終又問生何處答生三惡道又打一
髑髏問之答女人何疾死答懷妊死何方治答服
好酥醍醐生何處答畜生中又取一髑髏打問曰

何故死。答。食過差死。何方治。答。三日絕食。生何處。答。生鬼中。以想水故。又取一髑髏打。問之曰。何人。答。女人。何死。答。產死。生何處。答。人中。又打一髑髏問曰。何死。答。被人害死。生何處。答。生天。佛言。爲人害死。必生三惡。更打之。答云。此人持十善。又夫餓死者生人天中。無有是處。凡一一答。佛佛皆語云。如汝所言。香山南有優陀延比丘入無餘界。佛申手取髑髏來問。生何處。答。無本非男非女。不見生處。不見周旋往來八方。都無音聲。未審是誰。佛言止止。又重問。佛佛具答。鹿頭歎曰。此未曾有。我觀

蟻子。向知來處。鳥獸音聲。向別雌雄。觀此羅漢。不見生處。如來正法。甚奇甚特。九十五道。我皆能知。如來之法。不識趣向。唯願世尊。聽在道次。佛言。善來。得無學果。聽聲旣爾。餘塵亦然。外道之法。聽死骨聲。能達遠事者。良由聲中本具諸法。故使外道得其少分。冥依其本。日用不知。況今妙觀。直觀本理。理具諸法。不足置疑。

○三中觀

假不定假。空不定空。則非空非假。若眼一法非空非假。則一切法非空非假。猶如虛空。有無永寂。亦如日月。無幽不照。

如文

○三釋成五眼。三。初正明。

雖無空假。雙照空假。照因緣麤色。名肉眼。照因緣細色。名天眼。照因緣色空。名慧眼。照因緣色假。名法眼。照因緣色中。名佛眼。

○次簡異

五眼一心中具者。非具凡夫膿血肉眼。亦非諸天所得天眼。亦非二乘沈空慧眼。亦非菩薩分別之眼。

○三結成

但以佛眼具有五力。如衆流入海失本名字。

○四引二經證

故佛問善吉云。如來有五眼不。答云。有。皆稱如來。有。何關凡夫二乘眼耶。請觀音云。五眼具足成菩提。

○五結成一心

以三觀一心名無減修。以一眼具五力名明見來入門。亦是圓證也。

○六明根互用

於眼內外自在。眼入正受。鼻三昧起。鼻入眼起。雖動而寂。寂不妨動。雖寂而動。動不妨寂。雖見不見。不見

而見乃稱明見來入門也
如文
○七問答料簡二。初問
問佛具五眼應照五境經云我以五眼不見三聚衆生狂愚無目而言見耶又云見色與盲等既等於盲那得見麤細色
○次答二。初正答
答五境皆冥實相實相則不可見不可見故喻之如盲雖不可見見無減少五眼洞徹諸境分明雖言五照照何必有雖言如盲盲何必無

○次引證
淨名云不來相而來不見相而見即此意也
淨名云不來相等舉六作中初行緣也不見相等舉六受中初見色也當知根塵無非法界故云不來而來等如四念處中引唯識云言唯識者唯是一識復分二種一者分別二無分別分別識者名為識識無分別者名似塵識一切世間皆為似塵識之所成三無性等色心之法本來不二彼既分於二識例亦分為二色問色之與識如何同異答若色心相對則有色有心論其體性則離色無心離心無色若色心相即二則俱二一則俱一故圓說者亦應得云唯色唯聲唯香唯味唯觸何但獨得云唯識耶若合論者無不皆悉具足法界復次若從末說一切衆生二種不同上界多著識下界多著色若約識為唯識攬外向內令觀內識皆是一識識既空已十界皆空識若假者十界皆假識若中者十界皆中專於內心觀一切法觀外十界即見內心是故當知若識若色皆是唯色若識若色皆是唯識雖說色心但有二名論其法體秖是法性如是即是心地法門不動寂場現身入會諸

佛解脫於心中求心為佛種心即菩提當用此意通一切心通一切教理行位等準此說之
○次結
是為不思議境
○次發心
我眼衆生眼無二無別云何衆生不覺不知即起慈悲誓當度脫
○三安心
欲滿此願安心定慧
○四破徧

能以止觀徧破諸法
○五通塞
於眼色中明識通塞不如蟲道
○六道品
於陰界中修四念處非淨非不淨枯榮雙遣而入涅槃
○七對治
學諸對治助開三脫
○八次位
明識六卽不起叨濫我所觀眼雖具五眼但是名字

但是觀行若漸見障外後見十方如普賢觀頓見大千如常不輕漸頓兩見六根互用我悉未階不應起慢慚愧勤行
若漸見等者普賢觀云行者若能隨普賢教正心正意漸以心眼見東方佛黃金色身端嚴微妙見一佛已復見一佛如是徧見東方諸佛心想利故徧見十方一切諸佛頓見者不輕品云彼比丘臨欲終時於虛空中具聞威音王佛先所說法華經二十千萬億偈悉能受持卽得六根清淨經文不云漸見一佛乃至諸佛故名頓見

○九安忍
若德建名立當忍內外障安若須彌
○十法愛
法愛不生則無留滯其疾如風證眞實眼
○次譬大車結成佛事二初正明
乘一大車直至道場若眼中得入多於眼中廣作佛事常放金光照耀一切
若眼入等者卽自行也
○次引證
淨名云或有佛土以光明爲佛事

引淨名或有佛土光明等者自行他化皆名佛事
若云或有佛土等者卽化他也如楞伽第三云不瞬世界妙香世界令諸菩薩瞪視不瞬得無生忍卽眼爲法界也更有誠教準此思之
○次例餘五根三先例餘受
眼色一受既爾餘二受亦然
○次例餘根
餘五根五塵十五受亦然廣說如前將前意度入六根用之但令破煩惱去不拘常科
○三明大車

若從耳中得大車多用音聲爲佛事鼻中用香舌中用味身中用天衣意中用寂滅一根佛事互通諸根方便利物時或不同而令衆生得究竟樂云云

如文

○三勸修二初總引一譬二先法

若能如上勤而行之於一生中必不空過

○次譬斥

雖聞不用如黑蚖懷珠何益於長蛇者乎

黑蚖秖是長蛇綺文互說耳不修止觀如長蛇善解止觀如懷珠解而不用爲無益大論第十釋因

不同故果不等中云有一黑蚖懷摩尼而臥有羅漢乞食不得論明破戒而猶有福故使墮蚖尙懷寶珠今借斥之以譬有解而不能行如蚖懷珠於蛇何益

○次別引三譬皆先譬次合初一譬合二初譬二

初劣喩

令以三譬譬於得失匹夫隻勇修治一刀一箭破一寇兩寇獲賜一金一銀祿潤一妻一子如此之人但利器械負戟前驅以命傳貨何用廣知兵法耶

賜者與也亦惠也祿者爾雅云福也孝經註云食廩曰祿楊承云上古無祿人食野禾因朝闕食識者賜鹿以當於食故變爲祿字匹夫所得薄祿也械是兵器總名戟者短戈鉤孑㦸也郭璞注方言云戟中有小刺謂雄戟也

○次勝喩二初喩能知能用用而獲勝

若欲爲國麴糵舟楫鹽梅霖雨者須善文武計在帷帳折衝萬里所學處深所破亦大獲賞既重祿潤甚多

若爲麴糵等者尙書殷高宗聘傅說於傅巖之野云若濟巨川用汝作舟楫若歲大旱用汝作霖雨

若作酒醴爾惟麴糵若作和羹爾惟鹽梅帷帳者說文云旁曰帷上曰幕帳者說文云四合象宮室張之曰帳淮南子云將軍幬帳也折衝者折者截也衝者說文云通道也廣雅云突也戈擊也

○次喩知而不用雖用而不前

雖知而不用用而屢北尙不能濟身澤豈及人乎

用而屢北者說文云北者乖也又軍走曰北又北主陰方陰主殺也即被殺者爲軍敗也

○次合二初合劣

學禪觀者亦如是唯知一二法或止或觀擬破少惡叙

心行道得少禪定攝少眷屬便以爲足如匹夫鬭耳。
○次合勝二。初合能知能用。
欲作大禪師破大煩惱顯無量善法益無量緣。當學十法止觀洞達意趣於六緣六受行用相應煩惱卒起卽便有觀觀過戢表勇健難事解髻得珠。
解髻等者尙書云德懋懋官功懋懋賞懋者勉也。今圓破煩惱得實相賞賞中之極如解髻與珠。如諸聲聞來至法華功之極也。故譬輪王解以權髻顯實相珠。
○次合知而不用

若解而不用用而不當而反師惑心道安克乎。
○次一譬合二。初喩能知能用二。初喩二。初劣喩。
又如野巫唯解一術方救一人獲一脯梓何須學神農本草耶。
野巫者男師曰覡女師曰巫謂陰神也。說文云巫者祝也。祝者祭主申讚辭者也。
○次勝喩
欲爲大醫徧覽衆治廣療諸疾轉脈轉精數用數驗恩救博也。
○次合
學禪者亦如是但專一法治惑卽去當時微益終非大途包括之意亦不能破煩惱入無生忍。
○次喩知而不用二。初喩。
雖善醫藥不依方服病豈差乎。
○次合
讀誦止觀甚利心不行用無生終不現前。
○三一譬合二。初喩。
又如學義止欲一問一答衒耀一時何須廣尋經論。欲作法主當善異部雖諳解處多而不曾出衆怯弱不任酬往若無怯怖臨機百轉以無方之答答縱橫

之問是爲大法師。
○次合
觀行人亦如是觀行若明能歷緣對境觸處得用若不如是魔軍何由可破煩惱重病何由可除法性深義何由可顯三事不辦區區困役秖是生死凡夫非爲學道方便也。
三事不辦者不能破魔軍不能除煩惱不能顯法性對前三喩如文可知區區者踦區屈曲終日故也軍者衆也萬二千人爲軍今之魔軍何必定數但言衆耳。

摩訶止觀輔行傳弘決卷第七之四

摩訶止觀輔行傳弘決卷第八之一

陳隋天台智者大師說　唐荊谿大師湛然傳弘决
門人章安大師灌頂記　明天台沙門傳燈會科

○第二觀煩惱境者自此已下現文六境及畧三境咸是發得此九境外所起煩惱乃至四弘但屬陰境三陰所攝是故尋常非無煩惱乃至發心亦並須觀非不名境今文謂辨觀陰發得故須辨異讀者行者無惛本宗如前七隻分別中云此之十境是三障攝非即現在所起三障現三障者如大經第十云菩薩摩訶薩求種智者爲除衆生三種

障故煩惱障者所謂三毒纏蓋八慢四邪等業障者謂五無間報障者謂三惡道誹謗正法及一闡提故知舉惡能障故名爲障今以流類攝彼後兩文二初標牒

第二觀煩惱境者

○次解釋二初總標來意二初結前生後

上陰界入不悟則非其宜而觀察不已擊動煩惱貪瞋發作是時應捨陰入觀於煩惱

上陰下結前而觀察下生後

○次正明來意二先與上諸文辨異三先與上方便中呵欲棄蓋辨異初法說三初與上方便中欲蓋辨異

前呵五欲知其罪過棄蓋是捨平常

○次與上陰境辨異

陰入觀於果報於中求解

初明與上方便中呵欲棄蓋辨異次與上陰境辨異上之欲蓋及陰入中雖有惑相未過增盛非煩惱境故呵欲中且知五塵是生行者貪欲之緣生欲是過因過生罪是故須呵蓋中但是緣落謝塵妨於入觀應須捨棄又此二五若呵若棄但成方

便未正用觀前觀陰入觀於報陰報陰無記於彼陰上求於妙解故彼陰境未名煩惱又前別歷一心文中雖觀貪瞋非今境意但是現起善惡諸惑皆陰入攝是以因陰所起煩惱皆名陰境今境必須因觀陰發發重貪等方名今境

○三舉今境異陰蓋等

今觀發作隆盛起重貪瞋

正舉今境異陰蓋等故云起重貪瞋

○次舉譬

如鐵不與火合但黑若與火合赫然

鐵如陰。火如觀。陰未遇觀。宿惑冥伏。故云但黑。因觀陰境。陰解未生。習起異前。故曰赫然。

○三合辨難易

又報法尋常無時不有。可棄爲易。若欻起煩惱。控制則難。

更牒欲蓋。及以陰入。與今煩惱。總辨難易。故欲蓋之體。通屬陰入。故與陰入。通名尋常。

○次別釋與前三法對難易三。初正明相對三。初法二。初出前三毒與今對辨。

何者。生來雖瞋。諫曉則息。今所發者。咆勃可畏。生來

倒想乍起乍滅。今所發者。鬱然不去。生來欲色。抑制可停。今所發者。不簡死馬。况其匹類。

出前三毒與今對辨。前是報法。及現煩惱。是故易息。今發既重。是故難制。倒想是癡。貪者可見。言死馬者。十誦初戒。天魔欲壞難提。變爲女人。誘至馬所。便隱形去。是人欲盛。乃至不簡。

○次更辨助緣

此惑內發強粱熾盛。若見外境。心狂眼闇。

更辨助緣。所發煩惱。已過於常。復加外緣。致令狂逸。

○次舉譬

譬如流水。不覺其急。槩之以木。漣漪[氵*豹]起。亦如健人。不知有力。觸之怒壯。

流水如陰法。因觀如槩木。動習如[氵*豹]起。漣漪等者。風行而流水成文。今以木槩彼風行急流。擘水[氵*豹]起。又漣漪者。重波也。波上又波。故曰重波。[氵*豹]者本音豹字。即豹變也。今是水起。借從水作。健人譬意與水大同。

○三合譬

煩惱卧伏。如有如無。道場懺悔。觀陰界入。如觸睡師

子。哮吼震地。

如觸卧師子下。更重以譬。釋成前譬。

○次結勸令識

若不識者。則能牽人作大重罪。

○三明因境起過

非唯止觀不成。更增長惡業。墜黑闇坑。無能勉出。爲是義故。須觀煩惱境也。

如第五卷云。隨之牽人向惡。即此意也。

○次正釋二。初列。

觀此爲四。一略明其相。二明因緣。三明治異。四修止

觀。
○次釋四。初略明其相。九。先釋名之相。
初明相者。先釋名煩惱是昏煩之法。惱亂心神。又與心作煩。令心得惱。即是見思利鈍。
先釋名中有二解。初合字釋者。三毒是能煩。心神是所煩。次分字解煩爲能煩。惱爲所惱。當知通名通於見思。
○次明鈍中有利。二。初舉鈍使蟲獸而亦有利。
此一往分數。五鈍何必使貪瞋。如諸蠕動。貪不推理。而舉蠍張鬐。怒目自大。

如蟲獸凡夫亦能起我。我即是利。雖利屬鈍。故云實不推理。乃至自大。蠕者小蟲有識能動者也。舉蠍等者。蠆類也。埤蒼云。其一蠍偏大。名爲擁劒。亦名執火。以蠍赤故。亦如螳蜋拒轍等是。鬐者項毛也。說文云。馬鬐鬣也。如狼等瞋必張鬐怒目。此舉蟲等劣類以況於人。此尚計我。何況人耶。
○次舉鈍使凡夫而亦有利。
底下凡劣。何嘗執見。行住坐臥恒起我心。故知五鈍非無利也。
○三明利中有鈍

五利。豈唯見惑何嘗無恚欲耶。
如諸外道依於諸見而起瞋恚。
○四融會分屬
當知鈍利之名通於見思。今約位分之。令不相濫。若未發禪來。雖有世智推理辨聰。見想猶弱。所有十使同屬於鈍。從因定發見。見心猛盛。所有十使。從強受名。皆屬於利
若未發禪來等者。問。如佛弟子次第修人。亦未發禪。何故名爲須陀洹人所斷見惑。答。今判利鈍。約現發見見所起惑。如未得禪來。縱起宿習所有煩

惱。及因現陰起於我見。仍屬鈍使。初果所斷。凡夫共有。冥伏在身。障眞無漏。若見諦理。此惑自除。故名此惑。以之爲見。故不同於禪後所起。若諸外道由未見諦得禪定已。雖斷鈍使。仍未曾斷一毫見惑。見惑現行。故不同於未發禪來。所有見惑及冥伏者。是故不以八十八使中見惑爲例。故八十八使義局陰境所攝。對簡利鈍。方受見名。復異禪後見惑之相。今但對禪後見簡。故云若得禪起見。縱有貪瞋。同屬於利。
○五舉例

如兩學人。一得法意爲諍則強。一得語言爲諍則弱。

得語如無禪。得意如發定。

得語如鈍。得意如利。二俱得語得意諍強。二俱計我得禪見盛。

○六簡示境體

若發定已而起見惑。如下所觀。若未發定而起煩惱正是今所觀也。

身中雖具八十八使。然所起者。但屬鈍使。而在今境。

○七判根條二初且徵起。

若利中有鈍見諦但斷於利鈍猶應在

且徵起也。若利中有鈍。斷見惑人。但名斷利。利中之鈍。此惑應在。若不爾者。利中有鈍。不名爲鈍。故次引毘曇釋云。利雖有鈍。此鈍屬利。從於利使。背上而起。底下之人雖起於利。此利屬鈍。從於鈍使背上而起。故云思惟亦如是。

○次引毘曇釋

毘曇人謂利上之鈍名背上使。見諦斷時正利既去背使亦去。思惟亦如是。

○八明開合

若開此利鈍爲八萬四千。今但束爲四分。

開爲八萬。合但三毒。八萬既不出於三毒。今觀三毒。即觀八萬。爲是義故。須辨開合。

○九明爲障不同八初明四分俱能障定。

三毒偏發爲三分。若等緣三境名等分。三毒偏起。是覺觀而非多。三毒等起名覺觀多。若少若多悉名散動。俱能障定。無記是報散動。則不障定。

明爲障不同。初明四分俱能障定。唯有無記不屬善惡。即不障定。是即不障定者。仍屬陰境。若爲障者兩屬。不同謂發不發。如前簡也。

○次毘曇家引大品證無記不障。

經云。從滅定出入散心中。散心中還入諸定。散不障定。即此義也。

引大品證無記不障。即師子等定所入散心。此並依毘曇意也。

○三依成論人意

成論人云散兼無知癡能障定。

依成論人意。亦許毘曇四分俱散。而不云四分俱障。但云散中無不並有相應癡惑。故云散兼無知能障定者則在於癡。

○四難成論人

若爾散兼瞋欲何不障定耶。

四分俱散散兼無知癡能障定此相應癡癡必瞋欲癡既障定癡有瞋欲何不障定而獨立云癡能障定。

○五今家正解

今釋別有意如上棄蓋中說。

言別意者如上釋蓋隨人不同若貪重者貪即爲蓋瞋癡爲障亦復如是故今爲障準彼應知故毘曇家所引大品以爲證者是義不然彼大品經明

超越三昧從滅定起入散心中故言入散而不障定今所論散障與不障應辨凡夫所有三毒如何引於羅漢勝定出散等相。

○六明今辨相爲所觀境

但煩惱之相廣不可盡若具分別妨於觀門法華云二十年中常令除糞糞即煩惱汙穢法也棄之若盡得一日之價若任分別多少終不得直今觀煩惱糞求智慧錢非欲分別見思相也。

明今辨相爲所觀境但云四分相實未周若論自行足得爲境故引法華明觀境意意在除棄分別非急言二十年者疏有多解見思未除大機未熟故二十年且令除糞又破見惑用一無礙一解脫破思惟惑用九無礙九解脫合爲二十又二道中斷結總名二十又上分下分總名二十又依二使人共斷見思亦名二十初解即以離繫得數而辨二十後解並以二義而爲二十。

○七釋疑二初立疑。

若爾五百羅漢何以分別。

疑云若意在除棄五百羅漢豈非除棄而婆沙中種種分別耶。

○次釋疑

爲持佛法作衆導首通種種難須廣分別今正入道力所未暇亦於觀非急但總知四分糞穢勤而棄之若從空入假當委悉分別

五百本於一門入道亦未分別得羅漢已爲持佛法使久住故既爲衆首須通外難是故五百廣演分別若不爲衆首縱成羅漢非入假位亦未必須種種分別。

○八明此惑相正爲十觀所觀之境是故須辨是通是別思議不思議等既云各具四分今境但是

鈍中四分今文語畧不暇簡之但且簡通別等耳若委簡者屬陰利鈍非今所觀所發利鈍是今所觀所發復二禪後之利屬下見境見慢業外是今所觀文二初辨通別

復次利鈍合各束爲四分同是界内共二乘斷名通煩惱也若界外四分二乘不斷名別煩惱

利鈍合各爲四分者爲對前開爲八萬故今云合但有四分界外既立四分之名開合之義義同界内但是別惑異界内耳

○次辨思議不思議等

若作相關何得離通有別通惑爲枝別惑爲本得眞智斷枝得中智斷本若作不思議者祇界内煩惱卽是菩提何得非是別惑已如前說

辨思議不思議等明向通別隨教不同若作相關卽是別義不明相卽故曰相關通惑如枝枝謂枝葉別惑爲本本謂根本枝本但得相關而已卽別義也若作不思議者應云通惑如華法性如空以眼病故於空見華若能體病如華卽空空華體同卽圓義也已如第一卷以三止觀結發心中說故知思議不思議二皆觀界内通惑爲境以所發者必非別惑故也下起觀中先明思議故今預辨亦雙明之意在相卽於通惑上二義俱通故云若作

○次明因緣三先且指後說

二明煩惱起之因緣因緣有三如後說

釋因緣有三如後說者謂習等三

○次以四句判其起相二初列四句

起相有四深而不利利而不深亦深亦利不深不利

○次判境相

第四句卽屬通途果報惑相尋常相係故言非深非利也三句起動異常卽屬煩惱發相也發時深重不

可禁止觸境彌增無能遮制是爲深相數數發起起輙深重故名爲利利而不深深而不利準此可知

前文雖復辨其離合通別等義而未明内心起之相狀故於此中重辨起相故知今起異於欲蓋及陰入等

○三正明因緣

集因謂因熏習相續爲緣意業爲因身口惡行爲緣魔行爲因十軍攝撿爲緣有此三故今修道品此三復發又名爲緣文二初列

因緣者一習因種子二業力擊作三魔所扇動

○次釋三初明習因種子四初法

習者。無量劫來。煩惱重積。種子成就。熏習相續。

○次譬

如駛水流。順之不覺其疾。槳之則知奔猛。

○三合

行人任煩惱流。沿生死海。都不覺知。若修道品。泝諸有流。煩惱鬼起。

言道品者。秖是正觀陰入境耳。順流曰沿。不修觀故。順生死流。若修道下。即現在觀陰。復發宿種。逆流曰泝。有即二十五有。謂四域四惡趣。六欲並梵王。四禪四無色。無想五那含。鬼謂崔嵬高起貌也。

嵬字五回五非五章三反。惑被觀制。是故鬼起。

○四勸誡

唯當勤勉。特出曉夜兼功耳。

○次明業力擊作二。初法。

業者。無量劫來。惡行成就。如負怨責。那得令汝修道出離。故惡業卓起。破壞觀心。使善法不立。

那者何也。卓者高也。業相已起。名為成就。品位不成。名為不立。

○次譬

如河湉靜。不覺流浪。暴風卒至。波如連山。若放擲帆柁。壞在斯須。一心正前。後行船得免。

如河等者。湉水定也。無水者非也。波如連山者。莊子云。曰波如山。文選海賦云。波如連山。陰境如河湉。修觀如風起。惑發如大波。縱身口如擲帆。失一心如放柁。由此放擲。行船破壞。若心柁決斷。正身口帆。則正觀船必免業敗。過煩惱河。至涅槃岸。

○三明魔所扇動三。初法。

魔者。若作魔行。是其魔屬。故不動亂。若行道出界。去此投彼。十軍攝擒。故深利之惑。欻然而至。

言十軍者。大論釋四魔中。問曰。何處釋煩惱為魔。

答。如雜寶經中。佛說偈語魔言。

欲是汝初軍　憂愁為第二　飢渴第三軍
渴愛為第四　第五睡眠軍　怖畏為第六
疑為第七軍　含毒為第八　第九利養軍
著虛誑名聞　第十軍自高　輕慢出家人
諸天世間人　無能破之者　我以智慧力
摧伏汝衆軍　汝雖不欲放　到汝不到處

今煩惱起。由魔為緣。以此十軍。遮邏行人。不令出界。故即屬下魔境所攝。是故所起。雖見煩惱。非煩惱攝。但名十軍。並由魔立。故曰魔軍。

○次譬

如大海水雖無風流摩竭吸水萬物奔趣不可力拒專稱佛名乃得脫耳

喻海等者縱無前二魔能擧動流如習種風如業力吸如魔扇吸者內息也水隨息入故曰吸水大論第七云五百賈客入海采寶值須摩竭魚王開口船去甚疾船師問樓上人何所見耶答言見三日及大白山水流奔趣如入大坑船師云三日者一是實日二是魚目白山是魚齒水奔是入魚口我曹了矣時船人中各稱所事都無所驗中有優

婆塞語衆人言吾等但共稱佛名字佛為無上救苦厄者衆人一心共稱南無佛是魚先世曾受五戒得宿命智聞佛名字卽自悔責魚便合口衆人命存魔扇如摩竭吸水重惑如水流奔趣身口散善所不能制如不可以力拒唯寂照止觀能違如專稱佛名

○三總以火譬

若就火為譬者科儆如習風扇如業膏投如魔

如文

○四簡示境處

魔業如下說觀習動煩惱是今所觀也

雖通列三今唯觀習

○三明治異二初明大小兩乘治法不同二先明小乘四先標列

三治法不同者小乘治有五對轉不轉兼具此五共治四分煩惱

○次示闕文

障道起如下業境云云

示闕文處所將五門禪對治四分唯闕治障道一故指在下文卽業境中六蔽及障不障等是也

○三解釋五初明對治

對治者一分煩惱卽有三種合成十二對此亦有十二如對寇設陣是名對治

○次明轉治

轉治者如不淨是貪欲對治而非其宜應以淨觀得脫轉修慈心念以淨法安樂豈加穢辱是名轉治若瞋人教不淨癡人教思惟邊無邊掉散教用智慧分別此是病不轉而治轉皆名轉治若藥病俱轉亦名轉治亦是對治

對治等五具如助道記中此但更加不轉一種彼

治六蔽。此對四分。句數多少。準說可知。今對治中云十二者。此下文中十法成觀。第七對治文中具釋也。不淨實觀。如上第七助治攝法中說。亦如華首選擇長者假想。如下禪境中說。但彼發今修。以此為異。餘慈心等。具如禪境。初病不轉而治轉者。如不淨境。轉為親想。即指親想以之為淨。不應於親起欲想故。即此不淨而生親想。名為慈觀。慈若轉為不淨觀者。即見父母膖脹爛壞。親不應瞋。況令爛壞。癡中修因緣為治。癡若不破。却用邪慧思邊無邊。此獨頭癡。心多沈沒。故用思惟以為對治。

此邊無邊。是六十二中。未來四句。本是邪慧。今翻成治。若用數息不能治散。應思出世無漏法相。緣於雜境散亂。便息。四藥互轉為十二句。俱轉為轉。亦名為對準前可知。

○三明不轉治

不轉治者。病雖轉治終不轉。宜修此法。但以此治治轉不轉病。故名不轉治。

○四明兼治

兼治者。病兼藥亦兼。如貪欲兼瞋。不淨須帶慈心。病兼一二藥亦兼一二。是名兼治。

○五明具治

具治者。具用上法。共治一病。

○四結成

是名小乘。先用五治。後用諦智。

○次明大乘

大乘明治。非對非兼等名。第一義治。如阿竭陀藥能治眾病。

非對等者。唯第一義。如阿伽陀藥。此且一往奪小以明治相。未論具用諸教互治。及以對治治攝法等。在下修觀第七門中。今此且用第一義治。名為

阿伽陀治。此大乘治。具如上文隨自意中。觀貪欲等故。下誡言善取其意。若失意者。具如隨自意中師資之失也。

○次約四悉以判大小。

小乘多用三悉檀為治。大乘多用第一義悉檀為治。空無生中。誰是煩惱。誰是能治。尚無煩惱。何物而轉。既無所轉。亦不兼具。但以無生一方。徧治一切也。此極畧。須善取意也。

大論云。餘經多用三悉檀。即指三藏經。名之為餘。若通論者。大小俱四。今捨通從別。故且依論。前陰

入中。意亦如是。雖復通具。但在通圓藏別。必無用第一義而爲治也。空無生中等者。正宗無生第一義相。如夢中救火。能所俱無。

○四修止觀者。從此已下。訖菩薩境。觀法同前。但對境有殊。隨病別說。今文二。先正明十觀。次會異名。初又三。初列。

四修止觀者。還爲十意。

○次釋二。初正明十乘十。初明觀境二。初明思議境三。初明貪欲九。初地獄。

初簡思議境者。一念欲覺。初起甚微。不卽遮止。遂漸

止觀輔行卷三十一　十九

增長。爲欲事故。貪引無道。乃至四重五逆。是名煩惱生地獄界。

○次畜生

爲欲因緣。不知慚耻。曾匿觝突。無復禮義。亡失人種。是名貪欲。生畜生界。

畜以無慚爲本。故使亡於禮度。禮度在人。故失禮度。名失人種。

○三餓鬼

又爲欲因緣。慳惜守護。亦慳他家。是名貪欲。生餓鬼界。

亦慳他家者。非但己境不欲人侵。亦不欲人侵他欲境。鬼以慳貪爲本。復以諂故慳他。

○四修羅

爲欲因緣而生嫉妬猜忌。防擬。常欲勝他。百方鴆陷。令彼退負。是名貪欲。生修羅界。

鴆陷者。陷他如鴆故也。郭注山海經及廣雅云。其鳥身有毒。大如鶚。紫綠色。頸長。觜赤。長七八寸。而食蛇。雄名運日。雌名陰諧。以其尾歷食。食則殺人。故以言之。

○五人界

止觀輔行卷三十一　二十

又欲因緣。深愛現樂。以禮婚娉。每存撙節。行順仁義。爲未來欲樂而持五戒。是名貪欲。生人界。

婚者。昏也。昏時行禮。故曰婚也。爾雅云。婿名爲姻。婦名爲婚。娉者。娶也。周禮曰。衆來曰頫。寡來曰娉。頫字（土調反）娉者謂執玉帛而趨問也。撙節者。有禮儀也。禮云。君子恭敬撙節。

○六天界

又欲起時。鄙人欲麤。希求天欲。勤修十善。防止純熟。任運不起。是觀貪欲。生六天界。又觀欲心。棄呵淸淨。能發禪定。是色天無色天界。

鄙人欲麤者。如難陀等。又觀欲心呵棄等者。棄如棄蓋中。呵如呵欲中。以訶棄故。發得初禪。雖勝難陀。猶未出色。

○七聲聞

又觀欲是集。集方招苦。厭此苦集。而修出要。是聲聞界。

○八辟支佛

若觀欲是無明。爲無明欲。而造諸行。輪環無際。若止於欲無明行等。皆止。是爲緣覺界。

○九菩薩三。初六度。

若觀欲是蔽。而起慈悲。而行於捨。怖畏無常。乃至觀欲是癡等。是六度界。

若觀欲是蔽而行於捨。乃至癡者。畧舉六中。初後二蔽。

○次通教

若觀欲本自不起。今亦不住。將亦不滅。欲即是空。空即涅槃。是爲通教界。

○三別教

又觀欲心有無量相。集既非一。苦亦無量。知根欲性。皆因欲心。分別具足。是爲別教界。

○次例三分

其餘三分煩惱。出生諸法。亦復如是。次第生一切法。是名思議境也。

○次不思議境中先正釋。次銷諸經意。以釋成妙境。初正釋中先引經立境。

不思議境者。如無行云。貪欲即是道。癡恚亦如是。如是三法中。具一切佛法。

○次釋成妙境三。初畧明進不。

如是四分。雖即是道。復不得隨。隨之將人向惡道。

○次引淨名不斷等。釋不隨等。

復不得斷。斷之成增上慢。不斷癡愛。起諸明脫。乃名爲道。

以淨名轉釋無行者。不斷癡故。起於三明。癡即無明。無明即明。不同二乘。斷於無明。起小三明。不斷愛故。起八解脫。愛是繫縛。繫縛即脫。不同二乘。斷貪愛已。起小八脫。於明於脫。諸法具足。是故不同凡夫二乘。及教道中。諸教菩薩。

○三引不住等。釋不斷等二。先列句。

不住調伏。不住不調伏。住不調伏。是愚人相。住於調伏。是聲聞法。

○次釋二。初釋經意。開為四句。次從今言下。開為八句。初四句者。初釋經斥過。彼經本立不思議意正為菩薩。兼斥偏邪。今欲明不思議境。亦先斥偏邪。次立妙境。故判凡小住於第一第二句失。次從不斷煩惱下。斥於邪僞。即是住於第三第四句失

初斥偏邪四。初斥凡夫。

所以者何。凡夫貪染隨順四分。生死重積。狠戾難馴。故名不調。

狠戾等者。狠者諍訟也。亦戾也。戾者曲也。如犬出戶而身曲。此悷字悲吟也。非今意。馴者。字林云。性

行調馴。馴字(餘輪反)亦旬音。

○次斥小乘

二乘怖畏生死。如為怨逐速出三界。

○三重辨小失

阿羅漢者。名為不調。三界惑盡。無惑可調。如是不調名之為調。焦種不生根敗無用。

三界惑盡。無惑可調。此釋不調意也。不同大乘。不生不生。名為不調。以用拙智。分斷通惑。通惑盡處分名不調。此之不調。正名為調。從焦種去。更斥小失。故淨名云。如焦穀芽。亦如迦葉見諸菩薩不思議事。乃自鄙云。我等於此已如敗種。

○四舉勝況劣。以辨於得二。初雙立。

菩薩不爾。於生死而有勇。於涅槃而不味。

○次雙釋二。先釋有勇。

勇於生死。無生而生。不為生法所污。如華在泥。如醫療病。

如華在泥等者。經云。高原陸地不生蓮華。卑濕淤泥。乃生此華。故知涅槃高原。不生菩薩大悲之華。生死泥中。乃有菩薩利他勝用。雖在生死。而生死不染。醫譬大同。又華譬菩薩身輪。醫譬菩薩意輪。

亦可俱譬菩薩三輪。故大論云。佛如大醫王。經教如藥方。僧如看病人。故知至佛方名大醫。又云。菩薩化生。雖見衆生種種煩惱。不肯受化。反瞋菩薩。菩薩爾時。猶如大醫治人鬼病。病者反罵醫。於爾時不責病者。同其瞋恚。即知其人為鬼所使。菩薩亦爾。知諸衆生為煩惱鬼之所驅使。

○次釋不味

不味涅槃。知空不空。不為空法所證。如鳥飛空。不住於空。

如鳥飛空等者。菩薩摩訶薩斷惑入空而不住空。

必應出假利益衆生。初淤泥喻喻苦不能污。次療病喻喻集不能染。後鳥飛喻喻不著滅道。文中雖對出假菩薩。正意爲成不思議境。即成出假不思議用。故以菩薩異於二邊。正顯眞常中道妙境。前引淨名。初文既云不斷癡愛起於明脫。當知此文須約無作以明菩薩眞應自在。

○次斥邪僞三。初正斥不住第三第四句失。於中三。初正辨第三第四句失。次重辨第四句失。初辨第三第四句失五。先標出所迷句相。

不斷煩惱而入涅槃。不斷五欲而淨諸根。即是不住

調伏不住不調伏意。

○次斥失

今末代癡人。聞菴羅果甘甜可口。即碎其核嘗之甚苦。果種甘味。一切皆失。無智慧故。刻核太過。亦復如是。聞非調伏非不調伏。亦不礙調伏。亦不礙不調伏。以不礙故名無礙。道以無礙故。灼然淫泆。公行非法無片羞恥。與諸禽獸無相異也。

斥失言刻核太過者。大經第十云。善男子。譬如有人食菴羅果。吐核置地。而復念言。是核甘味。即便還取。破而嘗之。其味甚苦。心生悔恨。恐失果種。即便收拾種之於地。勤加修治。以蘇油乳酪。隨時溉灌。寧可生不。不也世尊。假是天降。無上甘露。猶亦不生。不生者名一闡提。嘗者試味也。末代癡人亦復如是。聞不斷等。以爲雙非。謂此雙非。不礙雙住。以爲無礙。便背二邊。行於無礙。背調伏法。如失甘味。背不調伏。如失果種。菩薩不爾。得明脫故。故曰雙非雙照。二邊化益無窮。故曰雙住。故知癡人。但背如來伏惑方便。名不住調。縱於生死。不住觀察。名不住不調。故知此人。二種俱失。失第四句。謂不礙於調不調也。聞於雙非。謂不礙雙住。廣行非法

而爲雙住。故知即是失第三句。

○三以譬結失無礙惡空

此是噉鹽太過鹹渴成病。

以譬結失。斥前無礙惡空。噉鹽太過者。此土齊靈公臣。煮海爲鹽。彼方久有。言不識者。應是有鹽之始。或是假設爲譬。故大論十八云。如田舍人。初不識鹽。見人種種菜肉之中。而皆著鹽。問他人言。何故爾耶。答曰。此鹽能令諸味皆美。是人便念。鹽既能令諸味皆美。自味必多。便空器滿口食之。鹹苦傷口。而怪他言。汝何故言鹽能作美。他言癡人。此

當籌量多少和之令美云何全食無智之人聞空解脫門不行諸功德但欲得空是為邪見斷諸善根若解空三昧則知諸義不相違背能知是事卽般若力若得般若入一切法皆不邪見又論九十九云譬如有人食醬太過譬不行五度但行般若有欲著故但生邪見不能增進一切善法應以五度和合功德具足義味方名無礙今文失於雙非等意義亦同之當知失意之人行於無礙非但失於諸法中味亦乃傷於常住之口如食鹽醬失味殞身

○四引證二先引無行證乖法之失

經云貪著無礙法是人去佛遠譬如天與地

○次引大經以非修往驗

大經云言我修無相則非修無相

○五總斥

此人行於非道欲望通達佛道還是壅塞同於凡鄙是住不調非不住也

○次重辨第四句失

復有行人聞不住調伏不住不調伏怖畏二邊深自兢持欲修中智斷破二邊是人不能卽貪欲是道斷貪欲已方云是道此乃住調伏心非不住也

重辨第四句人同第二句失不住調與不調望求中道雖求中道此但成住於第二句故是故名失

○三結北方雙具三四句失

北方備此兩失

文中雖結成住第一第二句失此失本從第三第四句生

○次結失之相二初結雙住成失

又初學中道斷於貪欲不能得益放心行不調事初一行之薄得片益自此以後常行不息亦無復益行

之不改以已先益化他令行又引經為證受化之徒但貪欲樂無纖芥道益崩騰耽湎遂成風俗汚辱戒律陵穢三寶

一切經論不云初心斷於貪欲又云修中非圓非漸是故相違況復爾後恣行無礙

○次引事為驗

周家傾蕩佛法皆由此來是住不調及住於調何闕不住調與不調是名大礙何關無礙是增長非道何關佛道

如前隨自意中引宇文邕等皆第四句失亦是住

不調。及住調者。是住雙住。及雙住失。初學中觀斷於貪欲似住於調。住調無益放心入惡名住不調。是人執中以爲不住調與不調後復縱心成住不調。並前乃成住於調不調失何關不住等者。正斥雙非之失是名大礙等者。斥前住第三第四句無礙之失。此並失於淨名無行經意。

○三總結前文二句失

如是調與不調皆名不調。何以故。悉皆凡情非賢聖行。

總結前文四句復成住第二句失故云不調是故

皆失不思議意。

○次廣開八句攝一切法成不思議二先列兩四句。

今言不住調伏不住不調伏不住非調伏非不調伏。不住亦調伏亦不調伏亦住調伏亦住不調伏亦住非調伏非不調伏亦住亦調伏亦不調伏。

○次釋六先釋不住四句。

何以故。煩惱即空故不住不調伏煩惱即假故不住調伏煩惱即中故不住亦調伏亦不調伏雙照煩惱故不住非調伏非不調伏。

初之二句可解次第三句云即中故不住兩亦者。兩亦即是中道雙照雙非即是中道雙遮以雙照故不住雙非以雙非故不住雙照總而言之秖是非一二三而一二三。

○次明住四句與不住四句相入相即。

雖不住調不調等而實住調不調等雖實住調不調等而實不住調不調等。

明住四句與不住四句相入相即住不住中各但舉初二兩句等取餘二準文具義亦應更釋住四句已方與不住四句相入相即爲避煩文故便明

相即準不住義釋住四句者即空故住調伏即假故住不調伏雙非故住第三句雙照故住第四句。問住與不住俱有第三第四兩句並是遮照二文何別答不住是不住遮照住中是住於遮照雖有住與不住並是中道體用住是中道之用不住是中道之體若準此意亦應更問住與不住俱有第一第二與第三第四何別應云初二單明住與不住三四雙明住與不住此仍別對故作此說若通論者八句並是中道體用以邊即中故故有兩重三四二句中即邊故故有兩重初二二句既觀貪欲即是八句。當知貪欲即是法界。
○三釋法界
何以故。不偏觀一句故。一句即諸句一切法趣貪欲故。貪欲是諸法所都故。
○四結貪欲偏一切法
用此意歷一切句。所謂計貪欲是有。名住不調伏。計之爲無。住於調伏。如是等自在說云云
結貪欲偏一切法。隨其所屬。或復於此相即句中。作隨宜說。是則隨順方便敎意。及迷法者。並爲八句攝盡故也。依此而說。乃得名爲自在說之。故知

依於觀境之妙。方可窮劫說不出此。
○五寄能乘人。釋住不住得失之相。於中先得。次失。初得中三。先明近益。以釋於得。於中有二。先明住不住得益。
如是體達。名爲無礙道。一切無礙人。一道出生死。
○次釋二。初正釋。
云何出耶。有時體達貪欲畢竟淸淨。無累無染。猶如虛空。豁出生死。是名住調伏得益。或時縱心觀此貪欲本末因緣。幾種是病。幾種是藥。
○次引人

如和須蜜。多入離欲際。度脫衆生。作是觀時。豁出生死。是名住不調得益。或時二俱非。故得益。或時俱觀得益。如是善巧。應住不應住。自他俱益。於菩薩法。無所損減。以四悉檀而自斟酌。
文中引和須蜜者。具如第二卷。此住四句俱云益者。以一一句皆具諸句。雖復或云住調。乃至俱觀等。以一一句中皆不思議。是故俱益。亦應更云不住調等。無不得益。文無者畧。
○次明遠益。以釋於得。
如喜根。爲諸居士。說巧度法。皆得無生忍。勝意比丘

行拙度法。無所克獲。後遊聚落。聞貪欲即道。而瞋喜根。云何爲他說障道法。作擯未成。喜根爲說偈。即便身陷。菩薩知其不信。會墮地獄。是故强說。作後世因。
大論第七釋巧拙二度中云。草筏爲拙。方舟爲巧。拙謂聲聞。巧謂菩薩。如文殊白佛。昔過無量劫。佛號師子音王。及諸衆生。壽十萬億那由他歲。以三乘化人。寶樹常出不生不滅之音。聞者得道。諸菩薩衆。皆得無生法忍。陀羅尼三昧。新入道者。不可稱計。佛涅槃後。樹無音聲。時有二比丘。一名喜根。二名勝意。喜根容儀質直。不捨世法。亦不分別善

法惡法。喜根弟子聰明樂聞深義。其師不讚少欲持戒行頭陀等。但說諸法實相。語弟子言。淫欲癡相卽是實相。無所罣礙。以是方便。於衆人中無瞋無悔。得無生忍。於意法中。不動如山。勝意持戒頭陀四禪。弟子鈍根。多求分別。勝意異時至喜根弟子家。讚說持戒頭陀閑靜。毀呰喜根。此人教他入於邪見。說淫怒癡無所罣礙。是雜行人。非純淸淨。而是弟子已得法忍。問勝意言。大德是淫欲法。名何等相。答。煩惱相。又問內耶外耶。答。是煩惱不內不外。若在內者。不應待緣。若在外者。於我無事。居

士言。若如此者。煩惱非內非外。非在十方。求不可得。卽不生滅。云何能作煩惱事耶。勝意聞已。其心不悅。不能加報。從座起去。言喜根誑惑諸人。令著邪見。勝意未得音聲陀羅尼。聞佛說便喜。聞外說便瞋。聞三善則喜。聞三惡則瞋。從居士家詣林樹間。至精舍中。語諸比丘。當知喜根誑惑諸人入邪見中。其言淫欲是無礙法。是時喜根作是念言。是人大瞋。惡業所覆。當墮大罪。我今當爲說其深法。作後世因。卽集衆僧。一時說偈云。淫欲卽是道。恚癡亦復然。等七十餘行偈。三萬天子得無生忍。八千聲聞皆得解脫。勝意卽時見身陷入地獄。受千萬億歲苦。出生人中。七十四萬世。常被誹謗。無量劫中。不聞佛名。是罪漸薄。得聞佛法。出家爲道。而復捨戒。如是六萬二千世。常捨於戒。無量世中。作沙門。雖不捨戒。諸根暗鈍。喜根菩薩。今於東方。過十萬億佛剎作佛。土號寶嚴。佛號光逾日月。爾時勝意卽我身是。文殊白佛。人有求三乘道者。不應著相而懷瞋恚。佛問文殊。汝聞諸偈得何等利。答。我聞諸偈。得離衆惡。世世利根。得諸法根本。巧說諸法。於菩薩法。得最第一。

○三結得益之相

巧觀悉檀。若自若他。若近若遠。住調伏不調等。皆當無失。不住調不調等。亦皆無失。

近謂居士聞喜根說得無生忍。遠謂勝意久方得益。得益不出八句之相。

○次失

若不得四悉檀意。若住不住。自織愛網。起他譏慢。自礙礙他。非無礙也。

反以失結得。自行必依於妙境。教他必位在法身。方可稱於八句體用。

◯六正明八句成不思議境二。先法。

若一念煩惱心起。具十界百法。不相妨礙。雖多不有。雖一不無。多不積。一不散。多不異。一不同。多卽一。一卽多。

◯次喩五。先譬理性。暗中有明。次譬智障明中有暗。三譬神珠。中道智光。此三意明明暗不二。以成不可思議境也。初文意中。

經云。暗中樹影。闇故不見。天眼能見。是為闇中有明。

大經第三釋三寶常住中云。譬如因樹則有影生。若有三寶。卽有歸依。迦葉難言。暗中有樹。而無有

影。佛言。暗中之樹。非無有影。但非肉眼之所能見。如來智眼。乃能見耳。初佛立喩云。若有樹必有於影。若有三寶。必有歸依。迦葉難者。暗樹無影。應有三寶而無歸依。佛轉答云。暗樹有影。當知三寶悉有歸依。今云凡有樹處。必障光明。若障光明。必有影生。暗亦有明。是故生影。但非肉眼之所能見。如無明中有法性明。但非四眼之所能見。故煩惱體本不思議。但非偏小之所能了。今示煩惱。卽是法性。故知暗體與明不二。是故名為不思議境。

◯次譬智障明中有暗。二。初明明中有暗。

智障甚盲闇。是為明中有暗。

二智之體。智雖曰明。體是無明。故知明體與暗不二。是故名為不思議境。

◯次為智障作初燈譬二。初舉明暗譬。

亦如初燈與闇共住。

燈如智障。暗如無明。

◯次觀明暗性二。先喩二。先立。

如是明暗不相妨礙。亦不相破。

◯次釋。

何以故。世間現見室內然燈。不知向闇去至何處。若

燈滅者。闇法復來。來無本源。去無足跡。闇既如此。明亦復然。求闇無闇。明無所破。求明無明。暗無所蓋。

釋中意者。闇體卽明。明體卽暗。秖指智障。卽是無明。義云。暗來暗實不來。秖指二智。卽是無明。故云燈滅。亦指二智。能破二惑。義云。暗去暗實不去。從求闇無闇去。正譬用智。而起於照。照於明暗。

◯次合。

雖無明暗。破蓋宛然。

體雖不二。破蓋宛然。破謂破暗。蓋謂蓋明。

◯三重顯妙境行相二。先列四句。

不受不著不念不分別。

　不受等者重顯妙境行相故也。

○次釋四句

新起者名不受舊起者名不著不內取名不念不外取名不分別妙慧朗然以是義故名不思議不相妨不相除。

　中智爲新無明爲舊理性爲內諸法爲外若以十二因緣根塵爲新舊等自是三藏通教等意。

○四復以神珠喻顯中智。

若世智燈滅闇惑更來若中道智光常住不動如神

珠常照闇則不來。

　復以神珠譬顯中智中智常明不同二智兼明兼暗。

○五總結煩惱以爲妙境。

觀煩惱闇卽大智明顯佛菩提惑則不來也準上陰入境可知。

　始從樹影終至神珠由識智障及燈喻等故識中體智光不二卽指煩惱以爲妙境故總結云觀煩惱暗卽大智明顯佛極果無明永盡方名不來準上等者陰境不異無明故也。

○次明發心二初標。

如是觀時追傷已過廣慜衆生

○次釋

何以故理非明暗以迷惑故起苦集闇解治法故有道滅明約暗故悲約明故慈大誓之心與境俱起。

　還約煩惱以爲明暗約此明暗以起弘誓約明起慈約暗起悲卽是約於無作四諦具發四弘故云俱起具如陰境。

○三明安心二先寄次第三種止觀。

爲滿願故須立要行行之要者莫先止觀四分煩惱

體之卽空名體眞止入空觀也觀諸煩惱藥病等法名隨緣止入假觀觀諸煩惱同眞際名息二邊止入中道觀。

○次示總別安心之相

善巧安心修此三止三觀成一心三眼三智也。

　如前五百一十二番以明一心智眼成就。

○四明破法徧

若眼智未開破障令徧觀四分煩惱念念三假非自他共離單複具足見思不生知病識藥無知不生非眞非緣無明不生橫豎破徧。

準依前文。唯闕授藥。及三假中。無明法性。但是文略。

○五明識通塞

於即空中。翻搆苦集。是名知塞。於苦集中。達即是空。是名知通。於諸法藥。翻搆爲病。是名知塞。於諸病法。即能知藥。是名知通。翻法性爲無明。名之爲塞。無明轉即變爲明。名之爲通。

言翻搆者。於通起塞。故曰翻搆。此則正當別相通塞。

摩訶止觀輔行傳弘決卷第八之一

摩訶止觀輔行傳弘決卷第八之二

陳隋天台智者大師說　唐荊谿大師湛然傳弘決
門人章安大師灌頂記　明天台沙門傳燈會科

○六明道品

又觀煩惱而修道品。四分心起。即汚穢五陰。一陰無量陰。受想行識。亦復無量。諸陰即空。凡夫倒破。小枯樹成。諸陰即假。二乘倒破。大榮樹成。諸陰即中。廢枯榮教。二邊寂滅。入大涅槃。乃至開三解脫。入清涼池也。

文相既略。便結枯榮及以三脫。

○七明對治

若遮障重。當修助道。既解惑相持。便應索援。外貪欲起。以不淨助。內貪欲起。以背捨助。內外貪欲起。以勝處助。違法瞋起。眾生慈助。順法瞋起。法緣慈助。戲論瞋起。無緣慈助。計斷常起。三世因緣助。計我人起。二世因緣助。計性實起。一念因緣助。明利覺起。數息助。沈昏覺起。觀息助。半沈半明覺起。隨息助。助道強故。能開闢涅槃門。

來意但列事治。不假明於合行之相。外貪欲等一十二治。前文所指。即此文是。四分各三。故成十二。

次釋文中。觀於他身。成九想。故治外貪。背捨先觀自身骨鎖。故能治內。勝處因於自身骨人觀成漸見十方依正。是故能治自他貪欲。違法瞋者。瞋他順理。故觀眾生作己親想。順法瞋者。瞋他違理。事雖順理。瞋違觀心。故觀諸法及眾生空。乃至涅槃亦不可得。戲論瞋者。橫於諸法。而計性實。或執權破實。或執實破權。如淨名云。若言我當見苦斷集。是則戲論。非求法也。二乘執權。尚成戲論。況今凡下諍計是非。當觀法性。無權無實。絕諸名字。二世三世。具如第七。言一念者。非謂極促一剎那時。

謂善惡業成。名為一念。異於三世二世連縛等相。故名一念。皆是無常。故無性實。具如法界次第中釋名義。俱舍婆沙委論具有四種十二因緣。一者剎那。二者連縛。三者分位。四者遠續。後三秪是三世因緣。以約能順生後等受。故開三耳。論中仍闕二世因緣。大論問佛說因緣甚為難解。云何令於癡人觀耶。答。非如牛等。令觀因緣求實道者。生於邪見。名為癡人。

○八明位次

於未開頂。或得一種解心。或得一種禪定。當熟思量

草木瓦礫勿妄持謂是琉璃珠若謂卽是者何煩惱
滅見耶思耶塵沙耶無明耶諸位全無謬謂卽是猶
如鼠喞若言空空如空鳥空未識次位觀行相似全
未相應濫叨上位所以成怪
鼠喞等者不達諦理謬說卽名何異怪鼠作喞喞
聲卽聲無旨濫擬生死卽是涅槃亦如怪鳥作空
空聲豈得濫同重空三昧故下合云所以成怪叨
者貪也
○九明安忍
若內外障起當好安忍忍若不過敗壞菩薩安忍不

動薩埵可成卽獲償賜似道禪慧
○十明離愛
得是償時莫生法愛愛妨眞道若無頂墮自在無礙
如風行空位入銅輪破無明惑成無生忍
○次以大車譬
得一大車高廣僕從而侍衛之乘是寶乘直至道場
以大車譬如文下云諸十法後皆譬大車豈可不
信是法華妙乘
○三結
是名四分煩惱具足一切佛法

一切諸法不出十乘故以十乘結攝總示
○次會異名二初會前十觀異名
亦名行於非道通達佛道亦名煩惱是菩提亦名不
斷煩惱而入涅槃
亦名等者會前煩惱十乘觀法異名令同前觀煩
惱卽是法界亦名行於非道乃至不斷而入涅槃
等卽是會前十觀異名
○次廣說異名總有三番三十六句初三
十六句　既言涅槃涅槃卽是解脫德也此開
淨名不斷煩惱而入涅槃一句爲三十六此會異

文準大論意大論云若如法觀佛般若爲涅槃是
三則一相其實無有異雖復不異不異而異此中
且屬解脫德故今初標但言三十六者且從一種
根本而說準初列文卽是出入各作根本故初根
本但作入名至出涅槃十六句初卽自列出根本
四句故下結云若各立兩根本四句成四十句問
何故立兩根本四句答所生各別又可但是開合
異耳開者卽是出入各四合者共爲一箇根本卽
以出入相參爲四如云斷入不斷入斷出不斷出
若開此爲兩根本四句相者於兩入句更加第三

第四句也於兩出句亦加第三第四句也故有三十六四十不同然根本四不須預釋至下釋文兩根本句各在入出兩十六句中故知實句但三十二問根本並在十六句中何句是耶答同者即是文列並在四句之初今亦畧釋文三初正明二初明入涅槃　四句二初根本四句二初標

廣說有三十六句須先立四句謂不斷煩惱不入涅槃斷煩惱入涅槃亦斷亦不斷亦入亦不入非斷非不斷非入非不入

○次釋

初句謂凡夫次謂無學人三謂學人四謂理是爲根本四句

○次各開四句二初別釋中細尋諸句文甚分明無勞委釋今約其文相稍隱畧者出其相狀初四句中並以凡夫具縛名爲不斷第二四句去並約體照名爲不斷文四初不入四句

句句各開四初句四者謂不斷不入斷不入亦斷亦不斷不入非斷非不斷不入初謂起惡凡夫二謂得禪外道三謂得禪起見外道四謂無記人

○次入四句

次句四者謂斷入不斷入亦斷亦不斷入非斷非不斷入初謂析法無學二謂體法無學三謂析體兩學人後謂真理性冥即是入也

四句中亦斷亦不斷者義須兩兼一者析法名斷體名不斷二者既是學人已斷名斷餘名不斷所言入者惑既未盡分得有餘亦名爲入亦可應云析體無學恐文誤耳非斷非不斷者理體雙非其性冥真得名爲入

○三雙亦入四句

第三四句者亦斷亦不斷亦入亦不入斷亦入亦不入不斷亦入亦不入非斷非不斷亦入亦不入初謂析體兩學人二謂析法學人三謂體法學人四謂通學無學人真理也

四句中第一句者不得準前作兩兼釋即應先將亦斷亦不斷爲析體竟次將已斷之惑名爲亦入餘殘未盡名亦不入餘之三句例此可知

○四雙非入四句

第四四句者非斷非不斷非入非不入斷非入非不入不斷非入非不入亦斷亦不斷非入非不入初謂凡聖等理二謂析法聖理三謂體法聖理四謂析體

學人理。
四句中第四句者義亦兼兩例前第二四句中兩
兼義釋。
○次結數
此說十六句就根本四句合二十句入涅槃。
此十六句凡云入者意並在於從假入空爲對令
成十六句故以凡夫外道爲第一四句故初四句
並是空觀所觀所破後十六句皆云出者並是從
空入假名出亦是爲成十六句故對入空說此之
空假正在藏通義兼別圓如後問答科簡中具出

其意又前十六句初四根本句雖並以義而屬對
竟至下釋中復屬對者爲示同相故重對耳出中
例入亦應例前爲知同故故但直列根本四句而
不釋相。
○次明出涅槃四句二初根本四句。
又十六句出涅槃初根本四句者謂不斷煩惱不出
涅槃斷煩惱出涅槃亦斷亦不斷煩惱亦出亦不出
非斷非不斷非出非不出。
○次各開四句四初不斷四句。
一一句各四句初四句者不斷煩惱不出涅槃不斷
煩惱出涅槃不斷煩惱亦出亦不出不斷煩惱非出
非不出。一謂體法二乘。二謂體法出假菩薩。三謂體
法亦空亦假菩薩。四謂體法眞理。
四句中第三句者此是中根出假菩薩分斷煩惱
名亦不出復能出假名爲亦出若下根者斷見思
盡方能出假則不應云亦出不出。
○次斷四句
第二四句者斷煩惱出斷煩惱不出斷煩惱亦出亦
不出斷煩惱非出非不出。一謂析法無學輔佛益衆
生。二謂析法無學卽入滅者。三謂析法學人自利利

他者。四謂眞理。
四句中初句者初鹿苑中已入無學不入涅槃而
常輔佛以至方等及般若中亦得義云二乘出假
○三雙亦斷四句
第三四句者亦斷亦不斷亦出亦不出亦斷亦不斷
出亦斷亦不斷不出亦斷亦不斷非出非不出。初句
謂兼用析體入空菩薩。二句謂兼用析體出假菩薩
三句謂兼用析體二乘。四句謂體法冥眞之理。
四句中初句者此是體門兼用析者析爲亦斷體
爲不斷初入空時名亦不出後必出假名爲亦出。

非謂正用三藏析法故皆云兼二乘亦爾用體兼析第三句中有析有體故云亦斷亦不斷並是二乘故云不出

○四雙非斷四句

第四四句者非斷非不斷非出非不出非斷非不斷出非斷非不斷不出非斷非不斷亦出亦不出初句謂體理二句謂體法出假菩薩三句謂體法二乘四句謂體法入空菩薩

四句中凡言理者即是雙非初句應云析體眞理云體法者但是語畧下之三句皆應云理謂體法

出假菩薩理以出假故名之爲出出假之時已有眞理縱是上根亦先緣理第三第四句準第二句說

○次總結

若各立出入兩根本八句者即成四十句若合根本爲四句者即成三十六句

○三料簡二初問

問三十六止在三藏與通亦得作別圓耶

○次答二初總答

答體法意無所不該

體法意通通三教故對析成四

○次別答三初正明二初入涅槃四句三初明入中根本四句

若更別說者約別圓四門更分別之根本四句者不斷不入空門也斷入有門也亦斷亦不斷亦入亦不入亦空亦有門也非斷非不斷非入非不入即非空非有門也

更約別圓四門分別者四門如文故前文中義在藏通所以更對後之兩教若還準前作於析體入空出假冥眞等名銷別圓意義亦可矣但是界外

空假之別及冥中道不思議理以此爲異文以別圓四門一一門中四門四悉隨其相貌不無階差

初明入中根本四句者既以別圓共爲四門故四門中言不斷者界外圓體體惑性空義當空門空無所斷亦復無入言斷入者界外析法次第斷惑既有所斷義當有門有所斷故則名有入第三門者兼用析體第四門者謂析體理

○次於四門開成十六

於一一門各更四者不斷不入世界悉檀也不斷入爲人悉檀也不斷亦入亦不入對治悉檀也不斷非

入非不入第一義悉檀也。

明於四門開成十六。復以一一門中各具斷等四義。復以四義隨順四悉。以十六悉成十六句。如空門中雖體達惑名爲不斷世界。旣無生善滅惡及以見理。故名不入。下之三悉不斷如上。若爲人中善旣已生。義之如入。若對治中約治病邊名之爲入。不對病故名爲不入。第一義中性理不當入與不入。餘之三門其門雖異。對四悉邊其義不殊。

○二更一一門復開四門。

又更於一門還作四門。謂不斷不入謂空門也。不斷

入謂有門也。不斷亦入亦不入謂亦空亦有門也。不斷非入非不入謂非空非有門也。此一一門旣可解。餘三門各各分別例可解。

置前四悉於一一門復開四門。以十六門爲十六句。卽以空等對不入等具足如前根本中說。其根本句雖名空等。以空等中又有空等四義不同。故以所開空等四義。亦可對於不斷等四。故析體二教並皆具於入不入等四義不同。入謂詣理必然。不入謂理無所入。第三句以理雙照二義。第四句還以理爲雙非。然以卽與不卽以分析體並以三

德爲涅槃也。所言出者起用故也。所言入者冥理故也。斷及不斷四義同前。一門旣然。三門亦爾。

○次出涅槃四句

依四門入涅槃。旣如此出涅槃十六門。云何謂不斷不出。不斷出。不斷亦出亦不出。不斷非出非不出。初謂空門。二謂有門。三謂亦空亦有門。四謂非空非有門。一門四句如此。餘三門可解。

出中雖卽但對四門。準例亦應更對四悉。但是文略。

○次結數

三十六。四十準前可知。

○三復以別圓該通通藏

此則偏該小大析體之意也。若得此意例一切法亦應如是。

復以別圓該通通藏。以由出入體析名同故也。應細思之。不能具記。

○次明三十六句般若等者。雖因涅槃準論問起。答者此中亦是卽同而異屬般若德也。文初問。

問若如法觀佛涅槃與般若是三則一相。涅槃旣明三十六句。般若復云何。

○次答言生等者此準大品照明品中舍利弗問佛云何應般若波羅蜜佛言色不生般若生乃至一切種智不生般若生雖歷諸法但成一句今準此句開爲三十六句也經從色心以至種智爲攝經意不可委歷但云諸法諸法既寬般若通深故約三智以釋般若亦約三諦以釋諸法若作與前名異義同諸法秪是煩惱般若秪是涅槃涅槃從斷般若從智智斷雖殊共破諸法故得稱爲名異義同且從智斷不同義邊復名爲別又此般若諸法一十六句各攝前來兩處三十六句此乃句句

從圓說也若從次第卽如前明煩惱涅槃出入先約藏通入空出假義兼圓別攝在衍門依此則應諸法諸智生不生等俱通四教是故前文三十六句次因料簡方復別出別圓之相今般若中卽對三智三境則一切智中已含析體餘之二智卽是假中三智宛然不須重問是故則無料簡之文又前名煩惱及以涅槃而論出入宜且先約前兩教以明今云般若般若本通是故卽約三智俱釋又前煩惱一向約於顯露定教是故但論斷與不斷入空出假今般若中乃以顯露不定對說故有境智對發不同根本開合準前可知於中有二先明互發一十六句次明互照一十六句初二初正明二初根本四句

答若涅槃既卽是般若者何俟更問今當重說諸法生般若生諸法不生般若不生諸法亦生亦不生般若亦生亦不生諸法非生非不生般若非生非不生根本四句也

○初各開四句四初生四句

初句更開四者諸法生般若生諸法生般若不生諸法生般若亦生亦不生諸法生般若非生非不生初

句謂俗境發道種智般若二謂俗境發一切智般若三句謂俗境雙發兩般若四謂俗境發一切種智般若

○次不生四句

第二四句者諸法不生般若不生諸法不生般若生諸法不生般若亦生亦不生諸法不生般若非生非不生初句謂眞境發一切智般若二句謂眞境發道種智般若三句謂眞境雙發兩般若四句謂眞境發中道智般若

○三雙亦生四句

第三四句者謂諸法亦生亦不生般若亦生亦不生諸法亦生亦不生般若生諸法亦生亦不生般若不生諸法亦生亦不生般若非生非不生初句兩境雙發二智二謂兩境共發俗智三謂兩境共發真智四謂兩境共發中智

○四雙非生四句

第四四句者諸法非生非不生般若非生非不生諸法非生非不生般若生諸法非生非不生般若不生諸法非生非不生般若亦生亦不生初謂中境發中智二謂中境發俗智三謂中境發真智四謂中境雙

發二智

○次結成

已說十六句竟

○次明互照一十六句二初正明四初生四句

次說般若生諸法生般若生諸法不生般若生諸法亦生亦不生般若生諸法非生非不生初謂道智照俗境二謂道智照真境三謂道智照兩境四謂道智照中境

○次不生四句

次明般若不生諸法不生般若不生諸法生般若不生諸法亦生亦不生般若不生諸法非生非不生此明真智照諸境義準前可知也

○三雙亦生四句

次明般若亦生亦不生開四句此明道種真智照等四境云云

○四雙非生四句

次明般若非生非不生中道智照四境可知云云

所言發者發有二義一約不思議中不別而別以論相發發智既爾照境亦然又若境互發智可論宿習若智互照境則有二義若轉智互照不論發

習若逐境互照亦是發習又若空假二智互照兩境則通通別義亦通於三藏菩薩中智照二惟在別圓義亦通於圓別接通若立中名無中體者亦通通教八地及三藏佛唯不通於空假照中照中但在別圓及接四處故也又若從別說二乘猶可互照真俗三藏菩薩至菩提樹方乃照真是故應以諸教諸位諦智高下觀實有無若次不次斷位伏位上中下根若單若複以立境智自在說之義有通別故須徧說若得此意例釋諸句諸義可從總此諸文互發互照大括文旨及以開權秖是妙

智及以妙境相照相發成於圓教十法成乘是故得是十法異名般若既然涅槃及身亦復如是不復委明甚有深致

○次結數

是爲十六就根本合成三十六句

○三明三十六句法身者準前引論爲問答中如法觀佛佛即法身法身義當涅槃般若所應所照義當煩惱諸法故得名爲是三一相若不別而別此中正當法身德也文二初問

問法身復云何

○次答二初正明三初畧例

答般若既即是法身何俟更問若欲分別可以意知不煩文也

○次重釋二初明互觀一十六身

又法報應化四身爲本於一一身起四身謂從法身起報起應起化具起三餘身亦如是是爲十六身

○次明互入一十六身

又從四身入一一身身身亦如是復有十六身身相望成三十六若名異義同不勞分別具如第二卷末以三般若而對三身境智既其互發互照故使身亦互起互入照境如入發智如起今若更約別義分別直於佛身作三十六從應更開出於化身以對法報故得爲四言出入者化與爲出化息爲入問但聞三身從法身起不聞餘三從化身起及以法報從應身起答從勝起劣即是施權從劣起勝即是開權蹄節明義不可思議無非法界故得相起相入無妨其相云何如化應自說吾今此身是法身况不是報能起既然相入例此理無起入約化緣明豈可從緣而亡於理又應以玄文三十六句感應對之化應報三名之爲顯法即

是冥又報身者亦得是冥亦得是顯報身分於自他受用不同故爾是故今文與論冥合論云是三一相是故義同雖一而三故復別說

○三結數

合前根本是爲三十六身

○次結成所以

身身俱是法界故俱能起故俱能入云云

○三觀病患境二初標牒

第三觀病患境者

○次解釋二先總明來意中三初畧明權實二病

四初明實病。

夫有身即是病四蛇異性水火相違鵄梟共棲蟒鼠同穴毒器重擔諸苦之藪四國爲隣更互侵毀力均則暫和乘虛則吞併四大休否此喻可知諸佛問訊法云少病少惱佛同人法人既有病權不得無但言少爾。

云四蛇者以譬四大於中復以鵄梟性升以譬火風蟒鼠居穴以譬地水此並金光明文梟者食父母不孝鳥也蟒者大蛇也毒器重擔苦藪此三並譬陰苦藪者大澤也此中無人唯聚水草故可以

譬苦無主宰衆法聚集若一大違反能造諸惡故大經二十一云四蛇害人不墮諸惡四大害人定墮三惡四大相違故造諸惡名爲害人毒器重擔思之可知四國爲隣等者隣者近接也四大和合即隣近義此亦金光明文也虛者弱也乘者接也便也休者美也否者衰也故空品云業力機關假爲空聚地水火風共相殘害猶如四蛇同共一篋四大蚖蛇其性各異二上二下諸方亦然心識二性躁動不安諸佛問訊等者問者命也此以上問下故鄭玄云小聘曰問又以下啟上爲問今文意者同輩相問漢書云令問休豫訊者亦問也亦廣辭也廣以己意宣其問辭如法華中分身佛集皆遣侍者問訊釋迦少病少惱等大論廣解佛問訊辭云佛示同人故但云少。

○次分權實

病有二義一因中實病二果中權病。

○三明權病

若偃臥毘耶託疾興教因以身疾訓示凡俗斥小呵大乃共文殊廣明因疾三種調伏廣明果疾四種慰喻又如來寄滅談常因病說力皆是權巧入病法門

引諸病惱如此權病非今所觀。

即如淨名託疾方丈國王長者大臣人民皆往問疾因以身疾廣爲說法即凡俗衆也言斥小者如弟子品言呵大者如菩薩品又因文殊傳如來旨問果疾竟即自問云居士是疾何所因起其生久如當云何滅問因疾也淨名因爲廣說因疾因玆以明三觀調伏四教慰喻廣說因疾及以果疾他云淨名彈呵聲聞是故經初不嘆聲聞若爾下文亦呵菩薩何以經初亦歎菩薩有歎無歎自是經家或存或畧此乃不關呵與不呵又古人云淨名

經意折挫聲聞褒揚菩薩。大意同前。今家但云折
小彈偏歎大褒圓同用。八字得失大隔。故今畧云。
斥小呵大。三觀折伏等。已如前說。寄滅談常者。大
經文中。寄應迹滅度。談法身圓常。故於序中。因純
陀請住。與文殊往復。已開常宗。至第五卷云。我爲
聲聞諸弟子等。說毘伽羅論。謂如來常存無有變
易。若有說言。如來無常。云何是人舌不墮落。文中
處處研覈問答。顯於佛性常恒不變。若不因於唱
滅請住。無由談於常身不滅。因病說力者。現病品
中。迦葉問佛。如來往昔已於無量萬億劫中。修菩

薩行。常行愛語。利益衆生。不令苦惱。施諸病者種
種醫藥。何緣於今自言有病。世尊。世人有病。或坐
或臥。不安其處。或索飲食。敎誡家屬。修治產業。何
故如來。默然而臥。不敎弟子聲聞人等。何緣不說
尸羅諸禪及解脫等。何緣不說大乘經典。何故不
以無量方便。敎大迦葉人中象王。令其不退菩提
之心。又不治於諸惡比丘。云何默然右脅而臥。如
經廣說云云。又云。如來四大。無不和適。身力具足。
迦葉又以三牛。十四象。力士。鉢健提。八臂那羅延。
後後十十增較十住。一節是故菩薩力爲最大。況

如來成道初坐道場。逮得十力。今者不應如彼嬰
兒。如來因卽放大光明種種神變。已語迦葉言。我
於往昔。無量無邊億那由他百千萬劫。已除病根。
永離倚臥。是諸衆生。不知大乘方等密語。便謂如
來實有病惱。如是說者。並因現病。迦葉請問。又因
疾者。三惑也。果疾者。二死也。實疾者。衆生實惑。及
斷未盡者。權疾者。諸大菩薩隨斷何惑。則能示現
權同實疾。如是權實並非今所觀。

○四判所觀

今所觀者。業報生身。四蛇動作。廢修聖道。若能觀察

彌益用心。

今所觀境。是凡夫四大實疾。仍因觀陰及煩惱等
四大增損。卽前所引金光明經。所明病相。爲今境
也。

○次正明來意二。先法。次喻。初法中。

上智利根。解前安忍。則於病境通達。不勞重論。爲不
解者今更分別。

上智等者。上智之人。解前陰入境中安忍。不隨强
輭。已入十信。不須至此。故前文云。若安忍者。不須
餘九。謂安於內外煩惱病患。是則病患前已安竟。

○次喻
如辟大樹萬斧便倒如琢巨石億下乃穿故重說也
如辟大樹等者辟者倒也斷者如第三卷釋鈍根病重故須重重辨於觀行如大樹巨石非一下一斧可穿可斷故重於此更辨十乘如億下萬斧
○三通舉經中病能為障令此文意未必須長但能障禪故須觀察故阿含中四法能退阿羅漢果謂長病遠行諍營事今非全爾下結云四悉者初文即世界從經云下證為人既明三學即生善意戒定如文從起邪倒下即是失慧以失顯得得即生善戒定亦然從復次下即對治意從又下即第一義意文二初釋四初世界

夫長病遠行是禪定大障若身染疾失所修福起無量罪
○次為人二初引經
經云破壞浮囊發撤橋梁忘失正念
○次正釋
病故毀戒如破浮囊破禪定如撤橋梁起邪倒心借服血臭身破清淨法身名忘失正念為是義故應觀病患境

○三對治
復次有人平健悠悠徙倚懈怠若病急時更轉用心能辦衆事
○四第一義
又機宜不同悟應在病
○次結
即是四悉檀因緣應須病患境也
○次正釋二初列
觀病為五一明病相二病起因緣三明治法四損益五明止觀

○次釋文自為五初明病相六初略明辨脈所以
一病相者若善醫術巧知四大上醫聽聲中醫相色下醫診脈今不須精判醫法但略知而已
診者候脈也云今不須精判等者不須如向上中下醫委論脈法今略明之脈者血氣所行道也
○次明五臟相太增成病
夫脈法關醫道不可言具略示五臟病相若脈洪直肝病相輕浮是心病相尖銳衝刺肺病相如連珠腎病相沈重遲緩脾病相委細如體治家說
夫脈法者本在醫道非可具知今須略知五臟之

相而用治法四時脉相者春絃夏洪秋浮冬沈土王四季用對五行五臟相生相尅以辨脉相略明候法者從魚至貫名爲尺澤即大拇指後大横文前名之爲魚大横文後名之爲貫貫後二寸名爲寸口尺後寸前名爲關陽肝心出左脾肺出右左腎爲命門右腎爲命根肺脉來時如順榆葉曰平如風吹毛曰病如連珠者曰死心脉來時如管曰平如連珠曰病前曲後直如帶鉤曰死肝脉來時薄弱曰平如張弓弦曰病如雞蹈地曰死脾脉來時阿阿如緩曰平如雞舉足曰病如鳥啄水漏曰

死腎脉來時微細而長曰平如彈石曰病如解索曰死諸脉暫大復小爲陰暫小復大曰陽然諸候體文中易了而指下難明今且畧知未煩委悉今文明五臟相者非是相生亦非相尅但嘗藏太增而成於病如木性多直今太洪直火大性升今多輕浮金性堅利今太尖鋭水性流注今則滴瀝土性堅澀今太沈重或性過分致病或衰微故而致患也若相尅者準五行可知

○三明四大相太增成病

若身體苦重堅結疼痛枯痺瘦瘠是地大病相若虛腫脹膖是水大病相若舉身洪熱骨節酸楚噓吸頓乏是火大病相若心懸忽恍憹悶忘失是風大病相

○四明五臟體減成病

又面無光澤手足無汗是肝病相面青肥是心病相面黎黑是肺病相身無氣力是腎病相體澁如麥糠是脾病相

木主肝若枝葉枯燥是木之病故無光澤等如木無潤火主心也火若失色不赤是火之病故面青肥而成病也金主肺肺色白而今色黑是肺病也水主腎流處壅滯今體無力故腎病也土主脾如

堆阜不平即脾病也

○五明五行相尅故五臟病生故用六氣治於五臟治法應在下治法中今文對此畧明爲便故預列之後文治中不復更出然此六氣但取呼吸帶聲出氣爲治亦不全用字體爲義如吹者亦云冷氣吹噓氣者云出氣呼者煥氣也嘸呵嘻此三全無此之字體但有嘻字即痛聲也但須呼吸聲似五音即屬五臟還治五臟用者應於牙齒脣舌調停出聲使不失五音呵屬商吹呼屬羽噓屬徵嘸屬宮嘻屬角五行對之以屬五臟今並用本臟上

氣以治本臟所以用本臟者旣剋他臟令他臟病。故用本氣牽歸本臟不令害他。如肺害肝是金剋木。還用肺氣收取金行。餘之四臟準此可知。文五。

初釋肝臟相剋

若肝上有白物令眼睛疼赤脈曼成白翳或眼睛破。或上下生瘡或觸風冷淚出或痒或刺痛或睛凹觸事多瞋。是肺害於肝而生此病。可用呵氣治之。

○次釋心臟相剋

若心淡熱手足逆冷心悶少力唇口燥裂臍下結癥熱食不下冷食逆心眩懊喜眠多忘心壅頭眩口納

背脾急四支煩疼心勞體熱熱狀似瘧或作癥結或作水僻眼如布絹中視見近不見遠是腎害於心可用吹呼治之。

○三釋肺臟相剋

若肺脹胸塞兩脇下痛兩肩胛痛似負重頭項急喘氣麤大唯出不入偏體生瘡喉痒如蟲咽吐不得喉或生瘡牙關强或發風鼻中膿血出眼闇鼻莖疼鼻中生肉氣不通不別香臭是心害肺成病或飲冷水食熱食相觸成病可用噓氣治之。

○四釋腎臟相剋

若百脈不流節節疼痛體腫耳聾鼻塞腰痛背强心腹脹滿上氣胸塞四肢沈重面黑瘦胞急痛悶或淋或尿道不利脚膝逆冷是脾害於腎。又其病鬼如竈君無頭無面一來掩人可用嘻氣治之。

淋字亦應作痳其病鬼如竈君者秖是黑色耳腎被脾害卽成腎病病鬼還隨本臟之色故如竈君。第一本中具約五色明五臟鬼今文但畧於腎臟明之。準文次第應在病因緣中卽病鬼也文隨便故寄此中列。

○五釋脾臟相剋

若體面上風痒瘡瘡通身痒悶是肝害於脾其色籠桶或如小兒擊櫪或如旋風團欒轉。可用嘻氣治之。

其色籠桶者應云黃籠桶也。

○六明六神病相

又若多惛惛是肝中無魂多忘失前後是心中無神。若多恐怖癲病是肺中無魄若多悲笑是腎中無志。若多廻惑是脾中無意若多悵快是陰中無精。此名六神病相。

此準俗說故一神各守一臟主於六根。陰是身之根本通於五臟五根。如經律異相中云皆有國王令人覓師子獵如其不得當斷汝命懼王命故處處求覓得師子獵送來上王中道睡臥六根六神各諍其功目神言由我視故知師子獵處耳神言由我聽故知師子獵處足神言由我至故能取是獵手神言由我捉持得師子獵鼻神言由我嗅故得師子獵諸神皆言舌最無功舌神不伏倍索其功有一羅漢因行遇見是人神諍恐王錯殺即隨獵者以至王所獵者前至王問獵者爲是師子獵不耶答云不眞王令殺之羅漢具爲大王說之其人免死彼文本喻處衆之人各伐其功則無德之

人最爲尤害此喻雖似各有根神非他有情

○次明病起因縁二初列

二明病起因縁有六一四大不順故病二飲食不節故病三坐禪不調故病四鬼神得便五魔所爲六業起故病

○次釋文自爲六初明四大不順故病

四大不順者行役無時強健擔負裝觸寒熱外熱助火火強破水是增火病外寒助水水增害火是爲水病外風助氣氣吹火火動水是爲風病或三大增害於地名等分病或身分增害三大亦是等分屬地病此四既動衆惱競生

○次引飲食不節故病四初明飲食不節

二飲食不節亦能作病如薑桂辛物增火蔗蜜甘冷增水梨增風膏膩增地胡瓜爲熱病而作因縁即是噉不安之食

食不節以成病者亦如博物志云若雜食者百病妖邪之所鍾食逾少心逾明食逾多身逾損故食不可過度故要覽云夫病從口入禍從口出故君子愼言語節飲食

○次明損益相

食者須別其性若食食已入腹銷化麤者爲糞尿細者融銷從腰三孔溜入四肢淸變爲血潤澤一身如塵得水若身血不充枯癖焦減濁者變爲脂膏故諸根減而成垢新諸根凝而成肉

從腰三孔入四肢者大論二十六釋十想中云譬如醸酒滓濁爲糞淸者爲尿腰有三孔風吹膩汁散入百脉與先血合凝變爲肉從於新肉生膏脂骨髓從此生者名爲身根乃至生於五情諸根如此並以資長爲生癖者水不能行也

○三明調食法二初明調法

又身火在下消生臟令飲食化溜通徧一身。
○次引世諺
世諺云欲得老壽當溫足露首若身火在上又噉不安身食則有病惱。
○四約臟增損
次食五味增損五臟者。酸味增肝而損脾。若味增心而損肺。辛味增肺而損肝。鹹味增腎而損心。甜味增脾而損腎。若知五臟有妨宜禁其損而噉其增以意斟酌。
可見

○三明坐禪不調故病三。初明身儀不正心增怠慢招病來魔。
三坐禪不節或倚壁柱衣服或大衆未出而臥其心慢怠魔得其便使人身體背脊骨節疼痛名爲注病最難治也。
○次明數息與發觸相違四。初正明相違。
次數息不調多令人痁癖。筋脉攣縮若發八觸用息違觸成病八觸者心與四大合則有四正體觸復有四依觸合成八觸。
○次明八觸相

重如沈下輕如上升冷如氷室熱如火舍澀如挽逆滑如磨脂輭如無骨麤如糠肌。
○三明對息辨觸
此八觸四上四下入息順地大而重。出息順風大而輕又入息順水大而冷。出息順火大而熱。又入息順地大而澀出息順風大而滑又入息順水大而輭。出息順火大而麤。
觸順四大故順八觸。
○四明違觸成病
若發重觸而數出息與觸相違卽便成病餘例可知。

○三明用止觀不調動病二。初用止中過分太增故病。
又但用止無方便成病者若常止心於下多動地病。常止心於上多動風病若常止心急攝多動火病若常止心寬緩多動水病。
○次明用觀不調五塵五臟五行相生相尅二。一塵中復各有五塵須善知相生相尅主對之相文六。初明五根五臟生由。
次用觀不調。偏僻成病者初託胎時以思心起感召其母母卽思五色聲香味觸等一毫氣動爲水水爲血血爲肉肉成五根五臟。
○次明觀多損五臟成病二。初就相生而明二。初明五塵各損一臟。
今坐禪人忠觀多損五臟成病。若緣色多動肝。緣聲多動腎。緣香多動肺。緣味多動心。緣觸多動脾。
○次明一根緣五塵損五臟
復次眼緣青多動肝。緣赤多動心。緣白多動肺。緣黑多動腎。緣黃多動脾。耳緣呼喚多動肝。緣語多動心。緣哭多動肝。緣吟多動腎。緣歌多動脾。鼻緣臊多動肝。緣焦多動心。緣腥多動肺。緣臭多動腎。緣香多動

脾。舌緣醋多動肝。緣苦多動心。緣辛多動肺。緣鹹多動腎。緣甜多動脾。身緣堅多動肝。緣煖多動心。緣輕多動肺。緣冷多動腎。緣重多動脾。此乃五臟相生。緣之過分。以致於病。
初五色者。如白虎通博物誌云。東方木。其帝太皞。其佐句芒。執規而治春。其星太歲。其獸青龍。其音角。其日甲乙。其味酸。其臭羶。南方火。其帝炎帝。佐祝融。執衡而治夏。其星熒惑。鳥朱雀。音徵。日丙丁。味苦。臭焦。西方金。帝少皞。佐蓐收。執矩而治秋。星太白。獸白虎。音商。日庚辛。味辛。臭腥。北方水。帝顓頊。佐玄冥。執權而治冬。星辰星。獸玄武。音羽。日壬癸。味鹹。臭腐。中央土。其帝黃帝。佐后土。執繩而制四方。星鎮星。獸黃龍。音宮。日戊巳。味甘。臭香。佐者。主五行之官。具如前授世法藥中說。故五聲亦屬五行。五音呼喚屬角木。語言屬徵火。哭屬商金。吟屬羽水。歌屬宮土。五觸中木體實。火性煖。若對四大。西方屬風故輕。如文。此準大集經意。若準俗文。如博物誌等。膻腥等氣如前釋。
○次就相尅而明
若就相尅者。緣白色多尅肝。緣黑多尅心。緣赤多尅

肺。緣黃多尅腎。緣青多尅脾。餘聲等例可知。
○三明坐禪及夢占病
若五臟病隱密難知。坐禪及夢占之。若禪及夢多見青色青人獸師子虎狼而生怖畏。則是肝病。若禪及夢多見赤色。火起赤人獸赤刀仗赤少男女親附抱持。或父母兄弟等生喜生畏者。卽是心病。下去例隨色驗之。
○四明觀僻動四大成病
又觀僻動四大者。若觀境不定。或緣此或緣彼。心卽成諍。諍故亂風起成風病。如御嬰兒行。但任之而已。

急牽望速達卽爲患也
嬰兒者嬰頸飾也蒼頡篇云男曰兒女曰嬰今言嬰通男女也故釋名云人之初生曰嬰兒者胸前曰嬰接之嬰前而乳養之故曰嬰也

○五明專守境起希望心成病

又專專守一境起希望心報風熱勢不盡成熱病

○六明强觀成四大病

又觀境心生時謂滅滅時謂生心相違致痒痛成地病又不味所觀境而强爲之水大增成水病

○四明鬼神得便故病二初與五臟病辨異

四鬼病者四大五臟非鬼鬼非四大五臟若入四大五臟是名鬼病若言無鬼病者邪巫一向作鬼治有時得差若言無四大病者醫方一向作湯藥治有時得差有一國王鬼病在空處屢被針殺鬼方自來住在心上針者拱手故知亦有鬼病矣

如國王等者第二本無此文拱者合手也亦如張華治李子預病病鬼在膏肓不肯治之華乃走避預自乘馬逐之華乃下道隱閭草中有鬼而相問言弟何不隱去答我住在膏肓針灸不至何須隱去但懼其用八毒丸耳須臾子預至華便以八毒丸瀉之其鬼叫喚而走出本草郭注

○次明有病之由

鬼亦不漫病人良由人邪念種種事或望知吉凶鬼醯羅鬼作種種變靑黃等色從五根入則意地邪解能知吉凶或知一身一家一村一國吉凶事此非聖知也若不治之久久則殺人

由行者邪念亦如譬喻經中有淸信士初持五戒精進不殺後時衰老多有廢忘爾時山中有渴梵志從其乞飲田家事忙不暇看之遂恨而去梵志能起尸使鬼召得殺鬼勅曰彼辱我往殺之山中

有羅漢知往語田家語言汝今夜早然燈勤三自歸口誦守口身莫犯偈慈念衆生可得安隱沙門去後主人如教通曉念佛誦戒鬼至曉求其微尤欲殺之覩彼慈心無能得害鬼神之法人令其殺卽便欲殺但彼有不可殺之德法當却殺其使鬼者其鬼乃恚欲害梵志羅漢蔽之令鬼不見田家悟道梵志得活不獲殺罪田家專注念佛全一門之命當知正念鬼不得便此等亦可比誦戒序防鬼魔之文正是觀音經中還著於本人之文亦如太公爲灌壇令龍神尙不以暴風疾雨至其境況

佛法之人長心正念者耶當知邪鬼得入者皆由邪念兜醯羅鬼等者卽前文中五色之鬼能病五臟者是。

○五明魔所爲故病二初與鬼病辨異。

五魔病者與鬼亦不異鬼但病身殺身魔則破觀心破法身慧命起邪念想奪人功德與鬼爲異。

○次辨有病之由亦由行者生邪念故。

亦由行者於坐禪中邪念利養魔現種種衣服飲食七珍雜物卽領受歡喜入心成病此病難治下治中當說。

○六明業起故病三初明破戒業故病。

六業病者或專是先世業或今世破戒動先世業業力成病還約五根知有所犯若殺罪之業是肝眼病飲酒罪業是心口病淫罪業是腎耳病妄語罪業是脾舌病若盜罪業是肺鼻病毀五戒業則有五臟五根病起業謝乃差。

若殺罪等者此破五戒之病病屬五臟臟屬五根與前不殺防木等意同也若欲治者隨何藏病知破何戒以增治損。

○次持戒業故病

若今生持戒亦動業成病故云若有重罪頭痛得除應地獄重受人中輕償此是業欲謝故病也。

若持戒者動宿業病隨根判戒以驗罪滅。

○三示知病用治

夫業病多種腫滿黃虛凡諸病患須細心尋檢知病根源然後用治也。

然後用治者六治之中觀心治也。

○三明治法二先示同異。

三明治法宜對不同若行役飲食而致患者此須方藥調養卽差若坐禪不調而致患者此還須坐禪善

調息觀乃可差耳則非湯藥所宜若鬼魔二病此須深觀行力及大神咒乃得差耳若業病者當內用觀力外須懺悔乃可得差衆治不同宜善得其意不可操刀把刃而自毀傷也。

不可操刀把刃等者用治失宜如操刀失柄把刃傷手舊疾不除反增新病。

○次正明治二初列。

今約坐禪略示六治一止二氣三息四假想五觀心六方術。

○次釋六初用止治六初明止心臍間六初治法

用止治者溫師云繫心在臍中如豆大解衣諦了取相。後閉目合口齒舉舌向腭令氣調徇若心外馳攝之令還若念不見復解衣看之。熟取相貌還如前此能治諸病亦能發諸禪。

令氣調徇徇者均也。

○次觸起

作此觀時亦有無量相貌或痛如針刺或急如繩牽。或痒如蟲噉或冷如水灌或熱如火炙。

○三勸進

如是諸觸起時。一心精進無令退墮。

止觀輔行卷三十二　三十九

○四功能

若免此觸能發諸禪。若神意寂然即是電光定相。此尚能得禪況不能愈疾。

○五明止臍所以三初明司息出入。

所以繫心在臍者息從臍出還入至臍出入以臍為限能易悟無常。

○次明臍依命根

復次人託胎時識神始與血合帶系在臍臍能連持。帶系在臍者臍既為諸腸胃之源在胎之時以母之臍注子之臍故母所食從臍而入以資於子氣息亦爾子初在胎依於母息故俗名子以之為息。

○三明不淨根本

又是諸腸胃源尋源能見不淨能止貪欲。

○六會異名

若四念處觀臍能成身念處門若作六妙門臍是止門兼能入道故多用之。

○次明止心丹田四初明止心丹田所以。

正用治病者丹田是氣海能銷吞萬病若止心丹田則氣息調和故能愈疾即此意也。

○次引師明治病之宜

止觀輔行卷三十二　四十

又有師言上氣胸滿兩脅痛背膂急肩井痛心熱懊痛煩不能食心瘇臍下冷上熱下冷陰陽不和氣嗽。右十二病皆止丹田。

膂者脊也止心丹田等可知。

○三指處所

丹田去臍下二寸半。

○四明痛切令移心止足下

或痛切者移心向三里痛又不除移向兩脚大拇指爪橫文上以差為度。

○三明止心兩脚間四初明能治六病六初正明。

頭痛眼睛赤疼唇口熱邁鼻胞子。腹卒痛兩耳聾頸項强右六病兩脚間須安置境界以心緣之。

○次令專注消息

須臾水腹脹急痛但一心注境若心悶當小息。小可更起倚重作前法若覺小除彌須用治法。

○三示令因病改觀

若因此腰脚急痛即想兩脚下作一丈坑移前境界置坑底以心主之自當差要在靜室。

○四明用治所以三初明病因二初五臟在上故多致病。

又常止心於足者能治一切病何故爾五識在頭心多上緣心使風風動火火融水水潤身是故上分調而下分亂以致諸病或脚足攣躄等。

心多上緣等者上熱助火火銷諸食五臟易調下分屬陰太陰傷冷少火故亂。

○次心臟下靡氣衝成病。

又五臟如蓮華靡靡向下識多上緣氣强衝腑臟翻破成病。

○次明用治

心若緣下吹火下涸飲食銷化五臟順也。

○三明功能二初自他益驗。

止心於足最爲良治。今當用屢有深益以此治他往往皆驗。

○次引人爲證

蔣吳毛等即是其人。

蔣吳毛者謂蔣添文吳明徹毛喜此陳朝要官皆稟息法脚氣獲除具如百錄。此等親承智者大師以稟法訓得事治之益是故引之。

○四明止心隨諸病處二初明效速。

又隨諸病處諦心止之不出三日無有異緣無不得差。

止觀輔行卷三十二　四二

○次明所以二初以門開閉喻。

何故爾如門開則來風閉扇則靜心緣外境如開門止心痛處如閉扇理數然也。

○次以王及賊喻

又心如王病如賊心安此處賊則散壞。

○五約俗理生尅止治之二初五行生尅三初明五行之本。

又未必一向止心病處如皇帝秘法云天地二氣交合各有五行金木水火土如循環。

引黃帝五行相生相剋者皇匡正也帝者德像天
地曰帝。
○次明五行相生
故金化而水生水流而木榮木動而火明火炎而土
貞此則相生。
○三明五行相剋
火得水而滅光水遇土而不行土值木而腫瘠木遭
金而折傷此則相剋也。
水遇土而不行行字戶郎反與五行義同爲取韻故
借此音耳。

○次正明用治
如金剋木肺強而肝弱當止心於肺攝取白氣肝病
則差餘四臟可解。
如金剋木則肺强而肝弱名爲肝病則止心於肺
故知不必止心病處。
○六明止治四大
又用止治四大者若急止治水寬止治火止頂治地
止足治風。
又用止治四大者此中即是相翻對爲治也如水
性寬以急治之餘大準此。

○次用氣治者文但略明爲二先列
二用氣治者謂吹呼嘻呵嘘呬皆於脣吻吐納轉側
牙舌徐詳運心帶想作氣
○次釋對四大病中此文爲五初明六氣治七病
若冷用吹如吹火法熱用呼百節疼痛用嘻亦治風
若煩脹上氣用呵若痰癊用嘘若勞倦用呬
痰癊者正體作陰
○次明六氣治五臟
六氣治五臟者呵治肝呼吹治心嘘治肺嘻治腎呬
治脾。

五臟如前病相中已說。
○三明六氣同治一臟
又六氣同治一臟臟有冷用吹有熱用呼有痛用嘻
有煩滿用呵有痰用嘘有乏倦用呬餘四臟亦如是。
○四明六氣治意
又口吹去冷鼻徐內溫安詳而入勿令衝突於一上
坐七過爲之然後安心安心少時更復用氣此是用
治意若平常吐穢一兩即足口呼去熱鼻內清涼口
嘻去痛除風鼻內安和口呵去煩下氣散痰者想胸
痰上分隨口出下分隨息瀉故不須鼻中補也嘘去

滿脹。鼻內安銷。嚋去勞乏。鼻中和補。細心出內。勿令過分。

言平常吐納等者。吐謂散除麤氣。納謂內入安息。如平常坐禪。皆須長吐。身中麤氣。但一兩度爲之即足。非專爲治病故也。

○五誡令斟酌能利自他。

善能斟酌增損得宜。非唯自能治病。亦能濟他。

○三用息治四。初令察息强軟驗身徤病。

三用息爲治者。夫色心相依而息。譬樵火相籍而烟。瞻烟淸濁。知樵燥濕。察息强軟驗身徤病。若身行風

橫起則痛痒成病。何暇用心。須急治之

○次令識息有四件

先須識息有四件。有聲曰風。守之則散。結滯曰氣。守之則結。出入不盡曰喘。守之則勞。不聲不滯出入俱盡曰息。守之則定。

○三示調身方法

當求靜處結跏。平身正直。縱任身體。散誕四肢。布置骨解。當令關節相應。不倚不曲。緩帶轉側。調適以左手置右手上。大指纔令相詣。縱放頰車。小小開口。四五過長吐氣。次漸平頭。徐徐閉目。勿令眼斂太急。常使籠籠然。後用息也。

○四正明調息三。初明用息治八觸。

用息治八觸相違病者。若因重觸成地大病。偏用出息治之。若發輕觸成風病。偏用入息治之。若發冷觸成水病。偏用出息治之。若發熱觸成火病。偏用入息治之。餘亦如是。若得調和正等。隨意而用。此用常所數息。非作別息也。

○次明假想十二息二。初列。

次別運十二息者。謂上下焦滿增長滅壞冷煖衝持和補。

○次釋二。初與六氣辨異。

此十二息帶假想心。所以者何。若初念入胎。即有報息隨母。氣息兒漸長大。風路滑成兒息出入。不復隨母。生在異處。各各有息名報息。依息者依心而起。如瞋欲時氣息隆盛。此名依息也。前六氣就報息帶想今十二息就依息帶想。故不同前也。前明緣五色爲五臟病者。此則依臟爲病。故用今依息治之。

言依息者。假想十二息也。依於報息而起假想。如瞋由心變。而使息粗盛。故知皆是心轉報息。令報息麤。今假想息亦復如是。

○次正明用治法
上息治沈重地病。下息治虛懸風病。焦息治脹滿。滿息治枯瘠。增長息能生長四大。外道服氣。秪應服此生長之氣耳。滅壞息散諸癊膜。冷息治熱。煖息治冷。衝息治癥結腫毒。持息治掉動不安。補息補虛乏。和息通融四大。
○三結令知病用息
作諸息時各隨心想。皆令成就。細知諸病用諸息勿謬用也。
○四用假想治二。初與前息治辨異。

四假想治者。前氣息中兼帶用想。今專以假想爲治
○次引人明治
如辨師治瘻法。如患癥人。用針法。如阿含中用煖蘇治勞損法。如呑蛇法云云
云辨師治瘻者。第一本云。如高麗辨師治瘻病法假想此瘻。如露蜂窠。蜂子在窠。須臾蜂子穿窠而出。膿潰膏流蜂子俱去。衆孔婁婁。如空蜂窠。想心成已。瘻病消差。如患癥人。用針法者。應作癥字。第一本云。如人患癥。癥結在腹。想作金針。入腹刺之。使癥對過。如是數數爲之不休。一過相値癥結便去。從是得差。而常患痛耿耿。然後更問他人云此患已差而耿耿常痛。他人答言。汝想針破癥。癥破而針猶在。應更作想除其金針。依語卽差。如阿含用酥者。第一本云。想煖酥在頂。滴滴入腦。灌注五臟。流潤偏身。治人勞損。當有驗也。若雜阿含都有七十二法。以想爲治。乃非末代鈍根所宜。其一云。佛在給孤獨。有比丘夏五月在林間修三昧。琉璃王子與五百釋子。乘象而戲。諸象鬬。有黑象聲如霹靂。復有細聲如猫子。釋子比丘入於風觀。發狂癡想。從定起。如奔醉象。諸比丘閉門。恐爲所傷。

有一比丘往舍利弗所。問唯願哀愍救諸釋子。身子起牽阿難至佛所。白佛言。諸釋子五事發狂。一因亂聲。二因惡名。三因利養。四因外風。五因內風。云何能治。佛因爲阿蘭若比丘七十二患。說修阿那般那法。外惡聲觸內心根。四百四病。脈持心急。故一時動亂。風力强故。一時入口。應敎服酥蜜。及呵棃勒法。謂繫心一處。先想頗棃鏡。自觀己身在彼鏡中。見諸狂事。見已更敎汝於鏡中除聲。舉舌著上齶。想二摩尼在兩耳中。想於珠中。如孔滴流出醍醐。潤耳根使不受聲。如膏油潤。終不動搖。此

想成已次想九重金剛從摩尼出覆行者身下有金剛華行者坐上有金剛山四面圍繞絕於外聲一一山中出七佛座說四念處爾時寂然不聞外聲隨於佛教汝當修習慎勿忘失今且依第一本用酥有益又云春時入火三昧太溫身成病入地三昧見身成無石山須急治之入水三昧見身如大水泉入風三昧見身如九頭龍須急治之餘文廣如經說如吞蛇法者第一本云如人噉食吞於蛇影謂為蛇也因而為病他人問之知病源已即於下藥密以死蛇著其痢盆唱言蛇出病即差也

壁畫蛇影入酒杯中亦復如是如阿含云舍衛有一長者名晨居有一婢極醜常外使役令刈藥草汲水等事野外有泉泉中有樹樹上有一端正女人自縊而死影現泉中婢見之謂為己影便瞋大家我端正如此使我田園乃撲缾破歸家入堂寶帳中坐大家謂其狂病乃問之婢以前事答云何大家不別不見敎遇即與鏡照之乃見醜形猶尚不信乃謂鏡醜大家先知彼泉水處而有死女乃送至泉處見是死女影心解慚愧

○五觀心治

五觀心治者不帶想息直觀於心內外推求心不可得病來偪誰誰受病者

觀心治者亦如南岳大師苦腫滿病用觀力推病則消差

○六方術治三先用世治三初明易知

六方術治者術事不知則遠知之則近

○次正明治

如治噦法如治齒法如捻大指治肝等云云

如治噦法者第一本云以畏怖之即差雜含云用息太急又眠處單薄因外風寒動胃管腎等上逆

胸塞節節流水停住胸中名之為噦須急治之治法如經甚廣云云如治齒法者第一本云向北斗咒云齒牙疼北斗治之痛差自知痛即差也又以狗牙從陰地向陽地咒云令人牙痛差不差暴汝差還本痛即差也如捻大指治肝等者五指主五臟故大指主肝頭指主肺中指主心無名指主脾小指主腎

○三斥僞

術事淺近體多貢幻非出家人所須元不須學學須急棄若修四三昧泡脆之身損增無定借用治病身

安道存亦應無嫌若用邀名射利喧動時俗者則是魔幻魔僞急棄急棄。

用中邀者亦居遙反

○次用咒治二先明治三十六獸咒。

三十六獸嬈人應三徧誦咒曰。波提陀　毘耶多那摩那　吉利波　阿遮婆　推摩咃　難陀羅憂咃摩　吉利摩　毘利吉　遮咃摩

咒不翻者如法華疏以四悉因緣故不翻也今文多是對治意也。

○次明治惡神入身咒

初得細心外境觸心驚擲於是氣上腹滿胸煩頭痛悶此是六神徧身遊戲因驚擲失守外有惡神入身奪其住處故使如此若治之法閉口䰟鼻不令氣出待氣徧身然後放氣令長遠從頭至足徧身皆作出想牽之令盡如是三徧然後誦咒。　支波晝　烏蘇波晝　浮流波晝　牽氣波晝　三徧竟然後調息從一至十。命出入息言阿那波那阿晝波晝病即差也。

命出入息言者口令爲命誦此咒已仍須命云阿那般那。

○三用痛治二初痛捻丹田

若赤痢白痢卒中惡面青眼反脣黑不別人者以手痛捻丹田須更即差。

○次隨處痛打

又隨身上有痛處以杖痛打病處至四五十此復何意夫諸病無非心作心有憂愁思慮邪氣得入今以痛逼之則不暇橫想邪氣去病除也。

痛打四五十者令心止痛處故也如江鄉人卒患皆以手打臂至一二百下患即差也。

摩訶止觀輔行傳弘決卷第八之二

摩訶止觀輔行傳弘决卷第八之三

陳隋天台智者大師說　唐荆谿大師湛然傳弘决
門人章安大師灌頂記　明天台沙門傳燈增科

○四明損益四初明漸頓三初正明漸頓

四明損益損益皆由漸頓若用息太過五臓頓翻者卽雖未翻漸就增劇以至頓翻者若人巧修豁然頓益者卽雖與病相持後當漸愈者

○次例明漸頓

如服湯藥年月將漸乃得其益內治亦然

○三明漸頓由

若心利病輕心利病重心鈍病輕心鈍病重致有漸頓不同也

心利病輕頓益心利病重漸益心鈍病輕漸損心鈍病重頓損又雖復心鈍善解觀法亦得成於益中漸頓

○次傷歎

夫世間醫藥費財用工又苦澀難服多諸禁忌將養惜命者死計將餌令無一文之費不廢半日之功無苦口之憂恣意飲噉而人皆不肯行之庸者不別貨韻高和寡吾甚傷之

言庸者等者庸者凡常輩也卽無奇人也廣雅云愚也韻高等者如匠伯輟斤於郢人伯牙絕絃於子期故僧虔詩云鍾期不可遇誰辨曲中心鍾期若聞伯牙撫山曲云巍巍乎煥然其高聞彈水曲云洋洋乎盈耳哉故知聲韻若高和者必寡今治法妙故信者亦希

○三明十法中有列釋結初列

能具十法必有良驗一信二用乃至第十識遮障

○次釋十初明信

信是道元佛法初門如治癩人信血是乳敬駱駝骨

是眞舍利決信此法能治此病不生狐疑

如癩人信血爲乳者乃至信駱駝骨爲舍利者亦如荆根得戒羊骨放光等

○次明用

信而不用於己無益如執利劍不用擬賊翻爲彼害不用亦爾

○三明勤

何意須勤初中後夜朝暮專精以得汗爲度鑽火中息火難可得不勤亦爾

○四明恒

何謂爲恒恒用治法念念在緣而不動亂。

○五明別病

何謂別病別病因起如上所說若不識病浪行治法不相主對於事無益。

○六明方便

何謂方便善巧用治吐納得所運想成就不失其宜如琴弦緩急輾轉軫柱輕重手指聲韻方調。

軫者枕也。

○七明久

何謂爲久若用未益不計日月習不休廢。

○八明知取捨

何謂知取捨益則勤用損則改治。

○九明知將護

何謂知將護善識禁忌行來飲食不使觸之。

○十明識遮障

何謂識遮障川益勿喲說未益勿疑謗向人說者未差不差差已更發更治不差設差倍功。

○三結

若能十法具足用上諸治益定無疑我當爲汝保任此事終不虛也。

○四明善修病差六初正明。

若善修四三昧調和得所以道力故必無衆病設小違返冥力扶持自當銷愈假令衆障峯起當推死殉命殘生餘息誓畢道場捨心決定何罪不滅何業不轉。

若修四三昧至而不調差者此有四意故無病不差一者道力二者冥加三者治法四者不惜身命。

○次舉罪滅障轉之人。

陳鍼開善云

云豈有四大五臟而不調差。

陳鍼大師兄也開善寺藏法師此舉罪滅障轉之

人陳鍼年在知命初得相師張果占之死在晦朔後時大師令行方等懺見天堂上有牌云陳鍼之堂至年六十五此乃一行方等增十五年壽後再遇張果張果問云作何福力此非一兩百萬錢福計君必無如此等錢爲何方便答云有小行法不向君說故知應死之業行能轉之。

○三舉例

如帝釋堂小鬼敬避道場神大無妄侵撓又城主剛守者強城主惟守者忙心是身主同名同生天是神能守護人心固則強。

勇進之心如帝釋別行道場如釋堂道場神護如輔將小横諸非如小鬼故知道場神護諸病不侵城主等者恇怯也憂惶也忙遽也城如身主如心守者如身神與身同名與身同生名爲天神自然有故名之爲天雖常護人必假心固神守則强

○四以後况前

身神尚爾况道場神耶

身兩肩神尚常護人况道場神

○五引以證精進

如大論釋精進鬼黏五處云云

大論精進鬼等者第十六云釋迦先世曾爲商主將諸賈客入險難處中有羅刹以手遮之言汝住莫動商主以右手擊之拳卽著鬼挽不可離又以左拳右脚左脚如是次第皆被黏著復以頭衝其頭復著鬼問汝欲作何等心休息未答雖擊五處心終不休以精進力與汝相擊要不懈退鬼聞之生歡喜心念是人膽力極大語言汝精進必不休息我今放汝行者於善法中初中後夜身心不懈亦復如是

○六結成

但一心修三昧衆病消矣

○五明止觀三初列

五修止觀例前爲十云云

○次釋二初正明十法十初明觀境二初簡思議境三初總標

先簡思議者病因緣故生十法界

○次別釋五初明三惡法界

如爲病故退失本心棄廢禪定誹謗三寶不惟先罪招禍而言修善無福起大邪見又惜身養命魚肉辛酒非時無度或病差身壯五欲恣情善心都盡惡業熾盛起上中下罪是爲因病造三惡法界

思議境中亦應有上中下罪文中已有地獄罪竟若因病故諂誑求活卽鬼界也或求眷屬將養病身卽畜生界也

○次明三善法界

若人自念此病困苦皆由往日不善所致深生慚愧不敢爲非雖嬰困篤而善心無改起上中下善是爲因病造三善法界

造三善界者文中乃是通總之言雖知因果而常猜忌不病之人謂我善心勝於健者是修羅界善

心無改是爲人界。持十善是爲天界。

○三明聲聞法界

若遭疾病因怖畏生死。知此病身酬於前業。若構生死將來流轉復何窮極。苦集危脆世世相隨。爲之受惱。當求寂滅無相涅槃。是爲因病起聲聞法界。

怖畏生死是聲聞界者。亦如毘曇婆沙云。差摩比丘病極重。諸比丘令陀摩比丘往問訊。差摩言。我病不差。猶如壯士取於劣者。繩繫其頭兩手急絞。我之頭痛亦復如是。又如屠者以刀割牛腹。我之腹痛亦復如是。亦如壯者取一劣者懸著火上。火

炙其足。我之足痛亦復如是。陀摩還具白諸比丘。如上諸事。諸比丘復令重往語言。佛說五受陰。汝能少分觀察非我非我所不。答言。能觀。後復更令陀摩問之。能觀五陰得阿羅漢果不。亦不如教。如是觀故得漏盡。平復痛差。又增一中。均頭比丘病怨如來不看。佛及諸比丘往看問言。何如所苦損無佛又問汝修七覺意不。比丘言。病。佛言。藥中之要不過七覺。令比丘受持。

○四明緣覺法界。此文難見。須分爲五。初推現果知往因。次推現因知現果。三從狂渴人下觀現果息現因。四從若不隨下現因息故十二支息。五從旣不得下結成支佛界。今初。

又觀此病病我色心。因於此病而致老死。死由於生。生由昔有。

如文

○次推現因知現果。二。初令觀有支以至名色。

有從取生。取從愛生。愛從受生。受從觸生。觸從六入生。六入從名色生。色卽四大五根。名卽四心。

如文

○次推現名色以至於識。二。先推現色。二。初推色

從緣生故無自性。二。初推五行。二。先橫。

觀此根大復從何生。青色從木生。黃色從地生。赤色從火生。白色從風生。黑色從水生。

○次竪

又觀木從水生。水從風生。風從地陽氣生。地從火生。火從木生。木還從水生。如是追逐周而復始無自生者。

○次推五臟。二。先橫。

觀外五行旣爾。內五臟色亦復如是。肝從青氣生。心從赤氣生。肺從白氣生。腎從黑氣生。脾從黃氣生。此

之肝臟爲自體生爲從他生。
○次豎
卽知肝臟從腎生腎從肺生肺從脾生脾從心生心從肝生肝不自生還從腎生。
○次推色從心生故無自性二先橫。
如是內求四大五臟旣其無體何故不壞四心持之。識心持地想心持風受心持火行心持水是故不壞。明由心持四大故四大不壞識生諸心故識如地想取像貌如風動轉受性領納如火堅物行心爲作如水去來。

○次豎
此之四心爲自生爲不自生卽知行心從受生受心從想生想心從識生。
豎推四心展轉相生皆無自性。
○次推現識二初正推。
識從過去行生過去行從無明生無明從妄想生妄想還從妄想生。
推現識從往業生。
○次引證
經云妄想生妄想輪迴十二緣。

○三推現果息現因二初譬二先譬推。
如狂渴人見炎爲水南向逐之逐之不得大喚言水空中響應謂已大南水應在北廻頭北走如是四方皆逐不得遂大懊惱謂水入地爬地吼喚身體疲極轉更至闇。
○次歷息
亦復不得。
○次合二初合推。
南走喻舌逐味北走喻耳逐聲西走喻鼻逐香東走喻眼逐色爬地喻身逐觸到闇喻意逐無明。

○次合息
如是六根徧走諸塵無一可得亦不得因緣和合之相但自疲苦旣覺知已不復更走以不走故身心定住心定住故豁爾悟解發得因緣正智知此色心等從本已來體性寂靜非生非滅妄想顚倒謂有生滅。
○四現因息故十二支息。
若不隨妄想則無明滅乃至老死滅畢故不造新如不然火是則無煙。
○五總結十二支滅
旣不得無明老死病爲病誰是名觀病起緣覺法界。

總結十二支滅故云不得也異於漸破名爲不得爲成十界義故是故三藏但出聲聞通教但出緣覺

○五明菩薩法界三初三藏二初釋二先列六蔽次今以下明願行初六蔽中六初明慳蔽

又觀此病皆由愛惜身命財物致受衆惱

○次明破戒蔽

亦是持戒不完多病短命

○三明瞋恚蔽

亦是心志劣弱不能安忍身神不護

○四明懈怠蔽

亦是精進力薄無善補襶

言補襶者有精進者內則補助正道外則襶於災難

○五明亂意蔽

亦是無禪定力爲病所動

既有病已唯專愛身忘於正念故云所動

○六明愚癡蔽

亦是心少智慧不達無常苦空無我致嬰此族

愚癡不達苦空

○次明願行二先明願

今以已疾愍於彼疾即起慈悲發於願行

○次明行

捨無遺悋順理安耐勤加正意覺悟無常

願即四弘行即六度初之四字是檀順理兩字是尸安忍兩字是忍勤加兩字是進正意兩字是禪覺悟無常四字是智

○次結

是爲因病起六度菩薩界

○次通教二初釋

又觀此病知從前世妄想顛倒諸煩惱生如是妄想無有眞實我及涅槃是二皆空

○次結

是名因病起通教菩薩界

○三別教二初釋

又觀此病雖畢竟空空無所受而受諸受未具佛法不應滅受取證

○次結

是爲因病起別教菩薩界

通別菩薩如文可見菩薩界中既爲三別由發心

所期智願各異同懷利物並名菩薩兩教二乘有離有合智異界一思應可知又初標十界皆名思議今此釋中但至別教佛界亦可指別初地以別初地證道同圓亦可一教總名菩薩以別教道通始終故具如第二卷中已料簡竟

○三結成

如是等法因於病患次第出生是名思議境非今所觀也

○次明不思議境二先明初境四初法

不思議境者一念病心非眞非有即是法性法界一

切趣病是趣不過唯法界之都無九界差別

○次譬

如如意珠不空不有不前不後

○三合

病亦如是絕言離相寂滅淸淨故名不可思議達病實際何喜何憂作是觀時豁爾消差

○四引證

金光明云直聞是言病即除愈即初觀意耳

直聞等者彼經第三治病品云佛告菩提樹神過去有佛名曰寶勝滅後有長者名曰持水善知醫方救諸病苦持水有子名流水是時國內天降災變流水見已自思惟言我父年邁不能至彼城邑聚落便至父所問醫方已因得了知一切方術徧至城邑作如是言我是醫師我是醫師善知方藥療治一切一切衆生聞許治病直聞是言所患即除譬聞妙境得入初住言初觀者即是初觀不思議境

○次明下九二初舉譬

復有深重難除差者至長者所爲合衆藥病乃得差

經云復有無量百千衆生病苦深重難除差者至

長者所授以妙藥亦得平復今文從義即譬觀境無明未除如是發心乃至離愛故云衆藥如是用觀亦得入於初住位也縱未入位得入五品名小除差

○次結指

即後九觀意也

○次明發心六初文總明發心之相二先寄次第三觀三初空觀二一一觀中皆有四文初以誓自調

一切衆生皆具此理而不能識隨見思流沒分段海深生悲愍欲與非有即空道滅之樂是爲有疾菩薩

能以空觀調伏其心。心調伏故實疾除愈。
○次慈悲現生
以慈悲故權疾則生生分段土。視分段人猶如一子。
子既有病父母亦病因以身疾而慰喻之。
○三現生得益
子病若愈父母亦愈。
○四結教觀名
是名體析慰喻有疾菩薩也。
○次假觀四。初以誓自調。
又觀此病雖即空寂是諸衆生不純因空而得度脫。

當識空病種種法門聲聞二乘以不識故隨無明無知流没變易海。不能分別諸病差品。是故佛法不得現前衆生淨土皆不成就。爲是義故即起慈悲拔無知苦與道種智分別之樂。是名有疾菩薩能以假觀調伏其心。心調伏故實疾除愈。
○次慈悲現生
以慈悲故權病則生。生方便土。觀方便人猶如一子。
其子病故父母亦病因以身疾慰喻其子。
○三現生得益
子無知愈父母亦愈。

○四結教觀名
是名別教慰喻有疾菩薩。
○三中觀四。初以誓自調。
又觀此病雖即法界而諸衆生不即中道此理未顯隨無明流没變易海經云三賢十聖住果報即是實報因果病也爲是義故而起慈悲拔無明苦與究竟樂是爲有疾菩薩用中道觀調伏其心心調伏故實疾除愈。
○次慈悲現生
以慈悲故權病則生生實報土視變易人猶如一子

子既有病父母亦病因以身疾慰喻其子。
○三現生得益
子無明愈父母亦愈。
○四結教觀名
是名圓教慰喻有疾菩薩也。
○次結成一心
如是三疾。一心中生。如是調伏。一觀調伏。如是慈悲圓普慈悲。如是示現普門示現如是慰喻一音演說。爲易解故如前分別實而論之。即不思議慈悲。
○次引人爲證

唯彼淨名具如此法。三實圓除。三權普現。彼上人者難爲酬對。國王長者實疾全在。不堪顧命。二乘雖除取相辭不堪行。菩薩乃却客塵。往往致屈。唯彼文殊道力相鄰。扣機承旨。故其能也。問云。居士此疾。何所因起。其生久如。當云何滅。居士答云。今我病者。從大悲起。以衆生病。是故我病。衆生病愈。是故我愈。

證今依病起於弘誓。卽同淨名。住常寂光。而三土現化。故知法身菩薩。一切皆然。唯彼文殊等者。淨名既依不思議化。若非文殊道力相亞。焉能扣機承旨問疾。先傳如來無量之旨。次自設於起等三

問。答云下。居士答。初答病因起衆生病故。下答病久。如衆生病愈。下答當云何滅。菩薩初發菩提心時。卽名大悲。當知此疾與發心同。有衆生無始有因果病。菩薩亦念無始之病。是故菩薩自念念他。故知此病與發心同起。菩薩徧緣。一切衆生。於諸衆生悉皆有病故。一切衆生病。菩薩亦病。衆生病愈菩薩亦愈。

○三以所顯能

夫衆生實疾從癡愛生。癡愛纔生。大悲亦起。癡愛纔滅。大悲亦滅。衆生有愈有不愈。菩薩有疾有不疾。若無疾者。知其子愈。若有疾者。化道未休。故方丈問疾。茅城背痛。皆此義也。

卽以所化顯於能化。方丈等者。皆是承昔依病起誓。故成道已。有斯勝能。言茅城背痛者。茅城倶尸城也。翻名具如第一卷釋。言背痛者。如前因病說力中引也。準興起行經。佛告舍利弗。昔久遠時。羅閱大城國節會日。國王有兩力士。一刹利姓。一婆羅門姓。倶來在會。自共相撲。婆羅門。語刹利言。卿莫撲我。當與錢寶。刹利便不盡力。令其屈伏。二人倶獲王賞。婆羅門竟不報所許。至後節日。復來相

撲。婆羅門。復如前求許。刹利復饒。亦不相報。如是至三。刹利念彼數欺於我。便語之言。卿三誑我。我不用物。便以右手捺頭。左手捉腰。蹙折其脊。如折甘蔗。擎之三旋。令衆人見。然後撲地。墮地卽死。王大歡喜。賜錢十萬。佛告舍利弗。刹利力士。我身是也。婆羅門者。調達是也。我以瞋故。撲殺力士。由是墮地獄中。燒煮搒治。經數千歲。今雖成佛。以殘緣故。患於背痛。此約迹說。用病法門。以利於他。大經云。吾今此身。卽是法身。爲度衆生。示同毒樹。以疾利物。卽此意也。

○四初後相稱

誓願旣等虛空有疾亦彌法界是名不思議慈悲也明初心誓廣後心方稱卽誓體也

○五明誓功能二初大師自說

慈悲力大菩薩適發此心疾卽除愈不俟更修下法

○次章安私指

法喜天台云云

法喜等者此是章安私語第一本云如喜禪師天台大師發心眞實隨念卽除若望差心卽不眞實此再修補移眞誠文爲後得失喜禪師者初從光

州與法喜等二十七人同至建業卽其人也喜師年適耳順大師時年二十有七毛喜戲曰尊師何少弟子何老喜曰所敬在德不在年也問曰何者是德喜曰善巧說法卽後代之富樓那降魔除障卽後代之優波毱多毛喜善其識人譚之朝野以爲口實嘗行方等雉來索命神王遮曰法喜當往西方次生得道豈償汝命耶建業咸覩天下共知

○六總判得失

若發心不眞欺衆生要三寶有所規求病亦不差若能眞誠有大勢力

言不眞實要三寶等是也要謂要勒亦遮亦約也自無專志要佛加持云佛若不加大慈何在故俗云要君者無上言規者或求近果或求速差具斯二失名誑衆生若能眞誠翻前二過尙有至於初住之力乃至極果何但除病而已

○三明安心二初先牒前二法

安心者若入道場病時如上所說體解發心端身正念唯止唯觀

體解等者夫欲安心必先了境次起弘誓故令安心先牒二法體解者識境也發心者起誓也唯止唯觀者唯寂唯照更不餘求

○次用五百一十二番

善巧悉檀調適得所一上座卽覺淸涼或頓損或漸損是名大藥更不紛擾修餘治法也

言大藥者第一義治兼無緣慈悲是名大藥不須紛擾對轉兼具

○四明破偏二初推病由心

破法徧者行人病時觀病爲因色病爲因心病若色是病者外山林等皆應是病死人亦應是病屍及山林未曾受惱當知色非病也秖由心想計有此病

○次正明用觀二從初至如幻故破因成也不得病心生滅者破相續也餘之相待及假中等其文並略初破因成二初正明

今觀病心不自不他四句叵得非內非外畢竟清淨心如虛空誰是於病

○次引證

淨名云非地大不離地大非身合身相不可得故非心合心如幻故

非地大不離地大等者病由心造故非地大病實病身故不離地大舉地為首餘亦復然四大無病故非身合心既如幻幻本無病

○次破相續

不得病心生不得病心無生亦生亦無生非生非無生單複具足皆如上破陰入中說

○五明通塞

識通塞者觀於病法句句之中識諦緣度觀病觀智句句識諦緣度了了分明而無疑惑解字非字知得知失例如上說也

如文

○六明道品三初明身念處

道品調適者若觀病是四大病是不淨病若離四大病即是淨病非四大非離四大病即非淨非不淨有真非有非真空假非空非假枯榮非枯非榮如是等義皆與身念處無二無別

非四大等意亦同前言非淨等者約破倒說有真等者約諦境說即前文云我病眾生病並非真非有亦是觀病以為中道共在此中說之空假等者約觀智說枯榮等者約所表說具如前文義兼大小枯榮雙立等秖是一念圓四念處

○次明三念處

如此病受非苦非樂病之想行非我非無我病心非常非無常例如上義

○三結成道品

三十七品於枕席間皆得成就解苦無苦入清涼池

○七明對治

助道者若修正觀未得差者當借前來六種之治正助合行倘能入道何況身疾而不消除

若修正觀者即是正行正行即是道品等云但觀前六障若不除當借前來止觀氣息想術六治以之為助正助合行具如第七倘入初住得無生忍

況四大病而不消差。

○八明次位

作此觀時雖滯床枕深識次位我觀病患道理宛然如彼琉璃在深潭底我此觀智但是名字因疾未除果疾是分若似解之位因疾小輕道心轉熟果疾猶重不免衆災若入無生法忍因疾雖盡猶有果疾我今不應非位起慢言我病行均彼上人

如彼琉璃等者水清故見深故未得雖觀即是而未入位應約六即以辨始終不免衆災者即三小災謂刀疾饑若三大災謂火水風六根雖淨實果

縛身在欲色界或遇三小縱逢劫末法爾離災若入無生如曇無竭尙有果身名爲果疾我今不證如上諸位豈得自謂齊彼上人

○九明安忍

安忍者但勤正助莫爲內外障緣阻礙休息若正助稍習疾成道廢能安心在疾不動不退所作辦也

○十明法愛

設得病損觀行明淨不生貪著莫起愛染十法成就疾入法流

○三結成大車

是名病患境修大乘觀獲無生忍得一大車例前可知云云

如文

○四觀業相境三先明來意

第四觀業相境者行人無量劫來所作善惡諸業或已受報或未受報若平平運心相則不現今修止觀能動諸業故善惡相現

今修止觀等者止觀如日光業相如萬像

○次料簡二初問

疑者言大乘平等何相可論

○次答三初引二經以證大小悉皆有相

今言不爾秖由平等鏡淨故諸業像現光明云將證十地相皆現前阿含云將證初果八十八頭蛇於其前死大小兩乘相文甚多

○次引油華由深達故見十界

又法華云深達罪福相徧照於十方罪福秖是善惡業耳

○三引淨名由第一義善分別業

淨名云於第一義而不動善能分別諸法相故汝難非也

料簡也。初引二經以證大小悉皆有相。次引法華。由深達故見十界相。次引淨名。由第一義善分別業。四經明文大小有相。如何疑云大乘無相。

○三開章別解二。初開章。

明業相爲四。一相發因緣。二正發相。三料簡。四止觀。

○次別釋四。初正發因緣三。先示內外因緣二。初明內因緣。

因緣者。有內有外。內者止觀研心。心漸明淨。照諸善惡。或可以止止惡。惡方欲滅。以觀觀善。善方欲生。或可以止止惡。惡因靜生。以觀觀善。善因觀滅。無量業

相出止觀中。如鏡被磨。萬像自現。

心漸明淨者。亦可云明靜。明淨語通。通於止觀。若云明靜。即以兩字別對止觀。以止觀故。善惡有生滅者。由二世善惡。惡有輕重。善有邪正。及修止觀動過去業。又因止觀善惡生滅者。但是因於止觀見生滅相。非謂止觀令善惡生滅。故舉譬云。如鏡被磨等。理性如鏡。暗散如塵。止觀如磨。業如像現。

○次明外因緣

外者。諸佛慈悲。常應一切。衆生無機。不能得覩。以止觀力。能感諸佛。示善惡禪諸業則現。如持華鬘示於大衆。是名內外因緣。

外緣者。諸佛菩薩。望已爲外。文中示相。雖即內外二緣各說。據理必須內外和合。文別說者。從强受名。如第一卷釋感應中。亦因緣各說。此亦如是。修觀是顯機。諸佛是顯應。亦得是亦冥亦顯機。亦冥亦顯應。亦有不修而感。修而不感。不修不感。以判機應冥顯四句。衆生等者。有四悉機。能令諸佛。不起滅定。示善惡相。禪力能示。名善惡禪。示相顯了。如華示人。

○次明識相已。自益益他。

若得此意。細判罪福。皂白無濫。堪爲方等師。調伏於他。

○三明立境所以

今但研心止觀。令業謝行成。一心取道。何用曲辨相耶。

○次正明發相三。先列六相不同。

二明業相發者。發無前後。且逐語便。先明善發。其相有六。一報果相現。二習因相現。三報前現習後現。四習前現報後現。五習報俱時現。六前後不定。諸業現時。參差萬品。識此六意。分別無謬。

言六意者第一第二單發習因報果第三第四因果互發第五俱發第六間雜總而言之秖是習因報果發相此六種發通冠於下善惡二相至下釋文但明二相餘但略指此文云然後俱雜可以意知。

○次釋五先釋習因習果次釋報因報果習果報因文雖不立有二義故亦須釋之一者相對故釋二者或互受名是故文中引論通釋言習因是自分因等者新經論中名同類因故俱舍云能作及俱有同類與相應徧行並異熟許因唯六種今且

依大論略出六因相次銷今文論三十二云言六因者所作因共因自種因徧因相應因報因言四緣者謂因緣次第緣緣緣增上緣新譯次第緣名等無間緣緣緣名所緣緣餘二名同然龍樹立名什公翻譯雖小不同應非全失以大論是一家承用名字稍同故且依之大品云欲知四緣當學般若大論釋云般若中四緣皆不可得云何說言欲知四緣當學般若答汝不知般若相故是故云般若無四緣般若於一切法無捨畢竟清淨無諸戲論如佛所說言四緣者但說少分無智之人著於四緣而生戲論為破著故說諸法實相空無所有破此諸心如夢如幻故知四緣非為深極復是般若諸法少分是故雖說應知離著何等為著謂為究竟是則名著今為明於事度事蔽善惡相發是六因中四因所攝四緣之中多少不同是故略明四緣及以六因若下修觀應觀因緣即是法界欲知四緣先明六因所作因者不礙於他相應因者心心數法同相同緣以心心法共相應故名相應因心心數法以心相應為因名相應因如親友知識合和成事共因者一切有為法各共生因以共

生故更相佐助如兄弟同生互相成濟自種因者過去善法與現在善法為因現在善法與未來善法為因惡無記法亦復如是一切各各有自種因徧因者苦集諦下十一徧使名為徧因報因者行善惡因得善惡報名為報因言四緣者如上五因名為因緣心心數法次第無間相續而起名次第緣心心數法託緣生故名為緣緣諸法生時不生障礙名增上緣復次心心數法從四緣生無想滅定從三緣生除於緣緣諸餘心數不相應行及色從二緣生除次第緣及緣緣餘有為法劣故無有

從於一緣生者報生心心數法從五因生除於徧因無漏心心數法從三因生謂相應共及無障礙成論但應三因四緣具如玄釋籤第十記今業相發屬習報兩因習因者自種因文兼釋於習果報因因於前世前念善惡故後世後念善惡得起並名習因既心心數法共相因依亦得名爲相應因也不障礙故亦得名爲所作因也俱有助作故亦名共因若蔽相起亦名徧因以此習因未能招報不名報因言報果者亦但四因所作自種共因報因當果相現故云報果據理實是報因而已不與

五部染法爲通因故非徧行因非心心所無相應因若以習因對四緣中得是因緣等三不託緣而起無所緣緣習因起時亦有增上及有無間相續之義亦名次第報果但在增上因緣夫因緣之義佛法根本背邪向正之始入道修觀之源故習佛法者不可全迷今爲判業相未及廣辨亦於修觀廣辨非急故依大論畧出名相文五初釋習因習果三先引論

云何名習因習果阿毘曇人云習因是自分因習果是依果又習名習續自分種子相生後念心起習續於前前念爲因後念爲果

言習果是依果者依於習因而有習果即等流果以約刹那釋習果故故約前念後念明之

○次判三性

此義通三性

判三性者從刹那說耳若始終說者即無漏果不通三性

○三釋習因習果不通三性

論家但在善惡無記無習續也

○次明報因報果

報因報果者此就異世前習因習果皆名報因此因牽來果故以報目之名爲報因後受五道身即是報果也

報因報果者既合習因習果以爲報因當知名雖有四但成三義但以二習望於來報復受因名

○三論家釋習因習果

就今果報身上復起善惡習續習因習果總望前世此習續是果若望後世此習續是因

論家復釋習因習果隔世所起同類習果以此二習望後名因望前名果是則因果之上復立因果

望前因之與果俱名爲果望後則因之與果俱名
爲因此亦有漏故約三世此與毘曇二釋不同彼
論二釋俱不望於三世故也
○四更明數家與論判報果習果小異
數家明報得鴿雀身是報果多淫是習果論家鴿身
及多淫俱是報果淫由貪起貪是習果
更明數家與論判報果習果小異雖判多淫所屬
不同釋義亦與論家不別數依毘曇論依前釋
○五論家重釋稍異前解
又今生煩惱起名習因成業即報因後生起煩惱名

習果苦痛名報果
論家重釋稍異前解二因二果悉皆隔世約於成
業未成業等以判習因報因約於隔世重起以爲
習果酬前世報名爲報果此之四名則有四義不
同前釋但成三義
○三明發相五初明報果相現
若坐禪中但見諸相此名報果相現由昔曰故亦得
言報因
○次明此報果相現
又能起因牽於後報互受名耳

互受名者此相起時即名果相由昔報因應招來
果故名報果亦得名報因者此之報果亦得名因
未酬因故故又能下明此報果相現之時即是能
起之因故也此因必定招於當果是故此相亦得
名爲報因
○三判相
今但判爲果報相也
後報果相預於今現是故名爲報果相現耳所以
名爲互受其名
○四明習因發相

若於坐中不見諸相鬱爾起心是發習因
○五能作後時成就習果
能牽來果故亦得名習果酬昔因故互受其名今但
判爲習因也
於中亦云名互受者此有漏因心習起時名爲習
因能牽下能作後時成就習果也亦得名習果者
名此習因心起之時由昔曾起故云酬昔即名此
相亦得名果名爲互受名也應知此中習因報果
並約相現名互受名若如毘曇當世習果望報爲
因及隔世習果望後爲因雖亦名爲互受其名與

今相現義意則別若將此意以判蔽度善惡雖殊
其相可見。
○次別明發相二先明六度相三初正明發相二
初總標。
善相衆多且約六度。
○次別釋六先明施相三先明果報發相。
檀相發者若於坐中忽見福田勝境三寶形像聖衆
大德父母師僧有行之人受己供養或見悲田受供
養或見兩田雖不受供養而皆歡喜或不見諸田受
與不受但見所施具羅列布滿或不見施物但見淨

地或表今生施報相或見昔生施報相或見好行檀
人來至其前稱讚檀捨如是等事皆是報果發相。
諸相不同隨見一種即表報相其中雖有見人而
不見物或有見物而不見人等但使見相與習因
別即名報相下之五度準此可知。
○次明習因發相
次都不見諸相但心欝然欲行惠施恭敬供養三寶
父母師僧或悲傷貧苦而欲救濟或於檀施法門通
達偏自明了如是等心皆是習因發相。
直爾起心名之爲習表過表現其相不殊下之五
度亦準知之言法門者過現二世或單分別布施
法門或欲施時先簡邪正偏圓等心故此心現總
名習因此度既然諸文例爾。
○三明六相不同
或先起此心却見報相或先見報相却發此心或俱
發或不定發可以意知。
○次明戒相三初明果報發相。
戒相發時亦有六意若見十師衣鉢壇場羯磨歡喜
愛念或雖不見此相而見自身衣裳淨潔威儀蓋衆
又見常持戒人面目光澤舉動安詳來稱讚戒如是

等相皆是持戒報果發也。
言十師者且寄中國一法而言言衣裳者上曰衣
下曰裳故古人服飾如道士無帔者是至魏朝時
道士方始加於橫帔今出家人亦以袈裟涅槃會
等以例衣裳第一本云陳留一人坐禪發習忽然
講律忽進禪等相畧可知。
○次明習因發相
或時皆不見此相欝然持戒心生自言戒淨篇聚不
足可持或欲匡正諸破戒者皆令如法自解律文精
通戒部是爲習因發相。

○三明六相不同
或先後俱雜可以意知。
○三明忍相三先明果報發相。
忍相發者或見能忍人或見自行忍事或自見其身端正淨潔手脚嚴整世所希有或見端正忍人來稱讃忍是忍報果相
○次明習因發相
或直發忍心又解忍法門是名忍習因發相。
○三明六相不同
前後俱雜可以意知。

○四明進相三先明果報發相。
精進相者或見精進人或見已精進事見身多氣力盛壯英雄或見常行精進人晝夜無廢稱讃精進是進報果相。
○次明習因發相
或不見相但發精進心初中後夜不自惜身或通達精進法門是名精進習因相。
○三明六相不同
前後俱雜可以意知。
○五明禪相
禪相者後境中廣說。
○六明慧相
智慧相者菩薩境中當廣說。
菩薩境者通論通取三教菩薩若論現相多在於事三藏菩薩亦有無常伏惑之智乃至別教住前望理亦得名事若二乘智通取亦應寄在般若文中別論六度唯在大乘雖此分別通別去取其相定屬二乘菩薩境中是故但指在於後境。
○次誡勸
六度習報旣有六種一切善法亦如是若細尋此法

逾久逾明不煩多說亦不得多說而受口决隨意廣論
勸誡前第五卷已勸誡云愼之勤之重之但細尋六意無事不了。
○三判須償不同二初準方等師須償。
諸方等師相傳云負三寶物其相現時決應須償。
○次南嶽斟酌進否二初有物須償。
南嶽師云若自有物償者善。
○次無物償有二義三初未暇償。
若自無物欲廢行法四方馳求此有二義衆生昔罪

何曇貸三寶非止一條如羅漢先直取道未遑償業故名觗責行者若廢道場而行乞匃紛動數年豈非魔事今且未償但决志修行諸佛實法展我成立成者待破煩惱入無生忍於法身地廣供養一切三寶還入生死以償衆生菩薩爾時不名觗責立者待功夫著滿名行豎立果報自至時當償三寶非是觗負不作償心小乞申延期於展立耳此豈非好事

貸字應作貣求物也曾於三寶借物未還即他得反若作貸字先曾借與他即他代反非此中意小乘取果尚許不償況今大乘本爲利他近期無生違趣

極果廣能益彼供養三寶故知大小兩乘正爲入道並未償責舊責雖然終無新造觗字亦可作抵抵者拒也

○次暇須償

若廢行法出於道場此决雖償不得讀誦聽學營私衆務决應方便求財償之

○三引同

此釋與優婆塞戒經同經云若負三寶物人正事修道欲求須陀洹乃至阿羅漢者則不須償也不學道應急償也阿羅漢人若用佛物此則無罪

○次明六蔽相二初總標

次明惡相者諸惡甚多且約六蔽於一一蔽皆有六意

○次別釋二初明果報發相三初明慳貪

慳蔽相者若見三寶師僧父母或形容憔悴或裸袒或衣裳藍縷或飢餓惙然寺宇空荒或見一切物皆被守護封緘閉塞與前爲異前人對物歡喜今見乞人對物瞋詬前物表施具今物表慳具或見慳人來至其前是名慳蔽報果發相具有六種例前可知云云

惙者疲也詬者許遘乎遘居候三反耻辱也

○次明破戒二初釋五初殺罪發相

破戒相者若見三寶形像師僧尊長及以父母頭首斷絕地陷不勝或身體破裂鞭打苦惱或見身首異處寺舍零落或見父母詬罵三寶呵責或見喜殺屠兒來往其前又惡禽毒蟲緣其身首皆是瞋蔽報相也亦有六意例前云云

○次淫罪發相

若見不淨屎尿死屍臭物當道深水噴路行不得前或見交昔淫人又示不淨相穢惡可耻或見己身身

體臭處或見多淫人來說放逸事或見禽獸人等交
此皆是淫罪報相亦有六意云云
○三盜罪報相
若見一生所盜物處所盜物主來瞋詬縛切此物或見好盜人來勸說盜事皆是盜相果報也亦有六意例前云云
○四妄語發相
若見父母師僧及外人諍計瞋毒種種間構誹謗於己或見多口過人來即是口四過報果相六種云云
○五飲酒發相

或見醉人吐臥狼籍或見己身沈昏等皆是飲酒報果相亦六意云云
破戒中唯舉七支性戒之相遮戒非一略出一酒通例諸遮瞋故即殺貪故是淫此二并盜及口四過即七支也若口過同一妄者即五戒也
○次結
是等皆是破戒蔽報果相也
○三例餘蔽
餘四蔽例此可知故不委記云云
○次畧舉四分習因之相

復次內心苦痛是殺習內心沈重是盜習內心煩躁是淫習俱有是等分習
畧舉四分習因之相餘畧不論
○三料簡五初約障不障簡三先列四句
三料簡善惡相現為障不同或非障而障障而非障障非障俱障障非障俱不障
○次釋四初非障而障
非障而障者若人先發善相當時歡喜後起愛慢輕忽於他恃此證相作貢高本漸染名利過患轉生心退法壞捨戒還俗無惡不造豈非初因不障之善後

致大障之惡耶
○次障而非障
障而非障者如先發惡相慚愧怖畏勤懺此惡斷相續心永不起罪勤行衆善至辦大事豈非初因於障後致不障耶
○三障非障俱障四障非障俱不障
俱障俱不障例可知云云
○三判三初約事生滅判
若非障而障者此是善將滅而相現此善滅表惡生若障非障者此是惡將滅而相現此惡表善生若障

不障俱不障者。此相表善不滅惡不生。若障不障俱障者。此表惡不滅善不生。此約初善爲語。謂善不障惡爲障。如上分別。

言初善者。總約有漏。及以三諦。故以有漏名爲初善。

○次約三諦判三。初眞諦。

若約眞諦爲言者。上諸善惡悉皆是障。故業淨障經云。一切惡障。一切善障。

○次俗諦

若約假爲語。眞諦善惡俱皆是障。

○三中諦

若約中爲語。假上善惡俱皆是障。故障不可盡。

○三約無作判四。初明難易。

復次善惡習因心起是則易知。善惡報果相起是則難知。

言性與無作者。習因既以內心驗之。但依心判。善惡易知。報果相現於禪心中。忽見外境不由於心。是故難判。

○次正判

若善報相扶善習因心起。或前或後現者。多是性善相。孤然起者。多是無作善相。惡報果相扶惡習因心起。或前或後。多是性惡。不扶習起。多是違無作惡。

今以性之善惡因時必假相扶而起。故後相現亦須相扶。若無作善惡一發已後未捨失來任運恒有。故今相現。不假內心。此且據發得形俱無作。若作俱無作亦假內心。以作事時必須於心。是故若有外相復有內心。或是因時作俱無作。既成無作後時違教及違本要。名違無作。故無作後復以十法三相往驗。

○三以十法三相往驗

復次善惡報果孤然起者。雖以無作往判。理復難明。多好雜魔。若欲分別。須細意撿挍。用空明善惡等十法往驗。若過不及。則是魔相。異此乃是無作也。又三法往驗。所謂久久住數數來。又壞禪心。此三是魔相也。無此三是無作。

○四更約三時以判善惡相。

復次諸惡相現時。初現瞋怒。再來平平。三現歡喜。或人諫曉。或人驅逐。當知皆是惡欲滅相也。

更約三時以判善生惡滅之相。文云。初瞋後喜。則惡滅相。以此例知。初喜後瞋。即善滅相。初後俱瞋即惡生相。初後俱喜。即善生相。諫者字書云。以道訓人。名之為諫。又云諫有五。謂諷。順。闚。指。陷。此中即諷諫也。

○次約解行簡

夫發心真正。慧解分明。善識諸相。一一無謬。不為諸障所惑。打心入理。更增其明。行有餘力。分別業門。雖通達自在。兼以化他。若分別業相。不能縷碎。但總知是障。無所取著。直打心觀理。業不能礙。若本無解。心又發意邪僻。見此相已。而生愛著。魔得其便。入示吉凶。更相因倚。貿易財食。死墮鬼道。此非鬼禪。更謂誰耶。

○三約師證簡

若自正正他。須得其意。親自行證。又師氏口決。方可彰言。莫輒媒衒。妄作寒熱。禍則大矣。深囑深囑。後生慎之。

謂他判相實不容易。故須自證。方可彰言。所言證者。非謂入位。但是曾感。以自證他。若全未感。卒無師氏。應以此文及禪門中。驗善惡相。並大師口決。比附畧知。若不爾者。但以不思議觀觀之。令成不思議境。一切諸障無如之何。即如向文觀解者是。

文中所以誡者。恐後學輩自無微行。倚傍少解。徒占師氏之位。轍衒判斷之能。翻為自沈。益他無幾。若近師氏。理須諮疑。仍須善用觀力抵拒。氏者族姓也。古人從師為姓。是故自古名為師氏。自安公來同稱釋種。

○次簡現相疑二。初問。

問道場神護。怨責那得擾動。

○次答

答實爾。如世遊軍虞候。但覘非防惡。責主切物。所不能遮。業來責報。準此可解。

問中本問諸惡業相現。答中不非相現之問。故初文但云實爾者。凡道場神非護怨責。如軍虞候。但業是實責。非神所防。所言防者。防於橫擾耳。言虞候者。軍中遊邏伺候之官。虞者助也。專者備也。候者伺也。亦云掌山澤之官。候於山澤。非當之過。覘亦候也。亦闚見也。

○五釋闕畧疑

復次諸業名教體相。具如毘曇成實論。若作觀破業。具如中論。彼二家者。互有長短。今意異彼。但明善惡不濫於事即足。若廣分別。妨於正道。若直破而已。全不識道品正助調停方法未具今之止觀明業相不足觀法有餘。

彼二家互有所闕者毘曇闕觀法中論闕業相今畧明業相足辨邪正豎明觀法入門深詣自行入道誠爲有餘若望二家雖曰未足二論但橫明法相而已約法成觀彼論疎遺

○四明止觀二初標牒指數

四修止觀者卽爲十意

○次依數解釋二初明十乘觀法十初明觀境二初簡思議境二初釋五初六凡界二初畧明

云何思議業境若業能招三惡道報有上中下若業能招三善道報謂上中下不動業招色無色報

○次結成

如是等業招於色心還迷色心起四顚倒生死不絕良由於此

六界之文畧列而已次總結云如是等業招於色心者善惡等業不出界內分段生死故曰色心色心尚攝十界善惡何但六界今且列六具如陰入境初所引經論

○次聲聞界

今觀業無業倒惑不生以至漏盡是名聲聞觀業也

○三緣覺界

若觀業由無明無明故業業故名色乃至老死若知無明不起取有無明滅故諸行滅是緣覺觀業

○四通教三乘

若觀業行幻化幻化卽空空卽涅槃是名通教觀業

○五別教菩薩

若觀業如大地能生種種芽十法界法皆從業起是名別教觀業

聲聞觀業是集緣覺觀業是行並不云無常與幻

化者意通兩教聲聞等故通教不云菩薩者通三乘故又此文中不列三藏菩薩者前所發度義當三藏菩薩

○次結

悉是思議境非今所用也

○次明不思議境二初重比決

不思議境者如經云深達罪福相者罪卽三惡福卽三善但解三惡業相不達人天三善業相則非深達達惡達善乃爲深達若達善惡業相但是善惡不名深達又善惡俱是惡離善離惡皆是善是爲深達又

達人天善惡是生死邊。達二乘離善離惡涅槃空邊。但是二邊。不名深達。又二邊皆是惡。亦不名深達。別教菩薩能達二邊之淺。漸漸深達。故名深達。又別教漸深。亦非深達。圓教卽於淺業達於深業。方乃得名深達罪福相偏照於十方。如是深達實不曲辨於三界亦不徑侹而入空卽此意也。

引於法華偏照十方等者。下文既云依正二報。此之十方卽具二意。若作正報卽以十方表於十界。雖曰百界千法等。不世十界。若作依報。三千世間亦不出十方。能照卽是不思議觀。所照卽是不思

議境。十界依正。二意具足。具致甚深。

○次正明二。初出境。

觀一念起卽具十界名十方。十方是依報。十界是正報。若無依報亦無正報。既有正報卽有性相本末等百法亦名百方。如是等法卽一念業。故名一業一切業。

○次引證

華嚴云。佛子心性是一。云何能生種種諸業。答云。譬如大地一。能生種種芽。地若得雨。毒藥衆芽一時沸發。今法性地得行道雨。善惡業芽一念競起。業名法

界諸法之都。故稱不思議境。

問。證中所引華嚴者。與前別教引經既同。今成圓教。如何辨異。答。前明別教。但云地是能生能所不同。故成別義。今明圓教地體生性。一切具足。況復芽堅全是地堅。能生所生無非法界。

○次明發心。爲對業故。下一一文皆以善惡亦先寄於別相三諦次方、、約一心三諦。一一皆云非違非順。當知並寄次辨不次。先寄於別相三諦三。

初卽假慈悲。

既深達業境。善惡共都卽起慈悲。罪福之理非違非

順。違之成罪。順之成福。如世諦名色及諸質礙亦非違非順。若盜之成罪則有三途惡業。若捨之成福則有三善道業。菩薩深達如此。非違非順。於違起悲。於順起慈。

○次卽空慈悲

卽空眞諦無言說道。亦非違非順。違之則成六道有漏之業。順之則成三乘無漏之業。菩薩深達卽空非違非順。於違起悲。於順起慈也。

○三卽中慈悲二。初釋中。

中道之諦亦非違非順。違之則有漏無漏二邊之業。

順之則有非漏非無漏中道之業。

○次證

法華云久修業所得即此業也。菩薩深達中道實相。非違非順於違起悲於順起慈。

○次總約一心三諦

若深達者秖是一念心非違非順無三差別亦是一念慈悲非前非後故名眞正菩提心也。

○三明安心

安心業空則善順而惡息惡息故名止善順故名觀。安心業假惡息善順安心業中惡息善順順故名觀

息故名止是名觀業善巧安心。

從業空去亦寄次第以明不次。一一諦中皆云善順惡息者善順即觀惡息即止。

○四明破徧二先引二論。

破法徧者若阿毘曇云業謝入過去得繩繫屬行人未來受報成實云業從現在入未來未來受報二論雖復各計共成三世三世即是所觀之境。

○次能觀觀三先空觀三初竪推

今觀此業業若過去過去已謝故云何有業業若未來未來未有云何有業業若現在現在念念不生念若已去即屬過去念若未至即屬未來即起即滅何者現在。

卽能觀觀亦且約次第故先觀空後結成三諦三世相望名之爲竪。

○次橫推

若言去時有業名現在者去時是業去者是業爲當去時去去者去現在既無業亦叵得。

於過現中以時與者相對爲橫者謂宰主主者我也一一句中皆推四句復名爲橫。

○三結成空觀

三世推撿橫竪搜求善惡諸業俱不可得畢竟淸淨

○次假觀

而言善惡業者但以世間文字假名分別不可聞名而謂爲實。

○三中觀

所以者何本求理實不求虛名虛名無性雖强分別如指虛空業無作受三諦俱寂故名破法徧也。

○五明通塞

識通塞者於業非業亦業亦非業非業非非業句句之中明識苦集一一心內了知道滅審的成就終不

蟲字故言識通塞也。
四句者業即有漏非業即無漏亦業非業即出假也先已入空得名非業又復出假名為亦業雙非即是中道非漏非無漏業於一一句撿校能所具如陰境。

○六明道品二先明三藏四念

道品調適者成論八云意業單起未得成業意得實法想得假名行則同緣是時意業得成是則有三念處也就身口兩業是色名身念處毘曇人云心數心王同時而起王即心念處受數即受念處想及餘數

皆行陰即法念處王數依色而起即身念處若一時異時皆有四念也
從成論至身念處者是念處也意業單起是心念處意得實法者領納名得是受念處想得假名是想陰行則同緣是行陰想行兩陰共成法念並身口業名身念處總成四念處依經部宗次第而起得作此說毘曇如文此且畧述三藏念處

○次辨無作念處

今觀此業具十法界五陰即是具一切四念處一切業同類之色是身念處此身非淨非不淨同類四陰是三念處此三非苦非樂非我非無我非常非無常即是非榮非枯雙樹涅槃乃至三解脫是名道品也
正辨無作四念處也言同類者雖十界別同名五陰故名同類餘如陰境中說

○七明對治

助道對治者當念應佛三十二相等念報佛無量功德共破習因惡業念法門佛破習因念三十二相破報果云云念法門佛助破報果惡業念佛力故惡業障轉則入涅槃門也
念佛治障障即是業故用念佛以為對治念三十

二相及報佛功德共破習因惡業者是惡習因也惡業麤重須加色相是故須念應佛三十二相復念報佛所有功德方可為治若單善習因心起則但念法門佛以為對治若善報果相現報是色法故但念應佛色相為治若惡報果相現令念法門佛者準例習因惡業既念三十二相及以報佛無量功德令但令念法門佛者文從勝說若本緣理不能治惡言惡業障轉者通論善惡俱皆是障六蔽業重最能障故故從惡說

○八明位次

如是觀時不叨上聖。

○九明安忍

又當安忍內外諸障令得無礙。

○十明法愛

若發似道未是眞解勿生法愛法愛不起則任運無滯自然流入清涼之地。

○次結大車

是大乘十觀得無量無漏清淨果報獲得無上報獲得自在業深達罪福究竟無染故名清淨即是法身返本還源智照圓極故名無上即是報身垂形九道

普門示現故名自在即是應身如是三身即是大乘高廣直至道場餘如上說云云

摩訶止觀輔行傳弘決卷第八之三

摩訶止觀輔行傳弘決卷第八之四
陳隋天台智者大師說　唐荊谿大師湛然傳弘決
門人章安大師灌頂記　明天台沙門傳燈會科
○第五觀魔事境二初標牒
第五觀魔事境者
言魔事者天魔正以順生死貪五欲退菩提嫉眷
屬爲事行者宿行魔業今違宿因宿事來遮故云
魔事大論魔以破人善法爲事具如魔事品中說
○次解釋二初明來意二初具明四悉意
行人修四三昧惡將謝善欲生魔恐迴出其境又當

化度於他失我民屬空我宮殿又慮其得大神力大
智慧力復當與我與大戰諍調伏控制觸惱於我遽
其未成壞彼善根故有魔事也行者道弱未動波旬
一切鬼神屬六天管當界防戍正應動此耳經云魔
事魔罪不說者是菩薩惡知識
來意中具破四悉言修四三昧者重牒前來通修
陰入從惡將欲謝去牒前業境前觀業境爲不思
議事惡將謝理善將生魔恐出境作損壞事是故
須觀魔事境也故有此境大業境來言出境者破
世界意從又當去恐生理善破爲人意從又慮其
去破對治意得大神通止也得大智慧觀也彼止
觀成必能壞我是故我今應預破之遽及也言壞
善根者夫魔唯忌菩提之善不忌有漏有漏同魔
故魔不忌言當界者近以欲天爲界遠以非想爲
界若知衆生不出生死不慕佛乘魔於是人猶生
親想戍者爾雅云遏也守以止賊故字從人執戈
故佛於魔如怨賊也經云去大品魔事品文所言
罪者因魔有事因事生罪故名魔罪又但順生死
皆名魔罪大品云教菩薩離六波羅蜜皆名魔事
又有惡知識亦名魔事又魔罪者菩薩摩訶薩不

語衆生作是言魔作佛菩薩像僧像來教言用是
六波羅蜜爲或云汝無眞菩提非不退行亦不得
菩提或云空中無一切法用是菩提爲或云空中
亦無三乘用是菩提爲不名菩薩皆名魔事魔罪
故也大論八十云有微細魔事者未得跋致誑言
已得準今文中卽是魔羅能作如上等事故須畧
知如是等事若不爲他善分別者名惡知識皆名
魔罪若達下畧示觀境破惡之相
○次畧示觀境破惡之相
若達邪正懷抱淡然知魔界如佛界如一如無二如

平等一相不以魔爲戚佛爲欣安之實際若能如是邪不干正惱亂設起魔來甚善也

惡若已破懷抱淡然知魔界如下即第一義意魔佛理一故名爲如首楞嚴云說此經時佛記衆中二百魔女已曾五百佛所深種善根過七百阿僧祇劫當得作佛同號淨王魔聞諸女得記作佛來白佛言我今於自眷屬不得自在是時天女示怯弱相而宣妙理便語魔言汝莫愁惱我等今者不出汝界所以者何魔界如佛界如不二不異我等不離如是魔界魔界即佛界故魔界無有定法可

示佛界亦無定法可示一切諸法皆無定性無定性故無有眷屬及非眷屬

○次開章別釋二初開章

今明魔爲五一分別同異二明發相三明妨相四明治法五修止觀

○次別釋五初辨同異四初與四境辨異

同異者陰魔已屬陰界入境煩惱魔已屬煩惱境死魔病是死因已屬病患境今正明天子魔也

辨異同者與前四境對辨異相業境文中畧無對辨

○次與四例辨異

然四倒與四魔異者四倒秖是煩惱魔煩惱魔故即有陰入魔陰入魔故即有死魔既未出三界即屬天子魔

文云四例秖是煩惱魔者如前煩惱境中所引十軍此十軍中具足四倒若望四魔雖但煩惱由煩惱故生後三魔若前十軍是魔所置復屬今境

○三約界辨異

若界外同異者破界內四倒分段諸魔悉過唯有無常等四倒此是界外煩惱魔煩惱魔故即有無等等

色即界外陰魔陰魔即有死三賢十聖住果報乃至等覺三魔已過唯有一分死魔在是爲界外三魔無第六天魔但赤色三昧未究竟名天子魔若妙覺理圓無明已盡故無煩惱不住果報故亦無死赤色三昧滿乃是究竟魔事

依涅槃第二十文既以無常等四爲界外四魔此乃通途立魔名耳非今魔境若且以涅槃而例此文界內煩惱亦爲四倒對餘陰死天子等三合成七魔準例界外亦成七也內外合成一十四魔故須料簡內外陰死天子三魔今言異者但不得以

無常四名以對陰等若各論者界內名為常等四界外名為無常等四此之四魔名體俱異內外陰死天子等三體異名同是故應須辨同異也大論第六問何處說陰為魔答佛在莫拘羅山教羅陀云色是魔乃至識是魔此即且據界內說也言乃至等覺三魔已過等者此瓔珞經教道說也若從實說過則俱過言無第六天魔等者既至等覺三魔已過唯有一分死魔在耳此仍從教故等覺已前四魔具足問爾前祇應有煩惱陰及變易死如何得有天子魔耶故文釋云實無第六天天子魔

也但是赤色三昧未窮於中義立天子魔耳是故名為具足四魔故知凡界內名通至界外並是義立體不得同故赤色三昧觀於他化自在天有破彼天有三惑未盡是故通名天子魔也大經十三具列二十五三昧名玄文第四委釋

○四引經辨異

若華嚴明十魔亦何得出此意耶

引經文以辨同異者新經五十八離世間品云菩薩摩訶薩有十種魔一者陰魔生諸取故二者煩惱魔生雜染故三者業魔能障礙故四者心魔起高慢故五者死魔捨生處故六者天魔自憍縱故七者善根魔恒執取故八者三昧魔久耽味故九者善知識魔起著心故十者菩提法智魔常不捨故若將彼十以望今文有通別二意所言通者十魔一一通界內外謂界內陰及界外陰乃至二乘菩提法智別教菩薩菩提法智若別論者六唯界內餘通內外界內六中初一五六界內三魔第二三四合為界內煩惱魔也餘四通者如前通釋故與界內四明同者則從別釋若名異者即從通釋別義復通故如前釋雖有通別仍不出四餘四攝

在煩惱魔中是則內外俱十各四亦如前文俱七各四彼經復有十種魔業十離魔法具如彼經不能委引又大品十三魔事品文並是第六天子魔攝大論六十七六十八魔相甚廣何但於三昧中現乃至一切事業中惱亂行者經云若魔若魔民惡因緣故入人身中嬈亂人心或令書者疲極國土事起或書者不得供養若讀誦時師徒不和若大衆中說有人來說法師過失言法師不能如說而行何足聽受或言雖能持戒而復鈍根不解深義聽之何益或言大乘是空滅之法無可行處或

時作好敬信沙門云般若波羅蜜空無罪福名無有道理等如下發相中云令墮惡者卽其意也或云可取涅槃卽發相中令墮二乘者是也又云或法師不受弟子信施或師好施弟子不受論釋云弟子法應供養於師何以言師施於弟子然弟子作是念師少物尚不捨何能捨身雖讚布施乃是欺誑名不和合是故師須布施弟子弟子復以四事供師師少欲故而不肯受便羞愧言如賣買法是故不受或師多知識無乏能養弟子弟子自念人嘗謂貪師之衣食是故受法或云德薄不勝師

施如是等心雖好不成般若波羅蜜亦是魔事此等卽前發相中令墮善者是也雖非因觀而發或當亦是宿緣相關或行三昧師與弟子有上諸事妨三昧故不可不覺此等既爾諸行例然故畧記之以示後學

○次明發相二初辨民主

初辨民主可知

二明魔發相者通是管屬皆稱爲魔

○次開釋二初列

細尋枝異不出三種一者𡐟惕鬼二時媚鬼三魔羅鬼三種發相各各不同

○次釋三初明𡐟惕鬼

𡐟惕發者若人坐時或緣頭面或緣人身體墮而復上翻覆不已雖無苦痛而屑屑難耐或鑽人耳眼鼻或抱持擊擽似如有物捉不可得驅已復來啾嘖作聲鬧人耳此鬼面似琵琶四目兩口云云

初文可知啾嘖者楚詞云啾唧蟲鳴又云啾啾鸞聲嘖者小語也魔似彼聲故云也

○次明時媚鬼三初辨權實

二時媚發者大集明十二獸在寶山中修法緣慈此

是精媚之主權應者未必爲惱實者能亂行人

大集十二時獸者若五行中名十二肖肖者似也此十二神似彼故也大集二十四云東方海中有琉璃山高二十由旬中有虎兎龍南方海中有頗黎山高二十由旬中有蛇馬羊西方海中有白銀山高二十由旬中有猴雞犬北方海中有黃金山高六由旬中有猪鼠牛所住之窟經各有窟名東方樹神南方火神西方風神北方水神一一方各有二羅刹女及五百眷屬隨其方命各自供養其方三神其窟皆云是菩薩住處一一獸皆云修聲聞慈

晝夜常行閻浮提內人皆恭敬已曾於過去佛所發願一獸每一日一夜徧閻浮提餘十一獸安住修慈從七月一日鼠爲其首二日牛乃至十三日還從鼠起是故此土多有畜獸能行教他故他方恭敬經云若此佛四部弟子欲得大智大定大神通欲受一切所有典籍增進善法應作白土山方廣七尺高一丈二尺種種香泥以金薄薄之四面二丈散蒼蔔華以銅器盛種種非時漿安置四面淸淨持戒日三洗浴敬信三寶去山三丈正東立誦如是咒云云經十五日當於山上見初月像卽

知已見十二時獸見已所有願求隨意卽得此十二獸或時作鬼鳥等像行閻浮提敎化同類菩薩秖作人天等像是末爲難爲獸則難此獸旣云一日一夜行閻浮提故知卽是權化者耳今下文言隨其時來惱行人者乃是支流實行之輩

○次正明發相

若邪想坐禪多著時媚或作少男少女老男老女禽獸之像殊形異貌種種不同或娛樂人或教詔人

○三以時驗之

今欲分別時獸者當察十二時何時數來隨其時來卽此獸也若寅是虎乃至丑是牛又一時爲三十二時卽有三十六獸寅有三初是貍次是豹次是虎卯有三狐兎貉辰有三龍蛟魚此九屬東方木也九物依孟仲季傳作前後巳有三蟬鯉蛇午有三鹿馬麞未有三羊鴈鷹此九屬南方火也申有三狖猨猴酉有三烏雞雉戌有三狗狼豺此九屬西方金也亥有三豕貐豬子有三猫鼠伏翼丑有三牛蟹鼈此九屬北方水也中央土王四季若四方行用卽是用土也卽是魚鷹豺鼈三轉卽有三十六更於一中開三卽有一百八時獸深得此意依時喚名媚當消去若受

著稍久令人猖狂恍惚妄說吉凶不避水火云云

此九屬東方木等者如東方九獸但三爲正故以三正而對孟仲季言前後者孟者首也正獸則在三中之後仲者中也正獸則在三獸之中季者末也正獸則居三中之初餘之三方亦復如是居初之後居末之初故云傳作前後欲使九座均調孟仲季等是故傳作前後分之餘五行法並但十二唯六壬式中列三十六準彼文者已有三謂蟬鱓蛇今文云鯉多恐字誤又列子云鷰鼠伏翼今文云猫仍恐彼誤餘諸獸名並與式同豺者犬足貉

者應作狢（胡各切）爾雅云雌者曰獶（乃老切）今江東呼爲狭獀揄字從豸猰貐類貙虎爪食人迅走貙（勑俱切）若更開爲一百八獸但爲時分猶寬恐在時間不識故更開爲一百八也隨其時分還以十二收之隨其時來但稱十二獸名或稱三十六名其媚則去故知鬼法懼人識名識名尚不敢來況復識形故識其形名不敢爲非。

○三明魔羅鬼三初明破意及破方法。

三明魔羅者爲破二善增二惡故喜從五根作强輭來破。

前慥惕時媚並波旬遠屬今魔羅者皆波旬近屬或天上自來最爲難伏二善二惡者四弘爲已善諸行爲未善見思爲已惡無明爲未惡。

○次引證

大論云魔名花箭亦名五箭各射五根共壞於意五根各一刹那刹那若轉即屬意根意根若壞五根豈存眼見可愛色名華箭是輭賊見可畏色名毒箭是强賊見平平色不强不輭賊餘四根亦如是合十八箭亦名十八受以是義故不應受著著則成病病則難治永妨禪定死墮魔道。

言華箭等者大論問曰何名爲魔答魔者破慧命壞道法是故名魔諸外道輩云是欲主引人生著復名爲華從五根入破壞五根復名五箭破佛法善法故名魔羅復次作世間結使因緣亦魔王之力爲諸佛怨讎破一切聖人逆流人事不喜涅槃法又云是魔有三種事能破行人謂戲笑語言歌舞邪視等是從愛生縛打鞭拷斫刺破截等是從瞋生五熱炙身自餓投巖等是從癡生此等即是三賊之流也乃至貪染世間皆是魔事又云或作種種形恐怖菩薩或作上妙五欲惱亂菩薩或轉

世間人心作大供養貪供養故則失道法或轉人心令惱行者隨前人趣向因而惱之論文甚廣隨要而記五根各一刹那者五根取塵必爲魔羅之所得便魔羅得便良由失念失從於根故曰五根各一刹那故婆沙第九云佛著衣持鉢入城乞食波旬作是念當壞其道便作御車人類把鞭覓牛著做壞衣頭髮蓬亂徃至佛所問佛見我牛不佛念是魔亂我即語魔言惡魔何處有牛用是牛爲天魔作是念沙門知我是魔即白佛言眼觸入處是我乘乃至意觸入處是我乘沙門何所之佛言

我到彼無六觸處。汝所不到處。我當往彼。波旬意以我如御者。六觸如乘。能御此乘。運諸衆生。至於三界。所以涅槃非其到處。故佛語言。我到無六觸及汝所不到處。卽涅槃也。故大品諸文。魔羅作惱不出六觸。故今文中。外扇內惱。不出六觸。天魔波旬。尚以色等惱亂於佛。況悠悠行人者耶。今云五觸意。卽兼六。以從五根轉入意故。卽有法觸。故云共壞根塵相對。卽有十八。

○三廣釋外來六。初令墮惡

復次魔內射不入。當外扇檀越師僧同學弟子。放十

八箭。昔諸比丘得魔內惱。又得檀越謦毀强輭不撓。魔卽哭去。行者善覺。師徒檀越。或法主異語。徒衆卽瞋。徒衆怨言。法主則怪。如是因緣。廣說如大品。

○次令墮善

又魔善巧。初令乖善起惡。若不隨者。卽純令墮善。起塔造寺。使散妨定。

若本是出世高士。得作此說。若本是散善之人。元是魔屬。何所論墮。如此之人。若廢善法。卻成魔事。

○三令墮二乘

若不隨者。令墮二乘。魔實不解二乘。但行當之使不入大耳。如童蒙人。初被行當捨大乘習小。功夫已多。後悔無益。能行當者。實不解大小。

言行當者。指示也。

○四令墮無方便空假

又化人入無方便空。謂無佛無衆生。墮偏空裏。或偏假裏。種種蹊徑。令不入圓。

令墮無方便空等者。惡空假也。不先觀於緣生四句。不了諸法皆無自性。不解諸法性空相空。雖生空解。不損煩惱。名無方便空。若不爲菩提無大悲心。雖云化物。但增生死。如是名爲偏事邪假。尚不

及三藏菩薩之假。况餘教耶。乃至亦能令人入於三藏之假。如爲阿難。亦似別教。但非從空。故云偏耳。

○五舉深況淺

阿難笈多學。阿鞞跋者。皆爲魔所惱。何況初心。寧免自他三十六箭。

阿難。如來臨涅槃時。在娑羅林外。爲六萬四千億魔之所惱亂。佛問諸大衆。阿難今者爲在何許。答曰。今在娑羅林外十二由旬。爲六萬四千億魔之所惱亂。諸魔皆自變形。爲如來像。或說諸法從因

緣生或說不從因緣而生或說從因緣生者皆是無常或說是常或說陰入是實或說是虛假或說十二因緣有四種或說如幻化或說因聞因思因修或說不淨觀出入息四念處四善根三空門無學初地乃至十住十二部經三十七品現十八變八相成道阿難念言如是等相昔所未見誰之所作將非如來作耶欲起欲語都不從意魔入骨故復自念言佛於今者所說不同我於今者爲受誰語阿難今者極大苦惱佛令文殊以咒術力破壞諸魔然諸魔所說唯不能說圓頓法門以圓頓法

非其境界故也言箋多者於魔娑羅國半月說法所謂施論戒論生天之論欲爲不淨出要第一魔王波旬便生愁惱而作是念優波毱多作大集會必當教令出我境界我今當往壞其衆意於說法處雨眞金華瓔珞華等化作白象七寶莊嚴化爲七人端正殊特擧會觀察無聽法者於三日中演說深法無有一人得道果者魔王歡喜深自慶幸毱多卽入三昧觀之誰之所作卽知波旬魔王所作復以瓔珞著尊者頂上知已便作是念惡妒弊魔壞亂正法如來何故而不調伏卽觀佛心知佛

令已而調伏之卽以三屍蛇人狗等化爲瓔珞感魔令至而謂之曰汝與我鬘深感厚施今還以此用酬贈汝魔大歡喜舒頸受之至其頸上還見死屍蟲蛆欲出魔見是已深生厭惡語毱多言汝今云何以此死屍而繫我頸答曰比丘不應以華鬘莊嚴汝先何以爲我著之今爲汝著正得其宜魔以神力欲去不得此屍在頸如須彌山不可動轉踊身虛空請求諸天爲脫此屍諸天皆言此是大聖之所爲作非我庸下之所能脫詣梵王所求爲脫之梵王言十力弟子所作我不能脫假使劫風

旋嵐所吹亦不能動如因地倒還從地起若能歸依優波毱多容有得脫魔受梵王教至毱多所深生敬重五體投地白言大德佛初成道我率宮屬而遏惱之未曾一言而見輕辱汝阿羅漢少慈悲力於人天前見陵毀我毱多言汝大愚痴無有智慧以聲聞人用比如來欲以芥子比須彌山螢燭之光齊輝日月我今陋劣故相毀辱又如來使我調伏於汝汝因斯故有善心生不墮惡道魔聞歡喜生希有心今可爲我除此三屍尊者答言汝於正法莫作惱害然後乃當爲汝脫之魔言受教乃

至令爲現如來相等云云盜免自他三十六箭者。一根有三三五十五轉入意地又有三箭故成十八魔自作惱名之爲自扇動檀越名之爲他自他各有一十八箭故三十六。

○六正約理調二初正明。

若知魔佛皆入實際則無怖畏。

違實際故見魔異佛若入實際魔佛不二魔不爲違佛亦無順。

○次引證

大經云爲聲聞人說有調魔爲大乘者不說調魔。

一心入理誰論强輭耶。

小乘斷惑故說調魔如匓多等大乘體法魔爲法界如楞嚴中說三昧時魔欲爲惱自見被縛無人調之又小乘人旣未能破但名爲伏大乘之人無魔可調乃名爲斷。

○三明妨亂四初列。

三明妨亂者但强輭等箭初射五根有三過患一令人病二失觀心三得邪法。

○次釋三初令人病。

病有種種相從眼入者病肝餘根可知身遭病苦心則迷荒喪禪致死。

○次失觀心

失觀心者本所修觀善法安隱從五根見聞以後心地昏忽無復次序。

○三得邪法

邪法者當約十種正法簡出邪相有者色從眼入見山河星辰日月居宮亦見幽中種種相貌指點方面是有太過無者色從眼入便謂諸法猶如斷空說灰無法甚可怖畏是無太過明者色入已豁豁常明如日月照闇者昏闇漆黑鏗然不曉定者色入已心如

木石塊然直住亂者色入已狡擲攀緣愚者色入已闇短鄙拙脫裸無耻智者色入已聰黠捷疾悲者色入已憂懊泣涙喜者色入已歌逸恒歡苦者百節疼痛如被火炙樂者身體暢醉如五欲樂禍者自恒招禍亦爲他作禍亦知他禍祟福者恒自招福亦能爲他作福惡者無惡不造又令他作惡善者自行檀等亦令他行檀慳者不耐見人違他獨住愛者戀重纏著强者其心剛强出入不得自在猶如瓦石難可迴變不順善道輭者心志輭弱易可敗壞猶若輭泥不堪爲器以是等若過若不及悉名邪相。

對空等十法猶二十邪法文望正法皆名太過其實若過不及各各有十至禪境中當辨

○三結數

一根有三受一受有二十邪法三受合六十邪法歷五根合三百邪法雖九十五種種種異邪而其初入必因五根細尋三百必與彼相應也

三百邪法者且約邪從外來故云三百若兼度入意地則三百六十故文中云而其初入必因五根故且從因以明三百

○四結妨損多少

夫堆惕多令禪觀喪失時媚多令人得邪法魔羅備此二損也

○四明治法三初治堆惕鬼

四明治法若治堆惕者須知拘那含佛末法比丘好惱亂衆僧僧擯驅之即生惡誓常惱坐禪人此是源祖之鬼報或已謝而同業生者亦能惱亂今呵其宗祖聞即羞去呵云我識汝名字汝是堆惕惡夜叉拘那含佛時破戒偷臘吉支貪食嗅香我今持戒不畏於汝如是呵已即應去若其不去當密誦戒序及戒戒神還守破戒鬼去

云偷臘等者盜增法歲意避僧役希利貪食故得此名臘者獵也於此月中獵取禽獸以祭其祖從事而立故名爲臘或曰臘者接也史記云始皇名臘夏曰嘉平殷曰清祀周曰大蜡（鉏架切）自漢後爲臘以至於今吉支者鬼名也此鬼本由破戒所致故聞戒序猶生愧心況戒神所護令破戒鬼去亦如前所引五戒緣起則一切鬼神皆懼戒法俗有相傳云請僧禳災僧誦戒序厖被戒神移之曠野即其事也

○次治時媚鬼

治時媚鬼者須善識十二時三十六時獸知時唱名媚即去也隱士頭陀人多畜方鏡挂之座後媚不能變鏡中色像覽鏡識之可以自遣此則內外兩治也

○三治魔羅鬼

治魔羅有三一初覺呵如守門人遮惡不進如佛告比丘一切他物不受不受之術能治一切自他魔事二若已受入當從頭至足一一諦觀求魔叵得又求心叵得魔從何來欲惱何等如惡人入舍處處照撿不令得住三觀若不去強心抵捍以死爲期不共爾住善巧迴轉如是三治不須多說

云一切物莫受者空無所得也。具如玄文第四卷初引增一二十七云。魔有五力。所謂五塵。佛聖弟子。一力能拒。謂不放逸。大論問。新學菩薩道力尚弱。云何能使魔不得便。答。諸菩薩護故。又云。是善人修空故。魔無如之何。如身無瘡。毒不能入。是故修空魔不得便。

○五修止觀三。初正明二。初列。

五止觀者例爲十法。

○次釋十。先明觀境二。初簡思議境二。初釋四。初明三惡界。

思議境者。若魔事起。隨順魔行。作諸惡業。成三途法。

○次明三善界

若隨魔起善。所謂他屬而行布施。雖生善道。世世相染。或時附著。倚託言語。若捨身命。即受彼報。設欲修道。遮障萬端。經云。有菩薩有魔無魔。即此意也。是爲三善法界。

○三明二乘界

魔又化令自入涅槃。衆生何預汝事。唐受辛苦。不如取證。是名二乘法界。

○四明菩薩界

魔又令人紆迴拙度。不速入菩薩道。

○次結

如是淺深歷別。皆是思議境也。

初三惡者 云云。大經云。有四善事。墮三惡道。一者爲勝他故讀誦經典。二者爲利養故受持禁戒。三者爲他屬故而行布施。四者爲非想故繫念思惟。言他屬者。施物本爲攝他從己。今以他屬爲三善者。且據施邊從事而說。若從心說。則屬三惡。雖生善道。世世相染等者。意令他屬而反屬魔。是故世世爲魔所嬈。經云下。大品文也。大論八十一云。阿

難問佛。魔爲都嬈一切菩薩。亦有不嬈者耶。佛言。有嬈不嬈。阿難白佛。何者被嬈。佛言。或有菩薩先世聞般若不能信解。遠善知識。親近惡友。離般若行惡法。聞深般若。語他人言。我尚不得其底。汝何用學。又輕餘菩薩言。我行般若。汝無是行。又有菩薩恃性輕他。天魔歡喜云。我宮殿不空。益三惡道。又有菩薩與求聲聞者諍。魔言。穢薩婆若。或與求薩婆若者諍。魔言。兩失薩婆若。若無是事。甚深清淨者。則無魔惱。雖在善道。與魔相鬬。如是菩薩爲魔所惱。言拙度者。通至別教。如魔爲阿難說法 云

云

○次明不思議境二初正明妙境。

若即此魔事具十界百法在一念中。一切法趣魔如一夢法具一切事。一魔一切魔一切魔一魔非一非一切亦是一魔一切魔。一佛一切佛不出佛界即是魔界不二不別。

言一魔一切佛等者魔既即理故一魔即一切佛。

○次明妙觀功能

如此觀者降魔是道場。上根利智治魔顯理以魔爲侍於魔不怖如薪益火緣修不能寂照持世不覺魔

謀請言善來眞修寂照不待觀而後鑒。即知是魔非帝釋也別教不耐非法故云非我所宜圓教安之實際故言如我應受不畏非人於生死有勇是名不思議境也。

言治魔顯理者降魔是道場即是治於魔穢顯於理米魔爲侍者者夫爲侍者隨順人意故觀魔界隨順實相緣修不能寂照等者即淨名中持世菩薩住於靜室天魔波旬從萬二千天女狀如帝釋鼓樂絃歌至持世所持世謂是釋提桓因而慰之言善來憍尸迦次復責言雖福應有不當自恣當觀五欲無常以求善本魔言受是萬二千天女可備掃灑意以聞法用伸供養因茲作惱壞菩薩心。持世未曉故但答言無以此非法之物邀我沙門釋子等時維摩詰爲調魔屬訶持世言是爲魔來非帝釋也時維摩詰即語魔言可以此女與我如我應受大士意言我是俗流正應受之彼出家之人非所應也今文便釋經意云持世但是別教菩薩緣修出觀不覺魔嬈淨名是圓教菩薩眞修寂照觀無出入故斥持世不能寂照爲魔所謀

○次明發心

魔界即佛界而衆生不知迷於佛界橫起魔界於菩提中而生煩惱是故起悲欲令衆生於魔界即佛界於煩惱即菩提是故起慈慈無量佛悲無量魔無量慈悲即無緣一大慈悲也

慈與衆生魔界即佛界之樂故云慈無量佛悲拔衆生佛界即魔界之苦故云悲無量魔

○三明安心二初約悉達降魔以明止觀

欲滿此願顯此理應降魔作道場八十億衆不能動心名止達魔界即佛界名觀

文中寄事故約悉達降魔以明止觀

○次結成行人用安心相
但以四悉止觀安心。
○四明破徧二。初總明。
隨魔事起。卽以四句破之。橫豎單複。破悉無滯。
○次歷教四。初三藏。
三藏初伏四魔。坐道場破煩惱魔。得菩提道。又得法性身破陰入魔。此兩共破死魔。道樹下得不動三昧。變三玉女。破八十億兵。冠蓋劍各墮者。是破天子魔。
○次通教
通教初得無生忍。至六地得菩提道如前。八地道觀

雙流。是不動三昧。破天子魔。兩處聲聞止破三魔。笈多恒爲所惱。後得神通伏而非破 云云
○三別教
別教十住已破界內四魔。登地分得菩提道破煩惱魔。分得法身破陰魔。分得赤色三昧破天子魔。若瓔珞云。等覺三魔已盡。唯一分死魔在。三不應前盡。一不應獨餘。此乃別教方便說耳。
○四圓教
圓教初住俱破八魔。得菩提道破煩惱魔 云云。乃至妙覺八魔究竟永盡。雖初住破。非初住破。雖後覺破。非後覺破。而不離初住後覺。是爲破法徧也。
歷教中三藏伏四在三祇百劫。坐道場時。三十四心破煩惱魔。爾時乃名爲菩提道。入無餘後。名法性身。由菩提滿故成佛果。由成佛故。故入無餘。入無餘故。破於陰魔。由破煩惱及得法性身故。永無分段故也。是故此兩共破死魔。故三藏佛雖降天魔斷煩惱魔。有餘身在。仍未免陰。八十入滅。仍未免死。故得菩提及入滅已。至法性身方免陰死二魔。文中存畧。但言死耳。得不動三昧等者。具如大集云。天主初令諸軍。次遣太子。次遣三妃。皆不能

壞。後自領軍爲佛所降。大軍退敗。王顚倒墮。冠蓋劍三。各在一處。此並大論第六文也。今文義通。至後三教。通教見位同三藏伏。至六地時得菩提道。同三藏斷。兩教聲聞不破天子魔。故初爲所惱。修得神通。雖復調伏。亦不名斷。據教全未識於赤色三昧。別依教道。故前後斷。是則前之三教並屬教道。若不爾者。豈有斷通惑伏別惑。而能破魔。圓教俱破。無復前後。應約六卽以辨淺深。初住俱破八魔者。大論二十云。若欲修習首楞嚴定。須破八魔。應當親近大般涅槃。謂陰等四。及無常等四。義通

內外如前所說。

○五明通塞

於上一一破魔法中皆識苦集無明蔽度知字非字。

如文

○六明道品

道品者魔界具一切色色即是空色即不淨色即是假此名為淨色即是中非淨非不淨餘四陰亦如是是名一念處一切念處乃至三解脫門。

如文

○七明對治

門若未開必由事障久遠劫來為魔所使起於魔檀為有報故持於魔戒要利養故行為魔忍為畏他故習魔精進求名聞故得於魔禪味為鬼法樂於魔慧分別見網如是六法雖名為善其實是魔由此邪蔽蔽三脫門今用正度對治六蔽蔽去度成如油多明盛若雜煩惱當用前四分觀助治雜業借念二佛助治。

此之六種於魔成度於行人成蔽為生死故即成魔度違菩提道所以成蔽今以依理而斥事度以此事六治於魔六此六蔽者雖似六度不為菩提皆屬魔攝前之四度灼然生死所得禪定與鬼交通所得般若不離見著言正度者四教六度皆名為正具如助道攝法中說兼治者以魔中兼二故須借用若雜煩惱及業如前兩境中用治雜業借念二佛者謂色身法門身雜中有惡當用念色雜中有善當念法門。

○八明位次

若小乘伏道偏名為聞慧乃至圓教五品是聞慧位此尚未成豈可濫眞起增上慢

聞慧者四教並在外凡故今圓教在於五品。

○九明安忍

若欲入眞當一心安忍勿更為魔之所動亂窮微觀照强心呵抵。

○十明離愛

若入似位得法賞賜勿生高心愛心譬如大勳黜為小縣或失祿或失命若起法愛是犯罪但發似解如小縣失似解如失祿墮二乘地如失命大乘家業宗社滅故若無法愛從相似入眞實調魔為侍直至道場復次退慧如失勳退定如失祿俱退如失命。

黜者退也貶去也此十法後亦應以大車為譬文

無者畧但云直至道場。

○次結觀通別

復次通用一意爲觀者。行人根鈍。先解通意。度曲入別。中論品品別意。而俱會無生。通別互舉。得意相成也。

十乘觀法有通別二意。一以陰境十法觀下九境。名之爲通。秖是一法。不思議觀。人根鈍故。開對十法。先了通意。節節入別。境境皆圓。觀法易了。故引中論通別爲例。

○三料簡二。初問。

問魔動竟。好法後起。爲是法爾。寒過春來耶。

如文

○次答二。先違問答。

答未必併然。自有過難。好法亦不發。魔是惡緣所感。善是心力所致。

○次引論順問答

釋論云。釋迦往昔在惡世。世無佛。求法精進。了不能得。魔變化作婆羅門。詭言有佛一偈。汝能皮爲紙。骨爲筆。血爲墨。當以與汝菩薩樂法。即自剝皮。曝令乾。擬書偈。魔即隱去。佛知其心。從下方湧出。爲說深經得無生忍。可以爲證云云

引論文證者。即順問答。雖順問答。此成不定。故不同於寒去春來。魔若去已。好法來者。不必全爾。是故不同。大論云。樂法梵志。於十二年。徧閻浮提求知聖法。而不能得。時世無佛。佛法亦盡。有婆羅門言我有聖法一偈。若實樂法。當以與汝。答言實樂。婆羅門言若實樂法。當以皮爲紙。以骨爲筆。以髓爲水。以血爲墨。即如其言。書得佛偈。偈言。如法應修行。非法不應行。今世若後世。行法者安隱。又有說云魔來誑樂法。令剝皮等者。意欲退樂法心。樂

法心堅。即便剝皮等。魔便隱去。感下方佛爲其說偈。後釋與文合。與論稍別。

摩訶止觀輔行傳弘決卷第八之四

摩訶止觀輔行傳弘決卷第九之一

陳隋天台智者大師說　唐荊谿大師湛然傳弘決
門人章安大師灌頂記　明天台沙門傳燈會科

○第六觀禪定境三初標

第六觀禪定境者

○次釋二先釋來意二初經論明障

夫長病遠行是禪定障立世阿毘曇云多諫諍多營事亦是禪定障復有多讀誦亦是禪定障文殊問菩提經云禪定有三十六垢垢即是障

長病等者準諸部阿含總有五法退羅漢果一長

病二遠行三諫諍四營事五多讀誦尙能退果況復退禪文雖在小意則通大如四三昧人有此五事非唯妙境不成亦不發宿習諸定是故引之文殊問經三十六垢未撿

○次正明來意三初明須觀不須觀

上諸境得入到清涼池入流竟則不須觀禪境若魔事雖過而眞明未發雖無別修以通修故發過去習諸禪紛現當置魔事觀於諸禪

到池者初住也入流竟者初住已去無功用故若此位兼發一切事禪任運卽理不須更觀今令觀者在於假名五品位中故云入流不須觀也問若入流已何得事禪答如九禪初自性等禪並是事禪卽對初地亦如南嶽發得相似亦與一切事禪俱發但此位發不同下位故不須觀若魔事等者魔事既過無境可對故無別修依前觀陰故云通修

○次釋須觀所以

所以者何禪樂美妙喜生耽味垢膩日增若謂是道墮增上慢若呵棄者全失方便如此等過不可具記雖免魔害更爲定縛如避火墮水無益三昧爲是義

故須觀禪境

云垢膩日增者諸禪既發若不於禪更修觀法煩惱日增起見起愛乃至因禪能起重過如諸外道及調達等並是因禪起過之人爲是義故須觀禪境從若謂是道至方便者又更從容進退判之若存而不觀卽如下文無所知人得欲界定未到定等謂爲無生若棄而不習還入散心散心爲境用觀則難若以禪爲境用觀則易若用世禪爲妙境方便多入五品故不可棄

○三引教歎美

但禪支諸定助道有力。大小乘經皆共稱美。若四禪八定毘曇成實明之委細。自性九禪地持十地甚爲分明。

但禪支等者。引教歎美。明大小乘皆修事禪。地持九禪雖非今境。且引大小通顯修禪。況九禪中通有事禪。但約自行化他而分大小。故知事禪大小稱讚。言四禪八定者。四在八數。重兼列者。若色無色二界相對。則色界名禪。無色名定。若總以上界望於下欲。則上二界俱名定地。下欲爲散。自性等九地持十地。二論俱約六度明九。九名皆同。如彼

廣解。法界次第畧注消釋。若直發九禪。卽屬菩薩境攝。今對引稱歎。非爲辨發。

○次開章別釋二。初開章。

今亦畧示其發相。麤爲四意。一明開合。二發因緣。三明發相。四修止觀。

○次別釋四。初明開合八。先列今文十門。

初明開合者。禪門無量。且約十門。一根本四禪。二十六特勝。三通明。四九想。五八背捨。六大不淨。七慈心。八因緣。九念佛。十神通。

○次以五門及十五門徵問同異二。初問。

此十門與五門十五門云何同異。

言五門者。卽小乘中七方便初五停門也。大小兩乘初皆因入。故名爲門。達爲對治入理之由。是故今文以爲對辨。十五門者。於五停門各開爲三。故成十五。則大小事理諸禪並足。遍攝一切大小乘教。今明修發。但在事禪。理屬通修。及後二境。故下文云。若五門者。有所不收。若取十五。義濫於理。今演畧令廣。故開五爲十。去理存事。故撮十五爲十。恐人不曉諸門多少若開若合去取之意。故今以十而對廣畧問答料簡。故云十門與五門等云何

同異。

○次答二。先總答。

但有開合之異耳。

○次別答三。初明開五爲十。

開五爲十者。開數息出特勝通明。開不淨出背捨大不淨慈心因緣。守本念佛門。毘曇名界方便。禪經稱念佛。此亦守本。神通約九禪上發。不專據一法。

開五門以爲十門。但對五中事。不足者則從事更開。若無事可開者則存事守本。所以數息不淨所開屬事。隨開合取。故此兩門并本各三。慈心因緣

念佛此三無事可開但存事守本故但各一念佛
毘曇云界方便者如第七助道中引神通先非五
門之數但從禪起用九門咸有故須明之是則前
二開而不合次三合而不開神通一門非開非合
總知五門亦開亦合
○次合十五爲十
合十五門爲十者數息不淨各有三則不合慈心有
三但合爲一卽衆生慈也没二名者禪是門戶詮次
事法法緣是二乘入理觀無緣是大乘入理觀没理
去二存事唯一若開者卽屬二乘菩薩兩境中攝因

緣亦三門三世輪轉麤果報一念明義細細故附理
麤故屬事今没細存麤但稱三世門也念佛亦三但
取念應佛耳神通但取五通
合十五爲十者初之六門開而不合次有九門但
合爲三慈心有三但取衆生緣一没餘二者以法
緣無緣屬理故也若開卽屬二乘菩薩境者卽開
法緣以屬二乘開無緣屬菩薩文不別對但通指
兩境以二乘境獨在法緣菩薩則通法緣無緣故
不別對問無緣應在圓菩薩何故云在菩薩境耶
答一者別教初地亦屬無緣二者圓教亦寄在菩

薩境後明之又別地前屬衆生緣法緣通八地前
亦復如是三藏菩薩三祇全是衆生緣慈今據菩
薩初異二乘及諸凡夫是故法緣無緣通指在彼
二境中說次因緣門唯存三世者二世一念細故
附理言果報者卽是二世一念卽是刹那具如前
第七第八卷引此兩因緣雖非卽理細義順理故
亦屬理若開亦屬二乘境中念佛中法報屬理此
意易知故不別出神通若取無漏通者亦屬二乘
境中所攝
○三結前開合簡理開事

若但取五門有所不收若取十五義濫於理是故簡
理開事雖開合不同各有其意
結前十五門中簡理五門中開事神通既依事禪
而有故亦屬事雖開合等者若合爲五治障義足
可得通爲入道方便開爲十五爲攝事理大小觀
法合爲十門爲判法習習雖通於有漏無漏內外
邪正今爲簡異後之兩境及異陰等是故須辨
○三判漏無漏二先畧斥二論二初引論
次明漏無漏若依毘曇判此十禪皆名有漏緣諦智
修名無漏禪不爾但緣事修名有漏禪成論亦爾根

本等是有漏空無相心修名無漏。

畧斥二論二論俱判事禪有漏諦智空心方名無漏。

○次總判

今小異彼當十禪體相是有漏通是事禪若胡瓜能爲熱病作因緣者小當分別。

今非全奪故云小異今明事禪是有漏者如二論說不緣諦智則異二家故云胡瓜能爲病緣有漏亦爾爲無漏緣如根本禪本是有漏不爲無漏但修根本故云專修卽屬有漏乃至自行化他等四

俱名有漏具如下文非一向有漏故云小當分別。

○次正明三初有漏二初釋

四禪世間本有凡夫外道共專修此者秖發有漏自行十二門化他讃法讃者。

○次引證有漏

大經云所謂四十八年卽此意也。

四十八年者引證有漏自行等四各十二門故四十八俱是有漏彼第二經舊醫語新醫言卿今若能隨我走使四十八年然後乃當敎汝醫法此四十八古有多解宗師云法華以前猶是外道弟子故云四十八年開善云八禪各有六行故云四十八章安云四見各三假一假各四句是故三假合四十八若阿含中外道必先四十八年供給走使然後與法今文正當舊醫之法新醫權同舊醫之法名隨走使若爾者阿含經及今所引兩四十八總當其意故今文云自行等四合四十八十二門者四禪四空四無量心然本業瓔珞上卷明第十地人如幻三昧中亦明十二門禪於中亦云聖人現同凡夫法故。

○次亦有漏亦無漏

十六特勝通明佛不出世利根凡夫亦修此禪而不發無漏如來若說亦發無漏比於餘禪其力雖弱交勝根本爲是義故稱亦有漏亦無漏。

○三明事禪皆屬無漏二初釋

九想等是出世客法雖是事法能防欲過不俟諦智能發無漏。

○次引證事禪皆屬無漏四初引人

如迦絺那五百羅漢人人七徧爲說四諦不能悟道佛說不淨卽發無漏厭患力强故判屬無漏若言非無漏者不應稱爲聖戒定慧聖之言正正豈過無漏。

引證事禪皆屬無漏如禪法秘要經云阿難問佛此迦絺那比丘何因緣故隨轉法輪者五百比丘爲其說法都無益耶佛言此比丘過去然燈佛所出家名阿純難陀聰明多智憍慢放逸不修念處身壞命終墮黑暗地獄地獄出已五百身爲龍五百身爲猴以前持戒力故復得生天天壽既盡來生人中前讀誦三藏力故今得值佛以放逸故今不覺悟佛因爲說不淨觀法先從脚起初指一節如是具如八背捨觀之次第九十日中不移心念至僧自恣時得第四果三明六通既因此觀成阿

羅漢不應稱爲有漏禪也故知二論未爲全當

○次引大經

大經云聖行者諸佛境界非二乘所知佛說此法二乘奉行故名聖行今佛說聖法二乘行之何得非無漏

引大經等者第十一聖行品中明戒定慧並是事戒及以事禪既是菩薩聖人之行經文仍云非是聲聞緣覺所知二論云何判屬世間有漏又戒聖行末云諸佛菩薩聖人所行名爲聖行戒行尚爾況復定耶佛說等者慧聖行末云如是開示演說二乘及諸菩薩聞已奉行故云佛說此法二乘行之尚名聖行況復此法元是諸佛菩薩之法復云非是二乘所知者二乘但行少分自謂眞極是故斥云二乘不知此指生滅慧聖行也生滅之慧屬佛菩薩二乘行之亦名聖行故知事禪亦屬菩薩云何判言是有漏耶

○三引大品

又大品云根本是世間法施不淨等是出世法施既言出世豈非無漏又云九想開不淨不淨開身念處身念處開三念處三念處開三十七品三十七品開

涅槃涅槃初縁豈非無漏若言事禪應是有漏者譬服二石一熱一冷雖同事禪應漏無漏異

引大品者既是出世法施復是涅槃初門驗此事禪非唯有漏明矣所引大品九想等者九想能開諸不淨門故大小不淨大小背捨乃至勝處一切處等皆用九想而爲初門不淨成故身念處成身念成故餘三念成四念成故三十七品一切俱成是故不應唯是有漏譬二石者譬諸事禪能發無漏如南石性冷北石性熱此二石膏雖同名石而冷熱不同故事禪雖同而有漏無漏異

○四通他難二初難

若無漏緣稱無漏者六地斷見七地斷思此亦是緣亦應無漏

難云若九想等爲無漏緣故稱九想爲無漏者依根本禪六地斷見七地斷思此地亦爲無漏作緣應當根本亦名無漏何但獨在九想等耶言六地等者此華婆沙六十一云云何得天道爲得決定爲得漏盡答若決定者但應六地謂未到中間及四根本俱舍文同成論無未到故取欲定中間四根本爲六地若漏盡者應云九地於前六地更加

三空亦以此得決定亦以此得無漏得初果時名爲決定得至無學名爲漏盡故俱舍云道展轉九地言七地者有餘師說不取未到及以中間若大論中以隨人故並有欲定未到中間婆沙妙音亦同此說言中間者或言唯在初禪或言唯在初禪之上二禪之下有言八定節節皆有且從初意故但爲一雖諸說不同皆從根本而得無漏云何獨判爲有漏耶

○次答

六地七地斷見思者終不單用根本會須諦智寄此位發單用根本非無漏緣不淨等不爾直以不淨能爲作緣 云

前言事禪單能作緣若六七地必依諦智義既不例何須此疑故單根本非無漏緣

○四明去取

所以不取十想者前三見諦中四思惟後三無學皆屬理攝故不取不取八念者有人修九想無怖又念佛門已攝故不取

所以不取十想等者十想斷惑故不屬事何者如法界次第及禪門中依大論意並云此十想者前

三斷見中四斷思後三無學彼禪門中明修次第是故具列事理諸禪此明發習故唯在事

○五判從所依

慈心觀兩屬若依根本起慈屬有漏若依不淨等起慈屬無漏慈無地位約他階級依根本成衆生緣依背捨成法緣因緣亦無地位念佛五通皆約他階級例如慈心兩屬 云

慈心等者始慈心禪終至神通並約他階級者根本禪中非無慈等判屬根本餘禪亦爾故隨他判

○六明來意不同二初問

次來意不同問此中十門與次第禪門及對治云何同異。

來意不同等者先問何故有此十門禪來而此禪境與次第禪門中明諸事禪及與五門對治事禪何別。

○次答二先與次第禪門對辨。

答次第禪門爲成禪波羅蜜禪善根利故禪門先發後驗善惡此中爲成般若禪善根鈍先阻煩惱遇業遭魔後始發禪。

答者先與次第禪門對辨各有利鈍故次第不同。

彼禪門中列章次第至第六章明方便中云方便有二所謂內外外謂二十五法內有五門不同一者止二者驗善惡根性三安心四治病五魔事止門又三一繫緣二制心三體眞體眞止後明發五輪五輪禪後方始念於善惡根性故云禪門先發後驗善惡又禪門發已一一復將善惡門驗善惡是業並病患魔事等並在五輪禪後今文先阻煩惱境業境魔境後方發禪是故當知利鈍不同此且據文前後發相則成利鈍兩處意別若也今文先觀陰入卽發諸禪還成禪利若彼修禪先發煩惱業魔等相然後發禪還成禪鈍據不觀陰終成智鈍是故得與今文對辨。

○次與五門對辨

對治中爲破遮障修成助道今此任運自發仍爲觀境禪門雖同各有其意云云

可見

○七明淺深不同

次明淺深不同者四禪是根本闇證味禪凡聖通共。薄修卽得特勝少有觀慧不味不闇證橫對念處豎對根本故先味次淨也通明觀慧證相深細細次於

總也此三同是根本實觀治惑力弱九想正是假想初門前鋒伏欲故次列也九想但厭患外境未治其心故次八背捨也背捨雖破內外貪欲總而未別緣中不得自在故次明大不淨破依正貪也雖總別治貪未修大福德故次慈心雖復內治重貪外修福德不入因緣則非世間正見故次因緣三世輪轉無主無我成世正見也雖世正見緣底下因人福力微弱次緣上果福力廣大雖前來諸定未有力用轉變自在故次神通云云

明淺深者卽是十門生起次第初明根本何故特

勝次根本來乃至神通次念佛來先淺後深故云深淺亦名十門各有來意初言凡聖共者以通共故得根本名如樹枝葉通共一根皆由而生故云根本外道佛法一切皆修故云世出世之根本也特勝禪中有念處觀得淨禪名根本但味唯闇證故故次味後而明淨禪特勝雖淨見相猶總通明細故故名爲別故次總後以明於別此三同是根本者根本特勝通明此三通約根本而有九想已去不假根本治惑又强故次三後問特勝通明佛未出時凡夫亦修何殊根本答佛雖未出以宿習

力能知諸陰苦無常等是故特勝不同根本然佛未出無念處名以念處名在道品故道品即是四諦法輪故知其名佛出方有如佛未出雖得神通故亦無有通明之號從此以下通名不淨故此九想名爲初門九想之中治於外境未治自心謂從外治內今之背捨專從內治故云治心雖破內外者九想已治於外背捨復治於內況復背捨漸至海際無非白骨對治自他故云內外雖總別者九想但總大不淨別十二因緣名世正見者能觀三世破斷常故旣破斷常亦除人我前對治中從別

說故故云二世破我今從通說三世皆破斷常人我及以性等凡爲下因聖爲上果

○八明互發不同

次互發不同者其次第互發凡有八種例陰界境可知云云

互發不同中初文中云八種者前陰境中九雙七隻七隻但是義攝十境三障四魔不出十故故今不論三障四魔於九雙中又除作意前以九境對於陰境陰境作意修習煩惱下九咸是任運發得今唯發得是故不論故十雙中但唯八種故知九

境唯不作意無可對故故全不列

○次明因緣二先明內種二者內種爲因外加爲緣初明內種法譬各二初明所習近遠二先法三

初引大經一切衆生皆有初地味禪

二明發禪因緣者大經云一切衆生皆有初地味禪若修不修必定當得

引大經一切衆生初地味禪等者一切衆生皆曾兩緣得根本定

○次釋上劫盡不修而得

近情而望劫盡不修

火災起時一切有情任運皆得第二禪定水風次
第準火可知此劫初成始經九減去前劫盡經時
未遠名爲近情
○三釋宿曾修得
久遠推之亦曾離蓋
縱非劫盡無始亦曾修得初禪是故名爲離欲五
蓋故知衆生莫不皆有根本種子故因通修發得
不定
○次譬習近遠
譬以誦經廢近則易習廢久則難習

○次明習因不同三初法
當知昔有次第習卽次第發乃至事修事發等云云
云當知昔有等者次不次是八雙之初乃至事修
事發者卽是修不修修卽作意不修卽不作意
也修不修門雖非最後畧却餘七文取作意故云
乃至欲辨過去曾修事理諸禪今發不定是故復
取修不修門如初修陰入卽是非事非理修發得
諸禪名爲事發彼禪門中具列四修謂有漏無漏
亦漏亦無漏非漏非無漏漏卽是事無漏卽是眞
理第三卽是兩兼第四卽是中理中理卽是非事

非理事理修發相對合爲一十六句今止觀文則
無事修理發事發等十二句但有非事非理修事
發等四句故更泛論事修等句今文四句者事發
正在此中理法在二乘境中亦事亦理發半在此
中非事非理發在菩薩境及陰境中
○次譬
如彼大地種類具足得雨潤氣各各開生生亦前後
結果不俱梅四桃七梨九柿十兩緣雖同成實有異
云梅四等者此四樹性雖同稟天雨熟時不等如
發不同
○三合

宿習如種止觀如雨禪發如果熟參差總言八種耳
是名內因緣發也
合中總言八種者互發八雙也昔曾修習名內因
緣今發不同有八差別
○次明外加三先明所加二先法
又雖有應生之善必假威神方乃開發
雖有宿種現修因緣必假諸佛冥加外護
○次譬
地雖有種非日不芽

心性地中雖有宿昔諸禪種子。必假止觀之雨聖加之日。方可成於諸禪枝葉果實。

○次明能加三。初法。

佛無憎愛。隨緣普益。若次第緣。即次第加。乃至事修緣。即事加。

次第不次第自在衆生。佛常普被。不謀而應。

○次譬

鴻鍾任擊。巨細由桴。

云鴻者大也。故大者曰鴻。小者曰鴈。

○三合

如常平等。淺深聽習。

如文

○三引證感應二。初引大論。

大論云。池華不得日。翳死無疑。善不被加。沈溺未顯。

○次引淨度經

淨度經云。衆生自度耳。佛於其無益。淨度菩薩言。衆生若不聞佛十二部經。云何得度。二言相乖。共成一意。是名外緣發也。

引淨度經者。彼經下卷云。如是人輩億佛不能度况一佛耶。是故人爲自度。佛不度人。淨度菩薩云衆生須聞十二部經等。同是一經。二文似異。今家意者。言乖意順。皆共成一感應意耳。秖緣衆生自度爲機。則感佛說十二部經。故知秖是感應一意。即與大論必加意同。

○三明發相十。先明根本發二。初正釋二。初文畧約四種三昧。以判多少。

三明諸禪發相者。若般舟亦發根本。而少常坐等則多。

畧約四種三昧以判多少。應云三三昧。獨云般舟者。常行最少。常坐最多。故對辨也。亦非全無。故但

云少。如前引經明三昧住處。即約根本。二三四禪等。當知常行亦發根本。但不及於常坐多爾。

○次正明發中九。地不同二。初辨定有無二。初明欲界定六。初正明。

今且約坐論。若身端心攝。氣息調和。覺此心路泯然澄靜。怗怗安隱。躡躡而入。其心在緣。而不馳散者。此名麤住。從此心後。怗怗勝前。名爲細住。兩心前後中間。必有持身法。此法起時。自然身體正直。不疲不痛。如似有物扶助身力。若惡持來時。緊急勁痛。去時寬緩疲困。此是麤惡持法。若好持法。持麤細住無寬急

過或一兩時或一兩日或一兩月稍覺深細豁爾心地作一分開明身如雲如影照然明淨與定法相應持心不動懷抱淨除爽爽淸泠。

○次正判

雖復空淨而猶見身心之相未有支林功德是名欲界定。

如文

○三依成論正明有無。

成論名此十善相應心閃閃爍爍不應久住今言欲定坯弱不牢稱爲閃爍非定如燈炎也又稱爲電光者彼論云七依外更有定發無漏不答云有欲界定

能發無漏無漏發疾猶如電光若不發無漏住時則久。

二論不同今依成論成論十善相應等者十善是欲界善法發得欲定與十善法相應。

○四引證二初引遺教。

遺教云若見電光暫得見道。

遺教電光者彼經云初入法者聞佛所說即皆得度譬如電光正當初果也初得無漏故云初入。

○次引大論

如阿難策心不發放心取枕即入電光電光亦是金剛。

引大論阿難者未得無學至結集處迦葉訶言汝未得無學入結集衆如驢入馬羣阿難言佛記我言若取無漏如擲石空中未至地頃即得無學便於空閒之處而修習之未得之間放心就枕頭未至枕便得無學當知電光非但獨發初果亦能漏盡是故電光亦名金剛。

○五釋疑

金剛不孤因欲界入無漏無漏發疾譬以電光非欲

界定得此名也。

疑云如何欲定名金剛三昧釋云此是盡無生智名爲金剛此用欲定斷最後品入無漏疾故名金剛以爲電光非全欲定得金剛名。

○六名定法經時

住欲界定或經年月定法持心無懈無痛連日不出亦可得也。

如文

○次明未到地相三初正明。

從是心後泯然一轉虛豁不見欲界定中身首衣服

牀鋪猶如虛空冏冏安隱身是事障事障未來障去身空未來得發是名未到地相
冏者光也月圓明也蒼頡篇云大明也
○次斥僞二初法
無所知人得此定謂是無生忍性障猶在未入初禪豈得謬稱無生定耶
○次譬
如灰覆火愚者輕蹈之
如灰覆火等者有漏如火未到如灰謬計如蹈大經第九云愚人作惡不知受報如乳成酪如灰覆

火上愚者輕蹈之今借用之愚人不知未到麤淺妄計此定以爲無生計成墮苦
○三辨未來有無三先出二論
若依成論無未來禪故云汝說未來禪將非我欲界定毘曇則有尊者瞿沙
論家唯明欲定即指毘曇所明未來祇是欲定意者斥他毘曇無未來禪故也毘曇有者指尊者瞿沙所說非無憑據
○次引釋論
釋論具出之佛備兩說而論主偏申耳

引釋論準佛意說不同二論隨物偏申
○三判佛意
今則逐人判之自有得欲界定累月住未到不久即入初禪此但稱欲界不言未到有人住欲界不久在未到經旬故言未到不云欲界有人具久在二法故言兩定不可偏判今依大論備出之
判佛意也機緣不同不可偏計
○次以諸禪對欲界辨難有無即明上界八地三
初示須知
若節節邪正相如修證中委說但初禪去欲界近如

欲界多難應須畧知
○次通判四分二初標
初從麤住訖至非想通有四分退護住進
標云通有四分者即四種相分位不同欲取進分爲今文相禪門名達分此中云護分達謂體達護謂防護以達自防故名爲護餘三名同
○次釋四初釋退
退分又二一任運退二緣觸退緣有內外外諸方便二十五種吐納失所是爲外緣觸退於靜心中三障四魔而生憂愛是名內緣觸退後或更修得或修不

得此人甚多。

言退分者有因緣退名緣觸退無因緣退名任運退二十五法等者是外緣觸退吐者去也納者取也五緣五法爲取呵欲棄蓋爲去調五事中有去有取除不調等名之爲去使調停等名之爲取於靜心下內緣觸退中三障四魔者通論既各攝十境故得以三障攝於三魔加天子魔即四魔也若爾亦可四魔攝於三障。

○次釋護

護分者善以內外方便將護定心不令損失。

善以內外方便者如前所引禪門明二十五法中內外之相。

○三釋住

住分者或因守護安隱不失或任運自住即是住分。

住分者從於初心以至十地或守護住或任運住。

○四釋進

進分者或任運進或勤策進各有橫竪橫竪各有漸頓若十二門一一而進是名漸進若一時具足是名頓進特勝通明品品而發是名橫漸一時俱發是名橫頓又於四分分分皆有四分具如修證中說云云

橫竪者如第五卷辨互發中說於四分中分分皆具四者辨四分互通也禪門中云退分中退分者從九品至初品并失也退住者至初品便住也退進者至初品已更能策進至二品乃至九品亦能更進退護者退已將護使從初品以至九品勿使更退餘之三分例說可知。

○三正解中四分之中且明進分者意欲通辨諸禪發故於進分中除勤策進且從任運進至非想者說也文爲八先明初禪四先辨八觸次明十功德次五支次品數先辨八觸因初明觸外發。

今且約竪論進分者從未到定漸覺身心虛寂內不見身外不見物或經一日乃至月歲定心不壞於此定中即覺身心微微然運運而動或發動痒輕重冷暖澀滑有人言用心微細色界淨色觸欲界身例如欲界淨色在諸根之上即有見聞之用若依是義觸從外來。

○次明觸內發

若言一切衆生皆有初地味禪如大富盲兒竹中有火心內煩惱而不並起禪亦如是事障纏礙不能得發今修心漸利性障既除細法仍起何必外來所以

者何數息能轉心心轉火火轉風風轉水水轉地四
大轉細故有八觸如麥變爲麴麴變爲糟糟變爲酒
糟喻欲定酒喻初禪以麥爲本非外來也若定執自
出外來墮自他性過今依中論破四性訖而論內出
外來耳

言一切衆生皆有初地味禪者上八地中初故云
初地旣云衆生皆有何必外來故大經二十三云
如欲界衆生一切皆有初地味禪若修不修必定
當得彼二家者各據內外未爲應理故今評云若
定執自出外來墮自他性準根本禪未應破自他

性今取衍門之意破其互執故三藏學者尙未破
性況根本耶

○三判體用

又八觸是四大動輕是風痒暖是火冷滑是水重澀
是地體用相添則有八觸耳

言體用相添者輕暖冷重是體動痒澀滑是用

○四約八觸以四分判

若動觸起時或從頭背腰肋足等處漸漸徧身身內
覺動外無動相似如風發微微運運從頭至足多成
退分腰發成住分足發多是進分

或從頭發者旣知三發是三種相宜應作意以防
退相

○次明十功德七初明十功德二初列

動觸有支林功德功德畧言十種空明定智善心柔
軟喜樂解脫境界相應

○次釋

空者動觸發時空心虛豁不復同前性障未除時明
者冏淨美妙皎皎無翳定者一心安隱無有散動智
者不復迷昏疑網心解靜利善心者慚愧信敬慚我
不曾得此法以爲愧恥我今尙爾信一切賢聖具深

妙法敬揖無量柔輭者離欲界觕惱麤獷如膠牛皮
隨意卷舒喜者於所得法而生慶悅樂者觸法娛心
恬愉美妙解脫者無復五蓋相應者心與動觸諸功
德相應不亂又念持相應而不忘失

前魔境中未暇委辨今此正明故應廣釋問何故
前文以解脫爲愛憎以相應爲禍福耶答名異意
同言解脫者秖是離蓋以太過不及故不能離蓋
但生愛憎相應秖是與初禪相應亦以若過若不
及故不得相應不相應故名之爲禍若相應時亦
名爲福釋善心中云信一切賢聖具深妙法者意

亦如前簡性過說故知根本即是賢聖之行或是過現皆以大乘心修此根本故也憒悷者不調之貌出字書如腦等者熟皮之藥名腦腦者頭中之髓也

○次明觸功能

或一日一月一歲安隱久住歛念即來

○三判橫竪

熏修既久動觸品秩轉深是名竪發餘七觸竪發例此可知若動觸發已或謝未謝又發冷觸冷觸若謝未謝更發餘觸交橫如前八種是名橫發

○四結五支

雖復橫竪前後以八觸十功德五支察之終不料亂

○五示不得俱成

亦不得一念俱成何以故八觸四大水火相乖不得同時成

如文

○六明不同二初法

然此八觸凡有八十功德莊嚴名字雖同而悅樂有異

○次譬

如沸羹熱臛鯖魚沈李味別樂殊餘六觸亦差別

沸羹熱臛等者明一一觸皆具十德雖是一觸十德不同沸羹與熱臛同一熱觸而熱味不同鯖魚與沈李同一冷觸而冷味各異餘六亦爾當知一觸十味不等

○七略示邪正二初標

若欲界定中發八觸者悉是邪觸病煩惱觸具如修證中說今不論但約初禪八觸須簡邪正

○次釋八初勸識

何以故一是邊地去欲界近二帶欲界心邪得隨入

如開門戶賊即得進鬼入禪中禪非鬼也若不識者正觸壞唯邪惡在

如開門等者帶欲界心如開門邪法得入如賊進邪法若入鬼隨邪入名為鬼禪禪實非鬼

○次示邪觸相

邪觸者還約八觸十功德明若過若不及如動觸起時直爾鬱鬱不遲不疾身內運動若違自急疾手腳搔擾是太過若都不動如被縛者是則不及餘冷煖等亦如是

○三示二十邪法相

又就動觸空明十種論若過若不及此中之空秖豁爾無礙是爲正空若永寂絶都無覺知者太過若瞪然塊礙是不及明者如鏡月了亮若如白日或見種種光色是太過若都無所見是不及定者秖一心澄靜若縛著不動是太過若馳散萬境此不及乃至相應亦如是

○四結數

是爲一動觸中二十種邪相餘七觸合前則有一百六十邪法

○五判有無

原夫正禪不應有邪所以有者如服菖蒲將得藥力而多瞋服黃精將得力而多欲非藥令爾藥推麤法麤法將出而盛

並如文

○六判處所

若單欲界中但有邪觸增病增蓋無正功德若入色定則動八觸空明十功德

可見

○七明邪法功能

復有百六十邪不可不識大論云有風能成雨有風能壞雨東北雲屯西北雲散禪亦如是八觸十功德此覺成禪百六十邪此覺壞禪

大論有風等者大論二十三釋三覺云謂貪瞋惱此三麤覺能壞於禪如風壞雨有三善覺能成於禪如風成雨卽無貪等今借以喻邪正二觸東北等者第一本云東北風雲屯而雨西南風雲散而晴釋上風譬也

○八明主伴

若一法有邪餘法亦皆染著譬如一伴爲賊餘皆惡黨若初觸無邪餘法皆善也

如文

○三明五支五初明支相

正禪五支者若初觸觸身在緣名覺細心分別八觸及十眷屬名爲觀慶昔未得而今得故名爲喜恬愉名爲樂寂然名一心

恬愉者恬靜也莊子云無爲也愉者悅也樂也和也

○次辨方便正體

毘曇二十三心數一時而發取其强者判爲五支五支悉是定體體前方便如上說成論明五支前後相

次而起。四支爲方便。一心支爲定體。大集以第六默然心爲定體。

二十三心數者。婆沙第四云。云何有覺有觀禪。謂通大地十。大善地十。及心。云何無覺有觀禪。謂通大地十。大善地十。及心。云何無覺無觀禪。謂亦如是。心者第六識。餘識不能次第入定。故不說之。覺觀並二十。爲二十二。欣厭隨一。爲二十三。中間以上隨義減一。謂中間無覺。第二以上覺觀俱無。今辨五支。故在初禪二十三心。故五支起時非無餘數。但二十三中五支强故。得五支名。婆沙中問。初

三何故五。二四何故四。答。自古相承釋云。欲界五欲爲外亂。初二禪喜爲內亂。二禪治外亂之始。三禪治內亂之始。故各有五。二禪外亂息。四禪內亂息。是故二四但立四支。又初禪五支治欲界五欲。爲治二禪喜故。三禪立五。二四無如是事。故但立四支。大集默然支者。大集於四五支外。各更立一默然支也。

○三判支處不同二。初出他解。

有人言。五支在欲界第九心。或言在欲界定前。此則非五支也。

言欲界第九心等者。欲定九品。他云。至第九心。卽屬五支。若云在欲定前。卽指麤細住。以爲五支。此大落漠。

○次今家正解

今辨覺觀俱禪。正就初禪判。那得爾耶。

如文

○四明强弱二。初總明五支二。初法說。

五支同起。而有强弱相翳。取成就者。以判五支

五支同起等者。依毘曇門。若依成論。五支前後次第相生。

○次譬舉

如一槌撞鐘。初麤中細之異。

初下槌時。名爲大聲。非無中細。但初麤聲翳於中細麤聲若過中細方現。初從强受名。名爲大聲。五支亦是初從强受名。名爲覺支。覺支息已。觀等方現。

○次別明五支五。初法說。

五支亦爾。初緣覺相盛。不妨已有觀等四支。覺强觀未了。覺息觀方明。初已有喜。觀息喜支成。初已有樂。樂未暢。喜息則樂成。初已有一心。四支所動。今樂謝

一心成
○次舉譬
如初開寶藏覺是寶物亦知珍貴喜樂定想但未知是何等寶
如初開寶藏等者次第相生而顯一心故大論十九偈云離欲及惡法有覺並有觀離生得喜樂是人入初禪如貧開寶藏大喜覺動心分別則爲觀入初禪亦然今此文意覺是寶物名爲覺支覺支成已亦知珍貴是已有觀支喜樂是已有喜樂支定想是已有一心支雖於覺支已有餘四爲覺所

翳而未成就未受四名觀等未現亦復如是
○三譬餘支成就之相
次分別金銀別已領納生喜喜故受樂安快一心
次分別去譬於餘支成就之相分別是觀成生喜至一心是三支成
○四別顯一心
如人飽食無所復須
如人食時譬前四支若足食已無所復須譬於一心
○五重譬別顯一心
亦如對五欲極睡故論云如人得寶藏云云
重更以譬別顯一心對欲雖樂久則疲睡故大論十九偈云譬如人大極安隱睡臥時若有呼喚聲其心大惱亂攝心入禪時以覺觀爲惱大論則以呼喚之聲喻於四支今文以五欲爲四支故四支雖安不如一心故四支後明入一心如五欲後疲極則睡論中明入一心不須餘四故入一心以四支爲惱用譬雖別兩意不殊
○五釋疑二先疑
若四禪同以一心支爲體云何四異

如文
○次釋三初釋通支之意
今分初禪是覺觀家一心故有四別
○次釋別支之意
若進二禪但呵覺觀初禪卽壞別義轉明若通者同用一心爲體
○三釋五支名義
釋五支名義相等具在修證云云
釋五支名義者今文指在修證中彼文具列五支名義也婆娑問支是何義答隨順義圓滿義成就

大事義堅固義別異義最勝義言隨順者隨順彼地而立支也諸義比說亦應可知又問禪支十八實體有幾答實體十一初禪有五二但內淨三有四支四唯不苦不樂復有說者實體唯十初二三禪同一樂故不應別說四空無支不得名禪若修證中始從初禪一一皆以三門分別一釋名二修習三證相修習中二一修方便二證中間證相中六一明禪支二明支義三明因果體用四明淺深五明進退六明功德四空處中餘文悉同唯至第二明支義中辨有支無支是故四空無支可立又

禪支明觸有一十六四大各四故也地大四者重沈堅澀水大四者涼軟滑冷火大四者煖熱猗痒風大四者調動輕浮問四大何故各四觸耶答互相兼故火兼水故煖兼地故猗兼風故痒熱是火體風中地調火輕水浮水中風涼地軟火滑地中風重水沈火澀婆沙又以四句分別問曰初禪支是二禪支不答有初禪支非二禪支謂覺觀有二禪支非初禪支謂內淨有亦初禪支亦二禪支謂一心有非初禪支非二禪支謂除爾所事即三四禪支次以初禪對三禪次以初禪對四禪次以二禪對三禪次以二禪對四禪次以三禪對四禪此等例初皆爲四句言五支者爲是何義答覺悟名覺細心分別名觀慶悅名喜恬愉名樂寂然名一心爲對五欲名爲五支若對善法名爲五法

○四明品數四初明品數之由

復次初動八觸功德猶麤若數數發則轉深利

○次正明品數

品或言三或言九或無量品更互娛樂功德叢鬧不得一心

○三舉譬

如恒奏妓似多人客膺對一已一已復來

言應對者應作膺字若作應者感應意耳

○四明功能

出散暫無湧歛復現

○次明二禪三先設方便

若欲去之但呵覺觀初禪謝已即發中間單定亦名轉寂心亦名退禪地亦名篋肩心於此單靜心中旣失下未發上若生憂悔此心亦失

言但呵覺觀者亦應云總呵五支但此二爲首呵此二已餘者隨去又此二難斷故但呵之言即發

中間單定者。呵離初禪。卽滅五支。名爲單定。前離一心。一心從於四支後得。今此單定從於一心。支後而得。一心支後復更一心。故云轉寂。言退禪者。以捨爲退。非謂退下。無前功德。故云蔑屑。

○次明發二禪

若不悔者。內淨卽發。無復八觸。受納分別。故名一識定。混四大色。成一淨色。

言混四大色者。若在初禪。八觸四大。體用各別。若入二禪。同成一色。故名爲混。

○三釋

照心轉淨。與喜俱發。無魔邪相。以非邊境。故喜已生樂。樂謝入一心。

言四支者。離覺觀垢。依內淨心。皎潔分明。名爲內淨。此內淨定與喜俱發。名慶名喜。受於喜中勝上之樂。緜緜美快。名之爲樂。受樂心息。名爲一心。

○三明三禪。三。先設方便。

此禪喜動。樂不安。當呵喜。喜謝入未到。

若欲呵喜。準初禪說。故第三禪亦先設方便。如初禪法。

○次正明發相

忽發三禪。與樂俱起。還是色法。轉妙。不倚喜生樂。此正樂偏身。受聖人能捨。凡夫捨爲難。此有五支。謂捨念慧樂一心。

言五支者。樂生捨喜。名之爲捨。護令增長。名之爲念。善巧離著。名之爲慧。快樂偏身。名之爲樂。此樂不同二禪中樂。二禪中樂倚喜而生。又亦不同覺觀生樂。此受樂息。名爲一心。

○三引教證

經論出之。或前或後。皆是修行小異耳。

如文

○四明四禪。二。先設方便。

此樂對苦。呵樂卽謝。亦有未到。

○次正明發相

未到謝已。發不動定。還是色法。轉妙。不爲苦樂所動。名不動定。定法安隱。出入息斷。不苦不樂。捨念清淨。

言四支者。與不苦不樂相應。名不苦不樂。捨下勝樂。不生憂悔。名之爲捨。等智照了。名之爲念。無下地染。名爲清淨。定體無動。名爲一心。

○五明空處

一心支雖爾。猶是色法。呵三種色。滅三種色。緣空得

定不復見色心得脫色如鳥出籠是名空定
○六明識處
此定謝已亦入未到緣識生定名爲識處
○七明不用處
此定謝已緣無所有入無所有法相應名不用處舊云緣少許識若爾卽是所有處亦是用處何謂不用無所有耶
○八明非非想處二初正明
此定過已忽發非想非非想此定不緣識處故非想不緣不用處故非非想更無上法可攀三界頂禪

明空界四處相者滅三種色如第六卷又諸經論唯大纓珞說四空處各有五支名字並同深淺各異一想二護三止四觀五一心天台云支名雖同處既四別恐是修時方便旣用八聖種等致有五支之別大論十九問應名禪波羅蜜何事明事禪定答以衆生但於五欲求樂不知禪樂菩薩知故示其樂相次卽令其入於道味今雖明發兼示入知若不知者則有二失一不知禪樂二濫謂何疑
○次指過
世爲極妙外道計爲涅槃實是闇證具足苦集乖盡三有還墮三途
○次指廣
委悉明根本禪住修證中尋之

摩訶止觀輔行傳弘決卷第九之一

摩訶止觀輔行傳弘決卷九之二

陳隋天台智者大師說　唐荊谿大師湛然傳弘決

門人章安大師灌頂記　明天台沙門傳燈會科

○次明特勝發。是亦漏無漏禪。文分六。初明來意者。準禪門中根性有三。故慧多定少。爲說六妙。此六妙門。多於欲界發無漏故。是故未必備須上地又歷一切因緣六度。是故判屬慧多定少。若定多慧少。爲說特勝。特勝禪中。慧性少故。故至上地方發無漏。若定慧等。爲說通明。通明禪中定慧性等。觀慧深細。具發根本。從下至上。皆發無漏。此是隨

機順習之說。若對治者。沈多應修慧。多定少。散多應修定力慧少。沈散等者。應修等觀。彼明發相。則辨隨機對治之說。今此明發。但隨發判。問。今文何故。不明六妙門耶。答。初數及隨。在前根本中說。後四入理。非今所論。況俱是修相。故此不論。

次明特勝發者。若依律教。應在不淨後。依行在不淨前。如律云。佛爲比丘說不淨觀。皆生厭患。不能與臭身共住。衣鉢雇鹿杖自害。佛令放不淨。修特勝。

言來意者。問。何名特勝。答。修九想起過。是故佛令修於特勝。此觀持出。勝於九想。故名特勝。如律云者。十誦律云。佛在跋耆國。婆求河上。四分律云婆求園。園在河上故也。令諸比丘修不淨觀。諸比丘如教修習。於身生厭。如人以蛇而繫其頸。或有諸比丘發心欲死。歎死求刀自殺。或服毒藥。自繫自墜。或轉相害。有一比丘。便往鹿杖梵志所。讚言善人。汝能殺我。與汝衣鉢。時彼梵志。即以利刀。斷其命根。有血汙刀。至河上洗。時有天魔。從水中出。住水上立。讚梵志言。善人。汝得大福。是沙門釋子。未度者度。未脫者脫。兼得衣鉢。如是乃殺六十比丘。因半月說戒。佛問阿難。不見諸比丘。阿難具答因

斯立制等。爾後改觀。令修特勝。問。若爾者。何不在不淨觀後列之。答。若依對治。應如所問。今依深淺。故在前列。故大品廣乘品。九想等禪。皆在特勝後列。是則經亦依於淺深。

○次明愛策二。初譬。

大黃巴豆瀉人。太過身力弱者。即便獎之。更以餘藥並下並補。補故是愛。下故是策。

譬者。無漏觀如身。貪欲如熱病。九想如瀉藥。自害如太過。未知盡漏。名爲身弱。唯專厭身。如獎之藥本治病。令身康復。今病雖去。令身困弊。故云弊之。

更修特勝。如並補。猶帶不淨。如並下。進發無漏。爲身復。

○次判

策勝根本。愛勝不淨。

○三明假實三。初法。

有觀名亦無漏。對治力弱。名亦有漏。

○次譬

如廉食人。噉豬膶。鄙貯屎物。而猶可強食之。若六月臭膶蟲蠅所集。不復可食。

如廉食人者。卽治食欲人也。存身修觀。如噉豬膶。念處觀身。如著糞物。不卽自害。如猶強食。九想觀成。猶如臭膶。雇人自害。如不復食。廉字非體。應作此慊。卽薄食也

○三合

特勝是實觀。猶可從容。不淨是假想。不復可耐云云

如文

○四正明發相　此十六法對四念處及四根本。

一一念處中。皆云若對道品者。念處屬道品。此從通說。故指道品。從初知息出。至除諸身行。有五特勝。名身念處文。爲四。初五特勝。對身念處。及初禪根本四。初明前四特勝三。初正明。

特勝發者。忽見氣息出入長短。知來無所從。去無所至。入不積聚。出不分散。

○次對前根本

若約根本。卽是麤細住。若見息來去徧身。若約根本是未到地。

云入出息者。入至臍。出至鼻。照之不亂。乃至知於入輕出重。入麤出細。入滑出澀。入冷出煖等。知息長短者。大論五十三云。如旋師旋師弟子。知繩長短。

○三舉前根本與此辨異

而根本闇證。謂住身牀鋪等者非實無也。如灰覆火上。愚者輕蹈之。如夜噉食。如盲觸婦。皆不暢其情。今有觀慧。見息徧身。而定心明淨安隱。故異闇證也。

如灰覆火等三譬。並譬前根本無觀慧也。火食婦如有身。灰夜盲。如根本。今有觀慧。如除灰。白日眼開。故知特勝。益異根本。

○次明後一特勝三。初正明。

又見身中三十六物。如開倉見穀粟麻豆。

○次對根本

若對根本卽初禪位。
○三辨異亦斥根本
前八觸觸身倉。心眼不開。不見內物。特勝旣有觀慧。觸開身倉。心眼卽見三十六物。肝如綠豆。心如赤豆。腎如烏豆。脾如粟大。小腸道更相應通。血脉灌注。如江河流。內有十二物。肝心痰癊等。中有十二。膜膚肪膏等。外有十二。髮毛等。出入息統致其間。不淨無常苦空無我。一切身行皆休。終不爲身而造諸惡。是名除諸身行。
前八觸觸身去亦斥根本。倉者穀藏也。穀等卽五

穀也。穀卽五之通名。穀者實也。五種成實。名之爲穀。五謂黍稷麥稻麻。
○三對身念處
若對道品是身念處。
○四重對根本
若對根本卽覺觀兩支。心眼初開是覺支。分別三十六物無謬是觀支。
○次三特勝對受念處及二禪根本二。初對根本。及辨異斥劣。
心受喜對喜支。前喜名隱沒。有垢味。今喜不隱沒。無垢味。卽是法喜。非是受喜也。心受樂者亦如是。非受樂樂。知樂中三受皆無樂。名樂支。受諸心行是一心支。知衆心是一心。不同根本計實一心也。
○次對受念處
若對道品皆受念處。
○三三特勝對心念處及三禪根本二。初對根本
辨異及引大集證無內淨。
心作喜。心作攝者。前喜從三十六物生。此直就心作喜。故知對二禪。大集明二禪但三支。無內淨。今心作喜意似於此作攝者。喜動則散。若作攝得入一心根

本。但內淨受喜特勝。有觀慧。恒攝喜心。心作解脫者。此作三禪根本之樂。猗喜徧身受。凡夫捨爲難。特勝有觀慧。則無愛味。故言解脫。
大集等者。此引大集證無內淨。今但云心作喜。卽似無內淨。故同大集。
○次對心受處
從心作喜至心作解脫。皆是心念處也。
○四五特勝名法念處及四禪根本二。初對根本。及辨異出劣。
從觀無常者。對第四禪。餘處亦觀無常。未是別治。得

不動定味之爲常今有觀慧知離苦樂而終是色法猶是無常不應生染故稱無常從觀出散對空處滅三種色如鳥出籠故言出緣空故言散雖緣空亦有觀慧觀離欲是對識處緣空多則散散名爲欲特勝觀慧離是散心故名離欲觀滅對無所有處特勝觀慧觀識若多若少皆無故名觀滅觀棄捨對非想非非想處棄識處及無所有處更有妙定名爲非想非非想凡夫妄謂涅槃佛弟子知其雖無麤煩惱而有細煩惱而無愛味故稱淨禪

言餘處亦觀未爲別治等者從知息出入來並觀

無常此但通相知無常耳至第四禪此禪息斷故外道計之以爲常也故觀無常偏治此地又至四空彌須辨異故空處文其言猶略應云空散是欲識其欲散故名離欲又以觀慧觀此離欲應云離是離欲名觀離欲無所有處言若多若少者識處爲多無所有處爲少今有觀慧離是多少故云皆無少卽是滅故云觀滅

○次對法念處

從無常至棄捨皆名法念處

○次總結

此十六法橫豎對治法節節皆異根本闇證功德則薄如食無鹽特勝功德則重如食有鹽

橫對念處理異根本豎對根本復依念處依念處故異單根本故舉譬云如食無鹽等單發根本如食淡特勝有觀如加鹽根本淺深故云豎念處法等故云橫文初雖不列數名義已足不須別釋唯初身念五法名相稍隱一知息入二知息出三知息長短四知息徧身五除諸身行餘文可見禪門中問特勝依何地答解者不同有師云但在欲界未到乃至初禪上地非不得之以觀法不足故如

第四禪無出入息及以喜樂以明念處不便故也又有一師具如今文及法界次第禪門中說並依經故作此釋也有一師云對四念處可爾但分之不調應如無漏十六行相一諦各四於一念處各四特勝身行者何必指出入息必須心受乃能造行是故第五入受念處此師對地亦與今同但對念處小不定耳

○三指廣

委論發相具如修證中云云

○三明九通明發二初明來意

次通明禪發相者。上特勝修時觀慧猶總。見三十六物。證相亦總。通明修時細妙。證時分明。華嚴亦有此名。大集辨寶炬陀羅尼。正是此禪也。請觀音亦是此意。修時三事通修。能發三明六通。又修寶炬時。乃至入滅受想定。當知此門具八解脫。三明六通。故名通明也。

言見三十六物者。前特勝中明三十六。與此不異。又諸文皆云內外中間各十二物。唯禪門中但分內外。外有十物。內二十六。於中二十二是地。十四是水。而不分名相所屬地水。應云髮毛爪齒薄皮

厚皮筋肉骨髓 十 脾腎肝膽肺大腸小腸心胃胞 十 屎尿垢汗淚涕唾膿血脉 十 黃痰白痰癊肪𦠆腦膜 六 此三十六中髮毛爪齒垢汗淚涕唾屎尿。此十屬外。餘者屬內。十中除髮毛爪齒。加膿血肪𦠆黃痰白痰陰髓腦。此十四屬水。餘者屬地。若各分十二。隨相可知。華嚴等者。禪門中問。何名通明。答。此禪觀法無別名目。北國諸師修得此禪。欲以示人。既不知名。立名不定。試欲安置根本禪中。而法相迴異。若對特勝名目全殊。始對背捨觀行條別。所以諸師名為通明。又有二解。初云修時三事通觀。故名為通。此法明淨。能開心眼。觀一達三。所見無障。故名為明。此釋與今文異。又更一釋。與今文同。所以得通明名者。因中說果。故云通明。問。若爾。餘禪亦得。何但此耶。答。餘禪雖得。不如此疾。是故諸師以之為名。問。大集中釋名為如心。乃至住大住等。何不依之而名通明耶。答。大集經中但云寶炬。名猶通漫。未足可以與諸禪辨異。請觀音中。觀於心脉。亦似此禪。故云是此意也。亦未足釋此禪名也。從當知以下。既無的判。是故但以通明為名。

○次正明發七。初約大集五支。二。初列。

大集辨此五支名目。謂如心覺。大覺思惟。大思惟。觀於心性。是名覺支。觀心行。大行徧行。是為觀支。如實知。大知心動。至心喜。是為喜支。身安心安受於樂觸。是為安支。心住大住。不亂於緣。是名定支。

○次釋四。釋文且依大集寶炬。以釋其相。禪門雖云無的名目。釋義必依大集之文。不同諸師云無安致處。文四。初釋覺支。二。初正釋經有五句。合而為三。初別約二諦釋。二覺。次合約眞俗釋。二思惟。三約三諦以釋心性。初文又二。初釋如心覺。

初觀三事皆融。證時三事皆一。故名如心覺。覺於眞諦色息心泯一無異。

可見

○次釋大覺

又識俗諦皮肉骨等。皆有九十九重。覺五藏生五氣亦見身中蟲戸。行來言語無細不了。

準禪門釋九十九等者。大小骨三百六十。髓九十九重。此骨間復有諸蟲。四頭四口九十九尾。其數非一。腦有四分。分有十四重。五藏葉葉相覆。如蓮華孔竅空疏。內外相通。各有九十九重。亦有八萬戸蟲。於中住止。互相使役。音聲言語。去來動息等具如禪門修證中說。

○次合約眞俗釋二思惟。二。初釋思惟。

覺託胎初陰。過去無明業是蠟。現在父母精血是泥。過去業不住。故名印壞。現在託識名色具足。故名文成。住在生藏之下。熟藏之上。子腸中。形甚微細。唯有一念妄想色心相依。如有如無。如夢。業行力故。自然能起。一念思心感召其母。母便思青色。呼聲膻氣。酢味。因此念力。生一毫氣。氣變爲水。水變爲血。血變爲肉。母氣出入。以相資潤。便得成肝藏。向上成眼。向下成手足大指。若思白色。哭聲腥氣。辛味。便成肺藏。上向爲鼻。下向爲手足第二指。若思赤色。語聲焦氣。苦味。便成心藏。上向爲口。下向爲手足第三指。若思黃色。歌聲香氣。甜味。便成脾藏。上向爲舌。下向爲手足第四指。若思黑色。吟聲臭氣。鹹味。便成腎藏。上向爲耳。下向成手足第五指。覺身分細微。例皆如此思惟。

○次釋大思惟

大思惟者。即是思惟眞俗也。觀於心性者。即是空也。從思惟去。所言眞俗者。秖是向所明眞俗耳。乃至定支。漸深細故。

○三約三諦以釋心性。

若眞若俗。同入心性。請觀音云。一一入於如實之際。

○次辨異

如此覺支與上倍異。

如文

○次釋觀支

心行大行者。上覺支是解。今心行去是觀行。心行於世諦。故名行。行眞諦。故名大行。三事俱行。故名徧行。

言上覺支是解者。上根本支直覺八觸暗證無觀故斥云解。

○三釋定支
心住者於俗諦得一心大住者於眞諦得一心不亂
於緣者雖見眞俗無量界境而於心不謬也
心住下釋定支不釋喜安二支也
○四指廣
具明其相備如通明觀中廣說
如文
○次明諸地位
發此定時見身息心同如芭蕉相無有堅實是未到
地相見此三事同如泡沫相是初禪見三事同如浮

雲相是二禪見三事同如影相是三禪見三事同如
鏡像是四禪滅此三事皆空滅空緣識滅識緣無所
有滅無所有緣非想非非想滅非想非非想三種受
想而身證滅之法以成解脫
言初禪如泡乃至第四如鏡像者展轉相望漸漸
深細故約喻體以辨相貌入無色界無色可喻是
故喻支但至四禪無色但云三事空等滅非想三
種受想者若法行比丘作是思惟若有識想觸想
及虛空想若修無想永滅此想想雖有三並是所
滅又滅大地通心所中受想心所是故通名滅受

想也婆沙云是定亦滅餘心所法何故但云滅受
想耶答有云唯滅此二有云此二勝故有云亦滅
餘心所且從勝說又云此二極爲行者作疲極故
受於色作疲勞想於無色作疲勞又此二法於二
界中爲勝故受於色勝想於無色勝又能生於二
種惑故受生愛想生見又問此定爲是有心爲是
無心答尊者陀提婆說云有心若無心者云何說
從彼定起名死耶如有比丘於日初分欲乞食去
時天大雨恐損衣色立誓入滅定乃至雨止雨經
兩月乃止比丘定起即死色界不須叚食入則經

久問入時不立誓何法而起答如有心定法自應
起又問曰三業之中何業先起後滅答若入定時
先滅口次滅身後滅意起則逆次先起於意不可
身起而意不起問滅定何別答滅是一剎那定是
久相續問心不動名定此定無心云何不動答雖
無心不動有四大相續
○三判漏無漏
有俗觀故名亦有漏有眞觀故名亦無漏
判漏無漏者此中判前如心等行大行等中眞俗
及漏無漏也仍帶皮肉等相故名爲俗及有漏等

有深細知空之觀名之爲眞及無漏也。
○四斥成論師有漏名事無漏名理。
此禪事理既備階位具足成論人應用此明道定入
八解脫於義爲便而不肯用。
此禪等者斥成論師有漏名事無漏名理故知此
禪一一地中皆有觀慧眞俗相即況過非想至滅
受想尙過特勝況根本耶故斥論師不知用之爲
八解脫而但以根本爲事禪耶道謂道共定謂定
共次引毘曇斥成論師。
○五引毘曇斥成論師毘曇明義不失義理如汝

所解但有無漏理定無八解脫事禪當知汝論無
俱解脫。
阿毘曇約八背捨得有事理俱異外道成俱解脫人
成論但有理無事便無俱解脫人。
○六破成論師
約外道禪爲事禪亦應約十善爲戒世智爲慧戒慧
既異外道定何意同。
還將彼論戒慧難彼論師。
○七結難
是則客醫無客定八術不成委論其相具在修證中

說云云
客醫等者即無八解則無客定將何以異外道禪
耶言八術者大經第二云復有明醫曉八種術從
遠方來經文自解八術有八復次一一復次皆自
結喻云除一闡提古人共云喻於八正以治八倒
章安云有十種醫但除圓教後心即是如來餘有
十人並須治之果未滿故謂圓初心中心三教菩
薩兩教二乘斷結外道苦行外道空見外道此十
醫中二是圓醫善下八法名曉八術當知成論既
無客定但有斷結苦行等三又云三達五眼名爲

八術又云無常常等各四爲八據此二義則成論
人八術全無無常等四尙自不成云何異於斷結
等三餘在釋籤中明。
○四明九想發即明無漏等禪禪門明修故通列
九謂九想八念十想背捨勝處一切處九次第師
子超越今文無者八念十想已如前簡勝處一切
處合在背捨中明之九定等三是果地法若皆已
得不復生此是故此三今亦不論今文加彼大不
淨慈心因緣念佛神通者大不淨與大想但是麤
細總別之殊慈心彼文合在根本爲十二門念佛

彼文在八念中神通既是諸禪之用彼但明修是
故不列今恐習發故須列之故知所列法相廣略
各有其意今初九想者若欲修習應往禪門委尋
其相然此行者必須戒淨念心不悔易受觀法能
破貪欲文二初標牒
次明不淨禪發者
○次解釋二初標二人
先就九想又為兩一壞法人二不壞法人
○次明二人發相六先明壞法人七先列九想名
若壞法人修九想一脹想二壞想三血塗想四膿爛

想五青瘀想六噉想七散想八骨想九燒想
○次明壞法意
此人但求斷苦燒滅骨人急取無學不欣事觀
既無骨人可觀是故進至第九燒想
○三辨異
既無骨人可觀便無禪定神通變化願智頂禪雖言
燒滅實有身在例如滅受想而身證云云
願智頂禪者此壞法人不修背捨乃至超越此超
越禪最為高上故名為頂此禪又能轉壽為福轉
福為壽名為願智大論十九云欲知三世事隨願
即知亦名無諍能令他心不起諍故此超越禪亦
具四辨俱舍二十七云以願為先引起妙智如願
而了故名願智雖言燒滅等者身想雖無而身實
在如滅受想受想雖滅而身實證
○四辨壞法人有退無退
此人好退如毘曇有退相四果如沙住井底
辨壞法人有退無退如毘曇等者娑沙中問阿羅
漢退不應二三兩果亦退答阿羅漢退牽二果退
猶如沙井上下有甎中間唯砂上甎若穨從上至
下其中間砂豈得不穨四果如上甎二果如中砂

初果如底下若至底竟不復得去問若至初果亦
應言退第二第三答如人墮於三層之屋彼亦如
是雖即不言退第二三二三實退復次二三是第
四因其果既退其因亦退若爾初果亦是第四果
因亦應說退答初果之前更無有果若彼退時更
無住處若許初退則有多妨本是見諦今非見諦
本是得果今非得果本是決定今非決定本是聖
人今非聖人離如是過故不說退問退經幾時答
經少時乃至自不知退若自知退當修勝進方便
復次彼煩惱現在前時心生慚愧速作方便如明

眼人晝日平地顛蹶尋即還起四方顧視無見者不彼亦如是若佛若聖弟子善人無見我者不亦如煖身體人有小火墮在身上尋即除卻問既退兩果兩果不應作者為作不耶答不作也果人所行異凡夫故然慧解脫亦不併退有退義故說有退。

○五引三果退以為類例。

阿含云三果退戒還家毀失律儀不失道共俗人生謗言無聖法佛言欲飽起厭不久當還更求出家諸比丘不度佛即度之便得羅漢阿難問言大德是學

退無學退答言學退。

引第三果退以為類例亦是不得事禪之人此人雖退不失道共此生還得故知阿含與婆沙意同既言欲飽自來即是於初果身中作初果人所作事也皆不失道共故得為例。

○六判無事禪成慧解脫。

若然即是世智斷惑慧解脫人故得有退非無漏智斷一品惑進一品解而有退也。

判無事禪成慧解脫並依世道用欣厭斷故名世智若無漏道隨依一地斷自上下三界諸惑兼得滅定是故不退。

○七結成

若發此九想無諸禪功德者是壞法人也。

○次明不壞法人二初明不壞法相。

若不壞法人九想者從初脹想來住骨想不進燒想。得有流光皆捨勝處觀練熏修神通變化一切功德具足成俱解脫人也。

言觀練熏修者具如法界次第中說言練禪者即九次第定具如摩耶經云入初禪已次入二禪如是次第至滅受想定依於九處次第而入故得名

也又入無間故名為次第言熏禪者即師子奮迅。猶如師子奮諸塵土諸奮迅入出所言入者具入九定從下以至滅定為順所言逆者從滅定起復入非想如是次第復至初禪所言出者逆順皆經入一散心言修禪者即是超越謂超入超出各有若逆若順及以逆順順者離欲入初禪從初禪超入非想處非想處超入滅定滅定超入二禪二禪超入滅定如是乃至非想所言逆者從滅定起入初禪初禪起入非想非想起入初禪如是無所有處乃至二禪言逆順者從上超下從下超上相對交過還至滅定及以初禪三種出者如入無累但逆及順皆須經一散心中已次入諸定委在法界次第及大品大論若依涅槃後分練熏義同修禪稍異經云有二種一者與此文同二者超一超二或至全超言一二者不能遠超言遠超者必能一二

○次對修辨發

若修時愛多觀外見多觀身見愛等內外觀若發時準此可知

愛多等者今此並約九想自身他身以為內外廣如大論二十一釋背捨中說又云初習觀時俱觀習熟除內亦可愛多觀外謂九想見多觀身謂背捨內外俱觀謂勝處

○三正明發相二初釋九初發屍想不壞法人但至第八膖（麤鄧反）

於坐禪中忽見死屍在地言說方爾奄便那去氣盡身冷神逝色變無常所遷不簡豪賤老少端醜無逃避處慈父孝子無相代者屍膖在地風吹日暴與本永異或見一屍多屍是大不淨觀相或滿一聚落一國土或一屍色變或多屍色變死屍雖非九數是諸想之本故先說之

○次發脹想

是等死屍顏色黯黑身體洪直手足葩華膖脹膖鄧如韋囊盛風九孔流溢甚為穢惡行者自念我身如是未離未脫觀所愛人亦復如是

○三發壞想

是相發時得一分定心黯黯安快須臾之間見此脹屍風吹日暴皮肉破壞身體拆裂形色改異了不可識是名壞相

○四發血塗想

又見拆裂之處血從中出散灑塗漫處處斑駁灌溢於地臭處蓬勃是為血塗相

○五發膿爛想

又見膿爛流潰渫渫滂沱如蠟得火是名膿爛相

潰者散也渫渫者汁流貌字無正體滂沱者亦流貌

○六發青瘀想

又見殘皮餘肉風日乾炙臭敗黯黵半青半瘀皺皺皺皺是為青瘀相

○七發噉想

又見此屍而為狐狼鴟鷲之所噉食。紛葩鬬競爴裂搣挽是為噉相。

○八發散想

又見頭手異處五臟分張不可收斂是為散相。

○九發骨想

又見二種骨一帶膿膏一純白淨。或見一具骨或徧聚落。

○次結

如是諸相轉時定心隨轉。𪐴𪐴沈寂愉愉靜妙。安快之相說不可貲。不壞法人所觀齊此。

○四明功能三初明治欲功能二初法

未見此相愛染甚強。若見此已欲心都罷懸不忍耐。

○次譬

如不見糞猶能噉飯。忽聞臭氣即便嘔吐。亦如捉淨法婆羅門而噉塗癰髓餅。槌頭自責我已了矣。

二譬明觀成生厭如捉淨法婆羅門者。大論二十二釋十想至食不淨想中云。如一婆羅門修淨潔法。有因緣事至不淨國。念言我當云何離此不淨食得清淨食耶。見一老母賣白髓餅。便與之言我有緣住此百日。常作此餅來送與我。多與汝直。老母日日送之。婆羅門歡喜貪著飽食。從後時作餅白漸無色無味。即問之言何緣爾耶。老母答言癰瘡已差。婆羅門言此何語耶。答言我大家夫人隱處有癰以麪酥甘草傅之。癰熟膿出和合酥餅日日如是。是故餅味及色俱好。今夫人癰差何處更得。婆羅門聞之以拳自打搥胸乾嘔。我當云何破此淨法。我為了矣。棄捨緣事馳還本國。行人亦爾。著好飲食觀見不淨不復可食。今借喻假想意亦如是身如癰餅謂之為淨。若知不淨還於涅槃清淨本國。

○次明觀成

若證此相雖復高眉翠眼皓齒丹唇如一聚屎粉覆其上亦如爛屍假著繒綵。

○三舉況厭相

尚不眼視況當身近。雇鹿杖自害況嗚抱婬樂。

嗚字應作歍。口相近也。若作嗚嗚呼字耳。

○五與特勝辨異二初舉譬

如是想者是婬欲病之大黃湯。如貪食人審知豬膭盛屎之物猶强喫噉。見膭蟲臭更能食不。

如貪食人等者。愛身如貪食。穢身如豬膭。實觀如審知存身如強食見蟲如假想厭強如不食。
○次合喻
前特勝力弱未決定除。今觀力強。媱火疾滅。故云九
想觀成時六賊稍已除。及識愛怨詐兼知假實虛。
特勝是實觀。九想是假想。故下引證六賊者六欲
也。此九遍能治於六欲。若別治者死想治威儀言
語二欲。脹壞噉三治形貌一欲。血塗膿爛青瘀三
治色一欲。骨燒二治細滑一欲。九想又復通治所
著人欲。散治人相欲。能動九十八使山。故所治最
強。言怨詐者愛如怨家。詐為親友令人起貪。如詐

親牽人入惡。如怨家。具如大經二十一。
○六明功大小乘功能二。初正釋。
如是厭患何但除欲。亦能發無漏。亦成摩訶衍。
初文者或隨本習。或隨現觀。故大小乘同為貪欲
之所障礙。障去習發。遂本所期。今時行者言雖偏
深。寧免愛縛。不信此觀豈會真理。
○次破謬兼證九想能發大乘。
釋論解死變想竟。仍說六波羅蜜。四無量心。諸師咸
云翻謬。今明菩薩修初想。即具摩訶衍。故廣出諸法
後。即云乃至燒想亦如是。那云脫落耶。

破謬兼證九想能發大乘。故知諸師不體論意。
○五明八背捨發二。初標牒。
次明八背捨發者。
○次解釋五。初重判淺深。
前三番是根本味淨。九想至一切處名為觀。九次第
定是練。師子奮迅是熏。超越是修。此四事定。今先明
背捨。背捨又有總別。總共二乘。別在菩薩。
前三是根本。是有漏。名根本味。特勝通明名根本
淨。九想已去觀練熏修。名四事定。今於事定但說
觀禪。於觀禪中文猶未盡。次九想後以明背捨。復

應簡云練熏修三非今所明。文在後簡大小別故。
言總別者總與不壞人共。別在菩薩行。
○次判因果以釋名
又背捨不定。或因中說果名背捨為解脫。自有果中
說因名解脫為背捨。若定判者斷惑究竟事理具足
稱為解脫。若惑未盡定未備。但名背捨。背者厭下地
及自地淨潔五欲。捨者捨是著心。故名背捨。
言因中說果者有人云背捨即是解脫異名。今以
衍門往驗。意則不然。大品云菩薩依背捨入九定
及身證。那含雖得九定亦復未受八解之名。故知

因時厭背捨離煩惱名爲背捨後時具足觀練熏修發眞無漏三界結盡爾時背捨轉名解脫故知背捨在因解脫在果若名背捨爲解脫者卽是因中說果義乃至果中說因義亦可通若言異名乃成大妨故婆沙中問背捨是何義答背捨是棄義初二棄色愛心第三棄不淨心從第四去至非想處棄下地法滅受想法棄一切有緣尊者和須蜜云得脫義是解脫義得脫煩惱故也又虛想得解名爲解脫故知論文亦是背捨從因解脫從果故今文中從背者以下重述從因義邊以釋背捨言

淨潔五欲者禪門中云欲界凡夫迷情貪著不淨之法以爲淨妙名不淨五欲從欲界定乃至非想雖有著心猶名淨潔五欲今以背捨無漏對治厭離不著故名背捨淨潔五欲

○三明對治

若破愛多發外相如前說若破見多發內相內相者卽八背捨也

外約九想內約背捨隨人不同故立觀各異

○四略列初後

一內有色外觀色乃至第八滅受想背捨

畧列初後二名釋中一一標名解釋故不煩預列

○五正釋八初釋第一背捨二初畧釋

所言內有色外觀色者不破不壞內色內觀白骨皮肉而外觀死屍等

○次廣釋二先對禪門辨異

若修相具如禪門今略示發相

○次正明發相　　二初明內有色三先正釋

行者忽見自身足指皮皺如泡漸漸至膊至腰遍身到頂斯須洪直舉身脹急五指葩花兩腳如柱腰腹

如甕頭如盆處處臚脹如風滿韋囊此相發時或從腳至頂或從頂至腳滿一繩牀皮急肉裂將欲綻潰既潰膿流浸漬溼釋又從頂至足皮肉自脫唯白骨在支節相柱磐然不動皮肉墮落聚在一處猶如蟲聚汙穢鄙醜若發此相深患其身厭之如糞何況妻子財寶而生吝惜

忽見自身等者以初修時皆從足起今發亦然又從足起易成故也如發八觸足發多進等磬者亦作谾深山谷也此不淨屍如空山谷故曰也

○次明此觀法能助大乘菩薩之行

薩埵亡身鹿杖所害者皆得斯觀。內不計我外不愛
所低頭慚愧厭心相續云云
薩埵等者明此觀法能助大乘菩薩之行故令薩
埵自厭其身即金光明薩埵王子投身餓虎者並
由得此背捨觀法。
○三引證
大經云除卻皮肉諦觀白骨一一節間皆令繫念逆
順觀察令骨淨潔是名內有色相。
聖行品云依因指骨以拄足骨依因足骨以拄踝
骨依因踝骨以拄膞骨依因膞骨以拄膝骨依因

膝骨以拄髀骨依因髀骨以拄臗骨依因臗骨以
拄腰骨依因腰骨以拄脊骨依因脊骨以拄項骨
依因項骨以拄頷骨依因頷骨以拄牙齒上有髑
髏復因項骨以拄肩骨依因肩骨以拄臂骨依因
臂骨以拄腕骨依因腕骨以拄掌骨依因掌骨以
拄指骨如是三百三十六骨展轉相依一一諦觀
皆悉徧知今此文云指藏如泡乃至頂者先想壞
皮肉從下向上一指二指乃至頭頂乃至逆緣從
上向下至骨想成。
○次明外觀色三初明欲定。

外觀色者外見死屍膖脹膿壞滿一聚落一國土如
前九想所觀不淨故言外觀色位在欲界定。
○次明未到
此法增進見骨起四色青黃白鴿煜煜爚爚將發不
發青色青光乃至鴿色鴿光狀如流水光籠骨人如
塵霧鏡日若心緣足光隨向下若心緣頭光隨向上
以青光力映蔽十方悉見青色如須彌山隨方色一
乃至鴿色亦如是若此光色將發不發位在未到地
定。
此法增進等者經論不同或云青黃赤白光隨向

上等者此是光未成相漸至成就則徧十方如須
彌等者如須彌山四方土地有情海水皆隨山面
而為一色今此四色亦復如是皆徧十方各同其
色一一色處復不相妨。
○三初禪發三初正明定相。
如是還久光應自發若不發者當攝心諦觀眉間放
之便發狀如竹孔吐烟初乃小小後則散大四色宛
轉從眉間出徧照十方豁爾大明。
還久等者更卻牒前光初發時但久觀骨光應自
發。

○次明支林功德五初總標列。
一色亦有十功德。八觸五支正邪等相。
○次釋五支
初色發時名覺分別八色名爲觀昔雖知肉中有骨不知骨中八色昔所未見慶喜悲慚名爲喜支此色發時深有樂法心地恬愉名爲樂支定心湛然安住不動默默轉深空明智定信敬慚愧不生謗毀離蓋相應若冷煖等叢叢皆無謬亂故稱叢林。
言八色者見地色如黃白淨潔之地見水色如深淵清澄之水見火色如無烟清淨之火見風色如

無塵迴淨之風見青色如金精山見黃色如薝蔔華見赤色如春朝霞見白色如珂貝雪見色分明而無質礙復練骨人從頭至足逆順數緣使速成就玄文釋背捨中云光中見佛者彼明聖行行門故也。今且明事故畧不論忽發宿習準彼應知黙黙者。他感反 應作黯。烏敢反 忘也。
○三辨異
但此中動痒空明五支等相。心眼開明法深樂重不同根本亦異特勝通明彼帶皮肉觸不通暢今觸骨人其法深妙。

彼帶皮肉者彼特勝通明猶帶三十六物九十九等。
○四明邪相
若論邪相人八色者或見青色不甚分明斑駮不好即是邪相七色亦如是。
○五辨異
闇證無觀慧如夜多賊今禪有觀如晝少僞設有易却。
○三明大小乘二先明小二初引眞諦三藏釋。
若三藏云八色是色界法觸欲界骨人致諸功德起

言若三藏等者眞諦三藏也準三藏意觸從外來
○次今家判三藏釋但在有漏
此依根本有漏作如此說
○次明大二先舉三學況釋八色
大乘明戒定慧法悉不可盡何以故命朽戒謝無作不滅定雖伏惑斷在不久如蟲入身殘藏害命即雖未死勢不久存慧道無失初果七死無漏湛然當知戒定是無漏法若爾八色之光便是界外法也。
大乘云明大者今文探取行門開權意說故下結云界外法也文中先舉三學況釋八色故知三學

之中非但慧道經生不失戒定亦然何者戒是有爲色法定是有爲心法命朽之時形俱無作戒體雖謝無作戒業得得不滅以隨業道至未來故由諸事定能伏結惑如蟲殘藏由伏故斷如蟲害命以無漏慧得初果已慧道勢分流至未來經於七生以盡殘惑是故當知以戒例慧小乘事法尙至無漏經生不失故知實說一切事法並屬界外當知此法本如來藏中不思議法覆相赴機以爲權說二乘不了以爲近計故知不得專依有漏

○次結位三初判

若發此相初背捨成位在初禪

如文

○次明異解

成論云兩背捨欲界攝淨背捨色界攝四背捨無色界攝滅背捨過三界毘曇云初二背捨通欲界及二禪淨背捨在四禪言三禪樂多不立背捨復有人言三禪無勝處四禪無背捨三家互異

此中所引成實毘曇成論同曇無德毘曇同薩婆多然毘曇云初二在未到中間及二禪此中云欲界及二禪者準妙音師說復有人云文更一釋并前二論三意不同

○三正釋

今依釋論初背捨二勝處初禪攝既有五支驗是初禪也

今依大論並異三釋前三雖異各有所以成論據不淨邊前二在欲第三既淨故通四禪毘曇前二兩向說之據骨人邊應在欲界據放光邊應在色界後師據第四禪既證捨受無厭背義雖各一途終非通允故今家解依大論文並破三解此一位既然以下餘位並準大論

○次釋第二背捨於中二先明內無色相二仍先明析滅

二內無色以不淨心外觀色者骨人是精血所成應須呵滅析骨四微

○次明體滅中又三初法

大乘體法知骨從心生心如幻化骨人虛假骨人自滅

○次喻

如好馬任人意如好人共事去來無捩

喻如好馬等者欲滅骨人骨人卽滅名任人意好

人亦爾。用此析體二種觀者。依於藏通二種門故。準前文云。是界外法。亦可通於別圓法也。亦恐宿曾修此門故。若但用小。不須衍門。若通教事禪。亦可用析。有此衆意故用兩門。

○三明位在中間喜多退墮。

骨人去已新法未來喜多退墮。

骨人去已新法未發者。位在中間未發內淨。

○次明外觀色五。初簡示色體。

以不淨心但觀外色。外色者外死屍等。又外者。骨人所放八色也。

○次釋所以

所以觀外色者。此去欲界猶近。須觀外不淨。

○三辨發不同

若修壞骨人。別有觀法。今但論法發。

○四正釋前文中間定相

忽見骨人自然消磨。但有八色及外不淨。在骨人滅時。位在中間。

○五明發二禪相三。初明發相。

又見八色與內淨法。同時俱起青黃等光。更作一番增明。

○次明四支

內淨喜樂一心。四支功德轉勝於前。

○三結位

是爲二背捨位在二禪。

如文

○三釋淨背捨二。初出異釋。

三淨背捨身作證者。初禪二禪非徧身樂。四禪無樂何所爲證。成論人四禪共淨背捨。

成論四禪共淨背捨者。前云成論判第三背捨在於色界。故知四禪共淨背捨。

○次今文正判三。初判。

今以兩禪共淨背捨。既言三禪有徧身樂。可以爲證。卽是其初成就在四禪。能具足勝處。故知淨背捨位在三禪也。

用此一意盡破前三。何者。以極淨故在第四禪。勝處一切處非第四不成。有身證故在第三禪。仍約初後以分三四。若定結位應歸第三。故準此斥前三俱壞。

○次證

淨者。釋論云。緣淨故淨。八色已是淨法。而未被淨緣

瑩練淨色極在四禪此色起時瑩於八色更轉明淨故言緣淨故淨徧身受者樂之極在三禪故總此二禪爲淨背捨也

緣淨故淨者以第四禪爲極淨緣此色起時瑩於八色者三四起時瑩練初二故名三四以爲初二色之淨緣是故三四獨得淨名是故更開四句釋之前三屬初二第四屬第三初句者實是不淨上更加假想故也禪門云不淨有三一者出處不淨謂骨人二者所照不淨謂外不淨境三者光體未被淨緣瑩練故也故初二禪雖有光明未名爲淨

今言淨淨離三不淨淨義具足名淨背捨

○三釋淨四義

淨有四義不淨不淨者欲界之身已是不淨而今膖脹故言不淨不淨不淨淨者除卻皮肉諦觀白骨無復筋血如珂如貝故言不淨淨淨不淨者是眉間所出八色光明光明是淨未被練治故言淨不淨也淨淨是第三背捨更被淨緣練治也故言淨淨

○四釋空處背捨二初正釋

四空背捨者過一切色滅有對色不念種種色一切色是欲界內外色有對是五根所對此兩色前三背捨已滅但有八色隨心轉變故言種種色訶色緣空更無別法但入空定

過一切色等具如第六卷略釋但彼依根本今在淨禪以此爲異又根本亦滅有對等三今此背捨可見不可見有對前二背捨已滅第三唯有不可見無對故至空定但滅無對以此爲異

○次斥根本

若凡夫多染保著空定聖人深心智慧利直去不迴故名背捨

若凡夫等者斥根本聖人等者立聖斥凡然背捨

者實通凡夫

○五釋識處背捨

若緣空多則散虛誑不實捨空緣識識法相應名識處背捨

○六釋無所有處背捨

又識生滅無常虛誑無復所緣但有能緣故言無所有處

前空識處具有能所今無所有滅於所緣故云無所有

○七釋非非想處背捨

識處如癰。無所有處如瘡。捨識無識。卽是非想非非想。

非想者。能忘前三。故云捨識無識。無識卽是不用處也。故名非想非非想。言識處如癰等者。八聖種觀亦具如第六卷說。

○八釋滅受想背捨。六。初正明。

此無想猶有細煩惱。今捨能緣非想之受想。亦無復能滅之想。定法持身。泯然無想。如氷魚蟄蟲。

言猶有細煩惱者。細惑有十。謂受想行觸思欲解念定慧。此斥非想有惑故也。今捨能緣之受想等者。釋滅受想名。依名出體。非想地中。猶有能緣非想之心。今滅受想中滅彼能緣。復滅能滅。方得名爲滅自他地。言氷魚者。取命根在例如蟄蟲。蟄者藏也。易曰。龍蛇之蟄。以藏身。

○次破舊解

若以所滅爲名。與攀上厭下何異。

若但滅他地。何殊根本。

○三正解釋

今從能滅自地。亦滅他地得名。故言滅受想背捨。具如修證中說。

釋前初解捨能緣等。卽滅他地。無復能滅。卽滅自地。故不同舊單從所滅。

○四序二論

毘曇明得滅定。是俱解脫。不得此一定。但名慧解脫。成論得電光名慧解脫。具得世間禪名俱解脫。

如文

○五斥成論

成論後四。更無別法。以無漏心修此可然。前三何意無別法。而約外道禪耶云云

後四等者。緣成論人執無客定。但以無漏依於根本。是故文中以背捨中前三背捨以難論人。然此難辭有縱有奪。八中且除滅受想一。於前七中後四空處已滅骨人。唯緣空等。旣無別法。但以無漏之心。修此四空。此則可然。是則以四空背捨縱之。若前三背捨。觀不淨境。八色光明。異於根本。名爲背捨。此則正是俱解脫義。何意棄此而不肯用。但約外道根本禪耶。此卽奪也。故知成論但用世禪實爲違理。

○六判習

若過去曾得八定。故發宿習而滅定一種。不得無漏

修則不成。故不論宿習也。九次第定。超越等。約三藏者。無有凡人。修於此定。故不論發宿習也。若約大乘。亦應有此義。今所不論。

前七解脫攝得八定。故約八定以論發習。滅受想定。不論發習。是故前文不以爲難。又第八定。不闕根本。故不爲難。九次第定等者。釋九想初。旣以具列四種事定。未暇簡出。故今重釋。準於小乘。則無發於練熏修義。大乘或有。如南岳大師。通明背捨。一時俱發。卽其相也。

摩訶止觀輔行傳弘決卷第九之二

摩訶止觀輔行傳弘決卷第九之三

陳隋天台智者大師說　唐荆谿大師湛然傳弘決
門人章安大師灌頂記　明天台沙門傳燈會科

○六明大不淨發三。初標異名。

次明大不淨觀發者。亦名大背捨。

○次辨異

前所觀所發。除卻皮肉。諦觀骨人。死屍不淨。或一屍兩屍。城邑聚落。不淨流溢等。但約自他正報。故言小不淨也。約此而論厭背。故名背捨。亦是總別相云云

約此等者。前小不淨。後明背捨。是總。共二乘。別在

菩薩。今大不淨亦復如是。

○二正釋五。初示相。

若大不淨觀。何但正報流溢不淨。依報宅宇錢財穀米衣服飲食。山河園林江淮池沼。縱是色法悉皆不淨。蟲膿流出。臭處腥臊。舍如丘墓。錢如死蛇。羹如屎汁。飯如白蟲。衣如臭皮。山如肉聚。池如膿河。園林如枯骨。江海如汪穢。大經云。美羹作穢汁想。即此觀也。丘者。聚也。小陵也。墓者。塚也。禮云。凡葬而無墳謂之墓。白虎通云。天子墳高三仞。一仞七尺。樹之以松。諸侯半之。樹之以栢。大夫八尺。樹之以欒。欒者說文云。似木欄。土四尺。樹之以槐。庶人無墳。樹之以楊柳。是知墳墓俱通貴賤。汪者。水深也。廣雅云。萬頃陂也。羹作穢汁等者。大經十三。因迦葉難佛言。如是思惟。無有實利。亦如比丘觀不淨時。見所著衣悉如皮想。而實非皮。所可食噉皆作蟲想。觀好美羹作穢汁想。觀所食物猶如髓腦。觀骨碎粖猶如於麨。

○次正明發相六。初明發相。

於坐禪中忽如上見。見此大地無一好處。依正不復可貪。是名大不淨發也。

○次舉譬

如初然火加功攢發。煙炎蓋微。火既成勢。不復擇薪。乃至江河亦能乾竭。

如文

○三對修辨發

初觀不淨止一屍一國。注心作與作廢。今定力已成。厭惡亦盛。一切依正無非不淨。欲心永息。

如文

○四明境轉所由

復次諸物有何定相。隨人果報感見不同。善業感淨

色惡業感不淨色。如諸天寶地寶宮。人中富樂執諸瓦石變成金銀善力所招依正俱淨。如僧護經所說地獄獄相不同。或見身肉為地為他所耕。或見身如樹林衆所摧折。或身如山如屋如衣。凡一百二十種皆惡業所感招不淨也。

由心轉故故引二緣以例想境感果不同。如觀不淨等感果是過去心力。不淨是現在心力。今明發相亦由宿因過現雖殊同皆心造。是故得以二種為例。執石等者如大經中釋摩男執諸瓦礫皆悉成寶。亦是過去心力所致。僧護所見意亦如是彼

經云舍衛有五百賈客欲入海采寶。有一長者告衆人言我有門師名為僧護。可請為師咸共往請。僧護曰可白和尚舍利弗。便至舍利弗所白舍利弗。舍利弗復至佛所以事白佛。佛便聽去。卽共入海。未至寶所有一龍王從海而出衆人言汝是何神。龍王現身云與我僧護賈人等卽便與之往采寶。所還至失師所作如是言至世尊所當何所言。龍王知賈人還卽以僧護還諸賈人。賈人於是共僧護歸。賈人貪近從陸路還。賈人夜發誤棄僧護。僧護失伴獨行而去。至一僧藍卽見僧溫室地獄

僧入火然問曰是何人答閻浮提人難信。汝可問佛。如是次第見五十三獄。至已問佛。佛為解說。溫室獄者迦葉佛時恣用僧器。楗槌獄者不打楗槌用僧物故。肉地被燒獄者私耕僧地故。肉坻地獄者為僧中上座無有禪律飽食而睡說世言論好食自噉。惡者僧中行。淨食先自噉。麤者僧中行。所受苦相亦復如是。肉餅火燒獄者。為僧當厨朝食留晚晚者復留以至後日。檀越送食隱待客去。亦復如是。不均行僧果亦如是。刀劓鼻火燒獄者唾僧淨地故。栓打肉獄者釘僧壁上懸己衣鉢故。火

燒肉臺獄者當生臥具將戸鉤遊行。妨僧受用故。自住好房餘與不好者。苦亦如是。燒房獄者住僧房如己有不移不依次分故。火燒牀獄者用僧牀不依法分故。破僧木然火苦亦如是。火燒敷具獄者脚蹈僧具故。火燒肉厠獄者淨地大小便故。身坐高座火燒獄者顛倒說律故為利說法。苦亦如是。火燒果樹獄者私噉僧果及與白衣故。四肉樹火燒獄者無德斷事故。不均等與僧臥具。苦亦如是。二沙彌被中火燒獄者沙彌相抱臥故。彼經仍為利益檀越及比丘故乃云如是比丘雖不持戒

四事供養猶得大果況復供養四方僧衆如是等獄於海洲畔隨處而有或身爲肶林餅等也當知色法皆隨人感色無定體隨心所變觀法若成皆能轉色

○五明由境轉故有破結之功

若執淨色保愛堅固以大觀力破大著心翻大顛倒成大不淨觀也何以故夫幻術法多是欺誑神通法得其道理凡一切物皆可轉變如蘇蠟金鐵遇煖流變如水遇冷成地此得解觀契轉變之道定力爾故言此觀契轉變之道者假想若成實見諸境轉爲

不淨如神通人令物實變假想變境如彼得通故云契轉變之道又諸物中一切皆有可轉之理故神通人及修觀者而能轉之此理元是如來藏中不思議法隨心取著成外成小汝等所行是菩薩道平等法界方寸無虧

○六辨漏無漏

若根本但除下地著不能除自地若小大背捨未是無漏但除下地自地著若無漏緣通則下自上皆除著也

若根本一向有漏已如前說小大不淨及背捨等是無漏緣未即無漏若正用智以斷於惑隨依一地故云自上皆除故俱舍云道展轉九地

○三約大不淨以明背捨

若人發大不淨八背捨亦大初禪攝若內無骨人外觀八色及依正兩報緣境大故名第二大背捨二禪攝若以大不淨入淨背捨亦大乃至滅背捨亦如是

若八等者始終俱破依正二報

○四約於背捨以明勝處及一切處三初標

若論大勝處者更熟背捨令於緣轉變自在

婆沙云勝於煩惱名爲勝處以於依正俱不著故

故於依正轉變自在

○次引論辨根

大論明鈍人修八背捨竟方修勝處一切處中根修三背捨竟於四禪中修勝處等上根秖修初背捨即修一切法也今處中說

禪門中云修背捨竟別修勝處下根也若處中說具如今文更不別明初修勝處但於第三背捨中卻觀前二背捨成四勝處次於第三成後四勝處是故不須更別修也若上根者亦不須待至第三竟時方更重修前二背捨作前四也於初背捨即

能分別若多若少好醜知見成二勝處次於此後成餘勝處此仍準教辨上中下猶約背捨以明觀法若上上利根又不須依向三根之法如育王經第十八摩偷羅國有一男子從毱多出家聞說不淨觀法自謂已作所作後往揵馱羅國見於女人而生欲想卽便自取鉢中之麨以與女人女人見之露齒而笑亦於比丘而生欲想比丘見已乃至觀身如見齒骨骨想成已得阿羅漢

○三正明發相三初約第一背捨立第二勝處二初明發相

若多若少者還約依正一屍爲少二屍爲多如是傳傳可解一衣一食一山河爲少無量衣食山河爲多初修從少至多今發亦應爾若好若醜者善業端正爲好惡業鄙陋爲醜此二皆於我美者爲好於我惡者爲醜此二皆有智慧爲好皆有愚癡爲醜此二富貴爲好貧賤爲醜如此好醜俱不淨山河國土衣食屋宅若好若醜俱不淨又依正俱醜骨人所放八色爲好又八色亦醜被練爲好好醜皆不淨

大千爲多滅者爲少如此多少皆有好醜乃至最後好醜皆悉不淨前背捨中雖觀淨色皆是不淨未能展轉比決好醜今善觀知故云勝知等又復直爾約小不淨但依正報以明好醜若依大不淨起勝處者亦於依正二報得勝知見具如別教四念處中說

○次判位

此兩勝處初禪攝

○次約第二背捨立二勝處五初明發相

若內無色相外觀色若多若少若好若醜勝知勝見者內滅骨人外有八色又有依正多少好醜如前說云云

○次釋知見

勝知見者此心勝色不爲色所縛心能轉色故言勝知也勝見者淨不淨等皆於己心自在觀解成就故言勝見也

○三判位

此兩二禪攝

○四明功能

若勝處成時身尚不惜况財物他身耶

○五引事

上古賢人推位讓國還牛洗耳皆是昔生經修此觀

自然成性。無復愛染。不得此意。貪之至死。何能忽榮棄位耶。

推位讓國者。如吳太伯。為太王長子。次弟仲雍。幼弟季歷。太王有疾。讓弟承嫡。故託采藥。入於東吳。餘如助道中說。還牛等者。堯聘許由。為九州長。由聞之。詣河洗耳。巢父因飲牛而見之。問曰。夫人洗者先洗於面。子何洗耳。答曰。堯聘我為九州長。惡聞其聲。故洗之也。巢父曰。吾聞豫章之木。生於深山之巔。上無通車之路。下無涉險之逕。工匠雖巧。而不能得。子欲避世。何不深藏。而浮游人間。苟求

名利。吾欲飲牛。汙吾牛口。乃牽牛上流而飲之。又婆沙中問。勝處依何身得。答。依欲身得。問。能於佛身作不淨不。答。能作。但唯佛能。非餘聲聞等。佛身無垢。一切不淨觀者。不能於佛身作不淨想。

○三明後四勝處。四。初對位。

後四勝處。在四禪中成就。三禪樂多。不能轉變。

○次明大小。

就聲聞法。謂言如此。於菩薩法。禪禪轉變。何得無耶。

○三辨假實。

大論云。青黃赤白。此從實法。瓔珞云。地水火風。此從假名。互得相攝。

大論青黃等者。後四勝處。但有四色。今列八色。其意云何。答。經論不同。今文雙列。是故判之。青等從實。地等從假。此約三昧。意緣色判。非是五根所得之色。故三昧所見十方徧皆四色。故四色是實。若見地等。亦是四色。而更立地等四名。故是假也。以十一切處見八色故。若但言八色。則俱從實說。若判五根所得之色。應云。青等從假。地等從實。如俱舍云。大種謂四界。即地火水風。能成持等業。堅濕煖動性。此明實四大種也。能成持等。明四大用。謂

地能成持。等謂等取餘水等三。即水能成攝。火能成熟。風能成長。次云地謂顯形色。隨世想立名。水火亦復然。風即界亦爾。既云世想。故形顯色悉皆是假。顯色者。謂青等也。形色者。謂方等也。水火亦俱形顯二色。故云亦然。風者。論云。風界者。無色可見。有言亦爾者。亦如水火。謂黑風等。及團風等。此假實色。於五根中。假色則為眼識所得。實色則為身識所得。若三昧所見。並非身眼二識所得。故判假實有此不同。況三昧所見青等地等。各見不混。若如俱舍。秖於地等實法之上。有顯形色。無別地

也。是故不同故四念處云大論但云靑等瓔珞云地等此亦無在四色是名地等是體名卽假名體卽實體彼文仍云有對之色作如是說而不云三昧所見故知止觀從三昧所見邊說若三昧成則徧見十方無形色也若光勢未成有顯有形若從成判故應唯顯今文雖卽假實俱列必須存四以沒於四四兼前四名八勝處。

○四辨法有無

此四勝處內外色盡但有八色唯有多少轉變無有好醜轉變也。

內外色盡者自骨人爲內他骨人爲外旣無內外唯有八色故無好醜但有多少者骨人雖盡非八色盡也言多少者八色廣陿也。

○五明發一切處二初明修勝處二初略判位

十一切處在四禪中初禪覺觀多二禪喜動三禪樂動不得廣普徧一切處唯不動念慧則能廣普。

八勝處中除前四已於後四中假實俱觀故得云八更加空識故得爲十皆徧十方故名徧處唯不動念慧者至第四禪不爲內外諸災所動卽初支也并念慧卽三支也且約小乘如此分別。

○次正明發五先明十一切處。

以靑徧十方十方皆靑餘色亦爾故名一切處。

○次明十一切入

若一切入者以靑徧一切時黃來入靑亦徧一切處靑黃本相不失相入又不相濫餘色相入亦如是是名一切入。

敎有二文恐人不了故兼釋也徧一切處於十方界處處皆徧故名徧處十法相入復得入名。

○三破他人解

此乃內心放色徧一切處那得以外樹葉爲緣徧一

切處耶內心無法安能轉變外樹葉耶先能變心方能變葉耳。

云八勝處者緣外八色今意不然此是骨人自放以內心法自有色故若內無色安能變外令徧十方故前文判爲界外色意亦如是故知不必緣欲麤塵。

○四引論證

大論取優鉢羅華者恐人不解借外喻內不可執喻爲正義。

引大論云取優鉢羅華等者靑蓮華色也恐人不

解內心故色。是放借外以喻內心。此文又兼通申伏難。恐人引論而爲難曰。若不緣業何故論文緣優鉢羅。故引論文銷其伏難。

○五爲其辨異

若通明觀內無骨人。不放八色。修勝處時當借外緣或可應爾。不壞法人內自放。不須外也。

爲其辨異。更御縱之。若通明觀後。卽修勝處通明無色容借外色。今背捨後方修勝處。淨背捨中自有八色。故云不壞法人。內自放也。

○次更明菩薩修發勝處。尙冥諸度。况復八色。故

後結云隨心卽成。此以通別。初心菩薩爲况。文中四初明六度。六初明檀可見。次尸中略明三戒。害彼下是殺。引物下是盜。欺詐下是妄。乃至慧中云不生不滅者。故知不是三藏菩薩。初明檀。

復次菩薩修勝處具衆行者。若不達依正。可起貪慳此觀若明身尚欲捨。况惜己物而貪他財。是則名檀。

○次明尸

得如此觀。不爲財色而破於戒。害彼財主。引物自歸。欺詐百端而求全濟。決無此理。是則名尸。

○三明忍

得此觀時。若他觸惱及以侵奪。終不生瞋諍於糞穢是則名忍。

○四明進

是觀成時。不倚不淨屍身。不淨國土。閒退定心。是名精進。

○五明禪

此觀能具。觀練熏修。神通變化。願智頂等。是則名禪。

○六明慧

得此觀時。一切法能所。皆不可得。不生不滅。畢竟清淨。是則名慧。

○次明具一切法門

一切道定法門。皆於勝處轉變成就。心定自在。迴轉去住。作諸法門。隨心卽成。如快馬破陳。亦自制住。何但具足六度而已。一切法門無不具足。道秖是慧。定慧所攝。一切諸行。勝處中足。如快馬等者。譬於勝處心。於諸法去住自在。

○三明勝處功能。二。初明有調魔功能。

是時明淨無復魔事。心使於魔。魔不能破心也。

○次明有入位功能

行四三昧人。若發得此法。多轉入五品弟子位。何故

爾助資力大能疾近清涼池。
圓人發已轉此爲境多入五品。由五品故乃至六
根。近於初住。故云近池。
○四明分劑所發
齊此是發觀禪亦是發摩訶衍禪相。若練熏修。凡夫
尚不得學無發可論。若別出經論。故不俟言也。
言齊此者。且明分齊所發亦得是摩訶衍者。具如
前文所破諸師不違論意。卽此意也。尚得入品。乃
至六根。况後通論摩訶衍也。
○七明慈心發三。初略辨前後。

七明慈心發者。慈倚根本前後云云
○次正明所發五。初緣慈相。
忽緣一切衆生取其樂相。無怨無惱。悅心通意。或見
得人中樂。或見得天上樂。
○次寄修辨發
善修得解。定心分明。無一衆生不得樂者。初躡躡細
靜。後轉深定。
善修得解者。寄修辨發。準教修習。故名爲善。修成
就已。名爲得解。
○三約三人明廣大無量

但所緣有三。若緣親人得樂名廣。中人名大。怨人名
無量。
所緣有三者。謂怨親中人。約處卽是廣大無量。緣
此三人乃至十方。令得上樂。卽是慈心成就之相。
婆沙云。怨親各三。中人一品。大經梵行文意大同。
經論二文。各有修相。禪門中亦明修法。謂初修時
令上親人得於下樂。次修令上親得中樂。中親得
下樂。次修令上親得上樂。中親得中樂。下親得下
樂。次修令中親得上樂。下親得中樂。中人得下樂。
次修令下親得上樂。中人得中樂。下怨得下樂。次

修令中人得上樂。下怨得中樂。中怨得下樂。次修
令下怨得上樂。中怨得中樂。上怨得下樂。次修令
中怨得上樂。上怨得中樂。次修令上怨得上樂。是
名修慈成就之相。悲喜二心。亦復如是。若修捨心。
從中人起。若先捨親恐生愛著。若先捨怨恐生瞋
恚。是故應須先捨中人。於怨親中怨易捨故。次捨
怨人。於怨人中先上次中次下。次捨親人。先下次
中次上。若捨心成就。等無分別。修既不等。發時準
知。問。何人不能修四無量心。答。有二種人。求過人
者不能修之。不求過者而能修之。求過之人乃至

羅漢亦求其過求善人者而能修之求善人者乃至闡提亦求其善現在雖無過未或有婆沙中廣明其相言廣大無量等者約三人如文三人雖徧處若未徧不名成就故又約方故婆沙云爲緣一衆生爲緣多衆生答初修之時緣多衆生成就之時或一或多方所亦爾大論二十一廣明修相

○四約十方明廣大無量

又緣一方衆生得樂名廣四維名大十方名無量

○五明隱沒不隱沒

此定有隱沒不隱沒若心緣衆生決定作得樂想心

甚分明而所緣處不見衆生得受於樂是內不隱沒而外隱沒復有內心明淨外見得樂是爲內外俱不隱沒

言隱沒等者若依根本內外俱隱沒及外隱沒內不隱沒餘則內外俱不隱沒因緣以下例同此判

○三與諸禪互發四初明慈定發四初明根本味禪互發二初明初禪互發二初明慈定發初禪三初標先後

若先得此定後發五支功德者

○次發五支

初覺衆生悉皆得樂心與定合自心亦樂善修得解名覺支分別得樂或人中天上無量差品皆悉明了名觀支怨親平等無復畏怨憂親之苦名喜支喜支動息心神愉懌亦如所緣得樂之相名樂支定法轉深持心不動名一心支

釋觀支中云或得人中天上樂等者婆沙問爲與衆生何處樂答有說與三禪樂樂中勝故有說與四事樂已曾得故有說與曾經行處所有樂至所住處思惟令得愉者亦樂論語云愉愉如也

○三辨同異

此名同根本而法味永異如糖蜜和水冷同味別若發卑根本報止梵衆梵輔若得慈定則報爲梵王其果既勝因亦大矣

此名同根本等者辨同異支名觸名並同根本根本如水慈如蜜和若發等者亦是寄修以辨功能梵民爲梵衆梵臣爲梵輔婆沙問梵福云何答有云一切衆生福有云輪王福有云帝釋福有云自在天福有云梵天福有云除近佛菩薩餘一切人福有云梵王請佛轉法輪福評家云梵福無量如上所說皆稱美耳有說四種得梵福一未起塔處

以舍利起塔。二未有僧坊處起僧坊。三和合僧破。
四修四無量。故淨名云。修四無量開梵天道。
○次明初禪發慈定
若先得根本後加慈定。根本益深也。
○次明二三四禪互發。二。初明慈定發二三四禪
二。初正明發。
又於慈定中發二禪內淨。四支成就。又發三禪樂具
五支成就。又發四禪。一一與諸禪相應。支林具足。而
法味倍增。如前喻。
如文

○次判大小
但慈心本緣他得樂。內受樂定。外見他樂。此相齊三
禪。四禪但見他得樂。內無樂受。以捨苦樂故。是為小
乘。如此分別。佛或時破執為緣。言慈心福至徧淨。悲
心福至空處。喜心福至識處。捨心福至不用處。但菩
薩恒與慈悲俱。何地而無慈悲。慈悲熏一切善。豈止
齊三禪耶。此一往語耳。
佛或時等者。婆沙云。佛說慈定報不過徧淨。乃至
捨心不過無所有處。具如今文。婆沙小乘。尚至不
用處。況復菩薩法耶。當知小乘具有二說。從菩薩
恒與慈悲俱下。方屬大乘。地地皆有四無量心。婆
沙中又問。餘三無量心。何故在無色。答。此事彌勒
始知。當知教權赴機。而說未窮實理。故云一往。
○次明二三四禪發慈定
若先發根本後發慈定。亦如是。然皆闇證隱沒。或內
不隱沒。而外隱沒云云
但云根本者。從略具足。應須明位及判大小等。
○次明根本淨禪互發。二。初明根本淨禪發慈定。
若依特勝通明發慈定者。所依之定。自是一邊。能依
之慈。附起不濫。此定既有觀慧。慈定亦不隱沒。五支
法味倍勝根本。

所依之定自是一邊等者。特勝已去。既有觀慧。與
慈相別。又與慈心俱起。及前後等。故得名為自在
一邊。
○次明慈定發根本淨禪
或因慈定而發特勝通明。此之慈定。亦不隱沒。禪味
亦深。
○三明不淨禪互發。二。初略明互發。
或因慈定發小大不淨。
○次問答料簡。二。初一問答。二。初問。

不淨取衆生破壞相。則無衆生可緣。誰得此樂。
不淨取衆生破壞相等者。問也。觀其破壞與得樂反。慈定不成。
○次答
雖無衆生。有漏中樂。而有涅槃樂。是發法緣慈也。
破壞之相。順涅槃樂。即與法緣慈義相應。況復涅槃樂中之極。故知且以法緣慈答。此因通難。此無漏定。似於涅槃。故權立法緣。法緣應在二乘境中。
○次重問答二。初問。
問慈緣衆生淨相無瞋惱。取其好相。不淨觀破壞衆生。取其惡相。云何相發。

重問意者。二義相違。云何相發。
○次答
答。此亦無妨。如雖見不淨。不妨又見淨人。端正衣裳。雖生慈定。不妨不淨。
答意者。定法難思。但須深信。大乘尚得諸禪俱發。今但慈心與不淨禪。更互相發。未足爲妨。
○四重作莊嚴義釋
慈定亦能莊嚴背捨等。使功德倍深勝。單發不淨。或互相發云云

何但直爾相發而已。二種更互。慈定益美。慈心既爾。悲喜亦然。或互相發。此之四字。明大小不淨發於慈心。今文存略。云相發者。語雖兼前。此文正明不淨發慈。
○次例餘三心
餘三無量心。發更互準慈定可知。
餘三無量心。準慈可知者。例餘三心準慈心說。又婆沙問。四無量中何心勝耶。答。捨心最勝。大經十四。亦名四等。四等從心。無量從境。境既無量。慈亦無差。等心對四。故云四等。

○三判漏無漏。即從所附。以判漏等。
若四無量附根本發。即成有漏。附特勝通明發。即成亦有漏亦無漏。附不淨發。即成無漏。
○四明慈定所依三。初法。
因緣不同。慈定等深淺。百千萬種。不可稱說。
因緣不同等者。明慈定所依。依因何禪而發慈定。所因既多。慈亦無量。故云百千。不可稱說。
○次譬者。非但直言有漏等異。於一一禪。一一地一一品。一一功德支。相味殊。不可具說。故以欲界依正爲譬。譬中又爲二番不同。初譬法體深廣。

譬如欲界四大色造種種地青黃赤白高下不同造種種樹木草果甘苦辛酸藥毒香臭造種種人端醜聰鈍貧富善惡造種種禽獸毛角飛走無邊種類差品不混各隨性分任力所能

如文

○次譬妙法難信

如薄福人但資稗粟不信有甘蔗蒲桃

○三合中二先合初譬三初正合慈

色界淨法亦復如是轉變支林種種滋味更相添糅而不混和

○次兼合四

乃至四無量心彌復曠大

○三釋合意

何以故衆生無量故想其得樂亦復無量諸法無量附諸法發支味亦無量不可稱計

如文

○次合次譬三有法有喻有合今初法

衆生薄福不信禪定設信一法不信無量功德

○次譬

如山左不識珍羞井蛙之非海若甚可憐愍

山左等者如太華已東名爲左兒不識京畿珍羞之味有作修字者非也羞者周禮注云備百物日薦置滋味日羞珍者明滋味中之貴者井蛙等者井字應中心著點四邊像欄中點像缾堯臣伯益造也世云市井者因井造市故曰市井今但云井井中所居欲非海族蛙者小蝦蟆也言海若者海神名也非者斥也欲斥海深而衒井寬

○三合

其能信者知聖境難思不生誹謗云云

○八明因緣禪者此因緣門行者立觀之要境翻

邪向正之始行況能成就摩訶衍乘體即三因佛性正種故於此門廣明乘相此中既明三世因緣辨十二時等廣如玄文引婆沙釋現在是苦識名色六入在胎內觸受在胎外愛取有三亦屬現在初二是惑次一是業生老死屬未來亦是苦文爲二初明因緣六初辨內外

八明因緣發者行人有大功勳諸佛賜以禪定三昧或過去宿習而因緣定發前後云云

有大功勳內習力也諸佛賜者外加力也

○次正明發五初推現三支

於坐中忽然思惟心所緣處或緣善心或緣惡心能緣所緣卽是有支有能含果此有由取以心取善惡而得有有若不取者亦無此有故知有從取生復知取從愛起愛故可取如愛色死取不愛則不取

能緣所緣等者觀十二緣凡有二種一者推果知因如先推受以至無明旣知無明生於受等則不起愛等起於當果具如玄文釋因緣境二者推因知果卽如今文文明發得還寄修辨於定心中所緣善惡能所和合得名爲業業必招果故名爲含業卽有因故有能含果次推此業還由於取取於

善惡乃至無明故息現因令滅當果

○次推現五果

愛因受生由領受善惡所以愛生若無領受愛則不生又觀愛由於觸六塵來觸六根故得有受無觸則無受經云六觸因緣生諸受故受由於觸又知觸由諸入門若無六識統六根則不能涉入諸塵而生於觸觸由於入入由名色若但有色色不能觸如死人若但有名名亦無觸如盲聾人色心合故則有於觸色卽色陰心卽四陰了別此色名識陰領納此色名受陰行起貪瞋名想行兩陰五陰具足故有覺觸當知觸由名色名色由初託胎識初託胎名歌羅邏此時卽具三事一命二煖三識是中有報風依風名爲命精血不臭不爛名爲煖是中心意名爲識由識託胎故有凝蘇薄酪六皰開張名色和合當知名色豈不由識

六皰者頭身二手二足又云眼耳鼻口及二十指爲二十四皰

○三推過去二因

識由業行過去持五戒善業業使人中受名色過去破五戒惡業業使三塗受故知識由於業業卽行也

行由無明癡愛造作衆行使識流轉

○四推過至未

從過去來今從今愛取緣有有能含果招未來生死

○五結三世

三世因緣空無有主

○三明互發二初明因緣發諸禪二初明發根本

六初正明發

如是思惟觀智起時人我邪計卽破定心恬怡從麤入細欲界未到乃至根本五支功德次第而起覺因緣空無有主名覺支三世流轉更相因類明識無差

名觀支。得因緣智。深識三世。豈不欣幸。名喜支。定法持心。恬愉美妙。名樂支。定心湛然。無緣無念。名一心支。

○次明發之由

此因緣三昧是慧性。此慧明故。卽發根本。

○三辨同異

或根本與因緣相和。法味涽濃。不同單發五支。

○四判隱沒

此三昧亦有隱沒不隱沒。若內心但解因緣法。不生我倒者。但與根本相應。闇有此解。名為隱沒。若三昧

發時。其心明淨。見歌羅邏。五皰開張。生處住處亦見行業善惡所為好醜。亦見未來生死之事。三世分明。是名不隱沒相。

○五明十功德

此二皆有空明十法成就。

○六結

是名根本由因緣發。

○次明發諸禪

乃至特勝通明背捨等。隱沒不隱沒。由因緣發。亦復如是。

○次明諸禪發因緣二。初明根本發因緣。則根本諸禪皆屬因緣二。初通明九地。

若因根本發因緣者。忽於定中思惟根本諸定。皆是因緣所成。所成能成。卽是有。

通明九地有支。何者。始自麤住。終至非想。皆是因緣。因緣和合。名為所成。卽以欣慕定心為因。稟教為緣。定體成就。為所成法。卽名因緣。以為能成。推此定體從因緣生。生卽有支。隨何地定。成何有支。言諸定者。旣且約根本。但約根本豎論諸定。

○次別明九地二。初釋二。初約有支明九地。

此麤細住含炎魔兜率天有。有生必有死。欲界定亦是因緣有。有則含果應受化樂天生。生則有死。未到定亦是因緣有。有則含果應受魔天有。初禪相應。卽含彼有。乃至非想非非想亦如是。

○次推三世。三初推現二支。

如是等有皆由於取。取初禪相。如前二十五方便中。種種希望。取其相貌。故知有由於取。取又由於愛。以聞人說初禪功德而生愛味。

○次推現五果

又知此愛由受。以聞彼功德。而領受之。而起愛也。又

知此受由入入即是根無根入無所受受又由觸塵觸故有入觸由名色五陰合故有觸名色由初識三事

別明九地有支如是等至取初禪相者明九地發十一支應云乃至取非想相初禪在初從初而說文中雖有麤細住等非所期心但因期心求於初禪而發此等是故不論麤細住等如前二十五方便者修初禪人本為初禪設二十五法乃至非想亦復如是故用前二十五而為行法具如第四卷釋五法中約初禪釋五法者即其相也言種種希

望者即五法中欲為希望若通論者初修淨戒乃至一心皆為希望初禪等故又知此受由入觸等者此約觀境立觸入等名不同諸論十二時等

○三推去二因

三事由業而來受身業由無明致有生識乃至老死

○次結

上至非想下至麤住皆識十二因緣一一明了

上至非想等者既約觀境以明十二但屬界繫皆具因緣不同婆沙約界料簡云無色界無色有名等此是根本發因緣竟如向因緣發根本者初發因緣謂推三世增減四生不同具如玄文因緣境中及俱舍婆沙等文又復亦有於胎生中不因精血而生者義同濕化染香處故支義亦足如分別功德經第五云如昔長者有女名善施未嫁因向火煖氣入身懷妊父母責之乃至達王女言更無改異王許之以死女言今乃有此無道之王枉殺無罪之人我若不良可以保試王即驗試果如其言王語父母欲娶此女父母言用此死女為即內宮中後生子端正出家得羅漢果復有多緣得胎不同一一善達並於定中所見分別乃至三世相

異立十二名推根本等以成十二復從十二發根本等

○次例餘禪發因緣

乃至特勝通明等因根本發例可知云云

乃至特勝通明等例者明諸禪發因緣應云特勝等因因緣發以因緣等多依根本今從所依故云因根本發又因等者亦同慈心依根本發判屬有漏依特勝通明亦同慈心故云例此可知

○四受名不同

此觀既破我倒與界方便破我意同但依禪經受因

緣三昧名耳。
禪經及五停立名不同。五停名慧。禪經即作三昧之名。故云因緣三昧。
○五判事理四。初法說。
三世推尋。雖是慧性。猶名停心。心得停住。
此因緣觀。雖云慧性。而不能破惑。
○次舉譬
如密室無風。可作念處觀也。念處觀成。方名聞慧。聞慧乃是理觀。
五停如密室。念處如明燈。由五停故。能作理慧。當

知五停。雖名爲慧。但是事觀。不能破惑。
○二證聞因緣。即能破惑。方得名爲理觀因緣。
如富那領解云。我已解已知。汝云何知。若知無明。不起取有。即聞慧意。
證聞因緣。即能破惑。方得名爲理觀因緣。言聞慧者。正指四念處位。言富那領解者。大經三十五。外道富那。佛問之曰。汝見世間有常耶。乃至世間有邊無邊等。若言世間是常是實。餘皆妄語。是名爲見名業名著。乃至邊無邊亦復如是。又問。若汝然火。是火滅時。汝知滅不。答言。如是。又問。是火然時從何而來。滅至何處。答言。藉緣而生。緣盡則滅。滅時不至。一切方所。佛言。若五陰愛生故然。若愛滅故。二十五有滅。富那領云。如有一樹。死來百年。枝葉脫落。唯有眞實。佛言。善來。成阿羅漢。然十仙中凡有領解。多云我已知已。我已解已。富那文中。雖無此言。既得羅漢。亦可通用領解之言。
○四判今因緣屬事觀。不及富那有破惑之力。
此因緣觀。在念處前。未有是力。故屬事觀也。
此因緣觀者。判今因緣。既屬事觀。是故不及富那有破惑之力。

○六引經論所生因緣不同。並可爲今文觀境。
此因緣門。隨機不同。瓔珞明十種。大集明果報一念。諸師多傳三世。
引經論所出因緣不同。並可得爲今文觀境。瓔珞十種十二緣者。上卷明第十地中十種觀法第六觀緣起智。觀十種因緣。具如第二卷引。
○次明觀法者。若此十禪。別別修觀。則始自根本。終訖神通。一一皆論十乘觀法。若通總作者。即後所列者是。今於因緣禪後。別立觀者。異九禪故。九禪唯待發方可觀。因緣一禪。義雖須發。亦可即觀。

況因緣門。所攝寛廣若偏若圓若正若助若因若果若自若他無不攝在因緣觀中。是故於此別立觀法。於中二。初引龍樹明用觀意也。龍樹中論通申大小。論意亦觀因緣爲宗。又六。初出論初品。

龍樹作中論初明因緣品。

○次明諸師謬解

論師謂攝法不盡不以因緣爲宗。但是世諦破因緣盡是眞諦故以二諦爲宗。

明諸師謬解。但以二諦爲中論宗。

○三破古

今言何品非世諦而皆破盡。此乃通途非別意也。

諸師言論宗者應明此論別顯宗致。若言二諦此屬通途。言何品者。且指此論品品無非二諦意也。況復二諦徧諸教門。故不可二諦爲中論宗。言而皆破盡者。論諸品題皆破爲名。如云破六情品破染染品等。品內觀法破皆盡淨。六情是俗破盡是眞。故二諦破非論別宗。

○四正示論宗。

論初通觀因緣。次染染品等別破愛取支。六情品別破苦支。乃至後兩品別出聲聞觀因緣通別等意皆觀因緣。豈不以因緣爲宗。

正示論宗。若通若別皆觀因緣。是故此論因緣爲宗。故論初文名因緣品。通觀下文。故名爲通。下諸品中雖隨義別。而實不出觀於因緣。

○五重斥舊解

北師取後品中救義。六因四緣爲宗。此乃是生滅因緣。後兩品意非論正宗。

北師雖以因緣爲宗。不了一部通別之意。而卻指後品小乘救義。小乘非正。救義又旁。如何用此而爲論宗。故論後文立因緣品及邪見品申於三藏

二乘觀法。故立六因四緣用救小宗。論云。已聞摩訶衍。今明二乘義。是故次列因緣等品。況取品內救義爲宗。論雖明小。小是所破。如何卽用所破義爲宗。故不可也。

○六正出中論用觀之意

佛去世後人根轉鈍。取著因緣決定相。不解佛意。故作此論明十二因緣觀門也。

正出中論用觀之意。若佛在世利根之人聞卽得益。是故不須廣明觀法。佛去世後。若聞因緣反計三世定有輪轉。是故龍樹廣作觀法。但破因緣不

事分別因緣之相。
○次明今文廣立觀法二。先例十意。
今既發因緣法。故約之明止觀。例爲十意云云
明今文用中論意廣立觀法十乘入道廣破發得修得之相。故知論語通總不出十乘。
○次正明觀法十。初明觀境中引大經四種觀因緣義。則前三爲可思議。後一爲不可思議。故前諸文明思議境。或有至別教而止。卽同今文。或有至圓教者。意則少殊。具如前簡。文二。初明思議境二。
初明六凡界。

思議境者。過去無明心中作於黑業。諸不善行成三途界。作諸白業及不動業。成三善界。
○次明下中上三智得菩提五。初聲聞界。
若轉無明爲生滅明。名下智觀得聲聞菩提。轉有漏行爲出世助道行。七種學人殘業未盡。猶生善界。若無學用無漏業及著眞諦愛與根本無明合生方便土。受彼名色與彼愛嗔而起取有。是聲聞界。
○次緣覺界
若飜無明爲不生不滅之明。是則中智得緣覺菩提請觀音云。觀十二因緣如夢幻芭蕉成緣覺道。意在於此轉有漏行爲無漏助道。結業盡不盡同前。是爲緣覺界。
○三六度菩薩
若轉無明爲般若。轉不善行爲五度。以未發眞。猶具界內十二因緣。是六度界。
○四通教菩薩
若轉無明爲空慧。轉行爲六度。六七地前斷惑未盡皆同前斷。盡生彼福慧小勝耳。是名中智觀得通教菩提。
○五別教菩薩

若轉無明爲次第明。轉行爲歷別行。十信住斷未盡十行向斷盡。皆同前。是名上智觀。故得別教菩提。
言下智等四智者。初六道因緣。正當四智所觀之境。下智觀故得聲聞菩提等者。卽是能觀之智。智有差別。故大經二十五師子吼品云。十二因緣凡有四種。謂下中上上上。具如第一卷引。此文別教十住位中言不了者。卽全不見圓教。卽約六卽位判。皆名了了。故四智當體。復是今文四聖界也。并前六界。卽十法界。十二因緣也。聲聞乃至上上皆云若轉者。今通約大乘意說。祇轉惑爲智。智無別

體聲聞中言七種學人者三果四向也隨其餘思生數多少生欲色界故云善界此下習中若從教判應有緣覺今文且從聲聞判之次明緣覺中云結業盡不盡同前者前是聲聞有盡不盡今明緣覺亦應隔生既攝屬通教亦約教論有聲聞義故得斷惑例前聲聞盡則出界不盡同前七種學人次若轉下明六度菩薩者前下中智聲聞緣覺器類異同故可互攝菩薩發心不與小共又復爲成十法界故三教菩薩同爲一界是故諸文多少皆爾六度菩薩雖云般若猶在伏惑通菩薩中云轉

止觀輔行卷三十七　三七

無明爲卽空慧等者空慧已成般若度竟又云轉行有爲六度者六中卽是生滅助觀以爲般若還以卽空之慧導彼生滅此通菩薩八地以上則應隨願利物受生八地以前惑既未斷是故今文隨惑判生故云同前以卽空心行於五度故云福勝卽空勝析故云慧勝福慧既勝報生亦勝但能勝彼三藏二乘不及別圓初心菩薩故名爲小應言八九地前何故但云六七地前八九是斷後位六七是正斷位畢正斷邊以望未斷故云六七次若轉爲上智者既云歷別卽別義也轉見思等三種無明爲一切智等三種智明此中但至行向者且約不得意邊復讓初地去以爲佛界及上上智又顯證道無差別故言同前者住中見思同前二乘界內塵沙同前藏通兩教菩薩界外塵沙雖不同前同是塵沙故且同前

○次明不思議境明上上智先明上上智觀爲不思議境也次重釋不思議境先正明不思議境五

先總立三佛性

若轉無明爲佛智明從初發心知十二緣是三佛性

○次辨通別三初總對三佛性

止觀輔行卷三十七　三八

若通觀十二緣眞如實理是正因佛性觀十二因緣智慧是了因佛性觀十二緣心具足諸行是緣因佛性

所言通者一一支中皆三佛性雖有通別共成圓義

○次別對三佛性

若別觀者無明愛取卽了因佛性行有卽緣因佛性識等七支卽正因佛性

○三判別對意

何以故苦道是生死變生死身卽法身煩惱是闇法

轉無明爲明。業行是縛法。變縛成解脫。卽三道是三德。

以此三道卽三德故。故別對之。若爾何故復有前通解耶。答。若別對者。翻對義便。若通對者。據理通故。是故別對三佛性中。一一無不具正因故。

○三釋前三德不縱不橫。初後不二。

性德因時不縱不橫。名三佛性。修德果時不縱不橫。如世伊字。名三德涅槃。

釋前三德不縱不橫。初後不二。

○四證初後不二

淨名云。一切衆生卽大涅槃。卽是佛。卽是菩提。乃此意也。是名上上智觀。得佛菩提。

證初後不二。衆生是初。卽是佛故。故知不二。

○五判佛性位二。初明因位。四初正明。

若五品未斷同學人。鐵輪長別苦海。同無學。雖復變易。五根生福迥異。

言未斷同學人者。同初果向。鐵輪同無學者。且從總說。若從別論。應從初信乃至第十節節依惑以判淺深。故六信以前猶同學人。所言同者。智雖分於下中上。別據通惑斷齊。是故云同。若伏別惑一向不同。是故下文三賢十聖。卽與兩教三乘不同。雖復變易等者。六根淨位。據通惑盡。雖同二乘受變易身。其處亦等。依正勝劣永異二乘。五根屬福。故云生福。內智巧拙。從初永別。

○次引證二乘變易身劣

釋論云。二乘受法性身。諸根闇鈍。以其於佛道紆迴故。

引證二乘變易身劣。旣云根鈍。卽是五根劣於圓人。

○三重明別圓福勝前教

若別圓能破無明。直開苦道如實之法。從實法得實報。直於行有具足諸行。感得依正無有罣礙。根利福深。不同中下。

更明別圓福勝前教。此卽聖位不與前同。證道同圓。是故合說。仍隨教道立本別名。

○四證聖因位始終皆勝。

若三賢十聖住於果報。悉成就彼十二因緣等覺餘有一生因緣在。

證聖因位始終皆勝。是故前文明別教位但在行向初地以上。攝在此中三賢位內。是故約證不分別圓之異。但語三賢十聖位耳。

○次明果位三。先明三德。

若最後窮無明源。愛取畢竟盡。故名究竟般若。識等七果盡。故名究竟法身。行有盡。名究竟解脫。

○次明三涅槃

雖言斷盡無所可斷。不思議斷。不斷無明愛取。而入圓淨涅槃。不斷名色七支。而入性淨涅槃。不斷行有善惡。而入方便淨涅槃。

○三證前善惡成方便淨。

淨名云。以五逆相而得解脫。亦不縛不脫。如此而推。

十二因緣。卽是一切無量佛法。是名不可思議境也。

證前善惡成方便淨。善惡是縛。卽縛以論不縛不脫。惡中舉極。故云五逆。極惡之理。理是極善。是故名爲卽縛論脫。

摩訶止觀輔行傳弘決卷第九之三

摩訶止觀輔行傳弘決卷第九之四

陳隋天台智者大師說　唐荊谿大師湛然傳弘決

門人章安大師灌頂記　明天台沙門傳燈會科

○次對不思議十如十境等及問答料簡即是顯前因緣三德不可思議文分四初對十如

復次十二緣對法華中十如者如是性對無明淨名云若知無明性即是明性如是相對行體對識等七支力對愛取作對有因又是無明愛取之習因緣對行有果對無明生智慧習果報對行有五種涅槃本對三道三種佛性末對三德涅槃

文中兩番對者以十二緣兩重因果故也

○次對十境

復次對十境者十法界陰入病患兩境對識等七支煩惱見慢等境對無明愛取業魔禪二乘菩薩等對行有等支

對十境者若通論者境境無非十如之理今從名便故復別對文雖別對正在一念十二因緣攝於十境問若爾十界陰等屬苦煩惱及業魔禪屬行有者此可然如何十界行有亦攝二乘菩薩境耶答若通論者二乘菩薩具有三道今從別義故二乘菩薩不屬苦等問若從別義四聖亦應不屬苦及煩惱何故從通答雖俱通通別二乘菩薩從別義便故一往且然夫對當義不可盡理

○三攝十如十境以入一念三初正明

復次十二因緣十如十境在異心中是生滅思議在一念心中是不生不滅不可思議

攝十如十境以入一念具如前文陰入境中不思議說

○次引證

華嚴云十二因緣在一念心中大集云十二因緣一

人一念悉皆具足

華嚴大集等者經文但云一念心具不云十界故知存略凡諸大乘云一念者意皆如是若不爾者云何徧收一切諸法

○三舉略攝廣

此猶存略若一人一念悉皆具足十界十如十二因緣乃可稱為摩訶衍不可思議十二因緣耳

○四問答料簡二初問

問十二門論云緣法實無生若謂為生者為在一心中為在衆心中亦可得言在一念耶

問十二門等者釋疑也。緣。謂因緣法。謂所生。因緣生法。悉皆無生。此以論中問意而問今文。今文處處皆云緣生在一念心。論中云。爲在一心。爲在異心。論問意者。爲在一人之心。爲在衆多人心。爲在一人多人一念心耶。如是一念異念並在今文。一念心中悉具足耶。

○次答五。初引華嚴一多相卽。

答華嚴云。一中無量無量中一。

引華嚴一多相卽總答論意。多人一人。於今一念悉皆具足。多人一人所起之心。不出百界。百界爲多。一念爲一。一多相卽。非一非多。

○次引大品以釋相卽

大品云。一切法趣無明。是趣不過。乃至一切法趣老死。

一切諸法皆趣因緣。百界因緣。不出一念。是故名爲是趣不過。故得名爲一念具足

○三翻破前難

今說一心具十二因緣。當有何咎。

且直云爾十二因緣者。指前華嚴。大集兩文。並云一念具十二緣。其實兩經意兼十界。

○四定前一念以成觀境。

復次言一念。不同世人。取著一異。定相一念。乃是非一非異。而論一耳。

定前一念以成觀境。又有二義。一者以禪爲境。不同世心。二者卽此境心。復須離著。向辨禪心。旣言一念。一多相卽。爲是何等一心能具。故簡示言。不得同於妄計一念。能了妄念無一異相。達此無相具一切心。三千具足。方能照於一多相卽。此據初心習觀之人。恐濫託於妄情境觀。是故應須簡示入門。若據理論。無非法界。亦何隔於取著妄情。此中一文。及第一卷佛法界屬可思議。第三卷初地卽是初住。第四卷以思議釋不思議。第五卷不思議初明一心任運具於三千。及下約十禪修觀中云。行人觀法極至正助。及魔境後明陰入十乘度曲入別。如是七文。撿驗諸部。唯一處出。若尋文者請以例諸。

○五舉譬

譬如眠法覆心。一念之中夢無量世事。如法華云云

具如陰境三喻中說。故知法華安樂行等。

○次明發心二。初簡偏二。初正簡。

眞正發菩提心者。若依生滅無生滅假名等。十二因緣而起慈悲誓願者。此非眞正。

簡偏中還約不思議。一念十二因緣而分因果。以論悲境。轉此因果以明慈境。故簡生滅無生假名。假名卽是別教。卽是簡却藏等三教。

○次引證

故華嚴云。菩提心魔卽此意也。

引華嚴者。三教皆是菩提心魔。仍於別教須簡教證。

○次顯正三初正顯

若依不思議十二因緣起慈悲覆度一切是名眞正

○次明誓境

拔苦有二。一拔十法界無明愛取行有五種因苦。二拔十法界識名色七種果苦。慈與樂亦爾。謂與十法界觀無明愛取成慧行正道。轉行有成行行助道。是名與樂因。觀十界名色七支皆安樂性。卽大涅槃。不可復滅。名與樂果。

○三正明發誓

約此四義起四弘誓。未度令度。度十界七支生死之苦。未解令解。解十界無明愛取行有五支之集。未安令安。安十界無明愛取行有正助之道。未得涅槃令得。識等七支安樂涅槃也云云

約一念心生此十境還翻此境以發弘誓。

○三明安心

善巧安心者。巧觀十界識等七支卽是法性。不起無明愛取八倒迷惑。名為觀。十法界行有等種種顚倒息。故名為止云云

卽以十界一念心中而分三道。苦卽法性。非止非觀。業卽解脫。解脫是止。煩惱卽般若。般若卽觀。結業煩惱不離一念。當知此二亦卽法性。故約法性

而論寂照。心安法性。名為安心。

○四明破徧

破法徧者。橫破十界十二因緣悉是一念。一念不自不他不共不無因。當知十界悉無生也。豎破十界。行有見思塵沙無知無明不生。乃至四十二品不生不生。名大涅槃。

破徧中與陰入境寬陿異耳。彼文寬。故先明橫豎次非橫豎。此中文略。卽於雙非以論橫豎。若橫若豎並推一念。

○五明通塞二先寄次第以明不次

善知通塞者達因緣眞名通起見思著爲塞況眞爲不通達因緣事爲不塞於三道起法愛爲塞達因緣中理名爲通

出假文中云不通不塞者不通秖是塞不塞秖是通隨文便故是故語異

○次撿校能所

若於番番起無明愛取行有爲失若於番番悉有智慧名得或直就有作等四種苦集論塞四種道滅論通或直就三假故爲塞破三假無生爲通通惑旣爾別惑亦然或直就四見起十使爲塞破見爲通云云

撿校能所亦是一心以論能所約有作等四及通別惑也三假等者並是且寄次第而說

○六明道品二先明道品五次明三空道品旣以念處爲初故以因緣先對念處於中復約通別二番初約通

善修道品者若通論十界因緣中色法皆名爲身一切受法皆名爲受一切識法皆名爲心一切想行皆名爲法

初身念處已約十界故下三念但云一切十界皆四故名爲通

○次別明中復有二義秖是二義兩番對耳

若別論名色支中取色六入中取五入觸中取五觸五受生死支各取色分皆名身念處攝名色支中取識分六入中取意入生死支各取識分皆名心念處攝無明行名色支中取想行觸支中取法觸愛支取支有支生支中取想行死支中亦取想行皆法念處攝

○次一義

或時云無明是過去愛愛是汙穢五陰若現在論無明法念處攝行法攝識心攝名色身心兩攝六入緣

六塵塵法攝入身攝觸法攝受還受攝愛汙穢身心兩攝取法攝有行攝生是色起死是色滅法攝

初番闕受念處應云無明行名色生死愛取有支中受陰受念處攝然別中兩番同立十二支皆具五陰而取義少異初番但取現文當體以屬念處或時下次文卽以當位及以現在望於過未二義不同故過去二支及未來二支墮世故屬法攝也若當位者與前大同

○次料簡二初問

問數人說生死皆是不相應行秖應法念處攝云何

通三念處。

云何三念者依數人。生死是不相應行屬法念處攝。云何通釋皆具四念者。故毘曇俱舍十四不相應行。生死屬四相。故不相應行攝。及初番別釋中生死文。何以並云具三念處耶。謂身心法。

○次答

答大經云。此五陰滅彼五陰續生。如蠟印印泥。印壞文成。故知生死之法。不離五陰。得作此說 云云

答中意者。於前通釋恐義不了。故引大經釋成通義。經文既云若生若滅皆具五陰。即是生死各具

四念。如俱舍中十二因緣。一一皆以五陰為體。不同經部。於別對二義。一一支中並立五陰。即是從勝。雖借彼權文寄事相說。而分位別並須約於一念十界。皆知是約一念之心。通別二對。一切色分。即身念處。一切心分。即三念處。故與陰入境中道品義同。

○三指前通別二對結成四德並須觀為不思議境。能成悉檀。

若通別因緣諸色非垢非淨。能雙照垢淨。名身念處說諸因緣通別諸受非苦非樂雙照苦樂名受念處觀諸因緣通別心識。非常非無常雙照常無常是心念處。觀諸因緣通別想行。非我非無我。雙照我無我是法念處。

若通別等者指前通別二對。結成四德並須觀為不思議境。

○四結非榮非枯中道佛性

此四能破十二因緣中八種顛倒。八顛倒轉成四枯四榮。亦是非枯非榮中間入涅槃見佛性也。

○五通例餘品

勤觀此四名正勤。乃至八道如前說。

並如文

○次明三空

觀根本無四句不生不滅。即畢竟空。此空具十八空。十八空秖是一空。方等云小空大空皆歸一空。大品云。一獨空。是名空解脫門。若入此空。不取法性四相不受不著不念不分別。新舊內外 云云 若心無依倚以無所見見眞佛性。以不住法住大涅槃。是名無相解脫門。是大涅槃。非修非作。非自故非因。非他故非緣。不共故非合。非無因故非離。無修無得名無作解脫門。

結成三空在文可見準前陰境可以意得是故還約觀無明等三假以說不取法性四相者先列不受等四次列新舊等四卽是不受新不著舊不念內不分別外新謂愛取舊謂無明內謂內心外謂外境於一念心十界法性亡此四相無依倚等者不依四句卽四相無所見者不見四句不見無句不住亦爾理本非修亦非造作無因可修無果可得。

○七明對治五初文略明來意

對治助道者前道品直緣理轉無明愛取以為明雖

具正慧不能得入

前道品等者前道品中雖觀十界念處並是一向觀理故且云轉無明

○次釋用治意

何以故無明愛取是理惡與理慧相持復有行有事惡助覆理慧如賊多我一故須加修行有事善助開涅槃門

無明行有各通淺深今從別說卽以障中無明為理惡事中行有為事惡理惡已覆於理慧事惡更助而覆之故舉譬云賊多我一事理兩惡為賊多理慧非多為我一如賊多將一應須索助眞理如王理慧如將兩惡如賊故加助破開前道品之後三解脫門三空卽是涅槃之門道品正行卽是我一六蔽所覆名為賊多準前諸文亦應須用轉兼具等及第一義四教展轉遞為治等云云

○三正明用事

若起慳貪行有轉為布施行有則檀度善根生若破戒行有起轉為持戒行有尸善根生若瞋恚行有起轉為忍辱行有羼提善根生若懈怠行有起轉為精進行有毘梨耶善根生若散動行有起轉為禪定行

有支林功德生若愚癡行有起轉為覺悟無常苦空行有故事慧分明助破理惑

○四判其進否

若有一蔽則不見理況復六耶今但破強者弱則隨去

六種俱重六皆名蔽若一重餘輕但治一重輕者自去若六俱重事須徧治

○五明攝調伏諸根二初釋二初攝前十二科

助道力深成辦一切功德調伏諸根滿足六度具佛威儀十力無畏乃至相好等如前說自想作之

○次重明不盡之法云如前十力不共法等初列成道等四以為威儀前文但明不共功德不別顯示三密四儀利物之相故今更引大品是名坐道場釋成法華諸佛於此而坐道場轉法輪入涅槃等言於此者秖是三德實相一乘三德秖是十二因緣此等四法依於因緣故得用此釋佛威儀是故四佛坐道場時並觀因緣而成正覺道場是所依覺智是能依能契所故而成正覺文二初列成道等四以為威儀

又佛威儀者佛坐道場轉法輪入涅槃皆約十二因

緣

○次引大品是名坐道場等釋成二一文中有標釋結文二初約同居三初釋成道中有四不同並於同居現此四相亦應結云此是同居成道之相文無者略故一代教法不出此四成道之相初釋坐道場三初標

大品云若能深觀十二因緣即是坐道場

○次釋

道場有四若觀十二因緣生滅究竟即三藏佛坐道場木樹草座若觀十二因緣即空究竟通教佛坐道場七寶樹天衣座若觀十二因緣假名究竟別教舍那佛坐道場七寶座若觀十二因緣中究竟是圓教毘盧遮那佛坐道場虛空為座

○三結

當知大小道場不出十二因緣觀也

○次釋轉法輪中亦標釋結初標

又諸佛皆於此觀而轉法輪

○次釋四中具有八教之相文分為四初頓漸次四教次不定次秘密四佛成道本為利生是故次明轉法輪義此文既依法華經意不明八教無

以顯妙是故於此委悉明之前已料簡今更略明然藏等四教徧收一切大小乘經因果顯了各立教主各被機緣始終備足不過此四頓等四教但是如來不思議力布措藏等盈縮調停成熟物機破邪立正引小歸大廢偏顯圓會權入實故有諸部五味相生利物無方適時出沒若寂滅道場為別圓機此一座席未曾經漸名之為頓即此文引華嚴是也此乃約部約味得名為頓部內之教教仍兼漸約教乃成有漸有頓有權有實有麤有妙故法華獨顯望此為麤華嚴尚爾況復方等及以

般若帶二對三是故兩味及以鹿苑俱名為漸况法華顯本諸部所無具如玄文第一廣釋若爾豈得頓部在初兼麤帶別文具兩教謂過四教可不誤哉故知不可於斯妙經生乎異計然此八教非但直為判教而已觀行明義亦假斯八收攝行儀使行周備前偏圓中雖明八教文仍間襍又闕秘密今於此中文相委足略譚大旨竟次銷文相者初華嚴是頓次若鹿苑下是漸法華涅槃非漸頓攝但是會漸而歸於頓故所會之頓與華嚴中圓頓不別但彼部兼別且總判為麤耳涅槃中云如

乳有醍醐性者譬涅槃中凡夫闡提之乳尚知佛性况復餘耶故云汝有醍醐性也藏等四教處處說之故今但云四教兩字五味不同去總收前來若漸若頓乃開顯之此五味者前文雖用並是施設今文正是五味本意大經釋二十五三昧竟爾時有菩薩名無垢藏王白佛言如佛所說諸佛菩薩成就智慧功德百千萬億實不可說我意猶謂不如此經能生諸佛阿耨菩提佛印可竟佛言譬如從牛出乳譬從佛出十二部經從乳出酪譬從十二部經出修多羅從酪出生酥譬從修多羅出方等典從生酥出熟酥譬從方等出般若波羅蜜從熟酥出醍醐譬從般若波羅蜜出大涅槃醍醐者譬於佛性佛性者即是如來如是皆由觀因緣得又復置毒下不定教又復下引證秘密教此是大經第三迦葉設三十六問竟佛讚迦葉善哉善哉汝今未得一切種智我已得之然汝所問如一切智等無有異善男子我初坐道場菩提樹下初成正覺爾時無量阿僧祇恒河沙等諸佛世界有諸菩薩亦曾問我如是深義然其所問句義功德亦皆如是等無有異如是問者即能利益無量衆

生故知漸初已有菩薩密聞斯義所以者何下至意也者此是今家依中論文用大經意立此因緣生滅等名證密聞義也初頓漸二初頓

若寂滅道場七處八會為利根菩薩說十二因緣不生不滅亦名為假名亦名中道義

○次漸

若鹿苑為鈍根弟子說十二因緣生滅相若方等十二部經說十二因緣生滅即空即假即中若摩訶般若說十二因緣即空即假即中

○次非頓非漸二初正明

若法華說十二因緣即中。捨三方便也。若涅槃說十二因緣。具足四意。皆有佛性。如乳有醍醐性。

○次追結

四教五味不同。皆是約十二因緣。善巧分別。隨機示導耳。

○三不定

又復置毒乳中。是涅槃約十二因緣明不定教。

○四秘密

又復我說初成道。十方菩薩已問此義。即涅槃中約十二因緣有秘密教。所以者何。初為鈍根弟子說十

二因緣生滅相。別有利根菩薩在座。密聞十二因緣不生滅相。即悟佛性。得無生忍。此秘密意也。

○三結

此乃同居土中轉法輪相。

○三釋入涅槃亦標釋結。初標。

又諸佛皆於此觀而般涅槃。

○次釋

若約鈍根。無明滅。乃至老死滅。正習俱盡者。是三藏佛有餘無餘涅槃。約即空觀無明滅。乃至老死滅。是通教佛有餘無餘涅槃。約因緣假名中道觀無明滅。乃至老死滅。是別教佛。常樂我淨涅槃。約十二因緣。三道即三佛性。亦三涅槃。涅槃名諸佛法界。是圓教遮那佛四德涅槃。

云假名中道者。前之兩教已明空竟。故略不說。為辨異故。唯論住後。故云假中約證道同別教。唯假具如前說。

○三結

此是同居土示涅槃相。有四種出像法決疑經。

此是至出像法決疑經者。彼經云。或見此處娑羅林地。悉是土沙草木石壁。或見金銀七寶清淨莊

嚴。或見乃是三世諸佛所遊居處。或復見是諸佛境界。乃至現身聞法亦爾。

○次例二土

方便實報二土成道轉法輪入涅槃。亦應可解。

方便實報至可解者。若轉法輪準第一卷橫豎對諦。及淨名疏。明諸土說法。用教增減。比說可知。若入涅槃二土相者。方便土中通佛涅槃。不可亦同界內通佛。灰身入滅。唯留舍利等。彼法性佛機息應轉。名之為滅。若於彼土別機起時。即見無量相好之身。圓機即見虛空之身。不生不滅。方便既爾

實報準知。

○次結

是名十二因緣攝法義云

文中語略應云十二因緣助道攝法義也。

○八明次位者亦約因緣證悟淺深文二初有漏

識次位者三惡輕重皆由無明惡行不善愛取所致

也三善高卑亦由無明善行不動行愛取有所致也。

○次四教四初明三藏二初二乘。

若翻無明愛取起生滅智者即三藏中慧解脫賢聖

位行高下也若轉行有起觀練熏修行功德即是

三藏俱解脫賢聖位行高下也小大迦羅類此可知。

迦羅可知者既以迦羅例二解脫即以有通名大

如俱解脫無通名小如慧解脫大論二十一云迦

羅此翻因緣覺亦云獨覺出值佛世聞因緣法名

為緣覺出無佛世自然得悟名為獨覺此二各有

大小之別若七生初果值無佛世名小迦羅百劫

種相名之為大種相不同或三十相二十九八相

乃至一相此獨覺大小也又若七生盡值佛出世

名之為小種相修福值佛聞教名之為大此緣覺

大小也又兩大中各有現通不現通現通者大不

現通者小現通中說法者大不說者小。

○次菩薩

翻五度成於行有般若翻無明愛取調伏諸根即有

三僧祇位也。

翻五度至三祇位三藏菩薩也翻五度等者準下

句意應云翻無明以為般若翻行有為五度文似

倒。

○次明通教

若翻無明愛取體達即真翻行有修六度如空種樹

即有四忍位行高下也。

若翻無明至下也者通教也四忍者伏忍信忍乾

慧位順忍性地位無生忍八人見地等位仁王用

五忍以判別位即加寂滅忍也。

○三明別教

翻無明愛取生道種智翻行有成歷劫修行諸度神

通淨佛國土成就眾生即有六輪位行高下。

無明至六輪位行高下者別也前明智行但論出

假雖云無明但是障俗之無明耳至結位中則具

列六輪者明智行則簡於向後等具如前簡言六

輪者依瓔珞中明位有六六位展轉從淺至深故

名爲輪又一一位皆破結惑故約輪義以明摧碾謂十住十行十向十地等覺妙覺如次對於鐵銅銀金瑠璃摩尼水精輪經有多六以釋六位今明因位退加十信以爲六輪不取妙覺

○四明圓教位即有六即不同文二初正明三初總標

若翻無明愛取即是熾然三菩提燈者即有圓教六即位高下

○次別釋六初理即二初正明

十二因緣一入一念悉皆具足癡如虛空不可盡乃

至老死如虛空不可盡空則無有盡與不盡空則是大乘

一入一念悉皆具足者即先立理境也癡如虛空等者癡即無明無明即法性法性如虛空老死亦如是空即法性法性無盡次又轉釋空云何故不可盡空體無有盡與不盡次又轉釋空既無有盡與不盡當知此空即是大乘何故得知空是大乘故引十二門論爲證

○次引證

十二門論云空名大乘普賢文殊大人所乘故名大乘大品云是乘不動不出若人欲使法性實際出者是乘亦不動不出大經云一切衆生即是一乘如此等名理即是

次以普賢觀證者又以能成之人所乘之理證空是大空若非大何故能乘之人是普賢等能乘大故所乘必大大故理徧故引大品不動不出以證理徧若人下復以大品況釋理徧法性實際本不動出設使能令法性動出而此大乘亦不動出法性即是大乘之理還以其體而爲設況故今文中不動出義獨在於圓若通論者共菩薩中動謂柔

順忍出謂無生忍若共聲聞乘動謂學人出謂無學若別菩薩動謂出假出謂登地故今圓人不斷煩惱爲不動不破生死爲不出是故動出通於諸教不動不出唯在於圓

○次名字即

由理即是得有名字即是從初發心聞說大乘知衆生即是佛心謬取著故不能觀行如蟲食水偶得成字

○三觀行即

由名字故得有觀行如前所說七番觀法通達無礙

卽是行處。

七番者明次位前七重觀法。故知前七卽是所行。故云行處。今明次位卽是所階。

○四相似卽

由觀行故得有相似發得。初品止是圓信。二品讀誦扶助信心。三品說法亦助信心。此三皆乘急戒緩。四品少戒急。五品事理俱急。進發諸三昧陀羅尼。得六根清淨入鐵輪位也。

第四品中云戒少急者。前之三品非全不持。但正倚理觀。事相非正。所以自護止作必無虧點。衆法作行或當稍緩。又止持中雙持雙犯事必須具。單持別犯作中無止或當未具。又止作中自行從制事必不廢。爲物從開或可未具。又理全事闕名之爲寬。故前四品通名爲緩。入第五品事理不二。衆行別行若作若止若性若譏一切具足。

○五分眞卽二初總釋

由相似故得有分證。三道卽三德。豁然開悟見三佛性。住三涅槃。入秘密藏。清淨妙法身湛然應一切。乃至等覺悉是分證卽。

○次別以月愛結成三德。

轉無明生智慧明。如初日月乃至十四日月。轉行有生解脫。如十六日月乃至二十九日月。所有識名色法身漸漸顯現。猶如月體。

○六究竟卽

由分證故得有究竟。三德圓滿。究竟般若。妙極法身。自在解脫。過茶無字可說也。

如文

○三結成

故知小大次位皆約十法界十二因緣也。

大小諸位皆約十二因緣者。小位明七八法界十二因緣。卽六道法界藏通等位高下也。大位明九十法界。卽別圓等四菩薩位。又藏通菩薩或六或七或八九十。未斷惑故六。入空故七八。弘誓故九。果滿故十。果頭無人一切俱九。以實形權一切七八。開權顯實一切俱十。別教或九或十。分教證故。圓教始終不二而二。此等各有斷伏高下。

○次釋疑三初立疑。

若寂滅眞如有何次位。初地卽二地。地從如生。如無有生。惑從如滅。如無有滅。一切衆生卽大涅槃。不可復滅。有何次位高下大小耶。

疑云諸地相卽如無分別況復衆生卽是涅槃衆生極下涅槃極高高旣卽下有何次位耶

○次釋疑

不生不生不可說有因緣故亦可得說十因緣法爲生作因如畫虛空方便種樹說一切位耳

如雖無位位約事生事謂惑智因果等也是故見如諸位隨生凡夫迷如豈有諸位見如惑滅如實無滅見如不等有諸位生眞無生滅俗有生滅眞俗不二生滅義一自行旣滿能爲他人偏說如位是故名爲爲生作因如畫虛空等者自行眞滿猶

如虛空大悲益物如畫如種是故菩薩爲衆生故不謀不作而畫而種乃得名爲方便善功

○三結斥

若人不知上諸次位謬生取著成增上慢卽菩薩旃陀羅

菩薩旃陀羅者旃陀羅此翻殺者自濫上位殺常住命若爲他說害他慧命以此而推斯困者衆

○九明安忍者初明所忍之境卽三障也三障秖是十境具如第五卷說業下明能忍之相今又別對業魔禪三別屬業障見慢二境別屬煩惱障二

乘菩薩旣有正助兩行是故分對煩惱及業報障可知還以十界因緣對於十境卽一念心具足十界一一界中無非三障無非十境若似解未發應於十境若違若順而生安忍爲二初總明

安忍者觀十界因緣當起種種遮道法所謂三障四魔種種違順

○二別對三初釋三初忍業障二初明所忍之境

業魔禪二乘菩薩行行等法皆從行有兩支起

○次明能忍之相

若能安忍卽能成就如來行有功德所謂六根清淨

之報相也

○次忍煩惱二初明所忍之境

煩惱障發者所謂貪瞋邪計深利諸見慢二乘通別三藏等菩薩悲行等悉是無明愛取支中發

○次明能忍之相

若能了達安忍則開佛知見

○三忍報障二初明所忍之境

報障發者所謂種種陰界入種種八風種種病患卽是七支中發

○次明能忍之相

若知即是佛性不動轉取捨猶如虛空是則不斷生死而入涅槃不破壞陰入而顯真實法身也

○次結

能如是通達則於三障無礙如文

○三引證安忍

住忍辱地柔和善順而不卒暴心亦不驚是名安忍心成

住忍辱地等者證安忍也亦是觀行寂滅忍也即是中道寂忍安三諦地住於真諦名為柔和善順住於俗諦名為而不卒暴安住俗諦而不為俗動

名為心亦不驚由是得入相似三諦

○三辨異

如聲聞若住忍法終不退作五逆闡提菩薩住堪忍地終不起障道重罪也

如文

○十無法愛中言有真似者初泛標二位

無順道法愛者一似二真

○次釋二位二初釋似位五先列相似三法

菩薩從初伏忍入柔順忍發鐵輪似解功德不染三法所謂相似智慧功德法性

○次誡勿於似法而生愛著妨入真位

以智慧有無明愛取故以功德有行有業故以法性有名色生死故皆不應著

○三示頂墮相

若於三法生愛不入菩薩位不墮二乘是名頂墮亦名順道觀無明愛取順慧行道觀行有順行行道觀識等順法性道順三道故不墮聲聞地愛三道故不入菩薩地

○四示起愛相

云何起愛如入薝蔔林不齅餘香菩薩唯愛諸佛功

德不復念有二乘及餘方便道是名為愛愛故不能變無明愛取為真明不能變行有為妙行不能顯識色為法身三道不轉豈入菩薩位

○五示無法愛得入真位

若不著相似三法無順道愛者則無量衆罪除清淨心常一如是尊妙人則能見般若般若尚不著何況於餘法

○次正示真位三初示離愛之相

入理般若名為住即是初發心住時便成正覺知一切法真實之性具足慧身不由他悟見般若者真見

三道三種般若也。
○次明入位
從此已去心心寂滅自然流入薩婆若海無量無明
自然而破。
○三引大論明證眞位。
大論云何故處處說破無明三昧答無明品數甚多
始從初心至金剛頂皆破無明悉顯法性餘一品在
若除此品卽名爲佛如來身者金剛之體衆惡已斷
衆善普會三德究竟過茶無字可說是名乘是寶乘
直至道場到薩婆若中住餘如上說云云

引大論明證眞位。又於眞法起愛名爲法愛愛名
雖同眞似義別是故住前未入無功用道不名自
然非眞法性不名流入若得初住無生百界作佛
九道垂形分身九界輔佛行化化功歸己不假勤
修故名任運。
○九明念佛發四初略明與諸禪有前後。
第九明念佛發者或發念佛次發諸禪或因諸禪而
發念佛。
○次明發相經論稱歎不可具列二今初文且明
發得之相。

於坐禪中忽然思惟諸佛功德無量無邊不可思議
信敬慚愧深生慕仰存想諸佛有大神力有大智慧
有大福德有大相好如是相好從此功德生如此相
好從彼功德生如是相好有如此福德如此相好有
如彼福德知相體知相果知相業一一法門照達明
了深解相海而無疑滯。
神力從解脫德起智慧從般若德起福德是相因
從法身德起念佛起時因見諸相具知三法從三
德生復知三法能益他人益他不等亦分三別亦
識相好修因不同故云如是相好從此功德生等。

如是相好有如是福卽是識相用相體業果具如
前說言深解相海者但是色身相好無邊故名爲
海非謂報身不思議海。
○次明念佛與諸禪互發二初明念佛發諸禪二
初明念佛發初禪二初明發根本五支
定心怗怗亦不動亂安住此定漸漸轉深忽發麤細
住欲界未到進入初禪等念佛根本各是一邊覺此
念佛境界故名覺支分別念佛有種種相種種功德
法門皆分明識是爲觀支如是見已心大歡喜慶悅
內充名喜支一心安隱徧體怡樂名樂支無緣無念

湛湛深入名一心支。

念佛根本各是一邊者念佛與根本禪各不相妨。

○次明發不同三初明不同所以。

如是五支與念佛法同起如來功德力熏味倍餘支不可稱說證者自知。

○次正明不同

但佛法功德相好無量所發得三昧亦應無量所發五支亦復無量不可說不可說一一五支皆具十種功德眷屬支林。

○三結略諸位

是為因念佛三昧發得初禪。

○次明念佛發諸禪

乃至四空特勝通明不淨背捨慈心等亦復如是云

○次明諸禪發念佛二初明初禪發念佛。

云何因禪發得念佛三昧行者若發根本等諸禪於定心中忽然憶念諸佛如來感動福德由於相好相好由於善業三種法門與心相應豁豁明了此法發時禪定五支倍增其妙。

三種法門者即感動相好善業感動是相用相好是相果善業是相因。

○次明餘禪發念佛

四禪特勝背捨等亦如是。

如文

○三判邪正二初列二門。

此念佛定亦有二種一隱沒二不隱沒。

○次釋二門二初正。

若先得隱沒解佛功德憶識明了然後得不隱沒明見光相瞻奉神容的的分明者此非是魔能增進功德扶疎善根因於念佛廣能通達六念法門所謂念佛功德法門即是念法弟子受行念相業體果三事

和合名念僧此即以念僧以念佛以念法善奪諸惡念即是念捨如是念時信敬慚愧即是念戒念此定中支林功德與諸天等即是念天三自念三念他乃至通達一一法於念佛門成摩訶衍如薩陀波崙見佛時得無量法門內外皆不隱沒。

言三念自他等者大論釋六念中云佛僧天三是他法捨戒三是自論判所念分於自他今明所發具自他義大論第八問云何名為念佛三昧答有二種不同聲聞法中於一佛身心眼漸開滿於一方菩薩法中於十方三世佛土諸佛常現在前論

問於六念中何故但讚念佛答念佛三昧能除種種煩惱滅種種罪善有大福能度衆生今發宿習義亦同之

○次邪

若內闇隱沒不識一箇功德法門而外見光相溢目者此是魔也折善芽莖損道華果今時人見佛心無法門皆非佛也

○四明念佛意

若得此意但取法正色相非正也若專取色相者魔變作相泥木圖寫皆應是佛又如來示現自在無礙

何必一向作丈光丈光形者示同端正人耳佛徧示所喜身徧示所宜身徧示對治身徧示得度身師僧父母鹿馬猿猴一切色像隨得見時與法門俱發又能增長本之善根乃名念佛三昧云云

現丈光等者大論第九云一丈光者衆生少福少智若受多光眼根不堪若利根福厚見無量光今此文意通於利鈍既明發得須寄事說故云丈光丈光者示端正人耳意正密明無量光明所以得約四悉說之隨諸衆生宜樂不同豈直丈光或復更劣於丈光者如前雜類身等是也所喜是世界所宜是爲人對治如文得度是第一義

○十明神通發中諸不委論但略知相狀以備發得文分五初舉數列名

十明神通發者略爲五天眼他心天耳宿命身通無漏屬下境中說

大經二十二略明大小經釋第二功德云通有二種一外二內外與外道共內有二種一者二乘二者菩薩菩薩修行大般涅槃所得神通不共二乘是故菩薩昔所不得而今得之身如意昔所不聞而今得聞天耳昔所不見而今得見天眼昔所不知而今

得知他心宿命漏盡今明發通不論無漏經中廣明修通之相大論亦略明修相並非今正意今略明之以擬發者天眼通者如前釋五眼中辨天耳旨得色界清淨四大造色聞六道聲所聞多少遠近等例眼可知修法者憶念種種音聲識宿命者大羅漢知八萬劫佛知無量劫修法者常憶日月年歲乃至胎中及過去世中千萬億世他心者知他心所垢無垢生滅等修法者常憶諸人喜怒怖畏見相知心身如意者有三種一轉變二聖三能到能到又四一身飛行二移遠令近不往而到三此沒彼

生四一念能至所言聖者外六塵中不可愛物不淸淨物能令可愛淸淨唯佛獨有故云聖也轉變者大小一多更互能作乃至能作一切諸事若外道變化極不過七日若佛弟子不論久近修法者依四如意足作身輕舉想然諸神通未得聖果並不許修是故不合廣明修相況今文中爲明發得略辨大道令識其致又諸曾得無漏通者如大菩薩大小羅漢支佛諸佛不復論發今言發者但是過去曾修事通既非無漏則未出界今因止觀發過去習大論又廣明生得報得如諸天鬼神等發

得如無生忍菩薩等修得如諸聖等並非今意

○次明互發有無

唯得因禪發通不得因通發禪所以者何諸禪皆是定法互得相發諸禪是通體通是諸禪用從體有用故通附體興用不孤生安能發體經云深修禪定得五神通即此意也

○三依神通別判發二初略辨神通不同

若通論發者一一禪中皆能發五通若就便易別論者根本多不能發設發亦不快利特勝通明多發輕舉身通背捨勝處多發如意轉變自在身通若慈心定中緣人色貌取得樂相因色知心識其苦樂此多發知他心通既藉色知心亦知其言語音聲亦發天耳通因緣觀人三世照過去事多發宿命通照未來事多發天眼通若念佛定不隱沒者多發天眼通

特勝通明多發身輕舉等者以此兩禪存身觀故見身息心三事微細息性輕舉心如鏡像身如雲影是故身通從此兩生於理稍便餘非不發是故云多背捨勝處多發身如意通轉變自在者既於好醜得勝知見心能勝色故於轉變而得自在多義如前

○次辨六通三明三初法

又諸通若精細者即是三明但非無漏明耳

但非無漏明者三明之中容發餘二定非無漏有無之意如前分別第七卷中已廣料簡是故此中但得五通二明者明是通中勝者所發既細名之爲明實未得明

○次譬

譬如盲聾眼耳忽開則大歡喜

○三合

況無量劫來五根內盲今破五翳淨發五通

○四明支林功德

一一通中皆有五支如眼障破覺於眼根與色作對卽覺支分別色等無量種相卽觀支此通開卽大慶悅是喜支內心受樂卽樂支無緣無念湛然卽一心支餘四通亦如是

一一通中皆五支者此略語耳應言一一通中種種五支以通從於多種禪故

○五明隱沒不隱沒

若就諸禪之體或內心得解或外相不明而有隱沒之義神通是定家之用用必明了是故悉是不隱沒

也

○四修止觀二初明來意

第四明修止觀者若行人發得諸禪無有方便貪著禪味是菩薩縛隨禪受生流轉生死若求出要應當觀察十意云云

言貪著禪味等者彼經本斥菩薩住禪不能利物義當於縛故云以方便生是菩薩解今亦例之得上九禪不能觀察令成佛界隨禪受生是則自闕出要何能利他況復因禪起六法界胡瓜之譬良有以也

○次正修觀二初明十乘八初明觀境二初明思議二先以胡瓜譬禪爲十界之由

若觀禪如胡瓜能爲十法界而作因緣

先以胡瓜譬禪爲十界之由由得禪故依倚於禪生過生德故有十界差別不同是故得禪應須觀察爲成二乘尚須觀察況無上乘故云觀察十意

○次正釋八初三途界

初雖發定柔伏身口如蛇入筒因禪而直後出觀對境已復還曲更生煩惱初如小水後盈大器禪法既失破戒反道造無間業佛在世時得四禪比丘謂爲

四果又熊子等是也云云又勝意著禪自高謗擯喜根云云又入定無惡出觀起惡成業若失定者惡牽惡道不失定者受禪報盡惡業則興受飛貍身噉諸魚鳥卽其義也若不得禪名利不至既得禪已因造三途法界

四禪比丘至喜根是地獄界飛貍是畜生名利是鬼界勝意墮獄如前巧拙二度中說謗喜根者良由著於根本事禪而謗大化飛貍者大論十九如第四卷釋

○次人天界

若在禪中染著定相若出觀已起慈仁禮義之心若不失定隨禪報盡則生人道若用禪觀熏於十善任運自成不加防護是天業四禪四空上兩界業若專修根本但增長人天永無出期如大通智勝佛時諸梵自云一百八十劫空過無有佛三惡道充滿了無一人得出生死。

若用禪觀熏十善等者上二界禪或熏性戒或熏無作今且從熏性善為語者以無作戒至解脫故若根本未發即指欲天以為天業於欲天中空居四天以麤細住等熏於十善如是節節不同名上

界業文闕修羅但是略耳為修勝他等大意可知。如大通至一百八十等者彼劫諸梵及今不來者即戒急及得世禪乘寬之人三惡即乘戒俱寬故知諸梵來者雖得世禪乘戒俱急敘昔俱寬及乘寬邊故云了無一人見佛得出生死。

○三聲聞界

若專修不淨背捨等不俟諦智能發無漏成聲聞法界。

若專修不淨等去至聲聞法界明依九想等無漏禪故得聲聞界所言等者等特勝通明及大不淨等以特勝禪兼有漏故故不標初。

○四約兩意釋聲聞菩薩。

若觀諸禪能破六蔽蔽是集集招苦果能破是道道能至滅亦是聲聞法界亦是六度菩薩法界。

若觀至菩薩法界者更作兩義釋之若約能觀破蔽邊說名菩薩界若約具於四諦邊說名聲聞界文既兩具故云亦是六度菩薩界也。

○五別明六度菩薩

又禪必棄欲是為檀若不持戒三昧不現前是為尸得禪故無瞋是為忍得禪故無襍念是為精進此法

自明禪知諸法皆無常名為智是名因禪起六度菩薩法界。

又禪必棄去別明六度菩薩界前四諦中雖即破蔽成六度義但成聲聞法界總相破蔽菩薩依禪別別破蔽時長行遠又加弘誓故更別明六度菩薩若爾兩兼釋意與聲聞何別答約出苦邊即屬聲聞約悲誓邊即屬菩薩若別釋者準此可知承向兩兼釋義便故且釋菩薩。

○六兩教緣覺界

又觀此禪是因緣生法若觀諸禪是有支有支由取

乃至老死如前說是緣覺法界。

又觀禪是因緣去兩教緣覺界。何故爾耶。既不別辨生無生異但云因緣。又文中已列居在三藏菩薩聲聞之後通教菩薩聲聞之前。前三藏文中又未辨緣覺但云聲聞菩薩兩乘

○七通教聲聞菩薩

又觀諸禪。因緣生法。即空。生法即空。是無生道諦。是通教聲聞菩薩等法界。

通教中言等者。亦等取緣覺。

○八別教菩薩二。初標三諦。

又觀此禪因緣生法。即空即假即中。十法界從禪而生從禪而滅。

三諦文中雖皆云即。約次論即。非謂融即。即名既混。故別判云十界從禪有生有滅

○次釋四。初釋生滅相。

何以故若因禪出生三途六道法。即是增長二十五有生六法界滅四法界。若因禪出生背捨等法。伏二十五有。亦是摧殄六法界也。若觀背捨等無常者。是用生滅拙度。破二十五有滅六法界生一法界。若觀禪因緣生法即空者。是用不生巧度。破二十五有滅七法界生一法界。若觀禪即假者。是用無量拙度。破二十五有及客塵煩惱。滅八法界生一法界。若觀禪因緣生法即中者。是用一實巧度。破二十五有及無明惑。滅九法界生一法界。

釋生滅相有五節文。若初生六滅四。若生無生共滅六界則不得云無生滅七。今文且從傳傳滅邊故從無生滅七法界。乃至一實巧度滅九法界。從第八去展轉秖是滅一法界。以一加前。故云滅七乃至八九。

○次明入證道同歸一實。

成王三昧徧攝一切三昧。根本背捨悉入其中。如流歸海。變根本背捨悉成摩訶衍。攝義如流入海。滅義如淡盡。生義如鹹成。禪波羅蜜變彼慈定。成無緣慈悲。變彼念佛。成大念佛海。十方諸佛悉現在前。變彼神通。成於如來無謀善權。

若入證道無復生滅。同歸一實。又前雖云生生還復滅。若至第十。成無生滅。是故地前諸法若至初地攝末歸本同一鹹味。致使事禪至此會實。按位入實。不須改途。攝成初地。乃至果德。

○三結成五行

舉要言之九法界中諸戒定慧入王三昧者變名聖行聖行所契安住諦理即名天行天行有同體無緣慈即梵行單明悲同煩惱欲拔苦即病行單明慈同小善欲與其樂即嬰兒行以是五行生十功德乃至究竟成大涅槃

舉要言之至嬰兒行者本是次第五行來至初地王三昧內悉皆成一不思議法言九法界戒定慧者菩薩亦在九界中收故云九界又在九界皆修三學唯在地獄縱無現行亦容發習至此通收咸入五行梵行以慈悲爲體不得偏說餘並如文秖

是一行而立五名一五相即非一非五名一五行仍由本因故成次第次以是五行生十功德者約次第邊由五行滿得入初地故云五行生十功德初地即是第一功德五行文末雖復重釋第一功德乃是重顯初地功德之相乃至第十以對十地若作總別解者始從初地至第十地恆具五行及十功德十德對地又復宛然如釋籤中說

○四結成思議

是名因禪生滅十法隱顯三諦次第生出展轉增進攝成佛法具在即中王三昧內此乃思議之境非今所觀

○次明不思議境二初標

不思議觀者若發一念定心或味或淨乃至神通即知此心是無明法性法界十界百法無量定亂一念具足

言無量定散者明一念禪心具十界定散

○次釋二初正觀五初明法性無明定散

何以故由迷法性故有一切散亂惡法由解法性故有一切定法定散既即無明無明亦即法性迷解定散其性不二微妙難思絕言語道情想圖度徒自疲

勞豈是凡夫二乘境界

若未識法性則十界俱散若解法性十界俱定如此定散非迷非解故知一念定散不二法性無明不一不異名不思議

○次釋向法性無明定散即離等

雖超越常情而不離羣有

釋向法性無明定散即離等非二乘所知二乘不知亦是常情所攝亦應云三教菩薩皆不能知理性本寂故云超越無始未顯故云不離

○三引大經證

經言一切衆生卽滅盡定。
○四釋經意
雖卽心名定而衆生未始是而衆生未始非。
滅盡本是小宗事定經文旣云卽衆生是故不得以小乘而云卽是當知卽指衆生心性理本滅盡故不非不是
○五轉釋
何以故若離衆生何處求定故衆生未始非若卽衆生定非衆生故衆生未始是未是故不卽不非故不離不卽不離妙在其中雖量若空唯佛與佛乃能究盡一念禪定旣爾一切境界亦復如是。

理雖本滅若以此理望於衆生非卽非離性尙無性何有衆生恐迷理境故未始非恐凡濫聖故未始是以不卽故未始是以不離故未始非言未始等者謂無始等也此中語略故但云始卽無始未是無始未非故也故云不卽不離是故須以六卽判位六故不卽卽故不離常作是觀一切妙定不出衆生雖量若空者顯究竟卽唯佛能了。
○次觀成
若如此觀豁得悟者直聞是言煩惱病愈不須不九法也。
○次明發心二初發心。
若觀未悟重起慈悲此理寂靜而衆生起迷無明戲論翳如來藏稱煩惱林是故起悲拔根本重苦又無明卽法性煩惱卽菩提欲令衆生卽事而眞法身顯現是故起慈與究竟樂如是誓願淸淨眞正上求佛道下化衆生不襍毒不偏邪無依倚離二邊名發菩提心
不襍毒等如前第五發心中簡。
○次觀成
此心發時豁然得悟如快馬見鞭影卽到正路。

○三明安心三初明六十四番
若不去者當安心止觀善巧迴轉方便修習或止或觀。
云善巧等者卽六十四番。
○次明不次第三止三觀二初釋。
若觀一念禪定二邊寂滅名體眞止照法性淨無障無礙名卽空觀又觀禪心卽空卽假雙照二諦而不動眞際名隨緣止通達藥病稱適當會名卽假觀又深觀禪心禪心卽空卽假卽中無二無別名無分別

止達於實相。如來藏第一義諦無二無別。名卽中觀。若觀去。明不次第三止三觀寄顯體中三止三觀之名。一一止觀。三諦具足。如體眞中云。二邊寂滅者。當知三諦俱寂名爲體眞。故體眞義不與次第體眞同也。空觀中云。照法性淨。當知三惑無不清淨。照三諦空名爲空觀。初止初觀尙具三諦。餘二止觀準例可知。爲令識知不思議止觀不別而別。是故初觀但云卽空。假云卽空卽假卽中。方具三。恐涉次第。故後結云在一念心。

○次結在一念心

三止三觀在一念心。不前不後。非一非異。

○三釋一心止觀意

爲破二邊名一名中。爲破偏著生滅名圓寂滅爲破次第三止三觀名三觀一心。實無中圓一心定相。以此止觀而安其心 云云

爲破二邊名一名中等者。三諦之體本無一三中邊之異。約破二故名一。爲破邊故名中。爲破偏故名圓。爲破生滅故云寂滅。爲破次第故名一心。妙理實無如是等別。

○四明破徧

若二法研心。而不入者。當知未發眞前。皆是迷亂。以一心三觀徧破橫竪。一切迷亂。迷去慧發。亂息定成

○五明通塞

如其不悟。卽塞而不通。應當更觀。何者不通。何者不塞。若其不塞。卽應是通。如其不通。更須觀察。知字非字。識四諦得失。

○六明道品

若不悟者。是不解調停道品。所以者何。一念禪心具十界五陰。諸陰卽空。破界內四倒。成四枯。諸陰卽假破界外四倒。成四榮。諸陰卽中。非內非外。非榮非枯

於其中間而般涅槃。如此四念開道品門。道品開三解脫門。入涅槃道定具足。

○七明對治二。初約禪治蔽六。初治慳障。

何意不悟。當由過去障蔽現著禪味。不能棄捨。今昔相扶共成慳蔽。道何由發。當苦到懺悔。捨身命財。捨味禪貪。修於檀度。助治慳障。

何意不悟去。約禪治蔽六治。不同廣如前文。味著十禪。望眞諦理。尙自是蔽。故云隨禪受生。况望妙理。而非蔽耶。問。九想已去。旣云無漏。云何名蔽。答。此但能爲無漏作緣。秖指無漏尙爲中障。何况於

緣及於緣生著是故名蔽若委釋者應一一禪一
一位皆須別識六蔽之相並以六治而治諸蔽故
以不捨十禪名慳檀中尙捨十界依正何但事相
十禪而已
○次治尸障
又味著諸禪即破隨道戒乃至破具足戒過現相扶
共成破戒蔽應苦到懺悔令事相謹潔助治尸障也
若著禪味尙破空假道共自在等戒況復隨道具
足戒耶餘之四蔽準例可知
○三治瞋障

又如黑齒梵天尙自有瞋令發事禪何意無瞋又諸
有禪定有非無生亦非寂滅非二忍故任自是瞋過
現相扶共成瞋障當苦到懺悔加修事慈助治忍障
黑齒梵天者隨禪生彼尙自有瞋況發薄禪寧免
瞋恚皆云當苦到等者禪體是蔽尙須苦到況煩
惱業魔縱而不悔世人自謂無罪不須悔者謬矣
一一治中皆用事度治於事蔽使生理度故云破
隨道戒等
○四治懈障
又著禪味是放逸癡所盲散動閙襍過現相扶共成
懈怠當苦到精進無間相續助治進障
○五治散障
又禪中所發業相惱亂禪心不得湛一若二乘但斷
煩惱抵業而去不論斷業菩薩斷煩惱受法性身而
諸法門有開不開當知爲業所障須苦到修諸善業
法性身尙爾況生死身安得無業修善助治定障
○六治愚障
又味禪者全是不了無常生滅況了味著不生不滅
過現相扶共成癡障當苦到懺悔治事迷僻
○次結略指廣

是略明對治廣不可盡
次結中具如第七卷中事理攝法
○八明後三二初總略明三位
行人觀法極至於此若不悟者是大鈍根大遮障罪
恐因罪障更造過失故重明下三種意耳
行人觀法極至於此等者始從觀境終至助治觀
法已足下之三番如文意說
○次別略明三位
識次位內防增上慢安忍外防八風除法愛防頂墮
又次位者止謂防濫餘之二法策淺令深當知並

非正觀之體。餘文準望陰入。亦應可見。

〇三結成大車

十法成就。速入無生。得一大車。遊於四方。直至妙覺。破二十五有。證王三昧。自行化他。初後具足。餘皆如上說云云

摩訶止觀輔行傳弘訣卷第九之四

止觀輔行卷三十八　　五十二

摩訶止觀輔行傳弘決卷第十之二

陳隋天台智者大師說　唐荊谿大師湛然傳弘決
門人章安大師灌頂記　明天台沙門傳燈會科

○第七觀諸見境二先總釋次開章別釋初又十二先釋諸見二字

第七觀諸見境者。非一曰諸。邪解稱見

言諸者自解云非一者衆也所起雖多不出一百四十起不當理名之為見

○次重釋見字

又解知是見義推理不當而偏見分明作決定解名之為見

於一百四十中各起一見皆推理不當故名為邪

○三辨失非見三先明聽學人

夫聽學人誦得名相齊文作解心眼不開全無理觀據文者生無證者死

夫聽學等者辨失非見聽學之人自謂有憑義之如生斥修觀者名為無證義之如死莊子云有說則可無說則死

○次明坐禪人

夫習禪人唯尚理觀觸處心融闇於名相一句不識誦文者守株情通者妙悟

明習觀者內觀觀理自謂神通以為妙悟斥學問者名為守株彼言情者所謂情性非謂妄情言守株者如宋有耕者於野有兎觸株而死後遂廢耕恆守此株冀復有兎旁人喻之適不肯止故俗相傳以執迷者謂之守株

○三斥失

兩家互闘論評皆失

此之二人本是信法二種根性以不曉通意而互相非復未成見故判被破及能破者並非見發故各有滯今乃評之謂為俱失

○四畧示見發之問與答並無窮盡二初是問無窮也若解釋下是答無窮也今初

若見解無滯名字又諳以見解問他意無窮盡如曲射繞烏飛走失路

言曲射者喻發問無窮書云如羿善射堯九年洪水七日並出羿射落其六此亦書家過分之說又云如養由基善射去樹葉百步射之百中與楚襄王出獵見羣猿繞樹王命左右射之羣猿騰躍更甚王命由基射之猿乃抱樹長啼見解是禪所發

見名字是聞所發見具此二故故不同前學問坐禪無見之輩是故問他如曲射繞鳥隨文語便且舉一邊具足應云如曲射以繞禽獸使飛禽走獸無不失路以此發見諂名之人能破習禪無見之人如令飛者失路能破學問無見之人如令走者失路一百四十一一皆然

○次答無窮

若解釋難問綽有餘工如射太虛箭去無礙當知非由學成必是見發

綽者郭璞云寬裕也詩云綽綽有裕如射太虛喻

答無窮盡此則辨異無見之人坐禪學問之人並由學成不同發見從定而生

○五明所因不同

此見或因禪發或因聞發

○六舉例

例如無漏起時藉於信法聞思因聞發者本聽不多廣能轉悟見解分明聰辨問答因禪發者初因心靜後觀轉明翻轉自在有如妙達

信行如因聞法行如因禪聞思準知聰辨問答者發見之人善能問答全似四辨有如妙達者所有

破會如達妙理此二屬見不關辨悟

○七正辨非二初約處辨人多少有無

南方習禪者寡發見人微北方多有此事

○次斥師資俱非

盲瞑不識謂得眞道謂得陀羅尼闇於知人高安地位或時不信撥是狂惑

舊陳齊地隔指陳爲南此約處辨發見之人多少有無言眞道者因禪發見者濫也言陀羅尼者因聞發見者濫也闇於知人等者彼無識輩爲闇於知人判發見者以著高位乃至謂爲無生佛地或

復不信判爲鬼狂二判俱非

○八結判非狂非聖

今言非狂非聖

○九釋非狂非聖

夫鬼著能語鬼去則癡其既不爾故知非狂尋其故惑貪嗔尚在約其新惑更增煩惱八十八使繫縛浩然故知非聖乃是見慧發耳

見屬慧性故云見慧

○十正明見境來意

通論見發因聞因禪而多因禪或禪已見發或禪見

俱發見已得禪又少兩義則多

言兩義則多者禪已發見及禪見俱發此兩則多若先發見後方發禪此義則少不是全無故但云少今此文意不論前後是見皆觀兼辨不同故云多少

○十一例釋禪見前後不同

例如諸禪通發無漏而未到發者少六地九地發者多為是義故次禪定境而論諸見也

所言諸禪通發等者通舉欲色無色即六地九地發者如前兩義未到亦有發無漏義但不及依禪

發多是故云少故將此例見已發禪六地者四禪中間欲定九地者於前六上更加三空此依成論以判非今文意若準毘曇則取未到而除欲定應云六地九地通發無漏而未到發少餘地則多然此引例稍似未齊若云禪與無漏俱發及禪後發無漏此兩義多若云得無漏後發禪此義則少則稍似齊義雖似齊亦是一往禪與無漏雖有先後亦不全同禪與見發定有多少前後不同

○十二明損益二初明益二初正明

若人見發利智根熟能自裁正或尋經論勘知已過者此人難得若不能自正遇善知識明示是非破其見心此亦難得

能自裁整等者謂尋經論遇善知識皆能自整執見之過但除執性非除見體見既因禪發禪者寔得禪發見又能自裁故云難得養見研心即此義也

○次引大論文證

故云眞法及說者聽衆難得故

眞法等者引大論文證難得之人眞法證所尋經論說者證善知識聽衆證自裁之人眞法說人已

自難得況著見者而為聽衆稟受眞法以邪入正改執研心是名難得

○次明損

既不自覺又不值師邪畫日增生死月甚如稠林曳曲木何得出期

稠林等者曳牽也亦可作拽字林云臥引也生死如稠林邪畫如曲木由不值師又不自整見心不息難出生死如曲木也故大論三十八云心若邪曲難得免濟如稠林拽木曲者難出

○次開章別釋二初開章

今觀諸見境爲四。一明諸見人法。二明諸見發因緣。三明過失。四明止觀。

○次別釋四。初明諸見人法二。初列。

第一明諸見人法又二。一邪人不同。二邪人執法不同。

○次釋二。初明邪人不同二。初列。

邪人不同又爲三。一佛法外外道。二附佛法外道。三學佛法成外道。

○次釋三。初明佛法外外道三。初出三宗計。

一外外道本源有三。一迦毘羅外道。此翻黃頭。計因中有果。二漚樓僧佉。此翻休睺。計因中無果。三勒沙婆。此翻苦行。計因中亦有果亦無果。

三人宗計者。一切外人所計不過二天三仙。言二天者。謂摩醯首羅天。毘紐天。亦云韋紐天。亦韋糅天。此翻徧勝。亦徧悶。亦徧淨。阿含云是色天。俱舍云第三禪頂天。淨影云處在欲界之極。大論云徧淨天者。四臂捉貝持輪騎金翅鳥。有大神力。而多恚害。時人畏威。遂加尊事。劫初一人手波海水。千頭二千手。委在法華疏中。疏云。二十四手。千頭少一。化生水上。臍中有千葉蓮華。華中有光。如萬日

俱照。梵王因此華下生。生已作是念言。何故空無衆生。作是念時。他方世界衆生應生此者。有八天子忽然化生。八天子是衆生之父母。梵王是八天子之父母。韋紐是梵王之父母。遂推根本世所尊敬。故云世尊。譬喻經云。諸外人計梵王生四姓。口生婆羅門。臂生刹利。脅生毘舍。足生首陀。中含云刹利。梵志。居士。工師名爲四姓。長含云刹利。婆羅門。居士。首陀。事業皆同。名少異耳。摩醯首羅天者。此云大自在。色界頂天。三目八臂。騎白牛。執白拂。有大威力。能傾覆世界。舉世尊之。以爲化本。大論云。大自在天有菩薩居。名摩醯首羅。華嚴云。是第十地菩薩。乃至四天王天。是初地菩薩。當知諸天迹爲凡下。本是大權。言三仙者。第一迦毘羅。此翻黃頭。頭如金色。又云頭面俱如金色。因以爲名。恐身死往自在天。問天。令往頻陀山。取餘甘子食。可延壽。食已於林中化爲石。如牀大。有不達者書偈問石。後爲陳那菩薩斥之。其書偈石裂等。得五通。前後各知八萬劫。徧觀世間。誰堪度者。見一婆羅門。名修利。人間遊行。問言。汝戲耶。答曰。然。又過二千歲。問能修道不。答。能。因爲說三苦。一者內苦。謂

飢渴等二者外苦謂虎狼等三者天苦謂風雨等說經有十萬偈名僧佉論此云數術用二十五諦明因中有果計一爲宗言二十五諦者一者從冥初生覺過八萬劫前冥然不知但見最初中陰初起以宿命力恆憶想之名爲冥諦亦云世性謂世間衆生由冥初而有卽世間本性也亦曰自然無所從故從此生覺亦名爲大卽是中陰識也次從覺生我心者此是我慢之我非神我也卽第三諦從我心生色聲香味觸從五塵生五大論四大及空塵細大麤合塵成大故云從塵生大然此大生

多少不同從聲生空大從聲觸生風大從色聲觸生火大從色聲觸味生水大五塵生地大地大藉塵多故其力最薄乃至空大藉塵少故其力最强故四輪成世界空輪最下次風次火次水次地從五大生十一根謂眼等根能覺知故故名爲根名五知根手足口大小遺根能有用故名五業根心平等根合十一根心能偏緣名平等根若五知根各用一大謂色塵成火大火大成眼根眼根還見色空塵成耳根耳根還聞聲地成鼻水成舌風成身亦如是此二十四諦卽是我所皆依神我名爲

主諦能所合論卽二十五二者優樓僧佉計云偏造但眼根火多乃至身根風多具如金七十論說此外道中有一衆首至金地國頭戴火盆鐵葉其腹聲王論鼓命僧論議有東天竺僧與彼論議彼立世界是常僧難云今必有滅以世界壞時世界必滅故證知今滅彼云必不滅如金山等彼王彼時朋彼外道遂令此僧乘驢受辱王重外道以七十斤金遺之因此造論名金七十後世親造七十論廣破其宗救前僧義王重前僧復令國人廣行世親所造之論發外道屍及證義者以鞭其骨彼

宗又計自在天有三身具如第三卷引優樓僧佉此云休留仙其人晝藏山谷以造經書夜則遊行說法教化猶如彼鳥故得此名亦云眼足足有三眼其共自在天論議彼天面有三目以足比之故得其名其人在佛前八百年出世亦得五通說論亦有十萬偈名衛世師此云無勝以六諦爲宗一陀驃諦此云主諦謂五大及時方神意此九爲萬物所依故名爲主二者求那此云依諦謂色等五塵一異離合數量好醜愚智愛憎苦樂勤墮此二十一依前九法故名依諦三者羯磨諦此云作諦

謂俯仰屈伸出入去來等。故名爲作。四者三摩若諦。此云總相諦。謂總收萬法爲一大有。故名總諦也。五者毘尸沙諦。此云別相諦。謂森羅萬像各各不同。故名別相。六者摩婆夜諦。謂塵成餅不相妨礙。於求那中計一日三洗。再供養火以爲善法。又計恆水能滅罪障。故須三洗。又謂火爲天口。天因此食。故云天口。爾時燒香酥等令氣上天以爲供養。冀求福滅罪。三者勒沙婆。此云苦行。未知出時節。以算數爲聖法。造經亦有十萬偈。名尼乾子。此人斷結用六障四濁爲法。計因中亦有果亦無果

亦一亦異爲宗。大論中具四計。三如前。更加若提子。未知出世時節及所造經多少。計因中非有果非無果。非一非異爲宗。尼乾子云六障者。如方便心論云。一不見障。二愚癡障。三受苦障。四命盡障。五性障。六名言障。言四濁者。謂瞋慢貪諂。又方便心論云。優樓僧佉迦毘羅所計與此不同。彼論復有那耶摩計十諦。又約聞思二慧。聞慧有八。一天文。二算數。三醫方。四咒術。及四韋陀。是爲八。思慧有八。一長壽天。二星宿天。三四天王天。乃至他化自在。是爲八。苦行即是長壽天行。五熱炙身等總

有六行。一自餓。二投淵。三赴火。四自墜。五寂默。六持雞犬等戒。有人云。意謂勝沙門。故有苦行。沙門袒肩。其即裸形。沙門剃頭。其即拔髮。如此說者。深爲不鑒。彼以苦行爲宗。是苦皆行。不論勝彼沙門等也。今言自相勝。以見諸師苦未切故。故拔髮等彼未投巖。故我投巖。見彼三洗。故我赴火。見彼五熱。故我自墜。若準外道。元由經說有一比丘遇賊偷衣。有婆羅門見皆效之。裸形乃至自墜等。如後說。因此故成外道宗也。又記馬祀。以爲常福等。故文殊問經云。殺馬四千。除去五藏。內以七寶施婆

羅門。殺人內寶亦復如是。又箭射四方。若走馬極處布寶以施婆羅門。若殺爾許地內衆生若燒一切若禮一切樹木若禮一切山神。如是總有二十六邪。又外人有計五種爲常。一空。理非無故常。二時。非生滅故常。三者方。謂十方皆有故常。四者微塵。以極細故不可分故常。五者涅槃。以無變故常。問。何故不計非數緣滅。答。是佛法內義。以小乘中有三無爲。如是等計不可不識。若不識者。自行難分。秪如虛空及以涅槃與佛法計有何殊異。

○次明入大乘論四宗

又入大乘論云。迦毘羅所說有計一過作與作者一。相與相者一。分與有分一。如是等名為計一。優樓僧佉計異。迦羅鳩馱計一異。若提子計非一非異。一切外道。及摩迦羅等計異。皆不離此四。從三四外道派出枝流。

作與作者一者。大論云身手足等名之為作。妄計神我能有所作名為作者。若計手等。與神我一。是計神與作業一也。義同計於色即是我相與相者一等者。相謂身色四大生等四相。相者即是神我。此計神我與四相一。分與有分一者。分謂手足頭

等。身之少分。有分謂身。身有手足等分故也。計身即是頭手足等。雖有前來。三種不同。前二秖是計身與神一。後一秖是計於身分與身一耳。若優樓佉計異。乃至泥中有瓶等。亦復如是。細歷四見 云云。秖是神與身異。相與分等。準前可知。三四兩句例亦可知。又破四宗論云。僧佉計一。毘世計異。尼乾計一異。若提計非一非異。又準破涅槃論有二十師所計不同。各計一種而為涅槃。此之二論。若提所造。準殃掘經明立異元由者。佛問文殊。汝聞有外道不。過去時有佛名俱留孫。彼佛出時無有

外道。唯一佛乘。佛涅槃後。有一比丘。住阿蘭若。名曰佛慧。有人施其無價寶衣。為獵師所劫奪。將此比丘。去至山中。壞身裸形。懸首繫樹。有婆羅門。見而歎曰。先著袈裟。而今裸形。必知袈裟非解脫服。因此效之。自懸裸形以為真道。此比丘自解得身。以赤石塗身。樹皮自障。結草以拂蚊虻。見者復謂著如此衣捉如是拂是解脫道。即便效之。出家外道。婆羅門因此而起。比丘至暮入水洗瘡。以衣覆頭。取牧牛人弊衣纏身。見者復效。一日三洗。披髮苦行。外道因此而生。此比丘洗已身瘡復為蠅蜂

所唼。白土塗瘡。見者復效。塗身外道。從此而起。此比丘然火炙身。見者復效。五熱炙身外道。因此而起。炙身轉痛。不能堪忍。投巖自害。見者復效。投巖外道。從此而起。乃至九十五種。皆是諸婆羅門效此比丘。至今未絕。

○三列六師者。元祖即是迦毘羅等。支流分異。遂為六宗。今先列什公所釋。次列大經辨異。今先列什公釋。

至佛出時。有六大師。所謂富蘭那迦葉。迦葉姓也。計不生不滅。末伽梨拘賒黎子。計衆生苦樂無有因緣

自然而爾刪闍夜毘羅胝子計衆生時熟得道八萬
劫到縷丸數極阿耆多翅舍欽婆羅欽婆羅麤衣也
計罪報之苦以投巖拔髮代之迦羅鳩馱迦旃延計
亦有亦無尼楗陀若提子計業所作定不可改
言富蘭那者什曰迦葉母姓也富蘭那母字也計
一切法猶如虛空不生不滅肇云其人計一切法
斷滅如空無有君臣父子忠孝之道末伽黎者什
曰末伽梨字也俱賖梨母也計衆生罪福無有因
緣肇云其計衆生苦樂不由因斷自然而爾刪闍
夜者什曰刪闍夜字也毘羅胝母也計要經生死

彌歷劫數然後任運自盡苦際肇曰計其道不須
求如縷丸轉於高山之上縷盡則止何假須求阿
耆多翅等者什曰阿耆多翅舍字也欽婆羅麤衣
也非因計因著麤衣拔髮煙熏鼻等以諸苦行而
為道也肇曰今身苦行後身常樂迦羅鳩等者什
曰外道字也其人應物起見若人問言有耶答
有無等皆然肇曰迦旃延姓餘是字計諸法亦有
亦無尼乾陀等者若提母也計罪福苦樂盡由前
世要必當償今雖行道亦不能斷此之六師皆悉
裸形自稱一切智人又此四宗六宗並不出於本

劫本見末劫末見等六十二句具如第五中說比
之可知肇曰尼乾是出家外道總名如佛法中沙
門名也此之六師佛未出時皆道王天竺至佛出
世其宗已盛故云至佛出時
○次引大經辨異
此出羅什疏名與大經同所計三同三異或翻誤或
別有意今所未詳而大體祖承迦毘羅等依本為三
或可為四謂四見也
次列大經以辨同異文中言出羅什疏等者什公
無別淨名疏但有與生肇等諸德注經今文所用

義兼生肇將彼所釋以望大經六人名同所計則
有三同三異三異者謂二四五彼此文異言三同
者謂大經初與什公初同三與六同六與三同經
中因闍王障動徧身生瘡又無良醫能治身心有
六大臣各白王言若常愁苦愁遂增長如人喜眠
眠則滋多貪淫嗜酒亦復如是今有大師各在某
城為諸弟子說如斯法富蘭那說無黑業無黑業
報無有上業及以下業此與注經初文同也注經
云一切諸法猶如虛空無有業報等二者末伽梨
說一切衆生身有七分謂地水火風苦樂壽命如

是七法不可毀害安住不動如須彌山投之利刀
亦無傷害無有害者及以死者故大經文與注經
第二異彼注經第二云苦樂無有因緣等三者刪
闍夜說諸衆生中王者所作自在如地淨穢等載
三大亦然等洗等燒等吹如秋髡樹春則還生以
還生故當有何罪此間命終還生此間苦樂等報
不由現業由於過去現在無因未來無果以現持
戒遮現惡果此與注經第六文同彼注經第六師
云罪福苦樂皆由前世四者阿耆多翅舍欽婆羅
說若自殺若教人殺盜淫妄等亦復如是若殺一

止觀輔行卷三十九　十七

村一城一國恆河已南布施衆生恆河已北殺害
衆生無罪無福此與注經第四異彼注經第四云
今身受苦後身受樂五者迦羅鳩馱說殺害一切
若無慚愧不墮地獄猶如虛空不受塵水有慚愧
者即墮地獄一切衆生悉是自在天之所作自在
天瞋衆生苦惱自在天喜衆生安樂此與注經第
五異彼第五云亦有亦無隨問而答六者尼乾陀
若提子說無施無受無今世後世經八萬劫自然
解脫有罪無罪悉皆如是如四大河悉入大海更
無差別此與注經第三同彼第三云計一切衆生

道不須求如縷九極又飾宗所引律文與此復異
而開為十人宗但有六一迦葉富蘭那二末伽梨
三劬奢離四阿夷頭五翅舍欽婆羅六牟提移婆
休七迦旃延八訓若九毘羅吒十尼乾子乃會云
涅槃第一當此第一涅槃第二當此二三涅槃第
三當此八九涅槃第四當此四五涅槃第五當此
六七涅槃第六當此第十然羅什三藏親至五天
翻譯煥然流行當世如何以母顯子飾宗分為二
人未審此意又諸外道姓雖多種多在婆羅門中
通計婆羅門姓姓中最勝如長阿含第十云有梵

止觀輔行卷三十九　十八

志名阿晝與五百弟子來至佛所作如是言剎利
等姓常尊敬婆羅門佛念言當調伏之便語言汝
姓何答姓聲王佛言汝是釋奴種五百弟子皆舉
手言此摩納眞族姓子顏貌端正辨才具足能與
瞿曇共論佛告五百弟子若汝師不如汝當捨師
與汝共論若師勝汝汝當默然於是五百弟子便
默佛告摩納過去久遠有懿摩王生四子一名光
面二名象食三名路指四名莊嚴四子少有所枉
擯出雪山懿摩王有青衣名曰方面與一婆羅門
交通遂便有娠生一摩納墮地能言故名聲王從

是已來婆羅門種遂以聲王爲姓又問摩納汝昔曾聞先舊大婆羅門說種姓因緣以不彼復黙然再問皆黙佛言吾三問不答密迹持金剛杵在汝左右卽當破汝頭爲七分時力士持金剛杵在摩納頂上虚空中立若不時答卽時下杵佛告曰汝仰頭看卽便仰看便見見已恐怖卽移座近佛依怙世尊爲救爲護卽白佛言世尊當問我當答佛卽問答言亦曾聞先舊諸婆羅門說五百弟子皆舉手大聲言摩納是釋奴種佛復作是念恐五百弟子憍慢稱彼爲奴今當方便滅其奴名卽告五

百弟子汝等諸人勿謂摩納以爲釋奴種婆羅門是大仙人有大威德伐懿摩王索女王以畏故以女與之由此佛言得免奴稱

○次明附佛法外道者亦因佛經以爲生計之由此二宗計出大論第一二宗通云龜毛兎角無常無我方廣復計空幻爲宗文二初總舉

二附佛法外道者起自犢子方廣自以聰明讀佛經書而生一見附佛法起故得此名

○次各釋二初釋犢子外道四初明因佛法以爲生計之由

犢子讀舍利弗毘曇自制別義言我在四句外第五不可說藏中

○次列四句

云何四句外道計色卽是我離色有我色中有我我中有色四陰亦如是合二十身見

○三引論證

大論云破二十身見成須陀洹卽此義也

言犢子所計我在第五藏者出四句外問論明四句何故與今文異今文與五陰各四合二十句卽是外計二十身見先列四句竟次引論證論文並

與毘曇不同答文異義同論第一釋犢子中云如犢子阿毘曇四句云五衆不離人人不離五衆不可說五衆是人不可說人是五衆人是第五不可說藏中所攝故知毘曇前之二句卽攝身見二十句二十句秪是四句約於五衆成二十耳毘曇後之兩句明我在於四句之外故云不可說五衆是人等也

○四辨同異

今犢子計我異於六師復非佛法諸論皆推不受便是附佛法邪人法也或云三世及無爲法爲四句也

今犢子計我於外外道總有四異。一外外計我在四句內。今犢子在外。二者外外從本四人開成二十。今犢子計但是一人。三者外外計我爲眞或常或斷。今犢子計仍爲俗諦。四者外外計於神我。今犢子但是人我。爲是義故名附佛法。異於六師。所以今文引二十身見。正當犢子所破之我。我卽四句一異大小。又云三世及無爲者。三世可解。無爲卽是虛空無爲。以外道亦計虛空是常等故。今犢子謂我過於四句之外。必不以數緣爲第四句。及不可說藏。犢子亦用數緣而破於我。

○次釋方廣道人二。初出所計。

又方廣道人自以聰明讀佛十喩。自作義云不生不滅如幻如化。空幻爲宗。

釋方廣道人者初出所計。言讀佛十喩等者。前犢子所計依於小乘。今方廣所計依於大乘。故因十喩而生計也。十喩如前釋。應知方廣亦具四義。非大乘門。一者不識所依眞理。二者不識所起惑相。三者不識能計生使。四者觀法不能破計。是故宗雖附於佛法猶名外道。

○次龍樹引斥

龍樹斥云非佛法。方廣所作亦是邪人法也。

故龍樹於大論中引來斥之。

○三明學佛成外道中二。先小次衍。初總標。

三學佛法成外道。執佛教門而生煩惱。不得入理。

○次別明二。初引大論不得般若善方便。

大論云。若不得般若方便。入阿毘曇卽墮有中。入空卽墮無中。入昆勒墮亦有亦無中。

引大論不得般若方便等者。犢子失於小乘方便。方廣失於衍門方便。論文意云。學佛法者尙墮有無。乃至衍門失意亦爲邪火所燒。況復犢子方廣

等耶。言方便者謂通眞之門。計以爲實失能通門。名失方便。況犢子等能所俱失。寍非外道耶。

○次引大喩小。

中論云。執非有非無名愚癡論。倒執正法還成邪人法也。若學摩訶衍四門。卽失般若意。爲邪火所燒。還成邪人法。

中論云執非有非無等者。引大喩小。衍門雖勝。若執雙非以破空有尙成愚癡。況復小乘執第四門。而非見耶。

○三正斥論師破小爲外七。初明百論正意。

故百論正破外外道。

故百論等者此中諸意正斥論師破小爲外若生執見大亦成外何獨小乘若無執見小門亦是何獨大耶如何頓破同彼外人。

○次明謬破之失

今大乘論師炎破毘曇成實謂是計有無外道。

所言炎者如火之炎炎卽是傍立大破小爲正破小爲外是旁亦云論師名炎作如是破若破二論師能計之心起愛起恚實同外道今大乘論師直破他二論爲計有無外道故成失也所以下文救

云論起之處人皆得道乃至不可雷同迦毘羅等若大破小秖可巧拙偏圓相形一往貶挫引進而已不應頓爾同彼外道故大乘師此破成謬

○三引論文救實是空義不同外計

然成論云三藏中實義空是此乃似無意

引論文救實是空義不同外計言似無者正空之無似於無見而實顯理永異邪無若以小無似於邪無而便破者大乘亦似何獨小乘

○四評宗判於論師與百論宗破立同異

又同百家之是異百家之非捉義出沒

又同百家之是等者次評家判於論師與百論宗破立同異二家並以論宗爲是所破爲非論師與百論同宗大乘故云同百家之是論師破小百論破外故云異百家之非捉義出沒等者若論大體百家破外亦應破小今但破外卽是沒於破小而出破外論師破小亦應破外今但破小卽是沒於破外而出破小所以楞伽宗於大乘文中處處破外破小卽是雙存雙破故也。

○五責大乘論師破他二論同彼外道

又似因中亦有果亦無果意又似昆勒意。

又似因中等者此責大乘論師破他二論同彼外道何異勒沙破於因中有果無果自立亦有亦無計耶亦非全同故但云似又似昆勒者重更與之何但似於勒沙所計亦似小乘第三門計亦非全小故亦云似也。

○六正斥炎師謬破之失正救二論不同三外

當時論起人皆得道今時執者乃是人失何關法非此應從容不可雷同迦毘羅等。

正斥炎師謬破之失正救二論不同三外流行論處人道者衆如何頓斥同彼外宗縱執者成非何

闕正法故云此應從容有執則非無執則正住小
則非通入爲正故云不可雷同等也等取優樓
○七通伏難
若以大破小如淨名所斥取其不見中理與外道同
非是奪其方便之意
若以大破小等者此通伏難難云若云二論不同
外計何故淨名斥須菩提云外道六師是汝之師
彼師所墮汝亦隨墮是故通云此且斥其不見中
道挫同六外非是奪其小爲大門
○次明邪人執法不同二初引關中疏列六師各

有三種
二明邪人執法不同者關中疏云一師各有三種法
一得一切智法二得神通法三得韋陀法
引關中疏云一師各有三計者什曰一師有三謂
一切智神通韋陀六師各三合成十八
○次釋三初釋六師各三
一切智者各於所計生一種見解心明利將此見智
遍一切法故名一切智外道神通法者發得五通變
城爲鹵轉釋爲羊停河在耳捫摸日月此名神通外
道韋陀法者世間文字星醫兵貨悉能解知是爲韋

陀外道一師則有三種得法不同也
一切智神通如前三仙及第五卷本劫本見等說
又神通中言變城爲鹵等者鹵鹹土也捫手摸也
餘如釋籤第二卷記言韋陀者卽是外人一切典
籍如摩蹬伽經上卷云有旃陀羅名帝勝伽求婆
羅門女以爲子婦諸婆羅門及諸人等悉皆毀呰
旃陀羅姓帝勝伽言汝婆羅門姓若因韋陀名婆
羅門者如昔梵天修學禪道有大知見造韋陀論
流布教化其後有仙名曰白淨造四韋陀一名讚
誦二名祭祀三名歌詠四名攘災一一韋陀各四

萬偈偈三十二字復有婆羅門名曰拂沙有二十
五弟子於一一韋陀廣分別之遂成二十五韋陀
於後展轉弟子別造遂成一千二百一十六韋陀
當知韋陀分散之時婆羅門種亦應分散若韋陀
壞時婆羅門種不散壞者如何得名婆羅門種因
於韋陀今言韋陀且從根本以四爲定謂讚誦等
星醫等者說文云萬物之精以爲列宿多在攘災
祭祀二韋陀中此土亦有彼如摩蹬伽中又有蓮
華實婆羅門問帝勝伽言汝知星不答言密要尙
知況此小術廣說二十八宿及七曜等然經列四

方七星與此方稍異此方者西方七奎婁胃昴畢
觜參南方七井鬼柳星張翼軫東方七角亢氐房
心尾箕北方七斗牛女虛危室壁經所列者西方
從昴星起終至柳星如是遞遷一方各七應是地
異故星移三座經中一一各出其星名數星之形
狀及以星姓祭法所須日行度數又有六宿一日
一夜共月俱行謂畢井氐翼牛壁言七曜者日月
及五星五星者謂熒惑星鎮星歲星太白星辰星
復有羅睺星彗星通為九星復云因於星行離日
近遠辨所生人善惡之相復占諸宿離月近遠辨

於起立成壞之相復占月在某宿天雨多少并日
月薄蝕所主諸事復占日月所在地動吉凶之相
後乃為佛廣破其相大論第十亦畧辨星法謂若
月至昴張氐婁室胃地動屬水地神是歲無雨不
宜麥若至柳尾箕壁奎危地動屬龍神災同前若
至參鬼星軫亢翼地動屬金翅鳥災同前若至心
角房女虛井畢觜斗地動屬天帝安隱豐樂宜五
穀餘如星書非今所要醫法者如此方華他岐伯
扁鵲神農黃帝葛仙公張仲景等所集西方如耆
婆持水流水等兵法者如黃石公太公白起等六

韜所明
○次例犢子方廣各三初明不得意
犢子方廣亦如是若望執佛法邪約三藏四門一門
有三一直發理解習性生見二得諸神通三解四阿
含文字如是四門則有十二種得法不同也
○次明得意二初明對三種念處
若得意者一一門中初有三種念處一性念處二共
念處三緣念處性是直緣諦理共是事理合修緣是
徧緣一切境法亦是緣三藏教法後證果時成三種
解脫慧解脫俱解脫無疑解脫故結集法藏時選取

千人悉用無疑解脫徧解內外經書擬降外敵
對三種念處文在大論二十一三十七廣明共謂
事理俱得事謂得滅盡定理謂無漏緣理斷惑緣
謂當教四門文字教法教法皆有所詮為境境即
所念之處謂身受等故云境法
○次引毘曇分別
毘曇婆沙云煩惱障解脫禪定障解脫一切法障解
脫慧解脫人得初解脫共解脫人得第二解脫唯佛
得第三解脫總名無疑解脫也
引如毘曇云煩惱障解脫等者煩惱是能障解脫

是所障禪定障解脱者禪定卽解脱解脱是所障一切法亦如是若障破已卽得禪定及一切法是故云也且寄三藏分別如是

○三例衍門生執

執摩訶衍通別圓四門失意者例有三十六種得法不同

衍門三種準四念處四教各三種念處三藏如前正是今文三宗翻對若通教者以自他等四句觀破愛見四倒皆如幻化名爲性念處亦以九想等一切事禪名共念處見生無生等四諦一切佛法

名緣念處別教三種有通有別通則位位皆有三種別則十住爲性十行爲共十向爲緣登地三種分分而發性顯法身共顯般若緣顯解脱圓教三者性謂觀十界色一色一切色一切色一色了達色中非淨非不淨性餘三亦如是名性念處觀十界色非垢非淨雙照淨不淨其性不二不二之性卽是實性餘三亦爾是名共念處觀此身受心法起無緣慈悲寂而常照不動而運普覆法界名緣念處三種念處一心中具以智慧觀名爲性念處定慧均等名爲共念處所有慈悲緣九念處名爲緣念後三卽是衍門三種破見後三教四門是也前言唯佛得第三者問前何故云千大羅漢並是無疑今云唯佛答羅漢非不得但推佛爲最

摩訶止觀輔行傳弘決卷第十之一

摩訶止觀輔行傳弘決卷第十之二

陳隋天台智者大師說　唐荆谿大師湛然傳弘決

門人章安大師灌頂記　明天台沙門傳燈會科

○次明諸見發因緣二初列

第二明諸見發有二一明諸見發二見發不同

○次釋二初正明諸見發中有標有雙釋兩因有開釋兩緣有譬有合初雙標兩因

一明見發者或因禪或因聞

○次雙釋兩因

衆生久劫靡所不作曾習諸見隔生中忘罪覆本解心不速開

○三開釋兩緣

今障若薄能發諸禪或禪見俱發或禪後見發或聞他說豁然見生

○四舉譬三初雙譬兩因

如有泉水土石所礙

○次雙譬兩緣

決郤壅滯濬矣成川

濬者深也

○三但合兩緣

闇障既除分別遽去一日十日綿綿不已番番自難番番自解所執之處實而有通所不執處虛而自破又辨才無滯巧說己法莊嚴言辭他來擊難妙能申釋

○五明見發二初明因禪發見四初明見發之由

如是見慧從何處出由禪中有觀支

○次明見發之勢二初法

觀支是慧數逸觀諸法莫自知止

○次譬

快馬著汗不可控制

○三明見成不

若聽講人無禪潤見始欲分別多抽腸吐血因是致命見終不成若定力潤觀雖逸難制不致抽腸多得成見

○四正明見發外等六人並三藏四門及結並如文文分六初明發三人宗計三初發迦毘羅見

從此觀支推研道理謂諸法因中有果此解明利洞見遠意出過餘人將此難他他不得解謂他妄語自執己義他不能壞自謂是實無生眞智得理妙心若細推尋但是見惑世智辨聰具足八十八使顛倒惑

網豈關眞解當知是迦毘羅見發相也。
○次發僧佉見
又約觀支推尋諸法因中無果此見分明解心猛利
雖種種難能種種通引種種證成因中無果義以此
破他他不能當餘爲妄語他來破己己執轉成以此
爲實建言歸趣唯向因中無果當知定是僧佉見發
也。
○三發勒沙婆見
若於觀支思惟因中亦有果亦無果法大論云有與
無諍無與有諍言長爪執亦有亦無與有無者諍若

入此見難問無窮盡豈非勒沙婆見發也。
○次明發六師見
其六師所計不同須善得諸師執意以所發見勘之
雖小不同但令大體相似卽是六師見發也
○三明發犢子見
若於觀支計必有我而不在身見四句中亦不在三
世無爲四句中而在第五不可說藏中發此見時心
解明利能問能答神儁快捷難與當鋒破他成己決
不可移當知是犢子見發也。
○四明發方廣見

若於觀支謂諸法幻化起空盡相此解虛無不見解
心及諸法異同如幻化唯計此是餘悉妄語此是方
廣見發也。
○五明發內教見二初發三藏四見二初釋四初
發有門見
若於觀支推諸法無常生滅不住人我如龜毛兔角
不可得但有實法析實法塵若麤若細總而觀之無
常無我計此爲實所發見解全會毘曇諸舊聽人雖
解名相心路不通若發此見於文雖昧而神解百倍
其不識者謂是聖賢而實非也若是賢人道心鬱然

與解俱生能伏煩惱成方便位今雖解無常增長諍
競道心沈沒煩惱轉熾故知是有門見發也。
○次發空門見
若於觀支忽發空解謂言無常生滅三假虛浮析塵
入空種種方便此見明利神用駿疾强於問難破他
成己是實餘妄此是空門見發也。
駿者馬之美稱亦速疾也。
○三發雙亦門見
若於觀支計一切法亦有亦無若入此門難問無窮
盡此是昆勒意論乃不度習發無定是爲亦有亦無

見發也。
○四發雙非門見
非有非無見例亦可知。
○次結
當知四門通理則成正見若失方便墮四見中故名佛法內邪也。
○次發衍門見四初別釋執見相三初生起
何但三藏四門執成邪見無量劫來亦學摩訶衍通別圓等不入理保之爲是。
○次引同

取於四邊邪見火燒。
○三正釋四初發通教見眞四門二初釋二初正明。
今於觀支忽發先解夢虛空華如幻之有作此有解解心明利或作幻本無實無實故空空解明利或作亦空亦有解譬如幻化物見而不可見或作非空非有解非是幻有亦非幻無。
○次引中論例證屬見
中論觀法品云若言諸法非有非無是名愚癡論向道人聞說即悟名得實相邪心取著生戲論者即判屬愚癡論。
○次結
是爲通教四門四見也。
○次發通教入中四門
若於觀支思惟通教四門之解是界內幻夢此夢從眠法生眠即無明觀無明入法性亦有四門。
正門既有利根見中今明發見亦有利根生於中見此見起時亦謂障中幻化從障中無明眠法而生此之無明亦即法性。
○三發別教四門二初正明四門。

或言法性如井中七寶或言如虛空或言如酒酪餅。或言中道。
○次結
此四解明利即是別教四門見發也。
○四發圓教四門四初正明四門。
若於觀支忽解無明轉即變爲明明具一切法或謂無明不可得變爲明明何可得此不可得具一切法或謂法性之明亦可得亦不可得非可得非不可得。
○次明互融
一門即三門三門即一門。

○三重明見發之相。
此解明利。所破無不壞。所存無不立。無能逾勝。亦復自謂是無生忍。
以簡濫云。謂是無生忍者。得未到定。尙謂無生。況圓門起見而生謬解。是知時代罕有識者。
○四結
如此解者是圓教四門見發也。
如文
○次總結成內邪
大乘四門皆成見者。實語是虛語。生語見故。

實語是虛語等者。大乘實教本是實語。以其依語各生見故。故成虛語。
○三舉例釋成語見之相
涅槃是生死。貪著生故。
涅槃是生死等者。舉例以釋語見之相。生死之法本是涅槃。今成生死者。由生著故。
○四舉譬重釋語見之相
多服甘露。傷命早夭。失方便門。墮於邪執。故稱內邪見也。
多服甘露等者。舉譬重釋語見之相。佛教如甘露

起見如多服。失理如夭命。
○六明破立枝本四。初正明。
夫四見爲諸見本。自他復爲共無因本。
夫四見爲諸見本等者。明破立枝本。如單四見並爲複具無言等本。但破於單。複等自破。如單四句中有見若破。餘三自破。故第五破見中云。此見破已。一切皆除。自他復爲共無因本者。然自等四句亦與有等四句義同。亦與因中有果等同。是故今文彼此互用。如計泥中有餅。亦名爲有。亦得名爲因中有果。亦名計自。初句旣爾。餘句亦然。是故今

文約自等四而爲破立。旣識自等四句枝本。餘二四句準此可知。何故自他與共等本。由自他合故得有共。由破共故故立無因。故知自他爲共等本。
○次引龍樹證
故龍樹破自他竟。點共有二過。無因則不可。自他旣不實。況無因耶。本破末傾。其意在此。若立自他共無因例立。
引龍樹證者。但廣破自他共生。旣以自他爲本。若破共生。是故但云。若言共生。俱有自他二過。是故不可復計自他無因。旣以共生爲本。若破無因是

故但云從因緣生尚不可況無因緣而有生所以但云無因則不可當知單四但破自他共無因見隨例而破本傾枝折即此意也。

○三以佛法例釋。

今大小乘四門僻執成見但明自他意竟餘者可知。以佛法例釋內外雖殊枝本義一。若欲推破但破根本枝條自去此但通例。

○四約教釋相於中先明藏通次明別圓初藏通中先明兩教次判自他界內外別若通而言之四教各有四性義也若別論者如第三卷即以四句

各對一教三藏爲自乃至圓教以爲無因今此文中復非通別即以四句中之二句約枝本說故以四教但對界內界外自他根本根本若破界內外破共及無因例亦可知故攝前後諸文不出此之三意然知所對雖即不同名下之意各有所以今先明兩教

若三藏明大生生小生皆從無明生不由眞起若無明滅諸行滅不關眞滅執此見者即成自性邪見也通教明眞是不生不生故生生一切惑若滅此惑還由不生如此執者是他性邪見也。

○次判自他

界內以惑爲自眞爲他故作此說也界外以法性爲自無明爲他

○次明別圓二初正釋

別教計阿黎耶生一切惑緣修智慧滅此無明能生能滅不關法性此執他性生邪見也圓教論法性生一切法法性滅一切法此則計自性邪見

○次判君臣

前君弱臣強今君強臣弱餘二可知。

言強弱等者君者可以理天下亦尊也即是教主

可理萬機臣者助也下也今言互有強弱者藏別兩教方便道中主未有功故云君弱主旣無功功歸於臣故云臣強通圓兩教生之與滅並由法性法性是君故云君強生之與滅非關方便方便是臣故云臣弱此中且判別圓二教前謂別教別教人謂生之與滅旣由黎耶及緣修智緣修黎耶旣非正主名之爲臣雖非正主生滅由彼故云臣強眞即是君旣不由眞故云君弱今即圓教圓教人謂迷悟由理不關黎耶及緣修智故云臣弱生滅由眞故云君強言餘二者謂藏通兩教雖不見中

以眞爲君三藏生滅旣不由眞故云臣强通教若强比圓可見君臣强弱雖卽若是判自他性意則少殊由界內外對惑對眞自他翻倒故使所對自他交互

○次明因聞發見四初畧明多少

夫因聞多發理見少發神通韋陀因禪多發神通韋陀少發理見

○次發異所伏

發理見者伏學人發神通伏俗人俗人取異不取解學人取解不取異發韋陀兼伏具發三者最能兼伏

○三結前生後

因禪發者已如上說因聞發者今當說

如文

○四正明見發雖云因聞必須先有禪定禪定未能發見於此禪後復藉少聞力故云因聞非全散心得爲因聞以散心中無發見義文三初發外外道見二初發迦毘羅見

行者雖得禪而未發見要假前人啓發其心心旣靜利忽聞因中有果心豁開悟洞明邪慧百千重意逾深逾遠猶如石泉是爲從聞發得迦毘羅見

○次例餘三

餘三亦如是

云餘三亦如是者依初三祖但云餘二依入大乘故云餘三

○次發附佛法見

若聞第五不可說藏及聞幻化卽發犢子見也

附佛法中應具列二人文但列一所言等者等取方廣第五不可說是犢子法及以幻化是方廣法

○三發佛教門見二初發三藏見

或聞三藏四門隨解一句見心豁起深解無常觀心

奔踊不復可制是爲因聞發有門見三門亦如是

○次發衍門見二初正明發見

若聞摩訶衍十二門各依門生解解心明利過向所聞

○次判見體性

雖發此解非大方便不入小賢中又非迦毘羅等邪解故知是發十二門見

此見雖依大乘門發見生執盛不成大乘入道方便故云非大方便故知此見不名衍門三教賢位亦復不入三藏內外凡中故云不入小賢中耳

○次明見發不同三。初總明不同三。初外外道不同二。初釋三。初發一切智。

三明發法不同者。迦毘羅外道直發見解。解心雄猛邪慧超殊。不可摧伏。是得一切智法也。

○次發神通

若直發神通。蹈履水火。隱顯自任。誰不謂聖人乎。真諦三藏云。震旦國有二種福 云云 是得神通法也。

震旦有二福者。一無羅刹。二無外道。儻使此土有得通外道。此方道俗誰不歸之。如姚秦時有天竺外道。來至此土。顏容可畏。眼光外射。姚主見已。請

求揃試。帝問什公。什公曰。恐此土無人能對此外道。又云。於此衆中融公應得。命來問之。融受斯命乃令姚主請此外道師徒七日入內供養。融竊讀其書七日之內。究其宗旨。便尅日論議。纔登論席融先序其宗。而廣破之。次引此土經書問之。黙無言對。什公嘲之曰。君不聞大秦學海而欲以蚊嘴傾之。於是外道便還天竺。若使此時不破其宗。此土學宗皆為所壞。驗知此地有不受邪人之福也。又西方外宗及大小乘經論所載。此土咸請故彼方外宗多不敢至。

○三發韋陀二。初正明。

若直發韋陀。知世文字。覽諸典藉。一見即解。或竊讀三藏衍等經。纔眼便識。還將此知莊嚴己法。若爾內外相濫。殆不可識。

○次寄此辨彼

今時多有還俗之者。畏憚王役。入外道中。偷佛法義竊解莊老。遂成混裸。迷惑初心。孰正孰邪。是為發得韋陀法也。

寄此以辨於彼者。此方既無外道宗計。泛將莊老以例韋陀。

○次結數

一種外道各得三法。約人成七。所謂單三複三具足者一。餘二外道亦爾。合有二十一種得法不同。若約六師。一師有三。合成十八。約人得多少。則有四十二種得法不同也。

一種有三。約人成七。合二十一。準入大乘亦應合有二十八人。

○次附佛法不同

犢子方廣發法不同。亦有單三複三具足者一。

○三依佛法不同二。初小。

若內邪得法不同隨一一門所計道理精能分別此是得性念處見亦是慧解脫耶餘門亦如是若但若兼發得神通飛騰縱任此是得共念處見亦是俱解脫耶若通慧自在而不能說法或尋經論或聽他說即達名數又下通韋陀上通大乘悉用己見消諸法門以諸法門莊嚴己見四門各有三種約人亦有七意也

云通慧自在者通謂神通慧謂一切智下通韋陀等者迦毘羅見尚自竊讀三藏及衍今人信他所引經論謂為有憑不尋宗源謬誤何甚

○次衍

若通別圓等四門各直發慧解各但變通各知內外經書者自謂道眞他謂高著今但謂是邪見一門有七合成八十四種云 云

○次別明不同三初一切智不同

復次前總論同異今當一一論同異三外六師雖同發一切智或有見一切智或無見一切智如是等種種一切智所計處別故見智則異各據為是餘人則非法華云野干前死此明利使發時鈍使則沒故言前死又云諸大惡獸競來食噉即是所執一見能噉諸見論力云一切諸師皆有究竟道鹿頭第一當知一切智各各不同也乃至三藏四門一切智大乘四門一切智各執所見互相吞噉彼彼不同可以意得

云論力者大論云有外道名論力自謂論議無與等者其力最大故云論力受五百黎昌募撰五百明難來難世尊來至佛所而問佛云為一究竟道為衆多究竟道佛言唯一究竟道論力言我等諸師各說有究竟道以外道中各各自謂是毀呰他人法互相是非故有多道世尊共時已化鹿頭成無學果在佛邊立佛問論力衆多道中誰為第一

論力云鹿頭第一佛言其若第一云何捨其道為我弟子入我道中論力見已慚愧低頭歸依入道

○次神通不同

次神通法不同者神通因禪而得得禪不定外外道秖因根本發通或初二三四所因既殊力用亦別內邪亦因根本又因淨禪所因淺深通用優劣大論云所因處用通廣所不因處用通劣但禪是事通是用俱屬福德莊嚴非所諍處雖無理諍校摘所因通用悉異

引大論云所因處等者如禪境中根本九地並有

通用以諸外人不得特勝等故依所因地用通所廣非所所因處用通則陋九地展轉迭爲强弱此則從禪以判强弱乃至佛法內邪或因特勝等但發輕舉身通等具如第九卷中簡

○三韋陀不同

次韋陀不同者若外外道所發所讀治家濟世之書部帙不同詮述各異發讀多則知廣少則知狹長慢自大皆由文字不同也若內邪不發不讀外外道文字者則知狹發讀則知廣不發不讀三藏文字者不知界內名相則知見狹發讀者則知廣不發不讀行

者不知界外名相則知狹發讀者則知廣當知韋陀之法句句不同耳

治家濟世等者如孔丘姬旦經籍三皇五帝之書孝以治家忠以治國輔國利民故云濟世

○三結會不同四初敘意

復次結會不同然內外諸邪俱明理慧神通文字立德調心尊人卑己聲譽動物如菴羅果生熟難知天下好首莫測邪正今判之甚易

○次出法相

如迦羅七種不同研其根本皆從邪無中起若計因中有果破一切法唯存此句作諸神通搖動時俗令人信受因中有果法所引韋陀異家皆相莊嚴因中有果所立諸行歸宗趣向指極因中有果爲所執法動身口意造無量罪如後說由此驗知是迦毘羅外道也僧佉沙婆例亦如此元起邪無終歸所執犢子亦如是小大四門準此可解

○三正示

驗之以元始察之以歸宗則涇渭分流菽麥殊類

驗之以元始等者問一切智由何而得覩其所計從何宗來故云元始觀其所引爲証何等以此而

推識其歸趣故云察之以歸宗復以舊或新或勘之則正之與邪宛然可識菽豆也清濁自分如菽麥異一一見別如清濁異故云殊類

○四結責邪正

何意濫以莊老齊於佛法邪正既以混和何能扳大異小自行不明何得化他師弟俱墮也

既以混和等者邪正尚自不分何能簡大異小扳謂簡出不令混和

○三明過失二初列

第三明過失爲二一明過失二明並決

○次釋二。初明過失二。初明外邪二。初約此方二。
初指同。
一正明過失者。若天竺宗三。眞丹亦有其義。周弘政釋三玄云。易判八卦陰陽吉凶。此約有明玄。老子虛融此約無明玄。莊子自然約有無明玄。
言周弘政釋三玄者。廣雅云。玄黑色。謂幽寂也。此三似幽而不出陰陽等道。初易中云。易判陰陽等約有明玄者。如云太極生兩儀。分而爲天地。變而爲陰陽。故曰是生兩儀。兩儀既立。變化生乎其中。又云。天地變化能生能成。君臣變化能安能理。故

知君臣父子之道。不出於陰陽。八卦六爻亦不出於陰陽變化。變化相易吉凶生焉。吉凶雖生窮理盡性。以至天命。故知卽是約有明玄也。又復周易但論帝王君子之道。卜筮陰陽之理。故並不出於有。老子守雌保弱。去泰去甚。如云有生於無。不可名焉。復歸於無。如是等並約無明玄。莊子內篇自然爲本。如云雨爲雲乎。雲爲雨乎。孰降施是。皆其自然。又言有無者。內篇明無。外篇明有。又內篇中玄極之義。皆明有無。如云夫無形故無不形。無物故無不物。不物者能物物。不形者能形形。故形形物物者非形非物也。夫非形非物者。求之於形物不亦惑乎。以是而言。雖有雙非之言。亦似四句。而多在不形而形等。卽有無也。又云有信有情。無爲無形。如此等例其相非一。故知多是約有無明玄。
○次得失二。初總標。
自外支派源祖出此。今且約此以明得失。
○次別釋四。初明破因不破果。
如莊子云。貴賤苦樂是非得失。皆其自然。若言自然是不破果。不辨先業。卽是破因。
○次明破果不破因二。初許不破因。

禮制仁義。衞身安國。若不行用。滅族亡家。
許有衞身安國等。是不破因。
○次釋不破因。
但現世立德。不言招後世報。是爲破果不破因。
○三亦有果亦無果。
若言慶流後世。并前則是亦有果亦無果也。
但立德衞身。不言招報。卽是亦無。慶流後世。卽是亦有。
○四斥行相二。初列。
約一計。卽有三行。一謂計有行善。二計有行惡。三計

有行無記。

○次釋三初斥善行二初明行相。

如云。理分應爾。富貴不可企求。貧賤不可怨避。生無足欣。死何勞畏。將此虛心。令居貴莫憍。處窮不悶。貪恚心息。安一懷抱。以自然訓物。作入理弄引。此其得也。

○次正斥四初出三種欲三初判屬初禪。

得有多種。若言常無欲觀其妙。無何等欲。忽玉璧。棄公相。洗耳還牛。自守高志。此乃棄欲界之欲。攀上勝出之妙。卽以初禪等爲妙。何以得知。莊公黃帝問道觀神氣見身內衆物。以此爲道。似如通明觀中發得初禪之妙。

○次以小涅槃難

若因諸苦所因貪欲爲本。若離貪欲。卽得涅槃。此無三界之欲。此得滅止妙離之妙。

○三以大涅槃難

又法名無染。若染於法。是染涅槃。無此染欲。得一道微妙。妙此諸欲。欲妙皆無。

云妙此等者。卽以此妙。妙此諸欲。唯妙無欲。是欲皆妙。妙不可得。故云皆無妙。謂涅槃欲。卽界繫故

證眞者。欲妙皆無。

○次詰無三種妙。

汝得何等。尙不識欲界欲。初禪妙。況後欲妙耶。

○三判與

若與權論。乃是逗機漸引。覆相論欲妙。不得彰言。了義而說。

不得彰言了義說者。縱是菩薩迹在彼教。未得彰灼顯了而說。說彼教主。卽是大權。世人常云。孔子是儒童菩薩。故三教殊途而同歸。此約釋教開迹而說。方有此言。若開未開。教終是俗。秖緣教法猶是有漏世間之法。是故教主未得彰言。名爲殊途。

○四結奪行相。

但息跨企之欲。觀自然之妙。險詖之行既除。仁讓之風斯在。此皆計有自然而行善也。

詖者險也佞諂不忠也。

○次斥無記行二初明行相。

又計自然任運恣氣。亦不運御從善。亦不動役作惡。若傷神和。不會自然。

○次正斥

雖無取捨。而是行無記。行業未盡。受報何疑。

如文

○三斥惡行三初明行相。

若計自然作惡者謂萬物自然恣意造惡終歸自然斯乃背無欲而恣欲違於妙而就麤。

○次引例

如莊周斥仁義雖防小盜不意大盜揭仁義以謀其國。

如莊周斥仁義等者莊謂孔子爲仁義賊以行仁義雖防小盜不意大盜大盜者謂揭仁義以謀其國竭字非應作揭去列反高擧貌也如負建鼓而求

止觀輔行卷四十　二十三

亡子詎可得乎亡者逃也負鼓擊之以求逃者未之得也謂孔子負仁義而求自然未可得也

○三結斥

本以自然息欲乃揭自然而爲惡此義可知也。

斥孔子揭仁義爲惡不意莊周揭自然而爲惡也。

○次約西方二初敘來意。

次約天竺諸見空見最强今寄之以論得失。

○次解釋二初列。

夫空見爲三一破因不破果破果不破因二因果俱破不破一切法三破因果及一切法一切法即三無爲也

列外見爲三者破因不破果者不說往因名爲破因猶存現果名不破果立現因故名不破因不言當果名爲破果第二俱破不破一切法者往因現果現因當果並破云無故云俱破而不能破三無爲法名不破一切法以外道中立虛空常若擇滅非擇滅外道法中本無此二猶存不破故云不破一切法。

○次釋難七初以第三師難佛法。

第三外道與佛法何異。

止觀輔行卷四十　二十四

若復不許立三無爲名破因果及一切法第三外道與佛法何異者以第三師難佛法佛法亦破世間因果如斷三界一切見愛亦破三無爲何者數緣滅處尚自非眞但因此滅而會於眞證位非數亦復如是此二尚非況復餘一故知佛法亦破因果及三無爲又大乘亦破小乘因果及三無爲當知第三與佛法不異。

○次答邪正不同

大論明大小乘空體析爲異。

我正法中雖體析殊並是正法。

○三重難
外道亦體析。此云何異。
○四重答
外道從邪因緣無因緣若析若體若畢竟空。佛弟子。
知從愛因緣若析若體若畢竟空。
邪正既別。體析不同。
○五復出他難
有人言破語非體。
他人云。外道但云破因破果。破但是析。不名爲體。
當知外道唯析無體。

○六正釋
今明中論首尾以破題品。破豈異體耶。故不約此分
邪正大小。但依大論析正因緣異外道體正因緣異
小乘。
破語意通兼於體析。若邪若正俱有破名。如佛法
中大乘名體。中論大乘首尾皆破。豈以名破則非
體耶。故知破名兼於體析。是故但依大論邪正因
緣以判大小及邪正等。
○七明行相二。初明空見三。初行惡三。初明自行
四。初指多分。

若約邪因緣起空見亦有三行而多作惡。
○次舉況
眞觀空人知從愛生。善尚不作。豈況惡乎。
眞觀空人等者。出世觀於無漏眞空之人。尚不作
於有漏諸善。況作有漏三途惡耶。故知作惡非出
世士。
○三明見空爲惑所依
起空見人。於果報財位非其諍處。空是其處。
○四正釋空見三法三。初明一切智三。初明空見
生使。

同我空法親友生愛。讚有破空怨讎瞋惱。人不知空
慢之如土。空心無畏。不存規矩。恣情縱欲。破正見威
儀淨命。死皆當墮三惡道中。
云人不知空等者。見他一切不解空人。慢他如土。
○次引六師爲例
六師云。若有慚愧則墮地獄。若無慚愧不墮地獄。背
鱠經屏天雷尿井逆父慢母劇於行路。乃會無礙。若
親異疏非平等也。
若有慚愧等者。此指六宗迦羅鳩馱具如前說。背
鱠等者。無愧之人。以本像背用切魚膾將佛經論

用糊屏風天雷之時而井中尿佛法因果隔世方現豈以現在未報而謂無礙

○三斥失

自行姦惡復以化人皆共爲非失禮如畜豈有天下容忍此耶雖謂無礙不敢逆主慢后自惜其身則於身有礙

○次明神通

是人直發此見見轉熾盛永不得禪若得禪已見禪法多失發見已禪多是鬼禪鬼通能記吉凶又知他心

空見既盛但成鬼通等三

○三明韋陀

又廣尋韋陀證成此見令人信受破世出世善名啖人狗若一種不破不名飽足破一切法見心乃飽飽名轉熾內無實行但虛諍計如叫嗥求食執空與有諍空有相破爲嘊喍自稱譽爲嘷吠破他名攎立己名掣又狐疑未決爲嘊喍陵恐於他爲嘷吠如守家狗令他畏故而吠也此人純自行惡

以韋陀見廣破於他嘊犬鬭也喍者齒不正也嘷者犬怒也吠者犬鳴也兼略釋疑使

○次明化他三不同自惡勸善既以惡爲實以善爲權下文自行善自行無記還以善及無記以之爲實餘則爲權文三初列

化他有四一自爲惡勸人行善二自揚行善勸人行惡三自勸俱惡四自勸俱善

○次釋四初自爲惡勸人爲善

自惡勸善者言我能達理於惡無妨汝是淺行須先習善化道應先以善引之

○次勸人爲惡自行善

若自善勸惡者言我是化主和光須善汝是自行正應作惡

○三自行勸人俱惡

自勸俱惡者俱行實道故

○四自行勸人俱善

自勸俱善者俱行權道故

○三結斥

此四雖異皆以惡爲本隨業沈淪何道可從耶

○次行善二初自行二初一切智

又空見行善者空無善惡而須行善不行善者毘紐天瞋衆生苦惱苦惱故成業業由過去現在受報以

現持戒苦行遮現惡果則得漏盡若爾須善故持戒節身少欲知足麤衣噉草爲空造行而生喜怒空是瞋愛諍計之處

○次神通

若得禪發見禪謝見熾見已得禪乃是鬼禪鬼通

○次化他

如此空見自行唯一化他有四例前自行化他即是隨業隨業升沈何關道也

○三行無記二初自行三初一切智

次執空見不作善惡騰騰平住雖謂平住稱愛毀憂

以平平自高

○次神通

當知平平生煩惱處得禪發見如前

○三韋陀

亦通韋陀竊解佛教莊嚴無記嚾喋呌喚無量結使從無記生

○次化他

自行唯一化他亦四若不發禪業牽惡道若發禪隨禪受生若此業未熟先世諸業強者先牽當知諸見未能伏惑云何惑斷耶

○次例三見

亦有亦無等得失之相準此可知

○次明內邪二先小次大初文先標門相

次明內邪得失者三藏四門本爲入理而執成戲論發見獲禪兼通經籍若以此門自軌祇應生善既與見相應還起三行

○次明四門行相二初明有門自行中二初因自行四初畧明三行

其行善者專爲諸有而造果報取著有門而生愛恚勝者墮慢坑負者墮憂獄生煩惱處有門還閉不得

解脫行惡行者執有爲是餘者皆非爲此有門無惡不作邪鬼入心唯長衆非

○次引證邪門

九十六道三順佛法故有阿毘曇道修多羅道

○三明正法本意

但五百羅漢於此有門得出豈應是邪

○四斥人成失

今人僻取鬼則入心故稱阿毘曇鬼或從見入或從禪入

○次畧例化他

自行有一化人亦四
○次例餘三門
一門既爾三門亦然
○次明大四初自行
若通別圓等各有四門生見一見亦具三行行善者可知行惡者執大乘中貪欲即是道三毒中具一切佛法如此實語本滅煩惱而僻取著還生結業稱毀憂愛欺慢嗤咲競於名利
○次化他
自行則一化他有四

○三斥失
既非無漏無明潤業業力牽生何所不至不能細說準前可知
○四總結
如是等見還於聖道又能生長種種罪過其不識者執謂是道設知是見隨見而行以自埋沒豈能於見動不動而修道品畧言見發生諸過失也
並如文
○次明並決二初列
二明並決眞僞者一就所起法並決二就所依法並決
○次釋二初就所起法並決二初畧斥四初以見罪並決二初法
今通從外外道四句乃至圓四門外道見通韋陀乃至圓門三念處三解脫名數是同所起見罪繫縛無異
○次譬
譬如金鐵二鎖
云金鐵二鎖者大論二十五云譬在囹圄桎梏所拘雖復蒙赦更繫金鎖人爲愛繫如在囹圄雖得

出家更著禁戒如繫金鎖今借譬此內外生著在獄鐵鎖如外計逢赦金鎖如內計金鐵雖殊被縛義等佛法雖勝見繫無差
○次以起惑並決二初法
又從外道四句乃至圓門四見名雖清美所起煩惱體是汙穢
○次譬
譬如玉鼠二璞
玉鼠二璞者璞者玉也鄭重玉璞若有得者與其厚賜周人聞之規其厚賜周人風俗名死鼠爲玉

璞乃將詣鄭鄭人笑之其人悟已答鄭人曰楚人
鳳凰其實山雞以楚王重鳳有不識鳳者路行見
擔山雞者問之曰此何鳥擔者知其不識乃戲曰
鳳凰其人謂實便問擔者販耶答販問幾錢答萬
錢用價買之擬欲上王得已便死楚王聞之愧而
召問王亦謂實乃以十萬賜之故知周鄭之體淨
穢永殊無著如鄭起見如周名同體異此之謂也
有於三藏乃至圓教四門之名義之如璞起於見
愛其如死鼠

○三以成不並決二初法

又從外道四句乃至圓門四見雖同研鍊有成不成

○次譬

譬如牛驢二乳

牛驢二乳者大論二十云餘處或有好語亦從佛
經中出若非佛法初聞似好久則不妙譬如驢乳
其色雖同抨但成糞故佛法外語同有不殺慈悲
之言搜窮其實盡歸虛妄今此亦爾外計雖有有
無等言研覈其實盡歸虛妄佛法大小一十六門
雖云有無但破執心自歸正轍故云有成不成於
外起計如驢乳藏等起計如牛乳乳名雖同其體
永別見名雖等所執各異外雖除執無理可成藏
等離著自入正轍研鍊者謂覈歸本宗

○四以害不並決二初法

又從外道四見乃至圓門四見有害不害

○次譬

譬如迦羅鎮頭二果

迦羅鎮頭等者大經第六四依品簡田中云善男
子如迦羅林其樹衆多唯有一株鎮頭迦樹二果
相似是果熟時有一女人悉皆拾取鎮頭迦果唯
有一分迦羅迦果乃有十分女人不識持來詣市

凡愚不識買迦羅迦噉已命終有智人輩聞是事
已問是女人汝於何處得是果來女人示處諸人
卽言彼方多有迦羅迦樹唯有一株鎮頭迦樹諸
人知已笑而捨去經譬僧藍惡衆淸衆今借以譬
內見外見二見名同有害不害如外見發說無因
果歸於邪無若內見起猶執大小經論所詮害謂
損其善根

○次廣斥七初約神我斥

所計神我乃是縛法非自在我

○次總斥非諦

各執己是餘為妄語互相是非何關如實
○三斥有苦集而無道滅
自謂真道翻開有路望得涅槃方沈生死
○四斥非正解
自言諦當終成邪僻愛處生愛瞋處生瞋
○五約願行斥
雖起慈悲愛見悲耳雖安塗割乃生滅强忍
○六約三法斥
雖一切智世情推度雖得神通根本變化有漏變化
所讀韋陀世智所說非陀羅尼力非法界流

根本變化者依於根本十四變化所謂初禪初禪化初禪欲界化二禪三變化三禪四變化四禪五變化上能兼下通成十四變化不同十八變者亦屬身通一右脇出水二左脇出火三左出水四右出火身上下出水火為四並前為八九履水如地十履地如水十一從空中沒而復現地十二地沒而現空中空中行住坐臥為四十七或現大身滿虛空中十八大復現小凡如意通皆名變化又瑞應經中佛謂迦葉作十八變亦是如意通相所讀韋陀至非法界流等者既是世智則非法界任運流出陀羅尼總持之力非不思議三輪化益
○七通約邪道斥
雖斷鈍使如屈步蟲世醫所治差已更發八十八使鏁海浩然三界生死苦輪無際況著有漏永無出期皆是諸見幻偽豈可為真實之道也
既計非想等以為涅槃但能斷於下八地惑厭下欣上猶如屈步非想壽盡順後受業之所牽生隨道受報
○八就所依法並決二初標牒
二約所依法異者一切諸見各依其法

○次解釋二初外法四初斥失
三外外道是有漏人發有漏法以有漏心著於著法著法著心體是諍競非但因時捉頭拔髮發諸見已謂是涅槃執成見猛毒增鬬盛所依之法非真所發之見亦是偽也
○次開權
此雖邪法若密得意以邪相入正相
○三引況
如花飛葉動藉少因緣尚證支佛何況世間舊法
舉無情花葉尚悟支佛故知發見能助正道所以

見發不須卒斷。
○四比所依法邪正不同。
然支佛雖正花葉終非正敎外外道密悟而其法門但通諸見非正法也皆由著心著於著法因果俱闕斷與是邪法生邪見也。
比所依法邪正不同華葉雖非正法能令悟理外見亦爾縱因外見令入正法然所依見體終是邪末代癡人聞密得見意復聞華葉爲支佛因便以己見謂爲眞實故重斥云皆由著心故法非正。
○次內法二先約四敎三初三藏亦先經。

若三藏四門是出世聖人得出世法體是清淨滅煩惱處。
○次論
非唯佛經是正法五百所申亦能得道。
○三引證
妙勝定云佛去世後一百年十萬人出家九萬人得道二百年時十萬人出家一萬人得道。
引妙勝定經等者彼經佛告阿難吾卻後二月於拘尸城滅度之後八十年中多有衆生端坐樹下觀除入捨十億衆生九億得四果二百年時百億衆生十億得四果三百年後五百年前我諸弟子漸著惡法心懷嫉妬邪命自活五百億人作沙門一億人得沙門果五百年後我諸弟子身著俗服畜養貓貍驢馬積聚穀米自作自噉畜養奴婢當知爾時十萬億人出家一萬人得沙門果八百年後千年之前億億人出家作沙門百人得四沙門果今初舉百卽八十年也總舉大數故云百年故知去佛世遠人根轉鈍得道彌少若以著心聞無著法亦皆起著如辟支佛以無著心緣於華葉尙得悟於無著之果。

○四結意
當知以無著心不著無著法發心眞正覺悟無常念念生滅朝不保夕志求出要不封門生染而起戲論
○五斥依法起計三初譬
譬如有人欲速見王受賜拜職從四門入何暇盤停諍計好醜。
○次合
知門是通途不須諍計如藥爲治病不應分別。
○三勸進
速出火宅盡諸苦際眞明發時證究竟道畢竟無諍

無諍則無業無業則無生死但有道滅心地坦然因果俱無鬬諍俱滅唯有正見無邪見也

○六斥能計者鬬行之失五初法

復次四門雖是正法若以著心著此四門則生邪見見四門異於修因時多起鬬諍

如文

○次譬

譬如有人入住城門分別瓦木評薄精麤謂南是北非東巧西拙自作稽留不肯前進非門過也

譬云入住城門等者正法所都爲城通法之教曰

門四門相望互有精麤及巧拙等巧拙秖是重明精麤以著心故習四門法積歲方成修習時過第一義諦此生非冀謂南是北非者畧舉二門卽是四門互相是非不能入道

○三合

著者亦爾分別名相廣知煩惱多誦道品要名聚衆媒衒求達打自大鼓豎我慢幢誇耀於他互相鬬諍捉頭拔髮八十八使瞋愛浩然皆由著心於正法門而生邪見所起煩惱與外外道更無有異論所計法天懸地殊

媒者和合之主衒者行賣其身今以自身爲主行賣其見自媒自衒以求顯達宣媒衒言故云打自大鼓處衆自高故曰豎我慢幢

○四譬長時之失

方等云種種問橋智者所呵

方等問橋等者譬長時之失彼方等陀羅尼經第三云我於往昔作一居士受性憍慢不求出世之典有一比丘來詣我所從我乞求濟身之具我時問言沙門釋子汝從何來何所求索爲姓何等學何等律習何等經三業之中常求何業如是重重

問無窮已得患便死是故施時不須分別莫擇上下又我於往昔作一比丘時有居士設大施會施於一切沙門婆羅門貧窮下賤所須珍寶衣服飲食我時貧窮故詣會所於其中路見有大橋於其橋上見衆多人忽忽往來時諸人中有一智者我以愚意問彼人言是橋何人之所作耶是河從何來今向何處去此木何林所生何人所斫何象所載此木爲是青松白松如是次第設於七千八百問已爾時智者便語我言咄癡沙門居士請汝但涉路去至於會所可得悅意汝今徒問如是等事

於身無利咄癡沙門今且速去還當語汝我時聞此便到會所食已蕩盡財物無餘見已懊惱結恨嘷呌是何苦哉卻到橋上見向智人智人問言汝爲憔悴多不吉耶答言我向徒問無益之言使我果不値於飲食財物智人語我夫爲沙門於身無益理不應問應觀諸法於身利者宜應須問云何爲利謂不讚己不毀他觀平等法自旣利己復能利他是時有九十億諸忉利天聽智者說發菩提心是故當知正法四門皆可入道然於一門爲己所入三門非宜尚非己利況復世間有漏法耶

○五合

人亦如是爲學道故修此四門三十餘年分別一門尚未明了功夫襯著年已老矣無三種味空生空死唐棄一期如彼問橋有何利益此由著心著無著法而起邪見也

老無三味者大經十一云譬如甘蔗旣被壓已滓無復味壯年盛色旣被老壓無三種味一者出家二者讀誦三者坐禪

○次通教三先判同異有法譬合初法

次通教四門體是正法近通化城前曲此直巧拙雖殊通處無別

○次譬

如天門直華餘門曲陋不住二門俱得通進若數瓦木二俱遲壅

天門直華等者以直對曲以華對陋以此通教爲直爲華不假觀於無常苦等徑觀於理故名爲直巧拙如前二醫之譬華謂華整觀幻空等不同析有龜毛之拙別圓相望亦復如是天門者皇城正門餘門者偏門也前之兩教見眞諦王後之兩教見中道王若法華玄中則以眞諦如見使君

○三合

若不稽滯法門若因若果俱無諍著是名無著心不著無著法不生邪見也

○次依門起見有法譬初法

復次若以著心著此直門亦生邪見或爲名爲衆爲勝爲利分別門相瞋愛慢結臥此得生

○次譬

譬如以毒內良藥中安得不死

○三合

以見著毒入正法中增長苦集非如來咎

○三歎失
利根外道以邪相入正相令著無著成佛弟子鈍根內道以正相入邪令無著有著成邪弟子豈不悲哉
○三別圓三先辨同異
別圓四門巧拙利鈍俱通究竟涅槃因不住著果不鬭諍
○次斥失
若封門起見則生煩惱與漚樓佉等
並如文
○三結觀

以此而觀如明眼人臨於涇渭豈容迷名而不識清濁也
結勸須辨內外大小能所是非巧拙曲直能知此者如明眼人自曉清濁清濁者諸教諸門有著無著展轉相形
○次明見起所由六初通標頭數
略明見發則有五番一番有四則有二十門一門有七合一百四十見發不同廣論無量皆藉因緣而得開發
云五番者總以外見及犢子等爲邪宗一番四教爲四言廣論無量者如上九禪禪中地地皆能發於一百四十又因禪發爲百四十若更因聞又百四十是則無量二百八十
○次判所因通別發法不同
良以通修止故諸禪得發通修觀故諸見得發通修之緣乃由止觀而根本別因必由前世或在外外道中學或爲佛弟子大小乘中學或因聞法相曾發諸見或因坐禪發此諸見隔生廢忘解不現前今修靜心或聞經論熏其宿業見法還生
云通修止觀者觀陰入境也通修之時止觀體一

凡有所發必有所依故見是慧性發心依觀禪是定性發必依止
○三判難易三初法
先世熟者今則易發先世生澀今則難發隔生遠則難近則易若外外見熟近則前發內見熟近則先現神通韋陀既是事相隔生易忘難發見是慧性難忘易發
○次譬
如人久別憶名忘面
如人久別等者名如一切智智則難忘面如通等

故事易忘。

○三合

事理難易亦復如是。

○四明邪正

若前世外有鬼緣鬼則加之發鬼禪鬼見外有聖緣聖人加之發正禪見也。

有鬼緣等者發心邪僻與鬼交往名爲鬼緣是故今世鬼則加之則能發鬼神通聖加亦爾可以比知。

○五明見境意三初法。

復次若先未識諸見過患於見生怖忽忽急斷令識其邪相慎莫卒斷但恣其成就作助道力必有巨益

法者恐不識之隨見造行或忽忽卒斷失於方便

○次譬

如腹有蠱當養寸白後瀉幹珠。

如蠱等者蠱字應作蠱謂事毒也穀之久積變爲飛蠱因食入腹而能害人如本有蠱病復患寸白則不須先治寸白且養之以噉蠱病其蟲色白身長一寸故白也蠱病差已方治寸白鈍使如蠱見如寸白養利噉鈍鈍盡方更治於利使幹珠者薏苡子也以根爲湯可瀉寸白亦可治蛔。

○三合二先明所以。

所以然者世間癡人頑同牛馬徒雷震法音溢敷錦繡於其聞見無益。

雷者陰陽蕩動也震者霹靂也今以法音如彼雷震而無機鈍使如聾不聞。

○次正合

耽著五欲如患蠱者若發諸見見噉鈍使喻之寸白見慧與正觀相鄰聞法易悟如彼珠湯爲是義故須養見研心前驅開導。

○六明教觀不同二初明觀三初文先明養見意

若入二乘則動見修道品若入大乘不動見修道品。

○次舉譬

對寇破賊然後勳成。

小乘卒斷名爲動見大乘達見卽是道品且養見或以噉鈍使如由破賊後方達見卽是道品名爲勳成是故達見卽道品也故舉譬云如對寇破賊等勳者功也。

○三結

是爲養外見以爲侍者。

以見爲侍者。夫爲侍者。出入隨人。今以養見如出觀。成如入。此養外見爲侍。外見尙然。況佛內見不爲侍耶。

○次明教四。初三藏及通教二。先明見境助道力大。

若發三藏拙四門見。通巧四門見。見雖是障。助道亦深。若福德法。升天甚易。取道則難。見是慧性。沈淪亦易。悟道甚疾。

○次引證四。先引大論。

大論云。三惡亦有得道。人少故不說。白人黑黶不名

黑人耳。旣知是見。惑不得起。忘其分別。

三惡亦有得道等者。論第三釋天人師中。如來爲度諸道衆生。故亦在餘道中生。何故但云天人師耶。答。餘道少。天人多。如白人黑黶不名黑人。三惡如白人。得道如黑子。三惡得道。良由有慧見屬慧性。故悟道甚疾。諸經不說三惡道中有慧性者。以少故耳。福德生天。不悟道者。良由無慧。故知帶見沈淪。縱墮三惡。聞法易悟。勝於人天。

○次引佛化儀

如諸外道先有見心。被佛化時。如快馬見鞭影。卽便得悟。若無見者。萬斧不斷。如爲牛馬說法。不相領解。獦獠全未解語。若爲論玄。故佛於其人。則不出世。分形散質爲師爲友。導其見法。佛日初出。權者引實。聞法卽悟。

狐獠等者。此則通擧邊鄙無禮教者。尙不解於人間世語。何況出世妙理之教。故佛於此等。則未出世。狐獠等類亦堪感佛。況復西方。本無狐獠之名。但是擧此以擬彼耳。今文意者擧於四遠如前所引。分形等者。佛旣未出。明如來權巧。尙教其見。令諸菩薩先同其見。爲師爲導。後示受破。俱入正道

○三引證權人。先同後異。

法華云。密遣二人者。約法論方便之二。教約人是權同二乘。

○四引況

衆聖屈曲。尙敎其見。今得見發。豈可遽除。

如文

○次約別圓教斷不斷以判

若先世修別圓八門。未斷通惑。此見若發。過同三外。若先世已破通惑。未悟別理。或同二乘。前見尙養。況此見耶。

言過同三外者但謂所起之見增長新惑云同三外非謂所依別圓之門言先世已斷通惑等者或是斷見或侵少思云同二乘若見思都盡亦不生此既分斷見思當知起見不同凡下外外見等尚養況二乘見耶

○三引證二乘不可一向名見

淨名取二乘過邊撥屬外道又取助邊使之爲侍進退解之勿一向也

淨名乃至進退解之等者引證二乘不可一向名見挫同諸見爲進依本二乘爲退二乘被斥同諸

見者取其不見中理邊外見尚以爲侍何況二乘若撥若取乃是抑揚之言是故不可一向名見

○四明功能

今生修道見心發者眞理可期見若未發聖境難會

如文

○四明止觀八初比決宗途二初結數

第四約見修止觀者如上通論得見不同則一百四十種若別就內邪則有一百一十二種

○次比決

若作宗明義凡有幾宗十地中攝數論等分別見相爲同爲異邪正途轍優降幾何若解此意知不相關其不解者知復奈何

若作宗等者比決宗途今之見境有一百四十宗且依佛法內門亦有一百一十二宗比地攝等論彼論但是當教一門如中論中雖具大小兩乘觀法委論其門門則不足言邪正途轍等者今家所辨若邪若正邪是見正是觀邪正各有一百四十如是途轍與彼諸論優降天殊故云幾何

○次引佛化爲例

夫佛法兩說一攝二折如安樂行不稱長短是攝義

大經執持刀仗乃至斬首是折義雖與奪殊途俱令利益

兩說等者謂攝及折攝謂養見研心折謂破無遺芥故引二經以證折攝大經執持刀仗等者第三云善男子護正法者不受五戒不修威儀應持刀劒弓箭矛槊護於淸淨持戒比丘文中廣說覺德比丘昔緣於過去歡喜如來滅後此比丘廣說九部制諸比丘不許畜八不淨物爲破戒者執持刀劒之所逼切爾時有王名曰有德往說法所共破戒者極生鬬戰命終生於阿閦佛國覺德亦同生

於彼國而爲彼佛聲聞弟子下文又云護法優婆塞應持刀仗擁護如是持戒比丘若有受持五戒不得名爲大乘人也不受五戒執持刀仗爲護正法乃名大乘乃至下文仙豫國王等文又新醫禁乳云若有更爲當斷其首如是等文並是折伏破法之人一切經論不出此二見心亦爾如前進退二種解者亦是折伏攝受二義又一切聖教不出四悉故四悉中世界爲人卽攝受意對治卽是折伏意也藥珠二身破法立法二種方便如是等例卽此二義

○三以今文破見例之

若諸見流轉須斷令盡若助練神明廻心入正皆可攝受

○四明見不俱起

約多種人說上諸見無有一人併發之者設使皆發會相吞噉唯一事實

唯一事實者空見旣成謂己爲實

○五分別見相

約一一見各作法門巧示言方經九十日

今家分別見相如上百四十見一一各作十乘觀法種種巧說皆可經夏

○六束成觀門

束一一見同一觀門具一切法亦不可盡多一自在今且約一見衆多亦然

一一見等者束向百四十見共作一番十乘觀法亦不可盡

○七示觀境

諸見之中空能壞一切一切不能壞空引人甚利今當先觀空見例爲十意

○八正明修觀二初明觀法十初明觀境二初明

思議四先標空見爲十界因

思議境者空見出生十法界法胡瓜非熱能爲病因空非十界能作因緣

○次引二論

成論云刹那邊見心起卽是不善毘曇明刹那邊見心起不當善惡名爲無記因等起心一切善惡因之而起

○三以見境例論

今此空見亦有二義若別觀者如因等起十法界因之而生所以者何昔未空見未曾爲行今發空見卽

有三行如前說。
今此空見亦具二義者。亦似成實毘曇兩門意也。何者。通論秖是不善義同成論。別論亦得名爲因等起心。一切善惡因之而起。能生十界義同毘曇。由空造惡即三途界。義同成論。
○四正示境中十界十。初三惡界。
由空造惡者。行無礙法。上不見經佛敬田可尊。下不見親恩之德。習裸畜法。斷滅世間出世等善。闡提雖惡。尚存憐愛之善。空見永無。純三品惡。逆害傷毀。即地獄界。無慚無愧。即畜生界。慳貪破齋。不淨自活。即

餓鬼界。破齋故常飢。不淨故噉穢。
地獄中云闡提尚存等者。猶有憐妻愛子之善。不同空見。逆父慢母。故知空見不及闡提。尚不及極惡闡提。況大經通明一闡名信。提名不具。等慳貪破齋等者。因無淨命。果時噉穢。因時破齋。果常飢餓。
○次三善果
因空行善者。持戒苦行。莊嚴十善。三業淳熟。即三善道界。又發根本。即色界。
○三聲聞界二。初總斥空見二。先舉不識以顯於識。
又因空生聲聞者。若謂空者。其實不識。空中四諦。
云其實不識等者。先舉不識。以顯於識。凡夫於見增長流轉。非唯不識道滅二諦。亦乃不識苦集二諦。
○次釋出四諦相四。初文先明苦諦。
所以者何。若證法性。是空是淨。虛妄空見。必依果報。果報是汙穢色。大品云。色若常無常等。皆依於色。受納空是餘者則非。取空像貌。異於有法。緣空起三行。分別空心。勝於餘法。是名五陰。空塵對意。即是二入。

更加意識。即是三界。界入陰等。即是苦諦。
五陰具足。故名爲苦。初文是色。納受是受。取空是想。緣空起行是行。分別空心是識。
○次明集諦四。先明五鈍。
空見是瞋處。愛處。慢處。有見弱者。則攎破有法。掣理就空。疑不得起。若攎不破。掣不來。則嗟喋生疑。又今雖無疑。後當大疑。何以故。若空是理。應與聖等。既不等者。安得不疑。
○次明五利
五純闕癡。應云不了空見因果名癡。

是誰計空計空者我我實非空空亦非我因空生我謂我行我解讀我毀我著此空邊不可捨離謂因空道登通涅槃則以空為戒非雞狗等非因計因是因盜戒取計空為空實非理空非果計果是果盜見取空見偏僻即是邪見

非雞狗等戒者簡戒取不同謂空為道豈同噉糞等

○三結成八十八使

如是十使從空而生欲苦下具十集下有七除身邊戒取道下有八除身邊滅下有七除身邊戒取合三

十二色無色各除四瞋各二十八合八十八使是名集諦

○四舉過勸識

集迷苦起苦由集生苦集流轉長爪不識復有一鬼頭上火然非想以來尚自未免何得於空不識苦集

○三明道諦六初明身念處

若識空見苦集苦集皆依於色一切色法名身身色汙穢汙穢是不淨智者所惡破於淨倒名身念處

如文

○次明受念處

若受空見是受不受受第二句順空即樂受違空即苦受不違不順即不苦不樂受三受即三苦計苦為樂是名顛倒若知無樂破樂顛倒名受念處

云受第二句者依大品中受有四句謂受不受亦受亦不受非受非不受既受不受即是受於四句之中第二句也

○三明心念處

空塵對心而生意識此心生滅新新流動有緣思生無緣思不生生滅無常而謂是常即是顛倒識識無常即破常倒名心念處

○四明法念處

取空像貌而行善惡行中計我行若是我行有好惡行有興廢我亦應爾諸行無量我若徧者我則無量若不徧者則一行無我衆行亦無我強計有我即是顛倒若知無我則破想行名法念處

○五總明念處

但諸陰通計四倒於想行計我強於色計淨強於心計常強於受計樂強名別念處若總念處則不爾也是為空見生念處觀

○六略明餘品

勤破倒觀即是正勤定心中修名如意足五善根生
名爲根破五惑名爲力安隱道用名七覺安隱道中
行名八正道是爲空見能生道諦
小乘亦得通約觀行而論道品如第七卷初相生
相攝等文是也
○四明滅諦四先滅五鈍
四倒除故是癡滅癡滅故愛滅愛滅故瞋滅瞋滅故
知空非道慚愧低頭則是慢滅無復所執則疑滅
○次滅五利
空見既具苦集苦集非畢竟空執空心破故求我叵

得我叵得故則身見破身見破故則我見破我見破
故邊見破空見非道戒取破空非涅槃見取破空不
當理邪見破
○三滅八十八使
十使破故八十八使破八十八使破故子縛破子縛
破故能發初果進成無學
○四滅果縛
果縛破入無餘涅槃是爲空見生滅諦即聲聞法界
也
○次結成功能

若於空見明識四諦則知盡苦眞道眞道伏斷得成
賢聖乃至一百四十種見單複具足無言等見皆識
眞道於諸見中能動能出若不爾者不見四眞諦是
故久流轉生死大苦海若能見四諦則得斷生死生
有既盡已更不受諸有即此意也
云單複等者此見若破第五卷中諸見皆破
○四緣覺界文中二初略明十二支滅二初正明
次明空見生支佛者空見非空妄謂是空顚倒分別
倒即是無明無明故取著空見若知無明何所取著
若知無明不起取有畢故不造新不造新不起取有

畢故是不起無明若無無明則成智明故有智慧時
則無煩惱無煩惱時則無明滅無明滅則諸行滅乃
至老死滅
言畢故不造新者以不造新能所故畢若造新者
新還爲故
○次證緣覺觀能滅邪見
中論云云何聲聞觀十二因緣義乃說常無常等六
十二見問答殆不相應今秖此是答常無常等見皆
是無明知無明不起取有即是聲聞法中十二因緣
觀法華云樂獨善寂求自然慧此慧善寂六十二見

也。
中論云云何聲聞觀十二因緣乃至不相應等者。彼中論觀十二緣中初文設問即問十二因緣至答文中即答六十二見何故問答殆不相應殆者濫也此問意者問彼論文論文初十二因緣品及下文觀因緣品並指云如毘曇中廣說者廣說破六十二見故邪見品屬觀因緣一往觀之似不相應是故問出令知不別今云秖此是答者正以邪見答觀因緣非不相應即破三世二世並是邪見故淨名云深入緣起斷諸邪見故因緣觀正為破

邪故非不相應。
○次正明起於十二緣覺二先推十二緣生四初推現三因
又觀剎那空見既具四諦此空見心為有為無剎那心起便具五陰云何言無此即有支有即含果亦是因中有果義若作無果者有支有因因義具足有從何生若無取者有則不生取即五見執空是邊於空計我謂空為道為涅槃為正是為取支取從愛生愛喜違瞋慢彼疑此此名愛支。
有支中云有能含果等者且約初迦毘羅等說亦應徧約附佛法起乃至佛法一十六門隨所計者皆是有支。
○次推現五果
愛因受生受故愛起如受一法愛味追求知受因觸以有意根空塵得觸經云觸因緣故生諸受觸由於入塵觸諸根故得於入入由名色歌羅邏三事色有五胞命能連持識有四陰之名又三事名色由初託胎識
○三推往二因
識由往業業由無明。

○四推往至現
無明是過去顛倒謂有謂無一切諸見故能成辦今世色軀經云識種業田愛水無明覆蔽生名色芽今復顛倒迷於空見起善惡行種於未來名色之芽顛倒又顛倒無明又無明更相因緣無有窮已。
○次推十二緣滅三初滅十二支
若知無明顛倒不須推畫若有若無達其體性本自不實妄想因緣和合故有既知顛倒無明即寢寢故諸行老死皆寢
○次倒滅諸見

空見無明老死寢者。一百四十諸見無明老死皆寢。寢故是破二十五有侵除習氣。是名空見生支佛法界。

○三明得失二先明得。

若於空見識是無明無明可滅

○次明失

若不識者尚不出空見爲見造業。如蠶作繭何得成支佛耶。鼻隔禪師發得空見多墮網中。不能自拔。散心法師雖分別諸使亦不自知空見過患。闇證凡龜盲狗穭吠。自行化他全無道氣。

鼻隔者。無深觀行唯止心鼻隔。因此觀故發得空見。此人尚不識小乘眞諦。豈能觀於空見之心。令成妙境。但隨見轉墮於見網。散心法師置而不論。暗證等者。爾雅云龜有十種。一神最神明故。二靈邊如玳瑁可卜者是。三攝腹下折食蛇者是。四寶五文甲有文負河圖。六筮在蓍叢下。七山。八澤九水十火。其猶火鼠。故知攝山水澤等。皆凡龜也。暗證無智。其猶凡龜。散心不了。其猶盲吠。故知散心尚自不能善分別空見相狀。及空所起苦集無明。豈論發得。故云穭吠。穭者野也。

○五菩薩界五。初三藏菩薩界六。先明起誓之由。誓即願也。

空見生六度菩薩法者。既識空見諦緣。即是知病識藥。識藥故自欣。知病故愍彼。欲共衆生離苦求樂。既識空見諦緣即知病識藥。識苦集是知病。識道滅是知藥。因緣六度準此可知。雖自欣識藥愍彼有病。然須入三昧修習令知。既識空見諦緣者。牒前二乘所觀之境。以爲起誓之由。即以此由。用爲誓境。

○次明四諦誓境

空見陰界是苦。十使等是集。念處等是道。四倒破是滅。約此起誓。

○三明空見而起弘誓文自爲四。初度生誓。

如一空見。一日一夜凡生幾許。百千億陰。一一五陰即是衆生。日夜既爾何況一世。何況無量世。空見既爾餘見亦然。能生之見既多。所生之陰則不可數。一人尚爾何況多人。是爲衆生無邊誓願度。

此中四弘。義兼內外。內即內心。約一空見刹那之心。名爲五陰。五陰即是衆生故也。一人一生凡幾刹那。此約內也。一人尚爾去約一有情以爲況釋。

別別有情。衆生尙多。況復刹那。爲一衆生。卽是約
外。若內若外。衆生無量。下三弘誓準說可知。煩惱
爲因。衆生爲果。因果無量。對治法門。理須無量。一
一刹那。一一無不開佛知見。成無上道。問。因之與
果。旣約刹那。如何分於二弘誓別。答。空見依色。領
納。取像。行。空。了別。攬此五法。以成衆生。一人旣爾
多人亦然。還約多念。論此衆生。而爲弘誓。有空見
故。違瞋順喜等。乃至生於八十八使。六十二見。名
爲煩惱。此則因中。一人尙爾。多人亦然。還約多人。
辨此弘誓。此則自成兩弘誓別。

○次斷惑誓

如一空見。念念八十八使。餘三見六十二等。亦八十
八使。一人尙爾。何況多人。是名煩惱無量誓願斷。

○三學法誓

如一空見修念處道品。餘一切見正助之道。無量無
邊。一人尙爾。多人亦然。是爲法門無盡誓願知。

○四成道誓

如一空見煩惱滅。無量見無量煩惱亦滅。一人旣爾
諸人亦然。是名無上佛道誓願成。

○四明誓願之意

若衆生及集是性實者。則不可度。以苦集從因緣生。
無有自性。故苦海可乾。集源易竭。故言度爾。

○五約空起行。卽是六度。二。初結前生後。

觀空起願。如上說。約空起行者。

○次正釋六度自爲六文。初布施。

若執空見而行布施者。乃是魔施。知空見諸緣無常
無我等過。則捨空見。亦愍於他。勸捨空見。而行布施
言魔施者。空心雖卽屬於外道。以此施心順生死
故。故名爲魔。此諸境中。修觀之文。唯至此中。一時
總明三藏三乘。方明通教。是則三藏三乘。通屬聲

聞界也。與上諸文欲辨總別二種。對十法界俱通
故也。

○次持戒

若執空見而持戒者。與持雞狗等戒何異。知空見無
常等過。不爲空見所傷。慈愍於他。令防空見。

○三忍辱

若執空見爲瞋處愛處強行忍者。是力不足畏他故
忍。今知空見無量過患。能伏空見及六十二。亦勸於
他安忍空見。

○四精進

若不除空見而精進者雜見非精退入三途非進令知空見空見不起為精空見業破而得升出名進亦勸於他修此精進

○五禪定

若不破空見得禪者多是鬼法今知空過不為空見所動成正禪正通不為諂媚憍利以此神通勸化衆生令捨見散入禪

○六智慧

若執空見而修智慧愚癡世智令識空見諦緣以無常狠怖空見羊煩惱脂銷廣起願行功德身肥悲愍衆生令除脂長肉

○六結果滿

若有緣機熟卽坐道場斷結作佛是名空見生六度法界

○六通教二乘界

觀空見卽是無明無明卽空從無明生一切苦集皆不可得何者四倒是横計寧有性實所治之倒非有能治念處云何可得乃至覺道皆悉不生故不可得故大品云智應苦空等云云

觀空見卽是無明去明通教二乘界也無明標緣是法界生苦集標聲聞法界諦與因緣但開合異準第一卷是故今文得作此說

○七通教菩薩界於中二初重牒二乘與菩薩辨異

二乘知卽空斷苦入滅菩薩卽空慈悲願行誓度衆生

○次正明菩薩依境行願

雖度衆生如度虛空雖滅煩惱如與空共鬬雖生法門如虛空生雖滅衆生實無衆生得滅度者是智是斷是菩薩無生法忍是名空見生通教菩薩法界也

○八別教菩薩界

觀此空見有無量相所謂四諦分別校計不可窮盡此無盡者從空見生空見從無明生所生無量能生亦無量能生既假名所生亦是假名推此無明從法性生譬如尋夢知由於眠觀此空見而識實相實相卽如來藏無量客塵覆此藏理修恒沙法門顯清淨性是名空見生別教法也

○九圓教菩薩界

空見生圓教法如前如後

言如前如後者前謂前境中及第三前諸圓文等

後謂此文不思議中圓敎是也。
○十用此廣明治見不同十三。初示須方便。
復次見惑浩浩。如四十里水。思惑殘勢。如一渧水。前諸方便。共治見惑。惑盡名爲入流。任運不退。見惑難除。巧須方便。
因此廣明四教之人。治見不同。當知見惑是一。能治四異。前諸文中。四教之人。皆治見惑。卽是此意。次示任運者。且約見斷。不入三惡。非謂初地初住任運之位。
○次斥成論空能治見

成論云。以空治惑。若空治得入。不俟餘法。若不入者更設何治。
斥成論文。空能治見。今見從空起。則空不能治。當知此見。則非成論之所能治。故云當設何治。
○三舉喻斥論不能治空
如水中生火。水不能滅。空見起過空。何能治。今知空見苦集之病。然後用諦智治之。
從如水生火去。舉喻斥論。不能治空。從今知空見去。至治之。卽是今文四教。治見不同。成論但是三藏。一同而已。

○四明四教治見
三藏無常智。通家卽空智。皆前除見。別亦前除見入空。次善巧出假。如空中種樹。圓雖不作意除見。見自前除。
藏通兩教。智雖小異。緣諦同故。是故結云。皆先除見。別緣諦異。故云別亦先除。圓教可知。然教雖有四。若辨初心。不過有二。一者前三教人。治見入空。二者圓人。見爲法界。二意自顯。勿生異途。更於二外。別立疣贅。
○五結四教文。以斥成論。

除堅牢見。種種方治。云何直言。但以空治邪。
○六釋疑二。初疑。
云何諸治。共治一見。
如何一病。而設四治。
○次引四治釋三。先譬。
如患冷用四種藥。服薑桂者。去病復力。服五石者。病去益色。服重斐者。加壽能飛。服金丹者。成大仙人。病同一種藥法爲異。得力亦異。
一理如身力。空見如冷病。薑桂如無常。見眞如復力。五石如卽空。見色卽空。名爲益色。言五色者。白玦紫英石膏鐘乳石脂故神農經曰上藥養命謂五石鍊形六芝延年中藥養性謂合歡蠲忿萱草忘憂下藥治病謂大黃除實當歸止痛重婁如觀法加壽如假智能飛如入假本草云重婁者蚤休也亦名黃精博物志云皇帝問天老曰天地所生有食者令人不死乎天老曰太陽之草名曰黃精食可長生太陰之精名曰鉤吻入口則死鉤吻者野葛也若不信黃精之益壽亦何信鉤吻之殺人金丹者圓法也初發心時成佛大仙準龍樹法飛金為丹故曰金丹

○六合

四教治見見盡解異

○三舉例

治見既爾治餘亦然

且以思及界內塵沙故云亦然若界外塵沙及障中無明則不關前二

○七總明念處有出宅之功二初舉佛遺囑通四治故

此四治者即是四念處遺教令依四念處修道得出火宅

○八釋遺囑意

所以者何一空見心即三界三界無別法唯是一心作空見生六道業受六道身居六道處處即火宅身居即苦具業即鬼神競共推排三車自運乃得出耳

四人有見不出六道故舉見所造果名為苦具見之結業以譬鬼神故法華中以蟲鳥譬鈍鬼神譬利競共下通舉三車皆能出宅三車下歷教以釋三車同異

○九歷教以釋三車同異

三車即是三藏中三乘念處亦是通中三人共一念

處又是別方便中三種念處真實一種念處又圓一實念處

此中四教總有九種念處三藏三乘各一以諦緣度不同故也支佛束十二緣為四念處菩薩行雖六度觀念伏惑還用二乘所觀念處今從人別故成三種故玄文云三因大異故得為三通教三乘同一念處同觀無生故也故玄文云三因大同故得為一別教地前名為方便入空位中體析二種入假位中但用無量初地入中名為真實圓教始終唯用一種故如三車義兼藏通及別方便經文

出宅。正指三藏。故云卽是。三乘義通。通於通教。故云亦是。別教方便無三乘名。觀行不殊。藏通兩教故云又是。故知卽亦又三不無親疏。故對三教。示不同相。別教入地卽是眞實。圓教始終。與前永乖。故亦云又。而不言是。若將別教入地證道。及以圓教始終名同大車。故下文從但釋迦去。約化儀釋一代教門。秖是先與三車。後賜一大耳。

○十明廣畧不同

畧說九種四念處中說九種道品。廣說九種四諦。言畧說爲念處者。念處卽是道諦。三十七品七科之一。故云畧也。全說七科。卽是道諦。故名爲中。既有能治。必有所治。能所俱舉。卽是四諦。故云廣也。

○十一結意

是諸念處。皆能治見。得出火宅。遺囑之意。義在於此。結意如文

○十二更叙化儀。以判權實。

但釋迦初出。先示三人各用四念處。此如法華。羊鹿牛車。各出火宅。次說三人同修一念處。此如大品。是乘從三界出。到薩婆若中住。亦如大集。三乘之人同以無言說道。斷煩惱。次說菩薩修。次第念處。此如大品。不共般若。諸念處乘。別而未合。後說一切小大同一念處。此如法華。同乘大車。直至道場。

且從漸至頓。諸教念處。雖復不同。各有其意。鹿苑正用三藏。方等旁用三藏。正用三教。以斥二乘。令二乘人密成通教。故云三人同一念處。次至般若。旁用通教。正用別圓。加於二乘。密成別益。故指大品名爲不共。來至法華。會八歸一。若除教道。但須會七。

○十三畧示妙境不思議治

約此空見。明諸惑。明諸治。與諸經論。不相違背。一微塵中有大千經卷。卽此意也。

一治一切治。不違諸教。從一開諸。如思議中。亦不違諸教。故以一塵。喻不思議。兼於思議。空見如塵。諸治如經。

○次明不思議境。六。初總立。

次明不思議境者。一念空見。具十法界。卽是法性。法性更非遠物。卽是空見心。

○次正證

淨名云。諸佛解脫。當於衆生心行中求。當於六十二見中求。三法不異。故宛轉相指。

空見心中十界五陰名爲衆生。衆生卽解脫。不出六十二見。是故三法。不得相離。

○三釋上解脫心行中求。謂三解脫。

一切衆生卽是菩提。不可復得。卽圓淨解脫。五陰卽是涅槃不可復滅。卽方便淨解脫。衆生如卽佛如。是性淨解脫。

○四釋上諸佛解脫

佛解脫者。卽是色解脫等。五種涅槃空見心。卽是汙穢五陰。五陰卽有衆生。衆生卽有五陰。名色衆生。更互相縛。不得相離。觀此五陰卽是涅槃不可復滅。本

無繫縛。卽是解脫。本有解脫。攝一切法。故言解脫。卽心而求。

○五復釋上心行中求

又觀見心五陰。卽是法性。便無復見心五陰。因滅是色。獲得常色等。法性五陰。因滅衆生。獲得常住法性衆生。

求諸用觀。觀見心已。唯有法性。無復見心。

○六結成不思議境

能一色一切色。一識一切識。一衆生一切衆生。不相妨礙。如明鏡淨。現衆色像。是名性淨。三種解脫不得相離。不縱不橫。不可思議。圓滿具足。空見中求。是名不可思議境。

卽是五陰衆生。兩世間也。但闕國土。準例可知。不縱不橫。結成三諦。乃至如意珠等譬。

○次明發心

此境無明法性。宛然具足。傷已昏沈。今始覺知。一切衆生亦復如是。旣是法性。那不起慈。旣是無明。那不起悲。

從究竟說。故但擧無明法性。亦應愍傷事中苦樂。

○三明安心二。初總相。

觀此空見本性空寂。淨若虛空。

本性空寂總相止也。淨若虛空總相觀也。

○次別相

善巧安心研此二法。

別相六十四番也。

○四明破徧

見陰見假。四句不生。

秖此八字。攝得橫豎。及一心等。

○五明通塞

單複諸句。句句有苦集無明蔽塞。句句有道滅等通

唯出別相通塞故云句句文列似橫實攝橫竪及
一心等
○六明道品
觀空見一陰一切陰三諦不動則了法身觀不動陰
非淨非不淨等雙樹涅槃亦是道場是觀名般若八
倒破名解脫於一念處起一切念處調伏衆生如是
三法非因非果非因而因念處是道場非果而果雙
樹中間而入涅槃於空見不動而修不思議三十七
品如是徧破不得空見名空三昧不見空相名無相
三昧如是三昧不從眞緣生名無作三昧

○七明助道
若不入者發大誓願內捨執見外棄命財空見乖理
戒不清淨誓令空見不犯法身守護七支不撓含識
若空見喧動中忍不成今誓苦到安心空見如橋地
海總集我身心終不動若空見間雜誓純一專精念
念流入又空見擾動不能安一至誠懺悔息二攀緣
一切種智不開者無明未破誓觀空見法性現前剛
決進勇不證不休如是對治助開涅槃
皆以空見而行六蔽今須捨空見復修事度方乃
成治故一一文中皆舉空見及以一蔽如橋地海
等者具如大論屈如橋梁八馬踐之等地海例此
亦應可見
○八明次位
深識次位不濫上地
○九明安忍
內外風塵不能破壞
○十明離愛
順道法愛不生故無頂墮
○次結大車
心心寂滅流入薩婆若海乘一大車遊於四方直至

道場成得正覺餘如上說云云
釋文畧說故序中云纔至見境法輪停轉後之三
境比望可知增上慢者如得未到謂無生忍四禪
比丘等乃至徧於大小諸位未得謂得並名增上
兩教二乘三教菩薩前諸文中處處有之即後兩
境一一皆以十觀觀之後三大章具如五畧後三
是也既云將送行者至彼薩雲後三大章並無生
忍以後之相故畧不論大品法施品云化恆沙衆
生令得六通不如書般若令他讀誦又以此令他
讀誦般若之福不如正憶念般若波羅蜜又此憶

念般若之福。不如爲他說令易解。云何易解。謂不二相觀。不入不出。說不共般若波羅蜜功德。尚爾。況說法華開權妙教。況復令文。卽是法華顯實妙觀。故法華云。施四百萬億阿僧祇世界六趣四生以四事供養。令得四果。不如初隨喜人。百千萬倍。是故願說令他得聞生隨喜心。其功若此。此第五十人。隨喜之心。亦何必須。卽是五品之初隨喜位耶。準大品文說。猶勝於自生憶念。況復能說。而能修行。以如說行。起於多聞。卽此意也。故勸後學。勸說勸行。

摩訶止觀輔行傳弘決卷第十之二

許靈虛敬刊此書全部施貲一千一百四十千零四百十九文連圖計字七十一萬二千七百六十二個